Utilize este código QR para se cadastrar de forma mais rápida:

Ou, se preferir, entre em:

www.moderna.com.br/ac/livroportal

e siga as instruções para ter acesso aos conteúdos exclusivos do

Portal e Livro Digital

CÓDIGO DE ACESSO:

A 00034 VERDMAT2E 1 81132

Faça apenas um cadastro. Ele será válido para:

Organizadora: Editora Moderna
Obra coletiva concebida, desenvolvida e produzida pela Editora Moderna.

Editores responsáveis:

Fabio Martins de Leonardo
Licenciado em Matemática pela Universidade de São Paulo. Editor.

Willian Raphael Silva
Licenciado em Matemática pela Universidade de São Paulo. Editor.

CONEXÕES COM A
MATEMÁTICA

VOLUME ÚNICO

2ª edição

© Editora Modelna, 2017

Elaboração dos originais:

Alexandre Raymundo
Mestre em Educação Internacional pela Endicott College, bacharel e licenciado em Matemática pela Universidade São Judas Tadeu de São Paulo.

Dario Martins de Oliveira
Licenciado em Matemática pela Universidade de São Paulo.

Débora Regina Yogui
Licenciada em Matemática pela Universidade de São Paulo.

Enrico Briese Casentini
Licenciado em Matemática pela Universidade de São Paulo.

Ernani Nagy de Moraes
Mestre em Educação e licenciado em Matemática pela Universidade de São Paulo.

Fabio Martins de Leonardo
Licenciado em Matemática pela Universidade de São Paulo.

Juliana Ikeda
Licenciada em Matemática pela Universidade de São Paulo.

Juliane Matsubara Barroso
Bacharel e licenciada em Matemática pela Pontifícia Universidade Católica de São Paulo.

Luciana de Oliveira Gerzoschkowitz Moura
Mestre em Educação e licenciada em Matemática pela Universidade de São Paulo.

Osvaldo Shigueru Nakao
Doutor em Engenharia Civil e mestre em Ensino de Engenharia pela Universidade de São Paulo, licenciado em Matemática pelo Centro Universitário de Brasília.

Coordenação editorial: Fabio Martins de Leonardo
Edição de texto: Enrico Briese Casentini (coord.), Dario Martins de Oliveira, Débora Regina Yogui, Juliana Ikeda
Preparação de texto: ReCriar editorial
Gerência de *design* e produção gráfica: Sandra Botelho de Carvalho Homma
Coordenação de produção: Everson de Paula
Suporte administrativo editorial: Maria de Lourdes Rodrigues (coord.)
Coordenação de *design* e projetos visuais: Marta Cerqueira Leite
Projeto gráfico: Daniel Messias e Otávio dos Santos
Capa: Otávio dos Santos
   Ícone 3D da capa: Diego Loza
Coordenação de arte: Wilson Gazzoni Agostinho
Edição de arte: Adriana Santana
Editoração eletrônica: Grapho Editoração
Edição de infografia: Luiz Iria, Priscilla Boffo, Otávio Cohen
Coordenação de revisão: Elaine C. del Nero
Revisão: Ana Cortazzo, Ana Paula Felippe, Cárita Negromonte, Denise Almeida, Denise Ceron, Dirce Y. Yamamoto, Flavia Schiavo, Gloria Cunha, Leandra Trindade, Márcia Leme, Marina Oliveira, Nancy H. Dias, Recriar Editorial, Rita de Cássia Gorgati, Salete Brentan, Sandra G. Cortés, Tatiana Malheiro, Yara A. Pinto
Coordenação de pesquisa iconográfica: Luciano Baneza Gabarron
Pesquisa iconográfica: Carol Böck, Junior Rozzo, Luciano Baneza (coord.)
Coordenação de *bureau*: Rubens M. Rodrigues
Tratamento de imagens: Denise Feitoza Maciel, Marina M. Buzzinaro, Luiz Carlos Costa, Joel Aparecido
Pré-impressão: Alexandre Petreca, Denise Feitoza Maciel, Everton L. de Oliveira, Marcio H. Kamoto, Vitória Sousa
Coordenação de produção industrial: Wendell Monteiro
Impressão e acabamento: EGB Editora Gráfica Bernardi Ltda
Lote: 293392/293393

Dados Internacionais de Catalogação na Publicação (CIP)
(Câmara Brasileira do Livro, SP, Brasil)

Conexões com a matemática, volume único / organizadora Editora Moderna ; Obra coletiva concedida, desenvolvida e produzida pela Editora Moderna ; editores responsáveis, Fabio Martins de Leonardo, Willian Raphael Silva. – 2. ed. – São Paulo : Moderna, 2017. – (Vereda digital)

Bibliografia

1. Matemática (Ensino médio) I. Leonardo, Fabio Martins de. II. Silva, Willian Raphael. III. Série.

17-02919   CDD-510.7

Índices para catálogo sistemático:
1. Matemática : Ensino médio   510.7

ISBN 978-85-16-10730-7 (LA)
ISBN 978-85-16-10731-4 (LP)

Reprodução proibida. Art. 184 do Código Penal e Lei 9.610 de 19 de fevereiro de 1998.
Todos os direitos reservados
EDITORA MODERNA LTDA.
Rua Padre Adelino, 758 – Belenzinho
São Paulo – SP – Brasil – CEP 03303-904
Vendas e Atendimento: Tel. (0_ _11) 2602-5510
Fax (0_ _11) 2790-1501
www.moderna.com.br
2021
Impresso no Brasil

1 3 5 7 9 10 8 6 4 2

APRESENTAÇÃO

A obra **Conexões com a Matemática**, da coleção **Vereda Digital**, é resultado de um trabalho coletivo motivado pelo desejo de produzir uma obra de Matemática com proposta atual e diferenciada, sem deixar de abordar todo conteúdo ministrado no Ensino Médio.

O projeto editorial desta obra favorece a compreensão, incentiva a leitura e facilita a consulta.

As **aberturas de capítulo** foram criadas para despertar a curiosidade sobre o assunto que será estudado. A seguir, explora-se a teoria entremeada por exemplos, exercícios resolvidos e exercícios de fixação e de aplicação. Os **Exercícios complementares**, no final do capítulo, são diversificados e com gradação adequada.

As sugestões de trabalho com **Tecnologia** exploram o uso de planilhas eletrônicas, de *softwares* de construção de gráfico e de geometria interativa.

Ao longo dos capítulos, a seção **Trocando ideias** apresenta questões que exigem posicionamento e defesa de opinião, com argumentos baseados em conhecimentos, pesquisas e debates.

A seção **Compreensão de texto** apresenta textos variados, extraídos de várias mídias, e questões que exploram vários níveis de interpretação e compreensão, contribuindo para o desenvolvimento da competência leitora.

No livro digital, você encontrará objetos educacionais digitais (vídeos, jogos, animações e simuladores), o **Aprova Enem** e o **Suplemento de revisão e vestibulares**.

Esperamos, com esta obra, contribuir para o trabalho do professor em sala de aula e oferecer uma ferramenta adequada ao aprendizado do aluno.

Os editores

ORGANIZAÇÃO DO LIVRO

A obra *Conexões com a Matemática*, da coleção Vereda Digital, é formada por 30 capítulos em que são desenvolvidos os principais conteúdos da Matemática do Ensino Médio. Para facilitar a consulta, o livro foi organizado em três partes.

A proposta de orientação do estudo, enriquecida com novas seções, foi planejada para propiciar o aprendizado dos principais conceitos da Matemática.

Os conteúdos digitais, indicados ao longo dos capítulos por ícones, complementam o conteúdo do livro.

Abertura de capítulo
Na página de abertura do capítulo são apresentados o assunto em pauta e uma imagem motivadora que sugere os conceitos abordados no capítulo.

Infográficos
Alguns temas foram destacados em infografias, recursos gráfico-visuais em que imagens são integradas a textos curtos, sintetizando informações.

Competências e habilidades do Enem
São indicadas diferentes competências e habilidades do Enem que serão desenvolvidas ao longo de cada capítulo.

Conteúdos
Os conteúdos são abordados com linguagem clara e apresentam exemplos para facilitar sua compreensão.

Trocando ideias
Seção criada para você refletir sobre diversas questões e discuti-las com seus colegas.

Exercícios
Nessa seção, você aplicará o que aprendeu para resolver questões diversificadas.

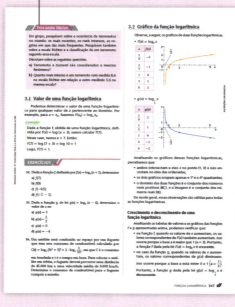

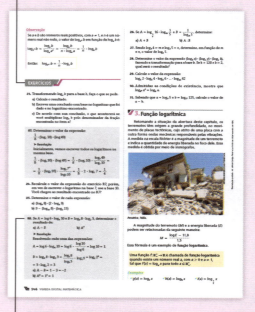

Exercícios resolvidos
Seção que apresenta a aplicação de conceitos em questões resolvidas, para facilitar sua compreensão.

Exercícios complementares
Seção com exercícios que exploram os conteúdos do capítulo, organizados por grau de dificuldade.

Compreensão de texto
Textos variados, extraídos de várias mídias, e questões que exploram vários níveis de interpretação e compreensão, contribuindo para o desenvolvimento da competência leitora.

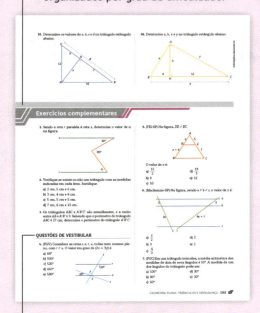

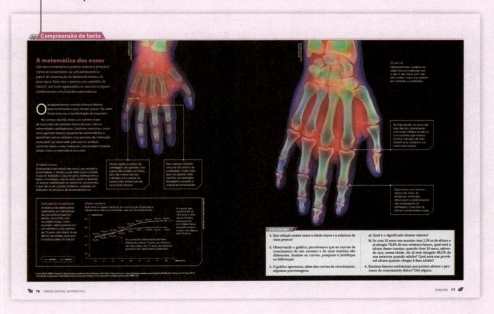

Questões de vestibular
Questões selecionadas de exames de ingresso em universidades de diversos estados brasileiros relacionadas aos temas do capítulo.

Respostas
As respostas dos exercícios são apresentadas no final de cada parte, para você avaliar o que acertou e revisar algum conteúdo, caso seja necessário.

Veja como estão indicados os materiais digitais no seu livro:

- **O ícone conteúdo digital**

 — Nome do material digital

Remissão para animações, jogos, vídeos e simuladores que complementam o estudo de alguns temas dos capítulos.

Mais questões: no livro digital, em **Vereda Digital Aprova Enem** e **Vereda Digital Suplemento de revisão e vestibulares**; no *site*, em **AprovaMax**.

ORGANIZAÇÃO DOS MATERIAIS DIGITAIS

A Coleção *Vereda Digital* apresenta um *site* exclusivo com ferramentas diferenciadas e motivadoras para seu estudo. Tudo integrado com o livro-texto para tornar a experiência de aprendizagem mais intensa e significativa.

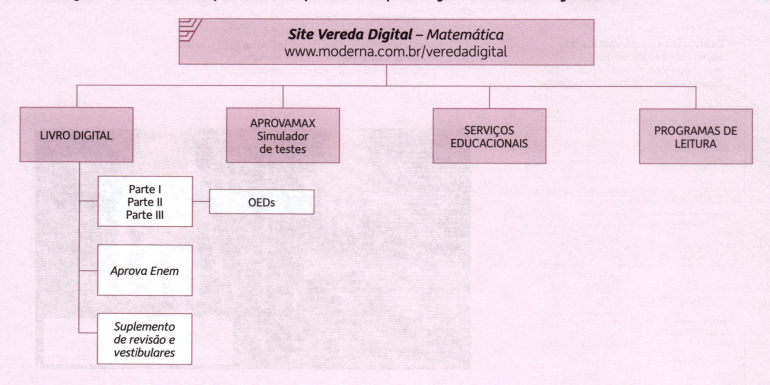

Livro digital com a tecnologia HTML5 para garantir melhor uso, enriquecido com objetos educacionais digitais que consolidam ou ampliam o aprendizado; ferramentas que possibilitam buscar termos, destacar trechos e fazer anotações para posterior consulta. No livro digital você encontra o livro com OEDs, o *Aprova Enem* e o *Suplemento de revisão e vestibulares*. Você pode acessá-lo de diversas maneiras: no seu *tablet* (Android ou iOS), no *desktop* (Windows, MAC ou Linux) e *on-line* no *site*: www.moderna.com.br/veredadigital

OEDs – Objetos Educacionais Digitais que consolidam ou ampliam o aprendizado.

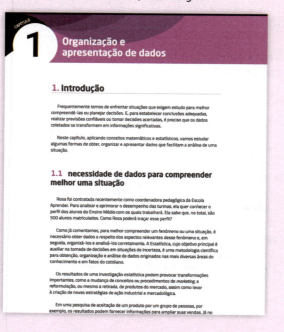

AprovaMax – simulador de testes com os dois módulos de prática de estudo – atividade e simulado –, você se torna o protagonista de sua vida escolar, pois pode gerar testes customizados para acompanhar seu desempenho e autoavaliar seu entendimento.

Aprova Enem – caderno digital com questões comentadas do Enem e outras questões elaboradas de acordo com as especificações desse exame de avaliação. Nosso foco é que você se sinta preparado para os maiores desafios acadêmicos e para a continuidade dos estudos.

Suplemento de revisão e vestibulares – síntese dos principais temas do curso, com questões de vestibulares de todo o país.

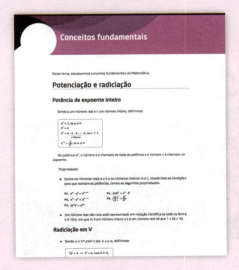

VEREDA APP

Aplicativo que permite a busca de termos e conceitos da disciplina e **simulações** com questões de vestibulares associadas. Você relembra o conceito e realiza uma **autoavaliação**. É uma ferramenta que auxilia você a desenvolver sua **autonomia**.

CONTEÚDO DOS MATERIAIS DIGITAIS

Lista de OEDs

Parte	Capítulo	Título do OED	Tipo
I	2	Operações entre conjuntos	Simulador
I	3	Situações que envolvem funções	Multimídia interativa
I	5	Gráfico da função quadrática	Simulador
I	7	Gráfico da função exponencial	Simulador
I	7	Aplicação de função exponencial na datação por carbono-14	Vídeo
I	9	Crescimento populacional	Animação
II	13	Construção do gráfico de funções trigonométricas	Simulador
II	13	Gráficos das funções trigonométricas	Simulador
II	14	Calculadora trigonométrica	Simulador
II	16	Otimização	Simulador
II	17	Quadrinhos e cinema	Animação
II	19	Poliedros regulares	Animação
II	20	Demonstração do volume da esfera	Animação
II	22	HD sob ameaça	Jogo
III	23	Orçamento familiar	Simulador
III	24	Estatística nas eleições	Vídeo
III	26	A ciência por trás do *videogame*	Multimídia interativa
III	28	Excentricidade das cônicas	Simulador
III	29	Fractais	Vídeo
III	30	Calculadora de polinômios	Simulador

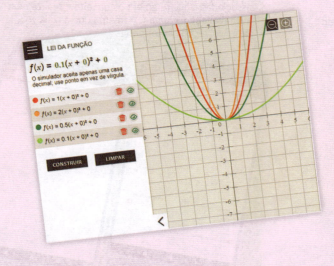

Aprova Enem

- **Tema 1** Números e operações
- **Tema 2** Razão e proporção
- **Tema 3** Estatística e probabilidade
- **Tema 4** Geometria plana e espacial
- **Tema 5** Grandezas e medidas
- **Tema 6** Conceitos fundamentais da Álgebra
- **Tema 7** Funções
- **Tema 8** Matemática financeira
- **Tema 9** Geometria analítica

Suplemento de revisão e vestibulares

- **Tema 1** Conceitos fundamentais
- **Tema 2** Conjuntos
- **Tema 3** Introdução ao estudo das funções
- **Tema 4** Função afim
- **Tema 5** Função quadrática
- **Tema 6** Função modular
- **Tema 7** Função exponencial e função logarítmica
- **Tema 8** Progressão aritmética e progressão geométrica
- **Tema 9** Matemática financeira e Estatística
- **Tema 10** Geometria plana
- **Tema 11** Trigonometria no triângulo retângulo e na circunferência trigonométrica
- **Tema 12** Razões trigonométricas inversas, adição de arcos e resolução de triângulos
- **Tema 13** Funções trigonométricas
- **Tema 14** Matrizes, determinantes e sistemas lineares
- **Tema 15** Análise combinatória e Binômio de Newton
- **Tema 16** Probabilidade
- **Tema 17** Geometria de posição
- **Tema 18** Geometria métrica: poliedros
- **Tema 19** Geometria métrica: corpos redondos
- **Tema 20** Geometria analítica: ponto e reta
- **Tema 21** Geometria analítica: cônicas
- **Tema 22** Conjunto dos números complexos
- **Tema 23** Polinômios e equações polinomiais

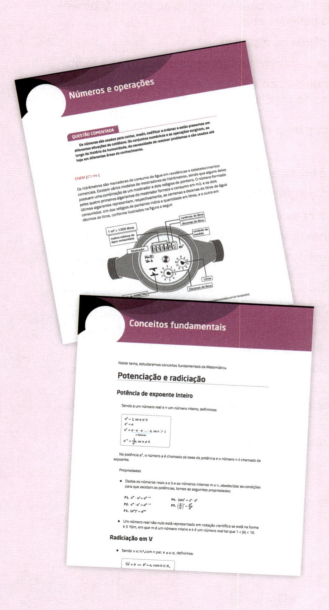

MATRIZ DE REFERÊNCIA DE MATEMÁTICA E SUAS TECNOLOGIAS

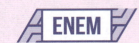

C1 — Competência de área 1
Construir significados para os números naturais, inteiros, racionais e reais.

- **H1** Reconhecer, no contexto social, diferentes significados e representações dos números e operações – naturais, inteiros, racionais e reais.
- **H2** Identificar padrões numéricos ou princípios de contagem.
- **H3** Resolver situação-problema envolvendo conhecimentos numéricos.
- **H4** Avaliar a razoabilidade de um resultado numérico na construção de argumentos sobre afirmações quantitativas.
- **H5** Avaliar propostas de intervenção na realidade utilizando conhecimentos numéricos.

C2 — Competência de área 2
Utilizar o conhecimento geométrico para realizar a leitura e a representação da realidade e agir sobre ela.

- **H6** Interpretar a localização e a movimentação de pessoas/objetos no espaço tridimensional e sua representação no espaço bidimensional.
- **H7** Identificar características de figuras planas ou espaciais.
- **H8** Resolver situação-problema que envolva conhecimentos geométricos de espaço e forma.
- **H9** Utilizar conhecimentos geométricos de espaço e forma na seleção de argumentos propostos como solução de problemas do cotidiano.

C3 — Competência de área 3
Construir noções de grandezas e medidas para a compreensão da realidade e a solução de problemas do cotidiano.

- **H10** Identificar relações entre grandezas e unidades de medida.
- **H11** Utilizar a noção de escalas na leitura de representação de situação do cotidiano.
- **H12** Resolver situação-problema que envolva medidas de grandezas.
- **H13** Avaliar o resultado de uma medição na construção de um argumento consistente.
- **H14** Avaliar proposta de intervenção na realidade utilizando conhecimentos geométricos relacionados a grandezas e medidas.

C4 — Competência de área 4
Construir noções de variação de grandezas para a compreensão da realidade e a solução de problemas do cotidiano.

- **H15** Identificar a relação de dependência entre grandezas.
- **H16** Resolver situação-problema envolvendo a variação de grandezas, direta ou inversamente proporcionais.
- **H17** Analisar informações envolvendo a variação de grandezas como recurso para a construção de argumentação.
- **H18** Avaliar propostas de intervenção na realidade envolvendo variação de grandezas.

C5
Competência de área 5

Modelar e resolver problemas que envolvem variáveis socioeconômicas ou técnico-científicas, usando representações algébricas.

H19 Identificar representações algébricas que expressem a relação entre grandezas.

H20 Interpretar gráfico cartesiano que represente relações entre grandezas.

H21 Resolver situação-problema cuja modelagem envolva conhecimentos algébricos.

H22 Utilizar conhecimentos algébricos/geométricos como recurso para a construção de argumentação.

H23 Avaliar propostas de intervenção na realidade utilizando conhecimentos algébricos.

C6
Competência de área 6

Interpretar informações de natureza científica e social obtidas da leitura de gráficos e tabelas, realizando previsão de tendência, extrapolação, interpolação e interpretação.

H24 Utilizar informações expressas em gráficos ou tabelas para fazer inferências.

H25 Resolver problema com dados apresentados em tabelas ou gráficos.

H26 Analisar informações expressas em gráficos ou tabelas como recurso para a construção de argumentos.

C7
Competência de área 7

Compreender o caráter aleatório e não determinístico dos fenômenos naturais e sociais e utilizar instrumentos adequados para medidas, determinação de amostras e cálculos de probabilidade para interpretar informações de variáveis apresentadas em uma distribuição estatística.

H27 Calcular medidas de tendência central ou de dispersão de um conjunto de dados expressos em uma tabela de frequências de dados agrupados (não em classes) ou em gráficos.

H28 Resolver situação-problema que envolva conhecimentos de estatística e probabilidade.

H29 Utilizar conhecimentos de estatística e probabilidade como recurso para a construção de argumentação.

H30 Avaliar propostas de intervenção na realidade utilizando conhecimentos de estatística e probabilidade.

BRASIL. *Matriz de referência Enem*. Brasília: MEC/Inep, 2011.
Disponível em: <http://download.inep.gov.br/educacao_basica/enem/downloads/2012/matriz_referencia_enem.pdf>.
Acesso em: 3 mar. 2017.

SUMÁRIO

PARTE I

CAPÍTULO 1 Organização e apresentação de dados ... 16
1. Introdução ... 18
2. Coleta de dados ... 21
3. Organização e apresentação de dados ... 23
Trocando ideias ... 33
Exercícios complementares ... 33

CAPÍTULO 2 Conjuntos ... 35
1. Conjuntos ... 36
2. Operações com conjuntos ... 38
3. Aplicação das operações com conjuntos ... 42
4. Conjuntos numéricos ... 44
5. Intervalos ... 48
Exercícios complementares ... 50

CAPÍTULO 3 Funções ... 53
1. Conceito de função ... 54
2. Gráfico de uma função ... 59
3. Análise de gráficos de funções ... 62
4. Funções definidas por mais de uma sentença ... 66
5. Função composta ... 67
6. Função inversa ... 69
Exercícios complementares ... 73
Compreensão de texto ... 76

CAPÍTULO 4 Função afim ... 78
1. Função afim ... 79
2. Gráfico da função afim ... 80
3. Inequações ... 86
Exercícios complementares ... 91

CAPÍTULO 5 Função quadrática ... 94
1. Função quadrática ... 95
Trocando ideias ... 96
2. Gráfico da função quadrática ... 97
3. Análise da função quadrática a partir do gráfico ... 103
4. Inequações ... 106
Exercícios complementares ... 111

CAPÍTULO 6 Função modular ... 114
1. Módulo ou valor absoluto de um número real ... 115
2. Função modular ... 115
3. Equações modulares ... 119
4. Inequações modulares ... 120
Exercícios complementares ... 123

CAPÍTULO 7 Função exponencial ... 125
1. Introdução ao estudo da função exponencial ... 126
2. Função exponencial ... 128
3. Equações exponenciais e sistemas de equações exponenciais ... 132
4. Inequações exponenciais ... 134
Exercícios complementares ... 135
Compreensão de texto ... 138

CAPÍTULO 8 Função logarítmica ... 140
1. Logaritmos ... 141
2. Propriedades operatórias dos logaritmos ... 143
3. Função logarítmica ... 146
Trocando ideias ... 147
4. Equações logarítmicas ... 149
5. Inequações logarítmicas ... 150
Exercícios complementares ... 152

CAPÍTULO 9 Sequências ... 154
1. Sequências e padrões ... 154
Trocando ideias ... 155
2. Progressões aritméticas ... 157
3. Progressões geométricas ... 162
4. Problemas que envolvem PA e PG ... 168
Exercícios complementares ... 168

CAPÍTULO 10 Geometria plana: triângulos e semelhança ... 172
1. Ângulos ... 174
2. Triângulos ... 178
3. Pontos notáveis em um triângulo ... 183
4. Semelhança ... 186
5. Teorema de Pitágoras ... 190
Exercícios complementares ... 195

CAPÍTULO 11 Trigonometria no triângulo retângulo ... 200
1. Razões trigonométricas ... 202
2. Seno, cosseno e tangente dos ângulos notáveis ... 206
3. O uso da calculadora e da tabela trigonométrica ... 208
Trocando ideias ... 210
4. Trigonometria em um triângulo qualquer ... 211
Exercícios complementares ... 214
Compreensão de texto ... 218

Respostas da parte I ... 220

PARTE II

CAPÍTULO 12 Ciclo trigonométrico – 1ª volta 234
1. Arcos de uma circunferência 235
2. Ciclo trigonométrico 237
3. Seno, cosseno e tangente 239
Exercícios complementares 246

CAPÍTULO 13 Funções trigonométricas 248
1. Funções periódicas 248
2. Ciclo trigonométrico 250
3. A função seno 252
4. A função cosseno 254
5. A função tangente 256
6. Construção de gráficos 257
Exercícios complementares 262
Compreensão de texto 266

CAPÍTULO 14 Complementos de Trigonometria 268
1. Secante, cossecante e cotangente 269
2. Relações entre as razões trigonométricas 270
3. Equações e inequações trigonométricas em $\mathbb{R}$ 273
4. Adição de arcos 278
Exercícios complementares 281

CAPÍTULO 15 Matrizes e determinantes 283
1. Matriz 284
2. Adição e subtração de matrizes 288
3. Multiplicação de um número real por uma matriz 289
4. Multiplicação de matrizes 291
5. Matriz inversa 293
6. Determinante de uma matriz 294
7. Simplificação do cálculo de determinantes 297
8. Matrizes e determinantes em planilhas eletrônicas 300
Trocando ideias 301
Exercícios complementares 301

CAPÍTULO 16 Sistemas lineares 305
1. Introdução ao estudo de sistemas lineares 306
2. Equações lineares 306
3. Sistemas de equações lineares 307
4. Regra de Cramer 313
5. Escalonamento de sistemas lineares 315
6. Discussão de um sistema linear 319
Exercícios complementares 321
Compreensão de texto 324
Trocando ideias 325

CAPÍTULO 17 Superfícies poligonais, círculos e áreas 326
1. Polígonos e superfícies poligonais 327
2. Quadriláteros 329
3. Área de algumas superfícies poligonais planas 332
4. Polígonos regulares 335
Trocando ideias 336
5. Circunferência e círculo 338
Exercícios complementares 345
Compreensão de texto 350

CAPÍTULO 18 Introdução à Geometria espacial 352
1. Ideias gerais em Geometria 353
2. Posições relativas 356
3. Perpendicularismo 360
4. Projeções ortogonais 364
5. Distâncias 365
6. Ângulos e diedros 367
Exercícios complementares 369

CAPÍTULO 19 Poliedros 372
1. Sólidos geométricos 373
Trocando ideias 374
2. Prisma 378
3. Pirâmide 386
4. Tronco de pirâmide de bases paralelas 392
Exercícios complementares 395
Compreensão de texto 398

CAPÍTULO 20 Corpos redondos 400
1. Introdução 401
2. Cilindro 401
Trocando ideias 402
3. Cone 404
4. Tronco de cone de bases paralelas 410
5. Esfera 413
Exercícios complementares 418

CAPÍTULO 21 Análise combinatória 422
1. Contagem 424
Trocando ideias 427
2. Fatorial de um número natural 427
3. Permutação 429
4. Arranjo simples 431
5. Combinação simples 433
6. Coeficiente binomial 436
7. Binômio de Newton 437
Exercícios complementares 439

SUMÁRIO

CAPÍTULO 22 Probabilidade ... 442
1. Introdução ao estudo da Probabilidade ... 443
2. Probabilidade ... 445
3. Probabilidade condicional ... 452
4. Método binomial ... 454

Exercícios complementares ... 456
Compreensão de texto ... 460
Trocando ideias ... 461

Respostas da parte II ... 462

PARTE III

CAPÍTULO 23 Matemática financeira ... 474
1. Introdução ... 476
Trocando ideias ... 476
2. Taxa percentual ... 476
3. Juro simples ... 479
4. Juro composto ... 480
5. O uso de planilhas eletrônicas nos cálculos financeiros ... 484

Exercícios complementares ... 486

CAPÍTULO 24 Estatística: análise de dados ... 488
1. Noções de Estatística ... 489
2. Distribuição de frequências ... 490
3. Representações gráficas ... 494
Trocando ideias ... 496

Exercícios complementares ... 501
Compreensão de texto ... 506

CAPÍTULO 25 Medidas estatísticas ... 508
1. Medidas de tendência central ... 509
2. Medidas de dispersão ... 516

Exercícios complementares ... 521
Compreensão de texto ... 524
Trocando ideias ... 525

CAPÍTULO 26 Geometria analítica: conceitos básicos e a reta ... 526
1. Ponto ... 526
Trocando ideias ... 530
2. Reta ... 534
3. Posição relativa entre duas retas no plano ... 541
4. Distância entre ponto e reta ... 544
5. Inequações do 1º grau com duas incógnitas ... 546
6. Área de uma superfície triangular: uma aplicação na Geometria analítica ... 547

Exercícios complementares ... 549

CAPÍTULO 27 Circunferência ... 552
1. Equações da circunferência ... 553
2. Posições relativas ... 556

Exercícios complementares ... 561
Compreensão de texto ... 564

CAPÍTULO 28 Cônicas ... 566
1. Secções cônicas ... 566
2. Elipse ... 568
Trocando ideias ... 569
3. Parábola ... 571
4. Hipérbole ... 574
Trocando ideias ... 577

Exercícios complementares ... 577
Compreensão de texto ... 580

CAPÍTULO 29 Números complexos ... 582
1. Números complexos ... 582
2. Operações com números complexos na forma algébrica ... 586
3. Representação geométrica de um número complexo ... 589
4. Forma trigonométrica de um número complexo ... 591
5. Operações com números complexos na forma trigonométrica ... 593

Exercícios complementares ... 598

CAPÍTULO 30 Polinômios e equações polinomiais ... 600
1. Polinômios ou funções polinomiais ... 600
2. Operações entre polinômios ... 603
3. Equações polinomiais ou algébricas ... 609

Exercícios complementares ... 616

Respostas da parte III ... 619

REFERÊNCIAS BIBLIOGRÁFICAS, 632

PARTE I

Capítulo 1
Organização e apresentação de dados, 16

Capítulo 2
Conjuntos, 35

Capítulo 3
Funções, 53

Capítulo 4
Função afim, 78

Capítulo 5
Função quadrática, 94

Capítulo 6
Função modular, 114

Capítulo 7
Função exponencial, 125

Capítulo 8
Função logarítmica, 140

Capítulo 9
Sequências, 154

Capítulo 10
Geometria plana: triângulos e semelhança, 172

Capítulo 11
Trigonometria no triângulo retângulo, 200

Respostas da parte I, 220

CAPÍTULO 1
ORGANIZAÇÃO E APRESENTAÇÃO DE DADOS

CENSO
Realizado pelo IBGE desde 1940, a cada dez anos.

O censo demográfico e a coleta de dados por amostragem

A cada dez anos, o Instituto Brasileiro de Geografia e Estatística (IBGE) realiza o censo demográfico no Brasil. Agentes credenciados visitam todas as residências para colher informações sobre os habitantes e seu modo de vida. Anualmente, o IBGE também realiza a Pesquisa Nacional por Amostra de Domicílios (PNAD), cujo objetivo é visitar determinado número de municípios para coletar características demográficas e socioeconômicas da população.

CENSO 2010
Municípios visitados: 5.565
Unidades domiciliares: 67.459.066, onde vivem 190.755.799 pessoas

Quase todos
A proposta do censo é coletar informações precisas, baseadas em entrevistas feitas em todos os domicílios. Em alguns casos, os recenseadores encontram casas fechadas e precisam fazer uma estimativa do número de pessoas que vivem ali. Em 2010, 1,3% dos domicílios particulares (ou 899.152 residências) visitados estavam fechados.

Anos de trabalho
Uma operação como o censo movimenta milhares de pessoas.
A linha do tempo a seguir é baseada no tempo gasto para a organização e a realização do Censo Demográfico 2010.

Planejamento	Preparação	Coleta
O censo começa a ser planejado dois anos antes, com reuniões que visam discutir a metodologia, os conceitos e os valores que vão guiar a pesquisa. Ao todo, 228 mil pessoas foram contratadas e treinadas para vagas temporárias entre 2008 e 2010.	Antes de partir para as ruas de todo o país, o IBGE realiza testes em cidades pequenas para verificar possíveis erros na metodologia. Em seguida, passa por todas as ruas de todas as cidades para atualizar e corrigir o banco de dados do instituto. Essa etapa é essencial para a atualização dos mapas do Brasil.	Na maior parte dos domicílios, o agente do IBGE aplica o questionário básico. Em cerca de 10%, ele aplica um questionário mais específico e detalhado. Em seguida, todas as informações registradas pelos recenseadores são transmitidas para os postos de coleta implantados em todos os municípios.
janeiro de 2008 — julho de 2009	julho de 2009 — agosto de 2010	agosto a outubro de 2010

PNAD
Realizada pelo IBGE desde 1967, anualmente, exceto nos anos em que ocorre o censo.

Amostragem
Na PNAD 2014, menos de 0,2% da população foi consultada, mas o IBGE divulgou tendências e estatísticas que valem para todo o país. Para selecionar os domicílios participantes da pesquisa, o IBGE adota uma série de critérios. Veja alguns deles:

- As nove principais regiões metropolitanas brasileiras são visitadas todos os anos.

- O restante das cidades é dividido em grupos com população semelhante. Distritos e municípios pequenos podem ser agrupados. Em cada um dos grupos, são visitados dois municípios, escolhidos aleatoriamente.

- Todos os municípios também são divididos por setores (bairros, regiões) e, em seguida, por unidades domiciliares (lares, asilos e outros tipos de residência permanente). Agentes do IBGE visitam apenas cinco setores de cada município.

- O número de domicílios visitados e a fórmula de expansão, cálculo que dá origem às estimativas finais, variam de acordo com a população local.

PNAD 2014
Municípios visitados: 1.100
Unidades domiciliares: 151.291, onde vivem 362.627 pessoas
População (estimativa): 203,2 milhões

Pesquisa completa
Assim como o censo, a PNAD investiga temas como educação, emprego, arranjos familiares e características do domicílio. A ênfase temática pode variar de ano para ano. Os resultados podem ajudar na formulação de políticas públicas e na destinação de recursos públicos ou mostrar tendências socioculturais.

Dados obtidos em: <www.ibge.gov.br>. Acesso em: 17 fev. 2016.

Apuração
Dos postos de coleta, a informação chega aos bancos de dados do IBGE, onde começa a ser apurada. Nessa etapa, é hora de cruzar dados, avaliar erros e fazer todos os cálculos que vão dar origem aos resultados.

outubro de 2010 — abril de 2011

Divulgação
Nos meses seguintes, o IBGE começa a divulgar tabelas com os resultados do censo. As análises e os relatórios são publicados aos poucos, de acordo com os temas pesquisados. O retrato completo do país só fica pronto anos depois.

abril de 2011 — dezembro de 2013

ENEM
C6: H24, H25, H26
C7: H28, H29, H30

1. Introdução

Frequentemente temos de enfrentar situações que exigem estudo para melhor compreendê-las ou planejar decisões. E, para estabelecer conclusões adequadas, realizar previsões confiáveis ou tomar decisões acertadas, é preciso que os dados coletados se transformem em informações significativas.

Neste capítulo, aplicando conceitos matemáticos e estatísticos, vamos estudar algumas formas de obter, organizar e apresentar dados que facilitam a análise de uma situação.

1.1 A necessidade de dados para compreender melhor uma situação

Rosa foi contratada recentemente como coordenadora pedagógica da Escola Aprender. Para analisar e aprimorar o desempenho das turmas, ela quer conhecer o perfil dos alunos do Ensino Médio com os quais trabalhará. Ela sabe que, no total, são 500 alunos matriculados. Como Rosa poderá traçar esse perfil?

Como já comentamos, para melhor compreender um fenômeno ou uma situação, é necessário obter dados a respeito dos aspectos relevantes desse fenômeno e, em seguida, organizá-los e analisá-los corretamente.

A Estatística, cujo objetivo principal é auxiliar na tomada de decisões em situações de incerteza, é uma metodologia científica para obtenção, organização e análise de dados originados nas mais diversas áreas do conhecimento e em fatos do cotidiano.

Os resultados de uma investigação estatística podem provocar transformações importantes, como a mudança de conceitos ou procedimentos de *marketing*, a reformulação, ou mesmo a retirada, de produtos do mercado, assim como levar à criação de novas estratégias de ação industrial e mercadológica.

Em uma pesquisa de aceitação de um produto por um grupo de pessoas, por exemplo, os resultados podem fornecer informações para ampliar suas vendas. Já no caso da coordenadora Rosa, a pesquisa sobre o perfil dos alunos pode auxiliar a adequar o planejamento escolar aos interesses e às necessidades dos alunos em questão.

1.2 Revendo alguns conceitos matemáticos

A Matemática dispõe de ferramentas úteis para análises e interpretações de situações do cotidiano, bem como de fenômenos das diversas ciências. A seguir, vamos conhecer algumas dessas ferramentas.

Razão

Para preparar uma limonada, João mistura sumo de limão e água, na razão de 1 para 4, nessa ordem. Isso significa que, para um copo de limonada, ele preenche $\frac{1}{5}$ do copo com sumo de limão e $\frac{4}{5}$ do copo com água.

Chama-se **razão** entre dois números reais, a e b, nessa ordem, com $b \neq 0$, a divisão ou o quociente entre a e b. Indicamos a razão entre a e b assim:
$\frac{a}{b}$ ou $a : b$ (lemos: "a está para b").

Exemplo

Para participar de uma olimpíada de Matemática, de um total de 500 alunos que estudam em uma escola, inscreveram-se 100. Dos 40 alunos do 1º ano A, inscreveram-se 8. Com essas informações, podemos determinar algumas razões:

- a razão entre o número de participantes e o número total de alunos da escola, nessa ordem, é: $\frac{100}{500} = \frac{1}{5}$

- a razão entre o número de participantes do 1º ano A e o número total de alunos dessa classe, nessa ordem, é: $\frac{8}{40} = \frac{1}{5}$

Note que, de cada 5 alunos do 1º ano A, 1 participará da olimpíada. O mesmo ocorre em relação ao total de alunos da escola, pois: $\frac{8}{40} = \frac{1}{5} = \frac{100}{500}$

Dizemos que essas razões são **iguais**, pois expressam quocientes iguais.

Proporção

O mapa abaixo foi construído na escala 1 : 11.000, isto é, cada 1 cm medido no mapa corresponde a 11.000 cm reais, ou seja, cada 1 cm no mapa corresponde a 110 m na realidade. Por exemplo, a distância entre as praças Dr. Flávio Prestes e Guido Cagnacci, nesse mapa, é aproximadamente 5 cm, o que indica uma distância real de aproximadamente 550 m. Para determinar a distância real entre as duas localidades, usamos o conceito de proporção.

Vias de São Paulo

Fonte: *Guia Quatro Rodas*: ruas São Paulo 2011. São Paulo: Abril, 2010. p. 85.

Dados quatro números reais não nulos, a, b, c e d, dizemos que eles formam uma **proporção**, nessa ordem, quando a razão $\dfrac{a}{b}$ é igual à razão $\dfrac{c}{d}$.

Indicamos essa proporção assim: $\dfrac{a}{b} = \dfrac{c}{d}$ ou $a : b = c : d$

(lemos: "a está para b assim como c está para d").

Os números a, b, c e d, reais e não nulos, são conhecidos como **termos da proporção**; a e d são os termos extremos (ou simplesmente **extremos**), e b e c são os termos do meio (ou simplesmente **meios**).

Os extremos e os meios de uma proporção obedecem à seguinte relação:

Em toda proporção, o produto dos extremos é igual ao produto dos meios.

$$\dfrac{a}{b} = \dfrac{c}{d} \Leftrightarrow a \cdot d = b \cdot c$$

Exemplo

O setor de recursos humanos de uma empresa constatou que, dos entrevistados pretendentes a um emprego, a razão entre o número de aprovados e o de reprovados, nessa ordem, era $\dfrac{2}{7}$. Sabendo que foram aprovados 4 candidatos, para determinar quantas pessoas foram entrevistadas, calculamos inicialmente a quantidade x de pessoas reprovadas:

$$\dfrac{4}{x} = \dfrac{2}{7} \Rightarrow 2x = 28 \Rightarrow x = 14$$

Portanto, foram entrevistadas 18 pessoas, sendo 14 reprovadas e 4 aprovadas.

Números diretamente proporcionais e números inversamente proporcionais

Os números reais não nulos a, b, c, ... são **diretamente proporcionais** aos números reais não nulos A, B, C, ..., nessa ordem, quando:

$$\dfrac{a}{A} = \dfrac{b}{B} = \dfrac{c}{C} = \ldots = k$$

constante de proporcionalidade

Os números reais não nulos a, b, c, ... são **inversamente proporcionais** aos números reais não nulos A, B, C, ..., nessa ordem, quando:

$$\dfrac{a}{\frac{1}{A}} = \dfrac{b}{\frac{1}{B}} = \dfrac{c}{\frac{1}{C}} = \ldots = k \text{ ou } a \cdot A = b \cdot B = c \cdot C = \ldots = k$$

constante de proporcionalidade

Exemplos

a) Os números 60, 120 e 180 são diretamente proporcionais aos números 1, 2 e 3, nessa ordem, pois:

$$\dfrac{60}{1} = \dfrac{120}{2} = \dfrac{180}{3} = 60$$

b) Os números 40, 60 e 80 são inversamente proporcionais aos números 6, 4 e 3, nessa ordem, pois:

$$\dfrac{40}{\frac{1}{6}} = \dfrac{60}{\frac{1}{4}} = \dfrac{80}{\frac{1}{3}} = 240 \text{ ou } 40 \cdot 6 = 60 \cdot 4 = 80 \cdot 3 = 240$$

EXERCÍCIOS

R1. Em um livro de receitas, a cozinheira verificou que, para o preparo de uma lasanha com molho branco, havia a seguinte indicação: "Para cada 250 g de massa, utilizar 150 g de creme de leite".

a) Quantos gramas de creme de leite ela deverá usar no preparo de 400 g de massa?

b) Se a cozinheira dispuser de uma embalagem de creme de leite com 330 g, quantos gramas de massa deverá usar?

▶ **Resolução**

a) A quantidade x, em grama, de creme de leite para o preparo de 400 g de massa é dada por:

$$\dfrac{150}{250} = \dfrac{x}{400} \Rightarrow 250 \cdot x = 150 \cdot 400 \Rightarrow x = 240$$

Portanto, 240 gramas de creme de leite.

b) A quantidade y, em grama, de massa usada para 330 g de creme de leite é dada por:

$$\dfrac{150}{250} = \dfrac{330}{y} \Rightarrow 150 \cdot y = 250 \cdot 330 \Rightarrow y = 550$$

Portanto, 550 gramas de massa.

1. Na bula de um remédio em gotas, lê-se que "a dosagem recomendada é de 3 gotas por 2 kg de massa da criança". Se uma criança tem 14 kg, qual é a dosagem recomendada?

2. Em uma classe com 42 alunos, de cada 7, 4 são do sexo feminino. Qual é o número de alunos do sexo masculino?

3. Sabendo que $\dfrac{x}{4} = \dfrac{15}{20}$ e $\dfrac{7}{6} = \dfrac{21}{y}$, verifique se as razões $\dfrac{x}{y}$ e $\dfrac{1}{6}$ formam uma proporção.

4. Determine os valores de x e y sabendo que os números x, 6 e 27 são diretamente proporcionais aos números 2, y e 18, nessa ordem.

R2. Dividir o número 33 em partes diretamente proporcionais a 2, 5 e 4.

▶ **Resolução**

Sendo x, y e z as partes diretamente proporcionais a 2, 5 e 4, respectivamente, e k a constante de proporcionalidade, podemos montar um sistema:

$$\begin{cases} x + y + z = 33 \text{ (I)} \\ \dfrac{x}{2} = \dfrac{y}{5} = \dfrac{z}{4} = k \text{ (II)} \end{cases}$$

De (II), temos: x = 2k, y = 5k e z = 4k
Substituindo em (I) os valores encontrados em (II), obtemos:
2k + 5k + 4k = 33 ⇒ k = 3
Portanto, x = 6, y = 15 e z = 12.

5. Dois pintores executaram um serviço e cobraram um total de R$ 1.600,00. O serviço deveria ter sido dividido igualmente, porém um deles trabalhou somente 6 horas, e o outro, 10 horas. Após o término do trabalho, cada um recebeu um valor proporcional ao número de horas trabalhadas. Quanto recebeu cada pintor?

6. João recebeu uma herança no valor de R$ 3.910.000,00 e pensou em duas maneiras de dividi-la integralmente entre seus três filhos, de acordo com a idade de cada um. As idades dos filhos de João são 21, 39 e 45 anos.
   a) Se cada filho receber uma quantia inversamente proporcional à sua idade, quanto cada um receberá?
   b) Se cada filho receber uma quantia diretamente proporcional à sua idade, quais serão os valores recebidos por eles?

7. Três aparelhos de telefone celular custam ao todo R$ 2.200,00. Calcule o preço de cada um, sabendo que os preços são inversamente proporcionais às suas massas: 50 g, 100 g e 150 g.

8. As medidas α, β e γ dos ângulos internos de um triângulo são tais que $\dfrac{\alpha}{3} = \dfrac{\beta}{4} = \dfrac{\gamma}{5}$. Determine essas medidas.

Porcentagem

Taxa percentual ou **porcentagem** é um modo de expressar uma razão centesimal, isto é, a razão entre um número *p* e o número 100, que indicamos por: **p%**

Assim, *p*% expressa uma razão entre a parte *p* e o todo 100.

A porcentagem é um conceito relativo, ou seja, sempre se refere à aplicação de uma taxa percentual a um valor.

Exemplos

a) 10% de 87,50 reais = $\dfrac{10}{100} \cdot 87{,}50$ reais = = 0,10 · 87,50 reais = 8,75 reais

b) 105% de 360° = $\dfrac{105}{100} \cdot 360° = 1{,}05 \cdot 360° = 378°$

c) 30% de 40% de 75 = $\dfrac{30}{100} \cdot \dfrac{40}{100} \cdot 75 = 0{,}3 \cdot 0{,}4 \cdot 75 = 9$

Critérios de arredondamento

Em muitas situações, para facilitar os cálculos, precisamos efetuar arredondamentos nos dados numéricos coletados ou nos resultados de operações que os envolvem. Para fazer esses arredondamentos, adotaremos os critérios recomendados pelo IBGE:

- se o primeiro algarismo a ser abandonado representar um número menor que 5, o último algarismo a permanecer fica inalterado;
- se o primeiro algarismo a ser abandonado representar um número igual a 5 ou maior, o número do último algarismo a permanecer é acrescido de 1.

Exemplo

Número a arredondar	Arredondamento para	Número arredondado
38,547	centésimo	38,55
38,547	décimo	38,5
38,547	inteiro	39

EXERCÍCIOS

R3. No primeiro dia de aula, em determinada classe, o professor de Matemática constatou que naquela turma a razão entre o número de moças e o número de rapazes é $\dfrac{13}{12}$. Qual é a porcentagem de rapazes nessa turma?

> **Resolução**
>
> Como a razão entre o número de moças e o número de rapazes é $\frac{13}{12}$, para cada 13 moças há 12 rapazes nessa turma. Ou seja, de cada 25 pessoas, 13 são moças e 12 são rapazes. Assim, a quantidade de rapazes em relação ao total de alunos é dada por:
>
> $\frac{12}{25} = 0{,}48 = 48\%$
>
> Portanto, a porcentagem de rapazes é 48%.

9. A altura de uma pessoa em uma fotografia de 12,6 cm × 9 cm é 7,5 cm. Dessa fotografia, fez-se um pôster de dimensões 70 cm × 50 cm.
   a) Qual passará a ser a altura da pessoa?
   b) Que taxa percentual representa essa ampliação?

10. Em uma mina de cobre existem 100 pessoas, sendo 99% homens. Quantos homens devem se retirar da mina para que, no conjunto restante, 98% sejam homens?

11. Segundo a Agência Nacional de Petróleo (ANP), em certas regiões do país a gasolina é considerada de "boa qualidade" quando apresenta em sua composição no máximo 25% de álcool anidro. O proprietário de um posto de abastecimento adquire o conteúdo de dois caminhões-tanque idênticos, com misturas álcool-gasolina pura em concentrações diferentes. A razão entre o volume de álcool e o volume de gasolina pura, nessa ordem, é de 1 para 5 no primeiro caminhão e de 1 para 3 no segundo caminhão. Os dois caminhões descarregam sua carga no reservatório do posto, que estava inicialmente vazio, originando, assim, a gasolina que será comercializada.
    A gasolina obtida é de "boa qualidade", conforme o critério estabelecido pela ANP? Explique seu raciocínio.

12. O metrô é um dos meios de transporte mais eficientes nas grandes cidades. Para adquirir seu bilhete, o usuário tem diversas alternativas. Em 2016, o preço da passagem unitária do metrô na cidade de São Paulo era R$ 3,80, e o usuário podia optar por comprar um cartão fidelidade com 20 passagens por R$ 68,00. Que porcentagem de desconto o usuário obtinha ao adquirir o cartão com 20 passagens em relação a 20 passagens unitárias?

2. Coleta de dados

2.1 Alguns conceitos estatísticos

Uma empresa, fabricante de uma conhecida marca de eletrodomésticos, faz controle de qualidade dos produtos antes de colocá-los no mercado. Por exemplo, no caso dos liquidificadores, entre as diversas características avaliadas estão: tempo de funcionamento eficiente do motor, encaixe do copo, fio de corte das lâminas, quantidade de vezes que os botões funcionam e consumo de energia por hora. Em geral, para cada modelo, a empresa testa uma amostra, isto é, uma parte dos liquidificadores fabricados, uma vez que testar todos levaria muito tempo e seria financeiramente inviável. Os dados colhidos, devidamente analisados, possibilitam fazer previsões de riscos de defeito para a produção de cada lote do aparelho.

Para a análise de um conjunto de dados de naturezas diversas, após a definição do problema a ser estudado, o primeiro passo é a coleta de dados, na qual são utilizados conceitos estatísticos. A aplicação desses conceitos costuma ser muito útil na tomada de decisão em várias situações.

A seguir, vamos conhecer alguns desses conceitos.

População

> **População** é o conjunto de todos os elementos ou resultados sob investigação em uma pesquisa.

No estudo sobre uma população, o interesse do pesquisador é direcionado à verificação de um aspecto que seja comum a todos os "indivíduos", ou seja, a cada um dos dados pertencentes à população. Esse aspecto, chamado de variável, é a característica ou a propriedade a ser estudada na população.

Amostra

> **Amostra** é um subconjunto finito da população.

Para obter resultados confiáveis, é necessário que a amostra seja:
- representativa, isto é, tenha as características essenciais da população;
- imparcial, ou seja, que cada elemento da população tenha a mesma chance de ser escolhido para compor a amostra.

Quando a amostra é representativa e imparcial, os resultados obtidos com a observação dos elementos dessa amostra são considerados válidos para toda a população, como é o caso da Pesquisa Nacional por Amostra de Domicílios (PNAD), que vimos no início deste capítulo.

Algumas situações exigem que seja consultada toda a população sob investigação. Esse tipo de pesquisa é chamado de **recenseamento**, como é o caso do censo realizado pelo IBGE.

A necessidade de recorrer a uma amostra algumas vezes ocorre em função de o processo de teste de dados ser destrutivo. Por exemplo, para testar o bom funcionamento de um lote de buzinas de automóvel, podemos acionar cada uma delas, sem que isso afete o seu desempenho futuro. Porém, se acionarmos todos os extintores de incêndio de um lote cuja carga queremos testar, não sobrarão extintores carregados para serem utilizados ou comercializados.

Variável

Variável é uma característica ou um atributo estudado em todos os elementos de uma população ou de uma amostra.

As variáveis podem ser **qualitativas** – aquelas que exprimem qualidades ou atributos – ou **quantitativas** – aquelas cujos resultados são expressos por números. A escolha das variáveis depende do interesse ou dos objetivos do pesquisador.

EXERCÍCIOS

R4. Rosa, que foi contratada como coordenadora pedagógica da Escola Aprender, deseja conhecer o perfil dos alunos do Ensino Médio com os quais trabalhará. Para isso, elaborou o questionário apresentado a seguir com o objetivo de pesquisar as variáveis que considera mais relevantes nesse caso.

QUESTIONÁRIO – PERFIL DOS ALUNOS

1. Ano/Turma:
2. Sexo:
3. Quantos anos você tem?
4. Quantos irmãos você tem?
5. Você tem celular com acesso à internet?
6. Tem computador em casa?
7. De que tipo de música você gosta?
8. Quanto tempo, em média, navega na internet por dia?

A coordenadora decidiu fazer sua pesquisa com uma amostra de 50 alunos, escolhidos aleatoriamente entre os 500 alunos da escola.

Determinar a população, a amostra e as variáveis (qualitativas e quantitativas) dessa pesquisa.

▶ **Resolução**

A população é constituída por todos os 500 alunos da escola, e a amostra é formada pelos 50 alunos escolhidos ao acaso.

No questionário, "ano/turma" é uma característica pesquisada e representa uma variável que qualifica o entrevistado segundo o grau de instrução, isto é, segundo uma ordem. Logo, "ano/turma" é uma **variável qualitativa ordinal**. Outras variáveis, como "posse de celular com acesso à internet", "posse de computador", "sexo" e "preferência musical" apenas nomeiam, não podem ser ordenadas: são **variáveis qualitativas nominais**.

Entretanto, há variáveis que podem ser quantificadas, isto é, representadas por números. No caso "número de irmãos", indicado por um número inteiro, é uma **variável quantitativa discreta**. Já a "idade" e o "tempo médio de navegação na internet por dia" são medidos continuamente por um número real, por isso são **variáveis quantitativas contínuas**.

13. Uma empresa de confecções planeja abrir uma filial em uma cidade com 125.000 habitantes. Para isso, contratou uma agência de publicidade, a fim de realizar uma pesquisa sobre a viabilidade do projeto. A agência contratada informou que consultaria 800 pessoas da região.
   a) Qual é o tamanho da população da pesquisa?
   b) Qual é o tamanho da amostra?
   c) Cite quatro possíveis variáveis que podem ser objetos dessa pesquisa.

14. Classifique as variáveis listadas a seguir em qualitativa (ordinal ou nominal) ou quantitativa (discreta ou contínua).
   a) Número de respostas certas em uma prova.
   b) Procedência dos estudantes de uma universidade.
   c) Opinião das pessoas sobre o serviço público.
   d) Níveis de poluição do ar na cidade (ruim, regular, bom).
   e) Temperatura medida durante uma reação química.
   f) Raça dos cachorros de um canil.
   g) Classe social (baixa, média, alta).

15. Para verificar a abrangência, entre os idosos, de uma campanha de vacinação contra a gripe realizada em 2017 em determinado município, pretende-se entrevistar um grupo de idosos residentes nesse município.
   a) Liste algumas características que você acha importante serem levadas em conta para que esse grupo possa ser usado como uma amostra representativa, ou seja, para que os resultados obtidos com esse grupo possam ser considerados válidos para toda a população de idosos do município.
   b) Se a prefeitura desse município precisa saber exatamente o número de idosos que tomaram a vacina em 2017, independentemente do tempo necessário para realizar a pesquisa, o método escolhido é o ideal? Justifique.

3. Organização e apresentação de dados

3.1 A necessidade da organização de dados

Você é capaz de ler este texto?

> De aorcdo com uma pqsieusa de uma uinrvesriddae ignlsea, não ipomtra em qual odrem as lrteas de uma plravaa etãso, a úncia csioa iprotmatne é que a piremria e a útmlia lrteas etejasm no lgaur crteo. O rseto pdoe ser uma ttaol bçguana que vcoê cnosguee anida ler sem pobrlmea. Itso é poqrue nós não lmeos cdaa ltrea szoinha, mas a plravaa cmoo um tdoo. Lgeal, não é msemo?
>
> Autor desconhecido

A leitura do texto é possível por causa da familiaridade com o todo (a palavra). Nesse caso, a organização das letras, nos parâmetros convencionados para a linguagem, é feita inconscientemente, de modo que conseguimos entender as palavras e, consequentemente, ler o texto. Mas isso não acontece com dados numéricos e outras modalidades de informação que nos são menos familiares.

A tendência de ver o todo pode ser útil em casos semelhantes ao texto anterior, mas pode criar dificuldade se for para descobrir um elemento diferente em meio a um padrão. Veja:

```
O O O O O O O O O O O O O O O O O O O O O O
O O O O O O O O O O O O O O O O O O O O O O
O O O O O O O O O O O O O O O O O O O O O O
O O O O O O O O O O O O O O O O O O O O O O
O O O O O O O O O O O O O O O O O O O O O O
O O O O O O O O O O O O O O O O O O O O O O
O O O O O O O O O O O O O O O O O O O O O O
O O O O O O O O O O O O O O O O O O O O O O
O O O O O O O O O C O O O O O O O O O O O O
O O O O O O O O O O O O O O O O O O O O O O
O O O O O O O O O O O O O O O O O O O O O O
```

Em meio ao padrão (O), encontrar uma irregularidade (C) é uma tarefa que exige muita concentração, ou tal irregularidade passa despercebida.

Na primeira situação, verificamos que a forma de organização e apresentação das letras, embora não impeça a leitura do texto, pode dificultá-la. Na segunda situação, os símbolos assim dispostos também dificultam a identificação da irregularidade (C); por isso, uma melhor organização desses símbolos facilitaria a localização da irregularidade.

Em situações que trabalham com dados obtidos como resultado de uma pesquisa, como dados numéricos, por exemplo, a forma de organizar e apresentar esses dados também pode dificultar ou facilitar a compreensão do resultado da pesquisa realizada.

Para exemplificar, considere a situação a seguir.

A empresa Peça Que Eu Levo trabalha com distribuição e entrega de mercadorias. Seu departamento de recursos humanos está aplicando um teste para selecionar candidatos a uma vaga no departamento de logística.

Esse teste consiste em apresentar um estudo para adequar a frota de veículos da empresa às regras do rodízio vigentes no município de São Paulo. Os candidatos devem fazer um levantamento das placas de todos os veículos da empresa e verificar o final de cada uma para saber quantos veículos não podem trafegar na região e horário do rodízio em cada dia da semana.

Observação

O sistema de rodízio de veículos, adotado há alguns anos para reduzir o número de automóveis em circulação nos horários de pico no centro expandido de São Paulo, amenizou o problema de trânsito da cidade.

A tabela a seguir relaciona os dias de circulação proibida nos horários de pico com o final da placa do veículo.

Dia da semana	Final da placa
2ª feira	1 e 2
3ª feira	3 e 4
4ª feira	5 e 6
5ª feira	7 e 8
6ª feira	9 e 0

Os candidatos A e B apresentaram as seguintes formas de organização dos finais de placa:

Candidato A

```
9 1 1 2 8 3 2 0 6 9 2 2
3 2 7 1 1 4 1 5 1 5 7 7
9 0 8 8 8 7 7 3 5 1 7 6
8 2 0 6 7 8 0 4 1 2 4 5
8 5 4 6 1 1 3 4 1 6 9 9
0 2 5 5 2 0 2 5 4 7 5 4
4 5 7 2 3 0 3 8 7 9 3 1
3 3 5 9 4 1 3 1 8 4 7 7
9 9 3 0 0 9 4 1 1 4 6 9
6 2 4 5 8 9 9 6 8 5 0 4
```

Candidato B

```
2ª feira: 1 1 1 1 1 1 1 1 1 1 1 1 1 1 1
          2 2 2 2 2 2 2 2 2 2 2 2
3ª feira: 3 3 3 3 3 3 3 3 3 3 3
          4 4 4 4 4 4 4 4 4 4 4 4 4 4
4ª feira: 5 5 5 5 5 5 5 5 5 5 5 5 5
          6 6 6 6 6 6 6 6
5ª feira: 7 7 7 7 7 7 7 7 7 7 7 7
          8 8 8 8 8 8 8 8 8 8
6ª feira: 9 9 9 9 9 9 9 9 9 9 9 9 9
          0 0 0 0 0 0 0 0 0 0
```

Observando o resultado de cada um, podemos destacar:
- o candidato A dispôs os dados na ordem em que eles foram encontrados;
- o candidato B usou uma linha para cada um dos dois finais de placa que não poderiam circular em cada dia da semana.

Já os candidatos C e D organizaram os dados das seguintes formas:

Candidato C

Dia da semana	Final da placa	Quantidade
2ª feira	1	16
	2	12
3ª feira	3	11
	4	14
4ª feira	5	13
	6	8
5ª feira	7	12
	8	11
6ª feira	9	13
	0	10

Candidato D

Distribuição da frota segundo o final da placa		
Dia da semana	Final da placa	Quantidade
2ª feira	1 ou 2	28
3ª feira	3 ou 4	25
4ª feira	5 ou 6	21
5ª feira	7 ou 8	23
6ª feira	9 ou 0	23

Observando o resultado de cada um, notamos que:

- o candidato C separou a quantidade de veículos com os finais de placa dois a dois para cada dia da semana;

- o candidato D fez um levantamento do total de veículos que não podem circular em cada dia da semana.

O candidato E apresentou o gráfico abaixo, contendo o número de veículos indisponíveis em cada dia da semana:

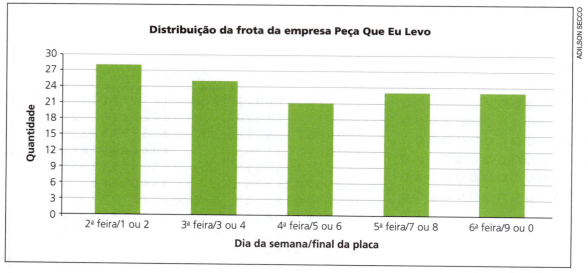

Fonte: Candidato E.

Algumas das respostas apresentadas pelos candidatos comunicam melhor as informações que outras, isto é, transformam os dados em informações de leitura mais fácil e mais adequada. Por exemplo, com as formas de organização de dados dos candidatos D e E, o departamento de logística percebe mais facilmente que deve programar menos entregas para as segundas-feiras que para as quartas-feiras, conseguindo, assim, um uso mais racional da frota da empresa.

3.2 Organizando e apresentando dados em tabelas

As tabelas são de grande utilidade tanto na organização de dados quanto na apresentação de resultados. A representação facilita a verificação de informações e a observação do comportamento de variáveis, o que favorece a averiguação de padrões, regularidades ou tendências.

Às vezes, interessa ao pesquisador verificar se existe alguma relação entre duas variáveis. Por exemplo, em sua pesquisa sobre o perfil dos alunos, a coordenadora pedagógica Rosa poderia verificar a preferência musical deles de acordo com o sexo. Uma relação desse tipo fica clara em uma **tabela de dupla entrada**, como a exemplificada a seguir.

Preferência musical dos alunos de acordo com o sexo								
Sexo / Estilo musical	*Funk*	*MPB*	*Pop*	*Rap*	*Rock*	*Samba*	*Sertanejo*	Total
Masculino	4%	5%	7%	11%	10%	6%	3%	46%
Feminino	9%	10%	6%	12%	8%	5%	4%	54%
Total	13%	15%	13%	23%	18%	11%	7%	100%

Fonte: Alunos do Ensino Médio da Escola Aprender.

A tabela deixa claro, por exemplo, que o estilo preferido por ambos os sexos é o *rap* (23%) ou que, entre as meninas, o estilo menos popular é o sertanejo (4%).

Nesse tipo de tabela, uma variável ocupa a linha, e a outra, a coluna. A parte central apresenta o percentual de escolhas das duas variáveis, e a última linha e a última coluna apresentam o total de cada coluna e linha, respectivamente.

As porcentagens ajudam a generalizar, ou seja, a transferir os resultados obtidos na amostra para a população.

De modo geral, uma tabela simples é constituída pelos seguintes elementos:

- **título** – indica o tema do qual a tabela trata;
- **cabeçalho** – indica o conteúdo das colunas;
- **colunas indicadoras** – esclarecem o conteúdo de cada linha;
- **corpo** – reúne os dados da tabela;
- **fonte** – apresenta a entidade (pessoa física ou jurídica) responsável pelo fornecimento ou pela organização dos dados apresentados. Geralmente, aparece no rodapé da tabela.

Exemplo

Quadro de medalhas dos Jogos Pan-americanos 2015					
Colocação	País	Número de medalhas			
		Ouro	Prata	Bronze	Total
1º	Estados Unidos	103	81	81	265
2º	Canadá	78	69	70	217
3º	Brasil	41	40	60	141
4º	Cuba	36	27	34	97

Fonte: Comitê Olímpico Brasileiro (COB).

- Título: "Quadro de medalhas dos Jogos Pan-americanos 2015"
- Cabeçalho: "Número de medalhas"
- Colunas indicadoras: "Colocação", "País", "Ouro", "Prata", "Bronze" e "Total"
- Corpo: Dados apresentados nas quatro últimas linhas da tabela.
- Fonte: "Comitê Olímpico Brasileiro (COB)"

Distribuição de frequências

Para analisar os dados coletados em uma pesquisa, convém organizá-los. Pode-se, por exemplo, dispor os dados em ordem crescente ou decrescente, no caso de uma variável quantitativa, ou agrupá-los em categorias semelhantes, no caso de uma variável qualitativa.

Retomando as organizações elaboradas pelos candidatos A e B (página 23), verificamos que o candidato A apenas coletou o final de cada placa, obtendo um conjunto de dados que precisam ser organizados. Na organização proposta pelo candidato B, é feita uma separação das ocorrências verificadas, de tal modo que elas foram separadas e agrupadas de acordo com os dias da semana. Assim, agrupando as ocorrências de final de placas 1 e 2, por exemplo, verifica-se que existem 28 ocorrências.

O agrupamento das ocorrências deve ser feito de acordo com o objetivo da pesquisa. A quantidade de vezes que determinada ocorrência aparece em cada grupo é chamada de **frequência absoluta** ou, simplesmente, **frequência**.

Há situações em que se deseja comparar a frequência absoluta de um grupo com a soma de todas as frequências absolutas. Para isso, calculamos a razão entre a frequência absoluta de cada grupo e o total de elementos da amostra, obtendo a **frequência relativa**.

Como é uma razão entre a parte e o todo, a frequência relativa é expressa por um número racional entre 0 e 1. Multiplicando esse número por 100%, temos a **frequência percentual**.

Vamos retomar a forma de representação do candidato D à vaga de emprego da empresa Peça Que Eu Levo e incluir na tabela as colunas correspondentes a essas frequências, com valores arredondados.

Distribuição da frota segundo o final da placa				
Dia da semana	Final da placa	Frequência absoluta	Frequência relativa	Frequência percentual
2ª feira	1 ou 2	28	0,2333	23,33%
3ª feira	3 ou 4	25	0,2083	20,83%
4ª feira	5 ou 6	21	0,1750	17,50%
5ª feira	7 ou 8	23	0,1917	19,17%
6ª feira	9 ou 0	23	0,1917	19,17%
Total		120	1,0000	100,00%

Fonte: Candidato C.

Observação

Em uma distribuição de frequências, como a da tabela, a soma das frequências relativas é sempre igual a 1, e a soma das frequências percentuais é sempre igual a 100%.

Quando temos de calcular a frequência relativa e a frequência percentual com os dados organizados em muitos grupos, os cálculos podem ser trabalhosos, o que pode acarretar erros que atrapalhariam a interpretação dos resultados. Portanto, podemos usar outros recursos que auxiliam nesses cálculos, como planilhas eletrônicas ou calculadoras. Observe como poderíamos obter a frequência relativa e a frequência percentual para cada linha da tabela do exemplo anterior usando uma planilha eletrônica.

Para montar a tabela, vamos utilizar cinco colunas da planilha: A, B, C, D e E.

- Primeiro, preenchemos as colunas A, B e C com os dias da semana, os finais das placas e as frequências absolutas, respectivamente.
- Em seguida, utilizamos, respectivamente, as colunas D e E para as frequências relativas e as frequências percentuais.

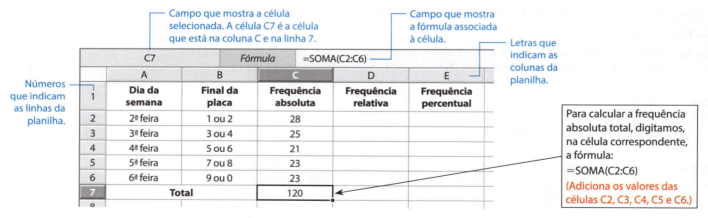

Observe o procedimento para preencher os dados da coluna D.

	D2		Fórmula	=C2/$C$7	
	A	B	C	D	E
1	Dia da semana	Final da placa	Frequência absoluta	Frequência relativa	Frequência percentual
2	2ª feira	1 ou 2	28	0,2333	
3	3ª feira	3 ou 4	25		
4	4ª feira	5 ou 6	21		
5	5ª feira	7 ou 8	23		
6	6ª feira	9 ou 0	23		
7		Total	120		

Não é necessário repetir a fórmula para cada célula da coluna. Basta selecionar a primeira célula, levar o cursor até a quina da seleção e, com o botão esquerdo do *mouse* clicado, arrastar a seleção até a célula D6. Esse procedimento copia a fórmula da célula D2 para as células D3 a D6, substituindo C2, respectivamente, por C3, C4, C5 e C6.

			Fórmula		
	A	B	C	D	E
1	Dia da semana	Final da placa	Frequência absoluta	Frequência relativa	Frequência percentual
2	2ª feira	1 ou 2	28	0,2333	
3	3ª feira	3 ou 4	25	0,2083	
4	4ª feira	5 ou 6	21	0,1750	
5	5ª feira	7 ou 8	23	0,1917	
6	6ª feira	9 ou 0	23	0,1917	
7		Total	120		

Agora, veja como preencher os dados da coluna E.

	E2		Fórmula	=D2	
	A	B	C	D	E
1	Dia da semana	Final da placa	Frequência absoluta	Frequência relativa	Frequência percentual
2	2ª feira	1 ou 2	28	0,2333	23,33%
3	3ª feira	3 ou 4	25	0,2083	
4	4ª feira	5 ou 6	21	0,1750	
5	5ª feira	7 ou 8	23	0,1917	
6	6ª feira	9 ou 0	23	0,1917	
7		Total	120		

Inicialmente, digitamos na célula E2 a fórmula:
=D2
(Repete o valor calculado na célula D2.)
Depois, formatamos a célula para mostrar o valor em porcentagem (o que é equivalente a multiplicar o valor da célula por 100%).

	E2		Fórmula	=D2	
	A	B	C	D	E
1	Dia da semana	Final da placa	Frequência absoluta	Frequência relativa	Frequência percentual
2	2ª feira	1 ou 2	28	0,2333	23,33%
3	3ª feira	3 ou 4	25	0,2083	20,83%
4	4ª feira	5 ou 6	21	0,1750	17,50%
5	5ª feira	7 ou 8	23	0,1917	19,17%
6	6ª feira	9 ou 0	23	0,1917	19,17%
7		Total	120		

Selecionamos a célula E2 e arrastamos a seleção até a célula E6. As células E3 a E6 são preenchidas, então, com os valores de D3 a D6 em porcentagem.

Para calcular a frequência relativa total e a frequência percentual total, basta repetir o procedimento realizado para calcular a frequência absoluta total.

	E7		Fórmula	=SOMA(E2:E6)	
	A	B	C	D	E
1	Dia da semana	Final da placa	Frequência absoluta	Frequência relativa	Frequência percentual
2	2ª feira	1 ou 2	28	0,2333	23,33%
3	3ª feira	3 ou 4	25	0,2083	20,83%
4	4ª feira	5 ou 6	21	0,1750	17,50%
5	5ª feira	7 ou 8	23	0,1917	19,17%
6	6ª feira	9 ou 0	23	0,1917	19,17%
7		Total	120	1,0000	100,00%

EXERCÍCIOS

16. Pedro, interessado em saber qual a cor mais comum dos veículos que transitavam na sua rua, permaneceu por meia hora, em dois períodos do dia, manhã e tarde, anotando as cores de cada veículo. As cores – branca (br), prata (pa), amarela (am), vermelha (vm), azul (az), preta (pr) e verde (vd) – foram anotadas à medida que os veículos passavam.

Veja abaixo as anotações de Pedro em cada período.

Manhã:
pa, az, pa, vm, am, pr, vd, az, pr, pa, vm, az, pa, pr, pr, vm, pr, pa, pa, br, vd, pa, az, pr, pa, pa, vm.

Tarde:
pa, pr, pr, vm, pa, pa, pa, az, pa, vm, br, vd, pa, vm, az, pa, vm, az, vd, pa, pr, pr, az.

a) Construa, se possível em uma planilha eletrônica, uma tabela de frequências das cores em cada período e no dia todo para cada uma das frequências: absoluta, relativa (em relação ao total de veículos do dia) e percentual (em relação ao total de veículos do dia).

b) Que cor apresentou maior frequência percentual no período da manhã? E à tarde? E no dia todo? E qual cor apresentou a menor frequência percentual nesses períodos?

17. Na tabela a seguir estão apresentados os dados de uma pesquisa sobre os ramos de atividade e os valores, em bilhão de reais, relacionados às vendas efetuadas pelas principais empresas localizadas em um estado.

Vendas das principais empresas estaduais			
Empresa	Ramo de atividade	Vendas (em bilhão de reais)	
		2016	2017
Sabor	Alimentos	28,6	25,7
Refrescando	Bebidas	17,5	19,8
Moradias	Construção civil	17,2	16,4
Extrações	Mineração	30,3	34,5
Metálicas	Siderurgia	25,1	20,6
Fale mais	Telefonia	16,7	17,9

Fonte: Agência Pesquisa Efetiva.

Considerando os dados da tabela, faça o que se pede.

a) Identifique e classifique as variáveis apresentadas na tabela.

b) Identifique os seguintes elementos dessa tabela:
- título;
- cabeçalho;
- coluna indicadora;
- fonte.

c) A agência de pesquisas organizou a tabela apresentando os dados coletados em ordem alfabética em relação ao ramo de atividade da empresa. Esse critério facilitará a análise dos dados se for necessário verificar quais empresas apresentam os melhores e os piores resultados em relação às vendas de 2017? Justifique.

d) Se for necessário comparar as vendas de cada empresa em relação ao total vendido por esse grupo em cada ano considerado, qual tipo de frequência será necessário calcular?

18. A tabela abaixo apresenta a relação entre duas variáveis da pesquisa realizada pela coordenadora Rosa.

Posse de computador de acordo com o sexo			
Sexo \ Tem computador	Sim	Não	Total
Masculino	18	5	23
Feminino	20	7	27
Total	38	12	50

Fonte: Alunos do Ensino Médio da Escola Aprender.

a) Reconstrua a tabela substituindo os valores absolutos pelos respectivos valores percentuais em relação ao número de elementos da amostra.

b) Em relação ao total de elementos de cada grupo, quem tem, percentualmente, mais computadores: os meninos ou as meninas?

3.3 Organizando e apresentando dados em gráficos

A representação gráfica é outra forma de apresentação de dados muito comum nas diversas mídias. Os gráficos estatísticos têm como principais objetivos sintetizar o comportamento de uma ou mais variáveis e facilitar a visualização dos resultados.

A escolha do tipo de gráfico depende de vários fatores, como a natureza e o comportamento da variável, ou dos objetivos de quem o apresenta.

A seguir, vamos estudar alguns tipos de gráfico e a conveniência do uso de cada um.

Gráfico de barras (verticais ou horizontais)

Talvez pela facilidade de construção ou pela simplicidade para a observação das relações apresentadas, os **gráficos de barras** são representações muito usuais e aplicam-se para as variáveis tanto qualitativas quanto quantitativas.

No gráfico de barras verticais, também chamado de **gráfico de colunas**, o eixo horizontal apresenta a variável em estudo, e o eixo vertical, as frequências observadas (absoluta, relativa ou percentual, conforme a variável). As colunas têm larguras iguais e alturas proporcionais às respectivas frequências.

As considerações referentes ao gráfico de colunas aplicam-se ao gráfico de barras horizontais, apenas com os eixos invertidos.

Exemplo

Idade dos jogadores do Flor Futebol Clube	
Idade	Frequência percentual
14	10%
15	30%
16	30%
17	20%
18	10%

Dados fictícios.

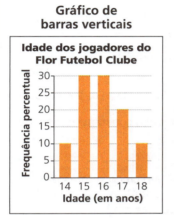

Dados fictícios.

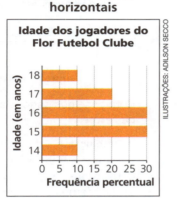

Dados fictícios.

Para a frequência percentual, a medida é obtida pela aplicação da taxa percentual de cada frequência em relação a 360°.

Exemplo

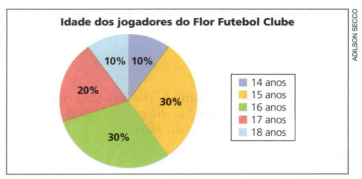

Dados fictícios.

Observação

O gráfico de setores é recomendado quando se deseja comparar o valor de cada categoria com o total. Porém, seu uso não é adequado quando uma dessas categorias apresenta frequência igual a zero, já que, nesse caso, essa "fatia" não apareceria. Também não é adequado quando a soma das frequências percentuais é maior que 100%, o que ocorre quando os entrevistados podem dar mais de uma resposta a uma pergunta.

Gráfico de setores

No **gráfico de setores**, as "fatias" (setores) representam as frequências absoluta ou percentual correspondentes a cada dado da variável em estudo. A medida do ângulo central de cada uma dessas "fatias" é proporcional à frequência correspondente. No caso da frequência absoluta, a medida do ângulo central de cada fatia é obtida por meio da igualdade:

$$\frac{\text{frequência absoluta}}{\text{total das frequências absolutas}} = \frac{\text{medida do ângulo central}}{360°}$$

Gráfico de linha

Um **gráfico de linha**, ou **gráfico de segmentos**, mostra tendências de um conjunto de dados em intervalos uniformes. Os valores associados a cada intervalo são representados por um conjunto de pontos conectados por uma linha de segmentos consecutivos. Cada ponto tem a sua altura representada no eixo vertical, e o respectivo intervalo é exibido no eixo horizontal. Esse tipo de gráfico é muito usado quando se deseja comparar valores ao longo de um período.

Exemplo

Dados obtidos em: <www.obt.inpe.br/prodes>. Acesso em: 6 jul. 2016.

Observando esse gráfico é possível perceber a variação da taxa de desmatamento da Amazônia Legal ao longo do período de 2003 a 2015. Note que a maior taxa de desmatamento do período considerado ocorreu em 2004, e a menor, em 2012.

Área desmatada em Calçoene, AP.

Capítulo 1 • Organização e apresentação de dados

Observação

De acordo com o Instituto de Pesquisa Ambiental da Amazônia (Ipam), Amazônia Legal é uma área que engloba nove estados brasileiros (Acre, Amapá, Amazonas, Mato Grosso, Pará, Rondônia, Roraima, Tocantins e parte do estado do Maranhão) pertencentes à Bacia Amazônica e que, consequentemente, possui em seu território trechos da Floresta Amazônica.

Pictograma

O **pictograma** é constituído por imagens relacionadas ao tema em estudo. É um tipo de gráfico muito usado pela mídia em razão do forte apelo visual.

Exemplo

Municípios mais populosos do Brasil em 1/7/2015	
Município	População estimada
São Paulo	11.967.829
Rio de Janeiro	6.476.631
Salvador	2.921.090
Brasília	2.914.830
Fortaleza	2.591.191

Dados obtidos em: <www.ibge.gov.br>. Acesso em: 6 jul. 2016.

Dados obtidos em: <www.ibge.gov.br>. Acesso em: 6 jul. 2016.

Observe que o gráfico é elaborado com valores aproximados. É bastante comum ocorrer isso na construção de um pictograma. Além disso, no caso desse pictograma, como cada símbolo representa 1.000.000 de habitantes, para o município do Rio de Janeiro, por exemplo, foram usados 6 símbolos inteiros e a metade de um símbolo, a fim de indicar o valor aproximado 6.500.000.

EXERCÍCIOS

19. O consumo mensal de energia elétrica de uma residência, em quilowatt-hora (kWh), durante o primeiro semestre do ano passado, foi: 340, 361, 280, 299, 320 e 302.

Considerando os arredondamentos que julgar convenientes, construa um gráfico de barras horizontais.

R5. Em sua pesquisa, a coordenadora Rosa obteve os seguintes dados para a variável "Tempo médio de navegação na internet por dia":

Tempo médio de navegação na internet por dia		
Intervalo em hora	Frequência absoluta	Frequência percentual
Até 1 hora	5	10%
Mais de 1 hora, até 2 horas	15	30%
Mais de 2 horas, até 3 horas	20	40%
Mais de 3 horas, até 4 horas	5	10%
Mais de 4 horas	5	10%
Total	50	100%

Fonte: Alunos do Ensino Médio da Escola Aprender.

Com base nos dados da tabela, construir um gráfico de setores.

➤ **Resolução**

Devemos dividir o círculo em cinco setores. Para determinar a medida x do ângulo central de cada um, podemos proceder de dois modos:

- usar a frequência absoluta:

$$\frac{5}{50} = \frac{x_1}{360°} \Rightarrow x_1 = 36°$$

$$\frac{15}{50} = \frac{x_2}{360°} \Rightarrow x_2 = 108°$$

$$\frac{20}{50} = \frac{x_3}{360°} \Rightarrow x_3 = 144°$$

- usar a frequência percentual:

10% de 360° = 0,10 · 360° = 36°

30% de 360° = 0,30 · 360° = 108°

40% de 360° = 0,40 · 360° = 144°

A soma das porcentagens é 100%, e a soma das medidas dos ângulos centrais é 360°.

Fonte: Alunos do Ensino Médio da Escola Aprender.

R6. A tabela a seguir mostra a quantidade colhida de feijão, em tonelada, por um produtor nos anos de 2013 a 2017.

Ano	Quantidade colhida de feijão (em tonelada)
2013	1.640
2014	1.800
2015	1.370
2016	1.000
2017	1.200

Fonte: Produtor de feijão.

Com base nos dados da tabela, construir um pictograma.

▶ **Resolução**

Para construir o pictograma, temos de definir o símbolo que será usado e também a quantidade de tonelada de feijão que cada símbolo representará.

Analisando os dados da tabela, verificamos que os valores estão entre 1.000 e 1.800 e são próximos de um múltiplo de 200. Desse modo, podemos estabelecer que cada símbolo representará 200 toneladas de feijão. Para determinar quantos símbolos serão usados em cada ano, precisaremos arredondar alguns valores: 1.640 será arredondado para 1.600 e 1.370 para 1.400.

Fonte: Produtor de feijão.

20. No exercício resolvido **R6**, estabeleceu-se que cada símbolo representaria 200 toneladas de feijão, mas poderiam ter sido feitas outras escolhas; por exemplo, poderíamos estabelecer que cada símbolo representaria 100 toneladas e, nesse caso, o valor 1.640 poderia ser arredondado para 1.650 e representado por 16 símbolos e mais metade de um símbolo.

Faça um pictograma com os dados do exercício resolvido **R6** adotando outro valor para cada símbolo.

21. Observe a tabela a seguir. Nela estão apresentadas as populações residentes no Brasil de 1960 a 2010.

População residente no Brasil	
Data	População
1/9/1960	70.070.457
1/9/1970	93.139.037
1/9/1980	119.002.706
1/9/1991	146.825.475
1/8/2000	169.799.170
1/8/2010	190.755.799

Dados obtidos em: IBGE. *Censo Demográfico 2010*. Rio de Janeiro: IBGE, 2011.

a) Elabore um pictograma para representar os dados da tabela.

b) Compare o seu pictograma com os elaborados por cinco colegas. Escolham o pictograma que melhor representa os dados da tabela. Justifiquem a escolha.

22. Veja o gráfico abaixo. Ele apresenta a frequência absoluta, por sexo (masculino: M e feminino: F), de pessoas entrevistadas em uma pesquisa.

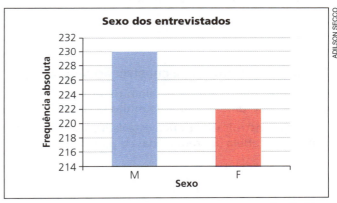

Dados fictícios.

Agora, responda às questões.

a) A altura do retângulo azul é o dobro da altura do retângulo rosa?

b) Sem efetuar cálculos, você pode concluir que o número de homens entrevistados é o dobro do número de mulheres?

c) Você considera que esse gráfico pode induzir o leitor a um equívoco?

d) Se você respondeu ao item **c** afirmativamente, refaça o gráfico de tal modo que evite essa indução à leitura equivocada.

23. Segundo o Ministério do Turismo, em 2014, ano da Copa do Mundo no Brasil, o país registrou a entrada de 6.429.852 turistas internacionais. Pela primeira vez, o país superou a marca dos 6 milhões de estrangeiros.

Observe o gráfico a seguir, que apresenta a distribuição dos turistas que chegaram ao Brasil naquele ano segundo o local de residência.

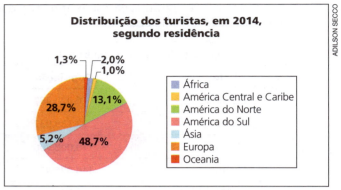

Dados obtidos em: <www.dadosefatos.turismo.gov.br>.
Acesso em: 18 set. 2015.

Com base nas informações apresentadas, elabore uma tabela com as frequências relativa e absoluta aproximada referentes a cada setor do gráfico.

24. Pesquisas mostram que os jovens estão abusando do uso dos aparelhos portáteis de música (mp3, mp4, celular), passando várias horas com o fone de ouvido, muitas vezes com o volume muito alto, o que pode acarretar problemas na audição.

Preocupada com esse fato, a direção de uma escola resolveu verificar o tempo que os seus alunos passam ouvindo música com fone de ouvido. Para isso, realizou uma pesquisa em uma amostra com 40 alunos. O resultado da pesquisa está apresentado no gráfico a seguir.

Dados fictícios.

a) Com base no gráfico, construa uma tabela com as frequências absoluta e percentual dessa amostra de 40 alunos.

b) Supondo que a amostra represente fielmente a população pesquisada dos 640 alunos dessa escola, quantos usam fone de ouvido por 4 horas ou mais, diariamente?

Planilhas eletrônicas na construção de gráficos

As planilhas eletrônicas, além de auxiliar na construção de tabelas de distribuição de frequências, são uma ferramenta muito usada por pesquisadores para construir gráficos.

Para construir um gráfico estatístico usando uma planilha eletrônica, inicialmente devemos construir a tabela de frequências na planilha. Vamos usar a tabela construída nas páginas 26 e 27.

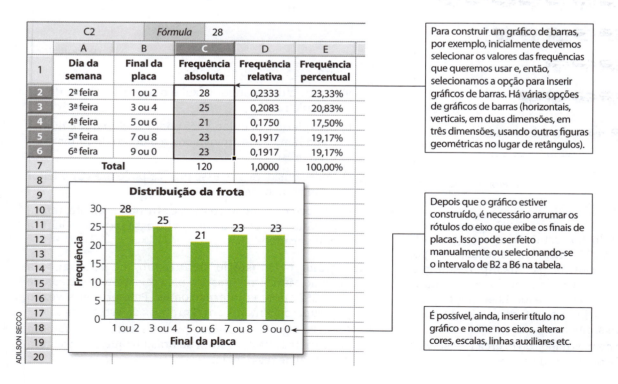

Para construir um gráfico de barras, por exemplo, inicialmente devemos selecionar os valores das frequências que queremos usar e, então, selecionamos a opção para inserir gráficos de barras. Há várias opções de gráficos de barras (horizontais, verticais, em duas dimensões, em três dimensões, usando outras figuras geométricas no lugar de retângulos).

Depois que o gráfico estiver construído, é necessário arrumar os rótulos do eixo que exibe os finais de placas. Isso pode ser feito manualmente ou selecionando-se o intervalo de B2 a B6 na tabela.

É possível, ainda, inserir título no gráfico e nome nos eixos, alterar cores, escalas, linhas auxiliares etc.

EXERCÍCIO

25. Resolva usando uma planilha eletrônica.

As notas finais dos 36 alunos de uma turma foram apresentadas pelo professor em ordem de chamada:

1 – 6,0	7 – 5,0	13 – 10,0	19 – 4,0	25 – 8,0	31 – 4,0
2 – 7,0	8 – 6,0	14 – 6,0	20 – 7,0	26 – 5,0	32 – 9,0
3 – 5,0	9 – 8,0	15 – 10,0	21 – 5,0	27 – 10,0	33 – 7,0
4 – 5,0	10 – 7,0	16 – 6,0	22 – 6,0	28 – 8,0	34 – 9,0
5 – 4,0	11 – 5,0	17 – 7,0	23 – 8,0	29 – 8,0	35 – 8,0
6 – 6,0	12 – 9,0	18 – 5,0	24 – 5,0	30 – 7,0	36 – 8,0

a) Construa uma tabela de frequências (absoluta, relativa e percentual) organizando esses dados para facilitar a observação do comportamento da variável "nota".

b) Qual foi a porcentagem de notas iguais a 6 (nota mínima de aprovação) ou acima dela? E abaixo?

c) Construa um gráfico de barras (horizontais ou verticais) com as frequências absolutas das notas e um gráfico de setores.

d) Qual dos gráficos construídos você considera melhor para apresentar esse conjunto de notas?

Trocando ideias

Em grupos, coletem dados de todos os alunos de sua turma para a variável "atividade de lazer preferida" ou escolham outra variável qualitativa para investigar. Usando os dados coletados, construam, em uma planilha eletrônica, uma tabela com as frequências absoluta e percentual. Em seguida, construam pelo menos dois tipos de gráfico para representar seus dados e apresentem os resultados para os colegas. Discutam se nesse caso o gráfico de segmentos seria adequado.

Exercícios complementares

1. (Enem) Sabe-se que a distância real, em linha reta, de uma cidade A, localizada no estado de São Paulo, a uma cidade B, localizada no estado de Alagoas, é igual a 2.000 km. Um estudante, ao analisar um mapa, verificou com sua régua que a distância entre essas duas cidades, A e B, era 8 cm.

Os dados nos indicam que o mapa observado pelo estudante está na escala de:

a) 1 : 250
b) 1 : 2.500
c) 1 : 25.000
d) 1 : 250.000
e) 1 : 25.000.000

2. Duas turmas de 1º ano, ao serem convidadas a elaborar sugestões para o cardápio da cantina da escola, apresentaram os resultados indicados na tabela abaixo.

Sugestões para o cardápio da cantina		
Sugestões	1º A	1º B
Lanches e sucos naturais	31,25%	12,50%
Salada de frutas	25,00%	25,00%
Pão de queijo	12,50%	50,00%
Outros	31,25%	12,50%
Total	100,00%	100,00%

Dados fictícios.

a) Sabendo que são 32 alunos do 1º A e 24 do 1º B, quantos alunos de cada turma sugeriram a inclusão de lanches e sucos naturais?

b) O item "Salada de frutas" corresponde a igual porcentagem nas duas turmas. Isso significa que o mesmo número de alunos, em cada turma, fez essa sugestão? Justifique sua resposta.

3. O número de assinantes de TV paga no Brasil vem crescendo nos últimos anos, conforme mostra a tabela abaixo.

TV por assinatura no Brasil	
Ano	Número de assinaturas (em milhões)
2009	3,6
2010	9,8
2011	12,7
2012	16,2
2013	18,0
2014	19,6

Dados obtidos em: <www.teleco.com.br>.
Acesso em: 18 set. 2015.

a) Arredonde os valores da tabela para a unidade de milhão.

b) Com os valores obtidos no item **a**, construa um gráfico de colunas.

c) Reproduza o gráfico do item **b** e marque o ponto médio do lado superior de cada retângulo do gráfico. Em seguida, com caneta colorida, trace uma linha de segmentos consecutivos com extremidades nesses pontos.

d) Analise as duas formas de representação (gráfico de colunas e gráfico de segmentos) e decida qual é a mais apropriada para perceber a evolução dos resultados.

EXERCÍCIOS COMPLEMENTARES

4. Observe o gráfico a seguir, que mostra a quantidade de automóveis no Brasil de janeiro de 2010 a janeiro de 2016.

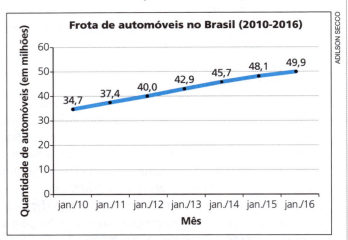

Dados obtidos em: <www.denatran.gov.br>.
Acesso em: 6 jul. 2016.

Agora, responda às questões.

a) De quanto foi o aumento na quantidade de automóveis no Brasil de janeiro de 2010 a janeiro de 2016?

b) Calcule a porcentagem aproximada que representa esse aumento.

c) Em sua opinião, que impactos o crescimento indicado no item **b** provoca na vida da população?

Vista aérea da avenida 23 de Maio em São Paulo, SP.

QUESTÕES DE VESTIBULAR

5. (Unicamp-SP) A quantia de R$ 1.280,00 deverá ser dividida entre 3 pessoas. Quanto receberá cada uma se:

a) a divisão for feita em partes diretamente proporcionais a 8, 5 e 7?

b) a divisão for feita em partes inversamente proporcionais a 5, 2 e 10?

6. (Fuvest-SP) Um reservatório, com 40 litros de capacidade, já contém 30 litros de uma mistura gasolina/álcool com 18% de álcool.

Deseja-se completar o tanque com uma nova mistura gasolina/álcool de modo que a mistura resultante tenha 20% de álcool. A porcentagem de álcool nessa nova mistura deve ser de:

a) 20% **b)** 22% **c)** 24% **d)** 26% **e)** 28%

7. (Unicamp-SP) Como se sabe, os *icebergs* são enormes blocos de gelo que se desprendem das geleiras polares e flutuam pelos oceanos. Suponha que a parte submersa de um *iceberg* corresponda a $\frac{8}{9}$ de seu volume total e que o volume da parte não submersa seja de 135.000 m³.

a) Calcule o volume total do *iceberg*.

b) Calcule o volume de gelo puro do *iceberg* supondo que 2% de seu volume total é constituído de "impurezas", como matéria orgânica, ar e minerais.

8. (UFMG) Este gráfico representa o resultado de uma pesquisa realizada com 1.000 famílias com filhos em idade escolar.

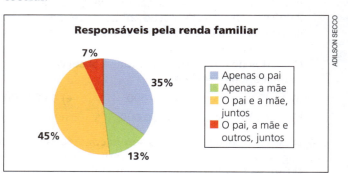

Considere estas afirmativas referentes às famílias pesquisadas:

(I) O pai participa da renda familiar em menos de 850 dessas famílias.

(II) O pai e a mãe participam, juntos, da renda familiar em mais de 500 dessas famílias.

Então, é correto afirmar que:

a) nenhuma das afirmativas é verdadeira.

b) apenas a afirmativa I é verdadeira.

c) apenas a afirmativa II é verdadeira.

d) ambas as afirmativas são verdadeiras.

Mais questões: no livro digital, em **Vereda Digital Aprova Enem** e **Vereda Digital Suplemento de revisão e vestibulares**; no *site*, em **AprovaMax**.

CAPÍTULO 2

CONJUNTOS

ENEM
M1: H1, H2, H3
M3: H13

Aves do Pantanal brasileiro.

1. Conjuntos

1.1 Noções básicas

Ao observarmos a foto da página anterior, identificamos dois grupos de aves: os tuiuiús e os colhereiros.

Assim como nessa situação, em muitas outras recorremos à noção de conjunto como agrupamento ou coleção de elementos. Veja alguns exemplos.

- Conjunto dos dias da semana em que uma pessoa pratica natação: segunda-feira, quarta-feira, sexta-feira.

- Conjunto dos polígonos que têm menos de seis lados: triângulos, quadriláteros e pentágonos.
- Conjunto dos números pares: 0, 2, 4, 6, 8, ...

Um conjunto é formado por **elementos** e pode ser finito ou infinito. Por exemplo, os números 0, 2, 4 e 6 são alguns elementos do conjunto dos números pares, que é um conjunto infinito.

Representação de um conjunto

Há mais de uma forma de representar um conjunto. Como exemplo, vamos representar de diferentes formas o conjunto A, formado pelos elementos 1, 3, 5, 7 e 9.

- Enumerando os elementos:

$$A = \{1, 3, 5, 7, 9\}$$

- Considerando uma propriedade específica dos elementos:

$$A = \{x \mid x \text{ é um número natural ímpar menor que 10}\}$$

(lemos: "o conjunto A dos elementos x tal que x é um número natural ímpar menor que dez")

- Desenhando uma figura (diagrama de Venn):

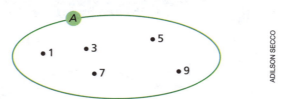

Independentemente da representação, com relação aos elementos do conjunto A podemos dizer que:

- 1 **pertence** a A. Indicamos por: $1 \in A$
- 2 **não pertence** a A. Indicamos por: $2 \notin A$

1.2 Igualdade de conjuntos

Dois conjuntos, A e B, são **iguais** ($A = B$) quando têm os mesmos elementos.

Por exemplo, os conjuntos A e B abaixo são iguais, pois têm os mesmos elementos:

$A = \{x \mid x \text{ é número natural menor que 5}\}$

$B = \{0, 1, 2, 3, 4\}$

Logo, $A = B$.

Se um conjunto A tiver ao menos um elemento que não pertença a um conjunto B (ou vice-versa), dizemos que esses conjuntos são **diferentes** ($A \neq B$).

1.3 Conjuntos universo, unitário e vazio

Conjunto universo

No capítulo anterior, vimos que a população de uma pesquisa é o conjunto de todos os elementos ou resultados sob investigação. Esse conjunto também pode ser chamado de **conjunto universo**.

Por exemplo, em uma pesquisa sobre a biodiversidade vegetal de determinada região, o conjunto universo será formado por todas as espécies de plantas dessa região.

Mata Atlântica, Tapiraí, São Paulo.

Na Matemática, podemos generalizar:

> Conjunto universo é o conjunto ao qual pertencem todos os elementos considerados em determinado estudo.
> Indicamos por: U

Por exemplo, ao resolver a equação $x^2 = 4$, considerando o conjunto dos números naturais como conjunto universo U, encontramos uma única solução: $x = 2$

Agora, se considerarmos U como o conjunto dos números inteiros, a equação terá duas soluções: $x = -2$ ou $x = 2$

Conjunto unitário

Considere o conjunto $C = \{x \mid x \text{ é um número natural primo e par}\}$. Como o único número natural primo e par é o 2, o conjunto C é formado apenas por um elemento: $C = \{2\}$. Por isso, é chamado de **conjunto unitário**.

> Conjunto unitário é o conjunto formado por um único elemento.

Conjunto vazio

Considere o conjunto $B = \{x \mid x$ é um número natural que elevado ao quadrado resulta em 10$\}$. Repare que $3^2 = 9$ e $4^2 = 16$, ou seja, não existe nenhum número natural que elevado ao quadrado resulte em 10. Portanto, o conjunto B não possui nenhum elemento e, por isso, é chamado de **conjunto vazio**.

> Conjunto vazio é o conjunto que não tem elementos.
> Indicamos por: $\varnothing$ ou $\{\ \}$

EXERCÍCIOS

1. Leia cada propriedade e escreva o conjunto enumerando seus elementos.
   a) A: conjunto dos números naturais maiores que 10 e menores que 20.
   b) B: conjunto dos números naturais múltiplos de 3.
   c) C: conjunto dos lados do triângulo ABC.
   d) D: conjunto das consoantes da palavra ARARA.
   e) E: conjunto dos números múltiplos de 30 entre 100 e 110.

2. Escreva uma propriedade que defina cada conjunto.
   a) $D = \{0, 12, 24, 36\}$
   b) $E = \{$nova, crescente, cheia, minguante$\}$
   c) $F = \{5, 7, 9, 11, 13, 15, 17, 19\}$

3. Considere os conjuntos:
   $A = \{x \mid x$ é um número natural par$\}$
   $B = \{x \mid x$ é um número primo$\}$
   $C = \{x \mid x$ é um número natural múltiplo de 6$\}$
   Classifique cada sentença como verdadeira (V) ou falsa (F).
   a) $2 \in A$
   b) $2 \notin B$
   c) $6 \notin B$
   d) $6 \in C$
   e) $16 \in A$
   f) $16 \in C$

4. Considere os conjuntos do exercício anterior para responder às questões e justificá-las.
   a) Se um elemento pertencer a A, então ele também pertencerá a C?
   b) Todo elemento de C também é elemento de A?
   c) Todo elemento de B pertence ao conjunto dos números ímpares?

5. Sejam os conjuntos:
   $A = \{x \mid x$ é um número natural não nulo e $x \leq 1\}$
   $B = \{x \mid x$ é um número ímpar e $-1 < x < 1\}$
   $C = \{x \mid x$ é um número natural e $x^2 = 1\}$
   Quais são os conjuntos iguais?

6. Enumere os elementos dos conjuntos.
   a) $X = \{x \in U \mid -10 < x < 10\}$, sendo U o conjunto dos números naturais.
   b) $Y = \{y \in U \mid -10 < y < 10\}$, sendo U o conjunto dos números inteiros.

7. Enumere os conjuntos a seguir.
   a) $A = \{x \in U \mid x$ é um número tal que $x^2 - 9 = 0\}$, sendo U o conjunto dos números naturais.
   b) $B = \{x \in U \mid x$ é um número tal que $x^2 - 9 = 0\}$, sendo U o conjunto dos números inteiros.
   c) $C = \{x \in U \mid x$ é um número tal que $x^2 - 9 = 0\}$, sendo U o conjunto dos números racionais.

8. Classifique cada conjunto em vazio ou unitário.
   a) $M = \{x \mid x$ é um número natural menor que 1$\}$
   b) $N = \{x \mid x$ é um número par e está entre 2.333 e 2.334$\}$
   c) $O = \{x \mid x$ é um número natural tal que $x^2 = 4\}$
   d) $P = \{x \mid x$ é um número inteiro e está entre 0 e 1$\}$

1.4 Subconjuntos de um conjunto

Dizemos que o conjunto A é **subconjunto** do conjunto B se, e somente se, todos os elementos de A pertencem a B. Por exemplo, considere os conjuntos abaixo.

$$A = \{1, 2, 3, 4\}$$
$$B = \{1, 2, 3, 4, 5, 6, 7\}$$

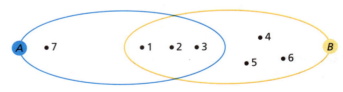

A é um subconjunto de B.

Para indicar essa relação entre os conjuntos A e B, usamos a notação:

$A \subset B$ (lemos: "A **está contido** em B"
ou "A é **subconjunto** de B")

Também podemos dizer que o conjunto B **contém** o conjunto A. Nesse caso, a notação é: $B \supset A$

Se um conjunto A não é subconjunto de B, dizemos que A **não está contido** em B. Indicamos assim: $A \not\subset B$.

Por exemplo:

$A \not\subset B$ e $B \not\subset A$

Observação

Vamos considerar verdadeiras, sem demonstrar, as afirmações a seguir.
- O conjunto vazio está contido em qualquer conjunto.
- Todo conjunto está contido nele mesmo.
- Se $A \subset B$ e $B \subset A$, então $A = B$.
- Se $A \subset B$ e $B \subset C$, então $A \subset C$.

EXERCÍCIOS

R1. Dados os conjuntos $A = \{a, b, c\}$, $B = \{c, d\}$ e $C = \{b, c\}$, verificar se as sentenças a seguir são verdadeiras ou falsas.

a) $A \supset C$ b) $B \not\subset A$ c) $C \supset A$ d) $C \subset B$

▶ **Resolução**

a) A sentença é verdadeira, pois todos os elementos de C pertencem a A.

b) A sentença é verdadeira, pois existe o elemento d de B que não pertence a A.

c) A sentença é falsa, pois o elemento a pertence a A, mas não pertence a C.

d) A sentença é falsa, pois o elemento b pertence a C, mas não pertence a B.

R2. Considerando o conjunto $B = \{1, 2, 3\}$, dar um exemplo de um conjunto X em cada caso.

a) $X \subset B$ b) $B \subset X$ c) $X \subset B$ e $B \subset X$

▶ **Resolução**

a) Se $X \subset B$, então X é um subconjunto de B. Logo, há mais de um conjunto X que obedece a essa condição.

As possibilidades são: $X = \{1\}$; $X = \{1, 2\}$; $X = \{1, 3\}$; $X = \{2, 3\}$; $X = \{1, 2, 3\}$ ou $X = \varnothing$, uma vez que o conjunto vazio é subconjunto de qualquer conjunto.

b) Se $B \subset X$, então B é um subconjunto de X. Logo, poderemos determinar infinitos exemplos para X, desde que os elementos 1, 2 e 3 pertençam ao conjunto X. Como exemplo, temos: $X = \{0, 1, 2, 3, 22\}$

c) Se $X \subset B$ e $B \subset X$, então o conjunto X é igual a B. Logo, só existe uma possibilidade: $X = \{1, 2, 3\}$

---

9. Considere os conjuntos $C = \{1\}$, $D = \{1, 2, 3\}$, $E = \{1, 3, 5, 7, 9, ...\}$ e $F = \{x \mid x$ é um número primo$\}$. Classifique cada sentença em verdadeira (V) ou falsa (F).

a) $C \supset D$ d) $D \not\subset E$ g) $E = F$
b) $C \subset E$ e) $F \supset E$ h) $C \not\subset F$
c) $D \subset F$ f) $\varnothing \subset C$ i) $E \supset C$

10. Dados os conjuntos $A = \{2, 3, 9\}$, $B = \{1, 3, 8, 4\}$ e $C = \{1, 3, 5, 7, 9\}$, determine os conjuntos que satisfazem as condições indicadas em cada item.

a) J: conjunto formado pelos elementos que pertencem a A e não pertencem a B.

b) K: conjunto formado pelos elementos que pertencem a A e também a C.

c) L: conjunto formado pelos elementos que pertencem a B e não pertencem a C.

d) M: conjunto formado pelos elementos que pertencem a C e não pertencem a B.

11. Observe o diagrama e escreva relações entre os conjuntos A, B e C utilizando os símbolos $\subset$, $\supset$ ou $\not\subset$.

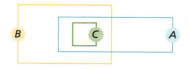

12. Observe o diagrama e escreva relações entre os conjuntos A, B e C utilizando os símbolos $\subset$, $\supset$ ou $\not\subset$.

13. Considere os conjuntos:
$A = \{x \mid x$ é um número natural$\}$
$B = \{x \mid x$ é um número natural múltiplo de 5$\}$
$C = \{x \mid x$ é um número natural múltiplo de 10$\}$
Escreva relações entre dois dos conjuntos A, B e C usando os símbolos $\subset$, $\not\subset$ e $\supset$.

14. Dados os conjuntos $A = \{a, b, c\}$ e $B = \{b\}$, determine as quatro possibilidades de formar um conjunto M, sabendo que: $M \subset A$ e $M \supset B$

15. Considere os seguintes conjuntos:
A: conjunto das pessoas que estão de calça
B: conjunto das pessoas que estão de azul
C: conjunto das pessoas que têm cabelos curtos
D: conjunto das pessoas que têm olhos castanhos
Sabendo que $A \subset B$, $B \supset C$, $D \supset B$ e $A \supset C$, identifique a afirmação falsa. (*Dica*: represente os conjuntos em diagramas.)

a) Existem pessoas de olhos castanhos que estão de calça.
b) Todas as pessoas de calça estão de azul.
c) Existem pessoas de cabelos curtos que têm olhos castanhos.
d) Todas as pessoas de olhos castanhos têm cabelos curtos.

2. Operações com conjuntos

2.1 União de conjuntos

Considere os conjuntos $A = \{2, 3, 5, 7\}$ e $B = \{0, 2, 4, 6\}$. Reunindo em um conjunto C os elementos que pertencem ao conjunto A ou ao B, temos:

$$C = \{0, 2, 3, 4, 5, 6, 7\}$$

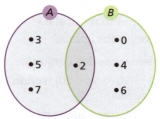

A região cinza representa $A \cup B$.

Dizemos que C é o conjunto resultante da **união** de A e B. Indicamos assim:

A ∪ B = C (lemos: "A união B é igual a C")

> Dados dois conjuntos, A e B, a união de A e B é o conjunto formado por todos os elementos que pertencem a A ou a B.
>
> A ∪ B = {x | x ∈ A ou x ∈ B}

2.2 Intersecção de conjuntos

Considere A = {x | x é um número natural menor que 8} e B = {x | x é um número natural par menor que 10}. Se formarmos um conjunto C com os elementos comuns a A e a B, ou seja, com elementos que pertencem tanto a A quanto a B, obteremos:

C = {0, 2, 4, 6}

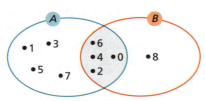

A região cinza representa A ∩ B.

Dizemos que C é o conjunto resultante da **intersecção** de A e B. Indicamos assim:

A ∩ B = C (lemos: "A intersecção B é igual a C")

> Dados dois conjuntos, A e B, a intersecção de A e B é o conjunto formado por todos os elementos que pertencem a A e a B.
>
> A ∩ B = {x | x ∈ A e x ∈ B}

Observação

Quando A ∩ B = ∅, dizemos que A e B são **conjuntos disjuntos**, ou seja, A e B não têm elementos em comum.

EXERCÍCIOS

R3. Determinar A ∪ B e A ∩ B, sabendo que A = {x | x é um número natural menor que 8} e B = {x | x é um número natural entre 7 e 11}.

➤ **Resolução**

Inicialmente, determinamos os elementos dos conjuntos A e B. Assim:
A = {0, 1, 2, 3, 4, 5, 6, 7} e B = {8, 9, 10}

Desse modo: A ∪ B = {0, 1, 2, 3, 4, 5, 6, 7, 8, 9, 10}
E, como A e B não têm elementos em comum,
A ∩ B = ∅.

16. Considere os conjuntos A, B e C representados abaixo.

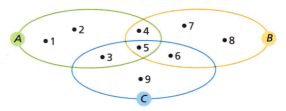

Determine:
a) A ∪ B
b) B ∪ C
c) A ∪ C
d) A ∪ B ∪ C
e) A ∩ B
f) B ∩ C
g) C ∩ A
h) A ∩ B ∩ C

17. Observe a representação dos conjuntos X, Y e Z.

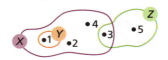

Determine:
a) X ∪ Y
b) Y ∪ Z
c) Z ∪ X
d) X ∪ Y ∪ Z
e) X ∩ Z
f) X ∩ Y
g) Y ∩ Z
h) X ∩ Y ∩ Z

18. Considere P = {x | x é par}, I = {x | x é ímpar} e M = {x | x é um número natural múltiplo de 10}. Determine:
a) P ∪ M
b) P ∩ I
c) P ∩ M
d) I ∩ M

R4. Considerar os conjuntos A, B e C representados abaixo.

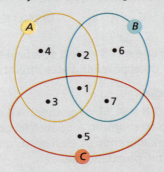

Determinar:
a) (A ∪ B) ∩ C
b) (A ∩ B) ∪ C

➤ **Resolução**

a) Inicialmente, vamos determinar os elementos pertencentes a cada conjunto:

A = {1, 2, 3, 4}, B = {1, 2, 6, 7} e C = {1, 3, 5, 7}

Agora, determinamos (A ∪ B):

A ∪ B = {1, 2, 3, 4, 6, 7}

Em seguida, determinamos a intersecção desse conjunto com C:

(A ∪ B) ∩ C = {1, 3, 7}

Representando em um diagrama de Venn, temos:

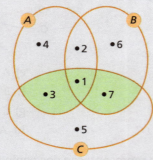

A parte verde representa (A ∪ B) ∩ C.

b) Primeiro, determinamos (A ∩ B):

A ∩ B = {1, 2}

Em seguida, determinamos a união desse conjunto com C: (A ∩ B) ∪ C = {1, 2, 3, 5, 7}

Representando em um diagrama de Venn, temos:

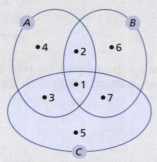

A parte azul representa (A ∩ B) ∪ C.

19. Retome os conjuntos A, B e C do exercício 16 e determine:

a) (A ∩ B) ∪ C   b) (A ∪ B) ∩ C

R5. Sabendo que A ∪ B = {1, 2, 3, 4, 5, 6} e A ∩ B = {4, 5}, escrever duas possibilidades diferentes para A e B.

▶ **Resolução**

Como A ∩ B = {4, 5}, os elementos 4 e 5 devem pertencer tanto ao conjunto A quanto ao conjunto B. Além disso, considerando os elementos que pertencem a A ∪ B, duas possibilidades são:

A = {4, 5} e B = {1, 2, 3, 4, 5, 6} ou A = {3, 4, 5, 6}
e B = {1, 2, 4, 5}

Há outras possibilidades além dessas.

20. Sabendo que A ∪ B = {15}, escreva três possibilidades diferentes para A e B.

21. Sabendo que A ∩ B = {15}, escreva duas possibilidades diferentes para A e B.

22. Sabendo que A = {1, 2, 3, 4}, B = {1, 4, 5} e C = {1, 3, 5, 6}, determine o conjunto X tal que X ∪ A = A ∪ B e X ∩ C = {5}.

2.3 Diferença de conjuntos

Considere os conjuntos:

A = {x | x é um número natural e está entre 20 e 30} e
B = {x | x é um número primo menor que 30}

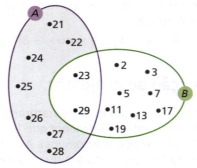

A região cinza representa A − B.

Podemos formar um conjunto D com os elementos que pertencem ao conjunto A, mas não pertencem a B. Dizemos que o conjunto D é a **diferença** entre A e B:

A − B = D = {21, 22, 24, 25, 26, 27, 28}

> Dados dois conjuntos, A e B, a diferença entre A e B é o conjunto formado pelos elementos que pertencem a A, mas não pertencem a B.
>
> A − B = {x | x ∈ A e x ∉ B}

Complementar de um conjunto

Considere um conjunto A e um subconjunto de A, por exemplo: A = {5, 8, 13, 20, 22} e B = {13, 20}. O **complementar do conjunto B em relação a A** é o conjunto {5, 8, 22}, formado pelos elementos de A que não pertencem a B.

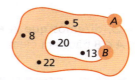

Dados os conjuntos A e B, com B ⊂ A, o complementar do conjunto B em relação a A é a parte laranja da figura.

> Dados dois conjuntos, A e B, tais que B ⊂ A, o complementar do conjunto B em relação a A, indicado por $\complement_A^B$, é o conjunto formado pelos elementos de A que não pertencem a B.
>
> $\complement_A^B = \{x | x \in A \text{ e } x \notin B\}$

Ou seja: $\complement_A^B = A - B$

Observações

- O complementar de um conjunto A em relação ao conjunto universo U também pode ser expresso pela notação: $\overline{A}$

- Note que o complementar só é definido quando um conjunto está contido em outro.

EXERCÍCIOS

R6. Determinar A − B sabendo que
A = {x | x é um número natural menor que 10} e
B = {x | x é um número natural e está entre 3 e 7}.

➤ **Resolução**
Para facilitar a resolução, podemos enumerar os elementos dos conjuntos A e B:
A = {0, 1, 2, 3, 4, 5, 6, 7, 8, 9} e B = {4, 5, 6}
Como a diferença de A e B é o conjunto formado pelos elementos que pertencem a A, mas não pertencem a B, temos: A − B = {0, 1, 2, 3, 7, 8, 9}

23. Dados os conjuntos X = {1, 2, 3, 4}, Z = {1, 2, 3, 4, 5, 6, 7, 8, 9} e Y = {x | x é um número primo menor que 6}, determine:
a) Z − X
b) Y − X
c) X − Z

R7. Descrever a parte azul do diagrama por meio de operações de conjuntos.

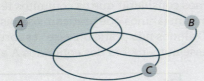

➤ **Resolução**
Observando a figura, vemos que nenhuma parte do conjunto B está azul, assim como nenhuma parte do conjunto C.

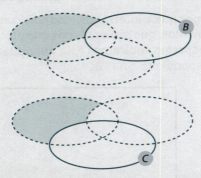

Devemos observar ainda que somente uma parte do conjunto A está azul.
Como essa parte representa os elementos de A que não pertencem a B nem a C, podemos escrever a seguinte operação para representar a parte azul da figura: A − B − C ou A − C − B

24. Descreva a parte laranja em cada diagrama por meio de operações de conjuntos.

a) 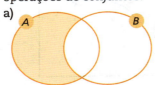 b)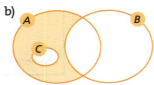

25. Considere os conjuntos do diagrama abaixo.

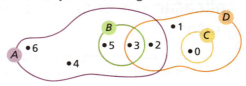

Determine:
a) A − D
b) B − C
c) (A ∩ D) − (B ∩ C)

26. Dados os conjuntos A, B e C, representados ao lado, determine o que se pede.
a) A ∪ B ∪ C
b) A ∩ B ∩ C
c) (A − B) ∩ C
d) (A − C) ∩ B

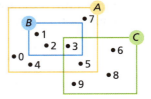

R8. Considerar os conjuntos A = {0, 5, 10, 15}, B = {0, 10} e U = {x | x é um número natural menor ou igual a 15}. Determinar:
a) C_A^B
b) $\overline{A}$

➤ **Resolução**
a) Vamos determinar o conjunto complementar de B em relação a A, formado pelos elementos de A que não pertencem a B: C_A^B = A − B = {5, 15}
b) $\overline{A}$ é o conjunto complementar de A em relação ao conjunto universo U, ou seja, $\overline{A}$ é formado pelos elementos de U que não pertencem a A. Como o conjunto U é um conjunto finito, podemos enumerar seus elementos:
U = {0, 1, 2, 3, 4, 5, 6, 7, 8, 9, 10, 11, 12, 13, 14, 15}
Assim:
$\overline{A}$ = {1, 2, 3, 4, 6, 7, 8, 9, 11, 12, 13, 14}

27. Dados os conjuntos U = {0, 2, 4, 6, 8, 10}, A = {0, 2, 4}, B = {4, 6, 8} e C = {4}, determine:
a) $\overline{A}$
b) $\overline{B}$
c) $\overline{C}$
d) C_B^C

R9. Dados os conjuntos U = {3, 6, 9, 12, 15, 18} e $\overline{A}$ = {3, 6, 9}, determinar o conjunto A.

➤ **Resolução**
Como $\overline{A}$ = {3, 6, 9}, os elementos de U que não pertencem a $\overline{A}$ pertencem ao conjunto A; portanto:
A = {12, 15, 18}

28. Considerando U = {17, 21, 29, 35, 77} e $\overline{B}$ = {17, 77}, determine B.

29. Determine X, Y e Z, sabendo que Z = {t}, C_X^Y = {c}, C_X^Z = {c, a} e C_Y^Z = {a}.

30. Dado um conjunto universo U, considere um subconjunto qualquer C. Qual é o complementar do complementar desse conjunto C?

31. Se A − B = {1, 3}, A − C = {1, 4} e A ∪ B = {1, 3, 4}, determine o conjunto A.

3. Aplicação das operações com conjuntos

Em alguns problemas que envolvem a noção de conjuntos, especialmente aqueles que se referem a pesquisas, nem sempre o interesse é saber por quais elementos os conjuntos são formados, mas, sim, saber quantos elementos pertencem a cada conjunto.

Vamos analisar o que ocorre com o número de elementos de um conjunto resultante de algumas operações. Considere os conjuntos finitos A e B representados abaixo.

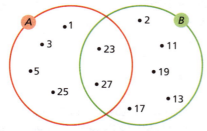

Vamos representar por:
- n(A) o número de elementos do conjunto A;
- n(B) o número de elementos do conjunto B.

Então, temos n(A) = 6 e n(B) = 7.

Repare que há dois elementos na intersecção de A e B, ou seja, n(A ∩ B) = 2.

Para calcular o número de elementos da união de A e B, não podemos apenas somar a quantidade de elementos de cada conjunto, pois, desse modo, os elementos da intersecção seriam considerados duas vezes. Por isso, efetuamos: n(A ∪ B) = 6 + 7 − 2 = 11

E, para calcular o número de elementos de A − B, basta descontar do número de elementos de A o número de elementos de A ∩ B: n(A − B) = 6 − 2 = 4

O quadro a seguir generaliza esses resultados para dois conjuntos finitos quaisquer.

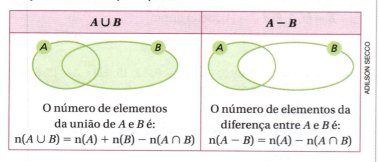

A ∪ B	A − B
O número de elementos da união de A e B é: n(A ∪ B) = n(A) + n(B) − n(A ∩ B)	O número de elementos da diferença entre A e B é: n(A − B) = n(A) − n(A ∩ B)

EXERCÍCIOS

32. Considere os conjuntos:
P: números primos menores que 10
M: números naturais múltiplos de 2 menores que 10
Q: números naturais múltiplos de 4 menores que 10
Determine a quantidade de elementos de cada conjunto e classifique cada item em verdadeiro (V) ou falso (F).
a) n(P) = 4
b) n(P ∪ M) = 9
c) n(P ∩ M) = 1
d) n(Q − M) = 2
e) n(P ∪ Q) = 7
f) n(M − P) = 4

33. Determine o número de elementos dos conjuntos:
a) n(A ∪ B), sabendo que: n(A) = 10, n(B) = 5 e n(A ∩ B) = 0
b) n(A ∪ B), sabendo que: n(A) = 15, n(B) = 15 e n(A ∩ B) = 3
c) n(A − B), sabendo que: n(A) = 15, n(B) = 15 e n(A ∩ B) = 3
d) n(A − B), sabendo que: n(A) = 0
e) n(A ∩ B), sabendo que: n(A) = 20, n(B) = 15 e n(A ∪ B) = 30

R10. Em uma pesquisa com uma turma de Ensino Médio, verificou-se que 15 alunos praticam basquete como atividade esportiva, 25 alunos praticam futebol e 7 alunos praticam duas atividades: basquete e futebol. Sabendo que 10 alunos não optaram por nenhum desses esportes, determinar:

a) o número de alunos que praticam basquete ou futebol.

b) quantos alunos foram entrevistados.

➤ **Resolução**

Para facilitar a resolução, vamos fazer um diagrama que represente a situação, chamando de A o conjunto dos alunos que praticam basquete e de B o conjunto dos alunos que praticam futebol. Devemos considerar que os conjuntos têm elementos em comum (alunos que praticam os dois esportes) e que 10 alunos não praticam esses esportes (indicamos esse número fora dos conjuntos A e B).

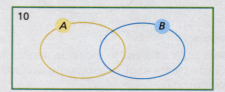

Sabemos que a intersecção dos dois conjuntos possui 7 elementos, que são os alunos que praticam os dois esportes. Indicamos essa quantidade na região correspondente a A ∩ B:

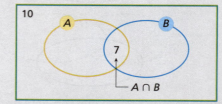

Agora, atenção: o enunciado informa que 15 alunos praticam basquete. Isso não significa que eles praticam apenas basquete. Desses alunos, 7 já foram considerados na intersecção dos conjuntos (ou seja, eles praticam também futebol). Assim, o número de alunos que praticam apenas basquete é: 15 − 7 = 8

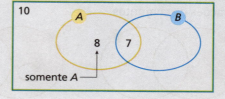

Analogamente, como 25 alunos praticam futebol e, desses, 7 também praticam basquete, a quantidade de alunos que praticam apenas futebol é: 25 − 7 = 18

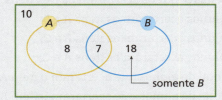

a) O número de alunos que praticam basquete ou futebol corresponde ao número de elementos do conjunto A ∪ B, que é dado por: 8 + 18 + 7 = 33

Esse número também poderia ser obtido com a aplicação da fórmula:

n(A ∪ B) = n(A) + n(B) − n(A ∩ B)

Ou seja: n(A ∪ B) = 15 + 25 − 7 = 33

b) Observando o diagrama completo, concluímos que o número de alunos entrevistados foi:
10 + 8 + 7 + 18 = 43

34. Uma livraria realizou uma pesquisa e constatou que 256 adolescentes leem ficção, 134 leem poesia e 97 leem ficção ou poesia. Considerando essas informações, responda às questões.

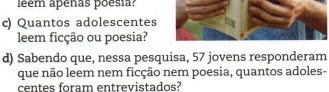

a) Quantos adolescentes leem apenas ficção?

b) Quantos adolescentes leem apenas poesia?

c) Quantos adolescentes leem ficção ou poesia?

d) Sabendo que, nessa pesquisa, 57 jovens responderam que não leem nem ficção nem poesia, quantos adolescentes foram entrevistados?

35. Um laboratório testou um novo medicamento com 50 voluntários. Os únicos efeitos adversos encontrados foram náusea e dor de cabeça, de modo que 12 pessoas sentiram dor de cabeça, 9 sentiram náusea e 4 sentiram dor de cabeça e náusea.

a) Quantos voluntários sentiram dor de cabeça e não sentiram náusea?

b) Quantos sentiram pelo menos um desses sintomas?

c) Quantos voluntários não sentiram náusea nem dor de cabeça?

R11. Após uma pesquisa com os clientes de um supermercado, verificou-se que 150 pessoas compram leite da marca C e 75 compram o da marca P. Sabendo que foram pesquisadas 200 pessoas e que todas elas compram leite da marca C ou P, determinar quantas compram leites das duas marcas.

▶ **Resolução**

Vamos construir o diagrama para representar a situação. Primeiro, chamamos de x a quantidade de pessoas que compram leite das duas marcas. Então, a quantidade de pessoas que compram somente uma das marcas será (150 − x) para a marca C e (75 − x) para a marca P.

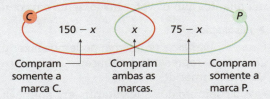

Como o número de consumidores pesquisados é o número de elementos do conjunto C ∪ P, que indicamos por n(C ∪ P), temos:

n(C ∪ P) = (150 − x) + x + (75 − x)
200 = (150 − x) + x + (75 − x)
x = 150 + 75 − 200
x = 25

Assim, concluímos que 25 pessoas compram leite das duas marcas.

Esse problema também poderia ser resolvido por meio da fórmula:

n(A ∪ B) = n(A) + n(B) − n(A ∩ B)

Substituindo os valores desse problema na fórmula, obtemos:

200 = 150 + 75 − n(A ∩ B) ⇒ n(A ∩ B) = 25

36. Uma indústria testou a qualidade das camisetas fabricadas em dois critérios: qualidade da costura e qualidade da estampa. Não passaram no teste 27 camisetas: 23 por terem problemas na costura e 11 por problemas na estampa. Quantas camisetas foram reprovadas nos dois itens?

37. Em uma pesquisa sobre os hábitos alimentares de 300 espécies de aves de determinada região, constatou-se que 110 comem insetos e 230 comem frutas.

O bem-te-vi é um exemplo de ave que se alimenta de insetos e frutas.

• Sabendo que 50 espécies não comem nem insetos nem frutas, quantas espécies comem insetos e frutas?

Capítulo 2 • Conjuntos 43

R12. Uma pesquisa foi realizada com o objetivo de identificar o tipo de filme preferido entre os 145 alunos do Ensino Médio, entre animação, comédia e ficção. Nessa pesquisa, animação teve 60 votos, comédia teve 85 votos, e ficção científica, 55 votos. Sabe-se ainda que 20 alunos votaram em animação e comédia, 30 votaram em comédia e em ficção, 10 votaram em animação e em ficção e 5 alunos votaram nos três tipos. Determinar quantos alunos votaram somente em comédia.

➤ **Resolução**

Para resolver esse problema, podemos fazer um diagrama que represente a situação.
Vamos chamar de:
- A o conjunto dos que votaram em animação.
- C o conjunto dos que votaram em comédia.
- F o conjunto dos que votaram em ficção.

Inicialmente, escrevemos a quantidade de alunos que votaram nos três tipos de filme na intersecção dos três conjuntos.
Como 20 alunos votaram em animação e comédia, os que votaram exclusivamente em animação e comédia (descontando os que também gostam de ficção) são: 20 − 5 = 15
Fazemos o mesmo com os 30 que votaram em comédia e em ficção: 30 − 5 = 25
E também com os 10 que votaram em animação e ficção: 10 − 5 = 5

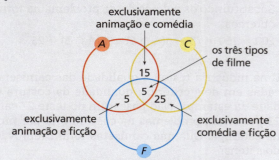

Lembrando que 85 alunos votaram em comédia, para descobrir quantos alunos votaram somente em comédia, fazemos:

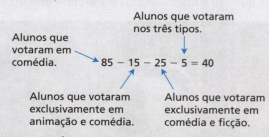

Portanto, 40 alunos votaram somente em comédia.

38. Em uma pesquisa realizada com 275 consumidores, constatou-se que 120 consumidores compram produtos da marca A, 110 da marca B e 110 da marca C. Sabe-se ainda que 30 consumidores compram produtos das marcas A e B, 25 compram das marcas A e C, 35 compram das marcas B e C e 15 compram das três marcas. Quantos consumidores compram somente produtos da marca A? E da marca B? E da C?

39. Um professor aplicou a uma turma uma prova em que havia três itens: A, B e C. Sabe-se que:
- nenhum aluno errou os três itens;
- apenas 3 alunos acertaram os três itens;
- 8 alunos acertaram os itens A e B;
- 5 alunos acertaram os itens B e C;
- 3 alunos acertaram os itens A e C;
- o total de alunos que acertaram o item A é 20;
- o total de alunos que acertaram o item B é 15;
- o total de alunos que acertaram o item C é 8.

Quantos alunos há nessa classe?

40. Uma distribuidora de filmes fez uma pesquisa sobre três filmes recém-lançados, para saber quais estavam agradando mais ao público. Dos entrevistados, 32% gostaram do filme X, 29% gostaram do filme Y, 30% gostaram do filme Z, 17% gostaram dos filmes X e Y, 13% gostaram dos filmes Y e Z, 12% gostaram dos filmes X e Z e 5% gostaram dos três filmes.

a) Qual porcentagem do público não gostou de nenhum dos três filmes?

b) Escolha dois filmes para manter em cartaz por mais tempo. Por que você escolheu esses filmes?

4. Conjuntos numéricos

4.1 Conjunto dos números naturais

A origem dos números naturais está associada à necessidade de contagem. Hoje, além do emprego na contagem, usamos os naturais para compor códigos (como os usados em telefones), para indicar ordem (1º, 2º, 3º, ...), entre outras aplicações.

O **conjunto dos números naturais** tem infinitos elementos e é indicado por:

$$\mathbb{N} = \{0, 1, 2, 3, ...\}$$

Nós em cordões, cortes em pedras, varinhas de plantas e entalhes em cavernas e em ossos são alguns exemplos de registros de contagem utilizados pelo ser humano no decorrer de sua história. Na foto acima, imagem de um quipo, objeto usado pelos incas – civilização indígena que habitou parte da América do Sul – para registrar cálculos.

Todo número natural x tem um sucessor ($x + 1$). Ou seja, o sucessor de 3 é 4; o sucessor de 100 é 101, e assim por diante.

Para representar o subconjunto dos números naturais sem o zero, utilizamos a notação:

$$\mathbb{N}^* = \{1, 2, 3, ...\}$$

Observação

Em geral, o asterisco junto ao símbolo de um conjunto significa que o elemento zero foi retirado desse conjunto.

Para representar os números naturais em uma reta ordenada, primeiro marcamos um ponto na reta, que será a origem, e associamos a ele o número zero. A partir desse ponto, escolhemos uma medida unitária e marcamos, à sua direita, pontos equidistantes entre si, associando a eles os números naturais, conforme mostra a figura abaixo.

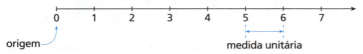

Todo número natural pode ser associado a um ponto da reta.

No conjunto dos números naturais são definidas duas operações: a adição e a multiplicação, para as quais verificamos que quaisquer dois números naturais somados ou multiplicados resultam em um número natural. Mas, se efetuarmos a subtração de dois números naturais, nem sempre o resultado será um número natural. Se subtrairmos, por exemplo, 78 de 73, a diferença será -5, e -5 não pertence ao conjunto dos números naturais; por isso, há necessidade de ampliar o conjunto $\mathbb{N}$.

4.2 Conjunto dos números inteiros

Em diversas situações usamos os números negativos; por exemplo, para registrar uma temperatura abaixo de zero grau ou para indicar um saldo devedor no banco. Acrescentando os números negativos aos naturais, formamos o **conjunto dos números inteiros**, representado por:

$$\mathbb{Z} = \{..., -3, -2, -1, 0, 1, 2, 3, ...\}$$

Repare agora que todo número inteiro x tem um sucessor ($x + 1$) e um antecessor ($x - 1$).

Os números inteiros também podem ser representados em uma reta ordenada:

Observe que os números -1 e 1 estão a uma mesma distância da origem, porém situados em lados opostos da reta (em relação ao zero). Números que apresentam essa característica são denominados **números opostos** ou **simétricos**.

Repare que todo número natural também é número inteiro. Ou seja, o conjunto dos números naturais é um subconjunto do conjunto dos números inteiros: $\mathbb{N} \subset \mathbb{Z}$.

Podemos utilizar algumas notações especiais:
- Conjunto dos números inteiros não nulos:
$\mathbb{Z}^* = \{..., -3, -2, -1, 1, 2, 3 ...\}$
- Conjunto dos números inteiros não negativos:
$\mathbb{Z}_+ = \{0, 1, 2, 3, ...\}$
- Conjunto dos números inteiros não positivos:
$\mathbb{Z}_- = \{..., -3, -2, -1, 0\}$

Em $\mathbb{Z}$, além da adição e da multiplicação, podemos operar livremente com a subtração; ou seja, subtraindo dois números inteiros quaisquer, em qualquer ordem, o resultado sempre será um número inteiro. Porém, a divisão entre dois números inteiros nem sempre resultará em um número inteiro, por isso também há necessidade de ampliar o conjunto $\mathbb{Z}$.

4.3 Conjunto dos números racionais

O surgimento dos números racionais está associado à necessidade de realizar e expressar medidas. Ao realizar uma medição de comprimento, massa, temperatura, superfície ou qualquer outra grandeza, estamos comparando o que queremos medir com uma unidade de medida escolhida como padrão. Nem sempre o resultado dessa comparação é um número inteiro.

A necessidade de precisão nas medidas exige a utilização frequente dos números racionais.

Por exemplo, para medir um segmento, é necessário comparar seu comprimento com o comprimento de outro segmento tomado como unidade de medida. Assim, para medir o comprimento do segmento $\overline{CD}$ abaixo, tomando a medida de $\overline{AB}$ como unidade de medida, devemos verificar quantas vezes a medida AB "cabe" em $\overline{CD}$.

Note que, nesse caso, a comparação não pode ser feita por meio de um número inteiro; porém, podemos considerar uma unidade de medida u que "caiba" um número inteiro de vezes em $\overline{AB}$ e em $\overline{CD}$:

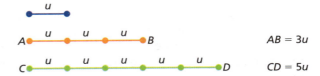

$AB = 3u$
$CD = 5u$

Comparando agora as medidas de $\overline{AB}$ e de $\overline{CD}$, podemos escrever:

$$\frac{CD}{AB} = \frac{5u}{3u} \Rightarrow CD = \frac{5}{3}AB$$

Portanto, a medida de $\overline{CD}$, considerando AB como unidade de medida, é $\frac{5}{3}$.

Para expressar medidas como essa, utilizamos os números racionais.

Capítulo 2 • Conjuntos

O **conjunto dos números racionais** é formado por todos os números que podem ser escritos na forma de uma razão entre dois números inteiros a e b, sendo b não nulo.

$$\mathbb{Q} = \left\{x \mid x = \frac{a}{b}, a \in \mathbb{Z} \text{ e } b \in \mathbb{Z}^*\right\}$$

Exemplos

- $\dfrac{1}{5}$
- $\dfrac{12}{17}$
- $0 = \dfrac{0}{1}$
- $\dfrac{15}{8}$
- $5 = \dfrac{5}{1}$
- $-2 = \dfrac{-2}{1}$

Repare que os números inteiros também são números racionais, pois podem ser escritos na forma de uma fração. Fazendo um diagrama dos conjuntos dos números racionais, inteiros e naturais, temos:

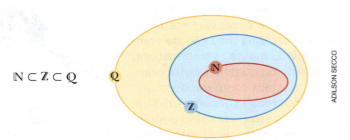

$\mathbb{N} \subset \mathbb{Z} \subset \mathbb{Q}$

Representação decimal de números racionais

Os números racionais também podem ser representados na **forma decimal**. Para obter essa representação, basta dividir o numerador pelo denominador da fração. Dessa forma, podemos obter dois tipos de número:

- um número com representação decimal finita.

Exemplos

- $\dfrac{1}{5} = 0,2$
- $\dfrac{2}{25} = 0,08$
- $-\dfrac{1}{80} = -0,0125$
- $5 = \dfrac{5}{1} = 5,0$

- uma **dízima periódica**, número que só pode ser representado com um número infinito de casas decimais, de modo que, a partir de determinada casa decimal, há apenas a repetição de uma mesma sequência finita de algarismos.

Exemplos

- $\dfrac{1}{3} = 0,333...$
- $\dfrac{2}{111} = 0,018018018...$
- $-\dfrac{5}{11} = -0,454545...$
- $\dfrac{707}{300} = 2,356666...$

Todo número na forma de dízima periódica pode ser escrito na forma de fração.

Representação dos números racionais na reta

Todos os números racionais podem ser representados na reta ordenada. Veja alguns exemplos.

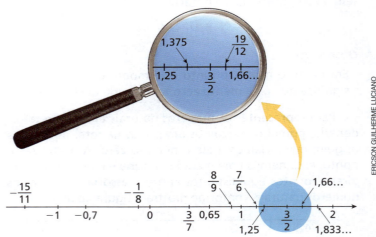

Entre dois números racionais existem infinitos números racionais.

Uma forma de encontrar um número racional entre dois racionais é calcular a média aritmética entre os números considerados.

Por exemplo, para encontrar um número racional entre $\dfrac{1}{3}$ e $\dfrac{1}{2}$, podemos calcular a média aritmética entre eles:

$$\dfrac{\dfrac{1}{3} + \dfrac{1}{2}}{2} = \dfrac{\dfrac{5}{6}}{2} = \dfrac{5}{12}$$

Na reta numérica, $\dfrac{5}{12}$ situa-se entre $\dfrac{1}{3}$ e $\dfrac{1}{2}$. Usando o mesmo raciocínio, podemos determinar outros números racionais entre $\dfrac{1}{3}$ e $\dfrac{5}{12}$.

Observação

Também podemos usar notações especiais para alguns subconjuntos de $\mathbb{Q}$:

- Conjunto dos números racionais não nulos: $\mathbb{Q}^*$
- Conjunto dos números racionais não negativos: $\mathbb{Q}_+$
- Conjunto dos números racionais não positivos: $\mathbb{Q}_-$

EXERCÍCIOS

41. Identifique o conjunto numérico mais adequado para representar cada situação.

a) O número de uma casa.

b) A temperatura de uma substância.

c) O andar de um prédio.

d) A altura de uma pessoa, em metro.

e) O volume de água em um copo.

42. Classifique em verdadeiro (V) ou falso (F).

a) $-2 \in \mathbb{N}$ e) $-17 \in \mathbb{Q}$ i) $\mathbb{Z}_+ = \mathbb{N}$

b) $-2,5 \in \mathbb{Z}$ f) $-\dfrac{1}{3} \in \mathbb{Z}$ j) $\mathbb{Q}_- \cap \mathbb{Q}_+ = \varnothing$

c) $0 \in \mathbb{N}$ g) $\mathbb{N} \subset \mathbb{Z}$ k) $\mathbb{N} \cup \mathbb{Z} = \mathbb{Q}$

d) $100 \in \mathbb{Z}$ h) $\mathbb{N} \subset \mathbb{Z}^*$ l) $\mathbb{N} \subset \mathbb{Z} \subset \mathbb{Q}$

43. Represente na reta ordenada os números racionais.

a) $\dfrac{7}{8}; \dfrac{9}{4}; -\dfrac{3}{5}; -7; -1,125$ b) $-2,5; -\dfrac{2}{5}; \dfrac{1}{3}; 1; \dfrac{5}{2}$

44. Determine, se possível, dois números racionais entre cada par de números.

a) 1 e 2

b) 0,6 e 0,7

c) $-\dfrac{5}{2}$ e $-\dfrac{6}{2}$

d) $\dfrac{1}{2}$ e $\dfrac{8}{16}$

4.4 Conjunto dos números irracionais

Por muito tempo, acreditou-se que os números racionais eram suficientes para expressar qualquer tipo de medição. Entretanto, acredita-se que no século VI a.C. os pitagóricos tenham descoberto que existem segmentos cujas medidas não podem ser expressas por um número racional. Por exemplo, considerando um quadrado de lado unitário, vamos calcular a medida d de sua diagonal.

Aplicando o teorema de Pitágoras, obtemos:

$d^2 = 1^2 + 1^2$

$d^2 = 2$

Não existe nenhum número racional que elevado ao quadrado resulte exatamente em 2. Assim, surgiu a necessidade de se considerar um novo conjunto de números que não são racionais: os **números irracionais**.

> O **conjunto dos números irracionais** é formado por todos os números que não podem ser expressos na forma $\dfrac{a}{b}$, com $a \in \mathbb{Z}$ e $b \in \mathbb{Z}^*$.

Ao estudar os números racionais, vimos que sua representação decimal pode ser um número com uma quantidade finita de casas decimais ou uma dízima periódica. Dessa forma, os números irracionais são aqueles cuja representação decimal não é finita e não é uma dízima periódica.

No exemplo anterior, buscando uma aproximação para a medida d da diagonal do quadrado, obtemos: $d = 1,41421356237...$ Essa representação tem infinitas casas decimais não periódicas depois da vírgula. Podemos representar esse número irracional por $\sqrt{2}$.

Além de $\sqrt{2}$, há infinitos números irracionais. Veja alguns exemplos:

a) Todo número que possui infinitas casas decimais não periódicas, por exemplo: 5,2324252627...

b) A raiz quadrada de um número natural que não é quadrado perfeito: $\sqrt{3}, \sqrt{5}, \sqrt{6}, \sqrt{27}$

c) A raiz cúbica de um número natural que não é cubo perfeito: $\sqrt[3]{2}, \sqrt[3]{5}, \sqrt[3]{11}, \sqrt[3]{82}$

d) O resultado de algumas operações entre números racionais e irracionais: $-\sqrt{3}, 10\sqrt[3]{5}, \dfrac{\sqrt{2}}{7}, \dfrac{9}{\sqrt[4]{11}}, 2 + \sqrt[5]{4}$

e) O número π (lemos: "pi"), cuja representação decimal ($\pi = 3,14159265...$) tem infinitas casas decimais não periódicas.

Representação dos números irracionais na reta

É possível representar alguns números irracionais na reta ordenada com o uso do compasso. Observe a seguir alguns exemplos.

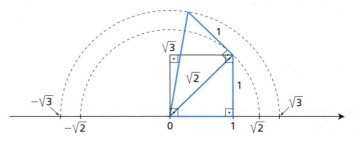

Pela medida da diagonal do quadrado de lado 1, encontramos $\sqrt{2}$.

Construindo o triângulo retângulo de catetos 1 e $\sqrt{2}$, obtemos $\sqrt{3}$ como medida da hipotenusa.

Como todo número irracional tem um oposto, também podemos representar $-\sqrt{2}$ e $-\sqrt{3}$ na reta ordenada.

4.5 Conjunto dos números reais

A reunião do conjunto dos números racionais com o dos números irracionais resulta no **conjunto dos números reais**, representado por $\mathbb{R}$.

Os conjuntos estudados até aqui podem ser representados em um diagrama.

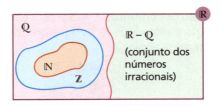

Como o conjunto dos números naturais é um subconjunto de $\mathbb{Z}$, $\mathbb{Z}$ é um subconjunto de $\mathbb{Q}$ e $\mathbb{Q}$ é um subconjunto de $\mathbb{R}$, podemos escrever: $\mathbb{N} \subset \mathbb{Z} \subset \mathbb{Q} \subset \mathbb{R}$

Observação

Alguns subconjuntos de $\mathbb{R}$ que têm notação especial são:

- Conjunto dos números reais não nulos: $\mathbb{R}^*$
- Conjunto dos números reais não negativos: $\mathbb{R}_+$
- Conjunto dos números reais não positivos: $\mathbb{R}_-$

A reta real

Já vimos que os números racionais podem ser representados na reta ordenada e que há pontos da reta que não correspondem a nenhum número racional. Por exemplo, entre os números 1,73 e 1,74 há o número $\sqrt{3} = 1,73205...$, que não é racional.

Se representássemos na reta ordenada os números racionais e os números irracionais (ou seja, os números reais), ela seria totalmente preenchida.

Assim, cada número real corresponde a um só ponto da reta e cada ponto da reta corresponde a um único número real. Por isso, ela é chamada de **reta real** ou **reta numérica**. Veja alguns exemplos.

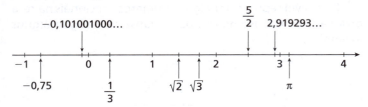

Entre dois números reais, há infinitos números reais.

EXERCÍCIOS

45. Relacione usando os símbolos $\in$ ou $\notin$.
a) $\dfrac{6}{16}$ e $\mathbb{Q}$
b) 0 e $\mathbb{R}^*$
c) $-2,25$ e $\mathbb{Q}_+$
d) $\sqrt{3}$ e $\mathbb{Q}$
e) $\sqrt{3}$ e $\mathbb{R}$
f) $\sqrt{25}$ e $\mathbb{Z}$

46. Relacione usando os símbolos $\subset$ ou $\not\subset$.
a) $\mathbb{Z}$ e $\mathbb{R}$
b) $\mathbb{Z}$ e $\mathbb{N}$
c) $\mathbb{N}^*$ e $\mathbb{R}^*$
d) $\mathbb{Z}$ e $\mathbb{R}_-$
e) $\mathbb{R}$ e $\mathbb{N}$
f) $\mathbb{Q}^*$ e $\mathbb{R}$

47. Classifique em verdadeiro (V) ou falso (F).
a) $\mathbb{Z}_+ \cup \mathbb{Z}_- = \mathbb{Z}$
b) $\mathbb{Q}_+ \cap \mathbb{Q}_- = \{0\}$
c) $\mathbb{N} \cap \mathbb{Z} = \mathbb{Z}_+$
d) $\mathbb{N} \cup \mathbb{Z} \cup \mathbb{Q} = \mathbb{R}$

48. Considerando os conjuntos $A = \{x \in \mathbb{N} \mid x \text{ é menor que } 10\}$ e $B = \{x \in \mathbb{Q} \mid x \text{ é maior que } 0\}$, indique quantos elementos têm os conjuntos abaixo.
a) $A \cup B$
b) $A \cap B$
c) $A - B$
d) $B - A$

49. Represente os seguintes números em uma reta real e, em seguida, escreva-os em ordem crescente.

$\sqrt{5}; -\dfrac{2}{5}; \sqrt{25}; 5,222...; -2,5; +\sqrt{2}; -\sqrt{2}$

50. Considerando os números maiores que $-\sqrt{2}$ e menores que $\sqrt{2}$, responda às questões.
a) Quantos números naturais existem?
b) Quantos números inteiros existem?
c) Quantos números racionais existem?
d) Quantos números reais existem?

5. Intervalos

5.1 Representação de subconjuntos por intervalos

Certos subconjuntos de $\mathbb{R}$ podem ser representados pela notação de intervalos. A representação pode ser algébrica ou geométrica.

Exemplos

a) O intervalo dos números reais entre -4 e 0.

A representação geométrica desse intervalo na reta numérica é:

Observe que, nos extremos -4 e 0, usou-se uma bolinha aberta. Isso significa que os números -4 e 0 não fazem parte desse intervalo. Nesse caso, dizemos que o **intervalo é aberto**. A representação algébrica desse intervalo pode ser: $\{x \in \mathbb{R} \mid -4 < x < 0\}$ ou $\,]-4, 0[\,$

b) O intervalo dos números reais maiores que -3.

A representação geométrica desse intervalo é:

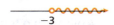

A representação algébrica desse intervalo pode ser: $\{y \in \mathbb{R} \mid y > -3\}$ ou $\,]-3, +\infty[\,$

O símbolo ∞ representa infinito.

Nesse caso, dizemos que é uma **semirreta aberta com origem em -3**.

c) O intervalo dos números reais menores ou iguais a $\dfrac{1}{3}$.

A representação geométrica desse intervalo é uma semirreta de origem em $\dfrac{1}{3}$:

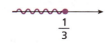

Observe que o extremo $\dfrac{1}{3}$ pertence ao intervalo, por isso foi usada uma bolinha fechada no ponto correspondente a esse número. Dizemos, então, que o **intervalo é fechado à direita**.

A representação algébrica desse intervalo pode ser:

$\left\{z \in \mathbb{R} \mid z \leq \dfrac{1}{3}\right\}$ ou $\,\left]-\infty, \dfrac{1}{3}\right]$

Observe a seguir o quadro resumo de todas as possibilidades de representação de um intervalo de números reais (sendo a e b números reais tais que $a < b$).

Representação geométrica	Representação algébrica	Descrição
	$\{x \in \mathbb{R} \mid a < x < b\}$ ou $]a, b[$	Intervalo aberto
	$\{x \in \mathbb{R} \mid a \leq x \leq b\}$ ou $[a, b]$	Intervalo fechado
	$\{x \in \mathbb{R} \mid a \leq x < b\}$ ou $[a, b[$	Intervalo fechado à esquerda
	$\{x \in \mathbb{R} \mid a < x \leq b\}$ ou $]a, b]$	Intervalo fechado à direita
	$\{x \in \mathbb{R} \mid x > a\}$ ou $]a, +\infty[$	Semirreta aberta de origem a
	$\{x \in \mathbb{R} \mid x \geq a\}$ ou $[a, +\infty[$	Semirreta de origem a
	$\{x \in \mathbb{R} \mid x < a\}$ ou $]-\infty, a[$	Semirreta aberta de origem a
	$\{x \in \mathbb{R} \mid x \leq a\}$ ou $]-\infty, a]$	Semirreta de origem a
	$\mathbb{R}$ ou $]-\infty, +\infty[$	Reta real

Observação

O intervalo em que aparece $+\infty$ é sempre aberto à direita e o intervalo em que aparece $-\infty$ é sempre aberto à esquerda.

EXERCÍCIOS

51. Classifique em verdadeiro (V) ou falso (F).

a) $3 \in [3, 9[$

b) $3 \notin]-4, 3[$

c) $-3 \notin [-3, 6]$

d) $-15 \in]-\infty, 10]$

52. Use a notação algébrica de conjuntos para escrever os intervalos representados na reta real.

a) (intervalo aberto entre 1 e 5)

b) (intervalo fechado entre $\sqrt{2}$ e 7)

c) (semirreta aberta à esquerda de 0)

d) (semirreta de origem 0,33...)

5.2 Operações com intervalos

Vejamos agora como proceder nas operações (união, intersecção e diferença) com intervalos numéricos utilizando o recurso da representação geométrica. Acompanhe os exemplos.

Exemplos

a) Dados os conjuntos $A = \{x \in \mathbb{R} \mid -3 \leq x < 2\}$ e $B = \{x \in \mathbb{R} \mid 0 < x < 8\}$, vamos determinar $A \cup B$.

Inicialmente, representamos os conjuntos A e B em retas reais paralelas. Em seguida, representamos a união desses conjuntos em uma terceira reta real paralela às anteriores. Lembrando que a união é o conjunto de todos os elementos que pertencem a A ou a B.

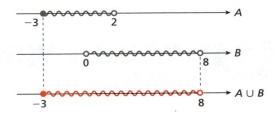

Assim: $A \cup B = \{x \in \mathbb{R} \mid -3 \leq x < 8\}$ ou $[-3, 8[$

b) Dados os conjuntos $A = \{x \in \mathbb{R} \mid -1 \leq x < 4\}$ e $B = \{x \in \mathbb{R} \mid 2 \leq x \leq 7\}$, vamos determinar $A \cap B$. Inicialmente, representamos os conjuntos A e B. Em seguida, representamos a intersecção desses conjuntos. Lembrando que a intersecção é o conjunto de todos os elementos que pertencem a A e a B ao mesmo tempo.

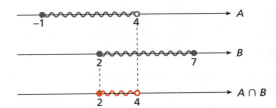

Assim: $A \cap B = \{x \in \mathbb{R} \mid 2 \leq x < 4\}$ ou $[2, 4[$

c) Dados os conjuntos $A = \{x \in \mathbb{R} \mid x < -2 \text{ ou } x \geq 3\}$ e $B = \{x \in \mathbb{R} \mid -4 < x \leq 7\}$, vamos determinar $A - B$. Lembrando que devemos encontrar o conjunto de todos os elementos que pertencem a A e não pertencem a B.

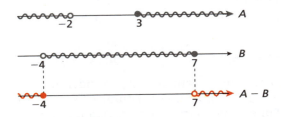

Note que, nesse caso, não é possível representar o resultado algebricamente em apenas um intervalo. Por isso, escrevemos:

$A - B = \{x \in \mathbb{R} \mid x \leq -4 \text{ ou } x > 7\}$ ou $]-\infty, -4] \cup]7, +\infty[$

EXERCÍCIOS

53. Determine $A \cup B$, $A \cap B$, $A - B$ e $B - A$ em cada um dos itens.

a) $A = \,]-2, 3]$ e $B = \,]0, 4]$
b) $A = [-1, 6[$ e $B = \,]1, +\infty[$
c) $A = \{x \in \mathbb{R} \mid -3 < x < 7\}$ e $B = \{x \in \mathbb{R} \mid 2 \leq x < 5\}$
d) $A = \{x \in \mathbb{R} \mid -3 \leq x \leq 1\}$ e $B = [2, 5[$

54. Dados os conjuntos $A = \left[-\dfrac{1}{2}, \dfrac{15}{7}\right]$ e $B = \left]-\dfrac{1}{3}, 2\right]$, determine:

a) $A \cup B$
b) $A \cap B$
c) $A - B$
d) $B - A$
e) $\complement_A^B$

R13. Dados os conjuntos $M = \{x \in \mathbb{R} \mid x > 1 \text{ e } x < 4\}$, $N = \{x \in \mathbb{R} \mid x < -2 \text{ ou } x > 6\}$ e $O = \{x \in \mathbb{R} \mid x < -1\}$, determinar $(M \cup N) - O$.

➤ **Resolução**

Inicialmente, determinamos $M \cup N$.

$M \cup N = \,]-\infty, -2[\cup \,]1, 4[\cup \,]6, +\infty[$
Em seguida, fazemos $(M \cup N) - O$.

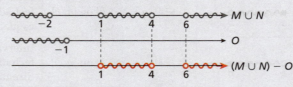

Logo: $(M \cup N) - O = \,]1, 4[\cup \,]6, +\infty[$

55. Considere os conjuntos:

$A = [-3, 2[\qquad B = \,]-2, 3[\qquad C = \left[\dfrac{1}{3}, \dfrac{1}{2}\right]$

Determine $(A \cap B) - C$.

Exercícios complementares

1. Represente os conjuntos abaixo explicitando seus elementos.

a) $B = \{x \mid x \text{ é um número natural e } x \geq 5\}$
b) $A = \{m \mid m \text{ é um número inteiro par e divisor de 20}\}$
c) $C = \{x \mid x \text{ é um número ímpar e } 3 < x < 5\}$

2. Represente os conjuntos segundo uma possível propriedade que defina cada um.

a) $A = \{b, n, a\}$
b) $B = \{1, 2, 4, 8, 16, ...\}$

3. Sabendo que os conjuntos $A = \{-1, 2x + y, 2, 3, 1\}$ e $B = \{2, 4, x - y, 1, 3\}$ são iguais, determine o valor de x e de y.

4. Dados os conjuntos $A = \{0, 1, 2, 3, 4\}$, $B = \{1, 2, 3, 4, 5, 6\}$ e $C = \{3, 4, 5, 6\}$, determine:

a) $A \cup B$
b) $A - C$
c) $B \cup C$
d) $A \cup B \cup C$
e) $A - B$
f) $A \cap C$
g) $B \cap C$
h) $(A - B) \cap C$

5. Determine o conjunto $\complement_A^B$, considerando os conjuntos $A = \{x \mid x \text{ é um número natural e } 2 \leq x < 8\}$ e $B = \{3, 4, 6\}$. Em seguida, faça um diagrama que represente esses conjuntos.

6. Nos diagramas a seguir, cada região está representada por um número. Responda, em cada caso, qual região representa a operação indicada.

a) $(A \cap B) - C$

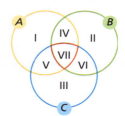

b) $C - (A \cup B)$

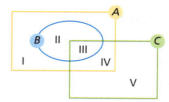

c) $(A - B) \cap C$

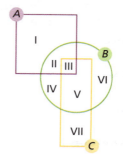

7. Descreva a parte pintada em cada diagrama por meio de operações de conjuntos.

a)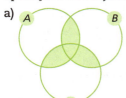
b)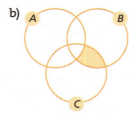

8. Se A e B são subconjuntos de U, determine $(A \cap B) \cup (A - B)$. Lembre-se de analisar todas as possíveis situações.

9. Determine M e n(M) se $A = \{3, 7\}$, $B = \{7, 8, 9\}$, $A \cap M = \{3\}$, $B \cap M = \{8\}$ e $A \cup B \cup M = \{3, 7, 8, 9, 10\}$.

10. Dados os conjuntos A e B, em um universo U, tais que $n(A) = 41$, $n(B) = 56$ e $n(A \cup B) = 83$, determine $n(A \cap B)$.

11. Se A é um conjunto com x elementos e B é um conjunto com y elementos, com $x > y$, determine o número máximo de elementos de:
    a) $A - B$ b) $B - A$ c) $A \cup B$ d) $A \cap B$

12. Em uma pesquisa com 1.800 pessoas sobre a audiência de três programas de TV, obteve-se:

Programa(s)	Número de pessoas
A	1.220
B	400
C	1.080
A e B	220
A e C	800
B e C	180
A, B e C	100

- Com base nesses resultados, determine quantas dessas pessoas não assistem a nenhum desses três programas.

13. Uma indústria lançou um novo modelo de carro, que não teve a repercussão esperada. Os técnicos identificaram três possíveis problemas: *design* pouco inovador (D), acabamento pouco luxuoso (A) e preço mais elevado em relação aos modelos similares do mercado (P). Feita uma pesquisa, obtiveram o resultado:

Problema(s)	Número de votos
D	34
A	66
P	63
D e A	17
D e P	22
A e P	50
D, A e P	10
Não encontraram problemas	16

Analisando o resultado, os técnicos concluíram:

(I) Mais da metade dos pesquisados achou o preço elevado.

(II) Como a quantidade de pessoas que não apontaram problemas é maior que a daquelas que apontaram os três problemas, a maioria das pessoas entrevistadas gostou do modelo.

Analise as conclusões e verifique se estão de acordo com os dados apresentados.

14. Em uma sala de aula com 50 alunos, todos falam pelo menos uma língua estrangeira. Sabendo que 35 falam inglês e 27 espanhol, responda.
    a) Quantos alunos falam inglês e espanhol?
    b) Quantos alunos falam somente inglês?
    c) Quantos alunos falam somente espanhol?

15. Em um grupo de 45 pessoas, todas com algum tipo de problema de visão, 40% têm miopia e astigmatismo, e o número de pessoas com miopia excede em 9 o número de pessoas com astigmatismo. Determine quantas pessoas têm miopia e quantas têm astigmatismo.

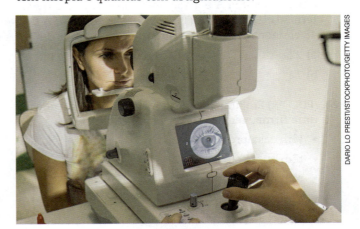

Exame oftalmológico com aparelho óptico.

16. Coloque os números em ordem crescente.

$\sqrt{9}, \sqrt{4}, -\sqrt{16}, -\sqrt{10}, \dfrac{2}{5}, -1{,}333\ldots, -7 \text{ e } -6$

17. Dados os conjuntos $A = \,]-2, 3]$ e $B = \,]0, 4]$, determine:
    a) $A \cap B$ c) $A - B$
    b) $A \cup B$ d) $B - A$

18. Dados os conjuntos $A = \,]3, +\infty[$ e $B = \,]-\infty, 5]$, determine:
    a) $A - B$ b) $B - A$ c) $A \cap B$

QUESTÕES DE VESTIBULAR

19. (Uece) O número de elementos do conjunto formado pelos inteiros positivos x que satisfazem à desigualdade $4 \leq \sqrt{x} \leq 17$ é:
    a) 136   c) 273
    b) 143   d) 274

EXERCÍCIOS COMPLEMENTARES

20. (Unifor-CE) Considerando-se os conjuntos $\mathbb{Z}$, dos números inteiros, e $\mathbb{Q}$, dos números racionais, qual dos números seguintes não pertence ao conjunto $(\mathbb{Z} \cup \mathbb{Q}) - (\mathbb{Z} \cap \mathbb{Q})$?

a) $-\dfrac{2}{3}$ c) 0   e) 2,0123

b) $-0,777...$ d) $\dfrac{3}{5}$

21. (Unifor-CE) Sejam A e B dois conjuntos tais que $A \subset B$. Qual das seguintes afirmações NÃO pode ser verdadeira?

a) $a \in A \cap B$
b) $b \notin A$ e $b \notin B$
c) $c \in A - B$
d) $d \in B - A$
e) Se $e \in B$, então $e \notin A$.

22. (PUC-RJ) Numa pesquisa de mercado, verificou-se que 15 pessoas utilizam pelo menos um dos produtos A ou B. Sabendo que 10 dessas pessoas não usam o produto B e que 2 dessas pessoas não usam o produto A, qual é o número de pessoas que utilizam os produtos A e B?

23. (Mackenzie-SP) A e B são dois conjuntos tais que $A - B$ tem 30 elementos, $A \cap B$ tem 10 elementos e $A \cup B$ tem 48 elementos. Então, o número de elementos de $B - A$ é:

a) 22   c) 10   e) 18
b) 12   d) 8

24. (PUC-PR) Em uma pesquisa feita com 120 empregados de uma firma, verificou-se o seguinte:
- têm casa própria: 38
- têm curso superior: 42
- têm plano de saúde: 70
- têm casa própria e plano de saúde: 34
- têm casa própria e curso superior: 17
- têm curso superior e plano de saúde: 24
- têm casa própria, plano de saúde e curso superior: 15

Qual a porcentagem dos empregados que não se enquadram em nenhuma das situações anteriores? (*Sugestão*: utilize o diagrama de Venn para facilitar os cálculos.)

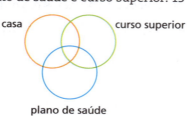

a) 25%   c) 35%   e) 45%
b) 30%   d) 40%

25. (UFF-RJ) Uma pesquisa foi realizada para avaliar o consumo de três marcas de sucos. Descobriu-se que, de 100 pessoas entrevistadas, 83 consomem pelo menos uma das três marcas, 57 consomem somente uma delas e 19 consomem somente duas das três marcas citadas. Determine o número de pessoas entrevistadas:

a) que não consomem nenhuma das três marcas.
b) que consomem as três marcas citadas.

26. (Cesgranrio-RJ) Se $A = \{x \in \mathbb{R} \mid x < 1\}$, $B = \{x \in \mathbb{R} \mid -1 < x \leq 3\}$ e $C = \{x \in \mathbb{R} \mid x \geq 0\}$, o conjunto que representa $(A \cap B) - C$ é:

a) $\{x \in \mathbb{R} \mid -1 < x < 0\}$ d) $\{x \in \mathbb{R} \mid x \leq 3\}$
b) $\{x \in \mathbb{R} \mid -1 < x \leq 0\}$ e) $\{x \in \mathbb{R} \mid x > -1\}$
c) $\{x \in \mathbb{R} \mid -1 < x < 1\}$

27. (Fuvest-SP) Sendo $A = \{2, 3, 5, 6, 9, 13\}$ e $B = \{a^b \mid a \in A, b \in A$ e $a \neq b\}$, o número de elementos de B que são números pares é:

a) 5   b) 8   c) 10   d) 12   e) 13

28. (UFJF-MG) A parte hachurada no diagrama que melhor representa o conjunto $D = A - (B \cap C)$ é:

a) 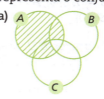   c)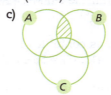

b) 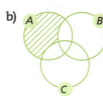   d)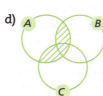

29. (UFPB) A prefeitura de certa cidade realizou dois concursos: um para gari e outro para assistente administrativo. Nesses dois concursos, houve um total de 6.500 candidatos inscritos. Desse total, exatamente 870 fizeram prova somente do concurso para gari. Sabendo-se que, do total de candidatos inscritos, 4.630 não fizeram a prova do concurso de gari, é correto afirmar que o número de candidatos que fizeram provas dos dois concursos foi:

a) 800   c) 1.300   e) 1.000
b) 1.870   d) 1.740

30. (Esal-MG) Foi consultado um certo número de pessoas sobre as emissoras de TV a que habitualmente assistem. Obteve-se o resultado seguinte: 300 pessoas assistem ao canal A, 270 pessoas assistem o canal B, das quais 150 assistem ambos os canais A e B, e 80 assistem a outros canais distintos de A e B. O número de pessoas consultadas é:

a) 800   c) 570   e) 600
b) 720   d) 500

31. (ITA-SP) Denotemos por $n(X)$ o número de elementos de um conjunto finito X. Sejam A, B e C conjuntos tais que $n(A \cup B) = 8$, $n(A \cup C) = 9$, $n(B \cup C) = 10$, $n(A \cup B \cup C) = 11$ e $n(A \cap B \cap C) = 2$.
Então, $n(A) + n(B) + n(C)$ é igual a:

a) 11   b) 14   c) 15   d) 18   e) 25

Mais questões: no livro digital, em **Vereda Digital Aprova Enem** e **Vereda Digital Suplemento de revisão e vestibulares**; no *site*, em **AprovaMax**.

CAPÍTULO 3
FUNÇÕES

ENEM
C1: H3, H4, H5
C3: H12
C4: H15, H16, H17, H18
C5: H19, H20, H21, H22, H23
C6: H24, H25, H26

Ao observar o tronco cortado de algumas espécies de árvores, especialmente daquelas que são naturais de climas temperados, podemos ver uma série de anéis, os chamados anéis de crescimento.

Cada anel representa o período de um ano de vida da árvore e se forma basicamente por causa da diferença de ritmo de crescimento de uma estação do ano para outra: mais intenso na primavera e no verão, mais vagaroso ou nulo durante o outono e o inverno. A quantidade de anéis e o tempo de vida são exemplos de grandezas que variam uma em função da outra.

1. Conceito de função

1.1 Ideia de função no cotidiano

Diariamente nos deparamos com situações em que precisamos relacionar grandezas. A seguir, veremos algumas.

- O feirante Daniel vende caldo de cana em garrafas de 1 L. O preço de cada garrafa é R$ 8,50. Considerando esses dados, podemos calcular o valor a ser pago em uma compra relacionando duas grandezas: a quantidade de garrafas de 1 L de caldo de cana e o preço correspondente a essa quantidade. Veja.

Quantidade de garrafas	1	2	3	4	5	x
Preço (R$)	8,50	17,00	25,50	34,00	42,50	8,50x

Portanto, para calcular o preço total, multiplicamos por R$ 8,50 a quantidade de garrafas que pretendemos comprar. Assim, podemos dizer que o preço **é função** da quantidade de garrafas, pois a cada número que define a quantidade de garrafas corresponde um único número, que determina o preço total.

- Luana e seus pais, durante as férias escolares, decidiram fazer uma viagem para a Chapada dos Guimarães.

Chapada dos Guimarães, MT.

Alguns dias antes de viajar, Luana acompanhou a previsão do tempo para saber quais roupas ela levaria na mala.

Veja a previsão do tempo (temperatura mínima) para os dias em que Luana e seus pais devem estar na Chapada.

Dia do mês	1	2	3	4	5	6	7
Temperatura mínima (°C)	21	25	20	20	23	27	27

Nesse registro, relacionamos duas grandezas: o dia do mês e a temperatura mínima prevista para esse dia. Assim, podemos dizer que a temperatura **é função** do dia do mês. Note que o contrário não é verdadeiro: com a temperatura mínima, não é possível ter certeza de qual é o dia do mês, já que existe mais de uma possibilidade para o dia. Dizemos, então, que o dia do mês **não é função** da temperatura mínima.

1.2 Função na Geometria

Na Geometria, também podemos relacionar grandezas. Por exemplo, a medida dos lados de um triângulo equilátero com seu perímetro (p).

Medida do lado (cm)	1	$\sqrt{2}$	8	10,2	18,8	ℓ
Perímetro (cm)	3	$3\sqrt{2}$	24	30,6	56,4	3ℓ

Assim, se ℓ é a medida do lado do triângulo, o perímetro será igual a 3ℓ. Essa relação pode ser representada pela seguinte sentença: $p = 3\ell$

Podemos dizer, então, que p **é função** de ℓ, pois p e ℓ são duas **variáveis** que se relacionam e, para cada valor atribuído a ℓ, existe um único p correspondente.

> Dadas duas variáveis, x e y, dizemos que y **é função** de x se a cada valor atribuído a x se associa um único y.

1.3 Definição matemática de função

Antes de estudar a definição matemática de função, vamos analisar as situações anteriores aplicando os conceitos estudados no capítulo de conjuntos.

Na situação do feirante Daniel, vamos chamar de A o conjunto da quantidade de garrafas de 1L de caldo de cana e de B o conjunto dos preços.

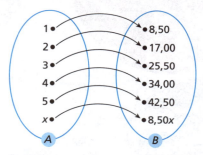

Observe que todos os elementos do conjunto A têm um correspondente no conjunto B, e cada elemento do conjunto A está associado a um único elemento do conjunto B. Temos, assim, uma função de A em B, expressa por $y = 8,50x$, onde x pertence ao conjunto A e y pertence ao conjunto B.

Na situação de Luana, vamos chamar de C o conjunto dos dias do mês e de D o conjunto das temperaturas mínimas (°C).

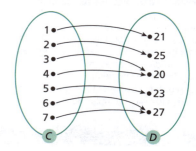

Note que todos os elementos do conjunto C têm um correspondente no conjunto D, e cada elemento do conjunto C está associado a um único elemento do conjunto D. Nesse caso, temos uma função de C em D.

No caso da função aplicada à Geometria, o perímetro do triângulo depende da medida do seu lado. Vamos chamar de E o conjunto das medidas do lado do triângulo e de F o conjunto dos perímetros do triângulo.

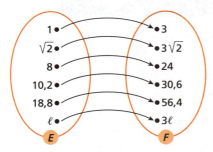

Observe que cada elemento do conjunto E está associado a um único elemento do conjunto F. Temos, então, uma função de E em F, expressa por $p = 3\ell$, onde ℓ pertence ao conjunto E e p pertence ao conjunto F.

Depois de analisar as situações, vamos estudar a definição matemática de **função**.

> Considerando dois conjuntos não vazios, A e B, dizemos que f é uma função de A em B se, e somente se, f associa cada elemento x do conjunto A a um único elemento y do conjunto B.

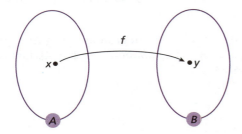

Indicamos essa função por:

$f: A \rightarrow B$ (lemos: "função f de A em B")

Essa notação indica que f associa os elementos do conjunto A aos elementos do conjunto B ou, ainda, que f é uma **transformação** de A em B.

Observações

- Se y está definido em função de x, chamamos x de **variável independente** e y de **variável dependente**.
- Escrevemos $f(x)$ (lemos: "f de x"), ou simplesmente y, para indicar o valor que a função f assume para x.
- Algumas funções podem ser definidas por uma **lei matemática**. Por exemplo, $f: \mathbb{R} \rightarrow \mathbb{R}$ tal que $f(x) = 3x$.
- Embora seja frequente o uso das letras f, x e y, podemos utilizar quaisquer outras letras para representar a função e as variáveis.

Exemplos

A seguir, vamos verificar se os diagramas abaixo representam funções.

a)

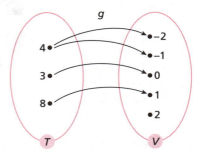

- Todo elemento de T tem um correspondente em V.
- Um dos elementos de T (o elemento 4) está associado a mais de um elemento de V (aos elementos −2 e −1).

Pela segunda afirmação, concluímos que g não é função de T em V.

b)

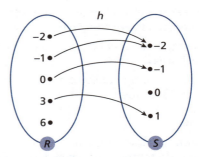

- Nem todo elemento de R tem um correspondente em S (o elemento 6 não se associa a nenhum elemento de S).
- Os demais elementos de R associam-se a um único elemento de S.

Pela primeira afirmação, concluímos que h não é função de R em S.

EXERCÍCIOS

R1. Em certa cidade, a tarifa de táxi é calculada da seguinte forma: R$ 5,00 a bandeirada mais R$ 2,50 por quilômetro rodado.

a) Pode-se estabelecer uma função entre essas grandezas? Em caso afirmativo, quais seriam as variáveis (dependente e independente) dessa função?

b) Qual lei matemática definiria essa função?

▶ Resolução

a) Sim, é possível estabelecer uma função: para cada número real positivo que representa o total de quilômetros de uma viagem (variável independente, que vamos chamar de x), associa-se um único valor de tarifa (variável dependente, que vamos chamar de y).

b) Essa função é definida pela lei:
$y = 5 + 2,50x$ ou $f(x) = 5 + 2,50x$, com $x \in \mathbb{R}_+$

Capítulo 3 • Funções 55

R2. Em uma pista circular de testes, um automóvel desloca-se com velocidade constante. Com o auxílio de um cronômetro, marcaram-se diferentes intervalos de tempo (em hora) e, para cada intervalo, verificou-se a distância percorrida (em quilômetro). Os dados obtidos foram registrados na tabela abaixo.

Tempo (em hora)	0,2	0,4	0,8	1,6	2	x
Distância percorrida (em quilômetro)	10	20	40	80	100	$50x$

a) Indicar as variáveis (dependente e independente) relacionadas a essa situação.

b) Expressar a lei matemática que relaciona a distância percorrida em função do tempo.

c) Calcular a distância quando o tempo é igual a 2,8 horas.

d) Calcular o tempo quando a distância é 330 quilômetros.

➤ **Resolução**

a) Assumindo que a distância percorrida varia em função do tempo, a variável dependente (y) é a distância, e a variável independente (x) é o tempo.

b) Observando os dados da tabela, percebemos que, para determinar a distância y em função de certo tempo x, devemos multiplicar por 50 o número real positivo que representa x.

Então, temos a seguinte lei:

$y = 50x$ ou $f(x) = 50x$, com $x \in \mathbb{R}_+$

c) Queremos calcular $f(x)$ para $x = 2,8$, que indicamos por $f(2,8)$.

Substituindo o valor de x na lei da função, temos:

$f(2,8) = 50 \cdot 2,8 \Rightarrow f(2,8) = 140$

Portanto, em 2,8 horas, o automóvel percorreu 140 quilômetros.

d) Queremos calcular x para $f(x) = 330$.

Substituindo o valor de $f(x)$ na lei da função, temos:

$330 = 50x \Rightarrow x = \dfrac{330}{50} \Rightarrow x = 6,6$

Logo, para percorrer 330 quilômetros, o automóvel gastou 6,6 horas, ou 6 horas e 36 minutos.

1. Gabi é instrutora de *slackline* e cobra R$ 25,00 por hora trabalhada. Observe a tabela abaixo, que relaciona a quantidade de horas trabalhadas e o valor recebido.

Quantidade de horas trabalhadas	1	2	3	4
Valor recebido (em R$)	25	50	75	100

Slackline é um esporte que consiste em se equilibrar e fazer manobras sobre uma fita elástica esticada, presa em dois pontos fixos.

a) O valor recebido é dado em função de quê?

b) Qual é a variável independente nessa situação?

c) E qual é a variável dependente?

d) Escreva uma lei matemática que relaciona a quantidade x de horas trabalhadas e o valor recebido y.

e) Qual é o valor recebido por 20 horas trabalhadas?

f) Quantas horas trabalhadas correspondem ao valor de R$ 250,00?

2. Um fabricante de parafusos verificou que o preço de custo p (em real) de cada parafuso dependia da medida x (em milímetro) do diâmetro da base de cada um e podia ser calculado pela lei matemática $p(x) = 0,01x + 0,06$.

a) Qual é a variável independente nessa situação? E a dependente?

b) Qual é o preço de custo de 1 parafuso cuja base tem 3 milímetros de diâmetro?

c) Qual é a medida, em milímetros, do diâmetro da base de um parafuso cujo preço de custo é R$ 0,11?

d) Qual é o custo de 500 parafusos com base de 3 milímetros de diâmetro?

3. Verifique quais dos diagramas a seguir representam função de $A = \{3, 4, 5\}$ em $B = \{2, 3, 4\}$. Justifique suas respostas.

a)
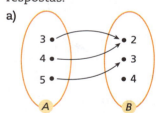

b)
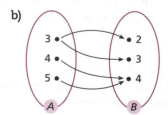

c)
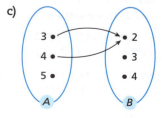

1.4 Domínio, contradomínio e conjunto imagem de uma função

Dada a função $f: A \to B$, temos:

- o conjunto A é chamado de **domínio** da função f, que indicamos por D ou D(f) (lemos: "domínio de f"), e o conjunto B é chamado de **contradomínio** da função f, que indicamos por CD ou CD(f) (lemos: "contradomínio de f");

- para cada x do domínio da função, o elemento $f(x)$, correspondente no contradomínio, é chamado de **imagem** de x pela função f. O conjunto formado por todas as imagens de x é chamado de **conjunto imagem** da função, que indicamos por Im ou Im(f) (lemos: "conjunto imagem de f").

Para definir uma função f, é preciso conhecer o domínio D(f), o contradomínio CD(f) e a maneira pela qual cada x do domínio se corresponde com um único $y = f(x)$ do contradomínio.

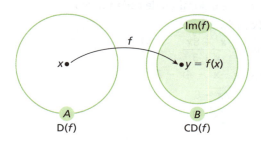

Quando o domínio e o contradomínio de uma função não estiverem explícitos, vamos admitir que o contradomínio é $\mathbb{R}$ e o domínio é $\mathbb{R}$, excluídos os valores de x para os quais não vale a lei que associa x a y. Nesse caso, dizemos que a função é real de variável real. Por exemplo, se a lei de uma função g é $g(x) = \dfrac{1}{x}$, e o domínio e o contradomínio não foram explicitados, subentende-se que CD(g) = $\mathbb{R}$ e que D(g) = $\mathbb{R} - \{0\}$, já que $g(0) = \dfrac{1}{0}$ não faz sentido.

Exemplos

a) Dada a função f, de lei $f(x) = 3x + 1$, se não há indicação contrária, D(f) = $\mathbb{R}$, pois a lei de f permite qualquer x real.

b) Dada a função g, de lei $g(x) = \sqrt{x+1}$, D(f) = $\{x \in \mathbb{R} \mid x \geq -1\}$, pois, se $x < -1$, $\sqrt{x+1}$ não é um número real.

c) Dada a função h, de lei $h(x) = 3x$, para D(h) = $\mathbb{N}$, a imagem será o conjunto dos números múltiplos de 3, pois $h(1) = 3$, $h(2) = 6$, $h(3) = 9$ e assim por diante.

1.5 Zero de uma função

Todo número real x que pertence ao domínio da função f e valida a equação $f(x) = 0$ é denominado **zero da função f**.

Exemplos

a) O zero da função f, tal que $f(x) = 2x - 4$, é 2, pois:
$f(2) = 2 \cdot 2 - 4 = 4 - 4 = 0$

b) O zero da função h, tal que $h(x) = \sqrt{x - 9}$, é 9, pois:
$h(9) = \sqrt{9 - 9} = \sqrt{0} = 0$

c) A função m, dada por $m(x) = \dfrac{1}{x}$, não tem zero, pois não há valor de x que anule $m(x)$.

d) O zero da função g, tal que $g(x) = \dfrac{x}{\sqrt{x+5}}$, é 0, pois:

$g(0) = \dfrac{0}{\sqrt{0+5}} = \dfrac{0}{\sqrt{5}} = 0$

EXERCÍCIOS

R3. Considerar a função f, dada pelo diagrama abaixo, em que $x \in A$ e $y \in B$.

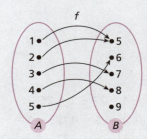

Determinar:

a) D(f)
b) CD(f)
c) Im(f)
d) y, quando $x = 1$
e) y, quando $x = 2$
f) $f(x)$, quando $x = 3$
g) x, quando $y = 8$
h) x, quando $f(x) = 5$

▶ **Resolução**

a) D(f) = A = $\{1, 2, 3, 4, 5\}$
b) CD(f) = B = $\{5, 6, 7, 8, 9\}$
c) Im(f) = $\{5, 6, 7, 8\}$
d) $x = 1 \Rightarrow y = 5$
e) $x = 2 \Rightarrow y = 5$
f) $x = 3 \Rightarrow f(3) = 7$
g) $y = 8 \Rightarrow x = 4$
h) $f(x) = 5 \Rightarrow x = 1$ ou $x = 2$

4. Considere A = $\{-5, -3, -1, 1, 3, 4\}$, B = $\{0, 1, 9, 25, 36, 81\}$ e a lei $y = x^2$ que associa x de A com y de B.

a) Represente essa situação por um diagrama.

b) Esse diagrama representa uma função? Justifique.

5. Observe o diagrama abaixo.

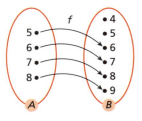

Agora, determine:

a) o domínio, o contradomínio e a imagem da função representada.

b) o valor de x para $f(x) = 4$.

c) o valor de $f(x)$ para $x = 5$.

R4. Determinar o conjunto imagem de $f: D(f) \to \mathbb{R}$, sabendo que $f(x) = 2x$ e considerando:

a) $D(f) = \{0, 3\}$

b) $D(f) = \mathbb{N}$

➤ **Resolução**

a) Como $f(0) = 2 \cdot 0 = 0$ e $f(3) = 2 \cdot 3 = 6$, temos $\text{Im}(f) = \{0, 6\}$.

b) $\text{Im}(f)$ é o conjunto dos números naturais pares.

6. Expresse a área s de um retângulo cujo comprimento é o dobro da largura ℓ. Determine o domínio e o conjunto imagem da função definida por essa lei.

R5. Dada a função h, de lei $h(x) = x^3 - 1$, determinar:

a) $h(3)$

b) $h(0,5)$

c) $h(-3)$

d) x, para $h(x) = -1$

➤ **Resolução**

a) $h(3) = 3^3 - 1 = 27 - 1 = 26$

b) $h(0,5) = (0,5)^3 - 1 = 0,125 - 1 = -0,875$

c) $h(-3) = (-3)^3 - 1 = -27 - 1 = -28$

d) $h(x) = -1 \Rightarrow x^3 - 1 = -1 \Rightarrow x^3 = 0 \Rightarrow x = 0$

7. Considere $f: C \to D$, em que $C = \{0, 1, 2, 3\}$ e $D = \{1, 2, 3, 4, 5\}$, uma função definida pela lei $f(x) = x + 1$.
Calcule:

a) $f(0)$
b) $f(1)$
c) $f(2)$
d) $f(3)$

8. Seja $f: \mathbb{R} \to \mathbb{R}$ a função definida por $f(x) = 4x + 1$. Determine:

a) $f(4)$
b) $f(-2)$
c) $f(-1) + f(0) - f(11)$
d) $2f(3) - f(-3)$

R6. Obter o domínio de cada função.

a) $f(x) = 17x - 5$

b) $g(x) = \dfrac{x+3}{x-4}$

c) $h(x) = \sqrt[4]{7x - 21}$

d) $i(x) = \sqrt[3]{6x + 12}$

e) $j(x) = \dfrac{x^2 - 3x + 2}{\sqrt{-2x + 8}}$

f) $k(x) = \dfrac{\sqrt{x - 4}}{2x - 14}$

➤ **Resolução**

a) $D(f) = \mathbb{R}$

b) Devemos considerar que o denominador não pode ser nulo. Assim:
$x - 4 \neq 0 \Rightarrow x \neq 4$
Portanto, $D(g) = \{x \in \mathbb{R} \mid x \neq 4\} = \mathbb{R} - \{4\}$.

c) No conjunto dos números reais, o radicando de uma raiz de índice par não pode ser negativo. Assim:
$7x - 21 \geq 0 \Rightarrow 7x \geq 21 \Rightarrow x \geq 3$
Portanto, $D(h) = \{x \in \mathbb{R} \mid x \geq 3\}$.

d) O radicando de uma raiz de índice ímpar pode ser qualquer valor real.
Portanto, $D(i) = \mathbb{R}$.

e) Como o denominador não pode ser nulo e o radicando de uma raiz de índice par não pode ser negativo, devemos ter:
$-2x + 8 > 0 \Rightarrow -2x > -8 \Rightarrow 2x < 8 \Rightarrow x < 4$
Portanto, $D(j) = \{x \in \mathbb{R} \mid x < 4\}$.

f) Devemos ter:
$x - 4 \geq 0 \Rightarrow x \geq 4$ e $2x - 14 \neq 0 \Rightarrow x \neq 7$
Portanto, $D(k) = \{x \in \mathbb{R} \mid x \geq 4 \text{ e } x \neq 7\}$.

9. Determine o domínio de cada função.

a) $f(x) = 9x + 3$

b) $g(x) = \dfrac{x^3 + 8x}{x + 3}$

c) $h(x) = -x^2 - 4x - 7$

d) $i(x) = \sqrt{x - 8}$

e) $j(x) = \dfrac{\sqrt{x - 1}}{x - 3}$

f) $k(x) = \dfrac{x + x^2 + 3}{\sqrt[3]{x}}$

R7. Determinar os zeros das funções de $\mathbb{R}$ em $\mathbb{R}$, definidas por:

a) $g(x) = x + 9$

b) $h(x) = x^2 - 1$

➤ **Resolução**

a) Devemos determinar o valor de x para que $g(x) = 0$.
$g(x) = 0 \Rightarrow x + 9 = 0 \Rightarrow x = -9$

b) Devemos determinar o valor de x para que $h(x) = 0$.
$h(x) = 0 \Rightarrow x^2 - 1 = 0 \Rightarrow x^2 = 1 \Rightarrow x = \pm 1$

10. Determine, se existir, os zeros reais de cada função.

a) $f(x) = x - 3$

b) $g(x) = x + 12$

c) $h(x) = 4 - x$

d) $i(x) = 3x + 18$

e) $j(x) = 4x - 9$

f) $m(x) = x^2$

g) $n(x) = x^3$

h) $p(x) = \dfrac{1}{x + 1}$

i) $q(x) = 0,5x + 3$

j) $s(x) = \dfrac{1}{3}x - \dfrac{1}{3}$

11. Dada a função $u(x) = \dfrac{x+1}{x-2} + \dfrac{3}{x-3}$, determine:
    a) $D(u)$
    b) $u(0)$
    c) $u(-5)$
    d) $u(0{,}2)$

12. Escreva o conjunto imagem de cada função.
    a) $v(x) = 2x^2$, sendo $D(v) = \{1, 3\}$.
    b) $w(x) = \dfrac{1}{x-1}$, sendo $D(w) = \{2, 4\}$.
    c) $f(x) = \dfrac{1}{\sqrt{x}}$, sendo $D(f) = \{4, 49\}$.

13. Que valores do domínio da função $f: \mathbb{R} \to \mathbb{R}$, definida por $f(x) = x^2 - 2x - 6$, têm imagem igual a 2?

14. Sabe-se que f é uma função definida por $f(x) = ax - 4$, com a real e $f(3) = 11$. Calcule $f(-5)$.

15. Dada a função g, definida por $g(x) = ax + b$, com $a, b \in \mathbb{R}$, $g(2) = 8$ e $g(-2) = -4$, determine:
    a) a e b.
    b) o zero da função.

2. Gráfico de uma função

É comum encontrarmos gráficos em revistas, jornais, internet, boletins governamentais entre outras fontes de informação. A representação gráfica auxilia na observação, na organização e na análise da variação de duas grandezas, permitindo uma rápida comparação entre os dados apresentados. Veja um exemplo abaixo.

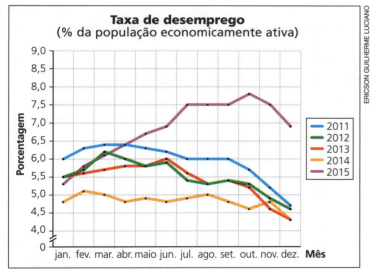

Disponível em: <www.ipea.gov.br>. Acesso em: 10 jun. 2016.

Esse gráfico traz a variação da taxa de desemprego relativa à população economicamente ativa nos anos 2011 a 2015.

Observação

No gráfico acima, usamos o símbolo ⤒ para representar que o intervalo de 0 a 4,0 não é proporcional aos demais intervalos marcados no eixo vertical.

2.1 Plano cartesiano

A construção e a interpretação de gráficos requerem conhecer a noção de **plano cartesiano**.

> Plano cartesiano é o plano determinado pelo sistema de eixos ortogonais x (**eixo das abscissas**) e y (**eixo das ordenadas**), que o divide em quatro regiões chamadas de **quadrantes**.

Um ponto P qualquer, representado no plano cartesiano, tem uma referência horizontal (x) e uma referência vertical (y), as quais, juntas, definem o **par ordenado** (x, y). Dizemos que x e y são as **coordenadas** do ponto $P(x, y)$.

Observe o plano cartesiano representado abaixo.

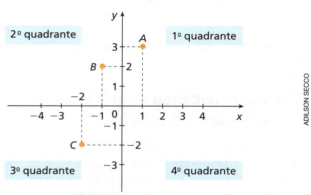

Nesse plano, observamos que:
- $A(1, 3)$ tem abscissa 1, ordenada 3 e está no 1º quadrante;
- $B(-1, 2)$ tem abscissa -1, ordenada 2 e está no 2º quadrante;
- $C(-2, -2)$ tem abscissa -2, ordenada -2 e está no 3º quadrante.

Note que:
- a cada par ordenado corresponde um único ponto no plano cartesiano;
- a cada ponto do plano cartesiano corresponde um único par ordenado;
- todo ponto $P(x, y)$ do 1º quadrante tem $x > 0$ e $y > 0$;
- todo ponto $P(x, y)$ do 2º quadrante tem $x < 0$ e $y > 0$;
- todo ponto $P(x, y)$ do 3º quadrante tem $x < 0$ e $y < 0$;
- todo ponto $P(x, y)$ do 4º quadrante tem $x > 0$ e $y < 0$;
- os pontos dos eixos coordenados não pertencem a nenhum quadrante.

O plano cartesiano também é conhecido como **sistema de coordenadas cartesianas**. O termo "cartesiano" se origina do nome do filósofo e matemático francês René Descartes (1596-1650).

2.2 Construção do gráfico de uma função

Para construir o gráfico de uma função, usamos o sistema de coordenadas cartesianas. O gráfico da função é determinado por todos os pontos do plano cartesiano representados pelos pares ordenados ($x, f(x)$) que tenham x pertencente ao domínio de f.

Como exemplo, vamos construir o gráfico da função $f: A \to B$, dada pela lei $f(x) = x$, em que $A = \{0, 1, 2\}$ e $B = \{0, 1, 2, 3, 4\}$.

Para determinar os pontos (x, y) do gráfico, calculamos $y = f(x)$ para cada x do domínio A, substituindo o valor de x na lei da função. Em seguida, marcamos os pontos no plano cartesiano.

x	$y = f(x) = x$	(x, y)
0	$y = f(0) = 0$	$(0, 0)$
1	$y = f(1) = 1$	$(1, 1)$
2	$y = f(2) = 2$	$(2, 2)$

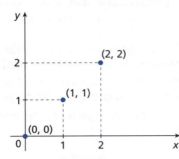

Os pontos do plano cartesiano compõem o gráfico da função f.

2.3 Reconhecendo os gráficos que representam uma função

Ao observar um gráfico, é possível verificar se a curva descrita corresponde ou não a uma função. Para isso, é necessário lembrar que uma função só é definida se todos os elementos do domínio possuem uma imagem e, para cada elemento do domínio (valores do eixo x), há uma única imagem correspondente no contradomínio (valores do eixo y).

Exemplos

Considerando $D = \mathbb{R}$ e $CD = \mathbb{R}$, vejamos quais gráficos representam uma função.

a)

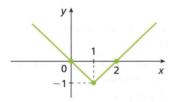

Cada elemento do domínio (no eixo x) tem uma única imagem correspondente no contradomínio (no eixo y). Portanto, esse gráfico **representa** uma função.

b)

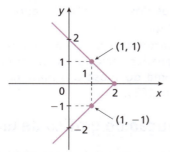

Existem elementos do domínio (no eixo x) que têm mais de um correspondente no contradomínio (no eixo y); por exemplo, o número 1 tem dois correspondentes, 1 e −1. Logo, esse gráfico **não representa** uma função.

c)

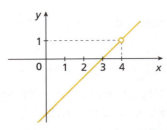

A bolinha vazia na reta que corta os eixos x e y indica que há um elemento do domínio ($x = 4$) que não tem correspondente no contradomínio (no eixo y). Portanto, esse gráfico **não representa** uma função.

Para esse gráfico representar uma função, o domínio deveria ter a seguinte restrição: $D = \{x \in \mathbb{R} \mid x \neq 4\}$. Nesse caso, o conjunto imagem seria $\text{Im} = \{y \in \mathbb{R} \mid y \neq 1\}$.

d)

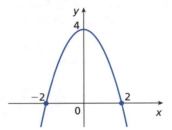

Cada elemento do domínio (no eixo x) tem uma única imagem correspondente no contradomínio (no eixo y). Então, esse gráfico **representa** uma função.

Essa curva, chamada de **parábola**, será estudada no capítulo de funções quadráticas.

A representação gráfica de uma função facilita a determinação de seu conjunto imagem e de seus zeros. Por exemplo:
- no gráfico do item **a**: $\text{Im} = \{y \in \mathbb{R} \mid y \geq -1\}$; zeros da função são 0 e 2;
- no gráfico do item **d**: $\text{Im} = \{y \in \mathbb{R} \mid y \leq 4\}$; zeros da função são −2 e 2.

Vamos admitir que, quando não há uma restrição no domínio, o gráfico prolonga-se nos dois sentidos.

EXERCÍCIOS

R8. Construir o gráfico da função $f: A \to B$, dada pela lei $f(x) = 2x - 3$, em que $A = \{-1, 0, 1, 3\}$ e $B = \{-5, -3, -1, 3, 7, 9\}$.

➤ **Resolução**

Para determinar os pontos (x, y) do gráfico, primeiro calculamos $y = f(x)$ para cada x do domínio A, substituindo o valor de x na lei da função.

x	$y = f(x) = 2x - 3$	(x, y)
−1	$y = f(-1) = 2 \cdot (-1) - 3 = -5$	$(-1, -5)$
0	$y = f(0) = 2 \cdot 0 - 3 = -3$	$(0, -3)$
1	$y = f(1) = 2 \cdot 1 - 3 = -1$	$(1, -1)$
3	$y = f(3) = 2 \cdot 3 - 3 = 3$	$(3, 3)$

Em seguida, marcamos os pontos no plano cartesiano.

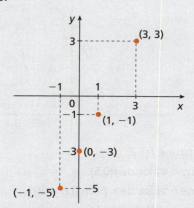

Os pontos do plano cartesiano compõem o gráfico da função f.

16. Em um mesmo plano cartesiano, localize os pontos representados pelos pares ordenados.
- a) $A(1, 1)$
- b) $B(-3, 5)$
- c) $C(-2, -7)$
- d) $D\left(\dfrac{5}{2}, \dfrac{7}{4}\right)$
- e) $E(0, 0)$
- f) $F(4, -5)$
- g) $G(8, -5)$
- h) $H\left(\dfrac{3}{2}, -\dfrac{5}{4}\right)$

17. Em cada caso, construa o gráfico da função.
- a) $f: A \to B$, em que $A = \{-2, -1, 0, 1, 2\}$ e $B = \{0, 1, 2, 3, 4\}$, dada por $f(x) = x^2$
- b) $h: \mathbb{R} \to \mathbb{R}$ tal que $h(x) = x - 1$
- c) $k: \mathbb{R} \to \mathbb{R}$ tal que $k(x) = 7$

18. Faça o que se pede.
- a) Verifique se o ponto representado pelo par ordenado $(8, -1)$ pertence ao gráfico da função f de $\mathbb{R}$ em $\mathbb{R}$ tal que $f(x) = 5x - 9$. Justifique.
- b) Descreva o gráfico da função f de $\mathbb{R}$ em $\mathbb{R}$ tal que $f(x) = 5$, sem construí-lo.
- c) Determine o valor de a para que o ponto $(-2, 1)$ pertença ao gráfico da função $f: \mathbb{R} \to \mathbb{R}$ tal que $f(x) = ax + 5$.
- d) O domínio de uma função f é $D = \{x \in \mathbb{R} \mid x \neq 3\}$. O ponto representado pelo par ordenado $(3, -1)$ pode pertencer ao gráfico de f?

19. Uma máquina produz, por hora, 8 litros de certa substância. O gráfico abaixo apresenta o número de litros que essa máquina produz, em função do tempo, em regime ininterrupto de 3 horas.

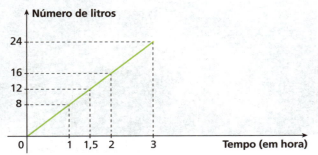

- a) Quais são as variáveis envolvidas nessa situação?
- b) Qual é a lei que relaciona essas variáveis?
- c) Qual é o significado do par ordenado $(1{,}5;\ 12)$?
- d) Quantos litros da substância a máquina produziria em 6 horas, em regime ininterrupto? E em 10 horas?
- e) Quantas horas são necessárias para a máquina produzir 4 litros da substância?

20. Em um posto de combustível, o litro de gasolina comum custa R$ 3,10. Observe o gráfico abaixo e responda às perguntas.

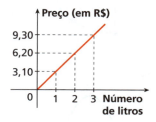

- a) Qual é a lei que relaciona o preço (y) com o número de litros (x)?
- b) Quanto custam, nesse posto, 2 litros de gasolina?
- c) E quanto custa 1,5 litro de gasolina?
- d) Pagando um total de R$ 9,30, quantos litros de gasolina comprará um consumidor? E se pagar R$ 31,00?
- e) Quantos litros de gasolina, no máximo, poderão ser comprados com R$ 155,00?

21. Determine o domínio, o conjunto imagem e os zeros das funções correspondentes a cada gráfico.

a)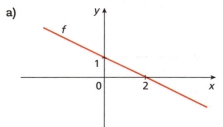

b)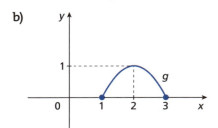

c)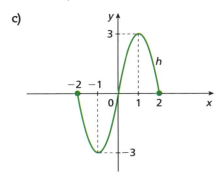

22. Considere $f: \mathbb{R} \to \mathbb{R}$ tal que $f(x) = x - 2$.

Construa o gráfico de f tendo como um dos pontos o de abscissa igual ao zero da função. Em seguida, determine os valores de x para os quais y é positivo.

23. Verifique se os gráficos a seguir podem representar funções.

a)
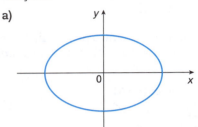

b)
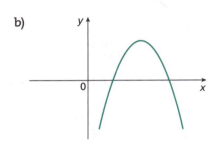

c)
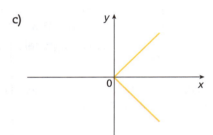

d)
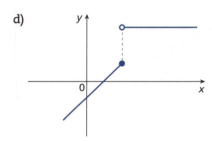

e)
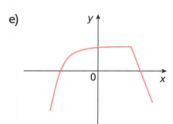

f)
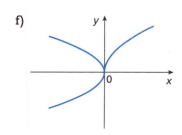

24. Observe o gráfico da função f e faça o que se pede.

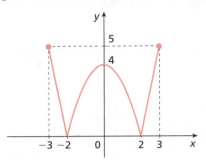

a) Determine $f(-2)$.
b) Estime o valor de $f(0,5)$.
c) Estime o valor de x para $f(x) = 2$.
d) Determine $D(f)$ e $\text{Im}(f)$.
e) Identifique os zeros da função.

3. Análise de gráficos de funções

3.1 Intervalos de crescimento e de decrescimento

O gráfico a seguir mostra o desmatamento da Amazônia Legal no período de 2008 a 2016.

*Amazônia Legal é a região formada por estados onde há vegetação tipicamente amazônica.

Disponível em: <www.obt.inpe.br>.
Acesso em: 9 jan. 2017.

Área desmatada em Caracaraí, Roraima.

A análise desse gráfico é semelhante à análise do gráfico de uma função: podemos verificar o comportamento de suas variáveis, ou, em outras palavras, analisar o **crescimento** ou o **decrescimento** da função para os valores do domínio.

Exemplos

As funções representadas pelos gráficos abaixo têm domínio e contradomínio reais, ou seja, são funções reais.

a)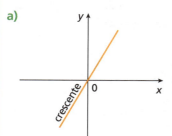

Essa reta representa uma **função crescente**, pois quanto maior o valor de x, maior o valor de y.

b)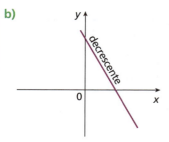

Essa reta representa uma **função decrescente**, pois quanto maior o valor de x, menor o valor de y.

c)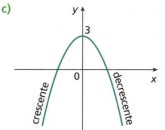

Nesse caso, a função é **crescente** para $x < 0$ e **decrescente** para $x > 0$.

Podemos concluir que:

- uma função f é **crescente** em um intervalo do domínio se, e somente se, para quaisquer valores x_1 e x_2 desse intervalo, com $x_1 < x_2$, tem-se $f(x_1) < f(x_2)$;

- uma função f é **decrescente** em um intervalo do domínio se, e somente se, para quaisquer valores x_1 e x_2 desse intervalo, com $x_1 < x_2$, tem-se $f(x_1) > f(x_2)$.

3.2 Valor máximo e valor mínimo de uma função

Algumas funções f têm y_m pertencente ao conjunto imagem de f tal que não existe um y que pertence ao mesmo conjunto imagem maior que y_m. Dizemos que y_m é o **valor máximo** da função.

Da mesma forma, se não existe um y menor que y_m, ambos pertencentes ao conjunto imagem da função f, então y_m é o **valor mínimo** da função.

Exemplos

Observe nos gráficos das funções abaixo, o conjunto imagem.

a)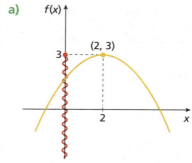

- $\text{Im}(f) = \{y \in \mathbb{R} \mid y \leq 3\}$
- f tem um máximo em $(2, 3)$.

Logo, $y_m = 3$ é o valor máximo de f.

b)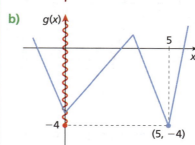

- $\text{Im}(g) = \{y \in \mathbb{R} \mid y \geq -4\}$
- g tem um mínimo em $(5, -4)$.

Logo, $y_m = -4$ é o valor mínimo de g.

3.3 Estudo do sinal de uma função

Podemos fazer o estudo do sinal de uma função por meio de sua representação gráfica.

Exemplo

Vamos estudar o sinal da função f, cujo gráfico está representado abaixo.

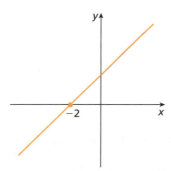

Observe que os pontos de abscissa maior que -2 têm ordenada positiva, os pontos de abscissa menor que -2 têm ordenada negativa, e o ponto de abscissa -2 tem ordenada zero.

Assim:

- f é positiva para $x > -2$;
- f é negativa para $x < -2$;
- f é nula para $x = -2$.

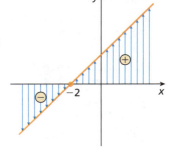

Capítulo 3 • Funções **63**

EXERCÍCIOS

R9. Indicar o(s) intervalo(s) do domínio no(s) qual(is) a função $f: \mathbb{R} \to \mathbb{R}$, representada no gráfico, é crescente, decrescente e constante (nem crescente nem decrescente).

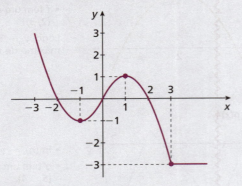

▶ **Resolução**

A função é:

- decrescente em $]-\infty, -1[$ e em $]1, 3[$, pois, nesses intervalos, quanto maior o valor de x (domínio), menor o valor de y (imagem);
- crescente em $]-1, 1[$, pois, nesse intervalo, quanto maior o valor de x, maior o valor de y;
- constante em $]3, +\infty[$, pois, nesse intervalo, o valor de y não varia.

R10. Observar abaixo a representação gráfica da função $f: \mathbb{R} \to \mathbb{R}$.

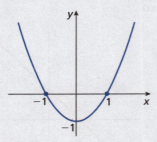

a) Em que intervalos do domínio a função f é positiva?
b) Em que intervalos do domínio a função f é negativa?
c) Para que valores de x a função f é nula?
d) Qual é o valor mínimo de f?

▶ **Resolução**

a) A função f é positiva nos intervalos $]-\infty, -1[$ e $]1, +\infty[$.
b) A função f é negativa no intervalo $]-1, 1[$.
c) A função f é nula em $x = 1$ e em $x = -1$.
d) O valor mínimo de f é -1.

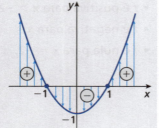

R11. Estudar o sinal das funções:
- $f: \mathbb{R} \to \mathbb{R}$ tal que $f(x) = x^2 - 1$
- $g: \mathbb{R} \to \mathbb{R}$ tal que $g(x) = 2^x - 1$

▶ **Resolução**

Podemos estudar o sinal de uma função a partir de seu gráfico. Vamos construir os gráficos das funções f e g utilizando um *software* de construção de gráficos. Antes observe que, em muitos *softwares*, há algumas maneiras diferentes para escrever as expressões matemáticas, por exemplo:

- sen $x \to$ sinx
- $\dfrac{x^3 + 3}{x} \to$ (x^3+3)/x

Começaremos pela função dada pela lei $f(x) = x^2 - 1$.

Campo para digitar a lei da função que queremos construir o gráfico. Há diferentes maneiras de escrever $x^2 - 1$, por exemplo: x^2−1 ou x*x−1

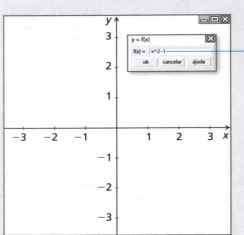

Selecionando a ferramenta "zeros da função", marcamos os pontos cujas abscissas são os zeros da função.

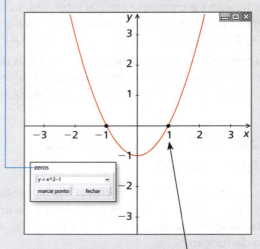

Construído o gráfico da função f, encontramos os zeros da função. A função é nula para $x = -1$ e para $x = 1$.

Então, podemos observar que:
• a função f é positiva nos intervalos $]-\infty, -1[$ e $]1, +\infty[$;
• a função f é negativa no intervalo $]-1, 1[$.

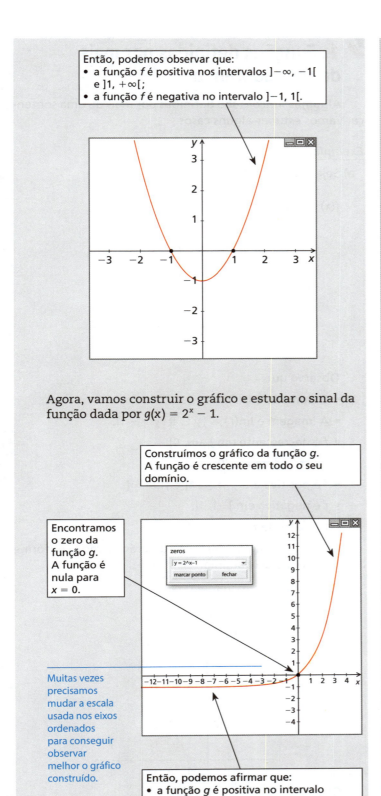

Agora, vamos construir o gráfico e estudar o sinal da função dada por $g(x) = 2^x - 1$.

Construímos o gráfico da função g. A função é crescente em todo o seu domínio.

Encontramos o zero da função g. A função é nula para $x = 0$.

Muitas vezes precisamos mudar a escala usada nos eixos ordenados para conseguir observar melhor o gráfico construído.

Então, podemos afirmar que:
• a função g é positiva no intervalo $]0, +\infty[$;
• a função g é negativa no intervalo $]-\infty, 0[$.

25. Construa o gráfico das funções g e h, de $\mathbb{R}$ em $\mathbb{R}$, e verifique se são crescentes ou decrescentes em todo o domínio. Se achar conveniente, use um *software* específico para a construção de gráficos.

a) $g(x) = x + 5$
b) $h(x) = -2x + 1$

26. Observe os gráficos das funções de $\mathbb{R}$ em $\mathbb{R}$.

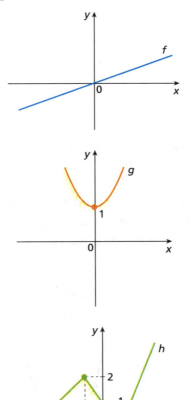

a) Identifique os intervalos de crescimento e os intervalos de decrescimento de cada função.
b) As funções apresentam um valor máximo ou um valor mínimo? Em caso afirmativo, que valores são esses?

27. Observe o gráfico da função f.

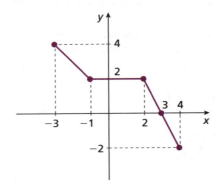

Agora, responda às questões.
a) Qual é a imagem de 2 pela função f?
b) Para que valor de x a imagem é -2?
c) No intervalo $]-1, 2[$, a função é positiva ou negativa? Nesse intervalo, ela é crescente?
d) Qual é o domínio dessa função?
e) Qual é o conjunto imagem dessa função?

28. O gráfico representa uma função de ℝ em ℝ.

Classifique cada sentença em verdadeira (V) ou falsa (F), justificando as falsas.

a) $f(0) = 0$
b) A função é crescente no intervalo $]0, +\infty[$.
c) A função é positiva em todo o domínio.
d) O valor mínimo da função é -1.
e) $\text{Im}(f) = [-1, +\infty[$

29. Observe o gráfico da função f de ℝ em ℝ.

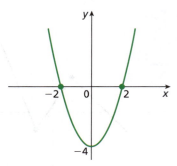

Agora, responda às questões.

a) Quais são os zeros da função?
b) Em qual intervalo do domínio a função é crescente? E decrescente?
c) Para que valores de x a função é positiva? E negativa?
d) Qual é o domínio da função? E o conjunto imagem?
e) Qual é o menor valor que essa função pode assumir? Esse valor é imagem de qual valor do domínio?

30. Qual dos gráficos abaixo representa uma função negativa para todos os números reais?

a)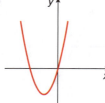

c)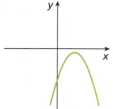

b)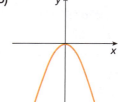

d)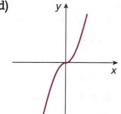

4. Funções definidas por mais de uma sentença

Algumas funções são definidas por mais de uma sentença. Vamos estudar alguns casos.

Exemplos

a) Seja $f: \mathbb{R} \to \mathbb{R}$ tal que:

$$f(x) = \begin{cases} -x - 1, \text{ se } x \leq 0 \\ x^2 - 1, \text{ se } x > 0 \end{cases}$$

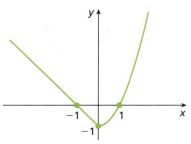

Observe que:
- O domínio é $D(f) = \mathbb{R}$.
- A imagem é $\text{Im}(f) = \{y \in \mathbb{R} \mid y \geq -1\}$.
- f é decrescente em $]-\infty, 0[$.
- f é crescente em $]0, +\infty[$.
- f é positiva em $]-\infty, -1[$ e $]1, +\infty[$.
- f é negativa em $]-1, 1[$.
- Os zeros de f são -1 e 1.

Note que o comportamento do gráfico varia conforme o intervalo do domínio.

b) Seja $h: \mathbb{R} \to \mathbb{R}$ tal que:

$$h(x) = \begin{cases} -2x + 2, \text{ se } x < 1 \\ 2x - 2, \text{ se } x \geq 1 \end{cases}$$

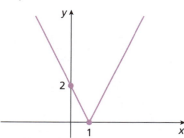

Observe que:
- O domínio é $D(h) = \mathbb{R}$.
- A imagem é $\text{Im}(h) = \{y \in \mathbb{R} \mid y \geq 0\}$.
- h é decrescente em $]-\infty, 1[$.
- h é crescente em $]1, +\infty[$.
- h é positiva em $\mathbb{R} - \{1\}$.
- O zero de h é 1.

Note que o comportamento do gráfico varia conforme o intervalo do domínio.

EXERCÍCIOS

R12. Considerando a função g de lei $g(x) = \begin{cases} x + 4, \text{ se } x \leq 1 \\ 3x^2, \text{ se } x > 1 \end{cases}$, calcular:

a) $g(1)$
b) $g(3)$

▶ **Resolução**

a) Para $x = 1$, usamos a primeira sentença.
Portanto: $g(1) = 1 + 4 = 5$

b) Para $x = 3$, usamos a segunda sentença.
Portanto: $g(3) = 3 \cdot 3^2 = 3 \cdot 9 = 27$

31. Observe a lei e o gráfico da função m de $\mathbb{R}$ em $\mathbb{R}$.

$m(x) = \begin{cases} -\dfrac{x^2}{2} + 3, \text{ se } x \leq -2 \\ \dfrac{x}{2} + 2, \text{ se } -2 < x \leq 2 \\ 3, \text{ se } x > 2 \end{cases}$

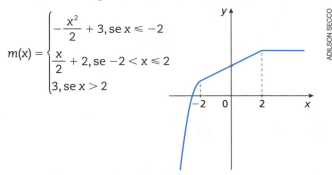

Agora, responda às questões.

a) Qual é o domínio e o conjunto imagem de m?
b) Para que valores de x a função é constante?
c) Quantos zeros tem essa função? Justifique sua resposta.
d) Em que intervalo do domínio a função é positiva? E negativa?

32. A função p dada pela lei a seguir é definida por três sentenças.

$p(x) = \begin{cases} \dfrac{x^2}{4}, \text{ se } x \leq -4 \\ -\dfrac{2}{7}x + \dfrac{20}{7}, \text{ se } -4 < x \leq 3 \\ \dfrac{x+3}{3}, \text{ se } x > 3 \end{cases}$

Calcule o valor de $p(x)$ em cada caso.

a) $x = -6$
b) $x = \dfrac{1}{2}$
c) $x = 3{,}78$
d) $x = -4$
e) $x = 3$
f) $x = 0$

33. Considere a função $f: \mathbb{R} \to \mathbb{R}$ definida pela lei:

$f(x) = \begin{cases} x + 1, \text{ se } x \leq 1 \\ 2, \text{ se } 1 < x \leq 2 \\ -x + 3, \text{ se } x > 2 \end{cases}$

a) Construa o gráfico de f.
b) Estude o sinal da função.
c) Determine os intervalos em que a função é crescente, decrescente e constante.
d) Indique os zeros da função.

34. Para estimular sua equipe, o departamento de vendas de uma fábrica de bicicletas elaborou a seguinte regra: se a venda semanal for de uma quantidade x, menor que 30 unidades, a comissão y que o vendedor receberá será de 3% do valor total v, em reais, das vendas; se a venda for de 30 a 100 unidades, a comissão passará para 5% de v; se a quantidade for superior a 100 unidades, a comissão passará para 8% de v. Cada bicicleta é vendida por R$ 350,00.

a) Escreva a lei de uma função que retrate a relação entre o número de bicicletas vendidas e a comissão do vendedor.

b) Quanto um vendedor receberá de comissão se vender 80 bicicletas em uma semana? E se vender 101 bicicletas?

5. Função composta

Camila administra um parque ecológico que faz parte de uma reserva ambiental e precisou fazer um levantamento do número de visitantes que o parque recebe aos domingos (considerando que, no domingo, o parque fica aberto das 10h às 18h).

O Muriqui-do-norte é o maior primata das Américas e só é encontrado na Mata Atlântica. Ele se alimenta de frutos, atua espalhando sementes de diferentes espécies de plantas e é essencial para manter a diversidade da floresta. Infelizmente, o desmatamento e a caça fazem com que a população da espécie siga diminuindo. Em 2015, no Brasil, existiam, aproximadamente, apenas 900 indivíduos.

Para fazer esse levantamento, ela teve de levar em consideração que cada ingresso dá direito à entrada de um veículo, independentemente do número de passageiros.

Inicialmente, ela calculou que, aos domingos, entram no parque, em média, 35 veículos por hora. Com esses dados, escreveu a lei de uma função que relaciona o número de horas (h), após a abertura do parque, com o número de veículos (v) que entram no parque:

$$v = v(h) = 35 \cdot h$$

Depois de diversas observações e alguns cálculos, Camila percebeu que, em média, cada veículo era ocupado por 4 pessoas. Com esses outros dados, escreveu a lei de outra função que relaciona o número de pessoas (p) com o número de veículos (v):

$$p = p(v) = 4 \cdot v$$

Finalmente, Camila fez uma composição entre as duas funções e obteve uma terceira que relaciona diretamente o número de pessoas (p) com o número de horas (h):

$$\left. \begin{array}{l} v = 35 \cdot h \\ p = 4 \cdot v \end{array} \right\} \Rightarrow p = 4 \cdot (35 \cdot h) \Rightarrow p = 140 \cdot h$$

A última função que Camila obteve é chamada de **função composta** de p com v. Indicamos assim: $p \circ v$ (lemos: "p composta com v").

Capítulo 3 • Funções **67**

Veja o diagrama.

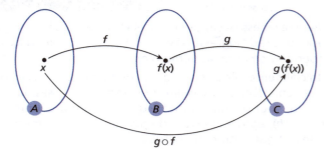

Camila concluiu, então, que, durante 8 horas de um domingo, o parque recebeu 1.120 visitantes.

5.1 Definição de função composta

Na situação anterior, vimos que Camila obteve uma terceira função a partir de outras duas. Isso só foi possível porque ambas tinham o domínio e o contradomínio conhecidos.

Assim, ao aplicar o conceito de função composta, é importante conhecer o domínio e o contradomínio das funções analisadas.

> Dadas as funções $f: A \to B$ e $g: B \to C$, chamamos de função composta de g com f a função $g \circ f: A \to C$ tal que $(g \circ f)(x) = g(f(x))$, para $x \in A$.

Observe que:
- a composta $g \circ f$ só está definida quando $CD(f) = D(g)$;
- a composição $(g \circ f) \circ h$ indica primeiro "g composta com f" e, em seguida, "$(g \circ f)$ composta com h";
- na composição de funções, vale a propriedade associativa, ou seja, $(g \circ f) \circ h = g \circ (f \circ h)$.

5.2 Lei da função composta

Conhecendo duas funções, é possível obter a lei que define sua função composta.

Exemplo

Vamos considerar as funções f e g, de $\mathbb{R}$ em $\mathbb{R}$, tal que $f(x) = 2x + 3$ e $g(x) = x^2 + 4$.

Para obter a lei $(g \circ f)(x)$, partimos da lei de g, substituindo x por $f(x)$:

$(g \circ f)(x) = g(f(x)) = (f(x))^2 + 4$

$(g \circ f)(x) = (f(x))^2 + 4$

Como $f(x)$ é igual a $2x + 3$, basta substituir:

$(g \circ f)(x) = (2x + 3)^2 + 4$

$(g \circ f)(x) = 4x^2 + 12x + 9 + 4$

$(g \circ f)(x) = 4x^2 + 12x + 13$

Portanto: $(g \circ f)(x) = 4x^2 + 12x + 13$

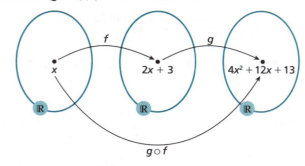

EXERCÍCIOS

R13. Sejam $A = \{0, 1, 2, 3\}$, $B = \{0, 2, 4, 6\}$ e $C = \{1, 3, 5, 7\}$ e as funções $f: A \to B$ tal que $f(x) = 2x$ e $g: B \to C$ tal que $g(x) = x + 1$.

a) Calcular $f(0)$, $f(1)$, $f(2)$, $f(3)$, $g(0)$, $g(2)$, $g(4)$ e $g(6)$.

b) Determinar $(g \circ f)(0)$, $(g \circ f)(1)$, $(g \circ f)(2)$ e $(g \circ f)(3)$.

c) Construir um diagrama para representar as funções do item **b**.

➤ **Resolução**

a)
- $f(0) = 2 \cdot 0 = 0$
- $f(1) = 2 \cdot 1 = 2$
- $f(2) = 2 \cdot 2 = 4$
- $f(3) = 2 \cdot 3 = 6$
- $g(0) = 0 + 1 = 1$
- $g(2) = 2 + 1 = 3$
- $g(4) = 4 + 1 = 5$
- $g(6) = 6 + 1 = 7$

b)
- $(g \circ f)(0) = g(f(0)) = g(0) = 1$
- $(g \circ f)(1) = g(f(1)) = g(2) = 3$
- $(g \circ f)(2) = g(f(2)) = g(4) = 5$
- $(g \circ f)(3) = g(f(3)) = g(6) = 7$

c)
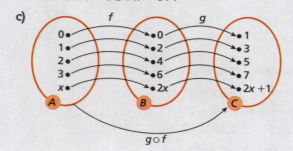

35. Dadas as funções f e g, de $\mathbb{R}$ em $\mathbb{R}$, definidas por $f(x) = x^2 - 1$ e $g(x) = 2x + 1$, calcule:

a) $(g \circ f)(2)$

b) $(f \circ g)(2)$

c) $(f \circ f)(1)$

d) $(g \circ g)(-3)$

36. Se $f(x) = x + 1$ e $g(x) = 2x + 3$, com x real, determine:
  a) $f(g(10))$
  b) $g(f(-1))$

37. Determine $f(g(\sqrt{2}))$ sabendo que f e g são funções reais definidas por $f(x) = -6x$ e $g(x) = \dfrac{x}{2}$.

38. Sendo $f(x) = 2x + 3$ e $g(x) = \dfrac{5}{x}$, com x real e diferente de zero, determine:
  a) $(g \circ g)(1)$
  b) $(g \circ f)(2)$
  c) $(f \circ f)(-1)$
  d) $f(g(3))$
  e) $f\left(g\left(\dfrac{2}{5}\right)\right)$
  f) $f\left(g\left(-\dfrac{1}{9}\right)\right)$

R14. Considerando as funções reais f e g, dadas por $f(x) = 3x + 7$ e $g(x) = 4x - 1$, determinar a lei que define $f \circ g$ e a lei que define $g \circ f$.

▶ **Resolução**
- $(f \circ g)(x) = f(g(x)) = 3g(x) + 7 = 3(4x - 1) + 7 = 12x + 4$
- $(g \circ f)(x) = g(f(x)) = 4f(x) - 1 = 4(3x + 7) - 1 = 12x + 27$

39. Considerando as funções f e g, de $\mathbb{R}$ em $\mathbb{R}$, tal que $f(x) = x + 7$ e $g(x) = x - 9$, determine:
  a) $(f \circ g)(x)$
  b) $(g \circ f)(x)$

40. Dada a função real definida por $h(x) = x^2 + 1$, determine $h(h(x))$.

41. Dadas as funções f e g, de $\mathbb{R}$ em $\mathbb{R}$, definidas por $f(x) = x^2 - 5x + 2$ e $g(x) = x + 1$, pedem-se:
  a) as leis que definem $f \circ g$ e $g \circ f$.
  b) $(f \circ g)(-2)$ e $(g \circ f)(-2)$.
  c) $(f \circ g)(1)$ e $(g \circ f)(1)$.
  d) os valores do domínio de $g \circ f$ com imagem -3.

R15. Se $f(x) = x + 2$ e $g(x) = x^2 - 2$, calcular os valores de x para que $f(g(x)) = g(f(x))$.

▶ **Resolução**
$f(g(x)) = g(x) + 2 = x^2 - 2 + 2 = x^2$
$g(f(x)) = (f(x))^2 - 2 = (x + 2)^2 - 2 =$
$= x^2 + 4x + 4 - 2 = x^2 + 4x + 2$
Assim:
$x^2 = x^2 + 4x + 2 \Rightarrow 4x + 2 = 0 \Rightarrow x = -\dfrac{1}{2}$

42. Sabendo que $r(x) = 3x^2$ e $s(x) = 4x - 3$, encontre os valores reais de x para que $(r \circ s)(x) = (s \circ r)(x)$.

43. Dadas as funções f e g, de $\mathbb{R}$ em $\mathbb{R}$, definidas por $f(x) = 2x - 3$ e $g(x) = 2x + k$, determine k sabendo que $f(g(0)) = 2$.

44. Dadas as funções f e g, definidas por $f(x) = 2x$ e $g(x) = 5x + 6$, determine o valor de x real partindo de:
$f(x) + g(8) = f(g(0))$

R16. Determinar a lei da função g sabendo que $f(x) = 5x$ e $f(g(x)) = 10x + 1$.

▶ **Resolução**
Como $f(x) = 5x$ e $f(g(x)) = 10x + 1$, temos:
$f(g(x)) = 5g(x)$
$5g(x) = 10x + 1$
$g(x) = \dfrac{10x + 1}{5}$
Logo, $g(x) = 2x + \dfrac{1}{5}$.

45. Para x real, estabeleça:
  a) $g(x)$, se $f(x) = 14x$ e $(f \circ g)(x) = 7x + 21$.
  b) $n(x)$, se $m(x) = 3x + 10$ e $m(n(x)) = x^2 + 8$.

R17. Sejam as funções f e g, de $\mathbb{R}$ em $\mathbb{R}$, tais que $g(x) = x + 3$ e $(f \circ g)(x) = 2x^2 - 1$, determinar $f(x)$.

▶ **Resolução**
Substituindo $g(x) = x + 3$ em $f(g(x)) = 2x^2 - 1$, temos:
$f(x + 3) = 2x^2 - 1$
Fazendo $x + 3 = t$, temos: $x = t - 3$
Então: $f(t) = 2(t - 3)^2 - 1 \Rightarrow$
$\Rightarrow f(t) = 2(t^2 - 6t + 9) - 1 \Rightarrow f(t) = 2t^2 - 12t + 17$
Substituindo t por x, obtemos:
$f(x) = 2x^2 - 12x + 17$

46. Para x real, determine:
  a) $f(x)$, se $g(x) = x + 2$ e $(f \circ g)(x) = 3x - 1$.
  b) $p(x)$, se $q(x) = x - 7$ e $(p \circ q)(x) = x^2 + 4x - 77$.

47. Considere as funções reais f, g e h definidas por:
- $f(x) = 2x + 1$
- $g(x) = 5x + 9$
- $h(x) = 6x^2$

Determine as leis que definem:
  a) $f \circ (g \circ h)$
  b) $(f \circ g) \circ h$

6. Função inversa

A seguir, vamos estudar alguns conceitos necessários para o entendimento do conceito de função inversa.

Função sobrejetora

Uma função $f: A \to B$ é **sobrejetora** quando, para qualquer $y \in B$, sempre temos $x \in A$ tal que $f(x) = y$, ou seja, quando $\text{Im}(f) = B$.

Para saber se uma função é sobrejetora, é preciso verificar se o conjunto imagem é igual ao contradomínio.

Exemplos

a) O diagrama ao lado representa a função $f: A \to B$, definida por $f(x) = x^2$.

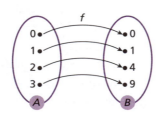

Observe que todo elemento de B tem um correspondente em A, ou seja, o conjunto imagem da função é igual a seu contradomínio.

Então, a função $f: A \to B$ é sobrejetora.

b) A função $g: \mathbb{R} \to \mathbb{R}$ tal que $g(x) = x^2$ é sobrejetora?

Para qualquer número real x, temos que x^2 é um número real positivo ou nulo. Portanto, em $\mathbb{R}$, que é o contradomínio dessa função, existem números que não têm correspondente algum do domínio, ou seja, o conjunto imagem da função não coincide com seu contradomínio. Logo, a função g não é sobrejetora.

Observe que se for $g: \mathbb{R} \to \mathbb{R}_+$, a função será sobrejetora, pois o contradomínio coincidirá com o conjunto imagem.

Função injetora

Uma função $f: A \to B$ é **injetora** se, para quaisquer x_1 e x_2 de A, $x_1 \neq x_2$, temos $f(x_1) \neq f(x_2)$.

Exemplo

O diagrama ao lado representa a função $f: A \to B$, definida por $f(x) = 2x + 1$.

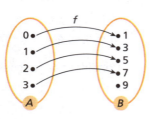

Observe que quaisquer dois elementos de A têm como imagem elementos distintos de B. Portanto, a função f é injetora.

Função bijetora

Uma função $f: A \to B$ é **bijetora** se for sobrejetora e injetora.

Exemplo

O diagrama ao lado representa a função $h: A \to B$, definida por $h(x) = x - 3$.

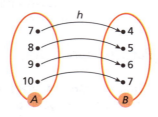

Observe que o contradomínio é igual ao conjunto imagem (é sobrejetora) e que quaisquer dois elementos de A têm como imagem elementos distintos de B (é injetora). Portanto, a função h é bijetora.

6.1 Definição de função inversa

Para facilitar seu trabalho, a confeiteira Ana elaborou uma tabela relacionando a quantidade de certo tipo de bolo e o preço.

Quantidade de bolo (Kg)	1	2	3	4	5	6
Preço (R$)	35,00	70,00	105,00	140,00	175,00	210,00

Com esses valores, e considerando $A = \{1, 2, 3, 4, 5, 6\}$ e $B = \{35,00; 70,00; 105,00; 140,00; 175,00; 210,00\}$, podemos pensar em duas funções.

$f: A \to B$	$g: B \to A$
Função que associa a quantidade de bolo ao preço.	Função que associa o preço à quantidade de bolo.
$D(f) = A$ $\text{Im}(f) = B$	$D(g) = B$ $\text{Im}(g) = A$

Nessa situação, temos:

- $f: A \to B$

  $f(x) = 35x$

- $g: B \to A$ (g é inversa de f)

  $g(x) = \dfrac{x}{35}$

Observe que f e g são funções bijetoras, $D(f) = \text{Im}(g)$ e $D(g) = \text{Im}(f)$. Nesse caso, dizemos que uma função é a **inversa** da outra. Geralmente, indicamos a inversa de uma função f por f^{-1}.

70 Conexões com a Matemática

Dada uma função bijetora $f: A \to B$, chamamos de **função inversa** de f a função $f^{-1}: B \to A$ tal que, para todo $x \in A$ e $y \in B$, temos $f(x) = y$ e $f^{-1}(y) = x$.

Somente as funções bijetoras admitem função inversa; as demais não admitem.

6.2 Lei da função inversa

Conhecendo a lei que define uma função bijetora $f: A \to B$, podemos obter a lei que define sua inversa, $f^{-1}: B \to A$.

Vamos retomar a situação anterior em que tínhamos a função $f: A \to B$, definida por $f(x) = 35x$.

Partindo da lei que define f, encontramos a lei que define f^{-1}:

1º) Lembrando que $f(x)$ é a imagem de x através da função f e que y também representa essa imagem, escrevemos a lei que define f, substituindo $f(x)$ por y.

Na situação estudada, $f(x) = 35x$ fica na forma $y = 35x$.

2º) Invertemos as variáveis na lei que define f, ou seja, trocamos x por y e y por x.

No nosso exemplo, $y = 35x$ assume a forma $x = 35y$.

3º) Expressamos y em função de x, obtendo $f^{-1}(x)$.

Assim:

$x = 35y \Rightarrow y = \dfrac{x}{35}$

Portanto: $f^{-1}(x) = \dfrac{x}{35}$

Observe alguns valores atribuídos às funções f e f^{-1} e a correspondência entre eles.

$f(x) = 35x$	$f(1) = 35$	$f(2) = 70$	$f(3) = 105$	$f(4) = 140$
$f^{-1}(x) = \dfrac{x}{35}$	$f^{-1}(35) = 1$	$f^{-1}(70) = 2$	$f^{-1}(105) = 3$	$f^{-1}(140) = 4$

6.3 Gráfico da função inversa

Os gráficos de uma função e de sua inversa são simétricos em relação ao gráfico da função identidade i, de lei $i(x) = x$, que é a bissetriz dos quadrantes ímpares.

Exemplos

a) $f(x) = x + 1$

$f^{-1}(x) = x - 1$

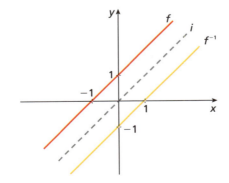

b) $g(x) = 2x + 2$

$g^{-1}(x) = \dfrac{x}{2} - 1$

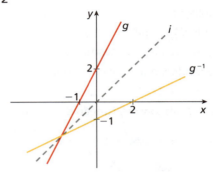

EXERCÍCIOS

48. Classifique em sobrejetora, injetora ou bijetora cada função representada pelos diagramas.

a)
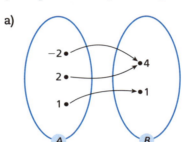

b)
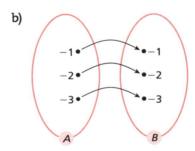

c)
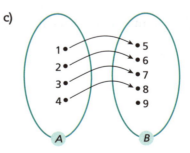

d)
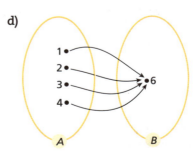

R18. Determinar a lei que define a função inversa da função bijetora $f: \mathbb{R} \to \mathbb{R}$ tal que $f(x) = -5x + 1$.

➤ **Resolução**

Partindo da lei que define f, temos:

- $f(x) = -5x + 1$ é o mesmo que $y = -5x + 1$.
- Trocando x por y e y por x, obtemos:
  $x = -5y + 1$
- Expressando y em função de x, obtemos:
  $x = -5y + 1 \Rightarrow 5y = 1 - x \Rightarrow y = \dfrac{1-x}{5}$

Portanto: $f^{-1}(x) = \dfrac{1-x}{5}$

49. Determine a lei que define a função inversa de cada função de $\mathbb{R}$ em $\mathbb{R}$.

a) $f(x) = 4x + 9$

b) $g(x) = -2x + 3$

c) $h(x) = -7x - \dfrac{1}{2}$

d) $m(x) = \dfrac{x+5}{3}$

e) $n(x) = x^3 + 1$

f) $p(x) = \sqrt[5]{2x}$

50. Sabendo que a função f, definida por $f(x) = \dfrac{2x+1}{x+9}$, admite inversa, determine:

a) $f^{-1}(x)$

b) $D(f)$

c) $D(f^{-1})$

d) $\text{Im}(f)$

e) $\text{Im}(f^{-1})$

f) $(f \circ f^{-1})(x)$

51. Considere a função f, de $\mathbb{R}$ em $\mathbb{R}$, definida por $f(x) = 2x + 3$, e determine:

a) a lei que define $f^{-1} \circ f$.

b) a lei que define $f \circ f^{-1}$.

c) $(f^{-1} \circ f)(2)$.

d) $(f \circ f^{-1})(3)$.

52. Escreva a lei da função inversa de cada função de $\mathbb{R}$ em $\mathbb{R}$.

a) $f(x) = -x + 3$

b) $g(x) = 2x$

c) $h(x) = \dfrac{x}{3} - 2$

d) $k(x) = 2x + 1$

No mesmo plano cartesiano, trace os gráficos de cada função e da respectiva inversa.

53. Em cada caso, a reta azul é o gráfico de uma função f e a reta verde é o gráfico de uma função g.

a) 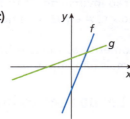 c)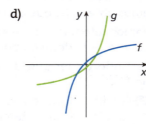

b) d)

- Em quais itens a função f é a inversa da função g? Justifique sua resposta.

54. Considere a função $f: \mathbb{R} \to \mathbb{R}$ tal que $f(x) = x^3$.

a) Qual é a função inversa de f?

b) Sem construir os gráficos, determine os pontos de intersecção dos gráficos de f e de f^{-1}.

55. Reproduza os gráficos abaixo e, sobre cada um, esboce o gráfico da função inversa à função dada.

a)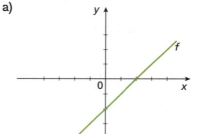

b)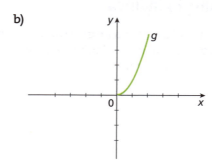

c)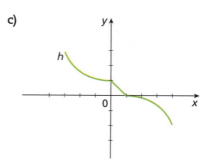

Exercícios complementares

1. A fórmula para obter a área A de um círculo de raio r é $A = \pi r^2$ (em que π é aproximadamente igual a 3,14).

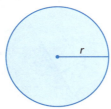

a) Escreva essa informação em notação de função matemática (y em função de x). Não se esqueça de definir o domínio e o contradomínio da função.
b) O que representa cada par ordenado (x, y) dessa função?
c) Qual é a variável dependente?
d) Qual é a variável independente?
e) Sabemos que a área de um círculo de raio r é A. Qual seria a área de um círculo de raio 2r?

2. O volume V de uma esfera com raio r é dado pela fórmula $V = \dfrac{4\pi r^3}{3}$.

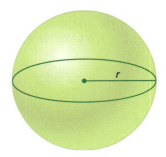

Escreva essa informação em notação de função matemática. Em seguida, analise as afirmações e indique a única falsa.

a) Se o raio mede 2 cm, o volume dessa esfera é $\dfrac{32\pi}{3}$ cm³.
b) O volume de uma esfera de raio r é 0,1 m³. Então, o volume de uma esfera de raio 2r é exatamente 0,8 m³.
c) Quando triplicamos a medida do raio de uma esfera de volume V, o volume passa a ser 27 V.
d) Se a medida do raio de uma esfera de volume V é dividida por 2, o volume passa a ser 8V.

3. O gráfico a seguir mostra a distância percorrida por Lucas, em seu carro, das 8 às 12 horas de certo dia. O tempo indica o número de horas decorridas depois das 8 horas.

a) Estime a distância percorrida por Lucas das 8 às 9 horas desse dia.
b) Em que período Lucas ficou parado?
c) O que representa o par ordenado (2, 150) nesse gráfico?
d) Quantos quilômetros Lucas percorreu das 11 às 12 horas?

4. Dario fez uma viagem de ônibus que durou 8 horas. A velocidade média do ônibus variou, em função do tempo, como mostra o gráfico abaixo.

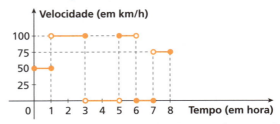

a) Escreva a lei da função representada pelo gráfico.
b) Quantos quilômetros o ônibus percorreu nas primeiras 3 horas de viagem?
c) Quantas horas o ônibus permaneceu parado nessa viagem?
d) Para Dario chegar ao mesmo destino em 7 horas, o que deveria mudar nessa situação?

5. Os gráficos a seguir representam o preço P, em real, do litro do etanol, em função do número n de litros, em dois postos, A e B.

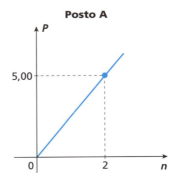

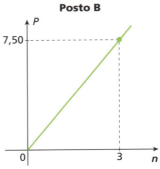

- Em qual posto é mais vantajoso abastecer?

EXERCÍCIOS COMPLEMENTARES

QUESTÕES DE VESTIBULAR

6. (Unifemm-MG) O gráfico da função polinomial $f(x)$ está representado na figura abaixo.

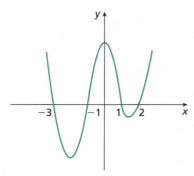

O conjunto solução da inequação $f(x) \leq 0$ é:

a) $S = \{x \in \mathbb{R} \mid x \leq -3 \text{ ou } x \geq 2\}$
b) $S = \{x \in \mathbb{R} \mid -3 \leq x \leq -1 \text{ ou } 1 \leq x \leq 2\}$
c) $S = \{x \in \mathbb{R} \mid x \leq -3 \text{ ou } 1 \leq x \leq 2\}$
d) $S = \{x \in \mathbb{R} \mid -3 \leq x \leq -1 \text{ ou } x \geq 2\}$

7. (UEL-PR) Qual dos gráficos a seguir é o gráfico de uma função f tal que a equação $f(x) = 1$ tenha exatamente 3 soluções e tal que a equação $f(x) = 0$ tenha exatamente 2 soluções?

a)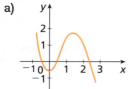

b)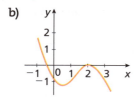

c)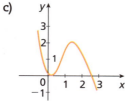

d)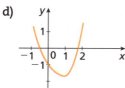

e)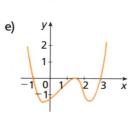

8. (Vunesp) Considere o sólido da figura (em azul), construído a partir de um prisma retangular reto.

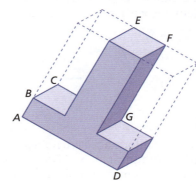

Se $AB = 2$ cm, $AD = 10$ cm, $FG = 8$ cm e $BC = EF = x$ cm, a função que determina o volume do sólido, em cm³, é:

a) $4x(2x + 5)$
b) $4x(5x + 2)$
c) $4(5 + 2x)$
d) $4x^2(2 + 5x)$
e) $4x^2(2x + 5)$

9. (Unifor-CE) Seja f uma função tal que $f(x + 1) = 2 \cdot f(x) - f(x - 1)$, para todo x real. Se $f(-1) = 3$ e $f(0) = 1$, o valor de $f(2)$ é:

a) 6
b) 3
c) 0
d) -3
e) -6

10. (UFU-MG) Seja $f: [-3, 3] \to \mathbb{R}$ uma função cujo gráfico está esboçado abaixo.

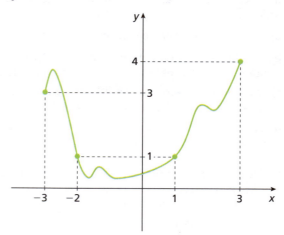

Se $g: \mathbb{R} \to [0, 3]$ é tal que $(f \circ g)(-2) = 1$, então $g(-2)$ é igual a:

a) 2
b) -2
c) 1
d) -1

11. (Vunesp) Considere duas funções, f e g, definidas no intervalo $I = \{x \in \mathbb{R} \mid 1 \leq x \leq 5\}$, tais que $f(1) = g(1) = 0$, $f(3) \cdot g(3) = 0$ e $f(5) > g(5)$.

Representando o gráfico de f em linha cheia e o de g em linha tracejada, a figura que melhor se ajusta a esses dados é:

a)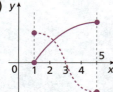

b)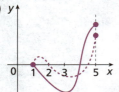

c)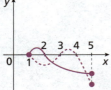

d)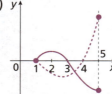

e)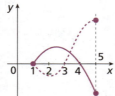

12. (ESPM-SP) Seja $f(x) = \dfrac{1}{x+1}$ uma função real definida para $x > 0$ e seja $f^{-1}(x)$ a sua inversa. A solução da equação $f(x) = f^{-1}(x)$ é:

a) $\dfrac{5 - \sqrt{5}}{2}$

b) $\dfrac{\sqrt{5}}{2} - 1$

c) $\dfrac{\sqrt{5}}{2} + 1$

d) $\dfrac{\sqrt{5} + 1}{2}$

e) $\dfrac{\sqrt{5} - 1}{2}$

13. (FGV) Seja $f(x)$ uma função definida no intervalo $[-4, +\infty[$, cujo gráfico está representado no plano cartesiano da figura abaixo.

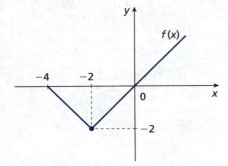

Considere a função $g(x)$ tal que $g(x) = 1 - f(x + 2)$.

a) Construa o gráfico de $g(x)$ no mesmo plano cartesiano onde está representada $f(x)$.

b) Determine o domínio e a imagem da função $g(x)$.

14. (Mackenzie-SP)

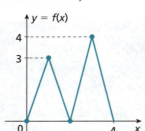 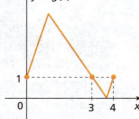

As funções f e g, ambas de domínio [0, 4], estão representadas graficamente. O número de elementos do conjunto solução $g(f(x)) = 1$ é:

a) 6   b) 7   c) 4   d) 2   e) 3

15. (Unifesp) Há funções $y = f(x)$ que possuem a seguinte propriedade: "a valores distintos de x correspondem valores distintos de y". Tais funções são chamadas injetoras. Qual, dentre as funções cujos gráficos aparecem abaixo, é injetora?

a)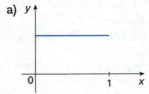

b)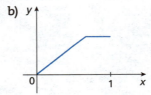

c)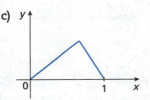

d)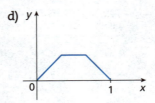

e)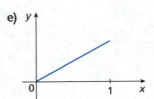

Mais questões: no livro digital, em **Vereda Digital Aprova Enem** e **Vereda Digital Suplemento de revisão e vestibulares**; no *site*, em **AprovaMax**.

Compreensão de texto

A matemática dos ossos

Cálculos matemáticos podem indicar a provável curva de crescimento de um adolescente a partir da observação do desenvolvimento de seus ossos. Para isso, é preciso um aparelho de raios X, um bom especialista no assunto e algum conhecimento em funções matemáticas.

O amadurecimento envolve diversos fatores: desenvolvimento ósseo, mental, sexual. Faz parte desse processo a transformação do esqueleto.

No começo da vida, temos um número maior de ossos; eles são também menos densos e têm as extremidades cartilaginosas. Conforme crescemos, esses ossos ganham massa e algumas das extremidades se aproximam até se soldarem. Esse processo de maturação óssea pode ser observado pelo raio-X e avaliado conforme idade e sexo, indicando uma provável estatura adulta. Essa é a matemática dos ossos.

A idade óssea

Analisando a densidade dos ossos, seu número e proximidade, o médico pode dizer qual é a idade óssea do indivíduo. Esta, em geral, corresponde à idade cronológica, mas às vezes pode se adiantar ou atrasar, interferindo no tempo do crescimento, o que não é um grande problema, é apenas um indicador do processo de amadurecimento.

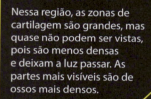

Nessa região, as zonas de cartilagem são grandes, mas quase não podem ser vistas, pois são menos densas e deixam a luz passar. As partes mais visíveis são de ossos mais densos.

Nas crianças, existem cerca de 30 centros de ossificação, muito mais que nos adultos. Este ossinho, por exemplo, desaparece quando a criança se torna adulta.

Calculando a estatura

A estatura do adolescente representa um percentual da sua estatura quando adulto, de acordo com sua idade óssea. Como exemplo, vamos pensar em um menino e uma menina de 10 anos com idade óssea dentro da média. Qual será a estatura deles no futuro?

Idade e estatura

Aplicando os dados médicos em uma função matemática, saberemos a altura provável de cada um na idade adulta.

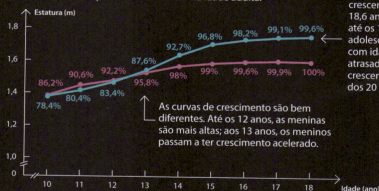

Em geral, eles crescem até os 18,6 anos e elas, até os 18. Mas adolescentes com idade óssea atrasada podem crescer até depois dos 20 anos.

As curvas de crescimento são bem diferentes. Até os 12 anos, as meninas são mais altas; aos 13 anos, os meninos passam a ter crescimento acelerado.

Fonte: MARCONDES, Eduardo. Idade óssea em pediatria. *Revista Pediatria* (São Paulo). Disponível em: <www.pediatriasaopaulo.usp.br/upload/pdf/648.pdf>. Acesso em: **21 nov. 2012**.
Consultoria: Soraya Lopes Sader Milani, Endocrinologista Pediátrica com Doutorado em Baixa Estatura pela FMRP-USP.

O raio-X

Habitualmente, a análise da idade óssea é realizada com o raio-X das mãos, pois elas têm muitos ossos que podem ser contados e analisados.

Na mão adulta, os ossos são mais densos, aparecendo com maior nitidez no raio-X, e os ossinhos que víamos entre as falanges da mão infantil já se soldaram aos ossos mais longos.

Aqui vemos um número menor de ossos. As distâncias entre eles diminuíram e praticamente não enxergamos as cartilagens. Essa mão já atingiu a maturidade óssea.

ATIVIDADES

1. Que relação existe entre a idade óssea e a estatura de uma pessoa?

2. Observando o gráfico, percebemos que as curvas de crescimento de um menino e de uma menina são diferentes. Analise as curvas, pesquise e justifique as diferenças.

3. O gráfico apresenta, além das curvas de crescimento, algumas porcentagens.

a) Qual é o significado desses valores?

b) Se com 10 anos um menino tem 1,36 m de altura e já atingiu 78,4% de sua estatura futura, qual será a altura desse menino quando tiver 16 anos, sabendo que, nessa idade, ele já terá atingido 98,2% da sua estatura quando adulto? Qual será sua provável altura quando chegar à fase adulta?

4. Existem fatores ambientais que podem alterar o processo do crescimento físico? Cite alguns.

Capítulo 3 • Funções

CAPÍTULO 4
FUNÇÃO AFIM

ENEM
C1: H3, H4, H5
C3: H12
C4: H15, H16, H17
C5: H19, H20, H21, H22, H23
C6: H24, H25

Uma temperatura pode ser medida em diferentes escalas, como Fahrenheit, Celsius etc.
Para converter uma temperatura da escala Fahrenheit para a escala Celsius, podemos usar:
$T_C = \dfrac{5}{9} T_F - \dfrac{160}{9}$, onde T_C é a temperatura medida em graus Celsius e T_F é a temperatura medida em graus Fahrenheit.
Essa função, que é um exemplo de função afim, será estudada neste capítulo.
Na foto, observamos a praia das Teresitas, uma das mais famosas das ilhas Canárias.

1. Função afim

Acompanhe a situação a seguir.

Todos os anos, Carlos participa de uma feira de comidas japonesas. Para isso, ele separa os valores referentes aos ingredientes e à mão de obra, o que representa R$ 1.200,00 no total. Por dia, o aluguel do espaço é de R$ 80,00. Considerando apenas os valores citados, quanto Carlos gastará se oferecer seus produtos durante 5 dias, período em que a feira ocorrerá?

Bairro da Liberdade em São Paulo.

Nessa situação, há um gasto fixo, correspondente aos ingredientes e à mão de obra, que independe da quantidade de dias em que Carlos estará na feira, e um gasto variável, correspondente ao número de dias. Assim, o gasto total dele será composto de duas parcelas:

valor gasto = gasto fixo + valor total dos dias

O valor a ser gasto na feira por 5 dias pode ser calculado da seguinte maneira:

$1.200 + 5 \cdot 80 = 1.200 + 400 = 1.600$

Portanto, Carlos gastará R$ 1.600,00 em cinco dias.

Percebemos que o valor $g(x)$ gasto na feira é função da quantidade x de dias. Assim:

$g(x) = 1.200 + 80 \cdot x$

Essa sentença é um exemplo de lei de formação de uma **função afim**.

> Uma função $f: \mathbb{R} \to \mathbb{R}$ é função afim quando existem os números reais a e b tais que $f(x) = ax + b$, para todo $x \in \mathbb{R}$.

Os números reais a e b são os **coeficientes** da função afim.

Exemplos

a) $f: \mathbb{R} \to \mathbb{R}$ tal que $f(x) = 4x - 3$, em que $a = 4$ e $b = -3$.

b) $g: \mathbb{R} \to \mathbb{R}$ tal que $g(x) = -\frac{1}{2}x + 5$, em que $a = -\frac{1}{2}$ e $b = 5$.

c) $h: \mathbb{R} \to \mathbb{R}$ tal que $h(x) = -7x$, em que $a = -7$ e $b = 0$.

d) $m: \mathbb{R} \to \mathbb{R}$ tal que $m(x) = -\sqrt{2} + \sqrt{3}x$, em que $a = \sqrt{3}$ e $b = -\sqrt{2}$.

e) $n: \mathbb{R} \to \mathbb{R}$ tal que $n(x) = -5$, em que $a = 0$ e $b = -5$.

1.1 Casos particulares de função afim

1º caso

> Uma função $f: \mathbb{R} \to \mathbb{R}$ é **função constante** quando existe o número real b tal que $f(x) = b$, para todo $x \in \mathbb{R}$.

Exemplos

a) $f: \mathbb{R} \to \mathbb{R}$ tal que $f(x) = -13$

b) $g: \mathbb{R} \to \mathbb{R}$ tal que $g(x) = \sqrt{7}$

2º caso

> Uma função $f: \mathbb{R} \to \mathbb{R}$ é **função linear** quando existe o número real a, com $a \neq 0$, tal que $f(x) = ax$, para todo $x \in \mathbb{R}$.

Exemplos

a) $h: \mathbb{R} \to \mathbb{R}$ tal que $h(x) = 3x$

b) $g: \mathbb{R} \to \mathbb{R}$ tal que $g(x) = -6x$

c) $f: \mathbb{R} \to \mathbb{R}$ tal que $f(x) = x$

Observação

A função $f: \mathbb{R} \to \mathbb{R}$ tal que $f(x) = x$ é chamada de **função identidade**.

1.2 Valor de uma função afim

Podemos determinar o valor de uma função afim para um valor de x, por exemplo $x = x_0$, fazendo $f(x_0) = ax_0 + b$.

Exemplo

Dada a função afim $g: \mathbb{R} \to \mathbb{R}$ tal que $g(x) = \frac{1}{3}x - 1$, vamos calcular $g\left(\frac{1}{2}\right)$.

Observe que, nesse caso, temos $x = \frac{1}{2}$; então:

$g\left(\frac{1}{2}\right) = \frac{1}{3} \cdot \frac{1}{2} - 1 = \frac{1}{6} - \frac{6}{6} = -\frac{5}{6}$

Logo, $g\left(\frac{1}{2}\right) = -\frac{5}{6}$.

Conhecendo dois valores distintos de uma função afim, $f(x_1)$ e $f(x_2)$, podemos estabelecer a lei de formação dessa função, determinando os valores dos seus coeficientes, a e b.

Exemplo

Dada a função afim $f: \mathbb{R} \to \mathbb{R}$ tal que $f(x) = ax + b$ e sabendo que $f(-1) = 7$ e $f(4) = 2$, vamos determinar a lei de formação dessa função.

Se $f(-1) = 7$, então, para $x = -1$, temos $f(x) = 7$, ou seja:
$7 = a \cdot (-1) + b$ (I)

Se $f(4) = 2$, então, para $x = 4$, temos $f(x) = 2$, ou seja:
$2 = a \cdot 4 + b$ (II)

Capítulo 4 • Função afim

Para determinar os valores de a e b, basta resolver o sistema formado pelas equações (I) e (II):

$\begin{cases} -a + b = 7 \\ 4a + b = 2 \end{cases}$ (× 4) $\Rightarrow \begin{cases} -4a + 4b = 28 \\ 4a + b = 2 \end{cases}$ +

$5b = 30 \Rightarrow b = 6$

Substituindo b por 6 em (I), obtemos:
$-a + 6 = 7 \Rightarrow -a = 7 - 6 \Rightarrow -a = 1 \Rightarrow a = -1$

Assim, a lei de formação dessa função é $f(x) = -x + 6$.

EXERCÍCIOS

1. Dadas as funções abaixo, identifique quais são funções afins e determine o valor dos coeficientes a e b.
   a) $g(x) = 2x + 4$
   b) $i(x) = 2 + x^2$
   c) $h(x) = 5(x - 1) \cdot (x^2 + 7)$
   d) $j(x) = -\frac{1}{4}x - (x - 1)$
   e) $f(x) = -\sqrt{3}$
   - Por que algumas dessas funções não são afins?

2. Analise as funções abaixo e identifique quais são funções constantes.
   a) $f(x) = -\sqrt{3}$
   b) $g(x) = 0$
   c) $h(x) = (x + 3)^2$
   d) $i(x) = (x + 3) - (x - 7)$

R1. Dada a função afim f tal que $f(x) = 10x + 35$, calcular x para $f(x) = 5$.

▶ Resolução
$10x + 35 = 5 \Rightarrow 10x = -30 \Rightarrow x = -3$

3. Dada a função f definida por $f(x) = 5x - 8$, calcule:
   a) $f(0)$
   b) $f\left(\frac{2}{3}\right)$
   c) x tal que $f(x) = 0$
   d) x tal que $f(x) = 7$

4. Dada a função f de lei $f(x) = -3x + 1$, calcule:
   a) $f(-2)$
   b) x tal que $f(x) = 0$
   c) $f(\sqrt{2})$
   d) x tal que $f(x) = 19$

5. Determine o valor de $\frac{f(-1) - f(0)}{f(\sqrt{2})}$ para $f(x) = x - \frac{\sqrt{2}}{2}$.

6. Determine o valor de a para que se tenha $f(3) = 8$ na função dada por $f(x) = ax + \frac{1}{2}$.

7. Considere a função definida por $f(x) = -3x + b$. Sabendo que $f\left(-\frac{4}{3}\right) = 10$, determine o valor de b.

8. Determine o valor de m para que a função de lei $f(x) = (3 + 7m)$ seja constante e igual a 8.

9. Determine os valores de p e q para que a função j de lei $j(x) = (p^2 - 1)x + (2q - 6)$ seja uma função identidade.

10. Escreva a lei de formação da função afim $f(x) = ax + b$ para as situações abaixo.
    a) $f(-1) = 3$ e $f(2) = 0$
    b) $f(1) = -\frac{1}{10}$ e $f(-2) = \frac{7}{5}$
    c) $f(2) = 2$ e $f(0) = 10$
    d) $f(3) = \frac{6}{5}$ e $f(-1) = -\frac{22}{15}$

11. Em certa cidade, a assinatura residencial de uma linha telefônica custava R$ 34,50 e dava direito à utilização de 100 minutos mensais. Ultrapassando essa cota, o consumidor pagaria R$ 0,08 por minuto excedente.
    a) Quanto o consumidor pagaria pela conta se utilizasse 82 minutos em um mês? E se utilizasse 300 minutos?
    b) Um consumidor pagou R$ 52,90 pela conta telefônica. Quantos minutos esse consumidor utilizou?
    c) Escreva a lei de formação da função que representa essa situação.
    d) Se, em uma residência dessa cidade, havia três linhas telefônicas, qual era o valor mínimo gasto com telefone em um mês?

12. Uma empresa de parafusos paga aos funcionários da produção R$ 1.080,00 fixos, mais 2% (em real) sobre o total de parafusos produzidos por mês. Determine:
    a) o salário de um funcionário que produziu 8.000 parafusos em um mês.
    b) a lei de formação que permite calcular o salário de um desses funcionários em função do número de parafusos produzidos.

2. Gráfico da função afim

2.1 Construção do gráfico

No capítulo anterior, vimos que, para construir o gráfico de uma função, usamos o sistema de coordenadas cartesianas, determinando todos os pontos do plano cartesiano representados pelos pares ordenados (x, y) da função. Encontramos esses pares ordenados atribuindo valores do domínio da função a x e calculando suas imagens (valores de y).

Para compreender melhor, vamos construir o gráfico da função f definida por $f(x) = 3x - 2$.

x	f(x)
-1	-5
0	-2
$\frac{2}{3}$	0
1	1
2	4

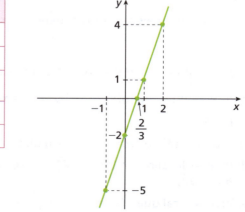

Observe que todos os pontos obtidos até aqui pertencem a uma mesma reta. Isso sugere que, quanto mais pares ordenados determinarmos, mais próximo de uma reta o gráfico estará.

De modo geral:

• O gráfico de uma função afim é uma **reta**.

Esse fato pode ser demonstrado e permite afirmar que o gráfico da função f definida por $f(x) = 3x - 2$ é:

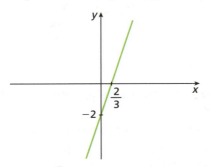

Observe outros exemplos de gráficos de funções afins.

• $g(x) = -2x + 1$

x	$g(x)$
−1	3
2	−3

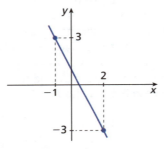

Dois pontos distintos são suficientes para determinar uma reta.

• $h(x) = 3$

x	$h(x)$
1	3

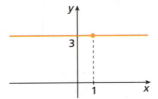

O gráfico de uma função constante é uma reta paralela ao eixo x; podemos determiná-lo conhecendo um único ponto.

• $i(x) = x$

x	$i(x)$
−1	−1
1	1

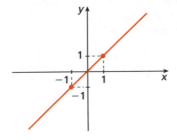

O gráfico de uma função linear é uma reta que passa pela origem (0, 0).

Observação

Como $f(x) = y$, a lei de uma função afim pode ser escrita na forma $y = ax + b$. Essa sentença é chamada de **equação da reta** correspondente.

Determinação de uma função a partir do seu gráfico

Vimos que, conhecendo dois valores distintos de uma função afim, podemos estabelecer sua lei de formação. A seguir, veremos que, dado o gráfico de uma função afim, também podemos determinar sua lei de formação.

Exemplo

Vamos determinar a lei de formação de uma função afim dado seu gráfico.

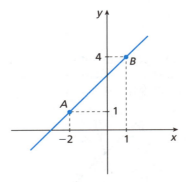

Consideramos $y = ax + b$ como a lei de formação da função.

Primeiro, observamos as coordenadas de dois pontos do gráfico; nesse caso, A e B.

Como $A(-2, 1)$, então, para $x = -2$, temos $y = 1$.

Logo: $1 = a \cdot (-2) + b$ (I)

Como $B(1, 4)$, então, para $x = 1$, temos $y = 4$.

Logo: $4 = a \cdot 1 + b$ (II)

Agora, resolvemos o sistema formado pelas equações (I) e (II).

$\begin{cases} -2a + b = 1 \\ a + b = 4 \end{cases} \Rightarrow a = 1 \text{ e } b = 3$

Portanto, a lei de formação da função é $f(x) = x + 3$.

EXERCÍCIOS

13. Construa, no mesmo plano cartesiano, o gráfico de cada função constante.

  a) $f(x) = \sqrt{15}$

  b) $g(x) = \pi$

  c) $h(x) = -3$

14. Construa o gráfico das funções afins dadas pelas leis abaixo.

  a) $f(x) = 2x + 3$

  b) $g(x) = -4x + \dfrac{1}{2}$

  c) $h(x) = -x + 2$

  d) $i(x) = 5x - 4$

15. Em cada item, dê a lei de formação da função afim cujo gráfico é dado.

a)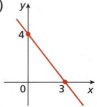

b)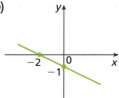

c)

d)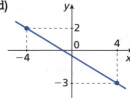

R2. Determinar o ponto de intersecção das retas correspondentes aos gráficos das funções afins, f e g, definidas por $f(x) = 4x + 11$ e $g(x) = -x + 1$.

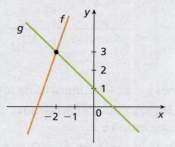

▶ **Resolução**

Para que as retas tenham um ponto em comum, deve existir um valor de x de modo que as imagens desse valor pelas duas funções coincidam, ou seja, $f(x) = g(x)$. Assim:

$4x + 11 = -x + 1 \Rightarrow 5x = -10 \Rightarrow x = -2$

Para $x = -2$, temos: $f(-2) = g(-2) = 3$

Logo, o ponto de intersecção é $(-2, 3)$.

16. Determine o ponto de intersecção das retas correspondentes aos gráficos das funções afins, f e g, definidas por:

a) $f(x) = 2x + 5$ e $g(x) = 3x - 4$.

b) $f(x) = -3x + 7$ e $g(x) = x + 5$.

17. Dê a lei de formação das funções afins correspondentes às retas f e g e encontre o ponto de intersecção dessas duas retas.

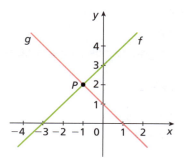

18. Observe o gráfico abaixo e determine as coordenadas dos pontos A, B e C, sabendo que a equação da reta que passa por A e B é $y = -\dfrac{x}{4} - \dfrac{1}{2}$.

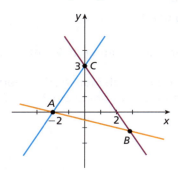

19. Considere as funções f e g, definidas por $f(x) = 3x$ e $g(x) = 3x - 1$.

a) O que as leis dessas funções têm em comum?

b) Tente encontrar um ponto de intersecção das retas correspondentes a essas funções.

R3. Um arquiteto pretende construir duas casas com jardim, uma ao lado da outra. Ao esboçar a planta com as duas casas vizinhas, ele teve uma dúvida sobre a medida de um dos lados de cada jardim, pois precisa construir as casas de modo que a área ocupada pela casa B e pelo jardim B seja maior que a área ocupada pela casa A e pelo jardim A.

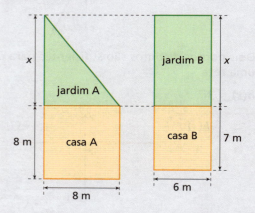

• Nessas condições, quais são os valores possíveis para x?

▶ **Resolução**

Vamos determinar as leis das funções que representam a área que cada casa e seu jardim ocupam em função da medida x.

Área ocupada pela casa A e pelo jardim A:

$A_1 = \dfrac{1}{2} \cdot 8 \cdot x + 8 \cdot 8 = 4x + 64$

Área ocupada pela casa B e pelo jardim B:

$A_2 = 6 \cdot x + 6 \cdot 7 = 6x + 42$

Portanto, $A_1 = 4x + 64$ e $A_2 = 6x + 42$.

Para $A_1 = A_2$, temos $x = 11$, que é a abscissa do ponto de intersecção dos gráficos que representam A_1 e A_2.

Pelo esboço dos gráficos, percebemos que A_2 é maior que A_1 quando $x > 11$, pois, nesse intervalo, o gráfico de A_2 está acima do gráfico de A_1. Portanto, x tem de ser maior que 11 m.

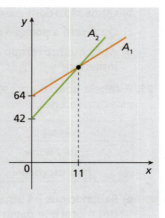

20. Considere dois barris de 200 litros cada um. Um contém água até a metade de sua capacidade, e o outro contém 80 litros. Para encher o barril que está com água até a metade, utiliza-se uma torneira que escoa 20 litros de água por minuto; para encher o outro barril, utiliza-se uma torneira que escoa 40 litros de água por minuto. Abrindo-se as duas torneiras ao mesmo tempo, qual barril transbordará primeiro?

21. (Cesgranrio-RJ) Uma barra de ferro com temperatura inicial de $-10\ °C$ foi aquecida até $30\ °C$.

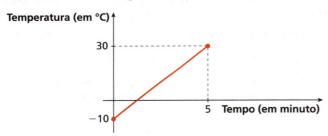

O gráfico anterior representa a variação da temperatura da barra em função do tempo gasto nessa experiência. Calcule em quanto tempo, após o início da experiência, a temperatura da barra atingiu $0\ °C$.

2.2 Gráfico de uma função definida por mais de uma sentença

No capítulo anterior, vimos que algumas funções são definidas por mais de uma sentença.

A seguir, vamos, como exemplo, construir o gráfico da função f de lei: $f(x) = \begin{cases} 3 - x, \text{ se } x \geq 2 \\ x + 1, \text{ se } x < 2 \end{cases}$

Primeiro, construímos o gráfico de f para $x \geq 2$.

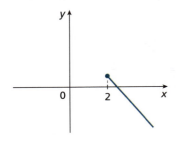

Para $x \geq 2$, o gráfico da função f segue a lei $y = 3 - x$.

Em seguida, construímos o gráfico de f para $x < 2$.

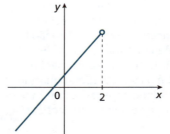

Para $x < 2$, o gráfico da função f segue a lei $y = x + 1$.

Por fim, construímos o gráfico de f.

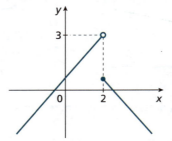

Para $x \geq 2$, o gráfico de f coincide com a reta $y = 3 - x$ e, para $x < 2$, coincide com a reta $y = x + 1$.

Pelo gráfico da função f, podemos determinar seu domínio e seu conjunto imagem: $D(f) = \mathbb{R}$ e $\text{Im}(f) = \{y \in \mathbb{R} \mid y < 3\}$

EXERCÍCIOS

22. Construa os gráficos das funções e, em seguida, identifique o conjunto imagem de cada uma.

a) $g(x) = \begin{cases} -x + 2, \text{ se } x > 0 \\ 2x, \text{ se } x \leq 0 \end{cases}$

b) $f(x) = \begin{cases} 2, \text{ se } x \geq 1 \\ x, \text{ se } -1 \leq x < 1 \\ 1, \text{ se } x < -1 \end{cases}$

23. Em cada item, observe o gráfico e determine a lei de formação da função correspondente.

a)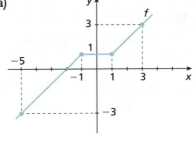

b)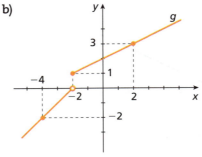

R4. O movimento uniforme caracteriza-se pela velocidade constante e diferente de zero de dado automóvel. Por esse motivo, o espaço percorrido em intervalos de tempo iguais é sempre o mesmo. Assim, a função horária desse movimento é dada pela lei $s(t) = s_0 + v \cdot t$, em que $s(t)$ é a posição (em metro) do automóvel no instante t (em segundo); s_0 é o espaço inicial quando $t = 0$ segundo; e v é a velocidade constante (em metro por segundo). Resolver os itens a seguir de acordo com o gráfico abaixo.

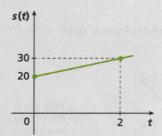

a) Qual é a função horária do movimento correspondente ao gráfico?
b) Quais são o domínio e o conjunto imagem dessa função?
c) Qual será a posição do automóvel após 10 segundos?
d) Após quanto tempo o automóvel estará na posição 120 metros?

➤ **Resolução**

a) Observando o gráfico, percebemos que $s_0 = 20$; então, $s(t) = 20 + vt$.
   Como $s(2) = 30$, temos: $20 + 2v = 30 \Rightarrow v = 5$
   Portanto, a função horária do movimento é:
   $s(t) = 20 + 5t$

b) Observando o gráfico, temos:
   $D(s) = \mathbb{R}_+$ e $\text{Im}(s) = \{s \in \mathbb{R} \mid s \geq 20\}$

c) Para $t = 10$, temos: $s(10) = 20 + 5 \cdot 10 \Rightarrow s(10) = 70$
   Portanto, após 10 segundos, o automóvel estará na posição 70 metros.

d) Para $s(t) = 120$, temos: $20 + 5t = 120 \Rightarrow t = 20$
   Portanto, após 20 segundos, o automóvel estará na posição 120 metros.

24. Considere o gráfico abaixo, que representa a posição (em quilômetro) de um carro em função do tempo (em hora).

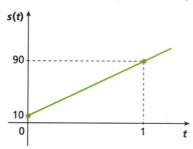

a) Qual é a função horária do movimento correspondente ao gráfico?
b) Quais são o domínio e o conjunto imagem dessa função?
c) Qual será a posição do carro após 4 horas?
d) Após quanto tempo o carro estará na posição 250 quilômetros?

25. A tabela abaixo apresenta os valores cobrados por um estacionamento.

Tempo	Valor
até 2 horas	R$ 10,00
hora excedente	R$ 2,00

a) Sabendo que há uma tolerância de 10 minutos, quanto um motorista pagaria por ter deixado seu carro estacionado durante 4 h e 30 min?
b) Construa o gráfico do valor a ser pago v (em real) em função do tempo t (em minuto) que o carro ficou estacionado, no intervalo $0 < t \leq 300$.

2.3 Análise do gráfico da função afim

Zero da função afim

Vimos que zeros de uma função f são os números reais x para os quais $f(x) = 0$. Assim, o zero da função f dada por $f(x) = ax + b$ é a raiz da equação do 1º grau $ax + b = 0$.

Para calcular o zero de uma função afim, fazemos:

$f(x) = 0 \Rightarrow ax + b = 0 \Rightarrow x = -\dfrac{b}{a}$

No gráfico, o zero de uma função do tipo $ax + b$ é a abscissa do ponto em que a reta intersecta o eixo x.

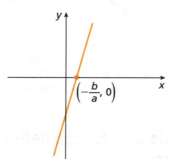

Exemplo

Vamos obter o zero da função f dada por $f(x) = x - \dfrac{4}{3}$ e o ponto onde a reta intersecta o eixo x.

Para isso, vamos resolver a equação:

$x - \dfrac{4}{3} = 0 \Rightarrow x = \dfrac{4}{3}$ (zero da função)

Logo, o gráfico da função intersecta o eixo x no ponto $\left(\dfrac{4}{3}, 0\right)$.

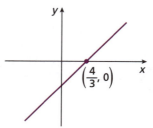

Crescimento e decrescimento de uma função afim

Uma função afim, de lei $f(x) = ax + b$, pode ser crescente ou decrescente, dependendo do valor do coeficiente a da função.

Exemplos

a) $f(x) = 2x - 1$ $(a > 0)$

x	$f(x)$
-2	-5
-1	-3
0	-1
1	1
2	3

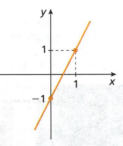

Quando aumentamos o valor de x, os valores correspondentes de $f(x)$ também aumentam. Portanto, a função f é **crescente**.

b) $g(x) = -3x + 1$ $(a < 0)$

x	$g(x)$
-2	7
-1	4
0	1
1	-2
2	-5

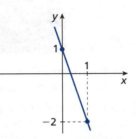

Quando aumentamos o valor de x, os valores correspondentes de $g(x)$ diminuem. Portanto, a função g é **decrescente**.

De modo geral, temos:

Função crescente ($a > 0$)	Função decrescente ($a < 0$)
$x_2 > x_1 \Rightarrow ax_2 + b > ax_1 + b$, ou seja, $f(x_2) > f(x_1)$	$x_2 > x_1 \Rightarrow ax_2 + b < ax_1 + b$, ou seja, $f(x_2) < f(x_1)$

Estudo do sinal da função afim pelo gráfico

Para estudar o sinal da função afim dada por $f(x) = ax + b$, devemos determinar para quais valores de x a função é positiva, nula ou negativa. Podemos fazer esse estudo a partir do esboço do gráfico da função. Para isso, temos de analisar se a função é crescente ou decrescente.

Observação

Estudar o sinal de uma função significa determinar os valores de x para os quais seu gráfico está acima do eixo x, intersecta-o ou está abaixo dele.

Exemplo

Para estudar o sinal da função f dada por $f(x) = -3x + 6$, primeiro determinamos o zero de f: $-3x + 6 = 0 \Rightarrow x = 2$
Como o coeficiente de x é negativo, a função é decrescente.
Assim, podemos esboçar o gráfico da função f. Observe:

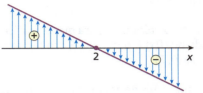

Então:
- para $x < 2$, $f(x) > 0$, ou seja, a função é positiva para $x < 2$;
- para $x = 2$, $f(x) = 0$, ou seja, a função é nula para $x = 2$;
- para $x > 2$, $f(x) < 0$, ou seja, a função é negativa para $x > 2$.

De modo geral, temos:

Função crescente ($a > 0$)	Função decrescente ($a < 0$)
$f(x) = 0$ para $x = -\dfrac{b}{a}$	$f(x) = 0$ para $x = -\dfrac{b}{a}$
$f(x) > 0$ para $x > -\dfrac{b}{a}$	$f(x) > 0$ para $x < -\dfrac{b}{a}$
$f(x) < 0$ para $x < -\dfrac{b}{a}$	$f(x) < 0$ para $x > -\dfrac{b}{a}$

EXERCÍCIOS

26. Construa os gráficos das funções afins abaixo, indicando os pontos em que a reta intersecta os eixos x e y.

a) $f(x) = x + 1$
b) $i(x) = -2x$

R5. Determinar o valor de m para que o gráfico da função j dada por $j(x) = (-3 + 6m)x + 5$ cruze o eixo das abscissas no ponto $(1, 0)$.

▶ **Resolução**

Como o ponto $(1, 0)$ pertence ao gráfico da função j, temos $j(1) = 0$.
Assim:

$0 = (-3 + 6m) \cdot 1 + 5 \Rightarrow 6m = -2 \Rightarrow m = -\dfrac{1}{3}$

Logo, para $m = -\dfrac{1}{3}$, o gráfico da função intersectará o eixo das abscissas no ponto $(1, 0)$.

27. Determine o valor de m para que o gráfico da função afim definida por $f(x) = (m + 1) \cdot x + 3m$ cruze o eixo das abscissas no ponto $(-2, 0)$.

28. Determine o valor de k para que o gráfico da função afim definida por $f(x) = k \cdot x - 5k - 10$ cruze o eixo das abscissas no ponto $(3, 0)$.

29. Determine o valor de p para que o gráfico da função afim definida por $f(x) = p \cdot x + p + 3$ cruze o eixo das ordenadas no ponto $(0, 8)$.

30. Determine a lei de formação de uma função afim, sabendo que o zero dessa função é $-\dfrac{1}{2}$ e que o ponto de intersecção do gráfico com o eixo y é $\left(0, -\dfrac{3}{4}\right)$.

31. Classifique cada função a seguir em crescente ou decrescente.

a) $f(x) = -5x + 2$

b) $h(x) = -3 + \dfrac{x}{2}$

c) $g(x) = x - \dfrac{3}{4}$

d) $i(x) = 1 - 2x$

R6. Dada a função afim de lei $f(x) = (-3 + m)x + 7$, discutir para que valores de m a função é crescente, decrescente ou constante.

▶ **Resolução**

Observe que o coeficiente de x nessa função é $(-3 + m)$.

A função é crescente se:
$-3 + m > 0 \Rightarrow m > 3$

A função é decrescente se:
$-3 + m < 0 \Rightarrow m < 3$

Para esses casos, temos uma função do tipo $ax + b$, com $a \neq 0$.

A função é constante se:
$-3 + m = 0 \Rightarrow m = 3$

---

32. Dada a função f de lei $f(x) = \left(m - \dfrac{1}{2}\right)x + 7$, discuta para que valores de m a função é crescente e para que valores de m ela é decrescente.

33. Dada a função f de lei $f(x) = \left(\dfrac{2}{3} - k\right) \cdot x - 12$, discuta para que valores de k a função é crescente, decrescente ou constante.

34. Sabendo que o zero da função f definida por $f(x) = (-5 + k)x - (3k - 2)$ é -4, verifique se f é crescente ou decrescente.

35. Estude o sinal das funções dadas por:

a) $f(x) = 3x + \dfrac{3}{4}$

b) $g(x) = -\dfrac{1}{2}x + 1$

36. Estude o sinal das funções afins dadas pelas leis a seguir.

a) $f(x) = 3x$

b) $g(x) = \dfrac{2}{5}x + 6$

c) $h(x) = -2x + 5$

d) $i(x) = -\dfrac{3}{4}x - 2$

37. Um marceneiro vende alguns modelos de armário para cozinha ao preço de R$ 450,00 cada unidade. Ele gasta com matéria-prima um valor fixo mensal de R$ 2.250,00, além de R$ 75,00 de mão de obra por armário produzido.

a) Se forem vendidos 3 armários em um mês, o marceneiro terá lucro ou prejuízo? De quanto?

b) Escreva a lei de formação das funções: v, que relaciona o valor das vendas com o número x de armários vendidos; g, que relaciona o gasto na produção com o número x de armários produzidos; l, que relaciona o lucro obtido com o número x de armários vendidos.

c) Para não ter lucro nem prejuízo, quantos armários o marceneiro precisará vender em um mês?

d) Quantos armários ele deve vender para ter lucro mensal de R$ 1.500,00?

e) Qual será o lucro desse marceneiro com a venda de 15 desses armários?

f) As funções v, g e l são afins? Justifique sua resposta.

3. Inequações

3.1 Inequações do 1º grau

Chama-se de **inequação do 1º grau** na incógnita x toda inequação que pode ser reduzida a uma desigualdade em que o primeiro membro é um polinômio do tipo $ax + b$ (com $a \neq 0$) e o segundo membro é zero.

Exemplos

- $4x - 3 \geq 0$
- $-\sqrt{7}x + 1 \leq 0$
- $8x > 0$
- $-5x - 0,2 < 0$

Resolução de inequações do 1º grau

Para resolver inequações, vamos relembrar alguns princípios de equivalência das desigualdades que envolvem adição e multiplicação de números reais.

Observe alguns exemplos.

- $-4 > -7 \Rightarrow -4 + 12 > -7 + 12 \Rightarrow 8 > 5$

  sinal mantido

- $-2 < 3 \Rightarrow -2 + (-6) < 3 + (-6) \Rightarrow -8 < -3$

  sinal mantido

Ao adicionar um mesmo número aos dois membros de uma desigualdade, obtemos outra desigualdade de mesmo sentido (**princípio aditivo**).

- $-12 < 8 \Rightarrow -12 \cdot 2 < 8 \cdot 2 \Rightarrow -24 < 16$

  sinal mantido

- $21 > 15 \Rightarrow 21 \cdot \frac{1}{3} > 15 \cdot \frac{1}{3} \Rightarrow 7 > 5$

  sinal mantido

Ao multiplicar os dois membros de uma desigualdade por um mesmo número positivo, obtemos outra desigualdade de mesmo sentido (**princípio multiplicativo**).

- $14 > 1 \Rightarrow 14 \cdot (-3) < 1 \cdot (-3) \Rightarrow -42 < -3$

  sinal invertido

- $-32 < 64 \Rightarrow -32 \cdot \left(-\frac{1}{2}\right) > 64 \cdot \left(-\frac{1}{2}\right) \Rightarrow 16 > -32$

  sinal invertido

Ao multiplicar os dois membros de uma desigualdade por um mesmo número negativo, obtemos outra desigualdade de sentido invertido (**princípio multiplicativo**).

Agora, vamos resolver, no conjunto dos números reais, a inequação do 1º grau $3(x + 2) \leq 2(2x + 4)$, utilizando esses princípios.

$3(x + 2) \leq 2(2x + 4) \Rightarrow 3x + 6 \leq 4x + 8 \Rightarrow$
$\Rightarrow 3x - 4x + 6 - 8 \leq 0 \Rightarrow -x - 2 \leq 0 \Rightarrow x + 2 \geq 0 \Rightarrow x \geq -2$

Logo, o conjunto solução da inequação é $S = \{x \in \mathbb{R} \mid x \geq -2\}$.

Também podemos resolver essa inequação estudando o sinal de uma função afim. Observe:

$3(x + 2) \leq 2(2x + 4) \Rightarrow \underbrace{x + 2}_{f(x)} \geq 0$

Vamos esboçar o gráfico da função f, sabendo que o zero da função é -2.

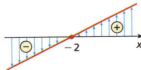

Analisando o esboço, temos $f(x) \geq 0$ para $x \geq -2$.

Assim, o conjunto solução da inequação é $S = \{x \in \mathbb{R} \mid x \geq -2\}$.

EXERCÍCIOS

R7. Determinar o conjunto solução da inequação

$\dfrac{x + 4}{3} - \dfrac{3x + 2}{4} \geq 0$.

▶ **Resolução**

$\dfrac{x + 4}{3} - \dfrac{3x + 2}{4} \geq 0 \Rightarrow \dfrac{4(x + 4) - 3(3x + 2)}{12} \geq \dfrac{0}{12} \Rightarrow$

$\Rightarrow 4x + 16 - 9x - 6 \geq 0 \Rightarrow -5x + 10 \geq 0 \Rightarrow$

$\Rightarrow -5x \geq -10 \Rightarrow x \leq 2$

Assim, o conjunto solução da inequação é
$S = \{x \in \mathbb{R} \mid x \leq 2\}$.

38. Resolva, em $\mathbb{R}$, as inequações abaixo.

a) $3x - 12 \leq 0$

b) $5(-x + 1) + 2(3x - 4) > -1$

c) $\dfrac{-x + 3}{2} < \dfrac{2x + 5}{3}$

39. No plano cartesiano abaixo, estão representados os gráficos de duas funções, f e g.

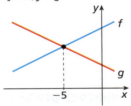

Analisando os gráficos, resolva as questões a seguir.

a) Para qual valor de x temos $f(x) = g(x)$?

b) Qual é o conjunto solução da inequação $f(x) > g(x)$?

c) Determine o conjunto solução da inequação $g(x) \geq f(x)$.

40. Em um mesmo plano cartesiano, utilizando um *software* específico, construa os gráficos das funções f e g dadas por $f(x) = -x + 1$ e $g(x) = \dfrac{1}{2}x + 1$.

a) Analise os intervalos do domínio em que $f(x) < g(x)$.

b) Monte a inequação, resolva-a e compare a solução com sua análise dos gráficos. O que você conclui?

3.2 Inequações-produto e inequações-quociente

A seguir, vamos estudar inequações-produto e inequações-quociente que envolvem funções afins.

> Sendo f e g funções na variável real x, chamamos de **inequação-produto** as sentenças expressas por $f(x) \cdot g(x) > 0$, $f(x) \cdot g(x) < 0$, $f(x) \cdot g(x) \geq 0$ e $f(x) \cdot g(x) \leq 0$.

Observação

O primeiro membro da inequação pode ser formado pelo produto de mais de duas funções.

Capítulo 4 • Função afim

Exemplos

- $\left(\dfrac{1}{3} - 4x\right) \cdot (x - 1) > 0$
- $(0{,}45x - 7) \cdot (8 - 2x) < 0$
- $(89x + 1) \cdot \left(x + \dfrac{3}{5}\right) \geq 0$
- $(3x + 4) \cdot (x - \sqrt{11}) \cdot (5 - 2x) \leq 0$

Sendo f e g funções na variável real x, com $g(x) \neq 0$, chamamos de **inequação-quociente** as sentenças expressas por $\dfrac{f(x)}{g(x)} > 0$, $\dfrac{f(x)}{g(x)} < 0$, $\dfrac{f(x)}{g(x)} \geq 0$ e $\dfrac{f(x)}{g(x)} \leq 0$.

Exemplos

- $\dfrac{x + 7}{x} > 0$
- $\dfrac{\sqrt{3}x}{x - 13} < 0$
- $\dfrac{0{,}32x - 2}{x + 9} \geq 0$
- $\dfrac{x}{23 - x} \leq 0$

Resolução de inequações-produto e inequações-quociente

Na resolução de inequações-produto ou inequações-quociente, primeiro estudamos os sinais das funções separadamente. Em seguida, montamos um quadro para estudar o sinal do produto ou do quociente.

Exemplo

Vamos resolver a inequação $(x + 1) \cdot (3x - 2) < 0$, no conjunto dos números reais.

Consideramos $f(x) = x + 1$ e $g(x) = 3x - 2$. Então, para que o produto $f(x) \cdot g(x)$ seja negativo, devemos ter $f(x) < 0$ e $g(x) > 0$ ou $f(x) > 0$ e $g(x) < 0$.

Vamos estudar os sinais das duas funções separadamente.

zero de f: $x + 1 = 0 \Rightarrow x = -1$

zero de g: $3x - 2 = 0 \Rightarrow x = \dfrac{2}{3}$

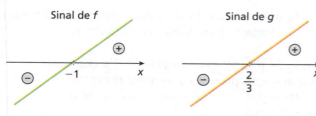

Agora, vamos montar um quadro de sinais e determinar para quais valores de x o produto $(x + 1) \cdot (3x - 2)$ é menor que zero. Para isso, devemos indicar o estudo da variação dos sinais de cada função (f e g) e estudar os sinais do produto ($f \cdot g$).

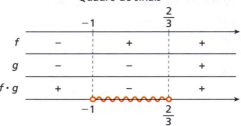

Os valores de x que tornam o produto $(x + 1) \cdot (3x - 2)$ menor que zero podem ser indicados pelo intervalo $\left]-1, \dfrac{2}{3}\right[$.

Logo, o conjunto solução da inequação é

$S = \left\{ x \in \mathbb{R} \mid -1 < x < \dfrac{2}{3} \right\}$.

EXERCÍCIOS

41. Resolva, em $\mathbb{R}$, as inequações-produto abaixo.

a) $(x + 2) \cdot \left(-\dfrac{1}{2} + 3x\right) > 0$

b) $(x - 5) \cdot (-2x + 4) \leq 0$

c) $(3x + 9) \cdot (-4x + 5) \leq 0$

d) $(x - 2) \cdot (x + 4) \cdot (-2x + 5) < 0$

e) $\left(4x + \dfrac{2}{5}\right) \cdot (-3x + 8) \cdot (-5x + 18) > 0$

R8. Resolver, em $\mathbb{R}$, a inequação-quociente $\dfrac{x + 7}{2 - x} < 0$.

▶ **Resolução**

O denominador deve ser diferente de zero. Assim:
$2 - x \neq 0 \Rightarrow x \neq 2$

Vamos considerar $f(x) = x + 7$ e $g(x) = 2 - x$.

Para que o quociente $\dfrac{f(x)}{g(x)}$ seja negativo, devemos ter $f(x) > 0$ e $g(x) < 0$ ou $f(x) < 0$ e $g(x) > 0$.

Vamos estudar os sinais das duas funções separadamente.

zero de f: $x + 7 = 0 \Rightarrow x = -7$

zero de g: $2 - x = 0 \Rightarrow x = 2$

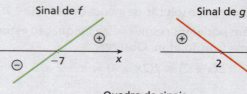

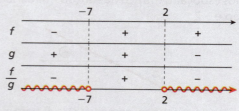

Logo, $S = \{x \in \mathbb{R} \mid x < -7 \text{ ou } x > 2\}$.

42. Resolva, em $\mathbb{R}$, as inequações-quociente.

a) $\dfrac{2x + 4}{3x - 9} \leq 0$

b) $\dfrac{-7x + 10}{4x - 17} \geq 0$

43. Resolva, em $\mathbb{R}$, cada inequação abaixo.

a) $\dfrac{(x + 1) \cdot (x - 3)}{-2x + 9} \geq 0$

b) $\dfrac{8x - 5}{(-7x + 10) \cdot (-3x - 12)} < 0$

R9. Resolver, em $\mathbb{R}$, a inequação $\dfrac{2 - 5x}{x + 1} \leq -1$.

▶ **Resolução**

Nesse caso, não devemos cometer o erro de estudar os sinais das funções $y = 2 - 5x$ e $y = x + 1$.

O quadro de sinais só pode ser usado quando a inequação-quociente tem o segundo membro igual a zero. Então, fazemos:

$\dfrac{2 - 5x}{x + 1} \leq -1 \Rightarrow \dfrac{2 - 5x}{x + 1} + 1 \leq 0 \Rightarrow \dfrac{-4x + 3}{x + 1} \leq 0$

Vamos considerar $f(x) = -4x + 3$ e $g(x) = x + 1$.

Para que o quociente $\dfrac{f(x)}{g(x)}$ seja negativo ou nulo,

devemos ter $f(x) \geq 0$ e $g(x) < 0$ ou $f(x) \leq 0$ e $g(x) > 0$.

zero de f: $-4x + 3 = 0 \Rightarrow x = \dfrac{3}{4}$

zero de g: $x + 1 = 0 \Rightarrow x = -1$

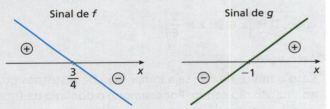

Quadro de sinais

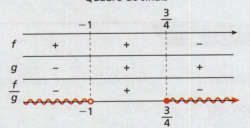

Observe que -1 não é solução da inequação, pois $g(x) \neq 0$.

Ou seja:

$x + 1 \neq 0 \Rightarrow x \neq -1$

O intervalo que indica os valores de x que tornam o quociente $\dfrac{-4x + 3}{x + 1}$ menor ou igual a zero é:

$]-\infty, -1[\cup \left[\dfrac{3}{4}, +\infty\right[$

Logo, o conjunto solução da inequação é

$S = \left\{ x \in \mathbb{R} \,\middle|\, x < -1 \text{ ou } x \geq \dfrac{3}{4} \right\}$.

44. Resolva cada inequação, em $\mathbb{R}$.

a) $\dfrac{5x - 2}{2x - 1} \leq 1$

b) $\dfrac{4}{1 - x} < 3$

c) $\dfrac{2x - 13}{9 - x} \geq 1$

d) $\dfrac{3x + 7}{2x - 9} < 2$

3.3 Inequações simultâneas

> Inequações apresentadas por duas desigualdades ou por meio de um sistema de inequações são chamadas de **inequações simultâneas.**

Exemplos

- $\dfrac{1}{2} \leq 7x - 2 < 3x + \sqrt{5}$

- $\begin{cases} 6x + (8 + x) > 9x - 0{,}3 \\ \sqrt{2}x - x \leq x + \dfrac{7}{5} \end{cases}$

Resolução de inequações simultâneas

Para resolver inequações simultâneas, devemos encontrar a solução de cada inequação e fazer a intersecção das soluções.

Exemplos

a) Vamos resolver, em $\mathbb{R}$, as inequações simultâneas $3 \leq 2x - 2 < x + 5$.

Primeiro, devemos encontrar a solução das inequações:

$$\underbrace{3 \leq 2x - 2}_{(I)} \overbrace{< x + 5}^{(II)}$$

(I) $3 + 2 \leq 2x \Rightarrow 5 \leq 2x \Rightarrow x \geq \dfrac{5}{2}$

Portanto, $S_I = \left\{ x \in \mathbb{R} \,\middle|\, x \geq \dfrac{5}{2} \right\}$.

(II) $2x - x < 5 + 2 \Rightarrow x < 7$

Portanto, $S_{II} = \{x \in \mathbb{R} \mid x < 7\}$.

Agora, precisamos fazer a intersecção das soluções de cada uma das inequações:

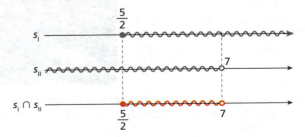

Logo, o conjunto solução das inequações simultâneas é

$S = \left\{ x \in \mathbb{R} \,\middle|\, \dfrac{5}{2} \leq x < 7 \right\}$.

b) Vamos resolver, em ℝ, o sistema de inequações:

$$\begin{cases} x - (3 + 2x) < 4 \\ 7x - x^2 \geq -x(x - 4) - 9 \end{cases}$$

Inicialmente, devemos resolver cada uma das inequações do sistema.

(I) $x - (3 + 2x) < 4 \Rightarrow x - 3 - 2x < 4 \Rightarrow$
$\Rightarrow -x < 7 \Rightarrow x > -7$

Portanto, $S_I = \{x \in \mathbb{R} \mid x > -7\}$.

(II) $7x - x^2 \geq -x(x - 4) - 9 \Rightarrow$
$\Rightarrow 7x - x^2 \geq -x^2 + 4x - 9 \Rightarrow 3x \geq -9 \Rightarrow x \geq -3$

Portanto, $S_{II} = \{x \in \mathbb{R} \mid x \geq -3\}$.

Agora, precisamos fazer a intersecção das soluções de cada uma das inequações:

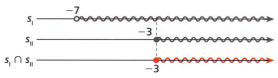

Logo, o conjunto solução do sistema é
$S = \{x \in \mathbb{R} \mid x \geq -3\}$.

EXERCÍCIOS

45. Encontre, em ℝ, as soluções das inequações.
  a) $5 \leq 3x - 4 < x + 2$
  b) $-4x + 1 < 2 - x \leq 0$

46. Determine o conjunto solução das inequações.
  a) $-4 < 2x - 6 \leq 10$
  b) $x - 5 \leq 2x + 7 \leq 13 - x$

47. Resolva, em ℝ, os sistemas de inequações.
  a) $\begin{cases} x + 3 \geq 0 \\ 4x - 7 \leq x - 4 \end{cases}$
  b) $\begin{cases} -8 - x > 3(1 - 4x) \\ 3x - 5 \leq 6 - 3x \end{cases}$

48. Um agricultor tem um terreno e duas opções: plantar soja ou plantar feijão. O gasto com a plantação de soja será de R$ 10.000,00, e o preço de venda de cada quilograma, R$ 2,00. Já o gasto com a plantação de feijão será de R$ 12.000,00, e o preço de venda de cada quilograma, R$ 3,00.

  a) Que lei de formação dá o valor $V_s(x)$ obtido na produção de soja em função do número x de quilogramas vendidos e do gasto com a plantação?
  b) Que lei de formação dá o valor $V_f(x)$ obtido na produção de feijão em função do número x de quilogramas vendidos e do gasto com a plantação?
  c) Para quantos quilogramas teremos $V_s(x) = V_f(x)$?
  d) Resolva, em ℝ, o sistema: $\begin{cases} V_s(x) > V_f(x) \\ V_s(x) < V_f(x) \end{cases}$
  e) Se o agricultor pretende produzir 10.000 quilogramas, em qual das duas culturas (soja ou feijão) ele terá mais lucro?
  f) Que quantidade mínima, em quilograma, esse agricultor precisa produzir para que seja mais vantajoso plantar feijão?

3.4 Identificação do domínio de uma função por meio de inequações

Algumas funções reais não têm como domínio o conjunto ℝ. Pela natureza de suas leis, essas funções apresentam restrição de valores, tendo como domínio um subconjunto de ℝ (distinto de ℝ).

Para determinar o domínio de algumas dessas funções, podemos aplicar o estudo das inequações. Acompanhe o exemplo.

Exemplo

Vamos determinar o domínio da função dada pela lei $y = \sqrt{x - \dfrac{5}{6}}$.

Como o radicando de raízes de índice par não pode ser negativo, devemos ter: $x - \dfrac{5}{6} \geq 0 \Rightarrow x \geq \dfrac{5}{6}$

Logo, $D = \left\{x \in \mathbb{R} \mid x \geq \dfrac{5}{6}\right\}$.

Observação

Caso o índice da raiz seja ímpar, não há restrições quanto ao sinal do radicando. Por exemplo, o domínio da função f dada por $f(x) = \sqrt[3]{x}$ é $D(f) = \mathbb{R}$.

EXERCÍCIOS

R10. Determinar o domínio da função h dada por
$$h(x) = \sqrt{\dfrac{2x - 2}{x - 7}}.$$

➤ **Resolução**

Como o denominador de expressões fracionárias não pode ser nulo e o radicando não pode ser negativo, devemos ter:

$$\underbrace{\dfrac{\overbrace{2x - 2}^{f(x)}}{\underbrace{x - 7}_{g(x)}}}_{} \geq 0 \text{ e } x - 7 \neq 0$$

Inicialmente, vamos resolver a inequação-quociente.
zero de f: $2x - 2 = 0 \Rightarrow x = 1$
zero de g: $x - 7 = 0 \Rightarrow x = 7$

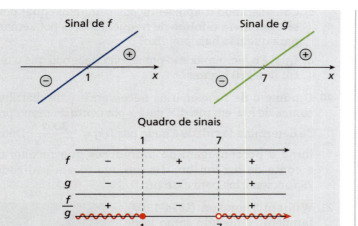

Quadro de sinais

Para obter o domínio da função h, temos de excluir o valor de x que anula o denominador, ou seja, excluímos o número 7, pois, para x = 7, temos x − 7 = 0. Logo, D = {x ∈ ℝ | x ≤ 1 ou x > 7}.

49. Determine o domínio das funções dadas pelas leis a seguir.

a) $f(x) = \sqrt{2x+1}$

b) $g(x) = \dfrac{x}{x+1}$

c) $h(x) = \dfrac{-2x+3}{\sqrt{1-x}}$

d) $i(x) = \dfrac{\sqrt{8-x}}{4x+12}$

e) $j(x) = \sqrt{(x+10)\cdot(2x-6)}$

f) $k(x) = \dfrac{\sqrt{16-4x}}{\sqrt{12-x}}$

50. Dadas as funções f e g, definidas por $f(x) = \sqrt{x}$ e $g(x) = x - 2$, encontre o domínio das funções compostas $f \circ g$ e $g \circ f$.

Exercícios complementares

1. Determine o valor de k real para que as funções dadas pelas leis a seguir sejam constantes.

a) $f(x) = (k^2 - 49)x - 3$ b) $f(x) = -\sqrt{2} + (k^3 + 1)x$

2. Dadas as funções abaixo, de ℝ em ℝ, identifique as que são afins, coloque-as na forma $f(x) = ax + b$ e determine os números reais a e b.

a) $y = 5(x - 1) - 4(x - 3)$ c) $f(x) = 2\sqrt{x} - 1$

b) $y = \dfrac{1}{x}$ d) $f(x) = \dfrac{3-x}{4}$

3. Dada a função f, de ℝ em ℝ, definida por $f(x) = 3 - 5x$, responda às perguntas.

a) A função dada é crescente ou decrescente?

b) Qual é o ponto de intersecção do gráfico de f com o eixo x? E com o eixo y?

c) Qual é o zero da função?

d) Quais são o domínio e a imagem da função?

e) Qual é o ponto de intersecção do gráfico de f com o da função $g(x) = 2x - 4$?

4. Determine $k \in \mathbb{R}$ de modo que a função definida por $y = (k - 1)x + 3$ seja crescente.

5. Dada a função f de A = {0, 1, 2} em B = {−2, −1, 0, 1, 2}, definida por $f(x) = x$, qual é o conjunto imagem de f?

6. Considere a função f, dada por $f(x) = \dfrac{3x-4}{7}$, de ℝ em ℝ. Qual elemento de seu domínio tem $\dfrac{2}{3}$ como imagem?

7. Sendo $f(x) = \dfrac{2}{3}x - \dfrac{1}{3}$, $p = 10^8$ e $q = 10^{10}$, determine o valor de $\dfrac{f(p) - f(q)}{q - p}$.

8. Faça, em um mesmo plano cartesiano, um esboço dos gráficos das funções afins dadas em cada item. Em seguida, analise o que essas funções têm em comum. Se você quiser, utilize um *software* de construção de gráficos.

a) $y_1 = 3x - 2$, $y_2 = 3x - 1$ e $y_3 = 3x$

b) $y_1 = 2x + 1$, $y_2 = -x + 1$ e $y_3 = -2x + 1$

9. Seja f a função afim definida por $f(x) = 4x - 5$. Determine os valores do domínio dessa função que produzem imagem no intervalo [−3, 3].

10. Determine a imagem da função f dada por $f(x) = -2x + 3$, definida em A = [−2, 4[. Em seguida, construa seu gráfico.

11. Determine a lei de uma função afim cujo gráfico passa pelos pontos $\left(-1, \dfrac{4}{3}\right)$ e $\left(-2, -\dfrac{5}{3}\right)$.

12. Determine a lei de formação da função cujo gráfico é:

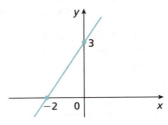

- O gráfico dessa função intersecta o gráfico da função afim dada por $g(x) = 2x$? Em que ponto?

Capítulo 4 • Função afim   **91**

EXERCÍCIOS COMPLEMENTARES

13. Os pontos de intersecção das retas que representam as funções afins f, g e h determinam os vértices de um triângulo.

   a) Quais são os vértices desse triângulo, se $f(x) = -x + 3$, $g(x) = x - 3$ e $h(x) = 3$?

   b) Construa os gráficos dessas funções em um mesmo plano cartesiano.

   c) Classifique as funções f, g e h em crescente, decrescente ou constante.

14. Para que valores de x as funções f e g, representadas abaixo, são simultaneamente positivas e não nulas?

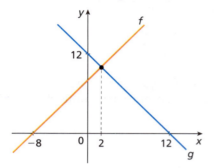

15. Construa o gráfico da função f definida por
$$f(x) = \begin{cases} -x + 2, \text{ se } x \leq 0 \\ 2, \text{ se } 0 < x \leq 2 \\ 2x - 2, \text{ se } x > 2 \end{cases}$$
e determine o domínio e o conjunto imagem.

16. Determine o domínio de cada uma das funções.

   a) $f(x) = \sqrt{x-1} + \sqrt[4]{x}$
   b) $g(x) = \sqrt{3x-1} \cdot \sqrt{2x-1}$
   c) $h(x) = \sqrt[3]{x^2+1} \cdot \sqrt{-x-1}$
   d) $i(x) = \sqrt[4]{x-3} - \sqrt{-2x+1}$

17. Determine as coordenadas do ponto P.

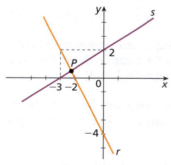

18. A quantia y que uma pessoa gasta para abastecer seu carro depende da quantidade x de litros colocados no tanque do veículo. Isso quer dizer que o gasto, em real, é uma função da quantidade de litros colocados. Supondo que em determinado posto o litro de etanol custe R$ 2,20, escreva a lei de formação dessa função.

19. O preço do ingresso de uma peça de teatro é R$ 50,00, e o custo da apresentação de uma sessão é R$ 5.000,00. Supondo que não haja ingressos promocionais, responda às perguntas.

   a) Qual expressão relaciona o faturamento por sessão dessa peça com o número de ingressos vendidos?

   b) Qual deve ser o número mínimo de pagantes para que uma apresentação não gere prejuízo?

   c) Considerando 4 apresentações semanais, qual deve ser o número mínimo de frequentadores por semana para que não haja prejuízo?

   d) Qual é o lucro máximo por sessão, sabendo que o teatro tem 180 lugares?

20. O número de funcionários necessários para distribuir contas de luz, em um dia, para x por cento de moradores de determinada cidade é dado por $f(x) = \dfrac{300x}{150 - x}$. Determine a porcentagem de moradores que receberam a conta de luz em um dia em que foram utilizados 75 funcionários para esse fim.

21. William Thomson (1824-1907), também conhecido como lorde Kelvin, verificou, ao estudar os gases, que se mantendo a pressão constante, todos eles (na faixa em que podemos considerá-los gases ideais) se dilatam em uma mesma proporção em relação ao volume inicial.

Lorde Kelvin desenvolveu importantes estudos de Termodinâmica.

Para realizar esse experimento, basta colocar um gás em um tubo longo de vidro de 1 mm² de secção (área), tamponado por uma gota de mercúrio (a gota serve para o gás não escapar e para marcar seu volume a partir da altura). Quando o tubo é aquecido ou resfriado, pode-se perceber a gota de mercúrio subindo ou descendo. Observe a figura:

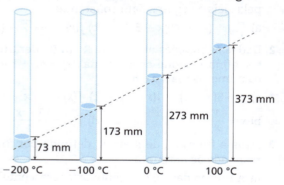

- Para qual temperatura o volume do gás será zero?

QUESTÕES DE VESTIBULAR

22. (Vunesp) Apresentamos a seguir o gráfico do volume do álcool em função de sua massa, a uma temperatura fixa de 0 °C.

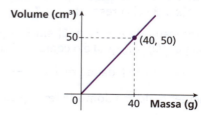

Baseado nos dados do gráfico, determine:

   a) a lei da função apresentada no gráfico.

   b) qual é a massa (em grama) de 30 cm³ de álcool.

23. (Fuvest-SP) Seja f a função que associa a cada número real x o menor dos números $x + 3$ e $-x + 5$. Assim, o valor máximo de $f(x)$ é:

a) 1   b) 2   c) 4   d) 6   e) 7

24. (Unifor-CE) Celso e Plínio são eletricistas e, por hora de trabalho, Celso cobra R$ 4,00 a mais do que Plínio. Considerando que, certo dia, ambos trabalharam juntos em um mesmo local por um período de 6 horas e lhes foi pago o total de R$ 240,00 pelo serviço feito, é correto afirmar que:

a) Celso cobra R$ 24,00 por hora de trabalho.
b) Plínio cobra R$ 16,00 por hora de trabalho.
c) Celso recebeu R$ 26,00 a mais do que Plínio.
d) a parte que coube a Plínio foi R$ 108,00.
e) a parte que coube a Celso foi R$ 134,00.

25. (Mackenzie-SP) Um intervalo contido no conjunto solução da inequação $x^3 - 3x^2 \geq 4x$ é:

a) $[-1, 1]$ b) $[-3, -1]$ c) $[0, 1]$ d) $[3, 8]$ e) $[5, 10]$

26. (UFSCar-SP) O gráfico esboçado representa o peso médio, em quilograma, de um animal de determinada espécie em função do tempo t de vida, em meses.

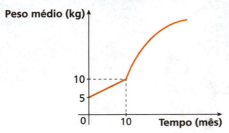

Para $0 \leq t \leq 10$, o gráfico é um segmento de reta.

a) Determine a expressão da função cujo gráfico é esse segmento de reta e calcule o peso médio do animal com 6 meses de vida.

b) Para $t \geq 10$ meses, a expressão da função que representa o peso médio do animal, em quilograma, é $P(t) = \dfrac{120t - 1.000}{t + 10}$. Determine o intervalo de tempo t para o qual $10 < P(t) \leq 70$.

27. (Unicamp-SP) O custo de uma corrida de táxi é constituído por um valor inicial Q_0, fixo, mais um valor que varia proporcionalmente à distância D percorrida nessa corrida. Sabe-se que, em uma corrida na qual foram percorridos 3,6 km, a quantia cobrada foi de R$ 8,25, e que em outra corrida, de 2,8 km, a quantia cobrada foi de R$ 7,25.

a) Calcule o valor inicial Q_0.

b) Se, em um dia de trabalho, um taxista arrecadou R$ 75,00 em 10 corridas, quantos quilômetros seu carro percorreu naquele dia?

28. (Fuvest-SP) Três cidades A, B e C situam-se ao longo de uma estrada reta; B situa-se entre A e C e a distância de B a C é igual a dois terços da distância de A a B. Um encontro foi marcado por 3 moradores, um de cada cidade, em um ponto P da estrada, localizado entre as cidades B e C e à distância de 210 km de A. Sabendo-se que P está 20 km mais próximo de C do que de B, determinar a distância que o morador de B deverá percorrer até o ponto de encontro.

29. (Vunesp) Como resultado de uma pesquisa sobre a relação entre o comprimento do pé de uma pessoa, em centímetro, e o número (tamanho) do calçado brasileiro, Carla obteve uma fórmula que dá, em média, o número inteiro n (tamanho do calçado) em função do comprimento c do pé, em cm.

Pela fórmula, tem-se $n = [x]$, onde $x = \dfrac{5}{4}c + 7$ e $[x]$ indica o menor inteiro maior ou igual a x. Por exemplo, se $c = 9$ cm, então $x = 18,25$ e $n = [18,25] = 19$. Com base nessa fórmula:

a) determine o número do calçado correspondente a um pé cujo comprimento é 22 cm.

b) se o comprimento do pé de uma pessoa é $c = 24$ cm, então ela calça 37. Se $c > 24$ cm, essa pessoa calça 38 ou mais. Determine o maior comprimento possível, em cm, que pode ter o pé de uma pessoa que calça 38.

30. (Mackenzie-SP) Uma escola paga, pelo aluguel anual do ginásio de esportes de um clube A, uma taxa fixa de R$ 1.000,00 e mais R$ 50,00 por aluno. Um clube B cobraria pelo aluguel anual de um ginásio equivalente uma taxa fixa de R$ 1.900,00, mais R$ 45,00 por aluno. Para que o clube B seja mais vantajoso economicamente para a escola, o menor número N de alunos que a escola deve ter é tal que:

a) $100 \leq N < 150$ d) $150 \leq N < 190$
b) $75 \leq N < 100$ e) $220 \leq N < 250$
c) $190 \leq N < 220$

31. (Fuvest-SP) Um estacionamento cobra R$ 6,00 pela primeira hora de uso, R$ 3,00 por hora adicional e tem uma despesa diária de R$ 320,00. Considere-se um dia em que sejam cobradas, no total, 80 horas de estacionamento. O número mínimo de usuários necessário para que o estacionamento obtenha lucro nesse dia é:

a) 25   c) 27   e) 29
b) 26   d) 28

32. (PUC-SP) Quantos números inteiros e estritamente positivos satisfazem a sentença $\dfrac{1}{x - 20} \leq \dfrac{1}{12 - x}$?

a) Dezesseis.   d) Treze.
b) Quinze.   e) Menos que treze.
c) Quatorze.

33. (UFMG) A função contínua $y = f(x)$ está definida no intervalo $[-4, 8]$ conforme indicado abaixo, sendo a e b números reais.

$$f(x) = \begin{cases} x + 6, \text{ se } -4 \leq x \leq 0 \\ ax + b, \text{ se } 0 < x < 4 \\ 2x - 10, \text{ se } 4 \leq x \leq 8 \end{cases}$$

• Calcule os valores de a e b e esboce o gráfico da função no plano cartesiano.

Mais questões: no livro digital, em **Vereda Digital Aprova Enem** e **Vereda Digital Suplemento de revisão e vestibulares**; no *site*, em **AprovaMax**.

CAPÍTULO 5
FUNÇÃO QUADRÁTICA

ENEM
C1: H3, H4, H5
C2: H7, H9
C3: H12
C4: H15, H16, H17
C5: H19, H20, H21, H22, H23
C6: H24, H25

O salto em distância é uma prova de alto desempenho, que exige do atleta potência e velocidade de impulso. Nessa prova, o atleta deve atingir o máximo de velocidade controlável para um impulso ótimo.

A atleta paralímpica Silvânia Costa, da classe T11 (cego total), saltou 5,34 metros em 2016 e estabeleceu a melhor marca da história no salto em distância dessa classe, batendo o recorde de 1997. Esse foi o primeiro recorde mundial registrado no Centro de Treinamento Paraolímpico Brasileiro.

Observe na ilustração que a trajetória do salto se assemelha a uma curva, chamada de parábola.

1. Função quadrática

Acompanhe a situação.

Um paraquedista, do momento em que salta da aeronave até o momento em que abre seu paraquedas, está em **queda livre**.

É chamado de queda livre o movimento na vertical que os corpos, soltos a partir do repouso, sofrem pela ação da gravidade, desprezando-se a resistência do ar.

Vamos supor que esse paraquedista, conhecendo seu tempo de queda livre, queira determinar a distância que percorreu por meio de uma função. A distância percorrida Δs (em metro) pelo paraquedista em queda livre, depois de um intervalo de tempo Δt (medido em segundo a partir do zero), pode ser calculada pela função $\Delta s(t) = \frac{1}{2}gt^2$. A constante g corresponde à aceleração da gravidade, que, nas proximidades da superfície da Terra, vale aproximadamente $9,8$ m/s². Assim, $\Delta s(t) = 4,9t^2$.

Essa sentença é um exemplo de lei de formação de uma função quadrática.

> Uma função $f: \mathbb{R} \to \mathbb{R}$ é **função quadrática** quando existem números reais a, b e c, com $a \neq 0$, tal que $f(x) = ax^2 + bx + c$, para todo x real.

Os números reais a, b e c são os **coeficientes** da função quadrática.

Exemplos

a) $f: \mathbb{R} \to \mathbb{R}$ tal que $f(x) = 2x^2 + 3x - 15$, em que $a = 2$, $b = 3$ e $c = -15$.

b) $f: \mathbb{R} \to \mathbb{R}$ tal que $f(x) = -\frac{x^2}{4} + 5$, em que $a = -\frac{1}{4}$, $b = 0$ e $c = 5$.

c) $f: \mathbb{R} \to \mathbb{R}$ tal que $f(x) = -x + \sqrt{2}x^2$, em que $a = \sqrt{2}$, $b = -1$ e $c = 0$.

Observe que as funções dadas pelas leis abaixo não são quadráticas, pois não podem ser expressas na forma $f(x) = ax^2 + bx + c$, com $a \neq 0$.

- $f(x) = 10^x$
- $f(x) = \sqrt{x}$
- $f(x) = x^4 + x^3 + x^2 + x$

1.1 Valor de uma função quadrática

Podemos determinar o valor de uma função quadrática para um valor de x, por exemplo $x = x_0$, fazendo $f(x_0) = a(x_0)^2 + bx_0 + c$.

Exemplo

Dada a função quadrática $g: \mathbb{R} \to \mathbb{R}$ tal que $g(x) = 5x - x^2$, vamos calcular $g\left(\frac{1}{2}\right)$.

Observe que, nesse caso, temos $x = \frac{1}{2}$; então:

$$g\left(\frac{1}{2}\right) = 5 \cdot \frac{1}{2} - \left(\frac{1}{2}\right)^2 = \frac{5}{2} - \frac{1}{4} = \frac{10-1}{4} = \frac{9}{4}$$

Logo, $g\left(\frac{1}{2}\right) = \frac{9}{4}$.

Assim como fizemos quando estudamos função afim, também podemos determinar a lei de formação da função quadrática. Conhecendo três valores distintos de uma função quadrática, $f(x_1)$, $f(x_2)$ e $f(x_3)$, podemos estabelecer a lei de formação dessa função, determinando os valores dos seus coeficientes, a, b e c.

Exemplo

Vamos determinar a lei de formação da função quadrática f, sabendo que $f(0) = 2$, $f(2) = 12$ e $f(-1) = 6$.

Sabemos que a lei de uma função quadrática é $f(x) = ax^2 + bx + c$, em que a, b e $c \in \mathbb{R}$ e $a \neq 0$.
Dessa forma:

- Se $f(0) = 2$, para $x = 0$, temos $f(x) = 2$, ou seja:
  $2 = a \cdot 0^2 + b \cdot 0 + c \Rightarrow c = 2$ (I)

- Se $f(2) = 12$, para $x = 2$, temos $f(x) = 12$, ou seja:
  $12 = a \cdot 2^2 + b \cdot 2 + c \Rightarrow 4a + 2b + c = 12$ (II)

- Se $f(-1) = 6$, para $x = -1$, temos $f(x) = 6$, ou seja:
  $6 = a \cdot (-1)^2 + b \cdot (-1) + c \Rightarrow a - b + c = 6$ (III)

Com as equações (I), (II) e (III), obtemos um sistema de três equações com três incógnitas:

$$\begin{cases} c = 2 \text{ (I)} \\ 4a + 2b + c = 12 \text{ (II)} \\ a - b + c = 6 \text{ (III)} \end{cases}$$

Pela equação (I), temos $c = 2$.

Para determinar os valores de a e b, basta resolver o sistema formado pelas equações (II) e (III), substituindo c por 2:

$$\begin{cases} 4a + 2b + 2 = 12 \\ a - b + 2 = 6 \end{cases} \Rightarrow \begin{cases} 4a + 2b = 10 \\ a - b = 4 \end{cases}$$

Resolvendo o sistema pelo método da adição, temos:

$$\begin{cases} 4a + 2b = 10 \\ a - b = 4 \end{cases} (\times 2) \Rightarrow \begin{cases} 4a + 2b = 10 \\ 2a - 2b = 8 \end{cases}$$
$$6a + 0 = 18 \Rightarrow a = 3$$

Substituindo a por 3 em $a - b = 4$, obtemos:
$3 - b = 4 \Rightarrow -b = 4 - 3 \Rightarrow -b = 1 \Rightarrow b = -1$

Assim, a lei de formação dessa função é $f(x) = 3x^2 - x + 2$.

Trocando ideias

Em grupos, pesquisem as diferentes modalidades esportivas presentes nos jogos paraolímpicos, os atletas brasileiros que conquistaram medalhas e seu desempenho nos Jogos Paraolímpicos do Rio de Janeiro de 2016. Conversem sobre a importância da participação, nos esportes, de pessoas que têm algum tipo de deficiência. Em seguida, montem cartazes com fotos e dados sobre os atletas.

EXERCÍCIOS

1. Das leis de funções em $\mathbb{R}$ abaixo, identifique quais são leis de funções quadráticas e, nesses casos, determine o valor dos coeficientes a, b e c.

a) $g(x) = x^2 - x$

b) $h(x) = x^2 + \sqrt{7}$

c) $i(x) = \sqrt[3]{x} - 2$

d) $j(x) = (x - 3)^2$

e) $l(x) = \dfrac{x^3 + 2x^2 - 4x - 8}{-2}$

f) $m(x) = (x - 20)^3$

R1. Dada a função quadrática de lei $g(x) = \dfrac{1}{2} + \dfrac{x}{3} + x^2$, calcular:

a) $g(\sqrt{2})$

b) x para $g(x) = \dfrac{1}{2}$

➤ **Resolução**

a) $g(\sqrt{2}) = \dfrac{1}{2} + \dfrac{\sqrt{2}}{3} + (\sqrt{2})^2 \Rightarrow g(\sqrt{2}) = \dfrac{5}{2} + \dfrac{\sqrt{2}}{3}$

Portanto: $g(\sqrt{2}) = \dfrac{15 + 2\sqrt{2}}{6}$

b) $\dfrac{1}{2} + \dfrac{x}{3} + x^2 = \dfrac{1}{2}$

$\dfrac{x}{3} + x^2 = 0$

$x\left(\dfrac{1}{3} + x\right) = 0$

$x = 0$ ou $\dfrac{1}{3} + x = 0$

$x = 0$ ou $x = -\dfrac{1}{3}$

2. Dada a função f de lei $f(x) = x^2 + 3x - 10$, calcule:

a) $f(0)$

b) $f(-1)$

c) $f(2)$

d) x para $f(x) = 0$

e) x para $f(x) = -6$

3. Dada a função f de lei $f(x) = -x^2 + 5x + 6$, calcule:

a) $f(-1)$

b) $f(\sqrt{2})$

c) $f\left(-\dfrac{4}{5}\right)$

d) x para $f(x) = 0$

e) x para $f(x) = 20$

4. Dada a função f de lei $f(x) = x^2 + 2x - 3$, calcule x para:

a) $f(x) = 0$

b) $f(x) = 5$

c) $f(x) = -3$

d) $f(x) = -4$

e) $f(x) = -5$

5. Determine a lei de formação da função quadrática g, sabendo que $g(1) = 3$, $g(-1) = 1$ e $g(4) = 21$.

6. Sabendo que f é uma função quadrática tal que $f(0) = -4$, $f(3) = 8$ e $f(-2) = 4$, obtenha o valor de $f(-3)$.

R2. Para que valores reais de p a função dada por $f(x) = [(p - 3)(p + 5)]x^2 - 4x + 8$ é quadrática?

➤ **Resolução**

Para que $f(x) = [(p - 3)(p + 5)]x^2 - 4x + 8$ seja lei de uma função quadrática, de acordo com a definição, é necessário que o coeficiente do termo x^2 seja não nulo.

Dessa forma, é preciso que $(p - 3)(p + 5) \neq 0$.

Observe que $(p - 3)(p + 5)$ será diferente de zero quando ocorrerem simultaneamente as seguintes condições:

• $p - 3 \neq 0 \Rightarrow p \neq 3$

• $p + 5 \neq 0 \Rightarrow p \neq -5$

Assim, a função dada por $f(x) = [(p - 3)(p + 5)]x^2 - 4x + 8$ é quadrática para $p \neq 3$ e $p \neq -5$, com $p \in \mathbb{R}$.

7. Que valores reais de p tornam as funções f e g quadráticas?

a) $f(x) = (2p - 3)x^2 + 7xp + 2$

b) $g(x) = [(3p + 5)(p + 7)]x^2 + 3x + 11$

R3. Uma peça metálica é construída conforme o molde representado abaixo.

Sabendo que a lei que relaciona o raio de medida r desse molde e a área A da figura é $A(r) = \dfrac{\pi r^2}{4}$, e considerando $\pi = 3{,}14$, determinar a medida do raio para que a área da peça seja igual a 25 cm².

➤ **Resolução**

Para que a área da peça seja igual a 25 cm², fazemos $A(r) = 25$; então:

$A(r) = 25 \Rightarrow \dfrac{\pi r^2}{4} = 25 \Rightarrow r^2 = \dfrac{25 \cdot 4}{3{,}14} \Rightarrow$

$\Rightarrow r^2 \approx 31{,}85 \Rightarrow r \approx 5{,}64$

Logo, o raio do molde mede aproximadamente 5,64 cm.

8. Uma piscina retangular foi planejada conforme a figura a seguir.

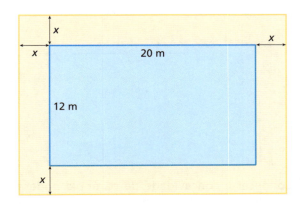

A área A do piso em volta dessa piscina depende da medida x escolhida. Faça o que se pede.

a) Qual é a lei de formação que expressa a área A desse piso em função de x?

b) Calcule a área A, em metro quadrado, para x = 3 m.

9. Um grupo de estudo formou uma lista de discussão pela internet. O combinado foi que, depois de cada aula, os integrantes trocariam e-mails com as conclusões individuais sobre a aula e mandariam para todos os integrantes da lista.

Todos cumpriram o combinado.

a) Se o grupo fosse formado por 2 pessoas, quantos e-mails seriam enviados após uma aula? E se o grupo fosse formado por 3 pessoas, quantos e-mails seriam enviados? E se fossem 4 pessoas? E se fossem 10?

b) Construa um quadro com os resultados obtidos no item a e mostre como você calculou o número de e-mails para cada número de pessoas.

c) Descubra a expressão que determina o número de e-mails em função do número de pessoas do grupo.

d) Calcule o número de integrantes do grupo sabendo que foram enviados 132 e-mails após uma aula.

10. Alguns algarismos de 1 a 9 foram agrupados dois a dois, totalizando 12 números de dois algarismos distintos. Quantos algarismos foram escolhidos?

11. Em certa fase de um campeonato, os times jogaram turno e returno, ou seja, cada time jogou duas vezes com cada um dos outros times: uma partida no próprio campo, e outra no campo do adversário. Sabendo que nessa fase houve 56 jogos, quantos eram os times?

12. No primeiro dia de aula, depois das férias de julho, todos os alunos de uma turma se cumprimentaram com um abraço. Ao todo foram 276 cumprimentos. Quantos alunos estavam na classe nesse dia? Que expressão fornece o número total de cumprimentos em função do número de alunos presentes?

13. Que sentença determina o número d de diagonais de um polígono convexo de n lados?

2. Gráfico da função quadrática

2.1 Parábola

Quando começamos a estudar funções, vimos que, para construir o gráfico de uma função, usamos o sistema de coordenadas cartesianas. Representamos todos os pontos do plano cartesiano pelos pares ordenados (x, y) que tenham x pertencente ao domínio da função e y pertencente à imagem.

O gráfico de uma função quadrática é uma curva denominada **parábola**.

Vamos construir o gráfico da função quadrática h, definida por $h(x) = x^2 - 4x + 3$.

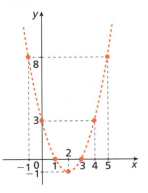

x	y = h(x)
−1	8
0	3
1	0
2	−1
3	0
4	3
5	8

Observe que todos os pontos obtidos até aqui fazem parte de uma mesma curva. Quanto mais pares ordenados determinarmos, mais próximo dessa curva o gráfico estará.

Esse fato permite afirmar que o gráfico da função h, definida por $h(x) = x^2 - 4x + 3$, é:

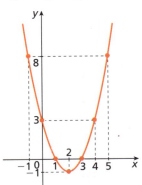

Exemplos

a) $f(x) = x^2 - 9$

x	y = f(x)
−3	0
−1	−8
0	−9
1	−8
3	0

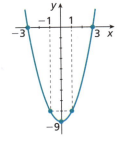

b) $g(x) = -x^2 + 8x - 12$

x	y = g(x)
1	-5
2	0
4	4
6	0
7	-5

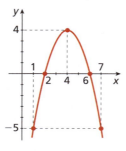

Concavidade da parábola

Observando os exemplos anteriores, percebemos que as parábolas podem ter a abertura (**concavidade**) voltada para cima ou para baixo.

Nos gráficos das funções h e f, definidas por $h(x) = x^2 - 4x + 3$ e $f(x) = x^2 - 9$, as parábolas têm concavidade voltada para cima. Já no gráfico da função g, definida por $g(x) = -x^2 + 8x - 12$, a concavidade da parábola é voltada para baixo.

Na prática, observamos o sinal do coeficiente a da função quadrática dada por $f(x) = ax^2 + bx + c$ para determinar se a concavidade da parábola correspondente ficará voltada para cima ou para baixo.

- Se $a > 0$, a parábola tem a concavidade voltada para **cima**.
- Se $a < 0$, a parábola tem a concavidade voltada para **baixo**.

Exemplos

a) $j(x) = 2x^2 + 4$

x	0	2	-2
y = j(x)	4	12	12

Como $a > 0$, a concavidade da parábola é voltada para cima.

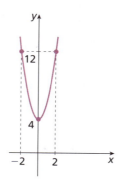

b) $h(x) = -\frac{1}{2}x^2 - 2x - 2$

x	0	-2	-4
y = h(x)	-2	0	-2

Como $a < 0$, a concavidade da parábola é voltada para baixo.

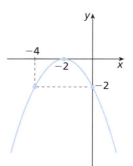

Conhecer a concavidade da parábola pode ajudar na construção do gráfico da função quadrática. Mais adiante, vamos estudar os elementos de uma parábola, como o ponto em que ela intersecta o eixo y, os zeros da função que ela representa e seu vértice. Com base nesses elementos, é possível construir o esboço do gráfico e analisar a função quadrática.

EXERCÍCIOS

14. Analise a concavidade de cada parábola.

a) $f(x) = x^2 - 6x + 5$
b) $g(x) = -x^2 + 6x - 5$
c) $j(x) = x^2 + 2x + 2$
d) $l(x) = -x^2 - 2x - 2$

15. Considere cada função do exercício anterior, atribua valores para x e calcule a imagem correspondente. Em seguida, construa a parábola de cada função.

R4. Seja f a função quadrática definida por
$f(x) = (m - 3)x^2 + 2x - m$.

a) Analisar a concavidade da parábola que representa f em função de m.
b) Verificar se existe algum valor de m que faça o gráfico da função passar pelo ponto (0, -3).

▶ **Resolução**

a) A concavidade da parábola depende do sinal do coeficiente a da função.

- Para a parábola ter a concavidade voltada para cima, o coeficiente de x^2 deve ser positivo: $m - 3 > 0 \Rightarrow m > 3$
- Para a parábola ter a concavidade voltada para baixo, o coeficiente de x^2 deve ser negativo: $m - 3 < 0 \Rightarrow m < 3$

b) Substituindo as coordenadas do ponto (0, -3) na lei da função, obtemos:

$-3 = (m - 3) \cdot 0 + 2 \cdot 0 - m \Rightarrow m = 3$

Mas se $m = 3$, a função f não é quadrática, pois: $a = 3 - 3 = 0$

Portanto, não existe $m \in \mathbb{R}$ tal que a parábola passe pelo ponto (0, -3).

16. Analise, em função de k, a concavidade das parábolas que representam as funções quadráticas cujas leis são dadas por:

a) $f(x) = kx^2 - 2x + 10$

b) $f(x) = (2k + 4)x^2 - 2x$

c) $f(x) = \left(\dfrac{k-5}{k+1}\right)x^2 - 20$

17. Considere a função f de lei $f(x) = (m + 6) \cdot x^2 - 7x + 3m$, com m real. Determine m de modo que:

a) f seja função quadrática.

b) a parábola da função f tenha a concavidade voltada para cima.

18. Determine k real para que a função f definida por $f(x) = (k^2 - 9)x^2 + (k + 5)x - 10$ seja uma função quadrática. Em seguida, analise a concavidade da parábola em função de k.

2.2 Ponto em que a parábola intersecta o eixo y

Observe o esboço do gráfico da função f de lei $f(x) = -x^2 - 1$.

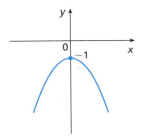

A parábola que representa a função f intersecta o eixo y no ponto $(0, -1)$. Note que a ordenada -1 desse ponto é o coeficiente c da função f.

Agora, veja abaixo o esboço do gráfico da função g de lei $g(x) = \dfrac{3}{4}x^2 - 3x + 3$.

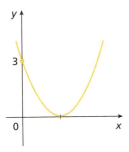

A parábola que representa a função g intersecta o eixo y no ponto $(0, 3)$. Note que a ordenada 3 desse ponto é o coeficiente c da função g.

> Considerando uma função quadrática cuja lei é $f(x) = ax^2 + bx + c$, com $a \neq 0$, as coordenadas do ponto em que a parábola correspondente intersecta o eixo y são $(0, c)$.

2.3 Zeros da função quadrática

Vimos que os zeros de uma função f são os números reais x para os quais $f(x) = 0$, ou seja, os zeros da função quadrática de lei $f(x) = ax^2 + bx + c$ são as raízes reais da equação do 2º grau $ax^2 + bx + c = 0$.

Para determinar essas raízes, podemos utilizar a fórmula de Bhaskara:

$$x = \dfrac{-b \pm \sqrt{\Delta}}{2a}, \text{ em que } \Delta = b^2 - 4ac$$

No gráfico, os zeros de uma função quadrática são as abscissas dos pontos em que a parábola intersecta o eixo x.

Observação

> Denominamos **discriminante** de uma equação $ax^2 + bx + c = 0$ o radical $b^2 - 4ac$, que é representado pela letra grega Δ.

Exemplos

a) Vamos verificar se a função f dada por $f(x) = x^2 - 5x + 6$ tem zeros reais e se a parábola correspondente intersecta o eixo x.

Para isso, vamos resolver a seguinte equação do 2º grau:

$x^2 - 5x + 6 = 0$

$\Delta = (-5)^2 - 4 \cdot 1 \cdot 6 = 25 - 24 = 1$

$x = \dfrac{-(-5) \pm \sqrt{1}}{2} = \dfrac{5 \pm 1}{2} \Rightarrow x = 3 \text{ ou } x = 2$

Assim, os zeros da função são $x_1 = 2$ e $x_2 = 3$.

Logo, o gráfico da função intersecta o eixo x em dois pontos $(2, 0)$ e $(3, 0)$.

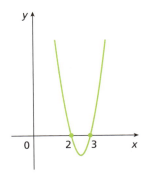

b) Vamos verificar se a função f dada por $f(x) = x^2 - 4x + 4$ tem zeros reais e se a parábola correspondente intersecta o eixo x.

Para isso, vamos resolver a seguinte equação do 2º grau:

$x^2 - 4x + 4 = 0$

$\Delta = (-4)^2 - 4 \cdot 1 \cdot 4 = 0$

$x = \dfrac{-(-4) \pm \sqrt{0}}{2} = \dfrac{4 \pm 0}{2} = 2$

Assim, $x_1 = x_2 = 2$ (zero real duplo da função).

Logo, o gráfico da função intersecta o eixo x em um único ponto (2, 0).

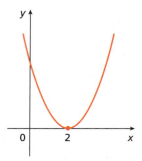

Observação

Quando a parábola intersecta o eixo x em um único ponto, dizemos que a parábola tangencia o eixo x.

c) Vamos verificar se a função f dada por $f(x) = -x^2 + 4x - 5$ tem zeros reais e se a parábola correspondente intersecta o eixo x.
Para isso, vamos resolver a seguinte equação do 2º grau:
$-x^2 + 4x - 5 = 0$
$\Delta = (4)^2 - 4 \cdot (-1) \cdot (-5) = 16 - 20 = -4$
Como $\Delta < 0$, a equação $-x^2 + 4x - 5 = 0$ não tem raízes reais; portanto, a função f não tem zeros reais.
Logo, o gráfico da função não intersecta o eixo x.

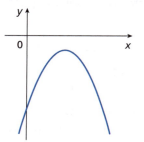

EXERCÍCIOS

19. Determine o ponto em que o gráfico de cada função intersecta o eixo y.

a) $f(x) = -2x^2 + x - 1$

b) $f(x) = \dfrac{x^2}{3} - \dfrac{x}{3} + \dfrac{1}{3}$

c) $f(x) = x^2 + x$

- Conhecer esse ponto facilita a construção do gráfico? Por quê?

20. Determine, se existir, os zeros reais das funções dadas por:

a) $g(x) = x^2 + 3x + 2$ c) $g(x) = -9x^2 + 6x - 1$

b) $g(x) = 2x^2 + x + 1$

- Conhecer os zeros da função facilita a construção do gráfico? Por quê?

R5. Considerando a função quadrática definida por $f(x) = 2x^2 - 6x - k$, determinar para quais valores reais de k a função f tem dois zeros reais distintos.

▶ **Resolução**

Vamos calcular o discriminante da equação $2x^2 - 6x - k = 0$.
$\Delta = (-6)^2 - 4 \cdot 2 \cdot (-k) = 36 + 8k$
Para que a função tenha dois zeros reais distintos, o discriminante deve ser positivo ($\Delta > 0$).
Então, $36 + 8k > 0$.
Portanto, $k > -\dfrac{9}{2}$.

21. Determine os valores reais de k para que a função quadrática de lei $f(x) = 3x^2 + 6x + k$:

a) tenha dois zeros reais distintos.

b) tenha dois zeros reais iguais.

c) não tenha zeros reais.

22. Determine os valores reais de k para que as funções dadas pelas leis a seguir não tenham zeros reais.

a) $h(x) = kx^2 - x + 25$

b) $g(x) = 2x^2 - 5x + k$

23. Determine os valores reais de k para que a função quadrática de lei $f(x) = kx^2 - 8x - 15$ tenha dois zeros reais distintos.

R6. Determinar os valores reais de k para que o gráfico da função quadrática de lei $f(x) = kx^2 + 2$ passe pelo ponto A(1, 5).

▶ **Resolução**

Substituindo as coordenadas do ponto A na lei da função f, obtemos:
$f(1) = 5 \Rightarrow k \cdot 1^2 + 2 = 5 \Rightarrow k = 3$
Portanto, a lei da função quadrática que passa pelo ponto A(1, 5) é $f(x) = 3x^2 + 2$.

24. Determine os valores reais de k para que o gráfico da função f de lei $f(x) = x^2 + 6x + k$ tangencie o eixo x.

25. Para quais valores reais de k o gráfico da função quadrática de lei $f(x) = -x^2 + 4x + k$ não intersecta o eixo x?

26. Determine os valores reais de k de modo que o gráfico da função quadrática de lei $f(x) = -3x^2 + 10x + k$ intersecte o eixo x em dois pontos distintos.

27. Qual é o valor do coeficiente k na lei da função quadrática $f(x) = 3x^2 + kx$ para que o gráfico de f passe pelo ponto A(2, 8)?

28. Determine o valor real de k para que o gráfico da função quadrática de lei $f(x) = kx^2 + kx + 7$ passe pelo ponto B(-2, 3).

29. Dada a função quadrática de lei $f(x) = ax^2 + bx + 3$, encontre os valores de a e b para cada caso.

a) 1 e 3 são os zeros da função.

b) -1 e -3 são os zeros da função.

R7. Determinar a lei da função quadrática correspondente ao seguinte gráfico:

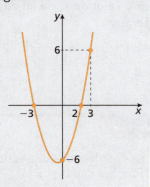

▶ **Resolução**

A lei da função quadrática é do tipo
$f(x) = ax^2 + bx + c$, com a, b e $c \in \mathbb{R}$ e $a \neq 0$.

Observe que a parábola intersecta o eixo y no ponto $(0, -6)$. Logo, $f(0) = -6$; assim, $c = -6$.

Então, temos $f(x) = ax^2 + bx - 6$, com a e $b \in \mathbb{R}$.

A parábola intersecta o eixo x nos pontos $(-3, 0)$ e $(2, 0)$. Isso significa que -3 e 2 são os zeros da função f.

Logo, $f(-3) = 0$ e $f(2) = 0$.

Substituindo as coordenadas do ponto $(-3, 0)$ na lei da função, obtemos:

$a(-3)^2 + b(-3) - 6 = 0 \Rightarrow 9a - 3b = 6$ (I)

Como a parábola passa pelo ponto $(3, 6)$, temos $f(3) = 6$.

Assim:

$a(3)^2 + b(3) - 6 = 6 \Rightarrow 9a + 3b = 12$ (II)

Somando, membro a membro, a equação (I) com a equação (II), obtemos:

$\begin{cases} 9a - 3b = 6 \\ 9a + 3b = 12 \end{cases} \Rightarrow 18a = 18 \Rightarrow a = 1$

Substituindo a por 1 na equação (I) ou na (II), obtemos $b = 1$.

Portanto, a lei da função é $f(x) = x^2 + x - 6$.

30. Determine os valores reais de m sabendo que o gráfico da função quadrática de lei $f(x) = -mx^2 + 2m^2$ tem concavidade voltada para baixo e que o ponto de intersecção desse gráfico com o eixo y é $(0, 18)$.

31. Determine a lei da função relativa a cada gráfico.

a)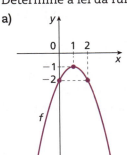

b)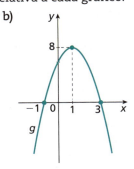

c)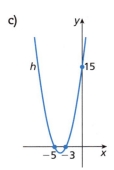

d)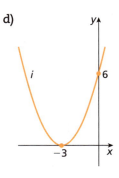

2.4 Vértice do gráfico da função quadrática

Ao construir gráficos de funções quadráticas, você notou que, com exceção de uma única ordenada, cada imagem está associada a dois valores de x?

Observe, novamente, o gráfico da função h definida por $h(x) = x^2 - 4x + 3$.

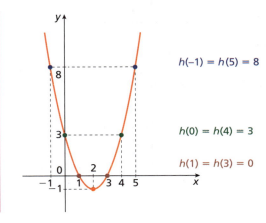

x	$h(x)$
-1	8
0	3
1	0
2	-1
3	0
4	3
5	8

$h(-1) = h(5) = 8$

$h(0) = h(4) = 3$

$h(1) = h(3) = 0$

O único ponto em que cada imagem não está associada a dois valores de x é o **vértice da parábola**, que, nesse exemplo, é o ponto $(2, -1)$. Nesse ponto, a imagem está associada a apenas um valor de x.

Na parábola, dois pontos de ordenadas iguais estão à mesma distância da reta perpendicular ao eixo x, que passa pelo vértice $V(x_v, y_v)$ dessa parábola. Essa reta é chamada de **eixo de simetria** e seus pontos são tais que $x = x_v$ qualquer que seja o valor de y.

Assim, quaisquer dois valores de x equidistantes de x_v têm a mesma imagem.

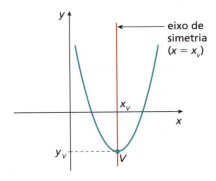

Capítulo 5 • Função quadrática **101**

Exemplos

a) $f(x) = -x^2 + 6x - 5$

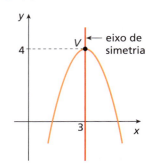

Os pontos do eixo de simetria são tais que $x = 3$.

b) $g(x) = x^2 + 2x + 2$

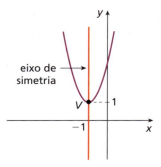

Os pontos do eixo de simetria são tais que $x = -1$.

c) $h(x) = 3x^2 + 6x + 3$

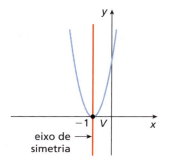

Os pontos do eixo de simetria são tais que $x = -1$.

As coordenadas do vértice de uma parábola, gráfico da função quadrática cuja lei é $f(x) = ax^2 + bx + c$, são dadas por $x_V = \dfrac{-b}{2a}$ e $y_V = \dfrac{-\Delta}{4a}$.

Exemplo

Vamos calcular as coordenadas do vértice da parábola correspondente a $g(x) = -x^2 - 5x - 7$.

Para isso, vamos resolver a seguinte equação do 2º grau:
$-x^2 - 5x - 7 = 0$
$\Delta = (-5)^2 - 4 \cdot (-1) \cdot (-7) = -3$

Utilizando as fórmulas do vértice, temos:

$x_V = \dfrac{-b}{2a} = \dfrac{-(-5)}{2 \cdot (-1)} = -\dfrac{5}{2}$

$y_V = \dfrac{-\Delta}{4a} = \dfrac{-(-3)}{4 \cdot (-1)} = -\dfrac{3}{4}$

Portanto, as coordenadas do vértice são $\left(-\dfrac{5}{2}, -\dfrac{3}{4}\right)$.

Observação

Conhecendo x_V, podemos calcular y_V sem utilizar a fórmula. Basta substituir o valor de x_V na lei da função.

No exemplo, temos:

$y_V = g\left(-\dfrac{5}{2}\right) = -\left(-\dfrac{5}{2}\right)^2 - 5 \cdot \left(-\dfrac{5}{2}\right) - 7 = -\dfrac{3}{4}$

Então, $y_V = -\dfrac{3}{4}$.

EXERCÍCIOS

32. Determine as coordenadas do vértice das parábolas referentes às funções dadas por:

a) $h(x) = -x^2 - 2x + 8$ **c)** $j(x) = x^2 + 2x - 3$
b) $i(x) = x^2 - 2x - 8$

33. Determine as coordenadas do vértice da parábola que representa o gráfico de cada função quadrática.

a) $f(x) = 2x^2 - 3x + 6$ **c)** $f(x) = 4x^2 - 6x$
b) $f(x) = -3x^2 + 4x + 7$

34. Considere a função quadrática definida por $f(x) = x^2 + mx + n$. Determine m e n reais de modo que as coordenadas do vértice da parábola representativa do gráfico de f seja $V(-1, -9)$.

R8. Sabendo que uma função quadrática tem como coordenadas do vértice da parábola $(3, 4)$ e zeros 1 e 5, determinar a lei de formação dessa função.

▶ **Resolução**

Para determinar a lei $y = f(x)$ de uma função quadrática, precisamos encontrar os coeficientes a, b e c da função, com $a \neq 0$, de modo que $y = ax^2 + bx + c$.

Como o vértice da parábola é $(3, 4)$, temos:

$x_V = 3 \Rightarrow \dfrac{-b}{2a} = 3 \Rightarrow 6a = -b \Rightarrow b = -6a$ (I)

$y_V = 4 \Rightarrow \dfrac{-\Delta}{4a} = 4 \Rightarrow \dfrac{-(b^2 - 4ac)}{4a} = 4 \Rightarrow$
$\Rightarrow -b^2 + 4ac = 16a$ (II)

Como 1 é zero da função, $f(1) = 0$, ou seja:
$a \cdot 1^2 + b \cdot 1 + c = 0 \Rightarrow a + b + c = 0$ (III)

Substituindo (I) em (III), obtemos:
$a - 6a + c = 0 \Rightarrow c = 5a$

Substituindo b por $-6a$ e c por $5a$ em (II), obtemos:
$-(-6a)^2 + 4a(5a) = 16a \Rightarrow -16a^2 - 16a = 0 \Rightarrow$
$\Rightarrow a \cdot (a + 1) = 0 \Rightarrow a = -1$ ou $a = 0$

O coeficiente a não pode ser nulo, pois a função é quadrática.

Então, consideraremos apenas $a = -1$; portanto, $b = 6$ e $c = -5$.

Assim, a lei da função é $f(x) = -x^2 + 6x - 5$.

35. Conhecendo alguns dados de uma parábola, determine a lei da função quadrática correspondente.

a) ponto em que a parábola intersecta o eixo y: $(0, 10)$
   vértice: $(-5, 5)$

b) zeros: -5 e 5
   vértice: $(0, 5)$

2.5 Construção do gráfico da função quadrática

Para esboçar o gráfico (parábola) correspondente a uma função quadrática, podemos escolher os seguintes pontos convenientes:

- ponto em que a parábola intersecta o eixo y, caso exista;
- ponto(s) em que a parábola intersecta o eixo x (zero(s) da função), caso exista(m);
- o vértice.

Como exemplo, vamos reconstruir o gráfico da função quadrática de lei $h(x) = x^2 - 4x + 3$ por um método diferente do apresentado na página 97, escolhendo apenas os pontos convenientes.

Temos:

- coeficiente c: 3
- zeros da função: 1 e 3
- coordenadas do vértice: $x_V = 2$ e $y_V = -1$

Pontos formados:

- intersecção com os eixos: (0, 3), (1, 0) e (3, 0)
- vértice: (2, −1)

Assim, com apenas quatro pontos, esboçamos o gráfico da função h, definida por $h(x) = x^2 - 4x + 3$.

Veja:

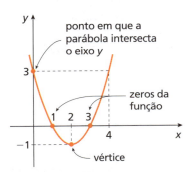

Há parábolas cujos vértices estão sobre o eixo y, e as funções a elas associadas têm apenas um zero ou não têm zero. Veja:

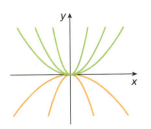

Parábolas com vértice (0, 0).

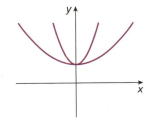

Parábolas com vértice no eixo y que não intersectam o eixo x.

Nesses casos, como existem infinitas parábolas com esse vértice, para construir gráficos desse tipo é necessário atribuir outro valor a x, calcular a imagem correspondente e, a partir daí, esboçar o gráfico da função utilizando a simetria da parábola.

Exemplo

Vamos esboçar o gráfico da função h, definida por $h(x) = x^2 + 4$.

- coeficiente c: 4

  Ponto em que a parábola intersecta o eixo y: (0, 4)

- zeros da função: não há no conjunto dos reais

  A parábola não intersecta o eixo x.

- $x_V = 0$ e $y_V = 4$

  Vértice da parábola: (0, 4)

- (2, 8) e (−2, 8) são os pontos auxiliares.

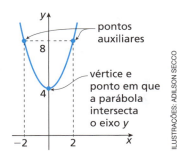

EXERCÍCIO

36. Esboce o gráfico das funções dadas pelas leis a seguir.

a) $f(x) = x^2 + x + 1$

b) $g(x) = x^2 + 1$

c) $h(x) = -2x^2$

d) $i(x) = x^2$

e) $j(x) = -4x^2 + 6x - 9$

f) $l(x) = x^2 + 6x$

g) $m(x) = \dfrac{3x^2}{5} + x + 5$

3. Análise da função quadrática a partir do gráfico

3.1 Estudo do sinal da função quadrática

Conhecendo os zeros e o esboço do gráfico de uma função quadrática f, é possível estudar o sinal dessa função, ou seja, determinar para quais valores de x as imagens são positivas, negativas ou nulas.

O sinal da função f depende de como a parábola intersecta o eixo x. Dessa forma, podemos agrupar as parábolas em três casos.

1º caso: quando a parábola intersecta o eixo x em dois pontos, ou seja, a função possui dois zeros distintos ($\Delta > 0$).

2º caso: quando a parábola intersecta o eixo x em um único ponto, ou seja, a função possui um zero duplo ($\Delta = 0$).

3º caso: quando a parábola não intersecta o eixo x, ou seja, a função não possui zero real ($\Delta < 0$).

Organizando esses casos em um quadro, temos:

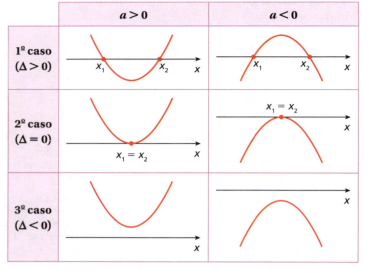

A partir do esboço do gráfico é possível estudar o sinal de uma função quadrática.

Exemplos

a) Vamos estudar o sinal da função quadrática f, definida por $f(x) = x^2 + x - 6$.

Primeiro, determinamos os zeros de f:

$x^2 + x - 6 = 0 \Rightarrow x = -3$ ou $x = 2$

Em seguida, fazemos um esboço do gráfico da função. Como o coeficiente de x^2 é positivo, a concavidade da parábola é voltada para cima.

Agora, observando esse esboço, vamos determinar para quais valores de x as imagens são positivas, negativas ou nulas.

Concluímos que: $\begin{cases} f(x) > 0, \text{ para } x < -3 \text{ ou } x > 2 \\ f(x) = 0, \text{ para } x = -3 \text{ ou } x = 2 \\ f(x) < 0, \text{ para } -3 < x < 2 \end{cases}$

b) Vamos estudar o sinal da função g, definida por $g(x) = -x^2 - 2x + 15$.

Zeros de g:

$-x^2 - 2x + 15 = 0 \Rightarrow x = -5$ ou $x = 3$

Como o coeficiente de x^2 é negativo, a concavidade da parábola é voltada para baixo. Com isso, esboçamos o gráfico da função.

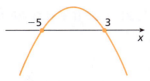

Observando esse esboço, vamos determinar para quais valores de x as imagens são positivas, negativas ou nulas.

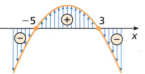

Concluímos que: $\begin{cases} g(x) > 0, \text{ para } -5 < x < 3 \\ g(x) = 0, \text{ para } x = -5 \text{ ou } x = 3 \\ g(x) < 0, \text{ para } x < -5 \text{ ou } x > 3 \end{cases}$

O estudo do sinal de uma função quadrática será útil para resolver inequações do 2º grau, como veremos adiante.

EXERCÍCIOS

37. Estude o sinal das funções quadráticas dadas pelas leis abaixo. Se quiser, como auxílio, use um *software* de construção de gráficos.

a) $f(x) = 2x^2 - 4x - 6$
b) $g(x) = -x^2 - 2x + 8$
c) $h(x) = x^2 - 6x + 9$
d) $i(x) = -x^2 + x - 3$

38. Estude o sinal das funções quadráticas dadas pelas leis abaixo. Se quiser, como auxílio, use um *software* de construção de gráficos.

a) $g(x) = 2x^2 + 3x + 7$
b) $h(x) = -x^2 + 2x - 1$

39. Determine para que valores reais de x a função f de lei $f(x) = -x^2 + 2x$ é positiva.

40. Determine para que valores reais de x a função f de lei $f(x) = x^2 + 4x - 5$ não é negativa.

R9. Determinar o valor real de k de modo que a função f de lei $f(x) = x^2 - 5x + k$ seja positiva para todo x real.

▶ **Resolução**

Como o coeficiente de x^2 é positivo, a concavidade da parábola é voltada para cima. Para que a função seja positiva para todo x real, o discriminante de f deve ser negativo.
Assim:
$\Delta = (-5)^2 - 4 \cdot 1 \cdot k = 25 - 4k$
Como $\Delta < 0$, então:
$25 - 4k < 0 \Rightarrow k > \dfrac{25}{4}$

coeficiente de x^2 positivo e $\Delta < 0$

41. Determine o valor real de k de modo que a função f de lei $f(x) = 2x^2 - 3x + k$ seja positiva para todo x real.

42. Determine o valor real de k para que a função h de lei $h(x) = -2x^2 - 3x - k - 1$ seja negativa para todo x real.

3.2 Valor máximo ou valor mínimo da função quadrática

Uma função quadrática tem um **valor máximo** ou um **valor mínimo**, dependendo da concavidade da parábola. Quando a concavidade da parábola é voltada para baixo, a função tem um valor máximo; quando é voltada para cima, tem um valor mínimo. O valor máximo (ou mínimo) corresponde à ordenada do vértice da parábola.

Observe a seguir os esboços dos gráficos de funções quadráticas.

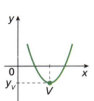

A função apresenta um valor **mínimo**, representado por y_V.

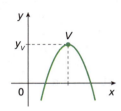

A função apresenta um valor **máximo**, representado por y_V.

A função apresenta um valor **mínimo**, representado por y_V (que, neste caso, é zero).

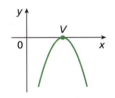

A função apresenta um valor **máximo**, representado por y_V (que, neste caso, é zero).

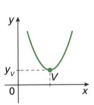

A função apresenta um valor **mínimo**, representado por y_V.

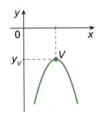

A função apresenta um valor **máximo**, representado por y_V.

Exemplo

Vamos determinar o valor máximo ou mínimo da função f, definida por $f(x) = \dfrac{x^2}{4} - 2x - 15$.

Como $a > 0$, o gráfico da função f tem a concavidade voltada para cima. Portanto, a função tem um valor mínimo.

$$y_V = \frac{-\Delta}{4a} = \frac{-\left[(-2)^2 - 4 \cdot \frac{1}{4} \cdot (-15)\right]}{4 \cdot \frac{1}{4}} = \frac{-(4 + 15)}{1} = -19$$

Assim, -19 é o valor mínimo dessa função.

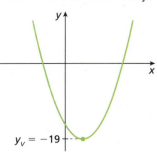

$y_V = -19$

EXERCÍCIOS

43. Determine o valor máximo ou mínimo de cada função definida abaixo.

a) $f(x) = 2x^2 + 7x - 4$

b) $g(x) = \dfrac{x^2}{4} - 4x + 8$

c) $h(x) = -\sqrt{5}x^2 - 5x + 1$

d) $j(x) = -\dfrac{x^2}{3} - 9$

R10. Determinar k real para que -1 seja valor mínimo da função quadrática de lei $f(x) = (k - 1)x^2 + kx + (k - 2)$.

▶ **Resolução**

Para que uma função quadrática tenha valor mínimo, o coeficiente do termo em x^2 deve ser positivo.

Então: $k - 1 > 0 \Rightarrow k > 1$

Sabendo que o valor mínimo da função quadrática é dado por $y_V = \dfrac{-\Delta}{4a}$, temos:

$$\frac{-[k^2 - 4(k-1)(k-2)]}{4(k-1)} = -1 \Rightarrow$$

$$\Rightarrow 3k^2 - 8k + 4 = 0 \Rightarrow k = 2 \text{ ou } k = \frac{2}{3}$$

Como $k > 1$, temos $k = 2$.

44. Determine k real para que a função f de lei:

a) $f(x) = (2k - 8)x^2 + kx - 9$ tenha valor mínimo.

b) $f(x) = (k - 6)x^2 + 7x - 9$ tenha valor máximo.

45. Calcule k real para que a função quadrática f de lei $f(x) = 2x^2 - 5x + k$ tenha $\dfrac{23}{8}$ como valor mínimo.

46. Calcule k real para que a função quadrática f de lei $f(x) = -x^2 + kx + 15$ tenha 16 como valor máximo.

47. Determine k real sabendo que a função quadrática f de lei $f(x) = (k - 3)x^2 + (k - 1)x - 16$ tem valor mínimo igual a -18.

48. Calcule os valores reais de m para que a função f de lei $f(x) = 3x^2 + 2mx + m$ tenha $\dfrac{4}{3}$ como valor mínimo.

R11. Durante uma situação de emergência, o capitão de um barco dispara um sinalizador para avisar a guarda costeira. A trajetória que o sinal luminoso descreve é um arco de parábola.

A função que descreve o movimento do sinal luminoso é dada por $h(t) = 80t - 5t^2$, sendo h a altura do sinal, em metro, e t o tempo decorrido após o disparo, em segundo.

a) Qual é a altura máxima que esse sinal luminoso pode atingir?

b) Quantos segundos se passam, após o disparo, até o sinal luminoso atingir a altura máxima?

▶ **Resolução**

a) Para determinar a altura máxima que esse sinal pode atingir, precisamos encontrar o valor máximo da função. Analisando o sinal do coeficiente a, podemos concluir que o gráfico da função h é um arco de parábola com concavidade voltada para baixo.

É possível determinar o valor máximo da função usando a fórmula da ordenada do vértice:

$\Delta = 80^2 - 4 \cdot (-5) \cdot 0 \Rightarrow \Delta = 6.400$

$y_V = \dfrac{-\Delta}{4a} = \dfrac{-6.400}{-20} = 320$

Logo, a altura máxima que o sinal luminoso pode atingir é 320 metros.

b) O tempo que o sinal luminoso leva para atingir a altura máxima corresponde ao x_V da parábola. Utilizando a fórmula da abscissa do vértice, temos:

$x_V = \dfrac{-b}{2a} = \dfrac{-80}{2 \cdot (-5)} = \dfrac{-80}{-10} = 8$

Logo, o sinal luminoso atinge a altura máxima 8 segundos após o disparo.

49. Uma pedra é lançada verticalmente para cima. Um segundo após o lançamento, a pedra atinge 5 metros de altura e começa a descer. A lei que descreve a altura h, em metro, em relação ao tempo t, em segundo, é do tipo $h(t) = at^2 + bt$, com a e $b \in \mathbb{R}$ e $a \neq 0$.

a) Determine a lei dessa função e a altura da pedra 2 segundos após o lançamento.

b) Construa o gráfico correspondente a essa situação.

c) Compare o tempo de subida com o tempo de descida da pedra. O que você pode concluir?

50. Um jogador de basquete lança uma bola em direção à cesta, e a bola descreve um arco de parábola. A lei que descreve essa parábola é $h(t) = -t^2 + 4t$, em que t é o tempo decorrido após o lançamento, em segundo, e h é a altura, em metro, em que a bola está no instante t.

Sabendo que a bola está a 2 metros de altura quando é lançada pelo jogador, calcule a altura máxima que ela atinge nesse lançamento.

51. Uma empresa de televisão a cabo que tem 60.000 assinantes e cobra R$ 75,00 de mensalidade fez uma pesquisa de mercado para decidir o aumento a ser aplicado nesse valor mensal. Os resultados desse estudo indicam que a empresa perderá 400 assinantes para cada real adicionado à mensalidade.

a) Dê a lei da função que determina o faturamento mensal (em real), dependendo da quantidade de reais adicionados à mensalidade.

b) De quanto deve ser o aumento para maximizar o faturamento mensal?

52. Um projétil é lançado e descreve uma curva segundo a lei $h(t) = -4,9t^2 + 24,5t + 9,8$, com h em metro e t em segundo. Determine os intervalos de tempo em que o projétil está subindo e descendo.

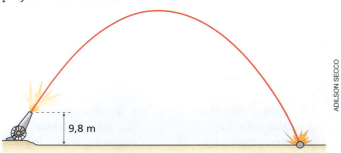

53. Dois móveis, A e B, no mesmo instante, partem do mesmo ponto e realizam movimentos retilíneos que obedecem às leis $s_A(t) = 5 + 5t$ e $s_B(t) = 5 - 5t + t^2$. Determine o intervalo de tempo em que o móvel A fica na frente do móvel B.

4. Inequações

4.1 Inequações do 2º grau

Inequação do 2º grau na incógnita x é toda inequação que pode ser reduzida a uma desigualdade em que o primeiro membro é um polinômio do tipo $ax^2 + bx + c$ (com $a \neq 0$) e o segundo membro é zero.

Exemplos

- $3x^2 - 8x - 3 \geq 0$
- $5x^2 - 2 < 0$
- $-x^2 - 0,5x \leq 0$
- $-4x^2 + x + \sqrt{3} > 0$

Para resolver inequações do 2º grau, podemos utilizar o estudo do sinal da função quadrática associada à inequação.

Como exemplo, vamos resolver a inequação $3x^2 - 8x - 3 \geq 0$ no conjunto dos números reais.

A solução dessa inequação são todos os valores reais de x para os quais a função f de lei $f(x) = 3x^2 - 8x - 3$ é positiva ou nula (ou seja, não é negativa).

Para encontrar esses valores, devemos estudar o sinal da função f:

$$\underbrace{3x^2 - 8x - 3}_{f(x)} \geq 0$$

Primeiro, calculamos os zeros de f:
$3x^2 - 8x - 3 = 0$
$\Delta = 64 + 36 = 100$
$x = \dfrac{-(-8) \pm \sqrt{100}}{2 \cdot 3} \Rightarrow x = 3 \text{ ou } x = -\dfrac{1}{3}$

Em seguida, destacamos no esboço do gráfico os valores de x para os quais a função f é positiva ou nula.

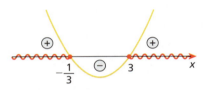

Assim, o conjunto solução da inequação é:

$$S = \left\{ x \in \mathbb{R} \,\middle|\, x \leq -\dfrac{1}{3} \text{ ou } x \geq 3 \right\}$$

4.2 Inequação-produto e inequação-quociente

Você já trabalhou com inequações-produto e inequações-quociente quando estudou função afim. Agora, vamos estudar inequações desse tipo envolvendo funções quadráticas.

Novamente, utilizaremos o quadro de sinais.

Observação

Só podemos usar o quadro de sinais quando o segundo membro da inequação for igual a zero.

Veja, a seguir, as resoluções de algumas inequações no conjunto dos números reais.

a) $\dfrac{x - 5}{x^2 - x - 42} \geq 0$

Vamos considerar $f(x) = x - 5$ e $g(x) = x^2 - x - 42$.

Vamos estudar o sinal das funções f e g e, em seguida, montar o quadro de sinais.

• Zero de f:
$f(x) = 0 \Rightarrow x - 5 = 0 \Rightarrow x = 5$

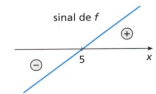

• Zeros de g:
$g(x) = 0 \Rightarrow x^2 - x - 42 = 0 \Rightarrow x = -6 \text{ ou } x = 7$

Montando o quadro de sinais, obtemos:

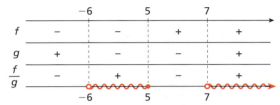

Observe que -6 e 7 não são soluções da inequação. Lembre-se de que temos como condição de existência da inequação-quociente $x^2 - x - 42 \neq 0$; então, $x \neq -6$ e $x \neq 7$.

Logo, o conjunto solução da inequação é
$S = \{x \in \mathbb{R} \mid -6 < x \leq 5 \text{ ou } x > 7\}$.

b) $-x^3 - 4x < 0$

Primeiro, fazemos:
$-x^3 - 4x = x(-x^2 - 4)$

Assim, obtemos uma inequação-produto:
$x(-x^2 - 4) < 0$

Considerando $f(x) = x$ e $g(x) = -x^2 - 4$, vamos estudar o sinal de cada função a partir do esboço de seus gráficos e, em seguida, montar o quadro de sinais.

• Zero de f:
$f(x) = 0 \Rightarrow x = 0$

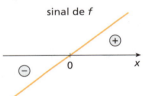

• Zeros de g:
$g(x) = 0 \Rightarrow -x^2 - 4 = 0$
Nesse caso, temos $\Delta < 0$; portanto, g não tem zeros reais.

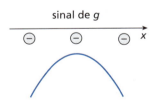

Montando o quadro de sinais, obtemos:

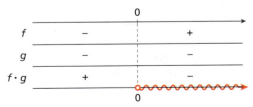

Logo, o conjunto solução da inequação é
$S = \{x \in \mathbb{R} \mid x > 0\} = \mathbb{R}_+^*$.

EXERCÍCIOS

R12. Resolver, em $\mathbb{R}$, a inequação $\dfrac{(x+1)^2}{2x+10} \geq 1$.

▶ **Resolução**

Observe que a inequação tem o segundo membro diferente de zero; então, fazemos:

$\dfrac{(x+1)^2}{2x+10} \geq 1$

$\dfrac{(x+1)^2}{2x+10} - 1 \geq 0$

$\dfrac{(x+1)^2 - (2x+10)}{2x+10} \geq 0$

$\dfrac{x^2 + 2x + 1 - 2x - 10}{2x+10} \geq 0$

$\dfrac{x^2 - 9}{2x+10} \geq 0$

Considerando $f(x) = x^2 - 9$ e $g(x) = 2x + 10$, vamos estudar o sinal de cada função a partir do esboço de seus gráficos e, em seguida, montar o quadro de sinais.

- Zeros de f:
$f(x) = 0 \Rightarrow x^2 - 9 = 0 \Rightarrow x = 3$ ou $x = -3$

- Zero de g:
$g(x) = 0 \Rightarrow 2x + 10 = 0 \Rightarrow x = -5$

Montando o quadro de sinais, obtemos:

Observe que -5 não é solução da inequação, pois temos como condição de existência $g(x) \neq 0$; então: $2x + 10 \neq 0 \Rightarrow x \neq -5$

Logo, o conjunto solução da inequação é
$S = \{x \in \mathbb{R} \mid -5 < x \leq -3 \text{ ou } x \geq 3\}$.

54. Resolva, em $\mathbb{R}$, as inequações.
a) $-x^2 + 1 < 0$
b) $2x^2 + 3x + 7 \leq 0$
c) $-x^2 + 2x - 1 \geq 0$
d) $x^2 + 2(x - 4) - 1 \leq 2x^2 - 9$
e) $x^2 - 4x \geq -4$
f) $(-2x + 1)^2 > 0$

55. Resolva, em $\mathbb{R}$, as inequações-produto.
a) $(3x^2 - 10x + 7) \cdot (-x^2 + 4x) \geq 0$
b) $2x^3 + 9x^2 - 35x \leq 0$
c) $(-x + 4) \cdot (-x^2 - 4x - 5) \cdot (x + 3) > 0$
d) $x^4 - 4 < 0$
e) $(x + 1) \cdot (x^2 + 1) \cdot (-x - 1) \geq 0$

56. Resolva, em $\mathbb{R}$, as inequações-quociente.
a) $\dfrac{3x+5}{2x^2 - 7x - 4} \leq 0$
b) $\dfrac{-x^2 + 5x - 4}{x^2 - 14x + 48} \geq 0$
c) $-\dfrac{(x-5)^2}{(-x+5)^2} > 0$

57. Reduza cada inequação a outra com segundo membro igual a zero e determine a solução em $\mathbb{R}$.
a) $-\dfrac{6}{x^2 - 4} \leq 2$
b) $\dfrac{1}{-x} < \dfrac{1}{2}x + 1$

R13. Determinar a área da parte hachurada da figura em função de x e encontrar o maior valor inteiro que x pode assumir.

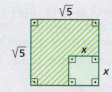

▶ **Resolução**

Indicando a área da parte hachurada por A, temos:
$A(x) = (\sqrt{5})^2 - x^2$

Ou seja:
$A(x) = 5 - x^2$, com $0 < x \leq \sqrt{5}$

Como $x > 0$ e $\sqrt{5} \approx 2{,}24$, o maior valor inteiro que x pode assumir é 2.

58. Determine o maior valor inteiro que x pode assumir para que:
a) $-x^2 - 2x - 1 \geq 0$
b) $\dfrac{-x^2 + 10x - 25}{x^2 - 6x + 5} > 0$

59. Em um mesmo plano cartesiano, construa os gráficos das funções f e g, dadas por $f(x) = 2x^2 + 1$ e $g(x) = x^2 + 2x + 1$. Se quiser, use um *software* de construção de gráficos. Em seguida, analise os intervalos do domínio em que $f(x) > g(x)$.

Monte a inequação, resolva-a e compare a solução com sua análise dos gráficos.

60. A função afim f e a função quadrática g estão representadas a seguir.

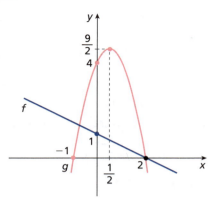

a) Determine as leis das funções f e g.

b) Em quais pontos os gráficos se intersectam?

c) Sem fazer cálculos, com base no gráfico determine quais valores de x tornam $f(x) \cdot g(x) \geq 0$.

d) Resolva a inequação $f(x) \cdot g(x) \geq 0$ e compare a resposta com a do item **c**.

4.3 Inequações simultâneas

Já vimos que inequações simultâneas são aquelas apresentadas por duas desigualdades ou por meio de um sistema de inequações. Agora, vamos estudar inequações desse tipo envolvendo funções quadráticas.

Para resolver inequações simultâneas, primeiro encontramos a solução de cada inequação e, em seguida, fazemos a intersecção das soluções.

Como exemplo, vamos resolver, no conjunto dos números reais, o seguinte sistema de inequações:

$$\begin{cases} x^2 + 2x - 8 > 0 \\ -\dfrac{1}{2}(x^2 + x) \leq \dfrac{1}{3}(3 - 6x) \end{cases}$$

Primeiro, vamos reduzir a 2ª inequação a uma forma mais simples:

$$-\dfrac{1}{2}(x^2 + x) \leq \dfrac{1}{3}(3 - 6x) \Rightarrow \dfrac{-x^2}{2} - \dfrac{x}{2} \leq 1 - 2x \Rightarrow$$

$$\Rightarrow -x^2 + 3x - 2 \leq 0$$

Assim, temos:

$$\begin{cases} x^2 + 2x - 8 > 0 \\ -x^2 + 3x - 2 \leq 0 \end{cases} \Rightarrow \overbrace{x^2 + 2x - 8}^{f(x)} > 0 \text{ e } \overbrace{-x^2 + 3x - 2}^{g(x)} \leq 0$$

• Zeros de f: -4 e 2

sinal de f

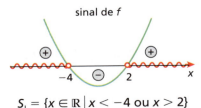

$S_I = \{x \in \mathbb{R} \mid x < -4 \text{ ou } x > 2\}$

• Zeros de g: 1 e 2

sinal de g

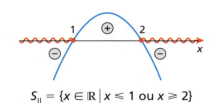

$S_{II} = \{x \in \mathbb{R} \mid x \leq 1 \text{ ou } x \geq 2\}$

Agora, fazemos a intersecção das soluções de cada uma das inequações:

Logo, o conjunto solução do sistema é
$S = \{x \in \mathbb{R} \mid x < -4 \text{ ou } x > 2\}$.

EXERCÍCIOS

R14. Resolver, em $\mathbb{R}$, a inequação
$4x^2 - 7x + 2 \leq 2x^2 - 3x + 2 < -3x + 4$.

▶ **Resolução**

Inicialmente, reduzimos a inequação simultânea a uma forma mais simples:

(I) $4x^2 - 7x + 2 \leq 2x^2 - 3x + 2 \Rightarrow 2x^2 - 4x \leq 0$

(II) $2x^2 - 3x + 2 < -3x + 4 \Rightarrow 2x^2 - 2 < 0$

Considerando $f(x) = 2x^2 - 4x$ e $g(x) = 2x^2 - 2$, temos:

• Zeros de f: 0 e 2

sinal de f

$S_I = \{x \in \mathbb{R} \mid 0 \leq x \leq 2\}$

• Zeros de g: -1 e 1

sinal de g

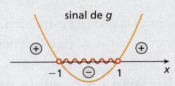

$S_{II} = \{x \in \mathbb{R} \mid -1 < x < 1\}$

Agora, fazemos a intersecção das soluções de cada uma das inequações:

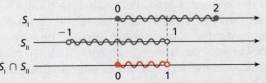

Logo, o conjunto solução da inequação simultânea é
$S = \{x \in \mathbb{R} \mid 0 \leq x < 1\}$.

61. Resolva, em ℝ, as inequações.

   a) $2x \leq -x^2 + 4x < 4$

   b) $-4 < \dfrac{x^2 + 8x + 16}{2} < 8$

62. Resolva, em ℝ, os sistemas.

   a) $\begin{cases} x^2 - 2x - 8 \geq 0 \\ x^2 - 2x + 8 < 0 \end{cases}$

   b) $\begin{cases} -x^2 + 5x \geq 0 \\ x^2 - 4x \geq x \end{cases}$

63. Os gráficos abaixo representam, respectivamente, as funções de leis: $f(x) = \dfrac{x^2 - 4x + 4}{x - 4}$ e $g(x) = \dfrac{x^2 + x - 2}{x - 2}$

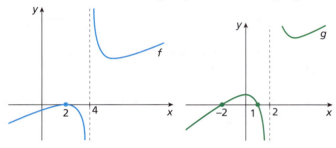

Observe os gráficos e resolva os itens a seguir.

a) $\begin{cases} f(x) > 0 \\ g(x) > 0 \end{cases}$

b) $\begin{cases} f(x) < 0 \\ g(x) < 0 \end{cases}$

c) $f(x) < 0 < g(x)$

d) $g(x) < 0 < f(x)$

64. A figura mostra dois círculos de mesmo centro.

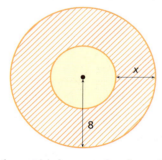

   a) Encontre a área A(x) da parte hachurada.

   b) Determine x para que essa área fique entre 28π e 65π.

4.4 Identificação do domínio de uma função por meio de inequações

Nem todas as funções reais têm como domínio o conjunto dos números reais. Pela natureza da sua lei, algumas apresentam restrição de valores, tendo como domínio um subconjunto dos números reais (distinto de ℝ). Por exemplo, o denominador de expressões fracionárias não pode ser zero, e o radicando de raízes de índice par não pode ser negativo, ou seja, é positivo ou nulo.

Com base no estudo que fizemos das inequações, podemos determinar o domínio de algumas dessas funções.

Como exemplo, vamos determinar o domínio da função dada pela lei: $y = \sqrt{\dfrac{x^2 - 2x + 1}{2x - 7}}$

Em $y = \sqrt{\dfrac{x^2 - 2x + 1}{2x - 7}}$, devemos ter: $\underbrace{\dfrac{\overbrace{x^2 - 2x + 1}^{f(x)}}{\underbrace{2x - 7}_{h(x)}}} \geq 0$

Primeiro, vamos resolver a inequação-quociente:

$f(x) = x^2 - 2x + 1$ (zero real duplo de f: 1)

$h(x) = 2x - 7$ $\left(\text{zero de } h: \dfrac{7}{2}\right)$

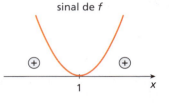

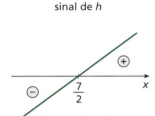

Montando o quadro de sinais, obtemos:

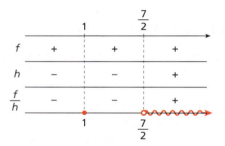

O zero da função h não pode ser considerado, pois anula o denominador da inequação.

Logo, $D = \left\{ x \in \mathbb{R} \mid x = 1 \text{ ou } x > \dfrac{7}{2} \right\}$.

EXERCÍCIOS

65. Dê o domínio de cada função.

   a) $y = \sqrt{-x^2 + 14x - 49}$

   b) $y = \sqrt{\dfrac{x^2 - 2x - 8}{x^2 + 6x}}$

66. Determine para que valores reais cada função dada abaixo está definida.

   a) $f(x) = \dfrac{-3}{(x^2 - 2x)(x - 5)}$

   b) $g(x) = \dfrac{\sqrt{x^2}}{x^2}$

67. Considere as funções definidas por $g(x) = \sqrt{x}$ e $h(x) = \dfrac{1}{x^2 - 1}$.

   Encontre o domínio da função composta $g \circ h$.

Exercícios complementares

1. Identifique, entre as seguintes leis, aquelas que são leis de funções quadráticas e escreva-as. Justifique sua resposta.
   a) $y = 3x^4 - 8x^2 + 5$
   b) $y = \frac{1}{3}x^2 - 7$
   c) $y = (x - 2)(x + 3)$
   d) $y = 2x - 7$
   e) $y = -3x^2 + 2x + \sqrt{5}$
   f) $y = x(x - 3)$

2. Determine os pontos em que o gráfico de cada função intersecta o eixo x.
   a) $y = x^2 - 9$
   b) $y = -x^2 - 4$
   c) $y = -x^2 + 5x - 6$
   d) $y = -x^2 + 6x - 9$
   e) $y = 2x^2 - 10x + 12$

3. Determine os pontos em que o gráfico de cada função do exercício anterior intersecta o eixo y.

4. Sem construir o gráfico da função correspondente, indique em quais casos a parábola intersecta o eixo x. Justifique sua resposta.
   a) $y = x^2 - 3x + 5$
   b) $y = 2x^2 - 5x - 3$
   c) $y = -x^2 + x + 1$
   d) $y = 3x^2 + 2\sqrt{3}x + 1$

5. Encontre o vértice da parábola correspondente à função dada por $y = 2x^2 - 10x + 8$.

6. Usando um *software* de construção de gráfico, construa, em um mesmo plano cartesiano, as parábolas correspondentes às funções dadas pelas leis a seguir.
   a) $y = 5x^2$
   b) $y = -5x^2$
   c) $y = \frac{1}{4}x^2$
   d) $y = -\frac{1}{4}x^2$

   • Que relação você observa entre a forma da parábola e o coeficiente de x^2?

7. Relacione cada lei de função com os respectivos gráficos. Escreva uma possível lei para a função referente ao gráfico que sobra.
   I) $y = -x^2 + 1$
   II) $y = x^2 - 1$
   III) $y = 2x^2 - 12x + 19$
   IV) $y = -x^2 + 4x - 7$

8. Considere a função quadrática definida por $f(x) = -2x^2 + (k - 1)x + 8$. Determine k, sabendo que $x = -1$ é a equação do eixo de simetria do gráfico de f.

9. Considerando a função dada por $y = x^2 - x + 8$, classifique os itens em verdadeiro (V) ou falso (F).
   a) A função é negativa para todo x real.
   b) A função tem dois zeros reais distintos.
   c) A função é positiva para todo x real.

10. Dê a lei da função cujo gráfico é a parábola abaixo.

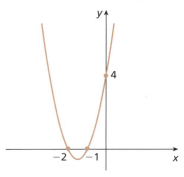

11. Escreva a lei da função quadrática seguindo as condições indicadas.
   a) A função tem como zeros os números 6 e −1. Ela é única? Justifique.
   b) Além da condição do item **a**, o gráfico dessa função passa pelo ponto (2, −3). Ela é única? Justifique.

12. Qual deve ser o valor de m para que a função quadrática dada por $y = mx^2 - 2x - (-m + 5)$ tenha −5 como valor máximo?

13. Resolva, em ℝ, as inequações a seguir.
   a) $x^2 - 5x + 4 > 0$
   b) $(3x^2 - 5x + 2) \cdot (-x^2 + 4x - 4) \geq 0$
   c) $\frac{4x^2 + 3x - 1}{1 - x^2} \leq 0$
   d) $\frac{x^2 + x - 2}{-x^2 + 3x - 2} < 0$

14. Encontre o valor de m de modo que se tenha $g(x) < 0$ para todo x real, sendo g dada por $g(x) = (2m - 3)x^2 + 2 - m$.

15. Construa o gráfico da função f dada por:
$$f(x) = \begin{cases} -2, \text{ se } x < -1 \\ 2x - 1, \text{ se } -1 \leq x < 2 \\ x^2 - 3, \text{ se } x \geq 2 \end{cases}$$

16. Resolva os sistemas graficamente.
   a) $\begin{cases} y = x^2 - 2x + 1 \\ y = x - 1 \end{cases}$
   b) $\begin{cases} -2x^2 + 3x + 2 \leq 0 \\ x^2 + x - 2 \leq 0 \end{cases}$

EXERCÍCIOS COMPLEMENTARES

17. O valor p em reais por acre (4.047 m²) de uma produção de trigo, d dias após o plantio, é dado por:
$p = 12d - 0{,}05d^2$, com $20 < d < 80$

   a) Encontre o valor (p) do acre de trigo 50 dias após ele ter sido plantado.

   b) Após quantos dias, depois de plantado o trigo, obtém-se $p = 400$?

18. Uma caixa tem dimensões 270 mm × 180 mm × 90 mm.

Considere que, para produzir essa caixa, foi necessária uma folha de papelão de dimensões 450 mm por 540 mm e que alguns cantos dessa folha foram recortados para obter a planificação da caixa (figura I).

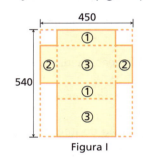

Figura I

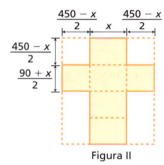

Figura II

   a) Calcule a área de cada parte da planificação destacada na figura I.

   b) Considere outra folha com as mesmas dimensões da folha da figura usada na planificação de outra caixa (figura II). Determine a lei e o domínio da função que relaciona a área A dessa planificação e a medida x indicada na figura II. Desenhe o esboço do gráfico dessa função.

19. O lucro de uma empresa é dado pela lei $L(x) = -x^2 + 8x - 7$, em que x é a quantidade vendida (em milhares de unidades) e L é o lucro (em milhares de reais).

   a) Determine os valores de x para os quais o lucro é positivo.

   b) Calcule a quantidade que se deve vender para obter lucro máximo.

   c) Determine o lucro máximo.

QUESTÕES DE VESTIBULAR

20. (FGV) Sabe-se que o custo por unidade de mercadoria produzida de uma empresa é dado pela função $C(x) = x + \dfrac{10.000}{x} - 160$, onde $C(x)$ é o custo por unidade, em R$, e x é o total de unidades produzidas. Nas condições dadas, o custo total mínimo em que a empresa pode operar, em R$, é igual a:

   a) 3.600,00   **c)** 4.000,00   **e)** 4.400,00
   b) 3.800,00   **d)** 4.200,00

21. (Mackenzie-SP) Considere o polinômio $p(x)$, do segundo grau, tal que $P(x) - P(x + 1) = x$, qualquer que seja x real. Sabendo-se que $P(0) = 0$, assinale, dentre as alternativas, o melhor esboço do gráfico de $y = P(x)$:

   a)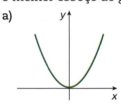

   b)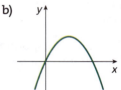

   c)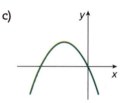

   d)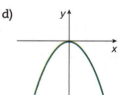

   e)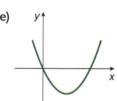

22. (Fatec-SP) Sejam as funções f e g, de $\mathbb{R}$ em $\mathbb{R}$, definidas, respectivamente, por $f(x) = 2 - x$ e $g(x) = x^2 - 1$. Com relação à função $g \circ f$, definida por $(g \circ f)(x) = g(f(x))$, é verdade que:

   a) a soma dos quadrados de suas raízes é igual a 16.

   b) o eixo de simetria de seu gráfico é $y = 2$.

   c) o seu valor mínimo é -1.

   d) o seu conjunto imagem está contido em $[0, +\infty[$.

   e) $(g \circ f)(x) < 0$ se, e somente se, $0 < x < 3$.

23. (Unifesp) As figuras A e B representam dois retângulos de perímetros iguais a 100 cm, porém de áreas diferentes, iguais a 400 cm² e 600 cm², respectivamente.

A figura C exibe um retângulo de dimensões $(50 - x)$ cm e x cm, de mesmo perímetro que os retângulos das figuras A e B.

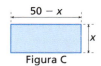

a) Determine a lei, $f(x)$, que expressa a área do retângulo da figura C, e exiba os valores de x que fornecem a área do retângulo da figura A.

b) Determine a maior área possível para um retângulo nas condições da figura C.

24. (UEL-PR) Um grupo de amigos alugou um ônibus com 40 lugares para uma excursão. Foi combinado com o dono do ônibus que cada participante pagaria R$ 60,00 pelo seu lugar e mais uma taxa de R$ 3,00 para cada lugar não ocupado. O dono do ônibus receberá, no máximo:

a) R$ 2.400,00
b) R$ 2.520,00
c) R$ 2.620,00
d) R$ 2.700,00
e) R$ 2.825,00

25. (PUC) Considere que o material usado na confecção de um certo tipo de tapete tem um custo de R$ 40,00. O fabricante pretende colocar cada tapete à venda por x reais e, assim, conseguir vender $(100 - x)$ tapetes por mês. Nessas condições, para que, mensalmente, seja obtido um lucro máximo, cada tapete deverá ser vendido por:

a) R$ 55,00
b) R$ 60,00
c) R$ 70,00
d) R$ 75,00
e) R$ 80,00

26. (Fuvest-SP) Suponha que um fio suspenso entre duas colunas de mesma altura h, situadas à distância d (ver figura), assuma a forma de uma parábola.

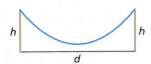

Suponha também que:
(I) a altura mínima do fio ao solo seja igual a 2;
(II) a altura do fio sobre um ponto no solo que dista $\dfrac{d}{4}$ de uma das colunas seja igual a $\dfrac{h}{2}$.

Se $h = 3\dfrac{d}{8}$, então d vale:

a) 14
b) 16
c) 18
d) 20
e) 22

27. (FGV) Sejam f e g funções quadráticas, com $f(x) = ax^2 + bx + c$. Sabe-se que o gráfico de g é simétrico ao de f em relação ao eixo y, como mostra a figura.

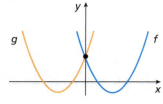

Os pontos P e Q localizam-se nos maiores zeros das funções f e g, e o ponto R é o intercepto de f e g com o eixo y. Portanto, a área do triângulo PQR, em função dos parâmetros a, b e c da função f, é:

a) $\dfrac{(a-b)\cdot c}{2}$

b) $\dfrac{(a+b)\cdot c}{2}$

c) $-\dfrac{a\cdot b\cdot c}{2}$

d) $-\dfrac{b\cdot c}{2\cdot a}$

e) $\dfrac{c^2}{2\cdot a}$

28. (Unicamp-SP) Determine o número m de modo que o gráfico da função $y = x^2 + mx + 8 - m$ seja tangente ao eixo x. Faça o gráfico da solução (ou soluções) que você encontrar para o problema.

29. (Fuvest-SP) Seja $f(x) = ax^2 + (1-a)x + 1$, onde a é um número real diferente de zero.

Determine os valores de a para os quais as raízes da equação $f(x) = 0$ são reais e o número $x = 3$ pertence ao intervalo fechado compreendido entre as raízes.

30. (UFMG) A secção transversal de um túnel tem a forma de um arco de parábola, com 10 m de largura na base e altura máxima de 6 m, que ocorre acima do ponto médio da base. De cada lado, é reservado 1,5 m para passagem de pedestres, e o restante é dividido em duas pistas para veículos. As autoridades só permitem que um veículo passe por esse túnel caso tenha uma altura de, no máximo, 30 cm a menos que a altura mínima do túnel sobre as pistas para veículos. Calcule a altura máxima que um veículo pode ter para que sua passagem pelo túnel seja permitida.

31. (Unicamp-SP) Uma piscina, cuja capacidade é de 120 m³, leva 20 horas para ser esvaziada. O volume de água na piscina, t horas após o início do processo de esvaziamento, é dado pela função $V(t) = a(b-t)^2$ para $0 \leq t \leq 20$ e $V(t) = 0$ para $t \geq 20$.

a) Calcule as constantes a e b.
b) Faça o gráfico da função $V(t)$ para $t \in \{0, 30\}$.

32. (Mackenzie-SP) Uma partícula desliza sobre a curva $y = x^2 - 3x - 4$, a partir de um ponto P, de ordenada 14, até chegar a um ponto Q, de ordenada -4. A diferença, em valor absoluto, entre as abscissas de P e de Q pode ser igual a:

a) 6
b) 4
c) 5
d) 7
e) 8

Mais questões: no livro digital, em **Vereda Digital Aprova Enem** e **Vereda Digital Suplemento de revisão e vestibulares**; no *site*, em **AprovaMax**.

CAPÍTULO 6
FUNÇÃO MODULAR

ENEM
C1: H3,
C5: H19,
H20, H21,
H22, H23

O mergulho livre é um esporte radical em que o atleta tenta atingir as maiores profundidades e permanecer o maior tempo possível embaixo da água. Esse esporte testa os limites do ser humano, pois, em grandes profundidades, a água e a pressão ambiente comprimem os espaços de ar dentro do corpo, havendo uma redução significativa do volume pulmonar e um aumento da pressão no interior dos pulmões. Para superar esses limites, o atleta deve treinar a capacidade de se deslocar na água da forma mais eficiente, de modo a consumir pouco oxigênio, gerando o menor consumo de energia possível. Na foto, observamos a atleta brasileira Carol Schrappe, recordista em mergulho livre.

1. Módulo ou valor absoluto de um número real

No século XIX, o conceito de função já era conhecido e sua nomenclatura já era utilizada pelos matemáticos. Foi nesse período que o matemático suíço Jean Robert Argand (1768-1822) introduziu o conceito de **módulo**, ou valor absoluto de um número. Mais tarde, o matemático alemão Karl Theodor Wilhelm Weierstrass (1815-1897) introduziu a notação $|x|$.

Atualmente, o conceito de módulo é aplicado em diversas áreas do conhecimento. Por exemplo, na verificação e inspeção de instrumentos de pesagem não automáticos com carga máxima até 1.000 kg, o Instituto Nacional de Metrologia, Qualidade e Tecnologia (Inmetro) estabelece que: "A diferença entre os resultados obtidos, ao curso de várias pesagens de uma mesma carga, não pode ser superior ao valor absoluto [isto é, ao módulo] do erro máximo admissível para o instrumento nesta carga".

Em Física, ao calcular a velocidade de um móvel, podemos obter resultado negativo, por exemplo, −120 km/h. Esse resultado significa que, em módulo ou valor absoluto, a velocidade do móvel é 120 km/h; o sinal negativo apenas indica que o móvel está no sentido contrário ao da trajetória, preestabelecido como positivo.

O **módulo**, ou **valor absoluto**, de um número real x, indicado por $|x|$, é definido como:

$$|x| = \begin{cases} x, \text{ se } x \geq 0 \\ -x, \text{ se } x < 0 \end{cases}$$

Exemplos

- $|4| = 4$
- $\left|\dfrac{5}{6}\right| = \dfrac{5}{6}$
- $|0{,}25| = 0{,}25$
- $|-4| = 4$
- $|0| = 0$
- $|-\sqrt{2}| = \sqrt{2}$

Geometricamente, o módulo de um número real x corresponde, na reta numerada, à distância da origem ao ponto associado ao número x.

Exemplos

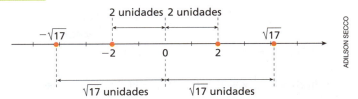

a) $|-\sqrt{17}| = \sqrt{17}$ (distância do ponto associado a $-\sqrt{17}$ à origem)

b) $|\sqrt{17}| = \sqrt{17}$ (distância do ponto associado a $\sqrt{17}$ à origem)

c) $|-2| = 2$ (distância do ponto associado a -2 à origem)

d) $|2| = 2$ (distância do ponto associado a 2 à origem)

Observe que, para $a \geq 0$, $\sqrt{a}$ representa a raiz quadrada não negativa de a. Assim, $\sqrt{a} = b$, se $b \geq 0$ e $b^2 = a$.

Observe, também, que $\sqrt{(x)^2} = x$ é verdadeira somente para $x \geq 0$.

Por exemplo, para $x = -5$:
$\sqrt{(x)^2} = \sqrt{(-5)^2} = \sqrt{25} = 5 \neq x$

Ou seja, para $x = -5$, a sentença $\sqrt{(x)^2} = x$ é falsa.

Portanto, para todo $x \in \mathbb{R}$:

$$\sqrt{(x)^2} = |x| = \begin{cases} x, \text{ se } x \geq 0 \\ -x, \text{ se } x < 0 \end{cases}$$

Exemplos

a) $\sqrt{(2-\sqrt{5})^2} = |2-\sqrt{5}| = -(2-\sqrt{5}) = \sqrt{5} - 2$, pois $(2-\sqrt{5})$ é negativo.

b) $\sqrt{(x-3)^2} = |x-3| = \begin{cases} x-3, \text{ se } x \geq 3 \\ -x+3, \text{ se } x < 3 \end{cases}$

c) $\sqrt{(x^2+1)^2} = |x^2+1| = x^2+1$, pois (x^2+1) é positivo para qualquer $x \in \mathbb{R}$.

2. Função modular

Considerando qualquer número real x, o módulo de x sempre existe e ele é único. Assim, podemos definir uma função que associa qualquer número real com seu módulo.

Chama-se **função modular** a função $f: \mathbb{R} \to \mathbb{R}$ tal que:

$$f(x) = |x|, \text{ ou seja, } f(x) = \begin{cases} x, \text{ se } x \geq 0 \\ -x, \text{ se } x < 0 \end{cases}$$

Observação

A função modular é formada por duas sentenças.

Há ainda funções que podem ser obtidas a partir da função modular.

Exemplos

- $f(x) = |x| - 3$
- $g(x) = 9|x^2 + x|$
- $h(x) = \left|-\dfrac{1}{3}x + 1\right|$
- $i(x) = |x| + |x+1|$
- $j(x) = |\sqrt{2} - x^2| + 7$
- $k(x) = \dfrac{|x^2 - 6|}{5}$

2.1 Gráfico da função modular

Vamos estudar a função modular f dada por $f(x) = |x|$. Para obter alguns pontos do gráfico relativos a essa função, atribuímos valores para x e calculamos as correspondentes imagens y, dividindo o processo em três etapas: gráfico para $x \geq 0$, gráfico para $x < 0$ e gráfico final.

- Para $x \geq 0$, temos: $f(x) = |x| = x$

x	$y = f(x) = x$	(x, y)
0	$y = f(0) = 0$	$(0, 0)$
1	$y = f(1) = 1$	$(1, 1)$
2	$y = f(2) = 2$	$(2, 2)$
3	$y = f(3) = 3$	$(3, 3)$

Gráfico de $f(x) = x$

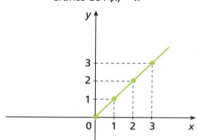

- Para $x < 0$, temos: $f(x) = |x| = -x$

x	$y = f(x) = -x$	(x, y)
-1	$y = f(-1) = -(-1) = 1$	$(-1, 1)$
-2	$y = f(-2) = -(-2) = 2$	$(-2, 2)$
-3	$y = f(-3) = -(-3) = 3$	$(-3, 3)$

Gráfico de $f(x) = -x$

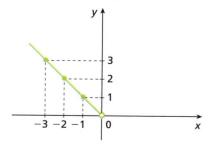

Reunindo os dois gráficos, formamos o gráfico da função modular f dada por $f(x) = |x|$:

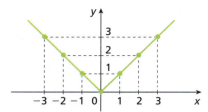

Observe que $D(f) = \mathbb{R}$ e $\text{Im}(f) = \mathbb{R}_+$.

A seguir, vamos utilizar um *software* de construção de gráficos para responder à seguinte pergunta:

Como será o gráfico que representa a função g, dada por $g(x) = |x| + 1$?

Observe, no mesmo plano cartesiano, os gráficos da função de lei $f(x) = |x|$ (em vermelho), que acabamos de construir, e da função de lei $g(x) = |x| + 1$ (em azul).

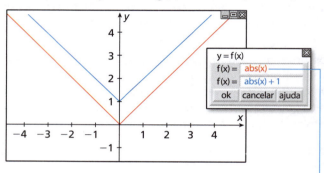

Como já vimos, cada *software* tem uma maneira diferente para escrever as leis das funções. Neste exemplo, temos: $|x| \to \text{abs}(x)$

Note que o gráfico da função g de lei $g(x) = |x| + 1$ é o gráfico da função f de lei $f(x) = |x|$ transladado uma unidade para cima. Assim: $\text{Im}(g) = [1, +\infty[$

Seguindo esse mesmo raciocínio, como seria o gráfico da função h de lei $h(x) = |x| - 1$?

EXERCÍCIOS

R1. Calcular $|x + 1|$ para:
a) $x = 7$;
b) $x = -8$;
c) qualquer número real.

▶ **Resolução**

a) Para $x = 7$, temos:
$|x + 1| = |7 + 1| = |8| = 8$

b) Para $x = -8$, temos:
$|x + 1| = |-8 + 1| = |-7| = 7$

c) Pela definição de módulo, temos duas possibilidades:
- $|x + 1| = x + 1$, se $x + 1 \geq 0$, ou seja, se $x \geq -1$
- $|x + 1| = -(x + 1)$, se $x + 1 < 0$, ou seja, se $x < -1$

Portanto: $|x + 1| = \begin{cases} x + 1, \text{ se } x \geq -1 \\ -x - 1, \text{ se } x < -1 \end{cases}$

1. Calcule o valor de cada expressão.
   a) $|-3 + 2| + |7 - 10| - |5 - 8|$
   b) $|10 - 5 + 1| - |-14 - 18| + |10 - 48|$
   c) $|-y| + |x|$, para $y = -5$ e $x = -3$
   d) $|x|^2 - |x| + |x|$, para $x = -4$
   e) $|x^2|$ e $|x|^2$, para $x = -4$
   f) $|8 - x| + |x - 4|$, para $x = -2$

2. Classifique cada sentença em verdadeira (V) ou falsa (F).
   a) $|5 - 8| = -3$
   b) $\sqrt{3^2} = |3|$
   c) $\sqrt{(-5)^2} = -5$
   d) $|-5 + 3| = |-5| + |3|$

R2. Determinar os possíveis valores reais de x para:
   a) $|x| = 7$ b) $|x| = 0$ c) $|x| = -3$

➤ **Resolução**
   a) Se $|x| = 7$, então $x = 7$ ou $x = -7$.
      Podemos verificar: $|7| = 7$ e $|-7| = 7$
   b) Se $|x| = 0$, então $x = 0$, pois zero é o único número real cujo módulo é zero.
   c) A sentença $|x| = -3$ é falsa para qualquer número real, pois o módulo de um número real nunca é negativo.

3. Determine os possíveis valores reais de x em cada caso.
   a) $|x| = 16$
   b) $x = |-8|$
   c) $x = |8|$
   d) $|x| = \dfrac{49}{80}$
   e) $|x| = -1$

R3. Determinar uma expressão equivalente a cada caso, sem usar módulo.
   a) $|x - 5|$, para $x > 5$
   b) $|x - 5| - |x - 3|$, para $x \in \mathbb{R}$

➤ **Resolução**
   a) Se $x > 5$, subtraindo 5 de cada um dos lados da desigualdade, temos:
      $x - 5 > 5 - 5 \Rightarrow x - 5 > 0$
      Portanto: $|x - 5| = x - 5$, para $x > 5$
   b) A expressão apresenta dois módulos: $|x - 5|$ e $|x - 3|$
      $|x - 5| = \begin{cases} x - 5, \text{ se } x - 5 \geq 0, \text{ ou seja, se } x \geq 5 \\ -x + 5, \text{ se } x - 5 < 0, \text{ ou seja, se } x < 5 \end{cases}$
      $|x - 3| = \begin{cases} x - 3, \text{ se } x - 3 \geq 0, \text{ ou seja, se } x \geq 3 \\ -x + 3, \text{ se } x - 3 < 0, \text{ ou seja, se } x < 3 \end{cases}$
      Assim, para $x \in \mathbb{R}$, devemos analisar três casos: $x < 3$, $3 \leq x < 5$ e $x \geq 5$

- Se $x < 3$, temos $x < 5$.
  Portanto:
  $|x - 5| - |x - 3| = -x + 5 - (-x + 3) = 2$
- Se $3 \leq x < 5$, temos $x < 5$ e $x \geq 3$.
  Portanto:
  $|x - 5| - |x - 3| = -x + 5 - (x - 3) = -2x + 8$
- Se $x \geq 5$, temos $x > 3$.
  Portanto:
  $|x - 5| - |x - 3| = x - 5 - (x - 3) = -2$

Logo:
$|x - 5| - |x - 3| = \begin{cases} 2, \text{ se } x < 3 \\ -2x + 8, \text{ se } 3 \leq x < 5 \\ -2, \text{ se } x \geq 5 \end{cases}$

4. Determine uma ou mais expressões equivalentes, sem módulo, em cada caso.
   a) $|x - 12|$, para $x > 12$
   b) $|x - 4|$, para $x \in \mathbb{R}$
   c) $|x - 5| + |x - 4|$, para $x > 5$
   d) $|x - 2| + |x - 5|$, para $2 < x < 5$
   e) $|x - 4| - |x - 6|$, para $x \in \mathbb{R}$

5. Sabendo que x é qualquer número real, qual é o maior valor que cada expressão pode assumir? Qual é o valor de x nessa situação?
   a) $5 - |x|$ b) $10 - |x - 1|$

R4. Construir o gráfico da função g definida por $g(x) = |x| + 1$.

➤ **Resolução**
Para definir os pontos do gráfico, faremos duas tabelas:

- para $x \geq 0$, temos $g(x) = x + 1$

x	$y = g(x) = x + 1$	(x, y)
0	$y = g(0) = 0 + 1$	$(0, 1)$
1	$y = g(1) = 1 + 1$	$(1, 2)$

- para $x < 0$, temos $g(x) = -x + 1$

x	$y = g(x) = -x + 1$	(x, y)
-1	$y = g(-1) = -(-1) + 1$	$(-1, 2)$
-2	$y = g(-2) = -(-2) + 1$	$(-2, 3)$

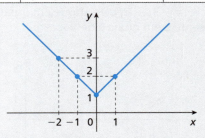

Observe que o gráfico da função g de lei $g(x) = |x| + 1$ é o gráfico da função f de lei $f(x) = |x|$ transladado uma unidade para cima.

Capítulo 6 • Função modular

6. Construa o gráfico e identifique o conjunto imagem das funções de ℝ em ℝ dadas por:

a) $g(x) = |x| - 2$
b) $h(x) = |x + 2|$
c) $i(x) = |x + 2| - 2$

7. Como você descreveria o gráfico das funções do exercício anterior, tomando como referência o gráfico da função modular definida por $f(x) = |x|$?

R5. Estudar o sinal da função h, tal que $h(x) = |x - 1|$, e verificar em quais intervalos ela é crescente e em quais é decrescente.

➤ **Resolução**

Para estudar o sinal da função, vamos construir seu gráfico. Observando que a expressão $x - 1$ se anula para $x = 1$, faremos duas tabelas:

• para $x \geq 1$, temos $h(x) = x - 1$

x	$y = h(x) = x - 1$	(x, y)
1	$y = h(1) = 1 - 1$	$(1, 0)$
2	$y = h(2) = 2 - 1$	$(2, 1)$

• para $x < 1$, temos $h(x) = -x + 1$

x	$y = h(x) = -x + 1$	(x, y)
0	$y = h(0) = -0 + 1$	$(0, 1)$
-1	$y = h(-1) = -(-1) + 1$	$(-1, 2)$

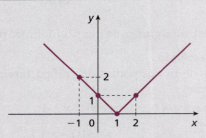

Analisando o gráfico, concluímos que a função h:

• é positiva para $\mathbb{R} - \{1\}$;
• não tem valores negativos;
• é nula para $x = 1$;
• é decrescente em $]-\infty, 1]$;
• é crescente em $[1, +\infty[$.

8. Estude o sinal da função m, de ℝ em ℝ, tal que $m(x) = |x + 3| - 2$, e verifique em quais intervalos ela é crescente e em quais é decrescente.

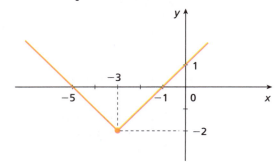

9. Identifique o gráfico da função f de ℝ em ℝ definida por $f(x) = |x - 2| + 3$.

a)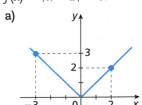

c)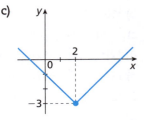

b)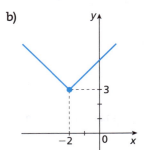

d)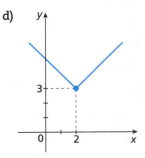

10. a) Construa o gráfico da função quadrática f de ℝ em ℝ definida por $f(x) = x^2 - 1$.

b) Observando o gráfico construído no item **a**, construa o gráfico da função g definida por $g(x) = |x^2 - 1|$.

11. Construa o gráfico das funções de ℝ em ℝ dadas por:

a) $f(x) = |x^2 - 9|$
b) $g(x) = |x^2 - 6x + 8|$
c) $h(x) = |x^2 - 2x + 1|$
d) $i(x) = |-2x^2 + 4x - 5|$

12. Em cada caso, calcule a área do triângulo delimitado pelos gráficos das funções.

a) $f(x) = 2$ e $g(x) = |x|$

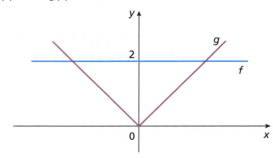

b) $f(x) = -3$ e $g(x) = -|x - 3| + 1$

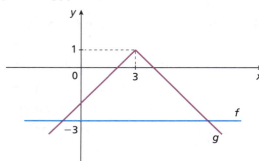

3. Equações modulares

Chama-se **equação modular** uma equação que contém a incógnita dentro do módulo.

Podemos resolver equações modulares aplicando as seguintes propriedades:

- Se $x \in \mathbb{R}$ e $m > 0$, vale:
  $|x| = m \Rightarrow x = m$ ou $x = -m$
- Se $m = 0$, vale:
  $|x| = m \Rightarrow x = m$
- Se $x, m \in \mathbb{R}$, vale:
  $|x| = |m| \Rightarrow x = m$ ou $x = -m$

Exemplo

Para a equação modular $|x - 9| = 3$ ser válida, devemos ter $x - 9 = 3$ ou $x - 9 = -3$.
Assim:
$$|x - 9| = 3 \Leftrightarrow \begin{cases} x - 9 = 3 \Rightarrow x = 12 \\ \text{ou} \\ x - 9 = -3 \Rightarrow x = 6 \end{cases}$$

Logo, o conjunto solução da equação é $S = \{6, 12\}$.

EXERCÍCIOS

R6. Resolver a equação modular $|3x - 9| = |x + 5|$.

▶ **Resolução**

$$|3x - 9| = |x + 5| \Leftrightarrow \begin{cases} 3x - 9 = x + 5 \\ \text{ou} \\ 3x - 9 = -(x + 5) \end{cases}$$

Resolvendo as equações, temos:

$3x - 9 = x + 5$	$3x - 9 = -x - 5$
$3x - x = 5 + 9$	$3x + x = -5 + 9$
$2x = 14$	$4x = 4$
$x = 7$	$x = 1$

Portanto, $S = \{1, 7\}$.

13. Determine o conjunto solução das equações modulares.
a) $|4x - 2| = |2x - 4|$
b) $|3x + 5| = |x - 5|$
c) $|7x - 4| = |7x - 10|$

R7. Determinar o conjunto solução da equação modular $|4x - 1| = x + 4$.

▶ **Resolução**

A condição inicial para determinar o conjunto solução dessa equação é admitir:
$x + 4 \geq 0 \Rightarrow x \geq -4$

Agora, procedemos como nos exercícios anteriores.

$$|4x - 1| = x + 4 \Leftrightarrow \begin{cases} 4x - 1 = x + 4 \\ \text{ou} \\ 4x - 1 = -(x + 4) \end{cases}$$

Resolvendo as equações, temos:

$4x - 1 = x + 4$	$4x - 1 = -x - 4$
$4x - x = 4 + 1$	$4x + x = -4 + 1$
$3x = 5$	$5x = -3$
$x = \dfrac{5}{3}$	$x = -\dfrac{3}{5}$

Como $\dfrac{5}{3}$ e $-\dfrac{3}{5}$ satisfazem a condição inicial ($x \geq -4$), concluímos que $S = \left\{-\dfrac{3}{5}, \dfrac{5}{3}\right\}$.

14. Determine o conjunto solução das equações modulares.
a) $|3x + 5| = 2x + 10$
b) $|x + 3| = 2x - 6$
c) $|3x - 2| = x - 3$

R8. Determinar o conjunto solução da equação modular $|2x^2 - 7x + 3| = 0$.

▶ **Resolução**

$|2x^2 - 7x + 3| = 0 \Leftrightarrow 2x^2 - 7x + 3 = 0$

$\Delta = (-7)^2 - 4 \cdot 2 \cdot 3 = 49 - 24 = 25$

$x = \dfrac{-(-7) \pm \sqrt{25}}{2 \cdot 2} = \dfrac{7 \pm 5}{4}$

$x = \dfrac{12}{4} = 3$

ou

$x = \dfrac{2}{4} = \dfrac{1}{2}$

Portanto, $S = \left\{\dfrac{1}{2}, 3\right\}$.

R9. Determinar o conjunto solução da equação modular $4|x|^2 + 11|x| - 3 = 0$.

▶ **Resolução**

Fazendo $|x| = y$, temos:
$4y^2 + 11y - 3 = 0$

Resolvendo essa equação, obtemos:
$\Delta = (11)^2 - 4 \cdot 4 \cdot (-3) = 121 + 48 = 169$

$y = \dfrac{-11 \pm \sqrt{169}}{2 \cdot 4} = \dfrac{-11 \pm 13}{8}$

$y = \dfrac{2}{8} = \dfrac{1}{4}$

ou

$y = \dfrac{-24}{8} = -3$

Como $|x| = y$, então $|x| = -3$ (não satisfaz a equação) ou $|x| = \dfrac{1}{4}$.

Assim: $|x| = \dfrac{1}{4} \Rightarrow x = -\dfrac{1}{4}$ ou $x = \dfrac{1}{4}$

Portanto, $S = \left\{-\dfrac{1}{4}, \dfrac{1}{4}\right\}$.

15. Resolva as equações modulares.
a) $|8x - 3| = |2x - 4|$
b) $20 \cdot |8x + 3| = 10$
c) $|x| = x - 7$
d) $4 + |2x^2 - x - 3| = 7$
e) $|x|^2 + 4|x| + 4 = 0$
f) $\left|\dfrac{x - 2}{x - 5}\right| = 3$, para $x \neq 5$

16. Considere a função g de lei $g(x) = |x^2 - 5x + 4|$.
a) Qual é o valor de x para que $g(x) = -2$?
b) E para $g(x) = 2$?

17. Determine os zeros das funções dadas por:
a) $f(x) = |x|$
b) $k(x) = |x| - 5$
c) $j(x) = 2|x| - 3$
d) $h(x) = |x|^2 - 4$

18. Determine o domínio das funções dadas por:
a) $f(x) = |x|^2 - 5|x| + 7$
b) $g(x) = \dfrac{4}{|x|}$
c) $h(x) = \dfrac{4}{|x - 1|}$
d) $i(x) = \dfrac{10 - |x|}{|x| - 2}$
e) $j(x) = \sqrt{|x|}$

19. Quais são as soluções reais da equação $|x| + |x - 1| = 4$?
Para resolver, siga os passos:
  I. Escreva a expressão $|x| + |x - 1|$ sem usar módulo, para todos os intervalos possíveis.
  II. Iguale a 4 cada expressão obtida.
  III. Resolva as equações obtidas.

20. Determine o conjunto solução da equação:
$||\,|x - 1| - 5| - 3| = 0$

21. Seja a função f de lei $f(x) = |x| + 2$, para todo x real, e considere a função g de lei $g(x) = f(f(x))$, para todo x real. Determine os valores de x para os quais $g(x) = 7$.

4. Inequações modulares

Chama-se **inequação modular** uma inequação que contém a incógnita dentro do módulo.

Exemplos

- $|x| \geqslant 28$
- $-\sqrt{7} \cdot |x| + 1 \leqslant 5$
- $|x| + 1 < 25$
- $8 \cdot |x^2| > -x$
- $|4x - 3| \geqslant 2$
- $|-5x^2 - 0{,}2| < 0$

Sendo a um número real, com $a > 0$, resolvemos uma inequação modular aplicando as seguintes propriedades:

- $|x| > a \Rightarrow x < -a$ ou $x > a$
- $|x| < a \Rightarrow -a < x < a$

Para visualizar essas propriedades, observe o gráfico abaixo.

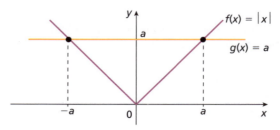

Para resolver outras inequações modulares, devemos efetuar algumas operações com conjuntos.

Exemplos

a) Vamos determinar os valores reais de x que satisfazem a inequação $|x - 1| < 3$.
Primeiro, escrevemos a inequação modular como uma inequação simultânea:

$$|x - 1| < 3 \Rightarrow \underbrace{-3 < \overbrace{x - 1}^{(II)} < 3}_{(I)}$$

Em seguida, resolvemos cada uma das inequações:
(I) $-3 < x - 1 \Rightarrow -3 + 1 < x \Rightarrow x > -2$
Portanto, $S_I = \{x \in \mathbb{R} \mid x > -2\}$.
(II) $x - 1 < 3 \Rightarrow x < 3 + 1 \Rightarrow x < 4$
Portanto, $S_{II} = \{x \in \mathbb{R} \mid x < 4\}$.
A solução final será a intersecção das soluções S_I e S_{II}:

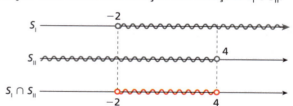

Logo, o conjunto solução da inequação $|x - 1| < 3$ é:
$S = \{x \in \mathbb{R} \mid -2 < x < 4\}$ ou $S = \,]-2, 4[$
Podemos representar geometricamente essa inequação. Considerando $f(x) = |x - 1|$ e $g(x) = 3$, temos:

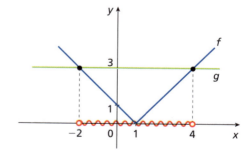

b) Vamos resolver, em $\mathbb{R}$, a inequação $|2x + 5| > -x + 1$. Para resolver essa inequação, estudamos o segundo membro da desigualdade, classificando-o nos seguintes casos: 1º caso, o segundo membro é negativo; 2º caso, o segundo membro é nulo; 3º caso, o segundo membro é positivo.

A solução da inequação será a união das soluções obtidas em cada caso.

- **1º caso** – o segundo membro é negativo:

  $-x + 1 < 0 \Rightarrow x > 1$

  Quando o segundo membro for negativo, ou seja, para $x > 1$, a desigualdade sempre será válida, pois o primeiro membro da inequação, $|2x + 5|$, sempre será maior que um número negativo.

  Assim, o conjunto solução para esse caso é:

  $S_I = \{x \in \mathbb{R} \mid x > 1\}$

- **2º caso** – o segundo membro é nulo:

  $-x + 1 = 0 \Rightarrow x = 1$

  Quando o segundo membro for nulo, ou seja, para $x = 1$, a desigualdade será verdadeira, pois:

  $|2 \cdot 1 + 5| > -1 + 1 \Rightarrow |7| > 0 \Rightarrow 7 > 0$
  (verdadeiro)

  Assim, o conjunto solução para esse caso é:

  $S_{II} = \{1\}$

- **3º caso** – o segundo membro é positivo:

  $-x + 1 > 0 \Rightarrow x < 1$

  Quando o segundo membro for positivo, ou seja, para $x < 1$, teremos:

  $|2x + 5| > -x + 1$

  $\underbrace{2x + 5 < -(-x + 1)}_{(1)}$ ou $\underbrace{2x + 5 > -x + 1}_{(2)}$

  Resolvendo as duas inequações, obtemos:

  (1) $2x + 5 < -(-x + 1) \Rightarrow 2x + 5 < x - 1 \Rightarrow$
  $\Rightarrow 2x - x < -1 - 5 \Rightarrow x < -6$

  (2) $2x + 5 > -x + 1 \Rightarrow 2x + x > 1 - 5 \Rightarrow$
  $\Rightarrow 3x > -4 \Rightarrow x > -\dfrac{4}{3}$

  Como a inequação modular gerou duas possibilidades, a inequação (1) **ou** a inequação (2), a solução para esse caso é a união das soluções parciais:

  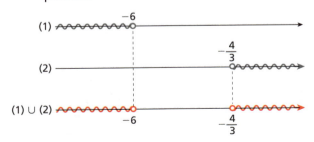

  Lembrando que essa solução é válida apenas para $x < 1$, temos:

  $S_{III} = \left\{x \in \mathbb{R} \mid x < -6 \text{ ou } -\dfrac{4}{3} < x < 1\right\}$

Para finalizar, vamos unir as soluções encontradas em cada caso:

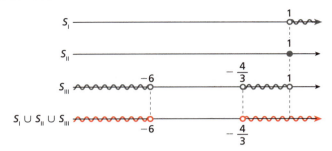

Logo, o conjunto solução da inequação $|2x + 5| > -x + 1$ é:

$S = \left\{x \in \mathbb{R} \mid x < -6 \text{ ou } x > -\dfrac{4}{3}\right\}$

c) Vamos determinar os valores reais de x que satisfazem a inequação $|x^2| < 1$.

Escrevendo essa inequação como uma inequação simultânea, temos:

$|x^2| < 1 \Rightarrow \underbrace{-1 < \overbrace{x^2 < 1}^{(II)}}_{(I)}$

Agora, resolvemos cada uma das inequações:

(I) $x^2 > -1$

Essa inequação é válida para todo x real.

Portanto, $S_I = \mathbb{R}$.

(II) $x^2 < 1 \Rightarrow x^2 - 1 < 0$

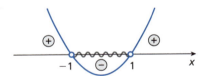

Portanto, $S_{II} = \{x \in \mathbb{R} \mid -1 < x < 1\}$.

A solução final será a intersecção das soluções S_I e S_{II}:

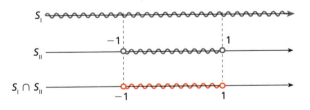

Logo, $S = \{x \in \mathbb{R} \mid -1 < x < 1\}$.

4.1 Identificação do domínio de uma função por meio de inequações

Recorrendo ao estudo das inequações, podemos identificar o domínio de algumas funções que apresentam restrição de domínio devido à natureza de sua lei. Acompanhe.

Exemplos

a) Vamos identificar o domínio da função dada pela lei $y = \dfrac{-2x^2}{|3-x^2|} + \dfrac{1}{\sqrt{x-1}}$.

Para isso, lembramos que:
- em uma raiz quadrada, o radicando deve ser nulo ou positivo;
- em uma fração, o denominador deve ser diferente de zero.

Então, para $y = \dfrac{-2x^2}{|3-x^2|} + \dfrac{1}{\sqrt{x-1}}$, temos:

$\underbrace{|3-x^2| \neq 0}_{(I)}$ e $\underbrace{x - 1 > 0}_{(II)}$

Observe que, nesse caso, como a raiz quadrada está no denominador, ela não pode ser nula.

Resolvendo (I) e (II), obtemos:

(I) $|3 - x^2| \neq 0 \Rightarrow 3 - x^2 \neq 0 \Rightarrow x \neq -\sqrt{3}$ e $x \neq \sqrt{3}$

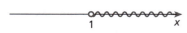

(II) $x - 1 > 0 \Rightarrow x > 1$

Como as condições (I) e (II) devem ser simultâneas, fazemos a intersecção das soluções parciais para obter o domínio, ou seja, D = (I) ∩ (II).

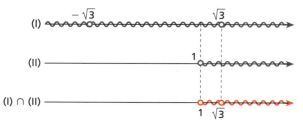

Logo, $D = \{x \in \mathbb{R} \mid x > 1 \text{ e } x \neq \sqrt{3}\}$.

b) Vamos identificar o domínio da função dada pela lei $y = \sqrt{3 - |x + 2|}$.

Para $y = \sqrt{3 - |x+2|}$, temos:

$3 - |x + 2| \geq 0 \Rightarrow -|x + 2| \geq -3 \Rightarrow |x + 2| \leq 3$

Escrevemos a inequação $|x + 2| \leq 3$ como uma inequação simultânea.

$|x + 2| \leq 3 \Rightarrow \underbrace{-3 \leq \overbrace{x + 2}^{(II)} \leq 3}_{(I)}$

Agora, resolvemos cada uma das inequações:

(I) $x + 2 \geq -3 \Rightarrow x \geq -3 - 2 \Rightarrow x \geq -5$

(II) $x + 2 \leq 3 \Rightarrow x \leq 3 - 2 \Rightarrow x \leq 1$

Para obter o domínio da função, devemos fazer a intersecção das soluções parciais, ou seja, D = (I) ∩ (II).

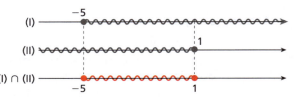

Logo, $D = \{x \in \mathbb{R} \mid -5 \leq x \leq 1\}$.

EXERCÍCIOS

22. Resolva, em $\mathbb{R}$, as inequações modulares.

a) $|3x + 2| \geq 7$
b) $|4x + 1| < 9$
c) $|9x - 18| > 0$
d) $|15 - 2x| < 3$

23. Obtenha, em $\mathbb{R}$, o conjunto solução da inequação $2 < |x - 1| \leq 4$.

R10. Determinar, em $\mathbb{R}$, o conjunto solução das inequações modulares.

a) $|x^2 - 5x| > 6$ b) $|x^2 - x - 4| < 2$

➤ **Resolução**

a) $|x^2 - 5x| > 6$

$\underbrace{x^2 - 5x < -6}_{(I)}$ ou $\underbrace{x^2 - 5x > 6}_{(II)}$

(I) $x^2 - 5x < -6 \Rightarrow x^2 - 5x + 6 < 0$

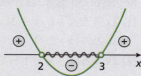

$S_I = \{x \in \mathbb{R} \mid 2 < x < 3\}$

(II) $x^2 - 5x > 6 \Rightarrow x^2 - 5x - 6 > 0$

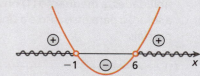

$S_{II} = \{x \in \mathbb{R} \mid x < -1 \text{ ou } x > 6\}$

A solução final será a intersecção das soluções S_I e S_{II}.

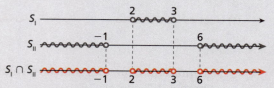

Portanto:
$S = \{x \in \mathbb{R} \mid x < -1 \text{ ou } 2 < x < 3 \text{ ou } x > 6\}$

b) $|x^2 - x - 4| < 2 \Rightarrow -2 < x^2 - x - 4 < 2$

$\underbrace{x^2 - x - 4 > -2}_{\text{(I)}}$ e $\underbrace{x^2 - x - 4 < 2}_{\text{(II)}}$

(I) $x^2 - x - 4 > -2 \Rightarrow x^2 - x - 2 > 0$

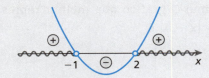

$S_I = \{x \in \mathbb{R} \mid x < -1 \text{ ou } x > 2\}$

(II) $x^2 - x - 4 < 2 \Rightarrow x^2 - x - 6 < 0$

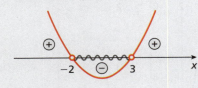

$S_{II} = \{x \in \mathbb{R} \mid -2 < x < 3\}$

A solução final será a intersecção das soluções S_I e S_{II}.

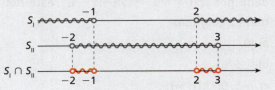

Portanto:
$S = \{x \in \mathbb{R} \mid -2 < x < -1 \text{ ou } 2 < x < 3\}$

24. Determine, em $\mathbb{R}$, o conjunto solução das inequações modulares.
a) $|x^2 - 5x + 5| \geq 1$
b) $|x^2 - 3x - 4| < 6$

25. Resolva, em $\mathbb{R}$, as inequações modulares.
a) $|(x - 3)^2 + 2| \geq 3$
b) $|x^2 - x - 6| \leq 0$
c) $|-x - 2 - x^2| < 2$
d) $|x^2 + 1| > -1$

Exercícios complementares

1. Construa os gráficos das funções dadas pelas leis a seguir e, em seguida, determine o conjunto imagem de cada uma.
a) $h(x) = \left|-x - \dfrac{1}{2}\right|$
b) $i(x) = |2x - 6|$

2. Determine, em $\mathbb{R}$, o conjunto solução da inequação $|x - 3| < x + 3$.

3. Obtenha, em $\mathbb{R}$, o conjunto solução da inequação $x \cdot |x| < x$.

QUESTÕES DE VESTIBULAR

4. (Ufes) O gráfico da função real dada pela expressão $f(x) = \dfrac{\sqrt{x^2 - 2x + 1}}{x - 1}$ pode ser representado por:

a)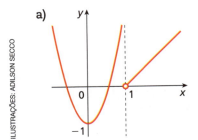

b)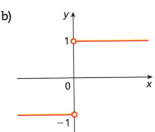

c)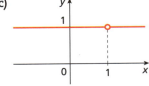

d)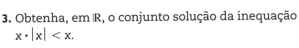

e)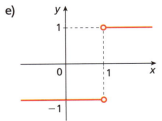

5. (UFGO) Considere a função $f: \mathbb{R} \to \mathbb{R}$, definida por $f(x) = x + |x|$, e faça o que se pede.

a) Mostre que: $f(x) = \begin{cases} 0, \text{ se } x < 0 \\ 2x, \text{ se } x \geq 0 \end{cases}$

b) Resolva a equação: $f(x + 2) - x = 3$

6. (ITA-SP) Sobre a equação na variável real x, $||\,|x - 1| - 3| - 2| = 0$, podemos afirmar que:
a) ela não admite solução real.
b) a soma de todas as suas soluções é 6.
c) ela admite apenas soluções positivas.
d) a soma de todas as soluções é 4.
e) ela admite apenas duas soluções reais.

EXERCÍCIOS COMPLEMENTARES

7. (ITA-SP) Os valores de $x \in \mathbb{R}$, para os quais a função real dada por $f(x) = \sqrt{5 - ||2x - 1| - 6|}$ está definida, formam o conjunto:

a) $[0, 1]$
b) $[-5, 6]$
c) $[-5, 0] \cup [1, \infty)$
d) $(-\infty, 0] \cup [1, 6]$
e) $[-5, 0] \cup [1, 6]$

8. (Fuvest-SP) O módulo $|x|$ de um número real x é definido por $|x| = x$, se $x \geq 0$, e $|x| = -x$, se $x < 0$. Das alternativas a seguir, a que melhor representa o gráfico da função $f(x) = x \cdot |x| - 2x + 2$ é:

a)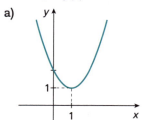

b)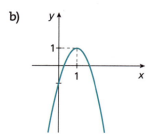

c)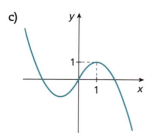

d)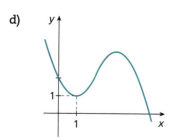

e)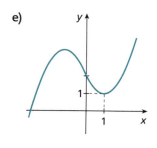

9. (Uerj) Durante o ano de 1997 uma empresa teve seu lucro diário L dado pela função $L(x) = 50(|x - 100| + |x - 200|)$, em que $x = 1, 2, ..., 365$ corresponde a cada dia do ano e L é dado em reais. Determine em que dias (x) do ano o lucro foi R$ 10.000,00.

10. (Unama) O gráfico que melhor representa a função $f(x) = |x^2 - 4|$ é:

a)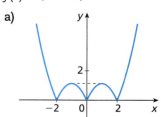

b)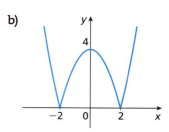

c)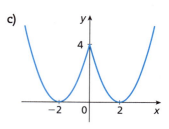

d)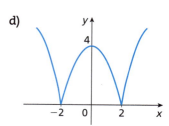

e)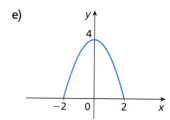

Mais questões: no livro digital, em **Vereda Digital Suplemento de revisão e vestibulares**; no *site*, em **AprovaMax**.

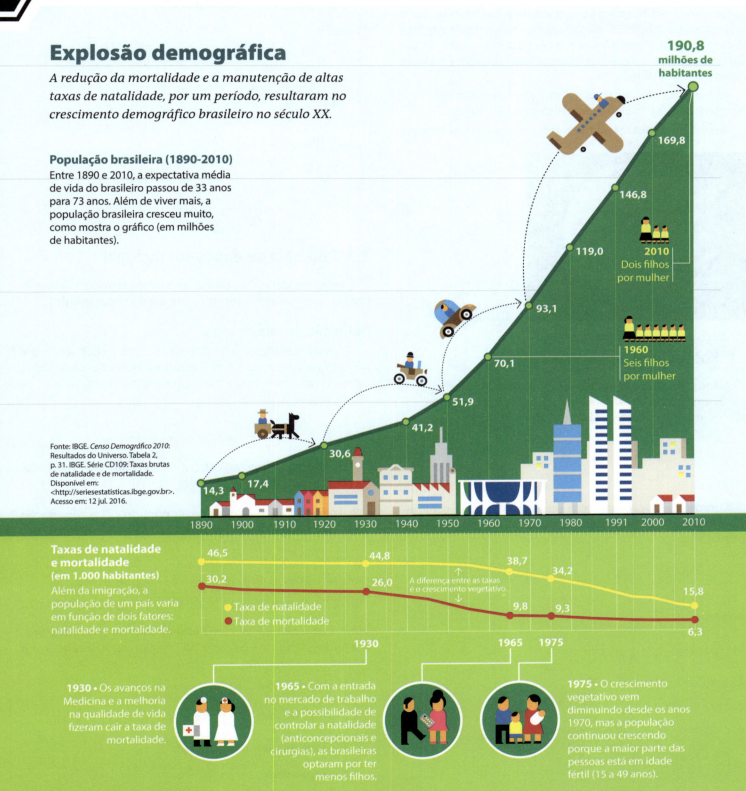

1. Introdução ao estudo da função exponencial

As potências são úteis para representar números muito grandes, como a distância percorrida por uma sonda para entrar na órbita de um planeta, ou números muitos pequenos, como a massa de um átomo.

Lançada pela Nasa em 2011, a sonda espacial Juno, após viajar cerca de 2.800.000.000 quilômetros, entrou na órbita do planeta Júpiter em julho de 2016, podendo captar informações importantes sobre o Sistema Solar (Júpiter é o maior planeta desse sistema).

A distância percorrida por Juno, por exemplo, pode ser representada em notação científica por $2{,}8 \cdot 10^9$ km.

Nesse tipo de notação, utilizamos uma potência de base 10.

Montagem representando o planeta Júpiter e a sonda espacial Juno.

1.1 Potência de expoente natural

Dados um número real a e um número natural n, com $n \geq 2$, a potência de base a e expoente n é o produto de n fatores iguais a a. Essa potência é indicada por a^n.

$$a^n = \underbrace{a \cdot a \cdot a \cdot \ldots \cdot a}_{n \text{ fatores}}$$

Como não há produto com um único fator ou com nenhum fator, a^1 e a^0 não se encaixam nessa definição. Então, definimos:

$$a^1 = a \quad \text{e} \quad a^0 = 1 \quad (\text{para } a \neq 0)$$

Exemplos

a) $\left(\dfrac{1}{4}\right)^3 = \dfrac{1}{4} \cdot \dfrac{1}{4} \cdot \dfrac{1}{4} = \dfrac{1}{64}$

b) $(-5)^2 = (-5) \cdot (-5) = 25$

c) $(\sqrt{7})^1 = \sqrt{7}$

d) $(-1)^3 = (-1) \cdot (-1) \cdot (-1) = -1$

e) $\left(-\dfrac{\sqrt{3}}{2}\right)^4 = \left(-\dfrac{\sqrt{3}}{2}\right) \cdot \left(-\dfrac{\sqrt{3}}{2}\right) \cdot \left(-\dfrac{\sqrt{3}}{2}\right) \cdot \left(-\dfrac{\sqrt{3}}{2}\right) = \dfrac{9}{16}$

f) $(-19)^0 = 1$

1.2 Potência de expoente inteiro negativo

Dados um número real a, com $a \neq 0$, e um número inteiro e positivo n, definimos:

$$a^{-n} = \dfrac{1}{a^n}$$

Dizemos que a^{-n} é o **inverso** de a^n.

Exemplos

a) $5^{-2} = \dfrac{1}{5^2} = \dfrac{1}{25}$

b) $\left(\dfrac{3}{4}\right)^{-1} = \dfrac{1}{\frac{3}{4}} = \dfrac{4}{3}$

c) $(\sqrt{7})^{-2} = \dfrac{1}{(\sqrt{7})^2} = \dfrac{1}{7}$

d) $\left(-\dfrac{2}{5}\right)^{-3} = \dfrac{1}{\left(-\dfrac{2}{5}\right)^3} = \dfrac{1}{-\dfrac{8}{125}} = -\dfrac{125}{8}$

1.3 Potência de expoente racional

Antes de definir potência de expoente racional, vamos revisar o conceito de raiz enésima e suas propriedades.

Definição de raiz enésima

Vamos considerar um número real não negativo a e um número natural n, com $n \geq 1$. A **raiz enésima** de a é definida como o número b, real e não negativo, tal que $b^n = a$.

Escrevemos:

$$\sqrt[n]{a} = b \Leftrightarrow b^n = a \text{ e } b \geq 0$$

O símbolo $\sqrt{}$ é o **radical**, a é o **radicando** e n é o **índice**.

Observação

Quando o índice é 2, ele pode ser omitido na representação da raiz. Assim: $\sqrt[2]{9} = \sqrt{9} = 3$

Exemplos

a) $\sqrt{16} = 4$, pois $4^2 = 16$

b) $\sqrt[3]{27} = 3$, pois $3^3 = 27$

c) $\sqrt[4]{0} = 0$, pois $0^4 = 0$

d) $\sqrt[10]{1.024} = 2$, pois $2^{10} = 1.024$

A raiz enésima de um número tem as seguintes propriedades (sendo a e b reais e não negativos, m inteiro, n e p naturais e não nulos):

1ª propriedade: $\sqrt[n]{a \cdot b} = \sqrt[n]{a} \cdot \sqrt[n]{b}$

2ª propriedade: $\sqrt[n]{\dfrac{a}{b}} = \dfrac{\sqrt[n]{a}}{\sqrt[n]{b}}$ (para $b \neq 0$)

3ª propriedade: $(\sqrt[n]{a})^m = \sqrt[n]{a^m}$

4ª propriedade: $\sqrt[p]{\sqrt[n]{a}} = \sqrt[n \cdot p]{a}$

5ª propriedade: $\sqrt[n \cdot p]{a^{m \cdot p}} = \sqrt[n]{a^m}$

Podemos aplicar essas propriedades para simplificar expressões ou racionalizar denominadores de frações.

Exemplos

a) $\sqrt[10]{64} = \sqrt[10]{2^6} = \sqrt[5 \cdot 2]{2^{3 \cdot 2}} = \sqrt[5]{2^3} = \sqrt[5]{8}$

b) $\sqrt{12} + \sqrt{108} = \sqrt{2^2 \cdot 3} + \sqrt{2^2 \cdot 3^2 \cdot 3} =$
$= \sqrt{2^2} \cdot \sqrt{3} + \sqrt{2^2} \cdot \sqrt{3^2} \cdot \sqrt{3} = 2\sqrt{3} + 6\sqrt{3} = 8\sqrt{3}$

c) $\dfrac{2}{\sqrt{5}} = \dfrac{2}{\sqrt{5}} \cdot \dfrac{\sqrt{5}}{\sqrt{5}} = \dfrac{2\sqrt{5}}{\sqrt{5^2}} = \dfrac{2\sqrt{5}}{5}$

d) $\dfrac{5}{\sqrt{3}+2} = \dfrac{5}{\sqrt{3}+2} \cdot \dfrac{\sqrt{3}-2}{\sqrt{3}-2} = \dfrac{5(\sqrt{3}-2)}{(\sqrt{3})^2 - 2^2} =$
$= \dfrac{5\sqrt{3}-10}{3-4} = \dfrac{5\sqrt{3}-10}{-1} = 10 - 5\sqrt{3}$

Definição de potência de expoente racional

Dados um número real positivo a e um número racional $\dfrac{p}{q}$ (em que p e $q \in \mathbb{Z}$ e $q \geq 2$), definimos:

$$a^{\frac{p}{q}} = \sqrt[q]{a^p}$$

Exemplos

a) $7^{\frac{2}{9}} = \sqrt[9]{7^2} = \sqrt[9]{49}$

b) $\left(\dfrac{1}{3}\right)^{\frac{-3}{5}} = \sqrt[5]{\left(\dfrac{1}{3}\right)^{-3}} = \sqrt[5]{3^3} = \sqrt[5]{27}$

c) $(\sqrt{11})^{\frac{2}{3}} = \sqrt[3]{(\sqrt{11})^2} = \sqrt[3]{11}$

d) $\left(\dfrac{1}{81}\right)^{-0,25} = \left(\dfrac{1}{81}\right)^{\frac{-1}{4}} = \sqrt[4]{\left(\dfrac{1}{81}\right)^{-1}} = \sqrt[4]{81} = \sqrt[4]{3^4} = 3$

1.4 Potência de expoente irracional

O conceito de potência pode ser estendido para potências de base real positiva e expoente irracional. Observe como definimos, por exemplo, a potência $2^{\sqrt{3}}$.

Sabemos que $\sqrt{3} = 1,7320508...$. Assim, podemos considerar duas sequências de potências de base 2: uma com expoentes que são aproximações de $\sqrt{3}$ por falta e outra com aproximações de $\sqrt{3}$ por excesso. Observe:

- $2^1, 2^{1,7}, 2^{1,73}, 2^{1,732}, 2^{1,73205} ...$
- $2^2, 2^{1,8}, 2^{1,74}, 2^{1,733}, 2^{1,7321} ...$

À medida que os expoentes se aproximam de $\sqrt{3}$, as potências das duas sequências aproximam-se de $2^{\sqrt{3}}$. Portanto, definimos $2^{\sqrt{3}}$ como o número para o qual convergem os valores das duas sequências.

De maneira análoga definimos qualquer potência a^x, de expoente irracional x e base real positiva a.

Observação

Como o conjunto dos números reais é formado pela união dos números racionais com os números irracionais, ficam definidas as potências de expoente real.

1.5 Propriedades das potências

Dados m e n números reais e considerando que todas as potências e operações envolvidas estejam definidas em $\mathbb{R}$, temos as seguintes propriedades:

1ª **propriedade:** $a^m \cdot a^n = a^{m+n}$

2ª **propriedade:** $\dfrac{a^m}{a^n} = a^{m-n}$ (para $a \neq 0$)

3ª **propriedade:** $(a \cdot b)^m = a^m \cdot b^m$

4ª **propriedade:** $\left(\dfrac{a}{b}\right)^m = \dfrac{a^m}{b^m}$ (para $b \neq 0$)

5ª **propriedade:** $(a^m)^n = a^{m \cdot n}$

Exemplos

a) $(\sqrt{2})^3 \cdot (\sqrt{2})^7 = (\sqrt{2})^{3+7} = (\sqrt{2})^{10} = \left(2^{\frac{1}{2}}\right)^{10} = 2^{\frac{1}{2} \cdot 10} = 2^5$

b) $\dfrac{8^5}{8^6} = 8^{5-6} = 8^{-1}$

c) $(5 \cdot 3)^{-5} = 5^{-5} \cdot 3^{-5}$

d) $(2 : \sqrt{5})^2 = \left(\dfrac{2}{\sqrt{5}}\right)^2 = \dfrac{2^2}{(\sqrt{5})^2} = \dfrac{2^2}{\left(5^{\frac{1}{2}}\right)^2} = \dfrac{2^2}{5}$

Observação

Dados um número real a e dois números naturais não nulos m e n, temos, em geral, $a^{m^n} \neq (a^m)^n$. Por exemplo, $3^{1^2} \neq (3^1)^2$, pois $3^{1^2} = 3^1 = 3$ e $(3^1)^2 = 3^2 = 9$.

EXERCÍCIOS

1. Calcule as potências a seguir.

    a) $(-3)^4$

    b) $\left(-\dfrac{1}{5}\right)^3$

    c) 0^{10}

    d) $\left(\dfrac{8}{9}\right)^{-2}$

    e) $4^{\frac{3}{2}}$

    f) 10^0

2. Determine o valor de:

    a) $\sqrt{1,69}$

    b) $\sqrt[3]{-1,728}$

    c) $\sqrt[4]{0,1296}$

    d) $\sqrt[3]{-2,197}$

3. Calcule.

    a) $(-2)^3$

    b) $-(-2)^3$

    c) -2^3

    d) $-(-2)^4$

    e) -2^4

    f) $(-2)^4$

4. Calcule as potências.

a) $16^{\frac{3}{4}}$

b) $\left(\frac{4}{5}\right)^{-1}$

c) $\left(-\frac{3}{4}\right)^{-3}$

d) $\left(\frac{8}{27}\right)^{-\frac{2}{3}}$

5. Escreva como potência de base 10.

a) 100^3

b) $(10^2)^{-2}$

c) $(0{,}01)^4$

d) $(0{,}001)^{-3}$

6. Simplifique e determine o resultado final.

a) $121^{0,9} : 121^{0,4}$

b) $0{,}3^8 \cdot 0{,}3^{-7} : 0{,}3^{-2}$

c) $2^7 \cdot 4^5 \cdot 2^{-8}$

d) $\dfrac{3^5 \cdot 3^9}{3^{11}}$

e) $\dfrac{(3^2)^3 \cdot 3^{2^3}}{3^{3^2}}$

7. Aplicando as propriedades das potências, determine:

a) $2^{\frac{1}{3}} \cdot 2^{-\frac{1}{3}}$

b) $\left(\dfrac{5}{2}\right)^4 : \left(\dfrac{5}{3}\right)^4$

c) $\left[\left(\dfrac{1}{12}\right)^2\right]^{-\frac{1}{2}}$

d) $(4^{-1})^2 \cdot 2^{16} \cdot \left(\dfrac{1}{16}\right)^4$

e) $\left(11^{-\sqrt{24}}\right)^{-\sqrt{6}}$

f) $\left(4^{-\frac{1}{3}}\right)^6 - \left(4^{\frac{1}{8}}\right)^{-8}$

R1. Simplificar a expressão:

$32^{\frac{1}{2}} + 5 \cdot 27^{\frac{1}{2}} + 48^{\frac{1}{2}} - 2 \cdot 50^{\frac{1}{2}}$

▶ **Resolução**

$32^{\frac{1}{2}} + 5 \cdot 27^{\frac{1}{2}} + 48^{\frac{1}{2}} - 2 \cdot 50^{\frac{1}{2}} =$
$= \sqrt{32} + 5 \cdot \sqrt{27} + \sqrt{48} - 2 \cdot \sqrt{50} =$
$= \sqrt{16 \cdot 2} + 5 \cdot \sqrt{9 \cdot 3} + \sqrt{16 \cdot 3} - 2 \cdot \sqrt{25 \cdot 2} =$
$= 4\sqrt{2} + 15\sqrt{3} + 4\sqrt{3} - 10\sqrt{2} =$
$= -6\sqrt{2} + 19\sqrt{3}$

8. Simplifique as expressões.

a) $\sqrt{50} - \sqrt{8}$

b) $\sqrt{80} + \sqrt{180}$

9. Racionalize o denominador das expressões a seguir.

a) $\dfrac{2}{\sqrt{3} - 3}$

b) $\dfrac{\sqrt{6} + 1}{\sqrt{2} + \sqrt{3}}$

10. Simplifique as expressões.

a) $\left(\dfrac{1}{4}\right)^{-\frac{1}{2}} + 81^{\frac{3}{4}} - 2^{-1} + 5^0$

b) $\dfrac{\dfrac{3}{2} \cdot \left(\dfrac{2}{3}\right)^{-2} \cdot \left(\dfrac{1}{2}\right)^{-3}}{(0{,}01)^{-1} - \left(\dfrac{12}{5}\right)^0}$

R2. Simplificar a expressão $\dfrac{a^{n+1} + a^n}{a^{n-1}}$.

▶ **Resolução**

Aplicando as propriedades das potências, temos:

$\dfrac{a^{n+1} + a^n}{a^{n-1}} = \dfrac{a^n \cdot a^1 + a^n}{a^n \cdot a^{-1}} = \dfrac{a^n \cdot (a+1)}{a^n \cdot \dfrac{1}{a}} = a \cdot (a+1)$

11. Simplifique as expressões a seguir.

a) $2^{n+3} + 2^{n+1} - 2^n$

b) $\dfrac{2^{n+2} + 2^{n+1} + 3 \cdot 2^n}{2^{n-1} - 5 \cdot 2^n}$

2. Função exponencial

Acompanhe a situação a seguir.

Em condições ideais, o número de bactérias de uma colônia dobra sempre em um mesmo período de tempo. A colônia gerada mantém as mesmas características da original e duplica em número no mesmo período de tempo.

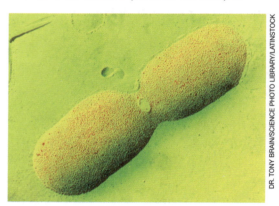

Bactéria *E.coli* em processo de divisão binária. Imagem ampliada 32.300×, colorizada artificialmente.

Sabendo que determinada colônia, iniciada por uma única bactéria, duplica a cada 20 minutos, quantas bactérias existirão após 2 horas e 40 minutos?

Após um período de 20 minutos, teremos 2 bactérias. Após dois períodos de 20 minutos, ou seja, 40 minutos, teremos 4 bactérias. Vamos fazer um esquema:

1 período de 20 min ⟶ 2 bactérias ⟶ 2^1
2 períodos de 20 min ⟶ 4 bactérias ⟶ 2^2
3 períodos de 20 min ⟶ 8 bactérias ⟶ 2^3
4 períodos de 20 min ⟶ 16 bactérias ⟶ 2^4

Então, após 2 horas e 40 minutos, ou seja, após 8 períodos de 20 minutos, teremos $2^8 = 256$ bactérias.

Da mesma maneira, após x períodos de 20 minutos, o número n de bactérias será dado por $n = 2^x$. Esse é um exemplo de **função exponencial**.

> Uma função $f: \mathbb{R} \to \mathbb{R}_+^*$ é chamada de função exponencial de base a quando existe um número real a, com $a > 0$ e $a \neq 1$, tal que $f(x) = a^x$, para todo $x \in \mathbb{R}$.

Exemplos

- $f(x) = 3^x$
- $g(x) = \left(\dfrac{1}{5}\right)^x$
- $h(x) = (0,4)^x$
- $i(x) = \left(\sqrt{3}\right)^x$

Em uma função exponencial de lei $f(x) = a^x$, note que a base a deve ser positiva e diferente de 1, pois:

- se $a = 1$, então f dada por $f(x) = a^x$ é uma função constante igual a 1;
- se $a = 0$ e $x < 0$, então a^x não está definida em $\mathbb{R}$; portanto, $f(x) = a^x$ também não;
- se $a = 0$ e $x > 0$, então f dada por $f(x) = a^x$ é uma função constante igual a 0;
- se $a < 0$, então $f(x) = a^x$ não está definida para todo x real; por exemplo, para $f(x) = (-4)^x$, teríamos $f\left(\dfrac{1}{2}\right) = (-4)^{\frac{1}{2}} = \sqrt{-4} \notin \mathbb{R}$.

Observação

Existem funções que podem ser obtidas a partir da função exponencial. Por exemplo, as funções f, g e h dadas por:

$f(x) = 3^{2x+1}$ $\qquad$ $g(x) = 5 \cdot 4^x$ $\qquad$ $h(x) = 2^x - 1$

2.1 Gráfico da função exponencial

 Gráfico da função exponencial

Observe a construção dos gráficos das funções exponenciais f e g, de $\mathbb{R}$ em $\mathbb{R}_+^*$, dadas por $f(x) = 2^x$ e $g(x) = \left(\dfrac{1}{2}\right)^x$.

Vamos atribuir alguns valores do domínio a x e obter as respectivas imagens, registrando os pares ordenados na tabela e representando-os por pontos no plano cartesiano.

- $f(x) = 2^x$

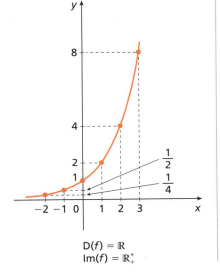

x	$f(x)$
−2	$\dfrac{1}{4}$
−1	$\dfrac{1}{2}$
0	1
1	2
2	4
3	8

$D(f) = \mathbb{R}$
$\text{Im}(f) = \mathbb{R}_+^*$

- $g(x) = \left(\dfrac{1}{2}\right)^x$

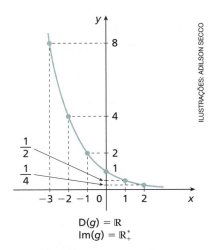

x	$g(x)$
−3	8
−2	4
−1	2
0	1
1	$\dfrac{1}{2}$
2	$\dfrac{1}{4}$

$D(g) = \mathbb{R}$
$\text{Im}(g) = \mathbb{R}_+^*$

O gráfico de qualquer função exponencial dada por $f(x) = a^x$ é uma curva que tem aspecto semelhante ao dos gráficos apresentados anteriormente, intersecta o eixo y no ponto $(0, 1)$ e não cruza nem encosta no eixo x. Por isso, a reta que contém o eixo x é chamada de **assíntota** desses gráficos.

As funções obtidas a partir da função exponencial nem sempre têm essas características. Em um *software* de construção de gráficos, vamos construir, por exemplo, os gráficos das funções f (em cinza), i (em verde) e h (em vermelho), dadas por $f(x) = 2^x$, $i(x) = 2^x + 1$ e $h(x) = 2^x - 1$.

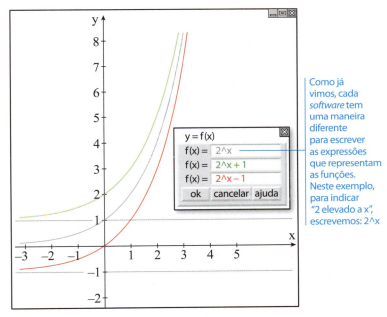

Como já vimos, cada *software* tem uma maneira diferente para escrever as expressões que representam as funções. Neste exemplo, para indicar "2 elevado a x", escrevemos: 2^x

Note que:
- o gráfico da função h de lei $h(x) = 2^x - 1$ é o gráfico da função f, dada por $f(x) = 2^x$, transladado 1 unidade para baixo;
- o gráfico da função i de lei $i(x) = 2^x + 1$ é o gráfico da função f, dada por $f(x) = 2^x$, transladado 1 unidade para cima.

Observe que o domínio de h é $D(h) = \mathbb{R}$ e sua imagem é $\text{Im}(h) = \{y \in \mathbb{R} \mid y > -1\}$. O domínio de i é $D(i) = \mathbb{R}$ e sua imagem é $\text{Im}(i) = \{y \in \mathbb{R} \mid y > 1\}$.

Crescimento e decrescimento de uma função exponencial

Uma função exponencial pode ser crescente ou decrescente, dependendo do valor da base *a*.

Analisando as tabelas de valores e os gráficos das funções f e g de leis $f(x) = 2^x$ e $g(x) = \left(\dfrac{1}{2}\right)^x$, apresentados anteriormente, verificamos que, quando os valores de x aumentam:

- os valores correspondentes de $f(x)$ também aumentam. Isso ocorre porque a base a é maior que 1 ($a = 2$). Portanto, a função é **crescente**.
- os valores correspondentes de $g(x)$ diminuem. Isso ocorre porque a base a está entre 0 e 1 $\left(a = \dfrac{1}{2}\right)$. Portanto, a função é **decrescente**.

De modo geral, temos:

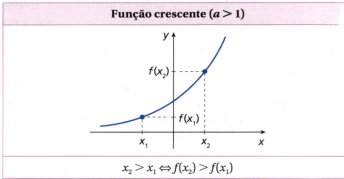

Função crescente ($a > 1$)

$x_2 > x_1 \Leftrightarrow f(x_2) > f(x_1)$

Função decrescente ($0 < a < 1$)

$x_2 > x_1 \Leftrightarrow f(x_2) < f(x_1)$

Exemplos

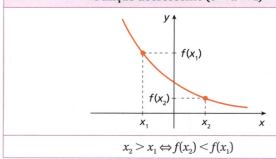

- $f(x) = \left(\dfrac{4}{5}\right)^x$ — f é decrescente
- $g(x) = (\sqrt{1{,}01})^x$ — g é crescente
- $h(x) = \left(\dfrac{5}{4}\right)^x$ — h é crescente

EXERCÍCIOS

12. Construa o gráfico das funções exponenciais dadas pelas leis a seguir.

a) $f(x) = 5^x$
b) $g(x) = \left(\dfrac{1}{3}\right)^x$

13. Construa o gráfico e identifique o conjunto imagem das funções cujas leis são:

a) $f(x) = 2^{x-1}$
b) $g(x) = \left(\dfrac{1}{2}\right)^x - 8$

14. Identifique quais das funções dadas pelas leis abaixo são crescentes e quais são decrescentes.

a) $f(x) = (0{,}3)^x$
b) $g(x) = (\sqrt{2})^x$
c) $h(x) = \left(\dfrac{\pi}{2}\right)^x$
d) $i(x) = \left(\dfrac{\sqrt{3}}{3}\right)^x$
e) $j(x) = (0{,}001)^x$
f) $k(x) = \left(\dfrac{2{,}71}{2}\right)^x$

15. Associe a lei de cada uma das funções com a respectiva representação gráfica. Se achar conveniente, use um *software* de construção de gráficos para conferir sua resposta.

a) $f(x) = 3^{x+1}$
b) $g(x) = 2^x + 1$
c) $h(x) = \left(\dfrac{1}{2}\right)^x - 1$
d) $i(x) = 4^{x-1}$

I.

II.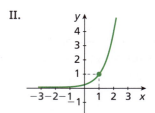

III.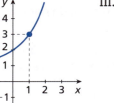

IV.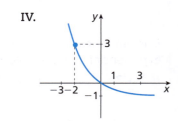

16. Dada a função f, tal que $f(x) = 5^x$, determine:

a) $\dfrac{f(4)}{f(3)}$
b) $\dfrac{f(3)}{f(2)}$
c) $\dfrac{f(2)}{f(1)}$
d) $\dfrac{f(1)}{f(0)}$

- O que você observa nos resultados encontrados?
- Refaça os itens empregando a lei $f(x) = \left(\dfrac{1}{4}\right)^x$. Qual é o resultado encontrado?
- Os valores encontrados relacionam-se com o valor da base a da função? De que forma?
- Então, a que conclusões chegamos?

R3. Observar o gráfico da função f, dada por $f(x) = a \cdot 3^{-x} + b$, e determinar os valores de a e b.

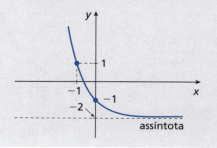

assíntota

> **Resolução**

Os pontos $(-1, 1)$ e $(0, -1)$ pertencem ao gráfico de f.
Para $x = -1$, temos $f(-1) = 1$.
Então:
$1 = a \cdot 3^{-(-1)} + b \Rightarrow 1 = a \cdot 3 + b$ (I)
Para $x = 0$, temos $f(0) = -1$.
Então:
$-1 = a \cdot 3^{-(0)} + b \Rightarrow -1 = a \cdot 1 + b$ (II)
Resolvendo o sistema formado por (I) e (II), obtemos $a = 1$ e $b = -2$.

Portanto, $f(x) = 3^{-x} - 2$, ou seja, $f(x) = \left(\dfrac{1}{3}\right)^x - 2$.

Note que a assíntota do gráfico é a reta paralela ao eixo x pelo ponto $(0, -2)$, pois o gráfico se aproxima cada vez mais dessa reta, sem tocá-la.

17. Observe o gráfico da função f, dada por $f(x) = 2^{x+a} + b$, e determine os valores de a e b, sabendo que $a = -b$.

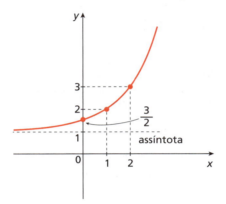

2.2 Aplicações da função exponencial

Muitas áreas do conhecimento utilizam funções do tipo exponencial para resolver situações recorrentes em seu cotidiano: Engenharia, Biologia, Geologia, Finanças, entre outras.

> Aplicação de função exponencial na datação por carbono-14

Exemplos

a) Silvana investiu R$ 1.000,00 em uma aplicação financeira que rende 2% ao mês. Para calcular o saldo M dessa aplicação após t meses, podemos utilizar a expressão $M(t) = 1.000 \cdot 1,02t$.

Para $t = 1$, temos:

$M(1) = 1.000 \cdot 1,02^1 \Rightarrow M(1) = 1.020$

Portanto, após 1 mês o saldo será de R$ 1.020,00.

Para $t = 12$, temos:

$M(12) = 1.000 \cdot 1,02^{12} \Rightarrow M(12) \approx 1.268,24$

Logo, após 1 ano o saldo de Silvana será de aproximadamente R$ 1.268,24.

b) Em determinada cidade, o número de habitantes é dado pela função H, sendo $H(r) = k \cdot 2^{3r}$, em que k é constante e r (que é o raio de distância a partir do centro dessa cidade) é positivo e dado em quilômetro.

Sabendo que existem 12.288 habitantes em um raio de 4 km contados desde o centro, quantos habitantes há em um raio de 6 km?

Empregando a função dada, podemos descobrir o valor da constante k:

$H(r) = k \cdot 2^{3r}$

$12.288 = k \cdot 2^{3 \cdot 4} \Rightarrow 12.288 = k \cdot 2^{12} \Rightarrow k = \dfrac{12.288}{2^{12}} \Rightarrow$

$\Rightarrow k = \dfrac{12.288}{4.096} \Rightarrow k = 3$

Então, para calcular o número de habitantes que há em um raio de 6 km, substituímos a constante k por 3 e o raio r por 6:

$H(r) = k \cdot 2^{3r} \Rightarrow H(6) = 3 \cdot 2^{3 \cdot 6} \Rightarrow H(6) = 3 \cdot 2^{18} \Rightarrow$

$\Rightarrow H(6) = 786.432$

Portanto, há 786.432 pessoas em um raio de 6 km.

Istambul, Turquia.

EXERCÍCIOS

18. Certo montante M pode ser calculado pela fórmula $M = C \cdot (1 + i)^t$, em que C é o capital, i é a taxa corrente e t é o tempo. Com um capital de R$ 20.000,00, a uma taxa anual de 12% ($i = 0,12$), qual será o montante após 3 anos?

19. Observe o gráfico da função f, sendo $f(x) = a^x$, com $a \neq 1$, que representa a radioatividade y de determinado minério em função do tempo x, e responda às questões.

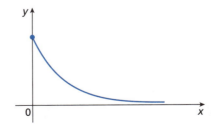

a) A radioatividade está aumentando ou diminuindo? Por quê?

b) Esse minério deixará de ser radioativo em algum momento? Por quê?

c) Quais são os possíveis valores de a?

20. Segundo a lei de resfriamento do cientista inglês Isaac Newton (1643-1727), a temperatura de um corpo diminui exponencialmente. Por exemplo, sob certas condições, a temperatura T de batatas assadas, em grau Celsius, após saírem do forno, é dada por $T = 20 + 160 \cdot e^{-6t}$, em que $e \simeq 2{,}7$ e t é o tempo decorrido, em hora.

a) Qual era a temperatura das batatas quando saíram do forno?

b) Com uma calculadora, calcule a temperatura das batatas 30 minutos após saírem do forno.

21. Em uma pesquisa realizada em laboratório, obteve-se o gráfico abaixo, que indica o crescimento do número de indivíduos de uma cultura de bactérias ao longo de seis meses.

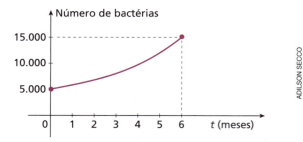

a) Quantas bactérias havia no início da pesquisa?

b) Após 6 meses, qual era a quantidade total de bactérias?

c) Admitindo a lei de formação da função que representa essa situação como $f(t) = k \cdot a^t$, determine os valores de a e k.

d) Quais são o domínio e o conjunto imagem dessa função?

e) Qual era o número de bactérias após 3 meses?

3. Equações exponenciais e sistemas de equações exponenciais

Toda equação que tem a incógnita em pelo menos um expoente é chamada de **equação exponencial**.

Exemplos

- $2^x = 7$
- $\left(\dfrac{1}{3}\right)^x = 10$
- $5^{-x} = \sqrt{5}$
- $14^{x+9} = \left(\dfrac{1}{28}\right)^{-x} + 2$

3.1 Resolução de equações exponenciais

Algumas equações exponenciais podem ser resolvidas escrevendo ambos os membros da igualdade como potências de mesma base a (com $a > 0$ e $a \ne 1$) e aplicando a propriedade:

$$a^{x_1} = a^{x_2} \Rightarrow x_1 = x_2$$

Exemplos

a) Vamos resolver a equação exponencial $\left(\dfrac{1}{3}\right)^x = \sqrt{27}$. Para isso, devem ser seguidos alguns passos.

1º) Escrevemos ambos os membros da igualdade como potências de mesma base:

$$\left(\dfrac{1}{3}\right)^x = \sqrt{27} \Rightarrow (3^{-1})^x = 27^{\frac{1}{2}} \Rightarrow 3^{-x} = (3^3)^{\frac{1}{2}} \Rightarrow 3^{-x} = 3^{\frac{3}{2}}$$

2º) Aplicamos a propriedade:

$$3^{-x} = 3^{\frac{3}{2}} \Rightarrow -x = \dfrac{3}{2} \Rightarrow x = -\dfrac{3}{2}$$

Portanto, $S = \left\{-\dfrac{3}{2}\right\}$.

b) Vamos resolver a equação exponencial $(2^x)^{x+1} = 64$.

$(2^x)^{x+1} = 64 \Rightarrow 2^{x^2+x} = 2^6$

Logo:

$x^2 + x = 6 \Rightarrow x^2 + x - 6 = 0 \Rightarrow x = 2$ ou $x = -3$

Portanto, $S = \{-3, 2\}$.

Entretanto, nem sempre é possível escrever ambos os membros de uma equação exponencial como potências de mesma base. Em alguns desses casos, podem ser usados outros procedimentos. Observe os exemplos a seguir.

Exemplos

a) Vamos resolver a equação exponencial $4^x + 4 \cdot 2^x = 5$.

1º) Aplicando as propriedades da potenciação, identificamos um termo comum:

$4^x + 4 \cdot 2^x = 5 \Rightarrow (2^2)^x + 4 \cdot 2^x - 5 = 0 \Rightarrow$
$\Rightarrow (2^x)^2 + 4 \cdot (2^x) - 5 = 0$

2º) Consideramos $2^x = y$ e resolvemos a equação obtida:

$y^2 + 4y - 5 = 0 \Rightarrow y = 1$ ou $y = -5$

3º) Substituímos em $2^x = y$ os valores encontrados:

$2^x = 1 \Rightarrow 2^x = 2^0 \Rightarrow x = 0$

ou

$2^x = -5$ (não existe x real que satisfaça essa equação)

Portanto, $S = \{0\}$.

b) Vamos resolver a equação exponencial $3^{2x} + 4 \cdot 3^x - 3^{x+1} = 0$.

1º) Usando as propriedades da potenciação, temos:

$3^{2x} + 4 \cdot 3^x - 3^{x+1} = 0 \Rightarrow (3^x)^2 + 4 \cdot 3^x - 3 \cdot 3^x = 0$

2º) Consideramos $3^x = y$ e resolvemos a equação obtida:

$y^2 + 4y - 3y = 0 \Rightarrow y^2 + y = 0 \Rightarrow y = 0$ ou $y = -1$

3º) Substituímos em $3^x = y$ os valores encontrados:

$3^x = 0$

ou

$3^x = -1$

Como 3^x é sempre positivo, não existe x real que satisfaça tais equações.

Portanto, $S = \varnothing$.

3.2 Resolução de sistema de equações exponenciais

Para resolver um sistema formado por equações exponenciais, começamos analisando cada uma das equações.

Exemplo

Vamos calcular x e y no sistema de equações: $\begin{cases} 2^x \cdot 4^y = \dfrac{1}{2} \\ 7^{x+y} = 1 \end{cases}$

1º) Desenvolvemos cada uma das equações:

- $2^x \cdot 4^y = \dfrac{1}{2} \Rightarrow 2^x \cdot (2^2)^y = 2^{-1} \Rightarrow 2^x \cdot 2^{2y} = 2^{-1} \Rightarrow$
  $\Rightarrow 2^{x+2y} = 2^{-1} \Rightarrow x + 2y = -1$ (I)
- $7^{x+y} = 1 \Rightarrow 7^{x+y} = 7^0 \Rightarrow x + y = 0$ (II)

2º) Consideramos, então, o sistema formado por (I) e (II):

$\begin{cases} x + 2y = -1 \\ x + y = 0 \end{cases} \Rightarrow y = -1 \text{ e } x = 1$

3º) Como (I) e (II) são equações que decorrem das equações iniciais, a solução desse sistema é solução do sistema original.

Portanto, a solução do sistema é $S = \{(1, -1)\}$.

EXERCÍCIOS

22. Determine o conjunto solução das seguintes equações exponenciais:

a) $6^x = 36$

b) $10^x = 0{,}0001$

c) $\dfrac{1}{27} = 3^x$

d) $4^x = 2^{x-13}$

e) $64 \cdot 2^x - 1 = 0$

f) $\sqrt{\left(\dfrac{1}{2}\right)^x} = \dfrac{1}{128}$

g) $(0{,}5)^{2x} = 4^{1-3x}$

h) $\left(\dfrac{2}{3}\right)^x = \dfrac{27}{8}$

i) $\sqrt[5]{4} = 2^{x+1}$

j) $27^{2x} = \left(\dfrac{1}{9}\right)^{x+3}$

23. Resolva as equações exponenciais.

a) $2^{x+2} - 3 \cdot 2^x = 16$

b) $3^{x-1} - 3^{x+1} = -8$

c) $5^{x-1} - 5^x + 5^{x+1} = 105$

R4. Determinar o ponto de intersecção dos gráficos das funções f e g dadas por $f(x) = \dfrac{1}{2^{x+1}}$ e $g(x) = 4^{x+1}$.

➤ **Resolução**

Para que os gráficos tenham um ponto em comum, deve existir um valor de x de modo que as imagens desse valor pelas duas funções coincidam, ou seja, $f(x) = g(x)$. Assim:

$\dfrac{1}{2^{x+1}} = 4^{x+1} \Rightarrow \left(\dfrac{1}{2}\right)^{x+1} = (2^2)^{x+1} \Rightarrow$

$\Rightarrow (2^{-1})^{x+1} = 2^{2x+2} \Rightarrow 2^{-x-1} = 2^{2x+2}$

Portanto: $-x - 1 = 2x + 2 \Rightarrow 3x = -3 \Rightarrow x = -1$

Logo, para $x = -1$, temos:

$f(-1) = g(-1) = 4^{-1+1} = 4^0 = 1$

Portanto, o ponto de intersecção dos gráficos das funções f e g é $(-1, 1)$.

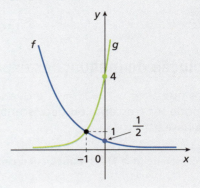

24. Determine o ponto de intersecção dos gráficos das funções $f(x) = \dfrac{1}{9^{x-1}}$ e $g(x) = 3^{x+1}$.

25. Dê o conjunto solução das equações.

a) $3 \cdot 3^{2x} - 4 \cdot 3^x = -1$

b) $11^{2x} + 2 \cdot 11^x = -3$

c) $16^x - 12 \cdot 4^x = 64$

26. Resolva os sistemas de equações exponenciais.

a) $\begin{cases} 2^{2x+y} = 4 \\ 2^{x-y} = 2^{-\frac{1}{2}} \end{cases}$

b) $\begin{cases} 3^{x+y} = 3^{-2} \\ 7^{2x} : 7^y = 1 \end{cases}$

c) $\begin{cases} 8^{\frac{x}{2}} \cdot 16^{y-1} = 1 \\ 5^{\frac{x}{4} - 4y} = \dfrac{1}{5} \end{cases}$

27. Dada a equação $2^x = 7$, podemos determinar entre quais números inteiros consecutivos está sua solução. Basta observar que $4 < 7 < 8$, ou seja, $4 < 2^x < 8$ ou, ainda, $2^2 < 2^x < 2^3$. Como potências de base 2 crescem quando crescem seus expoentes, e vice-versa, concluímos que $2 < x < 3$, isto é, a solução está entre 2 e 3.

Agora, indique entre que números inteiros consecutivos está a solução de cada equação.

a) $2^x = 14$

b) $3^x = 29$

c) $3^{x+1} = 10$

d) $2^{x-1} = 100$

4. Inequações exponenciais

Toda inequação que tem a incógnita em pelo menos um expoente é chamada de **inequação exponencial**.

Exemplos

- $3^x < 27$
- $\left(\dfrac{1}{7}\right)^x > 7^3$
- $2^{-3x} \geq \sqrt{5}$
- $8^{x+6} \leq \left(\dfrac{1}{16}\right)^{-x} + 2^x$

4.1 Resolução de inequações exponenciais

Já vimos que $a^{x_1} = a^{x_2} \Rightarrow x_1 = x_2$ e que uma função exponencial pode ser crescente ou decrescente, dependendo do valor da base a.

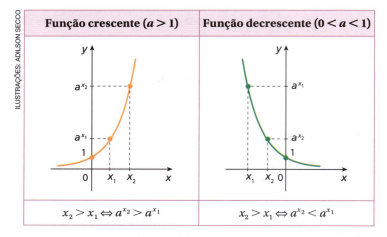

Função crescente ($a > 1$)	Função decrescente ($0 < a < 1$)
$x_2 > x_1 \Leftrightarrow a^{x_2} > a^{x_1}$	$x_2 > x_1 \Leftrightarrow a^{x_2} < a^{x_1}$

Assim, quando a base da potência é maior que 1, a relação de desigualdade entre as potências se mantém entre os expoentes. Ou seja, para $a > 1$, temos:

$a^{x_2} > a^{x_1} \Rightarrow x_2 > x_1$ (sinal mantido)

$a^{x_2} \geq a^{x_1} \Rightarrow x_2 \geq x_1$ (sinal mantido)

Quando a base da potência está entre 0 e 1, a relação de desigualdade entre as potências se inverte entre os expoentes. Ou seja, para $0 < a < 1$, temos:

$a^{x_2} > a^{x_1} \Rightarrow x_2 < x_1$ (sinal invertido)

$a^{x_2} \geq a^{x_1} \Rightarrow x_2 \leq x_1$ (sinal invertido)

Sempre que for possível escrever ambos os membros de uma inequação exponencial como potências de mesma base, poderemos resolvê-la usando alguma dessas relações.

Exemplos

a) Vamos resolver a inequação exponencial $5^{x+12} < 25$, em $\mathbb{R}$.

1º) Escrevemos ambos os membros da inequação como potências de mesma base:

$5^{x+12} < 25 \Rightarrow 5^{x+12} < 5^2$

2º) Como a base é maior que 1, a relação de desigualdade entre as potências se mantém entre os expoentes:

$x + 12 < 2 \Rightarrow x < -10$

Portanto, $S = \{x \in \mathbb{R} \mid x < -10\}$.

b) Vamos determinar o conjunto solução da inequação $\left(\dfrac{1}{8}\right)^{x+3} \leq \left(\dfrac{1}{8}\right)^8$, em $\mathbb{R}$.

Como a base é menor que 1, a relação de desigualdade entre as potências se inverte entre os expoentes:

$x + 3 \geq 8 \Rightarrow x \geq 5$

Portanto, $S = \{x \in \mathbb{R} \mid x \geq 5\}$.

Outro modo:

Note que, utilizando as propriedades das potências, poderíamos também trabalhar com uma inequação com base maior que 1:

$\left(\dfrac{1}{8}\right)^{x+3} \leq \left(\dfrac{1}{8}\right)^8 \Rightarrow 8^{-(x+3)} \leq 8^{-8} \Rightarrow -(x+3) \leq -8 \Rightarrow x \geq 5$

EXERCÍCIOS

28. Determine, em $\mathbb{R}$, o conjunto solução das inequações exponenciais.

a) $\dfrac{1}{9} \geq 3^{x+3}$

b) $\sqrt[5]{5} < 5^{x-13}$

c) $\sqrt[3]{3^x} > 3^x \cdot 3^8$

d) $\left(\dfrac{1}{3}\right)^{2x-4} > 3^{x+2}$

R5. Resolver, em $\mathbb{R}$, a inequação $\left(\dfrac{2}{3}\right)^{-x^2+5x} \leq \left(\dfrac{2}{3}\right)^6$.

▶ *Resolução*

Como a base é um número entre 0 e 1, temos:

$\left(\dfrac{2}{3}\right)^{-x^2+5x} \leq \left(\dfrac{2}{3}\right)^6 \Rightarrow -x^2 + 5x \geq 6 \Rightarrow -x^2 + 5x - 6 \geq 0$

Resolvendo a equação do 2º grau, obtemos $x = 2$ ou $x = 3$.

Então, para $-x^2 + 5x - 6 \geq 0$, temos o intervalo indicado abaixo:

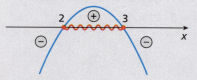

Portanto, $S = \{x \in \mathbb{R} \mid 2 \leq x \leq 3\}$.

29. Determine, em $\mathbb{R}$, o conjunto solução das inequações a seguir.

a) $6^{x^2+1} < 6^5$

b) $(0{,}44)^{x^2-4} \leq 1$

30. Determine o domínio das funções f e g dadas por:

a) $f(x) = \sqrt{3^x - 243}$

b) $g(x) = \dfrac{1}{\sqrt{2^x}}$

31. Sendo f uma função definida por $f(x) = 3^{x^2+x}$, determine o conjunto solução de:

a) $f(x) < 1$ b) $f(x) > -3$ c) $f(x) \geq 9$ d) $f(x) \leq 0$

R6. Determinar, em $\mathbb{R}$, o conjunto solução da inequação $2^x < 2^3 < 2^{2x}$.

▶ **Resolução**

Quando a inequação tem mais de uma desigualdade, analisamos cada uma separadamente.

- $2^x < 2^3 \Rightarrow x < 3$ (I)
- $2^3 < 2^{2x} \Rightarrow 3 < 2x \Rightarrow x > \dfrac{3}{2}$ (II)

As duas desigualdades devem ser simultaneamente satisfeitas:

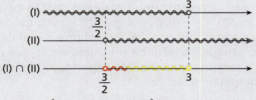

Portanto, $S = \left\{ x \in \mathbb{R} \mid \dfrac{3}{2} < x < 3 \right\}$.

---

32. Resolva, em $\mathbb{R}$, as inequações.

a) $2 \leq 2^x \leq 2^3$

b) $\dfrac{1}{81} < 81^{x-1} < 9^x$

33. Observe os gráficos das funções f e g e responda às questões a seguir.

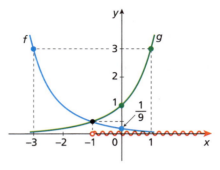

a) Quais são as leis de formação das funções representadas na figura?

b) Qual é o ponto de intersecção dos gráficos das funções?

c) Escreva uma inequação exponencial cuja solução seja o intervalo de x representado na figura acima.

Exercícios complementares

1. Calcule o valor de cada expressão.

a) $\left(\dfrac{10^{4x+2}}{10^{3x-1}} : 10^2 \right) \cdot 10^{5-x}$

b) $\left[\left(\dfrac{2}{3}\right)^2 : \left(\dfrac{2}{3}\right)^{-4} \right] \cdot \left[\left(\dfrac{2}{3}\right)^{-1} : \left(\dfrac{2}{3}\right)^9 \right]$

2. Calcule o valor das expressões.

a) $\dfrac{-2^2 + 3^3 - 5^2}{-3^2 + 2^3 - 5^0}$

b) $9^{-1} \cdot (-3)^3 + \left(\dfrac{1}{3}\right)^{-2} : 3^3$

3. Simplifique as expressões a seguir.

a) $45^{\frac{1}{2}} - 2 \cdot 18^{\frac{1}{2}} + 6 \cdot 54^{\frac{1}{2}} - 24^{\frac{1}{2}} + 5 \cdot 48^{\frac{1}{2}}$

b) $3 \cdot 56^{\frac{1}{3}} + 189^{\frac{1}{3}} + 448^{\frac{1}{3}} - 2 \cdot 49^{\frac{1}{6}} + 343^{\frac{1}{9}}$

4. Construa os gráficos das seguintes funções e determine o domínio e a imagem de cada uma.

a) $f(x) = 3^x$

b) $g(x) = \left(\dfrac{1}{2}\right)^{x-1}$

5. Sendo $f(x) = 16^{1+\frac{1}{x}}$, calcule o valor de $f(-1) + f(-2) - f(-4)$.

6. Considere a função de lei $f(x) = b^x$, com $0 < b < 1$.
Sendo $f(1) + f(-1) = \dfrac{10}{3}$, determine o valor de b.

7. Sendo $f(x) = 5^x$, determine o valor de
$f(1) + f(a) - f(a+1) + 4 \cdot f(a)$

8. Sendo $f(x) = 2^{5x}$ e $f(m) = 32$, determine o valor de $f\left(-\dfrac{m}{5}\right)$.

9. Resolva as equações.

a) $3^{5-2x} = 9^{2x+1}$

b) $7^{6x^2 + 5x - 4} = 1$

10. Resolva as equações.

a) $2^{x+1} + 2^{x+2} - 2^{x+3} = -32$

b) $3^{2x+1} + 8 \cdot 3^x = 3$

11. Resolva as inequações.

a) $7^{3x-1} < 7^{x+1}$

b) $\left(\dfrac{1}{2}\right)^{x^2+1} \geq \left(\dfrac{1}{2}\right)^2$

12. Resolva a inequação $4 > \dfrac{1}{2^{x^2+3x}} > \dfrac{1}{16}$.

Capítulo 7 • Função exponencial

EXERCÍCIOS COMPLEMENTARES

13. Resolva o sistema de inequações.

$$\begin{cases} \left(\dfrac{1}{2}\right)^x > \left(\dfrac{1}{2}\right)^5 \\ 9^{-x^2-1} < 3^{-5x} \end{cases}$$

14. Para que valores de $m \in \mathbb{R}$ a função dada por $f(x) = (-m^2 + 2m)^x$ é decrescente?

15. Resolva o sistema: $\begin{cases} 2^x + 2^y = 12 \\ x + y = 5 \end{cases}$

16. Determine os valores de k e de a sabendo que a função representada abaixo é dada por $f(x) = k \cdot a^x$.

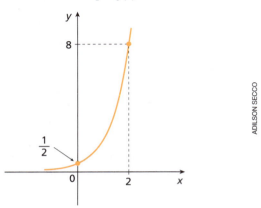

17. Determine o domínio da função f de lei $f(x) = \dfrac{5 \cdot 2^x}{\sqrt{2^x - 4}}$.

18. Quantos são os números primos x que satisfazem a relação $2^{17x - x^2} > 2^{30}$?

19. A relação $P = 64.000(1 - 2^{-0,1t})$ descreve o crescimento de uma população de micro-organismos, sendo P o número de micro-organismos e t o número de dias após o instante zero. Determine t para que essa população seja igual a 63.000.

20. Estima-se que a população de uma cidade aumente de acordo com a lei $P(t) = 15.000 \cdot (1,035)^t$, sendo t o tempo em ano e $P(t)$ o número de habitantes após t anos. Adotando $(1,035)^{10} = \sqrt{2}$, determine a população dessa cidade daqui a 80 anos.

Barcelona, Espanha.

21. O valor, em real, de um automóvel daqui a t anos é dado pela lei $V = 50.000 \cdot (0,9)^t$. Calcule:

a) o valor atual desse automóvel;

b) o valor dele daqui a 4 anos.

22. Uma aplicação financeira obedece à regra $M(t) = 50.000 \cdot (1,1)^t$, em que $M(t)$ é o montante* final após t meses. Determine o montante final após:

a) 3 meses;

b) 6 meses;

c) 1 ano.

*É denominado montante (M) o valor em dinheiro ao final da operação (capital + juro).

23. Um equipamento retira ar de um tanque de acordo com a lei $A(t) = A_0 \cdot (0,9)^t$, em que $A(t)$ é o volume de ar do tanque após t minutos e A_0 é o volume inicial de ar contido no tanque. Determine o volume de ar que restará em um tanque com 10 m³ de capacidade 5 minutos após o equipamento ser ligado.

24. A taxa de inflação anual de certo país é de 15%, isto é, a cada ano os produtos comercializados no país têm seus preços multiplicados por 1,15 e em n anos por $(1,15)^n$. Quantos anos são necessários para que os produtos comercializados nesse país dobrem de preço?

QUESTÕES DE VESTIBULAR

25. (Fatec-SP) Se x e y são números reais tais que $x = (0,25)^{0,25}$ e $y = 16^{-0,125}$, é verdade que:

a) $x = y$

b) $x > y$

c) $x \cdot y = 2\sqrt{2}$

d) $x - y$ é um número irracional.

e) $x + y$ é um número racional não inteiro.

26. (Fuvest-SP) Seja $f(x) = 2^{2x+1}$. Se a e b são tais que $f(a) = 4f(b)$, pode-se afirmar que:

a) $a + b = 2$

b) $a + b = 1$

c) $a - b = 3$

d) $a - b = 2$

e) $a - b = 1$

27. (Udesc) Resolva o sistema de equações.

$$\begin{cases} \left(\dfrac{1}{4}\right)^x \cdot 4^y = 16 \\ 27^x \cdot \left(\dfrac{1}{9}\right)^{2y} = 9 \end{cases}$$

28. (IME-RJ) Dada a função $f(x) = \dfrac{(156^x + 156^{-x})}{2}$, demonstre que: $f(x + y) + f(x - y) = 2f(x)f(y)$

29. (Fuvest-SP) Das alternativas abaixo, a que melhor corresponde ao gráfico da função $f(x) = 1 - 2^{-|x|}$ é:

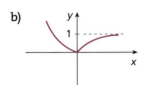

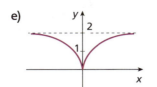

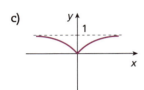

30. (Mackenzie-SP) O gráfico mostra, em função do tempo, a evolução do número de bactérias em certa cultura.

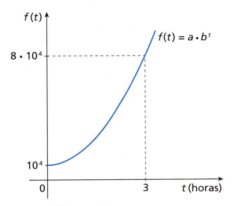

Dentre as alternativas abaixo, decorridos 30 minutos do início das observações, o valor mais próximo desse número é:

a) 18.000
b) 20.000
c) 32.000
d) 14.000
e) 40.000

31. (Vunesp) A trajetória de um salto de um golfinho nas proximidades de uma praia, do instante em que ele saiu da água (t = 0) até o instante em que mergulhou (t = T), foi descrita por um observador através do seguinte modelo matemático: $h(t) = 4t - t \cdot 2^{0,2 \cdot T}$, com t em segundos, h(t) em metros e $0 \leq t \leq T$. O tempo, em segundos, em que o golfinho esteve fora da água durante esse salto foi:

a) 1
b) 2
c) 4
d) 8
e) 10

32. (Unicamp-SP) Suponha que o número de indivíduos de uma determinada população seja dado pela função $f(t) = a \cdot 2^{-bt}$, onde a variável t é dada em anos e a e b são constantes.

a) Encontre as constantes a e b de modo que a população inicial (t = 0) seja igual a 1.024 indivíduos e a população após 10 anos seja a metade da população inicial.

b) Qual é o tempo mínimo para que a população se reduza a $\frac{1}{8}$ da população inicial?

c) Esboce o gráfico da função f(t) para t ∈ [0, 40].

33. (UFPel-RS) A função exponencial serve de modelo matemático para resolver várias situações do cotidiano. Um exemplo é o de uma cultura de bactérias inicialmente com 1.000 elementos, contados a partir do instante zero, na qual a população dobra a cada hora. Essa situação é representada pela função $f(x) = 1.000 \cdot 2^x$, em que x é o tempo decorrido.

Com base na função acima, em seus conhecimentos, considerando ℝ o conjunto dos números reais, analise as afirmações a seguir.

(I) O domínio da função é o conjunto dos números reais.
(II) O domínio (D) da função é D = {x ∈ ℝ | x ⩾ 1.000}.
(III) O domínio (D) da função é D = {x ∈ ℝ | x ⩾ 0}.
(IV) A imagem (Im) da função é Im = {y ∈ ℝ | y ⩾ 1.000}.
(V) A imagem (Im) da função é Im = {y ∈ ℝ | y ⩾ 0}.

Estão corretas somente as afirmações:

a) I e IV.
b) III e V.
c) II e IV.
d) I e V.
e) III e IV.

34. (Unifesp) Sob determinadas condições, o antibiótico gentamicina, quando ingerido, é eliminado pelo organismo à razão de metade do volume acumulado a cada hora. Daí, se K é o volume da substância no organismo, pode-se utilizar a função $f(t) = K \cdot \left(\frac{1}{2}\right)^{\frac{t}{2}}$ para estimar a sua eliminação depois de um tempo t, em horas. Neste caso, o tempo mínimo necessário para que uma pessoa conserve no máximo 2 mg desse antibiótico no organismo, tendo ingerido 128 mg numa única dose, é de:

a) 12 horas e meia.
b) 12 horas.
c) 10 horas e meia.
d) 8 horas.
e) 6 horas.

Mais questões: no livro digital, em **Vereda Digital Aprova Enem** e **Vereda Digital Suplemento de revisão e vestibulares**; no *site*, em **AprovaMax**.

Compreensão de texto

Sobre uma história de Malba Tahan

O problema dos mil dinares

Talvez muitos não saibam que Malba Tahan, autor do encantador livro *O homem que calculava*, foi o professor de matemática brasileiro chamado Júlio César de Mello e Souza (1895--1974). Além de autor de mais de cem livros de Literatura oriental, Didática e Matemática, foi um mestre na arte de contar histórias. Neste artigo farei referência a uma delas.

Trata-se do problema dos 1.000 dinares, apresentado em seu livro *Novas lendas orientais* (Editora Record, 1990). A Beremis, protagonista de *O homem que calculava*, apresentou-se o seguinte desafio aritmético:

Determinar como 1.000 moedas de 1 dinar foram distribuídas em 10 caixas do mesmo tamanho, numeradas e fechadas, de maneira que:

a) A numeração das caixas, de 1 até 10, foi feita em ordem estritamente crescente, relativa ao conteúdo de moedas que cada uma encerra.

b) É possível fazer qualquer pagamento, de 1 a 1.000 dinares, sem precisar abrir as caixas.

Depois de pensar um pouco, Beremis apresentou a seguinte solução:

A primeira caixa deve conter uma moeda, pois caso contrário não poderíamos fazer um pagamento de 1 dinar. A segunda caixa deve conter duas moedas, pois, se tivesse 3, 4 ou mais dinares, não seria possível fazer o pagamento de 2 dinares.

A caixa de número 3 deve ter quatro moedas, pois o conteúdo das duas primeiras caixas já permite fazer pagamentos de 1, 2 e 3 dinares. Beremis continua o seu raciocínio, até estabelecer a seguinte distribuição das moedas nas caixas numeradas de 1 a 9.

$2^8 \quad 2^7 \quad 2^6 \quad 2^5 \quad 2^4 \quad 2^3 \quad 2^2 \quad 2^1 \quad 2^0$

Quanto à décima caixa, conclui que deve conter 489 moedas, pois:

$1.000 - (2^8 + 2^7 + 2^6 + ... + 2^2 + 2^1 + 2^0) = 489$

Justificativa da solução, usando a notação binária

Uma justificativa da solução de Beremis pode ser fornecida utilizando a notação binária (base 2) para representar os números. Por exemplo, para fazer um pagamento de 352 (notação decimal) dinares observamos que:

$$352 = 1 \cdot 2^8 + 0 \cdot 2^7 + 1 \cdot 2^6 + 1 \cdot 2^5 + 0 \cdot 2^4 + 0 \cdot 2^3 + 0 \cdot 2^2 + 0 \cdot 2^1 + 0 \cdot 2^0$$

Logo, na base 2, o número 352 se escreve 101100000, o que significa que escolhemos as caixas de números 9, 7 e 6.

Visto que 511 é 111111111 em notação binária, para fazer um pagamento dessa quantia, escolhemos todas as caixas, da primeira à nona. [...]

Fonte: SÁNCHEZ, Jesus A. P. Sobre uma história de Malba Tahan. *Revista do Professor de Matemática*, São Paulo, n. 35, 1997.

ATIVIDADES

1. De acordo com o texto, o pseudônimo do professor Júlio César de Mello e Souza é Beremis ou Malba Tahan?

2. De qual problema trata a história narrada?

3. Procure em um dicionário o que significa "dinar".

4. Com suas palavras, escreva em seu caderno as condições que Beremis deveria contemplar para distribuir as 1.000 moedas nas 10 caixas.

5. Por que a quarta caixa deve ter 8 moedas?

6. Com quais caixas Beremis faria um pagamento de 13 dinares? E de 31 dinares? E de 310 dinares? E de 521?

7. No caderno, reproduza três vezes a figura que representa as caixas de moedas:

   Em seguida, de acordo com as caixas usadas para formar os números 13, 31 e 310, preencha as lacunas:
   - com 1 para as caixas usadas;
   - com 0 para as caixas não usadas.

8. Escreva, na notação binária, os números 13, 31 e 310; em seguida, compare esses resultados com os obtidos no exercício anterior.

9. Escreva um número na notação binária que tenha sete caracteres 0 ou 1. A seguir, troque-o com um colega para que cada um de vocês escreva, em notação decimal, o número do outro.

CAPÍTULO 8
FUNÇÃO LOGARÍTMICA

ENEM
C5: H19, H20, H21, H22, H23
C6: H24, H25

Em agosto de 2016, um terremoto de 6,2 graus na escala Richter abalou a cidade de Amatrice na Itália.

1. Logaritmos

No capítulo anterior, vimos diversas situações que apresentam comportamento exponencial. Agora, vamos estudar aquelas que podem ser modeladas pela função inversa da função exponencial, que chamamos de **função logarítmica**. Inicialmente, vamos entender o significado de **logaritmo**. Acompanhe a situação a seguir.

Determinada bactéria se divide ao meio a cada hora, conforme indica a tabela abaixo.

Tempo (em hora)	Número de bactérias
0	1
1	2
2	4
3	8
4	16

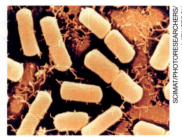

Bactérias em processo de divisão binária encontradas na boca humana. Imagem ampliada 8.823×, colorizada artificialmente.

Analisando os dados, concluímos que o número n de bactérias em função da quantidade t de horas pode ser descrito por: $n = 2^t$

Com base nessas informações, podemos responder às seguintes perguntas:

- Quantas bactérias haverá após 10 horas?

  Essa é uma pergunta que envolve potenciação, e a resposta é:

  $n = 2^t \Rightarrow n = 2^{10} \Rightarrow n = 1.024$

  Logo, haverá 1.024 bactérias.

- Em quantas horas haverá 1.024 bactérias?

  Essa é uma pergunta que envolve logaritmo, pois, para respondê-la, devemos encontrar o valor do **expoente** t na equação $1.024 = 2^t$.

  O valor de t é 10 horas, pois $2^{10} = 1.024$.

  Dizemos que 10 é o **logaritmo** de 1.024 na **base** 2. Representamos assim:

  $10 = \log_2 1.024$ ou $\log_2 1.024 = 10$

> Dados a e b, números reais positivos, com $a \neq 1$, o **logaritmo de b na base a** é o número real x tal que $a^x = b$, ou seja:
>
> $$\log_a b = x \Leftrightarrow a^x = b$$
>
> O número b é conhecido por **logaritmando**.

Exemplos

a) $\log_6 36 = 2$, pois $6^2 = 36$

b) $\log_{10} 1 = 0$, pois $10^0 = 1$

c) $\log_3 \left(\dfrac{1}{9}\right) = -2$, pois $3^{-2} = \dfrac{1}{9}$

d) $\log_{\sqrt[3]{12}} 12 = 3$, pois $\left(\sqrt[3]{12}\right)^3 = 12$

Observação

Quando a base é omitida, entende-se que a base desse logaritmo é 10. Assim, $\log_{10} b = x$ também pode ser escrito como $\log b = x$.

A seguir, vamos verificar se é possível determinar o valor de x sabendo que $x = \log_{\frac{1}{8}} (\sqrt{2})^3$.

Pela definição de logaritmo, temos:

$x = \log_{\frac{1}{8}} (\sqrt{2})^3 \Rightarrow \left(\dfrac{1}{8}\right)^x = (\sqrt{2})^3 \Rightarrow \left(\dfrac{1}{2^3}\right)^x = 2^{\frac{3}{2}} \Rightarrow$

$\Rightarrow 2^{-3x} = 2^{\frac{3}{2}} \Rightarrow -3x = \dfrac{3}{2} \Rightarrow x = -\dfrac{1}{2}$

Calculamos, assim, o valor do $\log_{\frac{1}{8}} (\sqrt{2})^3$, que é $-\dfrac{1}{2}$.

EXERCÍCIOS

1. Calcule mentalmente.

a) $\log_2 32$ c) $\log_5 125$

b) $\log_3 81$ d) $\log 10.000$

2. Calcule.

a) $\log_{\sqrt{2}} 2$ b) $\log 0,1$ c) $\log_{\frac{1}{4}} 16$

3. Se $A = \log_7 7$, $B = \log_{76} 1$, $C = \log_{0,5} 8$ e $D = \log_8 8^{-2}$, determine $B^A + CD$.

4. Calcule o valor de m para que $\log(2m - 5) = 3$.

5. Obtenha o valor de:

a) $\log_{0,25} 64 + \log_{\sqrt[3]{2}} \sqrt{32}$

b) $\log_2 (\log_4 256)$

c) $\log (\log_3 (\log 1.000))$

d) $(2^{\log_3 5} - 5^{\log_3 2})^{2.011}$

> **R1.** Quanto vale k, se $\log_k 81 = 4$?
>
> ▶ **Resolução**
>
> $\log_k 81 = 4 \Rightarrow k^4 = 81 \Rightarrow k = \sqrt[4]{81} \Rightarrow k = 3$ ou $k = -3$
>
> (-3 não serve, pois $k > 0$)
>
> Logo, $k = 3$.

6. Determine o valor de x.

a) $\log_x 125 = 5$ b) $4 = \log_x \dfrac{1}{81}$

7. Determine x de modo que:

a) $\log_x \dfrac{9}{4} = 2$

b) $\log_x \dfrac{9}{4} = \dfrac{1}{2}$

c) $\log_x 243 = \dfrac{5}{2}$

d) $\log_x \left(\dfrac{7}{4}\right) = \dfrac{1}{3}$

8. Sabendo que $\log_a b = -2$ e $ab = 3$, determine o valor de $b - a$.

1.1 Condições de existência dos logaritmos

Na página anterior, nos exemplos **a)** e **b)**, vimos que $\log_6 36 = 2$ e $\log_{10} 1 = 0$. Mas será possível calcular os valores de $\log_6(-36)$ e de $\log_1 10$?

Para verificar se esses cálculos são possíveis, vamos aplicar a definição de logaritmo.

(I) $\log_6(-36) = x \Rightarrow 6^x = -36$

Observe que, nesse caso, a definição de logaritmo não faz sentido, pois não existe x real que satisfaça essa equação.

(II) $\log_1 10 = w \Rightarrow 1^w = 10$

Observe que, mais uma vez, a definição de logaritmo não faz sentido, pois não existe w real que satisfaça essa equação.

Percebemos, dessa forma, que para que o **$\log_a b$** exista é necessário que os números a e b satisfaçam as seguintes condições:

$$b > 0, a > 0 \text{ e } a \neq 1$$

Em (I), temos $b = -36$ e $-36 < 0$; em (II), $a = 1$. Portanto, nenhuma das situações apresenta todas as condições exigidas para a existência de logaritmos.

Exemplos

a) Para determinar os valores de x de modo que $\log_{x+4}(x+6)$ exista, devemos impor as seguintes condições:
- para o logaritmando: $x + 6 > 0 \Rightarrow x > -6$ (I)
- para a base: $x + 4 > 0 \Rightarrow x > -4$ (II)
- para a base: $x + 4 \neq 1 \Rightarrow x \neq -3$ (III)

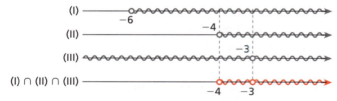

Para que x satisfaça todas as condições, devemos ter $\{x \in \mathbb{R} \mid x > -4 \text{ e } x \neq -3\}$.

b) Para determinar os valores de x de modo que $\log_{x-2}(x^2 - 5x + 6)$ exista, devemos impor as seguintes condições:
- para o logaritmando:
  $x^2 - 5x + 6 > 0 \Rightarrow x < 2 \text{ ou } x > 3$ (I)
- para a base: $x - 2 > 0 \Rightarrow x > 2$ (II)
- para a base: $x - 2 \neq 1 \Rightarrow x \neq 3$ (III)

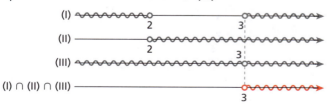

Para que x satisfaça as três condições devemos ter: $\{x \in \mathbb{R} \mid x > 3\}$.

Consequências da definição dos logaritmos

Satisfeitas as condições de existência dos logaritmos, podemos observar algumas consequências:

1ª) $\log_a 1 = 0$, pois $a^0 = 1$

2ª) $\log_a a = 1$, pois $a^1 = a$

3ª) $\log_a a^n = n$, pois $a^n = a^n$

4ª) $a^{\log_a n} = n$, pois $\log_a n = m \Rightarrow a^m = n \Rightarrow a^{\log_a n} = n$

5ª) $\log_a m = \log_a n \Rightarrow m = n$, pois $a^{\log_a m} = n \Rightarrow m = n$

Veja, a seguir, algumas aplicações dessas consequências.

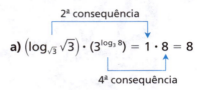

a) $(\log_{\sqrt{3}} \sqrt{3}) \cdot (3^{\log_3 8}) = 1 \cdot 8 = 8$

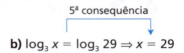

b) $\log_3 x = \log_3 29 \Rightarrow x = 29$

EXERCÍCIOS

9. Determine os possíveis valores de x para que exista:
a) $\log_x 5$
b) $\log_2 (3x + 5)$
c) $\log_3 \dfrac{x-2}{x+4}$
d) $\log_5 (x^2 - 2x + 1)$

10. Com base nas consequências estudadas, calcule.
a) $\log_{11} 11$
b) $\log_{32} 1$
c) $\log_6 6^7$
d) $\log 100$
e) $\log_{\sqrt[3]{2}} 128$
f) $15^{\log_{15} 16}$

11. Determine os valores desconhecidos.
a) $\log_{\sqrt{5}} \sqrt[6]{5} = k$
b) $\log_8 x = \log_8 \dfrac{2}{3}$
c) $\log_7 b = 1$
d) $3^{\log_3 2} = n$

12. Determine o valor das expressões.
a) $2^{\log_2 3^5}$
b) $2^{\log_7 7 \cdot \log_2 15}$
c) $(\log_5 10)^{\log_3 1}$
d) $(\log_{64} 64)^{\log_3 2}$

2. Propriedades operatórias dos logaritmos

Os logaritmos surgiram com a necessidade de facilitar cálculos trabalhosos, já que no século XVII não havia calculadoras. A ideia original para a criação dos logaritmos era utilizá-los para substituir operações mais complexas por operações mais simples (por exemplo, substituir multiplicações por adições, ou divisões por subtrações). A seguir, vamos estudar essas transformações.

2.1 Logaritmo de um produto

Observe os cálculos:

$\log_3 (3 \cdot 9) = \log_3 (3^1 \cdot 3^2) = \log_3 3^{1+2} =$

$= 1 + 2 = \log_3 3 + \log_3 3^2 = \log_3 3 + \log_3 9$

Então, podemos dizer que: $\log_3 (3 \cdot 9) = \log_3 3 + \log_3 9$

O logaritmo do produto de dois números positivos, em uma base a, com $a > 0$ e $a \neq 1$, é igual à soma dos logaritmos de cada um desses números na base a.

$$\log_a (b \cdot c) = \log_a b + \log_a c$$

Vamos verificar essa propriedade.
Considere os seguintes logaritmos:

(I) $\log_a b = x \Leftrightarrow a^x = b$
(II) $\log_a c = y \Leftrightarrow a^y = c$
(III) $\log_a (b \cdot c) = z \Leftrightarrow a^z = b \cdot c$

Substituindo (I) e (II) em (III), obtemos:
$a^z = b \cdot c \Rightarrow a^z = a^x \cdot a^y \Rightarrow a^z = a^{x+y} \Rightarrow$
$\Rightarrow z = x + y \Rightarrow \log_a (b \cdot c) = \log_a b + \log_a c$

Exemplos

a) $\log_5 (25 \cdot 625) = \log_5 25 + \log_5 625 = \log_5 5^2 + \log_5 5^4 =$
$= 2 + 4 = 6$

b) $\log 500 = \log (100 \cdot 5) = \log 100 + \log 5 = 2 + \log 5$

2.2 Logaritmo de um quociente

Observe os cálculos:

$\log_3 \left(\dfrac{3}{9}\right) = \log_3 \left(\dfrac{3^1}{3^2}\right) = \log_3 3^{1-2} =$

$= 1 - 2 = \log_3 3 - \log_3 3^2 = \log_3 3 - \log_3 9$

Então, podemos dizer que: $\log_3 \left(\dfrac{3}{9}\right) = \log_3 3 - \log_3 9$

O logaritmo do quociente de dois números positivos, em uma base a, com $a > 0$ e $a \neq 1$, é igual à diferença dos logaritmos de cada um desses números na base a.

$$\log_a \dfrac{b}{c} = \log_a b - \log_a c$$

Vamos verificar essa propriedade.
Considere os seguintes logaritmos:

(I) $\log_a b = x \Leftrightarrow a^x = b$
(II) $\log_a c = y \Leftrightarrow a^y = c$
(III) $\log_a \left(\dfrac{b}{c}\right) = z \Leftrightarrow a^z = \left(\dfrac{b}{c}\right)$

Substituindo (I) e (II) em (III), obtemos:
$a^z = \left(\dfrac{b}{c}\right) \Rightarrow a^z = \left(\dfrac{a^x}{a^y}\right) \Rightarrow a^z = a^{x-y} \Rightarrow$
$\Rightarrow z = x - y \Rightarrow \log_a \left(\dfrac{b}{c}\right) = \log_a b - \log_a c$

Exemplos

a) $\log_5 \left(\dfrac{125}{625}\right) = \log_5 125 - \log_5 625 = \log_5 5^3 - \log_5 5^4 =$
$= 3 - 4 = -1$

b) $\log_4 \left(\dfrac{1}{16}\right) = \log_4 1 - \log_4 16 = 0 - 2 = -2$

Agora, observe a seguinte expressão:

$\log_a \dfrac{1}{y} = \log_a 1 - \log_a y = 0 - \log_a y = -\log_a y$

Portanto, $\log_a \dfrac{1}{y} = -\log_a y$.

Pela expressão, vimos que o logaritmo do inverso de um número é igual ao oposto desse número. O oposto é denominado **cologaritmo** e é indicado assim:

$$\log_a \dfrac{1}{y} = -\log_a y = \text{colog}_a y, \text{ com } y > 0, a > 0 \text{ e } a \neq 1$$

2.3 Logaritmo de uma potência

Observe os cálculos:

$\log_5 4^3 = \log_5 (4 \cdot 4 \cdot 4) = \log_5 4 + \log_5 4 + \log_5 4 = 3 \cdot \log_5 4$

Então, podemos dizer que: $\log_5 4^3 = 3 \cdot \log_5 4$

O logaritmo de uma potência em uma base a, com $a > 0$ e $a \neq 1$, é igual ao produto do expoente da potência pelo logaritmo da base da potência.

$$\log_a b^n = n \cdot \log_a b$$

Vamos verificar essa propriedade.
Considere os seguintes logaritmos:

(I) $\log_a b = x \Leftrightarrow a^x = b$
(II) $\log_a b^n = y \Leftrightarrow a^y = b^n$

Substituindo (I) em (II), obtemos:
$a^y = b^n \Rightarrow a^y = (a^x)^n \Rightarrow a^y = a^{x \cdot n} \Rightarrow y = n \cdot x \Rightarrow$
$\Rightarrow \log_a b^n = n \cdot \log_a b$

Capítulo 8 • Função logarítmica

Exemplos

a) $\log_5 5^8 = 8 \cdot \log_5 5 = 8 \cdot 1 = 8$

b) $\log_2 \sqrt{3} = \log_2 3^{\frac{1}{2}} = \frac{1}{2} \cdot \log_2 3$

Observação

Veja os cálculos:
- $\log_5^2 3 = (\log_5 3)^2 = (\log_5 3) \cdot (\log_5 3)$
- $\log_5 3^2 = 2 \cdot \log_5 3$

No primeiro caso, a base da potência é $\log_5 3$, e no segundo, a base da potência é o 3 (logaritmando).

Observe que: $\log_5^2 3 \neq \log_5 3^2$

Fique atento, pois, em geral: $\log_a^n b \neq \log_a b^n$

EXERCÍCIOS

R2. Aplicando as propriedades operatórias dos logaritmos, reescrever as expressões abaixo na forma de adição e/ou subtração.

a) $\log(3^2 \cdot 5^3)$

b) $\log\left(\dfrac{2^3 \cdot 3}{5^2 \cdot 7}\right)$

▶ **Resolução**

a) $\log(3^2 \cdot 5^3) = \log 3^2 + \log 5^3 = 2 \cdot \log 3 + 3 \cdot \log 5$

b) $\log\left(\dfrac{2^3 \cdot 3}{5^2 \cdot 7}\right) = \log(2^3 \cdot 3) - \log(5^2 \cdot 7) =$
$= \log 2^3 + \log 3 - (\log 5^2 + \log 7) =$
$= 3 \cdot \log 2 + \log 3 - 2 \cdot \log 5 - \log 7$

13. Aplicando as propriedades dos logaritmos, simplifique as expressões.

a) $\log_2(64 \cdot 13)$

b) $\log_{\sqrt{2}}(2 \cdot 3)$

c) $\log_3(13 \cdot 3)$

d) $\log_{\frac{1}{4}}\left(\dfrac{1}{4}\right)^9$

e) $\log\left(\dfrac{1}{10}\right)^{19}$

f) $\log_{\frac{1}{2}}\left(\dfrac{26}{32}\right)$

R3. Utilizando as propriedades dos logaritmos, simplificar a expressão $\log 50 + \log 20 - \log 8$.

▶ **Resolução**

$\log 50 + \log 20 - \log 8 =$
$= \log(2 \cdot 5^2) + \log(2^2 \cdot 5) - \log 2^3 =$
$= \log 2 + \log 5^2 + \log 2^2 + \log 5 - \log 2^3 =$
$= \cancel{\log 2} + 2 \cdot \log 5 + 2 \cdot \cancel{\log 2} + \log 5 - 3 \cdot \cancel{\log 2} =$
$= 3 \cdot \log 5$

14. Utilizando propriedades de logaritmos, determine o valor de A.

a) $A = \log 30 + \log 7 - \log 21$

b) $A = \log_2 100 - \log_2 25$

15. Admitindo satisfeitas as condições de existência, transforme cada um dos itens em adição ou subtração.

a) $\log_a(b \cdot c \cdot d)$

b) $\log_a\left(\dfrac{2 \cdot k}{d}\right)$

R4. Sabendo que $\log 2 \simeq 0{,}3$ e $\log 5 \simeq 0{,}7$, determinar o valor aproximado de:

a) $\log\left(\dfrac{5}{2}\right)$

b) $\log 20$

c) $\log \sqrt{5}$

▶ **Resolução**

a) $\log\left(\dfrac{5}{2}\right) = \log 5 - \log 2 \simeq 0{,}7 - 0{,}3 = 0{,}4$

b) $\log 20 = \log(2 \cdot 10) = \log 2 + \log 10 \simeq 0{,}3 + 1 = 1{,}3$

c) $\log \sqrt{5} = \log 5^{\frac{1}{2}} = \dfrac{1}{2} \cdot \log 5 \simeq \dfrac{1}{2} \cdot 0{,}7 = 0{,}35$

16. Considerando $\log 2 = 0{,}30$ e $\log 3 = 0{,}48$, determine:

a) $\log 5$

b) $\log 6$

c) $\log 30$

d) $\log 144$

e) $\log \sqrt[3]{30}$

f) $\log \sqrt{6}$

R5. Sendo $\log 8 = a$, calcular $\log 5$.

▶ **Resolução**

Como $\log 8 = a$, temos:

$\log 2^3 = a \Rightarrow 3 \cdot \log 2 = a \Rightarrow \log 2 = \dfrac{a}{3}$

Agora, vamos determinar o valor de $\log 5$:

$\log 5 = \log \dfrac{10}{2} = \log 10 - \log 2 = 1 - \dfrac{a}{3}$

Portanto:

$\log 5 = 1 - \dfrac{a}{3}$

17. Se $\log 64 = k$, calcule $\log 125$.

18. Sendo $\log 2 = a$ e $\log 3 = b$, calcule o valor de:

a) $\log 15$

b) $\log 36$

19. Calcule os valores dos seguintes pares de expressões:

a) $\log_6 36^2$ e $(\log_6 36)^2$

b) $\log_7 49^2$ e $(\log_7 49)^2$

c) $\log 1.000^2$ e $(\log 1.000)^2$

d) $\log_7 49^3$ e $(\log_7 49)^3$

e) $\log_3 243^4$ e $(\log_3 243)^4$

R6. O pH de uma solução indica a acidez (pH < 7) ou a alcalinidade (pH > 7) dessa solução. Para calcular o pH do sangue humano, pode-se utilizar a fórmula de Henderson-Hasselbach, dada por $pH = 6{,}1 + \log\left(\dfrac{B}{C}\right)$, em que B representa a concentração de bicarbonato, substância básica (ou alcalina), em mmol/ℓ, e C representa a concentração de ácido carbônico, substância ácida, em mmol/ℓ. Em geral, o pH do sangue humano é igual a 7,4 (levemente básico). Calcular o pH do sangue de uma pessoa cuja concentração de bicarbonato é 25 mmol/ℓ e cuja concentração de ácido carbônico é 2 mmol/ℓ.

(*Dados*: log 5 ≃ 0,699 e log 2 ≃ 0,301)

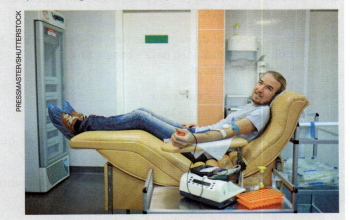

➤ **Resolução**

$pH = 6,1 + \log\left(\dfrac{B}{C}\right) = 6,1 + \log\left(\dfrac{25}{2}\right) =$

$= 6,1 + \log 25 - \log 2 = 6,1 + \log 5^2 - \log 2 =$

$= 6,1 + 2 \cdot \log 5 - \log 2$

Substituindo, temos: $pH = 6,1 + 2(0,699) - 0,301 \simeq 7,2$

Logo, o pH do sangue dessa pessoa é aproximadamente 7,2.

20. O pH de uma solução é dado pela fórmula $pH = -\log[H^+]$ e indica se uma substância é ácida (pH < 7) ou básica (pH > 7). Uma substância com concentração de H^+ em quantidade de $3,8 \cdot 10^{-5}$ mol/ℓ é ácida ou básica?

21. Considerando a fórmula do exercício anterior, se o pH de uma substância é igual a 9, qual é a concentração de H^+ em mol/ℓ?

22. Se $\log(a - b) = \log a + \log b$, com $a > 0$, $b > 0$, $b \neq 1$ e $a > b$, calcule a em função de b.

2.4 Mudança de base

Algumas calculadoras científicas têm uma tecla $\boxed{\log}$. Essa tecla calcula logaritmos na base 10. Se digitarmos o número 100 e, em seguida, apertarmos a tecla $\boxed{\log}$, no visor aparecerá o número 2, que é o resultado de log 100. Dependendo da calculadora, o procedimento pode ser diferente; por exemplo: para o mesmo cálculo, apertamos a tecla $\boxed{\log}$, digitamos o número 100, apertamos a tecla $\boxed{=}$ e obtemos o número 2 (valor de log 100).

Em calculadoras desse tipo, se quisermos calcular logaritmos em bases diferentes de 10, teremos de usar a propriedade de mudança de base, como veremos a seguir.

Considere os seguintes logaritmos:
$\log_4 16 = 2$, $\log_2 16 = 4$ e $\log_2 4 = 2$
Agora, observe os seguintes cálculos:

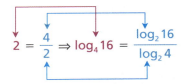

$$2 = \dfrac{4}{2} \Rightarrow \log_4 16 = \dfrac{\log_2 16}{\log_2 4}$$

Note que foi possível transformar um logaritmo de base 4 em um logaritmo de base 2, ou seja, acabamos de efetuar uma mudança de base.

Se a, b e c são números reais positivos, com $a \neq 1$ e $c \neq 1$, então:

$$\log_a b = \dfrac{\log_c b}{\log_c a}$$

Vamos verificar essa propriedade.

Considere os seguintes logaritmos:

(I) $\log_c b = x \Leftrightarrow c^x = b$

(II) $\log_c a = y \Leftrightarrow c^y = a$

(III) $\log_a b = z \Leftrightarrow a^z = b$

Pelas sentenças (I) e (III), temos $a^z = c^x$. Substituindo (II) nessa expressão, obtemos:

$a^z = c^x \Rightarrow (c^y)^z = c^x \Rightarrow c^{y \cdot z} = c^x \Rightarrow$

$\Rightarrow y \cdot z = x \Rightarrow z = \dfrac{x}{y} \Rightarrow \log_a b = \dfrac{\log_c b}{\log_c a}$

Quando $c = b$, temos:

$$\log_a b = \dfrac{\log_b b}{\log_b a} \Rightarrow \boxed{\log_a b = \dfrac{1}{\log_b a}}$$

Exemplos

a) Recorrendo à mudança de base, vamos determinar o valor de $\log_8 16$.

Escolhendo a base 2, temos:

$$\log_8 16 = \dfrac{\log_2 16}{\log_2 8} = \dfrac{\log_2 2^4}{\log_2 2^3} = \dfrac{4 \cdot \log_2 2}{3 \cdot \log_2 2} = \dfrac{4}{3}$$

b) Sabendo que $\log 11 \simeq 1,04$, vamos determinar um valor aproximado de $\log_{11} 1.000$.

Para determinar esse valor, mudamos a base do logaritmo para 10, porque o dado fornecido é um logaritmo nessa base:

$$\log_{11} 1.000 = \dfrac{\log 1.000}{\log 11} = \dfrac{\log 10^3}{\log 11} = \dfrac{3 \cdot \log 10}{\log 11} =$$

$$= \dfrac{3}{\log 11} \simeq \dfrac{3}{1,04} \simeq 2,88$$

Capítulo 8 • Função logarítmica **145**

Observação

Se a e b são números reais positivos, com $a \neq 1$, e n é um número real não nulo, o valor de $\log_{a^n} b$ em função de $\log_a b$ é:

$$\log_{a^n} b = \frac{\log_a b}{\log_a a^n} = \frac{\log_a b}{n \cdot \log_a a} = \frac{1}{n} \cdot \log_a b$$

Então: $\log_{a^n} b = \frac{1}{n} \cdot \log_a b$

EXERCÍCIOS

23. Transformando $\log_a b$ para a base b, faça o que se pede.
  a) Calcule o resultado.
  b) Escreva uma conclusão com base no logaritmo que foi dado e no logaritmo encontrado.
  c) De acordo com sua conclusão, o que acontecerá se você multiplicar $\log_a b$ pelo denominador da fração encontrada no item **a**?

R7. Determinar o valor da expressão:
$\frac{1}{8} \cdot (\log_7 10) \cdot (\log 49)$

▶ **Resolução**

Inicialmente, vamos escrever todos os logaritmos na mesma base.

$\frac{1}{8} \cdot (\log_7 10) \cdot (\log 49) = \frac{1}{8} \cdot (\log_7 10) \cdot \frac{\log_7 49}{\log_7 10} =$

$= \frac{1}{8} \cdot (\log_7 10) \cdot \frac{\log_7 7^2}{\log_7 10} = \frac{1}{8} \cdot 2 \cdot \log_7 7 = \frac{1}{4}$

24. Recalcule o valor da expressão do exercício R7, porém, em vez de escrever o logaritmo na base 7, use a base 10. Você chegou ao resultado encontrado no R7?

25. Determine o valor de cada expressão:
  a) $(\log_9 8) \cdot (2 \cdot \log_8 9)$
  b) $9 - (\log_{15} 8) \cdot (\log_2 15)$

R8. Se $A = \log 6 \cdot \log_6 10$ e $B = \log_3 8 \cdot \log_2 3$, determinar o resultado de:
  a) $A - B$
  b) A^B

▶ **Resolução**

Resolvendo cada uma das expressões:

$A = \log 6 \cdot \log_6 10 = \log 6 \cdot \frac{\log 10}{\log 6} = \log 10 = 1$

$B = \log_3 8 \cdot \log_2 3 = \frac{\log_2 8}{\log_2 3} \cdot \log_2 3 = \log_2 2^3 =$
$= 3 \cdot \log_2 2 = 3$

  a) $A - B = 1 - 3 = -2$
  b) $A^B = 1^3 = 1$

26. Se $A = \log_{\frac{1}{5}} 16 \cdot \log_{16} \frac{1}{5}$ e $B = \frac{1}{\log_{25} 5}$, determine:
  a) $A + B$
  b) $A : B$

27. Sendo $\log_3 4 = m$ e $\log_4 5 = n$, determine, em função de m e n, o valor de $\log_3 5$.

28. Determine o valor da expressão $(\log_b x) \cdot (\log_x y) \cdot (\log_y k)$, fazendo a transformação para a base b. Se $k = 128$ e $b = 2$, qual será o resultado?

29. Calcule o valor da expressão:
$\log_4 2 \cdot \log_6 4 \cdot \log_8 6 \cdot \ldots \cdot \log_{64} 62$

30. Admitidas as condições de existência, mostre que $\log_{b^n} a^n = \log_b a$.

31. Sabendo que $a = \log_3 5$ e $b = \log_{27} 125$, calcule o valor de $a - b$.

3. Função logarítmica

Retomando a situação da abertura deste capítulo, os terremotos têm origem a grande profundidade, no movimento de placas tectônicas, cujo atrito de uma placa com a outra forma ondas mecânicas responsáveis pelas vibrações. A medida na escala Richter é a magnitude de um terremoto e indica a quantidade de energia liberada no foco dele. Essa medida é obtida por meio de sismógrafos.

Amatrice, Itália.

A magnitude do terremoto (M) e a energia liberada (E) podem ser relacionadas da seguinte maneira:

$$M = \frac{\log E - 11,8}{1,5}$$

Essa fórmula é um exemplo de **função logarítmica**.

> Uma função $f: \mathbb{R}_+^* \to \mathbb{R}$ é chamada de **função logarítmica** quando existe um número real a, com $a > 0$ e $a \neq 1$, tal que $f(x) = \log_a x$ para todo $x \in \mathbb{R}_+^*$.

Exemplos

- $g(x) = \log_2 x$
- $h(x) = \log_8 x$
- $i(x) = \log_{\frac{1}{5}} x$

Trocando ideias

Em grupo, pesquisem sobre a ocorrência de terremotos no mundo: os mais recentes, os mais intensos, as regiões em que são mais frequentes. Pesquisem também sobre a escala Richter e a classificação de um terremoto segundo essa escala.

Discutam sobre as seguintes questões:

a) Terremoto e *tsunami* são considerados o mesmo fenômeno?

b) Quanto mais intenso é um terremoto com medida 8,6 na escala Richter em relação a outro medindo 5,6 na mesma escala?

3.1 Valor de uma função logarítmica

Podemos determinar o valor de uma função logarítmica para qualquer valor de x pertencente ao domínio. Por exemplo, para $x = x_0$, fazemos $f(x_0) = \log_a x_0$.

Exemplo

Dada a função f, obtida de uma função logarítmica, definida por $f(x) = \log(x + 3)$, vamos calcular $f(7)$.

Nesse caso, temos $x = 7$. Então:

$f(7) = \log(7 + 3) = \log 10 = 1$

Logo, $f(7) = 1$.

EXERCÍCIOS

32. Dada a função f, definida por $f(x) = \log_2(x + 1)$, determine:

a) $f(7)$

b) $f(0)$

c) $f(-0,5)$

d) $f(\sqrt{2} - 1)$

33. Dada a função g, de lei $g(x) = \log_3(x - 4)$, determine o valor de x se:

a) $g(x) = 3$

b) $g(x) = \dfrac{1}{2}$

c) $g(x) = 0$

d) $g(x) = -4$

34. Um satélite será conduzido ao espaço por um foguete que tem seu consumo de combustível calculado por

$C(t) = \log_2(3t^2 + 5)^2 + 2 \cdot \log_2 \dfrac{1}{10}$, em que C é o consumo em tonelada e t é o tempo em hora. Para colocar o satélite em órbita, o foguete deverá percorrer uma distância de 45.000 km a uma velocidade média de 9.000 km/h. Determine o consumo de combustível para o foguete cumprir a missão.

3.2 Gráfico da função logarítmica

Observe, a seguir, os gráficos de duas funções logarítmicas.

• $f(x) = \log_3 x$

x	$f(x)$
$\dfrac{1}{9}$	-2
$\dfrac{1}{3}$	-1
1	0
3	1
9	2

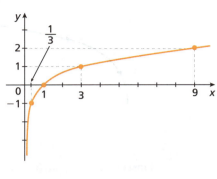

• $g(x) = \log_{\frac{1}{3}} x$

x	$g(x)$
$\dfrac{1}{9}$	2
$\dfrac{1}{3}$	1
1	0
3	-1
9	-2

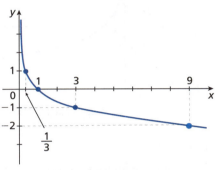

Analisando os gráficos dessas funções logarítmicas, percebemos que:

- ambos intersectam o eixo x no ponto $(1, 0)$ e não encostam no eixo das ordenadas;
- os dois gráficos ocupam apenas o 1º e o 4º quadrantes;
- o domínio das duas funções é o conjunto dos números reais positivos ($\mathbb{R}_+^*$), e a imagem é o conjunto dos números reais ($\mathbb{R}$).

De modo geral, essas observações são válidas para todas as funções logarítmicas.

Crescimento e decrescimento de uma função logarítmica

Analisando as tabelas de valores e os gráficos das funções f e g apresentadas acima, podemos verificar que:

- na função f, quando os valores de x aumentam, os valores correspondentes de $f(x)$ também aumentam. Isso ocorre porque a base a é maior que 1 ($a = 3$). Portanto, a função f dada pela lei $f(x) = \log_3 x$ é **crescente**.
- no caso da função g, quando os valores de x aumentam, os valores correspondentes de $g(x)$ diminuem. Isso ocorre porque a base a está entre 0 e 1 $\left(a = \dfrac{1}{3}\right)$.

Portanto, a função g dada pela lei $g(x) = \log_{\frac{1}{3}} x$ é **decrescente**.

De modo geral, temos:

Função crescente ($a > 1$)
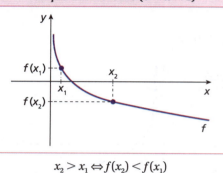
$x_2 > x_1 \Leftrightarrow f(x_2) > f(x_1)$
Função decrescente ($0 < a < 1$)
$x_2 > x_1 \Leftrightarrow f(x_2) < f(x_1)$

Exemplos

a) $g(x) = \log_2 x$ é lei de uma função crescente, pois $2 > 1$.

b) $h(x) = \log_{\sqrt{3}} x$ é lei de uma função crescente, pois $\sqrt{3} > 1$.

c) $i(x) = \log_{\frac{1}{5}} x$ é lei de uma função decrescente, pois $0 < \frac{1}{5} < 1$.

Uma relação entre a função logarítmica e a função exponencial

Vejamos agora uma importante relação entre a função logarítmica e a função exponencial.

Pela definição de logaritmo, se $y = \log_a x$, então $x = a^y$. Considerando os respectivos domínios e contradomínios, as funções logarítmica e exponencial são funções inversas.

Os gráficos de duas funções inversas são simétricos em relação à reta $y = x$. Como exemplo, compare as representações gráficas de f e g dadas por $f(x) = 2^x$ e $g(x) = \log_2 x$.

x	$f(x) = 2^x$	x	$g(x) = \log_2 x$
-2	$\frac{1}{4}$	$\frac{1}{4}$	-2
-1	$\frac{1}{2}$	$\frac{1}{2}$	-1
0	1	1	0
1	2	2	1
2	4	4	2

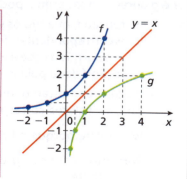

EXERCÍCIOS

35. Com o auxílio de uma tabela, construa os gráficos das seguintes funções logarítmicas:

a) $h(x) = \log_4 x$

b) $i(x) = \log_{\frac{1}{4}} x$

- Qual função é crescente e qual é decrescente?
- Como você responderia a essas perguntas sem construir os gráficos correspondentes?

36. Em cada gráfico do exercício anterior, marque os pontos dos pares (a, b), em que a é um valor de y da tabela que você construiu, e b é o respectivo valor de x. Trace por esses pontos a curva simétrica ao gráfico do exercício anterior, em relação à bissetriz dos quadrantes ímpares. Expresse a lei da função que essa curva representa.

37. Classifique cada uma das funções representadas pelos gráficos abaixo em crescente ou decrescente.

a) 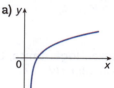   b)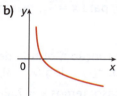

38. Em cada item, determine a função logarítmica representada pelo gráfico.

a) 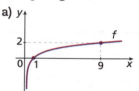   c)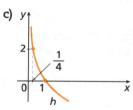

b) 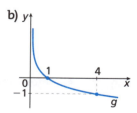   d)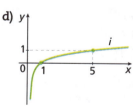

39. Classifique cada uma das funções dadas pelas leis abaixo em crescente ou decrescente, justificando sua resposta.

a) $f(x) = \log_3 x$

b) $f(x) = \log_{\frac{1}{3}} x$

c) $y = \log_{\frac{1}{10}} x$

d) $y = \log x$

40. Determine o valor de k para que:

a) $f(x) = \log_{k^2 - 1} x$ seja lei de uma função crescente.

b) $f(x) = \log_{3k - 1} x$ seja lei de uma função decrescente.

4. Equações logarítmicas

Equações logarítmicas são equações cuja incógnita está no logaritmando ou na base de um logaritmo (ou em ambos).

Exemplos

- $\log(2x - 3) = -1$
- $\log_x^2 x + \log_x x = 2$
- $\log_x 5 + 7 = 0$

Podemos resolver equações logarítmicas aplicando a definição de logaritmo e usando as propriedades dos logaritmos. Devemos também sempre levar em consideração as condições de existência dos logaritmos.

Acompanhe, a seguir, alguns modos de resolução.

Exemplos

a) Vamos determinar o valor de x sabendo que $\log_6(x + 5) = 2$.

Primeiro, estabelecemos a condição de existência:
$x + 5 > 0 \Rightarrow x > -5$

Em seguida, resolvemos a equação dada, usando a definição de logaritmo:
$\log_6(x + 5) = 2 \Rightarrow 6^2 = x + 5 \Rightarrow x = 36 - 5 \Rightarrow x = 31$

Como 31 atende à condição de existência do logaritmo, x é igual a 31.

Observação

Se o número encontrado como resposta de uma equação logarítmica não satisfizer às condições de existência do logaritmo, o conjunto solução será vazio, ou seja, $S = \{\ \}$ ou $S = \varnothing$.

b) Vamos resolver o sistema: $\begin{cases} \log x - \log y = \log 4 \\ 4^{x+y} = 1.024 \end{cases}$

Condições de existência: $x > 0$ e $y > 0$

Preparando o sistema, temos:
$\begin{cases} \log \dfrac{x}{y} = \log 4 \\ 4^{x+y} = 4^5 \end{cases} \Rightarrow \begin{cases} \dfrac{x}{y} = 4 \Rightarrow x = 4y \text{ (I)} \\ x + y = 5 \text{ (II)} \end{cases}$

Substituindo (I) em (II): $4y + y = 5 \Rightarrow 5y = 5 \Rightarrow y = 1$

Substituindo y por 1 em (I): $x = 4 \cdot 1 \Rightarrow x = 4$

Como ambos os resultados obedecem às condições de existência, temos $S = \{(4, 1)\}$.

Observação

Lembre-se de que, em um sistema com duas incógnitas, as soluções, se existirem, serão pares ordenados (x, y). Por isso, é preciso colocar a solução entre chaves e parênteses: $S = \{(x, y)\}$

c) Vamos calcular o valor de x supondo que $\log_{(x+1)} 9 = 2$.

Primeiro, estabelecemos as condições de existência:
- $x + 1 > 0 \Rightarrow x > -1$
- $x + 1 \neq 1 \Rightarrow x \neq 0$

Em seguida, resolvemos a equação dada, usando a definição de logaritmo:
$\log_{(x+1)} 9 = 2 \Rightarrow (x + 1)^2 = 9 \Rightarrow x^2 + 2x - 8 = 0$
Resolvendo a equação do segundo grau, obtemos $x = 2$ ou $x = -4$.
Como $x = -4$ não atende a condição de existência, x é igual a 2.
Portanto, o conjunto solução é $S = \{2\}$.

EXERCÍCIOS

41. Resolva as equações a seguir.
- a) $\log_x 64 = 2$
- b) $\log_m 2 = \dfrac{1}{2}$
- c) $\log_n 243 = 5$
- d) $\log_y 12 = 2$
- e) $\log_v 16 = -4$
- f) $\log_k 0{,}01 = 2$

42. Determine o conjunto solução das equações.
- a) $\log_4 (x + 1) = 2$
- b) $\log_4 x = \dfrac{1}{3}$
- c) $\log_{\frac{2}{9}} x = 3$
- d) $\log_8 x = -2$
- e) $\log_{\sqrt{7}} x = -4$
- f) $\log_{0{,}03} x = -3$

R9. Resolver a equação $\log^2 x - 5 \cdot \log x + 4 = 0$.

➤ **Resolução**

Condição de existência: $x > 0$
Substituindo $\log x$ por y, obtemos:
$y^2 - 5y + 4 = 0 \Rightarrow y_1 = 4$ e $y_2 = 1$
Como $y = \log x$, então:
- $\log x = 1 \Rightarrow x = 10$
- $\log x = 4 \Rightarrow x = 10.000$

Como ambos os resultados obedecem à condição de existência, temos $S = \{10, 10.000\}$.

43. Resolva as equações logarítmicas.
- a) $\log x + 2 \log^2 x - 1 = 0$
- b) $\log_x 2(0{,}5x^3 + 9x - 72) = 3$
- c) $\log_{21}(x + 2) + \log_{21}(x + 6) = 1$
- d) $\log_2(x - 2) - \log_2(2x - 7) = 1 - \log_2(x - 3)$
- e) $\log_{x+7} 25 = \log_2 4$
- f) $\log x^2 = \log^2 x$

44. Determine o valor de x que satisfaz cada equação.
- a) $\log(x - 1) + \log(x^2 - 2x + 1) = 3$
- b) $\log_2 3 \cdot \log_3 4 \cdot \log_4 5 \cdot \log_5 6 \cdot \log_6 x = \log_4(2x - 1)$
- c) $\log_2(x - 1) - \log_4 x = 1$
- d) $4^{\log_2 x} - 2x - 2 = 0$

45. Determine o conjunto solução dos sistemas abaixo.
- a) $\begin{cases} x + y = 240 \\ \log_{18} x - \log_{18} y = \log_{18} 11 \end{cases}$
- b) $\begin{cases} x - y = 30 \\ \log x - \log y = \log 61 \end{cases}$
- c) $\begin{cases} x + y = 240 \\ \log(x - y) = 2 \end{cases}$
- d) $\begin{cases} x + y^2 = 50 \\ \log_y x = 2 \end{cases}$

46. Determine o conjunto solução do sistema abaixo.
$$\begin{cases} 3^{x+y} = 729 \\ \log x + \log y = \log 8 \end{cases}$$

47. A massa A de uma substância radioativa decai segundo a lei $A = A_0 \cdot 10^{-0,012t}$, em que t é o tempo de decaimento, em hora, e A_0 é a massa inicial, isto é, a massa correspondente a $t = 0$. Para calcular a meia-vida dessa substância, ou seja, o tempo decorrido para que $A = \frac{1}{2}A_0$, um químico substituiu A por $\frac{1}{2}A_0$ nessa lei e obteve a equação $\log 0{,}5 = \log 10^{-0,012t}$. Considerando $\log 0{,}5 = -0{,}30$, resolva essa equação para obter a meia-vida da substância.

48. Calcule o valor de $a + b$ sabendo que (a, b) é solução do sistema: $\begin{cases} \log x + \log y = 1 \\ \log x + \operatorname{colog} y = 1 + 2 \cdot \operatorname{colog} 2 \end{cases}$

5. Inequações logarítmicas

Inequações logarítmicas são inequações que têm a incógnita no logaritmando ou na base de um logaritmo (ou em ambos).

Exemplos
- $\log_3 (x + 1) > \log_3 x$
- $\log_5 (x - 2) - \log_7 (x^2 + 4) \leqslant 9$
- $\log_6 x + \log_3 x \geqslant 0$
- $\log (8 - x) < \log x + 12$

Já vimos que uma função logarítmica pode ser crescente ou decrescente, dependendo do valor da base a.

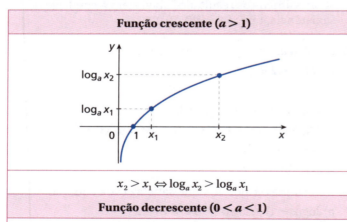

$x_2 > x_1 \Leftrightarrow \log_a x_2 > \log_a x_1$

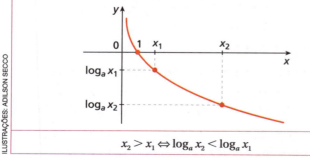

$x_2 > x_1 \Leftrightarrow \log_a x_2 < \log_a x_1$

Assim, concluímos:

- Quando a base do logaritmo é maior que 1, a relação de desigualdade entre os logaritmos se mantém entre os logaritmandos. Ou seja, para $a > 1$, temos:

$$\log_a f(x) > \log_a g(x) \Rightarrow f(x) > g(x)$$

sinal mantido

Analogamente:
$$\log_a f(x) \geqslant \log_a g(x) \Rightarrow f(x) \geqslant g(x)$$
$$\log_a f(x) < \log_a g(x) \Rightarrow f(x) < g(x)$$
$$\log_a f(x) \leqslant \log_a g(x) \Rightarrow f(x) \leqslant g(x)$$

- Quando a base do logaritmo está entre 0 e 1, a relação de desigualdade entre os logaritmos se inverte entre os logaritmandos. Ou seja, para $0 < a < 1$, temos:

$$\log_a f(x) > \log_a g(x) \Rightarrow f(x) < g(x)$$

sinal invertido

Analogamente:
$$\log_a f(x) \geqslant \log_a g(x) \Rightarrow f(x) \leqslant g(x)$$
$$\log_a f(x) < \log_a g(x) \Rightarrow f(x) > g(x)$$
$$\log_a f(x) \leqslant \log_a g(x) \Rightarrow f(x) \geqslant g(x)$$

Apesar de essas regras serem análogas às utilizadas na resolução de inequações exponenciais, devemos lembrar que a função exponencial tem domínio $\mathbb{R}$, ou seja, não há condição de existência, ao contrário da função logarítmica, cujo domínio é $\mathbb{R}_+^*$.

Portanto, ao resolver inequações logarítmicas, é fundamental determinar as condições de existência.

Exemplos

a) Vamos resolver a inequação $\log (x + 13) > \log 2$.

Condição de existência: $x + 13 > 0 \Rightarrow x > -13$ (I)

Como a base é 10 (maior que 1), a relação de desigualdade entre os logaritmos se mantém entre os logaritmandos:

$$\log (x + 13) > \log 2 \Rightarrow x + 13 > 2 \Rightarrow x > -11 \text{ (II)}$$

sinal mantido

As condições (I) e (II) devem ser satisfeitas.

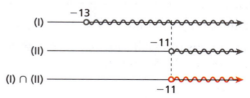

Logo, $S = \{x \in \mathbb{R} \mid x > -11\}$.

b) Vamos resolver a inequação $1 < \log_3 (2x + 1) < 4$.

Condição de existência: $2x + 1 > 0 \Rightarrow x > -\frac{1}{2}$ (I)

Devemos escrever 1 e 4 como logaritmos de um número na base 3:

- $1 = \log_3 3^1 = \log_3 3$
- $4 = \log_3 3^4 = \log_3 81$

Obtemos, então, a seguinte desigualdade:
$\log_3 3 < \log_3 (2x - 1) < \log_3 81$

Como a base é 3 (maior que 1), a relação de desigualdade entre os logaritmos se mantém entre os logaritmandos:
$3 < 2x - 1 < 81$

Assim:
- $3 < 2x - 1 \Rightarrow x > 2$ (II)
- $2x - 1 < 81 \Rightarrow x < 41$ (III)

As condições (I), (II) e (III) devem ser satisfeitas.

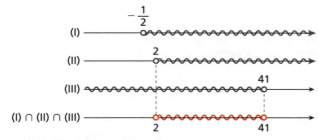

Logo, $S = \{x \in \mathbb{R} \mid 2 < x < 41\}$.

EXERCÍCIOS

R10. Resolver a inequação $\log_{\frac{1}{3}} x + \log_{\frac{1}{3}} (-x + 10) \leq -2$.

➤ **Resolução**

Condições de existência:
- $x > 0$
- $-x + 10 > 0 \Rightarrow x < 10$

Assim: $0 < x < 10$ (I)

Devemos escrever -2 como o logaritmo de um número na base $\frac{1}{3}$:

$-2 = \log_{\frac{1}{3}} \left(\frac{1}{3}\right)^{-2} = \log_{\frac{1}{3}} 3^2 = \log_{\frac{1}{3}} 9$

Como a base é $\frac{1}{3}$ (está entre 0 e 1), a relação de desigualdade entre os logaritmos se inverte entre os logaritmandos:

$\log_{\frac{1}{3}} x + \log_{\frac{1}{3}} (-x + 10) \leq \log_{\frac{1}{3}} 9$

$\log_{\frac{1}{3}} [x(-x + 10)] \leq \log_{\frac{1}{3}} 9$

↑ sinal invertido

$[x(-x + 10)] \geq 9$

$-x^2 + 10x - 9 \geq 0$

Resolvendo a equação $-x^2 + 10x - 9 = 0$, obtemos:
$\Delta = 100 - 4 \cdot (-1) \cdot (-9) = 64$

$x = \dfrac{-10 \pm \sqrt{64}}{-2}$

$x = 1$ ou $x = 9$

Para estudar o sinal da função quadrática $f(x) = -x^2 + 10x - 9$, cujos zeros são 1 e 9, vamos esboçar o gráfico:

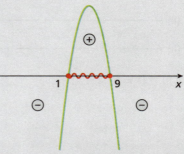

Portanto: $-x^2 + 10x - 9 \geq 0 \Rightarrow 1 \leq x \leq 9$ (II)

As desigualdades (I) e (II) devem ser satisfeitas.

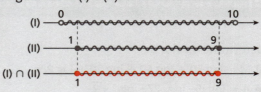

Logo, $S = \{x \in \mathbb{R} \mid 1 \leq x \leq 9\}$.

49. Resolva as inequações.
a) $\log_{12} (x + 9) > 0$
b) $\log_{\frac{1}{5}} (x^2 - 4) < \log_{\frac{1}{5}} 5$
c) $\log_2 (2x - 3) < 1$
d) $\log_{\frac{1}{2}} (x - 5) < 3$

50. Em um mesmo plano cartesiano, construa os gráficos das funções f e g de lei $f(x) = \log_2 x$ e $g(x) = 2$.
a) Analise os intervalos do domínio em que $f(x) \geq g(x)$.
b) Monte a inequação, resolva-a e compare a solução com a análise dos gráficos.

51. Resolva a inequação $\log_{\frac{1}{2}} (x^2 - 3x + 2) > -1$.

52. Para que valores de $a \in \mathbb{R}$ a equação $2x^2 - 4x + \log_2 a = 0$ não tem raízes reais?

53. Determine $k \in \mathbb{R}$ de modo que a função $f(x) = \log (x^2 - 6x + 2k + 1)$ tenha domínio real.

R11. Determinar para que valores de x é definida a função f de lei $f(x) = \log_6 (\log_2 x)$.

➤ **Resolução**

Para que essa função seja definida, é necessário que $\log_2 x > 0$.

Condição de existência: $x > 0$ (I)

Sabendo que a base é 2 (maior que 1) e que $0 = \log_2 1$, podemos resolver a inequação:

$\log_2 x > 0$
$\log_2 x > \log_2 1$
$x > 1$ (II)

Capítulo 8 • Função logarítmica **151**

As desigualdades (I) e (II) devem ser satisfeitas.

Logo, $D(f) = \{x \in \mathbb{R} \mid x > 1\}$.

54. Explicite o domínio das funções a seguir, dadas pelas leis:

a) $f(x) = \sqrt{\log(x+3)}$

b) $g(x) = \dfrac{1}{\log_2 x}$

c) $h(x) = \sqrt[4]{\log_{\frac{1}{3}}\left(\log_{\frac{1}{3}} x\right)}$

55. Resolva as inequações.

a) $\log x^3 + \log(2x-1)^3 \leq 3 \cdot \log 3$

b) $3 \cdot 2^{2x} - 14 \cdot 2^x + 8 < 0$

Exercícios complementares

1. Determine o valor de:

a) $M = \log 50 + \log 40 + \log 20 + \log 2,5$

b) $A = \log_3 5 \cdot \log_4 27 \cdot \log_{25} \sqrt{2}$

2. Sejam x e y números reais e positivos tais que $\log_3(\log_7 x) = \log_7(\log_3 y) = 0$, calcule $x - y$.

3. Considerando $\log 2 = 0,30$ e $\log 3 = 0,48$, calcule o maior inteiro n que satisfaz a inequação $10^n \leq 18^{40}$.

4. Sendo $p = \log_8 289$ e $q = \log_2 17$, determine p em função de q.

5. Sabendo que $a = \log_2 20$ e $b = \log 2$, calcule a em função de b.

6. Se $5^n = 2$, calcule o valor de $\log_2 100$.

7. Considere a função definida por $f(x) = \log_n x$. Se $f(n) = m$ e $f(n+2) = m+1$, determine m e n.

8. Em uma calculadora de 12 dígitos, quando se aperta a tecla log, aparece no visor o logaritmo decimal do número que estava antes no visor. Se a operação não é possível, aparece no visor a palavra ERRO. Se digitarmos o número 10 bilhões, quantas vezes deveremos apertar a tecla log para aparecer a mensagem ERRO?

9. Calcule o valor da expressão $3^{2+\log_3 4} + 10^{-\log 2}$.

10. Sendo $\log_2(\sqrt{3}+1) = k$, calcule o valor de $\log_2(\sqrt{3}-1)$ em função de k.

11. Sabendo que $2t = 2^k - 2^{-k}$, determine k em função de t.

12. Resolva a equação $4 \cdot x^{\log_2 x} = x^3$.

13. Resolva a inequação $\log_{\frac{1}{2}} x + \log_3 x > 1$.

QUESTÕES DE VESTIBULAR

14. (Femm-MG) Calculando-se o valor de $\log_2\left(\dfrac{2^{x+1} - 2^x - 2^{x-1}}{2^{x-3}}\right)$, obtém-se:

a) $-\dfrac{1}{3}$ b) 1   c) 2   d) 3

15. (Unifesp) A relação $P(t) = P_0(1+r)^t$, onde $r > 0$ é constante, representa a quantidade P que cresce exponencialmente em função do tempo $t > 0$. P_0 é a quantidade inicial e r é a taxa de crescimento num dado período de tempo. Neste caso, o tempo de dobra da quantidade é o período necessário para ela dobrar. O tempo de dobra T pode ser calculado pela fórmula:

a) $T = \log_{(1+r)} 2$

b) $T = \log_r 2$

c) $T = \log_2 r$

d) $T = \log_2(1+r)$

e) $T = \log_{(1+r)}(2r)$

16. (UFRJ) Considere $a = \log\left(x - \dfrac{1}{x}\right)$ e $b = \log\left(x + \dfrac{1}{x} - 1\right)$, com $x > 1$.

Determine $\log\left(x^2 - x + \dfrac{1}{x} - \dfrac{1}{x^2}\right)$ em função de a e b.

17. (Vunesp) O nível sonoro N, medido em decibéis (dB), e a intensidade I de um som, medida em watt por metro quadrado (W/m²), estão relacionados pela equação $N = 120 + 10 \cdot \log_{10}(I)$. Suponha que foram medidos em certo local os níveis sonoros N_1 e N_2 de dois ruídos com intensidades I_1 e I_2, respectivamente. Sendo $N_1 - N_2 = 20$ dB, a razão $\dfrac{I_1}{I_2}$ é:

a) 10^{-2} b) 10^{-1} c) 10 d) 10^2 e) 10^3

18. (Insper-SP) Na figura abaixo, está representada, fora de escala, uma parte do gráfico $y = \log_3 x$.

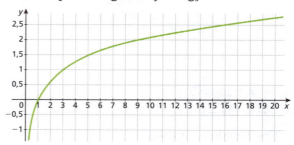

A partir do gráfico, pode-se concluir que a solução da equação $9^x = 15$ vale, aproximadamente:

a) 2,50

b) 1,65

c) 1,45

d) 1,25

e) 1,10

19. (Vunesp) O altímetro dos aviões é um instrumento que mede a pressão atmosférica e transforma esse resultado em altitude.

Suponha que a altitude h acima do nível do mar, em quilômetro, detectada pelo altímetro de um avião seja dada, em função da pressão atmosférica p, em atm, por $h(p) = 20 \cdot \log_{10}\left(\dfrac{1}{p}\right)$. Num determinado instante, a pressão atmosférica medida pelo altímetro era 0,4 atm. Considerando a aproximação $\log_{10} 2 = 0,3$, a altitude h do avião nesse instante, em quilômetro, era de:

a) 5 b) 8 c) 9 d) 11 e) 12

20. (Fuvest-SP) A curva da figura que se segue representa o gráfico da função $y = \log_{10} x$, para $x > 0$.

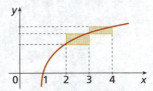

Assim sendo, a área da região pontilhada formada pelos dois retângulos é:

a) $\log_{10} 2$

b) $\log_{10} 3$

c) $\log_{10} 4$

d) $\log_{10} 5$

e) $\log_{10} 6$

21. (Vunesp) Considere as funções $f(x) = \dfrac{x}{2}$ e $g(x) = \log_2 x$, para $x > 0$.

a) Represente, num mesmo sistema de coordenadas retangulares, os gráficos das duas funções, colocando os pontos cujas abscissas são $x = 1$, $x = 2$, $x = 4$ e $x = 8$.

b) Baseado na representação gráfica, dê o conjunto solução da inequação $\dfrac{x}{2} < \log_2 x$ e justifique por que $\dfrac{x}{2} < \log_2 \pi$.

22. (Vunesp) Seja V_0 o volume inicial de um líquido volátil, o qual diminui à taxa de 20% por hora.

a) Encontre a equação do volume V do líquido em função do tempo.

b) Determine o valor aproximado do tempo em que o volume se reduz à metade (Dado: $\log_{10} 2 = 0,301$).

O álcool é um líquido volátil, ou seja, evapora à pressão e temperatura ambientes.

23. (UFSCar-SP) Em notação científica, um número é escrito na forma $p \cdot 10q$, sendo p um número real tal que $1 \leq p < 10$, e q um número inteiro. Considerando $\log 2 = 0,3$, o número 2^{255}, escrito em notação científica, terá p igual a:

a) $\sqrt{10}$ b) $\sqrt{3}$ c) $\sqrt{2}$ d) 1,2 e) 1,1

24. (Unifesp) Considere os gráficos das funções definidas por $f(x) = \log_{10}(x)$ e $g(x) = 10^x$, conforme figura (fora de escala).

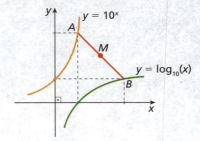

a) Dê as coordenadas de M, ponto médio do segmento $\overline{AB}$.

b) Mostre que $(f \circ g)(x) = x$ e $(g \circ f)(x) = x$, para todo $x > 0$.

25. (FGV) Ao longo de uma campanha publicitária pelo desarmamento, verificou-se que o número de armas em poder das pessoas de uma comunidade decresceu à taxa de 20% ao mês. Após um tempo t, o número de armas nessa comunidade foi reduzido à metade. Se $\log 2 = 0,30$, o valor de t é:

a) 3 meses. c) 137 dias. e) 57 dias.

b) 2 meses. d) 80 dias.

26. (Vunesp) Considere as funções $f(x) = \log_3 (9x^2)$ e $g(x) = \log_3 \left(\dfrac{1}{x}\right)$, definidas para todo $x > 0$.

a) Resolva as duas equações: $f(x) = 1$ e $g(x) = -3$.

b) Mostre que $1 + f(x) + g(x) = 3 + \log_3 x$.

27. (FGV) O conjunto solução da equação

$x \cdot \left(\log_2(7^x) + \log_2\left(\dfrac{7}{3}\right)\right) + \log_2(21^x) = 0$, sendo $\log_2(N)$

o logaritmo do número N na base 2, é:

a) $\varnothing$ b) $\{0\}$ c) $\{1\}$ d) $\{0, -2\}$ e) $\{0, 2\}$

28. (Mackenzie-SP) O valor real de x, tal que $\log \sqrt{5x + 1} - \log(1 - 5x) = 0$, é um número:

a) racional maior que zero.

b) irracional maior que zero.

c) inteiro.

d) racional menor que zero.

e) irracional menor que zero.

29. (PUC) Se x e y são números reais tais que $\log_8 2^x = y + 1$ e $\log_3 9^y = x - 9$, então $x - y$ é igual a:

a) 5 b) 8 c) 10 d) 12 e) 15

 Mais questões: no livro digital, em **Vereda Digital Aprova Enem** e **Vereda Digital Suplemento de revisão e vestibulares**; no *site*, em **AprovaMax**.

CAPÍTULO 9

SEQUÊNCIAS

Os jogos olímpicos são o maior evento esportivo do mundo. Na edição de 2016, realizada no Rio de Janeiro, o evento reuniu atletas de várias modalidades representando mais de 200 países.

1. Sequências e padrões

As últimas seis edições das olimpíadas ocorreram nas cidades de Atlanta, Sidney, Atenas, Pequim, Londres e Rio de Janeiro, respectivamente nos anos 1996, 2000, 2004, 2008, 2012 e 2016. Os anos em que foram realizadas as últimas seis olimpíadas formam uma **sequência**, ou **sucessão**.

Os elementos ou termos dessa sequência podem ser representados por uma letra (geralmente, usa-se a letra *a*) e um índice que indica a posição ou ordem do elemento na sequência. Assim, $a_1 = 1996$ é o primeiro termo da sequência, $a_2 = 2000$ é o segundo termo, e assim sucessivamente até $a_6 = 2016$.

Para indicar um termo qualquer da sequência, ou seja, o enésimo termo, escrevemos a_n.

Se a sequência tem um último termo a_n, ela é **finita**; se não tem, é **infinita** e a indicamos colocando reticências no final. Veja:

- Uma sequência finita de *n* termos é indicada por $(a_1, a_2, a_3, ..., a_n)$.
- Uma sequência infinita é indicada por $(a_1, a_2, a_3, ..., a_n, ...)$.

Exemplos

a) A sequência das estações do ano é finita, pois tem um último elemento: (verão, outono, inverno, primavera).

b) A sequência dos números primos é infinita. Para indicá-la, escrevemos os primeiros elementos e colocamos reticências no final: (2, 3, 5, 7, 11, 13, ...)

Observe que as sequências pressupõem certa ordem em seus termos.

Trocando ideias

Além dos jogos olímpicos, a cada 4 anos acontecem também os jogos paraolímpicos.

Em grupos, pesquisem a respeito dos jogos paraolímpicos: o que são as paraolimpíadas, como e onde começaram, sua história, anos de realização e países sede, modalidades esportivas praticadas, desempenho dos atletas brasileiros nesses jogos etc. Conversem sobre a importância da inclusão, não somente nos esportes, mas em todos os setores da sociedade.

1.1 Sequências numéricas

Um tipo importante de sucessão são as sequências numéricas.

> Uma **sequência numérica** é uma função f cujo domínio está contido em $\mathbb{N}^*$ e cujo contradomínio é $\mathbb{R}$.

Uma sequência numérica pode ser determinada por uma **lei de formação**, ou seja, uma lei que associe a cada número natural n diferente de zero um termo $a_n = f(n)$. O termo a_n é também conhecido como **termo geral** da sequência.

Exemplos

a) Para determinar a sequência de números naturais ímpares, podemos utilizar a seguinte lei de formação: $f(n) = 2n - 1$, em que $n \in \mathbb{N}^*$. Essa lei de formação associa cada número natural diferente de zero a um termo da sequência formada pelos números naturais ímpares. Nesse caso, o primeiro termo da sequência será indicado por a_1.

A tabela a seguir apresenta os quatro primeiros termos dessa sequência.

n	a_n
1	$a_1 = 2 \cdot 1 - 1 = 1$
2	$a_2 = 2 \cdot 2 - 1 = 3$
3	$a_3 = 2 \cdot 3 - 1 = 5$
4	$a_4 = 2 \cdot 4 - 1 = 7$

Nesse caso, podemos verificar que a sequência dos números naturais ímpares é: (1, 3, 5, 7, ...). Como n pertence a um conjunto infinito, a sequência também é infinita.

b) Vamos escrever a sequência definida por:
$$\begin{cases} a_1 = -2 \\ a_n = 3 \cdot a_{n-1} - 5, \text{ com } n \geq 2 \end{cases}$$

A tabela apresenta os quatro primeiros termos dessa sequência.

n	a_n
1	$a_1 = -2$
2	$a_2 = 3 \cdot a_1 - 5 = 3 \cdot (-2) - 5 = -11$
3	$a_3 = 3 \cdot a_2 - 5 = 3 \cdot (-11) - 5 = -38$
4	$a_4 = 3 \cdot a_3 - 5 = 3 \cdot (-38) - 5 = -119$

Portanto, a sequência é: (−2, −11, −38, −119, ...)

c) Considerando a sequência (7, 14, 21, 28, 35), verificamos que é possível estabelecer uma relação entre o valor de cada termo e sua posição na sequência.

n	a_n
1	$a_1 = 7 = 7 \cdot 1$
2	$a_2 = 14 = 7 \cdot 2$
3	$a_3 = 21 = 7 \cdot 3$
4	$a_4 = 28 = 7 \cdot 4$
5	$a_5 = 35 = 7 \cdot 5$

Analisando a tabela, verificamos que o termo geral dessa sequência é: $a_n = 7n$, com $n \in \{1, 2, 3, 4, 5\}$

Observação

Quando for conveniente, podemos representar o primeiro termo de uma sequência por a_0, em vez de a_1. Nesse caso, o domínio da função é $\mathbb{N}$.

Usando planilhas eletrônicas para determinar os termos de uma sequência

Algumas vezes, o termo geral de uma sequência é dado por uma lei tal que, para calcular um termo, é necessário conhecer os termos anteriores. Por exemplo, a sequência dada pela lei de formação:

$$\begin{cases} a_1 = -2 \\ a_2 = 10 \\ a_n = n + a_{n-1} - a_{n-2}, \text{ com } n \geq 3 \end{cases}$$

Como você faria para calcular o termo a_{57} dessa sequência?

Para calcular o termo a_{57}, seria necessário conhecer os valores de a_{56} e a_{55} e, para calcular esses valores, por sua vez, seria necessário saber os valores de a_{54} e a_{53}, e assim por diante; ou seja, para determinar o termo a_{57}, seria preciso calcular todos os termos do a_3 ao a_{56}.

Capítulo 9 • Sequências **155**

Perceba que realizar esse procedimento fazendo as contas uma a uma, mesmo que usando uma calculadora, seria extremamente trabalhoso. Uma maneira de facilitar esse processo seria usar uma planilha eletrônica, como mostrado a seguir.

Vamos usar duas colunas da planilha: A e B. A coluna A será usada para os valores de n, e a coluna B, para os valores de a_n.

Inicialmente, para preencher a coluna A, basta digitar 1 na célula A2 e, na célula A3, digitar a fórmula:
= A2 + 1
(Adiciona 1 ao valor da célula A2)
Para preencher as próximas células dessa coluna, basta selecionar a célula A3, levar o cursor até a quina e, com o botão esquerdo do *mouse* clicado, arrastar a seleção para baixo, até onde for conveniente; no nosso caso, pelo menos até $n = 57$.

B4	Fórmula	=A4+B3−B2
	A	B
1	n	a_n
2	1	−2
3	2	10
4	3	15
5	4	
6	5	
7	6	
8	7	
9	8	

Digitamos os valores de a_1 e de a_2 nas células B2 e B3, respectivamente.
Então, na célula B4, digitamos a fórmula:
= A4 + B3 − B2
(No caso da sequência, o valor de A4 é o valor correspondente a n, o valor de B3 é o correspondente a a_{n-1}, e o valor de B2 é o correspondente a a_{n-2}.)

B58	Fórmula	=A58+B57−B56
	A	B
1	n	a_n
2	1	−2
3	2	10
4	3	15
5	4	9
6	5	−1
7	6	−4
⋮	⋮	⋮
52	51	63
53	52	57
54	53	47
55	54	44
56	55	52
57	56	64
58	57	69
59	58	

Para copiar a fórmula para as outras células da coluna, basta selecionar a célula B4, levar o cursor até a quina da seleção e, com o botão esquerdo do *mouse* clicado, arrastar a seleção para baixo. Assim, preenchemos os valores de a_n até $n = 57$.

Assim, encontramos o termo a_{57} da sequência: $a_{57} = 69$

Observação

Note que, para determinar qualquer outro termo dessa sequência, bastaria continuar arrastando a seleção da célula B4 até a célula conveniente.

EXERCÍCIOS

R1. Determinar os termos da sequência definida por $f(n) = 3n + 1$, com $n \in \mathbb{N}^*$.

➤ **Resolução**

n	$f(n) = 3n + 1$
1	$f(1) = 3 \cdot 1 + 1 = 4$
2	$f(2) = 3 \cdot 2 + 1 = 7$
3	$f(3) = 3 \cdot 3 + 1 = 10$
4	$f(4) = 3 \cdot 4 + 1 = 13$

Assim, a sequência é: (4, 7, 10, 13, ...)

1. Sendo $n \in \mathbb{N}^*$, determine os cinco primeiros termos das sequências numéricas definidas pelas leis:
a) $f(n) = 4n - 8$
b) $f(n) = (-1)^n \cdot \dfrac{1}{(\sqrt{2})^n}$
c) $f(n) = -3$
d) $f(n) = \dfrac{1}{2} \cdot n^2$

2. Determine os quatro primeiros termos das sequências definidas pelas seguintes leis:

a) $\begin{cases} a_1 = 4 \\ a_n = a_{n-1} \cdot 5n, \text{com } n \geq 2 \end{cases}$

b) $\begin{cases} a_1 = -\dfrac{1}{2} \\ a_n = 3^n \cdot a_{n-1}, \text{com } n \geq 2 \end{cases}$

c) $\begin{cases} a_1 = -2 \\ a_n = (a_{n-1})^{-2}, \text{com } n \geq 2 \end{cases}$

3. Leonardo de Pisa, também conhecido como Fibonacci, foi um dos mais talentosos matemáticos da Idade Média. Escreva a sequência conhecida como "sequência de Fibonacci", a qual é determinada pela lei:

$\begin{cases} a_1 = a_2 = 1 \\ a_n = a_{n-2} + a_{n-1}, \text{com } n \geq 3 \end{cases}$

R2. Dada a sequência (0, 6, 12, 18, 24, 30, ...), determinar seu termo geral.

➤ **Resolução**

Para $n = 1$, temos: $a_1 = 0 = 6 \cdot 0 = 6(\mathbf{1} - 1)$
Para $n = 2$, temos: $a_2 = 6 = 6 \cdot 1 = 6(\mathbf{2} - 1)$
Para $n = 3$, temos: $a_3 = 12 = 6 \cdot 2 = 6(\mathbf{3} - 1)$
Para n qualquer, temos: $a_n = 6(\mathbf{n} - 1)$

Assim, para o enésimo termo, temos: $a_n = 6(n - 1)$, com $n \in \mathbb{N}^*$.

4. Determine uma lei de formação da sequência dos números pares.

5. Escreva uma lei de formação das seguintes sequências:
   a) $(-3, 4, 11, 18, ...)$
   b) $\left(-\dfrac{1}{4}, -\dfrac{1}{8}, 0, \dfrac{1}{8}, ...\right)$

6. Escreva os quatro primeiros elementos da sequência infinita cuja lei é:
   $\begin{cases} a_1 = -15 \\ a_k = (-a_{k-1})^{-1}, \text{com } k \geqslant 2 \end{cases}$

7. Considere a sequência determinada pela lei a seguir:
   $\begin{cases} a_1 = x - 1 \\ a_n = x \cdot a_{n-1}, \text{com } n \geqslant 2 \end{cases}$

   Sabendo que $a_2 = 12$, escreva os elementos dessa sequência.

2. Progressões aritméticas

Acompanhe a situação.

O dono de uma papelaria preparou uma tabela indicando o total a ser pago pelos clientes de acordo com a quantidade de cópias pedidas.

Quantidade de cópias	Valor a pagar (R$)
1	0,20
2	0,40
3	0,60
4	0,80
5	1,00
6	1,20
7	1,40
8	1,60
9	1,80
10	2,00

Observe que o valor a pagar, em função do número de cópias, determina a sequência: (0,20; 0,40; 0,60; 0,80; 1,00; 1,20; 1,40; 1,60; 1,80; 2,00).

Os termos dessa sequência, a partir do segundo, são obtidos somando-se a constante 0,20 ao termo antecedente. Esse é um exemplo de progressão aritmética.

Uma **progressão aritmética (PA)** é uma sequência numérica em que cada termo, a partir do segundo, é obtido somando-se ao anterior uma constante r, chamada de **razão da PA**.

Classificação:
- Quando a razão for positiva ($r > 0$), temos uma PA **crescente**.

  Na PA $\left(2, \dfrac{5}{2}, 3, \dfrac{7}{2}, ...\right)$, $r = \dfrac{1}{2}$. Como $r > 0$, essa é uma PA crescente.

- Quando a razão for negativa ($r < 0$), temos uma PA **decrescente**.

  Na PA $(32, 12, -8, -28, ...)$, $r = -20$. Como $r < 0$, essa é uma PA decrescente.

- Quando a razão for nula ($r = 0$), temos uma PA **constante**.

  Na PA $(-5, -5, -5, -5, ...)$, note que todos os termos são iguais, logo $r = 0$; essa é uma PA constante.

2.1 Termo geral de uma progressão aritmética

Dada uma PA $(a_1, a_2, a_3, a_4, ..., a_n, ...)$ de razão r, podemos escrever qualquer termo em função do primeiro termo, da razão e da ordem (n) desse termo na sequência. Para isso, devemos nos basear na definição de PA.

$a_2 = a_1 + r$
$a_3 = a_2 + r \Rightarrow a_3 = (a_1 + r) + r \Rightarrow a_3 = a_1 + 2r$
$a_4 = a_3 + r \Rightarrow a_4 = (a_1 + 2r) + r \Rightarrow a_4 = a_1 + 3r$

Se continuarmos seguindo o mesmo raciocínio, chegaremos à conclusão de que o termo geral, que ocupa a enésima posição na PA, é dado por:

$$a_n = a_1 + (n - 1)r, \text{ com } n \in \mathbb{N}^*$$

Observações

- Note que essa fórmula é a lei de formação de uma função e que n é o número de termos da PA até o termo a_n.
- Quando o primeiro termo de uma PA é representado por a_0, o termo geral é dado por: $a_n = a_0 + nr$, com $n \in \mathbb{N}$.

Vamos determinar, por exemplo, o termo geral da sequência $(8, 15, 22, 29, 36, ...)$.

Essa sequência é uma PA de razão $r = 7$ ($15 - 8 = 7$, $22 - 15 = 7$, $29 - 22 = 7$, ...) e primeiro termo $a_1 = 8$.

Como o termo geral de uma PA é dado por $a_n = a_1 + (n - 1)r$, temos:

$a_n = 8 + (n - 1) \cdot 7 \Rightarrow a_n = 8 + 7n - 7$

Portanto, o termo geral é $a_n = 1 + 7n$, com $n \in \mathbb{N}^*$.

EXERCÍCIOS

8. Identifique quais das sequências abaixo são PA.
   a) $(3, 10, 17, 24)$
   b) $(-1, 1, -1, 1, -1, ...)$
   c) $\left(\dfrac{1}{2}, -\dfrac{1}{2}, -\dfrac{3}{2}, -\dfrac{5}{2}, ...\right)$

9. Classifique cada PA em crescente, decrescente ou constante e identifique a razão de cada uma.
   a) $(-2, -5, -8, -11, -14)$
   b) $(\sqrt{3}, \sqrt{3}, \sqrt{3}, \ldots)$
   c) $\left(\dfrac{1}{1.000}, \dfrac{1}{500}, \dfrac{3}{1.000}, \dfrac{1}{250}, \ldots\right)$

10. Calcule os cinco primeiros termos de cada PA.
   a) $a_1 = 12$ e $r = 7$
   b) $a_1 = 12$ e $r = -7$
   c) $a_1 = -2$ e $r = \dfrac{1}{2}$
   d) $a_1 = 12$ e $r = -0{,}25$

11. Determine o 13º termo da PA $(1, -7, -15, -23, \ldots)$.

12. Encontre o 101º termo da PA $(-4, 1, 6, \ldots)$.

R3. Sabendo que o 12º termo e o 21º termo de uma PA são, respectivamente, 67 e 130, determinar o primeiro termo e a razão dessa PA.

➤ **Resolução**
Pelo enunciado: $a_{12} = 67$ e $a_{21} = 130$
Sendo a_1 o primeiro termo e r a razão da PA, temos:
$a_{12} = 67 \Rightarrow a_1 + 11 \cdot r = 67$ (I)
$a_{21} = 130 \Rightarrow a_1 + 20 \cdot r = 130$ (II)
Resolvendo o sistema de equações formado por (I) e (II), obtemos: $a_1 = -10$ e $r = 7$

---

13. Os dois últimos termos de uma PA de 13 termos são 35 e 42. Quais são os três primeiros termos dessa sequência?

14. Determine a razão da PA que tem $a_1 = 5$ e $a_{12} = 247$.

15. Um artesão confecciona carteiras e as vende em uma feira na cidade por R$ 14,20 cada uma. Para incentivar as vendas no atacado, ele decidiu fazer uma promoção, na qual o cliente pagará de acordo com a quantidade que comprar, limitada a 10 carteiras, segundo a tabela:

Número de carteiras	1	2	3	4
Valor unitário (R$)	14,20	13,40	12,60	11,80

Veja que o valor unitário decresce em PA à medida que aumenta o número de carteiras compradas.
   a) Qual é a razão dessa PA?
   b) Se alguém comprar 10 carteiras, qual será o valor total da compra?
   c) Comparando com o valor não promocional, quanto uma pessoa economizaria se comprasse 8 carteiras na promoção?

16. Um nadador estabeleceu que, a cada dia, iria nadar 400 m a mais que no treino do dia anterior. Sabendo que no 2º dia nadou 1.100 m, quantos metros ele nadará no 10º dia?

17. Observe a sequência de figuras cujas quantidades de pontos estão em progressão aritmética.

- Continuando essa sequência, quantos pontos formarão a 12ª figura?

18. Escreva os cinco primeiros termos da PA infinita que tem primeiro termo igual a b e razão $(b + 1)$.

19. Determine o primeiro termo de cada PA.
   a) $a_{17} = -39$ e $r = 4$
   b) $a_{10} = 9$ e $r = -\dfrac{1}{9}$

20. Encontre o primeiro número maior que zero de cada PA a seguir.
   a) $(-63, -54, -45, \ldots)$
   b) $(-15, -12, -9, \ldots)$

21. Encontre o primeiro número menor que zero de cada PA a seguir.
   a) $(73, 51, 29, \ldots)$
   b) $(101, 88, 75, \ldots)$

R4. Dados três termos consecutivos de uma PA, a_p, a_q, a_s, escrever a_q em função de a_p e a_s.

➤ **Resolução**
Pela definição de PA: $r = a_q - a_p$ e $r = a_s - a_q$
Logo: $a_q - a_p = a_s - a_q \Rightarrow 2a_q = a_s + a_p$
Portanto, $a_q = \dfrac{a_p + a_s}{2}$. Ou seja, dados três termos consecutivos de uma PA, o termo do meio é a média aritmética dos outros dois.

R5. Determinar o valor de x para que a sequência $(2x - 7, x^2 - 1, x^2 + 8x + 16)$ seja uma PA e escrever seus termos.

➤ **Resolução**
Sejam: $a_1 = 2x - 7$, $a_2 = x^2 - 1$ e $a_3 = x^2 + 8x + 16$
Sabemos que $a_2 = \dfrac{a_1 + a_3}{2}$. Assim:
$x^2 - 1 = \dfrac{2x - 7 + x^2 + 8x + 16}{2} \Rightarrow$
$\Rightarrow x^2 - 10x - 11 = 0 \Rightarrow x = 11$ ou $x = -1$
Vamos substituir os valores de x na sequência:
- para $x = 11$, temos $(15, 120, 225)$;
- para $x = -1$, temos $(-9, 0, 9)$.

---

22. Sejam -5, x e -13, respectivamente, os três primeiros termos de uma PA. Calcule x e a razão da PA.

23. As medidas dos lados de um quadrilátero estão em PA e podem ser expressas em ordem crescente por 3, $x + 7$, $x^2 - 4$ e $6x$. Qual é o perímetro desse quadrilátero?

24. Determine o valor de p para que a sequência $(p + 5, 3p, p^2 - 1)$ seja uma PA.

R6. Em uma PA, $a_3 + a_8 = 10$ e $a_5 + a_{14} = -22$. Determinar a_1 e a razão r dessa PA.

▶ **Resolução**

Sabemos que: $a_3 = a_1 + 2r$ e $a_8 = a_1 + 7r$

Pelo enunciado: $a_3 + a_8 = 10 \Rightarrow$

$\Rightarrow (a_1 + 2r) + (a_1 + 7r) = 10 \Rightarrow 2a_1 + 9r = 10$ (I)

Analogamente: $a_5 + a_{14} = -22 \Rightarrow$

$\Rightarrow (a_1 + 4r) + (a_1 + 13r) = -22 \Rightarrow 2a_1 + 17r = -22$ (II)

Resolvendo o sistema de equações formado por (I) e (II), encontramos a_1 e r. Assim:

$\begin{cases} 2a_1 + 9r = 10 \\ 2a_1 + 17r = -22 \end{cases} \Rightarrow \begin{cases} 2a_1 + 9r = 10 \\ -2a_1 - 17r = 22 \end{cases} \Rightarrow$

$\Rightarrow -8r = 32 \Rightarrow r = -4$

Substituindo $r = -4$ em (I), temos:

$2a_1 + 9 \cdot (-4) = 10 \Rightarrow a_1 = 23$

25. Calcule os valores de a_1 e de r em uma PA, sabendo que $a_4 = 10$ e $a_7 + a_{13} = -25$.

26. Determine o valor de a_8 e de r em uma PA, sabendo que $a_1 + a_{10} = 120$ e $a_5 + a_{15} = 210$.

R7. Interpolar cinco termos entre 4 e 250 de forma que a sequência seja uma PA.

▶ **Resolução**

Observe como obtemos uma PA:

4, $\underbrace{a_2, a_3, a_4, a_5, a_6}_{\text{5 termos}}$, 250

Então, a PA considerada contém sete termos, sendo $a_1 = 4$ e $a_7 = 250$.

Como $a_7 = a_1 + 6r$, segue que $250 = 4 + 6r$. Logo, $r = 41$.

Assim: $a_2 = 45$, $a_3 = 86$, $a_4 = 127$, $a_5 = 168$ e $a_6 = 209$

Logo, a sequência procurada é:

(4, 45, 86, 127, 168, 209, 250)

27. Interpole quatro termos entre -12 e 48 de forma que a sequência seja uma PA.

28. Interpole oito termos entre 7 e 52 para formar uma PA.

R8. Quantos múltiplos de 6 existem entre 4.000 e 5.000?

▶ **Resolução**

A sequência dos múltiplos de 6 é uma PA de razão 6.

O primeiro múltiplo de 6 existente nesse intervalo é $a_1 = 4.002$ e o último é $a_n = 4.998$. Substituindo esses valores na expressão $a_n = a_1 + (n-1) \cdot r$, obtemos:

$4.998 = 4.002 + (n-1) \cdot 6 \Rightarrow n = 167$

Portanto, existem 167 múltiplos de 6 entre 4.000 e 5.000.

29. Quantos são os múltiplos de 4 entre 101 e 3.001?

R9. Determinar uma PA de três termos na qual a soma e o produto dos termos são, respectivamente, 6 e -42.

▶ **Resolução**

Uma maneira conveniente de representar uma PA de três termos e razão r é $(x - r, x, x + r)$.

Assim: $\begin{cases} x - r + x + x + r = 6 & \text{(I)} \\ (x - r) \cdot x \cdot (x + r) = -42 & \text{(II)} \end{cases}$

De (I), temos: $3x = 6 \Rightarrow x = 2$

Fazendo $x = 2$ em (II):

$(2 - r) \cdot 2 \cdot (2 + r) = -42$

$(2 - r) \cdot (2 + r) = -21$

$4 - r^2 = -21$

$r^2 = 25 \Rightarrow r = 5$ ou $r = -5$

Para $x = 2$ e $r = 5$, a PA é: $(-3, 2, 7)$

Para $x = 2$ e $r = -5$, a PA é: $(7, 2, -3)$

30. Três números estão em PA. Descubra esses números sabendo que o produto deles é 420 e a soma é -12.

31. As medidas dos lados de um triângulo retângulo estão em progressão aritmética. Sabendo que o perímetro do triângulo é 24 cm, determine as medidas dos lados desse triângulo.

32. Na compra de um automóvel a prazo, Rui deu R$ 3.500,00 de entrada e fez um plano de pagamento de 12 prestações que decaíam em PA, sendo a 1ª de R$ 660,00, a 2ª de R$ 630,00, a 3ª de R$ 600,00, e assim por diante.

a) Qual é o valor da última prestação?

b) Qual é o valor final do automóvel a prazo?

33. Os jogos olímpicos acontecem a cada 4 anos. Embora em alguns anos eles tenham sido cancelados, o calendário continuou sendo obedecido como se tivessem realmente ocorrido. Em sua 1ª edição da era moderna, os jogos ocorreram em 1896, na Grécia, e em sua 28ª edição, em 2016, no Brasil. Quantas vezes os jogos deixaram de acontecer nesse período?

Medalhas dos Jogos Olímpicos do Rio de Janeiro, Brasil, 2016.

2.2 Interpretação gráfica da progressão aritmética

Acompanhe a situação a seguir.

Para fazer reparos em uma instalação elétrica, um técnico cobra R$ 120,00 pela visita mais R$ 70,00 por hora adicional, conforme indicado na tabela abaixo.

Tempo (h)	0	1	2	3
Custo (R$)	120,00	190,00	260,00	330,00

O custo, em função das horas gastas no reparo, forma uma PA (120, 190, 260, 330, ...), em que $a_0 = 120$ e $r = 70$.

Como o termo geral de uma PA é $a_n = a_0 + nr$, com $n \in \mathbb{N}$, na PA anterior temos, por exemplo:

$a_4 = 120 + 4 \cdot 70 \Rightarrow a_4 = 400$

Considerando a fórmula $a_n = a_0 + nr$ do termo geral de uma PA cujo primeiro termo é a_0 e cuja razão é r, percebemos que uma PA assemelha-se a uma função afim $f(x) = a_0 + xr$, com domínio restrito a $\mathbb{N}$. O gráfico dessa PA é formado por pontos colineares: $(0, a_0)$, $(1, a_1)$, $(2, a_2)$, ..., (n, a_n), ...

Observe no gráfico alguns pontos, cujas coordenadas são (0, 120), (1, 190), (2, 260) e (3, 330).

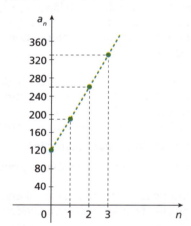

2.3 Soma dos n primeiros termos de uma PA

Carl Friedrich Gauss (1777-1855) é considerado um dos maiores matemáticos do século XVIII. Conta-se que, quando criança, seu professor pediu aos alunos que calculassem a soma:

$1 + 2 + 3 + 4 + ... + 98 + 99 + 100$

Para surpresa de todos, Gauss resolveu rapidamente o desafio. O professor verificou que ele havia sido o único a acertar a resposta, 5.050.

O pequeno Gauss percebeu que:

$1 + 2 + 3 + ... + 98 + 99 + 100$
                101
                101
                101

Como são 50 parcelas iguais a 101, a soma dos termos dessa PA será igual a: $50 \cdot 101 = 5.050$

Essa ideia pode ser utilizada para encontrar a fórmula da soma dos n primeiros termos de uma PA, sendo conhecidos o primeiro termo e o enésimo termo.

Carl Friedrich Gauss, filho único de pais sem instrução, foi matemático, astrônomo e físico.

Considere a PA $(a_1, a_2, a_3, ..., a_{n-2}, a_{n-1}, a_n)$; a soma dos n primeiros termos pode ser indicada por:

$S_n = a_1 + a_2 + a_3 + ... + a_{n-2} + a_{n-1} + a_n$ (I)

Ou, invertendo a ordem de seus elementos:

$S_n = a_n + a_{n-1} + a_{n-2} + ... + a_3 + a_2 + a_1$ (II)

Somando membro a membro as igualdades (I) e (II), obtemos:

$2S_n = \underbrace{(a_1 + a_n)}_{a_1 + a_n} + \underbrace{(a_2 + a_{n-1})}_{a_1 + a_n} + \underbrace{(a_3 + a_{n-2})}_{a_1 + a_n} + ...$

$... + \underbrace{(a_{n-2} + a_3)}_{a_1 + a_n} + \underbrace{(a_{n-1} + a_2)}_{a_1 + a_n} + \underbrace{(a_n + a_1)}_{a_1 + a_n}$

Veja que $2S_n$ tem n parcelas iguais a $a_1 + a_n$. Assim: $2S_n = n(a_1 + a_n)$

Portanto:

$$S_n = \frac{n(a_1 + a_n)}{2}$$

EXERCÍCIOS

R10. Sabendo que a soma dos três primeiros termos de uma PA crescente é igual a -3 e o produto deles é 8, escrever a lei e construir o gráfico dessa sequência.

▶ **Resolução**

Podemos representar os três primeiros termos dessa PA por $x - r$, x e $x + r$. Pelo enunciado:
$(x - r) + x + (x + r) = -3 \Rightarrow 3x = -3 \Rightarrow x = -1$
Sabemos ainda que o produto desses primeiros termos é igual a 8; logo:
$(x - r) \cdot x \cdot (x + r) = 8 \Rightarrow$
$\Rightarrow (-1 - r) \cdot (-1) \cdot (-1 + r) = 8 \Rightarrow r^2 - 1 = 8 \Rightarrow r^2 = 9$
Portanto, $r = -3$ ou $r = 3$. Como a razão não pode ser negativa, pois a PA é crescente, segue que $r = 3$. Dessa maneira, os três primeiros termos dessa PA são -4, -1 e 2.

Agora, podemos escrever a lei de formação:
$f(n) = a_n \Rightarrow f(n) = a_0 + nr \Rightarrow f(n) = -4 + 3n$, com $n \in \mathbb{N}$

Com base nessa lei de formação, podemos construir o gráfico da PA.

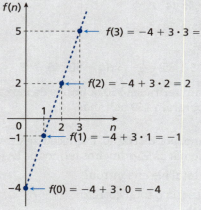

34. Sendo n um número natural, construa, para cada item, o gráfico cartesiano da progressão aritmética determinada pela lei de formação:

a) $a_n = -n - 2$

b) $a_n = -2$

c) $a_n = n$

d) $a_n = 2n - 2$

35. Escreva os elementos de uma PA de cinco termos que tem dois de seus pontos representados no gráfico abaixo.

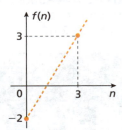

R11. Calcular a soma dos 80 primeiros termos da PA em que $a_1 = -10$ e $r = 3$.

▶ **Resolução**

Primeiro, vamos determinar o 80º termo dessa PA:
$a_{80} = a_1 + (n-1)r \Rightarrow a_{80} = -10 + 79 \cdot 3 \Rightarrow a_{80} = 227$

Agora, aplicando a fórmula da soma dos n primeiros termos da PA, temos:

$S_n = \dfrac{n(a_1 + a_n)}{2} \Rightarrow S_{80} \dfrac{80 \cdot (a_1 + a_{80})}{2} \Rightarrow$

$\Rightarrow S_{80} = \dfrac{80 \cdot (-10 + 227)}{2} \Rightarrow S_{80} = 8.680$

36. Calcule a soma dos 24 primeiros termos de cada PA.

a) $(-57, -27, 3, ...)$

b) $\left(\dfrac{2}{3}, \dfrac{8}{3}, \dfrac{14}{3}, ...\right)$

c) $(7, 7, 7, ...)$

d) $\left(-\dfrac{1}{2}, -\dfrac{1}{4}, 0, ...\right)$

R12. Determinar o 10º termo de uma PA, sabendo que a soma dos 48 primeiros termos é igual a 1.008 e que a razão é $r = 2$.

▶ **Resolução**

Para determinar o 10º termo, é necessário encontrar o primeiro termo da PA.

Sabemos que: $S_{48} = \dfrac{48 \cdot (a_1 + a_{48})}{2}$

Portanto: $1.008 = 24 \cdot (a_1 + a_1 + 47r) \Rightarrow a_1 = -26$

Assim: $a_{10} = a_1 + 9r \Rightarrow a_{10} = -26 + 9 \cdot 2 \Rightarrow a_{10} = -8$

37. Quantos termos da PA $(3, 19, 35, ...)$ devem ser somados para que $S_n = 472$?

38. Em uma PA, sabe-se que a soma dos 20 primeiros termos é igual a 200 e a soma dos 30 primeiros é zero. Determine o primeiro termo dessa PA.

39. Uma herança deve ser dividida em PA de razão R$ 6.000,00 entre 6 irmãos, de modo que o filho mais velho receba a maior parte, que é R$ 45.000,00.

a) Qual é o valor total da herança a ser dividida?

b) Quanto cada filho receberá?

40. A soma dos 30 primeiros termos de uma PA é igual a 1.430. Sabendo que a razão é 6, determine o oitavo termo.

R13. Escrever os termos de uma PA de n termos, em que $a_1 = -20$, $a_n = 2n$ e a soma dos termos é igual a 24.

▶ **Resolução**

Substituindo as informações do enunciado na fórmula $S_n = \dfrac{n(a_1 + a_n)}{2}$, obtemos:

$24 = \dfrac{n(-20 + 2n)}{2} \Rightarrow 2n^2 - 20n - 48 = 0$, com $n \in \mathbb{N}^*$

Resolvendo essa equação, obtemos $n = 12$.
Falta encontrar a razão r da sequência. Assim:
$a_{12} = a_1 + (n-1)r \Rightarrow 2 \cdot 12 = -20 + 11r \Rightarrow r = 4$
Como $a_1 = -20$ e $r = 4$, a sequência é:
$(-20, -16, -12, -8, -4, 0, 4, 8, 12, 16, 20, 24)$

41. Em uma PA, $a_5 + a_9 = 86$ e $a_{11} + a_{18} = 81$. Determine a soma dos 40 primeiros termos dessa PA.

42. Resolva as equações abaixo.

a) $\dfrac{x}{2} + \dfrac{7x}{10} + \dfrac{9x}{10} + ... + \dfrac{17x}{10} = 462$

b) $\dfrac{2m}{7} + \dfrac{11m}{14} + \dfrac{9m}{7} + ... + \dfrac{207m}{14} = \dfrac{3.165}{14}$

43. Em um mesmo sistema de coordenadas cartesianas, construa os gráficos correspondentes às sequências definidas por $a_n = 2n - 1$ e $b_n = 5 - n$, com $0 \leq n \leq 4$, $n \in \mathbb{N}$.

a) Verifique que os gráficos têm um ponto em comum. Chame esse ponto de P.

b) Calcule a soma de todos os termos da sequência a_n com todos os termos de b_n, mas desconsidere a ordenada do ponto P.

44. Calcule a soma dos 10 termos de uma PA, sabendo que $a_1 = 10$ e $a_{10} = -10$.

45. Considere a PA infinita determinada pela lei de formação $a_k = \frac{1}{2}k, k \in \mathbb{N}^*$.

  a) Escreva seus cinco primeiros termos.

  b) Calcule a soma dos 50 primeiros termos.

46. Se a_n e b_n são duas sequências finitas de cinco termos cada uma tais que $a_n = 2n + 1$ e $b_n = -2n$, $n \in \mathbb{N}^*$, qual é a soma dos termos de a_n e b_n?

47. Uma academia de ginástica oferece o seguinte plano anual: em janeiro, o aluno paga R$ 140,00 por mês. A partir daí, o valor da mensalidade sofre um decréscimo de R$ 8,00 a cada mês.

  a) Quanto o aluno pagará no 8º mês se contratar esse plano?

  b) Qual será o valor total anual pago pelo aluno?

  c) Em um ano, em média, quanto o aluno pagará por mês?

48. Um cinema tem 448 lugares, distribuídos da seguinte maneira: na primeira fila, há 13 poltronas, na segunda, 15, na terceira, 17, e assim sucessivamente, até completar n filas. Determine o número total de filas desse cinema.

49. Em uma progressão aritmética decrescente de cinco termos, a diferença entre os dois primeiros é 16 e a soma dos três últimos é 12. Determine a soma de todos os termos.

50. Em uma PA crescente de cinco termos, a soma do segundo com o terceiro é igual a -26 e o quadrado do quarto termo é 144. Determine a razão e a soma dos termos dessa PA.

R14. Em uma caixa, havia 1.000 bolinhas de gude. Uma pessoa retirou 15 bolinhas na primeira vez, 20 na segunda, 25 na terceira, e assim sucessivamente. Determinar quantas bolinhas sobraram na caixa após a 15ª retirada.

▶ **Resolução**

Da PA (15, 20, 25, ...), temos:

$a_{15} = a_1 + 14 \cdot r$

$a_{15} = 15 + 14 \cdot 5$

$a_{15} = 85$

$S_{15} = (15 + 85) \cdot \frac{15}{2} \Rightarrow S_{15} = 50 \cdot 15 \Rightarrow S_{15} = 750$

Se foram retiradas 750 bolinhas da caixa, conclui-se que sobraram 250 bolinhas.

51. Um aluno, por distração, esqueceu-se de somar o 24º termo ao somar os 50 primeiros termos da PA $(-11, -6, -1, ...)$.

  a) Que total ele encontrou?

  b) Qual seria o total correto?

3. Progressões geométricas

Crescimento populacional

Acompanhe a situação a seguir.

Segundo dados do Instituto Brasileiro de Geografia e Estatística (IBGE), em julho de 2015 o estado mais populoso do Brasil era São Paulo, com aproximadamente 44.400.000 habitantes, população essa maior que a das regiões Norte e Centro-Oeste juntas. Sabendo que a população do estado de São Paulo teve um crescimento de cerca de 0,8% em relação a julho de 2014 e supondo que esse crescimento anual se mantenha, qual seria a estimativa para a população desse estado em julho de 2018?

Campinas, SP.

Para calcular esse valor, vamos partir da população em julho de 2015.

População estimada do estado de São Paulo	
Data	**Número de habitantes**
julho/2015	44.400.000
julho/2016	44.400.000 · 1,008 = 44.755.200
julho/2017	44.755.200 · 1,008 = 45.113.241,6
julho/2018	45.113.241,6 · 1,008 = 45.474.147,5328

Logo, em julho de 2018, a população estimada seria de aproximadamente 45.474.148 habitantes.

Observe que, a partir de julho de 2016, a estimativa da população do estado de São Paulo foi obtida multiplicando-se a população de julho do ano anterior pela constante 1,008.

A sequência (44.400.000; 44.755.200; 45.113.241,6; 45.474.147,5328) é um exemplo de progressão geométrica.

> Uma **progressão geométrica (PG)** é uma sequência numérica em que cada termo, a partir do segundo, é obtido multiplicando-se o anterior por uma constante q, chamada de **razão da PG**.

Quando $a_{n-1} \neq 0$, a razão pode ser calculada fazendo-se $q = \dfrac{a_n}{a_{n-1}}$, para qualquer $n \geqslant 2$.

Classificação:

- Quando $q = 1$ ou $a_1 = 0$ e $q \in \mathbb{R}$, temos uma PG **constante**. A PG $(\sqrt{7}, \sqrt{7}, \sqrt{7}, \sqrt{7}, ...)$ tem razão $q = 1$, portanto é constante. A PG $(0, 0, 0, ...)$ tem $a_1 = 0$ e $q \in \mathbb{R}$, portanto é constante.

- Quando $a_1 \neq 0$ e $q = 0$, temos uma PG **estacionária**. A PG $(3, 0, 0, 0, ...)$ tem $a_1 \neq 0$ e $q = 0$, portanto é estacionária.

- Quando $a_1 \neq 0$ e $q < 0$, temos uma PG **oscilante**. A PG $(2, -10, 50, -250, ...)$ tem razão $q = -5$, portanto é oscilante.

- Quando $a_1 > 0$ e $q > 1$ ou $a_1 < 0$ e $0 < q < 1$, temos uma PG **crescente**. A PG $\left(-4, -2, -1, -\dfrac{1}{2}, ...\right)$ tem $a_1 = -4$ e razão $q = \dfrac{1}{2}$, portanto é crescente.

- Quando $a_1 > 0$ e $0 < q < 1$ ou $a_1 < 0$ e $q > 1$, temos uma PG **decrescente**. A PG $(-3, -9, -27, ...)$ tem $a_1 = -3$ e razão $q = 3$, portanto é decrescente.

3.1 Termo geral de uma progressão geométrica

Dada uma PG $(a_1, a_2, a_3, a_4, ..., a_n, ...)$ de razão q, podemos escrever qualquer termo em função do primeiro. Para isso, devemos nos basear na definição de PG.

$a_2 = a_1 \cdot q$
$a_3 = a_2 \cdot q \Rightarrow a_3 = a_1 \cdot q \cdot q \Rightarrow a_3 = a_1 \cdot q^2$
$a_4 = a_3 \cdot q \Rightarrow a_4 = a_1 \cdot q^2 \cdot q \Rightarrow a_4 = a_1 \cdot q^3$

Se continuarmos seguindo o mesmo raciocínio, chegaremos à conclusão de que o termo geral, que ocupa a enésima posição na PG, é dado por:

> $a_n = a_1 \cdot q^{n-1}$, com $n \in \mathbb{N}^*$

Observações

- Note que essa fórmula é a lei de formação de uma função e que n é o número de termos da PG até o termo a_n.
- Quando o primeiro termo de uma PG é representado por a_0, o termo geral é dado por: $a_n = a_0 \cdot q^n$, com $n \in \mathbb{N}$

EXERCÍCIOS

52. Identifique quais sequências numéricas abaixo são PA e quais são PG.

a) $\left(-8, -2, -\dfrac{1}{2}, ...\right)$ c) $(1, 2, 4, 8, ...)$

b) $(5, 15, 25, ...)$ d) $(1, 2, 3, 4, ...)$

53. Calcule a razão de cada PG a seguir.

a) $\left(-3, -\dfrac{12}{5}, -\dfrac{48}{25}, ...\right)$ c) $\left(5, \dfrac{10}{\pi}, \dfrac{20}{\pi^2}, ...\right)$

b) $(\sqrt{2}, \sqrt{6}, 3\sqrt{2}, ...)$ d) $(5, -10, 20, ...)$

- Qual é a lei de formação dessas progressões geométricas em função do primeiro termo e da razão?
- Que processo poderia ser usado para representar essas progressões graficamente?

54. Classifique cada progressão geométrica em constante, oscilante, crescente ou decrescente.

a) $(\pi, \pi^2, \pi^3, \pi^4, \pi^5, ...)$

b) PG de razão $q < 0$ e $a_1 \neq 0$

c) PG com $a_1 < 0$ e $q > 1$

d) $(\sqrt[3]{e}, \sqrt[3]{e}, \sqrt[3]{e}, \sqrt[3]{e})$

55. Responda às questões.

a) Quais são os cinco primeiros termos da PG em que $a_1 = 4$ e $q = 6$?

b) Quais são os seis primeiros termos da PG em que $a_1 = x^2$ (com $x \neq 0$) e $q = \dfrac{y}{x^3}$?

> **R15.** Determinar o oitavo termo da progressão geométrica $(-3, 18, -108, ...)$.
>
> ➤ **Resolução**
>
> Primeiro, devemos encontrar a razão da PG:
>
> $q = -\dfrac{108}{18} = -\dfrac{18}{3} = -6$
>
> Agora, basta utilizar a fórmula $a_n = a_1 \cdot q^{n-1}$.
> Como $a_1 = -3$, o oitavo termo é:
> $a_8 = a_1 \cdot q^{8-1} \Rightarrow a_8 = -3 \cdot (-6)^7 \Rightarrow a_8 = 839.808$

56. Calcule o sétimo termo da PG $\left(\dfrac{1}{8}, \dfrac{1}{4}, \dfrac{1}{2}, ...\right)$.

57. Determine o primeiro termo da PG em que $a_4 = 27$ e $a_7 = 125$.

58. O segundo termo de uma PG é 1 e o quinto termo é $\dfrac{1}{343}$. Determine a razão dessa PG.

59. Dada a PG $\left(\dfrac{2}{5}, \dfrac{4}{15}, \dfrac{8}{45}, ...\right)$, identifique a posição do termo $\dfrac{256}{10.935}$.

60. Determine o número de termos da PG $\left(3, \dfrac{1}{3}, \dfrac{1}{27}, ..., \dfrac{1}{19.683}\right)$.

R16. Determinar a razão de uma PG não oscilante, em que $a_3 + a_6 = 169$ e $a_5 + a_8 = 144$.

▶ **Resolução**

Pela primeira condição, obtemos a_1 em função da razão q:

$a_3 + a_6 = 169 \Rightarrow a_1 \cdot q^2 + a_1 \cdot q^5 = 169 \Rightarrow$

$\Rightarrow a_1 \cdot (q^2 + q^5) = 169 \Rightarrow a_1 = \dfrac{169}{q^2 + q^5}$

Da mesma forma, considerando a segunda condição, obtemos a_1:

$a_5 + a_8 = 144 \Rightarrow a_1 \cdot q^4 + a_1 \cdot q^7 = 144 \Rightarrow$

$\Rightarrow a_1 \cdot q^2 \cdot (q^2 + q^5) = 144 \Rightarrow a_1 = \dfrac{144}{q^2 \cdot (q^2 + q^5)}$

Igualando as duas equações, temos:

$\dfrac{169}{q^2 + q^5} = \dfrac{144}{q^2 \cdot (q^2 + q^5)} \Rightarrow 169 \cdot q^2 = 144 \Rightarrow$

$\Rightarrow q^2 = \dfrac{144}{169} \Rightarrow q = \pm\sqrt{\dfrac{144}{169}} \Rightarrow q = \pm\dfrac{12}{13}$

Como a PG é não oscilante, ou seja, $q > 0$, então $q = \dfrac{12}{13}$.

61. Em uma PG, a soma do terceiro com o quinto termo é 120 e a soma do quarto com o sexto termo é 240. Determine o primeiro termo da PG.

R17. Dados três termos consecutivos de uma PG (..., a_m, a_n, a_p, ...), escrever a_n em função de a_m e a_p.

▶ **Resolução**

Pela definição de PG: $a_n = a_m \cdot q$ e $a_p = a_n \cdot q$

Considerando os termos não nulos, temos:

$\dfrac{a_n}{a_m} = q$ e $\dfrac{a_p}{a_n} = q$

Assim: $\dfrac{a_n}{a_m} = \dfrac{a_p}{a_n} \Rightarrow a_n^2 = a_m \cdot a_p$

A relação $a_n^2 = a_m \cdot a_p$ é válida também para os termos nulos. Portanto, dados três termos consecutivos de uma PG, o termo do meio é a média geométrica dos outros dois.

62. Determine a razão da PG $(x - 5, 2x + 20, 12x)$.

63. Que número deve ser adicionado a 2, 6 e 15, nessa ordem, para que a sequência se torne uma PG?

R18. Determinar três números em PG de modo que a soma deles seja 333 e o produto 27.000.

▶ **Resolução**

Sendo x o termo intermediário e $q \neq 0$ a razão da PG, temos: $\left(\dfrac{x}{q}, x, x \cdot q\right)$

Primeiro, indicamos a soma:

$\dfrac{x}{q} + x + x \cdot q = 333$

$x \cdot q^2 + x \cdot q + x - 333q = 0$ (I)

Agora, indicamos o produto, obtendo o valor de x:

$\dfrac{x}{q} \cdot x \cdot x \cdot q = 27.000 \Rightarrow x^3 = 27.000 \Rightarrow$

$\Rightarrow x = \sqrt[3]{27.000} \Rightarrow x = 30$

Substituindo o valor de x na equação (I):

$30 \cdot q^2 + 30 \cdot q + 30 - 333q = 0$

$30q^2 - 303q + 30 = 0$

Resolvendo a equação, obtemos $q = \dfrac{1}{10}$ ou $q = 10$.

Para $q = \dfrac{1}{10}$, encontramos: 300, 30 e 3

Para $q = 10$, encontramos: 3, 30 e 300

64. Três números estão em PG. Obtenha esses números sabendo que o produto deles é 1.000 e a soma é 62.

65. Três números estão em PG. Sabe-se que o produto entre eles é 125.000 e que a soma do segundo com o terceiro termo é 150. Determine os três números.

R19. Interpolar três termos entre $\dfrac{2}{3}$ e $\dfrac{27}{128}$ para que a sequência seja uma PG.

▶ **Resolução**

Observe como obtemos uma PG:

$\left(\dfrac{2}{3}, \underbrace{a_2, a_3, a_4}_{3 \text{ termos}}, \dfrac{27}{128}\right)$. A PG obtida contém cinco termos,

sendo $a_1 = \dfrac{2}{3}$ e $a_5 = \dfrac{27}{128}$.

Como $a_5 = a_1 \cdot q^4$, segue que:

$\dfrac{27}{128} = \dfrac{2}{3} \cdot q^4 \Rightarrow q = -\dfrac{3}{4}$ ou $q = \dfrac{3}{4}$

Para $q = -\dfrac{3}{4}$, a PG é: $\left(\dfrac{2}{3}, -\dfrac{1}{2}, \dfrac{3}{8}, -\dfrac{9}{32}, \dfrac{27}{128}\right)$

Para $q = \dfrac{3}{4}$, a PG é: $\left(\dfrac{2}{3}, \dfrac{1}{2}, \dfrac{3}{8}, \dfrac{9}{32}, \dfrac{27}{128}\right)$

66. Interpole dois termos entre 24 e 81 para formar uma PG.

67. Interpole cinco termos entre $\dfrac{5}{4}$ e 80 para formar uma PG.

R20. A produção anual de uma empresa cresceu em PG de 2013 a 2016. Determinar qual foi a produção nos anos 2014 e 2015, sabendo que, em 2013, a produção foi de 690 unidades e, em 2016, foi de 18.630 unidades.

▶ **Resolução**

Devemos interpolar dois termos entre os extremos 690 e 18.630.

Conexões com a Matemática

Sendo $a_1 = 690$ e $a_4 = 18.630$, vamos calcular o valor da razão q:

$a_n = a_1 \cdot q^{n-1} \Rightarrow a_4 = a_1 \cdot q^{4-1} \Rightarrow$

$\Rightarrow 18.630 = 690 \cdot q^3 \Rightarrow q = \sqrt[3]{27} \Rightarrow q = 3$

Produção em 2014:

$a_2 = a_1 \cdot q \Rightarrow a_2 = 690 \cdot 3 \Rightarrow a_2 = 2.070$

Produção em 2015:

$a_3 = a_2 \cdot q \Rightarrow a_3 = 2.070 \cdot 3 \Rightarrow a_3 = 6.210$

Portanto, a produção em 2014 foi de 2.070 e, em 2015, de 6.210 unidades.

68. No sábado passado, Paula enviou uma mensagem por e-mail para três amigos. No dia seguinte, cada amigo de Paula reenviou o e-mail para outros três amigos, e assim por diante. Se nenhuma pessoa recebeu a mensagem mais de uma vez, descubra quantas pessoas receberam a mensagem até o sábado seguinte.

69. Uma população de bactérias dobra de número a cada 30 minutos. Considerando que o processo se inicia com uma única bactéria, quantas haverá após 4 horas e 30 minutos?

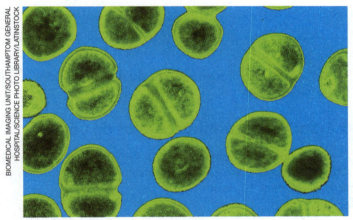

Bactérias *Staphylococcus aureus* em processo de divisão.

70. A figura abaixo apresenta cinco quadrados. Cada quadrado, exceto o de maior lado, é determinado a partir dos pontos médios dos lados do quadrado anterior.

a) Quanto mede o lado do quadrado menor se o lado do quadrado maior mede 4 cm?

b) Escreva a sequência das áreas dos quadrados, partindo da maior para a menor. Essa sequência é uma PA ou uma PG?

71. Um capital inicial C_0 foi aplicado e cresce à taxa de $i\%$ ao mês. Após o primeiro mês, o montante era:

$C_1 = C_0 + C_0 \cdot i \Rightarrow C_1 = C_0(1 + i)$

a) Quanto foi o montante após o segundo mês? E após o terceiro mês?

b) Qual é a razão da PG $(C_0, C_1, C_2, C_3, C_4, ...)$?

c) Utilize a fórmula do termo geral para determinar C_n (montante após n meses) em função de C_0.

72. A população de certo país é de cerca de 100 milhões de habitantes e estima-se que daqui a 20 anos será de 144 milhões. Calcule a taxa anual de crescimento da população desse país no período mencionado, em porcentagem ao ano. (Use uma calculadora.)

73. Um automóvel vale hoje x reais, e esse valor fica 20% menor a cada ano que passa (em relação ao valor do ano anterior).

a) Qual será seu valor daqui a n anos?

b) Qual será a desvalorização sofrida no decorrer do enésimo ano expressa em reais?

c) Daqui a quantos anos o valor do automóvel terá se reduzido à metade? (*Adote*: $\log 2 = 0,3$)

3.2 Interpretação gráfica da progressão geométrica

Acompanhe a situação a seguir.

Na Medicina nuclear, é importante conhecer a velocidade com que um elemento radioativo se desintegra, para saber por quanto tempo haverá radioatividade no organismo do paciente. Chama-se meia-vida o tempo necessário para desintegrar metade dos átomos radioativos existentes em dada amostra. Um exemplo é o elemento radioativo iodo 131, cuja meia-vida é de 8 dias. Esse elemento é usado no diagnóstico de doenças da tireoide.

Podemos interpretar graficamente o decaimento radioativo. Suponha que tenhamos 16 g de iodo 131 e desejamos representar a desintegração desse elemento. A lei de formação que descreve essa situação é do tipo exponencial:

$f(n) = 16 \cdot \left(\dfrac{1}{2}\right)^n$, em que n é a quantidade de meias-vidas ($n \in \mathbb{N}$) e $f(n)$ é a massa.

Observe que a sequência $(16, 8, 4, 2, 1, ...)$ é uma progressão geométrica de razão $\dfrac{1}{2}$.

Considerando a fórmula $a_n = a_0 \cdot q^n$ do termo geral de uma PG cujo primeiro termo é a_0 e cuja razão é q, percebemos que, para $a_0 \neq 0$, $q > 0$ e $q \neq 1$, a progressão geométrica assemelha-se a uma função exponencial $f(x) = a_0 \cdot q^x$ com restrição do domínio ao conjunto dos números naturais. O gráfico dessa PG será formado pelos pontos $(0, a_0), (1, a_1), (2, a_2), ..., (n, a_n), ...$

Veja, no gráfico a seguir, os pontos de coordenadas (0, 16), (1, 8), (2, 4), (3, 2) e (4, 1).

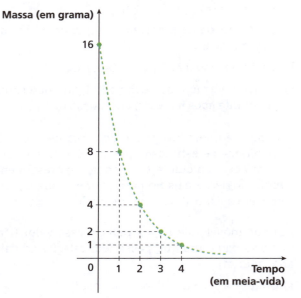

Vamos agora construir o gráfico da PG com $a_0 = \dfrac{1}{3}$ e $q = 3$.

Para isso, vamos utilizar a lei de formação dessa PG, representada por: $a_n = f(n) = \dfrac{1}{3} \cdot 3^n$ (com $n \in \mathbb{N}$)

Para $n = 0$, temos: $f(0) = \dfrac{1}{3} \cdot 3^0 = \dfrac{1}{3}$

Para $n = 1$, temos: $f(1) = \dfrac{1}{3} \cdot 3^1 = 1$

Para $n = 2$, temos: $f(2) = \dfrac{1}{3} \cdot 3^2 = 3$

Para $n = 3$, temos: $f(3) = \dfrac{1}{3} \cdot 3^3 = 9$

Observe que os pontos do gráfico da PG pertencem ao gráfico de uma função exponencial.

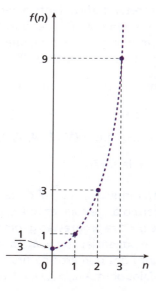

3.3 Soma dos *n* primeiros termos de uma PG

Dada uma PG $(a_1, a_2, a_3, ..., a_n)$ de razão $q \neq 1$, podemos calcular a soma S_n de seus termos tendo apenas o primeiro termo e a razão da PG.

Primeiro, consideramos a soma dos termos da PG:
$S_n = a_1 + a_2 + a_3 + ... + a_n$ (I)

Agora, vamos multiplicar os dois membros da sentença pela razão q:

$q \cdot S_n = q \cdot (a_1 + a_2 + a_3 + ... + a_n)$
$q \cdot S_n = a_1 \cdot q + a_2 \cdot q + a_3 \cdot q + ... + a_n \cdot q$
$q \cdot S_n = a_2 + a_3 + a_4 + ... + a_{n+1}$ (II)

Subtraindo (I) de (II), temos:

$q \cdot S_n - S_n = (a_2 + a_3 + a_4 + ...$
$... + a_n + a_{n+1}) - (a_1 + a_2 + a_3 + ... + a_n)$
$q \cdot S_n - S_n = a_2 + a_3 + a_4 + ...$
$... + a_n + a_{n+1} - a_1 - a_2 - a_3 - ... - a_n$

$S_n \cdot (q - 1) = a_{n+1} - a_1 \Rightarrow S_n = \dfrac{a_{n+1} - a_1}{q - 1} \Rightarrow S_n = \dfrac{(a_1 \cdot q^n) - a_1}{q - 1}$

Logo, para $q \neq 1$, temos:

$$S_n = \dfrac{a_1 \cdot (q^n - 1)}{q - 1}$$

Essa fórmula é a lei de formação de uma função, e n é um número natural.

3.4 Soma dos infinitos termos de uma PG

Já estudamos a soma dos *n* primeiros termos de uma PG. Agora, veremos como somar um número cada vez maior de termos de uma PG infinita.

Vamos calcular a soma dos termos da PG $\left(\dfrac{1}{4}, \dfrac{1}{8}, \dfrac{1}{16}, ...\right)$.

Primeiro, vamos calcular a soma S_n para alguns valores de *n*.

Para $n = 6$, temos:
$$S_6 = \dfrac{\dfrac{1}{4} \cdot \left[\left(\dfrac{1}{2}\right)^6 - 1\right]}{\dfrac{1}{2} - 1} = 0{,}4921875$$

Para $n = 13$, temos:
$$S_{13} = \dfrac{\dfrac{1}{4} \cdot \left[\left(\dfrac{1}{2}\right)^{13} - 1\right]}{\dfrac{1}{2} - 1} \simeq 0{,}49993896$$

Para $n = 25$, temos:
$$S_{25} = \dfrac{\dfrac{1}{4} \cdot \left[\left(\dfrac{1}{2}\right)^{25} - 1\right]}{\dfrac{1}{2} - 1} \simeq 0{,}49999998$$

Observe que, quanto maior o valor de n, mais próxima de zero será a potência $\left(\dfrac{1}{2}\right)^n$ e mais próxima de 0,5 será a soma S_n. Nesse caso, dizemos que, quando n tende a infinito, a potência $\left(\dfrac{1}{2}\right)^n$ tende a zero e a soma S_n tende a 0,5.

Veja as notações:

$$\lim_{n \to \infty} \left(\dfrac{1}{2}\right)^n = 0$$

(lemos: "o limite de $\left(\dfrac{1}{2}\right)^n$, quando n tende a infinito, é igual a zero")

$$\lim_{n \to \infty} S_n = \dfrac{1}{2}$$

(lemos: "o limite de S_n, quando n tende a infinito, é igual a $\dfrac{1}{2}$")

Seja $(a_1, a_2, a_3, a_4, ...)$ uma progressão geométrica em que $-1 < q < 1$. Quando n tende a infinito, a potência q^n tende a zero. Com essas informações, vamos calcular o **limite** da soma S_n: $S_n = \dfrac{a_1 \cdot (q^n - 1)}{q - 1} \Rightarrow \lim_{n \to \infty} S_n = \dfrac{a_1 \cdot (0 - 1)}{q - 1}$

Logo, para $-1 < q < 1$, temos:

$$\lim_{n \to \infty} S_n = \dfrac{a_1}{1 - q}$$

EXERCÍCIOS

74. Construa o gráfico das progressões geométricas.

a) $(1, 2, 4, 8, ...)$

b) $\left(3, 1, \dfrac{1}{3}, \dfrac{1}{9}, ...\right)$

c) PG com $a_0 = -8$ e $q = \dfrac{1}{2}$

d) PG com $a_0 = \sqrt{3}$ e $q = 1$

75. Observe o gráfico de uma PG e responda às questões.

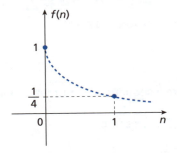

a) Qual é a lei de formação dessa PG?

b) Qual é o décimo termo dessa PG?

c) Essa PG tem algum termo menor ou igual a zero?

R21. Calcular a soma dos sete primeiros termos da PG $(6, 18, 54, ...)$.

▸ **Resolução**

Observe que essa PG tem $a_1 = 6$ e $q = 3$. Utilizando a fórmula, temos:

$S_n = \dfrac{a_1 \cdot (q^n - 1)}{q - 1} \Rightarrow S_7 = \dfrac{6 \cdot (3^7 - 1)}{3 - 1} \Rightarrow S_7 = \dfrac{6 \cdot (3^7 - 1)}{2} \Rightarrow$

$\Rightarrow S_7 = 3 \cdot (3^7 - 1) \Rightarrow S_7 = 3^8 - 3 \Rightarrow$

$\Rightarrow S_7 = 6.561 - 3 \Rightarrow S_7 = 6.558$

76. Dada a PG $(6, 48, 384, ...)$, determine a soma dos cinco primeiros termos.

77. Calcule a soma dos seis primeiros termos da PG de primeiro termo $\dfrac{4}{5}$ e razão $\dfrac{1}{2}$.

78. Calcule a soma dos quatro primeiros termos da PG infinita em que $a_1 = 1$ e $q = \dfrac{1}{2}$.

- Se calcularmos a soma de um número maior de termos dessa PG, ela se aproximará de determinado número? Justifique.

79. Sabendo que a soma dos cinco primeiros termos de uma PG é igual a 8.403 e que a razão da progressão é 7, determine o valor de a_1.

80. Uma empresa produzia 30 camisetas por mês. Porém, por causa das festas de fim de ano, essa produção foi triplicada a cada mês, a partir de setembro, durante o último quadrimestre do ano 2017. Determine o total de camisetas produzidas nesse período.

81. Calcule o limite de cada soma.

a) $15 + 10 + \dfrac{20}{3} + ...$

b) $\pi + \dfrac{\pi}{2} + \dfrac{\pi}{4} + ...$

R22. Determinar a fração geratriz da dízima $0,444...$

▸ **Resolução**

Vamos escrever essa dízima periódica como uma soma infinita.

Sendo $x = 0,444...$, podemos escrever:

$x = 0,4 + 0,04 + 0,004 + 0,0004 + ...$

As parcelas formam uma PG infinita com $a_1 = 0,4$ e $q = 0,1$.

Assim, a fração geratriz é o limite da soma:

$\lim_{n \to \infty} S_n = \dfrac{0,4}{1 - 0,1} \Rightarrow \lim_{n \to \infty} S_n = \dfrac{0,4}{0,9} \Rightarrow \lim_{n \to \infty} S_n = \dfrac{4}{9}$

Portanto, a fração geratriz da dízima periódica $0,444...$ é $\dfrac{4}{9}$.

82. Determine a fração geratriz de cada uma das dízimas.

a) $0,777...$

b) $0,0606...$

c) $0,472472...$

Capítulo 9 • Sequências **167**

4. Problemas que envolvem PA e PG

Já vimos progressões aritméticas e progressões geométricas. Agora, vamos resolver alguns problemas que envolvem simultaneamente essas sequências.

1. Determinar os valores de x e y de modo que a sequência $(x, 7, y)$ seja uma PA e $(y, 15, 75)$ seja uma PG.

Se x, 7 e y estão em PA, então:
$7 - x = y - 7 \Rightarrow x + y = 14$

Se y, 15 e 75 estão em PG, então: $\dfrac{15}{y} = \dfrac{75}{15} \Rightarrow y = 3$

Substituindo $y = 3$ na equação $x + y = 14$, temos:
$x + 3 = 14 \Rightarrow x = 11$

Logo, os valores de x e y são, respectivamente, 11 e 3.

2. Em uma cidade, há duas empresas que foram inauguradas na mesma data. Nos últimos anos, a empresa A manteve-se em crescimento: no primeiro ano, obteve lucro de R$ 100.000; no ano seguinte, de R$ 110.000; no outro ano, de R$ 120.000; e assim por diante. A empresa B também se manteve em crescimento: no primeiro ano, obteve lucro de R$ 20.000; no ano seguinte, de R$ 40.000; no outro ano, de R$ 80.000; e assim por diante.

- Verificar graficamente o crescimento anual do lucro dessas duas empresas.
- Qual dos lucros cresceu mais rapidamente: o da empresa A ou o da empresa B?

Observe que a sequência dos lucros da empresa A forma uma PA: (100.000, 110.000, 120.000, ...), em que $a_0 = 100.000$ e $r = 10.000$. A lei de formação dessa PA é:

$a_n = a_0 + n \cdot r \Rightarrow a_n = 100.000 + 10.000n$

Já a sequência dos lucros da empresa B forma uma PG: (20.000, 40.000, 80.000, ...), em que $a_0 = 20.000$ e $q = 2$. A lei de formação dessa PG é:

$a_n = a_0 \cdot q^n \Rightarrow a_n = 20.000 \cdot 2^n$

Construindo os gráficos da PA e da PG, obtemos:

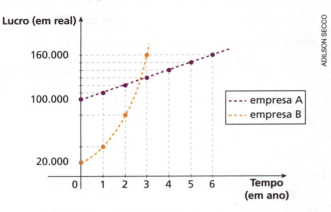

Observe que o lucro da empresa B cresce mais rapidamente que o da empresa A.

No terceiro ano de funcionamento, a empresa B atingiu um lucro de R$ 160.000 (8 vezes o lucro inicial). Já a empresa A, nesse mesmo período, atingiu um lucro de R$ 130.000 (1,3 vez o lucro inicial).

Thomas Robert Malthus (1766-1834) tentou prever, em 1798, o crescimento da população mundial. Com base em dados de anos anteriores, ele estabeleceu um modelo no qual a população crescia em PG, enquanto a produção de alimentos crescia em PA.

EXERCÍCIOS

83. Determine x e y maiores que zero de modo que $(x, y, 45)$ seja uma PA e que $(x, y, 81)$ seja uma PG.

84. Uma PA e uma PG têm, ambas, o primeiro termo igual a 2. Sabe-se também que seus terceiros termos são maiores que zero e iguais e que o segundo termo da PA excede o segundo termo da PG em 1. Qual é o terceiro termo das progressões?

Exercícios complementares

1. Considere a sequência $\left(1, -\dfrac{1}{2}, \dfrac{1}{3}, -\dfrac{1}{4}, ...\right)$, na qual um termo e seu sucessor têm sinais opostos e denominadores consecutivos. Determine seu 17º termo.

2. Escreva o termo geral da sequência $\left(\dfrac{3}{4}, \dfrac{6}{5}, \dfrac{9}{6}, \dfrac{12}{7}, \dfrac{15}{8}, ...\right)$.

3. Considere a sequência de números reais definida por:

$$a_n = \begin{cases} \dfrac{n+1}{2}, \text{ se } n \text{ é ímpar} \\ \dfrac{n-1}{2}, \text{ se } n \text{ é par} \end{cases}$$

Sabendo que $n \in \mathbb{N}^*$, determine o produto dos seis primeiros termos dessa sequência.

4. Seja a função f definida por:
$$\begin{cases} f(0) = 3 \\ f(n+1) = f(n) + \dfrac{3}{5}, \text{ com } n \in \mathbb{N} \end{cases}$$
Determine $f(12)$.

5. Considere a sequência
$$\left(\dfrac{43}{2}, \dfrac{729}{2}, 23, 243, \dfrac{49}{2}, 162, 26, \ldots\right).$$

   a) Os termos de índice par formam uma PA ou uma PG? E os termos de índice ímpar?

   b) Qual número é termo de índice par e também é termo de índice ímpar?

6. Uma pessoa aplicou R$ 2.000,00 em um fundo de investimento que rende 3% ao mês. Qual foi o valor obtido no fim do terceiro mês?

7. Seja f uma função afim definida por $f(x) = 2x$ e g uma função exponencial definida por $g(x) = 2^x$.

   a) Esboce no mesmo plano cartesiano os gráficos de f e g.

   b) Com base nos gráficos, identifique os termos que fazem parte, simultaneamente, da PA de termo geral $h(n) = 2n$ e da PG de termo geral $i(n) = 2^n$.

   c) Observe os gráficos e resolva a inequação $2^x \leq 2x$.

   d) Que número é maior: $2\sqrt{2}$ ou $2^{\sqrt{2}}$?

8. Três números estão em PA. A soma desses três números é 15, e seu produto é 105. Determine a diferença entre o maior e o menor deles.

9. A soma dos n primeiros elementos da PA $(-31, -26, -21, \ldots)$ é igual a 60. Determine n.

10. Entre 3 e 3.000 há n números na forma 2^k, em que k é um número natural. Determine n.

11. Determine x real de modo que a sequência $(x^2, x, \log x)$ seja uma progressão geométrica.

12. Sabendo que a, $2a$, a^2 e b formam, nessa ordem, uma progressão aritmética crescente, determine o valor de b.

13. Em uma progressão aritmética com 53 termos, a soma do termo central com seu antecessor é igual ao último termo. Sabendo que a razão dessa progressão é igual a 7, determine o valor de seu termo central.

14. Considere uma progressão geométrica de cinco termos e razão positiva, em que a soma do primeiro com o terceiro termo é $\dfrac{9}{2}$ e o produto de seus termos é 1.024. Determine o produto dos três primeiros termos dessa PG.

15. Resolva a equação $x + \dfrac{x}{3} + \dfrac{x}{9} + \ldots = 9$.

16. Observe a trajetória de um pêndulo.

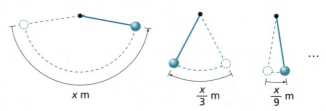

- Sabendo que a cada oscilação o pêndulo percorre $\dfrac{1}{3}$ da distância percorrida na oscilação anterior, quanto ele percorrerá até parar?

17. Observe a quantidade de pontos nas figuras que formam a sequência de números triangulares e responda às questões.

   a) Qual é a lei de formação que dá o número de pontos da enésima figura dessa sequência?

   b) Quantos pontos formarão a 13ª figura?

   c) Essa sequência tem uma figura com 110 pontos? E com 120 pontos?

18. O limite da soma dos infinitos termos de uma PG é 6. Se a soma dos dois primeiros termos é $\dfrac{9}{2}$, determine o primeiro termo dessa PG.

19. Se S_5 e S_6 representam as somas dos cinco e dos seis primeiros termos de uma progressão aritmética e valem, respectivamente, 0 e -5, determine a soma dos sete primeiros elementos dessa PA.

20. A diferença entre o triplo da soma dos n primeiros números naturais pares não nulos e a soma dos n primeiros números naturais ímpares é igual a $n^2 + 113n - 1.000$. Determine os possíveis valores de n.

21. A soma dos 10 primeiros elementos de uma PA é 50, e a soma dos 20 primeiros elementos dessa mesma PA também é 50. Determine a soma de seus 30 primeiros elementos.

22. As somas dos n primeiros elementos das progressões aritméticas $(8, 12, \ldots)$ e $(17, 19, \ldots)$ são iguais. Determine n.

23. Considere uma progressão geométrica de termos não nulos na qual cada termo, a partir do terceiro, é igual à soma dos dois termos imediatamente anteriores. Calcule os dois valores possíveis para a razão dessa PG.

24. Sendo $(40, x, y, 5, \ldots)$ uma progressão geométrica de razão q e $\left(q, 8 - a, \dfrac{7}{2}, \ldots\right)$ uma progressão aritmética, determine o valor de a.

EXERCÍCIOS COMPLEMENTARES

25. Os números x, y e z formam, nessa ordem, uma PA de soma 15. Se x, $y + 1$ e $z + 5$ formam, nessa ordem, uma PG de soma 21 e $0 \leq x \leq 10$, determine y e z.

26. Um aluno, depois de formar uma progressão aritmética com oito termos começando pelo 3 e composta apenas de números naturais, percebe que o $2^{\underline{o}}$, o $4^{\underline{o}}$ e o $8^{\underline{o}}$ termo dessa PA formam, nessa ordem, uma progressão geométrica. Determine a soma dos elementos dessa PG.

27. As progressões aritméticas (9, 13, 17, ...) e (4, 7, 10, ...) têm 100 elementos cada uma. Determine a quantidade de termos iguais nas duas progressões.

28. Considere os números naturais n de três algarismos que, divididos por 7, deixam resto 3. Determine a soma de todos os números que satisfazem essa condição.

QUESTÕES DE VESTIBULAR

29. (Vunesp) Os coelhos se reproduzem mais rapidamente que a maioria dos mamíferos. Considere uma colônia de coelhos que se inicia com um único casal de coelhos adultos e denote por a_n o número de casais adultos dessa colônia ao final de n meses. Se $a_1 = 1$, $a_2 = 1$ e, para $n \geq 2$, $a_{n+1} = a_n + a_{n-1}$, o número de casais de coelhos adultos na colônia ao final do quinto mês será:

a) 13
b) 8
c) 6
d) 5
e) 4

30. (Mackenzie-SP) Considere a sequência de números inteiros dada por $a_n = 3n + (-1)^n$, com $n \in \mathbb{N}^*$. A soma dos 20 primeiros termos dessa sequência é:

a) 580
b) 630
c) 950
d) 840
e) 760

31. (ESPM-SP) O $15^{\underline{o}}$ termo da sequência de frações $\left(\dfrac{1}{2}, \dfrac{2}{3}, \dfrac{4}{4}, \dfrac{8}{5}, \dfrac{16}{6}, ...\right)$ vale:

a) 2.048
b) 1.024
c) 832
d) 768
e) 512

32. (Mackenzie-SP) Se um número natural n é tal que $n + 3$, $n + 7$ e $n + 12$ formam, nessa ordem, uma progressão geométrica, então $\sqrt{n+3}$ é igual a:

a) 5
b) 3
c) 1
d) 4
e) 2

33. (Mackenzie-SP) Se a sequência $\left(2, \dfrac{1}{2}, 4, \dfrac{1}{4}, 6, \dfrac{1}{8}, ...\right)$ é formada por termos de uma progressão aritmética alternados com os termos de uma PG, então o produto do vigésimo pelo trigésimo primeiro termo dessa sequência é:

a) 2^{10}
b) $\dfrac{1}{2^8}$
c) 2^{15}
d) $\dfrac{1}{2^{20}}$
e) $\dfrac{1}{2^5}$

34. (Fuvest-SP) Uma sequência de números reais a_1, a_2, a_3, ... satisfaz à lei de formação $a_{n+1} = 6a_n$, se n é ímpar, $a_{n+1} = \dfrac{1}{3}a_n$, se n é par.

Sabendo que $a_1 = \sqrt{2}$:

a) escreva os oito primeiros termos da sequência.
b) determine a_{37} e a_{38}.

35. (PUC) Considere as sequências (1, 4, 7, 10, ..., 67) e (8, 12, 16, 20, ..., 104). O número de termos comuns a essas duas progressões é:

a) 5
b) 6
c) 7
d) 8
e) 9

36. (Mackenzie-SP) Considere os naturais n, $100 \leq n \leq 999$, que, divididos por 9, deixam resto 2. A soma deles é:

a) 49.700
b) 65.450
c) 83.870
d) 54.650
e) 75.550

37. (Unicamp-SP) A Anatel determina que as emissoras de rádio FM utilizem as frequências de 87,9 a 107,9 MHz, e que haja uma diferença de 0,2 MHz entre emissoras com frequências vizinhas. A cada emissora, identificada por sua frequência, é associado um canal, que é um número natural que começa em 200. Dessa forma, à emissora cuja frequência é de 87,9 MHz corresponde o canal 200; à seguinte, cuja frequência é de 88,1 MHz, corresponde o canal 201, e assim por diante. Pergunta-se:

a) Quantas emissoras FM podem funcionar [na mesma região], respeitando-se o intervalo de frequências permitido pela Anatel? Qual o número do canal com maior frequência?

b) Os canais 200 e 285 são reservados para uso exclusivo das rádios comunitárias. Qual a frequência do canal 285, supondo que todas as frequências possíveis são utilizadas?

38. (Mackenzie-SP) Uma empresa decidiu presentear seus principais clientes com lotes de 1.000 ações. Os clientes foram classificados em ordem crescente, de acordo com o faturamento de cada um deles. Ao primeiro, a empresa entregou 1 lote, ao segundo 3 lotes, ao terceiro 5 lotes e assim por diante. Se a empresa distribuiu um total de 1.089.000 ações, o número de clientes presenteados foi:

a) 47   c) 43   e) 33
b) 37   d) 32

39. (Fuvest-SP) Um número racional r tem representação decimal da forma $r = a_1 a_2, a_3$, onde $1 \leq a_1 \leq 9$, $0 \leq a_2 \leq 9$, $0 \leq a_3 \leq 9$.
Supondo-se que:
- a parte inteira de r é o quádruplo de a_3,
- a_1, a_2, a_3 estão em progressão aritmética,
- a_2 é divisível por 3,

então a_3 vale:

a) 1   c) 4   e) 9
b) 3   d) 6

40. (Fuvest-SP)
a) Quantos múltiplos de 9 há entre 100 e 1.000?
b) Quantos múltiplos de 9 ou 15 há entre 100 e 1.000?

41. (Fuvest-SP) Sejam a e b números reais tais que:
(i) a, b e $a + b$ formam, nessa ordem, uma PA;
(ii) 2^a, 16 e 2^b formam, nessa ordem, uma PG.
Então o valor de a é:

a) $\frac{2}{3}$ d) $\frac{7}{3}$
b) $\frac{4}{3}$ e) $\frac{8}{3}$
c) $\frac{5}{3}$

42. (Vunesp) Considere um triângulo equilátero T_1 de área $16\sqrt{3}$ cm². Unindo-se os pontos médios dos lados desse triângulo, obtém-se um segundo triângulo equilátero T_2, que tem os pontos médios dos lados de T_1 como vértices. Unindo-se os pontos médios dos lados desse novo triângulo obtém-se um terceiro triângulo equilátero T_3, e assim por diante, indefinidamente. Determine:

a) as medidas do lado e da altura do triângulo T_1, em centímetro.
b) as áreas dos triângulos T_2 e T_7, em cm².

43. (Unicamp-SP) Suponha que, em uma prova, um aluno gaste para resolver cada questão, a partir da segunda, o dobro de tempo gasto para resolver a questão anterior. Suponha ainda que, para resolver todas as questões, exceto a última, ele tenha gasto 63,5 minutos e para resolver todas as questões, exceto as duas últimas, ele tenha gasto 31,5 minutos. Calcule:

a) o número total de questões da referida prova.
b) o tempo necessário para que aquele aluno resolva todas as questões da prova.

44. (Unifesp) Um objeto parte do ponto A, no instante $t = 0$, em direção ao ponto B, percorrendo, a cada minuto, a metade da distância que o separa do ponto B, conforme a figura. Considere como sendo de 800 metros a distância entre A e B.

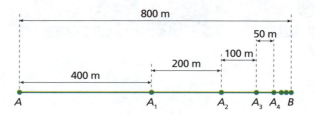

Desse modo, ao final do primeiro minuto (1º período), ele deverá se encontrar no ponto A_1; ao final do segundo minuto (2º período), no ponto A_2; ao final do terceiro minuto (3º período), no ponto A_3, e, assim, sucessivamente. Suponhamos que a velocidade se reduza linearmente em cada período considerado.

a) Calcule a distância percorrida pelo objeto ao final dos 10 primeiros minutos. Constate que, nesse instante, sua distância ao ponto B é inferior a 1 metro.
b) Construa o gráfico da função definida por "$f(t)$ = distância percorrida pelo objeto em t minutos", a partir do instante $t = 0$.

45. (Enem) Para comemorar o aniversário de uma cidade, a prefeitura organiza quatro dias consecutivos de atrações culturais. A experiência de anos anteriores mostra que, de um dia para o outro, o número de visitantes no evento é triplicado. É esperada a presença de 345 visitantes para o primeiro dia do evento.
Uma representação possível do número esperado de participantes para o último dia é:

a) 3×345 d) $3 \times 4 \times 345$
b) $(3 + 3 + 3) \times 345$ e) $3^4 \times 345$
c) $3^3 \times 345$

46. (Vunesp) Um viveiro clandestino com quase trezentos pássaros foi encontrado por autoridades ambientais. Pretende-se soltar esses pássaros seguindo um cronograma, de acordo com uma progressão aritmética, de modo que no primeiro dia sejam soltos cinco pássaros, no segundo dia sete pássaros, no terceiro nove, e assim por diante. Quantos pássaros serão soltos no décimo quinto dia?

a) 55   c) 33   e) 30
b) 43   d) 32

47. (PUC) João tem três filhas. A filha mais velha tem 8 anos a mais do que a do meio que por sua vez tem 7 anos mais do que a caçula. João observou que as idades delas formam uma progressão geométrica. Quais são as idades delas?

Mais questões: no livro digital, em **Vereda Digital Aprova Enem** e **Vereda Digital Suplemento de revisão e vestibulares**; no *site*, em **AprovaMax**.

Capítulo 9 • Sequências

CAPÍTULO 10
GEOMETRIA PLANA: TRIÂNGULOS E SEMELHANÇA

ENEM
C2: H7, H8, H9
C3: H10, H11, H12, H13, H14
C4: H15

Tales e a semelhança

Pouco se sabe sobre Tales de Mileto. Apontado como o primeiro filósofo grego, acredita-se que tenha vivido aproximadamente entre 624 a.C. e 548 a.C. A ele são atribuídas diversas descobertas matemáticas, sendo considerado o criador da Geometria demonstrativa.

Conta-se que, em uma viagem ao Egito, ele teria feito um cálculo surpreendente: descobriu a altura de uma pirâmide a partir do comprimento de sua sombra, com base em conceitos de proporcionalidade.

1. Próximo à pirâmide, Tales fincou um bastão no chão e esperou até o momento em que a sombra e o bastão tivessem o mesmo comprimento.

2. Nesse instante, pediu a um de seus ajudantes que medisse imediatamente o comprimento da sombra da pirâmide.

172 Conexões com a Matemática

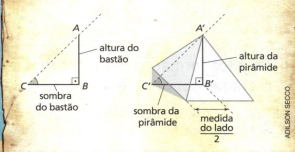

As pirâmides de Gizé (Quéops, Quéfren e Miquerinos), no Cairo, às margens do rio Nilo, foram construídas em torno de 2.550 a.C. para abrigar os faraós mumificados e seus pertences mais valiosos.

Qual foi o raciocínio de Tales?

Tales considerou que os raios solares são paralelos.

Com base em seus conhecimentos sobre triângulos, ele concluiu que, quando a sombra do bastão tivesse o mesmo comprimento que o bastão, a sombra da pirâmide teria o mesmo comprimento que a altura da pirâmide. Mas ele levou em consideração que parte da sombra estava "escondida", conforme mostra o esquema.

3 Em seguida, pediu ao ajudante que medisse a metade de um dos lados da base da pirâmide.

Então, Tales adicionou essas duas medidas e descobriu a altura da pirâmide. 4

Capítulo 10 • Geometria plana: triângulos e semelhança 173

1. Ângulos

Embora este capítulo trate de triângulos e semelhança vamos iniciar fazendo uma rápida revisão de alguns pontos relacionados a ângulos.

1.1 Ângulos formados por retas paralelas cortadas por uma reta transversal

Paralelas e transversais podem aparecer em várias situações. Veja como exemplo o entroncamento de trilhos de trem.

Quando duas retas paralelas quaisquer, r e s, são cortadas por uma reta transversal t, formam-se oito ângulos.

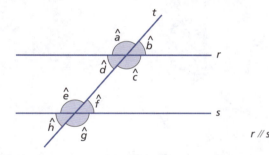

$r \parallel s$

Existem algumas relações entre os ângulos formados. Vejamos a seguir.

Ângulos alternos

- Ângulos **alternos externos**: $\hat{a}$ e $\hat{g}$; $\hat{b}$ e $\hat{h}$
- Ângulos **alternos internos**: $\hat{c}$ e $\hat{e}$; $\hat{d}$ e $\hat{f}$

Os ângulos alternos internos são congruentes, e os ângulos alternos externos também são congruentes. Assim:

med($\hat{a}$) = med($\hat{g}$) e med($\hat{b}$) = med($\hat{h}$)

med($\hat{c}$) = med($\hat{e}$) e med($\hat{d}$) = med($\hat{f}$)

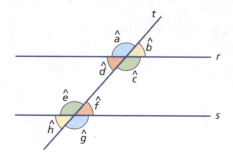

Ângulos colaterais

- Ângulos **colaterais externos**: $\hat{a}$ e $\hat{h}$; $\hat{b}$ e $\hat{g}$
- Ângulos **colaterais internos**: $\hat{c}$ e $\hat{f}$; $\hat{d}$ e $\hat{e}$

Os ângulos colaterais externos são suplementares, e os ângulos colaterais internos também são suplementares. Então:

med($\hat{a}$) + med($\hat{h}$) = med($\hat{b}$) + med($\hat{g}$) = 180°

med($\hat{c}$) + med($\hat{f}$) = med($\hat{d}$) + med($\hat{e}$) = 180°

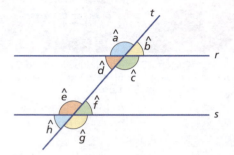

Ângulos correspondentes

- $\hat{a}$ e $\hat{e}$; $\hat{b}$ e $\hat{f}$; $\hat{c}$ e $\hat{g}$; $\hat{d}$ e $\hat{h}$

Os ângulos correspondentes são congruentes. Assim:

med($\hat{a}$) = med($\hat{e}$), med($\hat{b}$) = med($\hat{f}$),

med($\hat{c}$) = med($\hat{g}$) e med($\hat{d}$) = med($\hat{h}$)

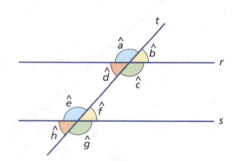

Ângulos opostos pelo vértice

- $\hat{a}$ e $\hat{c}$; $\hat{b}$ e $\hat{d}$; $\hat{e}$ e $\hat{g}$; $\hat{f}$ e $\hat{h}$

Os ângulos opostos pelo vértice são congruentes. Assim:

med($\hat{a}$) = med($\hat{c}$), med($\hat{b}$) = med($\hat{d}$),

med($\hat{e}$) = med($\hat{g}$) e med($\hat{f}$) = med($\hat{h}$)

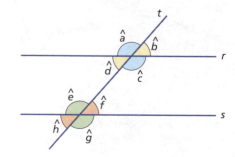

Exemplos

a) Considere a figura abaixo.

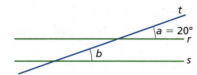

Os ângulos $\hat{a}$ e $\hat{b}$ são ângulos correspondentes. Como os ângulos correspondentes são congruentes, temos:
$a = b \Rightarrow b = 20°$

b) Considere a figura abaixo.

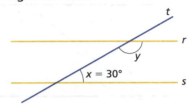

Os ângulos $\hat{x}$ e $\hat{y}$ são ângulos colaterais internos. Como os ângulos colaterais são suplementares, temos:
$x + y = 180° \Rightarrow 30° + y = 180° \Rightarrow y = 150°$

(I) Os ângulos $\hat{a}$ e $\hat{c}$ são colaterais internos; portanto, são suplementares. Assim:
med($\hat{a}$) + med($\hat{c}$) = 180°

(II) Os ângulos $\hat{b}$ e $\hat{c}$ são opostos pelo vértice; logo, são congruentes. Assim:
med($\hat{b}$) = med($\hat{c}$)

De (I) e (II), vem:
med($\hat{a}$) + med($\hat{c}$) = 180°
med($\hat{a}$) + med($\hat{b}$) = 180°
Como med($\hat{a}$) = 2x − 20° e med($\hat{b}$) = 3x, temos:
(2x − 20°) + 3x = 180°
5x = 200°
x = 40°
Portanto, o valor de x é 40°.

EXERCÍCIOS

R1. Sabendo que, em cada caso, as retas r e s são paralelas cortadas por uma transversal t, determinar o valor de x.

a)

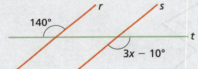

b)

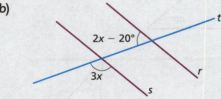

▶ **Resolução**

a) Os ângulos assinalados são alternos externos. Logo, são congruentes. Assim:
$3x - 10° = 140° \Rightarrow 3x = 150° \Rightarrow x = 50°$
Portanto, o valor de x é 50°.

b) Chamando o ângulo de medida 2x − 20° de ângulo $\hat{a}$, o ângulo de medida 3x de $\hat{b}$ e marcando um ângulo $\hat{c}$, temos:

1. Na figura abaixo, sendo a reta a paralela à reta b, calcule α + β + γ.

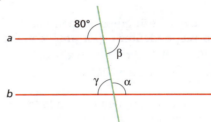

2. Calcule o valor x, sabendo que a // b.

a)

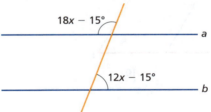

b)

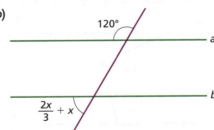

3. Sabendo que r // s, calcule os valores de x e y.

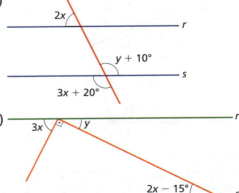

Capítulo 10 • Geometria plana: triângulos e semelhança **175**

R2. Na figura ao lado, os ângulos têm os lados respectivamente paralelos ($\overline{AB} \parallel \overline{A'B'}$ e $\overline{AC} \parallel \overline{A'C'}$). Calcular o valor de x.

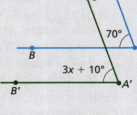

▶ **Resolução**
Prolongando os lados dos ângulos, temos:

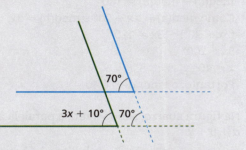

Observe que os ângulos de medidas $3x + 10°$ e $70°$ são correspondentes e, portanto, congruentes. Logo:
$3x + 10° = 70° \Rightarrow 3x = 60° \Rightarrow x = 20°$
Assim, o valor de x é 20°.

4. Sabendo que os ângulos têm os lados respectivamente paralelos, calcule o valor de x.

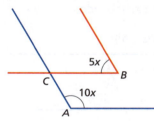

R3. Na figura abaixo, as retas r e s são paralelas. Calcular o valor de α.

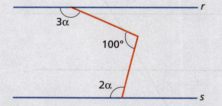

▶ **Resolução**
Vamos traçar uma reta auxiliar v, paralela a r e s.

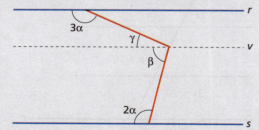

Assim:
(I) $\gamma + \beta = 100°$
(II) γ e 3α são medidas de ângulos colaterais internos; então: $\gamma + 3\alpha = 180° \Rightarrow \gamma = 180° - 3\alpha$

(III) β e 2α são medidas de ângulos colaterais internos; então: $\beta + 2\alpha = 180° \Rightarrow \beta = 180° - 2\alpha$
De (I), (II) e (III), temos:
$\gamma + \beta = 100° \Rightarrow (180° - 3\alpha) + (180° - 2\alpha) = 100° \Rightarrow$
$\Rightarrow -5\alpha = -260° \Rightarrow \alpha = 52°$
Portanto, o valor de α é 52°.

5. Determine o valor de x e y, sendo r paralela a s.

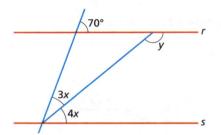

6. Sendo a reta r paralela à reta s, determine o valor de α nas figuras a seguir.

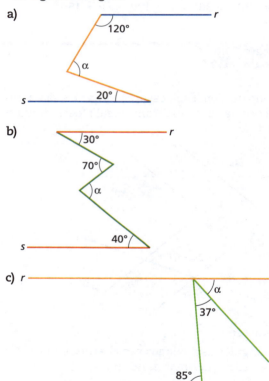

7. Calcule o valor de x nas figuras a seguir.
a)

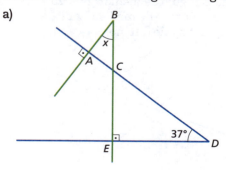

b)

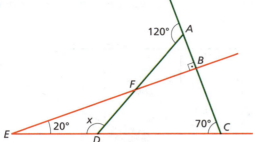

1.2 Teorema de Tales

Conforme vimos na abertura deste capítulo, Tales foi um matemático grego que realizou, entre outros feitos, o estudo da proporcionalidade entre segmentos.

O enunciado a seguir é conhecido como **teorema de Tales**.

> Se um feixe de retas paralelas é cortado por duas retas transversais, os segmentos determinados sobre a primeira transversal são proporcionais a seus correspondentes determinados sobre a segunda transversal.

Ou seja, considerando paralelas as retas *r*, *s*, *t* e *u*, temos:

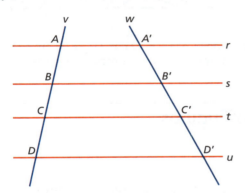

$\dfrac{AB}{A'B'} = \dfrac{BC}{B'C'}$ ou $\dfrac{AC}{A'C'} = \dfrac{AB}{A'B'}$ ou $\dfrac{AD}{A'D'} = \dfrac{BD}{B'D'}$ ...

Exemplo

Na figura abaixo, as retas *r*, *s* e *t* são paralelas, cortadas por duas retas transversais, *u* e *v*.

Vamos determinar o valor de *x*.

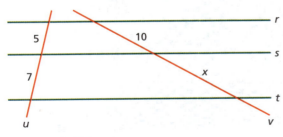

Pelo teorema de Tales, temos:

$\dfrac{5}{10} = \dfrac{7}{x} \Rightarrow 5x = 70 \Rightarrow x = 14$

Logo, o valor de *x* é 14.

EXERCÍCIOS

R4. Na figura, as retas *r*, *s* e *t* são paralelas. Determinar o valor de *x*.

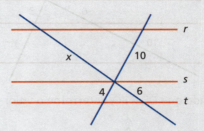

▶ **Resolução**

"Descruzando" as retas transversais, temos:

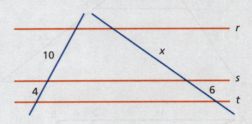

Pelo teorema de Tales, obtemos:

$\dfrac{10}{x} = \dfrac{4}{6} \Rightarrow 4x = 60 \Rightarrow x = 15$

Portanto, o valor de *x* é 15.

8. Nas figuras, as retas *r*, *s* e *t* são paralelas. Determine o valor de *x*.

a)

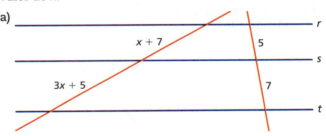

b)

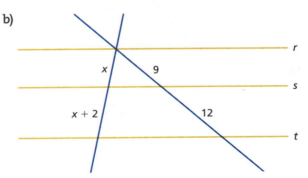

9. Sabendo que *r* // *s* // *t*, determine o valor de *x* e *y*.

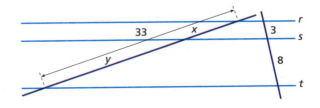

Capítulo 10 • Geometria plana: triângulos e semelhança **177**

10. Sabendo que as retas r, s, t e u são paralelas, determine o valor de x e y.

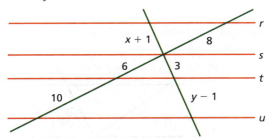

11. Sabendo que $\overline{DE} \parallel \overline{BC}$, determine o valor de x.

a)

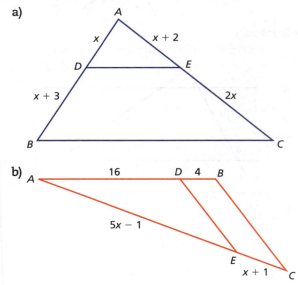

b)

12. Nas figuras abaixo, $\overline{DE} \parallel \overline{BC}$. Determine o valor de x e y, sabendo que:

a) $AB = 24$

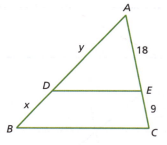

b) $AC = 9$

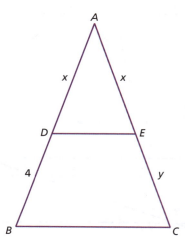

13. Um terreno foi dividido em três lotes, conforme mostra a figura a seguir.

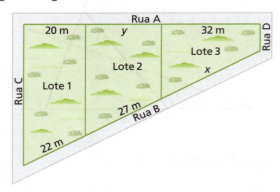

- Sabendo que as divisas são paralelas às ruas C e D, encontre as medidas x e y.

14. Considere duas circunferências, de centros O_1 e O_2, que são tangentes entre si, e a reta r, que é tangente a essas circunferências nos pontos T_1 e T_2, respectivamente.

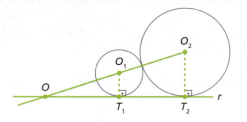

- Sabendo que $OT_1 = 12$ cm, $OT_2 = 27$ cm e $OO_1 = 13$ cm, determine a distância entre os centros O_1 e O_2.

2. Triângulos

2.1 Polígonos

Por serem empregadas como elementos decorativos e também estruturais, as formas poligonais estão presentes em áreas da atividade humana que vão da Arte à Geografia, passando pela Agrimensura, Arquitetura e Engenharia.

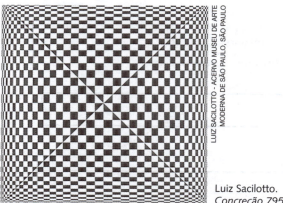

Luiz Sacilotto. *Concreção 7959*, 1979.

Na obra *Concreção 7959*, contrastando o preto com o branco no interior de quadrados, retângulos e triângulos, o artista Luiz Sacilotto faz uma composição e cria um efeito visual que transcende a imagem plana.

Polígono é uma figura geométrica plana e fechada formada apenas por segmentos de reta que não se cruzam.

Exemplos

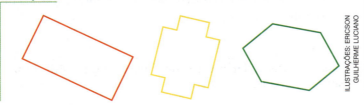

Elementos de um polígono

Considerando o polígono representado abaixo, podemos destacar os seguintes elementos:

- Lado – cada um dos segmentos de reta que formam um polígono.
- Vértice – o ponto comum a dois lados.
- Lados consecutivos – lados que têm extremidades em um mesmo vértice.
- Vértices consecutivos – vértices que têm um lado comum.
- Ângulo interno – cada um dos ângulos formados por lados consecutivos.
- Ângulo externo – cada um dos ângulos adjacentes suplementares a cada ângulo interno.

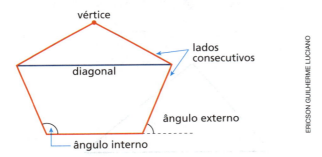

2.2 Triângulos

Todo polígono com três lados é chamado de **triângulo**.

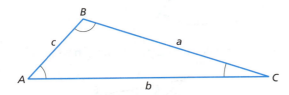

Com relação ao △ABC (lemos: "triângulo ABC") representado acima, temos:
- $\overline{AB}$, $\overline{BC}$ e $\overline{AC}$ são os lados do triângulo;
- A, B e C são os vértices;
- a, b e c são as medidas dos lados do triângulo;
- $C\hat{A}B$, $A\hat{C}B$ e $A\hat{B}C$ são os ângulos internos.

O perímetro do triângulo ABC é obtido somando as medidas dos seus lados: $a + b + c$

Condição de existência de um triângulo (desigualdade triangular)

É possível traçar um triângulo cujos lados medem 8 cm, 3 cm e 4 cm? E um triângulo cujos lados medem 8 cm, 10 cm e 5 cm? Para saber se é possível construir um triângulo com segmentos de determinadas medidas, devemos verificar se a **condição de existência de um triângulo** pode ser aplicada.

Em qualquer triângulo, a medida de um dos lados é sempre menor que a soma das medidas dos outros dois lados.

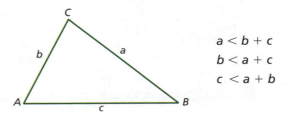

$a < b + c$
$b < a + c$
$c < a + b$

Exemplos

Vamos responder às duas perguntas feitas anteriormente.

a) É possível construir um triângulo cujos lados medem 8 cm, 3 cm e 4 cm?

De acordo com a condição de existência de um triângulo, temos:

$8 < 3 + 4 \Rightarrow 8 < 7$ (falso)
$3 < 8 + 4 \Rightarrow 3 < 12$ (verdadeiro)
$4 < 8 + 3 \Rightarrow 4 < 11$ (verdadeiro)

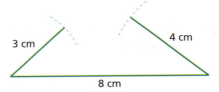

Na figura acima, note que os arcos tracejados, centrados nas extremidades do segmento de 8 cm, mesmo que prolongados, não se cruzam, pois $3 + 4 < 8$.

Como a condição de existência não é válida, não existe um triângulo cujos lados medem 8 cm, 3 cm e 4 cm.

b) E um triângulo cujos lados medem 8 cm, 10 cm e 5 cm?

De acordo com a condição de existência de um triângulo, temos:

$8 < 10 + 5 \Rightarrow 8 < 15$ (verdadeiro)
$10 < 8 + 5 \Rightarrow 10 < 13$ (verdadeiro)
$5 < 8 + 10 \Rightarrow 5 < 18$ (verdadeiro)

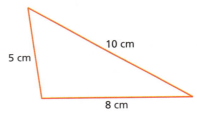

Como a condição de existência é válida, existe um triângulo cujos lados medem 8 cm, 10 cm e 5 cm.

Capítulo 10 • Geometria plana: triângulos e semelhança

EXERCÍCIOS

15. Mariana quer formar triângulos usando 13 palitos de fósforo em cada um, sem quebrá-los.

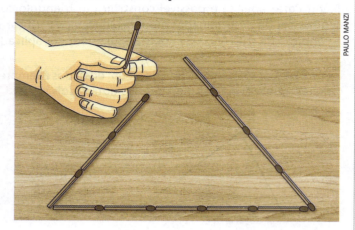

a) Quantos palitos podem ter cada lado desses triângulos?

b) Quantos desses triângulos têm dois lados congruentes?

c) Quantos desses triângulos têm três lados congruentes?

16. Invente três medidas de comprimento de modo que com elas:

a) seja possível construir um triângulo.

b) não seja possível construir um triângulo.

2.3 Soma das medidas dos ângulos internos de um triângulo

Vamos considerar um triângulo ABC e uma reta r, paralela ao lado $\overline{AB}$ e que passa pelo vértice C.

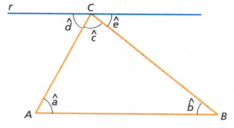

Temos:

med($\hat{a}$) = med($\hat{d}$)
med($\hat{b}$) = med($\hat{e}$) $\hat{a}$ e $\hat{d}$, $\hat{b}$ e $\hat{e}$ são ângulos alternos internos.

Então:

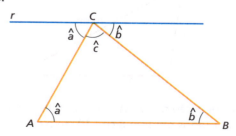

Como os ângulos $\hat{a}$, $\hat{b}$ e $\hat{c}$ formam um ângulo raso, temos:

$$\text{med}(\hat{a}) + \text{med}(\hat{b}) + \text{med}(\hat{c}) = 180°$$

Portanto, a soma das medidas dos ângulos internos de um triângulo é 180°.

Exemplo

Vamos determinar o valor de x no triângulo ABC representado abaixo.

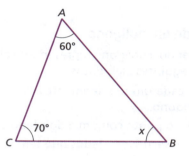

Como a soma das medidas dos ângulos internos de um triângulo é 180°, temos:

$x + 70° + 60° = 180° \Rightarrow x + 130° = 180° \Rightarrow x = 50°$

EXERCÍCIOS

17. Determine o valor de x em cada triângulo representado abaixo.

a)

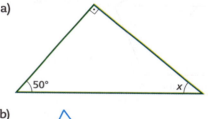

b)

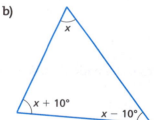

18. Determine o valor de x e y na figura abaixo.

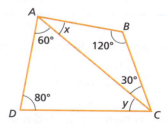

19. Em um triângulo, a medida de um ângulo é o dobro da medida de outro ângulo e é a terça parte da medida do terceiro ângulo. Quais são essas medidas?

2.4 Classificação dos triângulos

Os triângulos recebem nomes especiais de acordo com as medidas dos lados ou de acordo com as medidas dos ângulos internos.

Classificação dos triângulos quanto aos lados

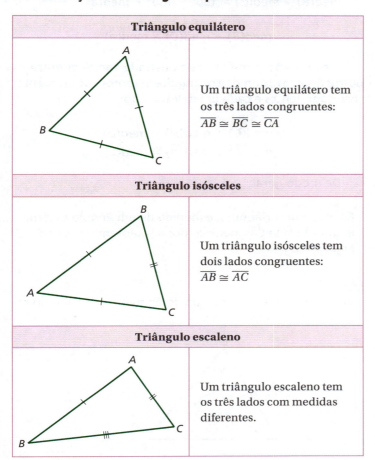

Triângulo equilátero	
	Um triângulo equilátero tem os três lados congruentes: $\overline{AB} \cong \overline{BC} \cong \overline{CA}$
Triângulo isósceles	
	Um triângulo isósceles tem dois lados congruentes: $\overline{AB} \cong \overline{AC}$
Triângulo escaleno	
	Um triângulo escaleno tem os três lados com medidas diferentes.

Classificação dos triângulos quanto aos ângulos

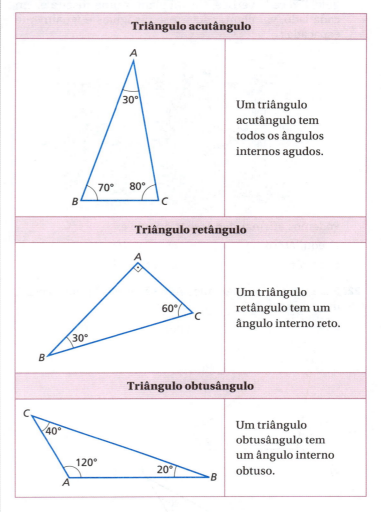

Triângulo acutângulo	
	Um triângulo acutângulo tem todos os ângulos internos agudos.
Triângulo retângulo	
	Um triângulo retângulo tem um ângulo interno reto.
Triângulo obtusângulo	
	Um triângulo obtusângulo tem um ângulo interno obtuso.

Observações

1. Em qualquer triângulo equilátero, os três ângulos internos são congruentes, medindo 60° cada um.

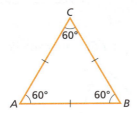

2. Em um triângulo isósceles, os ângulos da base são congruentes.

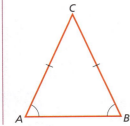

No triângulo representado ao lado, temos:
- os lados $\overline{AC}$ e $\overline{BC}$ congruentes;
- a base $\overline{AB}$;
- o ângulo $\hat{C}$ do vértice;
- os ângulos da base, $\hat{A}$ e $\hat{B}$, congruentes.

EXERCÍCIOS

20. Sabendo que, em cada caso, o triângulo ABC é equilátero, determine x e y.

a)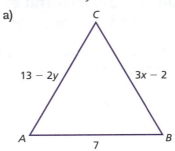

b)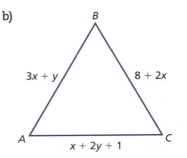

21. Rosa quer construir um jardim com a forma de um triângulo. Em cada vértice, ela vai plantar uma roseira e, em cada lado, vai plantar sete roseiras iguais e igualmente espaçadas.

Podemos afirmar que esse triângulo é:

a) equilátero.   c) isósceles.
b) escaleno.   d) retângulo.

22. Sabendo que os triângulos ABC são isósceles de base $\overline{BC}$, determine x.

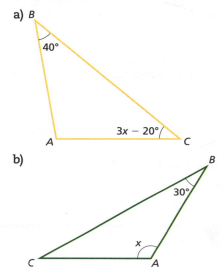

2.5 Relação entre um ângulo externo e dois ângulos internos não adjacentes

Considere o triângulo ABC, representado abaixo, e observe os ângulos internos e os ângulos externos destacados.

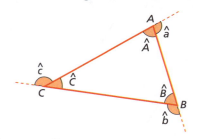

De acordo com a figura, temos:
- $\text{med}(\widehat{A}) + \text{med}(\widehat{a}) = 180°$ (I)
- $\text{med}(\widehat{B}) + \text{med}(\widehat{b}) = 180°$
- $\text{med}(\widehat{C}) + \text{med}(\widehat{c}) = 180°$
- $\text{med}(\widehat{A}) + \text{med}(\widehat{B}) + \text{med}(\widehat{C}) = 180°$ (II)

De (I), temos:

$\text{med}(\widehat{A}) = 180° - \text{med}(\widehat{a})$

Substituindo em (II):

$\text{med}(\widehat{A}) + \text{med}(\widehat{B}) + \text{med}(\widehat{C}) = 180°$
$(180° - \text{med}(\widehat{a})) + \text{med}(\widehat{B}) + \text{med}(\widehat{C}) = 180°$
$\text{med}(\widehat{B}) + \text{med}(\widehat{C}) = 180° - 180° + \text{med}(\widehat{a})$

$$\text{med}(\widehat{B}) + \text{med}(\widehat{C}) = \text{med}(\widehat{a})$$

Essa relação pode ser demonstrada também entre os outros ângulos internos e os ângulos externos não adjacentes correspondentes a cada um deles. Então:

$$\text{med}(\widehat{C}) + \text{med}(\widehat{A}) = \text{med}(\widehat{b})$$
$$\text{med}(\widehat{B}) + \text{med}(\widehat{A}) = \text{med}(\widehat{c})$$

De modo geral:

> Em qualquer triângulo, a medida de um ângulo externo é igual à soma das medidas dos ângulos internos não adjacentes a ele.

Exemplo

Vamos determinar a medida do ângulo $\widehat{e}$ no triângulo reproduzido abaixo.

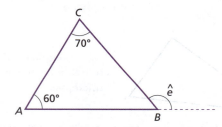

Pela relação entre um ângulo externo e dois ângulos internos não adjacentes, temos:

$\text{med}(\widehat{e}) = 60° + 70° \Rightarrow \text{med}(\widehat{e}) = 130°$

EXERCÍCIOS

23. Determine o valor de x em cada item.

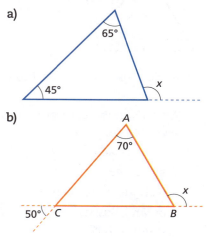

24. Sabendo que o triângulo ABC é isósceles, sendo $\overline{BC}$ sua base, determine o valor de x nos casos a seguir.

a)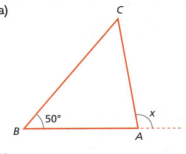

b)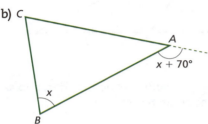

25. Determine o valor de x e y.

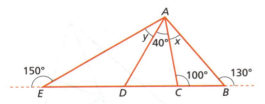

26. Sabendo que o triângulo ABC é isósceles de base $\overline{BC}$, determine o valor de x e y nos casos a seguir.

a)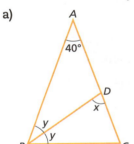

b)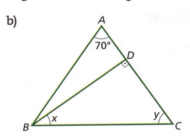

27. Determine o valor de x nos casos a seguir.

a)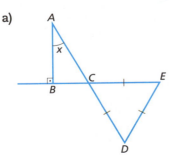

b)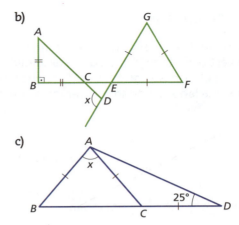

c)

28. Determine o valor de x e y nos casos abaixo.

a)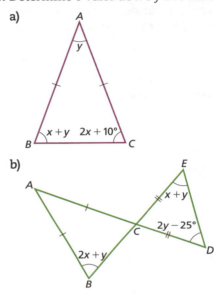

b)

3. Pontos notáveis em um triângulo

Em muitas situações do cotidiano ou mesmo na resolução de questões técnicas de Engenharia, Arquitetura, jardinagem, cenografia e outras atividades, é necessário obter um ponto de um triângulo, por exemplo, seu centro de massa (baricentro), o ponto equidistante dos seus vértices (circuncentro) ou o ponto equidistante dos seus lados (incentro). São esses **pontos notáveis** do triângulo que estudaremos a seguir.

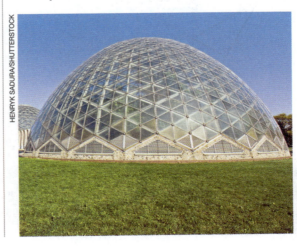

Estrutura em formato triângular do Jardim Botânico de Milwaukee, EUA.

3.1 Alturas e ortocentro

Altura de um triângulo é um segmento que tem uma extremidade em um vértice do triângulo e a outra extremidade na reta suporte do lado oposto ao vértice, formando um ângulo de 90° com esse lado. Um triângulo tem três alturas.

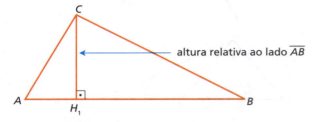
altura relativa ao lado $\overline{AB}$

O ponto de encontro das retas suportes das alturas de um triângulo é denominado **ortocentro** (H).

Observe as alturas e o ortocentro de diferentes triângulos:

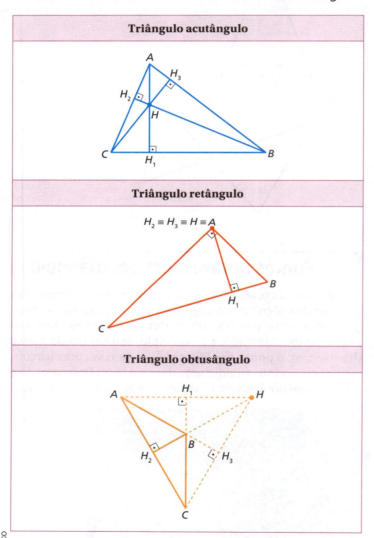

Nos triângulos representados acima, temos que:
- $\overline{AH_1}$ é a altura relativa ao lado $\overline{BC}$;
- $\overline{BH_2}$ é a altura relativa ao lado $\overline{AC}$;
- $\overline{CH_3}$ é a altura relativa ao lado $\overline{AB}$;
- H é o ortocentro do $\triangle ABC$.

3.2 Medianas e baricentro

Mediana de um triângulo é um segmento que tem uma extremidade em um vértice do triângulo e a outra extremidade no ponto médio do lado oposto a esse vértice. Um triângulo tem três medianas.

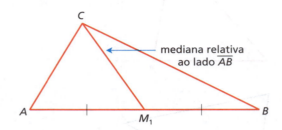
mediana relativa ao lado $\overline{AB}$

O ponto em que as três medianas de um triângulo se intersectam é chamado de **baricentro** (G).

Observe as medianas e o baricentro do triângulo ABC:

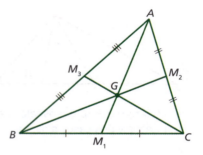

No triângulo representado acima, temos que:
- $\overline{AM_1}$ é a mediana relativa ao lado $\overline{BC}$;
- $\overline{BM_2}$ é a mediana relativa ao lado $\overline{AC}$;
- $\overline{CM_3}$ é a mediana relativa ao lado $\overline{AB}$;
- G é o baricentro do $\triangle ABC$.

3.3 Bissetrizes e incentro

Bissetriz de um triângulo é um segmento que divide um ângulo interno em dois ângulos congruentes e tem uma extremidade em um vértice e a outra no lado oposto a esse vértice. Um triângulo tem três bissetrizes.

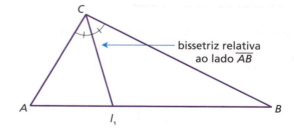
bissetriz relativa ao lado $\overline{AB}$

O ponto em que as três bissetrizes de um triângulo se intersectam é chamado de **incentro** (I).

Observe as bissetrizes e o incentro do triângulo ABC:

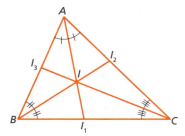

No triângulo representado acima, temos que:
- $\overline{AI_1}$ é a bissetriz relativa ao lado $\overline{BC}$;
- $\overline{BI_2}$ é a bissetriz relativa ao lado $\overline{AC}$;
- $\overline{CI_3}$ é a bissetriz relativa ao lado $\overline{AB}$;
- I é o incentro do $\triangle ABC$.

Observação

A distância entre o incentro e qualquer um dos lados do triângulo é sempre a mesma. Essa propriedade permite traçar uma circunferência inscrita no triângulo, de centro I e raio $\overline{IM}$ ($\overline{IM} \cong \overline{IO} \cong \overline{IN}$).

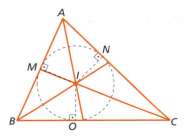

3.4 Mediatrizes e circuncentro

Mediatriz do lado de um triângulo é a reta que é perpendicular a esse lado pelo ponto médio.

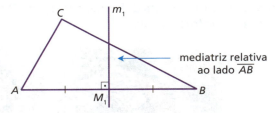

mediatriz relativa ao lado $\overline{AB}$

O ponto em que as três mediatrizes de um triângulo se intersectam é chamado de **circuncentro** (O).

Observe as mediatrizes e o circuncentro do triângulo ABC:

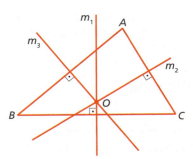

No triângulo representado ao lado, temos que:
- m_1 é a mediatriz relativa ao lado $\overline{BC}$;
- m_2 é a mediatriz relativa ao lado $\overline{AC}$;
- m_3 é a mediatriz relativa ao lado $\overline{AB}$;
- O é o circuncentro do $\triangle ABC$.

Observação

A distância entre o circuncentro e qualquer um dos vértices do triângulo é sempre a mesma. Essa propriedade permite traçar uma circunferência circunscrita ao triângulo, de centro O e raio $\overline{AO}$ ($\overline{AO} \cong \overline{BO} \cong \overline{CO}$).

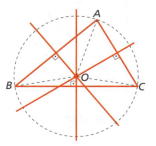

EXERCÍCIOS

R5. Sabendo que $\overline{AM}$ é mediana relativa ao lado $\overline{BC}$, determinar o perímetro do triângulo ABC.

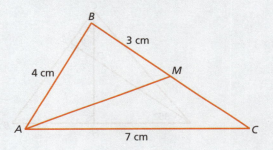

➤ **Resolução**

Como $\overline{AM}$ é mediana relativa ao lado $\overline{BC}$, verificamos que $\overline{CM}$ mede 3 cm.

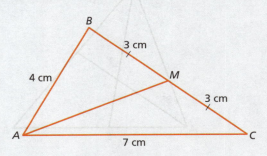

Assim, o perímetro do triângulo é:
4 cm + 7 cm + (3 cm + 3 cm) = 17 cm

29. No triângulo abaixo, indique qual é o segmento que representa, respectivamente, a mediana, a bissetriz e a altura relativa ao lado $\overline{BC}$, sabendo que $\overline{BE} \cong \overline{EC}$ e $B\widehat{A}D \cong D\widehat{A}C$.

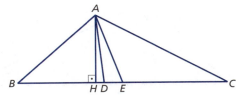

30. Considere o triângulo ABC, retângulo em $\hat{A}$.

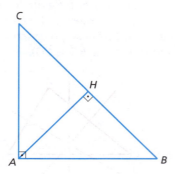

Determine a altura relativa:

a) ao lado $\overline{AC}$.

b) ao lado $\overline{BC}$.

c) à hipotenusa.

31. Nos triângulos representados abaixo, determine os valores de x, y e z, sabendo que:

a) $\overline{CH}$ e $\overline{AS}$ são alturas.

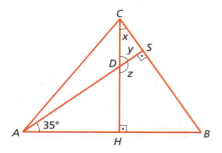

b) $\overline{CS}$ e $\overline{AT}$ são bissetrizes.

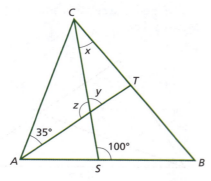

32. Determine x e y, sabendo que $\overline{CH}$ é altura relativa ao lado $\overline{AB}$ e $\overline{CS}$ é bissetriz do ângulo $A\hat{C}B$.

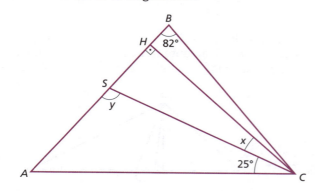

33. No triângulo abaixo, $\overline{AH}$ é altura relativa ao lado $\overline{BC}$ e $\overline{AS}$ é bissetriz do ângulo $C\hat{A}B$. Determine x, y e z.

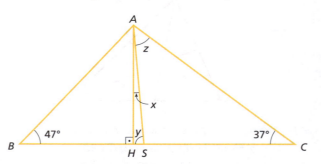

34. Considere o triângulo ABC, em que o ponto O é seu circuncentro e pertence ao lado $\overline{BC}$. Mostre que ABC é um triângulo retângulo em A.

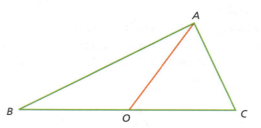

4. Semelhança

Em muitas situações, encontramos figuras e objetos semelhantes: em maquetes, miniaturas, mapas de uma região, reproduções, ampliações e reduções de fotos etc. Nessas situações, as figuras não têm necessariamente o mesmo tamanho, mas têm a **mesma forma**. Por isso, dizemos que essas figuras são **semelhantes**.

Por exemplo, as fotos I e II são semelhantes, pois a foto I é uma redução da foto II, sem deformar a imagem. O mesmo não ocorre com as fotos II e III.

Foto I Foto II Foto III

Além de estar presente na ampliação ou redução de fotografias (sem deformação), a ideia de semelhança também está presente nas figuras geométricas.

4.1 Semelhança de polígonos

Dois polígonos são **semelhantes** quando têm os ângulos internos correspondentes de mesma medida e os lados correspondentes proporcionais.

Exemplos

a) Vamos verificar se as figuras a seguir são semelhantes.

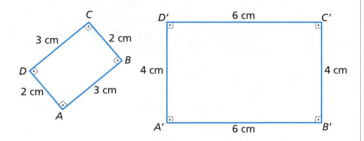

Para isso, os ângulos correspondentes devem ser congruentes e as medidas dos segmentos correspondentes (AB e A'B', BC e B'C', CD e C'D', AD e A'D') devem ser proporcionais.

Observe que os ângulos internos são congruentes, pois todos medem 90°.

Agora, vamos verificar a proporcionalidade entre os segmentos.

$\dfrac{AB}{A'B'} = \dfrac{3}{6} = \dfrac{1}{2}$

$\dfrac{BC}{B'C'} = \dfrac{2}{4} = \dfrac{1}{2}$

$\dfrac{CD}{C'D'} = \dfrac{3}{6} = \dfrac{1}{2}$

$\dfrac{AD}{A'D'} = \dfrac{2}{4} = \dfrac{1}{2}$

$\Rightarrow \dfrac{AB}{A'B'} = \dfrac{BC}{B'C'} = \dfrac{CD}{C'D'} = \dfrac{AD}{A'D'} = \dfrac{1}{2}$

A razão entre as medidas dos segmentos correspondentes é chamada de **razão de semelhança**.

Assim, concluímos que os lados correspondentes são proporcionais.

Observação

A razão entre os perímetros das figuras semelhantes é igual à razão de semelhança. Nesse exemplo:

$\dfrac{\text{Perímetro}_{ABCD}}{\text{Perímetro}_{A'B'C'D'}} = \dfrac{3+2+3+2}{6+4+6+4} = \dfrac{10}{20} = \dfrac{1}{2}$

b) Vamos verificar se os triângulos ABC e XYZ são semelhantes.

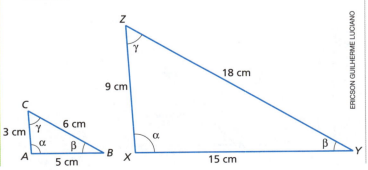

Para serem semelhantes, os dois triângulos devem ter os ângulos correspondentes congruentes e os segmentos correspondentes de medidas proporcionais.

Veja:

- $\widehat{A} \cong \widehat{X} \longrightarrow \text{med}(\widehat{A}) = \text{med}(\widehat{X}) = \alpha$
- $\widehat{B} \cong \widehat{Y} \longrightarrow \text{med}(\widehat{B}) = \text{med}(\widehat{Y}) = \beta$
- $\widehat{C} \cong \widehat{Z} \longrightarrow \text{med}(\widehat{C}) = \text{med}(\widehat{Z}) = \gamma$
- $\dfrac{AB}{XY} = \dfrac{BC}{YZ} = \dfrac{AC}{XZ} = \dfrac{1}{3}$

Portanto, $\triangle ABC \sim \triangle XYZ$ (lemos: "o triângulo ABC é **semelhante** ao triângulo XYZ").

Observação

Nos triângulos, a semelhança é um caso especial, pois, verificada apenas uma das condições, a outra também ocorre. Logo, para que dois triângulos sejam semelhantes, basta que satisfaçam uma das condições:

- ângulos correspondentes congruentes.
- lados correspondentes proporcionais.

c) Considere o retângulo ABCD representado abaixo, em que $AD = BC = 1$. Uma reta r intersecta os lados $\overline{AB}$ e $\overline{CD}$ desse retângulo, determinando o quadrado PBCQ de lado 1. Sabendo que os retângulos ABCD e ADQP são semelhantes, podemos obter a medida do lado $\overline{AB}$.

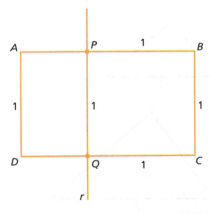

Representando por x a medida do lado $\overline{AB}$, vemos que $\overline{AP}$ mede $x - 1$.

Como os retângulos ABCD e ADQP são semelhantes, temos:

$\dfrac{AB}{AD} = \dfrac{AD}{AP} \Rightarrow \dfrac{x}{1} = \dfrac{1}{x-1} \Rightarrow x^2 - x - 1 = 0$

Resolvendo a equação do segundo grau, obtemos:

$x = \dfrac{1 + \sqrt{5}}{2}$ ou $x = \dfrac{1 - \sqrt{5}}{2}$

Como x é a medida do lado de um polígono, descartamos o valor negativo.

Portanto, a medida do lado $\overline{AB}$ é $\dfrac{1 + \sqrt{5}}{2}$.

Observação

O número irracional $\dfrac{1+\sqrt{5}}{2}$ é conhecido como **número de ouro** e está presente em diversas aplicações na Matemática.

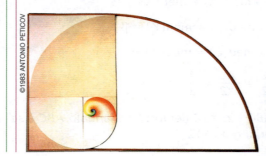

Antonio Peticov. *Obra 1.618*, 1983. Madeira e tinta sobre tela, 220 × 350 cm. Espiral construída tendo como base retângulos áureos.

▶ **Resolução**

Como os triângulos são semelhantes, as medidas dos seus lados correspondentes são proporcionais. Lados correspondentes são opostos a ângulos congruentes, que são indicados por igual quantidade de pequenos arcos ou de tracinhos nos arcos. Então:

a) $\dfrac{4}{6} = \dfrac{6}{y} \Rightarrow 4y = 36 \Rightarrow y = 9$

$\dfrac{4}{6} = \dfrac{5}{x} \Rightarrow 4x = 30 \Rightarrow x = \dfrac{15}{2}$

Portanto, $x = \dfrac{15}{2}$ e $y = 9$.

b) $\dfrac{36}{18} = \dfrac{30}{y} \Rightarrow 36y = 510 \Rightarrow y = 15$

$\dfrac{36}{18} = \dfrac{24}{x} \Rightarrow 36x = 432 \Rightarrow x = 12$

Portanto, $x = 12$ e $y = 15$.

EXERCÍCIOS

35. Construa dois quadrados com lados de medidas quaisquer x e y.
 a) Eles são polígonos semelhantes? Justifique.
 b) Qual é a razão entre os perímetros?

36. Dois retângulos quaisquer são sempre semelhantes? Justifique com um exemplo.

R6. Em cada caso, determinar x e y sabendo que $\triangle ABC \sim \triangle A'B'C'$.

a)
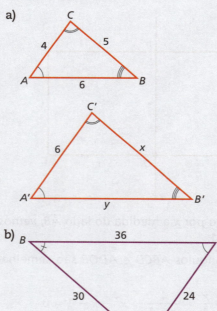

b)
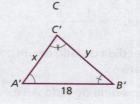

37. Sabendo que os triângulos são semelhantes, determine:
 a) o valor de x e y.

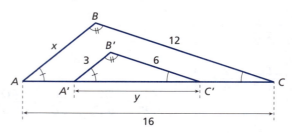

 b) o valor de x.

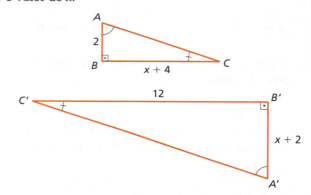

R7. Determinar x e y.

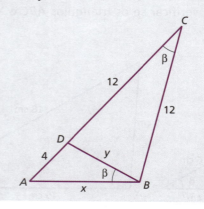

➤ **Resolução**

Vamos "separar" os triângulos.

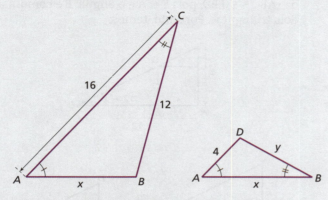

Como os triângulos têm dois ângulos correspondentes congruentes, o terceiro ângulo também tem a mesma medida, já que a soma dos ângulos internos de um triângulo é 180°. Assim, considerando a observação dada após o exemplo **b** da página 187, podemos dizer que os triângulos ABC e ADB são semelhantes. Então:

$\dfrac{16}{x} = \dfrac{x}{4} \Rightarrow x^2 = 64 \Rightarrow x = -8$ ou $x = 8$

$\dfrac{12}{y} = \dfrac{x}{4} \Rightarrow \dfrac{12}{y} = \dfrac{8}{4} \Rightarrow 8y = 48 \Rightarrow y = 6$

Logo, $x = 8$ e $y = 6$.

38. Determine x e y nos triângulos abaixo.

a)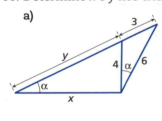

b)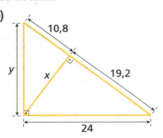

R8. No triângulo ABC, temos DE // AB. Determinar x e y.

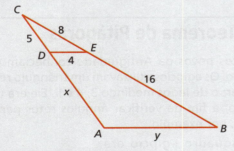

➤ **Resolução**

Como DE // AB, pela propriedade das retas paralelas cortadas por transversais, verificamos que os ângulos $C\hat{A}B$ e $C\hat{D}E$ são congruentes, assim como os ângulos $C\hat{B}A$ e $C\hat{E}D$. Como o ângulo $\hat{C}$ é comum aos triângulos CDE e CAB, temos $\triangle ABC \sim \triangle DEC$.

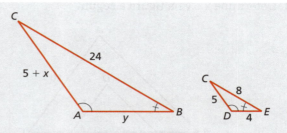

Então:

$\dfrac{5+x}{5} = \dfrac{24}{8} \Rightarrow \dfrac{5+x}{5} = 3 \Rightarrow 5 + x = 15 \Rightarrow x = 10$

$\dfrac{y}{4} = \dfrac{24}{8} \Rightarrow \dfrac{y}{4} = 3 \Rightarrow y = 12$

Logo, $x = 10$ e $y = 12$.

39. Sendo as retas r e s paralelas, determine o valor de x para cada triângulo.

a)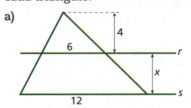

b)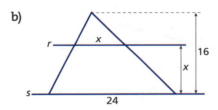

40. Em cada caso, determine as medidas indicadas por letras, sabendo que BC // DE.

a)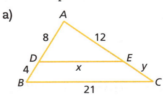

b)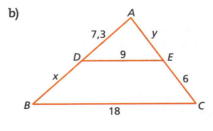

c)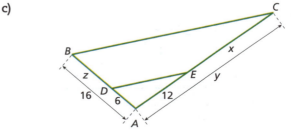

Capítulo 10 • Geometria plana: triângulos e semelhança **189**

41. Determine x e y na figura a seguir.

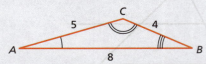

R9. Os lados de um triângulo ABC medem 5 cm, 8 cm e 4 cm. Determinar as medidas dos lados de um triângulo A'B'C' semelhante ao triângulo ABC, sabendo que o perímetro do triângulo A'B'C' é 51 cm.

➤ **Resolução**

Quando dois triângulos são semelhantes, a razão entre os perímetros é igual à razão de semelhança entre as medidas dos lados correspondentes.

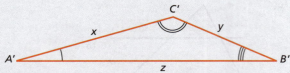

Perímetro do △ABC: 8 cm + 5 cm + 4 cm = 17 cm

Perímetro do △A'B'C': x cm + y cm + z cm = 51 cm

Então, temos:

$\dfrac{5}{x} = \dfrac{17}{51} \Rightarrow x = 15$

$\dfrac{4}{y} = \dfrac{17}{51} \Rightarrow y = 12$

$\dfrac{8}{z} = \dfrac{17}{51} \Rightarrow z = 24$

Logo, as medidas dos lados do triângulo A'B'C', semelhante ao triângulo ABC, são 15 cm, 12 cm e 24 cm.

42. O perímetro de um triângulo é 80 cm, e um dos lados mede 30 cm. Qual é o perímetro de um triângulo semelhante cujo lado correspondente ao lado dado mede 18 cm?

R10. Determinar a medida do lado do quadrado inscrito no triângulo retângulo a seguir.

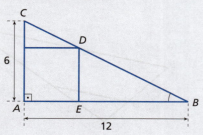

➤ **Resolução**

Todo quadrado tem lados paralelos; então, o △ABC ~ △EBD, pois $\hat{E} \cong \hat{A}$ e o ângulo $\hat{B}$ é comum aos dois triângulos. Portanto, temos:

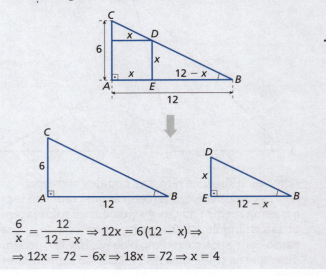

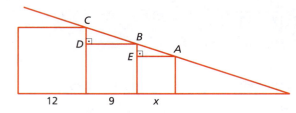

$\dfrac{6}{x} = \dfrac{12}{12-x} \Rightarrow 12x = 6(12-x) \Rightarrow$
$\Rightarrow 12x = 72 - 6x \Rightarrow 18x = 72 \Rightarrow x = 4$

43. Sabendo que, na figura abaixo, os quadrados têm lados medindo 12, 9 e x, determine o perímetro do quadrado de lado x.

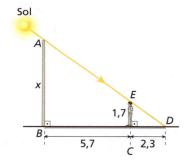

44. Uma pessoa de 1,7 m está a 5,7 m da base de um poste e projeta uma sombra de 2,3 m. Qual é a altura aproximada do poste?

5. Teorema de Pitágoras

Muitos povos da Antiguidade conheciam o triângulo retângulo. Os egípcios utilizavam um triângulo retângulo em particular: o de lados medindo 3, 4 e 5. Ele era usado como esquadro, a fim de verificar ângulos retos para demarcar terrenos, por exemplo.

O esquadro egípcio era constituído por uma corda com 12 nós igualmente espaçados. Cada espaço entre os nós era uma unidade de medida de comprimento. Eles sabiam que um triângulo nessas condições é um triângulo retângulo.

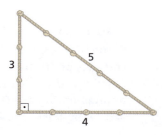

Algum tempo depois, os gregos descobriram que essas medidas, e muitas outras, mantém a relação $3^2 + 4^2 = 5^2$, que passou a ser conhecida por **relação pitagórica**, porque se acredita que tenha sido estudada pelos pensadores gregos da escola de Pitágoras.

Observação

Em um triângulo retângulo, os lados que formam o ângulo reto são chamados de **catetos** e o outro lado é a **hipotenusa**.

O **teorema de Pitágoras** enuncia uma das relações no triângulo retângulo.

Em um triângulo retângulo qualquer, a soma dos quadrados das medidas dos catetos é igual ao quadrado da medida da hipotenusa.

$a^2 + b^2 = c^2$

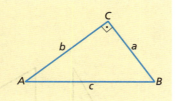

Explorando o teorema de Pitágoras no computador

Em um *software* de Geometria interativa, vamos acompanhar os seguintes passos:

1. Construímos um triângulo retângulo qualquer.

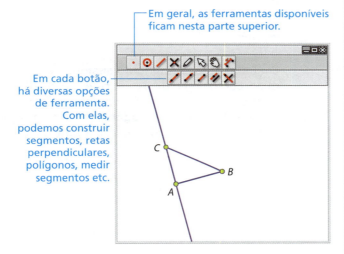

Em geral, as ferramentas disponíveis ficam nesta parte superior.

Em cada botão, há diversas opções de ferramenta. Com elas, podemos construir segmentos, retas perpendiculares, polígonos, medir segmentos etc.

2. Construímos um quadrado sobre cada um dos lados. Em seguida, com a ferramenta do *software*, medimos a área desses quadrados.

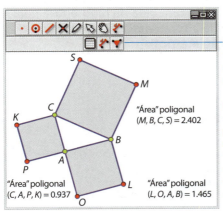

Esta ferramenta fornece a área do polígono selecionado.

Para a tela não ficar "poluída", podemos ocultar os elementos que foram usados na construção dos quadrados usando a ferramenta "esconder objetos".

3. Com a ferramenta "calculadora", adicionamos as áreas dos dois quadrados menores (sobre os catetos). Essa soma aparecerá na tela.

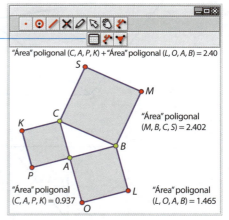

Na ferramenta "calculadora", não precisamos digitar os valores: basta selecionar uma das áreas, clicar em [+], clicar sobre a outra área e, finalmente, clicar em [Calcule]. Com isso, a soma ficará vinculada às áreas dos quadrados.

Repare que essa soma é igual à área do quadrado maior (construído sobre a hipotenusa), desconsiderando erros de aproximação.

4. Agora, com a ferramenta "mover", clicamos sobre um dos vértices do triângulo *ABC* e o movimentamos. Observando a soma das áreas dos dois quadrados, concluímos que a relação anterior continua válida.

Verificamos assim, experimentalmente, que a soma das áreas dos quadrados sobre os catetos é igual à área do quadrado sobre a hipotenusa. Esse é o princípio do teorema de Pitágoras.

EXERCÍCIOS

R11. Determinar x e y na figura abaixo.

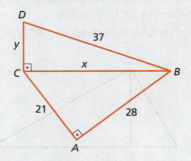

▶ **Resolução**

Aplicando o teorema de Pitágoras no triângulo ABC, temos:

$x^2 = 21^2 + 28^2 \Rightarrow x^2 = 1.225 \Rightarrow x = 35$ ou $\cancel{x = -35}$

Portanto, $x = 35$.

Agora, vamos aplicar o teorema de Pitágoras no triângulo CDB:

$37^2 = x^2 + y^2 \Rightarrow y^2 = 37^2 - 35^2 \Rightarrow y^2 = 144 \Rightarrow$

$\Rightarrow y = 12$ ou $\cancel{y = -12}$

Portanto, $y = 12$.

45. Nas figuras a seguir, determine os valores das medidas indicadas pelas letras.

a)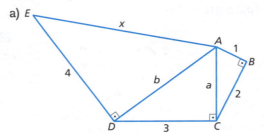

b)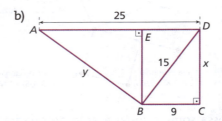

46. Determine, na figura abaixo, a altura de medida h relativa ao lado $\overline{BC}$ do triângulo ABC.

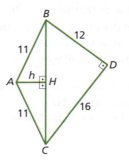

Outras relações métricas

Além do teorema de Pitágoras (**1ª relação métrica**), existem outras relações, as quais podem ser demonstradas com base na semelhança de triângulos.

Considere o triângulo retângulo ABC representado abaixo.

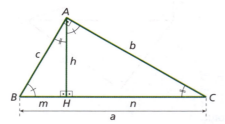

Nele podemos destacar:
- $\overline{BC}$ – a hipotenusa de medida a.
- $\overline{AC}$ – o cateto de medida b.
- $\overline{AB}$ – o cateto de medida c.
- $\overline{AH}$ – a altura, de medida h, relativa à hipotenusa.
- $\overline{BH}$ – a projeção ortogonal, de medida m, do cateto $\overline{AB}$ sobre a hipotenusa.
- $\overline{HC}$ – a projeção ortogonal, de medida n, do cateto $\overline{AC}$ sobre a hipotenusa.

O triângulo ABC pode ser decomposto em dois triângulos retângulos: △HBA e △HAC

Esses três triângulos são semelhantes, pois possuem três ângulos internos respectivamente congruentes.

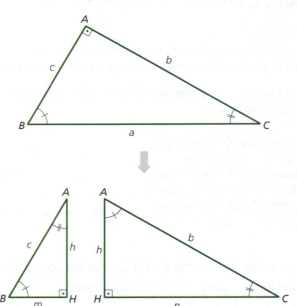

I) △ABC ~ △HBA

$$\frac{AB}{HB} = \frac{BC}{BA} = \frac{AC}{AH}$$

> Em um triângulo retângulo qualquer, o quadrado da medida de um cateto é igual ao produto da medida da hipotenusa pela medida da projeção ortogonal desse cateto sobre a hipotenusa. (**2ª relação métrica**)

$$\frac{c}{m} = \frac{a}{c} = \frac{b}{h} \begin{cases} \frac{c}{m} = \frac{a}{c} \Rightarrow c^2 = a \cdot m \\ \frac{a}{c} = \frac{b}{h} \Rightarrow b \cdot c = a \cdot h \end{cases}$$

> Em um triângulo retângulo qualquer, o produto das medidas dos catetos é igual ao produto da medida da hipotenusa pela medida da altura relativa à hipotenusa. (**3ª relação métrica**)

II) △ABC ~ △HAC

$$\frac{AB}{HA} = \frac{BC}{AC} = \frac{AC}{HC}$$

$$\frac{c}{h} = \frac{a}{b} = \frac{b}{n} \begin{cases} \frac{c}{h} = \frac{a}{b} \Rightarrow c \cdot b = h \cdot a \quad \text{← 3ª relação métrica} \\ \frac{a}{b} = \frac{b}{n} \Rightarrow b^2 = a \cdot n \quad \text{← 2ª relação métrica} \end{cases}$$

III) $\triangle HBA \sim \triangle HAC$

$$\frac{HB}{HA} = \frac{HA}{HC}$$

$$\frac{m}{h} = \frac{h}{n} \Rightarrow h^2 = m \cdot n$$

> Em um triângulo retângulo qualquer, o quadrado da medida da altura relativa à hipotenusa é igual ao produto das medidas das projeções ortogonais dos catetos sobre a hipotenusa. (**4ª relação métrica**)

Aplicações do teorema de Pitágoras

• Diagonal do quadrado

Vamos considerar um quadrado ABCD de lado de medida ℓ. A diagonal de medida d desse quadrado divide-o em dois triângulos retângulos congruentes.

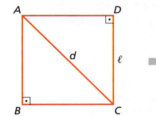

Aplicando o teorema de Pitágoras no triângulo ABC, temos:

$$d^2 = \ell^2 + \ell^2 \Rightarrow d^2 = 2\ell^2 \Rightarrow d = \ell\sqrt{2}$$

> Em um quadrado de lado de medida ℓ, a medida da diagonal é $\ell\sqrt{2}$.

• Altura de um triângulo equilátero

Considere um triângulo equilátero ABC de lado de medida ℓ e altura de medida h. Em um triângulo equilátero qualquer, a altura relativa a um de seus lados coincide com a mediana relativa ao mesmo lado, formando dois triângulos retângulos congruentes ($\triangle ABH$ e $\triangle ACH$).

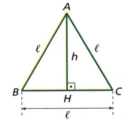 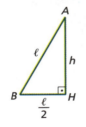 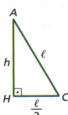

Aplicando o teorema de Pitágoras ao triângulo ACH, temos:

$$h^2 + \left(\frac{\ell}{2}\right)^2 = \ell^2 \Rightarrow h^2 + \frac{\ell^2}{4} = \ell^2 \Rightarrow h^2 = \frac{3\ell^2}{4} \Rightarrow$$

$$\Rightarrow h = \sqrt{\frac{3\ell^2}{4}} \Rightarrow h = \frac{\ell\sqrt{3}}{2}$$

> Em um triângulo equilátero de lado de medida ℓ, a medida da altura é $\frac{\ell\sqrt{3}}{2}$.

EXERCÍCIOS

47. A diagonal do retângulo ABCD da figura coincide com o lado do quadrado ACEF. Determine a medida da diagonal do quadrado ACEF.

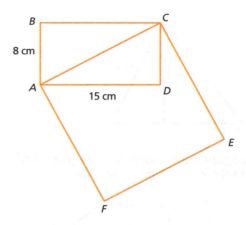

48. Em um triângulo retângulo, a hipotenusa mede 10 cm e a medida de um dos catetos é o triplo da medida do outro. Determine as medidas dos catetos.

R12. Determinar o valor de x e y no triângulo ABD.

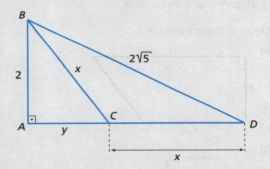

▶ **Resolução**

Aplicando o teorema de Pitágoras nos triângulos ABC e ABD, respectivamente, temos:

$$\begin{cases} x^2 = 4 + y^2 \\ (2\sqrt{5})^2 = 4 + (x+y)^2 \end{cases} \Rightarrow \begin{cases} x^2 = 4 + y^2 \\ 16 = (x+y)^2 \end{cases} \Rightarrow$$

$$\Rightarrow \begin{cases} x^2 = 4 + y^2 \\ (x+y) = 4, \text{ pois } x > 0 \text{ e } y > 0 \end{cases} \Rightarrow \begin{cases} x^2 = 4 + y^2 \quad (I) \\ x = 4 - y \quad (II) \end{cases}$$

Substituindo (II) em (I), obtemos:

$$(4-y)^2 = 4 + y^2 \Rightarrow 16 - 8y + y^2 = 4 + y^2 \Rightarrow$$

$$\Rightarrow -8y = -12 \Rightarrow y = \frac{3}{2}$$

Substituindo $y = \frac{3}{2}$ em (II), obtemos:

$$x = 4 - y \Rightarrow x = 4 - \frac{3}{2} \Rightarrow x = \frac{5}{2}$$

Logo, $x = \frac{5}{2}$ e $y = \frac{3}{2}$.

49. Determine o valor de x.

a)

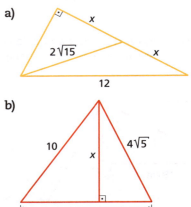

b)

50. Na figura abaixo, considere o segmento $\overline{AH}$ paralelo a $\overline{DC}$, com H em $\overline{BC}$, e faça o que se pede.

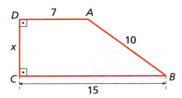

a) Determine HB.
b) Aplicando o teorema de Pitágoras no triângulo AHB, determine o valor de x.

51. Determine o valor de x.

a)

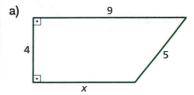

b)

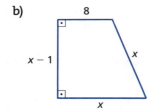

52. Na figura abaixo, considere um dos quatro triângulos retângulos congruentes de hipotenusa medindo x e faça o que se pede.

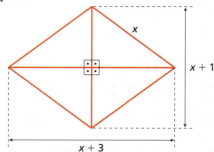

a) Escreva as medidas dos catetos do triângulo em função de x.
b) Determine o valor de x.

R13. Determinar o valor de x em cada item abaixo.

a)

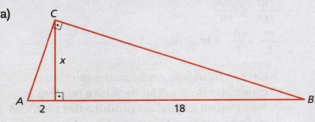

b)

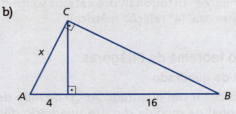

▶ **Resolução**

a) No triângulo ABC, x representa a medida da altura relativa à hipotenusa $\overline{AB}$, 2 representa a medida da projeção ortogonal do cateto $\overline{AC}$ e 18, a medida da projeção ortogonal do cateto $\overline{BC}$. Aplicando a 4ª relação métrica, que diz que o quadrado da medida da altura relativa à hipotenusa é igual ao produto das medidas das projeções ortogonais dos catetos sobre a hipotenusa, temos:

$x^2 = 2 \cdot 18 \Rightarrow x^2 = 36 \Rightarrow x = 6$ ou $x = -6$

Como x deve ser maior que zero, temos $x = 6$.

b) Podemos observar que x representa a medida de um dos catetos, 4 é a medida da projeção ortogonal desse cateto em relação à hipotenusa que mede 20. Relacionando essas medidas, verificamos que o quadrado da medida de um cateto é igual ao produto da medida da hipotenusa pela medida da projeção ortogonal desse cateto sobre a hipotenusa. Assim:

$x^2 = 4 \cdot 20 \Rightarrow x^2 = 80 \Rightarrow x = 4\sqrt{5}$ ou $x = -4\sqrt{5}$

Como x deve ser maior que zero, temos $x = 4\sqrt{5}$.

53. Determine o valor de x.

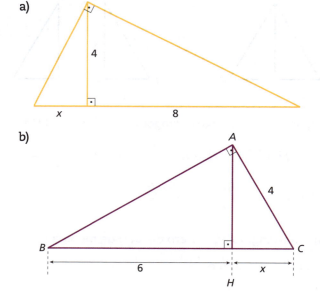

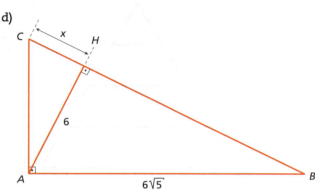

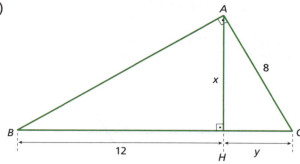

55. Determine os valores de a, b, c e d no triângulo retângulo abaixo.

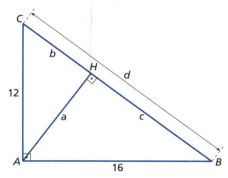

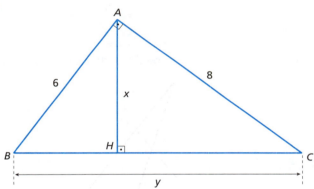

54. Determine x e y nos triângulos retângulos a seguir.

a)

56. Determine a, h, x e y no triângulo retângulo abaixo.

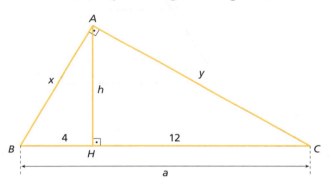

Exercícios complementares

1. Sendo a reta r paralela à reta s, determine o valor de α na figura.

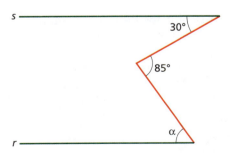

2. Verifique se existe ou não um triângulo com as medidas indicadas em cada item. Justifique.

a) 2 cm, 5 cm e 6 cm.

b) 3 cm, 4 cm e 6 cm.

c) 5 cm, 5 cm e 5 cm.

d) 7 cm, 6 cm e 13 cm.

3. Os triângulos ABC e A'B'C' são semelhantes, e a razão entre AB e A'B' é 3. Sabendo que o perímetro do triângulo ABC é 27 cm, determine o perímetro do triângulo A'B'C'.

Capítulo 10 • Geometria plana: triângulos e semelhança

EXERCÍCIOS COMPLEMENTARES

QUESTÕES DE VESTIBULAR

4. (FGV) Considere as retas r, s, t, u, todas num mesmo plano, com r ∥ u. O valor em grau de (2x + 3y) é:

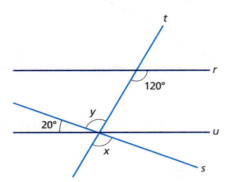

a) 64°
b) 500°
c) 520°
d) 660°
e) 580°

5. (FEI-SP) Na figura, $\overline{DE} \parallel \overline{BC}$.

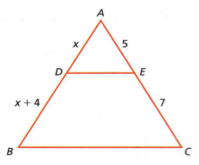

O valor de x é:

a) $\frac{15}{2}$
b) 9
c) 10
d) $\frac{19}{3}$
e) 12

6. (Mackenzie-SP) Na figura, sendo a ∥ b ∥ c, o valor de x é:

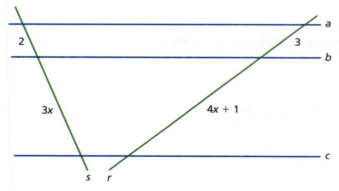

a) $\frac{3}{2}$
b) 3
c) $\frac{4}{3}$
d) 2
e) 1

7. (PUC) Em um triângulo isósceles, a média aritmética das medidas de dois de seus ângulos é 50°. A medida de um dos ângulos do triângulo pode ser:

a) 100°
b) 90°
c) 60°
d) 30°
e) 20°

8. (UFMG) Observe a figura. O triângulo ABC é equilátero, AD = DE = EF = FB, $\overline{DG} \parallel \overline{EH} \parallel \overline{FI} \parallel \overline{BC}$, DG + EH + FI = 18.

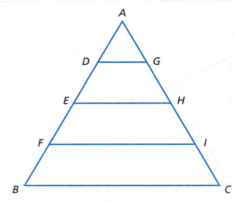

O perímetro do triângulo ABC é:

a) 12
b) 24
c) 36
d) 48
e) 54

9. (UEL-PR) Na figura, a medida x do ângulo assinalado é:

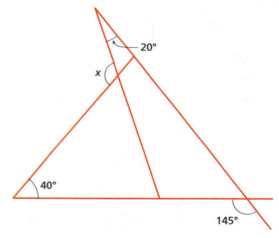

a) 85°
b) 90°
c) 95°
d) 100°
e) 105°

10. (UFMA) Dois lados de um triângulo isósceles medem, respectivamente, 5 cm e 2 cm. Qual é o seu perímetro?

a) 14 cm
b) 12 cm
c) 9 cm
d) 7 cm
e) 10 cm

11. (UFU-MG) Do ponto P partem duas semirretas que encontram as paralelas r e t, nos pontos indicados na figura.

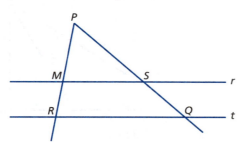

Sabendo-se que MR = 6 cm, MS = 20 cm, RQ = 32 cm e PQ = 24 cm, os valores dos segmentos $\overline{PM}$, $\overline{PS}$ e $\overline{QS}$ são, respectivamente:

a) 9 cm, 15 cm, 10 cm
b) 15 cm, 10 cm, 9 cm
c) 10 cm, 15 cm, 9 cm
d) 10 cm, 9 cm, 15 cm
e) 9 cm, 10 cm, 15 cm

12. (Fatec-SP) Na figura, r é bissetriz do ângulo $A\hat{B}C$.

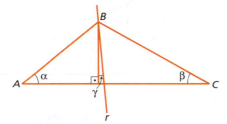

Se α = 40° e β = 30°, então:

a) γ = 0°
b) γ = 5°
c) γ = 35°
d) γ = 15°
e) Os dados são insuficientes para a determinação de γ.

13. (FGV) Num triângulo isósceles ABC, de vértice A, a medida do ângulo obtuso formado pelas bissetrizes dos ângulos $\hat{B}$ e $\hat{C}$ é 140°.

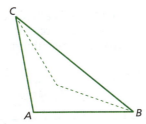

Então, as medidas dos ângulos $\hat{A}$, $\hat{B}$ e $\hat{C}$ são, respectivamente:

a) 120°, 30° e 30°
b) 80°, 50° e 50°
c) 100°, 40° e 40°
d) 90°, 45° e 45°
e) 140°, 20° e 20°

14. (UFG-GO) Considere um triângulo qualquer de vértices A, B e C e represente por $\overline{AM}$ a mediana relativa ao lado $\overline{BC}$. Assinale, dentre as seguintes, a alternativa correta.

a) $\overline{AM}$ é o segmento de menor comprimento ligando o vértice A ao lado $\overline{BC}$.
b) △ABM ≅ △AMC
c) △ABM e △AMC têm a mesma área.
d) $B\hat{A}M$ é congruente ao $M\hat{A}C$.
e) $B\hat{M}A$ é congruente a $A\hat{M}C$.

15. (UnB-DF) Considere as afirmações:

I. Se num triângulo a altura relativa a um lado coincide com a bissetriz do ângulo oposto a ele, o triângulo é necessariamente isósceles.

II. Num triângulo isósceles qualquer, as três medianas são necessariamente iguais.

III. Se um triângulo tem duas alturas iguais, então ele é necessariamente equilátero.

Pode-se afirmar que:

a) I e II são corretas, III é falsa.
b) todas são falsas.
c) I é correta, II e III são falsas.
d) n.r.a.

(*Observação*: "n.r.a." significa "nenhuma resposta anterior".)

16. (Mackenzie-SP) No triângulo abaixo, temos AB = BC e CD = AC.

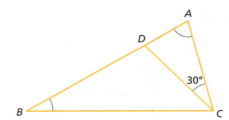

Se x e y são as medidas, em grau, dos ângulos $\hat{A}$ e $\hat{B}$, respectivamente, então x + y é igual a:

a) 120°   c) 115°   e) 105°
b) 110°   d) 95°

17. (PUC) Na figura, sabendo-se que AE = 30 m, BD = 40 m, AB = 50 m, EC = CD, então $\overline{AC}$ e $\overline{CB}$ valem, respectivamente:

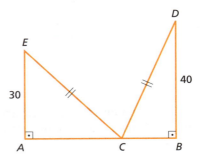

a) 25 m e 25 m   d) 40 m e 10 m
b) 32 m e 18 m   e) n.r.a.
c) 38 m e 12 m

EXERCÍCIOS COMPLEMENTARES

18. (Mackenzie-SP) O perímetro de um retângulo é 42 cm e os seus lados são proporcionais a 3 e 4. A diagonal desse retângulo mede:

a) 5 cm
b) 10 cm
c) 15 cm
d) 20 cm
e) n.r.a.

19. (Fatec-SP) Nesta figura, a medida do segmento $\overline{AD}$ é igual a:

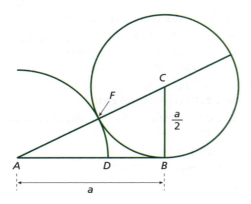

a) $\dfrac{a}{2}$
b) $\dfrac{a}{2}\sqrt{5}$
c) $\dfrac{a}{3}\sqrt{3}$
d) $\dfrac{a}{2}(\sqrt{5} - 1)$
e) $\dfrac{a}{2}(1 + \sqrt{5})$

20. (UCMG) Nesta figura, o retângulo OACE está inscrito num setor circular de 90° e raio R. Tem-se $AO = \dfrac{2}{3}R$.

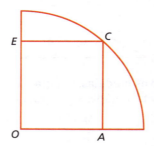

A medida do segmento $\overline{AC}$ é:

a) $\dfrac{R\sqrt{2}}{3}$
b) $\dfrac{R\sqrt{3}}{2}$
c) $\dfrac{R\sqrt{3}}{5}$
d) $\dfrac{R\sqrt{5}}{2}$
e) $\dfrac{R\sqrt{5}}{3}$

21. (PUC) A soma dos quadrados dos três lados de um triângulo retângulo é igual a 32. Quanto mede a hipotenusa desse triângulo?

a) 3
b) 4
c) 5
d) 6
e) 8

22. (PUC) Na figura, os segmentos são medidos em metro.

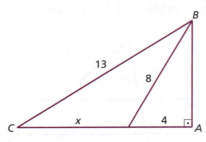

O segmento de medida x vale:

a) 11 m
b) 105 m
c) Impossível de ser calculado, pois 43 não tem raiz.
d) 7 m
e) n.r.a.

23. (Cesgranrio-RJ) No triângulo retângulo ABC da figura, os seis quadrados têm o lado igual a 2 cm.

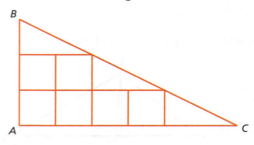

A hipotenusa $\overline{BC}$ mede:

a) $6\sqrt{5}$ cm
b) 12 cm
c) $12\sqrt{2}$ cm
d) $12\sqrt{3}$ cm
e) 18 cm

24. (PUC) A diagonal de uma tela retangular mede 22 polegadas. Determine as dimensões da tela, sabendo que a razão entre os lados é $\dfrac{3}{4}$.

a) 13,2 e 17,6
b) 14,2 e 18,4
c) 12,6 e 16,4
d) 15,5 e 19,5
e) 11,8 e 15,2

25. (Unisinos-RS) O ponto mais alto de uma rampa em relação ao solo fica a 6 m. Ela é sustentada por 6 pilares, distantes um do outro 5 m e distribuídos conforme a figura.

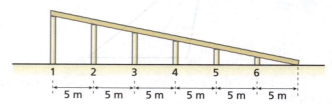

Desprezando a largura dos pilares, a altura do 3º pilar, em metro, é:

a) 4
b) 5
c) 6
d) 7
e) 8

26. (Fuvest-SP) Na figura, o triângulo ABC é retângulo em $\hat{A}$, ADEF é um quadrado, $AB = 1$ e $AC = 3$. Quanto mede o lado do quadrado?

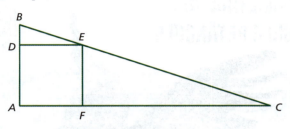

a) 0,70
b) 0,75
c) 0,80
d) 0,85
e) 0,90

27. (FEI-SP) O quadrado de vértices M, N, P e Q está inscrito no triângulo retângulo ABC, conforme a figura.

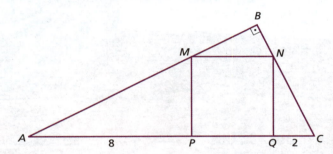

Se $AP = 8$ cm e $QC = 2$ cm, então o lado do quadrado mede:

a) 1 cm
b) 2 cm
c) 3 cm
d) 4 cm
e) 5 cm

28. (Fuvest-SP) Na figura, os ângulos assinalados são retos.

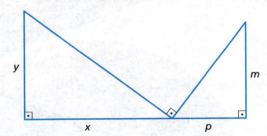

Temos necessariamente:

a) $\dfrac{x}{y} = \dfrac{p}{m}$
b) $\dfrac{x}{y} = \dfrac{m}{p}$
c) $xy = pm$
d) $x^2 + y^2 = p^2 + m^2$
e) $\dfrac{1}{x} + \dfrac{1}{y} = \dfrac{1}{m} : \dfrac{1}{p}$

29. (Fuvest-SP) A sombra de um poste vertical, projetada pelo sol sobre um chão plano, mede 12 m. Nesse mesmo instante, a sombra de um bastão vertical de 1 m de altura mede 0,6 m. A altura do poste é:

a) 6 m
b) 7,2 m
c) 12 m
d) 20 m
e) 72 m

30. (UFS-SE) Na figura, são dados $AC = 8$ cm e $CD = 4$ cm.

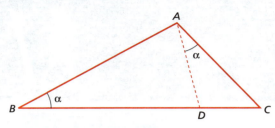

A medida de $\overline{BD}$ é, em centímetro:

a) 9
b) 10
c) 12
d) 15
e) 16

31. (Fuvest-SP) Na figura, $AB = AC$, $BX = BY$ e $CZ = CY$.

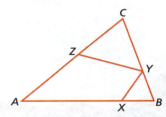

Se o ângulo $\hat{A}$ mede 40°, então o ângulo $X\hat{Y}Z$ mede:

a) 40°
b) 50°
c) 60°
d) 70°
e) 90°

32. (PUC) Na figura, está a planta de um lago poligonal de lados $AB = 2CD$, $BC = 6$ m e $AD = 2\sqrt{21}$ m. Os ângulos internos de vértices B e D são retos.

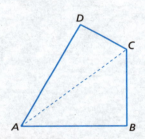

A medida do segmento $\overline{AC}$, em metro, é:

a) 10
b) 12
c) 14
d) 16

33. (FEI-SP) São dados os triângulos retângulos ABE e CTE, conforme a figura:

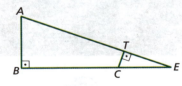

Se $AB = CE = \dfrac{AE}{3} = 60$ cm, então:

a) $CT = 25$ cm
b) $CT = 15$ cm
c) $CT = 30$ cm
d) $CT = 40$ cm
e) $CT = 20$ cm

Mais questões: no livro digital, em **Vereda Digital Aprova Enem** e **Vereda Digital Suplemento de revisão e vestibulares**; no *site*, em **ApovaMax**.

Capítulo 10 • Geometria plana: triângulos e semelhança

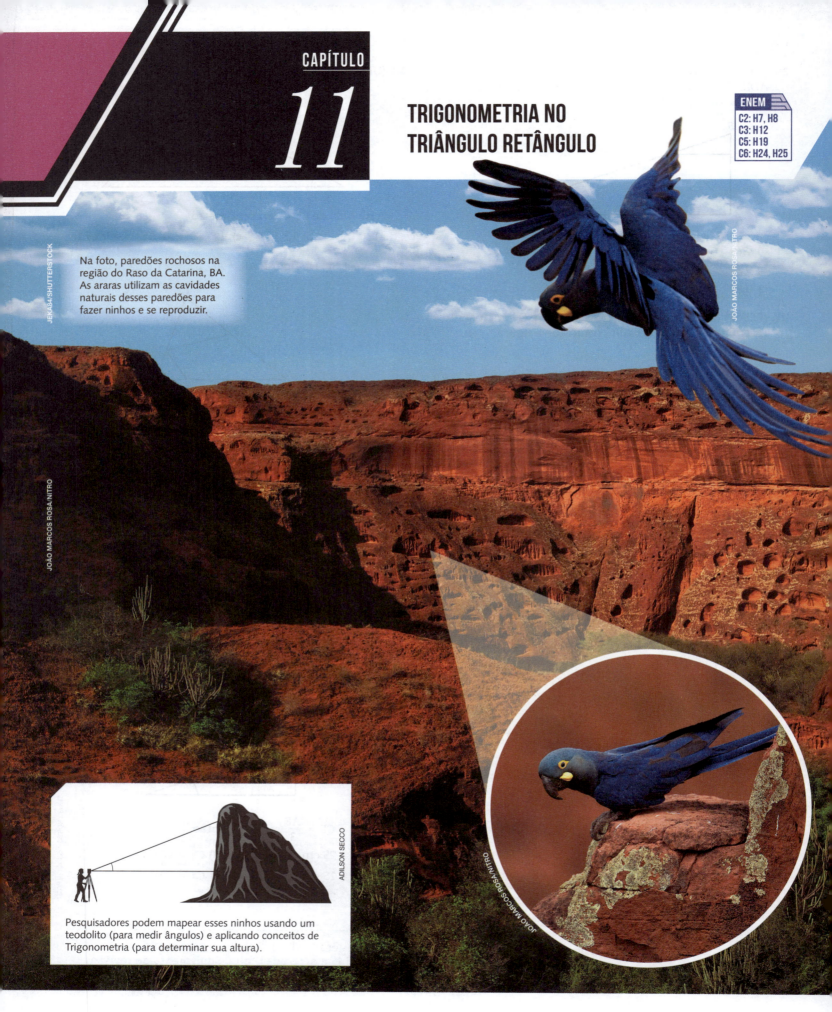

A arara-azul-de-lear (*Anodorhynchus leari*) é uma ave endêmica do nordeste da Bahia, isto é, só ocorre nessa região. Ela tem até 75 cm de comprimento e pesa cerca de 940 g, quando adulta. Atualmente, a espécie está ameaçada de extinção.

Resolver problemas de Astronomia, como descobrir a distância entre a Terra, o Sol e a Lua, sempre despertou o interesse do ser humano. Desse tipo de especulação nasceu a Trigonometria, parte da Matemática que se dedica ao estudo das relações entre as medidas dos lados e dos ângulos de um triângulo.

O grego Aristarco de Samos (310 a.C.-230 a.C.), considerado por muitos o primeiro grande astrônomo da História, usou as ideias da Trigonometria ao estabelecer um método geométrico para investigar a razão entre as distâncias Terra-Sol e Terra-Lua.

Seus cálculos partiram da observação de que, quando a Lua está no quarto crescente – ocasião em que exatamente metade dela aparece iluminada pelo Sol –, o ângulo $\hat{L}$, do triângulo formado entre o Sol (S), a Terra (T) e a Lua (L), mede 90°, conforme mostra o esquema abaixo.

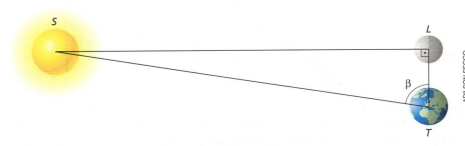

Aplicando os conhecimentos da época, Aristarco observou que o ângulo β, formado entre as linhas de vista da Terra ao Sol e da Terra à Lua, media 87°. A partir disso, com base em conceitos trigonométricos, concluiu que a razão entre as distâncias Terra-Sol e Terra-Lua $\left(\dfrac{TS}{TL}\right)$ estaria entre 18 e 20, o que significa que a distância Terra-Sol era 18 a 20 vezes maior que a distância Terra-Lua.

Hoje, sabemos que a distância Terra-Sol é cerca de 400 vezes a distância Terra-Lua. A grande diferença entre esse valor e o encontrado por Aristarco está relacionada ao ângulo β, cuja medida correta é de aproximadamente 89,83°. Mesmo assim, o raciocínio de Aristarco foi perfeito.

Neste capítulo, estudaremos conceitos básicos da Trigonometria no triângulo retângulo e veremos que ela tem grande aplicação no cálculo de distâncias inacessíveis: na Astronomia, como fez Aristarco; na Topografia, para determinar a altura de morros, montanhas e colinas; na Engenharia, para estabelecer o comprimento de uma rampa etc.

1. Razões trigonométricas

Com base no conceito de semelhança de triângulos, vemos que, dados dois ou mais triângulos retângulos semelhantes, as razões entre as medidas de seus lados são constantes. Algumas dessas constantes são chamadas de **razões trigonométricas**.

Considere o triângulo ABC representado abaixo, retângulo em A, e os segmentos $\overline{DE}$ e $\overline{FG}$, paralelos a $\overline{CA}$.

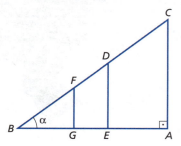

Os triângulos BFG, BDE e BCA são semelhantes, pois têm ângulos correspondentes congruentes, conforme mostram as figuras a seguir.

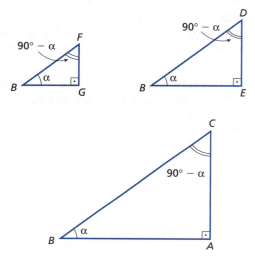

A semelhança dos triângulos BFG, BDE e BCA permite que escrevamos as seguintes proporções:

$$\frac{FG}{BF} = \frac{DE}{BD} = \frac{CA}{BC}$$

As razões entre as medidas do cateto oposto ao ângulo de medida α e da hipotenusa do triângulo são iguais a uma constante, que é chamada de **seno do ângulo α**.

$$\operatorname{sen} \alpha = \frac{\text{medida do cateto oposto a } \alpha}{\text{medida da hipotenusa}}$$

Do mesmo modo, podemos dizer que: $\frac{BG}{BF} = \frac{BE}{BD} = \frac{BA}{BC}$

As razões entre as medidas do cateto adjacente ao ângulo de medida α e da hipotenusa do triângulo são chamadas de **cosseno do ângulo α**.

$$\cos \alpha = \frac{\text{medida do cateto adjacente a } \alpha}{\text{medida da hipotenusa}}$$

Igualmente, podemos escrever: $\frac{FG}{BG} = \frac{DE}{BE} = \frac{CA}{BA}$

As razões entre as medidas do cateto oposto ao ângulo de medida α e do cateto adjacente ao mesmo ângulo são chamadas de **tangente do ângulo α**.

$$\operatorname{tg} \alpha = \frac{\text{medida do cateto oposto a } \alpha}{\text{medida do cateto adjacente a } \alpha}$$

As razões sen α, cos α e tg α são conhecidas como razões trigonométricas.

Observação

Para simplificar a linguagem, sempre que não causar confusão, consideramos as expressões "ângulo de medida α" e "ângulo α" como sinônimas. Analogamente, seno do ângulo α significa seno do ângulo de medida α. O mesmo é válido para as demais razões trigonométricas.

Exemplo

No triângulo retângulo DEF representado abaixo, α e β são as medidas dos ângulos agudos, $\overline{DF}$ é o cateto oposto ao ângulo α e $\overline{DE}$ é o cateto adjacente ao ângulo α.

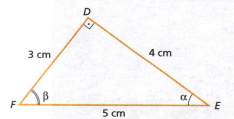

Considerando o ângulo α, aplicando as definições, podemos escrever:

- $\operatorname{sen} \alpha = \frac{3}{5} = 0{,}6$
- $\cos \alpha = \frac{4}{5} = 0{,}8$
- $\operatorname{tg} \alpha = \frac{3}{4} = 0{,}75$

Em relação ao ângulo agudo β, o cateto oposto é $\overline{DE}$ e o cateto adjacente é $\overline{DF}$. Aplicando as definições, obtemos:

- $\operatorname{sen} \beta = \frac{4}{5} = 0{,}8$
- $\cos \beta = \frac{3}{5} = 0{,}6$
- $\operatorname{tg} \beta = \frac{4}{3} \simeq 1{,}33$

As razões trigonométricas são úteis para descobrir medidas desconhecidas de um triângulo retângulo, como veremos nos exercícios resolvidos **R2** e **R3**.

EXERCÍCIOS

1. Determine o seno, o cosseno e a tangente do ângulo α do triângulo retângulo representado abaixo.

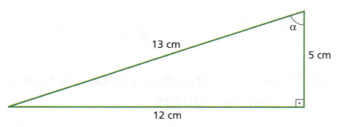

2. Considere a afirmação: o seno e o cosseno de um ângulo agudo é sempre um número maior que zero e menor que 1.
Ela é verdadeira? Explique sua resposta.

R1. Determinar o seno, o cosseno e a tangente dos ângulos agudos de um triângulo retângulo cujos catetos medem 6 cm e 4 cm.

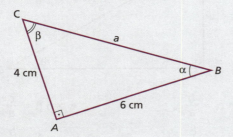

➤ **Resolução**

Para o cálculo do seno e do cosseno dos ângulos α e β, é necessário determinar a medida a da hipotenusa. Aplicando o teorema de Pitágoras, obtemos:
$a^2 = 36 + 16 \Rightarrow a = 2\sqrt{13}$

Agora, podemos calcular as razões:

$\text{sen } \alpha = \dfrac{4}{2\sqrt{13}} = \dfrac{4}{2\sqrt{13}} \cdot \dfrac{\sqrt{13}}{\sqrt{13}} = \dfrac{2\sqrt{13}}{13}$

$\text{sen } \beta = \dfrac{6}{2\sqrt{13}} = \dfrac{6}{2\sqrt{13}} \cdot \dfrac{\sqrt{13}}{\sqrt{13}} = \dfrac{3\sqrt{13}}{13}$

$\cos \alpha = \dfrac{6}{2\sqrt{13}} = \dfrac{3\sqrt{13}}{13}$

$\cos \beta = \dfrac{4}{2\sqrt{13}} = \dfrac{2\sqrt{13}}{13}$

$\text{tg } \alpha = \dfrac{4}{6} = \dfrac{2}{3}$

$\text{tg } \beta = \dfrac{6}{4} = \dfrac{3}{2}$

3. Quais relações podemos estabelecer entre os valores obtidos no exercício resolvido **R1**?

4. Em um triângulo ABC, retângulo em C, o cateto oposto ao vértice A mede 8 cm e a hipotenusa mede 12 cm. Determine o seno, o cosseno e a tangente do ângulo $\hat{A}$.

R2. Determinar a medida do lado $\overline{AC}$ do triângulo retângulo representado abaixo. (*Considerar:* sen 23° = 0,39; cos 23° = 0,92; tg 23° = 0,42)

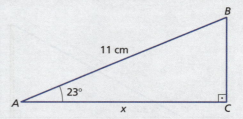

➤ **Resolução**

Pela figura, temos a medida da hipotenusa e queremos encontrar a medida do cateto adjacente ao ângulo de 23°. A razão trigonométrica que relaciona essas duas medidas é o cosseno de 23°.

Assim, como cos 23° = 0,92 e cos 23° = $\dfrac{x}{11}$, temos:

$0,92 = \dfrac{x}{11} \Rightarrow x = 11 \cdot 0,92 \Rightarrow x = 10,12$

Portanto, o lado $\overline{AC}$ mede 10,12 cm.

5. No triângulo retângulo representado a seguir, considere sen α = 0,6, cos α = 0,8 e tg α = 0,75.
Calcule o valor de x.

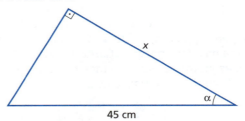

R3. Na dança folclórica de trança-fitas, usa-se um mastro com, geralmente, 3 metros de altura. Para certa passagem da dança, precisa-se que a medida do ângulo formado entre a fita esticada (com a ponta no chão) e a horizontal seja de 30°. Sabendo que sen 30° = 0,5, determinar o comprimento da fita e a distância dessa ponta ao mastro.

Grupo de dança folclórica de trança-fitas, na festa do Divino de Pirenópolis, GO.

Capítulo 11 • Trigonometria no triângulo retângulo **203**

➤ **Resolução**

No esquema a seguir, c representa o comprimento da fita e d, a distância pedida.

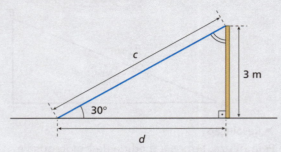

Considerando as informações apresentadas, podemos escrever:

$\text{sen } 30° = \dfrac{3}{c}$

Substituindo sen 30° por 0,5, obtemos o valor de c:

$\dfrac{3}{c} = 0{,}5 \Rightarrow c = 6$

Pelo teorema de Pitágoras, temos:
$d^2 + 3^2 = 6^2 \Rightarrow d^2 = 27 \Rightarrow d = 3\sqrt{3} \Rightarrow d \simeq 5{,}2$

Portanto, a fita tem 6 metros de comprimento e sua ponta está a 5,2 metros do mastro, aproximadamente.

6. Na região do município de Óbidos, no Pará, encontra-se a garganta mais estreita do rio Amazonas. De um ponto na margem esquerda, avista-se, perpendicularmente, certa árvore na outra margem. Caminhando 1.100 m pela margem esquerda, avista-se a mesma árvore sob um ângulo de 60°, conforme a figura abaixo.

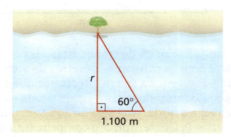

- Sabendo que tg 60° ≃ 1,7321, calcule a largura aproximada do rio Amazonas nesse local.

7. Um avião levanta voo sob um ângulo α. Depois de percorrer uma distância x, em quilômetro, ele atinge 4 km de altura.

    a) Faça um esquema dessa situação.

    b) Calcule a distância x. (*Dados*: sen α = 0,1045; cos α = 0,9945; tg α = 0,1051)

8. Na figura abaixo, $\overline{CD}$ é a altura relativa ao lado $\overline{AB}$ do triângulo ABC.

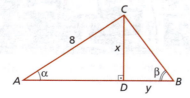

- Calcule o valor de x e de y. Utilize os valores de seno, cosseno e tangente da tabela a seguir.

	α	β
sen	0,57	0,81
cos	0,82	0,59
tg	0,70	1,38

1.1 Relações entre seno, cosseno e tangente de ângulos agudos

Seno e cosseno de ângulos complementares

Considere o triângulo ABC, retângulo em A, e todas as razões trigonométricas que envolvem os ângulos agudos de medidas α e β.

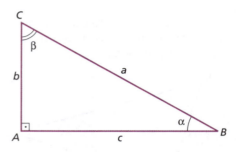

- $\text{sen } \alpha = \dfrac{b}{a}$
- $\cos \alpha = \dfrac{c}{a}$
- $\text{tg } \alpha = \dfrac{b}{c}$

- $\text{sen } \beta = \dfrac{c}{a}$
- $\cos \beta = \dfrac{b}{a}$
- $\text{tg } \beta = \dfrac{c}{b}$

Com base nas razões acima, vamos estabelecer algumas relações importantes.

Note que os ângulos agudos de medidas α e β são complementares, isto é, a soma de suas medidas é 90°; portanto, podemos escrever β em função de α, ou seja, β = 90° − α.

Observe que $\dfrac{b}{a} = \text{sen } \alpha = \cos \beta$. Como β = 90° − α, concluímos que:

$$\text{sen } \alpha = \cos(90° - \alpha)$$

Observe também que $\dfrac{c}{a} = \cos \alpha = \text{sen } \beta$.

Substituindo β = 90° − α nessa igualdade, concluímos que:

$$\cos \alpha = \text{sen}(90° - \alpha)$$

Relação fundamental da Trigonometria

Sendo α a medida de um ângulo agudo, a equação abaixo, conhecida como **relação fundamental da Trigonometria**, é sempre válida:

$$\text{sen}^2 \alpha + \cos^2 \alpha = 1$$

Demonstração

No triângulo ABC, representado abaixo, sabemos que sen $\alpha = \dfrac{b}{a}$ e cos $\alpha = \dfrac{c}{a}$.

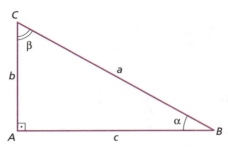

Assim:

sen$^2\, \alpha$ + cos$^2\, \alpha = \left(\dfrac{b}{a}\right)^2 + \left(\dfrac{c}{a}\right)^2 = \dfrac{b^2}{a^2} + \dfrac{c^2}{a^2} = \dfrac{b^2 + c^2}{a^2}$ (I)

Pelo teorema de Pitágoras, no triângulo ABC, temos:
$a^2 = b^2 + c^2$ (II)

De (I) e (II), podemos escrever:

sen$^2\, \alpha$ + cos$^2\, \alpha = \dfrac{b^2 + c^2}{a^2} = \dfrac{a^2}{a^2} = 1$

Portanto, quaisquer que sejam as medidas dos ângulos agudos de um triângulo retângulo, a igualdade sen$^2\, \alpha$ + cos$^2\, \alpha$ = 1 é sempre válida.

Relação entre o seno, o cosseno e a tangente

A equação que relaciona o seno e o cosseno do ângulo agudo α com sua tangente é:

$$\text{tg}\, \alpha = \dfrac{\text{sen}\, \alpha}{\cos \alpha}$$

A seguir, vamos demonstrar essa relação.

Demonstração

No triângulo ABC, sabemos que sen $\alpha = \dfrac{b}{a}$, cos $\alpha = \dfrac{c}{a}$ e tg $\alpha = \dfrac{b}{c}$.

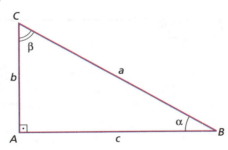

Escrevendo b em função de sen α, temos:

sen $\alpha = \dfrac{b}{a} \Rightarrow b = a \cdot$ sen α (I)

Também podemos escrever c em função de cos α:

cos $\alpha = \dfrac{c}{a} \Rightarrow c = a \cdot$ cos α (II)

Substituindo (I) e (II) na razão que fornece a tangente de α, temos:

tg $\alpha = \dfrac{b}{c} = \dfrac{a \cdot \text{sen}\, \alpha}{a \cdot \cos \alpha} = \dfrac{\text{sen}\, \alpha}{\cos \alpha}$

EXERCÍCIOS

9. Dado o triângulo ao lado, verifique que sen$^2\, \beta$ + cos$^2\, \beta$ = 1.

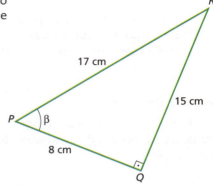

10. Considerando o triângulo retângulo representado abaixo, determine:

a) sen 54°
b) cos 54°

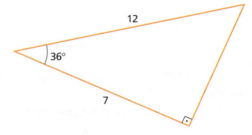

11. Seja α a medida de um ângulo agudo tal que cos $\alpha = \dfrac{15}{17}$. Determine sen α.

12. Seja α a medida de um ângulo agudo. Sabendo que sen $\alpha = \dfrac{24}{25}$, calcule cosseno e a tangente desse ângulo de dois modos diferentes.

a) Siga os passos abaixo.
- Desenhe um triângulo retângulo, de modo que um de seus ângulos internos tenha medida α.
- Em seguida, com base no valor de sen α, escreva as medidas da hipotenusa e de um dos catetos.
- Agora, usando o teorema de Pitágoras, calcule a medida do outro cateto.
- Finalmente, calcule cos α e tg α.

b) A partir da relação fundamental da Trigonometria (sen$^2\, \alpha$ + cos$^2\, \alpha$ = 1), calcule cos α. Em seguida, calcule tg α.

13. Copie a tabela abaixo em seu caderno, preenchendo as lacunas com as informações que faltam. (*Dica:* Você pode usar uma calculadora, mas não use as funções "sin", "cos" ou "tan" dela.)

Ângulo	Seno	Cosseno	Tangente
20°	0,3420	0,9397	
70°			
50°			
40°	0,6428		0,8391

Capítulo 11 • Trigonometria no triângulo retângulo

2. Seno, cosseno e tangente dos ângulos notáveis

Na Trigonometria, os ângulos de 30°, 45° e 60° são conhecidos como **ângulos notáveis**, pois facilmente obtemos os valores do seno, do cosseno e da tangente desses ângulos. Acompanhe a seguir.

Ângulo de 45°

Considere o triângulo retângulo ACD representado abaixo, obtido da divisão do quadrado ABCD por sua diagonal $\overline{AC}$.

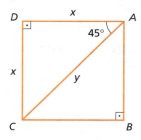

Aplicando o teorema de Pitágoras, temos $y^2 = x^2 + x^2$, ou seja, $y = x\sqrt{2}$.

De acordo com as definições, temos:

- $\text{sen } 45° = \cos 45° = \dfrac{x}{y} = \dfrac{x}{x\sqrt{2}} = \dfrac{1}{\sqrt{2}} = \dfrac{\sqrt{2}}{2}$

- $\text{tg } 45° = \dfrac{x}{x} = 1$

Ângulos de 30° e 60°

Agora, considere o triângulo equilátero ABC dividido pela sua altura $\overline{AH}$ em dois triângulos: ACH e ABH.

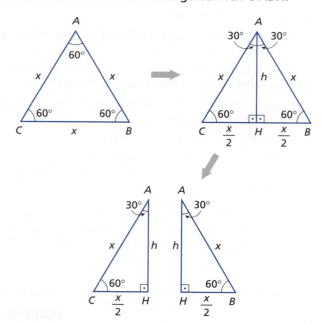

Aplicando o teorema de Pitágoras em um dos triângulos obtidos, por exemplo no triângulo ACH, temos:

$x^2 = \left(\dfrac{x}{2}\right)^2 + h^2 \Rightarrow h^2 = \dfrac{3x^2}{4} \Rightarrow h = \dfrac{x\sqrt{3}}{2}$

Então, de acordo com as definições:

- $\text{sen } 60° = \dfrac{h}{x} = \dfrac{\frac{x\sqrt{3}}{2}}{x} = \dfrac{\sqrt{3}}{2}$

- $\cos 60° = \dfrac{\frac{x}{2}}{x} = \dfrac{1}{2}$

- $\text{tg } 60° = \dfrac{h}{\frac{x}{2}} = \dfrac{\frac{x\sqrt{3}}{2}}{\frac{x}{2}} = \sqrt{3}$

- $\text{sen } 30° = \dfrac{\frac{x}{2}}{x} = \dfrac{1}{2}$

- $\cos 30° = \dfrac{h}{x} = \dfrac{\frac{x\sqrt{3}}{2}}{x} = \dfrac{\sqrt{3}}{2}$

- $\text{tg } 30° = \dfrac{\frac{x}{2}}{h} = \dfrac{\frac{x}{2}}{\frac{x\sqrt{3}}{2}} = \dfrac{\sqrt{3}}{3}$

Os resultados obtidos, que são frequentemente usados em problemas de Trigonometria, podem ser organizados na seguinte tabela:

	30°	45°	60°
sen	$\dfrac{1}{2}$	$\dfrac{\sqrt{2}}{2}$	$\dfrac{\sqrt{3}}{2}$
cos	$\dfrac{\sqrt{3}}{2}$	$\dfrac{\sqrt{2}}{2}$	$\dfrac{1}{2}$
tg	$\dfrac{\sqrt{3}}{3}$	1	$\sqrt{3}$

Nos próximos exercícios, vamos usar esses valores.

EXERCÍCIOS

R4. Uma pequena árvore, cuja altura está representada por x, ao ser replantada, foi escorada por duas vigas de madeira, como mostra o esquema abaixo.

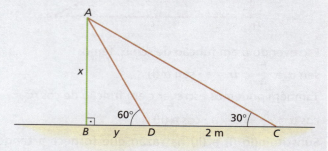

- Determinar x e y.

> **Resolução**

Analisando o triângulo ABC, observamos que podemos usar a tangente de 30°, pois ela relaciona x (medida do cateto oposto ao ângulo de 30°) com y + 2 (medida do cateto adjacente ao ângulo de 30°). Assim:

$\text{tg } 30° = \dfrac{x}{y+2} \Rightarrow \dfrac{\sqrt{3}}{3} = \dfrac{x}{y+2} \Rightarrow x = \dfrac{y\sqrt{3} + 2\sqrt{3}}{3}$ (I)

Agora, analisando o triângulo ABD, observamos que podemos usar a tangente de 60°, pois ela relaciona x (medida do cateto oposto ao ângulo de 60°) com y (medida do cateto adjacente ao ângulo de 60°). Assim:

$\text{tg } 60° = \dfrac{x}{y} \Rightarrow \sqrt{3} = \dfrac{x}{y} \Rightarrow x = y\sqrt{3}$ (II)

Substituindo (II) em (I), obtemos:

$y\sqrt{3} = \dfrac{y\sqrt{3} + 2\sqrt{3}}{3} \Rightarrow y = 1$

Como $x = y\sqrt{3}$, temos $x = \sqrt{3}$.
Assim, $x = \sqrt{3}$ m e $y = 1$ m.

14. Considerando o fato de que o triângulo ADC é isósceles, desenvolva o exercício resolvido **R4** de uma maneira diferente da que foi apresentada.

15. Uma das extremidades de um cabo de aço está presa ao topo de um poste, formando com este um ângulo de 30°, enquanto a outra extremidade está fixada no chão a 5 m do pé do poste.

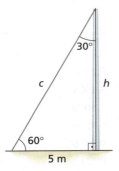

Considerando essas informações, determine:

a) o comprimento do cabo de aço.

b) a altura do poste.

16. Bruno estava descarregando areia de um caminhão através de uma rampa de madeira apoiada à caçamba. Se a rampa tem 3 m de comprimento e forma com o solo um ângulo de 30°, qual é a altura entre a caçamba e o solo, representada por h?

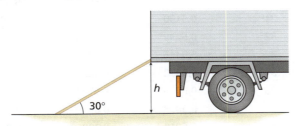

17. Determine x e y nos triângulos representados a seguir.

a)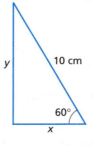

b)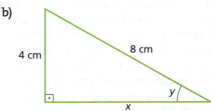

18. Um triângulo equilátero tem 18 cm de altura. Determine a medida aproximada de seus lados.

19. Uma antena de 15 m de altura é presa ao chão por quatro cabos de aço. O ângulo que cada um deles forma com a ponta da antena mede 45°. Quantos metros de cabo de aço foram usados, aproximadamente, para prender essa antena?

20. Um recipiente com forma de bloco retangular, com 18 cm de altura, foi tombado, como mostra a figura abaixo.

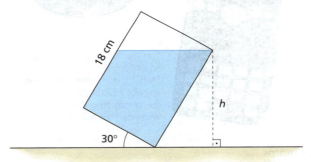

- Determine a altura aproximada h entre o solo e o nível da água contida no recipiente tombado.

21. Dada a figura a seguir, determine o valor de x.

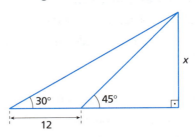

22. Uma escada de 8 m de comprimento está encostada em uma parede. A distância entre o pé da escada e a parede é de 4 m. Determine a medida do ângulo formado entre a escada e a parede.

23. A altura relativa à hipotenusa de um triângulo retângulo mede 15 cm. Sabendo que esse triângulo tem um ângulo de 60°, determine as medidas de seus catetos.

Capítulo 11 • Trigonometria no triângulo retângulo **207**

3. O uso da calculadora e da tabela trigonométrica

Vimos que as razões trigonométricas dos ângulos notáveis são valores conhecidos e que, para obter aproximações, basta usar uma calculadora simples.

Mas como obtemos as razões trigonométricas de outros ângulos agudos?

Esses valores podem ser encontrados em tabelas trigonométricas que contêm as razões trigonométricas de diversos ângulos agudos (veja na coluna ao lado e na página a seguir). Elas foram desenvolvidas inicialmente por astrônomos da Antiguidade, devido à necessidade de usar esses valores em seus estudos. Hiparco de Niceia (190 a.C.-120 a.C.) é considerado o "pai da Trigonometria" por ter construído a primeira tabela trigonométrica que conhecemos com base em conhecimentos babilônicos.

No entanto, após a invenção e a difusão de calculadoras, essas tabelas passaram a ser menos usadas. Atualmente, podemos calcular o seno, o cosseno e a tangente de ângulos em calculadoras científicas, em computadores e até mesmo em alguns celulares.

Calculadora com as teclas "sin", "cos" e "tan". Observe que também há as funções "$\sin^{-1}$", "$\cos^{-1}$" e "$\tan^{-1}$", que fornecem a medida do ângulo, a partir do seno, do cosseno ou da tangente dele, conforme veremos mais adiante.

Exemplos

a) Vamos calcular sen 53° utilizando a calculadora.

Primeiro, verificamos se a opção "graus" está selecionada para a calculadora reconhecer 53 como 53°. Em geral, essa opção é indicada por [deg], que significa "grau" (grau, em inglês, é *degree*).

Em seguida, digitamos: [5] [3] [sin] [=]

Aparecerá o valor 0,7986355, que é o valor aproximado de sen 53°.

b) Para calcular cos 12°, apertamos: [1] [2] [cos] [=]

E observamos que: cos 12° ≃ 0,9781476

c) Para calcular tg 73°, apertamos: [7] [3] [tan] [=]

Assim: tg 73° ≃ 3,2708526

Observações

1. Normalmente, as calculadoras oferecem três opções para as unidades de medida dos ângulos: [deg] [rad] [grad]

Por isso, é importante verificar se a opção [deg] está selecionada.

2. Em algumas calculadoras, dependendo do modelo, o procedimento pode ser outro: primeiro, apertamos a tecla [sin]; em seguida, digitamos 53; por último, apertamos [=].

3. O número de casas decimais que aparecerá para sen 53° vai depender da capacidade máxima de dígitos do visor da calculadora, já que o valor é uma aproximação de um número irracional, com infinitas casas decimais não periódicas.

Tabela de razões trigonométricas

A tabela a seguir apresenta aproximações para as razões trigonométricas com quatro casas decimais.

Tabela de razões trigonométricas			
Ângulo	Seno	Cosseno	Tangente
1°	0,0175	0,9998	0,0175
2°	0,0349	0,9994	0,0349
3°	0,0523	0,9986	0,0524
4°	0,0698	0,9976	0,0699
5°	0,0872	0,9962	0,0875
6°	0,1045	0,9945	0,1051
7°	0,1219	0,9925	0,1228
8°	0,1392	0,9903	0,1405
9°	0,1564	0,9877	0,1584
10°	0,1736	0,9848	0,1763
11°	0,1908	0,9816	0,1944
12°	0,2079	0,9781	0,2126
13°	0,2250	0,9744	0,2309
14°	0,2419	0,9703	0,2493
15°	0,2588	0,9659	0,2679
16°	0,2756	0,9613	0,2867
17°	0,2924	0,9563	0,3057
18°	0,3090	0,9511	0,3249
19°	0,3256	0,9455	0,3443
20°	0,3420	0,9397	0,3640
21°	0,3584	0,9336	0,3839
22°	0,3746	0,9272	0,4040
23°	0,3907	0,9205	0,4245
24°	0,4067	0,9135	0,4452
25°	0,4226	0,9063	0,4663
26°	0,4384	0,8988	0,4877
27°	0,4540	0,8910	0,5095
28°	0,4695	0,8829	0,5317
29°	0,4848	0,8746	0,5543
30°	0,5000	0,8660	0,5774
31°	0,5150	0,8572	0,6009
32°	0,5299	0,8480	0,6249
33°	0,5446	0,8387	0,6494
34°	0,5592	0,8290	0,6745
35°	0,5736	0,8192	0,7002
36°	0,5878	0,8090	0,7265
37°	0,6018	0,7986	0,7536

Tabela de razões trigonométricas			
Ângulo	Seno	Cosseno	Tangente
38°	0,6157	0,7880	0,7813
39°	0,6293	0,7771	0,8098
40°	0,6428	0,7660	0,8391
41°	0,6561	0,7547	0,8693
42°	0,6691	0,7431	0,9004
43°	0,6820	0,7314	0,9325
44°	0,6947	0,7193	0,9657
45°	0,7071	0,7071	1,0000
46°	0,7193	0,6947	1,0355
47°	0,7314	0,6820	1,0724
48°	0,7431	0,6691	1,1106
49°	0,7547	0,6561	1,1504
50°	0,7660	0,6428	1,1918
51°	0,7771	0,6293	1,2349
52°	0,7880	0,6157	1,2799
53°	0,7986	0,6018	1,3270
54°	0,8090	0,5878	1,3764
55°	0,8192	0,5736	1,4281
56°	0,8290	0,5592	1,4826
57°	0,8387	0,5446	1,5399
58°	0,8480	0,5299	1,6003
59°	0,8572	0,5150	1,6643
60°	0,8660	0,5000	1,7321
61°	0,8746	0,4848	1,8040
62°	0,8829	0,4695	1,8807
63°	0,8910	0,4540	1,9626
64°	0,8988	0,4384	2,0503
65°	0,9063	0,4226	2,1445
66°	0,9135	0,4067	2,2460
67°	0,9205	0,3907	2,3559
68°	0,9272	0,3746	2,4751
69°	0,9336	0,3584	2,6051
70°	0,9397	0,3420	2,7475
71°	0,9455	0,3256	2,9042
72°	0,9511	0,3090	3,0777
73°	0,9563	0,2924	3,2709
74°	0,9613	0,2756	3,4874
75°	0,9659	0,2588	3,7321
76°	0,9703	0,2419	4,0108
77°	0,9744	0,2250	4,3315
78°	0,9781	0,2079	4,7046
79°	0,9816	0,1908	4,1446
80°	0,9848	0,1736	5,6713
81°	0,9877	0,1564	6,3138
82°	0,9903	0,1392	7,1154
83°	0,9925	0,1219	8,1443
84°	0,9945	0,1045	9,5144
85°	0,9962	0,0872	11,4301
86°	0,9976	0,0698	14,3007
87°	0,9986	0,0523	19,0811
88°	0,9994	0,0349	28,6363
89°	0,9998	0,0175	57,2900

Observação

Note que, para $0° < x < 90°$, um aumento na medida do ângulo x implica aumento do sen x, diminuição do cos x e aumento da tg x.

EXERCÍCIOS

24. Sendo x e y as medidas dos ângulos disponíveis na tabela de razões trigonométricas, você percebe alguma relação entre x e y para que sen x = cos y?

R5. Calcular x no triângulo ABC.

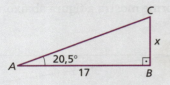

▶ **Resolução**

De acordo com a figura, temos: $\text{tg } 20,5° = \dfrac{x}{17}$

Em uma calculadora, obtemos $\text{tg } 20,5° \simeq 0,37$.

Assim: $0,37 \simeq \dfrac{x}{17} \Rightarrow x \simeq 6,29$

25. Como você usaria a tabela de razões trigonométricas para obter tg 20,5°?

R6. Um fio de 15 m de comprimento, esticado, eleva uma pipa até a altura de 6,8 m. Determinar a medida do ângulo formado pelo fio com o solo.

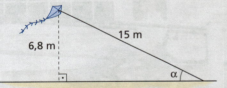

▶ **Resolução**

Pelo enunciado: $\text{sen } \alpha = \dfrac{6,8}{15} \Rightarrow \text{sen } \alpha \simeq 0,4533$

Na calculadora científica, temos as teclas:

• $\boxed{\text{sin}}$, que, dada a medida do ângulo, calcula o valor de seu seno;

• $\boxed{\text{sin}^{-1}}$, que, dado o valor do seno, calcula a medida do ângulo agudo.

Então, para descobrir a medida α, digitamos 0,4533 e apertamos $\boxed{\text{sin}^{-1}}$, obtendo 26,955606.

Logo, o fio forma um ângulo de aproximadamente 27° com o solo.

26. Faça novamente o exercício resolvido **R6** usando a tabela de razões trigonométricas apresentada nesta seção.

Nos exercícios a seguir, utilize uma calculadora ou a tabela de razões trigonométricas aqui apresentada para obter os valores necessários para a resolução.

27. Ao levantar voo, um avião faz ângulo constante de 20° com a horizontal, conforme mostra a figura.

- Calcule a altura em que ele estará após percorrer 3 km.

28. Vamos voltar à ideia de Aristarco, vista na abertura deste capítulo. Quando a Lua está no quarto crescente, um triângulo retângulo LTS é formado entre a Lua, a Terra e o Sol, conforme mostra a figura abaixo.

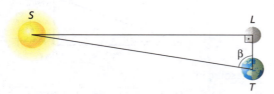

Sabendo que o ângulo β mede aproximadamente 89,83° e considerando que TL = 380.000 km, determine:

a) a medida TS. **b)** a razão $\frac{TS}{TL}$.

29. Na construção civil, existem diversas regras de acessibilidade para deficientes.

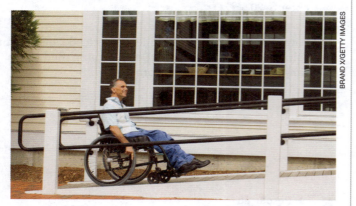

Uma delas é que a rampa de acesso tenha inclinação máxima de 8,33%. Isso significa que, a cada 1 m de altura, deve-se ter, no mínimo, 12 m de afastamento horizontal a partir do início da rampa. (Note que 1 : 12 ≈ 0,0833 = 8,33%.)

Considerando uma rampa com inclinação máxima, responda às questões a seguir.

a) Qual é a medida do ângulo formado entre a rampa e a horizontal? (Considere o número inteiro mais próximo.)

b) Para um desnível de 3 m entre dois andares, quantos metros lineares de rampa devem ser construídos?

30. Em um triângulo retângulo, a hipotenusa mede 10 cm e um dos catetos mede 3,5 cm. A medida α do ângulo oposto a esse cateto, é maior ou menor que 25°?

31. Na figura a seguir, determine os valores aproximados de x, y e z.

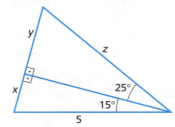

32. Um avião está a 1.400 m de altitude e começa a descer em um ângulo constante de 6° em relação à horizontal, como mostra a figura a seguir.

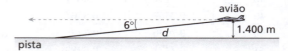

A que distância d de uma pista no nível do mar a aeronave inicia a descida?

33. Determine as medidas dos lados e dos ângulos de um losango cujas diagonais medem 16 cm e 12 cm. (Lembre-se de que os losangos possuem todos os lados congruentes e de que suas diagonais são perpendiculares por seu ponto médio.)

34. Observe a figura abaixo e determine os valores aproximados de x, y e z.

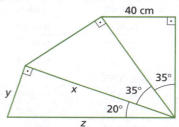

35. Um cabo de aço de 20 m é esticado do topo de uma antena até o solo. Esse cabo forma com o solo um ângulo de 32°. Determine a altura da antena.

36. Em um triângulo OIA, o ângulo $\hat{I}$ é reto. Sabendo que sen $\hat{A}$ = 2 · cos $\hat{A}$ e que o cateto $\overline{AI}$ mede 5 cm, determine as medidas dos outros lados do triângulo.

Trocando ideias

Com um colega, verifiquem no prédio da sua escola, ou em algum outro prédio público próximo dela, se há rampa para a acessibilidade de cadeirantes.

Se houver, verifiquem se a inclinação dessa rampa está de acordo com as normas vigentes (inclinação máxima de 8,33%). Caso a rampa não contemple essa exigência da construção civil, elaborem um projeto determinando as medidas que solucionem o problema.

Apresentem o projeto em um cartaz com uma foto do local e, se necessário, uma ilustração gráfica com as medidas lineares e angulares para a solução.

4. Trigonometria em um triângulo qualquer

4.1 Seno e cosseno de ângulos obtusos

Já estudamos as razões trigonométricas seno e cosseno de um ângulo agudo. Agora, vamos estudar os conceitos de seno e cosseno de um ângulo obtuso.

Primeiro, vamos estabelecer:

sen 90° = 1	sen x = sen (180° − x)
cos 90° = 0	cos x = −cos (180° − x)

Exemplos

a) Vamos determinar o valor do seno de 150°.

sen 150° = sen (180° − 150°) = sen 30°

Logo, sen 150° = $\frac{1}{2}$.

b) Vamos determinar o valor do cosseno de 150°.

cos 150° = −cos (180° − 150°) = −cos 30°

Portanto, cos 150° = $-\frac{\sqrt{3}}{2}$.

4.2 Lei dos senos

Acompanhe a situação a seguir.

Um fio elétrico será instalado entre um poste P e uma casa C, separados por um lago em um terreno plano. Por causa do lago, não é possível medir a distância PC em linha reta; então, como calcular o comprimento necessário de fio para essa instalação?

Observe o esquema que representa essa situação.

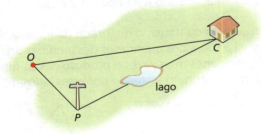

Posicionando um teodolito nos pontos O e C, medimos os ângulos PÔC e OĈP. Com uma trena, medimos a distância OP. Aplicando esses dados na **lei dos senos**, obtemos o comprimento PC do fio.

Em um triângulo qualquer, as medidas dos lados são proporcionais aos senos dos ângulos opostos a eles, isto é:

$$\frac{a}{\operatorname{sen} \alpha} = \frac{b}{\operatorname{sen} \beta} = \frac{c}{\operatorname{sen} \gamma}$$

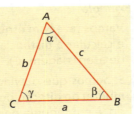

Exemplo

Vamos fazer um esquema para ilustrar a situação apresentada na coluna ao lado e determinar a medida do ângulo OP̂C e as distâncias OC e PC (comprimento do fio).

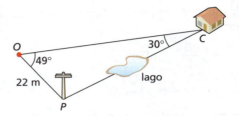

Para calcular a medida do ângulo OP̂C, fazemos:

med(OP̂C) = 180° − (49° + 30°) = 101°

Aplicando o conceito do seno de um ângulo obtuso, temos:

sen 101° = sen (180° − 101°) = sen 79°

Consultando a tabela de razões trigonométricas, temos:

sen 79° ≃ 0,98 e sen 49° ≃ 0,75

Aplicando a lei dos senos:

$$\frac{PC}{\operatorname{sen} 49°} = \frac{OP}{\operatorname{sen} 30°} = \frac{OC}{\operatorname{sen} 101°}$$

Assim:

- $\frac{22}{\operatorname{sen} 30°} = \frac{OC}{\operatorname{sen} 101°} \Rightarrow OC \simeq \frac{22 \cdot 0{,}98}{0{,}5} \Rightarrow OC \simeq 43{,}12$

- $\frac{PC}{\operatorname{sen} 49°} = \frac{22}{\operatorname{sen} 30°} \Rightarrow PC \simeq \frac{22 \cdot 0{,}75}{0{,}5} \Rightarrow PC \simeq 33$

Portanto, a medida do ângulo OP̂C é 101°, a distância OC é de, aproximadamente, 43,12 m e o comprimento PC do fio é de, aproximadamente, 33 m.

EXERCÍCIOS

R7. Calcular as medidas do lado e da diagonal maior de um losango cuja diagonal menor mede 5 cm e cujos ângulos obtusos medem 130°.

▶ **Resolução**

Em um losango, cada diagonal está contida nas bissetrizes dos ângulos internos, cujos vértices são extremidades dessa diagonal.

Na figura abaixo, a diagonal $\overline{BD}$ divide o losango em dois triângulos isósceles congruentes; assim, no triângulo ABD: med(Â) = 180° − (65° + 65°) = 50°

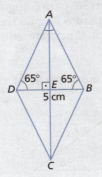

Capítulo 11 • Trigonometria no triângulo retângulo

Consultando a tabela de razões trigonométricas e aplicando a lei dos senos no triângulo ABD, temos:

$$\frac{AD}{\text{sen } 65°} = \frac{5}{\text{sen } 50°} \Rightarrow AD \simeq \frac{5 \cdot 0{,}91}{0{,}77} \simeq 5{,}9$$

Aplicando o teorema de Pitágoras no triângulo AED, temos:

$$\left(\frac{AC}{2}\right)^2 + \left(\frac{BD}{2}\right)^2 = (AD)^2$$

$$\frac{(AC)^2}{4} + (2{,}5)^2 \simeq (5{,}9)^2 \Rightarrow AC \simeq 10{,}7$$

Logo, o lado e a diagonal maior do losango medem cerca de 5,9 cm e 10,7 cm, respectivamente.

37. O triângulo ABC tem as seguintes medidas: AB = 6 cm; BC = 7 cm e med($\hat{A}$) = 30°. Aplique a lei dos senos e determine as medidas do lado $\overline{AC}$ e dos outros dois ângulos do triângulo.

38. A diagonal de um retângulo mede 8,5 cm, e um ângulo formado por ela e um dos lados mede 36°. Qual é, aproximadamente, a área desse retângulo?

39. Um paralelogramo tem lados medindo 3,5 cm e 4,5 cm. Uma de suas diagonais forma com o menor lado um ângulo de 70°. Qual é a medida aproximada dessa diagonal?

40. Determine a área de um losango cuja diagonal maior mede $2\sqrt{10}$ m e cujos ângulos agudos medem 40°.

41. No pico de uma montanha há uma torre de 19 m de altura.

Ao fazer medições em determinado ponto da região, um topógrafo obtém 36° para o ângulo de elevação até o topo da torre e 15° para o ângulo de elevação até a base da torre. Qual é a distância aproximada entre o topógrafo e a base da torre?

42. Calcule o valor aproximado de x e y em cada figura.

a)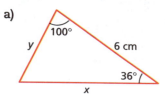

b)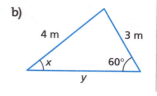

c)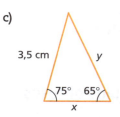

d)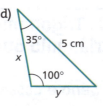

4.3 Lei dos cossenos

Acompanhe a situação a seguir.

Um avião decola de um aeroporto e percorre 90 km na direção norte. Em seguida, muda de direção, formando um ângulo de 35° em relação à trajetória inicial, no sentido horário, e percorre 115 km até aterrissar.

Observe o esquema que representa essa situação.

Considerando que a rota segue o esquema da ilustração, podemos obter a distância entre os pontos de decolagem e de aterrissagem aplicando a **lei dos cossenos**.

Em um triângulo qualquer, o quadrado da medida de um lado é igual à soma dos quadrados das medidas dos outros lados menos duas vezes o produto dessas medidas pelo cosseno do ângulo formado por esses lados, isto é:

$$a^2 = b^2 + c^2 - 2 \cdot b \cdot c \cdot \cos \alpha$$

$$b^2 = a^2 + c^2 - 2 \cdot a \cdot c \cdot \cos \beta$$

$$c^2 = a^2 + b^2 - 2 \cdot a \cdot b \cdot \cos \gamma$$

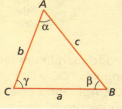

Exemplo

Vamos fazer um esquema para ilustrar a situação anterior e calcular a distância entre os pontos de decolagem (S) e de aterrissagem (C).

Sabemos que o avião percorreu 90 km na direção norte, mudou de direção por um ângulo de 35°, no sentido horário, e em seguida percorreu 115 km até aterrissar.

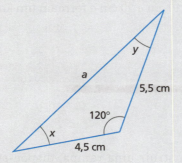

Aplicando o conceito de cosseno de um ângulo obtuso, temos:
cos 145° = −cos (180° − 145°) = −cos 35°
Consultando a tabela trigonométrica, temos:
−cos 35° = −0,8192
Agora, vamos aplicar a lei dos cossenos:
$x^2 = 115^2 + 90^2 - 2 \cdot 115 \cdot 90 \cdot \cos 145°$
$x^2 = 13.225 + 8.100 - 2 \cdot 115 \cdot 90 \cdot (-0,8192)$
$x^2 = 38.282,44$
$x = \sqrt{38.282,44}$
$x \approx 195,66$

Assim, a distância entre os pontos de decolagem e de aterrissagem é de, aproximadamente, 195,66 km.

EXERCÍCIOS

R8. Determinar as medidas a, x e y no triângulo a seguir.

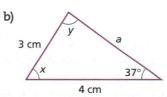

▶ **Resolução**
Aplicando o conceito de cosseno de um ângulo obtuso, temos: cos 120° = −cos (180° − 120°) = −cos 60°
Consultando a tabela trigonométrica, temos:
−cos 60° = −0,5.
Agora, vamos aplicar a lei dos cossenos:
$a^2 = 5,5^2 + 4,5^2 - 2 \cdot 4,5 \cdot 5,5 \cdot (-0,5) \Rightarrow$
$\Rightarrow a^2 = 30,25 + 20,25 + 24,75 \Rightarrow a^2 = 75,25 \Rightarrow a = \sqrt{75,25}$
Assim, podemos determinar a medida y:
$(4,5)^2 = (\sqrt{75,25})^2 + (5,5)^2 - 2 \cdot \sqrt{75,25} \cdot 5,5 \cdot \cos y \Rightarrow$
$\Rightarrow 20,25 \approx 75,25 + 30,25 - 95,42 \cdot \cos y \Rightarrow$
$\Rightarrow \cos y \approx 0,89 \Rightarrow y \approx 27°$

Como a soma das medidas dos ângulos internos de um triângulo é 180°, temos:
$x \approx 180° - (120° + 27°) \Rightarrow x \approx 33°$
Logo, $a = \sqrt{75,25}$ cm, $y \approx 27°$ e $x \approx 33°$.

43. Dois dos lados de um triângulo medem 7 m e 8 m. O ângulo formado por eles mede 120°.
   a) Qual é a medida do outro lado desse triângulo?
   b) Qual é a medida dos outros dois ângulos desse triângulo?

44. Os lados de um triângulo medem 4 cm, 7 cm e 6 cm. Determine a medida dos ângulos desse triângulo.

45. Um triângulo isósceles tem lados com medidas 3 cm e 4 cm. Determine a medida de seus ângulos.

46. Para cada triângulo, calcule as medidas dos lados e dos ângulos que faltam.

a)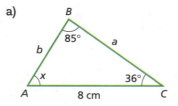

b)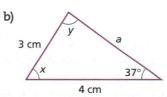

47. Dois navios saíram do porto de Santos às 8 h da manhã. Um dos navios viajou na direção 60° nordeste à velocidade de 24 nós. O outro navio viajou na direção 15° sudeste à velocidade de 18 nós, conforme o esquema a seguir.

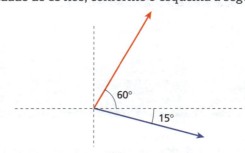

- Qual será a distância, em quilômetro, entre os navios ao meio-dia? (*Observação*: 1 nó é uma unidade de medida de velocidade equivalente a 1.852 m/h.)

Porto de Santos, SP.

4.4 Área de superfície triangular

No triângulo retângulo AHB representado ao lado, temos:

$\text{sen } \alpha = \dfrac{h}{c}$ ou $h = c \cdot \text{sen } \alpha$

Substituindo h na fórmula da área, obtemos:

área $= \dfrac{b \cdot h}{2} = \dfrac{b \cdot c \cdot \text{sen } \alpha}{2}$

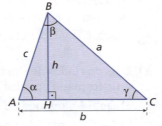

Do mesmo modo, podemos obter:

área $= \dfrac{a \cdot c \cdot \text{sen } \beta}{2}$ e área $= \dfrac{a \cdot b \cdot \text{sen } \gamma}{2}$

> Em uma superfície (ou região) triangular, a área é igual ao semiproduto das medidas de dois de seus lados pelo seno do ângulo determinado por eles, isto é:
>
> • área $= \dfrac{b \cdot c \cdot \text{sen } \alpha}{2}$
>
> • área $= \dfrac{a \cdot c \cdot \text{sen } \beta}{2}$
>
> • área $= \dfrac{a \cdot b \cdot \text{sen } \gamma}{2}$

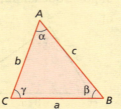

Exemplo

Vamos calcular a área de uma superfície triangular (ou de um triângulo), sabendo que dois de seus lados medem 4 cm e 6 cm, e o ângulo formado por eles mede 30°.

Sabemos que sen 30° = 0,5, então aplicando a fórmula da área, obtemos:

área $= \dfrac{4 \cdot 6 \cdot \text{sen } 30°}{2} = 6$

Portanto, a área do triângulo é 6 cm².

EXERCÍCIOS

R9. Determinar a área do triângulo ABC representado ao lado.

▶ Resolução

sen 48° $= \dfrac{4}{a} \Rightarrow$

$\Rightarrow a \simeq \dfrac{4}{0,74} \Rightarrow a \simeq 5,4$

$(5,4)^2 \simeq 4^2 + c^2 \Rightarrow c \simeq 3,6$

área $\simeq \dfrac{5,4 \cdot (3 + 3,6) \cdot \text{sen } 48°}{2} \simeq 13,18$

Portanto, a área do triângulo ABC é aproximadamente 13,18 cm².

48. Calcule a área de um triângulo, sabendo que seus lados medem $6\sqrt{3}$ cm e 4 cm, e o ângulo formado por eles mede 60°.

49. Calcule a área dos triângulos representados abaixo.

a)

b)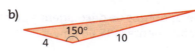

c)

50. Calcule a área aproximada de um triângulo isósceles, sabendo que sua base mede 6 cm e o ângulo do vértice oposto à base mede 120°.

51. Determine a área de um paralelogramo cujas diagonais medem 10 cm e 20 cm e formam um ângulo de 60°.

Exercícios complementares

1. Observe os dados de cinco rampas construídas para facilitar o acesso a um desnível de 0,5 m.

Rampa	Comprimento da rampa	Altura do desnível
A	5,0 m	0,5 m
B	4,0 m	0,5 m
C	3,0 m	0,5 m
D	2,0 m	0,5 m
E	1,0 m	0,5 m

• Qual rampa tem a maior inclinação? Justifique sua resposta.

2. Para construir uma rampa, dispõe-se de uma tábua de 2,8 m. Se o ângulo de inclinação desejado medir 23°, qual será a altura da rampa?
(Dados: sen 23° = 0,39; cos 23° = 0,92; e tg 23° = 0,42)

3. Em um triângulo ABC, reto em A, determine a medida de seus catetos se a hipotenusa mede 20 cm e sen $\hat{B} = \dfrac{4}{5}$.

4. Lílian é bióloga e trabalha na Bahia, em um projeto de conservação da arara-azul-de-lear. Uma de suas tarefas é mapear os ninhos dessas araras.

Lílian avistou um ninho e, com um teodolito, mediu o ângulo formado entre a linha de visão e a horizontal, obtendo 22°.

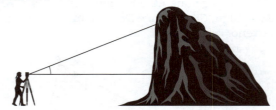

- Sabendo que Lílian tem 1,6 m de altura e estava a 80 m do paredão, qual é a altura do ninho das araras? (*Dados*: sen 22° ≃ 0,3746; cos 22° ≃ 0,9272; tg 22° ≃ 0,4040)

5. Um barqueiro pretendia ir de uma margem à outra de um rio pela travessia mais curta possível. No entanto, a correnteza o arrastou 24 m, conforme mostra a figura.

- Calcule a largura do rio. (*Dados*: sen 55° ≃ 0,8192; cos 55° ≃ 0,5736; tg 55° ≃ 1,4281)

6. (Enem) Para determinar a distância de um barco até a praia, um navegante utilizou o seguinte procedimento: a partir de um ponto A, mediu o ângulo visual α fazendo mira em um ponto fixo P da praia. Mantendo o barco no mesmo sentido, ele seguiu até um ponto B de modo que fosse possível ver o mesmo ponto P da praia, no entanto sob um ângulo visual 2α. A figura ilustra essa situação.

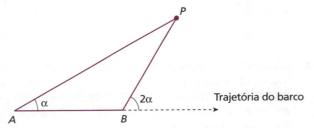

Suponha que o navegante tenha medido o ângulo α = 30° e, ao chegar ao ponto B, verificou que o barco havia percorrido a distância AB = 2.000 m. Com base nesses dados e mantendo a mesma trajetória, a menor distância do barco até o ponto fixo P será:

a) 1.000 m
b) 1.000$\sqrt{3}$ m
c) 2.000$\dfrac{\sqrt{3}}{3}$ m
d) 2.000 m
e) 2.000$\sqrt{3}$ m

7. (Enem) Ao morrer, o pai de João, Pedro e José deixou como herança um terreno retangular de 3 km × 2 km que contém uma área de extração de ouro delimitada por um quarto de círculo de raio 1 km a partir do canto inferior esquerdo da propriedade.

Dado o maior valor da área de extração de ouro, os irmãos acordaram em repartir a propriedade de modo que cada um ficasse com a terça parte da área de extração, conforme mostra a figura.

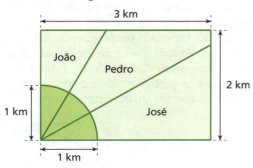

Em relação à partilha proposta, constata-se que a porcentagem da área do terreno que coube a João corresponde, aproximadamente, a: $\left(Considere: \dfrac{\sqrt{3}}{3} = 0{,}58.\right)$

a) 50%
b) 43%
c) 37%
d) 33%
e) 19%

8. Duas circunferências, C_1 e C_2, são tangentes externas, e a distância entre seus centros é de 15 cm. Observe a figura abaixo e determine a medida aproximada do raio de cada circunferência.

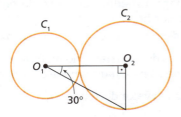

9. Determine o valor de x e y sabendo que α = 29° e β = 53°.

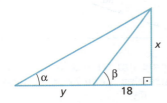

10. Para medir a altura de um poste, um engenheiro utiliza um teodolito, como mostra a figura abaixo.

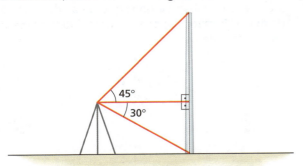

- Determine a altura aproximada do poste sabendo que o teodolito tem 1,5 m de altura.

EXERCÍCIOS COMPLEMENTARES

11. Eratóstenes de Cirene, geógrafo e matemático grego (276-194 a.C.), calculou a medida da circunferência da Terra. Mesmo com os instrumentos de medida da época, ele obteve um resultado com bom grau de precisão. Em um dia ensolarado, precisamente no solstício de verão, Eratóstenes verificou que, em determinado horário, os raios do Sol incidiam perpendicularmente na cidade de Siene (hoje Assuã). De maneira semelhante, um bastão fincado perpendicularmente na cidade de Alexandria, 5.000 estádios (antiga medida de comprimento) ao norte de Siene, projetava uma sombra conforme o esquema:

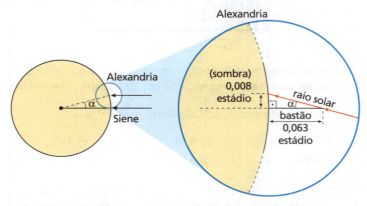

a) Utilizando os dados que Eratóstenes coletou, calcule a medida da circunferência da Terra.

b) Compare a medida encontrada com a medida que adotamos hoje.
(*Considere*: 1 estádio = 157,5 m, aproximadamente)

12. Os ângulos de um triângulo medem x, $2x$ e $3x$, e o menor lado mede 10 m. Quanto mede o lado maior?

13. Determine o valor de sen α.

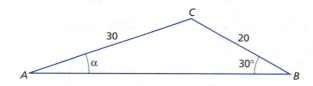

14. Dois lados de um triângulo medem 8 cm e 5 cm, e o ângulo entre eles mede 72°. Calcule a área aproximada desse triângulo.

15. Um relógio possui um pêndulo de 80 cm de comprimento. Sua extremidade percorre, em seu movimento, um arco de 120°. Observe no esquema as distâncias x (vertical) e y (horizontal) que a extremidade desse pêndulo anda e calcule-as.

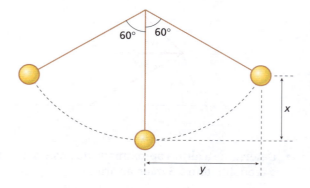

16. A figura abaixo representa um terreno ABCD em forma de quadrilátero. Sabendo que E é o ponto de intersecção das diagonais $\overline{AC}$ e $\overline{BD}$, med(AÊD) = 45°, AE = 10 m, BE = 40 m, CE = 50 m e DE = 30 m, calcule a área desse terreno.

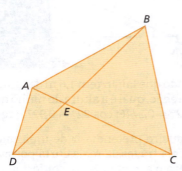

QUESTÕES DE VESTIBULAR

17. (Vunesp) Três cidades, A, B e C, são interligadas por estradas, conforme mostra a figura.

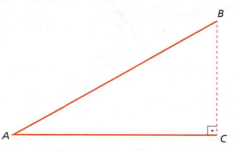

As estradas AC e AB são asfaltadas. A estrada CB é de terra e será asfaltada. Sabendo-se que AC tem 30 km, que o ângulo entre AC e AB é de 30°, e que o triângulo ABC é retângulo em C, a quantidade de quilômetros da estrada que será asfaltada é:

a) $30\sqrt{3}$ c) $\dfrac{10\sqrt{3}}{3}$ e) $\dfrac{3\sqrt{3}}{3}$

b) $10\sqrt{3}$ d) $8\sqrt{3}$

18. (Vunesp) Uma pessoa, no nível do solo, observa o ponto mais alto de uma torre vertical, à sua frente, sob o ângulo de 30°. Aproximando-se 40 metros da torre, ela passa a ver esse ponto sob o ângulo de 45°. A altura aproximada da torre, em metro, é:

a) 44,7 b) 48,8 c) 54,6 d) 60,0 e) 65,3

19. (Fuvest-SP) Na figura, ABC e CDE são triângulos retângulos, AB = 1, BC = $\sqrt{3}$ e BE = 2DE. Logo, a medida de $\overline{AE}$ é:

a) $\dfrac{\sqrt{3}}{2}$ d) $\dfrac{\sqrt{11}}{2}$

b) $\dfrac{\sqrt{5}}{2}$ e) $\dfrac{\sqrt{13}}{2}$

c) $\dfrac{\sqrt{7}}{2}$

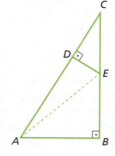

20. (Femm-MG) A distância entre o ponto P = (x, y) e a origem é 12. Nesse caso, as coordenadas do ponto P são:

a) $(6\sqrt{3}, 6)$
b) $(9\sqrt{3}, 9)$
c) $(9, 9\sqrt{2})$
d) $(6, 6\sqrt{3})$

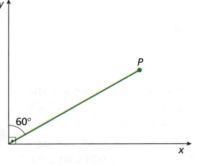

21. (Fatec-SP) De dois observatórios, localizados em dois pontos X e Y da superfície da Terra, é possível enxergar um balão meteorológico B, sob ângulos de 45° e 60°, conforme é mostrado na figura abaixo.

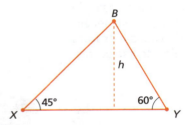

Desprezando-se a curvatura da Terra, se 30 km separaram X e Y, a altura h, em quilômetros, do balão à superfície da Terra, é:

a) $30 - 15\sqrt{3}$
b) $30 + 15\sqrt{3}$
c) $60 - 30\sqrt{3}$
d) $45 - 15\sqrt{3}$
e) $45 + 15\sqrt{3}$

22. (Mackenzie-SP) Uma estação E, de produção de energia elétrica, e uma fábrica F estão situadas nas margens opostas de um rio de largura $\dfrac{1}{\sqrt{3}}$ km. Para fornecer energia a F, dois fios elétricos a ligam a E, um por terra e outro por água, conforme a figura.

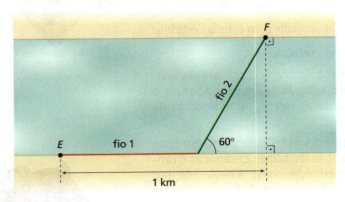

Supondo-se que o preço do metro do fio de ligação por terra é R$ 12,00 e que o metro do fio de ligação pela água é R$ 30,00, o custo total, em reais, dos fios utilizados é:

a) 28.000
b) 24.000
c) 15.800
d) 18.600
e) 25.000

23. (UFSCar-SP) Na figura, $A\hat{D}B$ é reto, $B\hat{A}C = \alpha$, $C\hat{A}D = \beta$; AC = 4 dm e BC = 1 dm. Sabendo que $\cos(\alpha + \beta) = \dfrac{4}{5}$, o valor de sen (α) é:

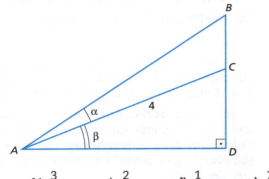

a) $\dfrac{2}{3}$
b) $\dfrac{3}{5}$
c) $\dfrac{2}{5}$
d) $\dfrac{1}{5}$
e) $\dfrac{1}{6}$

24. (Mackenzie-SP) Em um triângulo retângulo, a medida da hipotenusa é o dobro da medida de um dos catetos. O ângulo oposto ao menor lado desse triângulo mede:

a) 36°
b) 60°
c) 45°
d) 30°
e) 72°

25. (Mackenzie-SP) Três ilhas, A, B e C, aparecem num mapa, em escala 1:10.000, como na figura.

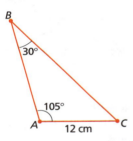

Das alternativas, a que melhor aproxima a distância entre as ilhas A e B é:

a) 2,3 km
b) 2,1 km
c) 1,9 km
d) 1,4 km
e) 1,7 km

26. (Mackenzie-SP) Na figura, tg α vale:

a) $\dfrac{1}{3}$
b) $\dfrac{2}{\sqrt{3}}$
c) $\dfrac{1}{\sqrt{3}}$
d) $\dfrac{3}{4}$
e) $\dfrac{2}{3}$

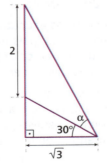

Mais questões: no livro digital, em **Vereda Digital Aprova Enem** e **Vereda Digital Suplemento de revisão e vestibulares**; no *site*, em **AprovaMax**.

Capítulo 11 • Trigonometria no triângulo retângulo

Compreensão de texto

A modelagem matemática na construção de telhados com diferentes tipos de telhas

[...]

O tema escolhido para este estudo foi a construção civil, que está presente no nosso cotidiano e demanda muitos cálculos, quer seja nos projetos estruturais, arquitetônicos, elétricos e hidráulicos, bem como nas previsões de quantidades de materiais e seus respectivos custos.

Ao iniciarmos nossa pesquisa, vimos que o assunto é muito amplo e complexo, por isso decidimos pesquisar alguns aspectos sobre a construção do telhado, mais especificamente as *tesouras* (treliças isostáticas) que servem para a sustentação da cobertura. Suas barras são dispostas de maneira a compor uma rede de triângulos, tornando o sistema estrutural indeslocável*.

O modelo de tesoura que mais se emprega no Brasil, para estruturas de madeira dos telhados residenciais, é a tesoura inglesa ou *howe* [...]. Esse modelo é indicado para casas de até 18 metros de *vão*, sendo que, para casas com largura entre 10 e 18 metros, faz-se necessário confeccionar as tesouras com peças duplas. Além dessa dimensão de vão, a estrutura passa a ser onerosa e alta, razão pela qual se deve optar por outros modelos de estruturas.

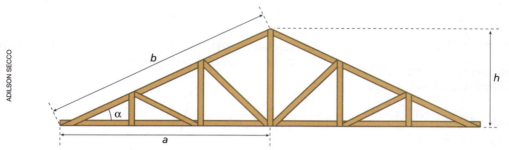

Modelo de tesoura inglesa ou *howe*.

telha francesa

telha colonial paulista

telha americana

telha romana

A superfície de telhado pode ser formada por um ou mais planos (uma *água*, duas águas, quatro águas ou múltiplas águas) ou por uma ou mais superfícies curvas (arco, cúpula ou arcos múltiplos).

A cobertura pode ser de telhas cerâmicas, telhas de concreto (planas ou capa e canal) ou de chapas onduladas de cimento-amianto, aço zincado, madeira aluminizada, PVC e *fiber-glass*. As telhas de ardósia e chapas de cobre foram praticamente banidas da nossa arquitetura.

O *ponto* do telhado é a [razão] entre sua altura e a largura ou vão, que varia entre os limites de $\frac{1}{2}$ a $\frac{1}{8}$, ou seja, de 100% a 25% de declividade. De acordo com o tipo de telhas empregado, faz-se necessário adequar o grau de inclinação do telhado.

As coberturas executadas em chapas onduladas de cimento-amianto apresentam vantagem econômica, pois necessitam de menor inclinação do telhado, além de dispensar o emprego de ripas e caibros, pois se apoiam diretamente sobre as *terças*, permitindo ainda maior distanciamento entre as terças.

Os modelos matemáticos deste trabalho foram baseados em um telhado plano em duas águas, para casas de 6 a 10 metros de largura, com a utilização de telhas cerâmicas (francesa e colonial paulista) e chapas onduladas de cimento-amianto, e, como já havíamos dito anteriormente, iremos nos ater apenas aos cálculos relativos às tesouras. [...]

Fonte: CERVI, Angéli; BINS, Rosane; DECKERT, Taila. *A modelagem matemática na construção de telhados com diferentes tipos de telhas*.

Disponível em: <www.projetos.unijui.edu.br/matematica/modelagem/Modelagem_Tesouras_Web/modelagem_tesouras>. Acesso em: 13 dezembro 2016.

---

* Apesar de a palavra "indeslocável" não estar dicionarizada, é bastante usada na linguagem técnica arquitetônica.

ATIVIDADES

1. No contexto do estudo reproduzido na página anterior, escreva o significado das seguintes palavras:
   a) tesoura
   b) vão
   c) água
   d) ponto

2. O ponto do telhado deve variar entre quais limites?

3. Com as medidas abaixo, podemos determinar o ponto de um telhado. Quais itens apresentam medidas dentro dos limites indicados no texto?
   a) 7 m de altura e 10 m de largura
   b) 4 m de altura e 10 m de largura
   c) 1 m de altura e 9 m de largura
   d) 2 m de altura e 8 m de largura

4. Quando o ponto do telhado é igual a 0,5, temos o máximo de declividade, ou seja, 100%. Qual será a declividade mínima se, para esse mínimo, o ponto for igual a 0,125?

5. Em relação ao telhado, considere: i, a inclinação; p, o ponto; h, a altura; e a, a metade da largura. Determine:
   a) i em função de p.
   b) i em função de a e h.

6. Com base na figura da página anterior, escreva uma sentença que relacione:
   a) α (medida do ângulo de inclinação do telhado) com h e com a;
   b) α com i;
   c) b (comprimento do banzo superior da tesoura) com i e com a.

7. O esquema abaixo representa metade da tesoura do telhado com algumas medidas.

Determine:
   a) a soma da largura das madeiras verticais;
   b) p_1 em função de a e de ℓ;
   c) v_1 em função de α, de a e de ℓ;
   d) p_2 em função de p_1 e de ℓ;
   e) p_2 em função de a e de ℓ;
   f) v_2 em função de α, de a e de ℓ;
   g) d_1 em função de ℓ, p_1 e de v_1;
   h) d_2 em função de ℓ, p_1 e de v_2.

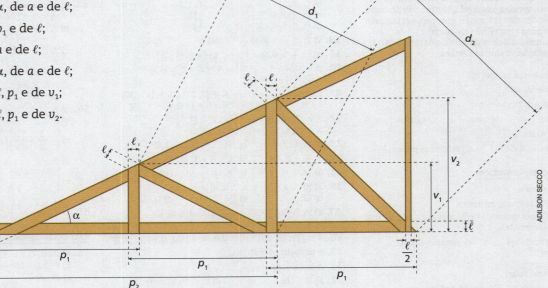

8. Qual é a metragem total de madeira (m) necessária para a construção da tesoura do telhado citada no texto? (Escreva m em função de i, a, v_1, v_2 e p_1.)

9. Seja r o preço do metro da madeira, determine a sentença que relaciona o custo c da madeira na construção dessa tesoura com m e com r.

10. De que maneira a inclinação de um telhado interfere no custo de sua construção?

11. Na sua opinião, quais fatores devem ser considerados na construção de um telhado?

RESPOSTAS DA PARTE I

Capítulo 1 — Organização e apresentação de dados

1. 21 gotas
2. 18 alunos
3. sim: $\dfrac{x}{y} = \dfrac{1}{6}$
4. $x = 3$ e $y = 4$
5. R$ 600,00; R$ 1.000,00
6. a) R$ 1.950.000,00; R$ 1.050.000,00; R$ 910.000,00
   b) R$ 782.000,00; R$ 1.452.286,00; R$ 1.675.714,00
7. R$ 1.200,00, R$ 600,00 e R$ 400,00
8. $\alpha = 45°$, $\beta = 60°$, $\gamma = 75°$
9. a) $\simeq 42$ cm   b) $\simeq 455{,}56\%$
10. 50 homens
11. É considerada de "boa qualidade".
12. $\simeq 10{,}5\%$
13. a) 125.000   b) 800   c) resposta pessoal
14. a) quantitativa discreta
    b) qualitativa nominal
    c) qualitativa ordinal
    d) qualitativa ordinal
    e) quantitativa contínua
    f) qualitativa nominal
    g) qualitativa ordinal
15. a) Resposta possível: idade, bairro em que reside, condições socioeconômicas etc.
    b) Não. Nesse caso, seria melhor usar o recenseamento, pois seriam entrevistados todos os idosos.
16. b) Tanto no período da manhã como no da tarde e no dia, a cor que apresentou maior frequência foi a prata. E as cores que apresentaram a menor frequência no período da manhã foram a branca e a amarela e, no período da tarde e no dia, foi a amarela.
17. a) ramo de atividade: variável qualitativa nominal; vendas: variável quantitativa discreta
    b) • Vendas das principais empresas estaduais.
       • Vendas (em bilhão de reais)
       • Empresa; Ramo de atividade; 2016; 2017
       • Agência Pesquisa Efetiva.
    c) não
    d) frequência percentual
18. b) os meninos
21. b) resposta pessoal
22. a) sim   b) não   c) sim
24. b) 224 alunos
25. b) 69,44%; 30,56%   d) resposta pessoal

Exercícios complementares

1. alternativa e
2. a) 10 e 3, respectivamente
   b) Não, pois os totais de alunos de cada turma são diferentes.
4. a) 15,2 milhões   c) resposta pessoal
   b) 43,8%

Questões de vestibular

5. a) R$ 512,00; R$ 320,00; R$ 448,00
   b) R$ 320,00; R$ 800,00; R$ 160,00
6. alternativa d
7. a) 1.215.000 m³   b) 1.190.700 m³
8. alternativa c

Capítulo 2 — Conjuntos

1. a) $A = \{11, 12, 13, 14, 15, 16, 17, 18, 19\}$
   b) $B = \{0, 3, 6, ...\}$
   c) $C = \{\overline{AB}, \overline{BC}, \overline{AC}\}$
   d) $D = \{R\}$
   e) $E = \varnothing$ ou $E = \{\ \}$

2. respostas possíveis:
   a) D: conjunto dos números naturais múltiplos de 12 e menores que 40
   b) E: conjunto dos nomes das fases da Lua
   c) F: conjunto dos números ímpares maiores que 3 e menores que 21
3. a) V b) F c) V d) V e) V f) F
4. a) Não, pois nem todo número par é múltiplo de 6 (por exemplo, 16).
   b) Sim, pois todo múltiplo de 6 é par.
   c) Não, pois há um número primo que é par: o número 2.
5. $A = C$
6. a) $X = \{0, 1, 2, 3, 4, 5, 6, 7, 8, 9\}$
   b) $Y = \{-9, -8, -7, -6, -5, -4, -3, -2, -1, 0, 1, 2, 3, 4, 5, 6, 7, 8, 9\}$
7. a) $A = \{3\}$ b) $B = \{-3, 3\}$ c) $C = \{-3, 3\}$
8. a) unitário b) vazio c) unitário d) vazio
9. a) F c) F e) F g) F i) V
   b) V d) V f) V h) V
10. a) $\{2, 9\}$ b) $\{3, 9\}$ c) $\{8, 4\}$ d) $\{5, 7, 9\}$
11. respostas possíveis: $C \subset B$, $B \supset C$, $C \subset A$, $A \supset C$, $A \not\subset B$, $B \not\subset A$
12. respostas possíveis: $C \subset B$, $B \supset C$, $C \not\subset A$, $A \not\subset C$, $B \not\subset A$, $A \not\subset B$
13. respostas possíveis: $B \subset A$, $A \supset B$, $C \subset A$, $A \supset C$, $C \subset B$, $B \supset C$, $A \not\subset B$, $A \not\subset C$, $B \not\subset C$
14. $M = \{b\}$ ou $M = \{a, b\}$ ou $M = \{b, c\}$ ou $M = \{a, b, c\}$
15. alternativa d
16. a) $\{1, 2, 3, 4, 5, 6, 7, 8\}$ e) $\{4, 5\}$
    b) $\{3, 4, 5, 6, 7, 8, 9\}$ f) $\{5, 6\}$
    c) $\{1, 2, 3, 4, 5, 6, 9\}$ g) $\{3, 5\}$
    d) $\{1, 2, 3, 4, 5, 6, 7, 8, 9\}$ h) $\{5\}$
17. a) $\{1, 2, 3, 4\}$ e) $\{3\}$
    b) $\{1, 3, 5\}$ f) $\{1\}$
    c) $\{1, 2, 3, 4, 5\}$ g) $\varnothing$
    d) $\{1, 2, 3, 4, 5\}$ h) $\varnothing$
18. a) P b) $\varnothing$ c) M d) $\varnothing$
19. a) $\{3, 4, 5, 6, 9\}$ b) $\{3, 5, 6\}$
20. $A = \{15\}$ e $B = \{15\}$ ou $A = \varnothing$ e $B = \{15\}$ ou $A = \{15\}$ e $B = \varnothing$
21. respostas possíveis: $A = \{0, 15\}$ e $B = \{15, 20\}$ ou $A = \{x \in \mathbb{N} \mid x \leq 15\}$ e $B = \{x \in \mathbb{Z} \mid x > 14\}$
22. $X = \{5\}$ ou $X = \{2, 5\}$ ou $X = \{4, 5\}$ ou $X = \{2, 4, 5\}$
23. a) $\{5, 6, 7, 8, 9\}$ b) $\{5\}$ c) $\varnothing$
24. a) $A - B$ b) $A - B - C$ ou $A - C - B$
25. a) $\{4, 5, 6\}$ b) $\{3, 5\}$ c) $\{2, 3\}$
26. a) $\{0, 1, 2, 3, 4, 5, 6, 7, 8, 9\}$
    b) $\{3\}$ c) $\{5\}$ d) $\{1, 2\}$
27. a) $\{6, 8, 10\}$ c) $\{0, 2, 6, 8, 10\}$
    b) $\{0, 2, 10\}$ d) $\{6, 8\}$
28. $B = \{21, 29, 35\}$
29. $X = \{c, a, t\}$ e $Y = \{a, t\}$
30. o próprio conjunto C
31. $A = \{1, 3, 4\}$
32. a) V b) F c) V d) F e) V f) V
33. a) 15 b) 27 c) 12 d) 0 e) 5
34. a) 159 adolescentes   c) 293 adolescentes
    b) 37 adolescentes   d) 350 adolescentes
35. a) 8 voluntários   c) 33 voluntários
    b) 17 voluntários
36. 7 camisetas
37. 90 espécies
38. marca A: 80, marca B: 60, marca C: 65
39. 30 alunos
40. a) 46%
41. respostas possíveis:
    a) $\mathbb{N}$ b) $\mathbb{Q}$ c) $\mathbb{Z}$ d) $\mathbb{Q}_+$ e) $\mathbb{Q}_+^*$
42. a) F d) V g) V j) F
    b) F e) V h) F k) F
    c) V f) F i) V l) V

43. a) [reta numérica com pontos em $-1{,}125$, $-\dfrac{3}{5}$, $\dfrac{7}{8}$, $\dfrac{9}{4}$]
    b) [reta numérica com pontos em $-2{,}5$, $-\dfrac{2}{5}$, $\dfrac{1}{3}$, $\dfrac{5}{2}$]
44. respostas possíveis:
    a) $\dfrac{6}{5}, \dfrac{7}{5}, \dfrac{8}{5}, \dfrac{9}{5}$
    b) 0,65; 0,68
    c) $-\dfrac{13}{5}, -\dfrac{27}{10}, -\dfrac{14}{5}, -\dfrac{29}{10}$
    d) $\dfrac{8}{16} = \dfrac{1}{2}$; logo, não há número racional entre eles.
45. a) $\in$ b) $\notin$ c) $\notin$ d) $\notin$ e) $\in$ f) $\in$
46. a) $\subset$ b) $\not\subset$ c) $\subset$ d) $\not\subset$ e) $\not\subset$ f) $\subset$
47. a) V b) V c) V d) F
48. a) infinitos   c) 1 elemento
    b) 9 elementos   d) infinitos
49. $-2{,}5 = -\dfrac{5}{2} < -\sqrt{2} < -\dfrac{2}{5} < \sqrt{2} < \sqrt{5} < \sqrt{25} < 5{,}222...$
    [reta numérica com $-\dfrac{5}{2}, -\sqrt{2}, -\dfrac{2}{5}, \sqrt{2}, \sqrt{5}, \sqrt{25} \approx 5{,}222...$]
50. a) dois números   c) infinitos números
    b) três números   d) infinitos números
51. a) V b) V c) F d) V
52. a) $\{x \in \mathbb{R} \mid 1 < x < 5\}$ c) $\{x \in \mathbb{R} \mid x < 0\}$
    b) $\{x \in \mathbb{R} \mid \sqrt{2} \leq x < 7\}$ d) $\{x \in \mathbb{R} \mid x \geq 0{,}33...\}$
53. a) $A \cup B = \,]2, 4]$; $A \cap B = \,]0, 3]$;
       $A - B = \,]2, 0]$; $B - A = \,]3, 4]$
    b) $A \cup B = [-1, +\infty[$, $A \cap B = \,]1, 6[$,
       $A - B = [-1, 1]$, $B - A = [\,6, +\infty[$
    c) $A \cup B = A$, $A \cap B = B$,
       $A - B = \{x \in \mathbb{R} \mid -3 < x < 2$ e $5 \leq x < 7\}$,
       $B - A = \varnothing$
    d) $A \cup B = [-3, 1] \cup [2, 5[$, $A \cap B = \varnothing$,
       $A - B = A$, $B - A = B$
54. a) A
    b) B
    c) $\left[-\dfrac{1}{2}, -\dfrac{1}{3}\right] \cup \left]2, \dfrac{15}{7}\right]$
    d) $\varnothing$
    e) $\left[-\dfrac{1}{2}, -\dfrac{1}{3}\right] \cup \left]2, \dfrac{15}{7}\right]$
55. $\left]-2, \dfrac{1}{3}\right[\cup \left]\dfrac{1}{2}, 2\right[$

Exercícios complementares

1. a) $\{5, 6, 7, 8, ...\}$
   b) $\{-20, -10, -4, -2, 2, 4, 10, 20\}$
   c) $\varnothing$
2. Respostas possíveis:
   $A = \{x \mid x$ é letra da palavra banana$\}$
   $B = \{x \mid x$ é natural e potência de 2$\}$
3. $x = 1$ e $y = 2$
4. a) $\{0, 1, 2, 3, 4, 5, 6\}$ e) $\{0\}$
   b) $\{0, 1, 2\}$ f) $\{3, 4\}$
   c) $\{1, 2, 3, 4, 5, 6\}$ g) $\{3, 4, 5, 6\}$
   d) $\{0, 1, 2, 3, 4, 5, 6\}$ h) $\varnothing$
5. $\{2, 5, 7\}$
6. a) região IV   b) região V
   c) Nenhuma região representa essa situação.
7. a) resposta possível: $(A \cap B) \cup (A \cap C) \cup (B \cap C)$
   b) respostas possíveis: $(B \cap C) - (A \cap B \cap C)$ ou $(B \cap C) - A$

8. A

9. $M = \{3, 8, 10\}$; $n(M) = 3$

10. 14

11. a) x b) y c) $x + y$ d) y

12. 200 pessoas

13. (I) Verdadeira. Foram pesquisadas 100 pessoas, das quais 63 acharam o preço elevado.
(II) De fato, a quantidade de pessoas que não apontaram problemas (16) é maior que a das que apontaram os três problemas (10). Porém, essa conclusão não é suficiente para saber se a maioria dos entrevistados gostou do modelo.

14. a) 12 alunos   b) 23 alunos   c) 15 alunos

15. 36 e 27 pessoas

16. $-7 < -6 < -\sqrt{16} < -\sqrt{10} < -1{,}333\ldots < \frac{2}{5} < \sqrt{4} < \sqrt{9}$

17. a) $]0, 3]$ b) $]-2, 4]$ c) $]-2, 0]$ d) $]3, 4]$

18. a) $]5, +\infty[$ b) $]-\infty, 3]$ c) $]3, 5]$

Questões de vestibular

19. alternativa d
20. alternativa c
21. alternativa c
22. 3
23. alternativa d
24. alternativa a
25. a) 17   b) 7
26. alternativa a
27. alternativa c
28. alternativa a
29. alternativa e
30. alternativa d
31. alternativa d

Capítulo 3 Funções

1. a) da quantidade de horas trabalhadas
b) quantidade de horas trabalhadas
c) valor recebido
d) $y = 25x$
e) R$ 500,00
f) 10 horas trabalhadas

2. a) medida do diâmetro da base; preço de custo
b) R$ 0,09   c) 5 mm   d) R$ 45,00

3. a) É função, pois cada elemento de A tem um único correspondente em B.
b) Não é função, pois existe um elemento em A (o elemento 3) que tem dois correspondentes em B.
c) Não é função, pois existe um elemento em A (o elemento 5) que não tem correspondente em B.

4. a)
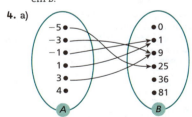
b) Não, pois existe um elemento em A (o elemento 4) que não tem correspondente em B.

5. a) $D(f) = A$; $CD(f) = B$; $Im(f) = \{6, 7, 8, 9\}$
b) Não existe x tal que $f(x) = 4$.
c) $f(5) = 6$

6. $s(\ell) = 2\ell^2$; $D(s) = \mathbb{R}_+^*$; $Im(s) = \mathbb{R}_+^*$

7. a) 1   b) 2   c) 3   d) 4

8. a) 17   b) -7 c) -47 d) 37

9. a) $D(f) = \mathbb{R}$
b) $D(g) = \{x \in \mathbb{R} \mid x \neq -3\}$
c) $D(h) = \mathbb{R}$
d) $D(i) = \{x \in \mathbb{R} \mid x \geq 8\}$
e) $D(j) = \{x \in \mathbb{R} \mid x \geq 1 \text{ e } x \neq 3\}$
f) $D(k) = \mathbb{R}^*$

10. a) 3   b) -12 c) 4   d) -6 e) $\frac{9}{4}$ f) 0   g) 0   h) Não há zero real.   i) -6 j) 1

11. a) $D(u) = \mathbb{R} - \{2, 3\}$
b) $-\frac{3}{2}$ c) $\frac{11}{56}$ d) $-\frac{73}{42}$

12. a) $Im(v) = [2, 18]$ b) $Im(w) = \left[\frac{1}{3}, 1\right]$ c) $Im(f) = \left[\frac{1}{7}, \frac{1}{2}\right]$

13. -2 ou 4

14. -29

15. a) $a = 3$; $b = 2$ b) $-\frac{2}{3}$

16.
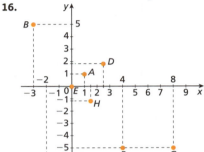

17. a)
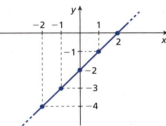

b)
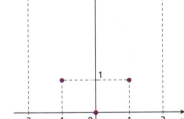

c)
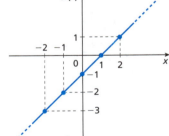

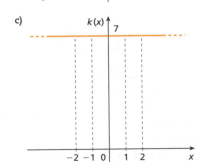

18. a) não, pois: $f(8) = 31 \neq -1$
b) É uma reta paralela ao eixo das abscissas passando por (0, 5).
c) 2
d) não, pois: $3 \notin D(f)$

19. a) variável independente: tempo; variável dependente: número de litros
b) $y = 8x$, em que y é o número de litros e x é o tempo em hora.
c) (1,5; 12)
Em 1 hora e meia a máquina produz 12 litros.
d) 6 horas → 48 litros
10 horas → 80 litros
e) 0,5 hora

20. a) $y = 3{,}10x$ b) R$ 6,20   c) R$ 4,65   d) 3 litros; 10 litros   e) 50 litros

21. a) $D(f) = \mathbb{R}$; $Im(f) = \mathbb{R}$; zero: 2
b) $D(g) = [1, 3]$; $Im(g) = [0, 1]$; zeros: 1 e 3
c) $D(h) = [-2, 2]$; $Im(h) = [-3, 3]$; zeros: $-2, 0$ e 2

22.

Analisando o gráfico acima, observamos que y é positivo para valores de x maiores que 2.

23. a) Não pode representar função.
b) Pode representar função.
c) Não pode representar função.
d) Pode representar função.
e) Pode representar função.
f) Não pode representar função.

24. a) zero
b) resposta possível: 3,5
c) resposta possível: $-1{,}5$ ou 1,5
d) $D(f) = [-3, 3]$ e $Im(f) = [0, 5]$
e) -2 e 2

25. a)
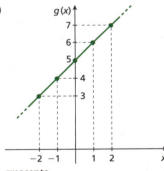
crescente

b)
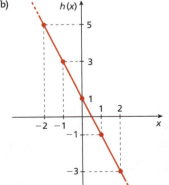
decrescente

RESPOSTAS DA PARTE I

26. a) f é crescente para $x \in \mathbb{R}$; g é crescente para $x \in [0, +\infty[$ e decrescente para $x \in]-\infty, 0]$; h é crescente para $x \in]-\infty, -1]$ e para $x \in [1, +\infty[$ e decrescente para $x \in [-1, 1]$
b) Só g tem um valor mínimo; $y = 1$

27. a) 2
b) 4
c) Nesse intervalo, a função é positiva; não é crescente nem decrescente.
d) $D(f) = [-3, 4]$
e) $\text{Im}(f) = [-2, 4]$

28. a) V **b)** F **c)** F **d)** V **e)** V

29. a) -2 e 2
b) crescente: $]0, +\infty[$; decrescente: $]-\infty, 0[$
c) positiva: $x < -2$ ou $x > 2$; negativa: $-2 < x < 2$
d) $D(f) = \mathbb{R}$; $\text{Im}(f) = [-4, +\infty[$
e) -4; imagem de zero

30. alternativa c

31. a) $D(m) = \mathbb{R}$; $\text{Im}(m) =]-\infty, 3]$
b) $x > 2$
c) Apenas um zero $\left(-\sqrt{6}\right)$, porque o gráfico cruza o eixo x uma só vez.
d) positiva em $\left]-\sqrt{6}, +\infty\right[$; negativa em $\left]-\infty, -\sqrt{6}\right[$

32. a) 9 **c)** 2,26 **e)** 2
b) $\dfrac{19}{7}$ **d)** 4 **f)** $\dfrac{20}{7}$

33. a)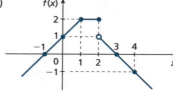
b) $f(x) > 0$, para $-1 < x < 3$
$f(x) = 0$, para $x = -1$ ou $x = 3$
$f(x) < 0$, para $x < -1$ ou $x > 3$
c) crescente: $]-\infty, 1[$; decrescente: $]2, +\infty[$; constante: $[1, 2]$
d) -1 e 3

34. a) $f(x) = \begin{cases} 10{,}5x,\ \text{para } x \in \mathbb{N} \text{ tal que } 0 \leq x < 30 \\ 17{,}5x,\ \text{para } x \in \mathbb{N} \text{ tal que } 30 \leq x \leq 100 \\ 28x,\ \text{para } x \in \mathbb{N} \text{ tal que } x > 100 \end{cases}$
b) R$ 1.400,00; R$ 2.828,00

35. a) 7 **b)** 24 **c)** -1 **d)** -9
36. a) 24 **b)** 3
37. $-3\sqrt{2}$

38. a) 1 **c)** 5 **e)** 28
b) $\dfrac{5}{7}$ **d)** $\dfrac{19}{3}$ **f)** -87

39. a) $(f \circ g)(x) = x - 2$ **b)** $(g \circ f)(x) = x - 2$
40. $h(h(x)) = x^4 + 2x^2 + 2$
41. a) $(f \circ g)(x) = x^2 - 3x - 2$ e $(g \circ f)(x) = x^2 - 5x + 3$
b) $(f \circ g)(-2) = 8$ e $(g \circ f)(-2) = 17$
c) $(f \circ g)(1) = -4$ e $(g \circ f)(1) = -1$
d) 2 e 3

42. $\dfrac{6 + \sqrt{6}}{6}$ e $\dfrac{6 - \sqrt{6}}{6}$ **43.** $\dfrac{5}{2}$

44. -17

45. a) $g(x) = \dfrac{x + 3}{2}$ **b)** $n(x) = \dfrac{x^2 - 2}{3}$

46. a) $f(x) = 3x - 7$ **b)** $p(x) = x^2 + 18x$

47. a) $(f \circ (g \circ h))(x) = 60x^2 + 19$
b) $((f \circ g) \circ h)(x) = 60x^2 + 19$

48. a) sobrejetora **c)** injetora
b) bijetora **d)** sobrejetora

49. a) $f^{-1}(x) = \dfrac{x - 9}{4}$ **d)** $m^{-1}(x) = 3x - 5$
b) $g^{-1}(x) = \dfrac{3 - x}{2}$ **e)** $n^{-1}(x) = \sqrt[3]{x - 1}$
c) $h^{-1}(x) = \dfrac{-2x - 1}{14}$ **f)** $p^{-1}(x) = \dfrac{x^5}{2}$

50. a) $f^{-1}(x) = \dfrac{9x - 1}{2 - x}$
b) $D(f) = \{x \in \mathbb{R} \mid x \neq -9\}$
c) $D(f^{-1}) = \{x \in \mathbb{R} \mid x \neq 2\}$
d) $\text{Im}(f) = \mathbb{R}$
e) $\text{Im}(f^{-1}) = \mathbb{R}$
f) $(f \circ f^{-1})(x) = x$

51. a) $(f^{-1} \circ f)(x) = x$
b) $(f \circ f^{-1})(x) = x$
c) $(f^{-1} \circ f)(2) = 2$
d) $(f \circ f^{-1})(3) = 3$

52. a) $f^{-1}(x) = 3 - x$

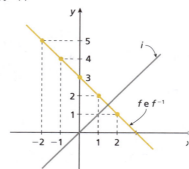

b) $g^{-1}(x) = \dfrac{x}{2}$

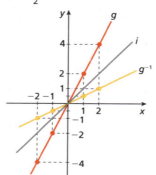

c) $h^{-1}(x) = 3x + 6$

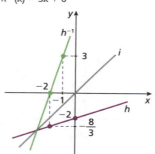

d) $k^{-1}(x) = \dfrac{x - 1}{2}$

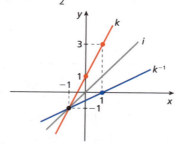

53. alternativas a, c, d
54. a) $f^{-1}(x) = \sqrt[3]{x}$
b) $(-1, -1)$, $(0, 0)$ e $(1, 1)$

55. a)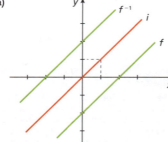

b)

c)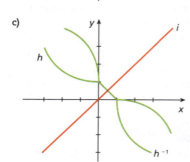

Exercícios complementares

1. a) $f: \mathbb{R}_+^* \to \mathbb{R}$
$f(x) = y = \pi x^2$
b) No par ordenado (x, y), x representa a medida do raio do círculo, e y representa a área do círculo de raio x.
c) y (área)
d) x (medida do raio)
e) $4A$

2. $f: \mathbb{R}_+^* \to \mathbb{R}$
$f(x) = \dfrac{4\pi x^3}{3}$
a) V **b)** V **c)** V **d)** F

3. a) resposta possível: 75 km
b) das 10 às 11 horas
c) O par ordenado $(2, 150)$ representa que, após 2 horas do início do movimento, ou seja, às 10 horas, Lucas havia percorrido 150 km.
d) 50 km

4. a) $f(x) = \begin{cases} 50,\ \text{se } 0 \leq x \leq 1 \\ 100,\ \text{se } 1 < x \leq 3 \text{ ou } 5 \leq x < 6 \\ 0,\ \text{se } 3 < x < 5 \text{ ou } 6 \leq x \leq 7 \\ 75,\ \text{se } 7 < x \leq 8 \end{cases}$
b) 250 km
c) 3 horas
d) resposta possível:
Não parar entre a 6ª e a 7ª hora da viagem e locomover-se nesse período à velocidade de 75 km/h.

5. O preço é igual nos dois postos.

Questões de vestibular

6. alternativa b **7.** alternativa c
8. alternativa a **9.** alternativa d
10. alternativa c **11.** alternativa c
12. alternativa e

13. a)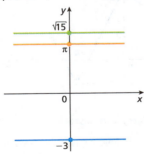

b) $D(g) = [-6, +\infty[$ e $\text{Im}(g) = \ ]-\infty, 3]$

14. alternativa **b**   **15.** alternativa **e**

Compreensão de texto

1. Durante o processo de amadurecimento ocorre a transformação do esqueleto, que resulta na estatura da pessoa.
2. Essa diferença acontece principalmente em função do desenvolvimento sexual.
3. a) percentual que a estatura do adolescente representa em relação à sua estatura quando adulto.
   b) 1,70 m; 1,73 m
4. sim

Capítulo 4 — Função afim

1. a) $a = 2; b = 4$
   d) $a = -\dfrac{5}{4}; b = 1$
   e) $a = 0; b = -\sqrt{3}$
   • Porque não assumem a forma $f(x) = ax + b$ para todo $x \in \mathbb{R}$.

2. alternativas **a, b, d**

3. a) -8 b) $-\dfrac{14}{3}$ c) $\dfrac{8}{5}$ d) 3

4. a) 7 b) $\dfrac{1}{3}$ c) $-3\sqrt{2} + 1$ d) -6

5. $-\sqrt{2}$ **6.** $\dfrac{5}{2}$ **7.** 6 **8.** $\dfrac{5}{7}$

9. $p = \pm\sqrt{2}; q = 3$

10. a) $f(x) = -x + 2$ c) $f(x) = -4x + 10$
   b) $f(x) = -\dfrac{1}{2}x + \dfrac{2}{5}$ d) $f(x) = \dfrac{2}{3}x - \dfrac{4}{5}$

11. a) R$ 34,50; R$ 50,50
   b) 330 minutos
   c) $f(x) = \begin{cases} 34{,}50,\ \text{se}\ 0 \leqslant x \leqslant 100 \\ 34{,}50 + 0{,}08x,\ \text{se}\ x > 100 \end{cases}$
   d) R$ 103,50

12. a) R$ 1.240,00   b) $f(x) = 1.080 + 0{,}02x$

13.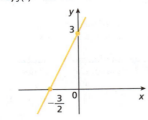

14. a) $f(x) = 2x + 3$

b) $g(x) = -4x + \dfrac{1}{2}$

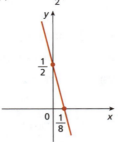

c) $h(x) = -x + 2$

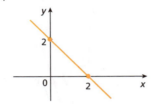

d) $i(x) = 5x - 4$

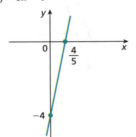

15. a) $f(x) = -\dfrac{4}{3}x + 4$ c) $f(x) = x + 1$
   b) $f(x) = -\dfrac{1}{2}x - 1$ d) $f(x) = -\dfrac{5}{8}x - \dfrac{1}{2}$

16. a) $(9, 23)$ b) $\left(\dfrac{1}{2}, \dfrac{11}{2}\right)$

17. $f(x) = x + 3;\ g(x) = -x + 1;\ P(-1, 2)$

18. $A(-2, 0);\ B\left(\dfrac{14}{5}, -\dfrac{6}{5}\right);\ C(0, 3)$

19. a) o coeficiente a de x
   b) Não há ponto comum às retas correspondentes a essas funções.

20. O barril que tem 80 litros.

21. 1 min 15 s

22. a)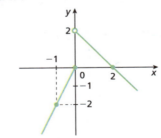

$\text{Im}(g) = \{y \in \mathbb{R} \mid y < 2\}$

b)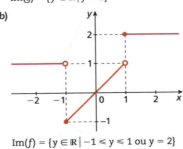

$\text{Im}(f) = \{y \in \mathbb{R} \mid -1 \leqslant y \leqslant 1\ \text{ou}\ y = 2\}$

23. a) $f(x) = \begin{cases} x + 2,\ \text{se}\ x < -1 \\ 1,\ \text{se}\ -1 \leqslant x < 1 \\ x,\ \text{se}\ x \geqslant 1 \end{cases}$

b) $g(x) = \begin{cases} x + 2,\ \text{se}\ x < -2 \\ \dfrac{1}{2}x + 2,\ \text{se}\ x \geqslant -2 \end{cases}$

24. a) $s(t) = 10 + 80t$
   b) $D(s) = \{t \in \mathbb{R} \mid t \geqslant 0\} = \mathbb{R}_+;\ \text{Im}(s) = \{s \in \mathbb{R} \mid s \geqslant 10\}$
   c) 330 quilômetros
   d) 3 horas

25. a) R$ 16,00
   b)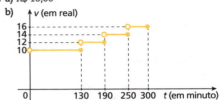

26. a)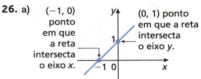

b)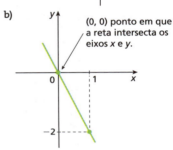

27. $m = 2$ **28.** $k = -5$ **29.** $p = 5$

30. $y = -\dfrac{3}{2}x - \dfrac{3}{4}$

31. a) decrescente
   b) crescente
   c) crescente
   d) decrescente

32. crescente: $m > \dfrac{1}{2}$; decrescente: $m < \dfrac{1}{2}$

33. crescente: $k < \dfrac{2}{3}$; decrescente: $k > \dfrac{2}{3}$; constante: $k = \dfrac{2}{3}$

34. decrescente

35. a) $f(x) = 0$ para $x = -\dfrac{1}{4}$
   $f(x) > 0$ para $x > -\dfrac{1}{4}$
   $f(x) < 0$ para $x < -\dfrac{1}{4}$
   b) $g(x) = 0$, para $x = 2$
   $g(x) > 0$ para $x < 2$
   $g(x) < 0$ para $x > 2$

36. a) $f(x) = 0$, para $x = 0$
   $f(x) > 0$, para $x > 0$
   $f(x) < 0$, para $x < 0$
   b) $g(x) = 0$, para $x = -15$
   $g(x) > 0$, para $x > -15$
   $g(x) < 0$, para $x < -15$
   c) $h(x) = 0$, para $x = \dfrac{5}{2}$
   $h(x) > 0$, para $x < \dfrac{5}{2}$
   $h(x) < 0$, para $x > \dfrac{5}{2}$

RESPOSTAS DA PARTE I

d) $i(x) = 0$, para $x = -\dfrac{8}{3}$

$i(x) > 0$, para $x < -\dfrac{8}{3}$

$i(x) < 0$, para $x > -\dfrac{8}{3}$

37. a) prejuízo; R$ 1.125,00
b) $v(x) = 450x$; $g(x) = 2.250 + 75x$; $l(x) = 375x - 2.250$
c) 6 armários
d) 10 armários
e) R$ 3.375,00
f) Não, porque o domínio dessas funções não é $\mathbb{R}$.

38. a) $S = \{x \in \mathbb{R} \,|\, x \le 4\}$ c) $S = \left\{x \in \mathbb{R} \,\Big|\, x > -\dfrac{1}{7}\right\}$
b) $S = \{x \in \mathbb{R} \,|\, x > 2\}$

39. a) $x = -5$ c) $S = \{x \in \mathbb{R} \,|\, x \le -5\}$
b) $S = \{x \in \mathbb{R} \,|\, x > -5\}$

40.

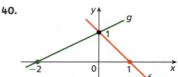

a) Para $x > 0$, temos: $f(x) < g(x)$
b) $-x + 1 < \dfrac{1}{2}x + 1 \Rightarrow S = \{x \in \mathbb{R} \,|\, x > 0\}$

41. a) $S = \left\{x \in \mathbb{R} \,\Big|\, x < -2 \text{ ou } x > \dfrac{1}{6}\right\}$
b) $S = \{x \in \mathbb{R} \,|\, x \le 2 \text{ ou } x \ge 5\}$
c) $S = \left\{x \in \mathbb{R} \,\Big|\, x \le -3 \text{ ou } x \ge \dfrac{5}{4}\right\}$
d) $S = \left\{x \in \mathbb{R} \,\Big|\, -4 < x < 2 \text{ ou } x > \dfrac{5}{2}\right\}$
e) $S = \left\{x \in \mathbb{R} \,\Big|\, -\dfrac{1}{10} < x < \dfrac{8}{3} \text{ ou } x > \dfrac{18}{5}\right\}$

42. a) $S = \{x \in \mathbb{R} \,|\, -2 \le x < 3\}$
b) $S = \left\{x \in \mathbb{R} \,\Big|\, \dfrac{10}{7} \le x < \dfrac{17}{4}\right\}$

43. a) $S = \left\{x \in \mathbb{R} \,\Big|\, x \le -1 \text{ ou } 3 \le x < \dfrac{9}{2}\right\}$
b) $S = \left\{x \in \mathbb{R} \,\Big|\, x < -4 \text{ ou } \dfrac{5}{8} < x < \dfrac{10}{7}\right\}$

44. a) $S = \left\{x \in \mathbb{R} \,\Big|\, \dfrac{1}{3} \le x < \dfrac{1}{2}\right\}$
b) $S = \left\{x \in \mathbb{R} \,\Big|\, x < -\dfrac{1}{3} \text{ ou } x > 1\right\}$
c) $S = \left\{x \in \mathbb{R} \,\Big|\, \dfrac{22}{3} \le x < 9\right\}$
d) $S = \left\{x \in \mathbb{R} \,\Big|\, x < \dfrac{9}{2} \text{ ou } x > 25\right\}$

45. a) $S = \varnothing$ b) $S = \{x \in \mathbb{R} \,|\, x \ge 2\}$
46. a) $S = \{x \in \mathbb{R} \,|\, 1 < x \le 8\}$
b) $S = \{x \in \mathbb{R} \,|\, -12 \le x \le 2\}$
47. a) $S = \{x \in \mathbb{R} \,|\, -3 \le x \le 1\}$
b) $S = \left\{x \in \mathbb{R} \,\Big|\, 1 < x \le \dfrac{11}{6}\right\}$

48. a) $V_s(x) = 2x - 10.000$ d) $S = \varnothing$
b) $V_f(x) = 3x - 12.000$ e) cultura de feijão
c) 2.000 quilogramas f) 2.001 quilogramas

49. a) $D(f) = \left\{x \in \mathbb{R} \,\Big|\, x \ge -\dfrac{1}{2}\right\}$
b) $D(g) = \mathbb{R} - \{-1\}$
c) $D(h) = \{x \in \mathbb{R} \,|\, x < 1\}$
d) $D(i) = \{x \in \mathbb{R} \,|\, x \le 8 \text{ e } x \neq -3\}$
e) $D(j) = \{x \in \mathbb{R} \,|\, x \le -10 \text{ ou } x \ge 3\}$
f) $D(k) = \{x \in \mathbb{R} \,|\, x \le 4\}$

50. $D(f \circ g) = \{x \in \mathbb{R} \,|\, x \ge 2\}$; $D(g \circ f) = \{x \in \mathbb{R} \,|\, x \ge 0\}$

Exercícios complementares

1. a) -7 ou 7 b) -1
2. a) $a = 1$ e $b = 7$ b) Não é função afim.
c) Não é função afim. d) $a = -\dfrac{1}{4}$ e $b = \dfrac{3}{4}$
3. a) decrescente d) $D(f) = \mathbb{R}$ e $\text{Im}(f) = \mathbb{R}$
b) $\left(\dfrac{3}{5}, 0\right)$ e $(0, 3)$ e) $P(1, -2)$
c) $x = \dfrac{3}{5}$
4. $k > 1$ **5.** $\text{Im}(f) = \{0, 1, 2\}$
6. $\dfrac{26}{9}$ **7.** $-\dfrac{2}{3}$

8. a)

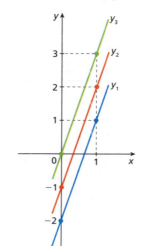

o coeficiente a do x

b)

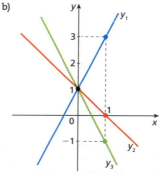

o coeficiente linear b

9. $D = \left\{x \in \mathbb{R} \,\Big|\, \dfrac{1}{2} \le x \le 2\right\}$

10. $\text{Im}(f) = \{y \in \mathbb{R} \,|\, -5 < y \le 7\}$

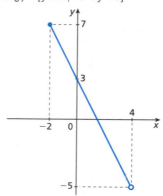

11. $y = 3x + \dfrac{13}{3}$

12. $f(x) = \dfrac{3}{2}x + 3$

• sim; no ponto $P(6, 12)$

13. a) $A(3, 0)$, $B(0, 3)$, $C(6, 3)$
b)

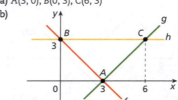

c) f é decrescente; g é crescente; h é constante.

14. $\{x \in \mathbb{R} \,|\, -8 < x < 12\}$

15.

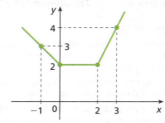

$D(f) = \mathbb{R}$
$\text{Im}(f) = \{y \in \mathbb{R} \,|\, y \ge 2\}$

16. a) $D(f) = \{x \in \mathbb{R} \,|\, x \ge 1\}$
b) $D(g) = \left\{x \in \mathbb{R} \,\Big|\, x \ge \dfrac{1}{2}\right\}$
c) $D(h) = \{x \in \mathbb{R} \,|\, x \le -1\}$
d) $D(i) = \varnothing$

17. $P\left(-\dfrac{9}{4}, \dfrac{1}{2}\right)$ **18.** $y = 2,2 \cdot x$

19. a) $y = 50 \cdot x$ c) 400 frequentadores
b) 100 pagantes d) R$ 4.000,00

20. 30% **21.** $-273\ °C$

Questões de vestibular

22. a) $V(m) = \dfrac{5}{4}m$ b) 24 g
23. alternativa c **24.** alternativa d
25. alternativa e
26. a) $\dfrac{1}{2}t + 5$; 8 kg b) $10 < t \le 34$
27. a) R$ 3,75 b) 30 km
28. 60 km
29. a) 35 b) 24,8 cm
30. alternativa d **31.** alternativa c
32. alternativa b
33. $a = -2$ e $b = 6$

Capítulo 5 Função quadrática

1. a) É lei de uma função quadrática; $a = 1$, $b = -1$, $c = 0$.
b) É lei de uma função quadrática; $a = 1$, $b = 0$, $c = \sqrt{7}$.
c) Não é lei de uma função quadrática.
d) É lei de uma função quadrática; $a = 1$, $b = -6$, $c = 9$.
e) Não é lei de uma função quadrática.
f) Não é lei de uma função quadrática.

2. a) -10 d) $x = 2$ ou $x = -5$
b) -12 e) $x = -4$ ou $x = 1$
c) 0

224 Conexões com a Matemática

3. a) 0 c) $\dfrac{34}{25}$
b) $4 + 5\sqrt{2}$ d) $x = -1$ ou $x = 6$
e) Não existe x real que satisfaça $f(x) = 20$.

4. a) $x = -3$ ou $x = 1$
b) $x = -4$ ou $x = 2$
c) $x = -2$ ou $x = 0$
d) $x = -1$; a equação admite duas raízes reais iguais.
e) Não existe x real que satisfaça $f(x) = -5$.

5. $g(x) = x^2 + x + 1$ **6.** $\dfrac{64}{5}$

7. a) $p \neq \dfrac{3}{2}$ b) $p \neq -\dfrac{5}{3}$ e $p \neq -7$

8. a) $A(x) = 4x^2 + 64x$ b) $228\ m^2$

9. a) 2; 6; 12; 90
b)

Número de pessoas do grupo	E-mails enviados
2	$2 \cdot (2 - 1)$
3	$3 \cdot (3 - 1)$
4	$4 \cdot (4 - 1)$
10	$10 \cdot (10 - 1)$

c) Sendo n o número de pessoas, o número de e-mails é $n(n - 1)$.
d) 12 integrantes

10. $x(x - 1) = 12$; 4 algarismos

11. $x(x - 1) = 56$; 8 times

12. 24 alunos; $\dfrac{n(n-1)}{2}$ **13.** $d = \dfrac{n(n-3)}{2}$

14. a) $f(x) = x^2 - 6x + 5$ ($a = 1 > 0$)
Concavidade voltada para cima.
b) $g(x) = -x^2 + 6x - 5$ ($a = -1 < 0$)
Concavidade voltada para baixo.
c) $j(x) = x^2 + 2x + 2$ ($a = 1 > 0$)
Concavidade voltada para cima.
d) $l(x) = -x^2 - 2x - 2$ ($a = -1 < 0$)
Concavidade voltada para baixo.

15. a)

x	0	1	3	5	6
$y = f(x)$	5	0	-4	0	5

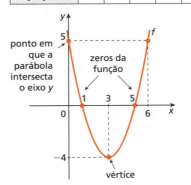

b)

x	0	1	3	5	6
$y = g(x)$	-5	0	4	0	-5

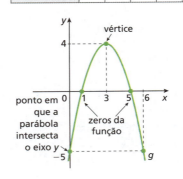

c)

x	3	2	1	0	1
$y = j(x)$	5	2	1	2	5

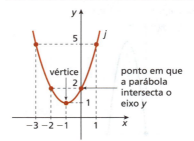

d)

x	-3	-2	-1	0	1
$y = l(x)$	-5	-2	-1	-2	-5

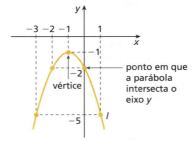

16. a) $k > 0$, concavidade é voltada para cima; $k < 0$, concavidade é voltada para baixo.
b) $k > -2$, concavidade é voltada para cima; $k < -2$, concavidade é voltada para baixo.
c) $k < -1$ ou $k > 5$, concavidade é voltada para cima; $-1 < k < 5$, concavidade é voltada para baixo.

17. a) $m \neq -6$
b) $m > -6$

18. $k \neq -3$; $k \neq 3$;
$k < -3$ ou $k > 3$, concavidade é voltada para cima; $-3 < k < 3$, concavidade é voltada para baixo.

19. a) $(0, -1)$ b) $\left(0, \dfrac{1}{3}\right)$ c) $(0, 0)$
• resposta pessoal

20. a) -2 e -1
b) Não admite raízes reais.
c) $\dfrac{1}{3}$
• resposta pessoal

21. a) $k < 3$ b) $k = 3$ c) $k > 3$

22. a) $k > \dfrac{1}{100}$ b) $k > \dfrac{25}{8}$

23. $k > -\dfrac{16}{15}$ **24.** $k = 9$

25. $k < -4$ **26.** $k > -\dfrac{25}{3}$

27. $k = -2$ **28.** $k = -2$

29. a) $a = 1, b = -4$
b) $a = 1, b = 4$

30. 3

31. a) $f(x) = -x^2 + 2x - 2$ c) $h(x) = x^2 + 8x + 15$
b) $g(x) = -2x^2 + 4x + 6$ d) $i(x) = \dfrac{2}{3}x^2 + 4x + 6$

32. a) $(-1, 9)$ b) $(1, -9)$ c) $(-1, -4)$

33. a) $\left(\dfrac{3}{4}, \dfrac{39}{8}\right)$ b) $\left(\dfrac{2}{3}, \dfrac{25}{3}\right)$ c) $\left(\dfrac{3}{4}, -\dfrac{9}{4}\right)$

34. $m = 2, n = -8$

35. a) $f(x) = \dfrac{1}{5}x^2 + 2x + 10$
b) $f(x) = -\dfrac{1}{5}x^2 + 5$

36. a)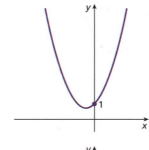

b)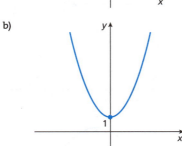

c)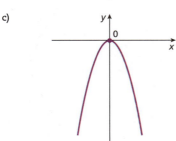

d)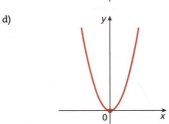

e)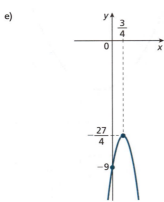

f)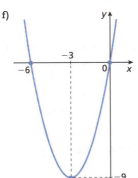

g)
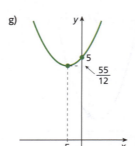

37. a)
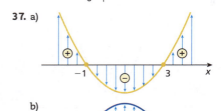

b)

c)

d)

38. a)
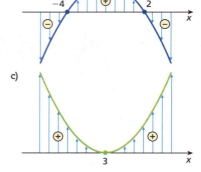

b)
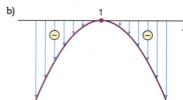

39. $0 < x < 2$ **40.** $x \leq -5$ ou $x \geq 1$

41. $k > \dfrac{9}{8}$ **42.** $k > \dfrac{1}{8}$

43. a) $-\dfrac{81}{8}$ é o valor mínimo dessa função.
b) -8 é o valor mínimo dessa função.
c) $\dfrac{5\sqrt{5}+4}{4}$ é o valor máximo dessa função.
d) -9 é o valor máximo dessa função.

44. a) $k > 4$ b) $k < 6$
45. $k = 6$ **46.** $k = -2$ ou $k = 2$

47. $k = 5$
48. Não existe m real tal que $\dfrac{4}{3}$ seja o valor mínimo de f.
49. a) $h(t) = -5t^2 + 10t$; 0 m
b)
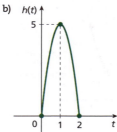

c) Observando o gráfico, percebemos que o tempo de subida é igual ao de descida.
50. 6 m
51. a) $y = 4.500.000 + 30.000x - 400x^2$
b) R$ 37,50
52. subida: 0 s a 2,5 s
descida: 2,5 s a 5,37 s (aproximadamente)
53. O móvel A fica na frente do móvel B no intervalo $]0, 10[$.
54. a) $S = \{x \in \mathbb{R} \mid x < -1 \text{ ou } x > 1\}$
b) $S = \emptyset$
c) $S = \{1\}$
d) $S = \{x \in \mathbb{R} \mid x \leq 0 \text{ ou } x \geq 2\}$
e) $S = \mathbb{R}$
f) $S = \left\{x \in \mathbb{R} \mid x \neq \dfrac{1}{2}\right\}$
55. a) $S = \left\{x \in \mathbb{R} \mid 0 \leq x \leq 1 \text{ ou } \dfrac{7}{3} \leq x \leq 4\right\}$
b) $S = \left\{x \in \mathbb{R} \mid x \leq -7 \text{ ou } 0 \leq x \leq \dfrac{5}{2}\right\}$
c) $S = \{x \in \mathbb{R} \mid x < -3 \text{ ou } x > 4\}$
d) $S = \{x \in \mathbb{R} \mid -\sqrt{2} < x < \sqrt{2}\}$
e) $S = \{-1\}$
56. a) $S = \left\{x \in \mathbb{R} \mid x \leq -\dfrac{5}{3} \text{ ou } -\dfrac{1}{2} < x < 4\right\}$
b) $S = \{x \in \mathbb{R} \mid 1 \leq x \leq 4 \text{ ou } 6 < x < 8\}$
c) $S = \emptyset$
57. a) $S = \{x \in \mathbb{R} \mid x < -2 \text{ ou } -1 \leq x \leq 1 \text{ ou } x > 2\}$
b) $S = \{x \in \mathbb{R} \mid x > 0\}$
58. a) -1 b) 4
59.
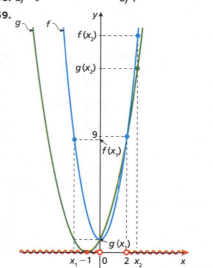

Do gráfico, concluímos que $f(x) > g(x)$ quando $x < 0$ ou $x > 2$, com $x \in \mathbb{R}$.
$f(x) > g(x) \Rightarrow h(x) = x^2 - 2x > 0 \Rightarrow$
$\Rightarrow S = \{x \in \mathbb{R} \mid x < 0 \text{ ou } x > 2\}$

60. a) $f(x) = -\dfrac{1}{2}x + 1$; $g(x) = -2x^2 + 2x + 4$
b) $\left(-\dfrac{3}{4}, \dfrac{11}{8}\right)$ e $(2, 0)$
c) $x \geq -1$
d) $S = \{x \in \mathbb{R} \mid x \geq -1\}$; Como previsto no item c, $f(x) \cdot g(x) \geq 0$ para valores $x \geq -1$, sendo $x = -1$ um dos zeros da função g.
61. a) $S = \{x \in \mathbb{R} \mid 0 \leq x < 2\}$
b) $S = \{x \in \mathbb{R} \mid -8 < x < 0\}$
62. a) $S = \emptyset$
b) $S = \{0, 5\}$
63. a) $S = \{x \in \mathbb{R} \mid x > 4\}$
b) $S = \{x \in \mathbb{R} \mid x < -2 \text{ ou } 1 < x < 2\}$
c) $S = \{x \in \mathbb{R} \mid -2 < x < 1 \text{ ou } 2 < x < 4\}$
d) $S = \emptyset$
64. a) $A(x) = 16\pi x - \pi x^2$ b) $2 < x < 8$
65. a) $D = \{7\}$
b) $D = \{x \in \mathbb{R} \mid x < -6 \text{ ou } -2 \leq x < 0 \text{ ou } x \geq 4\}$
66. a) $\mathbb{R} - \{0, 2,5\}$ b) $\mathbb{R} - \{0\}$
67. $D = \{x \in \mathbb{R} \mid x > 1\}$

Exercícios complementares

1. a) Não é lei de uma função quadrática.
b) É lei de uma função quadrática.
c) É lei de uma função quadrática.
d) Não é lei de uma função quadrática.
e) É lei de uma função quadrática.
f) É lei de uma função quadrática.

2. a) $(-3, 0)$ e $(3, 0)$ d) $(3, 0)$
b) Não há. e) $(2, 0)$ e $(3, 0)$
c) $(2, 0)$ e $(3, 0)$

3. a) $(0, -9)$ c) $(0, -6)$ e) $(0, 12)$
b) $(0, -4)$ d) $(0, -9)$

4. As parábolas referentes aos itens **b, c, d**.

5. $\left(\dfrac{5}{2}, -\dfrac{9}{2}\right)$

6.
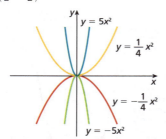

• Quanto maior o valor absoluto do coeficiente de x^2, menor é a "abertura" da parábola.

7.
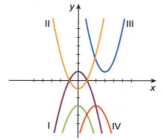

resposta possível: $y = -x^2 - 3$

8. $k = -3$
9. a) F b) F c) V
10. $y = 2x^2 + 6x + 4$
11. a) Não; existem infinitas.
b) sim; $y = \dfrac{1}{4}x^2 - \dfrac{5}{4}x - \dfrac{3}{2}$
12. -1

13. a) $S = \{x \in \mathbb{R} \mid x < 1 \text{ ou } x > 4\}$

b) $S = \left\{x \in \mathbb{R} \mid \dfrac{2}{3} \leq x \leq 1 \text{ ou } x = 2\right\}$

c) $S = \left\{x \in \mathbb{R} \mid x \leq \dfrac{1}{4} \text{ e } x \neq -1 \text{ ou } x > 1\right\}$

d) $S = \{x \in \mathbb{R} \mid x < -2 \text{ ou } x > 2\}$

14. Não existe m real tal que $g(x) < 0$.

15.

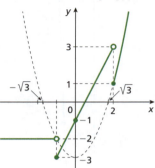

16. a)

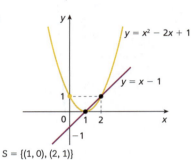

$S = \{(1, 0), (2, 1)\}$

b)

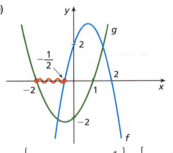

$S = \left\{x \in \mathbb{R} \mid -2 \leq x \leq -\dfrac{1}{2}\right\} \text{ ou } \left[-2; -\dfrac{1}{2}\right]$

17. a) R$ 475,00   b) após 40 dias

18. a) ① 48.600 mm²
② 32.400 mm²
③ 97.200 mm²

b) $A(x) = \dfrac{40.500 + 1.440x - x^2}{2}$

$D = \{x \in \mathbb{R} \mid 0 < x < 720 + 90\sqrt{69}\}$

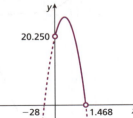

19. a) $1 < x < 7$ (em milhares de unidades)
b) 4.000 unidades
c) R$ 9.000,00

Questões de vestibular

20. alternativa **a**   **21.** alternativa **b**

22. alternativa **c**

23. a) $f(x) = (50 - x)x$; $x = 10$ ou $x = 40$
b) 625 cm²

24. alternativa **d**   **25.** alternativa **c**
26. alternativa **b**   **27.** alternativa **d**

28. $m = -8$ ou $m = 4$ **29.** $-\dfrac{2}{3} \leq a < 0$

30. 2,76 m

31. a) $a = \dfrac{3}{10}$; $b = 20$

b)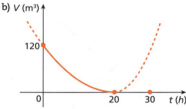

32. alternativa **a**

Capítulo 6 — Função modular

1. a) 1   c) 8   e) 16 e 16
b) 12   d) 16   f) 16

2. a) F   b) V   c) F   d) F

3. a) 16 ou -16 d) $\dfrac{49}{80}$ ou $-\dfrac{49}{80}$
b) 8   e) Não existe x real.
c) 8

4. a) $x - 12$

b) $\begin{cases} x - 4, \text{ para } x \geq 4 \\ -x + 4, \text{ para } x < 4 \end{cases}$

c) $2x - 9$

d) 3

e) $\begin{cases} -2, \text{ para } x < 4 \\ 2x - 10, \text{ para } 4 \leq x \leq 6 \\ 2, \text{ para } x > 6 \end{cases}$

5. a) 5; $x = 0$ b) 10; $x = 1$

6. a)

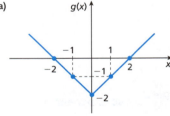

Im(g) = $[-2, +\infty[$

b)

$h(x)$ graph

Im(h) = $[0, +\infty[$

c)

$i(x)$ graph

Im(i) = $[-2, +\infty[$

7. a) O gráfico de g corresponde ao gráfico de f trasladado duas unidades para baixo.
b) O gráfico de h corresponde ao gráfico de f trasladado duas unidades para a esquerda.
c) O gráfico de i corresponde ao gráfico de f trasladado duas unidades para baixo e duas unidades para a esquerda.

8. $m(x) > 0$, para $x < -5$ ou $x > -1$
$m(x) = 0$, para $x = -5$ ou $x = -1$
$m(x) < 0$, para $-5 < x < -1$
m é crescente em $[-3, +\infty[$
m é decrescente em $]-\infty, -3]$

9. alternativa **d**

10. a)

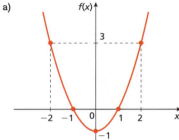

b)

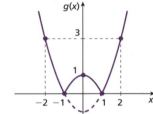

11. a)

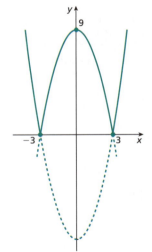

b)

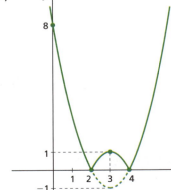

RESPOSTAS DA PARTE I

c)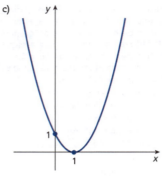

d)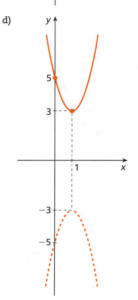

12. a) 4 unidades de área
b) 16 unidades de área

13. a) $S = \{-1, 1\}$ b) $S = \{-5, 0\}$ c) $S = \{1\}$
14. a) $S = \{-3, 5\}$ b) $S = \{9\}$ c) $S = \emptyset$
15. a) $S = \left\{-\dfrac{1}{6}, \dfrac{7}{10}\right\}$
b) $S = \left\{-\dfrac{5}{16}, -\dfrac{7}{16}\right\}$
c) $S = \emptyset$
d) $S = \left\{-\dfrac{3}{2}, 0, \dfrac{1}{2}, 2\right\}$
e) $S = \emptyset$
f) $S = \left\{\dfrac{13}{2}, \dfrac{17}{4}\right\}$

16. a) Não existe x real.
b) 2 ou 3 ou $\dfrac{5+\sqrt{17}}{2}$ ou $\dfrac{5-\sqrt{17}}{2}$

17. a) 0   c) $\dfrac{3}{2}$ e $-\dfrac{3}{2}$
b) 5 e −5   d) 2 e −2

18. a) $D(f) = \mathbb{R}$ d) $D(i) = \mathbb{R} - \{-2, 2\}$
b) $D(g) = \mathbb{R}^*$ e) $D(j) = \mathbb{R}$
c) $D(h) = \mathbb{R} - \{1\}$

19. $S = \left\{-\dfrac{3}{2}, \dfrac{5}{2}\right\}$ **20.** $S = \{-7, -1, 3, 9\}$

21. −3 e 3

22. a) $S = \left\{x \in \mathbb{R} \mid x \leqslant -3 \text{ ou } x \geqslant \dfrac{5}{3}\right\}$
b) $S = \left\{x \in \mathbb{R} \mid -\dfrac{5}{2} < x < 2\right\}$
c) $S = \mathbb{R} - \{2\}$
d) $S = \{x \in \mathbb{R} \mid 6 < x < 9\}$

23. $S = \{x \in \mathbb{R} \mid -3 \leqslant x < -1 \text{ ou } 3 < x \leqslant 5\}$
24. a) $S = \{x \in \mathbb{R} \mid x \leqslant 1 \text{ ou } 2 \leqslant x \leqslant 3 \text{ ou } x \geqslant 4\}$
b) $S = \{x \in \mathbb{R} \mid -2 < x < 1 \text{ ou } 2 < x < 5\}$
25. a) $S = \{x \in \mathbb{R} \mid x \leqslant 2 \text{ ou } x \geqslant 4\}$
b) $S = \{-2, 3\}$
c) $S = \{x \in \mathbb{R} \mid -1 < x < 0\}$
d) $S = \mathbb{R}$

Exercícios complementares

1. a)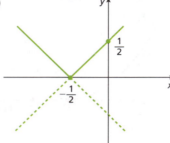

$\text{Im}(h) = \{y \in \mathbb{R} \mid y \geqslant 0\}$

b)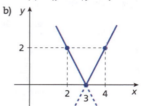

$\text{Im}(i) = \{y \in \mathbb{R} \mid y \geqslant 0\} = \mathbb{R}_+$

2. $S = \{x \in \mathbb{R} \mid x > 0\}$
3. $S = \{x \in \mathbb{R} \mid x < -1 \text{ ou } 0 < x < 1\}$

Questões de vestibular

4. alternativa e
5. a) demonstração
b) $x = -1$ ou $x = -3$
6. alternativa d
7. alternativa e
8. alternativa e
9. 50 e 250
10. alternativa b

Capítulo 7 Função exponencial

1. a) 81   c) 0   e) 8
b) $-\dfrac{1}{125}$ d) $\dfrac{81}{64}$ f) 1

2. a) 1,3   b) −1,2   c) 0,6   d) −1,3
3. a) −8   c) −8   e) −16
b) 8   d) −16   f) 16
4. a) 8   b) $\dfrac{5}{4}$ c) $-\dfrac{64}{27}$ d) $\dfrac{9}{4}$
5. a) 10^6 b) 10^{-4} c) 10^{-8} d) 10^9
6. a) 11   c) 512   e) 243
b) 0,027   d) 27
7. a) 1   c) 12   e) 11^{12}
b) $\dfrac{81}{16}$ d) $\dfrac{1}{16}$ f) $-\dfrac{3}{16}$
8. a) $3\sqrt{2}$ b) $10\sqrt{5}$
9. a) $\dfrac{-\sqrt{3}-3}{3}$ b) $2\sqrt{2}-\sqrt{3}$
10. a) $\dfrac{59}{2}$ b) $\dfrac{3}{11}$
11. a) $9 \cdot 2^n$ b) −2

12. a)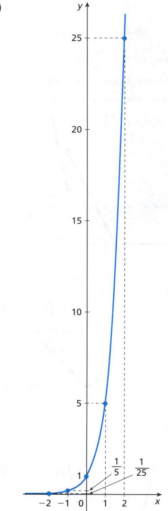

b)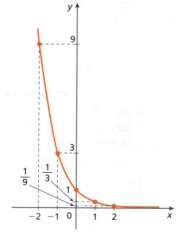

13. a)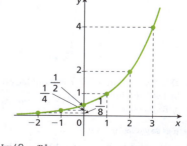

$\text{Im}(f) = \mathbb{R}_+^*$

228 Conexões com a Matemática

b)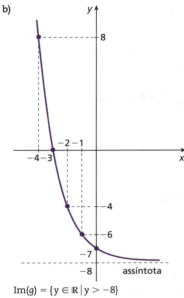

Im(g) = {$y \in \mathbb{R} | y > -8$}

14. a) decrescente d) decrescente
b) crescente e) decrescente
c) crescente f) crescente

15. a) III b) I c) IV d) II

16. a) 5 b) 5 c) 5 d) 5

17. $a = -1$ e $b = 1$ **18.** R$ 28.098,56

19. a) Diminuindo, pois: $x_2 > x_1 \Rightarrow f(x_2) < f(x_1)$
b) Não, porque a curva não corta o eixo x.
c) {$a \in \mathbb{R} | 0 < a < 1$}

20. a) 180 °C b) ≃ 28 °C

21. a) 5.000 bactérias
b) 15.000 bactérias
c) $a = \sqrt[6]{3}$ e $k = 5.000$
d) $D(f) = \{t \in \mathbb{R} | 0 \leq t \leq 6\}$;
Im(f) = {$y \in \mathbb{R} | 5.000 \leq y \leq 15.000$}
e) ≃ 8.650 bactérias

22. a) $S = \{2\}$ f) $S = \{14\}$
b) $S = \{-4\}$ g) $S = \{\frac{1}{2}\}$
c) $S = \{-3\}$ h) $S = \{-3\}$
d) $S = \{-13\}$ i) $S = \{-\frac{3}{5}\}$
e) $S = \{-6\}$ j) $S = \{-\frac{3}{4}\}$

23. a) $S = \{4\}$ b) $S = \{1\}$ c) $S = \{2\}$

24. $(\frac{1}{3}, 3\sqrt[3]{3})$

25. a) $S = \{-1, 0\}$ b) $S = \emptyset$ c) $S = \{2\}$

26. a) $S = \{(\frac{1}{2}, 1)\}$ c) $S = \{(\frac{12}{7}, \frac{5}{14})\}$
b) $S = \{(-\frac{2}{3}, -\frac{4}{3})\}$

27. a) $3 < x < 4$ c) $1 < x < 2$
b) $3 < x < 4$ d) $7 < x < 8$

28. a) $S = \{x \in \mathbb{R} | x \leq -5\}$
b) $S = \{x \in \mathbb{R} | x > \frac{66}{5}\}$
c) $S = \{x \in \mathbb{R} | x < -12\}$
d) $S = \{x \in \mathbb{R} | x < \frac{2}{3}\}$

29. a) $S = \{x \in \mathbb{R} | -2 < x < 2\}$
b) $S = \{x \in \mathbb{R} | x \leq -2$ ou $x \geq 2\}$

30. a) $D(f) = \{x \in \mathbb{R} | x \geq 5\}$
b) $D(g) = \mathbb{R}$

31. a) $S = \{x \in \mathbb{R} | -1 < x < 0\}$
b) $S = \mathbb{R}$
c) $S = \{x \in \mathbb{R} | x \leq -2$ ou $x \geq 1\}$
d) $S = \emptyset$

32. a) $S = \{x \in \mathbb{R} | 1 \leq x \leq 3\}$
b) $S = \{x \in \mathbb{R} | 0 < x < 2\}$

33. a) $f(x) = (\frac{1}{3})^{x+2}$; $g(x) = 3^x$ c) $(\frac{1}{3})^{x+2} < 3^x$
b) $(-1, \frac{1}{3})$

Exercícios complementares

1. a) 1.000.000 b) $\frac{81}{16}$

2. a) 1 b) $-\frac{8}{3}$

3. a) $3\sqrt{5} - 6\sqrt{2} + 16\sqrt{6} + 20\sqrt{3}$ b) $12\sqrt[3]{7}$

4. a)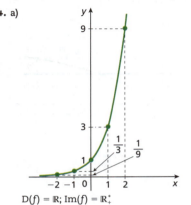
$D(f) = \mathbb{R}$; Im(f) = $\mathbb{R}_+^*$

b)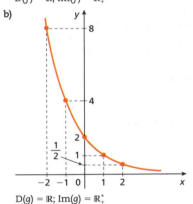
$D(g) = \mathbb{R}$; Im(g) = $\mathbb{R}_+^*$

5. -3 **6.** $\frac{1}{3}$ **7.** 5 **8.** $\frac{1}{2}$

9. a) $S = \{\frac{1}{2}\}$ b) $S = \{-\frac{4}{3}, \frac{1}{2}\}$

10. a) $S = \{4\}$ b) $S = \{-1\}$

11. a) $S = \{x \in \mathbb{R} | x < 1\}$
b) $S = \{x \in \mathbb{R} | -1 \leq x \leq 1\}$

12. $S = \{x \in \mathbb{R} | -4 < x < -2$ ou $-1 < x < 1\}$

13. $S = \{x \in \mathbb{R} | x < \frac{1}{2}$ ou $2 < x < 5\}$

14. $0 < m < 2$ e $m \neq 1$ **15.** $S = \{(2, 3), (3, 2)\}$

16. $f(x) = \frac{1}{2} \cdot 4x$ **17.** $D(f) = \{x \in \mathbb{R} | x > 2\}$

18. 5 **19.** 60 dias

20. ≃ 240.000 habitantes

21. a) 50.000 reais b) 32.805 reais

22. a) R$ 66.550,00 c) ≃ R$ 156.921,42
b) R$ 88.578,05

23. ≃ 5,9 m³ **24.** ≃ 5 anos

Questões de vestibular

25. alternativa a **26.** alternativa e

27. $x = -10$; $y = -8$ **28.** demonstração

29. alternativa c **30.** alternativa d

31. alternativa e

32. a) $a = 1.024$; $b = \frac{1}{10}$
b) 30 anos
c)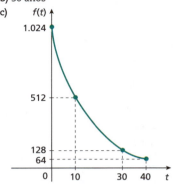

33. alternativa e **34.** alternativa b

Compreensão de texto

1. Malba Tahan

2. do problema dos 1.000 dinares

3. Moeda de ouro cunhada pelos árabes desde fins do século VII e corrente na Península Ibérica no século XII.

4. resposta pessoal

5. Porque o conteúdo das três primeiras caixas permite fazer pagamentos de 1 a 7 dinares.

6. 13: caixas 4, 3 e 1; 31: caixas 5, 4, 3, 2 e 1; 310: caixas 9, 6, 5, 3 e 2; 521: caixas 10 e 6

7. 13: 000001101; 31: 000011111; 310: 100110110

8. 13: 000001101; 31: 000011111; 310: 100110110

9. resposta pessoal

Capítulo 8 Função logarítmica

1. a) 5 b) 4 c) 3 d) 4

2. a) 2 b) -1 c) -2

3. 6 **4.** 502,5

5. a) $\frac{9}{2}$ b) 2 c) 0 d) 0

6. a) $\sqrt[5]{125}$ b) $\frac{1}{3}$

7. a) $\frac{3}{2}$ b) $\frac{81}{16}$ c) 9 d) $\frac{343}{64}$

8. $\frac{26}{3}$

9. a) $\{x \in \mathbb{R} | x > 0$ e $x \neq 1\}$
b) $\{x \in \mathbb{R} | x > -\frac{5}{3}\}$
c) $\{x \in \mathbb{R} | x > 2$ ou $x < -4\}$
d) $\{x \in \mathbb{R} | x \neq 1\}$

10. a) 1 b) 0 c) 7 d) 2 e) 21 f) 16

11. a) $\frac{1}{3}$ b) $\frac{2}{3}$ c) 7 d) 2

12. a) 243 b) 15 c) 1 d) 1

13. a) $6 + \log_2 13$ d) 9
b) $2 + \log_{\sqrt{2}} 3$ e) -19
c) $\log_3 13 + 1$ f) $\log_{\frac{1}{2}} 13 + 4$

14. a) 1 b) 2

15. a) $\log_a b + \log_a c + \log_a d$
b) $\log_a 2 + \log_a k - \log_a d$

16. a) 0,7 c) 1,48 e) 0,4933...
b) 0,78 d) 2,16 f) 0,39

17. $3 - \frac{k}{2}$ **18.** a) $b - a + 1$ b) $2(a + b)$

19. a) 4 e 4 c) 6 e 9 e) 20 e 625
b) 4 e 4 d) 6 e 8

20. ácida **21.** 10^{-9} **22.** $a = \frac{b}{1-b}$

23. a) $\dfrac{1}{\log_b a}$

b) O logaritmo de b na base a é o inverso do logaritmo de a na base b.

c) 1

24. $\dfrac{1}{4}$; sim   **25.** a) 2   b) 6

26. a) 3   b) $\dfrac{1}{2}$ **27.** mn **28.** 7

29. $\dfrac{1}{6}$ **30.** demonstração   **31.** 0

32. a) 3   b) 0   c) -1 d) $\dfrac{1}{2}$

33. a) 31   b) $\sqrt{3}+4$ c) 5   d) $\dfrac{325}{81}$

34. 6 toneladas

35. a) crescente

x	$h(x)$
$\dfrac{1}{2}$	-1
1	0
2	1
4	2
8	3

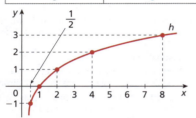

b) decrescente

x	$i(x)$
$\dfrac{1}{2}$	1
1	0
2	-1
4	-2
8	-3

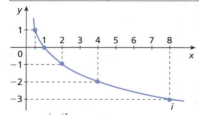

36. $y = 4^x$; $y = \left(\dfrac{1}{4}\right)^x$

37. a) crescente   b) decrescente

38. a) $f(x) = \log_3 x$ c) $h(x) = \log_{\frac{1}{2}} x$

b) $g(x) = \log_{\frac{1}{4}} x$ d) $i(x) = \log_5 x$

39. a) crescente   c) decrescente
b) decrescente   d) crescente

40. a) $\{k \in \mathbb{R} \mid k < -\sqrt{2} \text{ ou } k > \sqrt{2}\}$

b) $\left\{k \in \mathbb{R} \mid \dfrac{1}{3} < k < \dfrac{2}{3}\right\}$

41. a) $S = \{8\}$ c) $S = \{3\}$ e) $S = \left\{\dfrac{1}{2}\right\}$

b) $S = \{4\}$ d) $S = \{2\sqrt{3}\}$ f) $S = \{0, 1\}$

42. a) $S = \{15\}$ d) $S = \left\{\dfrac{1}{64}\right\}$

b) $S = \{\sqrt[3]{4}\}$ e) $S = \left\{\dfrac{1}{49}\right\}$

c) $S = \left\{\dfrac{8}{729}\right\}$ f) $S = \left\{\dfrac{1.000.000}{27}\right\}$

43. a) $S = \left\{\dfrac{1}{10}, \sqrt{10}\right\}$ d) $S = \{4, 5\}$

b) $S = \{8\}$ e) $S = \{-2\}$

c) $S = \{1\}$ f) $S = \{1, 100\}$

44. a) 11   b) 1   c) $3 + 2\sqrt{2}$ d) $\sqrt{3} - 1$

45. a) $S = \{(220, 20)\}$ c) $S = \{(170, 70)\}$

b) $S = \left\{\left(\dfrac{61}{2}, \dfrac{1}{2}\right)\right\}$ d) $S = \{(25, 5)\}$

46. $S = \{(4, 2), (2, 4)\}$ **47.** 25 horas

48. 7

49. a) $S = \{x \in \mathbb{R} \mid x > -8\}$
b) $S = \{x \in \mathbb{R} \mid x < -3 \text{ ou } x > 3\}$
c) $S = \left\{x \in \mathbb{R} \mid \dfrac{3}{2} < x < \dfrac{5}{2}\right\}$
d) $S = \left\{x \in \mathbb{R} \mid x > \dfrac{41}{8}\right\}$

50. a)

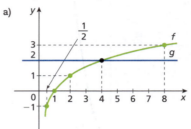

$f(x) \geq g(x)$, para $x \geq 4$

b) $\log_2 x \geq \log_2 4 \Rightarrow S = \{x \in \mathbb{R} \mid x \geq 4\}$

51. $S = \{x \in \mathbb{R} \mid 0 < x < 1 \text{ ou } 2 < x < 3\}$

52. $a > 4$ **53.** $k > 4$

54. a) $D(f) = \{x \in \mathbb{R} \mid x \geq -2\}$
b) $D(g) = \{x \in \mathbb{R} \mid x > 0 \text{ e } x \neq 1\}$
c) $D(h) = \left\{x \in \mathbb{R} \mid \dfrac{1}{3} \leq x < 1\right\}$

55. a) $S = \left\{x \in \mathbb{R} \mid \dfrac{1}{2} < x \leq \dfrac{3}{2}\right\}$

b) $S = \{x \in \mathbb{R} \mid 1 - \log_2 3 < x < 2\}$

Exercícios complementares

1. a) 5   b) $\dfrac{3}{8}$ **2.** 4   **3.** 50

4. $p = \dfrac{2q}{3}$ **5.** $a = \dfrac{b+1}{b}$

6. $\dfrac{2n+2}{n}$ **7.** $m = 1; n = 2$

8. 4 vezes   **9.** $\dfrac{73}{2}$

10. $1 - k$ **11.** $k = \log_2\left(t + \sqrt{t^2+1}\right)$

12. $S = \{2, 4\}$ **13.** $S = \left\{x \in \mathbb{R} \mid 0 < x < 3^{\log_{\frac{2}{3}} 2}\right\}$

Questões de vestibular

14. alternativa c   **15.** alternativa d
16. $a + b$ **17.** alternativa d
18. alternativa d   **19.** alternativa b
20. alternativa a

21. a)

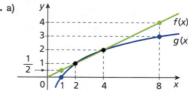

b) $S = \{x \in \mathbb{R} \mid 2 < x < 4\}$

22. a) $V = V_0(0,8)^t$ b) 3 horas e 6 minutos

23. alternativa a

24. a) $\left(\dfrac{11}{2}, \dfrac{11}{2}\right)$ b) demonstração

25. alternativa a

26. a) $\dfrac{\sqrt{3}}{3}$ e 27   b) demonstração

27. alternativa d   **28.** alternativa c

29. alternativa e

Capítulo 9 Sequências

1. a) $-4, 0, 4, 8, 12$

b) $-\dfrac{\sqrt{2}}{2}, \dfrac{1}{2}, -\dfrac{\sqrt{2}}{4}, \dfrac{1}{4}, -\dfrac{\sqrt{2}}{8}$

c) $-3, -3, -3, -3, -3$

d) $\dfrac{1}{2}, 2, \dfrac{9}{2}, 8, \dfrac{25}{2}$

2. a) $4, 40, 600, 12.000$

b) $-\dfrac{1}{2}, -\dfrac{9}{2}, -\dfrac{243}{2}, -\dfrac{19.683}{2}$

c) $-2, \dfrac{1}{4}, 16, \dfrac{1}{256}$

3. $(1, 1, 2, 3, 5, 8, 13, \ldots)$

4. resposta possível: $f(n) = 2(n-1)$, com $n \in \mathbb{N}^*$

5. respostas possíveis:

a) $\begin{cases} a_1 = -3 \\ a_n = a_{n-1} + 7, \text{com } n \geq 2, n \in \mathbb{N} \end{cases}$

b) $\begin{cases} a_1 = -\dfrac{1}{4} \\ a_n = a_{n-1} + \dfrac{1}{8}, \text{com } n \geq 2, n \in \mathbb{N} \end{cases}$

6. $-15, \dfrac{1}{15}, -15, \dfrac{1}{15}$

7. $(-4, 12, -36, 108, \ldots)$ ou $(3, 12, 48, 192, \ldots)$

8. alternativas a, c

9. a) $r = -3$; decrescente   c) $r = \dfrac{1}{1.000}$; crescente

b) $r = 0$; constante

10. a) $12, 19, 26, 33, 40$
b) $12, 5, -2, -9, -16$
c) $-2, -\dfrac{3}{2}, -1, -\dfrac{1}{2}, 0$
d) $12; 11,75; 11,5; 11,25; 11$

11. -95 **12.** 496

13. $-42, -35, -28$ **14.** 22

15. a) $-0,80$ b) R$ 70,00   c) R$ 44,80

16. 4.300 m   **17.** 45 pontos

18. $b, 2b+1, 3b+2, 4b+3, 5b+4$

19. a) -103 b) 10

20. a) 9   b) 3

21. a) -15 b) -3

22. $x = -9; r = -4$

23. 66 unidades de comprimento

24. 1 ou 4   **25.** $a_1 = \dfrac{85}{4}; r = -\dfrac{15}{4}$

26. $a_8 = 85; r = 10$

27. $(-12, 0, 12, 24, 36, 48)$

28. $(7, 12, 17, 22, 27, 32, 37, 42, 47, 52)$

29. 725   **30.** $(-15, -4, 7)$ ou $(7, -4, -15)$

31. 6 cm, 8 cm, 10 cm

32. a) R$ 330,00   b) R$ 9.440,00

33. 3 vezes

34. a)

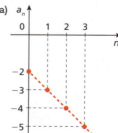

b)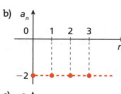

c)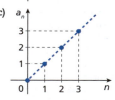

d)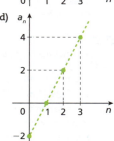

35. $\left(-2, -\dfrac{1}{3}, \dfrac{4}{3}, 3, \dfrac{14}{3}\right)$

36. a) 6.912   b) 568   c) 168   d) 57
37. 8 termos   **38.** 29
39. a) R$ 180.000,00
b) R$ 15.000,00, R$ 21.000,00, R$ 27.000,00, R$ 33.000,00, R$ 39.000,00, R$ 45.000,00
40. $\dfrac{8}{3}$ **41.** 1.540
42. a) S = {60}   b) S = {1}
43. a) a_n (gráfico)
b) 24
44. 0
45. a) $\dfrac{1}{2}, 1, \dfrac{3}{2}, 2, \dfrac{5}{2}$ b) $\dfrac{1.275}{2}$ **46.** 5
47. a) R$ 84,00   b) R$ 1.152,00   c) R$ 96,00
48. 16 filas   **49.** 100
50. $r = \dfrac{2}{3}$ e $S = -\dfrac{190}{3}$ ou $r = \dfrac{50}{3}$ e $S = -\dfrac{70}{3}$
51. a) 5.471   b) 5.575
52. a) PG   b) PA   c) PG   d) PA
53. a) $q = \dfrac{4}{5}$ b) $q = \sqrt{3}$ c) $q = \dfrac{2}{\pi}$ d) $q = -2$
54. a) crescente   c) decrescente
b) oscilante   d) constante
55. a) 4, 24, 144, 864 e 5.184
b) $x^2, \dfrac{y}{x}, \dfrac{y^2}{x^4}, \dfrac{y^3}{x^7}, \dfrac{y^4}{x^{10}}$ e $\dfrac{y^5}{x^{13}}$
56. 8   **57.** $\dfrac{729}{125}$ **58.** $\dfrac{1}{7}$
59. oitavo termo   **60.** 6 termos
61. $a_1 = 6$ **62.** -2 ou 4   **63.** $\dfrac{6}{5}$
64. 2, 10 e 50   **65.** 25, 50 e 100
66. (24; 36; 54; 81)

67. $\left(\dfrac{5}{4}, -\dfrac{5}{2}, 5, -10, 20, -40, 80\right)$ ou $\left(\dfrac{5}{4}, \dfrac{5}{2}, 5, 10, 20, 40, 80\right)$

68. 9.840 pessoas   **69.** 512 bactérias
70. a) 1 cm   b) (16, 8, 4, 2, 1); PG
71. a) $C_2 = C_0(1+i)^2$ e $C_3 = C_0(1+i)^3$
b) $q = (1+i)$
c) $C_n = C_0(1+i)^n$, com $n \in \mathbb{N}^*$
72. $\simeq 1{,}84\%$
73. a) $x \cdot (0{,}8)^n$ b) $x \cdot (0{,}8)^n \cdot 0{,}2$ c) 3 anos
74. a)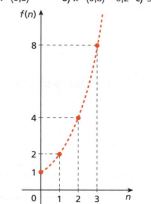

b)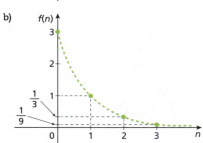

c)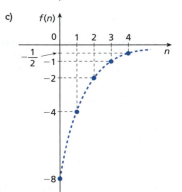

d)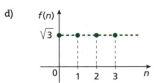

75. a) $f(n) = \left(\dfrac{1}{4}\right)^n$, com $n \in \mathbb{N}$
b) $a_{10} = f(10) = \dfrac{1}{4^{10}}$
c) não

76. 28.086   **77.** $\dfrac{63}{40}$ **78.** $\dfrac{15}{8} \simeq 1{,}875$
79. 3   **80.** 1.200
81. a) 45   b) 2π
82. a) $\dfrac{7}{9}$ b) $\dfrac{2}{33}$ c) $\dfrac{472}{999}$

83. $x = 9$ e $y = 27$ ou $x = 225$ e $y = 135$
84. 8

Exercícios complementares

1. $\dfrac{1}{17}$ **2.** $a_n = \dfrac{3n}{3+n}$, com $n \in \mathbb{N}^*$
3. $\dfrac{45}{4}$ **4.** $\dfrac{51}{5}$
5. a) PG; PA   b) 32   **6.** $\simeq$ R$ 2.185,45
7. a)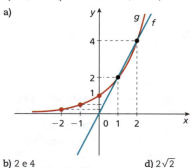

b) 2 e 4   d) $2\sqrt{2}$
c) $S = \{x \in \mathbb{R} \mid 1 \leq x \leq 2\}$

8. 4   **9.** 15   **10.** 10
11. 10   **12.** 12   **13.** 189
14. $2\sqrt{2}$ **15.** $S = \{6\}$ **16.** $\dfrac{3x}{2}$ m
17. a) $T_n = \dfrac{n(n+1)}{2}$, com $n \in \mathbb{N}^*$
b) 91 pontos   c) não; sim
18. 3 ou 9   **19.** $-\dfrac{35}{3}$
20. 10 ou 100   **21.** 0
22. 10   **23.** $\dfrac{1+\sqrt{5}}{2}$ ou $\dfrac{1-\sqrt{5}}{2}$
24. 6
25. $y = 5$; $z = 7$ **26.** 9 ou 42
27. 25 termos   **28.** 70.821

Questões de vestibular

29. alternativa d   **30.** alternativa b
31. alternativa b   **32.** alternativa d
33. alternativa e
34. a) $\sqrt{2}, 6\sqrt{2}, 2\sqrt{2}, 12\sqrt{2}, 4\sqrt{2}, 24\sqrt{2}, 8\sqrt{2}, 48\sqrt{2}$
b) $2\sqrt[18]{2}$; $6 \cdot 2\sqrt[18]{2}$
35. alternativa a   **36.** alternativa d
37. a) 101; 300   b) 104,9 MHz
38. alternativa e   **39.** alternativa e
40. a) 100   b) 140
41. alternativa e
42. a) 8 cm; $4\sqrt{3}$ cm   b) $4\sqrt{3}$ cm²; $\dfrac{\sqrt{3}}{256}$ cm²
43. a) 8 questões   b) 127,5 minutos
44. a) 799,2 m
b) $f(t)$ (gráfico)

45. alternativa c   **46.** alternativa c
47. 49 anos, 56 anos, 64 anos

Capítulo 10 — Geometria plana: triângulos e semelhança

1. 260°
2. a) 7°   b) 36°
3. a) $x = 32°$, $y = 106°$ b) $x = 21°$, $y = 27°$
4. 12°
5. $x = 10°$; $y = 140°$
6. a) 80°   b) 80°   c) 48°
7. a) 37°   b) 130°
8. a) 3   b) 6
9. $x = 9$; $y = 24$
10. $x = 3$; $y = 6$
11. a) 6   b) 5
12. a) $x = 8$; $y = 16$ b) $x = 5$; $y = 4$
13. $x = 35,2$ m; $y \simeq 24,5$ m
14. 16,25 cm
15. a) 1, 6 e 6; 2, 5 e 6; 3, 5 e 5; 3, 4 e 6; 4, 4 e 5
    b) três
    c) nenhum
16. a) resposta pessoal   b) resposta pessoal
17. a) 40°   b) 60°
18. $x = 30°$; $y = 40°$
19. 20°, 40°, 120°
20. a) $x = 3$; $y = 3$ b) $x = 3$; $y = 5$
21. alternativa a
22. a) 20°   b) 120°
23. a) 110°   b) 120°
24. a) 100°   b) 70°
25. $x = y = 30°$
26. a) $y = 35°$; $x = 75°$ b) $x = 35°$; $y = 55°$
27. a) 30°   b) 105°   c) 80°
28. a) $x = 30°$; $y = 40°$ b) $x = 15°$; $y = 40°$
29. mediana: $\overline{AE}$; bissetriz: $\overline{AD}$; altura: $\overline{AH}$
30. a) $\overline{AB}$ b) $\overline{AH}$ c) $\overline{AH}$
31. a) $x = 35°$; $y = 55°$; $z = 125°$
    b) $x = 30°$; $y = 65°$; $z = 115°$
32. $x = 17°$; $y = 107°$
33. $x = 5°$; $y = 85°$; $z = 48°$
34. demonstração
35. a) Sim. Todos os ângulos são retos; logo, os ângulos correspondentes são congruentes. Por essa razão, os lados correspondentes são proporcionais.
    b) $\dfrac{x}{y}$
36. Não. Por exemplo, o retângulo com lados de medidas 1 cm e 2 cm não é semelhante ao retângulo de lados com medidas 1 cm e 3 cm, pois os lados não são proporcionais.
37. a) $x = 6$; $y = 8$ b) $x = 2$
38. a) $x = 8$; $y = 9$ b) $x = 14,4$; $y = 18$
39. a) 4   b) $\dfrac{48}{5} = 9,6$
40. a) $x = 14$; $y = 6$ b) $x = 7,3$; $y = 6$ c) $x = 20$; $y = 32$; $z = 10$
41. $x = 7$; $y = \dfrac{7}{2}$
42. 48 cm
43. 27
44. $\simeq 5,9$ m
45. a) $x = \sqrt{30}$; $a = \sqrt{5}$; $b = \sqrt{14}$ b) $x = 12$; $y = 20$
46. $\sqrt{21}$
47. $17\sqrt{2}$ cm
48. $\sqrt{10}$ cm; $3\sqrt{10}$ cm
49. a) $2\sqrt{7}$ b) 8
50. a) 8   b) 6
51. a) 6   b) 13
52. a) $\dfrac{(x+1)}{2}$; $\dfrac{(x+3)}{2}$ b) 5
53. a) 2   b) 2   c) $4\sqrt{5}$ d) 3
54. a) $x = 4,8$; $y = 10$ b) $x = 4\sqrt{3}$; $y = 4$
55. $a = 9,6$; $b = 7,2$; $c = 12,8$; $d = 20$
56. $x = 8$; $y = 8\sqrt{3}$; $h = 4\sqrt{3}$; $a = 16$

Exercícios complementares

1. 55°
2. a) sim   b) sim   c) sim   d) não
3. 9 cm

Questões de vestibular

4. alternativa b
5. alternativa c
6. alternativa d
7. alternativa e
8. alternativa c
9. alternativa c
10. alternativa b
11. alternativa c
12. alternativa b
13. alternativa c
14. alternativa c
15. alternativa c
16. alternativa e
17. alternativa b
18. alternativa c
19. alternativa d
20. alternativa e
21. alternativa b
22. alternativa d
23. alternativa a
24. alternativa a
25. alternativa a
26. alternativa b
27. alternativa d
28. alternativa b
29. alternativa d
30. alternativa c
31. alternativa d
32. alternativa a
33. alternativa e

Capítulo 11 — Trigonometria no triângulo retângulo

1. $\operatorname{sen}\alpha = \dfrac{12}{13}$ $\cos\alpha = \dfrac{5}{13}$ $\operatorname{tg}\alpha = \dfrac{12}{5}$
2. É verdadeira, pois como são razões entre medidas de lados de um triângulo, devem ser maiores que zero. E, como no denominador dessas razões está a medida da hipotenusa, que é o maior lado de um triângulo retângulo, o valor sempre será um número menor que 1.
3. resposta pessoal
4. $\operatorname{sen}\widehat{A} = \dfrac{2}{3}$ $\cos\widehat{A} = \dfrac{\sqrt{5}}{3}$ $\operatorname{tg}\widehat{A} = \dfrac{2\sqrt{5}}{5}$
5. 36 cm
6. $\simeq 1.905$ cm
7. b) $\simeq 38,3$ km
8. $x = \dfrac{114}{25}$; $y = \dfrac{228}{69}$
9. demonstração
10. a) $\dfrac{7}{12}$ b) $\dfrac{\sqrt{95}}{12}$
11. $\operatorname{sen}\alpha = \dfrac{8}{17}$
12. a) • 25; 24   • 7   • $\cos\alpha = \dfrac{7}{25}$ e $\operatorname{tg}\alpha = \dfrac{24}{7}$ b) $\operatorname{tg}\alpha = \dfrac{24}{7}$
13.

Ângulo	Seno	Cosseno	Tangente
20°	0,3420	0,9397	0,3640
70°	0,9397	0,3420	2,7475
50°	0,7660	0,6428	1,1918
40°	0,6428	0,7660	0,8391

14. demonstração
15. a) $c = 10$ m   b) $h \simeq 8,7$ m
16. 1,5 m
17. a) $x = 5$ cm e $y = 5\sqrt{3}$ cm   b) $x = 4\sqrt{3}$ cm e $y = 30°$
18. $\simeq 20,8$ cm
19. $\simeq 85$ m
20. $\simeq 15,6$ cm
21. $6(\sqrt{3}+1)$
22. 30°
23. $10\sqrt{3}$ cm e 30 cm
24. $x + y = 90°$
25. resposta pessoal
27. $\simeq 1.026$ km
28. a) $\simeq 131.034,482$ km   b) $\simeq 345$
29. a) $\simeq 5°$ b) $\simeq 34,4$ m
30. menor
31. $x \simeq 1,29$; $y \simeq 2,25$; $z \simeq 5,33$
32. $\simeq 13,4$ km
33. 10 cm; $\simeq 106°$ e $\simeq 74°$
34. $x \simeq 85,1$ cm; $y \simeq 31$ cm; $z \simeq 90,6$ cm
35. $\simeq 10,6$ m
36. OI = 10 cm; AO = $5\sqrt{5}$ cm
37. AC $\simeq 11,5$ cm; med $(\widehat{B}) \simeq 125°$ e med $(\widehat{C}) \simeq 25°$
38. $34,5$ cm²
39. $\simeq 4,26$ cm
40. $7,2$ m²
41. 42,9 m
42. a) $x \simeq 8,5$ cm; $y \simeq 5,1$ cm   b) $x \simeq 40°$; $y \simeq 4,5$ cm
    c) $x \simeq 2,46$ cm; $y \simeq 3,73$ cm
    d) $x \simeq 3,6$ cm; $y \simeq 2,9$ cm
43. a) 13 m   b) $\simeq 28°$ e $\simeq 32°$
44. 34°, 59° e 87°
45. medidas aproximadas: 48°, 48° e 84° ou 44°, 68° e 68°
46. a) $a \simeq 6,9$ cm; $b \simeq 4,7$ cm e $x = 59°$
    b) $a \simeq 5$ cm; $x \simeq 90°$ e $y \simeq 53°$ ou $a \simeq 1,4$ cm; $x \simeq 16°$ e $y \simeq 127°$
47. $\simeq 192,6$ km
48. 18 cm²
49. a) 10 unidades de área
    b) 10 unidades de área
    c) $2,5\sqrt{2}$ unidades de área
50. $\simeq 5,2$ cm²
51. $50\sqrt{3}$ cm²

Exercícios complementares

1. A rampa E tem a maior inclinação, que é de aproximadamente 30°.
2. $\simeq 1,1$ m
3. 12 cm e 16 cm
4. $\simeq 33,92$ m
5. $\simeq 34,27$ m
6. alternativa b
7. alternativa e
8. 6,34 cm e 8,66 cm (medidas aproximadas)
9. $x \simeq 24$ e $y \simeq 25$
10. 4 m
11. a) 255.000 estádios
    b) A medida encontrada por Eratóstenes (40.162,5 km) é 87,5 km maior que a adotada hoje (40.075 km).
12. 20 m
13. $\dfrac{1}{3}$
14. 19 cm²
15. $x = 40$ cm; $y = 40\sqrt{3}$ cm
16. $1.050\sqrt{2}$ m²

Questões de vestibular

17. alternativa b
18. alternativa c
19. alternativa c
20. alternativa a
21. alternativa d
22. alternativa a
23. alternativa d
24. alternativa d
25. alternativa e
26. alternativa c

Compreensão de texto

1. a) "Tesoura" ou "treliças isostáticas" são denominações da estrutura de madeira composta de triângulos para a sustentação de telhados.
    b) "Vão" é a distância entre os apoios das tesouras, ou seja, é a largura do telhado.
    c) "Água" é cada uma das superfícies do telhado.
    d) "Ponto" é a razão entre a altura e a largura do telhado.
2. entre $\dfrac{1}{2}$ e $\dfrac{1}{8}$
3. alternativa b e d
4. 25%
5. a) $i = 2p$ b) $i = \dfrac{h}{a}$
6. a) $\operatorname{tg}\alpha = \dfrac{h}{a}$ c) $b = a\sqrt{1+i^2}$
    b) $\operatorname{tg}\alpha = i$
7. a) $\dfrac{5\ell}{2}$ e) $p_2 = \dfrac{2(a+\ell)}{3}$
    b) $p_1 = \dfrac{2a+5\ell}{6}$ f) $v_2 = \operatorname{tg}\alpha \cdot 2\left(\dfrac{a+\ell}{3}\right)$
    c) $v_1 = \operatorname{tg}\alpha\left(\dfrac{2a+5\ell}{6}\right)$ g) $d_1 = \sqrt{(p_1-\ell)^2 + v_1^2}$
    d) $p_2 = 2p_1 - \ell$ h) $d_2 = \sqrt{(p_1-\ell)^2 + v_2^2}$
8. $m = ia + 2\left(a + a\sqrt{1+i^2} + v_1 + v_2 + \sqrt{(p_1-\ell)^2 + v_1^2} + \sqrt{(p_1-\ell)^2 + v_2^2}\right)$
9. $C = m \cdot r$
10. Quanto maior a inclinação do telhado, maior a quantidade de madeira utilizada; logo, maior o custo.
11. resposta pessoal

PARTE II

Capítulo 12
Ciclo trigonométrico - 1ª volta, 234

Capítulo 13
Funções trigonométricas, 248

Capítulo 14
Complementos de Trigonometria, 268

Capítulo 15
Matrizes e determinantes, 283

Capítulo 16
Sistemas lineares, 305

Capítulo 17
Superfícies poligonais, círculos e áreas, 326

Capítulo 18
Introdução à Geometria espacial, 352

Capítulo 19
Poliedros, 372

Capítulo 20
Corpos redondos, 400

Capítulo 21
Análise combinatória, 422

Capítulo 22
Probabilidade, 442

Respostas da parte II, 462

CAPÍTULO

12

CICLO TRIGONOMÉTRICO — 1ª VOLTA

A High Roller, em Las Vegas, EUA, é a maior roda-gigante do mundo. Foi inaugurada em 2014 e tem 167 metros de altura.

No capítulo anterior, estudamos as razões trigonométricas (seno, cosseno e tangente) em um triângulo retângulo e as usamos para obter a medida de lados e de ângulos. No entanto, elas foram definidas apenas para ângulos agudos e não se mostram práticas para trabalhar com triângulos que não sejam retângulos.

Neste capítulo, vamos definir os conceitos de seno, cosseno e tangente em uma circunferência, o que possibilitará a aplicação da Trigonometria a triângulos quaisquer e servirá de base para o desenvolvimento do próximo capítulo, "Funções trigonométricas".

1. Arcos de uma circunferência

Dois pontos, A e B, de uma circunferência dividem-na em duas partes. Cada uma dessas partes, incluindo esses pontos, é chamada de **arco da circunferência**. Na circunferência representada abaixo, temos:

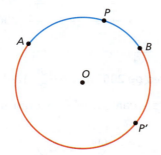

- $\overset{\frown}{APB}$: arco de extremidades A e B, contendo P;
- $\overset{\frown}{AP'B}$: arco de extremidades A e B, contendo P'.

Se não houver dúvida sobre qual das partes estamos considerando, indicamos o arco apenas por $\overset{\frown}{AB}$.

Podemos obter duas medidas de um arco: seu comprimento (medida linear) e sua medida angular. É o que veremos a seguir.

1.1 Comprimento de um arco

O **comprimento** de um arco é sua medida linear e pode ser indicado em milímetro, centímetro, metro etc.

Por exemplo, considere o arco $\overset{\frown}{CD}$ destacado em vermelho na figura abaixo. Se pudéssemos "esticar" esse arco, poderíamos medir seu comprimento com uma régua.

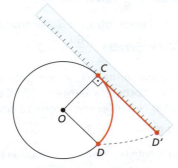

Você provavelmente viu em anos anteriores que o comprimento C de uma circunferência de raio de medida r é dado por $C = 2\pi r$. Essa fórmula será usada para calcular o comprimento de arcos de circunferência, conforme veremos mais adiante no exercício resolvido **R1**.

1.2 Medida angular de um arco

Todo arco tem um ângulo central correspondente, determinado pela união das extremidades desse arco com o centro da circunferência que o contém. A **medida angular** do arco é igual à medida do ângulo central correspondente. Sempre que falamos em medida de um arco de circunferência estamos nos referindo a essa medida angular.

Por exemplo, na figura a seguir, considere o arco $\overset{\frown}{AB}$ destacado em vermelho e seu ângulo central correspondente $A\hat{O}B$. Como o ângulo $A\hat{O}B$ mede 80°, o arco $\overset{\frown}{AB}$ também mede 80°. Indicamos assim:

$$\text{med}(\overset{\frown}{AB}) = \text{med}(A\hat{O}B) = 80°$$

Geralmente, as unidades usadas para medir um arco são o grau e o radiano.

O grau

Considere uma circunferência dividida em 360 arcos de comprimentos iguais. Define-se **um grau** (1°) como a medida angular de cada um desses arcos. Por isso, dizemos que a circunferência tem 360°.

A ideia de dividir uma circunferência em 360 partes iguais surgiu com os astrônomos babilônicos, milênios antes de Cristo. Acredita-se que esses estudiosos tenham escolhido essa divisão ao notar que um ano tem aproximadamente 360 dias. Essa divisão também foi adotada por matemáticos gregos, como Hiparco de Niceia (século II a.C.) e Ptolomeu de Alexandria (c. 90-168), tornando-se usual na Geometria e na Trigonometria.

Também foram criados submúltiplos do grau. Observe:
- Dividindo 1 grau em 60 partes iguais, obtemos 1 minuto (1').
  Ou seja, 1° = 60'.
- Dividindo 1 minuto em 60 partes iguais, obtemos 1 segundo (1").
  Ou seja, 1' = 60".

O radiano

Para medir arcos e ângulos, também podemos usar o **radiano**. A medida angular de um arco é 1 radiano (1 rad) quando seu comprimento é igual à medida do raio da circunferência que o contém.

Observe a circunferência de raio de medida r representada abaixo. Como o comprimento do arco $\overset{\frown}{AB}$ é r, sua medida angular é 1 radiano. Indicamos assim: $\text{med}(\overset{\frown}{AB}) = 1$ rad

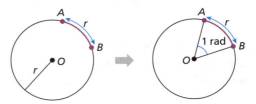

Capítulo 12 • Ciclo trigonométrico – 1ª volta

Agora, vamos calcular a medida α, em radiano, de uma circunferência. Sabendo que o comprimento de uma circunferência de raio de medida r é dado por 2πr e que um arco de medida 1 rad tem comprimento r, podemos montar a seguinte proporção:

medida do arco (em rad)	comprimento do arco (em cm)
1	r
α	2πr

$$\alpha = \frac{2\pi r}{r} = 2\pi$$

A medida, em radiano, de uma circunferência é 2π rad.

1.3 Relação entre grau e radiano

Vimos que uma circunferência mede 360° ou 2π rad. Assim, um ângulo raso, que determina uma semicircunferência, corresponde a um arco que mede 180° ou π rad.

A tabela e as figuras a seguir mostram a relação entre as medidas em grau e em radiano de alguns ângulos.

Grau	0°	45°	90°	135°	180°	270°	360°
Radiano	0 rad	$\frac{\pi}{4}$ rad	$\frac{\pi}{2}$ rad	$\frac{3\pi}{4}$ rad	π rad	$\frac{3\pi}{2}$ rad	2π rad

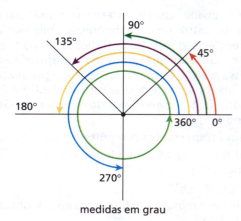
medidas em grau

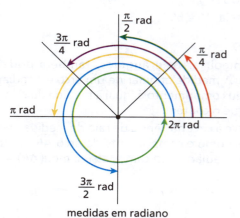
medidas em radiano

Com base nessas correspondências, podemos relacionar quaisquer medidas, em grau e em radiano, por meio de proporções.

Exemplos

a) Vamos obter a medida, em radiano, de um arco de 200°.

Sabendo que π rad corresponde a 180°, podemos montar a seguinte proporção:

radiano	grau
π	180
x	200

$$x = \frac{200 \cdot \pi}{180} = \frac{10\pi}{9}$$

Assim, um arco de 200° mede $\frac{10\pi}{9}$ rad.

b) Vamos verificar quanto mede, em grau, um arco de 1 rad.

radiano	grau
π	180
1	x

$$x = \frac{180}{\pi} \simeq \frac{180}{3,14} \simeq 57$$

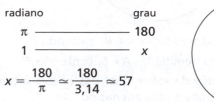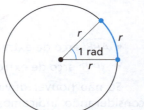

Assim, um arco de 1 rad mede, aproximadamente, 57°.

c) Vamos verificar quanto mede, em grau, um arco de $\frac{\pi}{6}$ rad.

radiano	grau
π	180
$\frac{\pi}{6}$	x

$$x = \frac{180 \cdot \frac{\pi}{6}}{\pi} = 30$$

Assim, um arco de $\frac{\pi}{6}$ rad mede 30°.

Também poderíamos obter essa medida substituindo π por 180°. Veja: $\frac{\pi}{6}$ rad = $\frac{180°}{6}$ = 30°

d) Vamos determinar a medida x, em grau e em radiano, de um arco com aproximadamente 12,56 cm de comprimento, em uma circunferência com 12 cm de raio.

• Medida em grau:

comprimento (em cm)	medida (em grau)
12,56	x
2·π·12	360

$$x = \frac{360 \cdot 12,56}{2 \cdot \pi \cdot 12} \Rightarrow x \simeq 60$$

Assim, o arco mede aproximadamente 60°.

• Medida em radiano:

comprimento (em cm)	medida (em rad)
12,56	x
2·π·12	2π

$$x = \frac{2\pi \cdot 12,56}{2 \cdot \pi \cdot 12} = \frac{12,56}{12} \simeq 1,047$$

Assim, o arco mede aproximadamente 1,047 rad.

EXERCÍCIOS

1. Indique, em radiano, a medida do ângulo reto.

2. Determine, em grau, a medida do ângulo de $\frac{2\pi}{3}$ rad.

3. Determine, em radiano, a medida dos arcos de:
   a) 30° c) 120° e) 210° g) 300°
   b) 60° d) 150° f) 240° h) 330°

4. Estabeleça, em grau, a medida dos arcos de:
   a) $\frac{5\pi}{4}$ rad   b) $\frac{7\pi}{6}$ rad   c) $\frac{11\pi}{6}$ rad

5. Calcule, em grau, a medida aproximada de um arco de 3 rad.

6. Calcule, em grau e em radiano, a medida dos arcos que representam:
   a) $\frac{2}{5}$ da circunferência.   b) $\frac{7}{10}$ da circunferência.

R1. Calcular o comprimento de um arco de 50° contido em uma circunferência com 8 cm de raio.

▶ **Resolução**

Lembrando que uma circunferência tem 360° e seu comprimento é dado por $2\pi r$, podemos montar a seguinte regra de três:

medida do arco (em grau)	comprimento (em cm)
360	$2\pi \cdot 8$
50	x

$x = \frac{2\pi \cdot 8 \cdot 50}{360} = \frac{20\pi}{9}$

Adotando $\pi \simeq 3{,}14$, obtemos:

$x \simeq \frac{20 \cdot 3{,}14}{9} \Rightarrow x \simeq 6{,}98$

Logo, o arco mede aproximadamente 6,98 cm.

7. Qual o comprimento de um arco de 150° de uma circunferência de 20 cm de raio?

8. Um pêndulo oscila e forma, entre suas posições extremas, um ângulo de 70°. Sabendo que esse pêndulo tem 25 cm de comprimento, calcule o comprimento aproximado do arco que ele descreve.

9. O ponteiro das horas de um relógio tem 7 cm de comprimento.
   a) Quantos graus esse ponteiro percorre das 13 h às 17 h? Qual é essa medida em radiano?
   b) Quantos centímetros aproximadamente sua extremidade percorre das 13 h às 17 h?

10. Calcule a medida do menor ângulo formado pelos ponteiros de um relógio:
    a) às 2 h.
    b) às 2 h 20 min.
    (*Dica*: no item **b**, lembre-se de que, conforme se passam os minutos, o ponteiro das horas também se movimenta.)

2. Ciclo trigonométrico

Antes de estudar as razões trigonométricas de arcos de circunferência, é necessário conhecer alguns conceitos, que definiremos a seguir.

O **ciclo trigonométrico**, ou **circunferência trigonométrica**, tem centro na origem $O(0, 0)$ de um plano cartesiano e 1 unidade de raio. O ponto $A(1, 0)$ é a **origem** de todos os arcos, ou seja, é o ponto a partir do qual percorreremos a circunferência até um ponto P qualquer para determinar o arco $\widehat{AP}$, conforme mostra a figura abaixo.

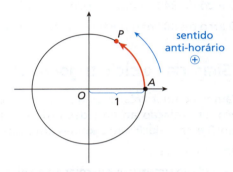

Adotando o sentido anti-horário como positivo, associaremos a cada ponto P da circunferência a medida do arco $\widehat{AP}$, em grau ou em radiano, percorrido na primeira volta do ciclo. Assim:

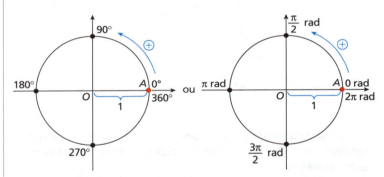

$0° \leq \text{med}(\widehat{AP}) \leq 360°$ $0 \text{ rad} \leq \text{med}(\widehat{AP}) \leq 2\pi \text{ rad}$

Observação

Em um ciclo trigonométrico, quando um valor sem unidade de medida estiver associado a um ponto, subentende-se que o valor representa a medida de um arco em radiano.

O eixo das abscissas e o eixo das ordenadas do plano cartesiano dividem o ciclo em quatro **quadrantes**, como mostra a figura abaixo.

Quando a extremidade P de um arco $\widehat{AP}$ pertence a algum quadrante, dizemos que o arco $\widehat{AP}$ é um arco desse quadrante.

Os arcos que têm extremidades nos eixos não pertencem a nenhum quadrante.

Exemplos

a) O arco de 50° é um arco do 1º quadrante.
b) O arco de 130° é um arco do 2º quadrante.
c) O arco de 200° é um arco do 3º quadrante.
d) O arco de 340° é um arco do 4º quadrante.
e) O arco de 90° não pertence a nenhum quadrante.

2.1 Simetria no ciclo trigonométrico

Vamos estudar três tipos de simetria no ciclo trigonométrico: em relação ao eixo das ordenadas, em relação à origem O e em relação ao eixo das abscissas.

Na figura abaixo:

- P e P' são simétricos em relação ao eixo das ordenadas;
- P e P'' são simétricos em relação à origem O;
- P e P''' são simétricos em relação ao eixo das abscissas.

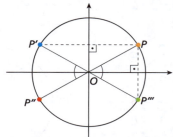

Se as extremidades de dois arcos são pontos que apresentam uma dessas simetrias, dizemos que os arcos são **arcos simétricos**.

Exemplo

Dado o arco de 30°, vamos obter as medidas de seus arcos simétricos. Observe o ciclo trigonométrico representado abaixo.

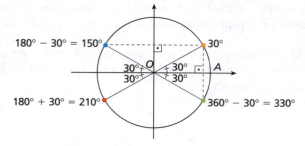

Seus arcos simétricos medem:
- 180° − 30° = 150° (em relação ao eixo das ordenadas)
- 180° + 30° = 210° (em relação à origem)
- 360° − 30° = 330° (em relação ao eixo das abscissas)

Esse mesmo raciocínio pode ser usado para outros arcos, medidos em grau ou em radiano.

EXERCÍCIOS

11. Copie as frases a seguir, completando-as com valores em radiano.

a) Os arcos do 1º quadrante têm medidas entre _____ e _____.
b) Os arcos do 2º quadrante têm medidas entre _____ e _____.
c) Os arcos do 3º quadrante têm medidas entre _____ e _____.
d) Os arcos do 4º quadrante têm medidas entre _____ e _____.

12. Desenhe um ciclo trigonométrico e assinale os pontos que são extremidades dos arcos de 30°, 45°, 60°, 90°, 120°, 135°, 150°, 180°, 210°, 225°, 240°, 270°, 300°, 315°, 330° e 360°.

13. Considerando o ciclo trigonométrico desenhado no exercício anterior, determine, em radiano, as medidas dos arcos indicados.

R2. Determinar as medidas, em radiano, dos arcos simétricos ao arco de $\frac{\pi}{6}$ rad em relação ao eixo das ordenadas, à origem O e ao eixo das abscissas.

➤ **Resolução**

Primeiro, representamos o arco e seus simétricos no ciclo trigonométrico.

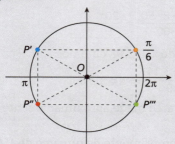

Em seguida, observando a figura, calculamos as medidas dos arcos simétricos.

- $\pi - \frac{\pi}{6} = \frac{5\pi}{6}$ (ponto P')
- $\pi + \frac{\pi}{6} = \frac{7\pi}{6}$ (ponto P'')
- $2\pi - \frac{\pi}{6} = \frac{11\pi}{6}$ (ponto P''')

14. Observe as respostas dos exercícios 12 e 13 e indique o simétrico, em relação aos eixos x e y e em relação à origem O, dos arcos de:

a) $\frac{5\pi}{4}$ rad
b) 330°
c) $\frac{2\pi}{3}$ rad
d) 315°

15. Calcule a medida dos arcos com extremidades em A, B e C em cada ciclo trigonométrico representado abaixo.

a)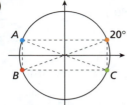

c)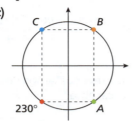

b)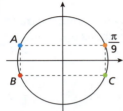

d)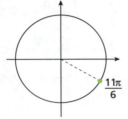

16. Obtenha a medida dos arcos do 1º quadrante que são simétricos aos arcos cujas medidas estão indicadas nos ciclos trigonométricos representados abaixo.

a)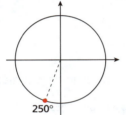

b)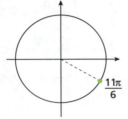

3. Seno, cosseno e tangente

Já estudamos o seno, o cosseno e a tangente de ângulos agudos em um triângulo retângulo. Observe:

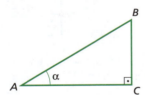

$$\text{sen } \alpha = \frac{BC}{AB} \qquad \cos \alpha = \frac{AC}{AB} \qquad \text{tg } \alpha = \frac{BC}{AC} = \frac{\text{sen } \alpha}{\cos \alpha}$$

Mas como podemos calcular essas razões para ângulos que medem mais que 90°?

A seguir, vamos estudar essas razões no ciclo trigonométrico, o que nos possibilitará calcular sen α, cos α e tg α para qualquer α pertencente ao intervalo [0, 2π].

3.1 Seno e cosseno de um arco

Considere um arco $\overset{\frown}{AP}$ de medida α no 1º quadrante do ciclo trigonométrico. Observando o triângulo OPC, destacado a seguir em laranja, podemos calcular o seno e o cosseno de α.

Lembrando que o ciclo tem raio unitário, temos:

$$\text{sen } \alpha = \frac{CP}{OP} = \frac{CP}{1} = CP$$

$$\cos \alpha = \frac{OC}{OP} = \frac{OC}{1} = OC$$

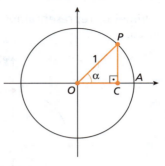

Ou seja, nesse caso, o seno de α corresponde à ordenada do ponto P, e o cosseno de α, à abscissa do ponto P.

Essa conclusão, obtida a partir de um arco do 1º quadrante, pode ser ampliada.

Para todo arco $\overset{\frown}{AP}$ do ciclo trigonométrico, de medida α rad, com 0 ⩽ α ⩽ 2π, temos:
- **seno** de α é a ordenada do ponto P;
- **cosseno** de α é a abscissa do ponto P.

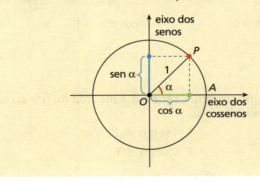

Por isso, podemos chamar o eixo das ordenadas de **eixo dos senos** e o eixo das abscissas de **eixo dos cossenos**.

Note, portanto, que o seno e o cosseno podem ser positivos ou negativos, dependendo do quadrante ao qual o arco pertence.

Exemplo

Vamos analisar o sinal do seno e do cosseno de um arco do 4º quadrante de medida α.

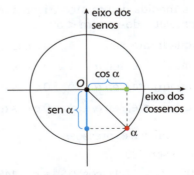

Observando o ciclo, concluímos que:
- seno de α é negativo (sen α < 0);
- cosseno de α é positivo (cos α > 0).

Capítulo 12 • Ciclo trigonométrico – 1ª volta **239**

Vamos agora obter o seno e o cosseno de $0, \dfrac{\pi}{2}, \pi, \dfrac{3\pi}{2}$ e 2π.

Primeiro, representamos esses arcos no ciclo trigonométrico.

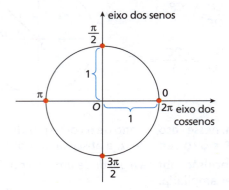

Lembrando que o raio do ciclo mede 1, que o seno é a ordenada e que o cosseno é a abscissa do ponto, temos:

$\operatorname{sen} 0 = \operatorname{sen} 2\pi = 0$ $\cos 0 = \cos 2\pi = 1$

$\operatorname{sen} \dfrac{\pi}{2} = 1$ $\cos \dfrac{\pi}{2} = 0$

$\operatorname{sen} \pi = 0$ $\cos \pi = -1$

$\operatorname{sen} \dfrac{3\pi}{2} = -1$ $\cos \dfrac{3\pi}{2} = 0$

> No ciclo trigonométrico, sendo α a medida de um arco, sempre teremos:
> $$-1 \leq \operatorname{sen} \alpha \leq 1$$
> $$-1 \leq \cos \alpha \leq 1$$

EXERCÍCIOS

17. Determine o sinal do seno dos arcos que medem em radiano $\dfrac{7\pi}{6}, \dfrac{2\pi}{3}, \dfrac{\pi}{4}$ e π.

18. Indique se são positivos ou negativos os cossenos dos arcos de $\dfrac{7\pi}{6}, \dfrac{2\pi}{3}, \dfrac{\pi}{4}, \pi$ e $\dfrac{3\pi}{2}$.

19. Sendo α a medida de um arco trigonométrico, copie as frases completando-as com $<$ ou $>$.

a) No 1º quadrante, sen α _____ 0 e cos α _____ 0.

b) No 2º quadrante, sen α _____ 0 e cos α _____ 0.

c) No 3º quadrante, sen α _____ 0 e cos α _____ 0.

d) No 4º quadrante, sen α _____ 0 e cos α _____ 0.

20. Indique o sinal das expressões.

a) $\operatorname{sen} 215° \cdot \operatorname{sen} 280°$

b) $(\cos 50° + \cos 325°) \cdot (\cos 215° + \cos 145°)$

c) $\dfrac{2 \cdot \cos \dfrac{\pi}{3} \cdot \operatorname{sen} \dfrac{3\pi}{4}}{-1}$

d) $\dfrac{(\operatorname{sen} 10° + \cos 80°) \cdot (\operatorname{sen} 190°)}{-2 \cdot \operatorname{sen} 300°}$

e) $\dfrac{(\cos 20° + \cos 70°) \cdot (\operatorname{sen} 170°)}{-2 \cdot \cos 340°}$

R3. Escrever os senos dos arcos a seguir em ordem crescente.

$$\pi, \dfrac{3\pi}{2}, \dfrac{2\pi}{3}, \dfrac{\pi}{12}, \dfrac{7\pi}{4}, \dfrac{10\pi}{9}$$

▶ **Resolução**

As medidas dos arcos estão em radiano. Para facilitar, podemos converter essas medidas em grau:

$\pi = 180°$

$\dfrac{3\pi}{2} = \dfrac{3 \cdot 180°}{2} = 270°$

$\dfrac{2\pi}{3} = \dfrac{2 \cdot 180°}{3} = 120°$

$\dfrac{\pi}{12} = \dfrac{180°}{12} = 15°$

$\dfrac{7\pi}{4} = \dfrac{7 \cdot 180°}{4} = 315°$

$\dfrac{10\pi}{9} = \dfrac{10 \cdot 180°}{9} = 200°$

Agora, vamos representá-las no ciclo trigonométrico.

Observando o eixo dos senos, escrevemos os senos em ordem crescente:

$\operatorname{sen} \dfrac{3\pi}{2} < \operatorname{sen} \dfrac{7\pi}{4} < \operatorname{sen} \dfrac{10\pi}{9} < \operatorname{sen} \pi < \operatorname{sen} \dfrac{\pi}{12} < \operatorname{sen} \dfrac{2\pi}{3}$

21. Escreva os cossenos dos arcos abaixo em ordem crescente sem calcular seus valores.

$$0, \dfrac{4\pi}{7}, \dfrac{6\pi}{7}, \pi \text{ e } \dfrac{8\pi}{5}$$

22. Determine o quadrante a que pertence o ângulo de medida x, se:

a) $\operatorname{sen} x = 0{,}8$

b) $\operatorname{sen} x = -0{,}99$

c) $\cos x = 0{,}3$

d) $\cos x = -0{,}88$

Valores notáveis e redução ao 1º quadrante

Você já estudou, no capítulo anterior, as razões trigonométricas dos ângulos de 30°, 45° e 60°. Esses **valores notáveis** continuam válidos para os arcos trigonométricos, como mostra a tabela a seguir.

	30° ou $\frac{\pi}{6}$	45° ou $\frac{\pi}{4}$	60° ou $\frac{\pi}{3}$
seno	$\frac{1}{2}$	$\frac{\sqrt{2}}{2}$	$\frac{\sqrt{3}}{2}$
cosseno	$\frac{\sqrt{3}}{2}$	$\frac{\sqrt{2}}{2}$	$\frac{1}{2}$

Veja esses valores no ciclo trigonométrico.

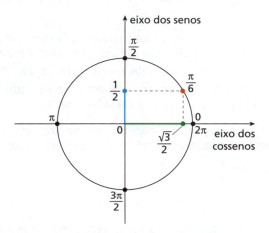

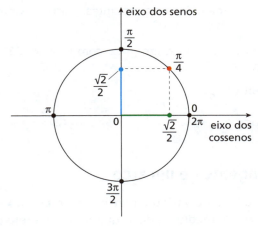

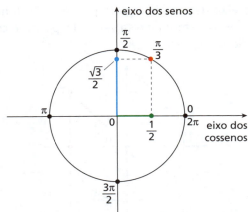

Veremos que, a partir de valores do 1º quadrante, é possível determinar o seno e o cosseno de arcos simétricos do 2º, 3º ou 4º quadrante.

Observação

Há ainda os seguintes valores, que são facilmente visualizados no ciclo:

- sen 0 = sen π = sen 2π = 0
- cos $\frac{\pi}{2}$ = cos $\frac{3\pi}{2}$ = 0
- sen $\frac{\pi}{2}$ = 1
- cos 0 = cos 2π = 1
- sen $\frac{3\pi}{2}$ = -1
- cos π = -1

EXERCÍCIOS

R4. Obter o seno e o cosseno de 150°.

▶ **Resolução**

Vamos determinar esses valores por simetria no ciclo trigonométrico. Primeiro, marcamos o arco de 150° e seu correspondente no 1º quadrante.

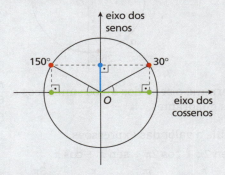

Em seguida, observamos que:
- sen 150° é positivo e tem o mesmo valor que sen 30°;
- cos 150° é negativo e vale o oposto de cos 30°.

Como sabemos os valores do seno e do cosseno para 30°, concluímos que:
- sen 150° = sen 30° = $\frac{1}{2}$
- cos 150° = $-$cos 30° = $-\frac{\sqrt{3}}{2}$

Podemos aplicar raciocínio similar para arcos de qualquer medida e para arcos de outros quadrantes.

23. Dado sen 55° $\simeq$ 0,8, calcule o valor aproximado de:
a) sen 125°
b) sen 235°
c) sen 305°

24. Sabendo que cos 25° ≃ 0,9, calcule o valor aproximado de:

a) cos 155°

b) cos 205°

c) cos 335°

25. Descubra os valores aproximados de sen α, sen β e sen θ, sabendo que os pontos de mesma cor são simétricos em relação à origem O.

(Dados: sen 27° ≃ 0,45; sen 50° ≃ 0,77 e sen 80° ≃ 0,98)

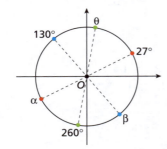

26. Descubra os valores aproximados de cos α, cos β e cos θ, sabendo que os pontos de mesma cor são simétricos em relação à origem O.

(Dados: cos 48° ≃ 0,67; cos 70° ≃ 0,34 e cos 80° ≃ 0,17)

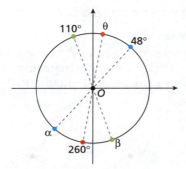

27. Determine o seno dos arcos simétricos a $\frac{\pi}{6}$ rad nos demais quadrantes.

28. Calcule o valor das expressões.

a) $\sen 2\pi + \cos 2\pi + \sen \pi + \cos \pi$

b) $\sen \frac{\pi}{2} - \sen \frac{3\pi}{2} + \cos \frac{\pi}{2} - \cos \frac{3\pi}{2}$

c) $\sen \frac{2\pi}{3} - \sen \frac{11\pi}{6} + \cos \frac{5\pi}{3} + \cos \frac{5\pi}{6}$

d) $\dfrac{\cos \frac{\pi}{2} - \cos \frac{4\pi}{3}}{2 \cdot \sen \frac{5\pi}{6}}$

e) $\dfrac{\cos \frac{2\pi}{3} + \cos \pi}{\sen \frac{\pi}{4}}$

29. Verifique se:

a) o cosseno de 90° é o triplo do cosseno de 30°.

b) o cosseno de 90° é a metade do cosseno de 180°.

c) o cosseno de 90° é o dobro do cosseno de 45°.

d) o seno de 120° é o dobro do seno de 60°.

e) o seno de 120° é metade do seno de 240°.

30. Para calcular o seno de $\frac{2\pi}{5}$, Edna digitou no painel avançado da calculadora de seu celular esta sequência de teclas:

e obteve 0,95106.

Assim, concluiu que sen $\frac{2\pi}{5}$ ≃ 0,95.

Agora, com a calculadora de um celular ou com uma calculadora científica, calcule os valores a seguir dando o resultado com três casas decimais.

a) sen $\frac{\pi}{9}$

b) sen $\frac{2\pi}{9}$

c) sen $\frac{3\pi}{9}$

(Observação: O procedimento pode variar dependendo do modelo do aparelho. Em alguns, por exemplo, a medida deve ser digitada antes de apertar a tecla sin. Nas calculadoras científicas, deve-se verificar se a unidade de medida utilizada – rad – está selecionada.)

31. Com base nos valores encontrados no exercício anterior, classifique cada igualdade em verdadeira ou falsa.

a) $2 \cdot \sen \frac{\pi}{9} = \sen \frac{2\pi}{9}$

b) $\sen \frac{\pi}{9} + \sen \frac{2\pi}{9} = \sen \frac{3\pi}{9}$

32. Em que quadrantes os arcos têm seno e cosseno com mesmo sinal? Nesses quadrantes, para que valores de α tem-se sen α = cos α?

33. Dê os valores de x, em grau, com 0° ≤ x ≤ 360°, para os quais:

a) $\sen x = \frac{1}{2}$.

b) $\cos x = -\frac{\sqrt{2}}{2}$.

3.2 Tangente de um arco

Considere o ciclo trigonométrico representado a seguir, um arco $\widehat{AP}$ de medida α do 1º quadrante e a reta perpendicular ao eixo das abscissas pelo ponto A. Prolongando o segmento $\overline{OP}$, obtemos na reta vertical o ponto T, conforme mostra a figura abaixo.

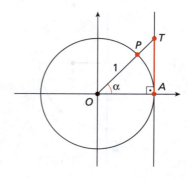

Observando o triângulo OAT, podemos calcular a tangente do ângulo α. Lembrando que o ciclo tem raio unitário, temos:

$$\text{tg}\,\alpha = \frac{AT}{OA} = \frac{AT}{1} = AT$$

Note que, nesse caso, a tangente de α corresponde à ordenada do ponto T.

Essa conclusão, obtida a partir de um arco do 1º quadrante, pode ser ampliada.

> Considere um arco $\widehat{AP}$ do ciclo trigonométrico, de medida α rad, com $0 \leq \alpha \leq 2\pi$, $\alpha \neq \frac{\pi}{2}$ e $\alpha \neq \frac{3\pi}{2}$.
>
> Seja T o ponto de intersecção da reta $\overleftrightarrow{OP}$ com a reta perpendicular ao eixo das abscissas, passando pelo ponto A.
>
>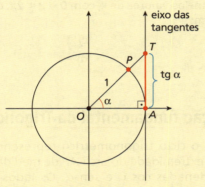
>
> A **tangente** de α é a ordenada do ponto T.

A reta $\overleftrightarrow{AT}$ é chamada de **eixo das tangentes**, com origem A e o mesmo sentido e a mesma unidade do eixo dos senos.

Observe, portanto, que a tangente pode ser positiva ou negativa, dependendo do quadrante ao qual o arco pertence.

Exemplo

Considere um arco $\widehat{AP}$ de medida α do 2º quadrante. O prolongamento do segmento $\overline{OP}$ com o eixo das tangentes é o ponto T, conforme mostra a figura abaixo.

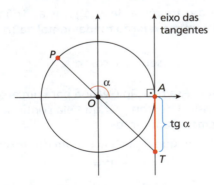

Note que, nesse caso, tg α é negativa.

Observação

> Vimos que os valores do seno e do cosseno de um arco são limitados ao intervalo $[-1, 1]$. Repare que, no caso da tangente, não há limitação, pois ela pode assumir qualquer valor real.

Valores notáveis e redução ao 1º quadrante

Os valores notáveis estudados para a tangente de ângulos agudos continuam válidos para arcos trigonométricos, como mostra a tabela a seguir.

	30° ou $\frac{\pi}{6}$	45° ou $\frac{\pi}{4}$	60° ou $\frac{\pi}{3}$
tangente	$\frac{\sqrt{3}}{3}$	1	$\sqrt{3}$

Podemos usar esses valores para calcular a tangente dos arcos simétricos do 2º, 3º ou 4º quadrante.

Exemplo

Na figura abaixo, vamos observar a tangente de alguns arcos do 1º quadrante e a tangente de seus simétricos em relação aos eixos ou à origem O.

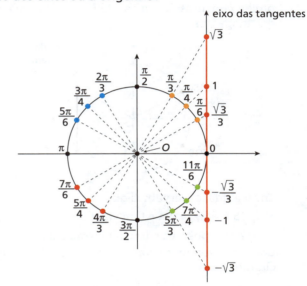

- $\text{tg}\,\frac{\pi}{6} = \text{tg}\,\frac{7\pi}{6} = \frac{\sqrt{3}}{3}$
- $\text{tg}\,\frac{2\pi}{3} = \text{tg}\,\frac{5\pi}{3} = -\sqrt{3}$
- $\text{tg}\,\frac{\pi}{4} = \text{tg}\,\frac{5\pi}{4} = 1$
- $\text{tg}\,\frac{3\pi}{4} = \text{tg}\,\frac{7\pi}{4} = -1$
- $\text{tg}\,\frac{\pi}{3} = \text{tg}\,\frac{4\pi}{3} = \sqrt{3}$
- $\text{tg}\,\frac{5\pi}{6} = \text{tg}\,\frac{11\pi}{6} = -\frac{\sqrt{3}}{3}$

Vale destacar:

tg 0 = tg π = tg 2π = 0

Não existe $\text{tg}\,\frac{\pi}{2}$ nem $\text{tg}\,\frac{3\pi}{2}$, pois, nesse caso, temos OP // AT.

EXERCÍCIOS

34. Indique se são positivos ou negativos:

tg 210°, tg 130°, tg 320°, $\text{tg}\,\frac{\pi}{5}$, $\text{tg}\,\frac{5\pi}{6}$, $\text{tg}\,\frac{4\pi}{3}$, $\text{tg}\,\frac{11\pi}{6}$

35. Copie as frases completando-as.

a) A tangente é positiva para arcos do _____ e _____ quadrantes.

b) A tangente é negativa para arcos do _____ e _____ quadrantes.

36. Determine o quadrante a que pertence o ângulo de medida x, se:
   a) tg x = 0,6
   b) tg x = −0,78

37. Indique o sinal das expressões.
   a) (tg 40° + tg 220°) · (tg 315° + tg 165°)
   b) $\dfrac{2 \cdot tg\, \dfrac{4\pi}{6} \cdot tg\, \dfrac{5\pi}{4}}{-2}$

R5. Obter a tangente de 150° e de 210°.

> **Resolução**
> Vamos determinar esses valores por simetria no ciclo trigonométrico. Primeiro, marcamos os arcos, seus correspondentes no 1º quadrante e os prolongamentos dos raios, até intersectarem o eixo das tangentes.

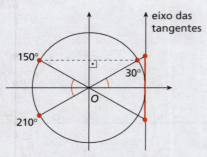

Em seguida, observamos que:
- tg 150° é negativa e tem valor oposto a tg 30°;
- tg 210° é positiva e tem o mesmo valor que tg 30°.

Como conhecemos o valor da tangente de 30°, concluímos que:
- tg 150° = −tg 30° = $-\dfrac{\sqrt{3}}{3}$
- tg 210° = tg 30° = $\dfrac{\sqrt{3}}{3}$

Podemos aplicar raciocínio similar para arcos de qualquer medida e para arcos de outros quadrantes.

38. Descubra os valores aproximados de tg α, tg β e tg θ, sabendo que os pontos de mesma cor são simétricos em relação à origem O.
(Dados: tg 20° ≃ 0,36; tg 42° ≃ 0,90 e tg 80° ≃ 5,67)

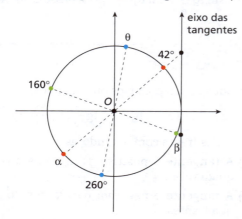

39. Dado tg 35° ≃ 0,7, calcule o valor aproximado de:
   a) tg 145°
   b) tg 215°
   c) tg 325°

40. Com base nos valores notáveis, determine:
   a) $tg\, \dfrac{2\pi}{3}$
   b) $tg\, \dfrac{7\pi}{6}$
   c) $tg\, \dfrac{7\pi}{4}$

41. Desenhe um ciclo trigonométrico e marque sobre ele ângulos de medidas α e 2α, com 0° < α < 45°.
Verifique se tg 2α = 2 · tg α.

42. Determine os valores de x, com 0 ⩽ x ⩽ 2π, cujas tangentes valem:
   a) $\sqrt{3}$
   b) $-\sqrt{3}$
   c) 1
   d) −1

3.3 Relação fundamental da Trigonometria

Observe o ciclo trigonométrico representado abaixo. O ponto P é extremidade do arco $\widehat{AP}$ de medida α rad; logo, P tem coordenadas cos α e sen α. Os lados do triângulo OCP medem OC = cos α, CP = sen α e OP = 1.

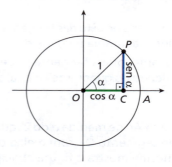

Aplicando o teorema de Pitágoras ao triângulo retângulo OCP, obtemos a **relação fundamental da Trigonometria**:

$$\text{sen}^2\, \alpha + \cos^2\, \alpha = 1$$

Vimos que essa relação é válida para um arco do 1º quadrante. É possível demonstrar que ela continua válida para arcos dos demais quadrantes.

Nos casos em que P pertence a um dos eixos, temos:
- $\text{sen}^2\, 0 + \cos^2\, 0 = 0^2 + 1^2 = 1$
- $\text{sen}^2\, \pi + \cos^2\, \pi = 0^2 + (-1)^2 = 1$
- $\text{sen}^2\, \dfrac{\pi}{2} + \cos^2\, \dfrac{\pi}{2} = 1^2 + 0^2 = 1$
- $\text{sen}^2\, \dfrac{3\pi}{2} + \cos^2\, \dfrac{3\pi}{2} = (-1)^2 + 0^2 = 1$

Assim, a relação fundamental da Trigonometria é válida para qualquer arco trigonométrico.

3.4 Relação entre tangente, seno e cosseno

Observando a figura abaixo, notamos que os triângulos *AOT* e *COP* são semelhantes.

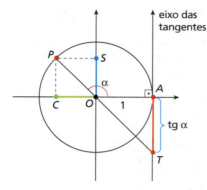

Então:

$$\frac{AT}{OA} = \frac{CP}{OC} \Rightarrow \frac{AT}{1} = \frac{OS}{OC}$$

Assim, concluímos que, nesse caso, também vale a seguinte relação:

$$\mathrm{tg}\,\alpha = \frac{\mathrm{sen}\,\alpha}{\cos\alpha}$$

Essa relação é válida para todos os valores de α para os quais a tangente está definida.

Observação

Note que a relação $\mathrm{tg}\,x = \frac{\mathrm{sen}\,x}{\cos x}$ é coerente com o fato de a tangente não estar definida para $x = \frac{\pi}{2}$ e $x = \frac{3\pi}{2}$, pois, para tais arcos, $\cos x = 0$, e assim teríamos uma divisão com o denominador zero, o que é impossível.

EXERCÍCIOS

R6. Sabendo que $\mathrm{sen}\,\alpha = 0{,}5$ e que α é a medida de um arco do 2º quadrante, obter $\cos\alpha$.

➤ **Resolução**

Podemos obter esse valor pela relação fundamental da Trigonometria:

$\mathrm{sen}^2\,\alpha + \cos^2\,\alpha = 1$

$(0{,}5)^2 + \cos^2\,\alpha = 1$

$\cos^2\,\alpha = 0{,}75$

Com uma calculadora, obtemos:

$\cos\alpha \simeq \pm 0{,}87$

Como o arco é do 2º quadrante, concluímos que $\cos\alpha$ é negativo.

Logo:

$\cos\alpha \simeq -0{,}87$

43. Determine $\cos x$ sabendo que $\mathrm{sen}\,x = \frac{5}{13}$ e que x é a medida de um arco do 1º quadrante.

44. Se $\cos x = 0{,}8$ e x é a medida de um arco do 4º quadrante, determine:
a) $\mathrm{sen}\,x$
b) $\mathrm{tg}\,x$

45. Sabendo que x é a medida de um arco do 2º quadrante e $\mathrm{sen}\,x = 0{,}6$, determine $\cos x$, $\mathrm{sen}\,(\pi + x)$ e $\cos(\pi + x)$.

46. Sendo $\cos x = \frac{\sqrt{3}}{2}$ e x a medida de um arco do 1º quadrante, determine:
a) $\mathrm{sen}\,x$ e $\mathrm{tg}\,x$.
b) o valor de x, em radiano.

R7. Sabe-se que α é a medida de um arco do 4º quadrante e que $\mathrm{tg}\,\alpha = -2{,}4$. Calcular $\mathrm{sen}\,\alpha$ e $\cos\alpha$.

➤ **Resolução**

$\mathrm{tg}\,\alpha = \frac{\mathrm{sen}\,\alpha}{\cos\alpha} = -2{,}4$

$\mathrm{sen}\,\alpha = -2{,}4 \cdot \cos\alpha$

Substituindo na relação fundamental da Trigonometria, obtemos:

$\mathrm{sen}^2\,\alpha + \cos^2\,\alpha = 1$

$(-2{,}4 \cdot \cos\alpha)^2 + \cos^2\,\alpha = 1$

$6{,}76 \cdot \cos^2\,\alpha = 1$

$\cos^2\,\alpha = \frac{100}{676}$

$\cos\alpha = \pm\frac{5}{13}$

Como o arco é do 4º quadrante, temos:

$\cos\alpha = \frac{5}{13}$

Como $\mathrm{sen}\,\alpha = -2{,}4 \cdot \cos\alpha$, temos:

$\mathrm{sen}\,\alpha = -\frac{12}{13}$

47. Se α é a medida de um arco do 3º quadrante e $\mathrm{tg}\,\alpha = \frac{4}{3}$, determine:
a) $\mathrm{sen}\,\alpha$
b) $\cos\alpha$

48. Se x é a medida de um arco do 2º quadrante e $\mathrm{tg}\,x = -\sqrt{3}$, determine:
a) $\mathrm{sen}\,x$
b) $\cos x$

49. Verifique se, para um arco de medida α, é possível que $\mathrm{sen}\,\alpha = 0{,}8$ e $\cos\alpha = 0{,}4$.

Exercícios complementares

1. Em uma circunferência de 8 m de diâmetro, toma-se um arco de 15,7 m de comprimento. Considerando $\pi = 3{,}14$, determine a medida do ângulo correspondente a esse arco, em grau.

2. Qual é a medida aproximada do raio de um arco de circunferência que mede $300°$ e tem comprimento de 200 m?

3. Calcule a medida, em radiano, de um ângulo de $140°$.

4. Um ângulo central de uma circunferência de 5 cm de raio determina sobre ela um arco de 7 cm. Calcule a medida desse ângulo em radiano.

R8. Calcular a medida do menor ângulo formado pelos ponteiros de um relógio às 11 h 45 min.

> **Resolução**
> Na figura abaixo, observamos que o ângulo procurado mede $(60° + \alpha)$, sendo α o deslocamento do ponteiro das horas durante os 45 minutos.

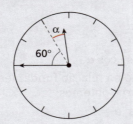

Sabemos que a cada intervalo de 60 min, o ponteiro das horas percorre: $360° : 12 = 30°$

Então, por uma regra de três, calculamos α:

$30°$ ——— 60 min
α ——— 45 min

$\dfrac{30°}{\alpha} = \dfrac{60}{45} \Rightarrow \alpha = 22{,}5°$

Assim:
$60° + \alpha = 60° + 22{,}5° = 82{,}5° = 82°30'$

Portanto, a medida do menor ângulo entre os ponteiros é $82°30'$.

5. Qual é a medida do menor ângulo formado pelos ponteiros de um relógio às 16 h 15 min?

6. Determine a medida, em grau e em radiano, dos ângulos indicados por P, Q, R e S no ciclo trigonométrico representado abaixo.

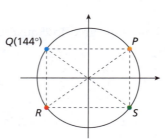

7. Considerando $\cos 32° \approx 0{,}85$, calcule o valor de:
   a) $\cos 148°$
   b) $\cos 212°$
   c) $\cos 328°$

8. Dado $\sen \alpha = 0{,}8$, sendo α um arco do 1º quadrante, determine o que se pede em cada item.
   a) $\sen(\pi - \alpha)$
   b) $\sen(\pi + \alpha)$
   c) $\sen(2\pi - \alpha)$

9. Calcule o valor de:
   a) $\sen \dfrac{5\pi}{3} - \cos \dfrac{5\pi}{4}$
   b) $\cos \dfrac{2\pi}{3} - \sen \dfrac{7\pi}{6}$

10. Escreva em ordem decrescente as tangentes dos arcos a seguir.
$$\dfrac{\pi}{12},\ \dfrac{7\pi}{12},\ \dfrac{7\pi}{6},\ \dfrac{23\pi}{12}$$

11. Se θ é a medida de um arco do 3º quadrante, em radiano, e $\sen \theta = -\dfrac{\sqrt{6}}{6}$, quanto vale $\tg \theta$?

12. Que arcos, entre 0 e 2π, têm cosseno igual a $-\dfrac{1}{2}$? Esboce o ciclo trigonométrico mostrando esses arcos.

13. Seja x a medida de um arco, em radiano, com $0 \leq x \leq 2\pi$.
    a) Quais são os valores de x que satisfazem a equação $\cos x = -\dfrac{1}{2}$?
    b) Agora, observe o ciclo trigonométrico e responda: quais são os valores de x que satisfazem a inequação $\cos x \leq -\dfrac{1}{2}$?

14. Considere a expressão $y = 1 + 2 \cdot \sen x$.
    a) Qual é o valor mínimo para $\sen x$? E o máximo?
    b) Qual é o valor mínimo para $2\sen \cdot x$? E o máximo?
    c) Agora, conclua: quais são os valores mínimo e máximo para y?

15. Qual é o menor valor de $\dfrac{3}{2 - \cos x}$, com $x \in [0, 2\pi]$?

R9. Para quais valores de $a \in \mathbb{R}$ temos $\cos \alpha = \dfrac{2a-1}{5}$?

> **Resolução**
> Sabemos que $-1 \leq \cos \alpha \leq 1$.
> Substituindo $\cos \alpha$ por $\dfrac{2a-1}{5}$ nessa desigualdade, temos:
> $-1 \leq \dfrac{2a-1}{5} \leq 1$
> Multiplicando todos os membros por 5, obtemos:
> $-5 \leq 2a - 1 \leq 5$

Adicionando 1 a todos os membros:

$-4 \leq 2a \leq 6$

Finalmente, dividindo todos os membros por 2, obtemos:

$-2 \leq a \leq 3$

Assim, temos $\cos \alpha = \dfrac{2a - 1}{5}$ para $-2 \leq a \leq 3$.

16. Indique todos os valores de $m \in \mathbb{R}$ para os quais existe $\operatorname{sen} \alpha = 2m + 5$.

QUESTÕES DE VESTIBULAR

17. (UFSCar-SP) Uma *pizza* circular será fatiada, a partir do seu centro, em setores circulares. Se o arco de cada setor medir 0,8 radiano, obtém-se um número máximo N de fatias idênticas, sobrando, no final, uma fatia menor, que é indicada na figura por fatia N + 1.

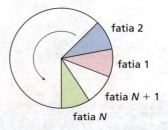

Considerando $\pi = 3{,}14$, o arco da fatia N + 1, em radiano, é:

a) 0,74
b) 0,72
c) 0,68
d) 0,56
e) 0,34

18. (UEMS) Define-se radiano como a medida de um ângulo com vértice no centro de uma circunferência e que enxerga um arco de comprimento igual à medida do raio da circunferência. Na figura a seguir, o ângulo $\alpha = 1$ rad.

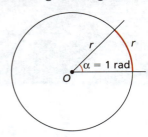

Se o perímetro da circunferência vale $2\pi r$, então 1 radiano corresponde a:

   I. um ângulo maior que 60°.

   II. um ângulo entre 50° e 60°.

   III. $\dfrac{\pi}{4}$ radianos.

É verdadeiro o que se afirma apenas em:

a) I
b) I e II
c) I e III
d) II
e) III

19. (Vunesp) Se x é a medida de um ângulo em radianos e $\dfrac{\pi}{2} < x < \dfrac{3\pi}{4}$, então:

a) $\cos x > 0$
b) $\cos 2x < 0$
c) $\operatorname{tg} x > 0$
d) $\operatorname{sen} x < 0$
e) $\operatorname{sen} 2x > 0$

20. (Insper-SP) A figura abaixo representa a circunferência trigonométrica (cujo raio mede 1). As medidas dos arcos menores $\widehat{AB}$, $\widehat{CD}$ e $\widehat{EF}$ são todas iguais a $\dfrac{\pi}{6}$. Se x, y e z são números reais positivos e representam, respectivamente, as medidas dos arcos trigonométricos $\widehat{AB}$, $\widehat{AC}$ e $\widehat{AF}$, então $\operatorname{sen} x + \operatorname{sen} y + \operatorname{sen} z + \cos x + \cos y + \cos z$ é igual a:

a) $\dfrac{3}{2} - \dfrac{3\sqrt{3}}{2}$

b) $\dfrac{1}{2} - \dfrac{3\sqrt{3}}{2}$

c) $\dfrac{3}{2} - \dfrac{\sqrt{3}}{2}$

d) $\dfrac{1}{2} - \dfrac{\sqrt{3}}{2}$

e) $\dfrac{3}{4} - \dfrac{\sqrt{3}}{4}$

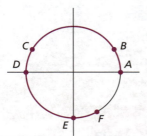

21. (Fatec-SP) Na circunferência trigonométrica abaixo, considere o arco $\widehat{AM}$, de medida $\dfrac{\pi}{3}$ radianos.

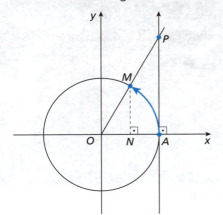

Então:

a) $AP = 1$
b) $MN = \sqrt{3}$
c) $ON = \sqrt{2}$
d) $AN = \dfrac{1}{3}$
e) $OP = 2$

Mais questões: no livro digital, em **Vereda Digital Suplemento de revisão e vestibulares**; no *site*, em **AprovaMax**.

Capítulo 12 • Ciclo trigonométrico – 1ª volta **247**

CAPÍTULO 13
FUNÇÕES TRIGONOMÉTRICAS

Praia de Juqueí, SP.

1. Funções periódicas

Muitos fenômenos naturais, físicos e sociais têm comportamento **periódico**, isto é, repetem-se a cada determinado intervalo de tempo, e podem ser modelados por **funções trigonométricas**. Isso significa que essas funções são capazes de representar, de modo aproximado, as oscilações desses fenômenos no decorrer de um intervalo de tempo.

A maré — movimento de descida e de subida do nível das águas que ocorre devido à força gravitacional exercida pela Lua e pelo Sol na Terra — é um exemplo de fenômeno periódico; por isso, pode ser representada por uma função trigonométrica. Acompanhe a situação a seguir.

Em uma cidade litorânea, em determinada época do ano, a maré baixa acontece por volta das 12 h e das 24 h, e a maré alta ocorre às 6 h e às 18 h. A função trigonométrica descrita pela lei abaixo modela, de modo aproximado, a altura h da maré (em metro) nessa época:

$$h(t) = 2 + 0{,}5 \cdot \cos\left(t \cdot \frac{\pi}{6} + \pi\right),$$

em que o tempo (t) é medido em hora a partir da zero hora.

Analisando o gráfico dessa função, podemos observar que ela descreve o comportamento periódico da maré:

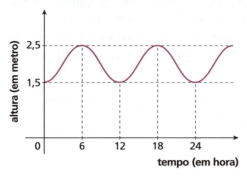

Note que o gráfico "se repete" a cada 12 horas, assim como a altura da maré. Também é possível concluir que:

- a maré alta atinge 2,5 m de altura (e ocorre às 6 h e às 18 h);
- a maré baixa tem 1,5 m de altura (e ocorre à 0 h, às 12 h e às 24 h).

Pela lei da função, também podemos verificar algebricamente essas conclusões. Por exemplo, à 0 h e às 6 h, temos:

$h(0) = 2 + 0,5 \cdot \cos\left(0 \cdot \frac{\pi}{6} + \pi\right)$

$h(0) = 2 + 0,5 \cdot \cos(\pi)$

$h(0) = 2 + 0,5 \cdot (-1)$

$h(0) = 1,5$

$h(6) = 2 + 0,5 \cdot \cos\left(6 \cdot \frac{\pi}{6} + \pi\right)$

$h(6) = 2 + 0,5 \cdot \cos(2\pi)$

$h(6) = 2 + 0,5 \cdot 1$

$h(6) = 2,5$

Assim, concluímos que à 0 h a maré atinge 1,5 m, e às 6 h atinge 2,5 m.

Além do nível das marés, muitos outros fenômenos apresentam comportamento periódico, como as variações da temperatura terrestre e da pressão sanguínea e a propagação do som.

Neste capítulo, vamos estudar as funções trigonométricas seno, cosseno e tangente, que surgem com frequência na modelagem matemática de fenômenos que apresentam periodicidade.

Definição de função periódica

Intuitivamente, vimos que uma função periódica se repete a cada determinado intervalo de tempo. Algebricamente, podemos definir:

> Uma função $f: \mathbb{R} \to \mathbb{R}$ é chamada de **função periódica** quando existe um número real positivo p tal que, para todo $x \in \mathbb{R}$, $f(x) = f(x + p)$.

O menor valor positivo de p que satisfaz a igualdade acima é chamado de **período de f**.

EXERCÍCIOS

1. Considerando o exemplo das marés descrito anteriormente, responda: qual é o período da função apresentada? O que isso significa naquele contexto?

R1. No plano cartesiano representado abaixo foi traçado o gráfico da função periódica g. Analisar o gráfico e identificar o período dessa função.

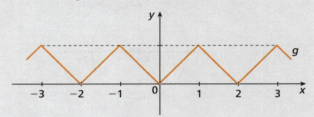

➤ **Resolução**

Analisando alguns pontos do gráfico, podemos verificar que:
- $g(-2) = 0$
- $g(0) = 0$
- $g(2) = 0$

Logo, como a função g é periódica, podemos observar que $g(x) = g(x + 2)$.

Portanto, o período dessa função é 2 (menor intervalo em que a função "se repete").

2. Em cada plano cartesiano a seguir está representada graficamente uma função periódica. Qual é o período de cada uma dessas funções?

a)

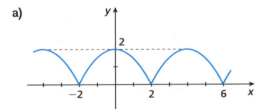

b)

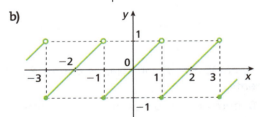

c)

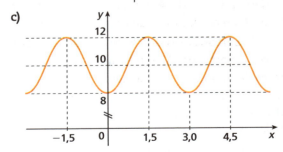

3. Observe os gráficos da questão anterior. Qual é o valor mínimo e o valor máximo de cada uma das funções?

Capítulo 13 • Funções trigonométricas **249**

2. Ciclo trigonométrico

Já vimos que o ciclo trigonométrico tem raio de medida 1 e centro na origem do sistema cartesiano. O ponto $A(1, 0)$ é a origem de todos os arcos (ângulos), e a circunferência é orientada com sentido positivo anti-horário.

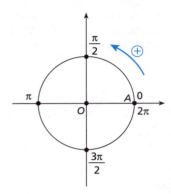

No capítulo anterior, estudamos apenas a primeira volta do ciclo trigonométrico (arcos com medidas entre 0 e 2π). A seguir, vamos ampliar esse estudo para as infinitas voltas, associando números reais aos pontos do ciclo trigonométrico. Isso possibilitará, mais adiante, o estudo das funções trigonométricas.

2.1 A função de Euler

Vamos definir a função $E: \mathbb{R} \to \Omega$, que associa cada número real t a um único ponto P localizado na circunferência Ω, conforme ilustrado a seguir.

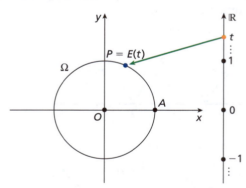

- Se $t = 0$, então $P \equiv A$, ou seja, os pontos P e A são coincidentes.
- Se $t > 0$, percorremos o ciclo no sentido anti-horário (positivo), a partir de A, e marcamos nele o ponto P, extremidade do arco $\overset{\frown}{AP}$, de comprimento t.
- Se $t < 0$, percorremos o ciclo no sentido horário (negativo), a partir de A, e marcamos nele o ponto P, extremidade do arco $\overset{\frown}{AP}$, de comprimento $|t|$.

Em referência a seu criador — o matemático suíço Leonhard Euler (1707-1783) —, essa função é chamada de **função de Euler**.

Como o raio do ciclo trigonométrico mede 1, o comprimento do arco é numericamente igual à sua medida angular, em radiano.

Por isso, podemos imaginar que a função de Euler consiste em "enrolar" a reta $\mathbb{R}$ sobre a circunferência Ω, de modo que o zero da reta coincida com o ponto $A(1, 0)$ e que o sentido positivo da "reta enrolada" seja o anti-horário.

A função de Euler é periódica, de período 2π, ou seja:
$$E(t) = E(t + 2k\pi), \text{ com } k \in \mathbb{Z}$$

Exemplo

No ciclo trigonométrico, as imagens dos números reais 0, $\dfrac{\pi}{4}$, π, $\dfrac{3\pi}{2}$, $-\dfrac{\pi}{2}$ e 3π podem ser representadas assim:

$0 \longrightarrow$ ponto A

$\dfrac{\pi}{4} \longrightarrow$ ponto B

$\pi \longrightarrow$ ponto C

$\dfrac{3\pi}{2} \longrightarrow$ ponto D

$-\dfrac{\pi}{2} \longrightarrow$ ponto E

$3\pi \longrightarrow$ ponto F

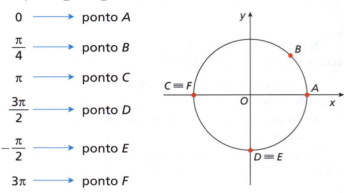

Note que:
- para obter a imagem do número negativo, percorremos o ciclo no sentido horário;
- um mesmo ponto pode representar mais de um número; por exemplo, as imagens dos números $\dfrac{3\pi}{2}$ e $-\dfrac{\pi}{2}$ coincidem ($D \equiv E$) e de π e 3π também coincidem ($C \equiv F$).

2.2 Arcos côngruos

Arcos que têm a mesma extremidade no ciclo trigonométrico são chamados de **arcos côngruos**. Por exemplo, percorrendo $60°$, $-300°$, $420°$ e $-660°$, obtemos o mesmo ponto P, conforme mostram as figuras a seguir.

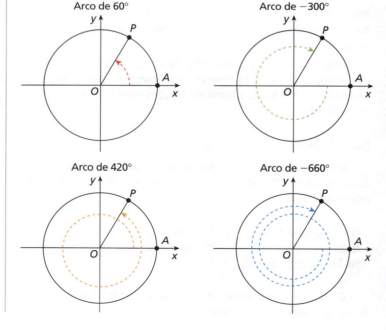

Por isso, dizemos que esses arcos são côngruos. Indicamos essa congruência assim:

$$60° \equiv -300° \equiv 420° \equiv -660°$$

Note que, tanto no sentido positivo quanto no negativo, existem infinitos arcos associados a um mesmo ponto do ciclo trigonométrico. É possível escrever uma **expressão geral** para representar esses infinitos arcos. Nesse exemplo, uma expressão geral é $60° + k \cdot 360°$, com $k \in \mathbb{Z}$.

Para arcos trigonométricos medidos em radiano, pela função de Euler, se um ponto P é a imagem de certo número t, também é a imagem dos números $t \pm 2\pi$, $t \pm 4\pi$, ..., ou seja, genericamente, é a imagem de todos os números $t + k \cdot 2\pi$, com $k \in \mathbb{Z}$.

> A **expressão geral de todos os arcos côngruos** de medida t é dada por:
> $$t + k \cdot 2\pi, \text{ com } k \in \mathbb{R}$$
> ou
> $$t + k \cdot 360°, \text{ com } k \in \mathbb{R}$$

EXERCÍCIOS

4. Desenhe um ciclo trigonométrico e marque as imagens correspondentes aos números:

a) $\dfrac{\pi}{6}$

b) $\dfrac{\pi}{6} + \pi$

c) $\dfrac{5\pi}{6}$

d) $-\dfrac{5\pi}{6}$

R2. Desenhar um ciclo trigonométrico e marcar as imagens dos números:

a) $\dfrac{8\pi}{3}$

b) $-\dfrac{17\pi}{3}$

➤ **Resolução**

a) Observamos que:

$$\dfrac{8\pi}{3} = \dfrac{6\pi}{3} + \dfrac{2\pi}{3} = 2\pi + \dfrac{2\pi}{3}$$

Ou seja, para obter $\dfrac{8\pi}{3}$, percorremos uma volta completa mais um arco de $\dfrac{2\pi}{3}$. Então, basta percorrer $\dfrac{2\pi}{3}$, pois $\dfrac{8\pi}{3} \equiv \dfrac{2\pi}{3}$.

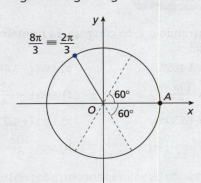

b) Observamos que:

$$-\dfrac{17\pi}{3} = -\dfrac{12\pi}{3} - \dfrac{5\pi}{3} = -4\pi - \dfrac{5\pi}{3} = -2 \cdot 2\pi - \dfrac{5\pi}{3}$$

Ou seja, para obter $-\dfrac{17\pi}{3}$, percorremos no sentido negativo duas voltas completas mais um arco de $\dfrac{5\pi}{3}$. Então, basta percorrer $-\dfrac{5\pi}{3}$, pois $-\dfrac{17\pi}{3} \equiv -\dfrac{5\pi}{3}$.

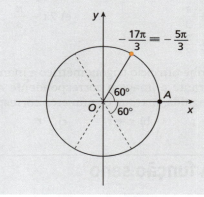

5. Desenhe um ciclo trigonométrico e marque a imagem de cada número abaixo.

a) $\dfrac{\pi}{4}$

b) $\dfrac{2\pi}{3}$

c) $-\dfrac{4\pi}{3}$

d) $-\dfrac{15\pi}{4}$

e) $-\dfrac{\pi}{6}$

f) $\dfrac{47\pi}{6}$

R3. Usando a medida da primeira volta positiva, escrever a expressão geral dos arcos côngruos a:

a) $\dfrac{41\pi}{6}$

b) $1.105°$

➤ **Resolução**

a) $\dfrac{41\pi}{6} = \dfrac{36\pi}{6} + \dfrac{5\pi}{6} = 3 \cdot 2\pi + \dfrac{5\pi}{6}$

Ou seja, $\dfrac{41\pi}{6}$ é côngruo ao arco de medida $\dfrac{5\pi}{6}$ na primeira volta positiva. Logo, a expressão pedida é

$$\dfrac{5\pi}{6} + k \cdot 2\pi, \text{ com } k \in \mathbb{Z}.$$

b) Dividindo $1.105°$ por $360°$, descobrimos o número de voltas completas na circunferência:

$$\begin{array}{r|l} 1.105° & 360° \\ 25° & 3 \end{array}$$

$1.105° = 3 \cdot 360° + 25°$

Ou seja, $1.105°$ é côngruo ao arco de $25°$ na primeira volta positiva. Logo, a expressão pedida é $25° + k \cdot 360°$, com $k \in \mathbb{Z}$.

6. Usando a medida da primeira volta positiva, escreva uma expressão geral dos arcos côngruos a:

a) $60°$

b) $\dfrac{\pi}{6}$

c) $385°$

d) $\dfrac{25\pi}{7}$

e) $3.000°$

f) $\dfrac{67\pi}{6}$

7. Desenhe um ciclo trigonométrico e marque as imagens correspondentes aos números a seguir.

a) $\dfrac{\pi}{3}$

b) $\pi - \dfrac{\pi}{3}$

c) $\pi + \dfrac{\pi}{3}$

d) $-\dfrac{\pi}{3}$

e) $2\pi - \dfrac{\pi}{3}$

8. Desenhe um ciclo trigonométrico e marque no primeiro quadrante a imagem correspondente a um número t. Em seguida, marque os números correspondentes a:

a) $\pi - t$ b) $\pi + t$ c) $-t$ d) $2\pi - t$

3. A função seno

Seja P a extremidade de um arco no ciclo trigonométrico correspondente ao número real x, conforme definido na função de Euler.

Considerando a projeção ortogonal de P no eixo vertical, a ordenada do ponto P é o seno do arco de medida x.

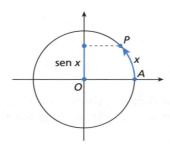

A função **seno** é a função $f: \mathbb{R} \to \mathbb{R}$ que associa cada número real x ao número real sen x, ou seja, $f(x) = \text{sen } x$.

Vamos construir o gráfico dessa função, dada por $f(x) = \text{sen } x$, com base nos dados de uma tabela de valores para x. Inicialmente, consideramos alguns valores da primeira volta, para os quais o seno já é conhecido:

x	0	$\dfrac{\pi}{4}$	$\dfrac{\pi}{2}$	$\dfrac{3\pi}{4}$	π	$\dfrac{5\pi}{4}$	$\dfrac{3\pi}{2}$	$\dfrac{7\pi}{4}$	2π
sen x	0	$\dfrac{\sqrt{2}}{2}$	1	$\dfrac{\sqrt{2}}{2}$	0	$-\dfrac{\sqrt{2}}{2}$	-1	$-\dfrac{\sqrt{2}}{2}$	0

Para alguns valores de x maiores que 2π ou menores que zero, temos:

x	$\dfrac{9\pi}{4}$	$\dfrac{5\pi}{2}$	$\dfrac{11\pi}{4}$	$-\dfrac{\pi}{4}$	$-\dfrac{\pi}{2}$	$-\dfrac{3\pi}{4}$
sen x	$\dfrac{\sqrt{2}}{2}$	1	$\dfrac{\sqrt{2}}{2}$	$-\dfrac{\sqrt{2}}{2}$	-1	$-\dfrac{\sqrt{2}}{2}$

Observe que, para valores de x maiores que 2π ou menores que zero, o seno de x assume os valores do seno de arcos da primeira volta. Assim, a função seno é periódica, pois, para todo $x \in \mathbb{R}$, temos:

sen x = sen $(x + 2\pi)$ = sen $(x + 4\pi)$ = ... = sen $(x + 2k\pi)$, com $k \in \mathbb{Z}$

Por isso, a curva obtida no intervalo $[0, 2\pi]$ repete-se para $x > 2\pi$ e para $x < 0$.

Assim, o gráfico da função seno estende-se por todo o eixo x e tem o seguinte formato:

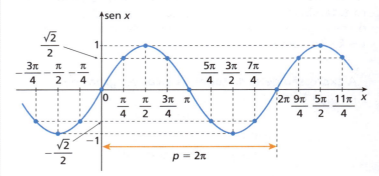

Características da função seno

Por definição, o domínio e o contradomínio da função seno são iguais a $\mathbb{R}$.

Pelo seu gráfico, chamado de **senoide**, observamos ainda que a função seno:

- é periódica, de período 2π (a curva se repete a cada intervalo de 2π);
- é limitada, pois os valores de sen x estão no intervalo $[-1, 1]$; logo, seu conjunto imagem é Im = $[-1, 1]$;
- tem **amplitude** (metade da diferença entre as ordenadas máxima e mínima dos pontos do gráfico) igual a 1.

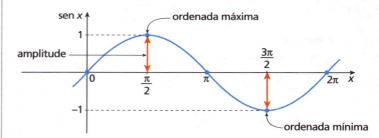

EXERCÍCIOS

9. Encontrando o arco côngruo da primeira volta positiva, calcule:

a) sen $3.465°$

b) sen $\dfrac{13\pi}{4}$

c) sen $4.230°$

d) sen $\left(-\dfrac{10\pi}{3}\right)$

e) sen $(-3.465°)$

f) sen $\left(-\dfrac{13\pi}{4}\right)$

g) sen $(-4.230°)$

h) sen $\dfrac{10\pi}{3}$

10. Observando os valores encontrados no item anterior, responda: que relação eles sugerem entre sen α e sen $(-\alpha)$?

R4. Determinar os valores reais de m para os quais existe a igualdade sen $x = 3m - 2$.

➤ **Resolução**

Como os valores da função f de lei $f(x) = $ sen x variam no intervalo $[-1, 1]$, temos:

$-1 \leq$ sen $x \leq 1$ ⎫ substituindo sen x por $3m - 2$

$-1 \leq 3m - 2 \leq 1$ ⎫ adicionando 2 a todos os membros

$1 \leq 3m \leq 3$ ⎫ dividindo todos os membros por 3

$\dfrac{1}{3} \leq m \leq 1$

Então, m assume valores em $\mathbb{R}$ tais que $\dfrac{1}{3} \leq m \leq 1$.

11. Determine os valores reais de k para os quais existe x tal que:

a) sen $x = 2k - 3$

b) sen $x = \dfrac{2k + 4}{3}$

12. Faça um esboço do gráfico de $f(x) = $ sen x para $x \in [2\pi, 4\pi]$.

13. Dois alunos fizeram a representação gráfica da função f, de lei $f(x) = 1 + $ sen x. Um utilizou um *software* de construção de gráficos; o outro fez o gráfico no caderno.

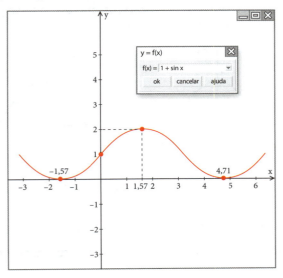

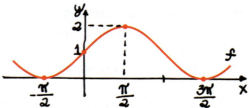

Em grupo, analisem os gráficos e respondam às questões a seguir.

a) Por que o aluno que fez o gráfico com o *software* encontrou o período da função f igual a 6,28, e o aluno que fez o gráfico à mão encontrou o resultado 2π?

b) Qual é a amplitude dessa função?

c) Quais são o domínio e o conjunto imagem da função f?

d) Compare o gráfico da função f de lei $f(x) = 1 + $ sen x com o da função g de lei $g(x) = $ sen x. O que você pode concluir?

R5. Em um sistema predador-presa, o número de predadores e de presas tende a variar periodicamente. Considere que em determinada região, onde leões são os predadores e zebras são as presas, a população de zebras tenha variado de acordo com a função dada por $Z(t) = 850 + 400 \cdot $ sen $\dfrac{\pi t}{4}$, em que o tempo t é medido, em ano, a partir de janeiro de 2000 ($t = 0$).

a) Quantas zebras havia em janeiro de 2016?

b) Qual foi a população mínima de zebras atingida nessa região?

c) De acordo com a função dada, quando foi a primeira vez que a população de zebras foi mínima?

d) De quanto em quanto tempo a população de zebras se repete?

➤ **Resolução**

a) Em janeiro de 2016, temos $t = 16$. Substituindo t por 16 na equação dada, obtemos:

$Z(16) = 850 + 400 \cdot $ sen $\left(\dfrac{\pi \cdot 16}{4}\right)$

$Z(16) = 850 + 400 \cdot $ sen (4π)

$Z(16) = 850 + 400 \cdot 0 = 850$

Logo, em janeiro de 2016 havia 850 zebras.

b) A população mínima ocorre quando sen $\dfrac{\pi t}{4}$ atinge seu valor mínimo, ou seja, quando sen $\dfrac{\pi t}{4} = -1$.

Então, para esse valor, temos:

$Z(t) = 850 + 400 \cdot (-1) = 450$

Logo, a população mínima foi de 450 zebras.

c) Na primeira volta do ciclo trigonométrico, sen x atinge seu valor mínimo (-1) para $x = \dfrac{3\pi}{2}$.

Então, a função dada será mínima para:

$\dfrac{\pi t}{4} = \dfrac{3\pi}{2} \Rightarrow \dfrac{t}{4} = \dfrac{3}{2} \Rightarrow t = \dfrac{3 \cdot 4}{2} \Rightarrow t = 6$

Portanto, a população de zebras atingiu seu valor mínimo, pela primeira vez, 6 anos após janeiro de 2000, ou seja, em janeiro de 2006.

d) A função seno tem período 2π. Assim:

$\dfrac{\pi t}{4} = 2\pi \Rightarrow \dfrac{t}{4} = 2 \Rightarrow t = 8$

Logo, a população de zebras se repete de 8 em 8 anos.

14. A procura por emprego em certa empresa obedece à função de lei $f(t) = 2.500 + 1.215 \cdot \text{sen}\left(\dfrac{\pi t}{3} + \dfrac{\pi}{4}\right)$, em que t, em mês, é contado a partir de janeiro de 2017 e $f(t)$ é o número de pessoas. Determine o número máximo de pessoas que procuram emprego nessa empresa.

15. A altura h, em metro, da maré em certo ponto do litoral, em função do tempo, é dada aproximadamente pela expressão $h(t) = 3 + 2 \cdot \text{sen}\left(\dfrac{\pi}{6} \cdot t\right)$, em que t é o tempo, medido em hora, a partir do meio-dia.

a) Qual foi a altura máxima atingida pela maré? E a mínima?

b) Com base em uma tabela, esboce o gráfico dessa função.

c) Em um dia, a que horas ocorre a maré alta? E a maré baixa?

d) De quanto em quanto tempo a altura da maré se repete?

16. Considere uma função do tipo $f(x) = k \cdot \text{sen } x$. Vamos determinar como a presença do parâmetro k, $k \in \mathbb{R}_+^*$, modifica o gráfico da função g de lei $g(x) = \text{sen } x$. Para isso, utilizamos como exemplo a função f de lei $f(x) = 2 \cdot \text{sen } x$. Resolva com um colega os itens a seguir.

a) Criem uma tabela com três colunas, intituladas: x, sen x e $2 \cdot$ sen x. Completem a tabela considerando os valores de x variando no intervalo $[0, 2\pi]$.

b) Em um sistema de eixos cartesianos, construam o gráfico da função g de lei $g(x) = \text{sen } x$.

c) No mesmo sistema, construam o gráfico da função f de lei $f(x) = 2 \cdot \text{sen } x$.

d) Comparem a amplitude da função g com a amplitude da função f. O que vocês observam?

e) Façam o mesmo para $h(x) = 3 \cdot \text{sen } x$. Como vocês generalizariam o resultado do item **d** para funções do tipo $i(x) = k \cdot \text{sen } x$, em que $k \in \mathbb{R}_+^*$?

4. A função cosseno

Seja P a extremidade de um arco no ciclo trigonométrico correspondente ao número real x, conforme definido na função de Euler.

Considerando a projeção ortogonal de P no eixo horizontal, a abscissa do ponto P é o cosseno do arco de medida x.

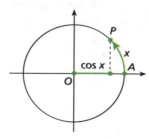

A função **cosseno** é a função $f: \mathbb{R} \to \mathbb{R}$ que associa cada número real x ao número real cos x, ou seja, $f(x) = \cos x$.

Vamos construir o gráfico dessa função, dada por $f(x) = \cos x$, partindo de uma tabela de valores para x. Inicialmente, consideramos alguns valores da primeira volta, para os quais o cosseno já é conhecido:

x	0	$\dfrac{\pi}{4}$	$\dfrac{\pi}{2}$	$\dfrac{3\pi}{4}$	π	$\dfrac{5\pi}{4}$	$\dfrac{3\pi}{2}$	$\dfrac{7\pi}{4}$	2π
cos x	1	$\dfrac{\sqrt{2}}{2}$	0	$-\dfrac{\sqrt{2}}{2}$	-1	$-\dfrac{\sqrt{2}}{2}$	0	$\dfrac{\sqrt{2}}{2}$	1

Para alguns valores de x maiores que 2π ou menores que zero, temos:

x	$\dfrac{9\pi}{4}$	$\dfrac{5\pi}{2}$	$\dfrac{11\pi}{4}$	$-\dfrac{\pi}{4}$	$-\dfrac{\pi}{2}$	$-\dfrac{3\pi}{4}$
cos x	$\dfrac{\sqrt{2}}{2}$	0	$-\dfrac{\sqrt{2}}{2}$	$\dfrac{\sqrt{2}}{2}$	0	$-\dfrac{\sqrt{2}}{2}$

Observe que, para valores de x maiores que 2π ou menores que zero, o cosseno de x assume os valores do cosseno de arcos da primeira volta. Assim, a função cosseno é periódica, pois, para todo $x \in \mathbb{R}$, temos:

$\cos x = \cos (x + 2\pi) = \cos (x + 4\pi) = ... = \cos (x + 2k\pi)$, com $k \in \mathbb{Z}$

Por isso, a curva obtida no intervalo $[0, 2\pi]$ repete-se para $x > 2\pi$ e $x < 0$.

Assim, o gráfico da função cosseno estende-se por todo o eixo x e tem o seguinte formato:

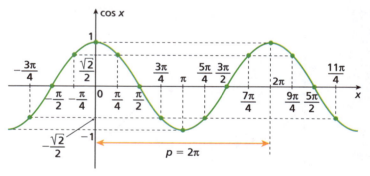

Repare que o gráfico da função cosseno é uma translação (deslocamento) da senoide de $\dfrac{\pi}{2}$ rad para a esquerda.

Características da função cosseno

Por definição, o domínio e o contradomínio da função cosseno são iguais a $\mathbb{R}$.

Pelo seu gráfico, observamos, entre outras características, que a função cosseno:

- é periódica, de período 2π (a curva se repete a cada intervalo de 2π);
- é limitada, pois os valores de cos x estão no intervalo $[-1, 1]$, o que significa que seu conjunto imagem é Im $= [-1, 1]$;
- tem amplitude igual a 1.

EXERCÍCIOS

17. Encontrando o arco côngruo da primeira volta positiva, calcule:

a) $\cos 3.465°$

b) $\cos \dfrac{13\pi}{4}$

c) $\cos 4.230°$

d) $\cos\left(-\dfrac{10\pi}{3}\right)$

e) $\cos(-3.465°)$

f) $\cos\left(-\dfrac{13\pi}{4}\right)$

g) $\cos(-4.230°)$

h) $\cos \dfrac{10\pi}{3}$

18. Observando os valores encontrados no item anterior, responda: que relação eles sugerem entre $\cos \alpha$ e $\cos(-\alpha)$?

19. Determine os valores reais de k para os quais existe x tal que:

a) $\cos x = 3k + 7$

b) $\cos x = \dfrac{5k - 2}{2}$

R6. Calcular, para $x = \dfrac{\pi}{3}$, o valor da expressão:

$\cos x + \cos 2x + \cos 3x + ... + \cos 10x$

▶ **Resolução**

Substituindo x por $\dfrac{\pi}{3}$, obtemos a expressão:

$\cos \dfrac{\pi}{3} + \cos \dfrac{2\pi}{3} + \cos \dfrac{3\pi}{3} + ... + \cos \dfrac{10\pi}{3} =$

$= \dfrac{1}{2} - \dfrac{1}{2} - 1 - \dfrac{1}{2} + \dfrac{1}{2} + 1 + \dfrac{1}{2} - \dfrac{1}{2} - 1 - \dfrac{1}{2} = -\dfrac{3}{2}$

Assim, para $x = \dfrac{\pi}{3}$, a expressão vale $-\dfrac{3}{2}$.

20. Calcule, para $x = \dfrac{\pi}{4}$, o valor da expressão:

$\cos 2x + \cos 4x + \cos 6x + ... + \cos 78x + \cos 80x$

21. Faça um esboço do gráfico de f, de lei $f(x) = \cos x$, para $x \in [2\pi, 4\pi]$.

22. A curva apresentada abaixo é a representação gráfica da função g, com $g(x) = 1 + \cos x$.

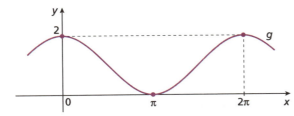

Analisando o gráfico, responda às questões.

a) Qual é o período da função g?

b) Qual é a amplitude dessa função?

c) Quais são o domínio e o conjunto imagem da função g?

d) Compare o gráfico da função g com o da função f de lei $f(x) = \cos x$. O que você pode concluir?

23. Observe que os dois gráficos abaixo, traçados no mesmo sistema cartesiano, representam funções no intervalo $[0, 2\pi]$ e são simétricos em relação ao eixo x.

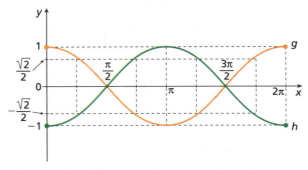

São gráficos de funções do tipo $f(x) = k \cdot \cos x$:

- o gráfico em laranja representa a função dada por $g(x) = 1 \cdot \cos x$;
- o gráfico em verde representa a função dada por $h(x) = -1 \cdot \cos x$.

Com base nessas considerações, construa os gráficos das funções m e n de leis $m(x) = \operatorname{sen} x$ e $n(x) = -\operatorname{sen} x$ em um mesmo sistema cartesiano no intervalo $[0, 2\pi]$.

24. Diversas doenças são sazonais, ou seja, em determinado período do ano têm maior ocorrência. Esse é o caso da dengue, que tem maior ocorrência no período quente e chuvoso do ano, época em que há condições mais favoráveis para a proliferação do mosquito transmissor da doença.

O número de casos de dengue, em determinada região, variou aproximadamente de acordo com a função n dada por $n(t) = 6.380 + 5.900 \cdot \cos\left(\dfrac{\pi \cdot t - \pi}{6}\right)$, em que t é o mês do ano, sendo $t = 1$ para janeiro, $t = 2$ para fevereiro, ..., $t = 12$ para dezembro.

Quantos casos ocorreram no pico da doença? Em que mês ocorreu esse pico?

Eliminar focos de água parada é a principal medida de prevenção contra a dengue.

5. A função tangente

Seja P a extremidade de um arco, na circunferência trigonométrica de centro O, correspondente ao número real x.

Consideremos o ponto T de intersecção entre a reta $\overleftrightarrow{OP}$ e a reta tangente à circunferência pelo ponto A(1, 0). Sabemos que a ordenada do ponto T é a tangente do arco de medida x.

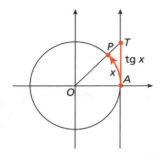

> A função **tangente** é a função $f: \mathbb{R} - \left\{\dfrac{\pi}{2} + k\pi, k \in \mathbb{Z}\right\} \to \mathbb{R}$ que associa cada número real x do domínio ao número real tg x, ou seja, $f(x) = \text{tg } x$.

Observação

Quando x é a medida de um arco côngruo a $\dfrac{\pi}{2}$ rad ou a $\dfrac{3\pi}{2}$ rad, não há intersecção da reta $\overleftrightarrow{OP}$ com a reta tangente à circunferência pelo ponto A(1, 0). Por isso, a função tangente não está definida para $x = \dfrac{\pi}{2} + k\pi$, com $k \in \mathbb{Z}$.

Vamos construir o gráfico dessa função, dada por $f(x) = \text{tg } x$, com os dados de uma tabela de valores para x. Inicialmente, vamos considerar x no intervalo $[0, 2\pi]$:

x	0	$\dfrac{\pi}{4}$	$\dfrac{\pi}{2}$	$\dfrac{3\pi}{4}$	π	$\dfrac{5\pi}{4}$	$\dfrac{3\pi}{2}$	$\dfrac{7\pi}{4}$	2π
tg x	0	1	∄	−1	0	1	∄	−1	0

Para alguns valores de x maiores que 2π ou menores que zero, temos:

x	$\dfrac{9\pi}{4}$	$\dfrac{5\pi}{2}$	$\dfrac{11\pi}{4}$	3π	$-\dfrac{\pi}{4}$	$-\dfrac{\pi}{2}$	$-\dfrac{3\pi}{4}$	$-\pi$
tg x	1	∄	−1	0	−1	∄	1	0

Observe que, para valores de x maiores que π ou menores que zero, a tangente de x assume os valores da tangente de arcos da primeira meia-volta. Assim, a função tangente é periódica, pois, para todo x do seu domínio, temos:

$\text{tg } x = \text{tg }(x + \pi) = \text{tg }(x + 2\pi) = ... = \text{tg }(x + k\pi)$, com $k \in \mathbb{Z}$

Por isso, a curva obtida no intervalo $\left]-\dfrac{\pi}{2}, \dfrac{\pi}{2}\right[$ repete-se para $x > \dfrac{\pi}{2}$ e $x < -\dfrac{\pi}{2}$.

Assim, o gráfico da função tangente tem o seguinte formato:

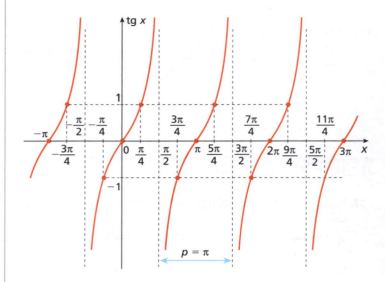

Características da função tangente

Por definição, o domínio da função tangente é $\mathbb{R} - \left\{\dfrac{\pi}{2} + k\pi, k \in \mathbb{Z}\right\}$, e o contradomínio é $\mathbb{R}$.

Pelo seu gráfico, observamos ainda que a função tangente:
- é periódica, de período π;
- não é limitada, já que seu conjunto imagem é $\text{Im} = \;]-\infty, +\infty[$ ou $\mathbb{R}$.

As retas verticais que passam pelos pontos de abscissa $\dfrac{\pi}{2} + k\pi$, com $k \in \mathbb{Z}$, são denominadas **assíntotas** da curva que representa a função f, dada por $f(x) = \text{tg } x$. Quando um ponto se move ao longo de uma parte extrema dessa curva, a distância desse ponto à assíntota se aproxima de zero, porém nunca é igual a zero, ou seja, o gráfico de f e qualquer dessas retas não têm ponto comum.

EXERCÍCIOS

25. Encontrando a medida do arco côngruo do primeiro ou do segundo quadrante, calcule:

a) tg 1.395°

b) $\text{tg}\left[\dfrac{(-11\pi)}{3}\right]$

c) tg (−1.170°)

d) tg 11π

26. Dê o valor de:

a) $\text{tg}\left(\dfrac{\pi}{6}\right)$

b) $\text{tg}\left(\dfrac{\pi + \pi}{6}\right)$

c) tg 120°

d) tg (180° + 120°)

27. A curva abaixo é a representação gráfica da função h, tal que $h(x) = 1 + \text{tg } x$.

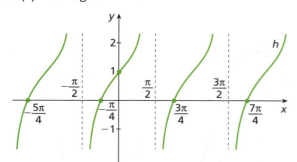

Analisando o gráfico, responda às questões.

a) Qual é o período da função h?
b) Por quais valores de x passam as assíntotas da função h?
c) Quais são o domínio e o conjunto imagem da função h?

R7. Determinar o domínio da função de lei $f(x) = \text{tg}\left(x + \dfrac{\pi}{4}\right)$.

➤ **Resolução**

De acordo com a restrição do domínio para a função tangente, temos:

$x + \dfrac{\pi}{4} \neq \dfrac{\pi}{2} + k\pi \Rightarrow x \neq \dfrac{\pi}{4} + k\pi, k \in \mathbb{Z}$

Logo, $D(f) = \left\{x \in \mathbb{R} \mid x \neq \dfrac{\pi}{4} + k\pi, k \in \mathbb{Z}\right\}$.

28. Determine o domínio da função, em cada caso.

a) $\text{tg } 4x$

b) $\text{tg}\left(2x + \dfrac{\pi}{3}\right)$

29. No plano cartesiano abaixo, a curva cinza representa a função g de lei $g(x) = \text{tg } x$, e a curva vermelha representa a função j de lei $j(x) = -1 \cdot \text{tg } x$.

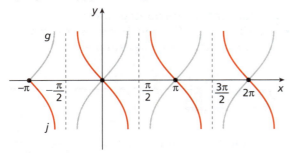

Analisando os gráficos, o que podemos afirmar?

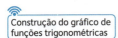
Construção do gráfico de funções trigonométricas

6. Construção de gráficos

Até aqui construímos gráficos das funções trigonométricas fundamentais: seno, cosseno e tangente. Agora, veremos como construir gráficos de outras funções a partir desses gráficos. Inicialmente, construiremos o gráfico de uma das funções fundamentais (cor cinza) e, a partir dele, efetuando certas transformações, obteremos o gráfico pedido.

6.1 Transladando o gráfico

Transladar significa deslocar. Nos exemplos a seguir, veremos alguns gráficos de funções que podem ser obtidos por meio de deslocamentos verticais ou horizontais dos gráficos das funções fundamentais.

Exemplos

a) Vamos construir o gráfico da função dada por $f(x) = 2 + \text{sen } x$.

Primeiro, montamos uma tabela atribuindo a x alguns valores de 0 a 2π.

x	0	$\dfrac{\pi}{4}$	$\dfrac{\pi}{2}$	$\dfrac{3\pi}{4}$	π	$\dfrac{5\pi}{4}$	$\dfrac{3\pi}{2}$	$\dfrac{7\pi}{4}$	2π
sen x	0	$\dfrac{\sqrt{2}}{2}$	1	$\dfrac{\sqrt{2}}{2}$	0	$-\dfrac{\sqrt{2}}{2}$	-1	$-\dfrac{\sqrt{2}}{2}$	0
2 + sen x	2	$2 + \dfrac{\sqrt{2}}{2}$	3	$2 + \dfrac{\sqrt{2}}{2}$	2	$2 - \dfrac{\sqrt{2}}{2}$	1	$2 - \dfrac{\sqrt{2}}{2}$	2

Em seguida, construímos os gráficos das funções dadas por $g(x) = \text{sen } x$ e $f(x) = 2 + \text{sen } x$, em um mesmo sistema de eixos, para efeito comparativo.

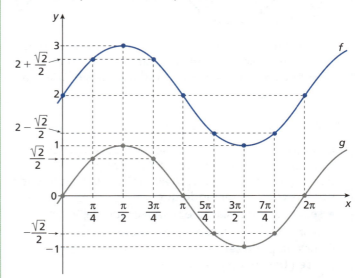

Observe que, transladando (deslocando) o gráfico de g, ponto a ponto, duas unidades para cima, obtemos o gráfico de f. Agora, o gráfico oscila entre os valores mínimo 1 e máximo 3. Ou seja, o conjunto imagem de f é [1, 3]. Note que o domínio, o período e a amplitude, em relação à função g, não foram alterados.

Analisando casos semelhantes a esse, notamos que:

> Os gráficos de funções trigonométricas do tipo $y = c + \text{sen } x$ são obtidos a partir de uma translação vertical de $|c|$ unidades em relação ao gráfico da função dada por $y = \text{sen } x$ da seguinte forma:
>
> • se $c > 0$, a translação é para cima;
> • se $c < 0$, a translação é para baixo.
>
> O mesmo vale para funções do tipo $y = c + \cos x$ e $y = c + \text{tg } x$.

b) Vamos construir o gráfico da função dada por $f(x) = \cos\left(x + \dfrac{\pi}{2}\right)$.

Novamente, montamos uma tabela atribuindo a x alguns valores de 0 a 2π.

x	0	$\dfrac{\pi}{4}$	$\dfrac{\pi}{2}$	$\dfrac{3\pi}{4}$	π	$\dfrac{5\pi}{4}$	$\dfrac{3\pi}{2}$	$\dfrac{7\pi}{4}$	2π
$\cos x$	1	$\dfrac{\sqrt{2}}{2}$	0	$-\dfrac{\sqrt{2}}{2}$	-1	$-\dfrac{\sqrt{2}}{2}$	0	$\dfrac{\sqrt{2}}{2}$	1
$x+\dfrac{\pi}{2}$	$\dfrac{\pi}{2}$	$\dfrac{3\pi}{4}$	π	$\dfrac{5\pi}{4}$	$\dfrac{3\pi}{2}$	$\dfrac{7\pi}{4}$	2π	$\dfrac{9\pi}{4}$	$\dfrac{5\pi}{2}$
$\cos\left(x+\dfrac{\pi}{2}\right)$	0	$-\dfrac{\sqrt{2}}{2}$	-1	$-\dfrac{\sqrt{2}}{2}$	0	$\dfrac{\sqrt{2}}{2}$	1	$\dfrac{\sqrt{2}}{2}$	0

Os gráficos das funções dadas por $g(x) = \cos x$ e $f(x) = \cos\left(x + \dfrac{\pi}{2}\right)$ são:

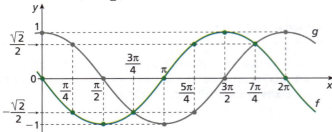

A função f apresenta mesmo domínio, mesmo conjunto imagem, mesmo período e mesma amplitude que g, mas o gráfico de g sofreu uma translação (deslocamento) de $\dfrac{\pi}{2}$ para a esquerda.

Analisando casos semelhantes a esse, notamos que:

> Os gráficos de funções do tipo $y = \cos(x + b)$ são obtidos a partir de uma translação horizontal de $|b|$ unidades em relação ao gráfico da função dada por $y = \cos x$ de tal modo que:
> - se $b > 0$, a translação é para a esquerda;
> - se $b < 0$, a translação é para a direita.
>
> O mesmo pode ser verificado para funções do tipo $y = \text{sen}(x + b)$ ou $y = \text{tg}(x + b)$.

6.2 Alterando a amplitude

Agora, veremos que podemos obter alguns gráficos "esticando" ou "achatando" verticalmente os gráficos das funções fundamentais.

Exemplo

Vamos construir o gráfico da função dada por $f(x) = 3 \cdot \cos x$. Primeiro, montamos uma tabela atribuindo a x alguns valores de 0 a 2π.

x	0	$\dfrac{\pi}{4}$	$\dfrac{\pi}{2}$	$\dfrac{3\pi}{4}$	π	$\dfrac{5\pi}{4}$	$\dfrac{3\pi}{2}$	$\dfrac{7\pi}{4}$	2π
$\cos x$	1	$\dfrac{\sqrt{2}}{2}$	0	$-\dfrac{\sqrt{2}}{2}$	-1	$-\dfrac{\sqrt{2}}{2}$	0	$\dfrac{\sqrt{2}}{2}$	1
$3 \cdot \cos x$	3	$\dfrac{3\sqrt{2}}{2}$	0	$-\dfrac{3\sqrt{2}}{2}$	-3	$-\dfrac{3\sqrt{2}}{2}$	0	$\dfrac{3\sqrt{2}}{2}$	3

Em seguida, construímos os gráficos das funções dadas por $g(x) = \cos x$ e $f(x) = 3 \cdot \cos x$.

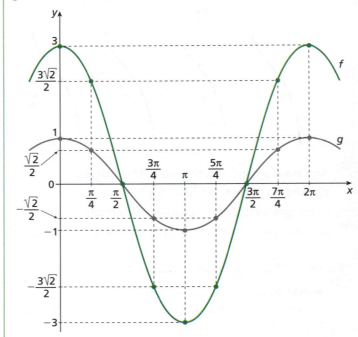

Observe que, multiplicando $g(x) = \cos x$ por 3, "esticamos" o gráfico verticalmente: agora, ele oscila entre -3 e 3. Ou seja, a amplitude de f é 3, o triplo da amplitude de g, e o conjunto imagem de f é $[-3, 3]$.

Veja que o domínio e o período não foram alterados.

Analisando casos semelhantes a esse, notamos que:

> Os gráficos de funções do tipo $y = d \cdot \cos x$ têm amplitude $|d|$.
>
> O mesmo vale para funções do tipo $y = d \cdot \text{sen } x$.

Observação

Os procedimentos para obter gráficos de funções na forma $f(x) + c$, $f(x + c)$ e $c \cdot f(x)$, com base nos gráficos de f, podem ser aplicados para as funções em geral.

EXERCÍCIOS

R8. Determinar o domínio, o conjunto imagem, o período e a amplitude da função dada por $f(x) = 2 \cdot \cos\left(x - \dfrac{\pi}{4}\right)$.

➤ **Resolução**

Vamos considerar a função h dada por

$h(x) = \cos\left(x - \dfrac{\pi}{4}\right)$.

O gráfico de h é obtido por meio de uma translação do gráfico da função g, dada por $g(x) = \cos x$, de $\dfrac{\pi}{4}$ para a direita.

Como a amplitude da função h é 1, igual à amplitude de g, e $f(x) = 2 \cdot h(x)$, então a amplitude de f é 2.

Como o conjunto imagem da função h é $[-1, 1]$, igual ao da função g, e $f(x) = 2 \cdot h(x)$, podemos obter o conjunto imagem da função f multiplicando por 2 os extremos do intervalo $[-1, 1]$.

Logo, $\text{Im}(f) = [-2, 2]$.

O domínio e o período de f são os mesmos de g: $D(f) = \mathbb{R}$ e $p = 2\pi$.

30. Os gráficos abaixo representam as funções dadas por:

a) $f(x) = \text{sen}\left(x + \dfrac{\pi}{2}\right)$

b) $g(x) = \cos\left(x - \dfrac{\pi}{4}\right)$

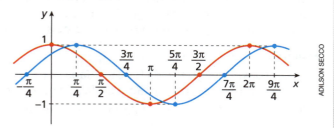

- Descubra qual curva representa cada uma das funções.

R9. Com o auxílio de um *software* de construção de gráficos, a partir do gráfico de uma das funções trigonométricas fundamentais, construir passo a passo o gráfico de f, tal que $f(x) = 2 + 2 \cdot \cos\left(x + \dfrac{\pi}{4}\right)$, e analisar o que ocorre com o gráfico a cada passo. Indicar o domínio, o conjunto imagem, o período e a amplitude de f.

➤ **Resolução**

Primeiro, vamos traçar o gráfico da função trigonométrica dada por $g(x) = \cos x$.

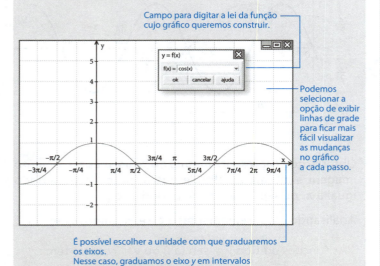

Observação

Em alguns *softwares* temos de escrever a lei da função de maneira diferente.

Veja:
- sen $x \to$ sin(x)
- $2 \cdot \cos\left(x + \dfrac{\pi}{4}\right) \to$ 2*cos(x+pi/4)
- $\text{tg}\left(\dfrac{x + \pi}{2}\right) \to$ tan((x+pi)/2)

Acompanhe os passos descritos a seguir.

- 1º passo: $\cos x \to \cos\left(x + \dfrac{\pi}{4}\right)$

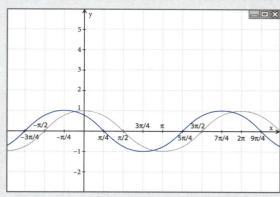

O gráfico de g sofreu uma translação de $\dfrac{\pi}{4}$ para a esquerda.

- 2º passo: $\cos\left(x + \dfrac{\pi}{4}\right) \to 2 \cdot \cos\left(x + \dfrac{\pi}{4}\right)$

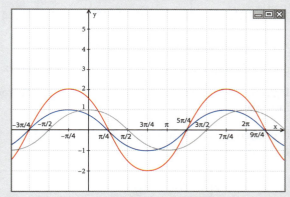

O gráfico da função tem nova amplitude, igual a 2.

- 3º passo: $2 \cdot \cos\left(x + \dfrac{\pi}{4}\right) \to 2 + 2 \cdot \cos\left(x + \dfrac{\pi}{4}\right)$

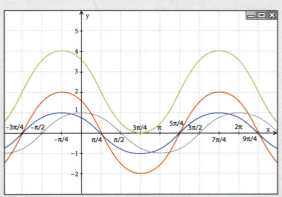

O gráfico sofreu uma translação de duas unidades para cima.

O conjunto imagem da função dada por $g(x) = \cos x$ é $[-1, 1]$. Após o 1º passo, adicionando $\frac{\pi}{4}$ a x, o conjunto imagem da nova função continua sendo $[-1, 1]$. Após o 2º e o 3º passos, o conjunto imagem se modificou. Quando a função é multiplicada por 2, o conjunto imagem passa a ser $[-2, 2]$. Adicionando-se 2, o conjunto imagem da nova função passa a ser $[0, 4]$.

Portanto, $\text{Im}(f) = [0, 4]$. A amplitude de f continua sendo 2.

O domínio e o período de f são os mesmos de g: $D(f) = \mathbb{R}$ e $p = 2\pi$.

Veja abaixo os gráficos das funções f e g.

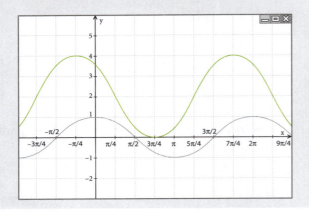

31. A partir do gráfico da função g de lei $g(x) = \text{sen } x$, construa o gráfico de f, tal que $f(x) = 1 + \text{sen}\left(x + \frac{\pi}{4}\right)$.

Indique o domínio, o conjunto imagem, o período e a amplitude de f.

32. O gráfico abaixo representa a função f de lei $f(x) = a + b \cdot \cos x$.

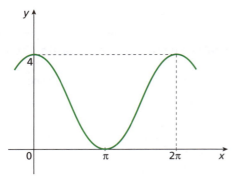

- Determine os valores de a e b.

33. Utilizando um *software* de construção de gráficos, construa em um mesmo plano cartesiano os gráficos das funções f e g.

a) $f(x) = 3 + \text{sen } x$ e $g(x) = -3 - \text{sen } x$

b) $f(x) = -2 + \cos x$ e $g(x) = 2 - \cos x$

- Em dupla, comparem os gráficos das funções f e g de cada item.

34. Faça um esboço do gráfico da função f dada por $f(x) = 1 + 3 \cdot \cos\left(2x - \frac{\pi}{2}\right)$, indicando domínio, imagem, período e amplitude.

35. Sabendo que a função definida por $f(x) = a \cdot \text{sen}(bx)$ tem período 4π e conjunto imagem $[-6, 6]$, obtenha os valores de a e b.

6.3 Alterando o período

Nos tópicos anteriores, estudamos alguns gráficos que são obtidos a partir de translações horizontais ou verticais ou modificação na amplitude dos gráficos das funções trigonométricas fundamentais, embora conservem o período. Neste tópico, veremos exemplos de gráficos que sofrem alteração de período em relação às funções fundamentais. Acompanhe.

Exemplo

Vamos construir o gráfico da função f dada por $f(x) = \text{sen } 2x$ e compará-lo com o da função g dada por $g(x) = \text{sen } x$.

Primeiro, montamos uma tabela atribuindo a x alguns valores de 0 a 2π.

x	0	$\frac{\pi}{4}$	$\frac{\pi}{2}$	$\frac{3\pi}{4}$	π	$\frac{5\pi}{4}$	$\frac{3\pi}{2}$	$\frac{7\pi}{4}$	2π
sen x	0	$\frac{\sqrt{2}}{2}$	1	$\frac{\sqrt{2}}{2}$	0	$-\frac{\sqrt{2}}{2}$	-1	$-\frac{\sqrt{2}}{2}$	0
$2x$	0	$\frac{\pi}{2}$	π	$\frac{3\pi}{2}$	2π	$\frac{5\pi}{2}$	3π	$\frac{7\pi}{2}$	4π
sen $2x$	0	1	0	-1	0	1	0	-1	0

Em seguida, construímos os gráficos das funções g e f dadas por $g(x) = \text{sen } x$ e $f(x) = \text{sen } 2x$ no mesmo sistema de eixos.

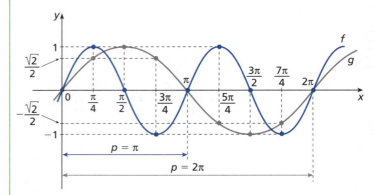

Observe que f apresenta mesmo domínio, mesmo conjunto imagem e mesma amplitude que g, porém tem período igual a π, ou seja, metade do período de g.

Analisando casos semelhantes a esse, notamos que:

As funções do tipo $y = \text{sen}(ax)$ ou $y = \cos(ax)$ têm período $\frac{2\pi}{|a|}$.

No caso das funções do tipo $y = \text{tg}(ax)$, podemos verificar que o período é $\frac{\pi}{|a|}$.

EXERCÍCIOS

R10. Obter domínio, imagem, período e amplitude de $f(x) = -4 + 4 \cdot \text{sen } 3x$.

➤ **Resolução**

Iniciaremos a análise dessa função partindo da função original: $g(x) = \text{sen } x$

- 1º passo: $\text{sen } x \to \text{sen } 3x$

  O novo período é $p = \dfrac{2\pi}{3}$.

- 2º passo: $\text{sen } 3x \to 4 \cdot \text{sen } 3x$

  A nova amplitude é igual a 4.

- 3º passo: $4 \cdot \text{sen } 3x \to -4 + 4 \cdot \text{sen } 3x$

  Ocorre translação de quatro unidades para baixo.

Após o 2º e o 3º passos, o conjunto imagem da função também será modificado.

A imagem de $g(x) = \text{sen } x$ é $[-1, 1]$.

Quando g é multiplicada por 4, sua imagem passa a ser $[-4, 4]$.

Finalmente, adicionando-se -4, a nova imagem será $\text{Im}(f) = [-8, 0]$.

O domínio de f é o mesmo de g, ou seja, $D(f) = \mathbb{R}$.

36. Determine o domínio, o conjunto imagem, o período e a amplitude (quando houver) das funções indicadas pelas leis a seguir.

a) $f(x) = 3 \cdot \text{sen } 2x$

b) $f(x) = 5 + 2 \cdot \cos 3x$

c) $f(x) = \text{tg } 4x$

d) $f(x) = -2 + 4 \cdot \text{sen}\left(3x + \dfrac{\pi}{3}\right)$

37. Esboce o gráfico de cada função.

a) $f(x) = \cos \dfrac{x}{2}$

b) $f(x) = \text{sen } 4x$

c) $f(x) = 2 \cdot \text{sen } 2x$

d) $f(x) = -2 \cdot \cos x$

R11. Construir o gráfico da função dada por $f(x) = \text{tg } 2x$ e indicar o domínio, a imagem e o período.

➤ **Resolução**

Como vimos, o gráfico de funções do tipo $f(x) = \text{tg}(ax)$ tem período igual a $\dfrac{\pi}{|a|}$.

Na função de lei $f(x) = \text{tg } 2x$, o parâmetro a é igual a 2.

Logo, seu período é igual a $\dfrac{\pi}{2}$.

Os elementos do domínio de f satisfazem a condição:

$2x \neq \dfrac{\pi}{2} + k\pi$, ou seja, $x \neq \dfrac{\pi}{4} + \dfrac{k\pi}{2}, k \in \mathbb{Z}$.

Então:

$D(f) = \left\{x \in \mathbb{R} \,\middle|\, x \neq \dfrac{\pi}{4} + k \cdot \dfrac{\pi}{2}, k \in \mathbb{Z}\right\}$

O conjunto imagem de f é igual a $\mathbb{R}$.

Veja abaixo os gráficos das funções f e g dadas por $f(x) = \text{tg } 2x$ e $g(x) = \text{tg } x$.

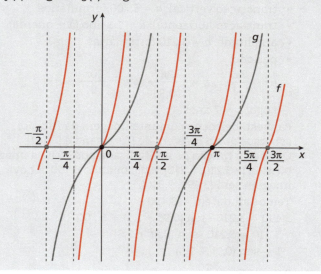

38. Construa o gráfico da função dada por $f(x) = \text{tg } \dfrac{x}{2}$, indicando domínio, imagem e período.

R12. Uma pesquisa mostrou que a procura por empregos temporários em determinada cidade, medida em milhares de formulários de emprego preenchidos por semana, poderia ser modelada pela função dada por:

$e(t) = 3{,}21 \cdot \text{sen }(0{,}9t + 1{,}5) + 6{,}7,$

em que t é o tempo, medido em anos a partir de janeiro de 2000 ($t = 0$). Calcular a amplitude, as translações vertical e horizontal do gráfico e o período da função, e interpretar os resultados.

➤ **Resolução**

Na expressão $e(t) = a + b \cdot \text{sen }(ct + d)$:

- os parâmetros a e d indicam, respectivamente, as translações vertical e horizontal;

- o parâmetro b indica a amplitude da função, enquanto o período (p) é calculado por $\dfrac{2\pi}{|c|}$.

Capítulo 13 • Funções trigonométricas

Comparando essa expressão com a lei da função dada no enunciado, $e(t) = 3{,}21 \cdot \text{sen}\,(0{,}9t + 1{,}5) + 6{,}7$, temos:
- translação vertical: $a = 6.700$ formulários
- translação horizontal: $d = 1{,}5$ ano (à esquerda)
- amplitude: $b = 3.210$ formulários
- período:

$$p = \frac{2\pi}{|c|} \Rightarrow p = \frac{2\pi}{|0{,}9|} \Rightarrow p = \frac{20\pi}{9} \Rightarrow p \simeq 7$$

Logo, $p \simeq 7$ anos.

Para estabelecer o conjunto imagem da função, sabemos que a imagem de $f(t) = \text{sen}\,t$ é $[-1, 1]$. Quando a função f é multiplicada por 3.210, a imagem passa a $[-3.210, 3.210]$. Adicionando 6.700, a nova imagem será $[3.490, 9.910]$.

Temos ainda: $e(t) = 3.490$

$3.490 = 3.210 \cdot \text{sen}\,(0{,}9t + 1{,}5) + 6.700$

$-3.210 = 3.210 \cdot \text{sen}\,(0{,}9t + 1{,}5)$

$-1 = \text{sen}\,(0{,}9t + 1{,}5)$

$0{,}9t + 1{,}5 = \dfrac{3\pi}{2}$

$t \simeq \dfrac{4{,}71 - 1{,}50}{0{,}9} \simeq 3{,}6$

Logo, $t \simeq 3{,}6$ anos.

Concluímos, então, que a procura por empregos temporários oscila entre 3.490 e 9.910, número de formulários preenchidos semanalmente, em ciclos completos de 7 em 7 anos.

No primeiro ciclo, que se iniciou em janeiro de 2000, o número de formulários preenchidos atingiu o máximo de 9.910, pela primeira vez, em cerca de 1 mês, ou seja, entre janeiro e fevereiro de 2000. Já o mínimo de 3.490 formulários foi atingido em cerca de 3,6 anos, ou seja, em torno de junho de 2003.

39. O número de casos de uma doença infecciosa, em certa região, variou de maneira periódica, conforme a função dada por $n(t) = 5.900 \cdot \cos 13t + 6.380$, em que t é o tempo, medido em anos a partir de janeiro de 1990. Calcule a amplitude, as translações vertical e horizontal e o período dessa função, e interprete os resultados.

40. Sabendo que em 1990 a temperatura máxima em determinada região foi 38 °C, em janeiro, e a temperatura mínima foi 2 °C, em agosto, dê uma função do tipo $f(t) = a + b \cdot \cos\,(ct)$, com t em meses, que modele a temperatura nessa região em 1990.

Exercícios complementares

Gráficos das funções trigonométricas

1. Desenhe um ciclo trigonométrico e represente nele as imagens dos números reais:

a) $x = \dfrac{2\pi}{3} + k \cdot 2\pi,\ k \in \mathbb{Z}$

b) $x = -\dfrac{\pi}{4} + k \cdot 2\pi,\ k \in \mathbb{Z}$

c) $x = \dfrac{\pi}{6} + k \cdot \pi,\ k \in \mathbb{Z}$

2. Usando uma medida da primeira volta positiva da circunferência trigonométrica, escreva a expressão geral dos arcos côngruos a:

a) $855°$

b) $\dfrac{25\pi}{3}$

3. Determine o valor de:

a) $\cos \dfrac{19\pi}{6}$

b) $\cos\left(\dfrac{19\pi}{6} + \pi\right)$

4. Calcule o valor de: $\cos \dfrac{29\pi}{4} + \text{tg}\left(-\dfrac{16\pi}{3}\right)$

5. A variação da pressão sanguínea P, em milímetro de mercúrio, de uma pessoa em função do tempo t, em segundo, pode ser modelada, aproximadamente, pela função trigonométrica representada a seguir, em que cada ciclo completo (período) equivale a um batimento cardíaco.

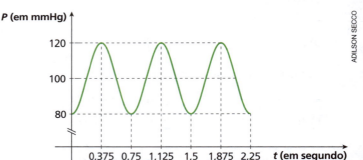

Então, o intervalo de um batimento cardíaco é aproximadamente:

a) 80 s

b) 120 s

c) 0,375 s

d) 0,75 s

6. Determine o menor e o maior valor que assume a expressão $4 - \text{sen}\,10x$.

7. A quantidade de algas, em tonelada, em certa baía varia periodicamente e é representada pela função dada por $a(t) = 850 + 200 \cdot \text{sen}\,\dfrac{\pi t}{6}$, com t medido em anos. Se t for medido a partir de janeiro de 2010, qual será a quantidade de algas na baía em janeiro de 2025?

8. Em alguns trechos do rio Tietê (SP), verifica-se a formação de notáveis quantidades de espuma, resultante de poluição por resíduos industriais. Em certo dia, a quantidade de espuma variou segundo a função f dada por $f(t) = 3 + 2 \cdot \text{sen}\, \dfrac{\pi t}{6}$, em que $f(t)$ é a quantidade de espuma, em metro cúbico por metro de rio, e t é o tempo, em horas contadas a partir da meia-noite. Determine o primeiro momento do dia em que a quantidade de espuma atingiu 5 m³ por metro de rio.

9. Construa o gráfico das funções dadas pelas leis a seguir e indique o domínio, o conjunto imagem, o período e a amplitude.

   a) $f(x) = 1 - 2 \cdot \cos x$

   b) $f(x) = 3 \cdot \text{sen}\left(x + \dfrac{\pi}{2}\right)$

10. Determine o período das funções dadas pelas seguintes leis:

    a) $f(x) = -2 + 5 \cdot \text{sen}\left(3x - \dfrac{\pi}{6}\right)$

    b) $g(x) = 7 - 2 \cdot \cos\left(\dfrac{\pi}{2} - \pi x\right)$

    c) $h(x) = 2 - \dfrac{1}{2} \cdot \cos\left(5x - \dfrac{\pi}{7}\right)$

11. A figura a seguir representa o gráfico da função dada por $f(x) = a \cdot \cos(bx)$.

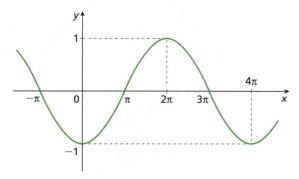

   • Determine a e b.

12. Certo estudo é modelado pela função trigonométrica de lei $f(x) = 5 - 2 \cdot \text{sen}\left(5x - \dfrac{\pi}{3}\right)$. Determine o domínio, a imagem, o período e a amplitude dessa função.

13. Determine o domínio da função f de lei $f(x) = 3 \cdot \text{tg}\left(2x - \dfrac{\pi}{3}\right)$.

14. Considerando apenas arcos entre 0 e 2π, determine o maior valor de k, com $k \in \mathbb{N}$, tal que $\text{sen}\, \dfrac{3k\pi}{7}$ seja negativo.

15. Dada $f: [0, 2\pi] \to \mathbb{R}$, de lei $f(x) = -3 \cdot \cos\left(x - \dfrac{2\pi}{3}\right)$, encontre o valor de x que torna $f(x)$ máximo.

16. Determine se a sequência [sen x, sen $(x + \pi)$, sen $(x + 2\pi)$, ..., sen $(x + n\pi)$, ...] é uma PA ou uma PG e dê sua razão.

17. Quantos valores distintos de $\cos \dfrac{k\pi}{7}$, com $k \in \mathbb{N}^*$, há?

18. Supondo $\dfrac{k}{2} + \dfrac{k}{4} + \dfrac{k}{8} + \ldots = 5$, determine sen $\dfrac{k\pi}{3}$.

19. Observando a figura, coloque em ordem crescente os números sen α, sen $\dfrac{2\pi}{3}$ e sen 2α.

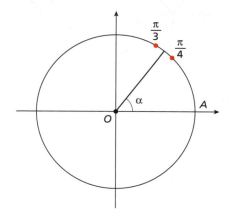

20. Esboce, em um mesmo sistema cartesiano, os gráficos das funções f e g dadas por $f(x) = \cos x$ e $g(x) = |x|$. Em seguida, determine o número de soluções reais da equação $\cos x = |x|$.

21. A procura por emprego em certa empresa obedece à função dada por $f(t) = 2.500 + 1.215 \cdot \text{sen}\left(\dfrac{\pi t}{3} + \dfrac{\pi}{4}\right)$, em que t é o tempo em meses contados a partir de janeiro de 2005 e $f(t)$ é o número de pessoas. Determine o número máximo de pessoas que procuram emprego nessa empresa por mês.

22. Veja o esboço, em um mesmo plano cartesiano, dos gráficos de f, g e h dadas por $f(x) = \cos x$, $g(x) = \text{sen}\, x$ e $h(x) = \text{tg}\, x$, para $\dfrac{\pi}{2} < x < \dfrac{3\pi}{2}$.

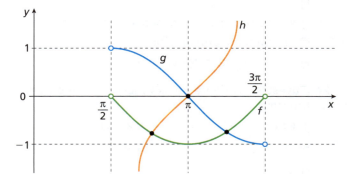

No intervalo considerado:

a) $\cos x$ é sempre negativo?

b) sen x é sempre decrescente e negativo?

c) tg x é sempre crescente e positiva?

d) quais são as coordenadas do ponto em que sen $x = $ tg x?

e) sendo A o ponto em que $\cos x = $ sen x e B o ponto em que tg $x = \cos x$, a abscissa de A é menor, maior ou igual à abscissa de B?

EXERCÍCIOS COMPLEMENTARES

23. A função f, cujo gráfico está representado abaixo, foi obtida a partir de uma função trigonométrica fundamental.

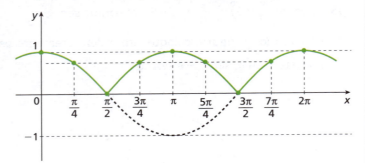

Podemos concluir que a lei dessa função é:

a) $f(x) = 1 + \text{sen } x$

b) $f(x) = 1 + \cos x$

c) $f(x) = |\text{sen } x|$

d) $f(x) = |\cos x|$

QUESTÕES DE VESTIBULAR

24. (Unifor-CE) O valor de $\cos \dfrac{37\pi}{5}$ é igual ao valor de:

a) $-\cos \dfrac{\pi}{5}$

b) $-\cos \dfrac{2\pi}{5}$

c) $\cos \dfrac{2\pi}{5}$

d) $\cos \dfrac{\pi}{5}$

e) $\cos \dfrac{\pi}{10}$

25. (Fuvest-SP) Dados os números reais expressos por $\cos(-535°)$ e $\cos 190°$, qual deles é maior?

26. (UEL-PR) Dada a função trigonométrica sen (Kx), é correto afirmar que o período da função é:

a) π.

b) 2π.

c) sempre o mesmo, independentemente do valor de K.

d) diretamente proporcional a K.

e) inversamente proporcional a K.

27. (Fuvest-SP) A figura abaixo mostra parte do gráfico da função:

a) sen x

b) $2 \cdot \text{sen } \dfrac{x}{2}$

c) $2 \cdot \text{sen } x$

d) $2 \cdot \text{sen } 2x$

e) sen $2x$

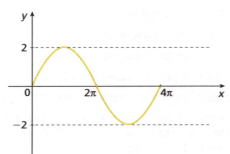

28. (FGV) Uma empresa prevê para os próximos 24 meses (a partir de janeiro de 2001) a quantidade mensal vendida de determinado produto através da função $Q = 30 + 4 \cdot \text{sen}\left(\dfrac{\pi t}{6} + \dfrac{\pi}{2}\right)$, onde Q é a quantidade e t vale 1 para janeiro de 2001, t vale 2 para fevereiro de 2001 e assim por diante.

a) Qual o período da função?

b) Para que valores de t a quantidade é máxima? Para que valores de t a quantidade é mínima?

29. (Unifesp) Considere as funções $f_1(x) = 3^x$, $f_2(x) = \log_{\frac{1}{3}} x$, $f_3(x) = -(x+1)(x-2)$ e $f_4(x) = \text{sen}(2x)$ e os gráficos G_1, G_2, G_3 e G_4 seguintes:

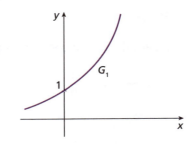

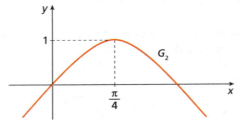

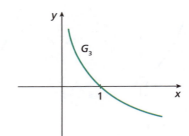

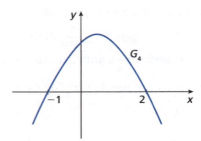

Das associações entre funções e gráficos exibidas a seguir, a única inteiramente correta é:

a) $f_1 - G_1; f_3 - G_4$

b) $f_4 - G_2; f_3 - G_3$

c) $f_3 - G_4; f_4 - G_3$

d) $f_2 - G_1; f_3 - G_2$

e) $f_2 - G_3; f_1 - G_4$

30. (Unitau-SP) Indique a função trigonométrica $f(x)$ de domínio $\mathbb{R}$; $\text{Im} = [-1, 1]$ e período π que é representada, aproximadamente, pelo gráfico a seguir.

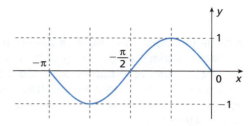

a) $y = 1 + \cos x$
b) $y = 1 - \text{sen } x$
c) $y = \text{sen } (-2x)$
d) $y = \cos (-2x)$
e) $y = -\cos x$

31. (Vunesp) Uma máquina produz diariamente x dezenas de certo tipo de peças. Sabe-se que o custo de produção $C(x)$ e o valor de venda $V(x)$ são dados, aproximadamente, em milhares de reais, respectivamente, pelas funções

$C(x) = 2 - \cos\left(\dfrac{x\pi}{6}\right)$ e $V(x) = 3\sqrt{2} \cdot \text{sen}\left(\dfrac{x\pi}{12}\right)$, $0 \leq x \leq 6$.

O lucro, em reais, obtido na produção de 3 dezenas de peças é:

a) 500
b) 750
c) 1.000
d) 2.000
e) 3.000

32. (UFPB) Considere a função $f: [0, 2\pi] \to \mathbb{R}$ definida por

$f(x) = \dfrac{1}{2} [\text{sen } x + \cos x - \text{sen } (-x) - \cos (-x)]$.

O gráfico que melhor representa essa função é:

a)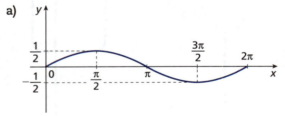

b)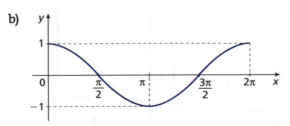

c)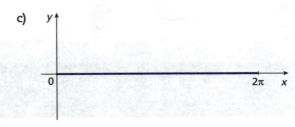

d)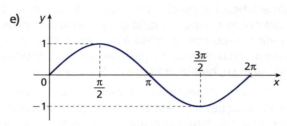

e)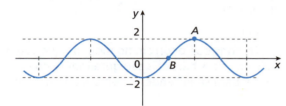

33. (Unifor-CE) Na figura abaixo tem-se o gráfico de uma função f, de $\mathbb{R}$ em $\mathbb{R}$, definida por $f(x) = k \cdot \cos tx$, em que k e t são constantes reais.

Se o período de f é 4π, então $f\left(\dfrac{16\pi}{3}\right)$ é igual a:

a) $\sqrt{3}$
b) 1
c) $-\dfrac{1}{2}$
d) -1
e) $-\sqrt{3}$

34. (FGV) Um supermercado, que fica aberto 24 horas por dia, faz a contagem do número de clientes na loja a cada 3 horas. Com base nos dados observados, estima-se que o número de clientes possa ser calculado pela função trigonométrica $f(x) = 900 - 800 \cdot \text{sen } \dfrac{x \cdot \pi}{12}$, em que $f(x)$ é o número de clientes e x a hora da observação (x é um número inteiro tal que $0 \leq x \leq 24$). Utilizando essa função, a estimativa da diferença entre o número máximo e o número mínimo de clientes dentro do supermercado, em um dia completo, é igual a:

a) 600
b) 800
c) 900
d) 1.500
e) 1.600

Mais questões: no livro digital, em **Vereda Digital Aprova Enem** e **Vereda Digital Suplemento de revisão e vestibulares**; no site, em **AprovaMax**.

Compreensão de texto

Som

Som pode ser entendido como uma variação de pressão muito rápida que se propaga na forma de ondas em um meio elástico. Em geral, o som é causado por uma vibração de um corpo elástico, o qual gera uma variação de pressão [de acordo com o] meio à sua volta. Qualquer corpo elástico capaz de vibrar rapidamente pode produzir som e, nesse caso, recebe o nome de fonte sonora.

[...] Para que possamos perceber o som, é necessário que as variações de pressão que chegam aos nossos ouvidos estejam dentro de certos limites de rapidez e intensidade. Se essas variações ocorrem entre 20 e 20.000 vezes por segundo, esse som é potencialmente audível, ainda que a variação de pressão seja de alguns milionésimos de pascal*.

[...]

Os sons que ocorrem no meio ou que são gerados por instrumentos musicais são geralmente complexos. Entretanto, para se entender a complexidade sonora, torna-se útil partir de um caso mais simples e genérico: o som senoidal, chamado som puro [...], representado pelo gráfico de uma função seno. Esse tipo de som não é gerado por instrumentos tradicionais nem é encontrado na natureza, mas pode ser conseguido artificialmente através de um sintetizador eletrônico.

Disponível em: <www.etelj.com.br/etelj/artigos/e25e1be1075a875af1aad3b0ce2ffe0f.pdf>.
Acesso em: 4 jan. 2017.

* pascal (Pa): unidade de medida de pressão do Sistema Internacional de Unidades (SI).

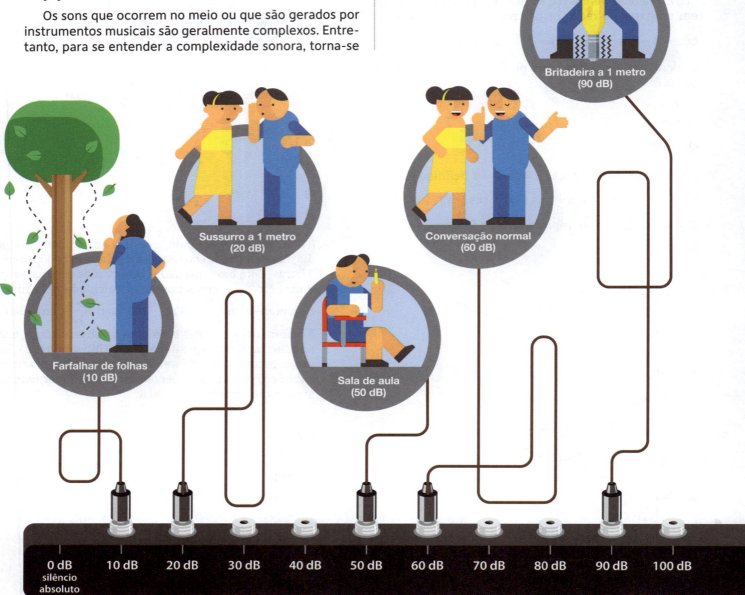

ATIVIDADES

1. Responda às questões de acordo com o texto da página ao lado.
   a) O que é som?
   b) O que gera o som?
   c) Para qual intervalo de variação de pressão o som é audível para o ser humano?

2. Uma onda sonora pode ser representada por um gráfico bidimensional, em que o eixo horizontal representa a passagem do tempo (t) e o vertical representa a variação de pressão (Δp) em determinado ponto do meio. Qual dos gráficos melhor representa um som senoidal?

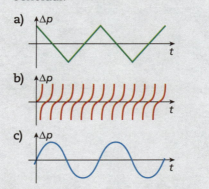

3. Suponha que a variação de pressão de uma onda sonora seja dada por $\Delta p = 1{,}48 \cdot \text{sen}\,(1{,}07\pi x - 334\pi t)$, em que x está expresso em metro, t, em segundo, e Δp, em pascal. Determine a variação máxima de pressão.

4. Leia o texto a seguir e responda às questões.
   [...] Com o passar do tempo, uma pessoa exposta diariamente a sons muito altos pode ter a audição comprometida. [...]

Sons e vibrações que ultrapassam os níveis previstos pelas normas legais e que podem causar problemas auditivos irreversíveis ou perturbar as pessoas é o que se chama de poluição sonora. Apesar das leis e das políticas públicas para controlar o problema e dos alertas feitos por especialistas, a poluição sonora ainda não sensibiliza tanto como a do ar ou a da água.

De acordo com a Organização Mundial da Saúde (OMS), o limite suportável para o ouvido humano é 65 decibéis*. Acima disso, o organismo começa a sofrer. [...]

A longo prazo, o ruído excessivo pode causar gastrite, insônia, aumento do nível de colesterol, distúrbios psíquicos e perda da audição. Provoca ainda irritabilidade, ansiedade, excitação, desconforto, medo e tensão.

[...]

Fonte: JOVER, Ana. Cuidado! Barulho demais faz mal à saúde. *Nova Escola*, São Paulo, n. 179, p. 28 e 29, jan./fev. 2005.

a) Com base nas informações destas páginas, cite alguns exemplos de situações que podem gerar sons muito altos e que podem ser prejudiciais à saúde.
b) Pesquise em livros, revistas ou na internet o nível de ruído, em decibel, atingido por alguns aparelhos eletrodomésticos, como secador de cabelos, aspirador de pó e liquidificador.
c) Você já sofreu danos causados por ruído excessivo? Quais foram os sintomas?
d) Em sua opinião, quais medidas podem amenizar a poluição sonora?

* decibel (dB): unidade de medida usada quando se determina o nível de intensidade sonora de uma fonte.

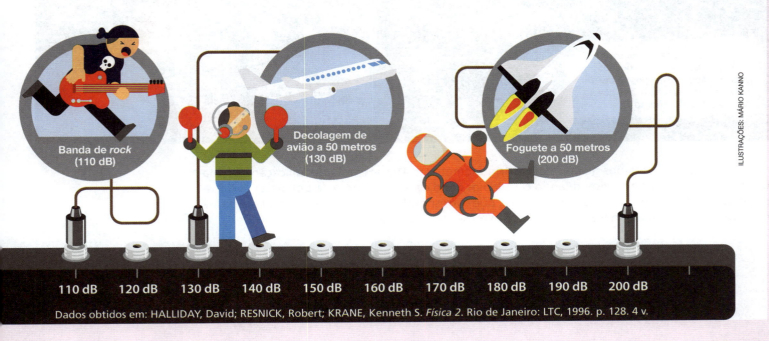

Dados obtidos em: HALLIDAY, David; RESNICK, Robert; KRANE, Kenneth S. *Física 2*. Rio de Janeiro: LTC, 1996. p. 128. 4 v.

CAPÍTULO 14
COMPLEMENTOS DE TRIGONOMETRIA

ENEM
C2: H7, H8

A decomposição da luz branca em luzes de diferentes cores, quando essa luz passa por um prisma de material transparente, ocorre devido ao fenômeno de refração.

Neste capítulo, veremos novas relações trigonométricas. Um exemplo de aplicação de uma delas está no campo da Óptica, quando calculamos o índice de refração n de um material transparente, como um prisma de vidro. Esse índice, que corresponde à razão entre a velocidade da luz no vácuo e a velocidade da luz no material, é expresso matematicamente por:

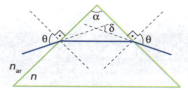

$$n = \frac{\operatorname{sen}\left(\frac{\delta}{2} + \frac{\alpha}{2}\right)}{\operatorname{sen}\left(\frac{\alpha}{2}\right)}$$

1. Secante, cossecante e cotangente

Vamos agora estudar outras três razões trigonométricas que decorrem das razões cosseno, seno e tangente: a secante (sec), a cossecante (cossec) e a cotangente (cotg).

1.1 Secante

A **secante** de um ângulo de medida x é definida por:
$$\sec x = \frac{1}{\cos x}, \text{ para } \cos x \neq 0$$

No ciclo trigonométrico representado abaixo, podemos identificar graficamente a sec x. Pelo ponto P, extremidade do arco $\widehat{AP}$, que corresponde ao ângulo de medida x, traçamos a reta tangente à circunferência e que intersecta o eixo das abscissas no ponto E. Podemos observar que $OE = \sec x$.

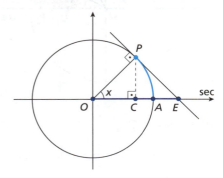

Demonstração

De acordo com o que já vimos, $OC = \cos x$ e $OP = 1$ (medida do raio do ciclo trigonométrico). Os triângulos OEP e OPC são semelhantes pelo caso AA (ângulo-ângulo). Então, $\frac{OE}{OP} = \frac{OP}{OC}$. Substituindo OP e OC, temos:

$$\frac{OE}{1} = \frac{1}{\cos x} \Rightarrow OE = \frac{1}{\cos x}$$

Logo, $OE = \sec x$.

Observação
Note que, em cada quadrante, o sinal da secante é o mesmo do cosseno.

Exemplos

a) $\sec 45° = \dfrac{1}{\cos 45°} = \dfrac{1}{\frac{\sqrt{2}}{2}} = \dfrac{2}{\sqrt{2}} \cdot \dfrac{\sqrt{2}}{\sqrt{2}} = \sqrt{2}$

b) $\sec \dfrac{2\pi}{3} = \dfrac{1}{\cos \frac{2\pi}{3}} = \dfrac{1}{-\frac{1}{2}} = 1 \cdot \left(-\dfrac{2}{1}\right) = -2$

1.2 Cossecante

A **cossecante** de um ângulo de medida x é definida por:
$$\operatorname{cossec} x = \frac{1}{\operatorname{sen} x}, \text{ para } \operatorname{sen} x \neq 0$$

No ciclo trigonométrico representado abaixo, podemos identificar graficamente a cossec x. Pelo ponto P, extremidade do arco $\widehat{AP}$, que corresponde ao ângulo de medida x, traçamos a reta tangente à circunferência e que intersecta o eixo das ordenadas no ponto F. Observando que os triângulos OFP e OPD são semelhantes, é possível provar que $OF = \operatorname{cossec} x$.

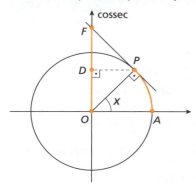

Observação
Note que, em cada quadrante, o sinal da cossecante é o mesmo do seno.

Exemplo

$\operatorname{cossec} 120° = \dfrac{1}{\operatorname{sen} 120°} = \dfrac{1}{\operatorname{sen} 60°} = 1 : \dfrac{\sqrt{3}}{2} = 1 \cdot \dfrac{2}{\sqrt{3}}$

$\operatorname{cossec} 120° = \dfrac{2}{\sqrt{3}} \cdot \dfrac{\sqrt{3}}{\sqrt{3}} = \dfrac{2\sqrt{3}}{3}$

1.3 Cotangente

A **cotangente** de um ângulo de medida x é definida por:
$$\operatorname{cotg} x = \frac{\cos x}{\operatorname{sen} x}, \text{ para } \operatorname{sen} x \neq 0$$

No ciclo trigonométrico representado abaixo, seja t' a reta que passa pelo ponto B e é paralela ao eixo das abscissas. Se P é a extremidade do arco $\widehat{AP}$, a reta $\overrightarrow{OP}$ intersecta t' no ponto T. Por semelhança dos triângulos OBT e ODP, é possível demonstrar que $BT = \dfrac{\cos x}{\operatorname{sen} x}$, ou seja, que $BT = \operatorname{cotg} x$.

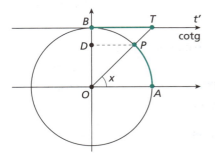

Observação
Note que, em cada quadrante, o sinal da cotangente é o mesmo da tangente.

Exemplo

$\operatorname{cotg} \dfrac{\pi}{6} = \dfrac{\cos \frac{\pi}{6}}{\operatorname{sen} \frac{\pi}{6}} = \dfrac{\sqrt{3}}{2} : \dfrac{1}{2} = \dfrac{\sqrt{3}}{2} \cdot \dfrac{2}{1} = \sqrt{3}$

EXERCÍCIOS

R1. Sabendo que $\cos x = \dfrac{4}{5}$ e que $\dfrac{3\pi}{2} < x < 2\pi$, calcular:

a) $\sen x$
b) $\tg x$
c) $\sec x$
d) $\cossec x$
e) $\cotg x$

▶ **Resolução**

a) $\sen^2 x + \cos^2 x = 1 \Rightarrow \sen^2 x + \left(\dfrac{4}{5}\right)^2 = 1 \Rightarrow$

$\Rightarrow \sen^2 x = 1 - \dfrac{16}{25} \Rightarrow \sen x = \pm\dfrac{3}{5}$

Como $\dfrac{3\pi}{2} < x < 2\pi$, temos $\sen x < 0$.

Assim, $\sen x = -\dfrac{3}{5}$.

b) $\tg x = \dfrac{\sen x}{\cos x} = -\dfrac{3}{5} : \dfrac{4}{5} = -\dfrac{3}{5} \cdot \dfrac{5}{4} = -\dfrac{3}{4}$

c) $\sec x = \dfrac{1}{\cos x} = 1 : \dfrac{4}{5} = 1 \cdot \dfrac{5}{4} = \dfrac{5}{4}$

d) $\cossec x = \dfrac{1}{\sen x} = 1 : \left(-\dfrac{3}{5}\right) = -\dfrac{5}{3}$

e) $\cotg x = \dfrac{\cos x}{\sen x} = \dfrac{4}{5} : \left(-\dfrac{3}{5}\right) = -\dfrac{4}{3}$

1. O que mudaria nas respostas do exercício resolvido **R1** se o intervalo de variação de x fosse $0 < x < \dfrac{\pi}{2}$?

2. Calcule os valores de:

a) $\sec \dfrac{\pi}{3}$
b) $\sec 135°$
c) $\cossec 150°$
d) $\cotg \dfrac{\pi}{4}$
e) $\cossec 240°$
f) $\cotg 330°$

3. Sendo $\sen x = \dfrac{\sqrt{7}}{4}$ e $\dfrac{\pi}{2} < x < \pi$, calcule:

a) $\cos x$
b) $\tg x$
c) $\sec x$
d) $\cossec x$
e) $\cotg x$

4. Calcule, se existir, o valor de:

a) $\sec 210°$
b) $\sec 270°$
c) $\cossec 300°$
d) $\cotg 90°$
e) $\cossec 0°$
f) $\cotg 225°$

5. Sendo $\cossec x = -\dfrac{13}{5}$ e $\dfrac{3\pi}{2} < x < 2\pi$, calcule:

a) $\sen x$
b) $\cos x$
c) $\tg x$
d) $\cotg x$
e) $\sec x$

6. Sabendo que $\sen x = -\dfrac{3}{5}$, com $\dfrac{3\pi}{2} < x < 2\pi$, calcule $\cotg x$.

7. Sendo θ um arco do 2º quadrante e $\sec \theta = -3$, calcule o valor de $\cossec \theta$.

2. Relações entre as razões trigonométricas

2.1 Relações para arcos complementares

Dois arcos são complementares quando a soma de suas medidas é $\dfrac{\pi}{2}$.

Vamos representar, no ciclo trigonométrico, dois arcos complementares de medidas x e $\left(\dfrac{\pi}{2} - x\right)$.

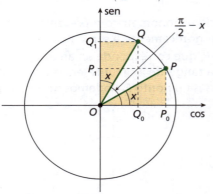

Temos:

$\sen x = OP_1$ e $\cos x = OP_0$

$\sen\left(\dfrac{\pi}{2} - x\right) = OQ_1$ e $\cos\left(\dfrac{\pi}{2} - x\right) = OQ_0$

Os triângulos OQQ_1 e OPP_0, destacados no ciclo trigonométrico, são congruentes, pois têm os ângulos internos congruentes e $OQ = OP = 1$.

Logo: $QQ_1 = PP_0$ e $OQ_1 = OP_0$

Como $QQ_1 = OQ_0$ e $PP_0 = OP_1$, temos:

$OQ_0 = OP_1$ e $OQ_1 = OP_0$

Portanto:

$$\cos\left(\dfrac{\pi}{2} - x\right) = \sen x \quad \text{e} \quad \sen\left(\dfrac{\pi}{2} - x\right) = \cos x$$

Como consequência dessas relações, temos:

$\sec\left(\dfrac{\pi}{2} - x\right) = \dfrac{1}{\cos\left(\dfrac{\pi}{2} - x\right)} = \dfrac{1}{\sen x} = \cossec x$

$\cossec\left(\dfrac{\pi}{2} - x\right) = \dfrac{1}{\sen\left(\dfrac{\pi}{2} - x\right)} = \dfrac{1}{\cos x} = \sec x$

$\tg\left(\dfrac{\pi}{2} - x\right) = \dfrac{\sen\left(\dfrac{\pi}{2} - x\right)}{\cos\left(\dfrac{\pi}{2} - x\right)} = \dfrac{\cos x}{\sen x} = \cotg x$

$\cotg\left(\dfrac{\pi}{2} - x\right) = \dfrac{\cos\left(\dfrac{\pi}{2} - x\right)}{\sen\left(\dfrac{\pi}{2} - x\right)} = \dfrac{\sen x}{\cos x} = \tg x$

EXERCÍCIOS

8. Escolha duas medidas, α e β, de dois ângulos agudos, cuja soma seja 90°. Em seguida, compare os valores de:

a) sen α e cos β
b) tg α e cotg β
c) sec α e cossec β
d) sen β e cos α
e) tg β e cotg α
f) sec β e cossec α

9. Escolha duas medidas, α e β, com $90° < \alpha < 180°$ e $-90° < \beta < 0°$, cuja soma seja 90°. Em seguida, compare os valores de:

a) sen α e cos β
b) tg α e cotg β
c) sec α e cossec β
d) sen β e cos α
e) tg β e cotg α
f) sec β e cossec α

2.2 Outras relações

Até aqui conhecemos cinco relações importantes na Trigonometria:

$$\text{sen}^2\, x + \cos^2 x = 1 \qquad \text{cossec}\, x = \frac{1}{\text{sen}\, x}$$

$$\text{tg}\, x = \frac{\text{sen}\, x}{\cos x} \qquad \text{cotg}\, x = \frac{\cos x}{\text{sen}\, x}$$

$$\sec x = \frac{1}{\cos x}$$

Partindo dessas cinco relações, vamos determinar outras três, também muito importantes para a resolução de alguns exercícios.

• Considerando $\cos x \neq 0$, isto é, $x \neq \frac{\pi}{2} + k\pi$, com $k \in \mathbb{Z}$, vamos dividir cada um dos membros da igualdade $\text{sen}^2 x + \cos^2 x = 1$ por $\cos^2 x$. Assim:

$$\text{sen}^2 x + \cos^2 x = 1 \Rightarrow \frac{\text{sen}^2 x + \cos^2 x}{\cos^2 x} = \frac{1}{\cos^2 x} \Rightarrow$$

$$\Rightarrow \left(\frac{\text{sen}\, x}{\cos x}\right)^2 + 1 = \left(\frac{1}{\cos x}\right)^2 \Rightarrow \text{tg}^2 x + 1 = \sec^2 x$$

Portanto: $\text{tg}^2 x + 1 = \sec^2 x$, com $\cos x \neq 0$

Exemplos

Podemos verificar que:

a) $\text{tg}^2\, \pi + 1 = 0^2 + 1 = 1$ e $\sec^2 \pi = \frac{1}{\cos^2 \pi} = \frac{1}{(-1)^2} = 1$

b) $\text{tg}^2\, \frac{7\pi}{4} + 1 = (-1)^2 + 1 = 2$ e

$\sec^2 \frac{7\pi}{4} = \frac{1}{\cos^2 \frac{7\pi}{4}} = \frac{1}{\left(\frac{\sqrt{2}}{2}\right)^2} = \frac{1}{\frac{2}{4}} = \frac{4}{2} = 2$

• Considerando $\text{sen}\, x \neq 0$, isto é, $x \neq k\pi$, com $k \in \mathbb{Z}$, vamos dividir cada um dos membros de $\text{sen}^2 x + \cos^2 x = 1$ por $\text{sen}^2 x$.

Assim:

$$\text{sen}^2 x + \cos^2 x = 1 \Rightarrow \frac{\text{sen}^2 x + \cos^2 x}{\text{sen}^2 x} = \frac{1}{\text{sen}^2 x} \Rightarrow$$

$$\Rightarrow 1 + \left(\frac{\cos x}{\text{sen}\, x}\right)^2 = \left(\frac{1}{\text{sen}\, x}\right)^2 \Rightarrow 1 + \text{cotg}^2 x = \text{cossec}^2 x$$

Portanto: $1 + \text{cotg}^2 x = \text{cossec}^2 x$, com $\text{sen}\, x \neq 0$

Exemplo

Podemos verificar que:

$1 + \text{cotg}^2 \frac{5\pi}{3} = 1 + \left(-\frac{\sqrt{3}}{3}\right)^2 = 1 + \frac{3}{9} = \frac{12}{9} = \frac{4}{3}$ e

$\text{cossec}^2 \frac{5\pi}{3} = \frac{1}{\text{sen}^2 \frac{5\pi}{3}} = 1 : \left(-\frac{\sqrt{3}}{2}\right)^2 = 1 : \frac{3}{4} = \frac{4}{3}$

• Outra relação vem da comparação das igualdades $\text{tg}\, x = \frac{\text{sen}\, x}{\cos x}$ e $\text{cotg}\, x = \frac{\cos x}{\text{sen}\, x}$, ou seja, $\text{tg}\, x$ e $\text{cotg}\, x$ são razões inversas.

$$\text{cotg}\, x = \frac{1}{\text{tg}\, x}, \text{ com } \text{sen}\, x \neq 0 \text{ e } \cos x \neq 0, \text{ isto é,}$$

$$x \neq \frac{k\pi}{2}, \text{ com } k \in \mathbb{Z}$$

Exemplo

Podemos verificar que:

$\text{cotg}\, \frac{11\pi}{6} = \left(\cos \frac{11\pi}{6}\right) : \left(\text{sen}\, \frac{11\pi}{6}\right) = \frac{\sqrt{3}}{2} : \left(-\frac{1}{2}\right) =$

$= \frac{\sqrt{3}}{2} \cdot \left(-\frac{2}{1}\right) = -\sqrt{3}$ e $1 : \left(\text{tg}\, \frac{11\pi}{6}\right) = 1 : \left(-\frac{\sqrt{3}}{3}\right) =$

$= -\frac{3}{\sqrt{3}} = -\frac{3}{\sqrt{3}} \cdot \frac{\sqrt{3}}{\sqrt{3}} = -\sqrt{3}$

EXERCÍCIOS

R2. Simplificar a expressão $\frac{\text{cotg}^2 x}{1 + \text{cossec}\, x}$.

▶ **Resolução**

Aplicando as relações $\text{cotg}\, x = \frac{\cos x}{\text{sen}\, x}$,

$\text{cossec}\, x = \frac{1}{\text{sen}\, x}$ e depois $\text{sen}^2 x + \cos^2 x = 1$, temos:

$\frac{\text{cotg}^2 x}{1 + \text{cossec}\, x} = \frac{\frac{\cos^2 x}{\text{sen}^2 x}}{1 + \frac{1}{\text{sen}\, x}} = \frac{\frac{\cos^2 x}{\text{sen}^2 x}}{\frac{1 + \text{sen}\, x}{\text{sen}\, x}} =$

$= \frac{1 - \text{sen}^2 x}{\text{sen}^2 x} \cdot \frac{\text{sen}\, x}{1 + \text{sen}\, x} = \frac{(1 + \text{sen}\, x)(1 - \text{sen}\, x)}{\text{sen}\, x \cdot (1 + \text{sen}\, x)} =$

$= \frac{1 - \text{sen}\, x}{\text{sen}\, x} = \frac{1}{\text{sen}\, x} - \frac{\text{sen}\, x}{\text{sen}\, x} = \text{cossec}\, x - 1$

Portanto: $\frac{\text{cotg}^2 x}{1 + \text{cossec}\, x} = \text{cossec}\, x - 1$

10. Calcule o valor de $\dfrac{\sec^2 x}{\text{cossec } x \cdot \cos x}$, sabendo que $\text{tg } x = \dfrac{3}{2}$.

11. Verifique se é verdadeira a igualdade:
 $1 + \cotg^2 x = \text{cossec}^2 x$ para $x = \dfrac{3\pi}{4}$ e $x = \dfrac{7\pi}{6}$

12. Se $\alpha \in \text{QIV}$ e $\cotg \alpha = -\dfrac{1}{3}$, calcule os valores de $\sec \alpha$ e $\sen \alpha$.

13. Dado que $\cos x = 0,4$ e que $x \in \text{QIV}$, calcule o valor da expressão $A = \sen x + \sec x - \cotg x$.

R3. Resolver a equação $\sqrt{3} \cdot \sec^2 x - \text{tg } x = \sqrt{3}$, sendo $0 \leq x < 2\pi$.

▶ **Resolução**

$\sqrt{3} \cdot \sec^2 x - \text{tg } x = \sqrt{3}$
$\sqrt{3} \cdot (1 + \text{tg}^2 x) - \text{tg } x = \sqrt{3}$
$\sqrt{3} + \sqrt{3} \cdot \text{tg}^2 x - \text{tg } x - \sqrt{3} = 0$
$\sqrt{3} \cdot \text{tg}^2 x - \text{tg } x = 0 \Rightarrow \text{tg } x \cdot \left(\sqrt{3} \cdot \text{tg } x - 1\right) = 0$

Então, temos:
$\text{tg } x = 0$ ou $\sqrt{3} \cdot \text{tg } x - 1 = 0$

• $\text{tg } x = 0 \Rightarrow x = 0$ ou $x = \pi$
• $\sqrt{3} \cdot \text{tg } x - 1 = 0 \Rightarrow$
$\Rightarrow \text{tg } x = \dfrac{1}{\sqrt{3}} = \dfrac{1 \cdot \sqrt{3}}{\sqrt{3} \cdot \sqrt{3}} = \dfrac{\sqrt{3}}{3} \Rightarrow$
$\Rightarrow x = \dfrac{\pi}{6}$ ou $x = \dfrac{7\pi}{6}$

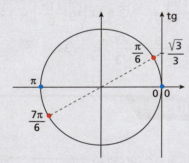

Logo, $S = \left\{0, \dfrac{\pi}{6}, \pi, \dfrac{7\pi}{6}\right\}$.

14. Resolva as equações, sendo $0 \leq x < 2\pi$.

 a) $\sec^2 x + \dfrac{4\sqrt{3}}{3} \text{tg } x = 0$

 b) $(1 + \cotg^2 x) \cdot \sen x = \dfrac{2\sqrt{3}}{3}$

2.3 Identidades

Uma igualdade envolvendo funções é uma **identidade** quando ela se verifica para todos os valores de x em que ambas as funções estão definidas. As identidades são indicadas pelo símbolo $\equiv$, embora, por simplificação de notação, seja comum o uso do símbolo de igualdade.

Consideremos duas funções dadas por $f(x) = \dfrac{x^2 - x - 2}{x + 1}$ e $g(x) = x - 2$.

Analisando o domínio das funções f e g, verificamos que a função f está definida para os valores reais de x tal que $x \neq -1$; já a função g está definida para qualquer valor real de x.

Fazendo algumas manipulações algébricas com a lei da função f, obtemos:

$f(x) = \dfrac{x^2 - x - 2}{x + 1} = \dfrac{(x + 1) \cdot (x - 2)}{x + 1} = x - 2$

Logo, $f(x) = g(x)$.

Desse modo, concluímos que a proposição $\dfrac{x^2 - x - 2}{x + 1} = x - 2$ é uma identidade para todo x real com $x \neq -1$. Nesse caso, podemos escrever: $\dfrac{x^2 - x - 2}{x + 1} \equiv x - 2$

Observação

Note que $\dfrac{x^2 - x - 2}{x + 1} = x - 2$ não é uma identidade para $x \in \mathbb{R}$.

Exemplos

a) As igualdades a seguir são identidades para qualquer valor real de x.
 • $(x - 3) \cdot (x + 1) = x^2 - 2x - 3$
 • $\sen^2 x + \cos^2 x = 1$

b) As igualdades a seguir são identidades quando $x \neq 0$ e $\sen x \neq 0$, respectivamente.
 • $\dfrac{2x^2}{x} = 2x$, para $x \neq 0$
 • $\cotg x = \dfrac{\cos x}{\sen x}$, para $\sen x \neq 0$

Veja alguns caminhos para se demonstrar uma identidade.

1. Desenvolvemos um dos membros da identidade, utilizando simplificações algébricas e substituições por outras identidades, para encontrar o outro membro.
 Por exemplo: $\sen^2 x \cdot \cotg^2 x + \sen^2 x = 1$, para $\sen x \neq 0$, ou seja, para todo x real, com $x \neq k\pi, k \in \mathbb{Z}$.
 De fato a identidade é válida, pois:
 $\sen^2 x \cdot \cotg^2 x + \sen^2 x = \sen^2 x \cdot \dfrac{\cos^2 x}{\sen^2 x} + \sen^2 x =$
 $= \cos^2 x + \sen^2 x = 1$

2. Desenvolvemos ambos os membros até encontrar uma expressão comum.
 Por exemplo: $\dfrac{1 + \cotg^2 x}{\cotg x \cdot (1 - \sen^2 x)} = \dfrac{\text{cossec } x}{\cos^3 x}$, para todo x real, com $x \neq k\pi$ e $x \neq \dfrac{\pi}{2} + k\pi, k \in \mathbb{Z}$, ou seja, $x \neq \dfrac{k\pi}{2}$.

Vamos desenvolver, separadamente, cada um dos membros da igualdade:

$$\frac{1 + \cotg^2 x}{\cotg x \cdot (1 - \sen^2 x)} = \cossec^2 x : \left[\frac{\cos x}{\sen x} \cdot \cos^2 x\right] =$$

$$= \frac{1}{\sen^2 x} : \frac{\cos^3 x}{\sen x} = \frac{1}{\sen^2 x} \cdot \frac{\sen x}{\cos^3 x} =$$

$$= \frac{1}{\sen x \cdot \cos^3 x}$$

$$\frac{\cossec x}{\cos^3 x} = \frac{1}{\sen x} : \cos^3 x = \frac{1}{\sen x} \cdot \frac{1}{\cos^3 x} =$$

$$= \frac{1}{\sen x \cdot \cos^3 x}$$

Pela propriedade transitiva, a igualdade é uma identidade trigonométrica.

Observação

A igualdade é uma relação que se vale da propriedade transitiva:
Se $A = C$ e $B = C$, então $A = B$.

EXERCÍCIO

15. Prove as seguintes identidades.

a) $\dfrac{\cotg x \cdot \sen x}{1 + \sen x} \cdot \cos x = 1 - \sen x$, para todo x real, com $x \neq \dfrac{3\pi}{2} + 2k\pi$, $k \in \mathbb{Z}$, $k \in \mathbb{Z}$

b) $\dfrac{\sen x}{\cossec x} + \dfrac{\cos x}{\sec x} = 1$, para todo x real, com $x \neq \dfrac{k\pi}{2}$, $k \in \mathbb{Z}$

c) $\sec^2 x \cdot \cossec^2 x = \sec^2 x + \cossec^2 x$, para todo x real, com $x \neq \dfrac{k\pi}{2}$, $k \in \mathbb{Z}$

d) $(\cossec x - \cotg x)^2 = \dfrac{1 - \cos x}{1 + \cos x}$

3. Equações e inequações trigonométricas em $\mathbb{R}$

No Capítulo 12, "Ciclo trigonométrico – 1ª volta", estudamos a resolução de equações e inequações trigonométricas, tendo como conjunto universo o intervalo $[0, 2\pi]$. Agora, vamos estudá-las considerando o conjunto universo $U = \mathbb{R}$.

3.1 Equações trigonométricas

As equações fundamentais na incógnita x, com α e a constantes, são do tipo:

1º) $\sen x = \sen \alpha$ ou $\sen x = a$
2º) $\cos x = \cos \alpha$ ou $\cos x = a$
3º) $\tg x = \tg \alpha$ ou $\tg x = a$

A construção do ciclo trigonométrico, no qual podemos identificar as medidas dos arcos, os números reais associados aos pontos do ciclo ou os valores das razões trigonométricas dados ou obtidos, facilita a resolução dessas equações.

Nos exemplos a seguir, veremos que, para obter a solução das equações no universo $\mathbb{R}$, basta resolvê-las como se fosse no intervalo $[0, 2\pi]$ e, em seguida, escrever a expressão que fornece as medidas dos arcos côngruos, nas infinitas voltas da circunferência trigonométrica.

Equações trigonométricas do 1º tipo

- Vamos determinar x tal que $\sen x = \sen \dfrac{\pi}{4}$, sendo $U = \mathbb{R}$.

Se $\sen x = \sen \dfrac{\pi}{4}$, então $x = \dfrac{\pi}{4} + 2k\pi$, $k \in \mathbb{Z}$ ou $x = \dfrac{3\pi}{4} + 2k\pi$, $k \in \mathbb{Z}$.

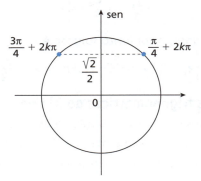

Portanto, o conjunto solução é:

$$S = \left\{x \in \mathbb{R} \mid x = \frac{\pi}{4} + 2k\pi \text{ ou } x = \frac{3\pi}{4} + 2k\pi, k \in \mathbb{Z}\right\}$$

- Vamos resolver a equação $\sen x = \dfrac{\sqrt{3}}{2}$, sendo $U = \mathbb{R}$.

No intervalo $[0, 2\pi]$, os arcos cujo seno vale $\dfrac{\sqrt{3}}{2}$ medem $\dfrac{\pi}{3}$ e $\dfrac{2\pi}{3}$. Logo, no universo real, temos

$x = \dfrac{\pi}{3} + 2k\pi$, $k \in \mathbb{Z}$ ou $x = \dfrac{2\pi}{3} + 2k\pi$, $k \in \mathbb{Z}$.

Portanto, o conjunto solução é:

$$S = \left\{x \in \mathbb{R} \mid x = \frac{\pi}{3} + 2k\pi \text{ ou } x = \frac{2\pi}{3} + 2k\pi, k \in \mathbb{Z}\right\}$$

Equações trigonométricas do 2º tipo

- Vamos obter x tal que $\cos\left(x - \dfrac{\pi}{6}\right) = -\dfrac{1}{2}$, sendo $U = \mathbb{R}$.

No intervalo $[0, 2\pi]$, os arcos cujo cosseno vale $-\dfrac{1}{2}$ medem $\dfrac{2\pi}{3}$ e $\dfrac{4\pi}{3}$. Assim:

$x - \dfrac{\pi}{6} = \dfrac{2\pi}{3} + 2k\pi \Rightarrow x = \dfrac{5\pi}{6} + 2k\pi$

$x - \dfrac{\pi}{6} = \dfrac{4\pi}{3} + 2k\pi \Rightarrow x = \dfrac{3\pi}{2} + 2k\pi$

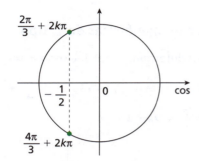

Portanto, o conjunto solução é:

$S = \left\{ x \in \mathbb{R} \mid x = \dfrac{5\pi}{6} + 2k\pi \text{ ou } x = \dfrac{3\pi}{2} + 2k\pi, k \in \mathbb{Z} \right\}$

Equações trigonométricas do 3º tipo

- Vamos resolver a equação $\operatorname{tg} 2x = 1$.

Os arcos cuja tangente vale 1, levando-se em conta a primeira volta no ciclo trigonométrico, medem $\dfrac{\pi}{4}$ e $\dfrac{5\pi}{4}$.

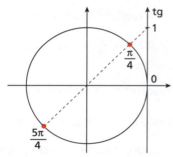

Quando não se menciona o conjunto universo, fica convencionado que $U = \mathbb{R}$.

Considerando, então, o conjunto universo real, temos:

$2x = \dfrac{\pi}{4} + k\pi \Rightarrow x = \dfrac{\pi}{8} + \dfrac{k\pi}{2}, k \in \mathbb{Z}$

Portanto, o conjunto solução é:

$S = \left\{ x \in \mathbb{R} \mid x = \dfrac{\pi}{8} + \dfrac{k\pi}{2}, k \in \mathbb{Z} \right\}$

EXERCÍCIOS

16. Resolva as seguintes equações, sendo $U = \mathbb{R}$.

a) $\operatorname{sen} x = \dfrac{\sqrt{2}}{2}$

b) $\operatorname{sen} x = \operatorname{sen} \dfrac{2\pi}{3}$

c) $\cos x = -\dfrac{1}{2}$

d) $\cos x = \cos(-150°)$

e) $\operatorname{tg} x = -\sqrt{3}$

f) $\operatorname{tg} x = \operatorname{tg} \dfrac{5\pi}{4}$

17. Resolva as equações em $\mathbb{R}$.

a) $\cos\left(x + \dfrac{\pi}{4}\right) = \dfrac{\sqrt{3}}{2}$

b) $\sec x = \dfrac{2\sqrt{3}}{3}$

18. Resolva, em $\mathbb{R}$, a equação $\operatorname{sen} x \cdot \cos x = 0$.

R4. Resolver a equação $\operatorname{sen}^3 x - \operatorname{sen} x = 0$, em $\mathbb{R}$.

▶ **Resolução**

Colocando o fator comum $\operatorname{sen} x$ em evidência, temos:
$\operatorname{sen}^3 x - \operatorname{sen} x = 0 \Rightarrow \operatorname{sen} x \cdot (\operatorname{sen}^2 x - 1) = 0$

Para um produto de dois fatores ser igual a zero, é necessário que um dos fatores seja igual a zero. Assim:

$\operatorname{sen} x \cdot (\operatorname{sen}^2 x - 1) = 0$

$\operatorname{sen} x = 0$ (I) ou $\operatorname{sen}^2 x - 1 = 0$ (II)

De (I), vem: $\operatorname{sen} x = 0 \Rightarrow x = 0 + k\pi$

De (II), vem: $\operatorname{sen}^2 x - 1 = 0 \Rightarrow \operatorname{sen}^2 x = 1 \Rightarrow$

$\Rightarrow \operatorname{sen} x = \pm 1 \Rightarrow x = \dfrac{\pi}{2} + k\pi$

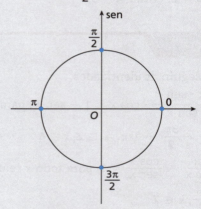

Portanto, o conjunto solução é:

$S = \left\{ x \in \mathbb{R} \mid x = k\pi \text{ ou } x = \dfrac{\pi}{2} + k\pi, k \in \mathbb{Z} \right\}$

---

19. Resolva as equações, em $\mathbb{R}$.

a) $\cos^2 x + (1 - \operatorname{sen}^2 x) \cdot \operatorname{tg} x = 0$

b) $2 \cdot \cos^3 x - \cos x = 0$

R5. Resolver a equação $2 \cdot \operatorname{sen}^2 x - \operatorname{sen} x - 1 = 0$.

▶ **Resolução**

Para solucionar essa equação, vamos introduzir uma incógnita auxiliar.

Substituindo $\operatorname{sen} x$ por y, obtemos a equação do 2º grau $2y^2 - y - 1 = 0$.

Resolvendo-a, obtemos $y = 1$ ou $y = -\dfrac{1}{2}$.

Mas, como $\operatorname{sen} x = y$, temos:

$\operatorname{sen} x = 1 \Rightarrow x = \dfrac{\pi}{2} + 2k\pi$

$\operatorname{sen} x = -\dfrac{1}{2} \Rightarrow x = \dfrac{7\pi}{6} + 2k\pi$ ou $x = \dfrac{11\pi}{6} + 2k\pi$

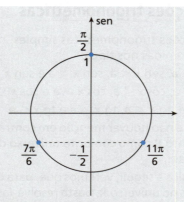

Portanto, o conjunto solução é:

$S = \left\{ x \in \mathbb{R} \mid x = \dfrac{\pi}{2} + 2k\pi \text{ ou } x = \dfrac{7\pi}{6} + 2k\pi \text{ ou } x = \dfrac{11\pi}{6} + 2k\pi,\ k \in \mathbb{Z} \right\}$

R6. Resolver a equação $\text{tg}^2 x + (1 - \sqrt{3}) \cdot \text{tg}\, x = \sqrt{3}$.

▶ **Resolução**

Substituindo tg x por y, temos:
$y^2 + (1 - \sqrt{3})y - \sqrt{3} = 0$
Resolvendo a equação do 2º grau, obtemos:
$y = -1$ ou $y = \sqrt{3}$
Mas, como tg x = y, temos:
$\text{tg}\, x = -1 \Rightarrow x = \dfrac{3\pi}{4} + k\pi$
$\text{tg}\, x = \sqrt{3} \Rightarrow x = \dfrac{\pi}{3} + k\pi$

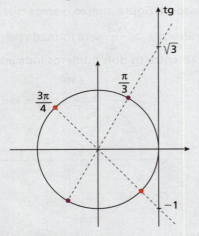

Assim, o conjunto solução é:

$S = \left\{ x \in \mathbb{R} \mid x = \dfrac{3\pi}{4} + k\pi \text{ ou } x = \dfrac{\pi}{3} + k\pi,\ k \in \mathbb{Z} \right\}$

20. Resolva as seguintes equações em $\mathbb{R}$.

a) $2 \cdot \text{sen}\, x - 1 = \text{cossec}\, x$

b) $2 \cdot \text{sen}^2 x - 3\, \text{sen}\, x + 1 = 0$

21. Determine o conjunto solução das equações.

a) $2 \cdot \cos^2 x + \cos x - 1 = 0$ c) $\text{sen}\, x + \dfrac{\text{cossec}\, x}{2} = \dfrac{3}{2}$

b) $\text{tg}\, x - \text{cotg}\, x = 0$ d) $\sec^2 x - \sqrt{3} \cdot \text{tg}\, x = 1$

R7. Resolver a equação tg 5x + tg 2x = 0.

▶ **Resolução**

tg 5x + tg 2x = 0 ⇒ tg 5x = −tg 2x
Os valores das tangentes de dois arcos são opostos quando os arcos são simétricos em relação ao eixo das ordenadas, como os arcos α e β e os arcos α' e β', indicados na figura abaixo.
Nesses casos, temos:
$\beta = \pi - \alpha \Rightarrow \beta + \alpha = \pi$
$\alpha' = \pi + \alpha$ e $\beta' = 2\pi - \alpha \Rightarrow \alpha' + \beta' = 3\pi$
Então, para tg 5x = −tg 2x, quando os arcos são simétricos ao eixo das ordenadas, devemos ter:
$(5x) + (2x) = \pi + 2k\pi$
$(5x) + (2x) = 3\pi + 2k\pi$

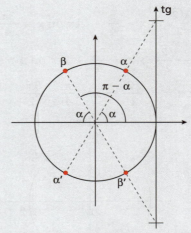

Os valores das tangentes de dois arcos também são opostos quando os arcos são simétricos em relação ao eixo das abscissas, como os arcos β e α' e os arcos α e β', indicados na figura acima.
Nesses casos, temos:
$\beta + \alpha' = \pi - \alpha + \pi + \alpha = 2\pi$
$\alpha + \beta' = \alpha + 2\pi - \alpha = 2\pi$
Então, para tg 5x = −tg 2x, quando os arcos são simétricos ao eixo das abscissas, devemos ter:
$(5x) + (2x) = 2k\pi \Rightarrow (5x) + (2x) = k\pi$
Assim:
$5x + 2x = k\pi \Rightarrow 7x = k\pi \Rightarrow x = \dfrac{k\pi}{7}$

Portanto: $S = \left\{ x \in \mathbb{R} \mid x = \dfrac{k\pi}{7},\ k \in \mathbb{Z} \right\}$

22. Resolva as equações em $\mathbb{R}$.

a) tg 2x + tg x = 0

b) $\sqrt{3} \cdot \text{tg}\, x = 1$

23. Determine o conjunto solução de cada equação.

a) cos 2x + 1 = 0

b) sen 2x + 1 = 0

24. Resolva, em $\mathbb{R}$, as equações a seguir.

a) sen 3x = cos 2x

b) cos 3x = sen x

R8. Resolver a equação $\cos^2 x + 2 \cdot \text{sen}^2 x = \dfrac{3}{2}$.

▸ **Resolução**

A equação dada será resolvida com o auxílio da relação fundamental da Trigonometria: $\text{sen}^2 x + \cos^2 x = 1$. Dessa relação, obtemos:
$\cos^2 x = 1 - \text{sen}^2 x$

Substituindo $\cos^2 x$ na equação dada, temos:

$(1 - \text{sen}^2 x) + 2 \cdot \text{sen}^2 x = \dfrac{3}{2}$

$\text{sen}^2 x = \dfrac{1}{2}$

$\text{sen } x = \pm \dfrac{\sqrt{2}}{2}$

Assim:

$\text{sen } x = \dfrac{\sqrt{2}}{2} \Rightarrow x = \dfrac{\pi}{4} + 2k\pi$ ou $x = \dfrac{3\pi}{4} + 2k\pi$

$\text{sen } x = -\dfrac{\sqrt{2}}{2} \Rightarrow x = \dfrac{5\pi}{4} + 2k\pi$ ou $x = \dfrac{7\pi}{4} + 2k\pi$

Logo: $\text{sen } x = \pm \dfrac{\sqrt{2}}{2} \Rightarrow x = \dfrac{\pi}{4} + \dfrac{k\pi}{2}$

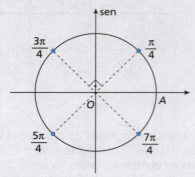

Portanto, o conjunto solução é:

$S = \left\{ x \in \mathbb{R} \mid x = \dfrac{\pi}{4} + \dfrac{k\pi}{2}, k \in \mathbb{Z} \right\}$

25. Determine o conjunto solução da equação $\text{tg}^3 x - \text{tg } x = 0$.

26. Resolva a equação $|\text{sen } x| = 1$.

27. Observe o ciclo trigonométrico representado a seguir.

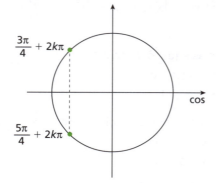

Supondo que estejam destacadas as raízes de uma equação trigonométrica, escreva essa equação. Compare sua resposta com a de um colega.

3.2 Inequações trigonométricas

As inequações trigonométricas simples, na incógnita x, podem ser resumidas nos tipos:

1º) $\text{sen } x > a$, $\text{sen } x < a$, $\text{sen } x \geq a$ e $\text{sen } x \leq a$

2º) $\cos x > a$, $\cos x < a$, $\cos x \geq a$ e $\cos x \leq a$

3º) $\text{tg } x > a$, $\text{tg } x < a$, $\text{tg } x \geq a$ e $\text{tg } x \leq a$

Sempre que não houver menção em contrário, consideraremos o conjunto $\mathbb{R}$ como conjunto universo das inequações trigonométricas.

Nos exemplos a seguir, veremos que, para obter a solução das inequações no universo $\mathbb{R}$, basta resolvê-las como se fosse no intervalo $[0, 2\pi]$ e, em seguida, escrever a expressão que fornece as medidas dos arcos côngruos, nas infinitas voltas da circunferência trigonométrica.

Vale observar a importância da construção dos ciclos trigonométricos em exercícios de inequação para melhor visualização dos intervalos de solução.

Inequações trigonométricas do 1º tipo

• Vamos determinar o conjunto solução para a inequação $\text{sen } x > \dfrac{\sqrt{3}}{2}$.

Sabemos que $\text{sen } x$ pode assumir valores de -1 a 1. Assim, precisamos determinar os valores de x que nos levam a valores de seno entre $\dfrac{\sqrt{3}}{2}$ e 1 (inclusive).

Para $\text{sen } x = \dfrac{\sqrt{3}}{2}$, temos:

$x = \dfrac{\pi}{3} + 2k\pi$ ou $x = \dfrac{2\pi}{3} + 2k\pi$

Observando a figura abaixo, vemos que a solução da inequação $\text{sen } x > \dfrac{\sqrt{3}}{2}$ será formada pelos valores de x que estão entre os dois números indicados.

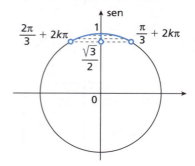

Portanto:

$S = \left\{ x \in \mathbb{R} \mid \dfrac{\pi}{3} + 2k\pi < x < \dfrac{2\pi}{3} + 2k\pi, k \in \mathbb{Z} \right\}$

Inequações trigonométricas do 2º tipo

• Vamos resolver a inequação $\cos x \geq -\dfrac{1}{2}$, sendo $U = \mathbb{R}$.

O ciclo trigonométrico nos auxiliará na resolução da inequação. Para $\cos x = -\dfrac{1}{2}$, temos:

$x = \dfrac{2\pi}{3} + 2k\pi$ ou $x = \dfrac{4\pi}{3} + 2k\pi$

É preciso determinar os arcos cujos cossenos variam de $-\dfrac{1}{2}$ a 1, incluindo esses valores.

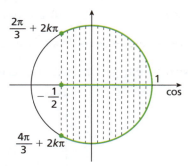

Logo, o conjunto solução é:

$S = \left\{ x \in \mathbb{R} \mid 0 + 2k\pi \leq x \leq \dfrac{2\pi}{3} + 2k\pi \text{ ou } \dfrac{4\pi}{3} + 2k\pi \leq x < 2\pi + 2k\pi, k \in \mathbb{Z} \right\}$

Inequações trigonométricas do 3º tipo

- Vamos determinar x tal que $\text{tg } x \leq \dfrac{\sqrt{3}}{3}$, sendo $U = \mathbb{R}$.

Sabemos que, se $\text{tg } x = \dfrac{\sqrt{3}}{3}$, temos:

$x = \dfrac{\pi}{6} + 2k\pi$ ou $x = \dfrac{7\pi}{6} + 2k\pi$

Representamos no eixo das tangentes o intervalo $\left] -\infty, \dfrac{\sqrt{3}}{3} \right]$ dos números reais menores ou iguais a $\dfrac{\sqrt{3}}{3}$.

Em seguida, verificamos, no ciclo trigonométrico desenhado, os valores reais de x associados às extremidades dos arcos cuja tangente pertence a esse intervalo.

Como usamos as medidas dos arcos da primeira volta positiva para escrever o conjunto solução, consideramos, nesse caso, três arcos: de 0 a $\dfrac{\pi}{6}$, de $\dfrac{\pi}{2}$ (exclusive) a $\dfrac{7\pi}{6}$ e de $\dfrac{3\pi}{2}$ (exclusive) a 2π (exclusive).

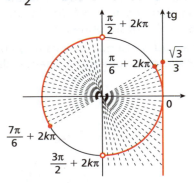

Logo, o conjunto solução é:

$S = \left\{ x \in \mathbb{R} \mid 0 + 2k\pi \leq x \leq \dfrac{\pi}{6} + 2k\pi \text{ ou } \dfrac{\pi}{2} + 2k\pi < x \leq \dfrac{7\pi}{6} + 2k\pi \text{ ou } \dfrac{3\pi}{2} + 2k\pi < x < 2\pi + 2k\pi, k \in \mathbb{Z} \right\}$

EXERCÍCIOS

R9. Resolver a inequação sen $x > -1$.

▶ **Resolução**

Sabemos que sen $x = -1$ apenas para $x = \dfrac{3\pi}{2} + 2k\pi$.

Logo, $S = \left\{ x \in \mathbb{R} \mid x \neq \dfrac{3\pi}{2} + 2k\pi, k \in \mathbb{Z} \right\}$.

28. Resolva as inequações, sendo $U = \mathbb{R}$.

a) sen $x < -\dfrac{\sqrt{3}}{2}$ d) sen $x \geq 0$

b) cos $x \geq \dfrac{1}{2}$ e) cos $x < -\dfrac{\sqrt{2}}{2}$

c) tg $x < \sqrt{3}$ f) tg $x \geq -1$

29. Resolva as inequações, sendo $U = \mathbb{R}$.

a) $2 \cdot \cos x - \sqrt{2} \geq 0$ d) $-2 \cdot \text{sen } x > -1$

b) $2 \cdot \text{sen } x + \sqrt{3} < 0$ e) $2 \cos x - \sqrt{3} < 0$

c) $5 \cdot \text{tg } x \geq 5$

30. Determine o domínio de $f(x) = \dfrac{1}{\sqrt{\text{cossec } x}}$.

31. Determine o conjunto solução das inequações.

a) $\cos\left(x + \dfrac{\pi}{2}\right) > 0$ b) $\text{sen}\left(2x - \dfrac{\pi}{4}\right) \leq 0$

32. Resolva, em $\mathbb{R}$, as inequações a seguir.

a) $\cos 2x < 0$ b) $\text{sen } 2x > \dfrac{1}{2}$

R10. Determinar o conjunto solução da inequação $2 \cdot \cos^2 x + \cos x - 1 > 0$.

▶ **Resolução**

Fazendo $y = \cos x$, temos: $2y^2 + y - 1 > 0$

Resolvendo a equação $2y^2 + y - 1 = 0$, obtemos:

$y = \dfrac{1}{2}$ ou $y = -1$

Observando o esquema abaixo, concluímos:

$2y^2 + y - 1 > 0 \Rightarrow y < -1$ ou $y > \dfrac{1}{2}$

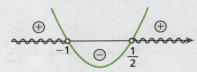

Como $\cos x = y$, temos:

$\cos x < -1$ ou $\cos x > \dfrac{1}{2}$

Assim:

$\cos x < -1 \Rightarrow \nexists\, x \in \mathbb{R}$

$\cos x > \dfrac{1}{2} \Rightarrow 0 + 2k\pi \leq x < \dfrac{\pi}{3} + 2k\pi$ ou

$\dfrac{5\pi}{3} + 2k\pi < x < 2\pi + 2k\pi$

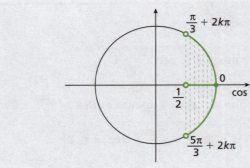

Logo, $S = \left\{ x \in \mathbb{R} \mid 0 + 2k\pi \leq x < \dfrac{\pi}{3} + 2k\pi \right.$

ou $\left. \dfrac{5\pi}{3} + 2k\pi < x < 2\pi + 2k\pi, k \in \mathbb{Z} \right\}$.

33. Resolva a inequação $2\,\text{sen}^2\,x + \text{sen}\,x - 1 < 0$ em $\mathbb{R}$.

34. Resolva a inequação $\sec x < 0$.

35. Resolva, em $\mathbb{R}$, os sistemas abaixo.

a) $\begin{cases} \text{sen}\,x > 0 \\ \cos x > \dfrac{1}{2} \end{cases}$
b) $\begin{cases} \sec x > 0 \\ \text{sen}\,x \leq \dfrac{\sqrt{2}}{2} \end{cases}$

R11. Para que valores reais de x temos $-\dfrac{1}{2} < \cos x \leq \dfrac{\sqrt{2}}{2}$?

➤ **Resolução**

Sabemos que, se $\cos x = -\dfrac{1}{2}$, temos:

$x = \dfrac{2\pi}{3} + 2k\pi$ ou $x = \dfrac{4\pi}{3} + 2k\pi$

Sabemos também que, se $\cos x = \dfrac{\sqrt{2}}{2}$, então:

$x = \dfrac{\pi}{4} + 2k\pi$ ou $x = \dfrac{7\pi}{4} + 2k\pi$

Representamos no eixo dos cossenos o intervalo $\left] -\dfrac{1}{2}, \dfrac{\sqrt{2}}{2} \right]$ e verificamos, no ciclo trigonométrico, os valores de x associados às extremidades dos arcos cujo cosseno pertence a esse intervalo.

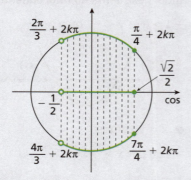

Logo, os valores reais de x procurados são tais que:

$\dfrac{\pi}{4} + 2k\pi \leq x < \dfrac{2\pi}{3} + 2k\pi$ ou

$\dfrac{4\pi}{3} + 2k\pi < x \leq \dfrac{7\pi}{4} + 2k\pi$, com $k \in \mathbb{Z}$

36. Resolva as seguintes inequações em $\mathbb{R}$.

a) $\dfrac{\sqrt{2}}{2} \leq \text{sen}\,x < \dfrac{\sqrt{3}}{2}$
c) $-1 \leq \cos x \leq \dfrac{1}{2}$

b) $0 < \text{tg}\,x < 1$
d) $1 \leq \text{tg}\,x \leq \sqrt{3}$

37. Encontre os valores reais de x tal que $\text{tg}\,x \cdot \cos x > 0$.

38. Observe o ciclo trigonométrico representado a seguir.

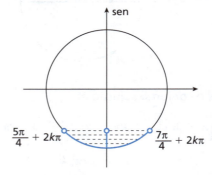

Supondo que a parte em destaque represente as soluções de uma inequação trigonométrica, escreva essa inequação. Em seguida, compare sua resposta com a de um colega.

4. Adição de arcos

Calculadora trigonométrica

Conhecidos os valores do seno, do cosseno e da tangente dos arcos notáveis (30°, 45° e 60°), podemos encontrar diversos outros valores das funções trigonométricas realizando operações de adição e subtração com esses arcos.

As fórmulas da adição de arcos permitem calcular, por exemplo, sen 75°, cos 105°, tg 15° etc. sem o uso de tabelas trigonométricas (note que 75° = 30° + 45° ou 75° = 120° − 45°; 105° = 45° + 60°; 15° = 45° − 30°).

4.1 Cosseno da soma

Neste tópico, vamos demonstrar a fórmula do cosseno da soma de dois arcos. As demais fórmulas apresentadas são consequências diretas dessa primeira.

Observe na figura a seguir que os ângulos $Q\hat{O}R$ e $S\hat{N}R$, por terem lados respectivamente perpendiculares, são congruentes.

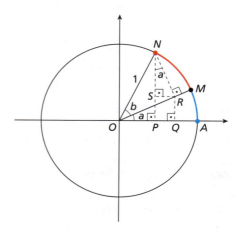

Vamos determinar o cosseno do arco $\widehat{AN}$, que é a soma dos arcos $\widehat{AM}$ e $\widehat{MN}$, sendo conhecidos os valores de a, b, sen a, sen b, cos a e cos b. No ciclo trigonométrico representado acima, os arcos $\widehat{AM}$ e $\widehat{MN}$ têm medidas a e b, respectivamente. De acordo com a figura, $OP = OQ - PQ$; como $PQ = SR$, podemos escrever:

$OP = OQ - SR$

O triângulo OPN é retângulo. Logo: $OP = \cos(a + b)$ (I)

Para determinar OQ, consideramos os triângulos retângulos OQR e ORN:

No triângulo OQR, temos: $OQ = OR \cdot \cos a$

No triângulo ORN, temos: $OR = ON \cdot \cos b$.

Como $ON = 1$, $OR = \cos b$.

Então: $OQ = \cos a \cdot \cos b$ (II)

Para determinar SR, tomamos os triângulos retângulos RSN e ORN:

No triângulo RSN, temos: $SR = NR \cdot \text{sen } a$

No triângulo ORN, temos: $NR = ON \cdot \text{sen } b$.

Como $ON = 1$, $NR = \text{sen } b$.

Então: $SR = \text{sen } a \cdot \text{sen } b$ (III)

Substituindo as expressões (I), (II) e (III) em $OP = OQ - SR$, obtemos:

$$\cos(a + b) = \cos a \cdot \cos b - \text{sen } a \cdot \text{sen } b$$

4.2 Cosseno da diferença

Vamos agora substituir, na fórmula do cosseno da soma, o arco $(+b)$ pelo arco $(-b)$. Sabendo que $\cos(-b) = \cos b$ e $\text{sen}(-b) = -\text{sen } b$, temos:

$\cos[a + (-b)] = \cos a \cdot \cos(-b) - \text{sen } a \cdot \text{sen}(-b)$

$\cos(a - b) = \cos a \cdot \cos b - \text{sen } a \cdot (-\text{sen } b)$

Logo:

$$\cos(a - b) = \cos a \cdot \cos b + \text{sen } a \cdot \text{sen } b$$

4.3 Seno da soma

Lembrando que $\text{sen } x = \cos\left(\dfrac{\pi}{2} - x\right)$ e usando a fórmula do cosseno da diferença, escrevemos:

$\text{sen}(a + b) = \cos\left[\dfrac{\pi}{2} - (a + b)\right] = \cos\left[\left(\dfrac{\pi}{2} - a\right) - b\right] =$

$= \cos\left(\dfrac{\pi}{2} - a\right) \cdot \cos b + \text{sen}\left(\dfrac{\pi}{2} - a\right) \cdot \text{sen } b$

Como $\cos\left(\dfrac{\pi}{2} - a\right) = \text{sen } a$ e $\text{sen}\left(\dfrac{\pi}{2} - a\right) = \cos a$, concluímos:

$$\text{sen}(a + b) = \text{sen } a \cdot \cos b + \text{sen } b \cdot \cos a$$

4.4 Seno da diferença

Vamos considerar o arco $(-b)$ na fórmula do seno da soma. Sabendo que $\cos(-b) = \cos b$ e $\text{sen}(-b) = -\text{sen } b$, temos:

$\text{sen}[a + (-b)] = \text{sen } a \cdot \cos(-b) + \text{sen}(-b) \cdot \cos a$

$\text{sen}(a - b) = \text{sen } a \cdot \cos b + (-\text{sen } b) \cdot \cos a$

Logo:

$$\text{sen}(a - b) = \text{sen } a \cdot \cos b - \text{sen } b \cdot \cos a$$

Exemplos

a) $\text{sen } 105° = \text{sen}(45° + 60°)$

$\text{sen}(45° + 60°) = \text{sen } 45° \cdot \cos 60° + \text{sen } 60° \cdot \cos 45° =$

$= \dfrac{\sqrt{2}}{2} \cdot \dfrac{1}{2} + \dfrac{\sqrt{3}}{2} \cdot \dfrac{\sqrt{2}}{2} = \dfrac{\sqrt{2} + \sqrt{6}}{4}$

Logo: $\text{sen } 105° = \dfrac{\sqrt{2} + \sqrt{6}}{4}$

b) $\cos 15° = \cos(45° - 30°)$

$\cos(45° - 30°) = \cos 45° \cdot \cos 30° + \text{sen } 45° \cdot \text{sen } 30° =$

$= \dfrac{\sqrt{2}}{2} \cdot \dfrac{\sqrt{3}}{2} + \dfrac{\sqrt{2}}{2} \cdot \dfrac{1}{2} = \dfrac{\sqrt{6} + \sqrt{2}}{4}$

Logo: $\text{sen } 15° = \dfrac{\sqrt{2} + \sqrt{6}}{4}$

4.5 Tangente da soma

Uma das relações mais importantes da Trigonometria é a que determina a tangente de um arco a partir dos valores do seno e do cosseno desse arco.

Então, como $\text{tg } x = \dfrac{\text{sen } x}{\cos x}$, para $\cos x \neq 0$, vamos tomar $x = a + b$ e determinar a $\text{tg}(a + b)$ a partir dos valores de $\text{tg } a$ e de $\text{tg } b$:

$\text{tg}(a + b) = \dfrac{\text{sen}(a + b)}{\cos(a + b)}$

Aplicando as fórmulas do seno da soma e do cosseno da soma, temos:

$\text{tg}(a + b) = \dfrac{\text{sen } a \cdot \cos b + \text{sen } b \cdot \cos a}{\cos a \cdot \cos b - \text{sen } a \cdot \text{sen } b}$

Como queremos trabalhar apenas com tangentes, vamos dividir o numerador e o denominador da fração anterior por $\cos a \cdot \cos b \neq 0$. Então:

$\text{tg}(a + b) = \dfrac{\dfrac{\text{sen } a \cdot \cos b + \text{sen } b \cdot \cos a}{\cos a \cdot \cos b}}{\dfrac{\cos a \cdot \cos b - \text{sen } a \cdot \text{sen } b}{\cos a \cdot \cos b}} =$

$= \dfrac{\dfrac{\text{sen } a \cdot \cos b}{\cos a \cdot \cos b} + \dfrac{\text{sen } b \cdot \cos a}{\cos a \cdot \cos b}}{\dfrac{\cos a \cdot \cos b}{\cos a \cdot \cos b} - \dfrac{\text{sen } a \cdot \text{sen } b}{\cos a \cdot \cos b}} = \dfrac{\text{tg } a + \text{tg } b}{1 - \text{tg } a \cdot \text{tg } b}$

Logo: $$\text{tg}(a + b) = \dfrac{\text{tg } a + \text{tg } b}{1 - \text{tg } a \cdot \text{tg } b}$$

Essa fórmula é válida para $a \neq \dfrac{\pi}{2} + k\pi$, $b \neq \dfrac{\pi}{2} + k\pi$ e $(a + b) \neq \dfrac{\pi}{2} + k\pi$, com $k \in \mathbb{Z}$.

4.6 Tangente da diferença

Como nos casos anteriores, vamos considerar o arco $(-b)$. Pela simetria em relação ao eixo x, temos $\operatorname{tg}(-b) = -\operatorname{tg} b$.
Assim:
$$\operatorname{tg}[a + (-b)] = \frac{\operatorname{tg} a + \operatorname{tg}(-b)}{1 - \operatorname{tg} a \cdot \operatorname{tg}(-b)} = \frac{\operatorname{tg} a - \operatorname{tg} b}{1 + \operatorname{tg} a \cdot \operatorname{tg} b}$$

Logo: $\boxed{\operatorname{tg}(a - b) = \dfrac{\operatorname{tg} a - \operatorname{tg} b}{1 + \operatorname{tg} a \cdot \operatorname{tg} b}}$

Essa fórmula é válida para $a \neq \frac{\pi}{2} + k\pi$, $b \neq \frac{\pi}{2} + k\pi$ e $(a - b) \neq \frac{\pi}{2} + k\pi$, com $k \in \mathbb{Z}$.

Exemplos

a) $\operatorname{tg} 15° = \operatorname{tg}(60° - 45°) = \dfrac{\operatorname{tg} 60° - \operatorname{tg} 45°}{1 + \operatorname{tg} 60° \cdot \operatorname{tg} 45°} =$

$= \dfrac{\sqrt{3} - 1}{1 + \sqrt{3} \cdot 1} = \dfrac{(\sqrt{3} - 1)}{(1 + \sqrt{3})} \cdot \dfrac{(1 - \sqrt{3})}{(1 - \sqrt{3})} = \dfrac{-4 + 2\sqrt{3}}{-2} =$

$= 2 - \sqrt{3}$

b) $\operatorname{tg} 105° = \operatorname{tg}(45° + 60°) = \dfrac{\operatorname{tg} 45° + \operatorname{tg} 60°}{1 - \operatorname{tg} 45° \cdot \operatorname{tg} 60°} =$

$= \dfrac{1 + \sqrt{3}}{1 - 1 \cdot \sqrt{3}} = \dfrac{1 + \sqrt{3}}{1 - \sqrt{3}} \cdot \dfrac{1 + \sqrt{3}}{1 + \sqrt{3}} =$

$= \dfrac{1 + 2\sqrt{3} + 3}{1 - 3} = \dfrac{4 + 2\sqrt{3}}{-2} = -2 - \sqrt{3}$

EXERCÍCIOS

39. Verifique, por meio de cálculo direto, que:
sen $(45° + 45°) \neq$ sen $45° +$ sen $45°$

40. Calcule:
a) sen 75°
b) cos 75°
c) sen 165°
d) cos 285°

41. Dados sen $a = \dfrac{12}{13}$, $\dfrac{\pi}{2} < a < \pi$, cos $b = -\dfrac{3}{5}$ e $\pi < b < \dfrac{3\pi}{2}$, calcule:
a) sen $(a + b)$
b) sen $(a - b)$
c) cos $(a + b)$
d) cos $(a - b)$

R12. Demonstrar as identidades:
a) sen $(x + y) -$ sen $(x - y) = 2$ sen $y \cdot \cos x$
b) cos $(x + y) - \cos(x - y) = -2$ sen $x \cdot$ sen y

▶ **Resolução**

Utilizando as fórmulas do seno e do cosseno da soma e da diferença, temos:

a) sen $(x + y) -$ sen $(x - y) =$
$=$ sen $x \cdot \cos y +$ sen $y \cdot \cos x - ($sen $x \cdot \cos y -$ sen $y \cdot \cos x) =$
$=$ sen $x \cdot \cos y +$ sen $y \cdot \cos x -$ sen $x \cdot \cos y +$ sen $y \cdot \cos x =$
$= 2$ sen $y \cdot \cos x$

b) $\cos(x + y) - \cos(x - y) =$
$= \cos x \cdot \cos y -$ sen $x \cdot$ sen $y - (\cos x \cdot \cos y +$ sen $x \cdot$ sen $y) =$
$= \cos x \cdot \cos y -$ sen $x \cdot$ sen $y - \cos x \cdot \cos y -$ sen $x \cdot$ sen $y =$
$= -2$ sen $x \cdot$ sen y

42. Calcule o valor de cada expressão.
a) sen 17° $\cdot \cos 13° +$ sen 13° $\cdot \cos 17°$
b) sen 50° $\cdot \cos 5° -$ sen 5° $\cdot \cos 50°$
c) $\cos 35° \cdot \cos 25° -$ sen 35° $\cdot$ sen 25°
d) $\cos 55° \cdot \cos 25° +$ sen 55° $\cdot$ sen 25°

43. Mostre que:
a) $\cos(\pi + x) = -\cos x$
b) sen $\left(\dfrac{\pi}{2} - x\right) = \cos x$
c) sen $(2\pi - x) = -$sen x
d) $\cos(2\pi - x) = \cos x$

44. Calcule:
a) $\operatorname{tg} \dfrac{7\pi}{12}$
b) $\operatorname{tg} \dfrac{17\pi}{12}$

45. Calcule:
a) $\cos 105°$
b) cossec 15°
c) cotg 75°
d) sec 105°

46. Mostre que:
a) $\operatorname{tg} 15° \neq \operatorname{tg} 45° - \operatorname{tg} 30°$
b) $\operatorname{tg} 60° - \operatorname{tg} 45° \neq \operatorname{tg} 15°$

47. Descubra a fórmula para o cálculo de:
a) sen $(a + b + c)$
b) $\cos(a + b + c)$

48. Simplifique a expressão $\operatorname{tg}\left(x + \dfrac{\pi}{4}\right) \cdot \operatorname{tg}\left(x - \dfrac{\pi}{4}\right)$.

49. Na figura abaixo, os pontos A, D, E e C são colineares e $AB = AD = DE = EC$. Calcule a soma $x + y + z$.

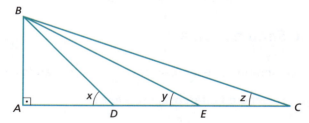

50. Calcule tg a no triângulo abaixo.

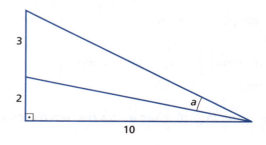

4.7 Fórmulas para arcos duplos

Seno do arco duplo

Aplicando a fórmula do seno da soma, temos:

sen $2a$ = sen $(a + a)$ = sen $a \cdot$ cos a + sen $a \cdot$ cos a

Logo: sen $2a = 2 \cdot$ sen $a \cdot$ cos a

Cosseno do arco duplo

Aplicando a fórmula do cosseno da soma, temos:

cos $2a$ = cos $(a + a)$ = cos $a \cdot$ cos a − sen $a \cdot$ sen a

Assim: cos $2a =$ cos$^2 a$ − sen$^2 a$

Na fórmula do cosseno do arco duplo:
- substituindo cos$^2 a$ por $1 -$ sen$^2 a$, vem:

cos $2a = 1 - 2 \cdot$ sen$^2 a$

- substituindo sen$^2 a$ por $1 -$ cos$^2 a$, vem:

cos $2a = 2 \cdot$ cos$^2 a - 1$

Tangente do arco duplo

Vamos aplicar o mesmo raciocínio usado anteriormente para determinar a fórmula que nos fornece tg $2a$:

tg $2a$ = tg $(a + a) = \dfrac{\text{tg } a + \text{tg } a}{1 - \text{tg } a \cdot \text{tg } a}$

Logo: tg $2a = \dfrac{2 \cdot \text{tg } a}{1 - \text{tg}^2 a}$

Essa fórmula é válida para $a \neq \dfrac{\pi}{4} + \dfrac{k\pi}{2}$ e $a \neq \dfrac{\pi}{2} + k\pi$, com $k \in \mathbb{Z}$.

Observação

Para calcular seno, cosseno e tangente dos chamados arcos triplos, podemos fazer:

sen $3a$ = sen $(2a + a)$

cos $3a$ = cos $(2a + a)$

tg $3a$ = tg $(2a + a)$

EXERCÍCIOS

51. Sendo cos $x = -\dfrac{4}{5}$ e $\dfrac{\pi}{2} < x < \pi$, calcule sen $2x$, cos $2x$ e tg $2x$.

52. Sendo sen $x = -\dfrac{\sqrt{3}}{2}$, $\pi < x < \dfrac{3\pi}{2}$, escreva sen $2x$, cos $2x$ e tg $2x$.

53. Dado sen $a =$ cos $a - 0,2$, $a \in$ QI, calcule sen $2a$.

54. Dado que tg $x = \dfrac{3}{5}$ e que $x \in$ QI, calcule tg $2x$.

55. Dado que cossec $x = 2$ e que $x \in$ QI, calcule o valor de cos $2x$.

56. Dado que sen $2x = -0,6$ e que $x \in$ QII, calcule:
a) cos x b) sen x c) tg x

57. Calcule sen $\dfrac{\pi}{8}$, cos $\dfrac{\pi}{8}$ e tg $\dfrac{\pi}{8}$.

58. Mostre que:
a) sen $3a = 3 \cdot$ sen $a - 4 \cdot$ sen$^3 a$
b) cos $3a = 4 \cdot$ cos$^3 a - 3 \cdot$ cos a
c) tg $3a = \dfrac{3 \cdot \text{tg } a - \text{tg}^3 a}{1 - 3 \cdot \text{tg}^2 a}$

(Dica: Considere $3a = 2a + a$)

Exercícios complementares

1. Considerando x um arco do 1º quadrante e cos $x = \dfrac{1}{3}$, determine:
a) sen x c) sec x
b) tg x d) cossec x

2. Sendo cos $x = \dfrac{\sqrt{2}}{3}$, determine $\dfrac{\text{cotg}^2 x}{1 + \text{cotg}^2 x}$.

3. Calcule o valor de sen $\dfrac{\pi}{2} \cdot$ cos π + tg $2\pi \cdot$ sec $\dfrac{\pi}{4}$.

4. Sendo $\dfrac{\pi}{2} < \theta < \pi$ e cos $\theta = -\dfrac{3}{\sqrt{10}}$, calcule o valor de $\sqrt{2 \cdot \text{cotg } \theta + \text{cossec}^2 \theta}$.

5. Se tg $\theta = -\sqrt{5}$ e $\dfrac{\pi}{2} < \theta < \pi$, qual é o valor de sen θ?

6. Se sen $\alpha = \dfrac{\sqrt{3}}{6}$, qual é o valor de cos$^2 \alpha$?

7. Resolva as equações a seguir considerando $U = \mathbb{R}$.
a) sen $x =$ sen $\dfrac{\pi}{5}$
b) cos $\left(x + \dfrac{\pi}{3}\right) = -\dfrac{\sqrt{2}}{2}$
c) tg $\left(x - \dfrac{\pi}{4}\right) = \sqrt{3}$

8. Resolva as equações em $\mathbb{R}$.
a) $2 \cdot$ sen$^2 x -$ sen $x = 0$
b) $-2 \cdot$ cos$^2 x +$ cos $x + 1 = 0$
c) $4 \cdot$ cossec $x + 2 \cdot$ sen $x = 9$

9. Resolva a equação sen $x +$ cos $x = 0$ considerando $U = \mathbb{R}$.

10. Resolva as inequações.
a) sen $x + \dfrac{1}{2} \leq 0$
b) $2 \cdot$ sen $x - 1 \geq 0$
c) cos $x - \dfrac{\sqrt{2}}{2} < 0$
d) tg $x - \sqrt{3} \geq 0$

EXERCÍCIOS COMPLEMENTARES

11. Uma empresa determina o custo unitário de seus produtos, em real, de acordo com a lei
$C(t) = 200 + 120 \cdot \text{sen} \frac{\pi t}{2}$, com t medido em horas de trabalho. Determine o custo mínimo de cada produto.

12. Em certa região, a temperatura média mensal, em grau Celsius, varia de acordo com a lei $f(t) = 26 + 12 \cdot \cos \frac{\pi t}{6}$, em que t é medido em mês.
Calcule, para essa região:
a) a temperatura máxima e a mínima.
b) a amplitude térmica.

13. Calcule o valor de:
a) sen 15°   b) cos 165°   c) tg 75°

14. Calcule o valor de cos 75° − sen 105°.

15. Sendo $\cos x = \frac{1}{3}$, calcule o valor de:
a) cos 2x   b) sen 2x

16. Sendo $\text{tg } \theta = \frac{2}{3}$ e $\text{sen } \alpha = \frac{4}{5}$ e $\frac{\pi}{2} < \alpha < \pi$, calcule o valor de tg (α + θ).

17. Se $\text{sen } x = \frac{3}{5}$ e $\cos y = \frac{5}{13}$, determine o valor de cos (x + y), sabendo que x e y estão no 1º quadrante.

18. Determine x de modo que $\left(\frac{x}{x^2 + 1}\right)\pi$ rad esteja no QI.

19. Qual é o domínio da função de lei $f(x) = \sqrt{2 \cdot \text{sen } x - 1}$, para $0 \leq x < 2\pi$?

20. Resolva a inequação $4 \cdot \cos^2 x < 3$, com $0 \leq x < 2\pi$.

21. Resolva a inequação $\text{sen}^2 x < 2 \cdot \text{sen}^2 x$.

22. Resolva as seguintes equações.
a) $\text{sen } x = \log_2 10 - \log_2 5 - 1$, sendo $0 \leq x < \pi$
b) $32^{\text{sen } x} = \sqrt{1.024}$

23. De que tipo é a sequência (cos x, cos (x + π), cos (x + 2π), ...), com $x \neq k\pi$?

24. Com um colega, façam o que se pede.
• Em um papel, tracem uma circunferência trigonométrica de centro O e raio $\overline{OA}$ medindo 3 cm.
• No meio de um palito de churrasco e perpendicularmente a ele, colem um palito de 3 cm.
• Posicionem o palito menor sobre o segmento $\overline{OA}$ do eixo horizontal.
• Enquanto um de vocês gira o palito menor no sentido anti-horário, de modo que o ponto P da cola dos palitos percorra a circunferência, o outro observa os pontos em que o palito maior cruza o eixo horizontal, marcando a secante de cada ângulo de giro.
• Troquem de posição: o que girava o palito menor agora observa os pontos em que o palito maior cruza o eixo vertical, marcando a cossecante de cada ângulo de giro.
• Relatem como se dá, em cada quadrante, a variação da secante e da cossecante dos ângulos da primeira volta.

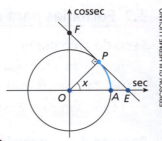

QUESTÕES DE VESTIBULAR

25. (FGV)
a) Num triângulo isósceles ABC, em que AB = AC, o ângulo Â mede o dobro da soma dos outros dois. O lado BC mede 10 cm. Obtenha o perímetro desse triângulo.
b) Considerando sen x + cos x = k, calcule, em função de k, o valor de $\text{sen}^3 x + \cos^3 x$.

26. (Vunesp) Seja a expressão $f(x) = \text{sen } 2x - \text{cotg } x$, considerando o conjunto dos reais.
a) Encontre o valor de f(x) para $x = \frac{5\pi}{6}$.
b) Resolva a equação $f(x) = 0$.

27. (Mackenzie-SP) O valor de $\text{sen}\left(\frac{\pi}{12}\right) \cdot \cos\left(\frac{23\pi}{12}\right)$ é:
a) $-\frac{\sqrt{2}}{4}$ b) $\frac{\sqrt{2}}{4}$ c) $-\frac{\sqrt{3}}{4}$ d) $\frac{1}{4}$ e) $\frac{1}{2}$

28. (Vunesp) A temperatura, em graus Celsius (°C), de uma câmara frigorífica, durante um dia completo, da 0 hora às 24 horas, é dada aproximadamente pela função:
$f(t) = \cos\left[\frac{\pi}{12}t\right] - \cos\left[\frac{\pi}{6}t\right]$, $0 \leq t \leq 24$ com t em horas.
Determine:
a) a temperatura da câmara frigorífica às 2 horas e às 9 horas. (Use as aproximações $\sqrt{2} = 1,4$ e $\sqrt{3} = 1,7$.)
b) em quais horários do dia a temperatura atingiu 0 °C.

29. (Vunesp) Uma equipe de mergulhadores, dentre eles um estudante de ciências exatas, observou o fenômeno das marés em determinado ponto da costa brasileira e concluiu que ele era periódico e podia ser aproximado pela expressão:
$P(t) = \frac{21}{2} + 2 \cdot \cos\left(\frac{\pi}{6}t + \frac{5\pi}{4}\right)$
onde t é o tempo (em horas) decorrido após o início da observação (t = 0) e P(t) é a profundidade da água (em metros) no instante t.
a) Resolva a equação $\cos\left(\frac{\pi}{6}t + \frac{5\pi}{4}\right) = 1$, para $t > 0$.
b) Determine quantas horas após o início da observação ocorreu a primeira maré alta.

30. (Mackenzie-SP) Num retângulo de lados 1 cm e 3 cm, o seno do menor ângulo formado pelas diagonais é:
a) $\frac{4}{5}$ b) $\frac{3}{5}$ c) $\frac{1}{5}$ d) $\frac{1}{3}$ e) $\frac{2}{3}$

Mais questões: no livro digital, em **Vereda Digital Suplemento de revisão e vestibulares**; no site, em **AprovaMax**.

CAPÍTULO 15

MATRIZES E DETERMINANTES

ENEM
C1: H4
C3: H8, H9
C5: H19
C8: H28, H30

O filme *Procurando Dory* (2016) é um dos muitos exemplos de animações produzidas com o uso da computação gráfica. Neste capítulo, veremos a definição de matrizes e suas operações, que têm grande aplicação nessa área. Para se ter uma ideia, a cada movimento de um personagem podem estar envolvidas milhares de adições e multiplicações de matrizes.

1. Matriz

Observe a tabela a seguir.

Análise química de frutos brasileiros (quantidade por porções de 100 g)							
Fruto	Energia (kcal)	Proteínas (g)	Lipídios (g)	Cálcio (mg)	Fósforo (mg)	Ferro (mg)	Vitamina C (mg)
Açaí	262	3,60	2,00	118	58	1,09	9
Graviola	60	1,00	0,40	24	28	0,50	26
Cupuaçu	72	1,70	1,60	23	26	2,60	33
Caju	46	0,80	0,20	4	18	1,00	319
Jambo	50	0,80	0,20	26	13	1,40	22

Dados obtidos em: BRASIL. Ministério da Saúde, Secretaria de Políticas de Saúde, Coordenação-Geral da Política de Alimentação e Nutrição. *Alimentos regionais brasileiros*. Brasília: MS, 2002.

Organizar informações numéricas em tabelas facilita a leitura e a interpretação dos dados. Se quisermos saber, por exemplo, quantos gramas de proteína há em 100 g de açaí, basta observar o número localizado na 1ª linha e na 2ª coluna da tabela (3,60).

Para saber a quantidade de vitamina C contida, em miligrama, em 100 g de cupuaçu, procuramos o número localizado na 3ª linha e na 7ª coluna da tabela (33).

Em Matemática, tabelas que apresentam dados numéricos dispostos em linhas (filas horizontais) e colunas (filas verticais) são denominadas **matrizes**.

Podemos representar as matrizes com os valores da tabela acima de duas formas:

$$\begin{pmatrix} 262 & 3{,}60 & 2{,}00 & 118 & 58 & 1{,}09 & 9 \\ 60 & 1{,}00 & 0{,}40 & 24 & 28 & 0{,}50 & 26 \\ 72 & 1{,}70 & 1{,}60 & 23 & 26 & 2{,}60 & 33 \\ 46 & 0{,}80 & 0{,}20 & 4 & 18 & 1{,}00 & 319 \\ 50 & 0{,}80 & 0{,}20 & 26 & 13 & 1{,}40 & 22 \end{pmatrix}$$

$$\begin{bmatrix} 262 & 3{,}60 & 2{,}00 & 118 & 58 & 1{,}09 & 9 \\ 60 & 1{,}00 & 0{,}40 & 24 & 28 & 0{,}50 & 26 \\ 72 & 1{,}70 & 1{,}60 & 23 & 26 & 2{,}60 & 33 \\ 46 & 0{,}80 & 0{,}20 & 4 & 18 & 1{,}00 & 319 \\ 50 & 0{,}80 & 0{,}20 & 26 & 13 & 1{,}40 & 22 \end{bmatrix}$$

> Define-se **matriz** do tipo $m \times n$ (lemos: "m por n") uma tabela com $m \cdot n$ elementos dispostos em m linhas e n colunas.

Os números que compõem uma matriz são chamados de **elementos** ou **termos**. Para escrever uma matriz, dispõem-se os elementos entre colchetes, [ ], ou entre parênteses, ( ).

Exemplos

a) $\begin{bmatrix} 5 & 2 \\ -3 & 4 \\ 4 & 0 \end{bmatrix}$ é uma matriz do tipo 3×2 (lemos: "três por dois").

b) $\begin{pmatrix} \sqrt{3} & \frac{1}{2} & 4 \\ 2 & -1 & 3 \\ 0 & \sqrt{5} & -0{,}3 \end{pmatrix}$ é uma matriz do tipo 3×3 (lemos: "três por três").

c) $\begin{bmatrix} 1 \\ 7 \end{bmatrix}$ é uma matriz do tipo 2×1 (lemos: "dois por um").

Essa matriz, por ter uma só coluna, recebe o nome especial de **matriz coluna**.

d) $\begin{pmatrix} -8 & \frac{3}{4} & 0 & 5{,}1 \end{pmatrix}$ é uma matriz do tipo 1×4 (lemos: "um por quatro").

Essa matriz, por ter uma só linha, é chamada de **matriz linha**.

O tipo da matriz também pode ser indicado ao lado dela, na extremidade inferior direita.

Exemplos

a) $\begin{pmatrix} 6 & 0 & -4 & 1 \\ 1 & 9 & \sqrt{2} & 3 \end{pmatrix}_{2 \times 4}$

b) $\begin{bmatrix} 5 & 4 & 3 & 2 & 1 \\ 7 & -1 & 2 & 7 & 4 \\ 9 & 0 & \sqrt{5} & 3 & 0 \end{bmatrix}_{3 \times 5}$

1.1 Representação genérica de uma matriz

Em uma matriz, cada elemento ocupa uma posição definida por determinada linha e determinada coluna, nessa ordem.

Observe, por exemplo, a matriz a seguir.

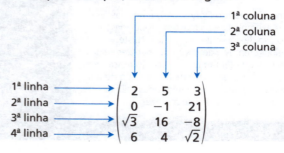

Nessa matriz, o elemento 3 está na 1ª linha e na 3ª coluna; por isso, indicamos esse elemento por a_{13} (lemos: "a um três"). Assim, $a_{13} = 3$.

Um elemento genérico da matriz pode ser representado pelo símbolo a_{ij}, em que i indica a linha que o elemento ocupa na matriz e j indica a coluna.

Veja mais alguns exemplos dessa matriz:

- o elemento que está na 1ª linha e na 1ª coluna é $a_{11} = 2$;
- o elemento que está na 1ª linha e na 2ª coluna é $a_{12} = 5$;
- o elemento que está na 2ª linha e na 1ª coluna é $a_{21} = 0$;
- o elemento que está na 4ª linha e na 3ª coluna é $a_{43} = \sqrt{2}$.

Genericamente, uma matriz A é representada por $A = (a_{ij})_{m \times n}$, em que $1 \leq i \leq m$ e $1 \leq j \leq n$, com $i, j \in \mathbb{N}$. Assim, a matriz A, do tipo $m \times n$, pode ser representada por:

$$A = \begin{pmatrix} a_{11} & a_{12} & a_{13} & \cdots & a_{1n} \\ a_{21} & a_{22} & a_{23} & \cdots & a_{2n} \\ a_{31} & a_{32} & a_{33} & \cdots & a_{3n} \\ \vdots & \vdots & \vdots & & \vdots \\ a_{m1} & a_{m2} & a_{m3} & \cdots & a_{mn} \end{pmatrix}_{m \times n}$$

EXERCÍCIOS

1. Determine o tipo de cada matriz.

a) $\begin{pmatrix} 1 & -2 & \sqrt{3} \end{pmatrix}$

b) $\begin{pmatrix} 1 \\ 0 \\ -5 \end{pmatrix}$

c) $\begin{pmatrix} \sqrt{2} & 0 & -1 & \frac{1}{2} \\ 5 & 3 & \sqrt{3} & 0 \\ |-2| & 9 & \frac{3}{4} & -8 \end{pmatrix}$

d) $\begin{pmatrix} 1 \\ 7 \end{pmatrix}$

e) $\begin{pmatrix} 7 & 10 \\ -1 & 5 \end{pmatrix}$

f) $\begin{pmatrix} 2 & 7 & \sqrt{5} & \frac{1}{3} \\ x & -5 & 8 & 1 \\ -1 & 0 & x & 1 \\ -4 & \sqrt{2} & 6 & 7 \end{pmatrix}$

g) $\begin{pmatrix} \frac{1}{2} & -2 \\ -\frac{2}{3} & \frac{3}{2} \\ \frac{3}{4} & -\frac{4}{3} \\ -\frac{4}{5} & \frac{5}{4} \end{pmatrix}$

2. (Vunesp) Considere três lojas, L_1, L_2 e L_3, e três tipos de produtos, P_1, P_2 e P_3. A matriz a seguir descreve a quantidade de cada produto vendido por cada loja na primeira semana de dezembro. Cada elemento a_{ij} da matriz indica a quantidade do produto P_i vendido pela loja L_j, com $i, j = 1, 2, 3$.

$$\begin{array}{c} \\ P_1 \\ P_2 \\ P_3 \end{array} \begin{array}{ccc} L_1 & L_2 & L_3 \\ \left[30 \right. & 19 & 20 \left. \right] \\ \left[15 \right. & 10 & 8 \left. \right] \\ \left[12 \right. & 16 & 11 \left. \right] \end{array}$$

Analisando a matriz, podemos afirmar que:

a) a quantidade de produtos do tipo P_2 vendidos pela loja L_2 é 11.

b) a quantidade de produtos do tipo P_1 vendidos pela loja L_3 é 30.

c) a soma das quantidades de produtos do tipo P_3 vendidos pelas três lojas é 40.

d) a soma das quantidades de produtos do tipo P_i, vendidos pelas lojas L_1, $i = 1, 2, 3$ é 52.

e) a soma das quantidades dos produtos dos tipos P_1 e P_2 vendidos pela loja L_1 é 45.

3. Escreva uma matriz 3×2 na qual $a_{12} = 5$, $a_{31} = 7$, $a_{11} = a_{22} = 1$ e os demais elementos sejam nulos.

R1. Escrever a matriz $A = (a_{ij})_{2 \times 3}$ na qual $a_{ij} = i + 2j$.

> **Resolução**

Uma matriz do tipo 2×3 é representada genericamente por: $A = \begin{pmatrix} a_{11} & a_{12} & a_{13} \\ a_{21} & a_{22} & a_{23} \end{pmatrix}$

Aplicando a lei de formação dos elementos dessa matriz, temos:

- $a_{11} = 1 + 2 \cdot 1 = 3$
- $a_{12} = 1 + 2 \cdot 2 = 5$
- $a_{13} = 1 + 2 \cdot 3 = 7$
- $a_{21} = 2 + 2 \cdot 1 = 4$
- $a_{22} = 2 + 2 \cdot 2 = 6$
- $a_{23} = 2 + 2 \cdot 3 = 8$

Portanto: $A = \begin{pmatrix} 3 & 5 & 7 \\ 4 & 6 & 8 \end{pmatrix}$

---

4. Escreva a matriz $A = (a_{ij})_{3 \times 4}$ na qual $a_{ij} = 3i + 2j$.

5. Escreva a matriz $C = (c_{ij})_{2 \times 4}$ em que $c_{ij} = i^3 - j^2$.

R2. Escrever a matriz $A = (a_{ij})_{3 \times 2}$ em que:

$$a_{ij} = \begin{cases} 10i + j, \text{ se } i = j \\ 0, \text{ se } i \neq j \end{cases}$$

> **Resolução**

Uma matriz do tipo 3×2 é representada genericamente por: $A = \begin{pmatrix} a_{11} & a_{12} \\ a_{21} & a_{22} \\ a_{31} & a_{32} \end{pmatrix}$

- Quando $i = j$, temos $a_{ij} = 10i + j$; então: $a_{11} = 10 \cdot 1 + 1 = 11$ e $a_{22} = 10 \cdot 2 + 2 = 22$
- Quando $i \neq j$, temos $a_{ij} = 0$; então: $a_{12} = a_{21} = a_{31} = a_{32} = 0$

Portanto: $A = \begin{pmatrix} 11 & 0 \\ 0 & 22 \\ 0 & 0 \end{pmatrix}$

6. Escreva a matriz $B = (b_{ij})_{3 \times 2}$ em que:
$$b_{ij} = \begin{cases} i^2 - 1, \text{ para } i = j \\ 3j, \text{ para } i \neq j \end{cases}$$

7. Determine o elemento b_{22} na matriz $B = (b_{ij})_{3 \times 2}$ na qual $b_{ij} = 3i - j^2$.

8. Identifique os elementos de A em que $i = j$ ou $i + j = 4$.
$$A = (a_{ij})_{3 \times 3} = \begin{pmatrix} |-6| & 0 & 3 \\ 8 & 7 & |-4| \\ -7 & 5 & 9 \end{pmatrix}$$

9. Elabore uma lei de formação que represente os elementos da matriz a seguir.
$$A = \begin{pmatrix} 1 & 1 & 1 & 1 \\ 2 & 4 & 8 & 16 \\ 3 & 9 & 27 & 81 \end{pmatrix}$$

1.2 Igualdade de matrizes

Quando duas matrizes, A e B, são de mesmo tipo, os elementos de mesmo índice, isto é, aqueles que ocupam a mesma posição, são denominados **elementos correspondentes**.

Exemplo

Vejamos as matrizes A e B do tipo 3×3.
$$A = \begin{pmatrix} a_{11} & a_{12} & a_{13} \\ a_{21} & a_{22} & a_{23} \\ a_{31} & a_{32} & a_{33} \end{pmatrix} \qquad B = \begin{pmatrix} b_{11} & b_{12} & b_{13} \\ b_{21} & b_{22} & b_{23} \\ b_{31} & b_{32} & b_{33} \end{pmatrix}$$

Nessas matrizes, os elementos correspondentes são:

a_{11} e b_{11} a_{12} e b_{12} a_{13} e b_{13}
a_{21} e b_{21} a_{22} e b_{22} a_{23} e b_{23}
a_{31} e b_{31} a_{32} e b_{32} a_{33} e b_{33}

> Duas matrizes, A e B, são **matrizes iguais** quando são do mesmo tipo e têm todos os elementos correspondentes iguais.

EXERCÍCIOS

10. Considere as matrizes $\begin{pmatrix} 1 \\ 3 \\ 4 \\ 7 \\ 0 \end{pmatrix}$ e $(1 \ 3 \ 4 \ 7 \ 0)$.

    Elas são iguais? Por quê?

R3. Determinar os valores de x e y que tornam as matrizes A e B iguais.
$$A = \begin{pmatrix} x - y & 2 \\ 1 & 2x + y \end{pmatrix}$$
$$B = \begin{pmatrix} 5 & 2 \\ 1 & 7 \end{pmatrix}$$

▶ **Resolução**
Para que as matrizes A e B sejam iguais, devemos ter:
$$\begin{cases} x - y = 5 \\ 2x + y = 7 \end{cases}$$
Resolvendo o sistema pelo método da adição:
$$\begin{cases} x - y = 5 \\ 2x + y = 7 \end{cases}$$
$$\overline{3x = 12 \Rightarrow x = 4}$$
Substituindo x por 4 em $x - y = 5$, temos:
$4 - y = 5 \Rightarrow y = -1$
Então:
$x = 4$ e $y = -1$

11. Dada a igualdade matricial $(2 \ x \ 5) = (y \ 3 \ z)$, encontre os valores de x, y e z.

12. Determine os valores de x e y, sabendo que $A = (a_{ij})_{3 \times 2}$, em que $a_{ij} = -i + 7j$.
$$A = \begin{pmatrix} 2x & 13 \\ x - 2y & 12 \\ 4 & x^2 + 2 \end{pmatrix}$$

13. Determine a, b, c e d para que as matrizes
$$\begin{pmatrix} a + 2b & 3c - 2d \\ -a + 3b & -2c + d \end{pmatrix} \text{ e } \begin{pmatrix} 7 & 3 \\ 8 & -1 \end{pmatrix} \text{ sejam iguais.}$$

1.3 Matrizes especiais

Matriz nula

Uma matriz que tem todos os elementos iguais a zero é denominada **matriz nula**.

Indicamos uma matriz nula do tipo $m \times n$ por: $0_{m \times n}$

Exemplos

a) $0_{3 \times 2} = \begin{pmatrix} 0 & 0 \\ 0 & 0 \\ 0 & 0 \end{pmatrix}$ b) $0_{2 \times 4} = \begin{pmatrix} 0 & 0 & 0 & 0 \\ 0 & 0 & 0 & 0 \end{pmatrix}$

Matriz quadrada

Toda matriz cujo número de linhas é igual ao número de colunas é chamada de **matriz quadrada**.

Nesse caso, consideramos que a matriz com m linhas e m colunas é do tipo $m \times m$, ou que a matriz é de ordem m.

Exemplos

a) $A = \begin{pmatrix} 5 & -1 \\ 0 & 2 \end{pmatrix}$ é uma matriz quadrada 2×2 ou, simplesmente, matriz de ordem 2.

b) $B = \begin{pmatrix} \sqrt{3} & -1 & 7 \\ 2 & 1 & 3 \\ 0 & 5 & \frac{1}{2} \end{pmatrix}$ é uma matriz quadrada 3×3 ou matriz de ordem 3.

As matrizes quadradas apresentam elementos que formam o que chamamos de **diagonais**.

Considere uma matriz quadrada de ordem n. Os elementos a_{ij}, com $i = j$, isto é, $a_{11}, a_{22}, ..., a_{nn}$, formam a **diagonal principal** dessa matriz.

A outra diagonal da matriz é denominada **diagonal secundária**. Essa diagonal é formada pelos elementos a_{ij} com $i + j = n + 1$, isto é, $a_{1n}, a_{2n-1}, a_{3n-2}, ..., a_{n1}$.

Exemplo

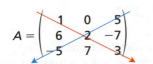

diagonal secundária   diagonal principal

Matriz identidade

Chamamos de **matriz identidade** a matriz quadrada em que todos os elementos da diagonal principal são iguais a 1 e os demais são iguais a zero.

Assim, em qualquer matriz identidade, temos:

$$a_{ij} = \begin{cases} 1, \text{ se } i = j \\ 0, \text{ se } i \neq j \end{cases}$$

Indicamos uma matriz identidade de ordem n por: I_n

Exemplos

a) $I_3 = \begin{pmatrix} 1 & 0 & 0 \\ 0 & 1 & 0 \\ 0 & 0 & 1 \end{pmatrix}$ b) $I_5 = \begin{pmatrix} 1 & 0 & 0 & 0 & 0 \\ 0 & 1 & 0 & 0 & 0 \\ 0 & 0 & 1 & 0 & 0 \\ 0 & 0 & 0 & 1 & 0 \\ 0 & 0 & 0 & 0 & 1 \end{pmatrix}$

Matriz diagonal

Uma matriz é denominada **matriz diagonal** se é quadrada e todos os elementos que **não** estão na diagonal principal são nulos.

Exemplos

a) $\begin{pmatrix} 3 & 0 & 0 \\ 0 & -1 & 0 \\ 0 & 0 & 1 \end{pmatrix}$

b) $I_2 = \begin{pmatrix} 1 & 0 \\ 0 & 1 \end{pmatrix}$

c) $\begin{pmatrix} 1 & 0 & 0 & 0 \\ 0 & 4 & 0 & 0 \\ 0 & 0 & 6 & 0 \\ 0 & 0 & 0 & -2 \end{pmatrix}$

Matriz transposta

Dada uma matriz A do tipo $m \times n$, denominamos **matriz transposta** de A a matriz do tipo $n \times m$ cujas linhas são, ordenadamente, iguais às colunas de A.

Assim, se $(a'_{ij})_{n \times m}$ é transposta de $(a_{ij})_{m \times n}$, temos: $a'_{ij} = a_{ji}$

Indicamos a matriz transposta de A por: A^t

Exemplos

a) $A = \begin{pmatrix} 2 & 3 \\ 5 & 1 \\ 0 & 2 \end{pmatrix}_{3 \times 2}$ então $A^t = \begin{pmatrix} 2 & 5 & 0 \\ 3 & 1 & 2 \end{pmatrix}_{2 \times 3}$

b) $B = \begin{pmatrix} -1 & \frac{1}{2} & -2 & \frac{1}{4} \\ \frac{1}{3} & -1 & \frac{1}{9} & -3 \end{pmatrix}_{2 \times 4}$ então $B^t = \begin{pmatrix} -1 & \frac{1}{3} \\ \frac{1}{2} & -1 \\ -2 & \frac{1}{9} \\ \frac{1}{4} & -3 \end{pmatrix}_{4 \times 2}$

EXERCÍCIOS

14. Se $A = (a_{ij})_{3 \times 3}$, com $a_{ij} = 2i + j^2$, determine a diagonal principal e a diagonal secundária de A.

15. Sendo $B = (b_{ij})_{4 \times 4}$, em que $b_{ij} = \begin{cases} i + j, \text{ se } i = j \\ i - j, \text{ se } i \neq j \end{cases}$, calcule a diferença entre o produto dos elementos da diagonal principal e o produto dos elementos da diagonal secundária.

16. Determine k real para que: $\begin{pmatrix} k^2 & k-1 \\ -k+1 & k \end{pmatrix} = I_2$

17. Determine a matriz diagonal de ordem 3 em que $a_{ij} = 3i - j$, para $i = j$.

R4. Determinar a matriz transposta A^t da matriz

$A = \begin{pmatrix} 3 & 5 \\ 6 & 8 \\ 11 & 13 \end{pmatrix}$.

▶ **Resolução**

Pela definição, $A^t = (a'_{ij})_{2 \times 3}$, com $a'_{ij} = a_{ji}$. Então:

- $a'_{11} = a_{11} = 3$
- $a'_{12} = a_{21} = 6$
- $a'_{13} = a_{31} = 11$
- $a'_{21} = a_{12} = 5$
- $a'_{22} = a_{22} = 8$
- $a'_{23} = a_{32} = 13$

Portanto, a transposta de A é: $A^t = \begin{pmatrix} 3 & 6 & 11 \\ 5 & 8 & 13 \end{pmatrix}$

---

18. Determine a matriz transposta de $C = (c_{ij})_{3 \times 2}$, com $c_{ij} = i^2 - 2j^2$.

19. Determine a matriz quadrada A de ordem 2 na qual $a_{ij} = \dfrac{i}{j}$.

20. Indique os elementos da diagonal principal da matriz transposta de $M = \begin{pmatrix} 1 & 4 & 12 \\ 9 & 0 & 2 \\ 3 & 5 & -7 \end{pmatrix}$.

21. Determine a matriz transposta da matriz diagonal A, de ordem 3, definida por $a_{ij} = i + j$, para $i = j$.

22. Seja a matriz $A = (a_{ij})_{2 \times 2}$, com: $a_{ij} = \begin{cases} 1, \text{se } i = j \\ 0, \text{se } i \neq j \end{cases}$

Classifique cada afirmação em verdadeira (V) ou falsa (F) e justifique sua resposta.

a) A é matriz quadrada.

b) A é matriz nula.

c) A é matriz diagonal.

2. Adição e subtração de matrizes

O dono de uma rede de floriculturas mantém registrado cada tipo de ornamento vendido em três de suas lojas, para controlar a compra de suprimentos sem precisar manter um estoque elevado.

As tabelas abaixo mostram as vendas em duas semanas.

Semana 1	Loja 1	Loja 2	Loja 3
Arranjo	120	290	230
Cesta	49	40	37
Buquê	130	89	77

Semana 2	Loja 1	Loja 2	Loja 3
Arranjo	90	270	98
Cesta	76	44	53
Buquê	123	76	90

Com os dados das tabelas acima, podemos encontrar, por exemplo, o total de vendas de cada tipo de ornamento nas duas semanas. Para isso, somamos os dados correspondentes a cada tipo de ornamento em cada loja. Por exemplo, o total de arranjos vendidos nas duas semanas na loja 1 foi: 120 + 90 = 210. Veja a tabela indicando a soma em cada loja:

Soma das semanas 1 e 2	Loja 1	Loja 2	Loja 3
Arranjo	210	560	328
Cesta	125	84	90
Buquê	253	165	167

Também podemos encontrar a diferença nas vendas de cada tipo de ornamento em cada loja nas duas semanas. Para isso, subtraímos os dados correspondentes a cada tipo de ornamento em cada estabelecimento. Por exemplo, a diferença entre o número de cestas vendidas nas duas semanas na loja 2 foi: 40 − 44 = −4 (o sinal negativo indica que foram vendidas 4 cestas a mais na segunda semana em relação à primeira). A tabela a seguir indica a diferença em cada loja:

Diferença entre as semanas 1 e 2 (nessa ordem)	Loja 1	Loja 2	Loja 3
Arranjo	30	20	132
Cesta	−27	−4	−16
Buquê	7	13	−13

A ideia trabalhada nessa situação será usada no estudo da adição e da subtração de matrizes.

2.1 Adição de matrizes

Dadas duas matrizes de mesmo tipo, $A = (a_{ij})_{m \times n}$ e $B = (b_{ij})_{m \times n}$, a matriz soma $A + B$ é a matriz $C = (c_{ij})_{m \times n}$, na qual $c_{ij} = a_{ij} + b_{ij}$ para todo i e todo j.

Exemplo

Considere as matrizes $A = \begin{pmatrix} 2 & 3 & 1 \\ 0 & 1 & 4 \end{pmatrix}$ e $B = \begin{pmatrix} 0 & 1 & 2 \\ -1 & 3 & 5 \end{pmatrix}$.

Para obter a matriz $C = A + B$, basta somar os elementos correspondentes de A e B:

$C = A + B = \begin{pmatrix} 2 & 3 & 1 \\ 0 & 1 & 4 \end{pmatrix} + \begin{pmatrix} 0 & 1 & 2 \\ -1 & 3 & 5 \end{pmatrix} =$

$= \begin{pmatrix} 2+0 & 3+1 & 1+2 \\ 0+(-1) & 1+3 & 4+5 \end{pmatrix}$

Portanto: $C = \begin{pmatrix} 2 & 4 & 3 \\ -1 & 4 & 9 \end{pmatrix}$

Matriz oposta

Dada uma matriz A do tipo $m \times n$, chama-se **matriz oposta** de A, e indica-se por $-A$, a matriz que somada com A resulta na matriz nula de mesmo tipo, ou seja: $A + (-A) = 0_{m \times n}$

Exemplo

Se $A = \begin{pmatrix} 1 & -2 \\ -3 & 5 \end{pmatrix}$, então $-A = \begin{pmatrix} -1 & 2 \\ 3 & -5 \end{pmatrix}$, pois:

$\begin{pmatrix} 1 & -2 \\ -3 & 5 \end{pmatrix} + \begin{pmatrix} -1 & 2 \\ 3 & -5 \end{pmatrix} = \begin{pmatrix} 0 & 0 \\ 0 & 0 \end{pmatrix}$

Observe que os elementos correspondentes de A e de $-A$ são opostos. Portanto, podemos obter os elementos de $-A$ invertendo os sinais dos elementos de A, ou seja, $-A = (-a_{ij})$.

Propriedades da adição de matrizes

Dadas as matrizes A, B, C e a matriz nula $0_{m \times n}$, todas de mesmo tipo, valem as seguintes propriedades:

- **Comutativa:** $A + B = B + A$
- **Associativa:** $(A + B) + C = A + (B + C)$
- **Existência do elemento neutro:** $A + 0_{m \times n} = 0_{m \times n} + A = A$
- **Existência do elemento oposto:**

  $A + (-A) = (-A) + A = 0_{m \times n}$

- **Cancelamento:** $A + C = B + C \Leftrightarrow A = B$

2.2 Subtração de matrizes

A diferença entre duas matrizes A e B, de mesmo tipo, é a soma da matriz A com a oposta de B, isto é:
$A - B = A + (-B)$

Exemplo

Sejam $A = \begin{pmatrix} 2 & 3 & 5 \\ -4 & -2 & 0 \end{pmatrix}$ e $B = \begin{pmatrix} 0 & -2 & 1 \\ -3 & 4 & 5 \end{pmatrix}$.

$A - B = A + (-B) = \begin{pmatrix} 2 & 3 & 5 \\ -4 & -2 & 0 \end{pmatrix} - \begin{pmatrix} 0 & -2 & 1 \\ -3 & 4 & 5 \end{pmatrix} =$

$= \begin{pmatrix} 2 & 3 & 5 \\ -4 & -2 & 0 \end{pmatrix} + \begin{pmatrix} 0 & 2 & -1 \\ 3 & -4 & -5 \end{pmatrix}$

Portanto: $A - B = \begin{pmatrix} 2 & 5 & 4 \\ -1 & -6 & -5 \end{pmatrix}$

EXERCÍCIOS

23. Considere as matrizes abaixo e efetue, quando possível, as operações:

$A = \begin{pmatrix} 3 & -1 \\ 1 & 2 \\ 4 & 0 \end{pmatrix}$, $B = \begin{pmatrix} 2 & 3 \\ 0 & 1 \\ 1 & 2 \end{pmatrix}$, $C = \begin{pmatrix} 1 & 0 \\ -1 & 3 \\ 2 & 5 \end{pmatrix}$ e I_3.

a) $A + B$
b) $B + A$
c) $A + (B + C)$
d) $(A + B) + I_3$

24. Dadas as matrizes $A = \begin{pmatrix} 4 & -1 \\ 2 & 0 \end{pmatrix}$ e $B = \begin{pmatrix} 2 & 0 \\ 3 & -1 \end{pmatrix}$, calcule:

a) $B - A$
b) $A - (B + I_2)$
c) $B - (A + 0_{2 \times 2})$

25. Considere as matrizes $A = \begin{pmatrix} 2 & 0 \\ 1 & -5 \end{pmatrix}$, $B = \begin{pmatrix} 6 & -7 \\ 9 & 1 \end{pmatrix}$ e $C = \begin{pmatrix} 3 & -2 \\ 1 & -8 \end{pmatrix}$. Calcule:

a) $A + B$
b) $B + C$
c) $B - A + C$
d) $C - B + A$
e) $A + A^t$
f) $A - A^t$

R5. Dadas as matrizes $A = \begin{pmatrix} 2 & 1 \\ 0 & 3 \end{pmatrix}$ e $B = \begin{pmatrix} -1 & 2 \\ 5 & 0 \end{pmatrix}$, obter uma matriz $X_{2 \times 2}$ tal que $A + X = B$.

▶ **Resolução**

Representando a matriz X por $\begin{pmatrix} a & b \\ c & d \end{pmatrix}$, temos:

$\begin{pmatrix} 2 & 1 \\ 0 & 3 \end{pmatrix} + \begin{pmatrix} a & b \\ c & d \end{pmatrix} = \begin{pmatrix} -1 & 2 \\ 5 & 0 \end{pmatrix}$

$\begin{pmatrix} 2+a & 1+b \\ 0+c & 3+d \end{pmatrix} = \begin{pmatrix} -1 & 2 \\ 5 & 0 \end{pmatrix}$

Então:
- $2 + a = -1 \Rightarrow a = -3$
- $0 + c = 5 \Rightarrow c = 5$
- $1 + b = 2 \Rightarrow b = 1$
- $3 + d = 0 \Rightarrow d = -3$

Logo: $X = \begin{pmatrix} -3 & 1 \\ 5 & -3 \end{pmatrix}$

Outro modo:

Também podemos determinar a matriz X usando as propriedades da adição de matrizes:

$A + X = B \Rightarrow (-A) + A + X = (-A) + B \Rightarrow$
$\Rightarrow 0_{2 \times 2} + X = B - A \Rightarrow X = B - A$

Assim:

$X = \begin{pmatrix} -1 & 2 \\ 5 & 0 \end{pmatrix} - \begin{pmatrix} 2 & 1 \\ 0 & 3 \end{pmatrix} \Rightarrow X = \begin{pmatrix} -3 & 1 \\ 5 & -3 \end{pmatrix}$

26. Determine a matriz X tal que:

$\begin{pmatrix} 2 & 1 \\ 4 & -1 \end{pmatrix} + X = \begin{pmatrix} 5 & -3 \\ 3 & 4 \end{pmatrix}$

27. Resolva as equações determinando a matriz X.

a) $X - \begin{pmatrix} 2 & 0 \\ 4 & 3 \end{pmatrix} = \begin{pmatrix} -5 & -1 \\ 3 & 4 \end{pmatrix} + \begin{pmatrix} 2 & 3 \\ -4 & -2 \end{pmatrix}$

b) $X + \begin{pmatrix} -3 \\ 5 \end{pmatrix} = \begin{pmatrix} 4 \\ -3 \end{pmatrix}$

28. Determine a matriz X na equação:

$\begin{pmatrix} 1 & 2 \\ 3 & 4 \end{pmatrix} + \begin{pmatrix} 2 & 4 \\ -1 & 0 \end{pmatrix} = X - \begin{pmatrix} -6 & 0 \\ 4 & 2 \end{pmatrix}$

29. Considerando as matrizes $A = (a_{ij})_{2 \times 3}$, com $a_{ij} = i^2 + j^2$ para todo a_{ij}, $B = (b_{ij})_{2 \times 3}$, com $b_{ij} = 3i$ para todo b_{ij}, determine:

a) o elemento c_{22} da matriz $C = A + B$.
b) o termo de C igual a 3.

3. Multiplicação de um número real por uma matriz

Sejam a matriz $A = (a_{ij})_{m \times n}$ e k um número real, então $k \cdot A$ é uma matriz do tipo $m \times n$ obtida pela multiplicação de k por todos os elementos de A, ou seja, $kA = (ka_{ij})$.

Exemplo

Se $A = \begin{pmatrix} 2 & 0 \\ 3 & -7 \\ 5 & \frac{2}{3} \end{pmatrix}$ e $k = 3$, então:

$k \cdot A = 3 \cdot \begin{pmatrix} 2 & 0 \\ 3 & -7 \\ 5 & \frac{2}{3} \end{pmatrix} = \begin{pmatrix} 3 \cdot 2 & 3 \cdot 0 \\ 3 \cdot 3 & 3 \cdot (-7) \\ 3 \cdot 5 & 3 \cdot \frac{2}{3} \end{pmatrix} = \begin{pmatrix} 6 & 0 \\ 9 & -21 \\ 15 & 2 \end{pmatrix}$

EXERCÍCIOS

30. Considerando $A = \begin{pmatrix} -2 & 5 \\ 1 & 2 \\ 3 & -3 \end{pmatrix}$ e $B = \begin{pmatrix} 1 & 0 \\ -2 & 3 \\ 1 & 5 \end{pmatrix}$, determine:

a) $3A - B$
b) $2A + B$

31. Sendo $A = \begin{pmatrix} 1 & 3 \\ 2 & 4 \end{pmatrix}$, $B = \begin{pmatrix} 2 & -1 \\ 4 & 0 \end{pmatrix}$ e $C = \begin{pmatrix} 0 & -6 \\ 4 & 2 \end{pmatrix}$, determine:

a) $3A$
b) $\dfrac{1}{3}(A + B)$
c) $2 \cdot A - \dfrac{1}{3} \cdot B$
d) $2A - (B + C)$
e) $2(A - C) + 3(B - A)$
f) $1 \cdot B + 1 \cdot C - 2 \cdot I_2$

32. Encontre os valores reais de k, x, y, z e w para os quais a igualdade a seguir é verdadeira.

$$k \cdot \begin{pmatrix} -2 & 3 \\ 0 & x \\ -\dfrac{1}{2} & 0 \\ y & w^2 \end{pmatrix} = \begin{pmatrix} -8 & 12 \\ 0 & -1 \\ -2 & z \\ 0 & 1 \end{pmatrix}$$

R6. Determinar a matriz X na equação:

$$\begin{pmatrix} 2 & 5 \\ -1 & 7 \end{pmatrix} + 2X = \begin{pmatrix} 4 & -1 \\ -5 & 9 \end{pmatrix}$$

▶ **Resolução**

$$\begin{pmatrix} 2 & 5 \\ -1 & 7 \end{pmatrix} + 2 \cdot \begin{pmatrix} a & b \\ c & d \end{pmatrix} = \begin{pmatrix} 4 & -1 \\ -5 & 9 \end{pmatrix}$$

$$\begin{pmatrix} 2+2a & 5+2b \\ -1+2c & 7+2d \end{pmatrix} = \begin{pmatrix} 4 & -1 \\ -5 & 9 \end{pmatrix}$$

Aplicando a definição de igualdade, temos:

- $2 + 2a = 4 \Rightarrow a = 1$
- $5 + 2b = -1 \Rightarrow b = -3$
- $-1 + 2c = -5 \Rightarrow c = -2$
- $7 + 2d = 9 \Rightarrow d = 1$

Logo: $X = \begin{pmatrix} 1 & -3 \\ -2 & 1 \end{pmatrix}$

Observação

Na equação matricial $A + 2X = B$, é possível isolar a matriz X aplicando as propriedades da adição de matrizes, o que significa dizer que:

$X = \dfrac{1}{2} \cdot (B - A)$

R7. Determinar a matriz X na equação matricial $2X + A = X + B$ sabendo que:

$A = \begin{pmatrix} 0 & 2 \\ -1 & 3 \end{pmatrix}$ e $B = \begin{pmatrix} -2 & 5 \\ 4 & 7 \end{pmatrix}$

▶ **Resolução**

Inicialmente, aplicamos as propriedades da adição à equação matricial.

$2X + A = X + B$
$2X + (-X) + A + (-A) = X + (-X) + B + (-A)$
$2X - X = B - A \Rightarrow X = B - A$

Então:

$X = \begin{pmatrix} -2 & 5 \\ 4 & 7 \end{pmatrix} - \begin{pmatrix} 0 & 2 \\ -1 & 3 \end{pmatrix} = \begin{pmatrix} -2 & 3 \\ 5 & 4 \end{pmatrix}$

Logo: $X = \begin{pmatrix} -2 & 3 \\ 5 & 4 \end{pmatrix}$

33. Dadas as matrizes $A = \begin{pmatrix} 0 & 2 \\ 1 & -1 \end{pmatrix}$ e $B = (b_{ij})_{2 \times 2}$, sendo $b_{ij} = 2i - j$ para todo b_{ij}, determine a matriz X tal que $X + 2 \cdot B = -A$.

34. Determine a matriz X tal que $2X - 3A = 5X$, sabendo que:

$A = \begin{pmatrix} 1 \\ -3 \\ 7 \end{pmatrix}$

35. Determine a matriz X tal que $X - 3B = I_3$, dado que:

a) $B = \begin{pmatrix} 1 & 5 & 0 \\ -1 & -2 & 3 \\ 7 & 0 & 2 \end{pmatrix}$
b) $B = \begin{pmatrix} -1 & -5 & 0 \\ 1 & 2 & -3 \\ -7 & 0 & -2 \end{pmatrix}$

36. Dadas $A^t = \begin{pmatrix} 0 \\ 2 \\ 3 \end{pmatrix}$, $B^t = \begin{pmatrix} -1 \\ 4 \\ -5 \end{pmatrix}$ e $C^t = \begin{pmatrix} 2 \\ 0 \\ 7 \end{pmatrix}$, determine a matriz X tal que $3(X - A) + 2B = 2(C - B) + 2X$.

37. Sendo $A = (a_{ij})_{3 \times 3}$, com $a_{ij} = j - i$, determine a matriz $X_{3 \times 3}$, dado que: $-X = \dfrac{1}{2} \cdot (A - I_3)$

R8. Determinar as matrizes X e Y tais que

$$\begin{cases} X + Y = A + 3B \\ X - Y = A + B \end{cases}$$

em que $A = \begin{pmatrix} 1 & 2 \\ 0 & -1 \end{pmatrix}$ e $B = \begin{pmatrix} 2 & -2 \\ 1 & 3 \end{pmatrix}$.

▶ **Resolução**

Resolvendo o sistema, temos:

$$\begin{cases} X + \cancel{Y} = A + 3B \\ X - \cancel{Y} = A + B \end{cases}$$

$2X = 2A + 4B \Rightarrow X = A + 2B$

Como $X + Y = A + 3B$, segue:
$A + 2B + Y = A + 3B \Rightarrow Y = B$

Assim, temos:

$X = A + 2B = \begin{pmatrix} 1 & 2 \\ 0 & -1 \end{pmatrix} + 2 \cdot \begin{pmatrix} 2 & -2 \\ 1 & 3 \end{pmatrix} = \begin{pmatrix} 5 & -2 \\ 2 & 5 \end{pmatrix}$

$Y = B = \begin{pmatrix} 2 & -2 \\ 1 & 3 \end{pmatrix}$

38. Dadas $A = \begin{pmatrix} 2 & -3 \\ 0 & 5 \end{pmatrix}$ e $B = \begin{pmatrix} -2 & 6 \\ -1 & 7 \end{pmatrix}$, calcule as matrizes X e Y tais que:

$$\begin{cases} 2X + Y = A - B \\ -3X - 2Y = B - 2A \end{cases}$$

4. Multiplicação de matrizes

Considere a seguinte situação.

Ana tem uma confeitaria e sempre compra produtos para repor o estoque. Geralmente, ela faz a cotação de preços com dois fornecedores. Veja a tabela a seguir.

	Farinha (R$/kg)	Açúcar (R$/kg)	Leite (R$/L)	Ovos (R$/dz)
Fornecedor A	2,02	1,90	2,35	3,10
Fornecedor B	2,26	1,24	2,52	3,34

Nessa compra, Ana vai precisar de 35 kg de farinha, 30 kg de açúcar, 30 litros de leite e 15 dúzias de ovos. Reunindo essas informações, podemos construir uma tabela "produto-quantidade". Observe:

Produto	Quantidade
Farinha	35 kg
Açúcar	30 kg
Leite	30 L
Ovos	15 dz

Para saber com qual dos fornecedores ela gastará menos, podemos calcular:

Fornecedor A → $(2,02) \cdot 35 + (1,90) \cdot 30 + (2,35) \cdot 30 +$
$+ (3,10) \cdot 15 = 244,70$

Fornecedor B → $(2,26) \cdot 35 + (1,24) \cdot 30 + (2,52) \cdot 30 +$
$+ (3,34) \cdot 15 = 242,00$

Também é possível efetuar esse cálculo por meio de matrizes. Veja:

$$P = \begin{pmatrix} 2,02 & 1,90 & 2,35 & 3,10 \\ 2,26 & 1,24 & 2,52 & 3,34 \end{pmatrix}_{2 \times 4} \text{ e } Q = \begin{pmatrix} 35 \\ 30 \\ 30 \\ 15 \end{pmatrix}_{4 \times 1}$$

A multiplicação da matriz P (preço) pela matriz Q (quantidade) resulta na matriz C (custo da compra com cada fornecedor):

$$C = P \cdot Q = \begin{pmatrix} 2,02 & 1,90 & 2,35 & 3,10 \\ 2,26 & 1,24 & 2,52 & 3,34 \end{pmatrix} \cdot \begin{pmatrix} 35 \\ 30 \\ 30 \\ 15 \end{pmatrix} = \begin{pmatrix} 244,70 \\ 242,00 \end{pmatrix}$$

Observe que os elementos de uma linha de P são multiplicados, ordenadamente, pelos elementos da coluna de Q, depois os produtos são somados:

- $p_{11} \cdot q_{11} + p_{12} \cdot q_{21} + p_{13} \cdot q_{31} + p_{14} \cdot q_{41} = c_{11}$
  $(2,02) \cdot 35 + (1,90) \cdot 30 + (2,35) \cdot 30 + (3,10) \cdot 15 = 244,70$

- $p_{21} \cdot q_{11} + p_{22} \cdot q_{21} + p_{23} \cdot q_{31} + p_{24} \cdot q_{41} = c_{21}$
  $(2,26) \cdot 35 + (1,24) \cdot 30 + (2,52) \cdot 30 + (3,34) \cdot 15 = 242,00$

Dadas as matrizes $A = (a_{ij})_{m \times n}$ e $B = (b_{ij})_{n \times p}$, o produto de A por B é a matriz $C = (c_{ij})_{m \times p}$, na qual cada elemento c_{ij} é a soma dos produtos obtidos multiplicando-se ordenadamente os elementos da linha i de A pelos elementos da coluna j de B.

O produto das matrizes A e B, indicado por $A \cdot B$, só é definido se o número de colunas de A é igual ao número de linhas de B. Esse produto terá o mesmo número de linhas da matriz A e o mesmo número de colunas da matriz B.

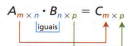

Exemplo

Dadas as matrizes $A = \begin{pmatrix} 2 & 0 & 1 \\ 1 & 3 & 4 \end{pmatrix}$ e $B = \begin{pmatrix} 0 & 1 \\ 5 & 4 \\ 3 & 1 \end{pmatrix}$, vamos determinar $A \cdot B$.

Como a matriz A é do tipo 2×3 e a matriz B é do tipo 3×2, existe o produto $A \cdot B$ (pois o número de colunas da matriz A é igual ao número de linhas da matriz B). Então:
$A \cdot B = C$, sendo $C = (c_{ij})_{2 \times 2}$

Os elementos da matriz C são obtidos do seguinte modo:

- c_{11}: é a soma dos produtos obtidos quando se multiplica, ordenadamente, a 1ª linha de A pela 1ª coluna de B
- c_{12}: é a soma dos produtos obtidos quando se multiplica, ordenadamente, a 1ª linha de A pela 2ª coluna de B
- c_{21}: é a soma dos produtos obtidos quando se multiplica, ordenadamente, a 2ª linha de A pela 1ª coluna de B
- c_{22}: é a soma dos produtos obtidos quando se multiplica, ordenadamente, a 2ª linha de A pela 2ª coluna de B

Assim, temos:

$$A \cdot B = C = \begin{pmatrix} c_{11} & c_{12} \\ c_{21} & c_{22} \end{pmatrix} = \begin{pmatrix} 2 & 0 & 1 \\ 1 & 3 & 4 \end{pmatrix} \cdot \begin{pmatrix} 0 & 1 \\ 5 & 4 \\ 3 & 1 \end{pmatrix} =$$

$$= \begin{pmatrix} 2 \cdot 0 + 0 \cdot 5 + 1 \cdot 3 & 2 \cdot 1 + 0 \cdot 4 + 1 \cdot 1 \\ 1 \cdot 0 + 3 \cdot 5 + 4 \cdot 3 & 1 \cdot 1 + 3 \cdot 4 + 4 \cdot 1 \end{pmatrix}$$

Logo: $C = \begin{pmatrix} 3 & 3 \\ 27 & 17 \end{pmatrix}$

Propriedades da multiplicação de matrizes

Dadas as matrizes A, B e C, tais que as operações entre elas, indicadas abaixo, sejam possíveis, valem as seguintes propriedades:

- **Associativa:** $(A \cdot B) \cdot C = A \cdot (B \cdot C)$
- **Distributiva à direita:** $(A + B) \cdot C = A \cdot C + B \cdot C$
- **Distributiva à esquerda:** $C \cdot (A + B) = C \cdot A + C \cdot B$

Observe, a seguir, que nem sempre temos $A \cdot B = B \cdot A$.

Logo, **não** vale a propriedade comutativa na multiplicação de matrizes.

Dadas as matrizes $A = \begin{pmatrix} 2 & 5 \\ -1 & 3 \end{pmatrix}$ e $B = \begin{pmatrix} 0 & 3 \\ 2 & -2 \end{pmatrix}$, obtemos os seguintes produtos:

$A \cdot B = \begin{pmatrix} 10 & -4 \\ 6 & -9 \end{pmatrix}$ e $B \cdot A = \begin{pmatrix} -3 & 9 \\ 6 & 4 \end{pmatrix}$

Observe que $A \cdot B \neq B \cdot A$.

Mesmo quando A é uma matriz não nula, não podemos concluir, com base em A · B = A · C, que B = C, isto é, **não** vale a lei do cancelamento. Observe o exemplo.

Dadas as matrizes $A = \begin{pmatrix} 2 & 4 \\ -1 & -2 \end{pmatrix}$, $B = \begin{pmatrix} 1 & 3 \\ 3 & 4 \end{pmatrix}$ e $C = \begin{pmatrix} 3 & 1 \\ 2 & 5 \end{pmatrix}$, obtemos:

$A \cdot B = \begin{pmatrix} 14 & 22 \\ -7 & -11 \end{pmatrix}$ e $A \cdot C = \begin{pmatrix} 14 & 22 \\ -7 & -11 \end{pmatrix}$

Observe que A · B = A · C, mas B ≠ C.

Considere ainda que um produto de matrizes não nulas pode ser uma matriz nula. Veja um exemplo.

Dadas as matrizes $A = \begin{pmatrix} 1 & -3 \\ 2 & -6 \end{pmatrix}$ e $B = \begin{pmatrix} 3 & 9 \\ 1 & 3 \end{pmatrix}$, obtemos o produto:

$A \cdot B = \begin{pmatrix} 0 & 0 \\ 0 & 0 \end{pmatrix}$, que é a matriz nula.

Observe que A ≠ 0 e B ≠ 0.

EXERCÍCIOS

39. Obtenha, quando existir, o produto A · B.

a) $A = \begin{pmatrix} 2 & 1 & 1 \\ 1 & 2 & 3 \end{pmatrix}$, $B = \begin{pmatrix} 3 & 1 \\ 1 & 2 \\ 2 & 1 \end{pmatrix}$

b) $A = \begin{pmatrix} -1 & 3 \\ 0 & 2 \end{pmatrix}$, $B = \begin{pmatrix} 2 \\ 3 \end{pmatrix}$

c) $A = (3 \quad 4)$, $B = \begin{pmatrix} 2 & 3 \\ 3 & 2 \end{pmatrix}$

d) $A = \begin{pmatrix} 3 & 4 \\ 5 & 7 \end{pmatrix}$, $B = \begin{pmatrix} 7 & -4 \\ -5 & 3 \end{pmatrix}$

e) $A = \begin{pmatrix} 2 & 6 \\ -8 & 4 \end{pmatrix}$, $B = \begin{pmatrix} 0 & 0 \\ 0 & 0 \end{pmatrix}$

f) $A = \begin{pmatrix} 3 & -2 \\ -6 & 4 \end{pmatrix}$, $B = \begin{pmatrix} 2 & 6 \\ 3 & 9 \end{pmatrix}$

40. Dadas as matrizes $A = \begin{pmatrix} 2 & 4 \\ 1 & 2 \\ 0 & -1 \end{pmatrix}$, $B = \begin{pmatrix} 1 & 0 \\ -3 & 1 \end{pmatrix}$ e $C = \begin{pmatrix} 2 \\ -1 \end{pmatrix}$ determine, caso exista:

a) A · B b) B · A c) A · C d) $B^t \cdot C$ e) $(A \cdot B)^t$ f) $B^t \cdot A^t$

41. Calcule o valor de x e de y de modo que:

$\begin{pmatrix} -3 & y \\ x & 2 \end{pmatrix} \cdot \begin{pmatrix} 2 \\ -3 \end{pmatrix} = \begin{pmatrix} 1 \\ -5 \end{pmatrix}$

R9. Resolver a equação matricial:

$X \cdot \begin{pmatrix} 1 & 3 \\ -2 & -1 \end{pmatrix} = \begin{pmatrix} 0 & 2 \\ 1 & 5 \end{pmatrix}$

➤ **Resolução**

Para que essa multiplicação exista, é preciso que:
- a matriz X tenha 2 colunas, pois a matriz multiplicada tem 2 linhas;
- a matriz X tenha 2 linhas, pois o produto das matrizes tem 2 linhas.

Observe o esquema:

$X_{m \times n} \cdot \begin{pmatrix} 1 & 3 \\ -2 & -1 \end{pmatrix}_{2 \times 2} = \begin{pmatrix} 0 & 2 \\ 1 & 5 \end{pmatrix}_{2 \times 2}$

iguais

Assim: $\begin{pmatrix} a & b \\ c & d \end{pmatrix} \cdot \begin{pmatrix} 1 & 3 \\ -2 & -1 \end{pmatrix} = \begin{pmatrix} 0 & 2 \\ 1 & 5 \end{pmatrix}$

$\begin{pmatrix} a \cdot 1 + b \cdot (-2) & a \cdot 3 + b \cdot (-1) \\ c \cdot 1 + d \cdot (-2) & c \cdot 3 + d \cdot (-1) \end{pmatrix} = \begin{pmatrix} 0 & 2 \\ 1 & 5 \end{pmatrix}$

Igualando as matrizes, temos os sistemas:

$\begin{cases} a - 2b = 0 \\ 3a - b = 2 \end{cases}$ $\begin{cases} c - 2d = 1 \\ 3c - d = 5 \end{cases}$

Resolvendo os sistemas, obtemos:

$a = \dfrac{4}{5}, b = \dfrac{2}{5}, c = \dfrac{9}{5}$ e $d = \dfrac{2}{5}$

Logo:

$X = \begin{pmatrix} \dfrac{4}{5} & \dfrac{2}{5} \\ \dfrac{9}{5} & \dfrac{2}{5} \end{pmatrix}$

42. Resolva a equação matricial:

$X \cdot \begin{pmatrix} 0 & 2 \\ 1 & 5 \end{pmatrix} = \begin{pmatrix} 1 & 3 \\ -2 & -1 \end{pmatrix}$

43. Dadas as matrizes $A = \begin{pmatrix} 1 & 3 \\ 0 & 2 \end{pmatrix}$ e $B = \begin{pmatrix} 7 \\ 4 \end{pmatrix}$, obtenha a matriz X tal que: A · X = B

44. Resolva a equação A · X + B = C, em que:

$A = \begin{pmatrix} 0 & -1 \\ 3 & 1 \end{pmatrix}$, $B = \begin{pmatrix} 5 \\ 1 \end{pmatrix}$ e $C = \begin{pmatrix} -3 \\ 0 \end{pmatrix}$

45. Solucione a equação $A^t \cdot X = B^t$ para:

a) $A = \begin{pmatrix} 1 & 3 \\ 2 & 4 \end{pmatrix}$ e $B = \begin{pmatrix} 4 & 5 \\ -2 & 3 \\ 0 & 1 \end{pmatrix}$

b) $A = \begin{pmatrix} 3 & 1 \\ 4 & 2 \end{pmatrix}$ e $B = \begin{pmatrix} 5 & 4 \\ 3 & -2 \\ 1 & 0 \end{pmatrix}$

46. Dadas as matrizes $A = \begin{pmatrix} 4 & 0 \\ 1 & -2 \end{pmatrix}$, $B = \begin{pmatrix} 2 & 2 \\ 3 & 4 \end{pmatrix}$ e $C = \begin{pmatrix} 4 \\ -5 \end{pmatrix}$, obtenha a matriz X para cada caso.

a) X + A = B
b) 3 · (X + A) = X + B
c) A · X = C

47. Determine os valores de x, y e z para que a igualdade seja válida.

$\begin{pmatrix} 1 & 2 \\ 0 & 3 \end{pmatrix} \cdot \begin{pmatrix} 1 & 3 \\ 0 & 1 \end{pmatrix} = \begin{pmatrix} x - 3 & 0 \\ x - y & 0 \end{pmatrix} + \begin{pmatrix} y & y + z \\ 6 & 3 \end{pmatrix}$

48. Dada a matriz $A = \begin{pmatrix} 3 & 2 \\ 5 & 1 \end{pmatrix}$, determine a matriz X tal que X · A = A.

- O que você pode concluir sobre a matriz X?

49. Sejam $A = \begin{pmatrix} 1 & 2 \\ -2 & 3 \end{pmatrix}$ e $B = \begin{pmatrix} x & y \\ 1 & 4 \end{pmatrix}$, determine x e y para que $A \cdot B = B \cdot A$.

50. Considerando as matrizes $A = \begin{pmatrix} x & 3 \\ -2 & 5 \end{pmatrix}$ e $B = \begin{pmatrix} 5 & y \\ 2 & 4 \end{pmatrix}$, determine x e y tal que $A \cdot B = B \cdot A$.

51. Dada a matriz $A = \begin{pmatrix} 2 & -1 & 0 \\ 3 & 6 & -2 \end{pmatrix}$, calcule:

a) $I_2 \cdot A$ b) $A \cdot I_2$ c) $I_3 \cdot A$ d) $A \cdot I_3$

52. Sendo A uma matriz quadrada de ordem n, temos $A^2 = A \cdot A$, $A^3 = A \cdot A \cdot A$, e assim por diante.

Dada a matriz $A = \begin{bmatrix} 2 & 3 \\ -1 & -2 \end{bmatrix}$, determine:

a) A^2 b) A^3 c) A^4 d) A^5

53. Dadas as matrizes $A = \begin{pmatrix} 0 & 1 \\ -1 & 0 \end{pmatrix}$ e $B = \begin{pmatrix} 2 & 3 \\ 1 & 3 \end{pmatrix}$, determine:

a) $(A + B)^2$ b) $A^2 + 2AB + B^2$

- Observe os resultados obtidos nos itens **a** e **b** e responda: a igualdade $(A + B)^2 = A^2 + 2AB + B^2$ é válida para matrizes?

54. Dadas as matrizes $A = \begin{pmatrix} 2 & -1 \\ -5 & 4 \end{pmatrix}$ e $B = \begin{pmatrix} 3 & 0 \\ -2 & 5 \end{pmatrix}$, determine:

a) $(A + B) \cdot (A - B)$ b) $A^2 - B^2$

- Observe os resultados obtidos nos itens **a** e **b** e responda: a igualdade $(A + B) \cdot (A - B) = A^2 - B^2$ é válida para matrizes?

5. Matriz inversa

Sendo a um número real, com $a \neq 0$, dizemos que o seu inverso é o número a^{-1} tal que $a \cdot a^{-1} = a^{-1} \cdot a = 1$. Assim, por exemplo, o inverso de 2 é $\frac{1}{2}$, o inverso de $\frac{3}{5}$ é $\frac{5}{3}$, e o inverso de $-\pi$ é $-\frac{1}{\pi}$. De maneira análoga, definimos a inversa de uma matriz:

> Seja A uma matriz quadrada de ordem n. Se existir uma matriz B, quadrada de mesma ordem, tal que $A \cdot B = B \cdot A = I_n$, então B será a **matriz inversa** de A, indicada por A^{-1}.

Quando uma matriz tem inversa, dizemos que ela é **invertível** ou **não singular**.

Exemplo

A inversa da matriz $A = \begin{pmatrix} 1 & 2 \\ 1 & 3 \end{pmatrix}$ é a matriz $A^{-1} = \begin{pmatrix} 3 & -2 \\ -1 & 1 \end{pmatrix}$, pois:

$A \cdot A^{-1} = \begin{pmatrix} 1 & 2 \\ 1 & 3 \end{pmatrix} \cdot \begin{pmatrix} 3 & -2 \\ -1 & 1 \end{pmatrix} = \begin{pmatrix} 1 & 0 \\ 0 & 1 \end{pmatrix}$ e

$A^{-1} \cdot A = \begin{pmatrix} 3 & -2 \\ -1 & 1 \end{pmatrix} \cdot \begin{pmatrix} 1 & 2 \\ 1 & 3 \end{pmatrix} = \begin{pmatrix} 1 & 0 \\ 0 & 1 \end{pmatrix}$

Sendo A e B matrizes quadradas, pode-se demonstrar que, se $A \cdot B = I$, então $B \cdot A = I$.

EXERCÍCIOS

55. Dadas as matrizes $A = \begin{pmatrix} 1 & 2 \\ 2 & 3 \end{pmatrix}$ e $B = \begin{pmatrix} -3 & 2 \\ 2 & -1 \end{pmatrix}$, verifique se a matriz B é a inversa da matriz A.

R10. Determinar, se existir, a inversa das matrizes:

a) $A = \begin{pmatrix} 3 & 4 \\ 2 & 3 \end{pmatrix}$ b) $B = \begin{pmatrix} 1 & 2 \\ 3 & 6 \end{pmatrix}$

➤ **Resolução**

a) Se existir, a matriz A^{-1}, inversa de A, é quadrada de ordem 2, tal que $A \cdot A^{-1} = I_2$.

Seja $A^{-1} = \begin{pmatrix} a & b \\ c & d \end{pmatrix}$. Pela definição, temos:

$\begin{pmatrix} 3 & 4 \\ 2 & 3 \end{pmatrix} \cdot \begin{pmatrix} a & b \\ c & d \end{pmatrix} = \begin{pmatrix} 1 & 0 \\ 0 & 1 \end{pmatrix}$

$\begin{pmatrix} 3a + 4c & 3b + 4d \\ 2a + 3c & 2b + 3d \end{pmatrix} = \begin{pmatrix} 1 & 0 \\ 0 & 1 \end{pmatrix}$

Com base na igualdade de matrizes, construímos os seguintes sistemas:

$\begin{cases} 3a + 4c = 1 \\ 2a + 3c = 0 \end{cases} \Rightarrow a = 3 \text{ e } c = -2$

$\begin{cases} 3b + 4d = 0 \\ 2b + 3d = 1 \end{cases} \Rightarrow b = -4 \text{ e } d = 3$

Portanto: $A^{-1} = \begin{pmatrix} a & b \\ c & d \end{pmatrix} = \begin{pmatrix} 3 & -4 \\ -2 & 3 \end{pmatrix}$

b) Se existir, a matriz B^{-1}, inversa de B, é quadrada de ordem 2, tal que $B \cdot B^{-1} = I_2$.

Seja $B^{-1} = \begin{pmatrix} a & b \\ c & d \end{pmatrix}$. Pela definição, temos:

$\begin{pmatrix} 1 & 2 \\ 3 & 6 \end{pmatrix} \cdot \begin{pmatrix} a & b \\ c & d \end{pmatrix} = \begin{pmatrix} 1 & 0 \\ 0 & 1 \end{pmatrix}$

$\begin{pmatrix} a + 2c & b + 2d \\ 3a + 6c & 3b + 6d \end{pmatrix} = \begin{pmatrix} 1 & 0 \\ 0 & 1 \end{pmatrix}$

Com base na igualdade de matrizes, construímos os sistemas:

$\begin{cases} a + 2c = 1 \\ 3a + 6c = 0 \end{cases} \quad \begin{cases} b + 2d = 0 \\ 3b + 6d = 1 \end{cases}$

Resolvendo o primeiro sistema:

$\begin{cases} a + 2c = 1 \\ 3a + 6c = 0 \end{cases} \Rightarrow \begin{cases} -3a - 6c = -3 \\ 3a + 6c = 0 \end{cases}$
$\overline{ 0 = -3 \text{ (falsa)}}$

Portanto, não há valores de a e de c que satisfaçam ambas as equações do sistema e tornem as matrizes $\begin{pmatrix} a + 2c & b + 2d \\ 3a + 6c & 3b + 6d \end{pmatrix}$ e $\begin{pmatrix} 1 & 0 \\ 0 & 1 \end{pmatrix}$ iguais.

Logo, a matriz B não admite inversa.

56. Calcule, se existir, a matriz inversa de:

a) $A = \begin{pmatrix} 1 & 2 \\ -1 & 3 \end{pmatrix}$ b) $B = \begin{pmatrix} 3 & 1 \\ 2 & -1 \end{pmatrix}$ c) $C = \begin{pmatrix} 1 & 5 \\ 2 & 10 \end{pmatrix}$

57. Determine, se existir, a inversa das matrizes.

a) $C = \begin{pmatrix} 1 & 1 & 1 \\ 0 & 1 & 1 \\ 0 & 0 & 1 \end{pmatrix}$
b) $E = \begin{pmatrix} 0 & 0 & 0 \\ 0 & 0 & 0 \\ 0 & 0 & 0 \end{pmatrix}$

58. Dada a matriz $A = \begin{pmatrix} 2 & 3 \\ 5 & 7 \end{pmatrix}$, determine $(A + A^{-1})^t$.

59. Sabendo que a inversa da matriz $A = \begin{pmatrix} -2 & \frac{1}{2} \\ x & 1 \end{pmatrix}$ é a matriz

$B = \begin{pmatrix} -\frac{1}{4} & \frac{1}{8} \\ y & \frac{1}{2} \end{pmatrix}$, determine x e y.

60. Considerando as matrizes quadradas abaixo, obtenha a matriz X, quadrada e de ordem 3, tal que $A \cdot X = B^{-1}$.

$A = \begin{pmatrix} 4 & 3 & 1 \\ 1 & 1 & 0 \\ 2 & 0 & 0 \end{pmatrix} \qquad B = \begin{pmatrix} 1 & 0 & 0 \\ 2 & 1 & 0 \\ 5 & 3 & 6 \end{pmatrix}$

6. Determinante de uma matriz

Toda matriz quadrada pode ser associada a um número, denominado **determinante da matriz**, que é obtido por meio de operações entre os elementos da matriz.

Para representar o determinante de uma matriz A (indicado por **det A**), substituímos os parênteses ou colchetes da matriz por barras simples:

- $A = \begin{pmatrix} 0 & 3 & 8 \\ 1 & 4 & 3 \\ 6 & 1 & 7 \end{pmatrix}$ e $\det A = \begin{vmatrix} 0 & 3 & 8 \\ 1 & 4 & 3 \\ 6 & 1 & 7 \end{vmatrix}$

- $A = [4]$ e $\det A = |4|$

- $A = \begin{bmatrix} 1 & 0 \\ 7 & -5 \end{bmatrix}$ e $\det A = \begin{vmatrix} 1 & 0 \\ 7 & -5 \end{vmatrix}$

Os determinantes são muito úteis na resolução de sistemas lineares, como veremos no capítulo 16.

6.1 Determinante de uma matriz de ordem 1

O determinante de uma matriz quadrada de ordem 1, $A = (a_{11})$, é o próprio elemento de A.

$$\det A = |a_{11}| = a_{11}$$

Exemplos

a) $A = (4) \Rightarrow \det A = |4| = 4$
b) $B = (-\sqrt{2}) \Rightarrow \det B = |-\sqrt{2}| = -\sqrt{2}$

6.2 Determinante de uma matriz de ordem 2

O determinante de uma matriz quadrada de ordem 2, $A = \begin{pmatrix} a_{11} & a_{12} \\ a_{21} & a_{22} \end{pmatrix}$, é a diferença entre o produto dos elementos da diagonal principal e o produto dos elementos da diagonal secundária.

$$\det A = \begin{vmatrix} a_{11} & a_{12} \\ a_{21} & a_{22} \end{vmatrix} = a_{11} \cdot a_{22} - a_{12} \cdot a_{21}$$

Exemplos

a) $A = \begin{pmatrix} 2 & -3 \\ -1 & 4 \end{pmatrix} \Rightarrow \det A = \begin{vmatrix} 2 & -3 \\ -1 & 4 \end{vmatrix} =$
$= (2 \cdot 4) - [(-3) \cdot (-1)] = 8 - 3 = 5$

b) $B = \begin{pmatrix} 3 & 10 \\ 7 & -5 \end{pmatrix} \Rightarrow \det B = \begin{vmatrix} 3 & 10 \\ 7 & -5 \end{vmatrix} =$
$= [3 \cdot (-5)] - (10 \cdot 7) = -15 - 70 = -85$

6.3 Determinante de uma matriz de ordem 3

Dada uma matriz A, quadrada de ordem 3, o determinante de A pode ser calculado pela **regra de Sarrus**, conforme o procedimento explicado a seguir.

Considere a matriz: $A = \begin{pmatrix} a_{11} & a_{12} & a_{13} \\ a_{21} & a_{22} & a_{23} \\ a_{31} & a_{32} & a_{33} \end{pmatrix}$

1º) Ao lado da matriz, copiam-se as duas primeiras colunas.

$$\begin{vmatrix} a_{11} & a_{12} & a_{13} \\ a_{21} & a_{22} & a_{23} \\ a_{31} & a_{32} & a_{33} \end{vmatrix} \begin{matrix} a_{11} & a_{12} \\ a_{21} & a_{22} \\ a_{31} & a_{32} \end{matrix}$$

2º) Multiplicam-se os elementos da diagonal principal e, na mesma direção dessa diagonal, multiplicam-se os elementos de cada uma das duas paralelas à direita.

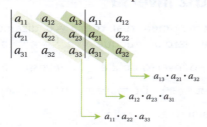

3º) Multiplicam-se os elementos da diagonal secundária e, na mesma direção dessa diagonal, os elementos de cada uma das duas paralelas à direita.

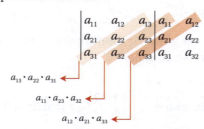

4º) O determinante da matriz é obtido pela diferença entre as somas dos produtos do 2º e do 3º passo, nessa ordem.

$\det A = (a_{11}a_{22}a_{33} + a_{12}a_{23}a_{31} +$
$+ a_{13}a_{21}a_{32}) - (a_{13}a_{22}a_{31} +$
$+ a_{11}a_{23}a_{32} + a_{12}a_{21}a_{33})$

Exemplos

a) Considerando a matriz $A = \begin{pmatrix} 1 & 2 & 3 \\ 0 & 2 & 4 \\ -1 & 3 & 5 \end{pmatrix}$, temos:

$$\begin{vmatrix} 1 & 2 & 3 \\ 0 & 2 & 4 \\ -1 & 3 & 5 \end{vmatrix} \begin{matrix} 1 & 2 \\ 0 & 2 \\ -1 & 3 \end{matrix}$$

$$-6 \quad 12 \quad 0 \qquad 10 \quad -8 \quad 0$$

Assim:

det $A = (10 - 8 + 0) - (-6 + 12 + 0) = -4$

b) Considerando a matriz $B = \begin{pmatrix} -1 & 2 & 3 \\ 1 & 4 & 9 \\ -1 & 8 & 27 \end{pmatrix}$, temos:

$$\begin{vmatrix} -1 & 2 & 3 \\ 1 & 4 & 9 \\ -1 & 8 & 27 \end{vmatrix} \begin{matrix} -1 & 2 \\ 1 & 4 \\ -1 & 8 \end{matrix}$$

$$-12 \quad -72 \quad 54 \qquad -108 \quad -18 \quad 24$$

Assim:

det $B = (-108 - 18 + 24) - (-12 - 72 + 54) = -72$

EXERCÍCIOS

61. Calcule os determinantes:

a) $|7|$

b) $\left|-\dfrac{2}{5}\right|$

c) $\begin{vmatrix} 2 & 3 \\ 5 & 8 \end{vmatrix}$

d) $\begin{vmatrix} 1 & 4 \\ 3 & 2 \end{vmatrix}$

e) $\begin{vmatrix} 4 & -4 \\ 3 & -3 \end{vmatrix}$

f) $\begin{vmatrix} -1 & -2 \\ -8 & -7 \end{vmatrix}$

62. Determine o valor da expressão:

$\begin{vmatrix} 2 & 1 \\ 1 & 2 \end{vmatrix} + \begin{vmatrix} 5 & 3 \\ 8 & 2 \end{vmatrix} - \begin{vmatrix} 7 & 2 \\ 5 & 1 \end{vmatrix}$

63. Aplique a regra de Sarrus e calcule os determinantes:

a) $\begin{vmatrix} 2 & 0 & 2 \\ 0 & 2 & 0 \\ 2 & 0 & 2 \end{vmatrix}$

b) $\begin{vmatrix} 2 & 0 & 2 \\ 0 & 2 & 0 \\ 2 & 0 & -2 \end{vmatrix}$

c) $\begin{vmatrix} 3 & -4 & 3 \\ 2 & -8 & 6 \\ 1 & -5 & 1 \end{vmatrix}$

d) $\begin{vmatrix} a & 0 & a \\ 0 & c & 0 \\ b & 0 & b \end{vmatrix}$

R11. Determinar x para que seja verdadeira a igualdade a seguir.

$\begin{vmatrix} 2 & -1 & -x \\ 3 & 2 & 1 \\ x & -1 & -2 \end{vmatrix} = 0$

➤ **Resolução**

Pela regra de Sarrus:

$$\begin{vmatrix} 2 & -1 & -x \\ 3 & 2 & 1 \\ x & -1 & -2 \end{vmatrix} \begin{matrix} 2 & -1 \\ 3 & 2 \\ x & -1 \end{matrix}$$

$$-2x^2 \quad -2 \quad 6 \qquad -8 \quad -x \quad 3x$$

Assim, temos:

$(-8 - x + 3x) - (-2x^2 - 2 + 6) = 0$

$2x^2 + 2x - 12 = 0$

$x^2 + x - 6 = 0$

$x = 2$ ou $x = -3$

Portanto, a igualdade é verdadeira para $x = 2$ ou $x = -3$.

64. Resolva as equações.

a) $\begin{vmatrix} x & x+1 \\ 8 & 3 \end{vmatrix} = 0$

b) $\begin{vmatrix} x & 2 \\ x+2 & 3x+1 \end{vmatrix} = 0$

65. Determine o valor de x que satisfaz cada equação.

a) $\begin{vmatrix} x & 3 & x \\ 2 & 4 & 1 \\ 1 & 2 & x \end{vmatrix} = 5$

b) $\begin{vmatrix} 0 & 3 & 2 \\ x & 2 & 4 \\ 1 & 1 & -1 \end{vmatrix} - \begin{vmatrix} 3x & -1 \\ 0 & 2 \end{vmatrix} = 6$

c) $\dfrac{\begin{vmatrix} -1 & 1 \\ x & x \end{vmatrix}}{\begin{vmatrix} 3 & -1 \\ x+2 & 2x \end{vmatrix}} = \begin{vmatrix} 1 & 0 & 0 \\ 0 & 1 & 1 \\ 0 & 0 & 1 \end{vmatrix}$

66. Resolva, em $\mathbb{R}$, a inequação:

$\begin{vmatrix} 3 & 1 & 2 \\ x & -2 & 3 \\ 2 & 0 & -1 \end{vmatrix} > \begin{vmatrix} 2x+3 & -1 \\ 1 & 2 \end{vmatrix}$

67. Dadas as matrizes $A = \begin{pmatrix} 1 & 3 \\ 2 & 4 \end{pmatrix}$, $B = \begin{pmatrix} -2 & 1 \\ 0 & -3 \end{pmatrix}$ e $C = \begin{pmatrix} -1 & 0 \\ 3 & 1 \end{pmatrix}$, calcule o determinante:

a) da matriz $X = A + B + C$

b) da matriz $X = (A - B) \cdot C$

c) de A^2 (sendo $A^2 = A \cdot A$)

d) de B^t

e) de $(A - C)^t$

68. Aplicando a relação fundamental da Trigonometria, calcule o determinante $\begin{vmatrix} 1 & \text{sen } x \\ \text{sen } x & 1 \end{vmatrix}$.

69. Seja a matriz $A = (a_{ij})$, quadrada e de ordem 3, em que $a_{ij} = i \cdot j + 2 \cdot i$ para todo a_{ij}. Calcule det A.

70. Dadas as matrizes $A = \begin{pmatrix} 2 & -1 \\ -3 & 4 \end{pmatrix}$ e $B = \begin{pmatrix} 0 & 4 \\ -1 & -2 \end{pmatrix}$, calcule:

a) det $(A \cdot B)$

b) det $(B \cdot A)$

c) det $A \cdot$ det B

71. Dadas as matrizes $A = (2)$, $B = \begin{pmatrix} 1 & 2 \\ -1 & 3 \end{pmatrix}$ e $C = \begin{pmatrix} 1 & 2 & -1 \\ 0 & 1 & -2 \\ 3 & 4 & 0 \end{pmatrix}$, calcule:

a) det A

b) det B

c) det C

d) det A^t

e) det B^t

f) det C^t

72. Dadas as matrizes $A = \begin{pmatrix} -1 & 3 \\ 7 & 4 \end{pmatrix}$ e $B = \begin{pmatrix} 2 & 1 \\ -3 & 0 \end{pmatrix}$, calcule:

a) $\det(A + B)$

b) $\det A^t + \det B^t$

c) $\det(3 \cdot A)$

d) $\det A + \det B$

e) $\det(A + B)^t$

f) $\det(A^t)^t$

73. Dados $X = \begin{vmatrix} 1 & 5 \\ 2 & 9 \end{vmatrix}$, $Y = \begin{vmatrix} -1 & 3 \\ 0 & 2 \end{vmatrix}$ e $Z = \begin{vmatrix} -2 & -3 \\ 6 & 10 \end{vmatrix}$, calcule o número real $A = X^2 - 2 \cdot Y + \dfrac{Z}{2}$.

74. Determine os valores de x para que o determinante $\begin{vmatrix} 1 & x \\ -x & 2x \end{vmatrix}$ seja nulo.

75. Determine as condições de x para que o determinante $\begin{vmatrix} 1 & x & -3 \\ 0 & 5 & -1 \\ x & -14 & 0 \end{vmatrix}$ seja um número real positivo.

76. Sabendo que $\begin{vmatrix} x & 2 & 1 \\ y & 1 & -2 \\ 0 & 4 & 1 \end{vmatrix} = 5$ e que $\begin{vmatrix} 2 & 1 & 0 \\ y & 0 & 1 \\ 3 & 5 & -1 \end{vmatrix} = 0$, calcule os valores de x e y.

77. Dadas as matrizes A e B, calcule o valor de x tal que $\det A = -\det B$.

$A = \begin{pmatrix} 1 & 0 & x \\ 2 & 1 & 2 \\ -x & 3 & 0 \end{pmatrix}$
$B = \begin{pmatrix} x & 1 & 0 \\ 1 & -x & 2 \\ 3 & 0 & 1 \end{pmatrix}$

78. Calcule os determinantes de I_1, I_2 e I_3. Qual valor você imagina para o determinante de I_4?

79. Sendo $A = \begin{bmatrix} 2 & 1 \\ 3 & 4 \end{bmatrix}$ e $B = \begin{bmatrix} 4 & 2 \\ 3 & -1 \end{bmatrix}$, determine o número real x tal que $\det(A - x \cdot B) = 0$.

R12. Dado um triângulo RST, com coordenadas cartesianas dos vértices, pode-se calcular sua área por meio da fórmula:

$A_{RST} = \dfrac{1}{2} \cdot |D|$, em que $D = \begin{vmatrix} x_R & y_R & 1 \\ x_S & y_S & 1 \\ x_T & y_T & 1 \end{vmatrix}$

Nessa fórmula, $|D|$ é o módulo do determinante de ordem 3 tal que: a 1ª coluna é formada pelas abscissas dos pontos; a 2ª, pelas ordenadas; a 3ª, por 1.
Determinar a área do triângulo RST, dados os pontos $R(-2, 2)$, $S(4, 3)$ e $T(5, -3)$.

▶ **Resolução**

$D = \begin{vmatrix} -2 & 2 & 1 \\ 4 & 3 & 1 \\ 5 & -3 & 1 \end{vmatrix}$

$D = (-6 + 10 - 12) - (15 + 6 + 8) = -37$

$A_{RST} = \dfrac{1}{2} \cdot |-37| = 18,5$

Logo, a área do triângulo é 18,5 unidades de área.

80. Observe a figura.

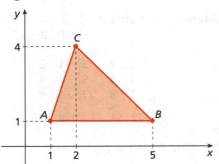

Determine a área da superfície do triângulo ABC:

a) usando a fórmula estudada na Geometria plana:
$A_{ABC} = \dfrac{\text{medida da base} \times \text{medida da altura}}{2}$

b) usando a fórmula utilizada no exercício resolvido **R12**.

6.4 Determinante de uma matriz de ordem maior que 3

Cofator de uma matriz

Seja A uma matriz quadrada de ordem $n \geq 2$. Chama-se **cofator** de um elemento a_{ij} de A o número real $A_{ij} = (-1)^{i+j} \cdot D_{ij}$, em que D_{ij} é o determinante obtido da matriz A quando se eliminam a linha e a coluna que contêm o elemento a_{ij}.

Exemplos

a) Seja $A = \begin{pmatrix} 1 & 2 & 0 \\ 3 & -1 & 2 \\ 4 & -2 & 5 \end{pmatrix}$.

Eliminando a 1ª linha e a 2ª coluna de A, obtemos:

$A_{12} = (-1)^{1+2} \cdot \begin{vmatrix} 3 & 2 \\ 4 & 5 \end{vmatrix} = (-1) \cdot (15 - 8) = -7$

Logo, $A_{12} = -7$ é o cofator do elemento a_{12}.

b) Seja $B = \begin{pmatrix} 4 & 0 & 1 & 2 \\ -2 & 1 & 3 & 6 \\ 5 & 7 & 9 & 4 \\ -4 & 8 & 0 & 3 \end{pmatrix}$.

Eliminando a 3ª linha e a 4ª coluna de B, obtemos:

$$B_{34} = (-1)^{3+4} \cdot \begin{vmatrix} 4 & 0 & 1 \\ -2 & 1 & 3 \\ -4 & 8 & 0 \end{vmatrix} =$$

$= (-1) \cdot [(0 - 16 + 0) - (-4 + 96 + 0)] = 108$

Logo, $B_{34} = 108$ é o cofator do elemento b_{34}.

Teorema de Laplace

Para matrizes de ordem $n \geq 2$, podemos aplicar o **teorema de Laplace**:

> O determinante de uma matriz A, de ordem $n \geq 2$, é a soma dos produtos dos elementos de uma fila qualquer (linha ou coluna) pelos respectivos cofatores.

Exemplo

Considere a matriz $A = \begin{pmatrix} 1 & 2 & -3 & 0 \\ 3 & -2 & 1 & 5 \\ 0 & 1 & -1 & 2 \\ -3 & 0 & 4 & 1 \end{pmatrix}$.

Escolhendo a 1ª linha, temos:

$\det A = 1 \cdot A_{11} + 2 \cdot A_{12} + (-3) \cdot A_{13} + 0 \cdot A_{14}$

$$\det A = 1 \cdot (-1)^2 \cdot \begin{vmatrix} -2 & 1 & 5 \\ 1 & -1 & 2 \\ 0 & 4 & 1 \end{vmatrix} + 2 \cdot (-1)^3 \cdot \begin{vmatrix} 3 & 1 & 5 \\ 0 & -1 & 2 \\ -3 & 4 & 1 \end{vmatrix} +$$

$$+ (-3) \cdot (-1)^4 \cdot \begin{vmatrix} 3 & -2 & 5 \\ 0 & 1 & 2 \\ -3 & 0 & 1 \end{vmatrix} + 0 \cdot A_{14}$$

Não é necessário calcular A_{14}, pois: $0 \cdot A_{14} = 0$

Portanto: $\det A = 1 \cdot 37 + 2 \cdot 48 - 3 \cdot 30 = 43$

Observação

Aplicando o teorema de Laplace, reduzimos o cálculo de um determinante de qualquer ordem, maior ou igual a 2, ao cálculo de determinantes de ordem inferior. O teorema pode ser reaplicado até que se obtenham determinantes de ordem 3 ou 2, que já sabemos calcular diretamente.

Ao aplicar o teorema, podemos optar por qualquer linha ou coluna que o resultado será o mesmo, mas convém optar pela linha ou coluna que tiver mais zeros.

EXERCÍCIOS

81. Dada a matriz $A = \begin{pmatrix} 1 & x^2 \\ 2x & 4 \end{pmatrix}$, obtenha o valor de x para que $A_{12} = 16$.

R13. Calcular o determinante da matriz:

$A = \begin{pmatrix} 0 & 2 & 3 & 1 \\ 1 & -2 & 3 & 0 \\ 0 & 0 & 2 & 1 & 5 \\ -1 & 4 & 2 & 0 \end{pmatrix}$

▶ **Resolução**

Vamos usar o teorema de Laplace para calcular $\det A$. Para isso, é conveniente escolher a coluna 1 ou a coluna 4, pois elas têm a maior quantidade de zeros. Escolhendo, por exemplo, a coluna 1:

$$\det A = 1 \cdot (-1)^3 \cdot \begin{vmatrix} 2 & 3 & 1 \\ 2 & 1 & 5 \\ 4 & 2 & 0 \end{vmatrix} + (-1) \cdot (-1)^5 \cdot \begin{vmatrix} 2 & 3 & 1 \\ -2 & 3 & 0 \\ 2 & 1 & 5 \end{vmatrix}$$

$\det A = -40 + 52 = 12$

82. Aplique o teorema de Laplace e calcule os determinantes a seguir.

a) $\begin{vmatrix} 1 & 3 & 5 \\ 0 & -1 & -2 \\ 4 & 0 & 1 \end{vmatrix}$

b) $\begin{vmatrix} 0 & 2 & 1 \\ -1 & -2 & 3 \\ 5 & 4 & 1 \end{vmatrix}$

83. Usando a fila com a maior quantidade de zeros, calcule:

a) $\begin{vmatrix} 1 & 2 & 1 & 3 \\ 0 & 1 & 0 & 0 \\ 1 & 3 & 2 & 2 \\ 3 & 1 & 3 & 1 \end{vmatrix}$

b) $\begin{vmatrix} 1 & 2 & 1 & 3 & 0 \\ 0 & 0 & 1 & 2 & 0 \\ 1 & -1 & 2 & -2 & 0 \\ 0 & 2 & 0 & 1 & 3 \\ 0 & 1 & 2 & -1 & 0 \end{vmatrix}$

84. Resolva a equação:

$\begin{vmatrix} x^2 & 3 & 4 & 5 \\ 0 & 3 & 4 & 5 \\ 0 & 0 & 4 & 5 \\ 0 & 0 & 0 & 5 \end{vmatrix} = 240$

7. Simplificação do cálculo de determinantes

Para simplificar o cálculo de alguns determinantes, podemos aplicar propriedades e teoremas que veremos a seguir.

1ª propriedade: Fila nula

Se todos os elementos de uma fila (linha ou coluna) de uma matriz quadrada A forem nulos, então $\det A = 0$.

Exemplo

$A = \begin{pmatrix} 5 & 4 & 8 & 1 \\ 0 & 0 & 0 & 0 \\ 2 & 1 & 0 & 9 \\ 7 & 3 & 4 & 1 \end{pmatrix} \Rightarrow \det A = \begin{vmatrix} 5 & 4 & 8 & 1 \\ 0 & 0 & 0 & 0 \\ 2 & 1 & 0 & 9 \\ 7 & 3 & 4 & 1 \end{vmatrix}$

$$\det A = 0 \cdot (-1)^{2+1} \cdot \begin{vmatrix} 4 & 8 & 1 \\ 1 & 0 & 9 \\ 3 & 4 & 1 \end{vmatrix} + 0 \cdot (-1)^{2+2} \cdot \begin{vmatrix} 5 & 8 & 1 \\ 2 & 0 & 9 \\ 7 & 4 & 1 \end{vmatrix} +$$

$$+ 0 \cdot (-1)^{2+3} \cdot \begin{vmatrix} 5 & 4 & 1 \\ 2 & 1 & 9 \\ 7 & 3 & 1 \end{vmatrix} + 0 \cdot (-1)^{2+4} \cdot \begin{vmatrix} 5 & 4 & 8 \\ 2 & 1 & 0 \\ 7 & 3 & 4 \end{vmatrix}$$

$\det A = 0 + 0 + 0 + 0 = 0$

2ª propriedade: Filas paralelas iguais ou proporcionais

Se duas filas paralelas (duas linhas ou duas colunas) de uma matriz quadrada A forem iguais ou proporcionais, então $\det A = 0$.

Exemplos

a) Seja $A = \begin{pmatrix} 4 & 7 & 12 \\ 4 & 7 & 12 \\ 3 & 5 & -1 \end{pmatrix}$, temos:

$\det A = -28 + 252 + 240 - (252 + 240 - 28) = 0$

b) Considerando a matriz $B = \begin{pmatrix} 1 & 2 & 2 \\ 2 & 3 & 4 \\ 3 & 4 & 6 \end{pmatrix}$, temos:

$\det B = 18 + 24 + 16 - (18 + 16 + 24) = 0$

3ª propriedade: Combinação linear

Se uma fila de uma matriz quadrada A for uma combinação linear de outras filas paralelas, então $\det A = 0$.

Exemplo

Seja a matriz $A = \begin{pmatrix} 1 & 2 & 0 \\ 2 & 5 & -1 \\ 1 & 0 & 2 \end{pmatrix}$, temos:

$\det A = 10 - 2 + 0 - (0 - 0 + 8) = 0$

Observe que nessa matriz, a 3ª coluna é uma combinação linear das outras duas colunas (os elementos dessa coluna são iguais a 2 vezes os elementos da 1ª coluna somados aos opostos dos elementos da 2ª coluna).

4ª propriedade: Determinante da matriz transposta

O determinante de uma matriz quadrada A é igual ao determinante de sua transposta.

Exemplo

Seja $A = \begin{pmatrix} 2 & 0 & -1 \\ 5 & 1 & 0 \\ 3 & 4 & 8 \end{pmatrix}$, temos:

$\det A = 16 + 0 - 20 - (-3 + 0 + 0) = -1$

$A^t = \begin{pmatrix} 2 & 5 & 3 \\ 0 & 1 & 4 \\ -1 & 0 & 8 \end{pmatrix} \Rightarrow \det A^t = 16 - 20 + 0 - (-3 + 0 + 0) = -1$

5ª propriedade: Produto de uma fila por uma constante

Em uma matriz quadrada, multiplicando todos os elementos de uma fila por um mesmo número real k, o determinante da matriz obtida fica multiplicado por k.

Exemplo

Se $A = \begin{pmatrix} 1 & 9 & 2 \\ 0 & 3 & 4 \\ -1 & -1 & 5 \end{pmatrix}$, então:

$\det A = 15 - 36 - 0 - (-6 - 4 + 0) = -11$

Multiplicando a 2ª coluna de A por -3, temos:

$B = \begin{pmatrix} 1 & -27 & 2 \\ 0 & -9 & 4 \\ -1 & 3 & 5 \end{pmatrix}$

Assim: $\det B = -45 + 108 + 0 - (18 + 12 - 0) = 33$

Logo, $\det B = (-3) \cdot \det A$.

6ª propriedade: Troca de filas paralelas

Trocando de posição duas filas paralelas de uma matriz quadrada A, o determinante da matriz obtida é o oposto do determinante de A.

Exemplo

Se $A = \begin{pmatrix} 1 & 4 & 2 \\ 0 & 3 & 5 \\ 2 & -1 & 7 \end{pmatrix}$, então:

$\det A = 21 + 40 - 0 - (12 - 5 + 0) = 54$

Trocando a 1ª e a 3ª linhas de posição, temos:

$B = \begin{pmatrix} 2 & -1 & 7 \\ 0 & 3 & 5 \\ 1 & 4 & 2 \end{pmatrix}$

Assim: $\det B = 12 - 5 + 0 - (21 + 40 - 0) = -54$

Logo, $\det B = -\det A$.

7ª propriedade

Se todos os elementos situados de um mesmo lado da diagonal principal de uma matriz quadrada A são nulos, o determinante de A é igual ao produto dos elementos dessa diagonal.

Exemplo

Considerando a matriz $A = \begin{pmatrix} 1 & 6 & 10 \\ 0 & 2 & 3 \\ 0 & 0 & 4 \end{pmatrix}$, temos:

$\det A = 1 \cdot 2 \cdot 4 + 0 + 0 - (0 + 0 + 0) = 1 \cdot 2 \cdot 4 = 8$

Teorema de Jacobi

Em uma matriz quadrada A de ordem n, se multiplicarmos os elementos de uma fila por uma constante qualquer e adicionarmos os resultados aos elementos correspondentes de uma fila paralela, obteremos uma matriz B tal que $\det B = \det A$.

Carl Gustav Jakob Jacobi (1804-1851).

Exemplo

Dada a matriz $M = \begin{pmatrix} 2 & 2 & -2 \\ 3 & 1 & 1 \\ 5 & -1 & 0 \end{pmatrix}$, temos:

$\det M = 0 + 10 + 6 - (-10 - 2 + 0) = 28$

- Triplicando os elementos da 3ª coluna de M e somando aos da 1ª coluna de M, obtemos:

$$N = \begin{pmatrix} -4 & 2 & -2 \\ 6 & 1 & 1 \\ 5 & -1 & 0 \end{pmatrix}$$

det N = 0 + 10 + 12 − (−10 + 4 + 0) = 28

- Multiplicando os elementos da 1ª coluna de M por −2 e somando aos da 3ª coluna de M, obtemos:

$$P = \begin{pmatrix} 2 & 2 & -6 \\ 3 & 1 & -5 \\ 5 & -1 & -10 \end{pmatrix}$$

det P = −20 − 50 + 18 − (−30 + 10 − 60) = 28

Teorema de Binet

Se A e B são matrizes quadradas de mesma ordem n, então det (A · B) = det A · det B.

Exemplo

Sendo $A = \begin{pmatrix} 4 & 1 \\ 2 & 3 \end{pmatrix}$ e $B = \begin{pmatrix} 3 & 0 \\ 1 & 2 \end{pmatrix}$, temos:

det A = 10, det B = 6 e det A · det B = 10 · 6 = 60

$A \cdot B = \begin{pmatrix} 4 & 1 \\ 2 & 3 \end{pmatrix} \cdot \begin{pmatrix} 3 & 0 \\ 1 & 2 \end{pmatrix} = \begin{pmatrix} 13 & 2 \\ 9 & 6 \end{pmatrix}$; logo:

det (A · B) = 13 · 6 − 2 · 9 = 60

Assim, det A · det B = det (A · B).

Determinante da matriz inversa

Seja A uma matriz quadrada de ordem n e A^{-1} a sua inversa:

$A \cdot A^{-1} = I_n \Rightarrow \det(A \cdot A^{-1}) = \det I_n$

Pela 7ª propriedade, sabemos que: $\det I_n = 1^n = 1$

Aplicando o teorema de Binet, temos: $\det A \cdot \det A^{-1} = 1$

Como o produto dos determinantes é não nulo, cada fator é não nulo, isto é, det A ≠ 0; assim:

$$\det A^{-1} = \frac{1}{\det A}$$

Verificamos também que, se det A ≠ 0, então A é uma matriz invertível.

Exemplo

Sendo $A = \begin{pmatrix} 1 & 2 & 1 \\ 0 & 4 & 5 \\ 2 & 3 & 0 \end{pmatrix}$, então:

det A = 0 + 20 + 0 − (8 + 15 + 0) = −3

Assim: $\det A^{-1} = \frac{1}{-3} = -\frac{1}{3}$

EXERCÍCIOS

85. Aplicando as propriedades, calcule os seguintes determinantes:

a) $\begin{vmatrix} 0 & 1 \\ 0 & 2 \end{vmatrix}$ b) $\begin{vmatrix} 3 & 4 & 0 \\ 1 & 2 & 3 \\ 6 & 8 & 0 \end{vmatrix}$ c) $\begin{vmatrix} 1 & 1 \\ 2 & 2 \end{vmatrix}$ d) $\begin{vmatrix} 3 & 5 & 3 \\ 2 & -2 & 2 \\ 5 & -1 & 5 \end{vmatrix}$

86. Sendo det A = 10, calcule o valor de det A^t.

87. Sabendo que det A = 5 e det (A · B) = 75, calcule det B.

88. Dadas as matrizes $A = \begin{pmatrix} 2 & 1 \\ 0 & 3 \end{pmatrix}$ e $B = \begin{pmatrix} 3 & 1 \\ 4 & 2 \end{pmatrix}$, calcule, sem efetuar as multiplicações:

a) det (A · B)
b) det (B · A)

89. Considere as matrizes:

$A = \begin{pmatrix} 2 & 1 \\ 0 & 2 \\ 3 & 0 \end{pmatrix}$ e $B = \begin{pmatrix} 2 & 1 & 3 \\ 0 & 1 & 4 \end{pmatrix}$

Calcule, se existir:

a) det A
b) det B
c) det (A · B)
d) det (B · A)

90. Sendo A uma matriz quadrada de ordem n tal que det A · det A^t = 144, calcule det A.

91. Calcule o determinante da matriz:

$A = \begin{pmatrix} 1 & 2 & 4 & 0 \\ 1 & -1 & 3 & 2 \\ 0 & 5 & 8 & -3 \\ 2 & 4 & 8 & 0 \end{pmatrix}$

92. Seja uma matriz A, quadrada e de ordem 3, tal que det A = −8. Se multiplicarmos todos os elementos da 2ª linha de A por 5, gerando uma matriz B, qual será o valor de det B?

93. Considere uma matriz A, quadrada de ordem 3, tal que det A = 16. Ao multiplicar todos os elementos da 3ª linha de A por 3 e todos os elementos da 2ª coluna de A por $\frac{1}{2}$, obtemos uma matriz B. Qual é o valor do determinante da matriz B?

R14. Seja A uma matriz quadrada de ordem 4 tal que det A = 3. Sabendo que a matriz B é da forma B = 2 · A, calcular seu determinante.

▶ **Resolução**

Se $A = \begin{pmatrix} a & b & c & d \\ e & f & g & h \\ i & j & k & l \\ m & n & o & p \end{pmatrix}$, então: $B = \begin{pmatrix} 2a & 2b & 2c & 2d \\ 2e & 2f & 2g & 2h \\ 2i & 2j & 2k & 2l \\ 2m & 2n & 2o & 2p \end{pmatrix}$

Como cada uma das 4 linhas de B foi obtida multiplicando a respectiva linha de A por 2, pela 5ª propriedade temos:

det B = det (2 · A) = 2^4 · det A = 16 · 3

det B = 48

Observação

Note que qualquer que seja a matriz A, quadrada de ordem n, se essa matriz é multiplicada por um número real k, seu determinante fica multiplicado por k^n.

94. Sendo uma matriz $A_{3 \times 3}$, com det $A = 2$, e uma matriz B, dada por $B = 5 \cdot A$, calcule det B.

95. Seja A uma matriz quadrada de ordem 2, com det $A = 4$. Calcule det $(3 \cdot A)$.

96. Seja A uma matriz quadrada de ordem 2, com det $A = 3$. Calcule det $(5 \cdot A^t)$.

97. Sendo $A = \begin{pmatrix} 1 & 0 & 2 \\ 5 & 4 & 1 \\ 0 & 2 & 3 \end{pmatrix}$, calcule det A^{-1}.

98. Determine os valores de m para que a matriz $A = \begin{bmatrix} m & 2 \\ 8 & m \end{bmatrix}$ tenha determinante diferente de zero, ou seja, para que A seja invertível.

99. Seja $A = \begin{pmatrix} x & 1 & 2 \\ 3 & x & -3 \\ 2 & 1 & x \end{pmatrix}$.

Para quais valores reais de x a matriz A é invertível?

100. Sejam A, B e C matrizes de ordem 3. Sabe-se que $A \cdot C = B^{-1}$ e $C = 4 \cdot A$.

Se det $B = \dfrac{1}{16}$, qual é o valor de det A?

R15. Calcular o determinante da matriz:

$$A = \begin{pmatrix} 1 & 0 & 3 & -2 \\ 2 & -3 & 1 & 4 \\ 1 & 2 & -4 & 5 \\ 3 & -1 & 2 & 4 \end{pmatrix}$$

➤ **Resolução**

Vamos considerar a matriz B, que é obtida da seguinte forma:

- adicionamos aos elementos da 3ª coluna de A os elementos da 1ª coluna multiplicados por -3;
- a seguir, adicionamos aos elementos da 4ª coluna de A os elementos da 1ª coluna multiplicados por 2.

$$A = \begin{pmatrix} 1 & 0 & 3 & -2 \\ 2 & -3 & 1 & 4 \\ 1 & 2 & -4 & 5 \\ 3 & -1 & 2 & 4 \end{pmatrix} \Rightarrow B = \begin{pmatrix} 1 & 0 & 0 & 0 \\ 2 & -3 & -5 & 8 \\ 1 & 2 & -7 & 7 \\ 3 & -1 & -7 & 10 \end{pmatrix}$$

Pelo teorema de Jacobi: det $A = $ det B

Observe que, com as operações realizadas entre as colunas de A, obtivemos uma matriz B em que três dos quatro elementos de uma linha são zero. Portanto, esse procedimento simplificará o cálculo do determinante da matriz A.

Assim: det $A = $ det $B = \begin{vmatrix} 1 & 0 & 0 & 0 \\ 2 & -3 & -5 & 8 \\ 1 & 2 & -7 & 7 \\ 3 & -1 & -7 & 10 \end{vmatrix}$

Pelo teorema de Laplace, escolhendo a 1ª linha:

$$\det A = 1 \cdot (-1)^{1+1} \cdot \begin{vmatrix} -3 & -5 & 8 \\ 2 & -7 & 7 \\ -1 & -7 & 10 \end{vmatrix} +$$

$$+ \, 0 \cdot A_{12} + 0 \cdot A_{13} + 0 \cdot A_{14}$$

Logo: $\det A = 1 \cdot (-1)^2 \cdot \begin{vmatrix} -3 & -5 & 8 \\ 2 & -7 & 7 \\ -1 & -7 & 10 \end{vmatrix} =$

$= 210 + 35 - 112 - (56 + 147 - 100) = 30$

---

101. Usando o teorema de Jacobi, calcule o valor do determinante

$$\begin{vmatrix} 1 & 3 & 4 & 2 \\ 0 & -1 & 4 & 1 \\ 0 & 2 & -3 & 1 \\ -1 & -3 & -4 & 1 \end{vmatrix}.$$

102. Calcule, usando o teorema de Jacobi, o determinante da matriz $M = \begin{pmatrix} 1 & 2 & -1 & 2 \\ 2 & 0 & -1 & 3 \\ 3 & 1 & 4 & -2 \\ -2 & 1 & -3 & -1 \end{pmatrix}$.

8. Matrizes e determinantes em planilhas eletrônicas

Neste capítulo, vimos que matrizes são tabelas que apresentam dados numéricos dispostos em linhas e colunas. Assim, uma tabela de números dispostos de maneira retangular em uma planilha eletrônica é uma matriz.

Observe a matriz: $\begin{pmatrix} 2 & 3 & 0 \\ -2 & 15 & 9 \\ 7 & 1 & 4 \end{pmatrix}$

Vamos representá-la em uma planilha eletrônica:

	A	B	C
1	2	3	0
2	-2	15	9
3	7	1	4
4			

Na planilha, cada elemento da matriz ocupa uma coluna (indicada por uma letra) e uma linha (indicada por um número). Assim, o elemento indicado por A1 é o elemento que está na coluna A e na linha 1 (nesse caso, o número 2).

Usando planilhas eletrônicas, é possível calcular o determinante de uma matriz quadrada, além do produto de duas matrizes.

Como exemplo, vamos considerar as matrizes

$A_{2 \times 2} = \begin{pmatrix} 2 & 3 \\ 5 & 7 \end{pmatrix}$ e $B_{2 \times 3} = \begin{pmatrix} -1 & 4 & 10 \\ 2 & 3 & 0 \end{pmatrix}$.

Vamos, inicialmente, representar a matriz A na planilha eletrônica:

Para calcular o determinante, digitamos, em uma célula vazia da planilha, a fórmula:
=MATRIZ.DETERM(A1:B2)
(Calcula o determinante da matriz cujo primeiro elemento está em A1 e o último elemento está em B2)

Agora, vamos representar as matrizes A e B na planilha, deixando um espaço de pelo menos uma fila entre elas:

Para calcular o produto A · B, digitamos, em uma célula vazia da planilha, a fórmula:
=MATRIZ.MULT(A1:B2;D1:F2)
(Determina o produto da matriz cujo primeiro elemento está em A1 e o último está em B2 pela matriz cujo primeiro elemento está em D1 e o último está em F2.)

A seguir, é necessário converter a fórmula em uma fórmula de matriz.
Selecionamos na planilha o intervalo em que ficará a matriz produto, iniciando pela célula em que a fórmula foi digitada. Nesse caso, o produto será do tipo 2 × 3; então, selecionamos um intervalo com 2 linhas e 3 colunas.
Pressionamos F2 e, em seguida, CTRL+SHIFT+ENTER.
Obtemos, assim, o produto A · B.

Trocando ideias

Usando uma planilha eletrônica, calcule o determinante da matriz B e o produto B · A.
- Que resultado você obteve em cada caso?
- Compare as respostas que você obteve com as de seus colegas e discutam por que vocês obtiveram esses resultados.

Exercícios complementares

1. Escreva as seguintes matrizes:

a) $A = (a_{ij})_{3 \times 4}$, em que $a_{ij} = i + j$

b) $B = (b_{ij})_{3 \times 1}$, em que $b_{ij} = i^2 j$

c) $C = (c_{ij})_{2 \times 2}$, em que $c_{ij} = \begin{cases} (-1)^i, \text{se } i = j \\ 3i - j, \text{se } i \neq j \end{cases}$

2. Considere as matrizes:

$A = (a_{ij})_{4 \times 4}$, em que $a_{ij} = \begin{cases} 1, \text{se } i = j \\ 2j, \text{se } i < j \\ j - i, \text{se } i > j \end{cases}$

$B = \begin{pmatrix} a & 4 & 6 & b \\ c-4 & 1 & 6 & d+3 \\ -2 & e+1 & 1 & 8 \\ -f & 4g & -1 & 1 \end{pmatrix}$

Determine a, b, c, d, e, f e g de modo que $A = B$.

3. Escreva o nome das matrizes abaixo de acordo com as características de cada uma.

a) $A = (a_{ij})_{n \times n}$, em que $a_{ij} = \begin{cases} 1, \text{se } i = j \\ 0, \text{se } i \neq j \end{cases}$

b) $B = (b_{ij})_{n \times n}$, em que $b_{ij} = \begin{cases} 3, \text{se } i = j \\ 0, \text{se } i \neq j \end{cases}$

c) $C = (c_{ij})_{1 \times n}$, em que $c_{ij} = f$

d) $D = (d_{ij})_{n \times 1}$, em que $d_{ij} = t$

4. Considere as matrizes $A = \begin{pmatrix} 2y - 6 & 4 \\ 1 & 5 \end{pmatrix}$ e $B = \begin{pmatrix} 4 & x^2 \\ 1 & 5 \end{pmatrix}$.

Determine os valores de x e de y de modo que $A = B$.

EXERCÍCIOS COMPLEMENTARES

5. Dadas as matrizes $A = (a_{ij})_{2 \times 2}$, em que $a_{ij} = i - j$, e $B = (b_{ij})_{2 \times 2}$, em que $b_{ij} = \dfrac{3(i-j)}{i+j}$. Construa as matrizes e verifique se $A = B$.

6. Calcule o valor de a, b, c e d, sabendo que:
$$\begin{pmatrix} 1 & a \\ 1 & -2 \end{pmatrix} + \begin{pmatrix} 2 & 1 \\ b & -1 \end{pmatrix} = \begin{pmatrix} c & 2 \\ 1 & d \end{pmatrix}$$

7. Seja a matriz $M = \begin{pmatrix} -1 & 0 & -3 \\ 3 & -2 & 4 \\ 2 & 5 & 1 \end{pmatrix}$. Calcule:

a) $M + M^t$
b) $M^t - M$

8. Dadas as matrizes $A = \begin{pmatrix} -2 & 1 & 4 \\ 0 & -3 & -2 \end{pmatrix}$ e $B = \begin{pmatrix} 1 & 2 & 0 \\ 3 & 0 & 4 \end{pmatrix}$, verifique se são válidas as igualdades:

a) $A^t - B^t = (A - B)^t$
b) $(B^t)^t = B$

9. Considerando as matrizes $A = \begin{pmatrix} -2 \\ 1 \end{pmatrix}$, $B = \begin{pmatrix} 0 \\ 4 \end{pmatrix}$, $C = \begin{pmatrix} -1 \\ 3 \end{pmatrix}$ e $D = \begin{pmatrix} -1 \\ 2 \end{pmatrix}$, determine as matrizes X e Y tais que:

a) $X = 2A - 3B + \dfrac{1}{2} \cdot C - D$
b) $\dfrac{Y + A}{3} + 2D = \dfrac{C}{2} + D$

10. Dadas as matrizes $A = (a_{ij})_{3 \times 3}$ e $B = (b_{ij})_{3 \times 3}$, em que $a_{ij} = 1 + 2j$ e $b_{ij} = 2i - j + 1$, determine a matriz $X = 2A - 3B$.

11. Dada a matriz $A = \begin{pmatrix} 2 & 5 & 1 \\ -1 & 4 & -3 \\ 3 & 0 & 2 \end{pmatrix}$, somando a transposta de A com $-\dfrac{1}{3} \cdot A$, obtemos a matriz:

$$\begin{pmatrix} 2x+y & 5x+y & \dfrac{8}{3} \\ \dfrac{16}{3} & \dfrac{8}{3} & 1 \\ 0 & -3 & \dfrac{4}{3} \end{pmatrix}$$. Determine o valor de x e y.

12. Sendo $A = \begin{pmatrix} 3 & 0 \\ -2 & 1 \end{pmatrix}$ e $B = \begin{pmatrix} 9 \\ 1 \end{pmatrix}$, calcule a matriz X tal que $A \cdot X = B$.

13. Considerando a matriz $A = \begin{pmatrix} 3 & 1 \\ 2 & \dfrac{2}{3} \end{pmatrix}$, encontre uma matriz $B = \begin{pmatrix} x & y \\ 1 & 5 \end{pmatrix}$ tal que $A \cdot B = C$, sendo C a matriz nula de ordem 2.

14. Dadas as matrizes $A = \begin{pmatrix} 3 & 4 \\ 5 & 7 \end{pmatrix}$ e $B = \begin{pmatrix} 1 & -1 \\ 2 & 3 \end{pmatrix}$, verifique se são válidas as igualdades:

a) $(A \cdot B)^{-1} = B^{-1} \cdot A^{-1}$
b) $(A \cdot B)^{-1} = A^{-1} \cdot B^{-1}$

15. Considerando a matriz $A = \begin{pmatrix} 2 & -1 \\ -3 & 2 \end{pmatrix}$, determine a matriz $X = A - A^{-1} - A^t$.

16. Calcule os determinantes.

a) $\begin{vmatrix} \operatorname{sen}\dfrac{\pi}{12} & -\cos\dfrac{\pi}{12} \\ \operatorname{sen}\dfrac{\pi}{12} & \cos\dfrac{\pi}{12} \end{vmatrix}$

b) $\begin{vmatrix} \cos x & \operatorname{sen} x & 0 \\ -\operatorname{sen} x & \cos x & 0 \\ 0 & 0 & 2 \end{vmatrix}$

17. Resolva as inequações.

a) $\begin{vmatrix} x & 1 & 0 \\ 1 & x & 1 \\ 1 & 1 & 1 \end{vmatrix} < 0$

b) $\begin{vmatrix} 5 & 1 & 2^x \\ 0 & 3 & 2^x \\ 0 & 2 & 2^x \end{vmatrix} > \dfrac{5}{8}$

18. Calcule os determinantes.

a) $\begin{vmatrix} 3 & 1 & 0 & 4 & 1 \\ 0 & 1 & 2 & 1 & 0 \\ 0 & 2 & 0 & 1 & 2 \\ 0 & 1 & 0 & 3 & 1 \\ 0 & 1 & 0 & 2 & 4 \end{vmatrix}$

b) $\begin{vmatrix} 1 & 1 & 1 & 1 \\ 3 & 3 \cdot \operatorname{sen}\pi & (-3)^2 & 0 \\ 1 & 2 \cdot \cos\dfrac{\pi}{3} & 0 & (-1)^3 \\ 0 & 1 & \log_{10} 1 & 2 \end{vmatrix}$

19. Considere as matrizes M e N de ordem 3 e $N = x \cdot M$. Sendo $\det N^t = 75$ e $\det M = \dfrac{25}{9}$, determine o valor da constante x.

20. Dada a matriz $A = (a_{ij})_{3 \times 3}$, definida por $a_{ij} = \begin{cases} x, \text{ se } i \geq j \\ 0, \text{ se } i < j \end{cases}$, determine x tal que $\det(2A^t) = 216$.

21. Determine o número real x para que a matriz $A = \begin{pmatrix} 2 & x^2 \\ 1 & 2 \end{pmatrix}$ seja invertível.

22. Dada a matriz $A = \begin{pmatrix} 1 & -1 \\ 0 & 1 \end{pmatrix}$, calcule $(\det A)^n$, sendo $n \in \mathbb{Z}$.

QUESTÕES DE VESTIBULAR

23. (Mackenzie-SP) Considere as matrizes A e B, tais que $A = \begin{pmatrix} 1 & 2 \\ 3 & 5 \end{pmatrix}$ e $A \cdot B = \begin{pmatrix} 4 & 1 & 8 \\ 11 & 3 & 21 \end{pmatrix}$.

A soma dos elementos da primeira coluna da matriz B é igual a:

a) 1   b) 2   c) 3   d) 4   e) 5

24. (Fatec-SP) Seja a matriz $A = \begin{pmatrix} 3 & -1 \\ x & y \end{pmatrix}$, em que x e y são números reais, e I_2 a matriz identidade de ordem 2. Se $A^2 = I_2$, então o valor do módulo de xy é:

a) 0   b) 8   c) 10   d) 16   e) 24

25. (UFSCar-SP) Seja $A = (a_{ij})$ uma matriz quadrada de ordem 3 tal que $a_{ij} = \begin{cases} p, \text{ se } i = j \\ 2p, \text{ se } i \neq j \end{cases}$, com p inteiro positivo.

Em tais condições, é correto afirmar que, necessariamente, $\det A$ é múltiplo de:

a) 2   b) 3   c) 5   d) 7   e) 11

26. (Fuvest-SP) Uma matriz real A é ortogonal se $AA^t = I$, onde I indica a matriz identidade e A^t indica a transposta de A. Se $A = \begin{pmatrix} \dfrac{1}{2} & x \\ y & z \end{pmatrix}$ é ortogonal, então $x^2 + y^2$ é igual a:

a) $\dfrac{1}{4}$ c) $\dfrac{1}{2}$ e) $\dfrac{3}{2}$

b) $\dfrac{\sqrt{3}}{4}$ d) $\dfrac{\sqrt{3}}{2}$

27. (ITA-SP) Considere a matriz:

$$A = \begin{pmatrix} 1 & 1 & 1 & 1 \\ 1 & 2 & 3 & 4 \\ 1 & 4 & 9 & 16 \\ 1 & 8 & 27 & 64 \end{pmatrix}$$

A soma dos elementos da primeira coluna da matriz inversa de A é:

a) 1   b) 2   c) 3   d) 4   e) 5

28. (Mackenzie-SP) A representação gráfica dos pontos (x, y), soluções da equação matricial $\begin{pmatrix} -2 & 1 \\ 1 & 0 \end{pmatrix} \cdot \begin{pmatrix} x \\ y \end{pmatrix} = \begin{pmatrix} -y \\ x \end{pmatrix}$, é:

a) uma reta que passa pela origem.
b) uma reta que passa pelo ponto (−2, 1).
c) uma circunferência.
d) uma reta paralela ao eixo das ordenadas.
e) um par de retas concorrentes.

29. (Vunesp) Dadas as matrizes:

$$A = \begin{pmatrix} \log_2 x & \log_2 2x \\ y & \dfrac{y}{2} \end{pmatrix}, B = \begin{pmatrix} 4 \\ 4 \end{pmatrix} \text{ e } C = \begin{pmatrix} 28 \\ 10 \end{pmatrix}$$

a) efetue o produto AB.
b) determine os valores de x e y para que AB = C.

30. (FGV) A é uma matriz quadrada de ordem 2 e det A = 7. Nessas condições, det (3A) e det A^{-1} valem, respectivamente:

a) 7 e −7
b) 21 e $\dfrac{1}{7}$
c) 21 e −7
d) 63 e −7
e) 63 e $\dfrac{1}{7}$

31. (UFV-MG) Considere as matrizes quadradas de ordem 2:

$$A = \begin{pmatrix} 1 & 0 \\ 2 & 1 \end{pmatrix} \text{ e } B = \begin{pmatrix} 2 & 1 \\ 0 & 2 \end{pmatrix}$$

Seja $M = A \cdot B^t$, onde B^t é a matriz transposta de B. O determinante da matriz inversa de M é:

a) $\dfrac{1}{8}$ b) $\dfrac{1}{6}$ c) $\dfrac{1}{4}$ d) $\dfrac{1}{2}$

32. (Unifesp) Se |A| denota o determinante da matriz A, e se

$$A = \begin{pmatrix} |A| & 1 \\ 2 & |A| \end{pmatrix}, \text{ então:}$$

a) $A = \begin{pmatrix} 0 & 1 \\ 2 & 0 \end{pmatrix}$

b) $A = \begin{pmatrix} 2 & 1 \\ 2 & 2 \end{pmatrix}$, se |A| < 0

c) $A = \begin{pmatrix} -1 & 1 \\ 2 & -1 \end{pmatrix}$, se |A| > 0

d) $A = \begin{pmatrix} 2 & 1 \\ 2 & 2 \end{pmatrix}$ ou $A = \begin{pmatrix} -1 & 1 \\ 2 & -1 \end{pmatrix}$

e) $A = \begin{pmatrix} -2 & 1 \\ 2 & -2 \end{pmatrix}$ ou $A = \begin{pmatrix} 1 & 1 \\ 2 & 1 \end{pmatrix}$

33. (UEL-PR) Dada a matriz $A = (a_{ij})_{2 \times 2}$ tal que

$$a_{ij} = \begin{cases} \operatorname{sen} \dfrac{\pi i}{2}, \text{ se } i = j \\ \cos \pi j, \text{ se } i \neq j \end{cases}$$

é correto afirmar que a sua inversa A^{-1} é:

a) $\begin{pmatrix} -1 & 1 \\ -1 & 1 \end{pmatrix}$
b) $\begin{pmatrix} 0 & -1 \\ 1 & 1 \end{pmatrix}$
c) $\begin{pmatrix} 1 & 1 \\ -1 & 0 \end{pmatrix}$
d) $\begin{pmatrix} 0 & 1 \\ -1 & 1 \end{pmatrix}$
e) $\begin{pmatrix} 1 & -1 \\ 1 & 0 \end{pmatrix}$

34. (Unifor-CE) Seja A uma matriz 2 × 2 tal que $3A = A^2$. Se A é inversível, então o determinante de A é igual a:

a) 12   b) 9   c) 6   d) 3   e) $\dfrac{1}{3}$

35. (Mackenzie-SP) Considerando a matriz

$$A = \begin{pmatrix} \operatorname{sen} \alpha & \cos \alpha \\ -\operatorname{sen} \alpha & \cos \alpha \end{pmatrix}, \text{ a soma dos valores de } \alpha, 0 \leq \alpha \leq 2\pi,$$

tais que det $A = \dfrac{1}{2}$, é:

a) 4π b) 2π c) $\dfrac{2\pi}{3}$ d) 3π e) $\dfrac{3\pi}{2}$

36. (UEL-PR) Durante a primeira fase da Copa do Mundo de Futebol realizada na França, em 1998, o grupo A era formado por quatro países: Brasil, Escócia, Marrocos e Noruega. Observe os resultados (número de vitórias, empates e derrotas) de cada país, registrados na tabela I.

Tabela I	Vitória	Empate	Derrota
Brasil	2	0	1
Escócia	0	1	2
Marrocos	1	1	1
Noruega	1	2	0

Pelo regulamento da Copa, cada resultado (vitória, empate ou derrota) tem uma pontuação que pode ser observada na tabela II.

Tabela II	Pontuação
Vitória	3
Empate	1
Derrota	0

A matriz $C = \begin{pmatrix} \text{Noruega} \\ \text{Marrocos} \\ \text{Escócia} \\ \text{Brasil} \end{pmatrix}$, que representa a pontuação final de cada país, ao término dessa primeira fase, é:

a) $C = \begin{pmatrix} 6 \\ 1 \\ 4 \\ 5 \end{pmatrix}$
b) $C = \begin{pmatrix} 6 \\ 1 \\ 5 \\ 4 \end{pmatrix}$
c) $C = \begin{pmatrix} 5 \\ 4 \\ 1 \\ 6 \end{pmatrix}$
d) $C = \begin{pmatrix} 7 \\ 1 \\ 4 \\ 6 \end{pmatrix}$
e) $C = \begin{pmatrix} 7 \\ 2 \\ 3 \\ 6 \end{pmatrix}$

Capítulo 15 • Matrizes e determinantes

EXERCÍCIOS COMPLEMENTARES

37. (Unifesp) Uma indústria farmacêutica produz, diariamente, p unidades do medicamento X e q unidades do medicamento Y, ao custo unitário de r e s reais, respectivamente. Considere as matrizes $M_{1 \times 2}$ e $N_{2 \times 1}$:

$$M = (2p \quad q) \text{ e } N = \begin{pmatrix} r \\ 2s \end{pmatrix}$$

A matriz produto $M \cdot N$ representa o custo da produção de:

a) 1 dia.   c) 3 dias.   e) 5 dias.
b) 2 dias.   d) 4 dias.

38. (Unir-RO) Para codificar palavras de 4 letras, por meio de matrizes, pode-se utilizar o seguinte método:

I) Associa-se cada letra da palavra a um número da tabela:

A	B	C	D	E	F	G	H	I	J	K	L
1	2	3	4	5	6	7	8	9	10	11	12

M	N	O	P	Q	R	S	T	U	V	X	Z
13	14	15	16	17	18	19	20	21	22	23	24

II) Escreve-se, com os números obtidos, uma matriz M de ordem 2×2.
Exemplo: A matriz correspondente à palavra BOTA é $M = \begin{bmatrix} 2 & 15 \\ 20 & 1 \end{bmatrix}$.

III) Multiplica-se M pela matriz-codificadora (C), inversível de ordem 2, obtendo-se, assim, a matriz-codificada $N = C \cdot M$.

IV) Para obter a matriz M, calcula-se o produto $C^{-1} \cdot N$.

Uma palavra com quatro letras fora codificada pelo método visto anteriormente, obtendo-se a matriz $N = \begin{bmatrix} 27 & 42 \\ 9 & 6 \end{bmatrix}$.

Sabendo-se que a matriz-codificadora utilizada foi $C = \begin{bmatrix} 2 & 1 \\ -1 & 1 \end{bmatrix}$, pode-se afirmar que essa palavra é:

a) AMOR   c) UNIR   e) FLOR
b) VIDA   d) ROSA

39. (Vunesp) Foi realizada uma pesquisa, num bairro de determinada cidade, com um grupo de 500 crianças de 3 a 12 anos de idade. Para esse grupo, em função da idade x da criança, concluiu-se que a massa média $p(x)$, em quilograma, era dada pelo determinante da matriz A, onde $A = \begin{pmatrix} 1 & -1 & 1 \\ 3 & 0 & -x \\ 0 & 2 & \frac{2}{3} \end{pmatrix}$.

Com base na fórmula $p(x) = \det A$, determine:

a) a massa média de uma criança de 5 anos.

b) a idade mais provável de uma criança cuja massa é 30 kg.

40. (UFG-GO) Um polígono pode ser representado por uma matriz $F_{2 \times n}$, onde n é o número de vértices e as coordenadas dos seus vértices são as colunas dessa matriz.

Assim, a matriz $F_{2 \times 6} = \begin{bmatrix} 0 & 2 & 6 & 6 & 4 & 2 \\ 2 & 6 & 4 & -2 & -4 & -2 \end{bmatrix}$ representa o polígono da figura abaixo.

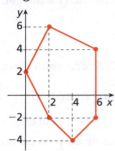

Em computação gráfica utilizam-se transformações geométricas para realizar movimentos de figuras e objetos na tela do computador. Essas transformações geométricas podem ser representadas por uma matriz $T_{2 \times 2}$. Fazendo-se o produto das matrizes $T_{2 \times 2} \cdot F_{2 \times n}$, obtém-se uma matriz que representa a figura transformada, que pode ser uma simetria, translação, rotação ou dilatação da figura original.

Considerando a transformação geométrica representada pela matriz $T_{2 \times 2} = \begin{bmatrix} \frac{3}{2} & 0 \\ 0 & -\frac{3}{2} \end{bmatrix}$, qual é a figura transformada do polígono representado pela matriz $F_{2 \times 6}$ dada anteriormente?

a)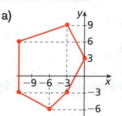
d)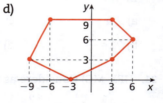

b)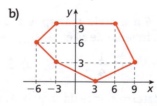
e)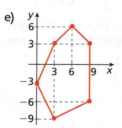

c)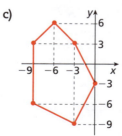

Mais questões: no livro digital, em **Vereda Digital Suplemento de revisão e vestibulares**; no *site*, em **AprovaMax**.

CAPÍTULO 16

SISTEMAS LINEARES

ENEM
C5: H19, H20, H21, H22

No dia 5 de novembro de 2015, o rompimento da barragem de rejeitos de uma mineradora no distrito de Bento Rodrigues em Minas Gerais provocou um dos piores desastres ambientais do Brasil. As fotos mostram, acima, um local antes e depois da destruição e, abaixo, uma área totalmente destruída.

1. Introdução ao estudo de sistemas lineares

Frequentemente nos deparamos com situações-problema cuja solução pode ser iniciada com a tradução de seus dados para a linguagem matemática por meio de equações ou sistemas de equações.

Desastres ambientais, como o visto na abertura deste capítulo, que causou destruição de comunidades e contaminação de rios e do oceano, por exemplo, podem ser analisados por meio de equações: para calcular o tempo de chegada da lama ao oceano, no estado do Espírito Santo, podemos utilizar um sistema de equações lineares.

Já estudamos os sistemas de equação e os métodos da adição e da substituição para a resolução de sistemas. Neste capítulo, vamos estudar os métodos de Cramer e do escalonamento.

O **método de Cramer**, embora seja pouco prático para sistemas com muitas equações e variáveis, tem importância teórica. O do **escalonamento**, também chamado de **eliminação de Gauss-Jordan**, é semelhante ao método da adição e constitui uma poderosa ferramenta para a resolução de problemas complexos por meio de computador.

2. Equações lineares

Acompanhe a situação a seguir.

Luís foi ao caixa eletrônico sacar R$ 100,00 de sua conta. Se no caixa havia apenas notas de R$ 10,00, R$ 20,00 e R$ 50,00, de quantas maneiras ele pode ter efetuado o saque?

Esse é o tipo de problema que pode ser expresso por meio de uma equação linear.

Chamando de x o número de cédulas de R$ 10,00, de y o número de cédulas de R$ 20,00 e de z o número de cédulas de R$ 50,00, podemos associar essa situação à equação $10x + 20y + 50z = 100$.

A equação $10x + 20y + 50z = 100$ é chamada de equação linear.

Equação linear é toda equação que pode ser escrita na forma $a_1x_1 + a_2x_2 + ... + a_nx_n = b$, com $n \in \mathbb{N}^*$, em que $x_1, x_2, ..., x_n$ são as incógnitas; os números reais $a_1, a_2, ..., a_n$ são os coeficientes das incógnitas; e b, real, é o termo independente.

Exemplos

- $x_1 + 3x_2 - x_3 = 7$
- $x_1 - \frac{1}{2}x_2 = 3$
- $2x + 3y - z = 0$

Quando o termo independente é nulo, a equação linear é dita **homogênea**.

Observação

As equações abaixo **não** são equações lineares, pois não podem ser expressas na forma descrita anteriormente.

- $x^2 + 3y - z = 7$ (apresenta uma incógnita com expoente diferente de 1)
- $x - \frac{1}{y} = 3$ (apresenta uma incógnita no denominador)
- $2x + 3yz = 0$ (apresenta um termo com mais de uma incógnita: $3yz$)

2.1 Solução de uma equação linear

Veja os exemplos a seguir.

a) O par ordenado $(3, 5)$ é solução da equação $-3x + 2y = 1$, pois, substituindo x por 3 e y por 5, obtemos uma sentença verdadeira: $-3 \cdot 3 + 2 \cdot 5 = 1$

b) O terno ordenado $(1, 3, 5)$ não é solução da equação $3x - 2y - 3z = 14$, pois $3 \cdot 1 - 2 \cdot 3 - 3 \cdot 5 = 14$ não é uma sentença verdadeira.

c) O terno ordenado $(0, 0, 0)$ é solução da equação $x + 2y - 3z = 0$, pois $0 + 2 \cdot 0 - 3 \cdot 0 = 0$ é uma sentença verdadeira. Note que essa equação é homogênea.

Definimos:

Solução de uma equação linear é toda ênupla de números reais $(\alpha_1, \alpha_2, ..., \alpha_n)$ que torna a igualdade $a_1x_1 + a_2x_2 + ... + a_nx_n = b$ verdadeira, isto é, tal que $a_1\alpha_1 + a_2\alpha_2 + ... + a_n\alpha_n = b$ seja verdadeira.

Ênupla é uma sequência ordenada de n elementos. Por exemplo, o par ordenado $(5, -1)$ e o terno ordenado $(3, 0, 3)$ são ênuplas. Vale destacar que o terno $(1, 2, 3)$ é diferente do terno $(3, 2, 1)$.

EXERCÍCIOS

1. Verifique se os ternos ordenados são soluções da equação linear $2x + y + 3z = 11$.

a) $(1, 3, 2)$ b) $(0, 5, 2)$ c) $(2, 2, 2)$

R1. Sabendo que o par ordenado $(2a, a)$ é a solução da equação $4x + 3y = 10$, determinar o valor de a.

➤ **Resolução**

Substituindo x por $2a$ e y por a, temos:
$4 \cdot (2a) + 3 \cdot (a) = 10 \Rightarrow 8a + 3a = 10 \Rightarrow a = \frac{10}{11}$

Portanto, $a = \frac{10}{11}$.

2. Determine k de modo que o par $(3, k)$ seja solução da equação linear $2x + 3y = 12$.

3. Encontre duas soluções para a equação $2a + 3b - c = 0$.

4. Verifique se o par $\left(3, \frac{2}{3}\right)$ é solução comum das equações lineares $x - 3y = 1$ e $x + 3y = 5$.

5. Dada a equação linear $mx - 2y + 4z = 3$, calcule m de modo que $\left(2, 1, \dfrac{1}{4}\right)$ seja uma das soluções.

6. Determine k de modo que o par $(3, k^2)$ seja solução das equações $2x + 3y = 9$ e $x - 4y = k$.

3. Sistemas de equações lineares

Acompanhe a situação a seguir.

Em Química, uma equação está balanceada quando o número de átomos dos reagentes é igual ao número de átomos dos produtos. Podemos fazer o balanceamento pelo método algébrico: resolvendo um sistema de equações lineares.

Considere a reação de combustão do gás metano, representada pela equação:

$$\underbrace{CH_4 + O_2}_{\text{reagentes}} \rightarrow \underbrace{CO_2 + H_2O}_{\text{produtos}}$$

Número de átomos
carbono (C): 1
hidrogênio (H): 4
oxigênio (O): 2

Número de átomos
carbono (C): 1
hidrogênio (H): 2
oxigênio (O): 3

Para balancear essa equação, podemos multiplicar cada substância por uma incógnita e formar um sistema de equações lineares.

$$a \cdot CH_4 + b \cdot O_2 \rightarrow c \cdot CO_2 + d \cdot H_2O$$

$$\begin{cases} a = c & \rightarrow \text{número de átomos de carbono} \\ 4a = 2d & \rightarrow \text{número de átomos de hidrogênio} \\ 2b = 2c + d & \rightarrow \text{número de átomos de oxigênio} \end{cases}$$

Definimos:

> Um **sistema de equações lineares**, ou **sistema linear**, de m equações com n incógnitas é um conjunto de equações lineares que podem ser escritas na forma:
>
> $$\begin{cases} a_{11}x_1 + a_{12}x_2 + \ldots + a_{1n}x_n = b_1 \\ a_{21}x_1 + a_{22}x_2 + \ldots + a_{2n}x_n = b_2 \\ a_{31}x_1 + a_{32}x_2 + \ldots + a_{3n}x_n = b_3 \\ \vdots \qquad \vdots \qquad \qquad \vdots \qquad \vdots \\ a_{m1}x_1 + a_{m2}x_2 + \ldots + a_{mn}x_n = b_m \end{cases}$$
>
> em que $x_1, x_2, \ldots, x_n$ são as incógnitas; $a_{11}, a_{12}, a_{m1}, \ldots, a_{mn}$ são os coeficientes reais; e os números reais $b_1, b_2, \ldots, b_m$ são os termos independentes.

Exemplos

- $\begin{cases} -x + y = 3 \\ 2x - 4y = -7 \end{cases}$ (sistema de 2 equações com 2 incógnitas)

- $\begin{cases} x_1 + 0x_2 + x_3 - 3x_4 = -5 \\ 2x_1 + x_2 - 0x_3 + 5x_4 = 2 \\ x_1 + x_2 + 2x_3 - 3x_4 = 1 \end{cases} \rightarrow \begin{cases} x_1 + x_3 - 3x_4 = -5 \\ 2x_1 + x_2 + 5x_4 = 2 \\ x_1 + x_2 + 2x_3 - 3x_4 = 1 \end{cases}$

(sistema de 3 equações com 4 incógnitas)

- $\begin{cases} -x - 3y + z = 0 \\ 5x - 2y - z = 8 \\ 6x + 5y + 2z = 9 \\ -x + 2y - 4z = -3 \end{cases}$ (sistema de 4 equações com 3 incógnitas)

3.1 Solução de um sistema linear

Observe as seguintes equações e algumas de suas soluções:

- $2x + y = 4 \longrightarrow (-1, 6), (0, 4), \mathbf{(1, 2)}, (2, 0), \ldots$
- $x + 2y = 5 \longrightarrow (-1, 3), \mathbf{(1, 2)}, (3, 1), (5, 0), \ldots$

Note que as duas equações têm o par ordenado (1, 2) como solução comum.

Portanto, esse par ordenado é solução do sistema linear:

$$\begin{cases} 2x + y = 4 \\ x + 2y = 5 \end{cases}$$

De modo geral:

> A ênupla $(\alpha_1, \alpha_2, \ldots, \alpha_n)$ é **solução** de um sistema linear de m equações com n incógnitas quando é solução de cada uma das equações do sistema.

É importante observar que o conjunto solução de um sistema é formado por todas as soluções comuns a todas as equações do sistema.

Exemplos

a) Os ternos ordenados (2, 5, 2), (3, 2, 0) e (−1, 14, 8) são algumas das soluções do sistema abaixo.

$$\begin{cases} x - y + 2z = 1 \\ -2x + 2y - 4z = -2 \\ x + y - z = 5 \end{cases}$$

Podemos verificar isso substituindo os valores de cada terno no sistema. Observe:

- (2, 5, 2) é solução, pois:

$$\begin{cases} 2 - 5 + 2 \cdot 2 = 1 & \text{(verdadeira)} \\ -2 \cdot 2 + 2 \cdot 5 - 4 \cdot 2 = -2 & \text{(verdadeira)} \\ 2 + 5 - 2 = 5 & \text{(verdadeira)} \end{cases}$$

- (3, 2, 0) é solução, pois:

$$\begin{cases} 3 - 2 + 2 \cdot 0 = 1 & \text{(verdadeira)} \\ -2 \cdot 3 + 2 \cdot 2 - 4 \cdot 0 = -2 & \text{(verdadeira)} \\ 3 + 2 - 0 = 5 & \text{(verdadeira)} \end{cases}$$

- (−1, 14, 8) é solução, pois:

$$\begin{cases} -1 - 14 + 2 \cdot 8 = 1 & \text{(verdadeira)} \\ -2 \cdot (-1) + 2 \cdot 14 - 4 \cdot 8 = -2 & \text{(verdadeira)} \\ -1 + 14 - 8 = 5 & \text{(verdadeira)} \end{cases}$$

b) O terno ordenado (1, 3, 4) não é uma solução do sistema $\begin{cases} -x + y - z = -2 \\ 4y - 2z = 0 \end{cases}$, pois, substituindo esses valores nas equações, temos: $\begin{cases} -1 + 3 - 4 = -2 \quad \text{(verdadeira)} \\ 4 \cdot 3 - 2 \cdot 4 = 0 \quad \text{(falsa)} \end{cases}$

c) Vamos encontrar a solução do sistema $\begin{cases} 2x + y = 5 \\ 3x - 2y = 4 \end{cases}$ pelo método da adição.

Para isso, devemos multiplicar os membros de uma ou mais equações por números convenientes e, depois, adicioná-las membro a membro, de modo a eliminar uma incógnita. Assim:

$\begin{cases} 2x + y = 5 \\ 3x - 2y = 4 \end{cases}$ $\xrightarrow{\text{multiplicando a 1ª equação por 2}}$ $\begin{cases} 4x + 2y = 10 \\ 3x - 2y = 4 \end{cases}$
$\overline{7x = 14} \Rightarrow x = 2$

Substituindo $x = 2$ na equação $2x + y = 5$, temos:
$2 \cdot 2 + y = 5 \Rightarrow y = 5 - 4 \Rightarrow y = 1$

Logo, o conjunto solução do sistema é $S = \{(2, 1)\}$.

Interpretação gráfica de um sistema linear com duas incógnitas

Otimização

Vamos, a seguir, interpretar graficamente sistemas lineares com duas equações e duas incógnitas. Na representação gráfica desse tipo de sistema, há três possibilidades: retas concorrentes, retas paralelas ou retas coincidentes. Acompanhe.

1º caso

Vimos que o par ordenado (1, 2) é solução do sistema:
$\begin{cases} 2x + y = 4 \\ x + 2y = 5 \end{cases}$

Agora, vamos resolver esse sistema interpretando-o graficamente.

Observe, no plano cartesiano abaixo, que os pares ordenados que são soluções da equação $2x + y = 4$ representam pontos de uma reta r. O mesmo ocorre para as soluções da equação $x + 2y = 5$ (reta s).

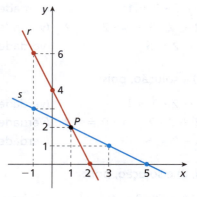

O ponto P, intersecção das retas r e s, representa o par ordenado (1, 2); portanto, o ponto P é a solução gráfica desse sistema.

2º caso

Vamos considerar o sistema: $\begin{cases} -2x + 4y = 10 \\ -x + 2y = 4 \end{cases}$

Interpretando graficamente as equações, obtemos a reta r para a primeira equação e a reta s para a segunda:

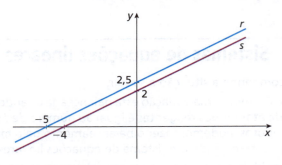

Como as equações são representadas por retas paralelas e distintas, não há intersecção entre elas; portanto, não existe par ordenado que seja solução do sistema.

3º caso

Interpretando graficamente as equações do sistema $\begin{cases} 3x + 2y = 5 \\ 6x + 4y = 10 \end{cases}$, temos:

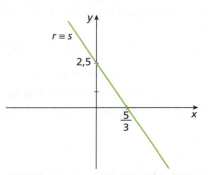

Como as equações são representadas por retas coincidentes, existem infinitos pares ordenados que são soluções do sistema.

EXERCÍCIOS

R2. Resolver o sistema de equações:
$\begin{cases} x + 4y = 12 \quad \text{(I)} \\ 5x + 2y = 24 \quad \text{(II)} \end{cases}$

➤ **Resolução**

Multiplicando a equação (I) por -5 e adicionando as duas equações, obtemos:

$\begin{cases} -5x - 20y = -60 \\ 5x + 2y = 24 \end{cases}$
$\overline{-18y = -36} \Rightarrow y = 2$

Substituindo $y = 2$ na equação (I), temos:
$x + 4 \cdot (2) = 12 \Rightarrow x = 4$

Portanto, $x = 4$ e $y = 2$.
Logo, o conjunto solução do sistema é $S = \{(4, 2)\}$.

7. Calcule m e n para que o par $(1, 0)$ seja solução de:
$$\begin{cases} mx + 3y = 4 \\ -2x + y = n \end{cases}$$

8. Resolva os sistemas.

a) $\begin{cases} x + 2y = 9 \\ 2x - y = 9 \end{cases}$ b) $\begin{cases} 2x + y = 9 \\ -x + 2y = 9 \end{cases}$

9. A parábola descrita pela equação $y = ax^2 + bx$ passa pelos pontos $A\left(\dfrac{1}{3}, 1\right)$ e $B(1, 2)$. Calcule os valores de a e b.

10. Considere o sistema: $\begin{cases} x - y = 0 \\ x + y = 2 \end{cases}$

a) Dê três soluções para cada equação.

b) Represente, em um mesmo plano cartesiano, as soluções gráficas de cada equação.

c) Identifique a solução gráfica do sistema.

11. As retas r e s são, respectivamente, as representações gráficas das equações $mx - 2y = 2$ e $x + ny = 6$.

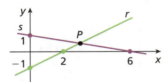

- Determine m, n e as coordenadas de P.

12. Alguns alunos faziam prova em uma sala. Em dado momento, 5 meninas terminaram e saíram da sala, ficando o número de meninos igual ao dobro do número de meninas. Depois de alguns minutos, 7 meninos terminaram a prova e saíram, ficando na sala o mesmo número de meninas e de meninos. Determine o número total de alunos que faziam a prova nessa sala inicialmente.

13. Misturam-se dois tipos de leite — um com 2% de gordura, outro com 4% de gordura — para obter, ao todo, 80 litros de leite com 2,5% de gordura. Quantos litros de leite de cada tipo foram misturados?

14. No plano cartesiano abaixo estão representadas duas retas. Uma delas é dada pela equação $x - y = 0$, e a outra, pelas intersecções com os eixos coordenados.

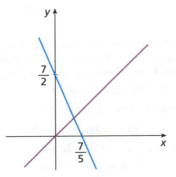

a) Determine a equação da outra reta.

b) Qual é a solução do sistema formado pelas duas equações? O que ela representa no plano cartesiano?

3.2 Classificação de um sistema linear

De acordo com o número de soluções, um sistema linear é classificado em:

- sistema possível e determinado (SPD) — uma só solução;
- sistema possível e indeterminado (SPI) — infinitas soluções;
- sistema impossível (SI) — nenhuma solução.

Acompanhe a situação a seguir.

Em uma loja de tintas, uma máquina mistura tinta látex e corante conforme a cor escolhida pelo consumidor. O preço de uma lata de tinta é calculado de acordo com as quantidades de cada uma dessas substâncias. Vamos calcular a quantidade de litros de látex e de corante para que a máquina, preenchendo latas de 20 litros, obtenha:

- latas que custem R$ 100,00, se o preço do litro de látex for R$ 4,00 e o do litro de corante for R$ 8,00.

Representando a quantidade, em litro, de látex e de corante por x e y, respectivamente, construímos o sistema:

$$\begin{cases} x + y = 20 \\ 4x + 8y = 100 \end{cases}$$

Resolvendo esse sistema, obtemos $x = 15$ e $y = 5$.

Logo, o conjunto solução é $S = \{(15, 5)\}$, isto é, o sistema tem apenas uma solução, sendo um **sistema possível e determinado (SPD)**.

Representando graficamente o sistema, temos:

$r \cap s = \{P\} \Rightarrow$ SPD

- latas que custem R$ 80,00, se o preço do litro de látex for R$ 4,00 e o do litro de corante for R$ 4,00.

Nesse caso, construímos o sistema: $\begin{cases} x + y = 20 \\ 4x + 4y = 80 \end{cases}$

A segunda equação é, em ambos os membros, o quádruplo da primeira equação, representando, assim, a mesma informação. Algumas das infinitas soluções para esse sistema são $(1, 19)$, $(2, 18)$, $(3, 17)$ e $(5,3; 14,7)$. Observe que essas soluções são do tipo $(20 - k, k)$, com $0 < k < 20$ e $k \in \mathbb{R}$.

Logo, a solução é $S = \{(20 - k, k) \mid k \in \mathbb{R} \text{ e } 0 < k < 20\}$ e o sistema é um **sistema possível e indeterminado (SPI)**.

Capítulo 16 • Sistemas lineares

Representando graficamente o sistema, temos:

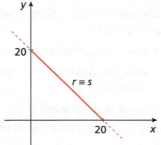

$r \cap s = r = s \Rightarrow$ SPI

Note que os gráficos que representam as duas equações são retas coincidentes, ou seja, as retas têm infinitos pontos em comum.

- latas que custem R$ 120,00, se o preço do litro de látex for R$ 8,00 e o do litro de corante for R$ 8,00.

Para essa situação, temos o sistema:
$$\begin{cases} x + y = 20 \\ 8x + 8y = 120 \end{cases}$$

Resolvendo o sistema, temos:
$$\begin{cases} -8x - 8y = -160 \\ 8x + 8y = 120 \end{cases}$$
$$0x + 0y = -40 \Rightarrow 0 = -40 \text{ (falsa)}$$

Ou seja, não há valores para x e y que tornem o sistema verdadeiro. Portanto, $S = \emptyset$, e o sistema é um **sistema impossível (SI)**.

Observe, abaixo, que os gráficos que representam as duas equações são retas paralelas e distintas, ou seja, as retas não possuem pontos em comum.

$r \cap s = \emptyset \Rightarrow$ SI

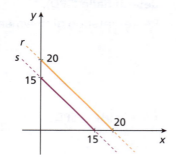

EXERCÍCIOS

15. Classifique cada sistema em SPD, SPI ou SI.

a) $\begin{cases} x - y = 3 \\ 2x + 3y = 6 \end{cases}$

b) $\begin{cases} x - y = 3 \\ 2x - 2y = 6 \end{cases}$

c) $\begin{cases} x - y = 3 \\ -3x + 3y = 9 \end{cases}$

d) $\begin{cases} x = 3 + y \\ y = x - 3 \end{cases}$

16. Calcule k tal que o sistema $\begin{cases} x = 2 \\ x + 2y = 8 \\ 3x - 2y + kz = 0 \end{cases}$ seja:

a) um sistema possível e indeterminado.
b) um sistema possível e determinado.

17. Determine o conjunto solução dos sistemas formados pelas equações que descrevem as retas r e s dos gráficos abaixo.

a)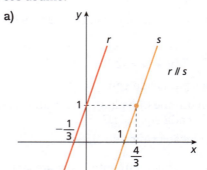

b)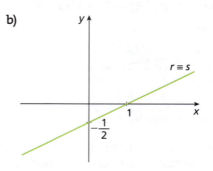

3.3 Sistemas lineares homogêneos

Acompanhe a situação a seguir.

Um jogo de computador tem início com a distribuição de fichas coloridas aos participantes. Veja na tabela abaixo a quantidade de fichas que cada jogador recebeu.

	Azul	Branca	Cinza
Ari	3	2	1
Laís	1	2	3
João	5	6	7

O programa atribui valores às cores das fichas, de modo que, para cada jogador, a soma inicial é zero. Para calcularmos o valor de cada ficha, basta resolver o sistema formado pelo número de fichas de cada jogador.

Representando o valor de cada cor por sua inicial, construímos o sistema:
$$\begin{cases} 3a + 2b + c = 0 \\ a + 2b + 3c = 0 \\ 5a + 6b + 7c = 0 \end{cases}$$

Esse sistema é chamado de **sistema homogêneo**, pois todos os termos independentes são nulos. Observe que ele admite como solução o terno (0, 0, 0).

310 Conexões com a Matemática

Nesse caso, também há outras soluções. Pela substituição de a, b e c, verificamos que, para $\alpha \in \mathbb{R}$, o terno ordenado $(\alpha, -2\alpha, \alpha)$ é solução do sistema:

$$\begin{cases} 3\alpha + 2 \cdot (-2\alpha) + \alpha = 0 \\ \alpha + 2 \cdot (-2\alpha) + 3\alpha = 0 \\ 5\alpha + 6 \cdot (-2\alpha) + 7\alpha = 0 \end{cases}$$

Assim, para cada valor de α que substituímos no terno $(\alpha, -2\alpha, \alpha)$, obtemos uma solução. Por exemplo, para $\alpha = 1$, temos a solução $(1, -2, 1)$.

> Quando um sistema é formado apenas por equações homogêneas, ou seja, quando todos os termos independentes são nulos, o sistema é denominado **homogêneo**.

Exemplos

- $\begin{cases} x + y + 2z = 0 \\ x + 2y + 2z = 0 \\ x + 3y + z = 0 \end{cases}$ $\begin{cases} -x + 8y = 0 \\ 2y - 4y = 0 \\ 7x - 2z = 0 \end{cases}$

- $\begin{cases} 4x - 6y + z - t = 0 \\ 0x + 3y - z + 5t = 0 \end{cases}$

Observe que todo sistema linear homogêneo com n incógnitas admite a ênupla $(0, 0, 0, ..., 0)$ como solução. Essa solução é chamada de **solução nula**, **trivial** ou **imprópria**.

Qualquer solução diferente de $(0, 0, ..., 0)$ para um sistema homogêneo é chamada de **não nula**, **não trivial** ou **própria**.

EXERCÍCIOS

R3. Determinar a, b e c para que o sistema a seguir seja homogêneo.

$$\begin{cases} 3x + 4y - 7z = c + a \\ -2x + y + 2z = 1 - c \\ x - y + z = a - b \end{cases}$$

▶ **Resolução**

O sistema é homogêneo se:

$\begin{cases} c + a = 0 \\ 1 - c = 0 \\ a - b = 0 \end{cases} \Rightarrow \begin{cases} a = -c \\ c = 1 \\ a = b \end{cases}$

Logo, $a = -1$, $b = -1$ e $c = 1$.

18. Considere o sistema abaixo.

$\begin{cases} x - 3y = p^2 - 4 \\ 2x + y = p - 2 \end{cases}$

- Para que valor de p esse sistema é homogêneo?

19. Sabendo que o sistema abaixo é homogêneo, determine a, b e c.

$\begin{cases} x + y + z = a - 2 \\ x + 2y + 3z = 2a + c \\ x - y + 2z = a + 2b - c \end{cases}$

3.4 Matrizes associadas a um sistema

Todo sistema linear pode ser associado a matrizes. Por exemplo, considere o sistema abaixo.

$$\begin{cases} 3x + 2y = 5 \\ 2x - 7y = -3 \end{cases}$$

- Chamamos de **matriz associada incompleta** a matriz $\begin{pmatrix} 3 & 2 \\ 2 & -7 \end{pmatrix}$, formada apenas pelos coeficientes das incógnitas do sistema.

- Chamamos de **matriz associada completa** a matriz $\begin{pmatrix} 3 & 2 & 5 \\ 2 & -7 & -3 \end{pmatrix}$, formada pelos coeficientes das incógnitas e pelos termos independentes.

Veja mais um exemplo:

Para o sistema $\begin{cases} x + 2y - z = 8 \\ 2x + 3y + 5z = 10 \\ -x - y = -5 \end{cases}$, temos:

$\underbrace{\begin{pmatrix} 1 & 2 & -1 \\ 2 & 3 & 5 \\ -1 & -1 & 0 \end{pmatrix}}_{\text{matriz associada incompleta}}$ $\underbrace{\begin{pmatrix} 1 & 2 & -1 & 8 \\ 2 & 3 & 5 & 10 \\ -1 & -1 & 0 & -5 \end{pmatrix}}_{\text{matriz associada completa}}$

Observe que, quando uma das incógnitas do sistema não aparece em alguma das equações, seu coeficiente é nulo.

Representação matricial de um sistema

Aplicando a definição de multiplicação de matrizes, estudada no capítulo anterior, e o conceito de matriz incompleta associada a um sistema, é possível representar um sistema em forma de **equação matricial**.

Exemplos

a) Sistema: $\begin{cases} x + 3y = 7 \\ 7x - 4y = -1 \end{cases}$

Representação matricial: $\begin{pmatrix} 1 & 3 \\ 7 & -4 \end{pmatrix} \cdot \begin{pmatrix} x \\ y \end{pmatrix} = \begin{pmatrix} 7 \\ -1 \end{pmatrix}$

Podemos verificar essa representação matricial efetuando a multiplicação de matrizes:

$\begin{pmatrix} 1 & 3 \\ 7 & -4 \end{pmatrix} \cdot \begin{pmatrix} x \\ y \end{pmatrix} = \begin{pmatrix} 7 \\ -1 \end{pmatrix}$

$\boxed{1 \quad 3} \cdot \boxed{\begin{matrix} x \\ y \end{matrix}} \rightarrow \boxed{1x + 3y = 7}$

$\boxed{7 \quad -4} \cdot \boxed{\begin{matrix} x \\ y \end{matrix}} \rightarrow \boxed{7x - 4y = -1}$

Observe que, ao desenvolver a multiplicação de matrizes, obtemos as equações do sistema.

b) Sistema: $\begin{cases} x - 2y + z = 3 \\ x + 2z = 1 \end{cases}$

Representação matricial: $\begin{pmatrix} 1 & -2 & 1 \\ 1 & 0 & 2 \end{pmatrix} \cdot \begin{pmatrix} x \\ y \\ z \end{pmatrix} = \begin{pmatrix} 3 \\ 1 \end{pmatrix}$

Podemos verificar essa representação matricial efetuando a multiplicação de matrizes:

$\begin{pmatrix} 1 & -2 & 1 \\ 1 & 0 & 2 \end{pmatrix} \cdot \begin{pmatrix} x \\ y \\ z \end{pmatrix} = \begin{pmatrix} 3 \\ 1 \end{pmatrix}$

$\boxed{\begin{pmatrix} 1 & -2 & 1 \end{pmatrix}} \cdot \begin{pmatrix} x \\ y \\ z \end{pmatrix} \rightarrow \boxed{1x - 2y + 1z = 3}$

$\boxed{\begin{pmatrix} 1 & 0 & 2 \end{pmatrix}} \cdot \begin{pmatrix} x \\ y \\ z \end{pmatrix} \rightarrow \boxed{1x + 0y + 2z = 1}$

EXERCÍCIOS

R4. Resolver o sistema linear associado à equação matricial: $\begin{pmatrix} 2 & -1 \\ 3 & 1 \end{pmatrix} \cdot \begin{pmatrix} x \\ y \end{pmatrix} = \begin{pmatrix} 0 \\ 5 \end{pmatrix}$

▶ **Resolução**

Efetuando a multiplicação matricial, obtemos o sistema correspondente à equação matricial:

$\begin{cases} 2x - y = 0 \\ 3x + y = 5 \end{cases}$

Pelo método da adição, temos: $5x = 5 \Rightarrow x = 1$

Então, $x = 1$ e $y = 2$.

Logo, o conjunto solução do sistema é $S = \{(1, 2)\}$.

20. Escreva o sistema correspondente a: $\begin{pmatrix} -3 & 2 \\ 7 & -9 \end{pmatrix} \cdot \begin{pmatrix} x \\ y \end{pmatrix} = \begin{pmatrix} 4 \\ 0 \end{pmatrix}$

21. Verifique se $\left(\dfrac{1}{2}, \dfrac{1}{5}\right)$ é solução da equação matricial:

$\begin{pmatrix} 2 & -5 \\ 6 & -5 \end{pmatrix} \cdot \begin{pmatrix} x \\ y \end{pmatrix} = \begin{pmatrix} 0 \\ 2 \end{pmatrix}$

22. Verifique se (1, 2, 3) é solução da equação matricial:

$\begin{pmatrix} 1 & 1 & 1 \\ 1 & -2 & 2 \\ -2 & 3 & 0 \end{pmatrix} \cdot \begin{pmatrix} x \\ y \\ z \end{pmatrix} = \begin{pmatrix} 6 \\ 3 \\ 4 \end{pmatrix}$

23. Determine quais dos ternos ordenados são soluções da equação matricial: $\begin{pmatrix} 1 & 1 & 1 \\ 1 & -1 & 2 \end{pmatrix} \cdot \begin{pmatrix} x \\ y \\ z \end{pmatrix} = \begin{pmatrix} 0 \\ 0 \end{pmatrix}$

a) (1, 1, 1)
b) (0, 0, 0)
c) (−3, 1, 2)
d) (3, −1, −2)
e) (−1, 1, 0)

24. Escreva a matriz incompleta N e a matriz completa M para cada um dos sistemas.

a) $\begin{cases} 3x - y + z = 7 \\ x + 2z = 10 \\ x + y + z = 3 \end{cases}$

b) $\begin{cases} 3x + 4y - z = 2 \\ -x - y - z = 7 \end{cases}$

c) $\begin{cases} -2x + 3y = 5 \\ x + y - 2z = 2 \end{cases}$

d) $\begin{cases} x + y - 2z = 7 \\ x + y = 6 \\ y - 5z = -4 \end{cases}$

25. Escreva o sistema correspondente a:

a) $\begin{pmatrix} 3 & 2 & -1 \\ 5 & 4 & -3 \end{pmatrix} \cdot \begin{pmatrix} x \\ y \\ z \end{pmatrix} = \begin{pmatrix} 2 \\ 5 \end{pmatrix}$

b) $\begin{pmatrix} -2 & 3 & 0 \\ 1 & -4 & 7 \\ 5 & 0 & -6 \end{pmatrix} \cdot \begin{pmatrix} x \\ y \\ z \end{pmatrix} = \begin{pmatrix} -2 \\ 0 \\ 3 \end{pmatrix}$

26. Dadas as matrizes completas, escreva os sistemas associados a elas.

a) $\begin{pmatrix} 1 & 2 & 5 & -1 \\ 3 & -2 & 2 & 4 \end{pmatrix}$

b) $\begin{pmatrix} 2 & -1 & -3 & 4 \\ 1 & 4 & 3 & -2 \\ 3 & 2 & -1 & 5 \end{pmatrix}$

c) $\begin{pmatrix} 3 & -2 & 2 \\ -1 & 3 & 5 \end{pmatrix}$

d) $\begin{pmatrix} 2 & 7 & -1 \\ 2 & -3 & 2 \\ 1 & 1 & 5 \end{pmatrix}$

27. Calcule m e n para que $(m + 3, n - 1)$ seja solução da equação matricial:

$\begin{pmatrix} 1 & 1 \\ 2 & -3 \end{pmatrix} \cdot \begin{pmatrix} x \\ y \end{pmatrix} = \begin{pmatrix} 9 \\ 13 \end{pmatrix}$

28. Escreva o sistema associado a cada equação matricial e resolva-o.

a) $\begin{pmatrix} 1 & 1 \\ 0 & 1 \end{pmatrix} \cdot \begin{pmatrix} x \\ y \end{pmatrix} = \begin{pmatrix} 10 \\ 8 \end{pmatrix}$

b) $\begin{pmatrix} 1 & 1 & 1 \\ 0 & 1 & 1 \\ 0 & 0 & 1 \end{pmatrix} \cdot \begin{pmatrix} x \\ y \\ z \end{pmatrix} = \begin{pmatrix} 6 \\ 5 \\ 3 \end{pmatrix}$

29. Calcule k para que (1, 2, k) seja solução de:

$\begin{pmatrix} 2 & -1 & -1 \\ 1 & 1 & 2 \\ 3 & 2 & -5 \end{pmatrix} \cdot \begin{pmatrix} x \\ y \\ z \end{pmatrix} = \begin{pmatrix} -k \\ k^2 + 3 \\ 7 \end{pmatrix}$

30. Resolva o sistema associado a cada equação matricial.

a) $\begin{pmatrix} -7 & 1 \\ 0 & 1 \end{pmatrix} \cdot \begin{pmatrix} x \\ y \end{pmatrix} = \begin{pmatrix} -8 \\ 6 \end{pmatrix}$

b) $\begin{pmatrix} -3 & 2 & 1 \\ 0 & 1 & 2 \\ 0 & 0 & 1 \end{pmatrix} \cdot \begin{pmatrix} x \\ y \\ z \end{pmatrix} = \begin{pmatrix} 7 \\ 5 \\ 3 \end{pmatrix}$

4. Regra de Cramer

O matemático suíço Gabriel Cramer (1704-1752) demonstrou uma regra, conhecida por regra de Cramer, que possibilita resolver um sistema pelo uso direto de seus coeficientes. Porém, essa regra só pode ser aplicada se:
- o sistema for $n \times n$ (com n equações e n incógnitas);
- o determinante D da matriz incompleta não for nulo ($D \neq 0$).

Considere o sistema de equações: $\begin{cases} ax + by = k_1 \\ cx + dy = k_2 \end{cases}$

Resolvendo esse sistema pelo método da adição, temos:

$\begin{cases} ax + by = k_1 \, (\times \, d) \\ cx + dy = k_2 \, (\times \, (-b)) \end{cases} \Rightarrow \begin{cases} adx + bdy = k_1 d \\ -cbx - dby = -k_2 b \end{cases}$

$(ad - cb)x = k_1 d - k_2 b \Rightarrow x = \dfrac{k_1 d - k_2 b}{ad - bc}$, se $ad - bc \neq 0$

Analogamente, aplicando o método da adição, encontramos: $y = \dfrac{k_2 a - k_1 c}{ad - bc}$, se $ad - bc \neq 0$.

Veja agora os determinantes de algumas matrizes obtidas do sistema:

$D = \begin{vmatrix} a & b \\ c & d \end{vmatrix} = ad - bc$; $D_x = \begin{vmatrix} k_1 & b \\ k_2 & d \end{vmatrix} = k_1 d - k_2 b$; $D_y = \begin{vmatrix} a & k_1 \\ b & k_2 \end{vmatrix} = k_2 a - k_1 c$

Nesse caso, D_x foi obtido de D com a substituição dos coeficientes de x pelos termos independentes, e D_y foi obtido de D com a substituição dos coeficientes de y pelos termos independentes.

Se $D \neq 0$, a solução do sistema é dada pela **regra de Cramer**:

$$x = \dfrac{D_x}{D} \text{ e } y = \dfrac{D_y}{D}$$

A regra de Cramer pode ser aplicada a qualquer sistema com n equações e n incógnitas e $D \neq 0$.

Exemplos

a) Vamos resolver o sistema $\begin{cases} 5 - 2(y + x) = -3 \\ 1 + 3(y - x) = 7 \end{cases}$ pela regra de Cramer.

Primeiro, reescrevemos o sistema: $\begin{cases} x + y = 4 \\ x - y = -2 \end{cases}$

Depois, calculamos:

$D = \begin{vmatrix} 1 & 1 \\ 1 & -1 \end{vmatrix} = -2$, $D_x = \begin{vmatrix} 4 & 1 \\ -2 & -1 \end{vmatrix} = -2$ e $D_y = \begin{vmatrix} 1 & 4 \\ 1 & -2 \end{vmatrix} = -6$

Agora, usando a regra de Cramer, temos: $x = \dfrac{D_x}{D} = \dfrac{-2}{-2} = 1$ e $y = \dfrac{D_y}{D} = \dfrac{-6}{-2} = 3$

Logo, o conjunto solução do sistema é $S = \{(1, 3)\}$.

b) Vamos encontrar a solução do sistema $\begin{cases} 3x + 4y - z = -1 \\ -x + 2y + z = -3 \\ 2x + 5z = 2 \end{cases}$ usando a regra de Cramer.

$D = \begin{vmatrix} 3 & 4 & -1 \\ -1 & 2 & 1 \\ 2 & 0 & 5 \end{vmatrix} = 62$,

$D_x = \begin{vmatrix} -1 & 4 & -1 \\ -3 & 2 & 1 \\ 2 & 0 & 5 \end{vmatrix} = 62$, $D_y = \begin{vmatrix} 3 & -1 & -1 \\ -1 & -3 & 1 \\ 2 & 2 & 5 \end{vmatrix} = -62$ e $D_z = \begin{vmatrix} 3 & 4 & -1 \\ -1 & 2 & -3 \\ 2 & 0 & 2 \end{vmatrix} = 0$

coluna dos termos independentes

Logo: $x = \dfrac{D_x}{D} = \dfrac{62}{62} = 1$, $y = \dfrac{D_y}{D} = \dfrac{-62}{62} = -1$ e $z = \dfrac{D_z}{D} = \dfrac{0}{62} = 0$

Portanto, a solução do sistema é $S = \{(1, -1, 0)\}$.

Note que, quando é possível aplicar a regra de Cramer, ou seja, quando $D \neq 0$, o sistema tem uma única solução (SPD). De modo geral, temos:

$$D \neq 0 \Rightarrow SPD$$
$$D = 0 \Rightarrow SPI \text{ ou } SI$$

EXERCÍCIOS

31. Aplicando a regra de Cramer, resolva os sistemas.

a) $\begin{cases} 2x + y = 8 \\ x + y = 6 \end{cases}$ c) $\begin{cases} x + 2y = 5 \\ 2x - 3y = 3 \end{cases}$

b) $\begin{cases} 2x + y = 13 \\ 5x - 2y = 1 \end{cases}$ d) $\begin{cases} 3x - 5y = -46 \\ 5x - 3y = 51 \end{cases}$

32. Resolva os sistemas pela regra de Cramer.

a) $\begin{cases} 2x + y + z = 9 \\ -x + 2y + 2z = 3 \\ -2x + 3y + 5z = 7 \end{cases}$ b) $\begin{cases} x + 2y + z = 10 \\ x + y - z = -1 \\ 2x - 3y + 2z = 13 \end{cases}$

33. Determine o valor de a para que os sistemas sejam possíveis e determinados (SPD).

a) $\begin{cases} ax - 2y = -1 \\ 2x - 2y = 4 \end{cases}$ b) $\begin{cases} x + 5y = 20 \\ ax - 2y = 9 \end{cases}$

R5. Em um supermercado, há três marcas de cestas básicas, A, B e C, cada uma contendo macarrão, arroz e farinha. As cestas diferenciam-se não pelo conteúdo, mas pela quantidade desses produtos. Veja a seguir a composição de cada cesta.

- **cesta A:** 3 pacotes de macarrão, 1 de arroz e 2 de farinha;
- **cesta B:** 5 pacotes de macarrão, 2 de arroz e 3 de farinha;
- **cesta C:** 2 pacotes de macarrão, 1 de arroz e 3 de farinha.

Se os preços das cestas são, respectivamente, R$ 20,00, R$ 35,00 e R$ 21,00, qual é o valor do pacote de cada produto citado?

➤ **Resolução**

Representando os preços dos pacotes de macarrão, arroz e farinha por m, a e f, respectivamente, construímos o sistema:

$$\begin{cases} 3m + a + 2f = 20 \\ 5m + 2a + 3f = 35 \\ 2m + a + 3f = 21 \end{cases}$$

Calculando os determinantes, temos:

$D = \begin{vmatrix} 3 & 1 & 2 \\ 5 & 2 & 3 \\ 2 & 1 & 3 \end{vmatrix} = 2$ $D_a = \begin{vmatrix} 3 & 20 & 2 \\ 5 & 35 & 3 \\ 2 & 21 & 3 \end{vmatrix} = 16$

$D_m = \begin{vmatrix} 20 & 1 & 2 \\ 35 & 2 & 3 \\ 21 & 1 & 3 \end{vmatrix} = 4$ $D_f = \begin{vmatrix} 3 & 1 & 20 \\ 5 & 2 & 35 \\ 2 & 1 & 21 \end{vmatrix} = 6$

Portanto, pela regra de Cramer:

$m = \dfrac{D_m}{D} = \dfrac{4}{2} = 2$ $a = \dfrac{D_a}{D} = \dfrac{16}{2} = 8$

$f = \dfrac{D_f}{D} = \dfrac{6}{2} = 3$

Logo, os preços dos pacotes de macarrão, de arroz e de farinha são R$ 2,00, R$ 8,00 e R$ 3,00, respectivamente.

34. (Unicamp-SP) Uma empresa deve enlatar uma mistura de amendoim, castanha-de-caju e castanha-do-pará. Sabe-se que o quilo do amendoim custa R$ 5,00, o quilo da castanha-de-caju, R$ 20,00 e o quilo da castanha-do-pará, R$ 16,00. Cada lata deve conter meio quilo da mistura, e o custo total dos ingredientes de cada lata deve ser R$ 5,75.

Além disso, a quantidade de castanha-de-caju em cada lata deve ser igual a um terço da soma das quantidades das outras duas.

a) Escreva o sistema linear que representa a situação descrita acima.

b) Resolva o sistema e determine as quantidades, em grama, de cada ingrediente por lata.

35. A soma das idades de Pedro e Maira é 22, e a soma das idades de Pedro e Iara é 23. Qual é a idade de Iara se a soma de sua idade com a de Maira é 25?

36. Três amigos compararam o valor que cada um tinha na poupança e perceberam o seguinte:
- o dobro do valor do 1º mais a quantia do 2º, mais o triplo do 3º dava R$ 7.000,00;
- a quantia do 1º mais duas vezes o valor do 3º era igual ao valor do 2º;
- metade da quantia do 1º mais metade do valor do 3º dava R$ 1.000,00.

Quanto cada um tinha na poupança?

37. No Brasil, três turistas trocaram por reais, no mesmo dia, as quantias que lhes restavam em dólares, libras e euros, da seguinte forma:

1º turista: 50 dólares, 20 libras e 10 euros por 310 reais
2º turista: 40 dólares, 30 libras e 10 euros por 330 reais
3º turista: 30 dólares, 20 libras e 30 euros por 338 reais

- Calcule o valor de uma libra, em real, no dia em que os turistas efetuaram a transação.

5. Escalonamento de sistemas lineares

Para resolver e classificar sistemas lineares, além dos métodos já estudados, podemos recorrer ao processo do escalonamento, ou método de Gauss-Jordan.

Antes de estudar o método, veja o que são sistemas lineares equivalentes e sistemas escalonados.

5.1 Sistemas lineares equivalentes

Dois sistemas lineares, S_1 e S_2, são **equivalentes** quando têm o mesmo conjunto solução. Indicamos por: $S_1 \sim S_2$

Exemplos

a) $S_1 = \begin{cases} 2x + y = 7 \\ x + y = 5 \end{cases}$ e $S_2 = \begin{cases} 3x + y = 9 \\ 7x - 3y = 5 \end{cases}$

O par ordenado (2, 3) é solução do sistema S_1, pois $2 \cdot 2 + 3 = 7$ e $2 + 3 = 5$ são sentenças verdadeiras.

O par ordenado (2, 3) também é solução do sistema S_2, pois $3 \cdot 2 + 3 = 9$ e $7 \cdot 2 - 3 \cdot 3 = 5$ são sentenças verdadeiras.

Como $S = \{(2, 3)\}$ é conjunto solução dos dois sistemas, S_1 e S_2 são chamados de sistemas equivalentes: $S_1 \sim S_2$

b) $S_1 = \begin{cases} x + y + 2z = 2 \\ 2x + y + 2z = 4 \\ 3x + 2y + 4z = 6 \end{cases}$ e $S_2 = \begin{cases} x - y - 2z = 2 \\ 2x - 3y - 6z = 4 \\ x + 2y + 4z = 2 \end{cases}$

Podemos verificar que, para todo número real α, o terno ordenado $(2, -2\alpha, \alpha)$ é solução de S_1 e também de S_2, pois são verdadeiras as sentenças:

$2 + (-2\alpha) + 2 \cdot \alpha = 2$

$2 \cdot 2 + (-2\alpha) + 2 \cdot \alpha = 4$

$3 \cdot 2 + 2 \cdot (-2\alpha) + 4 \cdot \alpha = 6$

$2 - (-2\alpha) - 2 \cdot \alpha = 2$

$2 \cdot 2 - 3 \cdot (-2\alpha) - 6 \cdot \alpha = 4$

$2 + 2 \cdot (-2\alpha) + 4 \cdot \alpha = 2$

Assim, se $\alpha = 1$, o terno $(2, -2, 1)$ é uma das infinitas soluções de S_1 e S_2.

Como $S = \{(2, -2\alpha, \alpha) \mid \alpha \in \mathbb{R}\}$ é o conjunto solução dos dois sistemas, $S_1 \sim S_2$.

EXERCÍCIOS

R6. Verificar se são equivalentes os sistemas

$\begin{cases} x + y = 7 \\ 4x + 2y = 24 \end{cases}$ e $\begin{cases} x - 1 = 2y \\ x = 5(y - 1) \end{cases}$.

▶ **Resolução**

Resolvendo cada um dos sistemas, temos:

• $\begin{cases} x + y = 7 \\ 4x + 2y = 24 \end{cases} \Rightarrow \begin{cases} -2x - 2y = -14 \\ 4x + 2y = 24 \end{cases}$

$\overline{2x = 10} \Rightarrow x = 5$

Como $x = 5$, $y = 2$.

Logo, (5, 2) é a solução desse sistema.

• $\begin{cases} x - 1 = 2y \quad \text{(I)} \\ x = 5(y - 1) \quad \text{(II)} \end{cases}$

Substituindo (II) em (I):

$5(y - 1) - 1 = 2y \Rightarrow 3y = 6 \Rightarrow y = 2$

Como $y = 2$, $x = 5$.

Logo, (5, 2) é a solução desse sistema.

Como os dois sistemas têm o mesmo conjunto solução $S = \{(5, 2)\}$, podemos concluir que são equivalentes.

R7. Sabendo que os sistemas são equivalentes, determinar p e q.

$S_1 = \begin{cases} px + 3y = 6 \\ 3px - 2qy = 3 \end{cases}$ e $S_2 = \begin{cases} x + y = 4 \\ 2x + y = 5 \end{cases}$

▶ **Resolução**

Resolvendo S_2, temos: $\begin{cases} x + y = 4 \\ -2x - y = -5 \end{cases}$

$\overline{-x = -1} \Rightarrow x = 1$

Como $x = 1$, $y = 3$.

Logo, o par (1, 3) é solução do sistema S_2.

Sendo S_1 e S_2 equivalentes, o par (1, 3) também é solução de S_1. Assim:

$px + 3y = 6 \Rightarrow p \cdot 1 + 3 \cdot 3 = 6 \Rightarrow p = -3$

$3px - 2qy = 3 \Rightarrow 3 \cdot (-3) \cdot 1 - 2 \cdot q \cdot 3 = 3 \Rightarrow q = -2$

Portanto, $p = -3$ e $q = -2$.

38. Os sistemas abaixo são equivalentes. Determine a e b.

$S_1 = \begin{cases} 2x - y = -1 \\ 3x + y = 11 \end{cases}$ $S_2 = \begin{cases} ax + y = 13 \\ 4x - by = 7 \end{cases}$

39. Calcule o valor de a para que os sistemas sejam equivalentes.

$S_1 = \begin{cases} x - y = -1 \\ 2y - 2 = 2x \end{cases}$ $S_2 = \begin{cases} ax - 3y = -a \\ x + 1 = y \end{cases}$

40. Determine os valores de a e b para que os sistemas sejam equivalentes.

$S_1 = \begin{cases} x + 2y = 3 \\ x - y = 0 \\ 3x - y = 2 \end{cases}$ $S_2 = \begin{cases} x + y = 2 \\ ax + y = 3 \\ 2x - y = b \end{cases}$

Capítulo 16 • Sistemas lineares **315**

41. Considere os sistemas abaixo.

$$S_1 = \begin{cases} -x - 2y - z = 1 & (A) \\ 2x + 5y + 4z = -2 & (B) \\ 3x + 2y + z = 3 & (C) \end{cases}$$

$$S_2 = \begin{cases} -x - 2y - z = 1 & (D) \\ y + 2z = 0 & (E) \\ -4y - 2z = 6 & (F) \end{cases}$$

$$S_3 = \begin{cases} -x - 2y - z = 1 & (G) \\ y + 2z = 0 & (H) \\ 6z = 6 & (I) \end{cases}$$

Observe que nesses sistemas:
- a 2ª equação de S_2 é a soma da 2ª equação de S_1 com a 1ª equação de S_1 multiplicada por 2 ($E = B + 2 \cdot A$);
- a 3ª equação de S_2 é a soma da 3ª equação de S_1 com a 1ª equação de S_1 multiplicada por 3 ($F = C + 3 \cdot A$);
- a 3ª equação de S_3 é a soma da 3ª equação de S_2 com a 2ª equação de S_2 multiplicada por 4 ($I = F + 4 \cdot E$).

Determine a solução de S_3 e verifique se ela também é solução de S_2 e de S_1, isto é, verifique se S_1, S_2 e S_3 são sistemas equivalentes.

5.2 Sistema escalonado

Um sistema é considerado **escalonado** quando, de uma equação para a seguinte, aumenta a quantidade de coeficientes nulos antes do primeiro coeficiente não nulo.

Exemplos

- $\begin{cases} 2x - y + z = 2 \\ 0x + 2y - z = 3 \\ 0x + 0y + z = 5 \end{cases}$
- $\begin{cases} x + y + 2z - 3t = 7 \\ 0x + 0y + 5z + t = 2 \end{cases}$

- $\begin{cases} 2x - y + 3z = 7 \\ 0x + 3y + 2z = 5 \\ 0x + 0y + 0z = 0 \end{cases}$

Resolução e classificação de um sistema escalonado

Veja, nos exemplos a seguir, como resolver e classificar sistemas escalonados.

a) $\begin{cases} 2x - y + z = 2 \\ 2y - z = 3 \\ z = 5 \end{cases}$

Como o sistema já está escalonado, temos $z = 5$.
Substituindo z por 5 na 2ª equação, obtemos:
$2y - 5 = 3 \Rightarrow y = 4$
Agora, substituindo z por 5 e y por 4 na 1ª equação, obtemos: $2x - 4 + 5 = 2 \Rightarrow x = \dfrac{1}{2}$

Logo, há uma só solução: $\left(\dfrac{1}{2}, 4, 5\right)$.

Portanto, o sistema é **possível e determinado** (SPD).

b) O sistema $\begin{cases} x + 2y - z = 4 \\ 2y - 6z = 0 \end{cases}$ tem duas equações e três incógnitas.

Se o sistema admite solução, para $z = k$, sendo k real, ele é equivalente ao sistema:

$\begin{cases} x + 2y - k = 4 \\ 2y - 6k = 0 \end{cases}$

Resolvendo esse novo sistema, encontramos: $y = 3k$ e $x = 4 - 5k$

Atribuindo valores reais a k, obtemos soluções do sistema. Por exemplo, fazendo $k = -6$, obtemos o terno $(34, -18, -6)$, que satisfaz o sistema.

Como k é um número real qualquer, o sistema tem infinitas soluções, ou seja, é um sistema **possível e indeterminado** (SPI).

Portanto, a solução do sistema será do tipo $(4 - 5k, 3k, k)$, em que k é real.

Dizemos ainda que $S = \{(4 - 5k, 3k, k) \mid k \in \mathbb{R}\}$ é o conjunto solução do sistema.

É importante observar que, quando um sistema admite infinitas soluções (SPI), chamamos a variável que assume o valor k, real, de **variável livre**. Há sistemas com mais de uma variável livre. Nesse exemplo, z é a única variável livre.

c) Na última equação do sistema $\begin{cases} x + 6y + 3z = 5 \\ y - 3z = 8 \\ 0z = 2 \end{cases}$,

não há valores para z que tornem a igualdade $0z = 2$ verdadeira, pois toda multiplicação por zero resulta em zero. Sem solução, o sistema é **impossível** (SI).

EXERCÍCIOS

42. Verifique quais sistemas estão escalonados.

a) $\begin{cases} x + y = 4 \\ y = 3 \end{cases}$

b) $\begin{cases} x + 3y = 15 \\ 2x - y = 5 \end{cases}$

c) $\begin{cases} x + 2y + z = 8 \\ 3y - z = 3 \\ -z = -3 \end{cases}$

d) $\begin{cases} x + y + z = 6 \\ -y + z = -2 \\ -x + y - z = 0 \end{cases}$

e) $\begin{cases} x + 2y - z + w = 6 \\ y + z - w = 1 \\ -z + w = 1 \end{cases}$

f) $\begin{cases} x + 2y - z = -2 \\ y + 3z = 1 \end{cases}$

43. Resolva e classifique os sistemas escalonados.

a) $\begin{cases} -3x + 5y = -11 \\ 2y = -2 \end{cases}$

b) $\begin{cases} 3x - y + z = 3 \\ y - z = 0 \end{cases}$

c) $\begin{cases} x + y - z = 2 \\ -2y + z = 3 \\ -4z = 4 \end{cases}$

5.3 O processo do escalonamento

Para escalonar um sistema linear, escrevemos sistemas equivalentes a ele, adotando, quantas vezes for necessário, total ou parcialmente, o seguinte procedimento:

I) invertemos a ordem das equações;

II) multiplicamos ambos os membros de uma equação por um mesmo número, real e não nulo;

III) substituímos uma equação pela soma dela com outra multiplicada por um número real não nulo.

Observe que, se todos os termos de uma equação linear forem multiplicados por um mesmo número não nulo, a solução da equação não será alterada.

Acompanhe alguns exemplos.

a) Vamos escalonar o sistema: $\begin{cases} 3x - y + z = 5 \\ x + y - 2z = 3 \\ 2x + 3y - z = 7 \end{cases}$

1º) Escolhemos como 1ª equação aquela cujo coeficiente da 1ª incógnita seja não nulo e, se possível, igual a 1 ou a −1, o que simplifica o processo. A seguir, invertemos a posição da 1ª e da 2ª equação.	$\begin{cases} x + y - 2z = 3 \\ 3x - y + z = 5 \\ 2x + 3y - z = 7 \end{cases}$ (2ª equação do sistema original) (1ª equação do sistema original) (3ª equação)
2º) Anulamos os coeficientes de x da 2ª e da 3ª equações. Para isso, vamos: • multiplicar a 1ª equação por −3 e somar a equação obtida com a 2ª;	$\begin{array}{r} -3x - 3y + 6z = -9 \\ 3x - y + z = 5 \\ \hline -4y + 7z = -4 \end{array}$
• multiplicar a 1ª equação por −2 e somar a equação obtida com a 3ª;	$\begin{array}{r} -2x - 2y + 4z = -6 \\ 2x + 3y - z = 7 \\ \hline y + 3z = 1 \end{array}$
• depois, substituímos as novas equações no sistema anterior.	$\begin{cases} x + y - 2z = 3 \\ -4y + 7z = -4 \\ y + 3z = 1 \end{cases}$
3º) Para facilitar a resolução, vamos inverter a 2ª e a 3ª equações do sistema anterior. Assim, o coeficiente de y na 2ª equação será 1.	$\begin{cases} x + y - 2z = 3 \\ y + 3z = 1 \\ -4y + 7z = -4 \end{cases}$ (3ª equação do sistema anterior) (2ª equação do sistema anterior)
4º) Anulamos o coeficiente de y na 3ª equação. Para isso, vamos multiplicar a nova 2ª equação por 4 e somar o produto obtido com a nova 3ª equação.	$\begin{array}{r} 4y + 12z = 4 \\ -4y + 7z = -4 \\ \hline 19z = 0 \end{array}$
5º) Após substituir a 3ª equação pela soma obtida, temos o sistema escalonado.	$\begin{cases} x + y - 2z = 3 \\ y + 3z = 1 \\ 19z = 0 \end{cases}$

Com o sistema original escalonado, a resolução fica facilitada, pois, da 3ª equação, temos $z = 0$; substituindo z por 0 na 2ª equação, obtemos $y = 1$, e substituindo z por 0 e y por 1 na 1ª equação, obtemos $x = 2$.

Portanto, o conjunto solução do sistema é $S = \{(2, 1, 0)\}$.

b) Agora, para escalonar o sistema $\begin{cases} 3x + 2y + 2z = -1 \\ 2x - y - z = -3 \\ x + y + z = 0 \end{cases}$, vamos aplicar os mesmos procedimentos, mas vamos escrever a resolução utilizando um esquema.

1º) Para simplificar o processo, vamos trocar a ordem da 3ª equação com a 1ª.	$\begin{cases} 3x + 2y + 2z = -1 \\ 2x - y - z = -3 \\ x + y + z = 0 \end{cases}$
	$\Downarrow$
2º) Para anular os coeficientes de x da 2ª e da 3ª equações, vamos: • multiplicar a 1ª equação por -2 e somar com a 2ª; • multiplicar a 1ª equação por -3 e somar com a 3ª.	$\begin{cases} x + y + z = 0 \\ 2x - y - z = -3 \\ 3x + 2y + 2z = -1 \end{cases}$ $\times(-2)$ $\times(-3)$
	$\Downarrow$
3º) Para facilitar, vamos dividir a 2ª equação por -3.	$\begin{cases} x + y + z = 0 \\ -3y - 3z = -3 \quad :(-3) \\ -y - z = -1 \end{cases}$
	$\Downarrow$
4º) Para anular o coeficiente de y na 3ª equação, vamos somar a 2ª equação com a 3ª.	$\begin{cases} x + y + z = 0 \\ y + z = 1 \\ -y - z = -1 \end{cases}$
	$\Downarrow$
5ª) Assim, obtemos o sistema escalonado.	$\begin{cases} x + y + z = 0 \\ y + z = 1 \\ 0z = 0 \end{cases}$

Para resolver o sistema, observe que qualquer valor real de z satisfaz a 3ª equação, isto é, a equação $0z = 0$ admite solução $z = k$, em que k é um número real. Assim, se o sistema admite solução com $z = k$, sendo k real, ele é equivalente ao sistema: $\begin{cases} x + y + k = 0 \\ y + k = 1 \end{cases}$

Resolvendo esse novo sistema, encontramos $y = 1 - k$ e $x = -1$.

Atribuindo valores reais a k, obtemos soluções do sistema.
• Fazendo $k = 3$, obtemos o terno $(-1, -2, 3)$, que satisfaz o sistema.
• Se $k = 0$, obtemos o terno $(-1, 1, 0)$, que satisfaz o sistema.
• Se $k = -2$, obtemos o terno $(-1, 3, -2)$, que satisfaz o sistema.

Como k é um número real qualquer, o sistema tem infinitas soluções, ou seja, é um sistema possível e indeterminado (SPI).

Portanto, a solução do sistema será do tipo $(-1, 1 - k, k)$, em que k é um número real.

Logo, $S = \{(-1, 1 - k, k) \mid k \in \mathbb{R}\}$.

EXERCÍCIOS

R8. Escalonar e resolver o sistema:
$$\begin{cases} x - 2y + z = 3 \\ 4x - 6y + 8z = 16 \\ 4x - 7y + 6z = 15 \end{cases}$$

▶ **Resolução**

Vamos escalonar esse sistema por meio de um esquema.

$$\begin{cases} x - 2y + z = 3 \\ 4x - 6y + 8z = 16 \\ 4x - 7y + 6z = 15 \end{cases} \quad \times (-4) \quad \times (-4)$$

$$\Downarrow$$

$$\begin{cases} x - 2y + z = 3 \\ 2y + 4z = 4 \;:(2) \\ y + 2z = 3 \end{cases}$$

$$\Downarrow$$

$$\begin{cases} x - 2y + z = 3 \\ y + 2z = 2 \quad \times (-1) \\ y + 2z = 3 \end{cases}$$

$$\Downarrow$$

$$\begin{cases} x - 2y + z = 3 \\ y + 2z = 2 \\ 0z = 1 \end{cases}$$

Como a nova 3ª equação é falsa, o sistema não admite solução. Logo, o sistema é impossível (SI).

44. Escalone e resolva os sistemas.

a) $\begin{cases} x + y = 5 \\ 2x - y = 1 \end{cases}$

b) $\begin{cases} 2x + 2y = 4 \\ x - 3y = 6 \end{cases}$

45. Escalone e resolva o sistema.

$$\begin{cases} 2x - y - z + w = 1 \\ x + 2y - z + w = 2 \\ -x - y + 2z + w = 3 \\ -x + y + z + 2w = 4 \end{cases}$$

46. Escalone e resolva os sistemas.

a) $\begin{cases} x + y + z = 6 \\ -2x + 3y + z = 7 \\ -x + 2y + 3z = 12 \end{cases}$

b) $\begin{cases} x + y = -1 \\ x + z = 1 \\ y + z = 4 \end{cases}$

47. Escalone, resolva e classifique os sistemas.

a) $\begin{cases} x + y = 4 \\ x - y = -2 \\ 5x + 2y = 11 \end{cases}$

b) $\begin{cases} 2x + y = 3 \\ -x + 2y = -3 \\ x - y = 1 \end{cases}$

c) $\begin{cases} x + y + z = 0 \\ 2x + 3y + 3z = 3 \\ 3x + 4y + 4z = 4 \end{cases}$

d) $\begin{cases} x + y + z = 1 \\ 2x + y + 2z = 0 \\ x + 2y + 2z = 1 \end{cases}$

e) $\begin{cases} -x + 2y - z = -2 \\ 2x + y + z = 13 \end{cases}$

f) $\begin{cases} x + y + z = 4 \\ 5x + 2y + z = 3 \\ 6x + 3y + 2z = 7 \end{cases}$

6. Discussão de um sistema linear

Discutir um sistema linear em função de um ou mais parâmetros é indicar para quais valores desses parâmetros o sistema é:
- possível e determinado (SPD);
- possível e indeterminado (SPI);
- impossível (SI).

Para discutir um sistema, podemos usar o escalonamento ou aplicar o determinante.

Considere o sistema: $\begin{cases} ax + by = e \\ cx + dy = f \end{cases}$

Sabemos, pela regra de Cramer, que, se o determinante da matriz incompleta é diferente de zero, isto é, $D = \begin{vmatrix} a & b \\ c & d \end{vmatrix} \neq 0$, então o sistema é possível e determinado (SPD).

Agora, se $D = 0$, o sistema é possível e indeterminado (SPI) ou impossível (SI). Nesse caso, devemos prosseguir com a análise para descobrir se o sistema é SPI ou SI.

Ou seja, de modo geral:

> Sendo D o determinante da matriz associada incompleta de um sistema linear de n equações e n incógnitas:
> - $D \neq 0 \Rightarrow$ sistema possível e determinado (SPD);
> - $D = 0 \Rightarrow$ sistema possível e indeterminado (SPI) ou sistema impossível (SI).

É importante observar que, se a matriz associada incompleta de um sistema linear não é uma matriz quadrada ($n \times n$), não é possível calcular seu determinante; por isso, aplicamos o método do escalonamento para discutir esse sistema.

Acompanhe alguns exemplos:

a) Para discutir o sistema $\begin{cases} x + y = 2 \\ 3x + ky = 3 \end{cases}$ em função de k, calculamos:

$D = \begin{vmatrix} 1 & 1 \\ 3 & k \end{vmatrix} = k - 3$

• $D \neq 0 \Rightarrow k - 3 \neq 0 \Rightarrow k \neq 3$: SPD
• $D = 0 \Rightarrow k - 3 = 0 \Rightarrow k = 3$: SPI ou SI

Para saber o que ocorre com o sistema quando $k = 3$, ou seja, para saber se o sistema é SPI ou SI, substituímos k por 3 no sistema original e prosseguimos a análise:

$\begin{cases} x + y = 2 \\ 3x + 3y = 3 \end{cases}$

Dividindo todos os termos da 2ª equação por 3, obtemos:

$\begin{cases} x + y = 2 & \text{(I)} \\ x + y = 1 & \text{(II)} \end{cases}$

Substituindo (I) em (II), obtemos $2 = 1$, o que é absurdo!
Logo, o sistema é impossível (SI).

Conclusão: $\begin{cases} k \neq 3 \Rightarrow \text{SPD} \\ k = 3 \Rightarrow \text{SI} \end{cases}$

b) Para discutir o sistema $\begin{cases} x + my = 0 \\ mx + y = 1 - m \end{cases}$ em função de m, calculamos:

$D = \begin{vmatrix} 1 & m \\ m & 1 \end{vmatrix} = 1 - m^2$

• $D \neq 0 \Rightarrow 1 - m^2 \neq 0 \Rightarrow m \neq \pm 1 \Rightarrow$ SPD

• $D = 0 \Rightarrow m = \pm 1$
  $m = 1 \Rightarrow \begin{cases} x + y = 0 \\ x + y = 0 \end{cases} \Rightarrow$ SPI
  $m = -1 \Rightarrow \begin{cases} x - y = 0 \\ -x + y = 2 \end{cases} \Rightarrow$ SI

EXERCÍCIOS

R9. Discutir, em função de k, o sistema:

$\begin{cases} kx + y = -2 \\ -2x + y - z = k \\ 4x + y + kz = -5 \end{cases}$

▶ **Resolução**

$D = \begin{vmatrix} k & 1 & 0 \\ -2 & 1 & -1 \\ 4 & 1 & k \end{vmatrix} = k^2 + 3k - 4$

• Se $D \neq 0$, então: $k^2 + 3k - 4 \neq 0 \Rightarrow k \neq -4$ e $k \neq 1 \Rightarrow$ SPD

• Se $D = 0$, então: $k^2 + 3k - 4 = 0 \Rightarrow k = -4$ ou $k = 1 \Rightarrow$ SPI ou SI

Para $k = -4$, temos:

$\begin{cases} -4x + y = -2 \\ -2x + y - z = -4 \\ 4x + y - 4z = -5 \end{cases} \Rightarrow \begin{cases} -2x + y - z = -4 \\ -4x + y = -2 \\ 4x + y - 4z = -5 \end{cases} \Rightarrow$

$\Rightarrow \begin{cases} -2x + y - z = -4 \\ -y + 2z = 6 \\ 3y - 6z = -13 \end{cases} \Rightarrow \begin{cases} -2x + y - z = -4 \\ -y + 2z = 6 \\ 0z = 5 \end{cases}$

Podemos observar que não há nenhum valor real para z que satisfaça a 3ª equação; então, para $k = -4$, o sistema é SI.

Para $k = 1$, temos:

$\begin{cases} x + y = -2 \\ -2x + y - z = 1 \\ 4x + y + z = -5 \end{cases} \Rightarrow \begin{cases} x + y = -2 \\ 3y - z = -3 \\ -3y + z = 3 \end{cases} \Rightarrow$

$\Rightarrow \begin{cases} x + y = -2 \\ 3y - z = -3 \\ 0z = 0 \end{cases}$

Nesse caso, pela 3ª equação, concluímos que z pode assumir qualquer valor real; logo, o sistema é SPI.

Portanto:

$\begin{cases} k \neq -4 \text{ e } k \neq 1 \Rightarrow \text{SPD} \\ k = -4 \Rightarrow \text{SI} \\ k = 1 \Rightarrow \text{SPI} \end{cases}$

48. Discuta os sistemas em função de k.

a) $\begin{cases} x + y = 4 \\ x + ky = 3 \end{cases}$

b) $\begin{cases} x + y = 1 \\ kx - y = 2 \end{cases}$

c) $\begin{cases} x + ky = 3 \\ kx + y = 2 \end{cases}$

d) $\begin{cases} x - ky = 0 \\ kx - y = 0 \end{cases}$

e) $\begin{cases} x - y = 1 \\ 2kx + y = 3 \end{cases}$

f) $\begin{cases} 2x - 3ky = 1 \\ x + ky = 4 \end{cases}$

49. Discuta os sistemas em função de m.

a) $\begin{cases} x + y + z = 3 \\ 2x + 3y + z = 0 \\ 3x + 4y + mz = 1 \end{cases}$

b) $\begin{cases} x + y + z = 3 \\ y + z = 10 \\ mz = 7 \end{cases}$

c) $\begin{cases} x + z = 8 \\ y + z = 10 \\ -mx + z = 8 \end{cases}$

50. Discuta o sistema abaixo em função do parâmetro a.

$\begin{cases} x + 4y - 5z = 0 \\ 2x - y + 3z = 0 \\ 3x + ay + 2z = 0 \end{cases}$

51. Discuta, em função de m, o sistema:

$\begin{cases} x + y + z = 7 \\ x + my + z = 5 \\ mx + my + 2z = 3 \end{cases}$

Exercícios complementares

1. Determine o valor real da constante k de modo que $(2, k)$ seja solução da equação $3kx - ky + 40 = 0$, de incógnitas x e y.

2. Determine o valor de $m \in \mathbb{R}$ de modo que $(2m, -m)$ seja solução do sistema:
$$\begin{cases} 2x - y = -5 \\ 3mx - y = 5 \end{cases}, \text{de incógnitas } x \text{ e } y$$

3. No final do ano, uma empresa premiará seus funcionários com certo número de cédulas de R$ 50,00. Se cada funcionário receber 8 cédulas, sobrarão 45 delas, e se cada funcionário receber 11 cédulas, faltarão 27. Que valor será distribuído?

4. Determine a lei da função polinomial do 1º grau $f(x) = ax + b$, sabendo que seu gráfico passa pelos pontos $A(2, 5)$ e $B(-3, 1)$.

5. O sistema linear $\begin{cases} (\lambda + 1)x + y = 0 \\ x + \lambda y = 3 \end{cases}$ admite solução (x, y) com $y = 0$. Determine o valor de λ.

6. Em determinada região da cidade, existem três delegacias de polícia (A, B e C). Cada delegacia atende uma área de determinado raio, de acordo com a quantidade de funcionários (conforme mostra a figura).

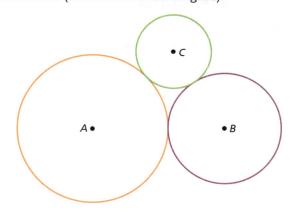

- A distância entre as delegacias A e B é 18 km; entre A e C é 16 km; e entre B e C é 12 km. Determine o raio de atendimento de cada delegacia, admitindo que os círculos sejam tangentes entre si.

7. Determine $k \in \mathbb{R}$ de modo que o sistema abaixo tenha solução única.
$$\begin{cases} 6x + 2y = 4 \\ 3x + 5y = 6 \\ kx + 2y = 5 \end{cases}$$

8. Dadas as equações $y = 2x - 6$ e $y = 2x - 4$:
   a) represente, em um mesmo sistema de coordenadas, as funções dadas por essas equações.
   b) interprete os gráficos construídos no item **a** e dê o conjunto solução do sistema formado pelas equações.

9. Classifique os sistemas lineares abaixo e determine o conjunto solução correspondente.
   a) $\begin{cases} x + 5y = 3 \\ 2x - 3y = 5 \end{cases}$
   b) $\begin{cases} x + \frac{1}{2}y = 2 \\ 2x + y = 4 \end{cases}$

10. Sabendo que os sistemas abaixo são equivalentes, determine o valor de $a + b$.
$$\begin{cases} 2x + 3y = -1 \\ 3x + 2y = -4 \end{cases} \quad \begin{cases} ax - 3y = 0 \\ 2x - by = 0 \end{cases}$$

11. Resolva o sistema: $\begin{cases} 3x + 2y - 12z = 0 \\ x - y + z = 0 \\ 2x - 3y + 5z = 0 \end{cases}$

12. Resolva as equações matriciais.
    a) $\begin{bmatrix} 1 & 2 & 0 \\ 0 & 3 & 3 \\ 0 & -1 & 0 \end{bmatrix} \cdot \begin{bmatrix} x \\ y \\ z \end{bmatrix} = \begin{bmatrix} 1 \\ -1 \\ 2 \end{bmatrix}$
    b) $\begin{bmatrix} 1 & 1 & 1 & 1 \\ 0 & -1 & -1 & 1 \\ 0 & 0 & -1 & 1 \\ 0 & 0 & 0 & -1 \end{bmatrix} \cdot \begin{bmatrix} u \\ x \\ y \\ z \end{bmatrix} = \begin{bmatrix} 6 \\ 0 \\ 1 \\ -3 \end{bmatrix}$

13. Determine o valor de $\lambda \in \mathbb{R}$ de modo que a equação matricial $\begin{bmatrix} 1 & 5 \\ 2 & -1 \end{bmatrix} \cdot \begin{bmatrix} x \\ y \end{bmatrix} = \lambda \begin{bmatrix} x \\ y \end{bmatrix}$ admita mais de uma solução.

14. O sistema $\begin{cases} 3x + 7my + 6z = 0 \\ 3my + 4z = 0 \\ (m-1)x + 2y - mz = 0 \end{cases}$ nas variáveis x, y e z admite solução diferente da trivial. Determine o valor de m.

15. Determine $\lambda \in \mathbb{R}$ de modo que o sistema abaixo não admita solução diferente da trivial.
$$\begin{cases} \lambda x + y = 0 \\ x + \lambda y + z = 0 \\ y + \lambda z = 0 \end{cases}$$

16. Resolva, pela regra de Cramer, o sistema linear a seguir:
$$\begin{cases} x + y = 1 \\ x - z = -2 \\ y - z = 3 \end{cases}$$

17. Discuta, em função do parâmetro a, o sistema a seguir:
$$\begin{cases} x + 4y - 5z = 0 \\ 2x - y + 3z = 0 \\ 3x + ay + 2z = 0 \end{cases}$$

18. Resolva o sistema: $\begin{cases} 2^x = 8^{y+1} \\ 9^y = 3^{x-9} \end{cases}$

EXERCÍCIOS COMPLEMENTARES

19. Discuta, em função do parâmetro m, o sistema linear a seguir: $\begin{cases}(m-1)x + 2y = 0 \\ 4x + (m+1)y = 0\end{cases}$

20. Sabendo que o sistema abaixo é possível e não admite solução trivial, determine k.
$$\begin{cases}2x + y + 4z = k \\ 3x + 2y + 5z = k \\ x + \dfrac{y}{2} + 2z = k^2\end{cases}$$

21. Discuta o sistema abaixo em função dos coeficientes a e b.
$$\begin{cases}x + ay = 1 \\ ax + y = b\end{cases}$$

QUESTÕES DE VESTIBULAR

22. (Unicamp-SP) O IBGE contratou um certo número de entrevistadores para realizar o recenseamento em uma cidade. Se cada um deles recenseasse 100 residências, 60 delas não seriam visitadas. Como, no entanto, todas as residências foram visitadas e cada recenseador visitou 102, quantas residências tem a cidade?

23. (UFJF-MG) A tabela abaixo fornece a quantidade de proteína, carboidrato e gordura contida em cada grama dos alimentos A, B, C e D.

Alimentos	Unidades de proteína	Unidades de carboidrato	Unidades de gordura
A	4	4	2
B	6	1	3
C	6	2	3
D	2	3	1

Um nutricionista deseja preparar uma refeição, composta somente por esses alimentos, que contenha exatamente 50 unidades de proteína, 21 unidades de carboidrato e 24 unidades de gordura. Então, quanto às maneiras de se combinarem quantidades desses quatro alimentos, em números inteiros de gramas, para compor tal refeição, é correto afirmar que:
a) não existe tal maneira.
b) existe uma única maneira.
c) existem exatamente duas maneiras.
d) existem exatamente três maneiras.
e) existem infinitas maneiras.

24. (Mackenzie-SP) Um supermercado vende três marcas diferentes, A, B e C, de sabão em pó, embalados em caixas de 1 kg. O preço da marca A é igual à metade da soma dos preços das marcas B e C. Se um cliente paga R$ 14,00 pela compra de dois pacotes do sabão A, mais um pacote do sabão B e mais um do sabão C, o preço que ele pagaria por três pacotes do sabão A seria:
a) R$ 12,00   c) R$ 13,40   e) R$ 13,00
b) R$ 10,50   d) R$ 11,50

25. (FGV) Sabe-se que o sistema linear $\begin{cases}x - y = 2 \\ 2x + ay = \log_b(-a)\end{cases}$ nas variáveis x e y é possível e indeterminado. Nessas condições, b^a é igual a:
a) $2\sqrt[4]{2}$
b) $\sqrt{2}$
c) $\sqrt[4]{2}$
d) $\dfrac{\sqrt{2}}{2}$
e) $\dfrac{\sqrt[4]{2}}{2}$

26. (Mackenzie-SP) As afirmações abaixo referem-se ao sistema $\begin{cases}x + ky = 2 \\ kx + 4y = 2 - k\end{cases}, k \in \mathbb{R}$.

I. Existe um único valor de k para o qual o sistema admite mais de uma solução.
II. Existe um único valor de k para o qual o sistema não admite solução.
III. Existe k irracional para o qual o sistema tem solução única.

Então:
a) somente III é verdadeira.
b) somente II é verdadeira.
c) somente I é verdadeira.
d) somente I e II são verdadeiras.
e) somente II e III são verdadeiras.

27. (Unipar-PR) Sobre o sistema linear
$$\begin{cases}x + 2y + 3z = 1 \\ 2x + 4y + 6z = 2 \\ 3x + 6y + 9z = 4\end{cases}$$
é correto afirmar que é:
a) possível e determinado.
b) possível e indeterminado.
c) impossível.
d) homogêneo.
e) inclassificável.

28. (Uece) No sistema linear $\begin{cases}x + 2y + z + w = 3 \\ x + y + 2z + w = 7 \\ x + y + z + 2w = 9 \\ 2x + y + z + w = 5\end{cases}$ o valor de $x + y + z + w$ é:
a) 15
b) $\dfrac{12}{5}$
c) $\dfrac{19}{5}$
d) $\dfrac{24}{5}$

29. (ESPM-SP) Quanto ao sistema $\begin{bmatrix} k & 2 \\ 1 & k+1 \end{bmatrix} \cdot \begin{bmatrix} x \\ y \end{bmatrix} = \begin{bmatrix} -6 \\ 3 \end{bmatrix}$, nas variáveis x e y, pode-se afirmar:

a) É sempre possível.
b) É impossível para $k = -1$ ou $k = -2$.
c) É possível e indeterminado para $k = 1$ ou $k = -2$.
d) É possível e indeterminado somente para $k = -2$.
e) É possível e determinado para qualquer k real.

30. (Vunesp) Considere a matriz $A = \begin{bmatrix} 6 & -3 & 0 \\ -3 & 6 & 0 \\ 1 & -1 & 2 \end{bmatrix}$.

a) Determine todos os números reais λ para os quais se tem $\det(A - \lambda I) = 0$, onde I é a matriz identidade de ordem 3.

b) Tomando $\lambda = -2$, dê todas as soluções do sistema:
$\begin{cases} (6 - \lambda)x - 3y = 0 \\ -3x + (6 - \lambda)y = 0 \\ x - y + (2 - \lambda)z = 0 \end{cases}$

31. (UFBA) Determine os valores de k para que o sistema de equações $\begin{cases} 2x + 2y - 2z = 2 \\ 3x + 4y + (k - 1)z = 4 \\ x + ky + 3z = 2 \end{cases}$ seja:

a) possível e determinado.
b) possível e indeterminado.
c) impossível.

32. (FGV)

a) Discuta, em função de m, o sistema nas incógnitas x e y: $\begin{cases} mx + y = 4 \\ x + my = 6 \end{cases}$

b) Dadas as matrizes $A = \begin{bmatrix} 2 & 0 \\ 1 & 3 \end{bmatrix}$ e $B = \begin{bmatrix} k & 0 \\ m & \frac{1}{3} \end{bmatrix}$, para que valores de k e m a matriz A é a inversa de B?

33. (Fuvest-SP) O sistema $\begin{cases} x + (c + 1)y = 0 \\ cx + y = -1 \end{cases}$, onde $c \neq 0$, admite uma solução (x, y) com $x = 1$. Então, c é:

a) -3
b) -2
c) -1
d) 1
e) 2

34. (UFSCar-SP) Sendo m e n números reais positivos, o sistema linear $\begin{cases} (\log_2 m)x + (\log_4 n)y = 1 \\ x + y = 2 \end{cases}$ nas variáveis x e y será possível e determinado se, e somente se:

a) $m \neq 2n$
b) $m \neq \sqrt{n}$
c) $m\sqrt{n} \neq 1$
d) $n = 2m$
e) $m = 2n$

35. (Fuvest-SP) Durante uma viagem, choveu 5 vezes. A chuva caía pela manhã ou à tarde, nunca o dia todo. Houve 6 manhãs e 3 tardes sem chuva. Quantos dias durou a viagem?

a) 6
b) 7
c) 8
d) 9
e) 10

36. (Fuvest-SP) Um caminhão transporta maçãs, peras e laranjas, num total de 10.000 frutas. As frutas estão condicionadas em caixas (cada caixa só contém um tipo de fruta), sendo que cada caixa de maçãs, peras e laranjas tem, respectivamente, 50 maçãs, 60 peras e 100 laranjas e custa, respectivamente, 20, 40 e 10 reais. Se a carga do caminhão tem 140 caixas e custa 3.300 reais, calcule quantas maçãs, peras e laranjas estão sendo transportadas.

37. (Fuvest) Considere o sistema:
$\begin{cases} x - my = 1 - m \\ (1 + m)x + y = 1 \end{cases}$

a) Prove que o sistema admite solução única para cada número real m.
b) Determine m de modo que o valor de x seja o maior possível.

38. (Unicamp-SP) Seja dado o sistema linear:
$\begin{cases} -x_1 + 2x_2 = 2 \\ 2x_1 - x_2 = 2 \\ x_1 + x_2 = 2 \end{cases}$

a) Mostre graficamente que esse sistema não tem solução. Justifique.
b) Para determinar uma solução aproximada de um sistema linear $Ax = b$ impossível, utiliza-se o método dos quadrados mínimos, que consiste em resolver o sistema $A^T A x = A^T b$. Usando esse método, encontre uma solução aproximada para o sistema dado anteriormente. Lembre-se de que as linhas de M^T (a transposta da matriz M) são iguais às colunas de M.

Mais questões: no livro digital, em **Vereda Digital Aprova Enem** e **Vereda Digital Suplemento de revisão e vestibulares**; no *site*, em **AprovaMax**.

Compreensão de texto

Montando uma dieta alimentar com sistemas lineares

Neste artigo, vamos mostrar que o estudo de sistemas lineares indeterminados pode ser útil para abordar um problema nutricional.

O leitor já deve ter reparado que as embalagens de alimentos trazem informações sobre o valor energético e as quantidades de carboidratos, gorduras, sódio, proteínas etc. contidas nos produtos e quanto cada uma dessas quantidades representa percentualmente nos Valores Diários de Referência — VDR — para uma alimentação adequada.

Após vasculhar a geladeira e os armários da cozinha, montamos a tabela a seguir, que mostra os valores nutricionais de alguns alimentos encontrados: arroz e feijão *in natura**, peito de frango empanado congelado, suco de laranja pasteurizado e adoçado, pão tipo francês e margarina sem sal.

Principais nutrientes de alguns alimentos							
	Arroz (50 g)	Feijão (30 g)	Frango (80 g)	Suco (200 mL)	Pão (50 g)	Margarina (14 g)	VDR
Energia (kcal)	190	100	150	120	130	45	2.000
Carboidratos (g)	37	16	8	30	28	0	300
Proteínas (g)	3	7	13	1	4	0	75
Gorduras totais (g)	0	0	6	0	1,5	5	55

Sistema linear

Para montar uma dieta, é preciso determinar as quantidades $x_1, \ldots, x_6$ (em porções) de cada alimento necessárias para compor o VDR. Isso corresponde a resolver o sistema linear.

$$\begin{cases} 190x_1 + 100x_2 + 150x_3 + 120x_4 + 130x_5 + 45x_6 = 2.000 \\ 37x_1 + 16x_2 + 8x_3 + 30x_4 + 28x_5 = 300 \\ 3x_1 + 7x_2 + 13x_3 + x_4 + 4x_5 = 75 \\ 6x_3 + 1,5x_5 + 5x_6 = 55 \end{cases} \quad \text{(I)}$$

Observe que o sistema (I) possui quatro equações, correspondentes ao número de nutrientes, e seis incógnitas, correspondentes ao número de alimentos. A melhor maneira de resolver o sistema é por escalonamento [...], transformando o sistema na forma (I) escalonada reduzida.

$$\begin{cases} x_1 - 0,33x_5 + 0,17x_6 = 0,19 \\ x_2 + 0,07x_5 - 1,68x_6 = -8,05 \\ x_3 + 0,25x_5 + 0,83x_6 = 9,16 \\ x_4 + 1,24x_5 + 0,45x_6 = 11,60 \end{cases} \quad \text{(II)}$$

[...] nem toda solução matemática é utilizável na situação prática, já que numa dieta é necessário escolher $x_5 \geq 0$ e $x_6 \geq 0$ de modo que também tenhamos $x_1 \geq 0, \ldots, x_4 \geq 0$.
[...]

Fonte: DORNELLES Filho, Adalberto A. Montando uma dieta com sistemas lineares. *Revista do Professor de Matemática*, n. 59, 2006. p. 27-28.

Suco (200 mL)
Energia .... 120 kcal
Carboidratos .... 30 g
Proteínas .... 1 g
Gorduras totais ..... 0 g

Feijão (30 g)
Energia .... 100 kcal
Carboidratos .... 16 g
Proteínas .... 7 g
Gorduras totais ..... 0 g

Frango (80 g)
Energia .... 150 kcal
Carboidratos .... 8 g
Proteínas .... 13 g
Gorduras totais ..... 6 g

---
* *In natura*: no estado natural, sem ter passado por processamento industrial.

Margarina (14 g)
Energia .... 45 kcal
Carboidratos............ 0 g
Proteínas................. 0 g
Gorduras totais........ 5 g

Pão (50 g)
Energia .... 130 kcal
Carboidratos............ 28 g
Proteínas................. 4 g
Gorduras totais........ 1,5 g

Arroz (50 g)
Energia .... 190 kcal
Carboidratos............ 37 g
Proteínas................. 3 g
Gorduras totais........ 0 g

ATIVIDADES

1. No texto da página ao lado, quais elementos foram considerados para o estudo dos valores nutricionais dos alimentos escolhidos?

2. Observe, no texto, o sistema (I), obtido com base na tabela dos principais nutrientes.
   a) O sistema tem quantas equações? E quantas incógnitas?
   b) No sistema, a que correspondem cada equação e cada incógnita?

3. Podemos dizer que o sistema é:
   a) possível e determinado.   b) possível e indeterminado.   c) impossível.

4. Partindo da forma escalonada reduzida, escreva o sistema de modo que x_1, x_2, x_3 e x_4 sejam expressos em função de x_5 e x_6.

5. Com base no sistema obtido na questão 4, determine as inequações que relacionam x_6 com x_5 de modo que tenhamos $x_1 \geq 0$, ..., $x_4 \geq 0$.

6. Cada inequação obtida na questão 5 corresponde a um semiplano no sistema de eixos x_5 e x_6, e os valores de x_5 e x_6 que satisfazem todas as inequações pertencem à região de intersecção dos semiplanos. Sabendo disso, verifique qual dos gráficos melhor representa o conjunto solução do sistema formado por essas inequações.

a)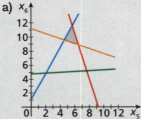

c)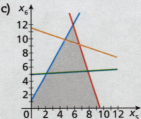

b)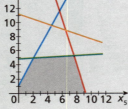

d)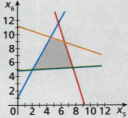

7. De acordo com o gráfico, uma possível dieta composta apenas desses alimentos pode ser obtida escolhendo-se $x_5 = 5$ (250 g de pão) e $x_6 = 6$ (84 g de margarina). Substituindo esses valores no sistema da questão 4, determine x_1, x_2, x_3 e x_4.

Trocando ideias

Em grupos, façam uma pesquisa considerando estas e/ou outras questões que julgarem interessantes:
- Qual é a diferença entre *gorduras saturadas* e *gorduras trans*, ingredientes informados na embalagem de alguns alimentos?
- Quais são as funções das *fibras alimentares* e do *sódio* no organismo humano?
- O que seria uma dieta saudável em termos de porcentagem de VD (valores diários), isto é, quais grupos devem ter maiores porcentagens de VD e quais grupos devem ter porcentagens menores?
- Os nutrientes citados no texto são suficientes para uma alimentação saudável? Justifique.
- Que atitudes vocês podem tomar para ter uma alimentação mais saudável?

Preparem uma apresentação oral e discutam com o restante da turma os resultados encontrados.

CAPÍTULO

17

SUPERFÍCIES POLIGONAIS, CÍRCULOS E ÁREAS

ENEM
C2: H7, H8, H9
C3: H10, H11, H12, H14

O maior radiotelescópio do mundo está sendo construído na China. Com uma antena de 500 metros de diâmetro e cerca de 20 quilômetros quadrados de área, será a mais nova ferramenta dos astrônomos para procurar estrelas distantes e investigar a existência de vida extraterrestre. As formas poligonais e circulares estão presentes na busca do conhecimento do cosmos.

1. Polígonos e superfícies poligonais

Você já deve ter observado alguns vitrais como o representado abaixo. Ele lembra uma composição de **polígonos** e de **superfícies poligonais**.

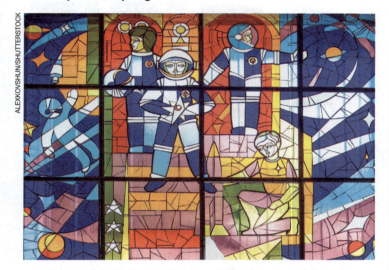

Como já vimos, polígono é uma figura geométrica plana e fechada, formada apenas por segmentos de reta que não se cruzam.

Um polígono divide o plano que o contém em duas regiões distintas: uma interna e outra externa. A figura formada pela união do polígono com sua região interna é denominada superfície poligonal ou região poligonal.

1.1 Polígonos convexos e não convexos

Se a reta que passa por qualquer par de vértices consecutivos mantiver todos os demais vértices no mesmo semiplano, tem-se um polígono **convexo**; caso contrário, tem-se um polígono **não convexo**.

Exemplos

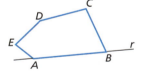

Polígono convexo: uma reta *r* que passa por qualquer par de vértices consecutivos mantém os demais vértices no mesmo semiplano.

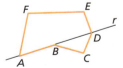

Polígono não convexo: a reta $\overleftrightarrow{AB}$ não mantém os demais vértices no mesmo semiplano.

Toda região poligonal delimitada por um polígono convexo é chamada de **região convexa**. As regiões convexas apresentam uma propriedade: todo segmento de reta com extremidades pertencentes à região está contido nela.

Exemplos

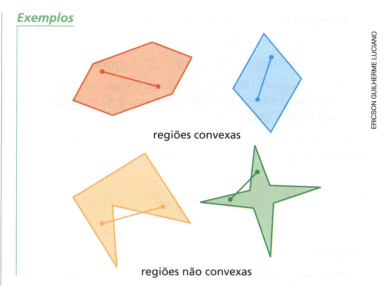

regiões convexas

regiões não convexas

Neste capítulo, estudaremos apenas polígonos convexos, que daqui em diante serão chamados apenas de polígonos.

1.2 Diagonais de um polígono

A **diagonal** de um polígono é um segmento cujas extremidades são dois vértices não consecutivos do polígono.

Exemplos

heptágono
número de vértices: 7
número de diagonais
relativas a um dos vértices: 4

octógono
número de vértices: 8
número de diagonais
relativas a um dos vértices: 5

eneágono
número de vértices: 9
número de diagonais
relativas a um dos vértices: 6

Capítulo 17 • Superfícies poligonais, círculos e áreas **327**

Considerando um polígono com *n* lados, observamos que:

- de um único vértice partem ($n - 3$) diagonais;
- há *n* vértices; portanto, $n(n - 3)$ diagonais;
- cada diagonal tem extremidade em dois vértices (por isso foi contada duas vezes); logo, é preciso dividir a expressão anterior por 2.

Então, a relação entre o número de diagonais (*d*) e o número de lados (*n*) de um polígono qualquer é dada por:

$$d = \frac{n(n-3)}{2}$$

Exemplo

Vamos calcular o número de diagonais de um decágono (polígono de 10 lados).

Aplicando a relação entre o número de diagonais e o número de lados, obtemos:

$$d = \frac{10 \cdot (10-3)}{2} = \frac{10 \cdot 7}{2} = \frac{70}{2} = 35$$

Logo, o decágono tem 35 diagonais.

EXERCÍCIOS

1. Observe as figuras abaixo e responda.

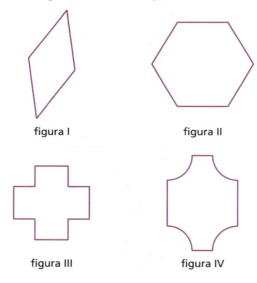

figura I   figura II

figura III   figura IV

- Quais dessas figuras são polígonos? Justifique sua resposta.

2. Desenhe um polígono não convexo com 6 lados.

3. Desenhe um polígono com 5 lados e apenas 4 ângulos internos.

4. Desenhe e pinte uma região poligonal determinada por um polígono convexo e uma região poligonal determinada por um polígono não convexo.

5. Copie a tabela e complete-a.

Polígono	Número de vértices	Número de diagonais em um vértice	Número de diagonais do polígono
Pentágono			
	6		
		4	
		6	
Polígono de 12 lados (dodecágono)			
Icoságono	20		

1.3 Soma das medidas dos ângulos internos de um polígono

Traçando as diagonais que partem de um único vértice de um polígono, é possível decompor qualquer polígono em triângulos.

Exemplos

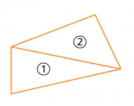

quadrilátero (4 lados)
número de triângulos formados: 2
↑
4 − 2
(número de lados menos 2)

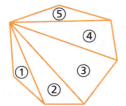

heptágono (7 lados)
número de triângulos formados: 5
↑
7 − 2
(número de lados menos 2)

decágono (10 lados)
número de triângulos formados: 8
↑
10 − 2
(número de lados menos 2)

Considerando um polígono de *n* lados, podemos relacionar o número de lados (*n*) com a soma das medidas dos ângulos internos (S_i) do polígono. Acompanhe:

- podemos decompor esse polígono em ($n - 2$) triângulos pelas diagonais que partem de um vértice;
- sabemos que a soma das medidas dos ângulos internos de um triângulo é igual a 180°.

Então, a soma das medidas dos ângulos internos de um polígono de n lados é dada por:

$$S_i = (n - 2) \cdot 180°$$

EXERCÍCIOS

6. Calcule, em cada caso, o valor de x em grau.

a)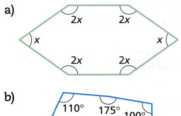

b)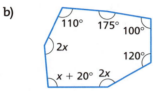

7. Calcule o número de diagonais de um polígono cuja soma das medidas dos ângulos internos é 3.060°.

8. Determine, em grau, os valores de x, y e z.

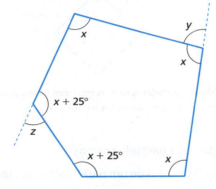

9. Desenhe vários polígonos e prolongue cada lado em uma só direção, como na figura abaixo, em que $\hat{i}_k$ representa um ângulo interno com vértice K e $\hat{e}_k$ um ângulo externo adjacente, em que k = 1, 2, 3, 4, ..., n.

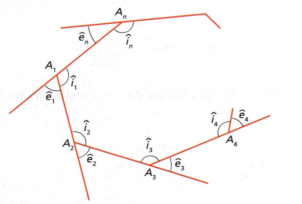

a) Em cada polígono desenhado, meça todos os ângulos externos e calcule a soma S_e dessas medidas. Comparando essas somas, o que você pode concluir?

b) Troque ideias com um colega sobre como generalizar a sua conclusão.

Para isso, façam o que se pede:

- Completem as igualdades abaixo.

$i_1 + e_1 =$
$i_2 + e_2 =$
$i_3 + e_3 =$
$i_4 + e_4 =$
$\vdots + \vdots =$
$i_n + e_n =$
$\overline{S_i + S_e =}$

　　└── soma das medidas de todos os ângulos externos
　　　　soma das medidas de todos os ângulos internos

- Obtenham o valor de S_e substituindo, na última igualdade do item **b**, S_i por $(n - 2) \cdot 180°$.

10. Classifique os itens como verdadeiro (V) ou falso (F).

a) Quanto maior o número de vértices de um polígono, maior é a soma das medidas dos ângulos internos.

b) Quanto maior o número de vértices de um polígono, maior é a soma das medidas dos ângulos externos.

c) Um polígono com o dobro de vértices de outro tem a soma das medidas dos ângulos internos igual a duas vezes a soma das medidas dos ângulos internos desse outro.

2. Quadriláteros

Todo polígono com quatro lados é chamado de **quadrilátero**.

Diferentemente dos triângulos, cuja propriedade mais importante é a rigidez (empregada em estruturas fixas como telhados, portões etc.), a propriedade dos quadriláteros utilizada no nosso cotidiano é, justamente, a da não rigidez.

A mobilidade observada nos quadriláteros pode ser usada em vários objetos.

Veja alguns com quadriláteros articuláveis:

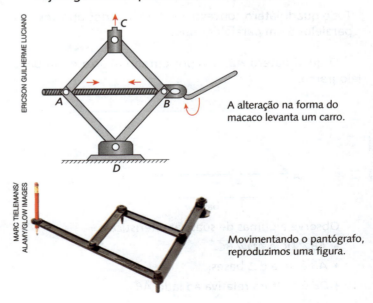

A alteração na forma do macaco levanta um carro.

Movimentando o pantógrafo, reproduzimos uma figura.

Capítulo 17 • Superfícies poligonais, círculos e áreas **329**

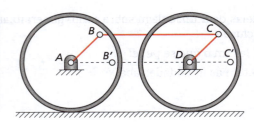

No trem, a roda da máquina aciona as rodas dos vagões.

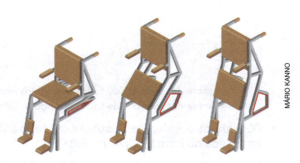

O movimento das barras que juntas têm a forma de um polígono permite que a pessoa fique em pé.

2.1 Quadriláteros notáveis: paralelogramos e trapézios

Alguns quadriláteros têm características que os tornam especiais, caso dos **paralelogramos** e dos **trapézios**.

Paralelogramos

Todo quadrilátero convexo que tem os lados opostos paralelos é um paralelogramo.

O quadrilátero *ABCD* representado abaixo é um paralelogramo.

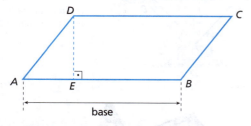

Observe algumas de suas características:

- $\overline{AB} \parallel \overline{DC}$ e $\overline{AD} \parallel \overline{BC}$.
- $\overline{AB}$ é uma das bases.
- $\overline{DE}$ é a altura relativa ao lado $\overline{AB}$.

Alguns paralelogramos recebem nomes especiais, de acordo com particularidades de seus lados ou de seus ângulos. Veja:

Losango

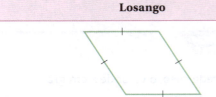

Losangos são paralelogramos que têm os quatro lados congruentes.

Retângulo

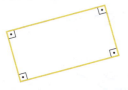

Retângulos são paralelogramos que têm os quatro ângulos congruentes.

Quadrado

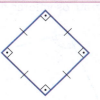

Quadrados são paralelogramos que têm os quatro lados congruentes e os quatro ângulos congruentes.

Propriedades dos paralelogramos

- Os lados opostos de um paralelogramo são congruentes.

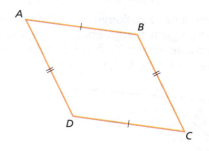

$\overline{AB} \cong \overline{DC}$
$\overline{AD} \cong \overline{BC}$

- Os ângulos opostos de um paralelogramo são congruentes.

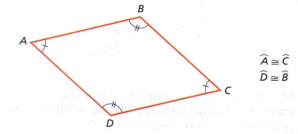

$\hat{A} \cong \hat{C}$
$\hat{D} \cong \hat{B}$

330 Conexões com a Matemática

- As diagonais de um paralelogramo cruzam-se nos respectivos pontos médios.

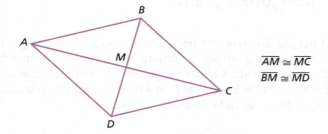

Alguns paralelogramos têm propriedades específicas, como as relacionadas a seguir.

- As diagonais de um retângulo são congruentes.

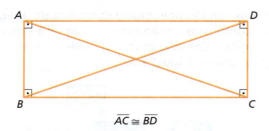

- As diagonais de um losango estão contidas nas respectivas bissetrizes dos ângulos internos e são perpendiculares entre si.

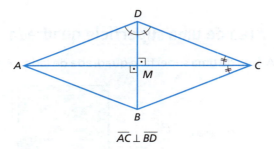

Trapézios

Todo quadrilátero convexo que tem apenas dois lados paralelos é um **trapézio**.

O quadrilátero *ABCD* representado abaixo é um trapézio.

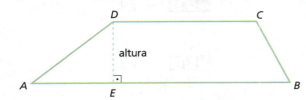

Observe algumas de suas características:

- os lados paralelos $\overline{AB}$ e $\overline{CD}$ são as bases – $\overline{AB}$ é a base maior e $\overline{CD}$ é a base menor.
- $\overline{DE}$ é uma altura do trapézio (segmento perpendicular às duas bases).

Alguns trapézios, de acordo com particularidades de seus lados ou de seus ângulos, recebem nomes especiais. Veja:

Trapézio isósceles

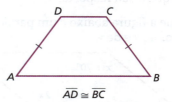

$\overline{AD} \cong \overline{BC}$

Trapézios isósceles são trapézios cujos lados não paralelos são congruentes.

Trapézio escaleno

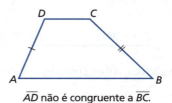

$\overline{AD}$ não é congruente a $\overline{BC}$.

Trapézios escalenos são trapézios cujos lados não paralelos não são congruentes.

Trapézio retângulo

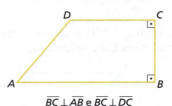

$\overline{BC} \perp \overline{AB}$ e $\overline{BC} \perp \overline{DC}$

Trapézios retângulos são trapézios que têm um lado perpendicular às bases. Esses trapézios também são escalenos.

Propriedades dos trapézios isósceles

- Os ângulos adjacentes a uma das bases de um trapézio isósceles são congruentes.

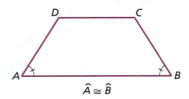

$\hat{A} \cong \hat{B}$

- As diagonais de um trapézio isósceles são congruentes.

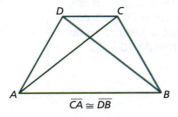

$\overline{CA} \cong \overline{DB}$

Capítulo 17 • Superfícies poligonais, círculos e áreas **331**

EXERCÍCIOS

11. Qual é o polígono cuja soma das medidas dos ângulos internos é igual à soma das medidas dos ângulos externos? Justifique a sua resposta.

12. Sabendo que a figura abaixo é um paralelogramo, determine o valor de x e de y.

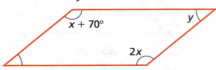

13. Sabendo que o trapézio MNOP é isósceles, de bases $\overline{MN}$ e $\overline{OP}$, determine o valor de x e de y.

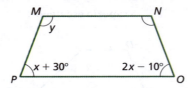

14. No trapézio abaixo, $\overline{AB}$ e $\overline{CD}$ são bases. Determine o valor de x e de y.

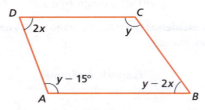

15. Na figura a seguir, ABCD é um quadrado e ABM é um triângulo equilátero. Determine a medida do ângulo $C\widehat{M}D$.

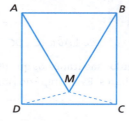

16. ABCD é um quadrado e BEF é um triângulo equilátero. Os pontos B, C e E são colineares. Qual é o valor de x?

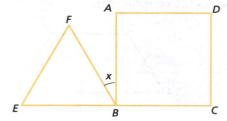

17. Na figura, os ângulos $C\widehat{A}B$ e $B\widehat{D}E$ são retos e AC = 9 cm, BC = 15 cm e DE = 3 cm. Determine o perímetro do quadrilátero AEDC.

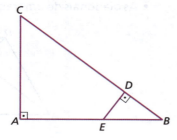

3. Área de algumas superfícies poligonais planas

A porção do plano ocupada por uma superfície poligonal corresponde a um único número A real positivo chamado de **área**, obtido pela comparação da porção ocupada pela superfície poligonal com a porção ocupada por uma unidade de medida de área.

A unidade de medida de área que geralmente consideramos é a área delimitada por um quadrado unitário, isto é, um quadrado de lado 1u, sendo u uma unidade de comprimento. Dizemos que a área desse quadrado unitário é $1u^2$.

Se uma região poligonal é composta de n regiões poligonais justapostas, então sua área é igual à soma das áreas das n regiões. Considerando a unidade u^2, a área da região poligonal abaixo é igual a $5u^2$.

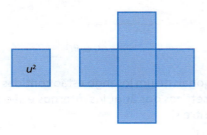

3.1 Área de uma superfície quadrada

A área de uma superfície quadrada de lado ℓ é dada por:

$$A_{\text{quadrado}} = \ell^2$$

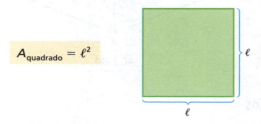

Veja, na figura abaixo, o caso em que ℓ é um número natural n.

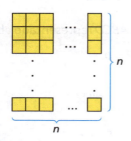

Nesse caso, temos um total de $n \cdot n$ quadradinhos de área u^2 justapostos; logo, a área da figura, na unidade u^2, é igual a n^2.

Nesse exemplo, consideramos ℓ um número natural. Porém, a relação obtida é válida para qualquer valor real de ℓ (racional ou irracional).

Observação

Daqui em diante, a superfície poligonal será chamada pelo nome do polígono que a determina. Por exemplo, em vez de dizer "a área da superfície quadrada", diremos "a área do quadrado".

3.2 Área do retângulo

A área de um retângulo é obtida pelo produto da medida da base pela medida da altura relativa a essa base, ou seja, em um retângulo com medida da base b e medida da altura h, a área é dada por:

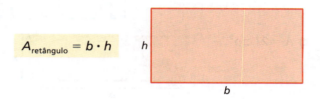

$A_{\text{retângulo}} = b \cdot h$

3.3 Área do paralelogramo

Observe o paralelogramo $ABCD$ representado abaixo. Traçando a altura $\overline{AH}$, relativa à base $\overline{DC}$, obtivemos o triângulo ADH. Assim, esse paralelogramo pode ser decomposto em dois polígonos: o triângulo ADH e o trapézio $ABCH$.

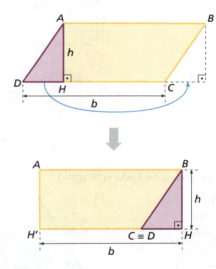

Após a decomposição do paralelogramo e a composição do retângulo, podemos observar que eles têm a mesma área, já que possuem altura de mesma medida h e base de mesma medida b.

Portanto, a área de um paralelogramo é obtida pelo produto da medida da base pela medida da altura relativa a essa base, ou seja, em um paralelogramo com medida da base b e medida da altura h, a área é dada por:

$A_{\text{paralelogramo}} = b \cdot h$

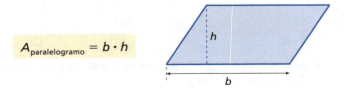

3.4 Área do triângulo

Observe os triângulos congruentes ABD e CDB, com base de medida b e altura de medida h. Com esses dois triângulos, podemos compor o paralelogramo $ABCD$, conforme mostra o esquema abaixo.

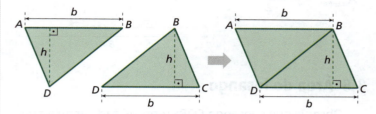

Após a composição do paralelogramo $ABCD$, podemos observar que a área do paralelogramo é igual à soma das áreas dos dois triângulos. Como os dois triângulos são congruentes, a área de cada um é igual à metade da área do paralelogramo.

Portanto, em um triângulo com medida da base b e medida da altura h, a área é dada por:

$A_{\text{triângulo}} = \dfrac{b \cdot h}{2}$

3.5 Área do trapézio

Observe que o trapézio $PQRS$ representado a seguir pode ser decomposto em dois triângulos com bases de medidas b e B e altura de mesma medida h.

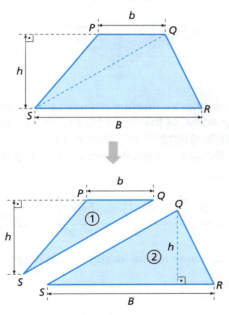

A área do trapézio é igual à soma das áreas dos triângulos:

$A_{\text{trapézio}} = A_{\text{triângulo 1}} + A_{\text{triângulo 2}}$

$A_{\text{trapézio}} = \dfrac{b \cdot h}{2} + \dfrac{B \cdot h}{2} = \dfrac{h \cdot (b + B)}{2}$

Portanto, a área de um trapézio, cujas bases medem, respectivamente, B e b e cuja altura mede h, é:

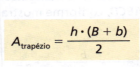
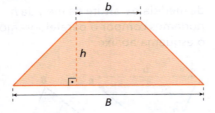

$$A_{trapézio} = \frac{h \cdot (B + b)}{2}$$

3.6 Área do losango

Observe que o losango PQRS representado abaixo pode ser decomposto em dois triângulos congruentes com base de medida D e altura de medida $\frac{d}{2}$.

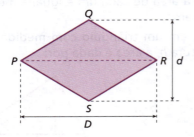

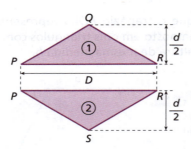

Note que, como o losango é um paralelogramo de lados de mesma medida, os triângulos PQR e PSR, obtidos com a decomposição do losango PQRS, são congruentes pelo caso LLL.

A área do losango é igual à soma das áreas dos triângulos:

$$A_{losango} = A_{triângulo\,1} + A_{triângulo\,2}$$

$$A_{losango} = \frac{D \cdot \frac{d}{2}}{2} + \frac{D \cdot \frac{d}{2}}{2} = \frac{2\left(D \cdot \frac{d}{2}\right)}{2} = D \cdot \frac{d}{2} = \frac{D \cdot d}{2}$$

Portanto, a área de um losango, cujas diagonais medem D e d, é:

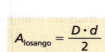
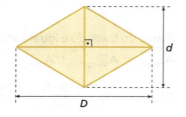

$$A_{losango} = \frac{D \cdot d}{2}$$

EXERCÍCIOS

18. Conhecendo a área das figuras, determine o valor de x em cada caso.

a) $A = 64$ cm²

b) $A = 48$ cm²

c) $A = 27$ cm²

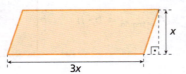

d) $A = 21$ cm²

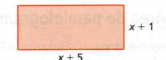

e) $A = 20$ cm²

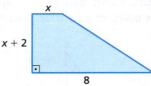

f) $A = 36$ cm²

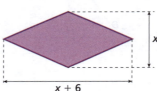

19. Determine a área de cada triângulo.

a)
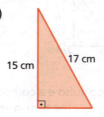

b)
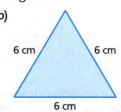

20. O quadrado ABCD tem 10 m de lado. Em cada caso, foi pintada uma superfície poligonal.

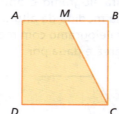
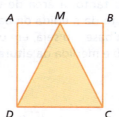

- Sabendo que $AM = MB$, calcule a área de cada superfície poligonal pintada.

21. Considere uma malha quadriculada com lados medindo 1 cm e determine a área do losango.

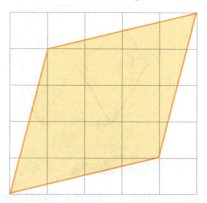

22. Determine o valor de x e a área dos trapézios retângulos, sabendo que as medidas estão em centímetro.

a)
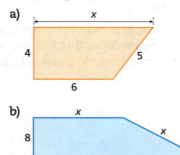

b)

23. Determine a área do trapézio isósceles cujas bases medem 4,2 m e 16,4 m e perímetro 54 m.

24. Um retângulo tem 60 cm de perímetro e 56 cm² de área. Determine as medidas da base e da altura desse retângulo.

25. Para cofeccionar uma bandeira do Brasil, um artista plástico colou, sobre um tecido retangular verde de medidas 2 m e 1,4 m, um tecido amarelo na forma de losango. Cada um dos vértices dista 17 cm dos lados do retângulo. Quantos centímetros quadrados tem esse losango?

26. Determine a medida do lado de um quadrado sabendo que aumentando 2 cm na medida do lado a área aumenta 20 cm².

27. Um retângulo e um quadrado têm áreas iguais. Os lados do retângulo medem 16 m e 9 m. Calcule a medida da diagonal do quadrado.

28. Um losango tem 68 cm de perímetro e uma das suas diagonais mede 16 cm. Calcule sua área.

29. Considere o trapézio ABCD representado a seguir, em que AB = BC = CD = 4 cm.

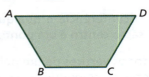

- Se AD = 8 cm, qual é a área do trapézio, em centímetro quadrado?

30. Uma região retangular tem 36 m² de área e 26 m de perímetro. Aumentando 1 m no comprimento e 1 m na largura, qual será a nova área dessa região?

31. Determine a área do quadrado ABCD.

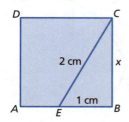

32. Determine a área da figura abaixo.

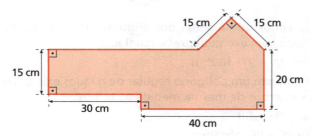

4. Polígonos regulares

Um polígono que tem todos os lados congruentes e todos os ângulos internos congruentes é chamado de **polígono regular**.

Exemplos

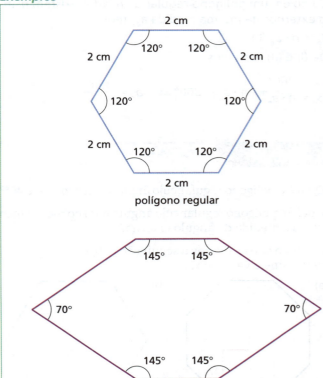

Capítulo 17 • Superfícies poligonais, círculos e áreas **335**

4.1 Ângulos de um polígono regular

Vamos considerar um polígono regular de n lados, sendo $\hat{a}_i$ um ângulo interno e $\hat{a}_e$ um ângulo externo.

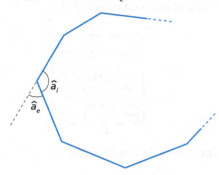

Já vimos que a soma dos ângulos internos (S_i) de um polígono convexo qualquer é igual a:

$S_i = (n - 2) \cdot 180°$ (I)

Como em um polígono regular de n lados existem n ângulos internos de mesma medida a_i, temos:

$S_i = n \cdot a_i$ (II)

De (I) e (II), obtemos:

$\begin{cases} S_i = (n - 2) \cdot 180° \\ S_i = n \cdot a_i \end{cases} \Rightarrow n \cdot a_i = (n - 2) \cdot 180° \Rightarrow$

$\Rightarrow \boxed{a_i = \dfrac{(n - 2) \cdot 180°}{n}}$

Também já vimos que a soma dos ângulos externos (S_e) de um polígono convexo qualquer é igual a:

$S_e = 360°$ (I)

Como em um polígono regular de n lados existem n ângulos externos de mesma medida a_e, temos:

$S_e = n \cdot a_e$ (II)

De (I) e (II), obtemos:

$\begin{cases} S_e = 360° \\ S_e = n \cdot a_e \end{cases} \Rightarrow n \cdot a_e = 360° \Rightarrow \boxed{a_e = \dfrac{360°}{n}}$

EXERCÍCIOS

33. Qual é o polígono regular cujo ângulo externo mede 40°?

34. Qual é o polígono regular cujo ângulo interno mede cinco vezes a medida do ângulo externo?

35. Sabendo que as figuras a seguir são polígonos regulares, determine o valor de x.

a)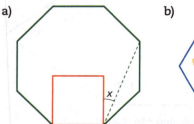

b)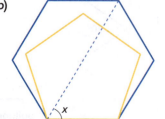

36. Determine o valor de x e de y, sabendo que a figura abaixo é composta de polígonos regulares.

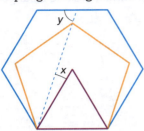

Trocando ideias

A geometria dos pisos e revestimentos

A indústria de pisos e revestimentos tem apresentado grande diversificação em seus produtos: qualidade, arte, cores, tamanhos, modelos, formas etc.

Quanto à forma, um desafio que essa indústria enfrenta é obter combinações de peças cerâmicas ou de barro que se encaixem, em torno de um ponto, forrando o plano (chão ou parede) sem sobras ou remontes.

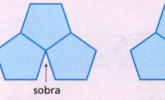 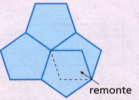

sobra — remonte

Pesquise as opções que existem no mercado e troque ideias sobre elas com um colega.

Construam painéis com polígonos regulares que cubram o plano, sem sobras ou remontes:
a) usando apenas um tipo de polígono regular.
b) usando dois tipos de polígonos regulares.

4.2 Polígono regular inscrito em uma circunferência

Antes de falarmos sobre os polígonos regulares inscritos em uma circunferência e circunscritos a ela, vamos definir **circunferência**.

> Circunferência é a figura formada por todos os pontos de um plano que distam r de um ponto O fixo desse plano. A distância r é a medida do raio da circunferência, e o ponto O é o centro da circunferência.

Observação

Raio de uma circunferência é qualquer segmento cujas extremidades são o centro e um ponto da circunferência.

Quando todos os vértices de um polígono pertencem a uma circunferência, dizemos que esse polígono está inscrito nessa circunferência ou que a circunferência está circunscrita ao polígono.

Exemplos

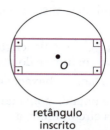
retângulo inscrito

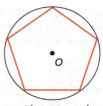
pentágono regular inscrito

quadrado inscrito

Quando um polígono regular está inscrito em uma circunferência de centro O e raio de medida r, todo segmento cujas extremidades são o centro da circunferência e o ponto médio de um lado do polígono é chamado de **apótema** do polígono. A medida do apótema de um polígono regular é a medida do raio da circunferência inscrita no polígono.

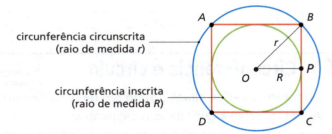

circunferência circunscrita (raio de medida r)
circunferência inscrita (raio de medida R)

Observação

Daqui em diante, não distinguiremos alguns segmentos de suas respectivas medidas quando essa opção não causar dificuldade ao entendimento do texto. Assim, empregaremos com o mesmo significado: circunferência com raio de medida r e circunferência de raio r; polígono com lado de medida ℓ e polígono de lado ℓ; apótema de medida a e apótema a.

Relações métricas

As medidas do lado e do apótema de um polígono regular podem ser escritas em função da medida do raio da circunferência em que esse polígono está inscrito. Observe a seguir como podemos escrever essas relações métricas para um quadrado e para um triângulo equilátero.

Quadrado inscrito em uma circunferência

Observe o quadrado $ABCD$ de lado ℓ_4 e apótema a_4, que está inscrito na circunferência de centro O e raio de medida r.

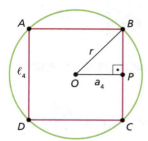

O triângulo OBP é retângulo; seus catetos medem a_4 e $\dfrac{\ell_4}{2}$, a hipotenusa, r.

Aplicando o teorema de Pitágoras no triângulo OBP, temos: $(a_4)^2 + \left(\dfrac{\ell_4}{2}\right)^2 = r^2$

Como $a_4 = \dfrac{\ell_4}{2}$, temos: $\left(\dfrac{\ell_4}{2}\right)^2 + \left(\dfrac{\ell_4}{2}\right)^2 = r^2 \Rightarrow \dfrac{(\ell_4)^2}{2} = r^2$

Logo, a medida do lado do quadrado é dada por:

$$\ell_4 = r\sqrt{2}$$

Assim, a medida do apótema do quadrado é dada por:

$$a_4 = \dfrac{r\sqrt{2}}{2}$$

Triângulo equilátero inscrito em uma circunferência

Observe o triângulo ABC de lado ℓ_3 e apótema a_3, que está inscrito na circunferência de centro O e raio de medida r.

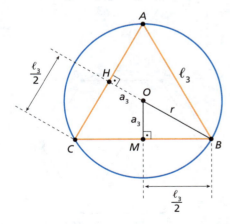

O triângulo OMB é retângulo; seus catetos medem a_3 e $\dfrac{\ell_3}{2}$, e a hipotenusa, r.

O triângulo CHB é retângulo; seus catetos medem $\dfrac{\ell_3}{2}$ e $a_3 + r$, e a hipotenusa, ℓ_3.

Capítulo 17 • Superfícies poligonais, círculos e áreas

Os triângulos *OMB* e *CHB* são semelhantes, pois têm um ângulo reto e um ângulo comum. Portanto:

$$\frac{a_3}{r} = \frac{\frac{\ell_3}{2}}{\ell_3} \Rightarrow \boxed{a_3 = \frac{r}{2}}$$

Aplicando o teorema de Pitágoras no triângulo *CHB*, temos:

$$\left(\frac{\ell_3}{2}\right)^2 + (a_3 + r)^2 = (\ell_3)^2 \Rightarrow \left(\frac{\ell_3}{2}\right)^2 + \left(\frac{r}{2} + r\right)^2 = (\ell_3)^2$$

Obtendo ℓ_3 em função de *r*, temos:

$$\frac{(\ell_3)^2}{4} + \frac{9r^2}{4} = \frac{4(\ell_3)^2}{4} \Rightarrow 3(\ell_3)^2 = 9r^2 \Rightarrow (\ell_3)^2 = 3r^2 \Rightarrow$$

$$\Rightarrow \boxed{\ell_3 = r\sqrt{3}}$$

EXERCÍCIOS

R1. O apótema de um hexágono regular mede 3 cm.

a) Determinar o perímetro desse hexágono.

b) Determinar a medida do raio da circunferência circunscrita a ele.

➤ **Resolução**

a) Traçando as diagonais de um hexágono regular, que passam pelo centro da circunferência circunscrita, obtemos 6 triângulos equiláteros. O apótema do hexágono é a altura do triângulo equilátero. Assim, temos:

$$a_6 = \frac{\ell_6\sqrt{3}}{2} \Rightarrow \ell_6 = \frac{2 \cdot a_6}{\sqrt{3}} = \frac{2 \cdot 3}{\sqrt{3}} = \frac{6}{\sqrt{3}} =$$

$$= \frac{6\sqrt{3}}{3} = 2\sqrt{3}$$

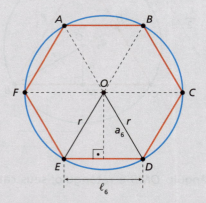

Portanto, o perímetro do hexágono regular é:

$6 \cdot 2\sqrt{3}$ cm $= 12\sqrt{3}$ cm

b) Como $\ell_6 = r$, temos: $r = 2\sqrt{3}$ cm

37. Determine a medida do apótema e a medida do lado de um triângulo equilátero inscrito em uma circunferência de raio 2 cm.

38. Desenhe um hexágono regular circunscrito a uma circunferência e escreva em função do raio *R* da circunferência:

a) a medida ℓ_6 do lado do hexágono.

b) a medida *D* de uma diagonal do hexágono, que passa pelo centro da circunferência.

c) o perímetro *P* do hexágono.

39. Imagine que você consiga sobrepor um barbante a uma circunferência desenhada no caderno. Em seguida, imagine que você estique esse barbante e observe que ele tem comprimento *L*.

Imagine também que nessa circunferência sejam inscritos polígonos regulares de 3, 4, 5, 6, 7, ..., *n* lados com perímetros $P_3, P_4, P_5, P_6, P_7, ..., P_n$.

É correto afirmar que:

a) $P_3, P_4, P_5, P_6, P_7, ..., P_n$ são menores que *L*?

b) a sequência desses perímetros tende a se aproximar de *L*?

• Responda novamente aos itens **a** e **b**, agora considerando que $P_3, P_4, P_5, P_6, P_7, ..., P_n$ sejam perímetros de polígonos regulares circunscritos à circunferência.

40. Um artesão montou um mosaico de 1,20 m de largura, composto de três placas quadradas idênticas. Sabendo que ele cobra R$ 500,00 o metro quadrado de mão de obra, quanto ele recebeu por esse trabalho?

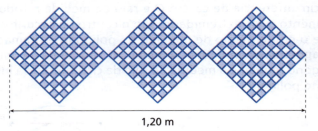

1,20 m

5. Circunferência e círculo

Quadrinhos e cinema

No tópico anterior, vimos a definição de circunferência. Agora, observe alguns de seus elementos:

• **corda** é um segmento cujas extremidades são dois pontos quaisquer da circunferência;

• **raio** é um segmento cujas extremidades são o centro e um ponto qualquer da circunferência;

• **diâmetro** é uma corda que passa pelo centro da circunferência. A medida do diâmetro (*d*) é o dobro da medida do raio (*r*), ou seja, $d = 2r$.

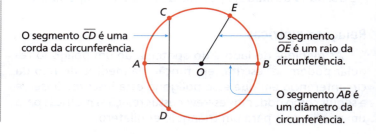

O segmento $\overline{CD}$ é uma corda da circunferência.

O segmento $\overline{OE}$ é um raio da circunferência.

O segmento $\overline{AB}$ é um diâmetro da circunferência.

É comum haver certa confusão entre os conceitos de circunferência e círculo. Vimos alguns elementos de uma circunferência. Quanto ao círculo, sua definição pode ser assim formulada:

> **Círculo** é a região do plano formada pela reunião de uma circunferência com sua região interna.

círculo

Comprimento da circunferência

Você conhece algum método para determinar o valor do número irracional π?

Provavelmente, os primeiros valores para π foram obtidos por meio de medidas. Por exemplo, no papiro de Rhind (documento egípcio escrito por volta de 1650 a.C.), a razão entre o comprimento e a medida do diâmetro da circunferência apresenta o valor 3,1604, que seria uma aproximação do número π.

Mais tarde, o matemático grego Arquimedes (287-212 a.C.) apresentou um cálculo teórico que resultou na aproximação $\frac{223}{71} < \pi < \frac{22}{7}$. Para isso, ele considerou uma circunferência de raio de medida 1. Então, percebeu que o comprimento da circunferência estava entre os perímetros de polígonos regulares, com n lados cada um, inscrito em uma circunferência e circunscrito a ela.

Hoje, sabemos que a razão entre o comprimento C de uma circunferência de raio r e a medida do seu diâmetro é constante, ou seja, a razão é sempre a mesma, qualquer que seja a circunferência. Essa constante é denotada por π. Então, o comprimento da circunferência pode ser determinado por:

$$\frac{C}{2r} = \pi \Rightarrow \boxed{C = 2\pi r}$$

5.1 Posições relativas de uma reta a uma circunferência

Há três situações que caracterizam a posição de uma reta em relação a uma circunferência:

I) Uma reta é **externa** a uma circunferência se não tem pontos comuns com ela.

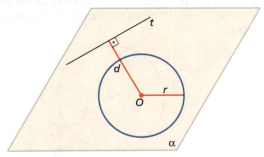

A distância d, do centro O da circunferência à reta t, é maior que a medida r do raio ($d > r$).

II) Uma reta é **tangente** a uma circunferência se tem um único ponto comum com ela.

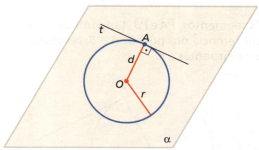

A distância d, do centro O da circunferência à reta t, é igual à medida r do raio ($d = r$).

III) Uma reta é **secante** a uma circunferência se tem dois pontos comuns com ela.

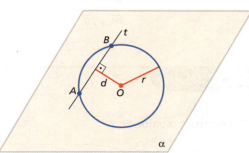

A distância d, do centro O da circunferência à reta t, é menor que a medida r do raio ($d < r$).

Propriedades das retas secantes e tangentes a uma circunferência

> Se uma reta s passa pelo centro O de uma circunferência e é perpendicular a uma reta secante dessa circunferência, então a reta s intersecta a corda $\overline{AB}$ determinada pela reta secante em seu ponto médio M.

Na figura ao lado:
- $\overline{OA}$ e $\overline{OB}$ são raios da circunferência.
- $\overline{BA}$ é uma corda da circunferência.
- A reta s é perpendicular a reta t.

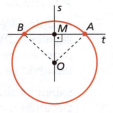

> Toda reta tangente a uma circunferência é perpendicular ao raio da circunferência no ponto de tangência.

Na figura abaixo:
- P e Q pertencem à reta t.
- P pertence à circunferência e Q é externo à circunferência.
- $\overline{OP}$ é raio da circunferência.

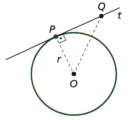

Capítulo 17 • Superfícies poligonais, círculos e áreas

Propriedade dos segmentos tangentes a uma circunferência

Dois segmentos, $\overline{PA}$ e $\overline{PB}$, tangentes a uma circunferência nos pontos A e B, respectivamente, são congruentes.

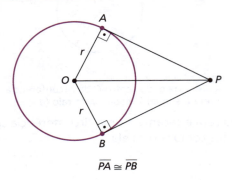

$\overline{PA} \cong \overline{PB}$

EXERCÍCIOS

R2. Determinar o valor de x.

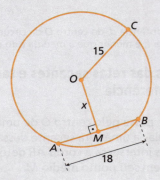

▶ **Resolução**

A corda $\overline{AB}$ é secante à circunferência de centro O, e o segmento $\overline{OM}$ é perpendicular à secante; então, pela propriedade da reta secante a uma circunferência, $\overline{OM}$ divide a corda $\overline{AB}$ pela metade. Logo, $\overline{MB}$ mede 9.

Sabemos ainda que $\overline{OC}$ e $\overline{OB}$ são raios da circunferência. Assim: OB = OC = 15

Como o triângulo MOB é retângulo, obtemos:

$x^2 + 9^2 = 15^2$

$x = 12$

41. Determine o valor de x em cada caso.

a)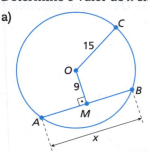

b)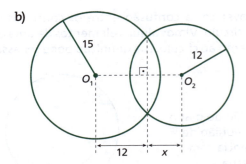

R3. Determinar o valor de x sabendo que A e B são centros de suas respectivas circunferências e C e D são pontos de tangência da reta t com as circunferências.

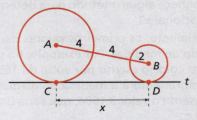

▶ **Resolução**

Como C e D são pontos de tangência, então os segmentos $\overline{AC}$ e $\overline{BD}$ são perpendiculares à reta t; logo, $\overline{AC}$ e $\overline{BD}$ são raios das circunferências e medem 4 e 2, respectivamente. Portanto, o quadrilátero ABCD é um trapézio de altura x.

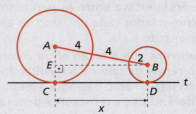

Temos:
- BD = EC = 2
- AC = EC + AE ⇒ 4 = 2 + AE ⇒ AE = 2
- AB = 4 + 4 + 2 = 10

O triângulo AEB é retângulo; então:

$(AB)^2 = (AE)^2 + (EB)^2$

$10^2 = 2^2 + x^2$

$x = 4\sqrt{6}$

42. Determine o valor de x sabendo que A e B são os centros das circunferências, C e D são pontos de tangência da reta t com as circunferências e elas são tangentes entre si.

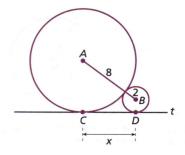

43. Determine o valor de x, em centímetro, sabendo que os segmentos são tangentes à circunferência.

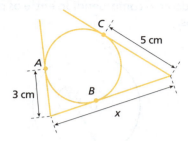

44. Na figura abaixo, $\overline{PA}$ e $\overline{PB}$ são tangentes à circunferência. Se $\overline{PB}$ mede 20 cm, determine o perímetro do triângulo PDC.

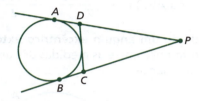

R4. Dada uma circunferência inscrita em um triângulo ABC, e sejam D, E e F os pontos de tangência dessa circunferência com os lados $\overline{AB}$, $\overline{AC}$ e $\overline{BC}$, respectivamente, determinar a medida do segmento $\overline{BD}$, sabendo que $\overline{AB}$ mede 20 cm, $\overline{BC}$ mede 25 cm e $\overline{AC}$ mede 16 cm.

➤ **Resolução**

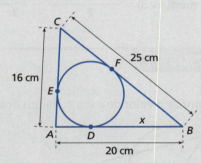

$AB = AD + DB$

$20 = AD + x$

$AD = 20 - x$

Pela propriedade dos segmentos tangentes a uma circunferência, temos:

• $AD = AE \Rightarrow AE = 20 - x$

• $BD = BF = x$

Então: $CF = 25 - x$

Mas: $CF = CE \Rightarrow CE = 25 - x$

Então, como $AC = CE + AE$, temos:

$16 = (25 - x) + (20 - x) \Rightarrow 2x = 29 \Rightarrow x = 14{,}5$

Logo, o segmento $\overline{BD}$ mede 14,5 cm.

45. Uma circunferência está inscrita em um triângulo ABC. Sabendo que T é o ponto de tangência da circunferência com o lado $\overline{AC}$ e que $\overline{AC}$ mede 12 cm, $\overline{BC}$ mede 11 cm e $\overline{AB}$ mede 9 cm, determine $\overline{TC}$.

5.2 Arcos e ângulos na circunferência

Arcos e ângulos centrais estão presentes também nas obras de arte.

Anfiteatro da praça Vitória Régia, Bauru, SP.

Arco de circunferência

Já vimos que dois pontos distintos, C e D, de uma circunferência dividem-na em duas partes. Cada uma dessas partes, incluindo esses pontos, é denominada **arco de circunferência**.

Os pontos C e D são chamados de **extremidades do arco**.

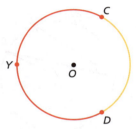

Indicamos o arco menor por $\widehat{CD}$ e o arco maior por $\widehat{CYD}$.

Quando as extremidades de um arco dividem a circunferência em dois arcos de mesma medida, chamamos cada arco de **semicircunferência**.

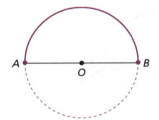 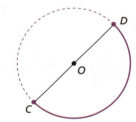

Ângulo central

Chamamos de **ângulo central** de uma circunferência qualquer ângulo cujo vértice seja o centro da circunferência.

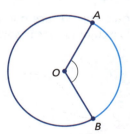

$A\widehat{O}B$ é um ângulo central.

$\widehat{AB}$ é o arco correspondente ao ângulo central $A\widehat{O}B$.

A medida, em grau, de um arco de circunferência é a medida do ângulo central correspondente a esse arco. Indicamos a medida do arco $\widehat{AB}$ por med($\widehat{AB}$).

Então, med($A\widehat{O}B$) = med($\widehat{AB}$).

Capítulo 17 • Superfícies poligonais, círculos e áreas **341**

Ângulo inscrito

Ângulo inscrito é todo ângulo cujo vértice é um ponto da circunferência e cujos lados são secantes a essa circunferência.

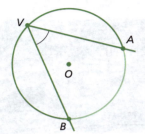

$A\widehat{V}B$ é um ângulo inscrito que determina o arco $\widehat{AB}$.

Para todo ângulo inscrito, há um ângulo central correspondente que determina, na circunferência, o mesmo arco. A medida de um ângulo inscrito é igual à metade da medida do ângulo central correspondente a ele, ou seja, é igual à metade da medida do arco de circunferência compreendido entre seus lados.

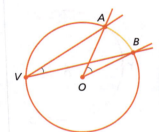

O ângulo inscrito $A\widehat{V}B$ determina o arco $\widehat{AB}$.
O ângulo central $A\widehat{O}B$ também determina o arco $\widehat{AB}$.

$$\text{med}(A\widehat{V}B) = \frac{\text{med}(\widehat{AB})}{2}$$

Observação

Todo ângulo inscrito na semicircunferência é reto.

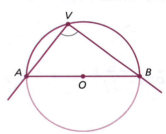

$$\text{med}(A\widehat{V}B) = \frac{\text{med}(\widehat{AB})}{2} = \frac{180°}{2} = 90°$$

Ângulo excêntrico

Ângulo excêntrico é todo ângulo cujo vértice não é um ponto pertencente à circunferência e cujos lados são secantes a ela.

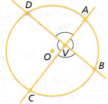 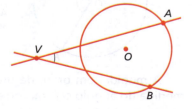

Os ângulos $A\widehat{V}B$, $B\widehat{V}C$, $C\widehat{V}D$ e $D\widehat{V}A$ são ângulos excêntricos interiores.

$A\widehat{V}B$ é um ângulo excêntrico exterior.

A medida de um **ângulo excêntrico interior** é igual à metade da soma das medidas do arco compreendido entre seus lados e do arco compreendido entre os prolongamentos de seus lados.

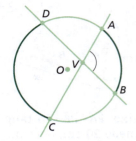

$$\text{med}(A\widehat{V}B) = \frac{\text{med}(\widehat{AB})}{2} + \frac{\text{med}(\widehat{CD})}{2}$$

A medida de um **ângulo excêntrico exterior** é igual à metade da diferença entre as medidas dos arcos compreendidos entre seus lados.

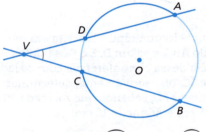

$$\text{med}(A\widehat{V}B) = \frac{\text{med}(\widehat{AB})}{2} - \frac{\text{med}(\widehat{CD})}{2}$$

EXERCÍCIOS

R5. Determinar o valor de x em cada um dos casos.

a)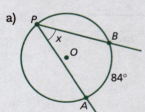

b)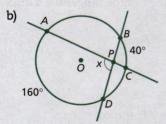

c)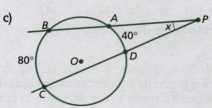

342 Conexões com a Matemática

> **Resolução**

a) Como x é a medida do ângulo inscrito $A\hat{P}B$, temos:
$$x = \frac{med(\widehat{AB})}{2} = \frac{84°}{2} = 42°$$

b) Como os arcos $\widehat{AD}$ e $\widehat{BC}$ medem 160° e 40°, respectivamente, e x é a medida do ângulo excêntrico interior, então:
$$x = \frac{med(\widehat{AD}) + med(\widehat{BC})}{2}$$
$$x = \frac{160° + 40°}{2} = 100°$$

c) Como x é a medida do ângulo excêntrico exterior, e os arcos $\widehat{AD}$ e $\widehat{BC}$ medem 40° e 80°, respectivamente, temos:
$$x = \frac{med(\widehat{BC}) - med(\widehat{AD})}{2}$$
$$x = \frac{80° - 40°}{2} = 20°$$

46. Determine o valor de x em cada caso.

a)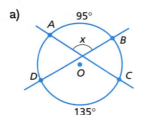

b)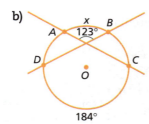

c)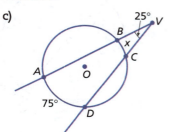

d)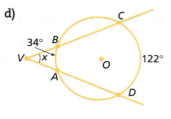

47. Determine o valor de x.

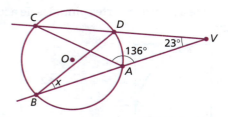

48. Sabendo que, em cada caso, O é o centro da circunferência, determine o valor de x.

a)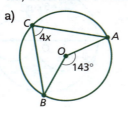

b)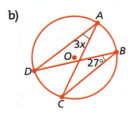

49. Sabendo que a medida do arco $\widehat{ABC}$ é igual a 250°, calcule o valor de x.

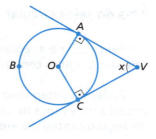

R6. Determine o valor de x sabendo que O é o centro da circunferência.

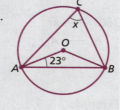

> **Resolução**

Como O é o centro da circunferência, o triângulo AOB é isósceles, pois $\overline{AO}$ e $\overline{OB}$ são raios da circunferência.

Então: $med(O\hat{A}B) = med(O\hat{B}A) = 23°$

Portanto:
$med(A\hat{O}B) = 180° - (med(O\hat{A}B) + med(O\hat{B}A))$
$med(A\hat{O}B) = 180° - 23° - 23° = 134°$

Como $A\hat{O}B$ é ângulo central, então:
$med(A\hat{O}B) = med(\widehat{AB}) = 134°$

E, como x é a medida do ângulo inscrito na circunferência, temos: $x = \frac{med(\widehat{AB})}{2} = \frac{134°}{2} = 67°$

50. Determine, em cada caso, o valor de x sabendo que O é o centro da circunferência.

a)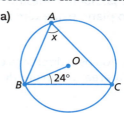

b)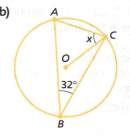

5.3 Área do círculo e suas partes

Área do círculo

A área de um círculo, cujo raio mede r, é dada por:

$$A_{círculo} = \pi r^2$$

Exemplo

Vamos determinar a área de um círculo cujo raio mede 4 cm.

$A = \pi \cdot r^2 = \pi \cdot 4^2 = 16\pi$

Então, a área do círculo é 16π cm².

Área do setor circular

Setor circular é a região do círculo delimitada por um de seus ângulos centrais.

Podemos determinar a área de um setor circular estabelecendo uma regra de três simples que relacione a medida do ângulo central e a área.

$$360° \longrightarrow \pi r^2$$
$$\alpha \longrightarrow A_{setor}$$
$$\Rightarrow A_{setor} = \frac{\alpha \cdot \pi r^2}{360°}$$

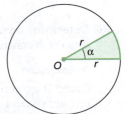

Exemplo

Vamos calcular a área do setor circular destacado.

$$A_{setor} = \frac{\alpha \cdot \pi r^2}{360°} = \frac{50° \cdot \pi \cdot 1^2}{360°} = \frac{5\pi}{36}$$

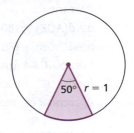

Área da coroa circular

Coroa circular é a região compreendida entre duas circunferências concêntricas (que possuem o mesmo centro), que estão em um mesmo plano e que têm raios de medidas diferentes.

A área de uma coroa circular é dada pela diferença entre a área do círculo de maior raio e a área do círculo de menor raio.

Assim:

$$A_{coroa} = \pi R^2 - \pi r^2$$

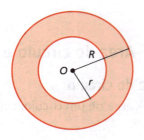

Exemplo

Vamos calcular a área da coroa circular destacada.

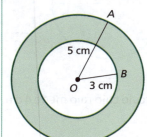

$$A_{coroa} = \pi \cdot 5^2 - \pi \cdot 3^2 =$$
$$= 25\pi - 9\pi = 16\pi$$

EXERCÍCIOS

51. Determine a área do círculo nos seguintes casos.

a)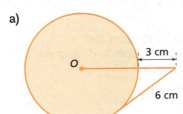

b)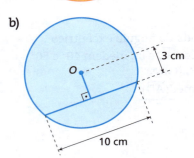

c)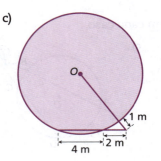

52. Determine a área da coroa circular.

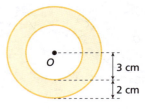

53. Determine a área das partes pintadas de azul nas figuras abaixo.

a) 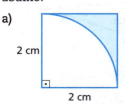   c)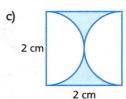

b)   d)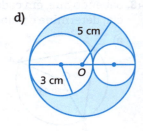

344 Conexões com a Matemática

54. Sabendo que a semicircunferência tem 4 cm de raio, determine a área da parte colorida.

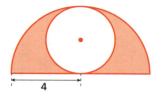

55. Na figura a seguir, o lado do quadrado ABCD mede 8 cm. Qual é a área da parte lilás?

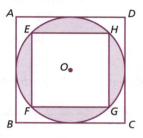

56. Determine a área da parte pintada de verde nas seguintes figuras, sabendo que $\overline{AB}$ mede 24 cm.

a)

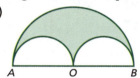

b) $AC = CO = OD = DB$

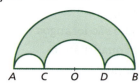

57. Determine a área da parte pintada de laranja, sabendo que o lado do quadrado mede 2 cm e os pontos A, B, C e D são pontos médios de seus respectivos lados.

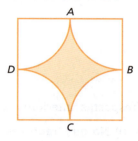

58. Determine a área da parte pintada de azul em cada caso.

a) 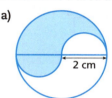   b)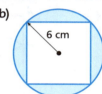

Exercícios complementares

1. Há um polígono cujo número de lados é igual ao dobro do número de diagonais. Que polígono é esse?

2. Observe a figura e calcule, em grau, a medida do menor ângulo.

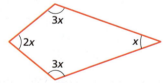

3. Sabendo que um retângulo tem 60 m² de área e que a medida da base excede a medida de sua altura em 7 m, determine a medida da altura desse retângulo.

4. Qual é o polígono regular cujo ângulo externo mede 36°?

5. Determine o valor de x e de y na figura abaixo.

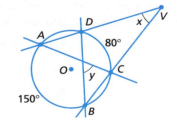

6. A figura a seguir mostra duas circunferências concêntricas. A corda $\overline{AB}$, da circunferência de raio maior, mede 10 cm e é tangente à circunferência de raio menor. Calcule a área da coroa roxa.

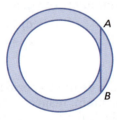

QUESTÕES DE VESTIBULAR

7. (Puccamp-SP) Considere as afirmações:

   I. Todo retângulo é um paralelogramo.
   II. Todo quadrado é um retângulo.
   III. Todo losango é um quadrado.

Associe a cada uma delas a letra V, se for verdadeira, ou F, caso seja falsa. Na ordem apresentada temos:

a) F, F, F   c) V, F, F   e) n.r.a.
b) F, F, V   d) V, V, F

EXERCÍCIOS COMPLEMENTARES

8. (Vunesp) A afirmação falsa é:
a) Todo quadrado é um losango.
b) Existem retângulos que não são losangos.
c) Todo paralelogramo é um quadrilátero.
d) Todo quadrado é um retângulo.
e) Um losango pode não ser um paralelogramo.

9. (PUC) Dois ângulos opostos de um paralelogramo são expressos em grau por $(3x - 20°)$ e $(2x + 30°)$, respectivamente. Um dos menores ângulos do paralelogramo medirá:
a) 130°
b) 50°
c) 60°
d) 90°
e) Todas as respostas anteriores estão erradas.

10. (Cesgranrio-RJ) No quadrado ABCD da figura, tem-se $AB = 4$, $AH = CI = 1$ e $AG = 2$.

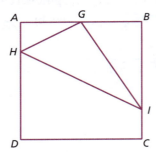

Então, $\overline{HI}$ mede:
a) $\sqrt{5}$
b) 5
c) $\dfrac{16}{3}$
d) $3\sqrt{3}$
e) $2\sqrt{5}$

11. (ITA-SP) Considere um quadrilátero ABCD cujas diagonais $\overline{AC}$ e $\overline{BD}$ medem, respectivamente, 5 cm e 6 cm. Se R, S, T e U são os pontos médios dos lados do quadrilátero dado, então o perímetro do quadrilátero RSTU vale:
a) 22 cm
b) 5,5 cm
c) 8,5 cm
d) 11 cm
e) 13 cm

12. (PUC) Se a altura de um trapézio isósceles medir 8 dm e suas bases medirem, respectivamente, 27 dm e 15 dm, então a medida da diagonal do referido trapézio será:
a) 18,6 dm
b) 2,04 dm
c) 22,4 dm
d) 24,2 dm
e) 26 dm

13. (Ufes) Seja ABCD um trapézio retângulo. O ângulo formado pelas bissetrizes do seu ângulo reto e do ângulo consecutivo da base maior mede 92°. Os ângulos, agudo e obtuso, deste trapézio medem, respectivamente:
a) 88° e 92°
b) 86° e 94°
c) 84° e 96°
d) 82° e 98°
e) 79° e 101°

14. (UEL-PR) No quadrado ABCD, tem-se $AD = DE$.

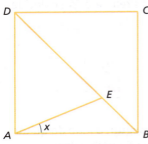

A medida x do ângulo assinalado é:
a) 18°45'
b) 22°30'
c) 20°
d) 30°
e) 36°

15. (Fatec-SP) Na figura, ABCD é um retângulo.

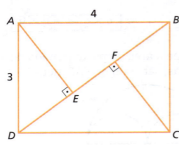

A medida do segmento $\overline{EF}$ é:
a) 0,8
b) 1,4
c) 2,6
d) 3,2
e) 3,8

16. (Vunesp-SP) Uma região R a ser cultivada está representada na malha quadriculada seguinte.

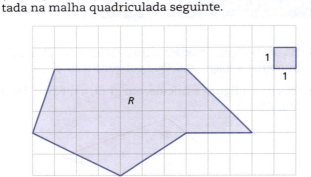

Se a malha é quadriculada com quadrados de lados iguais a 1 km, então a área, em quilômetro quadrado, da região a ser cultivada é:
a) 54
b) 40
c) 34
d) 31
e) 29

17. (FGV) O monitor de um *notebook* tem formato retangular com a diagonal medindo d. Um lado do retângulo mede $\dfrac{3}{4}$ do outro. A área do monitor é dada por:
a) $0,44\,d^2$
b) $0,46\,d^2$
c) $0,48\,d^2$
d) $0,50\,d^2$
e) $0,52\,d^2$

18. (Mackenzie-SP) Na figura, ABCD é um quadrado, a área assinalada vale:

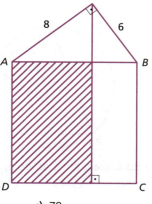

a) 36
b) 48
c) 72
d) 64
e) 50

19. (Vunesp) Uma piscina retangular, de 6 m de largura por 12 m de comprimento, é contornada por uma superfície ladrilhada de 2 m de largura, porém tendo os cantos formando triângulos, como mostra a figura.

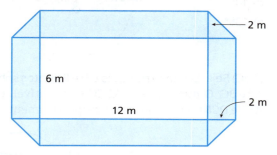

A área (em metro quadrado) dessa região ladrilhada, que está marcada na figura, é:
a) 72
b) 80
c) 88
d) 120
e) 152

20. (UFGO) Uma casa ocupa a quarta parte de um terreno, como nos mostra a figura a seguir. O restante do terreno é usado como quintal. Para cobrir o quintal com certo piso, compraram-se caixas com 1,5 m² de piso cada uma.

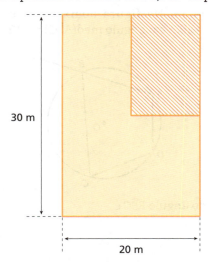

Quantas caixas foram compradas?
a) 300
b) 200
c) 400
d) 250
e) 500

21. (PUC) De uma placa quadrada de 16 cm² foi recortada uma peça, conforme indicado na figura.

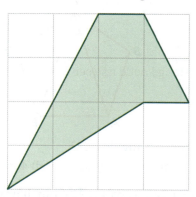

A área da peça recortada, em centímetro quadrado, é:
a) 4
b) 5
c) 6
d) 7

22. (PUC) Para fazer um modelo de ladrilho, certo desenhista une um dos vértices de um quadrado aos pontos médios dos lados que não contêm esse vértice, obtendo um triângulo isósceles.

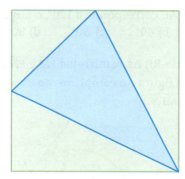

A razão entre a medida da área desse triângulo e a medida da área desse quadrado é igual a:
a) 0,350
b) 0,375
c) 0,380
d) 0,385

23. (PUC) Um jardim de forma retangular com medidas 6 m × 8 m possui dois canteiros em forma de triângulos isósceles e um passeio no centro, como na figura a seguir.

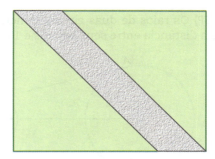

A área do passeio, em metro quadrado, é:
a) 64
b) 36
c) 24
d) 12
e) 2

EXERCÍCIOS COMPLEMENTARES

24. (PUC) Considere o pentágono regular ABCDE.

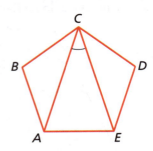

Quanto mede o ângulo AĈE?

a) 24°   b) 30°   c) 36°   d) 40°   e) 45°

25. (FEI-SP) Na figura abaixo, $\overline{AB}$ é um diâmetro do círculo.

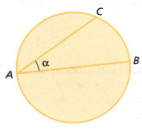

Se o arco $\widehat{AC}$ corresponde a 120°, o ângulo α mede:

a) 60°   b) 40°   c) 30°   d) 80°   e) 72°

26. (Cesgranrio-RJ) As semirretas $\overrightarrow{PM}$ e $\overrightarrow{PN}$ são tangentes ao círculo da figura e o comprimento do arco $\widehat{MGN}$ é 4 vezes o do arco $\widehat{MFN}$.

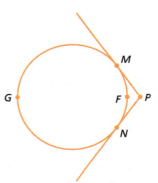

O ângulo MP̂N mede:

a) 76°   b) 80°   c) 90°   d) 108°   e) 120°

27. (UMC-SP) Os raios de duas circunferências são 3 cm e 8 cm e a distância entre seus centros é 13 cm.

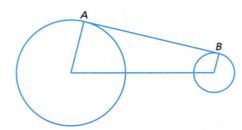

O comprimento do segmento $\overline{AB}$ é:

a) $\sqrt{58}$ cm   c) 12 cm   e) $\sqrt{120}$ cm
b) 11 cm   d) 10 cm

28. (UCSalvador-BA) Na figura, o triângulo ABC é isósceles e $\overline{BD}$ é a bissetriz do ângulo de vértice B.

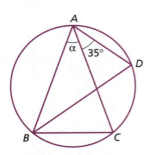

A medida α do ângulo assinalado é:

a) 55°   b) 50°   c) 45°   d) 40°   e) 35°

29. (FGV) A medida do ângulo AD̂C, inscrito na circunferência de centro O, é:

a) 125°
b) 110°
c) 120°
d) 100°
e) 135°

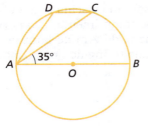

30. (PUC) Seja ABC um triângulo e D e E pontos sobre os lados $\overline{AB}$ e $\overline{BC}$. O quadrilátero ADEC é inscritível. Os ângulos AÊC e DĈB medem 40° e 25°, respectivamente.

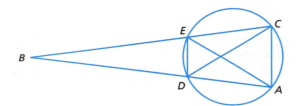

Quanto vale o ângulo AB̂C?

a) 5°   b) 10°   c) 15°   d) 20°   e) 25°

31. (Mackenzie-SP) Na figura abaixo, tem-se o ângulo med(BÂD) = 108° e o ângulo med(AD̂C) = 112°.

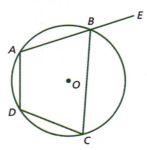

A medida do ângulo EB̂C é:

a) 68°
b) 72°
c) 108°
d) 112°
e) Nenhuma das respostas acima é verdadeira.

32. (Mackenzie-SP) O ângulo α da figura mede:
a) 60°
b) 55°
c) 50°
d) 45°
e) 40°

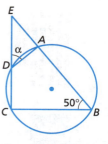

33. (Fuvest-SP) No jogo de bocha, disputado num terreno plano, o objetivo é conseguir lançar uma bola de raio 8 o mais próximo possível de uma bola menor, de raio 4. Num lançamento, um jogador conseguiu fazer com que as duas bolas ficassem encostadas, conforme ilustra a figura a seguir.

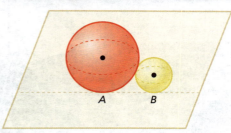

A distância entre os pontos A e B, em que as bolas tocam o chão, é:
a) 8
b) $6\sqrt{2}$
c) $8\sqrt{2}$
d) $4\sqrt{3}$
e) $6\sqrt{3}$

34. (Mackenzie-SP) Quatro círculos de raio unitário, cujos centros são vértices de um quadrado, são tangentes exteriormente dois a dois.

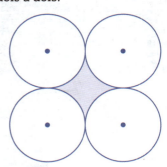

A área da parte sombreada é:
a) $2\sqrt{3} - \pi$
b) $3\sqrt{2} - \pi$
c) $\dfrac{\pi}{2}$
d) $4 - \pi$
e) $5 - \pi$

35. (FCC-SP) Se, na figura abaixo, R_1 mede 5 cm e a área da coroa circular é 75π cm², então R_2, em centímetro, é igual a:
a) 6
b) 7
c) 8
d) 9
e) 10

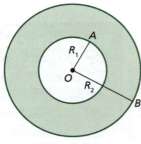

36. (Vunesp) Um cavalo se encontra preso num cercado de pastagem, cuja forma é um quadrado, com lado medindo 50 m. Ele está amarrado a uma corda de 40 m que está fixada num dos cantos do quadrado. Considerando $\pi = 3{,}14$, calcule a área, em metro quadrado, da região do cercado que o cavalo não conseguirá alcançar, porque está amarrado.
a) 1.244
b) 1.256
c) 1.422
d) 1.424
e) 1.444

37. (UPF-RS) Na figura, composta por 4 semicircunferências, as duas menores são iguais e o raio mede 1,5 cm, a semicircunferência intermediária tem diâmetro igual ao raio da circunferência maior.

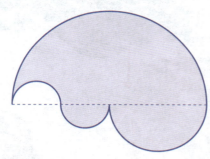

O perímetro em π cm e a área em π cm² da figura são, respectivamente:
a) 24 e 27
b) 12 e 22,5
c) 24 e 22,5
d) 12 e 27
e) 24 e 12

38. (Fuvest-SP) Um comício político lotou uma praça semicircular de 130 m de raio. Admitindo-se uma ocupação média de 4 pessoas por metro quadrado, qual é a melhor estimativa do número de pessoas presentes?
a) dez mil
b) cem mil
c) meio milhão
d) um milhão
e) muito mais que um milhão

Mais questões: no livro digital, em **Vereda Digital Aprova Enem** e **Vereda Digital Suplemento de revisão e vestibulares**; no *site*, em **AprovaMax**.

Compreensão de texto

Torre de canudinhos
A estabilidade e a resistência de estruturas que aproveitam as propriedades dos triângulos permitem construções leves e arrojadas que vão de galpões e prédios imensos a torres feitas apenas com canudinhos e linha de costura.

Resistência
Toda estrutura, dependendo do material utilizado e de como foi construída, tem capacidade de suportar a força de tração ou compressão aplicada a ela. Essa força tem intensidade, direção e sentido. Aqui, a força aplicada pela mão pode testar a resistência da torre.

Treliças
Em conjunto, os triângulos formam estruturas muito fortes chamadas treliças, utilizadas em pontes, telhados e nessa torre de canudos.

Distribuição da força
No triângulo, a força exercida sobre um dos seus vértices, representada pelo vetor vermelho, distribui-se até atingir o equilíbrio, tornando o sistema mais resistente e estável. Em outros formatos, a força exercida pode gerar deslocamentos em sentidos variados, causando instabilidade.

ATIVIDADES

1. Observe as construções ao redor da sua escola. Desenhe ou tire fotos de estruturas que utilizam triângulos. Pesquise em livros, revistas, jornais, *sites* etc. construções de outras cidades e países que também usam triângulos em suas estruturas. Monte um mural com as diferentes construções encontradas. Por que o triângulo é tão usado nas construções?

2. Por que módulos triangulares são mais estáveis do que os módulos quadriláteros?

3. A resistência de uma estrutura depende somente do material utilizado? Justifique.

4. Construa um módulo quadrilátero usando canudos e linha de costura e responda: como poderíamos deixar esse módulo estável? Faça algumas tentativas e compare o módulo que você produziu com os módulos de outros colegas.

Estabilidade
O triângulo não pode alterar sua forma sem alterar o comprimento dos seus lados; assim, uma estrutura triangular, como a dessa torre, apresenta muita estabilidade, pois não sofre deslocamentos pela ação da força aplicada. Outros modelos, como o quadrado, não têm a mesma estabilidade.

Quadriláteros
Sensíveis ao movimento dos seus vértices e à distribuição desigual das forças, as estruturas baseadas em módulos quadriláteros são menos resistentes e muito instáveis.

Como poderíamos deixar esse módulo estável?

Fontes: Universidade Federal de Juiz de Fora. Disponível em: <http://www.ufjf.br/lrm/files/2009/06/concurso-de-estruturas-apostila.pdf>. Faculdade de Engenharia da Universidade do Porto. Disponível em: <http://civil.fe.up.pt/pub/apoio/ano1/mec1/aulas_praticas/elementos_apoio/Sistemas%20articulados%20planos.pdf>. Acessos em: 20 jan. 2017.

CAPÍTULO 18
INTRODUÇÃO À GEOMETRIA ESPACIAL

ENEM
C2: H6, H7, H8, H9

Cidade em miniatura, localizada em Haia, Holanda.

1. Ideias gerais em Geometria

As maquetes são representações em três dimensões e em escala reduzida de objetos, edificações, entre outros. Com base nos conceitos de Geometria espacial, podemos construir maquetes, como a observada na abertura.

Ao longo deste capítulo, vamos estudar alguns elementos constitutivos da Geometria no espaço tridimensional.

Mas, antes, vamos conhecer um pouco sobre Euclides de Alexandria, matemático grego que viveu por volta de 300 a.C. e exerceu grande influência no desenvolvimento da Geometria. Euclides é reconhecido, sobretudo, por sua obra *Os elementos*, composta de 13 livros (ou capítulos), na qual está organizado todo o conhecimento geométrico até então acumulado. Veremos a seguir alguns tópicos da Geometria euclidiana.

Euclides de Alexandria (300 a.C.).

1.1 Noções primitivas

Na Geometria, pontos, retas e planos são noções aceitas sem definição; por isso, são chamadas de **noções primitivas**. Como são produtos da mente humana, as noções primitivas funcionam como modelos para explicar a realidade.

- Um **ponto** não tem dimensão, nem massa, nem volume. Podemos imaginar um ponto ao ver um pequeno furo em um papel. A seguir, representamos um ponto A qualquer.

  • A

- Uma **reta** não tem espessura, nem começo, nem fim. Podemos imaginar uma reta ao ver uma linha fina esticada. A seguir está representada uma reta r qualquer.

- Um **plano** não tem espessura nem fronteiras. Podemos imaginar um plano ao ver as águas tranquilas de um lago. Veja, a seguir, a representação de um plano α qualquer.

Nesta obra, vamos representar os pontos por letras latinas maiúsculas (A, B, C, ...), as retas por letras latinas minúsculas (r, s, t, ...) e os planos por letras gregas minúsculas (α, β, γ, ...).

Espaço e figura

As três noções primitivas vistas anteriormente fazem parte do **espaço**, que pode ser definido assim:

> Espaço é o conjunto dos infinitos pontos existentes.

Considerando o conjunto de pontos existentes no espaço, chegamos à definição de **figura**:

> Qualquer conjunto de pontos considerado no espaço, que tenha pelo menos um ponto, é chamado de figura.

Observe, a seguir, alguns exemplos de figura.

figura I   figura II

   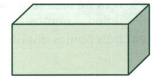

figura III   figura IV

Neste momento, convém relembrar que dois ou mais pontos são denominados **coplanares** se existe um plano que contém todos eles.

Na figura ao lado:

- os pontos A, B, C e D são coplanares, pois pertencem ao plano α. Em linguagem simbólica, indicamos: $A \in \alpha$, $B \in \alpha$, $C \in \alpha$ e $D \in \alpha$

- o ponto P não é coplanar com A, B, C e D, pois P não pertence ao plano α. Em linguagem simbólica, escrevemos: $P \notin \alpha$

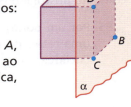

Vamos retomar as figuras do exemplo anterior. Com exceção da figura I, que tem apenas quatro pontos coplanares, as demais têm infinitos pontos. Essas figuras apresentam ainda as seguintes diferenças:

- enquanto as figuras I, II e III são **planas**, pois existe um único plano que as contém, a figura IV é **não plana**, porque, considerando a perspectiva, não existe um plano que contenha todos os pontos da figura;

- a figura II representa uma **linha**; a III, uma **superfície**; a IV, um **sólido**. A figura I, que não representa nenhum desses tipos de figura, não recebe nome especial.

Capítulo 18 • Introdução à Geometria espacial **353**

1.2 Sistema dedutivo

Em Geometria, além das noções primitivas, foram estabelecidas verdades iniciais aceitas sem demonstração, chamadas de **postulados** (ou **axiomas**). Trata-se de proposições fundamentais que descrevem relações entre as noções primitivas.

Com base nos postulados, demonstramos, por meio de deduções lógicas, outros fatos, ou propriedades, denominados **teoremas**.

O conjunto de noção primitivas, postulados e teoremas constitui o **sistema dedutivo**.

1.3 Postulados: um ponto de partida da Geometria

Iniciamos nossa reflexão a respeito das bases sobre as quais se assenta o desenvolvimento da Geometria com as noções primitivas de ponto, reta e plano. Dando continuidade, foram estabelecidos como propriedades fundamentais desses elementos alguns postulados, os quais são apresentados a seguir.

P1. O espaço tem infinitos pontos.

P2. Toda reta e todo plano são conjuntos de infinitos pontos.

P3. Fora de uma reta, bem como fora de um plano, há infinitos pontos.

P4. Dois pontos distintos determinam uma única reta.

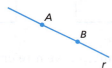

Observação

Em Geometria, embora o termo *determinar* signifique *existir* e *ser único*, há situações em que achamos conveniente enfatizar essas ideias. Nesses casos, usamos, por exemplo, como no postulado P4, "determinam uma única reta".

P5. Por um ponto P fora de uma reta r passa somente uma reta s paralela a r. É o chamado **postulado de Euclides**.

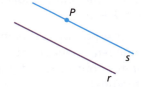

P6. Três pontos não colineares determinam um único plano.

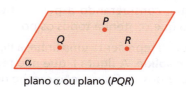

plano α ou plano (PQR)

P7. Se dois pontos distintos estão em um plano, a reta que passa por eles está contida nesse plano.

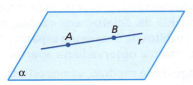

Observações

- Quando uma reta está contida em um plano, todos os pontos que pertencem à reta também pertencem ao plano.

- Dada uma reta r que passa por dois pontos distintos, A e B, como mostra a figura acima, ela pode ser representada por r ou $\overleftrightarrow{AB}$.

P8. Se dois planos distintos, α e β, se intersectam, a intersecção é uma reta.

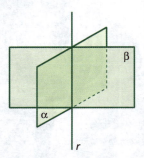

Com base nesses postulados, é possível demonstrar vários teoremas. No decorrer deste capítulo, veremos alguns deles.

Teorema 1: Dada uma reta m e um ponto X fora dela, existe um único plano que contém o ponto X e a reta m.

Antes de demonstrar esse teorema, vamos retomar a definição de pontos colineares, pois ela será usada nessa demonstração.

Dois ou mais pontos são ditos **colineares** se existe uma reta que contém todos eles.

Na figura acima:

- os pontos A, P e M são colineares, pois pertencem à reta r. Em linguagem simbólica, indicamos: $A \in r$, $P \in r$ e $M \in r$

- o ponto X não é colinear com A, P e M, pois X não pertence à reta r. Em linguagem simbólica, escrevemos: $X \notin r$

Agora, vamos demonstrar o teorema 1.

Pelos postulados P2 e P3, a reta *m* tem dois pontos distintos, P e Q, que não são colineares com X, pois X ∉ *m*.

Pelo postulado P6, três pontos não colineares determinam um único plano, ou seja, existe um único plano que passa por P, Q e X, sendo α esse plano.

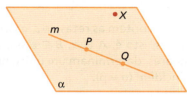

A reta *m* tem dois pontos em α; então, pelo postulado P7, ela está contida em α. Portanto, α é o único plano que contém a reta *m* e o ponto X.

EXERCÍCIOS

R1. Classificar cada sentença em verdadeira (V) ou falsa (F).
 a) Dois pontos determinam uma única reta.
 b) Três pontos, dois a dois distintos, determinam um único plano.

▶ **Resolução**
 a) Sabemos que dois pontos podem ser coincidentes ou distintos.
   Se dois pontos são distintos, determinam uma única reta.

   Se dois pontos são coincidentes, existem infinitas retas passando por eles.

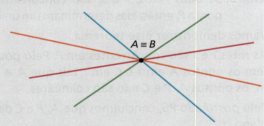

   Portanto, a afirmação é falsa.
 b) Vimos que três pontos, dois a dois distintos, podem ser colineares ou não colineares. Sabemos que por três pontos, dois a dois distintos e colineares, passam infinitos planos e que três pontos, dois a dois distintos e não colineares, determinam um único plano.
   Portanto, a afirmação é falsa.

1. Classifique cada sentença em verdadeira (V) ou falsa (F).
 a) Por um ponto passam infinitas retas.
 b) Por um ponto passam infinitos planos.
 c) Por uma reta passam infinitos planos.
 d) Um plano contém infinitas retas.

R2. Quantos planos podem passar por um ponto P dado?

▶ **Resolução**
Em um sistema dedutivo, certas resoluções, como a que exemplificamos aqui, necessitam de um desenvolvimento e de uma linguagem estritamente formal.

Além do ponto P, o espaço tem infinitos pontos (postulado P1). Portanto, existe um ponto Q, distinto de P, e, pelo postulado P4, uma reta $\overleftrightarrow{PQ}$. Vamos considerar um ponto R, fora da reta $\overleftrightarrow{PQ}$ (postulado P3), que determina com ela um plano α (teorema 1). Logo, o plano α passa por P.

Vamos considerar agora um ponto S, fora de α (postulado P3). Como S ∉ α, então S ∉ $\overleftrightarrow{PQ}$ e, novamente, pelo teorema 1, existe um plano β (β ≠ α) que passa por P.

Continuando a fazer construções análogas, podemos construir infinitos planos que passam pelo ponto P.

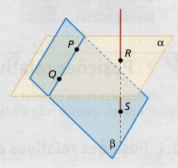

2. Quantos planos podem passar por dois pontos distintos? E quantos planos podem passar por três pontos distintos que não estejam alinhados? E se os três pontos estiverem alinhados?

3. Considerando apenas as retas e os planos determinados pelos vértices do bloco retangular representado abaixo, classifique cada sentença em verdadeira (V) ou falsa (F).

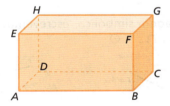

 a) A reta $\overleftrightarrow{BD}$ está contida no plano (ABC).
 b) A reta $\overleftrightarrow{AH}$ está contida no plano (ABF).
 c) A reta $\overleftrightarrow{CG}$ é a intersecção dos planos (HDC) e (HGF).
 d) A reta $\overleftrightarrow{EG}$ é a intersecção dos planos (ABG) e (ABD).
 e) As retas $\overleftrightarrow{AE}$ e $\overleftrightarrow{CG}$ determinam um único plano.

4. Quantos são os planos que contêm quatro pontos distintos?

5. Dados quatro pontos, dos quais três deles não são colineares, quantas retas são determinadas por esse conjunto de pontos?

6. Indique se a afirmação abaixo é verdadeira ou falsa, justificando sua resposta.
 • Se F é uma figura tal que quatro quaisquer de seus pontos são coplanares, então F é uma figura plana, isto é, está contida em um plano.

Capítulo 18 • Introdução à Geometria espacial

7. Uma mesa de quatro pernas às vezes pode oscilar, enquanto uma mesa de três pernas está sempre firme. Explique esse fato considerando a teoria estudada.

2. Posições relativas

A seguir, vamos estudar algumas posições relativas entre retas, planos e entre reta e plano.

2.1 Posições relativas entre duas retas

Duas retas podem ter três posições relativas no espaço: paralelas (distintas ou coincidentes), concorrentes ou reversas. Veja as definições a seguir.

Retas paralelas

> Duas retas, r e s, são **paralelas** se têm todos os pontos comuns (coincidem) ou se estão em um mesmo plano α e não têm nenhum ponto comum (intersecção vazia).

Em linguagem simbólica, escrevemos: $r \mathbin{/\mkern-6mu/} s \Leftrightarrow r \equiv s$ ou $r \subset \alpha, s \subset \alpha$ e $r \cap s = \varnothing$

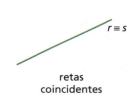
retas coincidentes

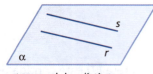
retas paralelas distintas (não coincidentes)

Com base na definição de retas paralelas, podemos enunciar o teorema a seguir.

Teorema 2: Duas retas paralelas não coincidentes determinam um único plano.

Vamos demonstrar esse teorema.

Por definição, existe pelo menos um plano α que contém as retas r e s, já que elas são paralelas e não coincidentes. Vamos mostrar que α é único.

Pelo postulado P2, consideramos os pontos A e B (distintos) em r e o ponto C em s.

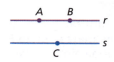

Pelo postulado P6, os pontos A, B e C determinam um plano β. Logo, $A \in \beta$, $B \in \beta$ e $C \in \beta$. Vamos mostrar que o plano β coincide com o plano α.

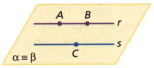

Como o plano α contém as retas r e s, α contém todos os pontos dessas retas, isto é, $A \in \alpha$, $B \in \alpha$ e $C \in \alpha$, que, por não serem colineares, determinam um único plano. Logo, os planos α e β coincidem ($\alpha \equiv \beta$).

Retas concorrentes

> Duas retas, r e s, são **concorrentes** quando têm apenas um ponto P comum.

Em linguagem simbólica, escrevemos: $r \cap s = \{P\}$

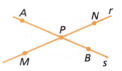

É importante observar que duas retas concorrentes também determinam um plano. Veja:

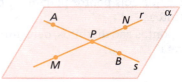

Com base na definição de retas concorrentes, podemos enunciar o teorema a seguir.

Teorema 3: Se duas retas, r e s, são concorrentes em um ponto P, então elas determinam um único plano α.

Vamos demonstrar esse teorema.

As retas r e s são concorrentes em P. Pelo postulado P2, existem os pontos A em s e C em r tais que $A \neq P$ e $C \neq P$. Assim, os pontos A, P e C não são colineares.

Pelo postulado P6, concluímos que A, P e C determinam um plano α.

Portanto: α = plano (APC) (I)

Pelo postulado P7, o plano α contém r e s, pois contém dois pontos de cada reta. Vamos mostrar que esse plano α é único.

Suponhamos que exista outro plano β que contenha r e s. Pelo postulado P7, os pontos P, A e C pertencem a β.

Portanto: β = plano (APC) (II)

De (I) e (II), concluímos que $\alpha \equiv \beta$ e que, portanto, α é único.

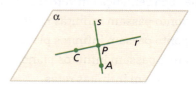

Retas reversas

Duas retas, *r* e *s*, são **reversas** quando não existe um mesmo plano que as contenha.

Em linguagem simbólica, escrevemos: $\nexists\ \alpha$ tal que $r \subset \alpha$ e $s \subset \alpha$

Observe que, no cubo representado abaixo, não existe um mesmo plano que contenha as retas *r* e *s*, ou seja, elas são reversas.

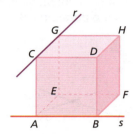

Note, ainda, que as retas *r* e *s* não têm nenhum ponto comum, ou seja, $r \cap s = \varnothing$.

2.2 Posições relativas entre reta e plano

Uma reta e um plano podem ter duas posições relativas no espaço: paralelos ou concorrentes. Veja as definições a seguir.

Reta e plano paralelos

Uma reta *r* e um plano α são **paralelos** se a reta *r* está contida no plano α ou se a reta *r* e o plano α não têm nenhum ponto comum.

Em linguagem simbólica, escrevemos: $r \,//\, \alpha \Leftrightarrow r \subset \alpha$ ou $r \cap \alpha = \varnothing$

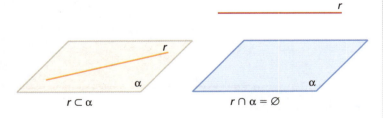

Reta e plano concorrentes

Uma reta *r* e um plano α são **concorrentes** (ou **secantes**) quando *r* e α têm somente um ponto comum.

Em linguagem simbólica, escrevemos: $r \cap \alpha = \{P\}$

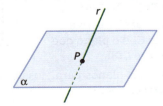

2.3 Posições relativas entre dois planos

Dois planos podem ter duas posições relativas no espaço: paralelos ou concorrentes. Veja as definições a seguir.

Planos paralelos

Dois planos, α e β, são **paralelos** se coincidem (têm todos os pontos comuns) ou se não têm nenhum ponto comum (intersecção vazia).

Em linguagem simbólica, escrevemos: $\alpha \,//\, \beta \Leftrightarrow \alpha \equiv \beta$ ou $\alpha \cap \beta = \varnothing$

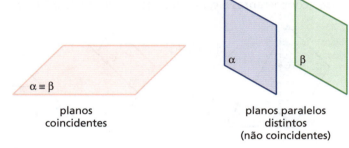

planos coincidentes

planos paralelos distintos (não coincidentes)

Planos concorrentes

Dois planos distintos, α e β, são **concorrentes** (ou **secantes**) quando têm uma reta em comum (intersecção não vazia).

Como, pelo postulado P8, a intersecção de dois planos distintos não paralelos é uma reta, podemos escrever: $\alpha \cap \beta = r$

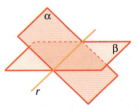

Considere o cubo representado abaixo.

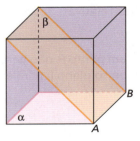

A intersecção dos planos α e β é a reta que contém o segmento $\overline{AB}$, ou seja, a reta $\overleftrightarrow{AB}$, isto é: $\alpha \cap \beta = \overleftrightarrow{AB}$

Exemplo

Sejam α e β dois planos secantes cuja intersecção é a reta *r*. A é um ponto em α, e B e C são dois pontos distintos em β, tais que A, B e C não pertencem à reta *r*.

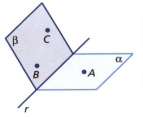

a) Vamos mostrar que A, B e C não são pontos colineares.

Suponhamos que A, B e C sejam pontos colineares. Mostraremos que isso gera uma contradição.

Se o ponto A pertence à reta $\overleftrightarrow{BC}$, então A pertence ao plano β. Como A pertence a α, temos que $A \in \alpha \cap \beta$, isto é, $A \in r$, o que gera uma contradição, que veio da suposição da colinearidade dos três pontos. Logo, A, B e C não são colineares.

b) Vamos determinar a intersecção do plano α com o plano dado por A, B e C.

Temos dois casos para analisar: quando as retas $\overleftrightarrow{BC}$ e r são concorrentes e quando a reta $\overleftrightarrow{BC}$ é paralela à reta r.

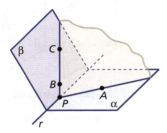 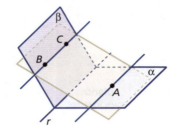

- $\overleftrightarrow{BC}$ e r concorrentes

Seja P o ponto comum a $\overleftrightarrow{BC}$ e r. Como $P \in \overleftrightarrow{BC}$, sabemos que P pertence ao plano (ABC). Mas $P \in \alpha$, pois $P \in r$ e $r \subset \alpha$. Como os pontos A e P pertencem ao plano α e ao plano (ABC), concluímos que a reta $\overleftrightarrow{AP}$ é a reta procurada.

- $\overleftrightarrow{BC}$ e r paralelas

Se $\overleftrightarrow{BC} \parallel r$, então $\overleftrightarrow{BC} \parallel \alpha$. O plano (ABC) intersecta o plano α em uma reta que contém o ponto A e é paralela à reta $\overleftrightarrow{BC}$ e, portanto, paralela à reta r.

2.4 Algumas propriedades

A seguir, vamos estudar algumas propriedades relacionadas às posições relativas. Todas elas podem ser demonstradas.

1ª propriedade: Por um ponto P, não pertencente a α, passa um único plano β paralelo a α.

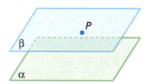

2ª propriedade: Se r não está contida em α, r é paralela a s, com s contida em α, então r é paralela a α.

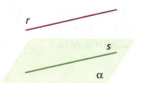

3ª propriedade: Se r é paralela a α e β, sendo $\alpha \cap \beta = s$, então r é paralela a s.

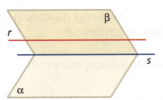

4ª propriedade: Se α é um plano paralelo a duas retas, r e s, contidas em um plano β, tais que $r \cap s = \{P\}$, então α é paralelo a β.

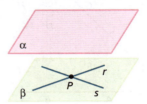

5ª propriedade: Se dois planos são paralelos distintos, então qualquer reta contida em um deles é paralela ao outro.

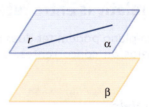

6ª propriedade: Se α intersecta β e γ, $\beta \parallel \gamma$, então as intersecções r e s de α com esses planos são retas paralelas.

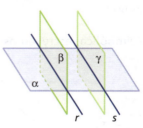

EXERCÍCIOS

R3. Considerar os pontos destacados na figura ao lado e fazer o que se pede.

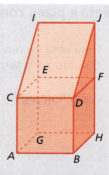

a) Identificar um par de retas paralelas, um par de retas reversas e um par de retas nem paralelas nem reversas.

b) Indicar a posição relativa entre a reta $\overleftrightarrow{CJ}$ e o plano que contém a face CDJI.

c) Identificar dois planos paralelos por meio de três pontos não colineares.

> **Resolução**
> a) Respostas possíveis: retas paralelas: $\overleftrightarrow{CI}$ e $\overleftrightarrow{DJ}$; retas reversas: $\overleftrightarrow{IJ}$ e $\overleftrightarrow{DF}$; retas que não são paralelas nem reversas: $\overleftrightarrow{JH}$ e $\overleftrightarrow{DF}$
> b) A reta $\overleftrightarrow{CJ}$ é paralela ao plano que contém a face CDJI, pois está contida nele.
> c) Resposta possível: os planos (ABG) e (EFD).

8. Classifique cada afirmação em verdadeira (V) ou falsa (F).
a) Se duas retas não são coplanares, elas são reversas.
b) Duas retas reversas podem ser coplanares.
c) Duas retas paralelas podem não ser coplanares.
d) Se dois planos, α e β, são coincidentes, então são paralelos.

9. Identifique as afirmações falsas.
a) Duas retas reversas nunca estão em planos paralelos.
b) Se uma reta r é paralela a outra s e uma reta t é paralela a s, então t é paralela a r.
c) Se uma reta r e um plano α têm ponto comum, então r está contida em α.

10. Observe o bloco retangular ABCDEFGH, representado abaixo.

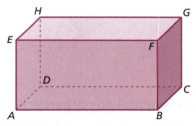

Considerando apenas as retas que passam pelas arestas e os planos que passam pelas faces do bloco, determine:
a) uma reta paralela à reta $\overleftrightarrow{CG}$.
b) uma reta reversa à reta $\overleftrightarrow{EH}$.
c) o plano paralelo ao plano (FGC).
d) uma reta paralela ao plano (ABF).
e) a posição relativa entre a reta $\overleftrightarrow{FG}$ e o plano (FEH).
f) a posição relativa entre a reta $\overleftrightarrow{AD}$ e o plano (FEH).

11. Identifique as afirmações falsas. Explique sua resposta.
a) Se o ponto P não pertence ao plano α, então existe uma única reta que passa por P e é paralela a α.
b) Se a reta r é paralela ao plano α, então r é paralela a toda reta de α.
c) Se a reta r não está contida no plano α e r é paralela à reta s contida em α, então r é paralela a α.
d) Se as retas r e s são paralelas ao plano α, então r e s são paralelas entre si.

12. Identifique as afirmações falsas. Explique sua resposta.
a) Se α e β são dois planos distintos e paralelos entre si, então toda reta contida em α é paralela a β.

b) Por um ponto P não pertencente ao plano α passa um único plano que é paralelo a α.
c) Se os planos α e β são paralelos entre si e os planos β e γ são paralelos entre si, então α e γ são paralelos entre si.
d) Se os planos α e β são paralelos à reta r, então α e β são paralelos entre si.

R4. Considerar a afirmação e mostrar se ela é verdadeira ou falsa.
• Sejam α e β dois planos distintos e paralelos entre si. Se a intersecção do plano γ com α e β são as retas r e s, respectivamente, então r e s são paralelas entre si.

> **Resolução**
> Para mostrar se as retas r e s são paralelas entre si, devemos provar que r e s têm intersecção vazia e são coplanares.
> Como α e β são planos distintos e paralelos entre si, então: α ∩ β = ∅
> Temos:
> • r ⊂ α e r ⊂ γ, pois r = α ∩ γ
> • s ⊂ β e s ⊂ γ, pois s = β ∩ γ
> Assim:
> • r ⊂ α e s ⊂ β e α ∩ β = ∅ ⇒ r ∩ s = ∅
> • r ⊂ γ e s ⊂ γ ⇒ r e s coplanares
> Logo, r e s são paralelas entre si. Portanto, a afirmação é verdadeira.

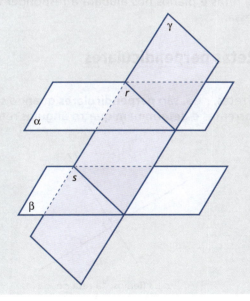

13. Se a reta r não está contida no plano α e r é paralela à reta s de α, então r é paralela a α.
Essa afirmação é verdadeira ou falsa? Justifique sua resposta.

14. Considere α e β planos distintos paralelos entre si. Determine as possíveis posições relativas das retas r e s, sabendo que r ⊂ α e s ⊂ β.

3. Perpendicularismo

Podemos identificar ao nosso redor situações nas quais é notável o **perpendicularismo**.

A seguir, acompanhe uma delas.

Para traçar a direção da linha meridiana de um local, fincamos, perpendicularmente ao solo, uma vareta (denominada **gnômon**), marcamos suas sombras no decorrer do dia e traçamos a bissetriz de todos os ângulos formados por sombras de mesmo comprimento. A direção da linha meridiana local coincide com a das bissetrizes.

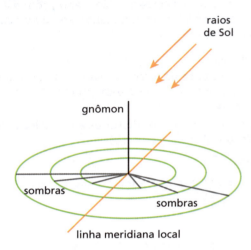

Nessa situação, como podemos garantir que a vareta fique perpendicular ao solo?

O estudo do perpendicularismo entre retas, entre planos e entre retas e planos nos ajudará a responder a questões como essa.

3.1 Retas perpendiculares

> Duas retas, r e s, são **perpendiculares** quando são concorrentes e determinam quatro ângulos retos.

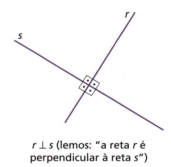

$r \perp s$ (lemos: "a reta r é perpendicular à reta s")

3.2 Retas ortogonais

> Duas retas reversas, r e s, são **ortogonais** quando existe uma reta t que é paralela (não coincidente) a s e perpendicular a r.

Observe o cubo representado a seguir, em que os pontos A, B, C, M e P são alguns de seus vértices.

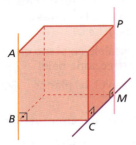

As retas $\overleftrightarrow{AB}$ e $\overleftrightarrow{CM}$ são ortogonais, pois a reta $\overleftrightarrow{PM}$ é paralela a $\overleftrightarrow{AB}$ e é perpendicular a $\overleftrightarrow{CM}$.

3.3 Reta e plano perpendiculares

Agora, vamos estudar uma situação particular de reta e plano secantes, especificamente o caso em que a reta é perpendicular ao plano.

> Dados uma reta r e um plano α, concorrentes no ponto P, dizemos que r é **perpendicular** a α quando r é perpendicular a todas as retas de α que passam por P.

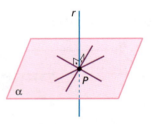

Teorema fundamental do perpendicularismo

O teorema enunciado a seguir, conhecido como **teorema fundamental do perpendicularismo**, é muito importante para a Geometria. Ele pode ser demonstrado.

Teorema 4: Se r é uma reta perpendicular a duas retas concorrentes, s e t, então r é perpendicular ao plano α determinado por essas retas.

Em linguagem simbólica, escrevemos: $s \subset \alpha$, $t \subset \alpha$, $r \perp s$, $r \perp t \Rightarrow r \perp \alpha$

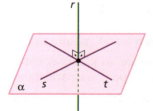

A reta r é perpendicular ao plano α, pois é perpendicular a duas retas concorrentes contidas nesse plano.

A definição de perpendicularismo entre reta e plano nos remete à questão sobre o meridiano astronômico: como ter certeza de que a vareta fincada no solo é perpendicular a ele? Na verdade, não é preciso verificar se ela é perpendicular a todas as retas contidas no plano do solo, pois isso seria impossível, já que são infinitas retas; basta verificar se é perpendicular a duas retas não coincidentes desse plano que passam pelo ponto em que a vareta foi fincada. O teorema fundamental do perpendicularismo nos garante isso.

3.4 Planos perpendiculares

Dois planos, α e β, são **perpendiculares** quando um deles contém uma reta r perpendicular ao outro plano.

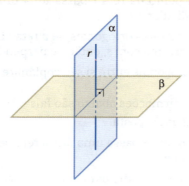

Observe a figura abaixo.

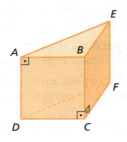

Nela:
- o plano (ABC) é perpendicular ao plano (DCF), pois contém a reta $\overleftrightarrow{BC}$ que é perpendicular ao plano (DCF);
- os planos (ABC) e (BFC) não são perpendiculares entre si, pois não há indicação de que algum deles contenha uma reta perpendicular a duas retas do outro.

3.5 Propriedades do perpendicularismo

Agora, vamos estudar algumas propriedades do perpendicularismo. Todas elas podem ser demonstradas.

1ª propriedade: Por um ponto P de uma reta r passa somente um plano α perpendicular a essa reta.

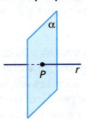

2ª propriedade: Se uma reta r é perpendicular a um plano α, então toda reta paralela a r é perpendicular ao plano α e todo plano paralelo a α é perpendicular a r.

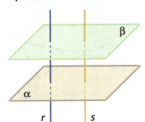

3ª propriedade: Duas retas perpendiculares a um mesmo plano são paralelas. Dois planos perpendiculares a uma mesma reta são paralelos.

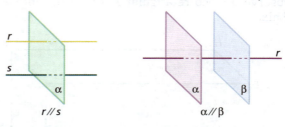

4ª propriedade: Se uma reta r e um plano α são perpendiculares a um plano β, então a reta r é paralela a α ou $r \subset \alpha$.

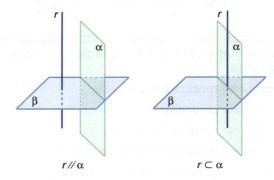

5ª propriedade: Se os planos α e β são concorrentes e γ é um plano perpendicular a α e a β, então γ é perpendicular à reta de intersecção entre α e β.

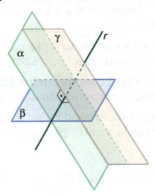

6ª propriedade: Se uma reta r é perpendicular a um plano α em um ponto P, uma reta t está contida em α e não passa por P, uma reta m está contida em α, passa por P e m é perpendicular a t no ponto R, então a reta $\overleftrightarrow{QR}$, com Q pertencente a r, é perpendicular a t.

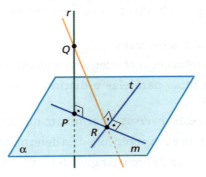

Capítulo 18 • Introdução à Geometria espacial **361**

EXERCÍCIOS

15. Observe o bloco retangular ABCDEFGH, representado abaixo.

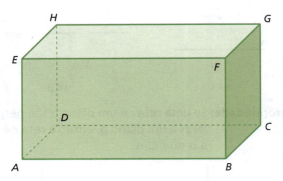

Agora, considerando apenas as retas que passam pelas arestas e os planos que passam pelas faces do bloco, determine:

a) uma reta concorrente à reta $\overleftrightarrow{EH}$.
b) uma reta perpendicular à reta $\overleftrightarrow{AE}$.
c) uma reta ortogonal à reta $\overleftrightarrow{AE}$.
d) uma reta perpendicular ao plano (FGC).
e) um plano perpendicular ao plano (ABF).

16. Quais das afirmações abaixo são falsas?
Justifique sua resposta.

a) Duas retas perpendiculares a uma mesma reta são paralelas entre si.
b) Se uma reta r e um plano α são paralelos, então toda reta perpendicular ao plano α é perpendicular à reta r.
c) Se uma reta r está contida em um plano α, então toda perpendicular a r é perpendicular a α.
d) Se uma reta r é perpendicular a um plano α e esse plano é paralelo a outro plano β, então r é perpendicular a β.

17. Represente cada uma das situações abaixo por meio de uma figura.

a) Uma reta r paralela a um plano α e paralela a um plano β.
b) Dois planos distintos paralelos entre si e perpendiculares a um terceiro plano.
c) Duas retas reversas e um plano paralelo a ambas.

18. Classifique cada afirmação a seguir em verdadeira (V) ou falsa (F).
Justifique sua resposta.

a) Duas retas concorrentes determinam um plano.
b) Duas retas paralelas e distintas determinam um plano.
c) Duas retas reversas determinam um plano.
d) Uma reta e um ponto fora dela determinam um plano.
e) Os vértices de um triângulo determinam um plano.

19. Classifique cada afirmação a seguir em verdadeira (V) ou falsa (F). Justifique sua resposta.

a) Por um ponto fora da reta r passa uma única reta que é perpendicular a r.
b) Por um ponto da reta r passa uma única reta que é perpendicular a r.
c) Sejam r e s retas ortogonais; se a reta t é paralela a r e t é concorrente com s, então t é perpendicular a s.
d) Retas ortogonais entre si são coplanares.

20. Quais das afirmações abaixo são falsas?
Justifique sua resposta.

a) Por um ponto P passa uma única reta perpendicular a um plano α.
b) Uma reta perpendicular a duas retas concorrentes de um plano é perpendicular a esse plano.
c) Uma reta ortogonal a duas retas concorrentes de um plano é perpendicular a esse plano.
d) Uma reta perpendicular a duas retas distintas de um plano é perpendicular a esse plano.
e) Seja r uma reta perpendicular ao plano α. Se a reta s é paralela a r, então s é perpendicular a α.

21. Identifique quais das afirmações abaixo são falsas.
Justifique sua resposta.

a) Se uma reta r é perpendicular a um plano α, então existem infinitos planos que passam por r e são perpendiculares a α.
b) Se uma reta r não é perpendicular a um plano α, então existe um único plano que passa por r e é perpendicular a α.
c) Se os planos α e β são perpendiculares entre si e a reta r é perpendicular a α, então r é paralela a β.

R5. Dados três pontos não colineares, A, B e C, se as retas $\overleftrightarrow{AB}$ e $\overleftrightarrow{AC}$ são perpendiculares a uma reta r, demonstrar que as retas r e $\overleftrightarrow{BC}$ são ortogonais.

▶ **Resolução**

Como A, B e C são pontos não colineares, eles determinam um plano, que chamamos de α. Assim, pelo postulado P7, as retas $\overleftrightarrow{AB}$, $\overleftrightarrow{BC}$ e $\overleftrightarrow{AC}$ estão contidas em α. Como r é perpendicular às retas $\overleftrightarrow{AB}$ e $\overleftrightarrow{AC}$ que são concorrentes, r é perpendicular ao plano que as contém, isto é, r ⊥ α. Portanto, r é ortogonal a qualquer reta de α que não passe pelo ponto A. Logo, as retas r e $\overleftrightarrow{BC}$ são ortogonais entre si.

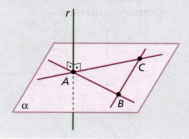

R6. Considerar dois planos paralelos distintos, α e β, e duas retas, r e s, com r ⊂ α e s ⊂ β e indicar todas as possíveis posições entre r e s.

▶ **Resolução**

Existem duas possibilidades:

I. As retas r e s estão contidas em um plano γ, com γ ≠ α e γ ≠ β. Nesse caso, o plano γ intersecta α e β, respectivamente, em r e s, que são paralelas distintas.

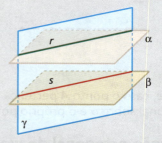

II. Não há um plano que contenha as retas r e s. Nesse caso, vamos considerar uma reta t de β que seja paralela a r. A reta t determina com r um plano γ tal como o do item (I). A reta t determina com s um plano que coincide com β. Assim, temos:

r // t, t ∩ s = {P}, r ∩ s = ∅; logo, r e s são retas reversas.

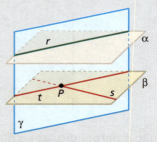

Observe que, nesse caso, se t ⊥ s, então r e s são retas ortogonais.

R7. Demonstrar que duas retas reversas têm uma única reta perpendicular comum.

▶ **Resolução**

Sejam r e s duas retas reversas e α e β dois planos paralelos que contêm r e s, respectivamente.

Por um ponto C de r passa uma reta perpendicular ao plano β. Seja D o ponto de intersecção dessa reta ($\overleftrightarrow{CD}$) com β.

Por D passa uma única reta paralela (m) à reta r (postulado de Euclides). Essa reta está contida em β. Seja B a intersecção da reta m com a reta s.

Por B passa uma única reta paralela à reta $\overleftrightarrow{CD}$ (postulado de Euclides), que intersecta a reta r no ponto A. É a reta $\overleftrightarrow{AB}$.

A reta $\overleftrightarrow{AB}$ é perpendicular aos planos α e β, pois é paralela à reta $\overleftrightarrow{CD}$ e, portanto, $\overleftrightarrow{AB}$ é perpendicular a todas as retas de α e de β que passam por suas intersecções com esses planos.

Logo, $\overleftrightarrow{AB}$ é a única perpendicular comum às retas r e s.

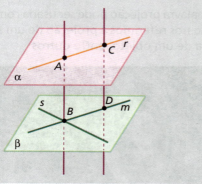

22. Sejam P, M e S três pontos não colineares tais que $\overleftrightarrow{PM}$ e $\overleftrightarrow{PS}$ estão contidas no plano α. Sejam $\overleftrightarrow{KM} \perp \overleftrightarrow{PM}$, $\overleftrightarrow{QS} \perp \overleftrightarrow{PS}$ e $\overleftrightarrow{KM} // \overleftrightarrow{QS}$, como mostra a figura abaixo.

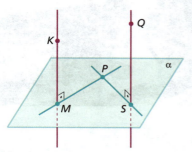

Prove que $\overleftrightarrow{KM} \perp \alpha$ e $\overleftrightarrow{QS} \perp \alpha$.

(*Sugestão*: Construa por P uma reta paralela à reta $\overleftrightarrow{KM}$.)

23. Em um plano α perpendicular a um plano β, r é uma reta contida em α e r é perpendicular à reta de intersecção entre os planos α e β. Mostre que r é perpendicular ao plano β.

24. Mostre que, no cubo representado a seguir, a diagonal $\overline{AC}$ da face ABCD é perpendicular ao plano (HFB).

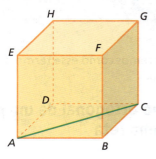

25. Sejam α e β planos paralelos distintos, A, B e C pontos não colineares de α e P um ponto de β tais que $\overline{PA} \perp \beta$. Se R, T e V são pontos médios de $\overline{PB}$, $\overline{PA}$ e $\overline{PC}$, respectivamente, prove que o plano (RTV) é paralelo a β.

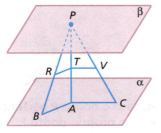

4. Projeções ortogonais

A palavra **projeção** pode ser usada com vários significados: quando nos referimos à projeção de um filme, à projeção da sombra de um objeto, entre outros.

A seguir, veremos como esse termo pode ser empregado em Matemática.

4.1 Projeção ortogonal de um ponto sobre uma reta

A projeção ortogonal de um ponto P sobre uma reta r é o ponto P', que é a intersecção de r com a reta perpendicular a r que passa por P.

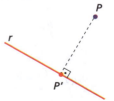

Observe que, caso o ponto P pertença a r, sua projeção ortogonal sobre r é o próprio ponto P.

4.2 Projeção ortogonal de um ponto sobre um plano

A projeção ortogonal de um ponto A sobre um plano α é o ponto A', que é a intersecção, com esse plano, da reta que passa por A e é perpendicular a α.

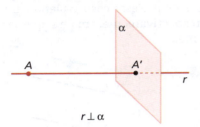

$r \perp \alpha$

Note que, caso o ponto A pertença ao plano α, sua projeção ortogonal sobre α é o próprio ponto A.

4.3 Projeção ortogonal de uma reta sobre um plano

Vamos considerar uma reta r e um plano α.

Se $r \perp \alpha$, com $r \cap \alpha = \{A\}$, então a projeção ortogonal de r sobre α é o ponto A.

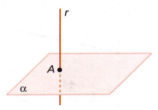

Se a reta r não é perpendicular ao plano α, então a projeção ortogonal de r sobre α é a reta s determinada pela projeção ortogonal de dois pontos distintos de r sobre α.

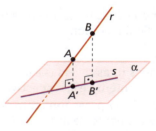

Observe que a projeção ortogonal sobre um plano α de um segmento $\overline{AB}$, cuja reta que o contém (reta suporte) não é perpendicular ao plano α, é o segmento $\overline{A'B'}$.

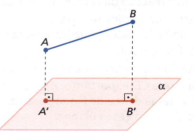

4.4 Projeção ortogonal de uma figura qualquer sobre um plano

A projeção ortogonal de uma figura, plana ou não plana, sobre um plano é a figura formada pelas projeções ortogonais de todos os pontos dessa figura sobre esse plano.

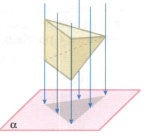

Exemplo

Observe o cubo representado abaixo.

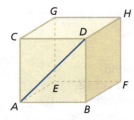

Nele, temos que a projeção ortogonal do:
- ponto C sobre o plano (ABE) é o ponto A;
- ponto C sobre o plano (ACE) é o próprio ponto C;
- segmento $\overline{CD}$ sobre o plano (ABE) é o segmento $\overline{AB}$;
- segmento $\overline{AD}$ sobre o plano (ABE) é o segmento $\overline{AB}$;
- segmento $\overline{AC}$ sobre o plano (ABE) é o ponto A.

EXERCÍCIOS

26. Classifique cada sentença em verdadeira (V) ou falsa (F).
   a) A projeção ortogonal de uma reta sobre um plano é sempre uma reta.
   b) Duas retas que têm projeções ortogonais paralelas são sempre retas paralelas.
   c) A projeção ortogonal de um ângulo sobre um plano pode ser uma reta.

27. Considere o bloco retangular representado abaixo.

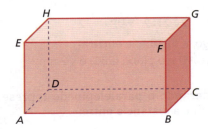

Qual é a projeção ortogonal do:
   a) ponto F sobre o plano (ABC)?
   b) segmento $\overline{EB}$ sobre o plano (DCG)?
   c) segmento $\overline{EB}$ sobre o plano (ABC)?
   d) triângulo FCG sobre o plano (ADH)?
   e) triângulo EHG sobre o plano (DCG)?
   f) triângulo EBH sobre o plano (ABC)?

5. Distâncias

5.1 Distância entre dois pontos

Se A e B são dois pontos do espaço, a distância entre eles é a medida do segmento de reta $\overline{AB}$, em certa unidade de medida.

Indicamos a distância de A a B (ou distância de B a A) por $d_{A,B}$ (ou $d_{B,A}$), ou ainda, por AB (ou BA).

Exemplo

Na reta numérica, se o ponto A representa o número real −2 e B, o número real 1, então a distância AB é 3, que é a medida do segmento $\overline{AB}$, determinada pelo valor absoluto da diferença dos números −2 e 1.

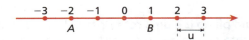

Simbolicamente, temos: $d_{A,B} = AB = |(-2) - (1)| = |-3| = 3$

Nesse caso, a unidade de medida de comprimento utilizada (u) é o comprimento do segmento cujos extremos representam dois números inteiros consecutivos.

Observe que: $d_{B,A} = BA = |(1) - (-2)| = |1 + 2| = |3| = 3$

Assim: $d_{B,A} = BA = d_{A,B} = AB = 3$

5.2 Distância entre um ponto e uma reta

A distância entre um ponto P e uma reta r é a distância entre P e sua projeção ortogonal P' sobre r.

Indicamos a distância de P a r por $d_{P,r} = PP'$.

Exemplo

Vamos calcular a distância HB do cubo representado abaixo.

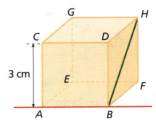

A distância do ponto C, de um cubo de aresta 3 cm, à reta $\overleftrightarrow{AB}$ é 3 cm.

Como o triângulo BHD é retângulo, pelo teorema de Pitágoras, temos:

$(HB)^2 = (DH)^2 + (DB)^2 \Rightarrow HB = \sqrt{3^2 + 3^2} \Rightarrow HB = 3\sqrt{2}$

Logo, a distância HB é $3\sqrt{2}$ cm.

5.3 Distância entre um ponto e um plano

A distância entre um ponto A e um plano α é a distância entre o ponto A e sua projeção ortogonal A' sobre α.

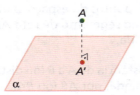

Indicamos a distância de A a α por $d_{A,\alpha} = AA'$.

5.4 Distância entre uma reta e um plano paralelos

Dados um plano α e uma reta r paralelos, a distância entre a reta r e o plano α é a distância entre um ponto A qualquer de r e o plano α.

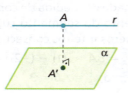

Indicamos a distância de r a α por $d_{r,\alpha} = AA'$, sendo A' a projeção ortogonal do ponto A sobre o plano α.

5.5 Distância entre dois planos distintos e paralelos

Dados dois planos distintos e paralelos, α e β, a distância entre eles é a distância entre qualquer ponto de α e o plano β ou vice-versa.

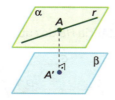

Exemplo

No cubo representado ao lado, a distância entre:

- as retas paralelas $\overleftrightarrow{EF}$ e $\overleftrightarrow{CD}$ é igual à distância entre um ponto de uma delas e a outra, por exemplo, entre C e $\overleftrightarrow{EF}$, que é $2\sqrt{2}$ cm.
- os planos (CDG) e (ABE) é 2 cm.

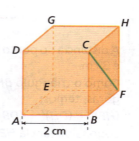

5.6 Distância entre duas retas reversas

Dadas duas retas reversas, r e s, a distância entre elas é a distância entre qualquer ponto de r e o plano que contém s e é paralelo a r ou vice-versa.

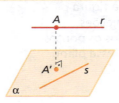

EXERCÍCIOS

R8. Considerar o cubo representado ao lado e mostrar que a distância entre:

a) os pontos F e D é $2\sqrt{3}$ cm.

b) a reta $\overleftrightarrow{AD}$ e o plano (EBC) é $\sqrt{2}$ cm.

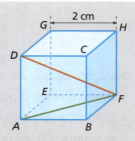

▶ Resolução

a) O △ABF é retângulo em B, que é ângulo interno do quadrado ABFE. Como AB = BF = 2 cm, pelo teorema de Pitágoras, temos: $(AF)^2 = 2^2 + 2^2 \Rightarrow AF = 2\sqrt{2}$

O △DAF é retângulo, pois $\overline{DA} \perp$ plano (ABE). Logo, $\overline{DA}$ é perpendicular a todas as retas desse plano que passam por A e, portanto, $\overline{DA} \perp \overline{AF}$. Assim, aplicando o teorema de Pitágoras no △DAF, temos: $(DF)^2 = 2^2 + (2\sqrt{2})^2 \Rightarrow (DF)^2 = 4 + 8 \Rightarrow DF = 2\sqrt{3}$

Logo, a distância entre os pontos F e D é $2\sqrt{3}$ cm.

b) A distância de $\overline{AD}$ ao plano (EBC) é DP, que é metade da medida da diagonal de uma face do cubo.

Assim:
$DP = (2\sqrt{2}) : 2 \Rightarrow DP = \sqrt{2}$

Logo, a distância entre a reta $\overleftrightarrow{AD}$ e o plano (EBC) é $\sqrt{2}$ cm.

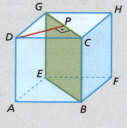

28. Considerando o paralelepípedo representado abaixo, determine a distância entre:

a) $\overleftrightarrow{EF}$ e $\overleftrightarrow{GC}$

b) $\overleftrightarrow{EF}$ e $\overleftrightarrow{HG}$

c) $\overleftrightarrow{EF}$ e $\overleftrightarrow{DC}$

d) $\overleftrightarrow{EF}$ e o plano (HGF)

e) $\overleftrightarrow{EH}$ e o plano (ABC)

f) o plano (EHD) e o plano (FGC)

g) o plano (ABC) e o plano (HGF)

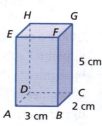

366 Conexões com a Matemática

6. Ângulos e diedros

6.1 Ângulo entre duas retas concorrentes

Já vimos que duas retas concorrentes determinam quatro ângulos, dois a dois opostos pelo vértice (opv) e, portanto, congruentes dois a dois.

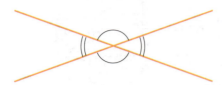

Daqui em diante, vamos estabelecer que sempre que nos referirmos ao ângulo entre duas retas concorrentes não perpendiculares, estaremos considerando o ângulo de menor medida (se as retas são perpendiculares, o ângulo entre elas mede 90°, pela definição de retas perpendiculares).

Observe que, conhecida a medida do menor dos quatro ângulos, podemos determinar as medidas dos demais.

Exemplo

Vamos calcular a medida dos ângulos $C\hat{O}D$, $A\hat{O}C$ e $B\hat{O}D$ da figura a seguir.

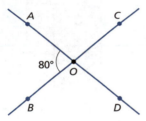

Como os ângulos $A\hat{O}B$ e $C\hat{O}D$ são opv, temos:

med($A\hat{O}B$) = med($C\hat{O}D$) = 80°

Os ângulos $A\hat{O}C$ e $A\hat{O}B$ são suplementares, então med($A\hat{O}C$) = 100°.

Portanto, med($A\hat{O}C$) = med($B\hat{O}D$) = 100°, pois $A\hat{O}C$ e $B\hat{O}D$ são opv.

6.2 Ângulo entre duas retas paralelas

O ângulo entre retas paralelas tem medida igual a 0°, conforme podemos observar nas figuras abaixo.

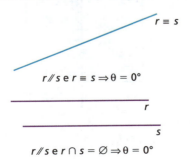

6.3 Ângulo entre duas retas reversas

O ângulo entre duas retas reversas, r e s (medida θ), é o ângulo formado entre r e s', sendo s' uma reta paralela a s e concorrente com r.

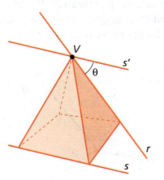

Em linguagem simbólica, escrevemos:

r e s reversas, $s \mathbin{/\mkern-5mu/} s'$, $s' \cap r = \{V\}$, ângulo entre r e s' mede θ ⇒ ângulo entre r e s mede θ

6.4 Ângulo entre uma reta e um plano

Se uma reta r não é perpendicular a um plano α, o ângulo entre r e α, de medida θ, é o ângulo formado por r e r', sendo r' a projeção ortogonal de r sobre α.

No caso em que r é perpendicular ao plano α, o ângulo mede 90°.

Observe, nos quadros abaixo, os quatro casos de ângulos entre uma reta e um plano.

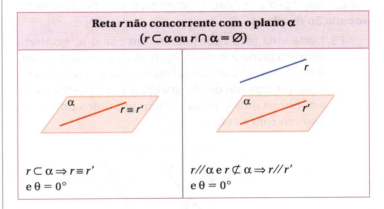

Reta r não concorrente com o plano α ($r \subset α$ ou $r \cap α = \varnothing$)	
$r \subset α \Rightarrow r \equiv r'$ e θ = 0°	$r \mathbin{/\mkern-5mu/} α$ e $r \not\subset α \Rightarrow r \mathbin{/\mkern-5mu/} r'$ e θ = 0°

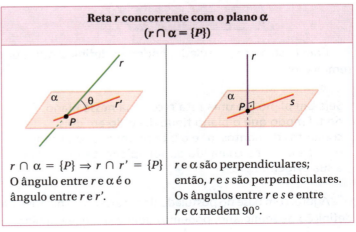

Reta r concorrente com o plano α ($r \cap α = \{P\}$)	
$r \cap α = \{P\} \Rightarrow r \cap r' = \{P\}$ O ângulo entre r e α é o ângulo entre r e r'.	r e α são perpendiculares; então, r e s são perpendiculares. Os ângulos entre r e s e entre r e α medem 90°.

6.5 Ângulo entre dois planos

Se dois planos, α e β, são concorrentes, r é a reta de intersecção deles, γ é um plano perpendicular à reta r, e as retas s e t são, respectivamente, as intersecções de α e β com γ, então o ângulo entre os planos α e β é o ângulo formado entre as retas s e t.

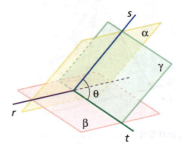

Se dois planos, α e β, são paralelos, então o ângulo entre eles é nulo (mede 0°).

Observação

Quando nos referirmos ao ângulo formado por dois planos concorrentes não perpendiculares, consideramos aquele de menor medida, entre as retas s e t.

Diedro

Antes de estudarmos o que é um diedro, vamos apresentar um novo postulado, conhecido por **postulado da separação de planos**.

P9. Dada uma reta t contida em um plano α, essa reta divide o plano em dois conjuntos de pontos convexos e disjuntos, α' e α", de tal modo que o segmento de reta que liga um ponto qualquer pertencente a α' a um ponto qualquer de α" tem um único ponto em comum com a reta t.

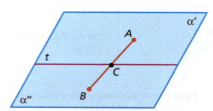

Com base nesse postulado, podemos definir o que é um semiplano:

Seja um plano α e uma reta t, contida nesse plano, de tal modo que o plano fique dividido em dois conjuntos de pontos, α' e α": cada um dos conjuntos α' ∪ t e α" ∪ t é chamado de **semiplano**, sendo a reta t a sua origem.

Agora, com base no postulado da separação de planos e na definição de semiplano, podemos definir o que é um diedro.

Sejam E_1 e E_2 dois semiplanos de mesma origem t, não contidos em um mesmo plano. Chama-se **diedro** ou **ângulo diedro** a figura formada pela reunião dos semiplanos E_1 e E_2.

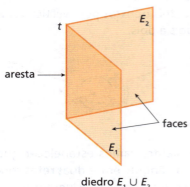

diedro $E_1 \cup E_2$

Dado um diedro e um plano α perpendicular à aresta do diedro, chama-se **ângulo plano** a intersecção do plano α com o diedro. A medida θ desse ângulo é considerada a medida do diedro.

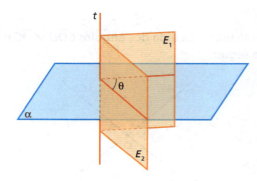

Observação

Para a medida de diedro, vamos considerar 0° < θ < 180°.

EXERCÍCIOS

R9. Identificar os diedros representados na figura abaixo.

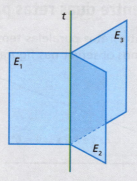

▶ Resolução

$E_1 \cup E_2$; $E_2 \cup E_3$; $E_1 \cup E_3$

R10. Nomear os seis diedros da figura representada abaixo.

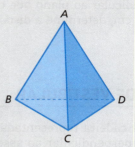

▶ **Resolução**

Consideremos os semiplanos E_1 contido no plano (ABC), E_2 contido no plano (ACD), E_3 contido no plano (ADB) e E_4 contido no plano (BCD). Assim, temos:

- $E_1 \cup E_4$ (origem $\overleftrightarrow{BC}$)
- $E_2 \cup E_3$ (origem $\overleftrightarrow{AD}$)
- $E_2 \cup E_4$ (origem $\overleftrightarrow{CD}$)
- $E_1 \cup E_3$ (origem $\overleftrightarrow{AB}$)
- $E_1 \cup E_2$ (origem $\overleftrightarrow{AC}$)
- $E_3 \cup E_4$ (origem $\overleftrightarrow{BD}$)

29. Nomeie todos os diedros da figura. (*Dica:* Existem mais de três diedros.)

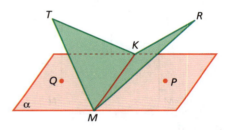

30. Na figura abaixo, a projeção ortogonal de $\overline{AB}$ sobre α é $\overline{BC}$ tal que $AB = 2 \cdot BC$. O segmento $\overline{PQ}$ é perpendicular ao plano (ABC). Determine a medida do ângulo $A\hat{B}C$.

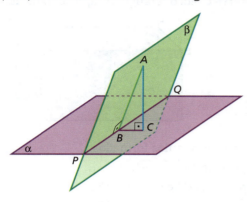

31. Seja $E_1 \cup E_2$ um diedro de aresta $\overleftrightarrow{KM}$ tal que as semirretas $\overrightarrow{AB}$ e $\overrightarrow{PQ}$ estão em E_1 e $\overrightarrow{AC}$ e $\overrightarrow{PR}$ estão em E_2.

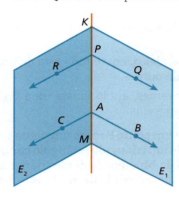

a) Se a medida dos ângulos $M\hat{A}B$ e $K\hat{A}C$ é 90°, podemos afirmar que $B\hat{A}C$ é um ângulo plano do diedro? Justifique.

b) Se a medida do ângulo $R\hat{P}Q$ é 90°, podemos afirmar que $\overrightarrow{PQ} \parallel \overrightarrow{AB}$? Justifique.

Exercícios complementares

1. Dois planos, α e β, se intersectam em uma reta r. Quantas retas paralelas a r passam por um ponto A de α?

2. Considere o cubo representado abaixo.

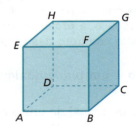

Qual é a posição relativa entre:

a) $\overleftrightarrow{EH}$ e $\overleftrightarrow{GC}$?
b) $\overleftrightarrow{EH}$ e $\overleftrightarrow{BC}$?
c) $\overleftrightarrow{EH}$ e $\overleftrightarrow{EF}$?
d) $\overleftrightarrow{EH}$ e o plano (ABC)?
e) $\overleftrightarrow{EH}$ e o plano (DCG)?
f) o plano (ABF) e o plano (EHG)?

3. A figura representa um prisma hexagonal regular que é composto de dois hexágonos regulares e congruentes entre si e seis retângulos também congruentes entre si.

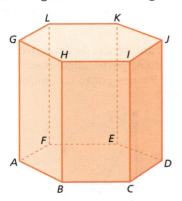

Qual é a posição relativa entre:

a) $\overleftrightarrow{LK}$ e $\overleftrightarrow{IJ}$?
b) $\overleftrightarrow{FE}$ e $\overleftrightarrow{BC}$?
c) $\overleftrightarrow{HI}$ e $\overleftrightarrow{AG}$?
d) $\overleftrightarrow{FE}$ e o plano (ABC)?
e) $\overleftrightarrow{AJ}$ e o plano (ABH)?
f) $\overleftrightarrow{ID}$ e o plano (AFL)?
g) os planos (LKE) e (BCI)?
h) os planos (LFA) e (BCI)?

EXERCÍCIOS COMPLEMENTARES

4. Escreva como pode ser a projeção ortogonal de uma reta sobre um plano.

5. Observe o bloco retangular representado abaixo.

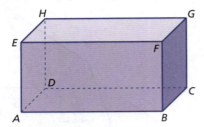

Indique os ângulos formados:
a) pelas retas $\overleftrightarrow{EG}$ e $\overleftrightarrow{BG}$.
b) pela reta $\overleftrightarrow{DF}$ e o plano (ABC).
c) pelos planos (ADH) e (HFB).

6. Identifique qual das afirmações a seguir é falsa. Justifique sua resposta.
a) Se uma reta é paralela a dois planos, então esses planos são paralelos.
b) Se dois planos são paralelos, então toda reta de um é paralela a uma reta do outro.
c) Se duas retas são reversas, então existe uma única perpendicular comum a elas.

7. A projeção ortogonal de um ponto P sobre um plano α é o vértice do ângulo reto de um triângulo retângulo contido em α. Se P dista $2\sqrt{3}$ m da hipotenusa desse triângulo e 2 m do plano α, determine a medida da altura relativa à hipotenusa.

8. O segmento $\overline{PA}$ é perpendicular ao plano que contém o triângulo equilátero ABC. Se $AB = 2 \cdot (AP)$ e M é o ponto médio de $\overline{BC}$, determine a medida do ângulo formado pelos segmentos $\overline{PA}$ e $\overline{PM}$.

9. Um aparelho transmissor de rádio, cujas ondas atingem no máximo uma distância r, está situado no alto de uma torre vertical de altura h. As ondas do transmissor atingem uma estrada retilínea e horizontal que está à distância d do pé da torre. Determine o comprimento do trecho da estrada no qual se pode captar a transmissão desse rádio.

10. De uma circunferência de diâmetro $\overline{AB}$ levanta-se por A um segmento $\overline{AP}$ perpendicular ao plano da circunferência. Une-se P a um ponto C qualquer da circunferência, distinto de B.

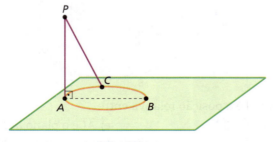

a) Prove que as retas $\overleftrightarrow{BC}$ e $\overleftrightarrow{PC}$ são perpendiculares.
b) Sabendo que $AB = AP = 8$ cm e C é o ponto médio do arco $\widehat{AB}$, determine a medida do ângulo $C\hat{P}B$.

11. Os catetos do triângulo retângulo ABC medem 9 cm e 16 cm. Pelo ponto médio M da hipotenusa, traça-se $\overline{PM}$ perpendicular ao plano que contém esse triângulo. Se $PM = 6$ cm, determine a distância entre P e o cateto de 9 cm.

QUESTÕES DE VESTIBULAR

12. (UFRN) Na cadeira representada na figura a seguir, o encosto é perpendicular ao assento e este é paralelo ao chão.

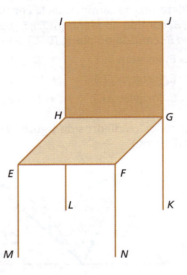

Sendo assim:
a) os planos EFN e FGJ são paralelos.
b) $\overline{HG}$ é um segmento de reta comum aos planos EFN e EFH.
c) os planos HIJ e EGN são paralelos.
d) $\overline{EF}$ é um segmento de reta comum aos planos EFN e EHG.

13. (UFSCar-SP) Considere um plano α e um ponto P qualquer do espaço. Se por P traçarmos a reta perpendicular a α, a intersecção dessa reta com α é um ponto chamado projeção ortogonal do ponto P sobre α. No caso de uma figura F do espaço, a projeção ortogonal de F sobre α é definida pelo conjunto das projeções ortogonais de seus pontos.

Com relação a um plano qualquer fixado, pode-se dizer que:
a) a projeção ortogonal de um segmento de reta pode resultar numa semirreta.
b) a projeção ortogonal de uma reta sempre resulta numa reta.
c) a projeção ortogonal de uma parábola pode resultar num segmento de reta.
d) a projeção ortogonal de um triângulo pode resultar num quadrilátero.
e) a projeção ortogonal de uma circunferência pode resultar num segmento de reta.

14. (Mackenzie-SP) r, s e t são retas distintas, tais que $s \perp r$ e $t \perp r$. Relativamente às retas s e t, podemos afirmar que:
a) elas podem ser unicamente paralelas ou concorrentes.
b) elas podem ser unicamente paralelas ou reversas.
c) elas podem ser unicamente concorrentes ou reversas.
d) elas podem ser paralelas, concorrentes ou reversas.
e) elas podem ser unicamente reversas.

15. (UFPE) Em quantas regiões quatro retas distintas dividem o plano, sabendo-se que não há duas retas paralelas nem três concorrentes no mesmo ponto?

16. (Unesp) Entre todas as retas suportes das arestas de um certo cubo, considere duas, r e s, reversas. Seja t a perpendicular comum a r e a s. Então:
a) t é a reta suporte de uma das diagonais de uma das faces do cubo.
b) t é a reta suporte de uma das diagonais do cubo.
c) t é a reta suporte de uma das arestas do cubo.
d) t é a reta que passa pelos pontos médios das arestas contidas em r e s.
e) t é a reta perpendicular a duas faces do cubo, por seus pontos médios.

17. (PucCamp-SP) Considere as afirmações a seguir.
  I. Duas retas distintas determinam um plano.
  II. Se duas retas distintas são paralelas a um plano, então elas são paralelas entre si.
  III. Se dois planos são paralelos, então toda reta de um deles é paralela a alguma reta do outro.
É correto afirmar que:
a) apenas II é verdadeira.
b) apenas III é verdadeira.
c) apenas I e II são verdadeiras.
d) apenas I e III são verdadeiras.
e) I, II e III são verdadeiras.

18. (UFBA) Com base nos conhecimentos sobre Geometria espacial, pode-se afirmar:
(01) Se uma reta r e um plano α são paralelos, então toda reta perpendicular à reta r é também perpendicular ao plano α.
(02) Se um ponto P não pertence a uma reta s, então existe um único plano passando por P, paralelo à reta s.
(04) Se uma reta r está contida em um plano α, e a reta s é reversa a r, então a reta s intercepta o plano α.
(08) Se α e β são dois planos perpendiculares, e r é uma reta perpendicular a α, que não está contida em β, então r é paralela a β.
(16) Se dois planos são perpendiculares, então toda reta de um deles é perpendicular ao outro.
(32) Três planos distintos interceptam-se segundo uma reta ou um ponto.
• Qual é a soma das alternativas corretas?

19. (UEL-PR) O sólido representado na figura abaixo é formado por um cubo de aresta de medida $\frac{x}{2}$ que se apoia sobre um cubo de aresta de medida x.

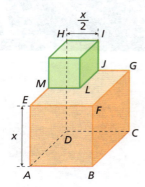

A intersecção do plano EGC com o plano ABC é:
a) vazia.
b) a reta $\overleftrightarrow{AC}$.
c) o segmento de reta $\overline{AC}$.
d) o ponto C.
e) o triângulo AGC.

20. (UFPE) Na ilustração abaixo, ABCD e ABEF são retângulos, e o ângulo $D\hat{A}F$ mede 60°. Se $\overline{AB}$ mede $2\sqrt{30}$, $\overline{BE}$ mede 6 e $\overline{BC}$ mede 10, qual a distância entre os vértices C e F?

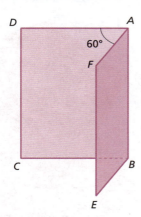

21. (Fuvest-SP) No segmento $\overline{AC}$, toma-se um ponto B de forma que $\frac{AB}{AC} = 2\frac{BC}{AB}$. Então, o valor de $\frac{BC}{AB}$ é:
a) $\frac{1}{2}$
b) $\frac{\sqrt{3}-1}{2}$
c) $\sqrt{5}-1$
d) $\frac{\sqrt{5}-1}{2}$
e) $\frac{\sqrt{5}-1}{3}$

Mais questões: no livro digital, em **Vereda Digital Aprova Enem** e **Vereda Digital Suplemento de revisão e vestibulares**; no *site*, em **AprovaMax**.

CAPÍTULO 19

POLIEDROS

ENEM
C1: H3, H4, H5
C2: H6, H7, H8, H9
C3: H10, H12, H13, H14
C5: H22

O artista plástico Sérvulo Esmeraldo nasceu em Crato, CE, em 1929. Começou sua carreira como xilogravurista e ilustrador. À medida que sua obra foi amadurecendo, passou a se dedicar mais às formas que aos temas, como é possível observar na escultura acima, chamada de Xis. Em suas palavras: "Nunca passei para o abstrato. Minha escrita sempre foi concreta. O encaminhamento começou pelos vegetais, folhas, galhos. Deles retirei minha geometria".

1. Sólidos geométricos

As formas geométricas observadas na natureza despertam o interesse das pessoas há muito tempo. A reprodução dessas formas e a criação de outras sempre instigaram os seres humanos, como é possível observar na arquitetura e na arte das antigas civilizações até os dias de hoje.

Um destaque nesse campo de interesse são as figuras denominadas **sólidos geométricos**.

Nos ambientes por onde passamos, geralmente é possível observar inúmeros objetos que lembram figuras geométricas planas e não planas. As linhas e as superfícies podem ser planas ou não planas, mas os sólidos são sempre não planos.

Os sólidos geométricos exibem formas bastante diversas, como os **poliedros** e os **corpos redondos**. Os sólidos que não se encaixam nessas denominações formam outro grupo, que não será estudado nesta obra.

Neste capítulo, vamos estudar um dos grupos de sólidos geométricos: os poliedros.

1.1 Superfície poliédrica fechada e poliedros

Todo poliedro apresenta uma superfície, chamada de **superfície poliédrica fechada**.

> Uma **superfície poliédrica fechada** é composta de um número finito (quatro ou mais) de superfícies poligonais planas, de modo que cada lado de uma dessas superfícies coincida com apenas um lado da outra.

Observe as figuras abaixo.

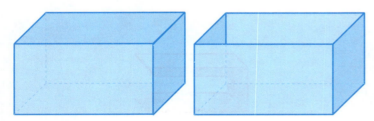

Considerando que uma superfície poliédrica fechada delimita uma porção do espaço em seu interior, observamos que apenas a figura da esquerda representa uma superfície poliédrica fechada.

Agora, podemos definir o que é um **poliedro**.

> Poliedro (do grego *poli*, "muitas, várias", e *edro*, "face") é o sólido geométrico formado pela reunião de uma superfície poliédrica fechada com todos os pontos do espaço delimitados por ela.

Elementos de um poliedro

Em um poliedro, podemos destacar os seguintes elementos:

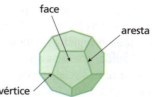

- **Face** – superfície poligonal que compõe a superfície do poliedro.
- **Aresta** – lado comum a duas faces.
- **Vértice** – ponto comum a três ou mais arestas.

Observação

As arestas do poliedro são os lados dos polígonos que determinam as faces. Os vértices do poliedro são os vértices desses polígonos.

Nomenclatura de um poliedro

Um poliedro costuma ser nomeado de acordo com seu número de faces. A palavra *tetraedro*, por exemplo, tem o prefixo grego *tetra* (4), seguido do elemento de composição *edro*. Assim, tetraedro significa "poliedro de 4 faces".

Exemplos

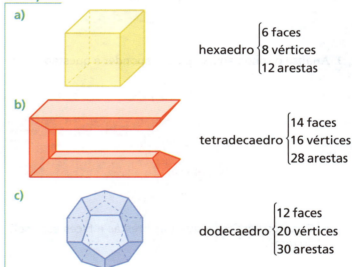

a) hexaedro { 6 faces, 8 vértices, 12 arestas

b) tetradecaedro { 14 faces, 16 vértices, 28 arestas

c) dodecaedro { 12 faces, 20 vértices, 30 arestas

Veja, no quadro abaixo, alguns dos nomes de poliedros.

Número de faces	Nome do poliedro
4	tetraedro
5	pentaedro
6	hexaedro
7	heptaedro
8	octaedro
12	dodecaedro
20	icosaedro

Trocando ideias

Você já reparou nas características geométricas das construções do bairro ou da cidade onde vive? Nessa proposta, você vai observar as formas poliédricas de algumas construções da cidade e registrar aquelas que considerar interessante; em seguida, envie-as a seus colegas de grupo por meio de alguma rede social, comentando por que as escolheu. Quando o grupo concluir os comentários e a troca de imagens, poderá partilhar o trabalho com os colegas dos demais grupos.

EXERCÍCIOS

1. Escreva o nome do poliedro representado abaixo.

2. Um galpão tem a forma representada pela figura a seguir. Qual é o nome do poliedro correspondente?

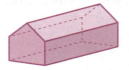

3. Analise o sólido abaixo para responder à questão.

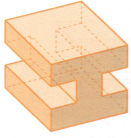

- Quantos vértices e quantas arestas e faces esse sólido tem?

1.2 Poliedro convexo e poliedro não convexo

Antes de definir poliedros convexos e não convexos, é importante observar que um plano α divide o espaço em dois **semiespaços** de mesma origem α.

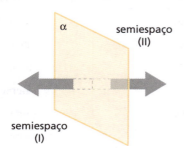

Considerando esses dois semiespaços, podemos definir poliedros convexos e não convexos.

Os poliedros que não apresentam "reentrâncias" em sua superfície são denominados **convexos**. Os que apresentam essa característica são denominados **não convexos** (ou **côncavos**). De maneira mais precisa:

> Se cada plano que contém uma face de um poliedro posiciona as demais faces em um mesmo semiespaço, o poliedro é **convexo**; caso contrário, é **não convexo** (ou **côncavo**).

Em cada uma das figuras do quadro a seguir, foi destacado um plano que contém uma das faces do poliedro.

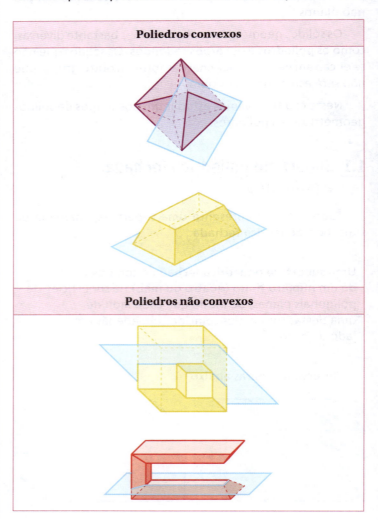

Relação de Euler

Os elementos dos poliedros mantêm entre si muitas relações geométricas, numéricas e métricas. Entre as relações numéricas, uma das mais importantes é a **relação de Euler**, que relaciona o número de vértices (V), de arestas (A) e de faces (F) de qualquer poliedro convexo.

Podemos escrever essa relação assim:

$$V + F - A = 2$$

Observe que a relação de Euler é válida para os poliedros representados no quadro abaixo.

Poliedro	Vértice (V)	Face (F)	Aresta (A)	V + F − A
	8	6	12	2
	6	6	10	2
	6	5	9	2

Observação

Apesar de todo poliedro convexo satisfazer a relação de Euler, nem sempre um poliedro que satisfaz essa relação é convexo.

Observe, como exemplo, o poliedro representado abaixo.

Ele tem 24 vértices, 14 faces e 36 arestas.

Assim:

$V + F - A = 24 + 14 - 36 = 2$

Logo, esse poliedro satisfaz a relação de Euler, mas não é convexo.

EXERCÍCIOS

4. Determine o número de vértices, faces e arestas de cada poliedro e classifique-os em convexo ou não convexo.

a) 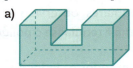 b)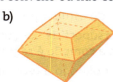

5. Verifique a validade da relação de Euler para cada poliedro.

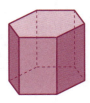 

poliedro I   poliedro II

R1. Obter o número de arestas de um poliedro convexo que tem 6 faces e 8 vértices.

▶ **Resolução**

Como a relação de Euler é válida para todos os poliedros convexos, temos:

$V + F - A = 2 \Rightarrow A = 8 + 6 - 2 \Rightarrow A = 12$

Portanto, esse poliedro possui 12 arestas.

6. Calcule o número de faces de um poliedro convexo que tem 12 vértices e 30 arestas.

7. Em um poliedro convexo, o número de arestas excede o número de vértices em 6 unidades. Calcule o número de faces desse poliedro.

8. O número de arestas de um octaedro convexo é o dobro do número de vértices. Calcule o número de arestas desse poliedro.

R2. Quantos vértices tem um poliedro convexo com 4 faces triangulares e 5 faces quadrangulares?

▶ **Resolução**

O número de faces do poliedro é 4 + 5, ou seja, 9.

As 4 faces triangulares têm 12 lados (4 · 3), e as 5 faces quadrangulares têm 20 lados (5 · 4). Então, o número de arestas é dado por (12 + 20) : 2 = 16, pois cada aresta é lado comum de exatamente duas faces (portanto, cada aresta foi contada duas vezes). Assim, o poliedro tem 16 arestas e 9 faces. Logo:

$V + 9 - 16 = 2 \Rightarrow V = 9$

Portanto, esse poliedro tem 9 vértices.

9. Um poliedro convexo tem 8 faces triangulares e 6 faces octogonais. Quantos vértices tem esse poliedro?

10. Determine o número de vértices de um poliedro convexo que tem 3 faces triangulares, 1 face quadrangular, 1 pentagonal e 2 hexagonais.

11. Um poliedro convexo com 11 vértices tem o número de faces triangulares igual ao número de faces quadrangulares e 1 face pentagonal. Calcule o número de faces desse poliedro.

12. Calcule o número de faces quadrangulares e triangulares de um poliedro convexo (que só tem esses dois tipos de face) com 20 arestas e 10 vértices.

R3. Um poliedro euleriano (que atende à relação de Euler) de 7 vértices tem 5 vértices nos quais concorrem 4 arestas e 2 vértices nos quais concorrem 5 arestas. Quantas arestas e quantas faces tem esse poliedro?

▶ **Resolução**

- 5 vértices com 4 arestas:

    (5 · 4) arestas = 20 arestas

- 2 vértices com 5 arestas:
  (2 · 5) arestas = 10 arestas

Como cada aresta foi contada duas vezes (uma vez em cada vértice), temos:

$A = \dfrac{20 + 10}{2} = 15$

Pela relação de Euler, obtemos:

$V + F = A + 2 \Rightarrow 7 + F = 15 + 2 \Rightarrow F = 10$

Logo, o poliedro tem 15 arestas e 10 faces.

13. Determine o número de vértices, arestas e faces de um poliedro convexo que tem 5 vértices nos quais concorrem 3 arestas, 7 vértices nos quais concorrem 4 arestas, 9 vértices nos quais concorrem 5 arestas e 8 vértices nos quais concorrem 6 arestas.

1.3 Poliedros de Platão

O filósofo grego Platão (427 a.C.-347 a.C.) interessava-se em estudar as diferentes formas presentes na natureza e nas construções humanas. Em seus estudos, certa classe de poliedros recebeu atenção especial; por essa razão, foram chamados de **poliedros de Platão**.

Um poliedro é chamado de poliedro de Platão se, e somente se:

- é convexo e, portanto, satisfaz a relação de Euler;
- todas as faces têm o mesmo número inteiro *n* de arestas;
- em todos os vértices concorre o mesmo número inteiro *m* de arestas.

Exemplos

a) O poliedro representado abaixo é de Platão, pois todas as faces têm 4 arestas, em todos os vértices concorrem 3 arestas, e ele é convexo; portanto, para esse poliedro vale a relação de Euler (8 + 6 − 2 = 12).

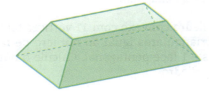

b) O poliedro representado abaixo não é de Platão, pois, embora seja convexo e em todos os vértices concorra o mesmo número de arestas, nem todas as faces têm o mesmo número de arestas. Há faces quadrangulares, pentagonais e uma triangular.

As cinco classes de poliedros de Platão

Um poliedro de Platão deve pertencer necessariamente a uma das cinco classes apresentadas no quadro a seguir.

Classe	Característica	Exemplo
Tetraedro	4 faces triangulares; em cada vértice concorrem 3 arestas	
Hexaedro	6 faces quadrangulares; em cada vértice concorrem 3 arestas	
Octaedro	8 faces triangulares; em cada vértice concorrem 4 arestas	
Dodecaedro	12 faces pentagonais; em cada vértice concorrem 3 arestas	
Icosaedro	20 faces triangulares; em cada vértice concorrem 5 arestas	

É possível demonstrar que existem apenas essas cinco classes de poliedros de Platão.

Poliedros regulares

Antes de estudar **poliedros regulares**, observe que:

- uma superfície poligonal plana é regular se o polígono que a compõe é regular;
- um polígono é regular se tem todos os lados de mesma medida e todos os ângulos internos congruentes entre si.

Veja um exemplo.

pentágono regular

Poliedros regulares

Com base nessas observações, podemos definir **poliedros regulares**.

> Poliedros regulares são os poliedros que têm todas as faces poligonais regulares e congruentes entre si.

Existem exatamente cinco classes de poliedros regulares. Veja abaixo um exemplo de cada uma dessas classes.

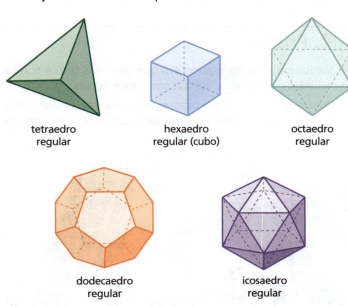

tetraedro regular

hexaedro regular (cubo)

octaedro regular

dodecaedro regular

icosaedro regular

Observe que um dos poliedros regulares, o hexaedro regular, recebe nome especial: **cubo**.

1.4 Planificação da superfície de um poliedro

Os poliedros podem ser representados de diferentes maneiras; por exemplo, em perspectiva ou pela planificação de sua superfície.

Até aqui, vimos a representação de alguns poliedros em perspectiva, como o cubo representado abaixo.

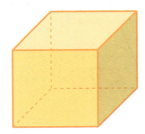

Entretanto, a superfície de um poliedro, que é formada por superfícies poligonais planas, pode ser colocada sobre um plano, de tal modo que cada uma das faces do poliedro tenha pelo menos um lado em comum com outra face. Obtemos, assim, uma figura plana, que costuma ser chamada de **molde do poliedro**, ou **planificação da superfície do poliedro**, ou simplesmente **planificação do poliedro**.

De modo geral, as faces de um poliedro podem ser arranjadas de vários modos, desde que cada face esteja ligada a outra por pelo menos um de seus lados.

Exemplo

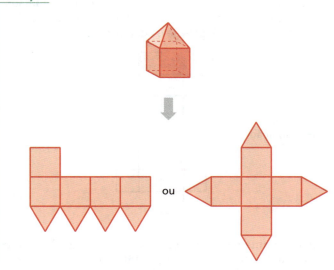

EXERCÍCIOS

R4. Existem 11 diferentes planificações para a superfície do cubo. Duas delas estão representadas abaixo; desenhar as outras 9 planificações.

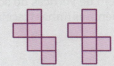

▶ Resolução

A resolução fica facilitada se usarmos uma malha quadriculada. Estas são as outras possibilidades:

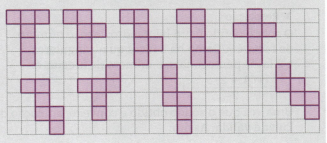

R5. Desenhar duas planificações diferentes da superfície do tetraedro regular.

▶ Resolução

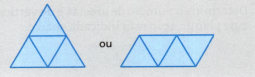

14. Represente a planificação da superfície de um poliedro que tem 3 faces quadradas e 4 faces triangulares.

15. Represente a planificação de um octaedro regular.

R6. Na planificação da superfície de um cubo, foi assinalado um ponto A. Marcar nessa planificação o ponto que coincidirá com A depois de o cubo ser montado.

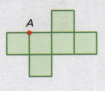

➤ **Resolução**

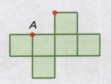

16. Em cada uma das planificações abaixo, pinte de vermelho os lados das faces que coincidirão com o lado destacado em azul depois que o sólido for montado.

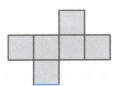 

R7. Qual é o número de vértices do sólido obtido ao dobrar convenientemente as linhas tracejadas da figura abaixo?

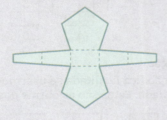

➤ **Resolução**

O sólido obtido é um heptaedro; logo, o número de faces é 7. Como há 5 faces quadrangulares e 2 faces pentagonais, o número de arestas é:

$A = \dfrac{5 \cdot 4 + 2 \cdot 5}{2} = 15$

Uma vez que o sólido obtido é convexo, a relação de Euler é válida. Assim:

$V + F - A = 2 \Rightarrow V = 15 - 7 + 2 \Rightarrow V = 10$

17. Da superfície de um poliedro regular de faces pentagonais, foram retiradas as três faces adjacentes a um vértice comum. Calcule o número de arestas, de faces e de vértices da superfície poliédrica que restou.

18. Determine o número de arestas e de vértices do poliedro cuja planificação está indicada abaixo.

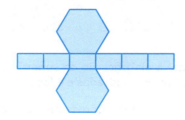

19. Considere que a figura abaixo seja a planificação da superfície de um poliedro convexo. Qual é a soma do número de arestas e do número de vértices desse poliedro?

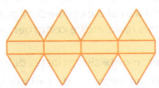

2. Prisma

Vários objetos do espaço em que vivemos têm a forma de poliedros; entre eles, destacamos os **prismas**.

Desde as mais simples embalagens até as mais elaboradas edificações, muitos são os exemplos da presença dos prismas no dia a dia.

La Puerta de Europa, Madri, Espanha.

2.1 Definição de prisma

Vamos considerar dois planos distintos, α e β, uma região poligonal convexa P contida em α e uma reta r que intersecta os planos α e β.

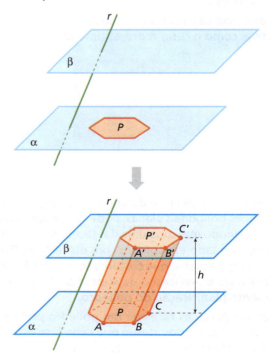

378 Conexões com a Matemática

Chama-se **prisma** o poliedro formado por todos os segmentos de reta paralelos a *r* tais que uma de suas extremidades é um ponto da região *P*, e a outra extremidade é um ponto no plano β.

Observe abaixo a representação de alguns prismas.

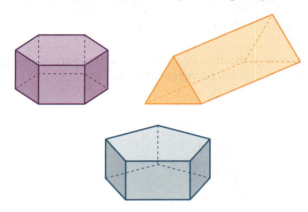

Note que todos os prismas têm pelo menos um par de faces paralelas e congruentes e pelo menos três faces em forma de paralelogramo. Esse fato, embora não seja exclusivo dos prismas, ocorre em todos eles.

Elementos de um prisma

Considerando o prisma representado abaixo, podemos destacar os seguintes elementos:

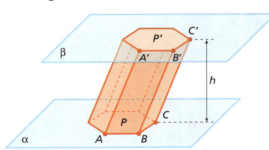

- **Bases** – as regiões poligonais *P* e *P'*, que são congruentes e estão situadas em planos paralelos (α e β, respectivamente).
- **Faces laterais** – as regiões poligonais *AA'B'B*, *BB'C'C* etc.
- **Arestas das bases** – os segmentos $\overline{AB}, \overline{BC}, ..., \overline{A'B'}, \overline{B'C'}$ etc.
- **Arestas laterais** – os segmentos $\overline{AA'}, \overline{BB'}, \overline{CC'}$ etc.
- **Altura do prisma** – a distância *h* entre os planos das bases (α e β).

2.2 Classificação dos prismas

Os prismas podem ser classificados de acordo com alguns critérios. Um desses critérios considera a inclinação da reta *r* em relação aos planos α e β que contêm as bases. É essa reta que define a inclinação das arestas laterais do prisma em relação às bases. Se a reta *r* é perpendicular aos planos α e β, dizemos que o prisma é **reto**; caso contrário, ele é **oblíquo**.

Ou seja, nos prismas retos, as arestas laterais são perpendiculares às bases, mas nos oblíquos, não.

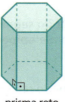

prisma reto   prisma oblíquo

Observe que, nos prismas retos, as faces laterais são retângulos e, nos prismas oblíquos, são paralelogramos.

Outro critério que permite classificar os prismas é o que considera o polígono que determina as bases. Se esse polígono é um triângulo, o prisma é **triangular**; se é um quadrilátero, o prisma é **quadrangular**; se é um pentágono, o prisma é **pentagonal**; e assim por diante.

prisma triangular   prisma quadrangular   prisma pentagonal

Prisma regular

Um prisma é **regular** se, e somente se, é reto e suas bases são superfícies poligonais regulares.

Observe os prismas representados abaixo.

 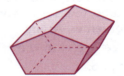

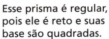

Esse prisma é regular, pois ele é reto e suas base são quadradas.

Esse prisma **não** é regular, pois as bases não são polígonos regulares.

Paralelepípedo

Entre os prismas quadrangulares, aqueles que têm bases em forma de paralelogramo são chamados de **paralelepípedos**. Esses prismas podem ser retos ou oblíquos.

Se um paralelepípedo reto tem bases retangulares, é chamado de **paralelepípedo reto-retângulo** ou **bloco retangular**; se tem todas as faces congruentes, é chamado de **cubo**.

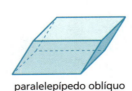 

paralelepípedo oblíquo   paralelepípedo reto-retângulo   cubo

2.3 Medida da diagonal de um paralelepípedo reto-retângulo

Diagonal de um paralelepípedo é todo segmento cujas extremidades são vértices desse paralelepípedo que não pertencem a uma mesma face.

Vamos considerar um paralelepípedo reto-retângulo de dimensões a, b e c.

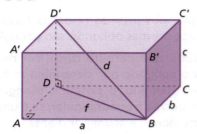

A medida d da diagonal desse paralelepípedo depende da medida f do segmento $\overline{DB}$, que é uma diagonal da face $ABCD$.

Assim, aplicando o teorema de Pitágoras ao triângulo retângulo ADB, temos: $f^2 = a^2 + b^2$ (I)

Aplicando o teorema de Pitágoras ao triângulo retângulo DBD', temos: $d^2 = f^2 + c^2$ (II)

Substituindo (I) em (II), obtemos: $d^2 = (a^2 + b^2) + c^2$

Portanto, a medida d da diagonal de um paralelepípedo reto-retângulo de dimensões a, b e c é:

$$d = \sqrt{a^2 + b^2 + c^2}$$

Observação

Se o paralelepípedo retângulo é um cubo, todas as suas arestas são congruentes. Assim:
$d = \sqrt{a^2 + a^2 + a^2} \Rightarrow d = \sqrt{3a^2}$
Portanto:

$$d = a\sqrt{3}$$

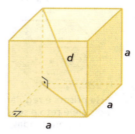

EXERCÍCIOS

R8. Calcular a medida da diagonal do paralelepípedo representado abaixo.

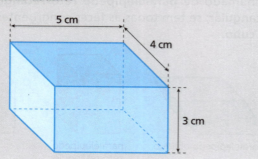

▶ **Resolução**

Sabemos que $d = \sqrt{a^2 + b^2 + c^2}$, em que d é a medida da diagonal e a, b e c são as dimensões do paralelepípedo.
Substituindo a, b e c, respectivamente, por 3, 4 e 5, obtemos:
$d = \sqrt{3^2 + 4^2 + 5^2} = \sqrt{50} = \sqrt{2 \cdot 5^2} = 5\sqrt{2}$
Logo, a diagonal mede $5\sqrt{2}$ cm.

20. Calcule a medida das diagonais dos paralelepípedos reto-retângulos representados abaixo.

a)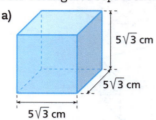

b)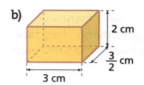

21. Escreva a expressão algébrica que indica a medida da diagonal de cada paralelepípedo reto-retângulo.

a)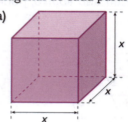

b)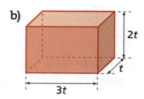

22. Um paralelepípedo reto-retângulo de dimensões a cm, 4 cm e 7 cm tem diagonal de medida $3\sqrt{10}$ cm. Determine o valor de a.

23. Calcule a medida da aresta de um cubo cuja diagonal mede 12 cm.

24. Um paralelepípedo reto-retângulo tem diagonal de medida $\sqrt{14}$ cm. Determine as medidas das três arestas sabendo que são números inteiros consecutivos.

25. As medidas das arestas de um paralelepípedo reto-retângulo são proporcionais a 3, 4 e 12. Se a diagonal mede 130 cm, quanto medem essas arestas?

R9. Calcular a medida da aresta de um cubo cuja medida da diagonal excede em $\sqrt{2}$ cm a medida da diagonal da base.

▶ **Resolução**

Sendo d a medida da diagonal do cubo e f a medida da diagonal da base, temos, pelos dados do problema:

$d = f + \sqrt{2} \Rightarrow d - f = \sqrt{2}$ (I)

Aplicando o teorema de Pitágoras ao triângulo ABD, temos:

$f^2 = a^2 + a^2 \Rightarrow f = a\sqrt{2}$ (II)

Por se tratar de um cubo, sabemos que:
$d = a\sqrt{3}$ (III)

Assim, substituindo (II) e (III) em (I), obtemos:

$d - f = \sqrt{2} \Rightarrow a\sqrt{3} - a\sqrt{2} = \sqrt{2} \Rightarrow$

$\Rightarrow a \cdot (\sqrt{3} - \sqrt{2}) = \sqrt{2} \Rightarrow$

$\Rightarrow a = \dfrac{\sqrt{2}(\sqrt{3} + \sqrt{2})}{(\sqrt{3} - \sqrt{2})(\sqrt{3} + \sqrt{2})} \Rightarrow a = \dfrac{\sqrt{6} + 2}{3 - 2}$

Portanto, a aresta do cubo mede $(2 + \sqrt{6})$ cm.

26. O sólido representado abaixo é um cubo cujas arestas medem 4 cm. Calcule a área do triângulo ABH.

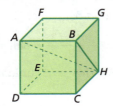

27. Desenhe um cubo e trace duas de suas diagonais. Mostre que duas diagonais de um cubo não são perpendiculares entre si.

2.4 Planificação da superfície de um prisma

Podemos planificar a superfície de um prisma.

Observe a planificação a seguir.

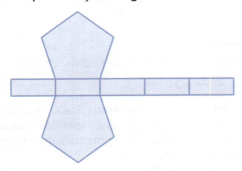

Por meio dela, podemos identificar muitas características desse prisma:

- tem 7 faces, já que a planificação de sua superfície apresenta 7 regiões poligonais;
- tem bases pentagonais, pois faces pentagonais não podem ser faces laterais de um prisma, que devem ser necessariamente quadriláteros;
- tem 5 faces laterais (ou faces retangulares), já que as pentagonais são bases;
- tem 10 vértices, uma vez que cada base contém metade dos vértices do prisma;
- é um prisma reto, pois suas faces laterais são retangulares;
- tem altura igual ao comprimento de uma aresta lateral, já que é reto.

Observe que as faces laterais de um prisma reto são sempre retangulares. Mesmo que o prisma seja um cubo, podemos dizer que suas faces laterais são retangulares, porque todo quadrado é um retângulo.

EXERCÍCIOS

28. Identifique o cubo que corresponde à planificação.

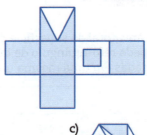

a)   c)

b)   d)

29. Qual é a planificação que corresponde ao cubo representado a seguir?

a) 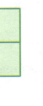   c)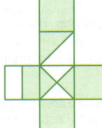

b) 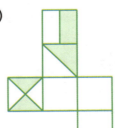   d)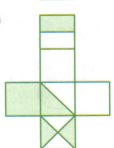

2.5 Área da superfície de um prisma

Dado um prisma qualquer, definimos:
- **Área da base** (A_{base}) – área de uma das faces que é base.
- **Área lateral** ($A_{lateral}$) – soma das áreas das faces laterais.
- **Área total** (A_{total}) – soma da área lateral com as áreas das duas bases.

$$A_{total} = A_{lateral} + 2 \cdot A_{base}$$

Observação
Embora um polígono seja uma linha e tenha apenas comprimento, para simplificar, sempre que possível, vamos usar **área do polígono**, em vez de **área da superfície poligonal**.

EXERCÍCIOS

R10. Calcular a área total da superfície de um paralelepípedo reto-retângulo de dimensões a, b e c (medidas dadas em uma mesma unidade).

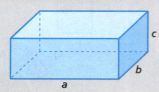

▶ **Resolução**
Nesse caso, quaisquer pares de faces paralelas podem ser as bases do prisma. Assim, a área total é a soma das áreas de seis retângulos congruentes dois a dois:
$A_{total} = 2ab + 2ac + 2bc$
Logo, $A_{total} = 2(ab + ac + bc)$ unidades de área.

R11. Calcular a área total da superfície de um cubo de aresta a.

▶ **Resolução**
Como o cubo é um paralelepípedo reto-retângulo de arestas congruentes, temos:
$A_{total} = 2(a \cdot a + a \cdot a + a \cdot a)$
Logo, $A_{total} = 6a^2$ unidades de área.

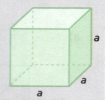

R12. Calcular a área total da superfície do prisma hexagonal regular representado abaixo.

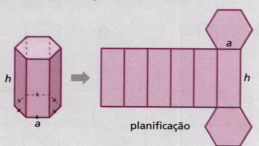

planificação

▶ **Resolução**
Como vimos, um prisma regular é um prisma reto e, portanto, suas faces laterais são retangulares e congruentes, de dimensões a e h (medidas dadas em uma mesma unidade).
Assim, a área lateral é dada por:

$A_{lateral} = 6 \cdot a \cdot h$ ← área da face retangular lateral

A base do prisma é uma região hexagonal regular de lado a.
Sabemos que um hexágono regular pode ser decomposto em seis triângulos equiláteros. A área de um triângulo equilátero de lado ℓ é dada por:

$$A = \frac{\ell^2 \cdot \sqrt{3}}{4}$$

Assim, a área de um hexágono regular de lado ℓ é dada por: $A = 6 \cdot \frac{\ell^2 \cdot \sqrt{3}}{4} = \frac{3\ell^2 \cdot \sqrt{3}}{2}$

Portanto, a área da base do prisma é dada por:
$$A_{base} = \frac{3a^2 \cdot \sqrt{3}}{2}$$

Logo, a área total da superfície desse prisma hexagonal é:
$A_{total} = A_{lateral} + 2 \cdot A_{base}$

$A_{total} = 6ah + 2 \cdot \dfrac{3a^2 \cdot \sqrt{3}}{2} = 6ah + 3a^2 \cdot \sqrt{3}$

Logo, $A_{total} = 3a(2h + a\sqrt{3})$ unidades de área.

R13. Determinar a área total da superfície de um prisma triangular reto, de altura 12 cm, sabendo que as arestas da base formam um triângulo retângulo de catetos que medem 6 cm e 8 cm.

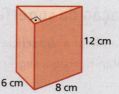

▶ **Resolução**
Como o prisma tem base triangular, temos:
$$A_{base} = \frac{6 \cdot 8}{2} = 24$$

A área lateral é dada pela soma das áreas das faces retangulares que compõem a superfície lateral. Calculando a medida da hipotenusa do triângulo retângulo da base, temos:
$x^2 = 6^2 + 8^2 \Rightarrow x = 10$
Então: $A_{lateral} = 6 \cdot 12 + 8 \cdot 12 + 10 \cdot 12 = 288$
Logo, a área total é dada por:
$A_{total} = A_{lateral} + 2 \cdot A_{base}$
$A_{total} = 288 + 2 \cdot 24 = 336$
Portanto, a área total da superfície do prisma é 336 cm².

R14. Determinar a área total da superfície do prisma oblíquo de base quadrada representado abaixo, sabendo que as faces laterais são congruentes.

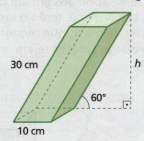

▶ **Resolução**

O prisma tem base quadrada, então:

$A_{base} = 10^2 \Rightarrow A_{base} = 100$

Para calcular a área lateral, vamos obter a altura h.

$\text{sen } 60° = \dfrac{h}{30} \Rightarrow \dfrac{\sqrt{3}}{2} = \dfrac{h}{30} \Rightarrow h = 15\sqrt{3}$

Assim:

$A_{lateral} = 4 \cdot \underbrace{(10 \cdot 15\sqrt{3})}_{\text{área do paralelogramo}} = 600\sqrt{3}$

Logo, a área total é dada por:

$A_{total} = A_{lateral} + 2 \cdot A_{base}$

$A_{total} = 600\sqrt{3} + 2 \cdot 100 = 200(1 + 3\sqrt{3})$

Portanto, a área total da superfície do prisma é $200(1 + 3\sqrt{3})$ cm².

30. Calcule a área total da superfície dos sólidos.

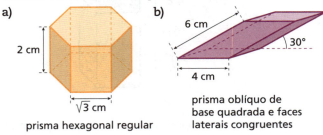

a) prisma hexagonal regular

b) prisma oblíquo de base quadrada e faces laterais congruentes

31. Considere três cubos: cubo A com 12 cm de aresta, cubo B com 12 cm de diagonal e cubo C com diagonal da face quadrada medindo 12 cm.
Qual deles tem a superfície de menor área?

32. Calcule a área total da superfície de um prisma triangular regular, de área lateral 300 cm², sabendo que a medida da aresta da base é igual à medida da aresta lateral.

33. Quatro cubos têm arestas medindo 1, 2, 3 e 4 unidades, respectivamente.
a) Determine a área total de cada cubo.
b) O que acontece com a área total se o comprimento da aresta dobra? E se triplica?

34. Calcule a área da superfície lateral de um prisma hexagonal cuja área da base é $12\sqrt{3}$ cm², sabendo que a aresta da base mede metade da medida da aresta lateral.

2.6 Volume de um prisma

Como todo sólido, um prisma ocupa uma porção do espaço. Usando uma unidade de volume, podemos medir a porção do espaço ocupada por um prisma.

> O **volume** de um prisma corresponde a um único número real V positivo obtido pela comparação da porção do espaço ocupado pelo prisma com a porção do espaço ocupado por uma unidade de volume.

A unidade de volume que usualmente consideramos é o volume de um cubo unitário, isto é, de um cubo de aresta $1u$, sendo u certa unidade de comprimento. Assim, dizemos que o volume desse cubo unitário é $1u^3$.

Se a aresta do cubo unitário medir 1 m, seu volume será 1 m³; se a aresta do cubo unitário medir 1 mm, o volume desse cubo será 1 mm³; e assim por diante.

Exemplo

Vamos calcular quantas vezes o cubo unitário de aresta 1 cm cabe em um paralelepípedo reto-retângulo de dimensões 4 cm, 2 cm e 3 cm.

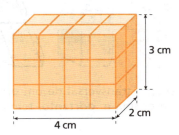

Analisando a figura, observamos que o paralelepípedo é formado por 8 cubos unitários (4 · 2) na base e tem 3 camadas iguais à camada da base.

Logo, tem 24 cubos unitários (3 · 8) no total. Portanto, o paralelepípedo é formado por 24 cubos (4 · 2 · 3) de 1 cm³ de volume. Assim, dizemos que o volume desse paralelepípedo é 24 cm³.

Volume de um paralelepípedo reto-retângulo

No exemplo anterior, verificamos que um paralelepípedo reto-retângulo cujas dimensões são dadas por números inteiros tem volume igual ao produto desses três números. Também é possível demonstrar esse fato e verificar que é válido para qualquer paralelepípedo reto-retângulo cujas dimensões são dadas por números reais.

Desse modo, temos:

$V_{paralelepípedo} = a \cdot b \cdot c$

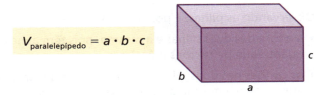

Note que o volume do paralelepípedo também pode ser expresso assim:

$V_{paralelepípedo}$ = área da base × altura

Observação

Como o cubo é um caso particular de paralelepípedo reto-retângulo, com todas as arestas de mesma medida, seu volume V é dado por:

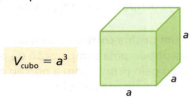

$$V_{cubo} = a^3$$

Secção transversal de um prisma

Um plano intersecta um sólido através de uma superfície chamada de **secção plana**. Quando a secção plana é paralela à base do prisma, é denominada **secção transversal**.

Exemplo

Observe uma secção transversal de cada um dos prismas a seguir.

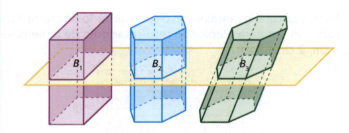

Qualquer secção transversal de um prisma é congruente à base desse prisma e, portanto, tem a mesma área que essa base.

Esse conceito será usado para determinar o volume de um prisma qualquer.

Princípio de Cavalieri

Sobre uma mesa, formamos duas pilhas com a mesma quantidade de cartões retangulares idênticos. Em seguida, modificamos a forma de uma das pilhas sem retirar nem pôr nenhum cartão. Veja a ilustração de uma possível situação desse tipo.

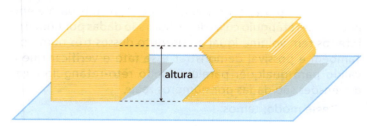

Observando as pilhas, é possível notar que:

- a altura das duas pilhas é a mesma, pois têm a mesma quantidade de cartões idênticos;
- os cartões das duas pilhas ficam à mesma distância da mesa e têm a mesma área, pois são idênticos;
- a segunda pilha tem o mesmo volume da primeira, já que é formada por cartões idênticos e, portanto, ocupa a mesma porção do espaço.

Essa situação ilustra o **princípio de Cavalieri**, ou **postulado de Cavalieri**, que afirma:

Dois sólidos, S_1 e S_2, apoiados em um plano α e contidos em um mesmo semiespaço, terão o mesmo volume V se todo plano β, paralelo a α, que secciona os dois sólidos, o faz de modo que as secções sejam regiões planas de mesma área (A).

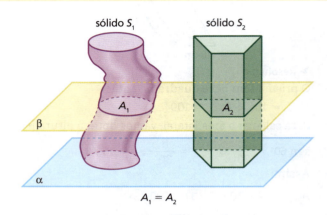

$A_1 = A_2$

Volume de um prisma qualquer

Considere um prisma S_1 e um paralelepípedo reto-retângulo S_2 de mesma altura h e de bases equivalentes (de mesma área), apoiados em um plano α e situados em um mesmo semiespaço.

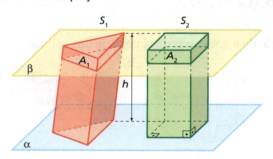

Como qualquer secção transversal de cada prisma tem a mesma área que a base desse prisma e as áreas das bases de S_1 e S_2 são iguais, temos que qualquer plano β paralelo a α que intersecte os dois prismas determina secções transversais de mesma área: $A_1 = A_2$

Assim, pelo princípio de Cavalieri, os dois prismas têm volumes iguais, isto é, $V_1 = V_2$, sendo V_1 o volume do prisma S_1 e V_2 o volume do prisma S_2.

Como S_2 é um paralelepípedo reto-retângulo, seu volume pode ser calculado por:

$$V_2 = \text{área da base de } S_2 \times \text{altura}$$

Como as áreas das bases de S_1 e de S_2 são iguais e $V_1 = V_2$, temos:

$$V_1 = \text{área da base de } S_1 \times \text{altura}$$

Assim, o volume de um prisma qualquer pode ser obtido por:

$$V_{prisma} = \text{área da base} \times \text{altura}$$

EXERCÍCIOS

R15. Calcular o volume de ar contido em um galpão que tem a forma do prisma representado a seguir.

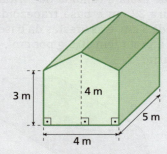

➤ **Resolução**
Vamos decompor a figura do galpão em duas partes com forma de prisma.
1. Prisma reto-retângulo
$V_1 = A_{base} \cdot$ altura
$V_1 = 4 \cdot 5 \cdot 3$
$V_1 = 60$

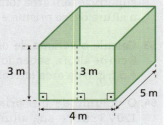

2. Prisma reto de base triangular
$V_2 = A_{base} \cdot$ altura
$V_2 = \dfrac{4 \cdot 1}{2} \cdot 5$
$V_2 = 10$

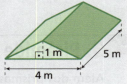

Logo, o volume total de ar contido no galpão é dado por $V_1 + V_2$, ou seja, 70 m³.

R16. Um reservatório cheio de água tem a forma de um prisma hexagonal regular como o representado na figura ao lado. Se forem consumidos $3.000\sqrt{3}$ litros, quanto baixará, em metro, o nível de água desse reservatório?

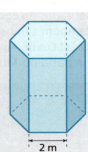

➤ **Resolução**
Vamos representar por x, em metro, quanto baixará o nível da água no reservatório. Os $3.000\sqrt{3}$ litros consumidos ocupam o volume de um prisma hexagonal regular de mesma base do prisma da figura e altura de x metro.

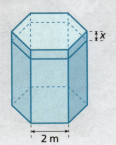

A base do prisma é uma região hexagonal regular de lado 2 m cuja area é dada por:

$A_{base} = \dfrac{6 \cdot \ell^2 \cdot \sqrt{3}}{4} \Rightarrow A_{base} = \dfrac{3 \cdot 2^2 \cdot \sqrt{3}}{2} \Rightarrow A_{base} = 6\sqrt{3}$

O volume da parte do prisma correspondente aos $3.000\sqrt{3}$ litros é: $V = A_{base} \cdot x = 6\sqrt{3} \cdot x$

Como $3.000\sqrt{3}$ litros equivale a $3\sqrt{3}$ m³, temos:
$6\sqrt{3} \cdot x = 3\sqrt{3} \Rightarrow x = 0{,}5$

Portanto, o nível de água baixará 0,5 m.

R17. Uma caixa de isopor tem a forma de um paralelepípedo reto-retângulo, com arestas de medidas proporcionais a 2, 3 e 4 e com volume de 192 cm³. Ela será revestida por uma película protetora de plástico. Quantos centímetros quadrados de plástico serão necessários para revestir essa caixa?

➤ **Resolução**
Vamos considerar que as medidas da caixa, dadas em centímetro, sejam a, b e c.
Se elas são proporcionais a 2, 3 e 4, temos:

$\dfrac{a}{2} = \dfrac{b}{3} = \dfrac{c}{4} = k \Rightarrow \begin{cases} a = 2k \\ b = 3k \\ c = 4k \end{cases}$

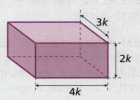

Se o volume da caixa é 192 cm³, então:
$2k \cdot 3k \cdot 4k = 192 \Rightarrow k^3 = 8 \Rightarrow k = 2$
Logo, $a = 4$ cm, $b = 6$ cm e $c = 8$ cm.
Como a área total da caixa é dada por
$A_{total} = 2 \cdot (a \cdot b + b \cdot c + a \cdot c)$, temos:
$A_{total} = 2 \cdot (4 \cdot 6 + 6 \cdot 8 + 4 \cdot 8) = 208$
Portanto, serão necessários 208 centímetros quadrados de plástico para revestir a caixa.

35. Sabe-se que a superfície de um cubo tem 216 m² de área total. Calcule o volume desse cubo.

36. Calcule a medida da diagonal de um cubo de 343 m³ de volume.

37. Calcule o volume de um cubo sabendo que a diagonal de uma de suas faces mede 6 m.

38. A área total da superfície de um cubo é igual a 54 m². Qual deve ser a medida da diagonal para que o volume aumente 98 m³?

39. Enche-se com água um recipiente cúbico de metal cuja aresta mede 120 cm. Para isso, usa-se um balde de 21.600 cm³. Quantos desses baldes são necessários para encher o recipiente?

40. De um cubo de aresta a é extraído um cubo de aresta b, tal como mostra a figura abaixo.

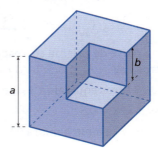

- Calcule o volume do sólido resultante em função de b, sabendo que $a = 2b$.

41. Considere um cubo de aresta 2 cm.

a) Qual é o volume desse cubo?

b) Qual é a área da superfície desse cubo?

c) O que ocorre com o volume se a medida da aresta é dobrada? E com a área da superfície?

42. Dado um cubo de aresta a, deseja-se obter outro cubo que tenha o dobro do volume do anterior. Qual deve ser o valor da medida x da aresta desse novo cubo?

43. Um paralelepípedo reto-retângulo tem 7 cm de altura, e as dimensões da base são 4 cm e 5 cm. Determine o volume desse prisma.

44. A área total da superfície de um paralelepípedo reto-retângulo é igual à área total da superfície de um cubo. Se as medidas de três arestas que concorrem em um mesmo vértice do paralelepípedo são 3, 5 e 7, respectivamente, quanto mede a diagonal do cubo?

45. Calcule a área total da superfície de um paralelepípedo reto-retângulo cujo volume é 240 cm³, sabendo que as áreas de duas faces são 30 cm² e 48 cm².

46. Mergulhando uma amostra de metal em um tanque de água com formato de paralelepípedo reto-retângulo cujas dimensões da base são 15 cm e 20 cm, o nível de água se eleva 0,35 cm. Calcule o volume da peça de metal.

47. As arestas de um paralelepípedo reto-retângulo são proporcionais aos números 2, 3 e 4, e sua diagonal mede $4\sqrt{29}$ cm. Qual é a área total e o volume desse paralelepípedo?

48. Um cubo com 4 cm de aresta é formado de cubinhos independentes com 1 cm de aresta. Considerando que um paralelepípedo será construído com esses cubinhos, responda:

a) que dimensões terá o paralelepípedo de menor área que se pode formar?

b) e o de maior área?

49. Em um prisma triangular regular, todas as arestas têm a mesma medida x. Calcule, em função de x, o volume desse prisma.

50. Calcule a área total de um prisma triangular regular cujo volume é $90\sqrt{3}$ m³, sendo a altura $\frac{5}{9}$ do perímetro da base.

51. Uma barra de prata é fundida na forma de um prisma reto de altura 32 cm e base trapezoidal. A altura do trapézio mede 5 cm, e as arestas da base medem 7,5 cm e 10 cm. Se a prata tem 10,5 g por cm³, qual deve ser a massa da barra?

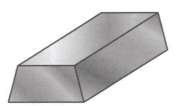

52. Calcule o volume de um prisma regular hexagonal cuja superfície tem área total igual a $48\sqrt{3}$ dm², sabendo que a altura desse prisma é 1 dm.

53. Calcule o volume de um prisma regular hexagonal de 8 cm de altura, sabendo que a área total de sua superfície é o triplo da área lateral.

54. O volume de um prisma reto de base hexagonal é $120\sqrt{3}$ cm³, e sua altura é 5 cm. Qual é a medida dos lados do hexágono que compõe a base?

3. Pirâmide

Além dos prismas, existem as **pirâmides**, outro tipo de poliedro.

As construções em forma de pirâmide já apareciam na Antiguidade, como é possível observar nos monumentos preservados do Egito, que datam de 4500 a.C. Na modernidade, também temos edifícios em formato de pirâmide, como o hotel Luxor, em Las Vegas, e a pirâmide de vidro construída no pátio do Museu do Louvre, em Paris.

Hotel Luxor, Las Vegas, EUA.

3.1 Definição de pirâmide

Vamos considerar um plano α, uma região poligonal convexa S contida em α e um ponto V fora de α.

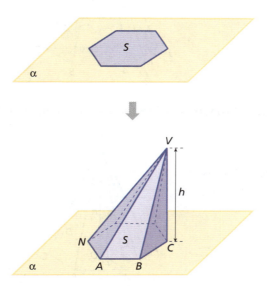

Chama-se **pirâmide** o poliedro convexo formado por todos os segmentos de reta cujas extremidades são o ponto V e um ponto da região S.

Elementos de uma pirâmide

Considerando a pirâmide representada abaixo, podemos destacar os seguintes elementos:

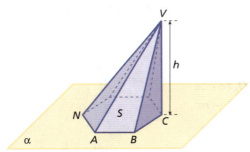

- **Base** – a região poligonal S.
- **Vértice da pirâmide** – o ponto V.
- **Faces laterais** – as superfícies triangulares AVB, BVC, ..., NVA.
- **Arestas da base** – os segmentos $\overline{AB}, \overline{BC}, ..., \overline{NA}$.
- **Arestas laterais** – os segmentos $\overline{VA}, \overline{VB}, \overline{VC}, ..., \overline{VN}$.
- **Altura da pirâmide** – a distância h entre o vértice V e o plano α.

Observação

A denominação **vértice da pirâmide** refere-se ao único vértice que não pertence à base.

3.2 Classificação das pirâmides

As pirâmides podem ser classificadas de acordo com o número de arestas da base.

Se a base tiver 3 arestas, a pirâmide é **triangular**; se tiver 4 arestas, a pirâmide é **quadrangular**; se tiver 5 arestas, a pirâmide é **pentagonal**; e assim por diante.

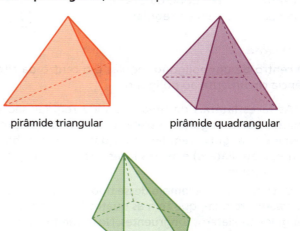

pirâmide triangular   pirâmide quadrangular

pirâmide pentagonal

3.3 Planificação da superfície de uma pirâmide

Até aqui, representamos as pirâmides em perspectiva, como a ilustrada abaixo.

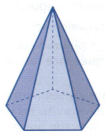

Como os demais poliedros, uma pirâmide também pode ser representada por meio de planificações de sua superfície. Em um plano, é possível justapor as faces de uma pirâmide de diferentes modos, desde que cada uma das faces tenha pelo menos uma aresta em comum com outra.

Exemplo

Veja a seguir duas planificações de uma pirâmide hexagonal.

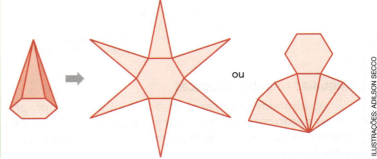

3.4 Pirâmide regular

Uma pirâmide cuja base é uma superfície poligonal regular e cuja projeção ortogonal P do vértice sobre o plano da base coincide com o centro O do polígono da base é chamada de **pirâmide regular**.

Observação

O centro de um polígono regular é o centro da circunferência circunscrita ao polígono.

As faces laterais de uma pirâmide regular são determinadas por triângulos isósceles congruentes. Assim, uma pirâmide triangular regular tem quatro faces: a base (um triângulo equilátero) e as três faces laterais (triângulos isósceles congruentes).

Um importante exemplo desse tipo de pirâmide regular é o **tetraedro regular**, que tem as quatro faces constituídas de triângulos equiláteros congruentes. No tetraedro regular, qualquer uma das faces pode ser considerada base da pirâmide.

Elementos das pirâmides regulares

Vamos estudar alguns elementos das pirâmides regulares.

- **Apótema de uma pirâmide regular** – a altura relativa à base de qualquer face lateral; seu comprimento é indicado por g.
- **Apótema da base** – o segmento que determina o raio da circunferência inscrita no polígono da base; seu comprimento é indicado por m.
- **Raio da base** – o raio da circunferência circunscrita ao polígono da base; seu comprimento é indicado por r.

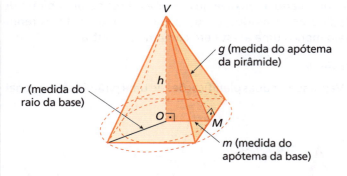

Algumas relações métricas

As pirâmides regulares apresentam algumas propriedades decorrentes do fato de a projeção do vértice sobre o plano da base coincidir com o centro da base e de possuírem base regular.

Observe a pirâmide regular representada abaixo, de altura h, aresta da base medindo ℓ e arestas laterais medindo a.

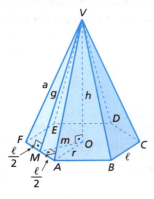

Aplicando o teorema de Pitágoras no triângulo retângulo:

- VOA, temos
  $a^2 = h^2 + r^2$.

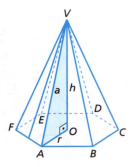

- MOA, temos
  $r^2 = m^2 + \left(\dfrac{\ell}{2}\right)^2$.

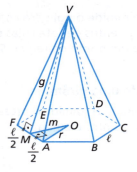

- VMO, temos
  $g^2 = h^2 + m^2$.

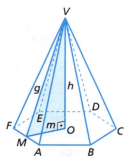

- VMA, temos
  $a^2 = g^2 + \left(\dfrac{\ell}{2}\right)^2$.

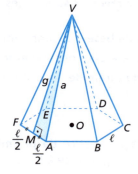

Além dessas, há outras relações. O quadro a seguir indica a relação entre as medidas da aresta da base e as medidas do apótema da base de algumas pirâmides regulares.

Base	Figura	Relação
Triângulo equilátero		$m = \dfrac{r}{2}$ ou $m = \dfrac{\ell\sqrt{3}}{6}$
Quadrado		$m = \dfrac{r\sqrt{2}}{2}$ ou $m = \dfrac{\ell}{2}$
Hexágono regular		$m = \dfrac{r\sqrt{3}}{2}$ ou $m = \dfrac{\ell\sqrt{3}}{2}$

EXERCÍCIOS

R18. Um tetraedro regular tem arestas medindo 10 cm. Calcular a medida do apótema da pirâmide (g), a medida do apótema da base (m) e a altura da pirâmide (h).

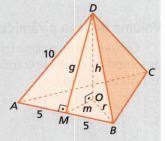

➤ **Resolução**

No △DMA, temos:

$10^2 = g^2 + 5^2 \Rightarrow g^2 = 75 \Rightarrow g = 5\sqrt{3}$

Como a base é uma superfície triangular equilátera, obtemos:

$m = \dfrac{\ell\sqrt{3}}{6} \Rightarrow m = \dfrac{10\sqrt{3}}{6} \Rightarrow m = \dfrac{5\sqrt{3}}{3}$

Agora, no △DMO, temos:

$g^2 = h^2 + m^2 \Rightarrow 75 = h^2 + \dfrac{25}{3} \Rightarrow h = \dfrac{10\sqrt{6}}{3}$

Portanto, $g = 5\sqrt{3}$ cm, $m = \dfrac{5\sqrt{3}}{3}$ cm e $h = \dfrac{10\sqrt{6}}{3}$ cm.

55. Identifique quais das planificações abaixo são de superfícies de pirâmides.

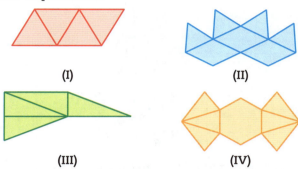

(I) (II) (III) (IV)

56. Calcule a medida do raio da base, a altura e a medida do apótema de uma pirâmide quadrangular regular cuja aresta da base mede 8 cm e a aresta lateral mede $\sqrt{41}$ cm.

57. Determine o número de faces de uma pirâmide cuja base tem 8 vértices.

58. Determine o número de vértices, de faces e de arestas de uma pirâmide que tem n faces laterais, sendo n um número natural maior que 2.

59. Mostre que não existe uma pirâmide com 30 faces, 30 vértices e 60 arestas.

60. Em uma pirâmide hexagonal regular cujo lado da base mede 6 cm e a aresta lateral mede 9 cm, determine:

a) a medida do apótema da pirâmide.

b) a medida do apótema da base.

c) a altura da pirâmide.

3.5 Área da superfície de uma pirâmide

Considerando uma pirâmide qualquer, definimos:

- **Área da base** (A_{base}) – área da superfície poligonal que constitui a base.
- **Área lateral** ($A_{lateral}$) – soma das áreas das faces laterais (superfícies triangulares).
- **Área total** (A_{total}) – soma da área lateral com a área da base.

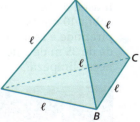

$$A_{total} = A_{lateral} + A_{base}$$

Observação

Se a pirâmide for um tetraedro regular, sua área total, em função da medida ℓ da aresta, será dada por:

$$A_{total} = \ell^2\sqrt{3}$$

Capítulo 19 • Poliedros

EXERCÍCIOS

R19. Determinar a área total da superfície de uma pirâmide regular hexagonal, sabendo que a aresta da base mede ℓ e a aresta lateral mede a.

▶ **Resolução**

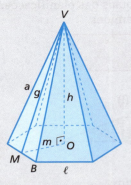

A base da pirâmide é uma superfície hexagonal regular de lado ℓ. Portanto, a área da base é dada por:

$$A_{base} = \frac{3\ell^2 \cdot \sqrt{3}}{2}$$

Como a pirâmide é regular, as faces laterais são formadas por triângulos isósceles e congruentes, que, nesse caso, têm base ℓ e altura g.
No triângulo retângulo VMB, temos:

$$a^2 = g^2 + \left(\frac{\ell}{2}\right)^2 \Rightarrow a^2 - \frac{\ell^2}{4} = g^2 \Rightarrow \frac{4a^2 - \ell^2}{4} = g^2 \Rightarrow$$

$$\Rightarrow g = \frac{\sqrt{4a^2 - \ell^2}}{2}$$

Assim, a área lateral é dada por:

$$A_{lateral} = 6 \cdot \frac{\ell \cdot g}{2} = 3 \cdot \ell \cdot g = \frac{3\ell\sqrt{4a^2 - \ell^2}}{2}$$

Logo, a área total é dada por:

$$A_{total} = A_{base} + A_{lateral} = \frac{3\ell^2\sqrt{3}}{2} + \frac{3\ell\sqrt{4a^2 - \ell^2}}{2} =$$

$$= \frac{3\ell(\ell\sqrt{3} + \sqrt{4a^2 - \ell^2})}{2}$$

61. Para limpar a estrutura lateral da pirâmide de vidro do museu do Louvre, em Paris, uma empresa especializada cobra 10 euros por metro quadrado. Sabendo que essa pirâmide é regular, tem 20,6 m de altura e base quadrada de 35 m de lado, quanto foi gasto, aproximadamente, nessa limpeza?

62. Calcule a área total da superfície de uma pirâmide triangular regular cuja aresta lateral mede 82 mm e aresta da base mede 36 mm.

63. Sabendo que a área total da superfície de um tetraedro regular é $16\sqrt{3}$ cm², calcule a medida da aresta desse tetraedro.

64. Calcule a área da base, a área lateral e a área total da superfície de uma pirâmide quadrangular regular que tem 3 cm de altura e cuja aresta da base mede 8 cm.

65. Calcule a área total da superfície de uma pirâmide triangular regular que tem 13 cm de aresta lateral e cujo apótema da pirâmide mede 12 cm.

66. A base de uma pirâmide quadrangular regular está inscrita em uma circunferência de $6\sqrt{2}$ cm de raio. Sabendo que a pirâmide tem 8 cm de altura, calcule a área total da sua superfície.

67. Um tetraedro regular tem área da base igual a $\sqrt{3}$ cm². Deseja-se fazer um molde dessa pirâmide usando papelão. Qual é a área necessária para fazer esse molde?

3.6 Volume de uma pirâmide

Antes de estudar o volume de uma pirâmide qualquer, vamos conhecer duas propriedades das pirâmides.

1ª propriedade: A razão entre a área S' de uma secção transversal de uma pirâmide feita a uma altura h' em relação ao vértice e a área S da base dessa pirâmide de altura h é $\frac{S'}{S} = \left(\frac{h'}{h}\right)^2$.

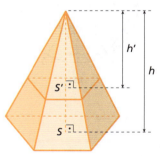

2ª propriedade: Se duas pirâmides têm mesma altura e mesma área de base, então elas têm o mesmo volume.

Volume de uma pirâmide de base triangular

Considere um prisma triangular de volume V_{prisma}. Vamos decompô-lo em três pirâmides triangulares, como mostram as figuras abaixo.

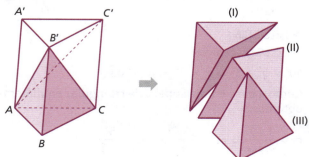

A pirâmide I tem por base o triângulo AA'C' e por altura a distância de B' ao plano que contém a face AA'C'C do prisma.

A pirâmide II tem por base o triângulo ACC' e por altura a distância de B' ao plano que contém a face AA'C'C do prisma.

AA'C'C é um paralelogramo; logo, os triângulos AA'C' e ACC' têm mesma área.

Assim, as pirâmides I e II têm bases de mesma área e, como têm também mesma altura, concluímos que elas têm volumes iguais.

Entretanto, a pirâmide I é também aquela que tem por base o triângulo A'B'C' e por altura a distância de A ao plano que contém a base A'B'C' do prisma (altura do prisma).

A pirâmide III tem por base o triângulo ABC e por altura a distância de B' ao plano que contém a base ABC do prisma (altura do prisma).

Os triângulos A'B'C' e ABC têm mesma área (são bases do prisma). Assim, as pirâmides I e III têm bases de mesma área e, como também têm mesma altura (altura do prisma), concluímos que elas têm volumes iguais.

Se V_1, V_2 e V_3 são respectivamente os volumes dessas três pirâmides triangulares, temos:

$$V_1 = V_2 = V_3 = \frac{V_{prisma}}{3}$$

Como V_{prisma} = área da base × altura, vem:

$$V_{pirâmide\ triangular} = \frac{\text{área da base} \times \text{altura}}{3}$$

Volume de uma pirâmide qualquer

Para uma pirâmide qualquer, podemos dividir o polígono de sua base em triângulos justapostos por meio de diagonais.

Assim, a pirâmide fica dividida em pirâmides triangulares de mesma altura.

Observe no exemplo a seguir uma pirâmide pentagonal dividida em três pirâmides triangulares: VABC, VACD e VADE

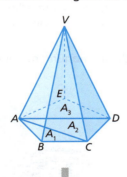

 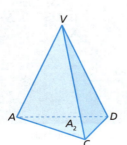 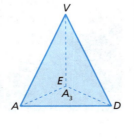

Se a base de uma pirâmide foi dividida em n triângulos de áreas A_1, A_2, ..., A_n, então a área da base é dada por: $A_{base} = A_1 + A_2 + ... + A_n$

Como o volume da pirâmide é a soma dos volumes das pirâmides triangulares, temos:

$$V_{pirâmide} = \frac{1}{3} \cdot A_1 \cdot h + \frac{1}{3} \cdot A_2 \cdot h + ... + \frac{1}{3} \cdot A_n \cdot h$$

$$V_{pirâmide} = \frac{1}{3} \cdot \underbrace{(A_1 + A_2 + ... + A_n)}_{A_{base}} \cdot h$$

Assim:

$$V_{pirâmide} = \frac{1}{3} \times \text{área da base} \times \text{altura}$$

EXERCÍCIOS

R20. Calcular o volume do octaedro regular de aresta a.

> **Resolução**

Observe que o sólido é formado por duas pirâmides quadrangulares regulares cuja área da base é $A_{base} = a^2$.
Como OB é igual à metade da medida da diagonal do quadrado da base, temos:

$$OB = \frac{a\sqrt{2}}{2}$$

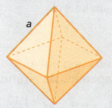

No triângulo retângulo BOE, temos:

$$a^2 = h^2 + \left(\frac{a\sqrt{2}}{2}\right)^2 \Rightarrow h = \frac{a\sqrt{2}}{2}$$

Logo, o volume do octaedro é:

$$V_{octaedro} = 2 \cdot \left(\frac{1}{3} \cdot A_{base} \cdot h\right) = 2 \cdot \left(\frac{1}{3} \cdot a^2 \cdot \frac{a\sqrt{2}}{2}\right) = \frac{a^3 \cdot \sqrt{2}}{3}$$

R21. Calcular o volume do tetraedro regular de aresta a.

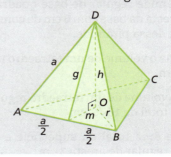

Capítulo 19 • Poliedros **391**

▶ **Resolução**

A área da base é a área de uma superfície triangular equilátera de lado a.

Logo: $A_{base} = \dfrac{a^2\sqrt{3}}{4}$

A altura h é tal que: $h^2 = g^2 - m^2$

Assim: $h^2 = \dfrac{3a^2}{4} - \dfrac{a^2}{12} \Rightarrow h = \dfrac{a\sqrt{6}}{3}$

Logo:

$V_{tetraedro} = \dfrac{1}{3} \cdot A_{base} \cdot h$

$V_{tetraedro} = \dfrac{1}{3} \cdot \dfrac{a^2 \cdot \sqrt{3}}{4} \cdot \dfrac{a \cdot \sqrt{2} \cdot \sqrt{3}}{3}$

$V_{tetraedro} = \dfrac{a^3 \cdot \sqrt{2}}{12}$

R22. Determinar o volume de uma pirâmide regular hexagonal cuja aresta da base mede 12 cm e a aresta lateral mede 20 cm.

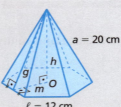

▶ **Resolução**

Primeiro, vamos calcular a medida g do apótema da pirâmide.

$a^2 = g^2 + \left(\dfrac{\ell}{2}\right)^2 \Rightarrow 20^2 = g^2 + \left(\dfrac{12}{2}\right)^2 \Rightarrow 400 = g^2 + 36 \Rightarrow$

$\Rightarrow g = \sqrt{364} \Rightarrow g = 2\sqrt{91}$

Agora, vamos determinar a medida m do apótema da base. Como a base é um hexágono regular, temos:

$m = \dfrac{\ell \cdot \sqrt{3}}{2} \Rightarrow m = \dfrac{12 \cdot \sqrt{3}}{2} \Rightarrow m = 6\sqrt{3}$

Cálculo da altura h da pirâmide:

$g^2 = h^2 + m^2 \Rightarrow \left(2\sqrt{91}\right)^2 = h^2 + \left(6\sqrt{3}\right)^2 \Rightarrow h^2 = 256 \Rightarrow h = 16$

Cálculo da área da base:

$A_{base} = \dfrac{3 \cdot 12^2 \cdot \sqrt{3}}{2} \Rightarrow A_{base} = 216\sqrt{3}$

Cálculo do volume da pirâmide:

$V_{pirâmide} = \dfrac{1}{3} \cdot A_{base} \cdot h \Rightarrow V_{pirâmide} = \dfrac{1}{3} \cdot 216\sqrt{3} \cdot 16 \Rightarrow$

$\Rightarrow V_{pirâmide} = 1.152\sqrt{3}$

Portanto, o volume da pirâmide é $1.152\sqrt{3}$ cm³.

68. Uma pirâmide regular de base quadrada e altura 4 cm possui aresta da base com 6 cm de comprimento. Calcule o volume dessa pirâmide.

69. Determine o volume de um tetraedro regular cuja aresta mede 2 cm.

70. Calcule o volume de um tetraedro regular cuja superfície tem área total de $16\sqrt{3}$ cm².

71. Calcule a área total da superfície e o volume de um octaedro regular de aresta 3 cm.

72. Dê o volume de uma pirâmide triangular regular de altura 8 cm e aresta da base medindo 6 cm.

73. O apótema de uma pirâmide regular quadrangular mede $g = 9$ cm. Sabendo que a aresta da base mede 4 cm, calcule:

a) a área da base.

b) a área lateral.

c) a área total.

d) a altura.

e) o volume.

74. A base de um prisma é um quadrado de lado de medida 2 m, e a base de uma pirâmide é um quadrado de lado de medida 1 m. Se o prisma e a pirâmide têm mesmo volume, qual é a razão entre suas alturas?

75. Um prisma e uma pirâmide têm bases com mesma área, e o volume do prisma é o sêxtuplo do volume da pirâmide. Qual é a relação entre suas alturas?

76. No paralelepípedo reto-retângulo representado abaixo, $AC = \sqrt{13}$ cm, $AD = 2$ cm e $CG = 3$ cm. Determine o volume da pirâmide ACDG.

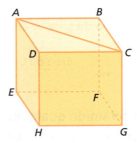

4. Tronco de pirâmide de bases paralelas

Alguns sólidos, embora chamados de pirâmides, são **troncos de pirâmide**, pois lhes falta a parte superior para ser uma pirâmide.

A foto abaixo é de um monumento que lembra um tronco de pirâmide.

Pirâmide de Kukulcán (987 d.C.) da cidade maia de Chichén Itzá, México.

4.1 Definição de tronco de pirâmide de bases paralelas

Vamos considerar uma pirâmide de vértice V, altura H e base contida em um plano α.

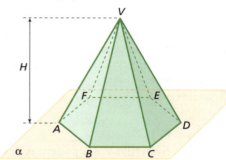

Seccionando essa pirâmide com um plano β, paralelo a α, essa figura é separada em dois sólidos, o que contém o vértice V, que é uma nova pirâmide de altura h e base contida no plano β, e o que contém a base da pirâmide maior, que é um **tronco de pirâmide de bases paralelas**.

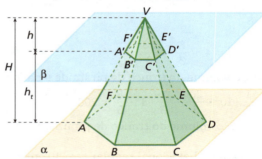

Elementos de um tronco de pirâmide

Em um tronco de pirâmide, como o representado na figura abaixo, podemos destacar os seguintes elementos:

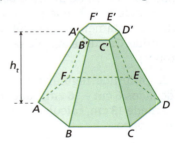

- **Base maior** – a superfície poligonal ABCDEF.
- **Base menor** – a superfície poligonal A'B'C'D'E'F'.
- **Faces laterais** – as superfícies trapezoidais AA'B'B, BB'C'C etc.
- **Altura do tronco (h_t)** – a distância entre a base maior e a base menor ($h_t = H - h$).

Tronco de pirâmide regular

No tronco obtido de uma pirâmide regular, observamos que as bases são superfícies poligonais regulares e semelhantes, as faces laterais são superfícies trapezoidais isósceles e congruentes, e a altura de uma face lateral é o **apótema do tronco** (de medida p).

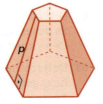

4.2 Área da superfície de um tronco de pirâmide

Vamos considerar uma pirâmide reta de vértice V, altura H e base ABCDEF contida em um plano α. Seccionando essa pirâmide com um plano β, paralelo a α, obtemos uma nova pirâmide de vértice V, altura h e base A'B'C'D'E'F' contida em β.

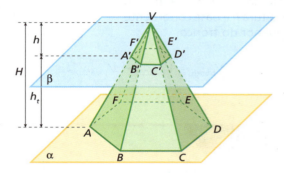

A altura do tronco de pirâmide é: $h_t = H - h$

As áreas da base maior (A_B) e da base menor (A_b) do tronco de pirâmide são obtidas calculando-se as áreas dos polígonos correspondentes, ABCDEF e A'B'C'D'E'F', que são as bases das pirâmides.

A área lateral do tronco de pirâmide é a soma das áreas dos trapézios A'ABB', B'BCC', C'CDD', D'DEE', E'EFF' e F'FAA'.

A área total do tronco de pirâmide é a soma da área lateral com a área da base menor e da maior.

$$A_{total} = A_{lateral} + A_b + A_B$$

Razão de semelhança

Considerando ainda as pirâmides representadas na figura anterior, temos as seguintes propriedades:

- As arestas laterais correspondentes, assim como as alturas, ficam divididas na mesma razão.

$$\frac{A'B'}{AB} = \frac{B'C'}{BC} = \ldots = \frac{VA'}{VA} = \frac{VB'}{VB} = \ldots = k = \frac{h}{H} = \frac{H - h_t}{H}$$

- As bases do tronco de pirâmide são polígonos semelhantes, e a razão entre a área da base menor e a área da base maior é igual ao quadrado da razão entre h e H.

$$\frac{A_b}{A_B} = k^2 = \left(\frac{h}{H}\right)^2 = \left(\frac{H - h_t}{H}\right)^2$$

- A razão entre o volume da pirâmide VA'B'C'D'E'F' e o volume da pirâmide VABCDEF é:

$$\frac{V_{VA'B'C'D'E'F'}}{V_{VABCDEF}} = \frac{\frac{1}{3} \cdot A_b \cdot h}{\frac{1}{3} \cdot A_B \cdot H} = \left(\frac{h}{H}\right)^2 \cdot \frac{h}{H} = \left(\frac{h}{H}\right)^3 = k^3$$

A razão $\frac{h}{H}$ é chamada de **razão de semelhança** e, em geral, usamos a letra k para representá-la.

4.3 Volume de um tronco de pirâmide

Vamos considerar o tronco de pirâmide obtido da pirâmide de vértice V, altura H e base ABCDE.

Para calcular o volume do tronco de pirâmide, basta subtrair, do volume da pirâmide VABCDE, o volume da pirâmide de mesmo vértice, altura h e base congruente à base menor do tronco.

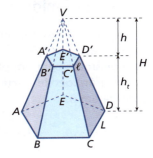

$$V_{tronco} = V_{VABCDE} - V_{VA'B'C'D'E'}$$

EXERCÍCIOS

R23. Um tetraedro regular de 4 cm de altura tem 64 cm³ de volume. Calcular o volume V' da pirâmide obtida pela secção feita por um plano paralelo à base, à altura de 2 cm.

▶ **Resolução**

Se duas pirâmides de alturas h e H são semelhantes na razão k, então a razão entre seus volumes é:

$$\frac{V'}{V} = k^3 = \left(\frac{h}{H}\right)^3 \Rightarrow \frac{V'}{64} = \frac{2^3}{4^3} \Rightarrow V' = 8$$

Logo, o volume da nova pirâmide é 8 cm³.

R24. Um tronco de pirâmide regular tem a aresta lateral medindo $\sqrt{34}$ dm e bases quadradas cujos lados medem 4 dm e 10 dm. Calcular o volume do tronco.

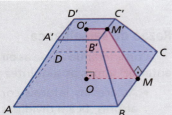

▶ **Resolução**

Inicialmente, vamos imaginar a pirâmide ABCDV que deu origem a esse tronco de pirâmide pela secção com o plano que contém a base menor do tronco.

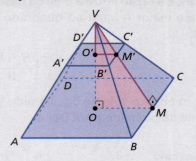

Para calcular o volume do tronco, é necessário obter o volume da pirâmide ABCDV, de altura H, e o volume da pirâmide A'B'C'D'V, de altura h.

Vamos calcular a medida do segmento $\overline{M'M}$, altura da face lateral do tronco.

Pela figura ao lado, temos:
$p^2 + 3^2 = (\sqrt{34})^2$
$p = 5$

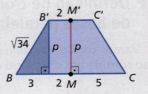

Agora, vamos calcular a altura h_t do tronco; para isso, consideremos o trapézio OO'M'M, destacado ao lado.

Pela figura, temos:
$h_t^2 + 3^2 = 5^2$
$h_t = 4$

Observando o triângulo VMO, podemos destacar os triângulos M'MP e VMO'. Note que esses triângulos são semelhantes; logo:

$$\frac{h}{h_t} = \frac{O'M'}{PM}$$

$$\frac{h}{4} = \frac{2}{3}$$

$$h = \frac{8}{3}$$

Assim: $H = 4 + \frac{8}{3} = \frac{20}{3}$

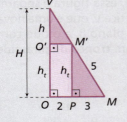

Então, o volume do tronco de pirâmide é dado por:

$$V = \frac{1}{3} \cdot 10^2 \cdot \frac{20}{3} - \frac{1}{3} \cdot 4^2 \cdot \frac{8}{3} = 208$$

Portanto, o volume do tronco de pirâmide é 208 dm³.

77. Uma pirâmide hexagonal regular tem 10 cm de altura e 4 cm de aresta da base. A que distância do vértice deve passar um plano paralelo à base para que a área da secção transversal seja $8\sqrt{3}$ cm²?

78. Uma pirâmide tem 15 cm de altura e base com área de 40 cm². Seccionando a pirâmide por um plano paralelo ao plano da base, exatamente à meia altura, obtemos um tronco de pirâmide. Calcule a área da secção obtida (base menor do tronco).

79. Um tronco de pirâmide regular tem como bases dois quadrados de lados 6 cm e 16 cm. Sabendo que o apótema do tronco mede 13 cm, calcule a altura, a área lateral e o volume do tronco.

80. Um tronco de pirâmide regular tem por bases dois hexágonos de lados 4 m e 6 m. Sabendo que o volume é $342\sqrt{3}$ m³, calcule a altura do tronco.

81. Uma pirâmide quadrangular regular com 224 cm de altura foi seccionada por um plano paralelo à base e distante do vértice $\frac{3}{4}$ da altura. Calcule o volume do tronco de pirâmide resultante, sabendo que o perímetro da secção é 180 cm.

82. O volume de um tronco de pirâmide regular é 64 cm³, e as bases são triângulos equiláteros de lados 5 cm e 7 cm. Determine a altura do tronco.

83. Determine o volume de um tronco de pirâmide regular hexagonal de aresta lateral com 5 m de comprimento e áreas das bases de $54\sqrt{3}$ m² e $6\sqrt{3}$ m².

Exercícios complementares

1. Classifique cada poliedro em convexo ou não convexo.

   a)   b)   c)

2. Represente uma possível planificação do sólido abaixo.

3. Um poliedro convexo de 10 faces triangulares é um poliedro de Platão?

4. Calcule, em função de n, a medida da diagonal do paralelepípedo reto-retângulo de dimensões $2n$, $3n$ e $7n$.

5. Quanto diminui a medida da aresta de um cubo quando a medida de sua diagonal diminui $5\sqrt{3}$ cm?

6. Calcule as dimensões de um paralelepípedo reto-retângulo, sabendo que elas são proporcionais a 2, 3 e 6 e que a diagonal desse prisma mede 35 cm.

7. Uma cunha utilizada para prender uma porta tem o formato de um prisma, conforme mostra a figura.

   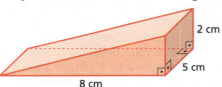

   • Calcule o volume de madeira necessário para fazer essa cunha.

8. Determine a área total da superfície de um paralelepípedo reto-retângulo de altura 6 cm e cuja base é um losango de diagonais medindo 12 cm e 14 cm.

9. Determine as medidas da aresta e da diagonal de um cubo de 1.728 cm³ de volume.

10. Calcule o volume de um prisma triangular cuja base é um triângulo equilátero de 4 cm de lado, sabendo que a aresta lateral mede 6 cm e forma com a base desse prisma um ângulo de 60°.

11. Em uma pirâmide regular de base quadrada, sabe-se que a área da base é 32 cm² e o apótema dessa pirâmide mede 6 cm. Determine:

    a) a medida da aresta da base.
    b) a medida do apótema da base.
    c) a altura da pirâmide.
    d) a medida da aresta lateral.
    e) a área lateral.
    f) a área total.
    g) o volume.

12. Um silo para armazenar soja tem a forma de um paralelepípedo reto-retângulo com 35 m de altura e base quadrada com 60 m de perímetro. Depois de parte da colheita de soja ser armazenada, o silo ficou com 60% de sua capacidade ocupada. Quantos metros cúbicos vazios ainda restam para que o silo fique com a capacidade total ocupada?

13. A água da chuva de um dia foi recolhida em um pluviômetro na forma de uma pirâmide quadrangular regular. A aresta da base da pirâmide mede 10 cm, e a altura que a água alcança é 8 cm. Qual foi o volume de água recolhido nesse dia, se a altura total do pluviômetro é 16 cm?

14. Calcule o volume da pirâmide $AHFG$ inscrita no cubo, conforme mostra a figura abaixo.

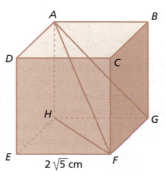

15. O apótema de um tronco de pirâmide regular mede 10 cm, e as bases são quadrados cujos lados medem 8 cm e 20 cm. Calcule o volume desse tronco.

16. Uma pirâmide triangular tem 9 cm de altura, e a base é um triângulo isósceles cujos lados medem 5 cm, 5 cm e 8 cm. Determine o volume de uma nova pirâmide triangular, de 3 cm de altura, obtida pela secção de um plano paralelo à base da primeira pirâmide.

17. Um prisma hexagonal regular tem $A_{base} = 96\sqrt{3}$ cm². Calcule $A_{lateral}$ sabendo que a altura do prisma é igual à medida do apótema da base.

18. Determine o volume de um paralelepípedo reto-retângulo com 60 cm de altura e bases quadradas, sabendo que a diagonal desse paralelepípedo forma um ângulo de 60° com o plano da base.

19. Calcule a área da superfície e o volume de um octaedro regular cuja aresta mede 10 cm.

20. As dimensões de um paralelepípedo reto-retângulo formam uma PG. Sabendo que a diagonal desse paralelepípedo mede $\sqrt{91}$ cm e que a soma das medidas de todas as suas arestas é 52 cm, calcule o volume desse sólido.

EXERCÍCIOS COMPLEMENTARES

QUESTÕES DE VESTIBULAR

21. (Unifesp) Considere o poliedro cujos vértices são os pontos médios das arestas de um cubo.

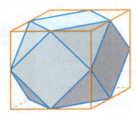

O número de faces triangulares e o número de faces quadradas desse poliedro são, respectivamente:
a) 8 e 8
c) 6 e 8
e) 6 e 6
b) 8 e 6
d) 8 e 4

22. (Mackenzie-SP) A base do cesto reto da figura é um quadrado de lado 25 cm. Se a parte lateral externa e o fundo externo do cesto devem ser forrados com um tecido que é vendido com 50 cm de largura, o menor comprimento de tecido necessário para a forração é:

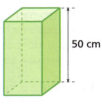

a) 1,115 m
c) 1,350 m
e) 1,125 m
b) 1,105 m
d) 1,250 m

23. (Femm-MG) Duas caixas são cubos perfeitamente regulares, isto é, cada uma tem seis faces que são, por sua vez, quadrados perfeitos. Cada face da primeira caixa tem exatamente 3 m² de área, e cada face da segunda caixa tem exatamente 9 m² de área. A razão entre o volume da primeira caixa e o volume da segunda caixa é, portanto, igual a:
a) $3^{\frac{1}{2}}$
b) $3^{-\frac{1}{2}}$
c) $3^{-\frac{3}{2}}$
d) $3^{\frac{3}{2}}$

24. (Unicamp-SP) A figura ao lado representa um prisma reto cujas bases são hexágonos regulares.

Os lados dos hexágonos medem 5 cm cada um e a altura do prisma é 10 cm.

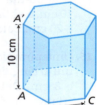

a) Calcule o volume do prisma.
b) Encontre a área da secção desse prisma pelo plano que passa pelos pontos A, C e A'.

25. (UFSCar-SP) Na figura, os pontos ACFH são vértices de um tetraedro inscrito em um cubo de lado 3.

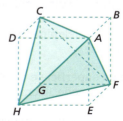

O volume do tetraedro é:
a) $\frac{27}{8}$
b) $\frac{9\sqrt{39}}{8}$
c) 9
d) $\frac{27\sqrt{13}}{18}$
e) 18

26. (Unifesp) Quando se diz que numa determinada região a precipitação pluviométrica foi de 10 mm, significa que a precipitação naquela região foi de 10 litros de água por metro quadrado, em média.

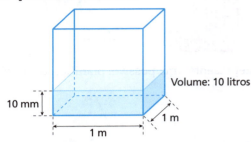

Se numa região de 10 km² de área ocorreu uma precipitação de 5 cm, quantos litros de água foram precipitados?
a) 5×10^7
d) 5×10^{10}
b) 5×10^8
e) 5×10^{11}
c) 5×10^9

27. (Mackenzie-SP) Considere uma pirâmide cuja base é um polígono convexo. Se a soma das medidas dos ângulos internos de todas as suas faces é 3.600°, o número de lados da base dessa pirâmide é igual a:
a) 11
d) 10
b) 12
e) 8
c) 9

28. (UEMS) A clepsidra é um engenhoso instrumento que, no passado, foi usado para marcar o tempo da seguinte forma: colocava-se água num recipiente com um pequeno furo no fundo que, estando inicialmente tampado, ao ser destampado deixava a água fluir em vazão constante. Com o auxílio de outro instrumento de medida do tempo, graduava-se a parede interna do recipiente marcando-se então intervalos fixos de tempo (por exemplo, de 3 em 3 minutos ou 10 em 10 minutos etc.).

Sabe-se que o recipiente usado para confeccionar a clepsidra terá um formato de pirâmide de base quadrada invertida, com lado do quadrado da base medindo 40 centímetros, altura vertical do recipiente medindo 40 centímetros e suspensa de forma que o quadrado da base fique paralelo ao chão. Sabe-se que, a partir do recipiente completamente cheio, seu total esvaziamento demoraria 3 horas e 20 minutos. Quanto tempo, em minutos, terá passado, a partir do recipiente completamente cheio, quando o nível da água tiver descido verticalmente 20 centímetros, em relação ao topo na boca do recipiente?

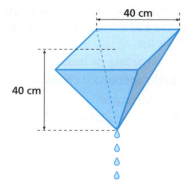

396 Conexões com a Matemática

29. (Fuvest-SP) A pirâmide de base retangular ABCD e vértice E, representada na figura, tem volume 4.

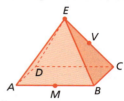

Se M é o ponto médio da aresta $\overline{AB}$ e V é o ponto médio da aresta $\overline{EC}$, então o volume da pirâmide de base AMCD e vértice V é:

a) 1   b) 1,5   c) 2   d) 2,5   e) 3

30. (Unicamp-SP) Dado um cubo de aresta ℓ, qual é o volume do octaedro cujos vértices são os centros das faces do cubo?

31. (FEI-SP) Num paralelepípedo reto-retângulo a área total mede 28 cm² e a diagonal $\sqrt{21}$ cm. A soma das dimensões mede:

a) 7 cm   b) 8 cm   c) 9 cm   d) 10 cm   e) 12 cm

32. (PUC) Para obter a peça esboçada na figura abaixo, um artesão deve recortar 8 cubos iguais, a partir dos vértices de um bloco maciço de madeira que tem as seguintes dimensões: 25 cm × 18 cm × 18 cm.

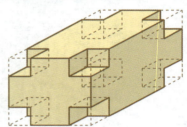

Se ele pretende que o peso da peça obtida seja 6.603 kg e sabendo que a densidade da madeira é 0,93 g/cm³, a aresta de cada cubo recortado deverá medir, em centímetro:

a) 6,5   b) 6   c) 5,5   d) 5   e) 4,5

33. (Unesp) Um artesão precisa recortar placas de vidro para montar uma pirâmide de base quadrangular regular, de altura 8 cm e aresta da base 12 cm, que será totalmente preenchida com areia.

a) Calcule a quantidade de vidro, em cm², necessária para montar essa pirâmide.

b) Calcule o volume de areia necessário para encher totalmente essa pirâmide.

34. (UFU-MG) Na figura abaixo, temos um cubo ABCDEFGH de aresta $a = 6$ cm. Os pontos I, J, K, L, M e N são pontos médios das arestas a que pertencem.

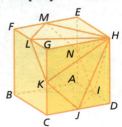

Determine o volume da pirâmide de base hexagonal IJKLMN e vértice H.

35. (UFMG) Observe a figura:

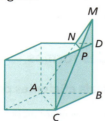

Nessa figura, estão representados um cubo, cujas arestas medem, cada uma, 3 cm, e a pirâmide MABC, que possui três vértices em comum com o cubo. O ponto M situa-se sobre o prolongamento da aresta $\overline{BD}$ do cubo. Os segmentos $\overline{MA}$ e $\overline{MC}$ interceptam arestas desse cubo, respectivamente, nos pontos N e P e o segmento $\overline{ND}$ mede 1 cm. Considerando-se essas informações, é correto afirmar que o volume da pirâmide MNPD é, em cm³:

a) $\dfrac{1}{6}$ b) $\dfrac{1}{4}$ c) $\dfrac{1}{2}$ d) $\dfrac{1}{8}$

36. (UFSCar-SP) As bases ABCD e ADGF das pirâmides ABCDE e ADGFE são retângulos e estão em planos perpendiculares. Sabe-se também que ABCDE é uma pirâmide regular de altura 3 cm e apótema lateral 5 cm, e que ADE é face lateral comum às duas pirâmides.

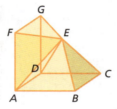

Se a aresta $\overline{AF}$ é 5% maior que a aresta $\overline{AD}$, então o volume da pirâmide ADGFE, em cm³, é:

a) 67,2   b) 80   c) 89,6   d) 92,8   e) 96

37. (UFJF-MG) Seja um prisma quadrangular regular de altura 4 e aresta básica 3. Considere uma pirâmide triangular inscrita nele, que tenha seu vértice coincidente com um dos vértices de uma base desse prisma, e sua base tenha vértices coincidentes com vértices da outra base dele. Nenhuma face lateral dessa pirâmide é perpendicular ao plano da base do prisma.

Calcule a soma do comprimento de todas as arestas dessa pirâmide.

38. (FGV) As figuras A e B indicam, respectivamente, planificações de sólidos em forma de prisma e pirâmide, com todas as medidas sendo dadas em metros.

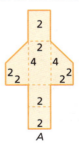 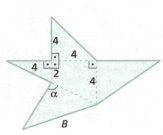

Denotando por V_1 e V_2 os volumes do prisma e da pirâmide, respectivamente, conclui-se que V_1 representa de V_2:

a) 25%   b) 45%   c) 50%   d) 65%   e) 75%

Compreensão de texto

Economia das formas

Embalagens mais eficientes poupam dinheiro e o meio ambiente

Do desenvolvimento de novos produtos ao transporte, à venda e à reciclagem, a embalagem de um produto influencia toda a cadeia produtiva. Observe a seguir como uma mudança aparentemente pequena no projeto das caixas de detergente em pó para roupas permite melhor aproveitamento de matérias-primas e dos recursos preciosos, como a água.

Os detergentes em pó para roupas começaram a ser produzidos no Brasil nos anos 1950. Por meio século, esse mercado foi dominado por embalagens em forma de paralelepípedos de papel-cartão, substituídos nos últimos anos por paralelepípedos mais compactos.

Caixa antiga

Caixa nova

ILUSTRAÇÕES: MARCUS PENNA

Economia de papel

Apesar da diferença de quase **15%** na área, ambas as caixas contêm 1 kg de produto e algum espaço vazio. Se as **780 mil** toneladas de detergente em pó consumidas pelos brasileiros em 2010 fossem embaladas apenas em caixas de 1 kg, a troca do modelo antigo pelo novo pouparia **13,89 milhões** de metros quadrados de papel-cartão por ano.

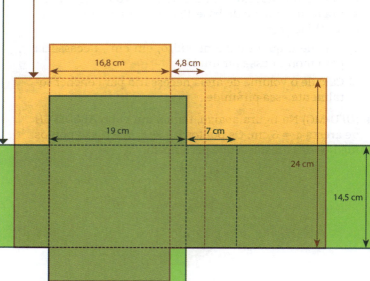

398 Conexões com a Matemática

ATIVIDADES

1. Calcule a área total e o volume correspondente a cada modelo de paralelepípedo usado nos dois tipos de caixa de detergente em pó. Compare-os e conclua se realmente a mudança foi válida.

2. Com relação à troca do modelo antigo pelo novo, responda às questões.

   a) Se em 2010 fossem utilizadas apenas as caixas do modelo novo, de quanto seria a economia de papel-cartão?

   b) Com essa economia, quantas caixas do modelo novo poderiam ser produzidas?

3. Pesquise em jornais, revistas, *sites* etc. quais medidas as indústrias estão tomando para reduzir o custo de fabricação de determinado produto, visando diminuir o valor de venda para o consumidor.

4. O infográfico traz dados interessantes e muito importantes sobre a economia de matéria-prima e melhor aproveitamento de recursos naturais com a simples mudança no projeto de algumas embalagens. Uma importante iniciativa para essa economia é a **reciclagem**.

   a) Quais materiais podem ser reciclados?

   b) Quais são os principais agentes envolvidos em um processo de reciclagem?

   c) A reciclagem de materiais traz muitos benefícios tanto do ponto de vista socioeconômico como ambiental. Cite alguns desses benefícios.

5. Em seu município, bairro ou condomínio, existe algum programa de reciclagem de lixo doméstico? Elabore cartazes e uma cartilha sobre a reciclagem de materiais e faça uma campanha, com seus colegas, na sua comunidade para conscientizar as pessoas sobre os benefícios dessa atitude. Lembre-se de usar materiais recicláveis para a confecção dos cartazes e da cartilha.

Economia de matéria-prima e recursos naturais

O papel economizado com a troca equivaleria a aproximadamente 5 mil toneladas por ano. Como a produção de uma tonelada de papel pode requerer 6 m³ de madeira e 250 mil litros de água, essa simples mudança de projeto das embalagens evitaria o **consumo anual** de:

30 mil metros cúbicos de madeira

Hexaedro
31,07 m de aresta

1 bilhão e 250 milhões de litros de água

Icosaedro
39,27 m de aresta

9,5 m

Energia também é poupada na fabricação e no transporte. A diferença anual no peso do papel equivale a 200 viagens de caminhão, por exemplo.

Fontes: Associação Brasileira das Indústrias de Produtos de Limpeza e Afins. Disponível em: <www.abipla.org.br/novo>; Sociedade Brasileira de Matemática. Disponível em: <www.rpm.org.br/>; Embrapa. Disponível em: <www.embrapa.br>; Sabesp. Disponível em: <site.sabesp.com.br>; Universidade de São Paulo. Disponível em: <www5.usp.br>; Instituto Estadual do Ambiente. Disponível em: <www.inea.rj.gov.br>. Acessos em: 21 jan. 2016.

CAPÍTULO 20

CORPOS REDONDOS

ENEM
C1: H3, H4, H5
C2: H6, H7, H8, H9
C3: H10, H12, H13, H14
C4: H15, H16
C5: H19, H22

A Biosfera de Montreal de Buckminster Fuller foi construída para uma exposição universal que aconteceu em 1967. Localizada na Ilha de Santa Helena, Montreal, Canadá, hoje abriga um museu dedicado à água e ao meio ambiente.

1. Introdução

No capítulo anterior, vimos que as formas dos objetos que nos cercam podem ser estudadas matematicamente por meio de representações chamadas de **sólidos geométricos**. Vimos também que os sólidos geométricos compreendem grandes grupos, como os **poliedros** e os **corpos redondos**. Entre os corpos redondos destacamos o cilindro, o cone, a esfera e os corpos obtidos a partir deles.

A estrutura da Biosfera de Montreal, mostrada na foto da página anterior, por exemplo, lembra a forma de uma esfera.

Neste capítulo, vamos estudar as propriedades geométricas e métricas dos corpos redondos.

2. Cilindro

No capítulo anterior, definimos prisma indicando um procedimento de construção. Neste capítulo, o primeiro corpo redondo que vamos estudar é o cilindro e, em seguida, vamos apresentar uma definição análoga à do prisma.

Edifício com forma cilíndrica, Johannesburgo, África do Sul.

2.1 Definição de cilindro

Vamos considerar dois planos paralelos distintos, γ e σ, um círculo C de raio de medida r contido em γ e uma reta s secante aos planos γ e σ.

Chama-se **cilindro circular**, ou apenas **cilindro**, a figura geométrica formada pela reunião de todos os segmentos de reta paralelos à reta s, com uma extremidade no círculo C e a outra no plano σ.

Note que as extremidades que pertencem ao plano σ formam um círculo C', congruente a C.

Observação
Embora exista uma definição de cilindro mais ampla, vamos estudar aqui apenas os cilindros circulares.

Elementos de um cilindro

Considerando o cilindro representado ao lado, podemos destacar os seguintes elementos:

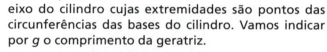

- **Bases** – os círculos C e C' de raio de medida r e centros O e O'.
- **Eixo** – a reta $\overleftrightarrow{OO'}$.
- **Geratrizes** – os segmentos paralelos ao eixo do cilindro cujas extremidades são pontos das circunferências das bases do cilindro. Vamos indicar por g o comprimento da geratriz.
- **Altura do cilindro** – a distância h entre os planos que contêm as bases.

2.2 Classificação dos cilindros

Podemos classificar um cilindro de acordo com a inclinação da reta s em relação aos planos γ e σ, que contêm as bases.

Se a reta s é perpendicular aos planos γ e σ, o cilindro é **reto**. Nesse caso, tanto o eixo $\overleftrightarrow{OO'}$ quanto as geratrizes do cilindro são perpendiculares aos planos das bases e, portanto, o comprimento da geratriz é igual à altura do cilindro ($g = h$).

Se a reta s não é perpendicular aos planos γ e σ, o cilindro é **oblíquo**. Nesse caso, nem o eixo $\overleftrightarrow{OO'}$ nem as geratrizes são perpendiculares aos planos das bases e, assim, o comprimento da geratriz e a altura do cilindro são diferentes ($g \neq h$).

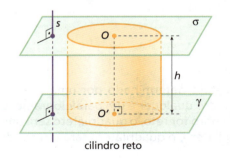

cilindro reto

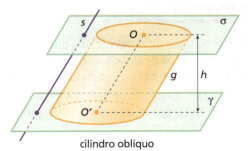

cilindro oblíquo

Um cilindro circular reto também é denominado **cilindro de revolução**, pois pode ser obtido pela rotação de uma superfície retangular em torno da reta que contém um dos lados dessa superfície. A medida desse lado é igual à altura h do cilindro, e a medida do lado perpendicular a este é igual à medida do raio da base do cilindro.

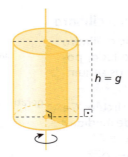

Se um cilindro reto tem altura igual ao dobro da medida do raio da base ($h = 2r$), é chamado de **cilindro equilátero**.

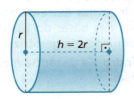

2.3 Secções de um cilindro

Secção meridiana de um cilindro

Uma **secção meridiana de um cilindro** é determinada pela intersecção do cilindro com um plano que contenha seu eixo.

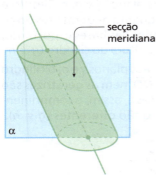 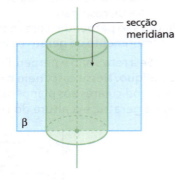

Observação

O quadrilátero determinado por uma secção meridiana de um cilindro qualquer é um paralelogramo. Em particular, se o cilindro for reto, o quadrilátero será um retângulo; se for equilátero, o quadrilátero será um quadrado.

Trocando ideias

Desenhe alguns tipos de quadriláteros que podem formar uma secção meridiana de um cilindro circular. Em seguida, em grupos, comparem os tipos encontrados.

Agora, respondam: Qual é a razão entre a medida da geratriz e a do raio da base de um cilindro cuja secção meridiana determina um losango?

Secção transversal de um cilindro

Uma **secção transversal de um cilindro** é determinada pela intersecção do cilindro com um plano paralelo ao plano da base.

As secções transversais de um cilindro são círculos congruentes à base.

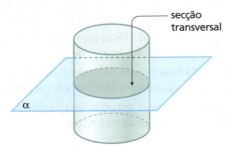

2.4 Planificação da superfície de um cilindro reto

Imagine que a superfície de um cilindro reto esteja revestida de papel. Recortando o papel nas circunferências das bases e ao longo de uma geratriz, obtemos a **planificação da superfície do cilindro**. A planificação é composta de dois círculos e de uma superfície retangular, em que a medida de um dos lados é igual ao comprimento da circunferência da base ($2\pi r$) e a medida do outro lado é igual à altura do cilindro (h).

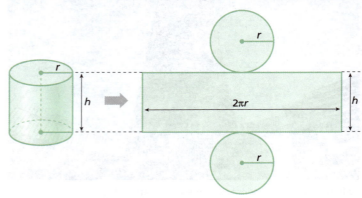

2.5 Área da superfície de um cilindro reto

Vamos considerar um cilindro reto de altura h e raio da base de medida r.

A **área da base** (A_{base}) é a área de um círculo de raio de medida r.

$$A_{base} = \pi r^2$$

A **área lateral** ($A_{lateral}$) é a área do retângulo de lados medindo $2\pi r$ e h.

$$A_{lateral} = 2\pi rh$$

A **área total** (A_{total}) da superfície do cilindro é a soma das áreas das bases com a área lateral.

$A_{total} = 2 \cdot A_{base} + A_{lateral} \Rightarrow A_{total} = 2\pi r^2 + 2\pi rh$

Portanto:

$$A_{total} = 2\pi r(r + h)$$

EXERCÍCIOS

1. Calcule a área da base, a área lateral e a área total do cilindro representado ao lado.

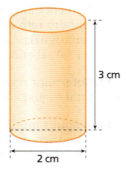

R1. Dado um retângulo de dimensões 3 cm e 5 cm, comparar a área lateral e a área total da superfície dos cilindros de revolução dele obtidos.

▶ **Resolução**

Fazendo a rotação do retângulo em torno do lado que mede 3 cm, obtemos um cilindro reto com 5 cm de raio e altura 3 cm.
Então:
$A_{lateral} = 2 \cdot \pi \cdot 5 \cdot 3 = 30\pi$
$A_{total} = 2 \cdot 5 \cdot \pi \cdot (5 + 3) = 80\pi$
Logo, esse cilindro tem área lateral de 30π cm² e área total de 80π cm².

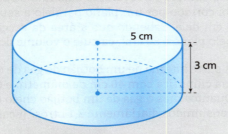

O outro cilindro de revolução tem 3 cm de raio e altura 5 cm.
Então:
$A_{lateral} = 2 \cdot \pi \cdot 3 \cdot 5 = 30\pi$
$A_{total} = 2 \cdot 3 \cdot \pi \cdot (3 + 5) = 48\pi$
Logo, esse cilindro tem área lateral de 30π cm² e área total de 48π cm².

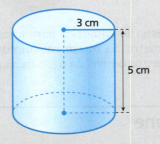

Portanto, as áreas laterais dos cilindros obtidos são iguais. No entanto, quando fazemos a rotação do retângulo em torno do lado menor, a área total da superfície do cilindro é maior.

2. Calcule a área lateral de um cilindro reto sabendo que o diâmetro da base mede 14 cm e a geratriz mede o dobro da medida do raio.

R2. Calcular a razão entre a área da base e a área da secção meridiana de um cilindro equilátero.

▶ **Resolução**

Vamos considerar um cilindro equilátero de altura h, cuja base é um círculo de raio de medida r.

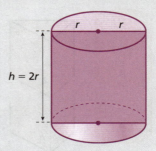

A área da base é: $A_{base} = \pi \cdot r^2$
Como um cilindro equilátero tem altura igual ao dobro da medida do raio ($h = 2r$), a secção meridiana é um quadrado de lado de medida $2r$.
A área da secção meridiana é:
$A_{secção\ meridiana} = 2r \cdot 2r = 4r^2$

Assim: $\dfrac{\pi \cdot r^2}{4 \cdot r^2} = \dfrac{\pi}{4}$

Portanto, a razão entre a área da base e a área da secção meridiana é $\dfrac{\pi}{4}$.

3. Qual é a razão entre a área da superfície lateral e a área da secção meridiana de um cilindro circular reto?

4. Um empresário recebeu um pedido para fabricar a peça representada ao lado, que tem a forma de um cilindro circular reto

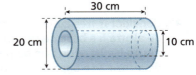

com um furo cilíndrico no sentido longitudinal. Para cobrar pelo serviço, o dono da indústria precisa calcular a quantidade de matéria-prima necessária para a fabricação de cada unidade. Calcule a área total da superfície da peça, de acordo com as dimensões indicadas.

5. O raio da base de um cilindro de revolução gerado pela rotação de um retângulo em torno de um de seus lados mede 5 cm. A altura desse cilindro é igual ao comprimento da circunferência da base. Calcule a área total da superfície do cilindro.

6. Sabendo que o raio da base de um cilindro reto mede 2 cm e que a área da secção meridiana é 20 cm², calcule a área total da superfície do cilindro.

7. Se a altura de um cilindro reto é igual a $\dfrac{3}{2}$ da medida do raio da base, calcule a altura e a medida do raio, sabendo que a área lateral do cilindro é 108π cm².

8. Calcule a área lateral e a área total da superfície de um cilindro equilátero cuja base tem 26 cm de raio.

9. Se a área lateral da superfície de um cilindro equilátero é L, determine sua área total em função de L.

2.6 Volume de um cilindro

Considere um cilindro e um prisma de mesma altura h contidos em um mesmo semiespaço e cujas bases estejam contidas no mesmo plano α, sendo a área da base do cilindro igual à da base do prisma.

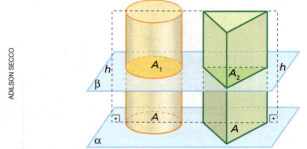

Observe que cada plano β, paralelo a α, que secciona o cilindro também secciona o prisma, determinando secções de mesma área, já que $A_1 = A$ e $A_2 = A$.

Assim, pelo princípio de Cavalieri, o volume do cilindro é igual ao volume do prisma:

$$V_{cilindro} = V_{prisma} = A_{base} \cdot h$$

Portanto, o volume de um cilindro de raio de medida r e altura h é dado por:

$$V_{cilindro} = \pi r^2 h$$

EXERCÍCIOS

R3. Considerar três cilindros circulares retos: cilindro C, de altura h e base de raio de medida r; cilindro C', de altura h e base de raio de medida $2r$; e cilindro C'', de altura $2h$ e base de raio de medida r.
a) Comparar o volume de C' com o de C.
b) Comparar o volume de C'' com o de C.
c) Comparar o volume de C' com o de C''.

▶ **Resolução**
Primeiro, calculamos o volume de C: $V = \pi r^2 h$
a) Cálculo do volume de C':
$V' = \pi \cdot (2r)^2 \cdot h = 4(\pi r^2 h)$, ou seja, $V' = 4V$
Portanto, o volume de C' é o quádruplo do volume de C.
b) Cálculo do volume de C'':
$V'' = \pi \cdot r^2 \cdot (2h) = 2(\pi r^2 h)$, ou seja, $V'' = 2V$
Portanto, o volume de C'' é o dobro do volume de C.
c) Dos itens anteriores, temos:
$V' = 4\pi r^2 h = 2(2\pi r^2 h)$, ou seja, $V' = 2V''$
Portanto, o volume de C' é o dobro do volume de C''.

10. Um recipiente na forma de um cilindro circular reto contém água até determinada altura. Coloca-se uma pedra dentro dele, de modo que fique totalmente submersa. Sabendo que o nível da água subiu 2 cm, não transbordou, e que a medida do raio da base do cilindro é 6 cm, calcule o volume da pedra.

11. Um cilindro reto tem 8 m de altura, e a área total de sua superfície é 306π m². Determine o volume do cilindro.

12. Aumentando a medida do raio da base ou a altura de um cilindro reto em 4 cm, os volumes dos novos cilindros serão iguais. Calcule a medida do raio da base do cilindro inicial sabendo que sua altura é 2 cm.

13. Determine o volume de um cilindro equilátero cuja área total é igual a 24π dm².

14. Quantos mililitros (mL) de tinta cabem no reservatório cilíndrico de uma caneta cujo diâmetro mede 2 mm e cujo comprimento é 10 cm? (Adote: $\pi = 3{,}14$)

15. O que acontecerá com o volume de um cilindro circular reto se reduzirmos a altura à metade e dobrarmos a medida do raio da base?

16. Qual é a área lateral do cilindro de revolução de volume 157 m³ e altura igual ao dobro da medida do diâmetro da base?

17. Um cilindro de revolução cujo raio da base mede 10 cm foi cortado por um plano paralelo a seu eixo e distante 6 cm dele. Sabendo que a área da secção determinada pelo plano é 80 cm², calcule o volume do cilindro.

18. A parte interna de um botijão de gás de cozinha tem forma cilíndrica com 40 cm de diâmetro e 60 cm de altura. Quantos dias o gás de um botijão cheio durará se forem consumidos diariamente 3,1 litros? (Considere: $\pi = 3{,}1$)

19. Uma cisterna cilíndrica para armazenar água tem 1 m de diâmetro. Se forem consumidos 310 litros, quantos centímetros o nível da água baixará? (Considere: $\pi = 3{,}1$)

3. Cone

A forma cônica aparece em muitos objetos do dia a dia, como uma casquinha de sorvete ou um cone de sinalização de trânsito.

A seguir, vamos estudar a definição geométrica de cone.

3.1 Definição de cone

Vamos considerar um círculo C, de centro O e raio de medida r, em um plano α, e um ponto V não pertencente ao plano α.

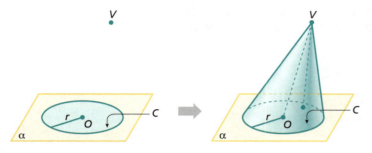

Chama-se **cone circular**, ou apenas **cone**, a reunião de todos os segmentos de reta com uma extremidade em V e outra no círculo C.

Elementos de um cone

Considerando o cone representado a seguir, podemos destacar os seguintes elementos:

- **Base** – o círculo C de raio de medida r e centro O.
- **Vértice** – o ponto V.
- **Eixo** – a reta $\overleftrightarrow{VO}$.
- **Geratrizes** – os segmentos com extremidades em V e na circunferência da base do cone. No cone reto (que veremos a seguir), indicaremos o comprimento da geratriz por g.
- **Altura do cone** – a distância h do vértice V ao plano que contém a base.

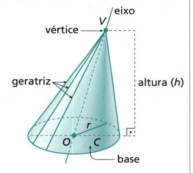

3.2 Classificação dos cones

Podemos classificar um cone de acordo com a inclinação do eixo $\overleftrightarrow{VO}$ em relação ao plano que contém a base.

Se o eixo $\overleftrightarrow{VO}$ é perpendicular ao plano que contém a base, o cone é **reto**. Nesse caso, a altura é igual a VO.

Se o eixo $\overleftrightarrow{VO}$ **não** é perpendicular ao plano que contém a base, o cone é **oblíquo**. Nesse caso, a altura é menor que VO.

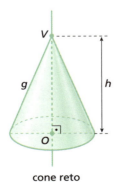
cone reto

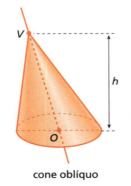
cone oblíquo

Um cone circular reto também é denominado **cone de revolução**, pois pode ser obtido através da rotação de uma superfície triangular, determinada por um triângulo retângulo, em torno de uma reta que contém um de seus catetos. A medida desse cateto será igual à altura do cone, e a medida do outro cateto será igual à medida do raio da base do cone.

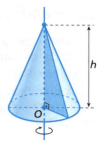

Se um cone reto tem a medida da geratriz igual ao dobro da medida do raio da base ($g = 2r$), é chamado de **cone equilátero**.

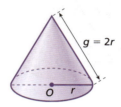

3.3 Secções de um cone

Secção meridiana de um cone

Uma **secção meridiana de um cone** é determinada pela intersecção do cone com um plano que contenha seu eixo.

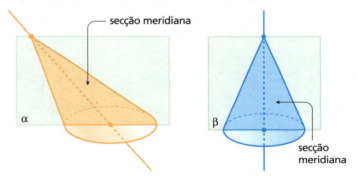

Observação

A secção meridiana de um cone é um triângulo. Em particular, se o cone é reto, esse triângulo é isósceles; se for equilátero, o triângulo será equilátero.

Secção transversal de um cone

Uma **secção transversal de um cone** é determinada pela intersecção do cone com um plano paralelo ao plano da base, que não passa por seu vértice.

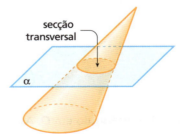

Observação

As secções transversais de um cone são círculos.

3.4 Planificação da superfície de um cone reto

Assim como fizemos com o cilindro, vamos supor que a superfície de um cone reto esteja revestida de papel. Para obter a planificação dessa superfície, vamos imaginar um recorte do papel na circunferência da base e, em seguida, um recorte ao longo de uma de suas geratrizes.

A planificação da superfície de um cone reto é formada por um círculo de raio de medida r e centro O e por um setor circular de raio de medida g, ângulo de medida α e arco de comprimento $2\pi r$.

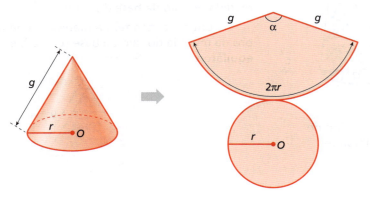

Em cones retos com geratrizes de mesma medida, quanto maior é a medida do ângulo, maior é a medida do raio da base e menor é a altura dos cones.

Observe:

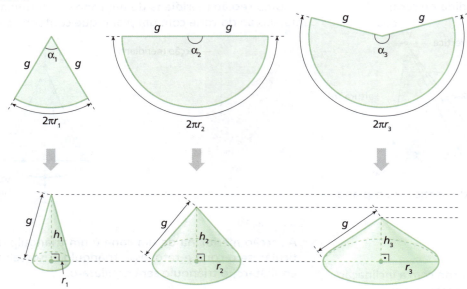

Relações métricas entre os elementos de um cone reto

Vamos considerar um cone reto com raio da base de medida r, comprimento da geratriz g e altura h.

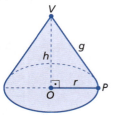

O triângulo VOP é retângulo em O. Assim, temos: $VO^2 + OP^2 = VP^2$

Portanto:

$$h^2 + r^2 = g^2$$

O setor circular representado a seguir mostra a planificação da superfície lateral do cone.

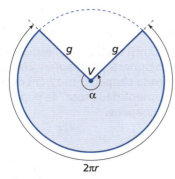

Então, podemos estabelecer a seguinte regra de três:

comprimento do arco	medida do ângulo (em grau)
$2\pi g$	$360°$
$2\pi r$	α

Logo: $2\pi g \cdot \alpha = 2\pi r \cdot 360°$

Portanto, α, em grau, é dado por:

$$\alpha = \frac{360° \cdot r}{g}$$

EXERCÍCIOS

R4. Calcular o comprimento da circunferência da base e a altura de um cone reto cuja geratriz mede 13 cm e cujo raio mede 5 cm.

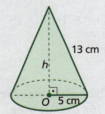

▶ **Resolução**

O comprimento da circunferência da base é dado por $C = 2\pi r$. Sabemos que o cone tem raio de medida 5 cm. Assim:

$C = 2 \cdot \pi \cdot 5 \Rightarrow C = 10\pi \Rightarrow C \approx 31,4$

Portanto, o comprimento da circunferência da base é aproximadamente 31,4 cm.

Sabendo que o cone é reto, podemos obter a altura por meio de um triângulo retângulo, cuja hipotenusa é a geratriz e os catetos são a altura e o raio da base do cone.

Assim:

$13^2 = h^2 + 5^2 \Rightarrow h^2 = 144 \Rightarrow h = 12$

Portanto, a altura do cone é 12 cm.

20. Calcule a medida da geratriz de um cone circular reto cuja base tem 14 cm de diâmetro, sendo 24 cm a altura do cone.

R5. Um cone reto de altura 10 cm tem por planificação da superfície lateral um setor circular de ângulo α medindo 150°. Determinar a medida do raio da base e a medida da geratriz do cone.

▶ **Resolução**

Como $r^2 + h^2 = g^2$, temos:

$r^2 + 10^2 = g^2 \Rightarrow g^2 - r^2 = 100$ (I)

Como $\alpha = \dfrac{360° \cdot r}{g}$, temos:

$150° = \dfrac{360° \cdot r}{g} \Rightarrow g = \dfrac{12r}{5}$ (II)

De (I) e (II), concluímos que:

$\left(\dfrac{12r}{5}\right)^2 - r^2 = 100$

$\dfrac{144r^2}{25} - r^2 = 100$

$144r^2 - 25r^2 = 2.500$

$r^2 = \dfrac{2.500}{119}$

$r \approx 4,58$

Portanto, o raio da base do cone mede aproximadamente 4,58 cm.

Como $g = \dfrac{12r}{5}$, o comprimento da geratriz é aproximadamente 11 cm.

21. Sabendo que a planificação da superfície lateral de um cone circular reto é um setor circular com 10 cm de raio e ângulo central de medida 72°, determine a altura do cone.

22. Obtenha a altura de um cone reto, sabendo que a planificação da superfície lateral é um setor circular com ângulo central medindo 120° e raio da base medindo 10 cm.

23. Determine a medida do ângulo central de um setor circular obtido pela planificação da superfície lateral de um cone reto cuja geratriz mede 60 cm e o raio da base mede 10 cm.

24. A planificação da superfície lateral de um cone reto é um setor circular com ângulo central medindo 60°. Calcule a razão k entre o comprimento da circunferência da base e o comprimento da geratriz do cone.

3.5 Área da superfície de um cone reto

Pela planificação da superfície de um cone, podemos obter a área total dessa superfície. Para isso, vamos considerar um cone reto de raio da base de medida r e comprimento da geratriz de medida g.

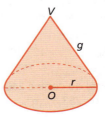

Capítulo 20 • Corpos redondos **407**

A **área da base** (A_{base}) é a área de um círculo de raio de medida r e centro O.

$$A_{base} = \pi r^2$$

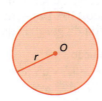

A **área lateral** ($A_{lateral}$) é a área de um setor circular tal que a medida do raio é o comprimento g da geratriz e o arco tem comprimento igual a $2\pi r$ (comprimento da circunferência da base do cone).

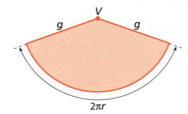

Como a área desse setor é diretamente proporcional ao comprimento $2\pi r$ do arco que o define, temos:

$$\frac{\text{comprimento do arco do setor}}{\text{comprimento da circunferência de raio } g} = \frac{\text{área do setor}}{\text{área do círculo}}$$

Logo:

$$\frac{2\pi r}{2\pi g} = \frac{A_{lateral}}{\pi g^2} \Rightarrow A_{lateral} = \frac{(2\pi r) \cdot (\pi g^2)}{2\pi g} \Rightarrow$$

$$\Rightarrow \boxed{A_{lateral} = \pi r g}$$

A **área total** (A_{total}) da superfície do cone reto é igual à soma da área da base com a área lateral.

$$A_{total} = A_{base} + A_{lateral} \Rightarrow A_{total} = \pi r^2 + \pi r g \Rightarrow$$

$$\Rightarrow \boxed{A_{total} = \pi r (r + g)}$$

EXERCÍCIOS

R6. Calcular a área lateral de um cone reto cuja altura é 16 cm e cujo raio da base mede 12 cm.

▶ **Resolução**

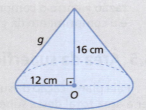

Inicialmente, vamos obter o comprimento da geratriz do cone:

$g^2 = 16^2 + 12^2 \Rightarrow g^2 = 400 \Rightarrow g = 20$

Portanto, o comprimento da geratriz do cone é 20 cm.

A área lateral do cone é:

$A_{lateral} = \pi r g \Rightarrow A_{lateral} = \pi \cdot 12 \cdot 20 \Rightarrow$

$\Rightarrow A_{lateral} = 240\pi \Rightarrow A_{lateral} \simeq 753{,}6$

Logo, a área lateral do cone é 240π cm² ou, aproximadamente, 753,6 cm².

25. Obtenha a área lateral e a área total da superfície de um cone reto conforme os dados a seguir.

a) A altura é 12 cm e o raio da base mede 9 cm.

b) O comprimento da geratriz é 26 cm, e a altura, 24 cm.

26. Uma escola infantil realizará a Festa do Circo. Uma professora confeccionará 34 chapéus cônicos de palhaço. Sabendo que cada chapéu terá 12 cm de altura e 8 cm de raio, calcule a quantidade total de papel necessária para fazer todos os chapéus.

27. Determine a área total da superfície de um cone reto inscrito em um cilindro reto de 5 cm de altura e 20 cm de raio da base.

R7. Determinar a área total da superfície de um cone equilátero de geratriz g.

▶ **Resolução**

Vamos considerar um cone equilátero de raio da base r, comprimento da geratriz g e altura h.

Sabemos que, no cone equilátero, $g = 2r$; portanto, $r = \frac{g}{2}$.

Logo:

$A_{total} = A_{lateral} + A_{base}$

$A_{total} = \pi \cdot r \cdot g + \pi \cdot r^2$

$A_{total} = \pi \cdot \frac{g}{2} \cdot g + \pi \cdot \left(\frac{g}{2}\right)^2$

$A_{total} = \frac{3}{4} \pi \cdot g^2$

28. Calcule a área lateral da superfície de um cone equilátero cuja base tem 16π dm² de área.

29. Determine a área total da superfície de um cone circular reto cuja secção meridiana é um triângulo equilátero de lado medindo 10 cm.

30. Obtenha a área lateral do cone representado abaixo.

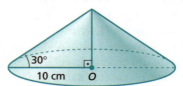

31. Um cone circular reto tem 8 dm de altura e 6 dm de raio da base. Qual é, em metro quadrado, a área total da sua superfície?

32. Um triângulo retângulo tem catetos medindo 3 dm e 4 dm. Determine a área da superfície do sólido de revolução gerado pela rotação do triângulo em torno de sua hipotenusa.

3.6 Volume de um cone

Antes de estudar o volume de um cone qualquer, vamos conhecer duas propriedades dos cones.

Para isso, considere um plano α que secciona um cone a uma distância h' do vértice, paralelamente à base, determinando uma secção de área A'.

Seja h a altura do cone, r a medida do raio da base e A a área da base do cone.

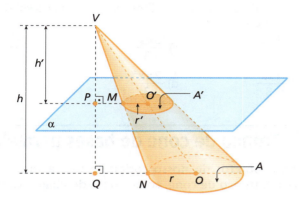

1ª propriedade: A razão entre a distância h' de uma secção transversal ao vértice do cone e a altura h do cone é igual à razão entre a medida do raio r' da secção transversal e a medida do raio r da base, isto é:

$$\frac{h'}{h} = \frac{r'}{r}$$

2ª propriedade: A razão entre a área A' de uma secção transversal de um cone, feita a uma distância h' em relação ao vértice V, e a área A da base desse cone, cuja altura é h, é igual ao quadrado da razão entre h' e h, isto é:

$$\frac{A'}{A} = \left(\frac{h'}{h}\right)^2$$

Exemplo

A secção transversal de um cone, feita a 84 cm do vértice, tem 10 cm de raio. Vamos calcular a distância de uma secção de 4,5 cm de raio ao vértice.

Para isso, vamos chamar de x a distância entre o vértice e essa secção.

Como as distâncias das secções transversais ao vértice são proporcionais às medidas de seus raios, temos:

$$\frac{84}{x} = \frac{10}{4,5} \Rightarrow x = \frac{84 \cdot 4,5}{10} \Rightarrow x = 37,8$$

Portanto, a secção de 4,5 cm de raio está a 37,8 cm do vértice.

Determinação do volume de um cone

Considere um cone e uma pirâmide com a mesma altura h, contidos em um mesmo semiespaço e cujas bases estão contidas no mesmo plano α, sendo a área da base do cone igual à área da base da pirâmide.

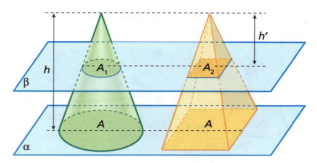

Observe que cada plano β, paralelo a α, que secciona o cone também secciona a pirâmide, determinando as secções do cone e da pirâmide, de áreas A_1 e A_2, respectivamente.

Pelas propriedades estudadas, temos:

$$\frac{A_1}{A} = \frac{(h')^2}{h^2} \text{ e } \frac{A_2}{A} = \frac{(h')^2}{h^2}$$

Portanto:

$$\frac{A_1}{A} = \frac{A_2}{A} \Rightarrow A_1 = A_2$$

Assim, pelo princípio de Cavalieri, o volume do cone é igual ao volume da pirâmide:

$$V_{cone} = V_{pirâmide} = \frac{1}{3} A_{base} \cdot h$$

Portanto, o volume de um cone circular de raio de medida r e altura h é dado por:

$$V_{cone} = \frac{1}{3}\pi r^2 h$$

EXERCÍCIOS

R8. Calcular a quantidade máxima de líquido, em litro, que a taça representada na figura abaixo comporta.

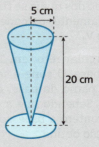

▶ **Resolução**

A quantidade de líquido é dada pelo volume da taça. Assim:

$$V = \frac{1}{3}\pi r^2 h = \frac{1}{3} \cdot \pi \cdot 5^2 \cdot 20 = \frac{500\pi}{3}$$

Logo, $V \simeq 523,3 \text{ cm}^3$.

Sabemos que $1 \ell = 1 \text{ dm}^3$ e $1 \text{ dm}^3 = 1.000 \text{ cm}^3$.

Logo, $1 \ell = 1.000 \text{ cm}^3$.

Então:

$$V \simeq 523,3 \text{ cm}^3 = 523,3 \cdot \frac{1}{1.000} \ell = 0,5233 \ell$$

Portanto, a taça pode conter até $0,5233 \ell$.

33. Determine o volume dos cones cujas medidas estão indicadas nas figuras.

a) $h = 15$ cm, $r = 6$ cm

b) $g = 17$ cm, $d = 30$ cm

34. Determine o volume do cone de revolução que tem 6 cm de raio da base e comprimento da geratriz $2\sqrt{13}$ cm.

35. Calcule o volume de um cone equilátero cuja altura é 20 cm.

36. Um cone reto de 3 cm de raio da base tem volume de $18\sqrt{2}\pi$ cm³. Calcule a área total da superfície desse cone.

37. Em um cone de revolução de 10 cm de altura, a área da base excede em 216π cm² a área de uma secção paralela à base, feita a 2 cm do vértice. Calcule o volume do cone.

38. Calcule o volume do cone gerado pela rotação da superfície triangular determinada por um triângulo retângulo, de catetos medindo 6 cm e 8 cm, em torno do cateto maior.

39. Calcule o volume do lápis representado na figura a seguir.

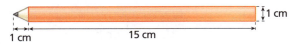

1 cm, 15 cm, 1 cm

40. Dois cones, 1 e 2, são gerados pela rotação da superfície determinada por um triângulo retângulo de catetos medindo 5 cm e 12 cm. Para obter o cone 1, o giro se dá em torno do cateto menor, e para obter o cone 2, em torno do cateto maior.

a) Determine a razão percentual entre V_1 e V_2.

b) Se as medidas dos catetos desse triângulo fossem x e y, em torno dos quais se fizessem rotações para gerar, respectivamente, os cones 1 e 2, qual seria a razão entre V_1 e V_2?

41. Um cone circular reto tem 16 cm de altura e 144π cm² de área da base. O cone é seccionado por um plano α, paralelo ao plano da base, determinando uma secção transversal. Sabendo que a distância do plano α até o plano que contém a base do cone é 7 cm, determine a área da secção obtida.

42. Considere um cone circular reto com 30 cm de altura. A que distância do vértice um plano paralelo à base deve seccionar o cone de modo que a área da secção obtida seja um quarto da área da base?

43. Calcule o volume do reservatório de água, conforme a figura ao lado, que tem a forma de um cilindro circular reto sobreposto a um cone reto, com as dimensões indicadas. (Despreze a espessura das paredes.)

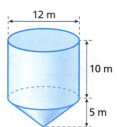

12 m, 10 m, 5 m

44. (PUC) A figura abaixo mostra um cone inscrito num cilindro. Ambos têm raio da base x e altura $2x$.

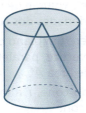

Retirando-se o cone do cilindro, o volume do sólido resultante é:

a) $\dfrac{2\pi x^3}{3}$

b) $\dfrac{4\pi x^3}{3}$

c) $\dfrac{5\pi x^3}{3}$

d) $\dfrac{7\pi x^3}{3}$

e) $\dfrac{8\pi x^3}{3}$

4. Tronco de cone de bases paralelas

Vários objetos do nosso cotidiano têm a forma que lembra um tronco de cone, como copas de abajur, canecas e vasos.

Peça de terracota, de 4500 a.C. a 3000 a.C., civilização japonesa.

A seguir, vamos definir tronco de cone.

4.1 Definição de tronco de cone de bases paralelas

Considere um cone reto, de vértice V, altura h e raio da base de medida r, seccionado por um plano α, paralelamente ao plano da base, a uma distância h_t dela ($h_t < h$), que determina uma secção transversal de centro O' e raio de medida r', conforme mostra figura abaixo.

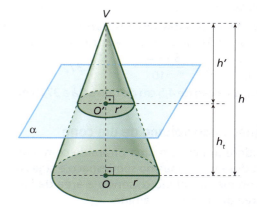

Ao seccionar o cone original, o plano α determina dois sólidos: um cone menor, de mesmo vértice V, comprimento da geratriz g' e altura $h' = h - h_t$, e outro maior, denominado **tronco de cone de bases paralelas**.

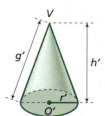
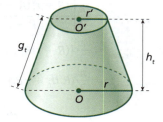

Elementos de um tronco de cone

Considerando o tronco de cone representado ao lado, podemos destacar os seguintes elementos:

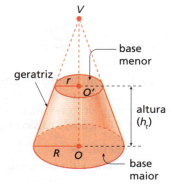

- **Base maior** – o círculo de centro O e raio de medida R.
- **Base menor** – a secção transversal obtida por meio do plano α, ou seja, círculo de centro O' e raio de medida r.
- **Geratrizes** – os segmentos cujas extremidades são pontos das circunferências das bases e que estão contidas em retas que passam pelo vértice V do cone original. Indicaremos por g_t o comprimento da geratriz.
- **Altura** – a distância h_t entre os planos que contêm as bases do tronco de cone.

4.2 Área da superfície de um tronco de cone reto

Vamos considerar o tronco de cone reto e a planificação de sua superfície representados abaixo.

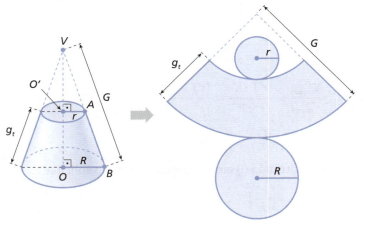

Para obter a área da superfície desse tronco de cone, primeiro relacionamos as medidas G, R, g_t e r.

Como os triângulos VO'A e VOB são semelhantes, temos:

$$\frac{VA}{r} = \frac{VB}{R} \Rightarrow \frac{G - g_t}{r} = \frac{G}{R} \Rightarrow GR - g_t R = Gr \Rightarrow$$

$$\Rightarrow G(R - r) = g_t R \Rightarrow G = \frac{g_t R}{R - r} \quad (I)$$

Agora, vamos determinar a **área lateral** ($A_{lateral}$) da superfície do tronco de cone. Observe que essa área é a diferença entre a área lateral da superfície do cone maior e a área lateral da superfície do cone menor.

$A_{lateral} = \pi R G - \pi r(G - g_t) \Rightarrow A_{lateral} = \pi R G - \pi r G + \pi r g_t \Rightarrow$

$\Rightarrow A_{lateral} = \pi G(R - r) + \pi r g_t \quad (II)$

De (I) e (II), temos:

$$A_{lateral} = \pi \cdot \left(\frac{g_t R}{R - r}\right) \cdot (R - r) + \pi r g_t \Rightarrow$$

$$A_{lateral} = \pi g_t R + \pi r g_t \Rightarrow \boxed{A_{lateral} = \pi g_t (R + r)}$$

A **área da base menor** ($A_{base\ menor}$) é a área do círculo de raio de medida r, dada por:

$$A_{base\ menor} = \pi r^2$$

A **área da base maior** ($A_{base\ maior}$) é a área do círculo de raio de medida R, dada por:

$$A_{base\ maior} = \pi R^2$$

A **área total** (A_{total}) da superfície do tronco de cone reto de bases paralelas é a soma das áreas das bases, maior e menor, com a área lateral.

$A_{total} = A_{lateral} + A_{base\ menor} + A_{base\ maior}$

$$A_{total} = \pi g_t (R + r) + \pi r^2 + \pi R^2$$

EXERCÍCIOS

R9. Calcular a área total da superfície de um tronco de cone reto de bases paralelas, cuja geratriz mede 6 cm e cujos raios das bases medem 5 cm e 1 cm.

▶ **Resolução**

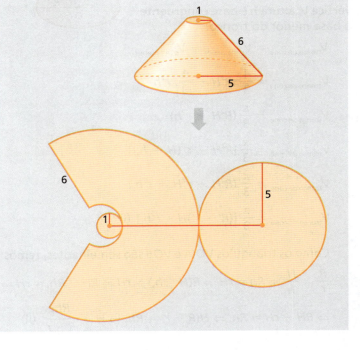

$A_{lateral} = \pi g_t(R + r) = \pi \cdot 6 \cdot (5 + 1) = 36\pi$

$A_{base\ menor} = \pi r^2 = \pi \cdot 1^2 = \pi$

$A_{base\ maior} = \pi R^2 = \pi \cdot 5^2 = 25\pi$

$A_{total} = A_{lateral} + A_{base\ menor} + A_{base\ maior}$

$A_{total} = 36\pi + \pi + 25\pi$

$A_{total} = 62\pi$

Portanto, a área total da superfície desse tronco de cone é 62π cm².

45. Calcule a área lateral e a área total da superfície de um tronco de cone reto de bases paralelas, cuja geratriz mede 8 cm e cujos raios das bases medem 3 cm e 7 cm.

46. Um cone circular reto tem 12 cm de raio da base e 20 cm de geratriz. O cone é seccionado por um plano α, paralelo ao plano da base, que determina uma secção transversal de 9 cm de raio. Calcule a área total da superfície do tronco de cone obtido pela secção.

47. A área obtida por uma secção plana paralela à base de um cone circular reto de 21 cm de altura é igual a $\dfrac{4}{9}$ da área da base. Determine a distância da base do cone à secção plana.

4.3 Volume de um tronco de cone reto

Vamos considerar o tronco de cone reto obtido do cone de vértice V, altura H e raio da base de medida R.

Para calcular o volume do tronco de cone reto de bases paralelas, basta subtrair, do volume do cone maior, o volume do cone de mesmo vértice V, altura h e base congruente à base menor do tronco.

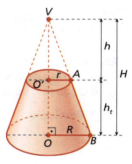

$V_{tronco\ de\ cone} = V_{cone\ maior} - V_{cone\ menor}$

$V_{tronco\ de\ cone} = \dfrac{1}{3}\pi R^2 H - \dfrac{1}{3}\pi r^2 h$

$V_{tronco\ de\ cone} = \dfrac{\pi}{3}(R^2 H - r^2 h)$

$V_{tronco\ de\ cone} = \dfrac{\pi}{3}[R^2 H - r^2(H - h_t)]$

$V_{tronco\ de\ cone} = \dfrac{\pi}{3}(R^2 H - r^2 H + r^2 h_t)$

$V_{tronco\ de\ cone} = \dfrac{\pi}{3}[(R^2 - r^2)H + r^2 h_t]$ (I)

Como os triângulos VO'A e VOB são semelhantes, temos:

$\dfrac{R}{r} = \dfrac{H}{h} \Rightarrow Rh = rH \Rightarrow R(H - h_t) = rH \Rightarrow RH - Rh_t = rH \Rightarrow$

$\Rightarrow RH - rH = Rh_t \Rightarrow H(R - r) = Rh_t \Rightarrow H = \dfrac{Rh_t}{R - r}$ (II)

De (I) e (II), concluímos que:

$V_{tronco\ de\ cone} = \dfrac{\pi}{3}\left[(R^2 - r^2)\left(\dfrac{Rh_t}{R - r}\right) + r^2 h_t\right]$

$V_{tronco\ de\ cone} = \dfrac{\pi}{3}\left[\dfrac{(R + r)(R - r)Rh_t}{R - r} + r^2 h_t\right]$

$V_{tronco\ de\ cone} = \dfrac{\pi}{3}[(R + r)Rh_t + r^2 h_t]$

$V_{tronco\ de\ cone} = \dfrac{\pi}{3}(R^2 h_t + rRh_t + r^2 h_t)$

$$V_{tronco\ de\ cone} = \dfrac{\pi h_t}{3}(R^2 + Rr + r^2)$$

EXERCÍCIOS

R10. Dado um tronco de cone reto de bases paralelas, calcular a razão entre os volumes V'_{cone}, do cone menor, e V_{cone}, do cone maior, que determinam esse tronco, em função da razão entre as respectivas alturas, h' e h.

▶ **Resolução**

O volume do tronco de cone é obtido do volume V'_{cone} do cone menor (de altura h' e raio da base de medida r') e do volume V_{cone} do cone maior (de altura h e raio da base de medida r), conforme mostra a figura ao lado.

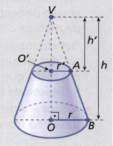

Os triângulos VO'A e VOB são semelhantes; portanto:

$\dfrac{r'}{r} = \dfrac{h'}{h}$ (I)

Como os volumes dos cones são dados por

$V'_{cone} = \dfrac{1}{3} \cdot \pi \cdot (r')^2 \cdot h'$ e $V_{cone} = \dfrac{1}{3} \cdot \pi \cdot r^2 \cdot h$, a razão entre os volumes é:

$\dfrac{V'_{cone}}{V_{cone}} = \dfrac{\dfrac{1}{3} \cdot \pi \cdot (r')^2 \cdot h'}{\dfrac{1}{3} \cdot \pi \cdot r^2 \cdot h}$

$\dfrac{V'_{cone}}{V_{cone}} = \dfrac{(r')^2 \cdot h'}{r^2 \cdot h} = \dfrac{(r')^2}{r^2} \cdot \dfrac{h'}{h}$

$\dfrac{V'_{cone}}{V_{cone}} = \left(\dfrac{r'}{r}\right)^2 \cdot \dfrac{h'}{h}$ (II)

Substituindo (I) em (II), obtemos a razão solicitada:

$\dfrac{V'_{cone}}{V_{cone}} = \left(\dfrac{h'}{h}\right)^3$

48. Os raios das circunferências das bases paralelas de um tronco de cone reto medem 5 cm e 3 cm. Sabendo que a altura do tronco é 6 cm, calcule seu volume.

49. Calcule o volume da figura obtida com a rotação de uma superfície determinada por um trapézio retângulo de base maior medindo 5 cm, base menor medindo 3 cm e 4 cm de altura, em torno do lado que é perpendicular às bases.

R11. Calcular a quantidade máxima de terra que o vaso representado na figura pode comportar.

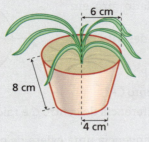

▶ **Resolução**

O exercício consiste em obter o volume do tronco de cone reto que representa o vaso. Para isso, vamos considerar o cone que deu origem a esse tronco:

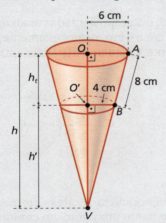

Destacando o triângulo AVO, temos:

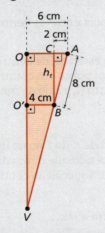

Usando o teorema de Pitágoras no triângulo ABC, vamos calcular a altura do tronco de cone:
$8^2 = 2^2 + h_t^2 \Rightarrow h_t = \sqrt{60} \Rightarrow h_t = 2\sqrt{15}$

Note que os triângulos AVO e ABC são semelhantes; então:
$\frac{6}{2} = \frac{h}{h_t} \Rightarrow 3 = \frac{h}{2\sqrt{15}} \Rightarrow h = 6\sqrt{15}$

Assim: $h' = 6\sqrt{15} - 2\sqrt{15} = 4\sqrt{15}$

Logo, o volume do tronco de cone é:

$V_{tronco} = \left(\frac{1}{3} \cdot \pi \cdot 6^2 \cdot 6\sqrt{15} - \frac{1}{3} \cdot \pi \cdot 4^2 \cdot 4\sqrt{15}\right)$

$V_{tronco} = \frac{1}{3} \cdot \pi \cdot (216\sqrt{15} - 64\sqrt{15})$

$V_{tronco} = \frac{152\sqrt{15}}{3} \cdot \pi$

Portanto, o vaso comporta, no máximo,

$\frac{152\sqrt{15}}{3}\pi$ cm³, aproximadamente 616 cm³ de terra.

50. As áreas das bases de um tronco de cone reto de bases paralelas são 36π cm² e 16π cm². Sabendo que sua geratriz mede $2\sqrt{5}$ cm, calcule o volume desse tronco.

51. O volume de um tronco de cone circular reto é 63π cm³. Sabendo que os raios das circunferências das bases paralelas medem 5 cm e 2 cm, calcule a altura do tronco.

52. Uma taça tem forma cônica e sua altura é o dobro da medida do diâmetro da base. A taça estava cheia de água, mas alguém bebeu o líquido até que o restante da água ficasse exatamente na metade da altura da taça. Que fração da água foi consumida?

53. Considere um cone circular reto de altura 4 cm e um tronco desse cone de altura 3 cm. Determine o volume do cone sabendo que o tronco tem 21 cm³ de volume.

54. Observe o desenho de uma peça com o formato de um tronco de cone. Note que, no centro, há uma cavidade em formato cilíndrico. A altura do cilindro coincide com a altura do tronco de cone. Sabendo que os raios das circunferências das bases paralelas do tronco de cone medem 7 cm e 12 cm e que a geratriz do tronco mede 13 cm, calcule o volume da peça.

5. Esfera

Vários objetos do dia a dia têm forma esférica (como uma bolinha de gude) ou aproximadamente esférica (como uma laranja). Para estudar esse tipo de forma, vamos analisar o sólido denominado **esfera**.

Hotel em Vancouver, Canadá. Para que os hóspedes se sintam integrados à natureza, os quartos do hotel têm a forma de esferas presas às árvores por meio de cabos e de suportes.

5.1 Definição de esfera

Considere um ponto C do espaço e um número real e positivo r.

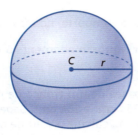

> Chama-se **esfera** de centro C e raio de medida r o sólido formado por todos os pontos P do espaço que estão a uma distância de C menor ou igual a r.

A **superfície esférica** é a "casca" da esfera, ou seja, é o conjunto de pontos P do espaço que estão a uma distância de C igual a r.

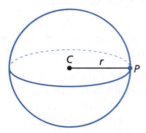

Assim como o cilindro e o cone, a esfera também pode ser considerada um sólido de revolução, pois pode ser obtida pela rotação de um semicírculo em torno de um eixo que passa por seu diâmetro.

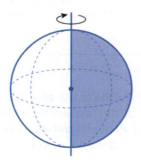

Secção plana de uma esfera

Toda secção plana de uma esfera, ou intersecção de uma esfera com um plano, é um ponto ou é um círculo. Se o plano de intersecção contiver o centro da esfera, a secção obtida será chamada de **círculo máximo**.

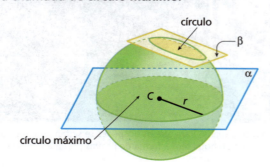

EXERCÍCIOS

55. A figura ao lado gira em torno do eixo e.
Que figura é descrita com esse giro:

a) pelo ponto P?
b) pelo segmento $\overline{CP}$?
c) pela circunferência de centro C e raio de medida CP?

56. Um plano α tangencia uma esfera de centro C e raio de medida r, isto é, α tem só um ponto em comum com a esfera. Outro plano β, paralelo a α, contém o centro C. Determine a distância entre os planos α e β.

R12. As esferas S_1 e S_2, representadas abaixo, de raios medindo 3 cm e 4 cm, respectivamente, são tangentes externamente. Calcular a distância entre seus centros.

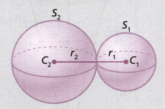

➤ **Resolução**
Como as esferas são tangentes externamente, ou seja, têm somente um ponto em comum, o segmento que une seus centros tem medida $r_1 + r_2$.
Nesse caso: $3 + 4 = 7$
Então, a distância entre os centros das esferas é 7 cm.

57. Uma superfície esférica, de centro C_1 e raio de medida r_1, tem somente um ponto em comum com outra superfície esférica, de centro C_2 e raio de medida r_2. Qual é a distância entre C_1 e C_2?

R13. Calcular a medida r_1 do raio de uma secção plana de uma esfera sabendo que o raio da esfera mede 13 cm e a distância dessa secção ao centro da esfera é 5 cm.

➤ **Resolução**
Observe a figura abaixo.

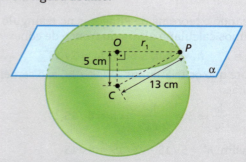

Aplicando o teorema de Pitágoras no $\triangle COP$, obtemos:
$13^2 = 5^2 + r_1^2 \Rightarrow r_1^2 = 144 \Rightarrow r_1 = 12$
Portanto, r_1 é igual a 12 cm.

58. Calcule a medida r_1 do raio do círculo determinado pela intersecção do plano α com a esfera, conforme a figura abaixo.

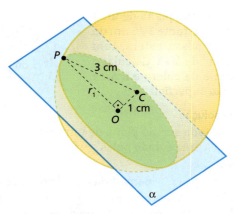

R14. Calcular o volume do cilindro inscrito na semiesfera representada abaixo.

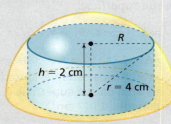

▶ **Resolução**

$V_{cilindro} = \pi R^2 h = \pi(r^2 - h^2)h = \pi(4^2 - 2^2) \cdot 2 = 24\pi$

Portanto, o volume do cilindro é 24π cm³.

59. Um cilindro equilátero está inscrito em uma esfera de raio medindo $r = 16$ cm. Determine a altura desse cilindro.

5.2 Área da superfície esférica

Considere uma esfera de centro C e raio de medida r.

Pode-se demonstrar que a **área da superfície esférica** é dada por:

$$A_{\text{superfície esférica}} = 4\pi r^2$$

Exemplo

Vamos calcular a área da superfície esférica de raio 5 cm.

Sabemos que $A_{\text{superfície esférica}} = 4\pi r^2$.

Considerando $\pi \simeq 3{,}14$, temos:

$A_{\text{superfície esférica}} \simeq 4 \cdot 3{,}14 \cdot 25 = 314$

Portanto, a área da superfície esférica é de, aproximadamente, 314 cm².

5.3 Volume da esfera

Demonstração do volume da esfera

Para calcular o volume de uma esfera de raio de medida r, utilizamos o princípio de Cavalieri e um sólido S, obtido a partir de um cilindro equilátero. Considere um cilindro equilátero de altura $2r$ e raio da base de medida r.

Desse cilindro, retiramos dois cones circulares retos, de altura r e raio de medida da base r, cujas bases coincidem com as bases do cilindro.

O volume desse novo sólido S é igual à diferença entre o volume do cilindro equilátero e os volumes dos dois cones circulares retos.

$V_s = V_{cilindro} - 2V_{cone}$

$V_s = \pi r^2 \cdot 2r - 2\dfrac{1}{3}\pi r^2 \cdot r$

$V_s = 2\pi r^3 - \dfrac{2}{3}\pi r^3$

$V_s = \dfrac{4}{3}\pi r^3$

Observe a figura abaixo, em que apoiamos a esfera e o sólido S em um mesmo plano α.

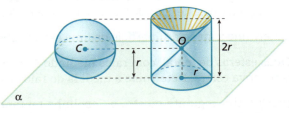

Um plano β paralelo a α secciona a esfera e o sólido S a uma distância d do centro da esfera.

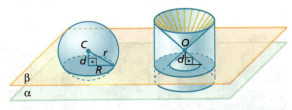

Sendo R a medida do raio da secção plana da esfera e aplicando o teorema de Pitágoras, temos:

$r^2 = R^2 + d^2 \Rightarrow R^2 = r^2 - d^2$

A área A_1 dessa secção é dada por $A_1 = \pi R^2 = \pi(r^2 - d^2)$.

A secção determinada pelo plano β no sólido S é uma coroa circular. Observe que, para calcular a área da coroa circular, primeiro temos de determinar a medida do raio do círculo maior e a do círculo menor. A medida do raio do círculo maior é igual à medida do raio do cilindro. Já a medida do raio do círculo menor é igual à distância do plano β ao ponto O.

Observe abaixo a representação de uma secção meridiana do sólido S.

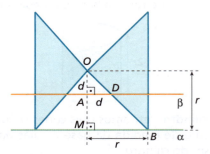

Como o triângulo OMB é isósceles e os planos α e β são paralelos, concluímos, pela semelhança de triângulos, que o triângulo OAD também é isósceles e, portanto, a medida do raio do círculo menor é d.

Assim, $A_{coroa} = \pi(r^2 - d^2)$.

Agora, como $A_1 = A_{coroa}$, pelo princípio de Cavalieri, concluímos que a esfera tem o mesmo volume que o sólido S, ou seja:

$$V_{esfera} = \frac{4}{3}\pi r^3$$

EXERCÍCIOS

R15. Uma secção plana de uma esfera, distante $3\sqrt{5}$ cm do centro dessa esfera, tem 36π cm² de área. Calcular o volume da esfera e a área de sua superfície.

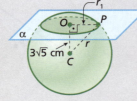

▶ **Resolução**

Como toda secção plana de uma esfera é um círculo, então a área é dada por $A_1 = \pi r_1^2$.

Logo:

$36\pi = \pi r_1^2 \Rightarrow r_1 = 6$ (medida do raio da secção plana)

Aplicando o teorema de Pitágoras no $\triangle COP$, calculamos a medida do raio da esfera:

$r^2 = 6^2 + (3\sqrt{5})^2 \Rightarrow r^2 = 36 + 45 \Rightarrow r^2 = 81 \Rightarrow r = 9$

Agora, podemos calcular o volume V da esfera e a área A de sua superfície:

$V = \frac{4}{3}\pi r^3 \Rightarrow V = \frac{4}{3} \cdot \pi \cdot 9^3 \Rightarrow V = 972\pi \Rightarrow V \simeq 3.053$

$A = 4\pi r^2 \Rightarrow A = 4 \cdot \pi \cdot 9^2 \Rightarrow A = 324\pi \Rightarrow A \simeq 1.017$

Portanto, o volume da esfera é, aproximadamente, 3.053 cm³ e a área da sua superfície é, aproximadamente, 1.017 cm².

---

60. Determine a área da superfície esférica e o volume de cada esfera descrita abaixo.

a) A esfera tem 3 cm de raio.

b) A esfera tem 18 cm de diâmetro.

61. Uma doceira tem uma panela cilíndrica, cheia até a borda, de massa para fazer brigadeiros. Sabendo que a panela tem formato cilíndrico com 16 cm de altura e 20 cm de diâmetro, quantos brigadeiros esféricos de 2 cm de raio ela poderá fazer?

62. Determine a área da superfície de uma esfera sabendo que o volume dessa esfera é 288π dm³.

63. Duas esferas de metal, com raios medindo 3 cm e 6 cm, são fundidas e, com o metal, é criada uma nova esfera. Determine a medida do raio dessa esfera.

64. (PUC) A tira seguinte mostra o Cebolinha tentando levantar um haltere, que é um aparelho feito de ferro, composto de duas esferas acopladas a um bastão cilíndrico.

Suponha que cada esfera tenha 10,5 cm de diâmetro e que o bastão tenha 50 cm de comprimento e diâmetro da base medindo 1,4 cm. Se a densidade do ferro é 7,8 g/cm³, quantos quilogramas, aproximadamente, o Cebolinha tentava levantar? $\left(\text{Use: } \pi = \frac{22}{7}\right)$

a) 18   b) 16   c) 15   d) 12   e) 10

R16. Uma esfera foi inscrita em um cubo, conforme mostra a figura a seguir. Calcular o volume dessa esfera e determinar a razão entre a área da superfície cúbica e a da superfície esférica.

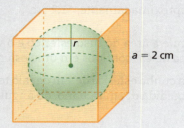

▶ **Resolução**

Pela figura temos $a = 2r$ e, como a aresta do cubo mede 2 cm, temos $r = 1$ cm.

O volume da esfera é:

$V_{esfera} = \frac{4}{3} \cdot \pi \cdot 1^3 \Rightarrow V_{esfera} = \frac{4}{3}\pi$

A área da superfície cúbica é: $A_{cubo} = 6 \cdot 2 \cdot 2 = 24$

A área da superfície esférica é: $A_{esfera} = 4 \cdot \pi \cdot 1^2$

Considerando $\pi = 3{,}14$, temos: $A_{esfera} = 4 \cdot 3{,}14 = 12{,}56$

Assim, a razão entre as áreas é:

$\frac{24}{12{,}56} \approx 1{,}91$

Logo, o volume da esfera é $\frac{4\pi}{3}$ cm³, e a área do cubo é quase o dobro da área da superfície esférica.

65. Determine o volume do paralelepípedo representado abaixo sabendo que cada esfera tangencia quatro faces do paralelepípedo e outras duas esferas.

Além disso, o volume de cada esfera é $\frac{4}{3}\pi$ cm³.

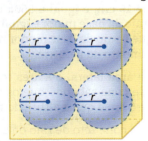

5.4 Cunha esférica e fuso esférico

É chamado de **cunha esférica** o sólido gerado pela rotação, por um ângulo de medida α, de um semicírculo de raio de medida r em torno de um eixo que contém seu diâmetro.

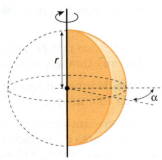

O **volume de uma cunha esférica** é proporcional à medida α (em grau) do ângulo de rotação e pode ser calculado usando uma regra de três simples.

Volume	Medida do ângulo
$\frac{4}{3}\pi r^3$	360°
V_{cunha}	α

Resolvendo essa regra de três simples, obtemos o volume da cunha esférica:

$$V_{cunha} = \frac{\pi \cdot r^3 \cdot \alpha}{270°}$$

Pela rotação, por um ângulo de medida α, de uma semicircunferência de raio de medida r em torno de um eixo que contém seu diâmetro, obtemos um **fuso esférico**.

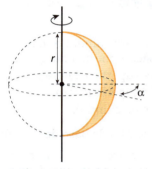

A **área de um fuso esférico** é proporcional à medida α (em grau) do ângulo de rotação e pode ser calculada usando uma regra de três simples.

Área	Medida do ângulo
$4\pi r^2$	360°
A_{fuso}	α

Resolvendo essa regra de três simples, obtemos a área do fuso esférico:

$$A_{fuso} = \frac{\pi r^2 \alpha}{90°}$$

EXERCÍCIOS

R17. Calcular o volume da cunha esférica e a área do fuso esférico da figura abaixo, em que $r = 4$ cm.

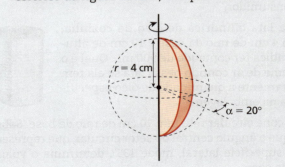

▶ **Resolução**

O volume da cunha esférica é dado por:

$$V_{cunha} = \frac{\pi \cdot 4^3 \cdot 20°}{270°} = \frac{128\pi}{27}$$

Considerando $\pi = 3{,}14$, temos:

$V_{cunha} \simeq 14{,}9$

A área do fuso esférico é dada por:

$$A_{fuso} = \frac{\pi \cdot 4^2 \cdot 20°}{90°} = \frac{32\pi}{9}$$

Considerando $\pi = 3{,}14$, temos:

$A_{fuso} \simeq 11{,}2$

Portanto, o volume da cunha esférica é, aproximadamente, $14{,}9$ cm³ e a área do fuso esférico é, aproximadamente, $11{,}2$ cm².

66. Calcule a área do fuso esférico e o volume da cunha esférica de 45° contidos em uma esfera de 6 cm de raio.

67. Uma cunha esférica de 1 m de raio tem volume 1 m³. Qual é a medida α, em radiano, do ângulo que a determina?

Exercícios complementares

1. Sabendo que um cilindro reto tem 10 cm de raio da base e área da secção meridiana igual à área da base, calcule:
   a) a área da superfície lateral.
   b) a área da superfície total.
   c) o volume do cilindro.

2. A medida do raio da base de um cilindro é $\frac{3}{2}$ de sua altura. Qual é a área lateral desse cilindro, considerando que a área total de sua superfície é 30π cm²?

3. Um cilindro de revolução é cortado por um plano paralelo ao eixo, a 3 cm desse eixo, determinando uma secção retangular cuja área é igual à área da base do cilindro. Calcule o volume desse cilindro sabendo que o raio da base mede 5 cm.

4. Quanto maior a área de um comprimido efervescente, mais rapidamente ele se dissolve na água. Uma indústria farmacêutica quer produzir comprimidos efervescentes de vitamina C em forma cilíndrica de 0,5 cm de altura e 1 cm de raio da base. Determine a área total da superfície desse comprimido.

5. Um suco de fruta é vendido em dois tipos de embalagem cilíndrica: uma de 6 cm de raio e 10 cm de altura e outra de 3 cm de raio e 20 cm de altura. Se a primeira é vendida por R$ 8,00, e a segunda, por R$ 4,50, qual das embalagens é mais vantajosa para o consumidor?

6. Uma lata cilíndrica de óleo de cozinha, com 4 cm de raio da base e 19 cm de altura, indica ter conteúdo de 900 mL. Qual é o volume de ar contido nessa lata se ela tem exatamente a quantidade de óleo especificada na embalagem?

7. Um cone circular reto tem 10 cm de raio da base. Sabendo que o ângulo central do setor circular, que representa sua superfície lateral, mede 135°, determine o volume desse cone.

8. Calcule a medida do raio da base e a altura de um cone de revolução cuja superfície lateral é representada por um semicírculo de raio medindo 10 cm.

9. Calcule a altura de um cone equilátero que tem a área total de sua superfície igual a 54π cm².

10. Um setor circular, que representa a superfície lateral de um cone, tem ângulo central medindo 120° e raio medindo 9 cm. Qual é a área total da superfície e o volume desse cone?

11. Determine a altura de um tronco de cone de bases paralelas sabendo que os raios da base medem, respectivamente, 3 m e 2 m, e que seu volume é 20π m³.

12. A área lateral de um tronco de cone de bases paralelas, cuja altura é 16 cm, é igual a 560π cm². Sabendo que a medida do raio da base maior é igual ao comprimento da geratriz e que o raio da base menor mede 8 cm, determine o comprimento da geratriz.

13. Determine a área lateral e a área total da superfície de um tronco de cone sabendo que os raios das bases medem 11 cm e 5 cm e que a altura do tronco é 8 cm.

14. Considere um cone reto de raio da base de medida 7 cm e 14 cm de altura. A que distância do vértice um plano paralelo à base desse cone deve cortá-lo para que ele fique dividido em dois sólidos de mesmo volume?

15. Considere um cone circular reto cujo raio da base mede 3 cm e cuja altura é 9 cm. A que distância do vértice um plano paralelo à base do cone deve cortá-lo para que o volume do tronco assim determinado seja $\frac{2}{3}$ do volume do cone?

16. Determine a medida do raio de uma esfera cuja área da superfície é 36π cm². Qual é o volume dessa esfera?

17. Calcule o volume de uma cunha esférica de medida 30° de uma esfera de volume igual a 972π m³.

18. Um plano secciona uma esfera cujo diâmetro mede 34 cm. Determine a área da secção obtida sabendo que a distância do centro da esfera ao plano é 8 cm.

19. Os raios de duas esferas concêntricas medem 15 cm e 8 cm. Calcule a área determinada pela intersecção da esfera maior por um plano tangente à esfera menor.

20. Calcule a área total da superfície de um cilindro circular reto que tem volume igual ao de um cubo de aresta de 9 cm e área lateral igual à área total da superfície do cubo.

21. A medida do raio da base, a altura e o comprimento da geratriz de um cone de revolução formam, nessa ordem, uma PA. Determine essa PA, sendo 12π cm³ o volume desse cone.

22. Os diâmetros das bases de um tronco de cone de revolução medem 22 m e 4 m. Qual é a medida do diâmetro da base de um cilindro com tronco de mesma altura e mesmo volume?

23. Calcule o volume de uma esfera circunscrita a um cubo de aresta 4 m.

24. Uma melancia é composta de 95% de água. Calcule o volume de água existente em uma melancia esférica de 15 cm de raio.

25. Um fabricante de brinquedos produz piões usando as medidas indicadas na figura abaixo.

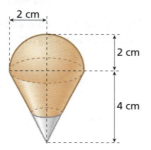

• Determine o volume de cada pião.

QUESTÕES DE VESTIBULAR

26. (PUC) O retângulo $ABCD$ seguinte, representado num sistema de coordenadas cartesianas ortogonais, é tal que $A = (2, 8)$, $B = (4, 8)$, $C = (4, 0)$ e $D = (2, 0)$.

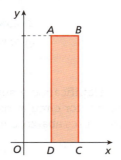

Girando-se esse retângulo em torno do eixo das ordenadas, obtém-se um sólido de revolução cujo volume é:

a) 24π b) 32π c) 36π d) 48π e) 96π

27. (UEM-PR) Um reservatório de água, de forma cilíndrica, está disposto horizontalmente. Se o diâmetro da sua base mede 20 m e o seu comprimento mede 24 m, a altura máxima da água armazenada para que sua superfície meça 384 m² é x metros. O valor de x é...

28. (Ibmec) Para sua próxima turnê internacional, um cantor planeja montar para sua posição de destaque no *show* um palco circular de diâmetro 5 metros. O *designer* de iluminação propôs uma superfície cilíndrica metálica, parcialmente cortada, para cercar o palco.
A cerca metálica está representada pela região sombreada da figura abaixo.

Se o ponto mais alto da cerca metálica mede 4 m e o custo de cada metro quadrado desse material é R$ 100,00, então, considerando $\pi \simeq 3,14$, essa cerca custará aproximadamente:

a) R$ 62,80
b) R$ 314,00
c) R$ 628,00
d) R$ 3.140,00
e) R$ 6.280,00

29. (Fatec-SP) Um cilindro circular reto tem volume igual a 250π cm³. Um plano, paralelo ao eixo desse cilindro, à distância de x cm desse eixo, determina uma secção retangular de área igual a 60 cm². Se a medida da altura do cilindro é igual ao dobro da medida do raio da base, então x é igual a:

a) $\dfrac{9}{2}$

b) 4

c) $2\sqrt{3}$

d) $\dfrac{13}{4}$

e) $\sqrt{10}$

30. (Fuvest-SP) Uma metalúrgica fabrica barris cilíndricos de dois tipos, A e B, cujas superfícies laterais são moldadas a partir de chapas metálicas retangulares de lados a e $2a$, soldando lados opostos dessas chapas, conforme ilustrado.

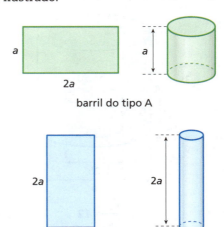

EXERCÍCIOS COMPLEMENTARES

Se V_A e V_B indicam os volumes dos barris do tipo A e B, respectivamente, tem-se:
a) $V_A = 2V_B$
b) $V_B = 2V_A$
c) $V_A = V_B$
d) $V_A = 4V_B$
e) $V_B = 4V_A$

31. (UEL-PR) O diretor de um clube deseja construir um poço, com formato cilíndrico, de 10,0 m de profundidade e diâmetro interior igual a 1,0 m. Se a parede desse poço for construída com alvenaria na espessura de 0,2 m, o volume dessa alvenaria será igual a:
a) $2,4\pi$ m³
b) $5,6\pi$ m³
c) $6,5\pi$ m³
d) $7,0\pi$ m³
e) $8,0\pi$ m³

32. (Fuvest-SP) Um cilindro oblíquo tem raio das bases igual a 1, a altura $2\sqrt{3}$ e está inclinado de um ângulo de 60° (ver figura). O plano β é perpendicular às bases do cilindro, passando por seus centros. Se P e A são os pontos representados na figura, calcule PA.

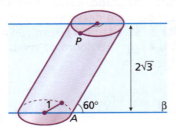

33. (UFTM-MG) Considere um cilindro de altura $3x$ com base circular de diâmetro a. Coloca-se dentro dele um outro cilindro de altura x concêntrico com o primeiro e com base circular de diâmetro $2b$. Os triângulos ABC e A'B'C na figura são semelhantes, onde C é o centro das bases dos cilindros, e a razão de suas áreas é igual a 4. Então, o quociente entre o volume do cilindro grande, V_G, e o volume do cilindro pequeno, V_P, é:

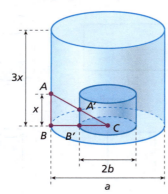

a) $\dfrac{V_G}{V_P} = 3$
b) $\dfrac{V_G}{V_P} = 9$
c) $\dfrac{V_G}{V_P} = 12$
d) $\dfrac{V_G}{V_P} = 18$
e) $\dfrac{V_G}{V_P} = 27$

34. (Vunesp) Um recipiente tampado, na forma de um cone circular reto de altura 18 cm e raio 6 cm, contém um líquido até a altura de 15 cm (figura 1). A seguir, a posição do recipiente é invertida (figura 2).

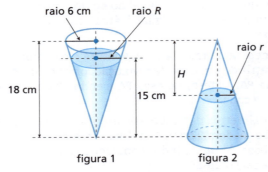

figura 1   figura 2

Sendo R e r os raios mostrados nas figuras:
a) Determine R e o volume do líquido no cone em cm³ (figura 1), como múltiplo de π.
b) Dado que $r = \sqrt[3]{91}$, determine a altura H da parte sem líquido do cone na figura 2.
$\left(\text{Use a aproximação: } \sqrt[3]{91} \simeq \dfrac{9}{2}\right)$

35. (FGV) Uma mistura de leite batido com sorvete é servida em um copo, como na figura.

Se na parte superior do copo há uma camada de espuma de 4 cm de altura, então a porcentagem do volume do copo ocupada pela espuma está mais bem aproximada na alternativa:
a) 65%
b) 60%
c) 50%
d) 45%
e) 70%

36. (Mackenzie-SP) Planificando a superfície lateral de um cone, obtém-se o setor circular da figura, de centro O e raio 18 cm. Dos valores abaixo, o mais próximo da altura desse cone é:

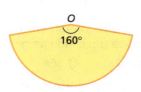

a) 12 cm
b) 18 cm
c) 14 cm
d) 16 cm
e) 20 cm

420 Conexões com a Matemática

37. (Vunesp) Um recipiente, na forma de um cilindro circular reto de raio R e altura 32 cm, está até a metade com água (figura 1).

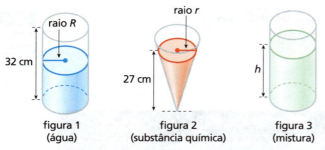

figura 1 (água)　　figura 2 (substância química)　　figura 3 (mistura)

Outro recipiente, na forma de um cone circular reto, contém uma substância química que forma um cone de altura 27 cm e raio r (figura 2).

a) Sabendo que $R = \left(\dfrac{3}{2}\right)r$, determine o volume da água no cilindro e o volume da substância química no cone, em função de r. (Para facilitar os cálculos, use a aproximação: $\pi = 3$).

b) A substância química do cone é despejada no cilindro, formando uma mistura homogênea (figura 3). Determine a concentração (porcentagem) da substância química na mistura e a altura h atingida pela mistura no cilindro.

38. (Mackenzie-SP) Um recipiente cilíndrico reto, com raio da base igual a 4 cm, contém água até a metade de sua altura. Uma esfera maciça, colocada no seu interior, fica totalmente submersa, elevando a altura da água em 2 cm. O raio da esfera é:

a) $2\sqrt[3]{3}$　　　　　d) $\dfrac{\sqrt[3]{5}}{2}$

b) 4　　　　　　　e) 2

c) $3\sqrt[3]{2}$

39. (Udesc) Um cilindro circular reto e um cone reto possuem a mesma altura h e o mesmo raio r da base. Uma semiesfera é retirada do interior do cilindro e é acrescentada no topo do cone, gerando os sólidos S_1 e S_2, conforme a figura.

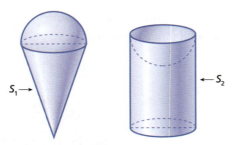

Se os volumes desses sólidos são representados, respectivamente, por Vol(S_1) e Vol(S_2), é correto afirmar que:

a) Vol(S_1) = Vol(S_2) se, e somente se, $h = 2r$.
b) Vol(S_1) = Vol(S_2) se, e somente se, $r = 2h$.
c) Vol(S_1) = Vol(S_2) para quaisquer valores de r e h.
d) Vol(S_1) > Vol(S_2) para quaisquer valores de r e h.
e) Vol(S_1) < Vol(S_2) para quaisquer valores de r e h.

40. (UFV-MG) Um círculo está inscrito em um quadrado e ambos são submetidos a uma rotação de 180°, em torno de uma das diagonais do quadrado. Sejam V_c e V_q os volumes dos sólidos gerados pelo círculo e pelo quadrado, respectivamente. O valor da expressão $\left(\dfrac{V_q}{V_c}\right)^2$ é:

a) 2　　b) 3　　c) 4　　d) 5

41. (UFTM-MG) Um *designer* projetou uma vela decorativa com a forma de cone circular reto, de altura 8 cm e raio da base 6 cm. Uma parte da vela será feita com parafina transparente, e a outra com parafina vermelha. A parte vermelha será uma esfera inscrita no cone, como indicado na figura, feita fora de escala.

Sabe-se que o preço de 1 cm³ de parafina transparente é o dobro do preço de 1 cm³ de parafina vermelha. Sejam T o custo com parafina transparente e V o custo com parafina vermelha para fabricar uma dessas velas. Assim, é correto afirmar que:

a) $\dfrac{T}{V} = \dfrac{5}{6}$　　c) $\dfrac{T}{V} = \dfrac{9}{2}$　　e) $\dfrac{T}{V} = \dfrac{10}{3}$

b) $\dfrac{T}{V} = \dfrac{5}{2}$　　d) $\dfrac{T}{V} = \dfrac{8}{3}$

42. (Fuvest-SP) Um cálice com a forma de um cone contém V cm³ de uma bebida. Uma cereja de forma esférica com diâmetro de 2 cm é colocada dentro do cálice. Supondo-se que a cereja repousa apoiada nas paredes laterais do cálice e o líquido recobre exatamente a cereja a uma altura de 4 cm a partir do vértice do cone, determinar o valor V.

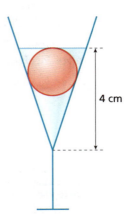

CAPÍTULO 21

ANÁLISE COMBINATÓRIA

ENEM
C1: H2, H3, H4, H5

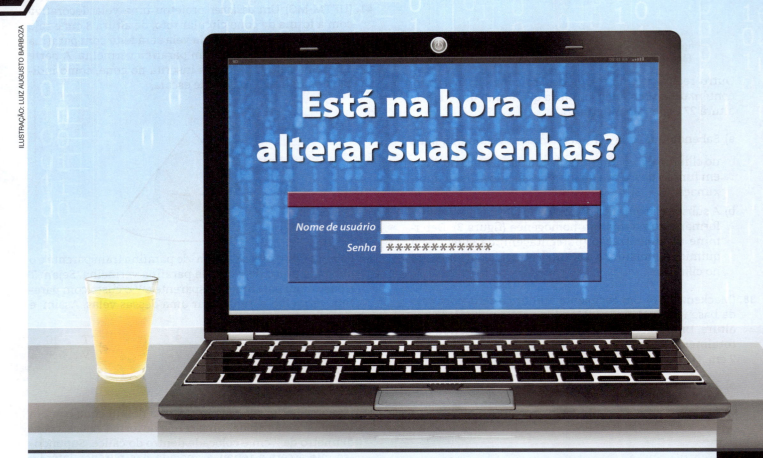

Está na hora de alterar suas senhas?

Quem acessa a internet com frequência está acostumado a criar senhas para diferentes tipos de serviço (e-mail, redes sociais, cadastros em sites etc.). Essas senhas, que muitas vezes misturam letras, algarismos e outros caracteres especiais, servem para garantir a segurança das informações e a privacidade dos usuários. Mas os termos que escolhemos como palavras-chave podem não ser tão seguros quanto imaginamos, o que nos torna alvos fáceis de vírus, programas de computador e pessoas mal-intencionadas.

Todos os anos, sites especializados em segurança na rede divulgam as senhas mais comuns descobertas por hackers. No topo da lista, sempre estão combinações óbvias, como 123456 e password (a palavra "senha", em inglês), ou formadas por sequências de caracteres do teclado, como qwerty. É impossível estar completamente seguro na internet, mas com criatividade e cuidado você pode escapar do óbvio e aprimorar sua segurança na rede.

SEGURANÇA EM DOBRO
Dê preferência a sites e serviços virtuais que tenham sistema de segurança complexo. Para acessá-los, além de uma senha, você precisará passar por uma etapa extra, como digitar um código autenticador ou reconhecer caracteres na tela.

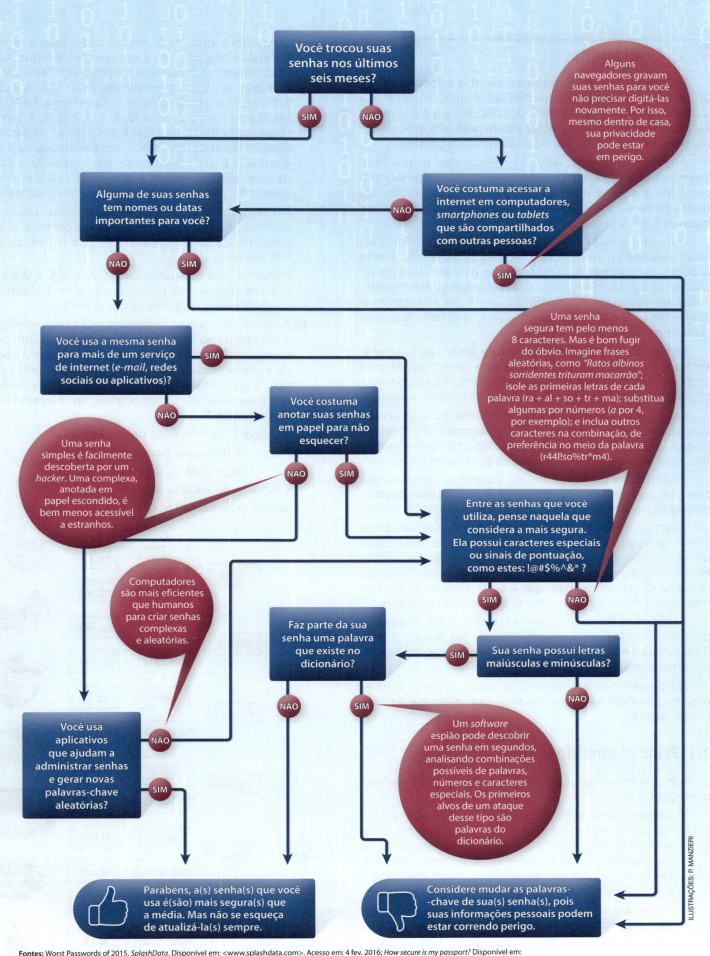

Fontes: Worst Passwords of 2015. *SplashData*. Disponível em: <www.splashdata.com>. Acesso em: 4 fev. 2016; *How secure is my passport?* Disponível em: <howsecureismypassword.net/>. Acesso em: 4 fev. 2016; *Cartilha de Segurança para Internet*: versão 4.0; CERT.br. São Paulo: Comitê Gestor da Internet no Brasil, 2012.

1. Contagem

No mundo atual, é cada vez maior a necessidade de armazenar e transmitir dados pessoais e sigilosos. Esse fato aumenta a nossa dependência dos dispositivos e dos meios eletrônicos que, por se caracterizarem pelo alto grau de conectividade, exigem muito cuidado com a segurança.

Além de complexos sistemas criptografados que compõem os suportes lógicos de programação dos computadores, celulares, *tablets* e outros suportes, a inviolabilidade dos dados pode ser assegurada, com certo grau de confiança, quando o usuário cria senhas não previsíveis.

Uma senha nada mais é do que um conjunto de caracteres destinado a identificar o usuário ou a permitir acesso a dados, programas ou sistemas que não são abertos ao público. Além das 26 letras do alfabeto – que podem ser aplicadas em maiúscula ou em minúscula – e dos 10 algarismos conhecidos, ainda dispomos de vários caracteres especiais para formá-las.

Segundo o infográfico da abertura deste capítulo, uma senha segura deve ter pelo menos oito caracteres. Mesmo sem fazer uso dos caracteres especiais e dos sinais de pontuação, a quantidade de senhas que podemos inventar é enorme.

Empregando apenas letras e algarismos, quantas senhas com a quantidade mínima de caracteres sugerida no infográfico podem ser formadas? E se pudermos utilizar também os outros oito caracteres especiais e os sinais de pontuação sugeridos?

Resolver esse problema implica quantificar todas as combinações possíveis para formar as diferentes senhas. Problemas de contagem desse tipo fazem parte do nosso cotidiano.

O campo de estudo que desenvolve métodos para fazer a contagem, de forma eficiente, do número de elementos de um conjunto é chamado de **Análise combinatória**. A Análise combinatória pode ser aplicada nas mais diversas situações, como na Química, ao investigar a possível união entre átomos, ou no esporte, ao montar tabelas de campeonatos.

Associada à Probabilidade e à Estatística, a Análise combinatória constitui um poderoso instrumento de antecipação de resultados nos campos industrial, comercial, científico ou governamental.

No decorrer deste capítulo, veremos diversos problemas que podem ser solucionados por meio da Análise combinatória.

1.1 Princípio multiplicativo

Acompanhe, a seguir, algumas situações que envolvem contagens.

a) Um programa de TV sorteia duas casas de uma mesma rua para a entrega de prêmios. Os números das casas sorteadas devem ter 3 algarismos. Um dos números deve ser par, e o outro deve ter algarismos distintos. Do total de números possíveis, quantos atendem à primeira exigência? E quantos atendem à segunda?

Vamos partir de um esquema que represente números de 3 algarismos no sistema decimal de numeração:

| centena | dezena | unidade |

No primeiro caso, há 9 possibilidades para a centena (a casa da centena não pode ser zero, porque, nesse caso, teríamos um número com dois algarismos, e não com três; então, as possibilidades são 1, 2, 3, 4, 5, 6, 7, 8 ou 9). Para cada algarismo da centena, há 10 possibilidades para a dezena (0, 1, 2, 3, 4, 5, 6, 7, 8 ou 9), totalizando $9 \cdot 10$ possibilidades, isto é, 90 possibilidades. Para cada uma das 90 possibilidades, há 5 para a unidade (para o número ser par, a casa da unidade deve ser ocupada por 0, 2, 4, 6 ou 8). Logo, podemos formar $9 \cdot 10 \cdot 5 = 450$, ou seja, 450 números pares.

No segundo caso, como os algarismos devem ser distintos, há 9 possibilidades para a centena, 9 para a dezena e 8 para a unidade: $9 \cdot 9 \cdot 8 = 648$, ou seja, 648 números.

Portanto, com os algarismos 0, 1, 2, 3, 4, 5, 6, 7, 8 e 9, é possível formar 450 números pares de 3 algarismos e 648 números de 3 algarismos distintos.

b) Raul almoça em um restaurante que oferece refeições a um preço fixo com direito a uma entrada, um prato principal e uma fruta. O restaurante oferece 2 opções de entrada (sopa ou salada), 3 opções de prato principal (carne, massa ou legumes) e 2 opções de fruta (pera ou banana). Quantas refeições diferentes Raul pode montar?

Ele deve fazer três tipos de escolha:

- E_1: sopa ou salada (**sp** ou **sl**);
- E_2: carne, massa ou legumes (**c**, **m** ou **l**);
- E_3: pera ou banana (**p** ou **b**).

Vamos organizar as opções em um esquema:

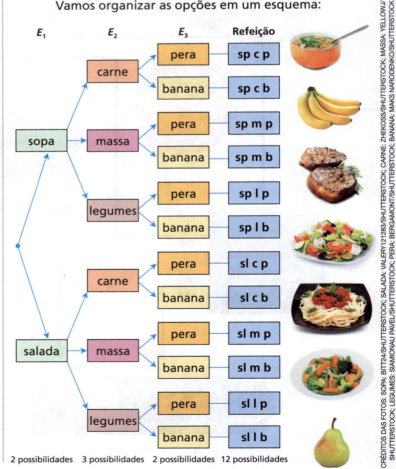

2 possibilidades   3 possibilidades   2 possibilidades   12 possibilidades

Com base no esquema, concluímos que Raul pode montar 12 tipos de refeição.

Note que, para cada uma das 2 opções de entrada, há 3 possibilidades de prato principal, e, para cada uma delas, há 2 opções de fruta; então, a quantidade de refeições pode ser calculada por: $2 \cdot 3 \cdot 2 = 12$

O esquema acima, montado para auxiliar na visualização das possibilidades, é chamado de **árvore de possibilidades**, também conhecido como **diagrama de árvore** ou **diagrama sequencial**.

c) Agora, vamos considerar dois lançamentos sucessivos de uma moeda. Que resultados podem ser obtidos?

Quando lançamos uma moeda, podemos obter cara (**c**) ou coroa (**k**). Lançando-a uma segunda vez, novamente podemos obter cara (**c**) ou coroa (**k**).

Vamos representar em uma tabela de dupla entrada esses 2 lançamentos:

2º lançamento 1º lançamento	Cara (c)	Coroa (k)
Cara (c)	cc	ck
Coroa (k)	kc	kk

Nos 2 lançamentos, temos $2 \cdot 2 = 4$, ou seja, 4 resultados: (**c, c**), (**c, k**), (**k, c**) ou (**k, k**).

Ao resolver as três situações anteriores, empregamos um princípio que será muito usado neste capítulo: o **princípio multiplicativo**, também chamado de **princípio fundamental da contagem**.

> Considere que um acontecimento ocorra em duas etapas sucessivas, A e B. Se A pode ocorrer de *m* maneiras e se, para cada uma delas, B pode ocorrer de *n* maneiras, o número de maneiras que o acontecimento pode ocorrer é $m \cdot n$.

O princípio multiplicativo pode ser estendido para três ou mais etapas.

EXERCÍCIOS

R1. Três alunos chegam atrasados a uma palestra. No auditório, só estão vazias 7 cadeiras. De quantas maneiras eles podem ocupar essas cadeiras?

▶ **Resolução**

Vamos considerar que a ocupação das cadeiras ocorra em três etapas:
- E_1 (escolha de uma cadeira pelo primeiro aluno): 7 possibilidades
- E_2 (escolha pelo segundo aluno após ter ocorrido E_1): 6 possibilidades
- E_3 (escolha pelo terceiro aluno após terem ocorrido E_1 e E_2): 5 possibilidades

Pelo princípio multiplicativo, temos:
$7 \cdot 6 \cdot 5 = 210$

Logo, os alunos podem ocupar as cadeiras de 210 maneiras diferentes.

R2. Ao entrar em um cinema, 6 amigos encontram uma fila de 6 poltronas livres. De quantas maneiras diferentes eles podem ocupar essas poltronas?

▶ **Resolução**

O esquema abaixo representa as possibilidades de ocupação para as 6 poltronas.

6	5	4	3	2	1

Observe que são:
- 6 possibilidades para a ocupação da primeira poltrona;
- 5 possibilidades para a segunda;
- 4 possibilidades para a terceira;
- 3 possibilidades para a quarta;
- 2 possibilidades para a quinta;
- 1 possibilidade para a sexta.

Aplicando o princípio multiplicativo, temos:
$6 \cdot 5 \cdot 4 \cdot 3 \cdot 2 \cdot 1 = 720$

Portanto, os amigos podem ocupar as poltronas de 720 maneiras diferentes.

R3. No Brasil, até a publicação deste livro, as placas dos veículos eram compostas de 3 letras seguidas por 4 algarismos. Quantas são as possibilidades de placas diferentes nesse sistema? (Considere o alfabeto com 26 letras.)

Modelo de placa utilizado no Brasil.

▶ **Resolução**

O diagrama a seguir representa os 7 espaços de uma placa de automóvel nesse sistema:

3 letras — 4 algarismos

Cada um dos 3 primeiros espaços pode ser preenchido com qualquer uma das 26 letras do alfabeto, e cada um dos 4 últimos espaços pode ser preenchido com qualquer um dos 10 algarismos, conforme o esquema abaixo:

Pelo princípio multiplicativo, o número de possibilidades de placas diferentes é:
$26 \cdot 26 \cdot 26 \cdot 10 \cdot 10 \cdot 10 \cdot 10 = 175.760.000$

Portanto, é possível formar 175.760.000 placas diferentes nesse sistema.

1. Com 3 tipos de macarrão e 2 tipos de molho, quantas opções de pratos diferentes de macarronada podem ser preparadas?

2. Uma pessoa quer viajar de uma cidade A a uma cidade C, passando pela cidade B. As cidades A e B estão ligadas por 3 estradas: d_1, d_2 e d_3; e as cidades B e C estão ligadas por 4 estradas: e_1, e_2, e_3 e e_4. De quantos modos diferentes se pode fazer o percurso ABC?

3. Doze cavalos participam de uma corrida. Se nenhum pode ganhar mais de um prêmio, de quantas maneiras podem ser distribuídos o 1º e o 2º prêmios?

R4. Retomando a situação proposta na introdução deste capítulo, quantas senhas diferentes compostas de 8 caracteres é possível formar usando qualquer uma das 26 letras do alfabeto, em maiúscula ou minúscula, e os 10 algarismos? E se pudermos usar também outros 8 caracteres especiais?

▶ **Resolução**
Vamos fazer um esquema dos 8 caracteres da senha:
___ ___ ___ ___ ___ ___ ___ ___

- Usando as 26 letras do alfabeto, em maiúscula ou minúscula, e os 10 algarismos, há 62 possibilidades para a escolha de cada caractere. Assim, pelo princípio multiplicativo, a quantidade de senhas diferentes que se pode formar é dada por:
$62 \cdot 62 \cdot 62 \cdot 62 \cdot 62 \cdot 62 \cdot 62 \cdot 62 = 62^8 =$
$= 218.340.105.584.896$

- Usando as 26 letras do alfabeto, em maiúscula ou minúscula, os 10 algarismos e os 8 caracteres especiais, há 70 possibilidades para a escolha de cada caractere. Assim, pelo princípio multiplicativo, a quantidade de senhas diferentes que se pode formar nessas condições é dada por:
$70 \cdot 70 \cdot 70 \cdot 70 \cdot 70 \cdot 70 \cdot 70 \cdot 70 = 70^8 =$
$= 576.480.100.000.000$

R5. Quantos números de 4 algarismos podem ser formados com os algarismos 0, 1, 2, 3, 4 e 5?

▶ **Resolução**
O esquema abaixo representa o número de 4 algarismos:

| milhar | centena | dezena | unidade |

Observe que, para o algarismo do milhar, há apenas 5 possibilidades, pois essa posição não pode ser ocupada pelo algarismo zero. Para as posições restantes — centena, dezena e unidade —, há 6 possibilidades para cada uma.
Assim, pelo princípio multiplicativo, temos:
$5 \cdot 6 \cdot 6 \cdot 6 = 1.080$
Portanto, é possível formar 1.080 números de 4 algarismos com os algarismos dados.

4. Quantos são os números de 4 algarismos?

5. De quantas maneiras distintas podem ser colocados 5 livros lado a lado em uma prateleira?

6. A senha de acesso de um *site* é composta de 4 letras distintas seguidas de 3 algarismos distintos. A primeira letra não pode ser Z, e o primeiro algarismo não pode ser zero. Quantas diferentes senhas de acesso a esse *site* podem ser criadas?

R6. Quantos são os números de 4 algarismos distintos formados com os algarismos 0, 1, 2, 3, 4 e 5 que são divisíveis por 5?

▶ **Resolução**
Se um número é divisível por 5, termina em 0 ou em 5. Vamos estudar esses dois casos.

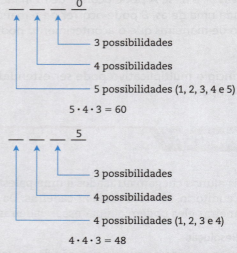

___ ___ ___ 0
- 3 possibilidades
- 4 possibilidades
- 5 possibilidades (1, 2, 3, 4 e 5)

$5 \cdot 4 \cdot 3 = 60$

___ ___ ___ 5
- 3 possibilidades
- 4 possibilidades
- 4 possibilidades (1, 2, 3 e 4)

$4 \cdot 4 \cdot 3 = 48$

Assim, há 60 números terminados em 0 e 48 números terminados em 5. Portanto, pelas condições dadas, é possível formar 108 números divisíveis por 5.

7. Calcule quantos números de 3 dígitos podem ser formados com os algarismos 0, 1, 2, 3, 4 e 5, se os algarismos:
a) podem ser repetidos.
b) não podem ser repetidos.

8. Quantos números entre 1.000 e 8.000 podemos formar usando apenas 1, 3, 5, 7 e 9 sem repeti-los?

9. A seleção para certo concurso é feita por uma prova com 6 questões. Para cada questão, há 3 opções de resposta. Os candidatos devem marcar as 6 respostas em um cartão igual ao da figura a seguir.

Código do candidato: xxxxxxx-y						
	1	2	3	4	5	6
A	○	●	○	○	●	○
B	●	○	○	●	○	○
C	○	○	●	○	○	●

- Calcule e responda: de quantas maneiras diferentes esse cartão pode ser preenchido?

10. Um técnico de atletismo deve escolher, de um grupo de 7 corredores, dois times de 4 atletas cada um para as corridas de revezamento 4 × 100 m e 4 × 200 m. Todos os 7 atletas podem correr em qualquer um dos revezamentos. Se o melhor corredor deve ser o último nas duas corridas, de quantas maneiras distintas o técnico pode formar os times, se os outros 6 corredores devem participar de apenas uma equipe e cada ordem será contada como um time diferente?

11. Uma torre de comunicações conta com 5 bandeiras sinalizadoras, e as mensagens são enviadas quando uma ou mais bandeiras são hasteadas, importando a ordem em que elas são hasteadas. Quantas mensagens distintas podem ser enviadas?

12. No código Morse, as "letras" são representadas por pontos e traços, em agrupamentos ordenados de 1 a 4 desses sinais para cada "letra". Quantas "letras" distintas podem ser representadas nesse código?

```
  A      B       C      D     E
 •—    —•••    —•—•   —••    •
```

13. Quantos números de 5.000 a 6.999 contêm pelo menos um algarismo 3?

14. Em determinado país, os números de telefone possuem 10 dígitos, conforme o padrão:

- código de área com 3 dígitos: o primeiro dígito não pode ser 0 ou 1;
- prefixo com 3 dígitos: o primeiro e o segundo dígitos não podem ser 0 ou 1;
- número da linha com 4 dígitos: os dígitos não podem ser todos iguais a 0.

a) Quantos diferentes códigos de área existem?
b) O código de área para certa cidade é 431. Com esse código, quantos diferentes prefixos existem?
c) Um dos prefixos da cidade do item **b** é 223. Com esse prefixo, quantos números de linha são possíveis?
d) Quantos diferentes números de telefone de 7 dígitos são possíveis dentro do código de área 431?
e) Quantos números de telefone de 10 dígitos são possíveis nesse país?

Trocando ideias

Muitos países do Mercosul já adotam um sistema unificado de emplacamento de veículos. Nesse sistema, a placa é composta de 4 letras e 3 algarismos, em ordem aleatória. O Brasil também irá adotar esse sistema. Em grupos, pesquisem o que é o Mercosul e qual seria o objetivo de criar um sistema comum de emplacamento de veículos. Exponham oralmente a pesquisa para os colegas.

Exemplo de placa de veículo adotada pelo Mercosul.

2. Fatorial de um número natural

Boa parte dos problemas da Análise combinatória é resolvida por um produto de números naturais consecutivos, como $1 \cdot 2 \cdot 3$ ou $8 \cdot 7 \cdot 6 \cdot 5 \cdot 4 \cdot 3 \cdot 2 \cdot 1$. Em ambos os casos, multiplicamos números naturais de 1 até n, sendo, no primeiro caso, $n = 3$ e, no segundo, $n = 8$.

Em geral, produtos do tipo $1 \cdot 2 \cdot 3 \cdot 4 \cdot \ldots \cdot (n-1) \cdot n$ podem ser escritos com a notação de fatorial.

O **fatorial** de um número natural n é representado por $n!$ (lemos: "n fatorial") e é definido por:
- $n! = n \cdot (n-1) \cdot (n-2) \cdot \ldots \cdot 2 \cdot 1$, para $n \geq 2$
- $1! = 1$
- $0! = 1$

Exemplos

a) O fatorial de 4, ou seja, $4!$, é 24, pois: $4! = 4 \cdot 3 \cdot 2 \cdot 1 = 24$
b) $10! = 10 \cdot 9 \cdot 8 \cdot 7 \cdot 6 \cdot 5 \cdot 4 \cdot 3 \cdot 2 \cdot 1 = 3.628.800$

Observação

Algumas calculadoras científicas têm a tecla $\boxed{x!}$, usada para calcular o fatorial de um número natural x.

Em uma calculadora com essa função, para calcular 10!, por exemplo, basta digitar 10 e apertar a tecla $\boxed{x!}$; no visor, aparecerá o número 3.628.800, que é o resultado de $10 \cdot 9 \cdot 8 \cdot 7 \cdot 6 \cdot 5 \cdot 4 \cdot 3 \cdot 2 \cdot 1$.

A notação fatorial facilita a representação da multiplicação de números naturais consecutivos. Por exemplo, para representar o produto $25 \cdot 24 \cdot 23 \cdot 22 \cdot \ldots \cdot 3 \cdot 2 \cdot 1$, podemos escrever 25!.

Se tivermos um número natural n muito grande, o cálculo de $n!$ será bastante trabalhoso. Por isso, ao representar $n!$, podemos fazer algumas substituições, como:

- $10! = \underbrace{10 \cdot 9 \cdot 8 \cdot 7 \cdot 6 \cdot 5 \cdot 4 \cdot 3 \cdot 2 \cdot 1}_{9!} = 10 \cdot 9!$
- $n! = n \cdot (n-1)!$, para $n \in \mathbb{N}$, $n \geq 1$.
- $n! = n \cdot (n-1) \cdot (n-2)!$, para $n \in \mathbb{N}$, $n \geq 2$.
- $n! = n \cdot (n-1) \cdot (n-2) \cdot (n-3)!$ etc., para $n \in \mathbb{N}$, $n \geq 3$.

Esse tipo de notação será muito usado na simplificação de expressões.

Exemplos

a) Veja como podemos simplificar as seguintes expressões:

- $\dfrac{8!}{5! \cdot 3!} = \dfrac{8 \cdot 7 \cdot 6 \cdot 5!}{5! \cdot 3 \cdot 2 \cdot 1} = \dfrac{8 \cdot 7 \cdot 6}{3 \cdot 2 \cdot 1} = 56$
- $\dfrac{1.001!}{1.000!} = \dfrac{1.001 \cdot 1.000!}{1.000!} = 1.001$
- $\dfrac{(n+1)!}{n!} = \dfrac{(n+1) \cdot n!}{n!} = n+1$ (simplificamos $n!$ com $n!$)

b) Vamos escrever todas as expressões em termos de 5!.

- $\dfrac{6!}{6} = \dfrac{6 \cdot 5!}{6} = 5!$
- $\dfrac{6!}{2} = \dfrac{6 \cdot 5!}{2} = 3 \cdot 5!$
- $4! = \dfrac{4! \cdot 5}{5} = \dfrac{5!}{5}$
- $\dfrac{8! - 6!}{3!} = \dfrac{(8 \cdot 7 \cdot 6 \cdot 5!) - (6 \cdot 5!)}{3 \cdot 2 \cdot 1} =$
$= \dfrac{(6 \cdot 5!) \cdot (8 \cdot 7 - 1)}{6} = 55 \cdot 5!$

EXERCÍCIOS

15. Calcule o valor de:

a) $\dfrac{7!}{4!}$

b) $\dfrac{3! \cdot 7!}{4! \cdot 6!}$

16. Escreva as expressões em termos de 4!

a) $\dfrac{5!}{5}$

b) $\dfrac{5!}{2!}$

c) $\dfrac{7! - 5!}{4}$

R7. Determinar o número natural n sabendo que:

$\dfrac{(n+1)!}{n!} = 4!$

➤ **Resolução**

Podemos escrever $(n+1)!$ como $(n+1) \cdot n!$, obtendo:

$\dfrac{(n+1) \cdot n!}{n!} = 4!$

Temos: $4! = 4 \cdot 3 \cdot 2 \cdot 1 = 24$

Obtemos, assim, uma nova expressão, que pode ser simplificada:

$\dfrac{(n+1) \cdot n!}{n!} = 24 \Rightarrow n + 1 = 24 \Rightarrow n = 23$

17. Calcule n sabendo que:

a) $\dfrac{n!}{(n-2)!} = 30$

b) $\dfrac{(n+1)!}{(n-1)!} = 72$

R8. Calcular de quantas maneiras 8 crianças podem se sentar em um banco, sendo que a criança mais nova deve necessariamente sentar do lado esquerdo do banco.

➤ **Resolução**

O esquema abaixo representa o número de possibilidades de ocupação dos 8 lugares do banco.

| 1 | 7 | 6 | 5 | 4 | 3 | 2 | 1 |

O primeiro lugar no lado esquerdo do banco pode ser ocupado de uma única maneira (pela criança mais nova). Sobram, então, 7 lugares para as outras 7 crianças. Assim, o próximo lugar pode ser ocupado de 7 maneiras diferentes; o lugar ao lado deste, de 6 maneiras diferentes; e assim por diante.

Aplicando o princípio multiplicativo, temos:
$1 \cdot 7 \cdot 6 \cdot 5 \cdot 4 \cdot 3 \cdot 2 \cdot 1 = 7! = 5.040$

Portanto, as crianças podem ocupar o banco de 5.040 maneiras diferentes.

18. As letras A, B, C, D, E e F devem ser escritas uma em seguida da outra. De quantas maneiras isso pode ser feito?

19. Os portões de 5 casas devem ser pintados com as cores azul, marrom, branca, verde e vermelha. De quantas maneiras isso pode ser feito se cada portão deve ser pintado de uma única cor e dois portões não podem ser pintados da mesma cor?

20. Quantos números pares maiores de 40.000 podem ser formados com os algarismos 2, 3, 4, 5 e 6 se cada algarismo é usado apenas uma vez em cada número?

3. Permutação

3.1 Permutação simples

Permutar significa trocar a ordem dos elementos que formam um todo com a finalidade de obter uma nova configuração.

Quando trocamos a ordem das letras que formam uma palavra, obtemos um **anagrama** dessa palavra, que pode ter significado ou não. Por exemplo, um anagrama da palavra AMOR é ROMA.

Quantos anagramas podemos formar com as letras da palavra AMOR?

Para a primeira letra, temos 4 possibilidades (A, M, O, R). Depois dessa escolha, há 3 possibilidades para a colocação da segunda letra, 2 para a terceira letra e 1 para a quarta letra. Logo, pelo princípio multiplicativo, temos $4 \cdot 3 \cdot 2 \cdot 1 = 24$, ou seja, 24 anagramas.

Para determinar todos os anagramas, podemos fazer uma árvore de possibilidades:

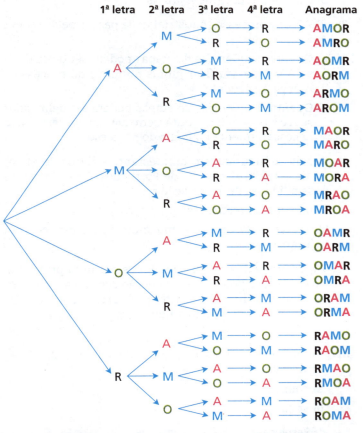

Cada um desses anagramas corresponde a uma permutação simples das letras da palavra AMOR.

De uma permutação para outra, os elementos são sempre os mesmos; eles apenas trocam de posição.

> Dado um conjunto de n elementos distintos, chama-se **permutação simples** dos n elementos qualquer agrupamento ordenado (sequência) desses n elementos.

Indica-se o número de permutações simples de n elementos por P_n.

Número de permutações simples

Acompanhe, a seguir, o cálculo do número de permutações simples em algumas situações.

a) Para saber, por exemplo, quantos anagramas da palavra CINEMA começam por C, consideramos que, para a primeira letra, existe 1 possibilidade (C) e que as outras 5 letras podem ser permutadas entre si.
Então, aplicando o princípio multiplicativo, temos:
$1 \cdot P_5 = 1 \cdot 5 \cdot 4 \cdot 3 \cdot 2 \cdot 1 = 1 \cdot 5! = 120$
Logo, há 120 anagramas da palavra CINEMA começados por C.

b) Vamos considerar que as 20 carteiras de uma sala de aula podem ser ocupadas por 20 alunos de modos distintos. Dizemos, então, que esses alunos podem ocupar essas carteiras de P_{20} modos, ou seja:
$P_{20} = 20 \cdot 19 \cdot 18 \cdot 17 \cdot ... \cdot 4 \cdot 3 \cdot 2 \cdot 1 =$
$= 2.432.902.008.176.640.000$
Logo, há 2.432.902.008.176.640.000 modos de os alunos ocuparem essas carteiras.

> O número de permutações simples de n elementos é dado por:
> $P_n = n \cdot (n-1) \cdot (n-2) \cdot (n-3) \cdot ... \cdot 4 \cdot 3 \cdot 2 \cdot 1$, ou
> $P_n = n!$

3.2 Permutação com elementos repetidos

Trocando-se a posição das letras da palavra AMORA, podem ser escritas outras sequências de letras. Nesse caso, porém, os anagramas não correspondem mais às permutações simples, pois a letra A se repete. Apesar de a palavra AMORA ter 5 letras, o número de anagramas distintos é inferior a 5! Se as 2 letras A fossem distintas, $(A_1 MORA_2)$, teríamos 5! anagramas. Assim, fixadas as letras M, O e R, a permutação das letras A_1 e A_2 daria, para cada anagrama de AMORA, origem a 2! novos anagramas. Como essas letras são iguais, a permutação delas não gera um novo anagrama. Então, para o cálculo correto do número de anagramas de AMORA, devemos dividir por 2! o total de permutações simples, 5!.

Portanto, o total de anagramas da palavra AMORA é $\frac{5!}{2!} = 60$.

Aplica-se o mesmo raciocínio aos casos em que há repetição de mais de 2 elementos.

Por exemplo, na palavra MACACA, se as letras A fossem distintas, teríamos 3! anagramas em cada posição fixada para as demais letras. Se as letras C fossem distintas, teríamos 2! anagramas em cada posição fixada para as demais letras.

Dessa forma, precisamos dividir o total de permutações simples (6!) por $(3! \cdot 2!)$. Então, o número de anagramas da palavra MACACA é $\frac{6!}{3! \cdot 2!}$, ou seja, 60 anagramas, pois, das 6 letras, 3 são A e 2 são C.

> O número de permutações de n elementos, dos quais n_1 é de um tipo, n_2 de um segundo tipo, ..., n_k de um k-ésimo tipo, é indicado por $P_n^{n_1, n_2, n_3, ..., n_k}$ e é dado por:
> $$P_n^{n_1, n_2, n_3, ..., n_k} = \frac{n!}{n_1! \cdot n_2! \cdot n_3! \cdot ... \cdot n_k!}$$

EXERCÍCIOS

R9. Em uma *van* com 9 assentos, viajarão 8 passageiros e o motorista. De quantos modos distintos os 8 passageiros podem ocupar os assentos do veículo?

▶ **Resolução**
$P_8 = 8! = 8 \cdot 7 \cdot 6 \cdot 5 \cdot 4 \cdot 3 \cdot 2 \cdot 1 = 40.320$
Os 8 passageiros podem ocupar os assentos de 40.320 modos distintos.

21. Quantos são os anagramas da palavra SABER?

22. Quantos números de 5 algarismos distintos podemos escrever com os algarismos 1, 2, 3, 4 e 5?

23. Dos anagramas da palavra CORAGEM, quantos começam por A?

24. Em uma fábrica, um inspetor de produção verifica 8 máquinas diferentes durante o dia. De quantos modos essas verificações podem ser feitas?

25. Uma família com 5 pessoas possui um automóvel de 5 lugares. Sabendo que somente 2 pessoas sabem dirigir, de quantos modos elas poderão se acomodar para uma viagem?

26. Com as letras da palavra PROVA, quantos são os anagramas que começam por vogal e quantos são os anagramas que começam e terminam por consoante?

R10. Considerando os anagramas da palavra EDITAR, quantos apresentam as letras:

a) T, A e R juntas e nessa ordem?

b) T, A e R juntas?

▶ **Resolução**

a) Se as letras T, A e R devem ficar juntas e nessa ordem, podemos considerar o bloco TAR como se fosse uma única letra. Então, basta calcular o número de permutações dos 4 elementos (E, D, I e TAR):
$P_4 = 4! = 24$
Logo, há 24 anagramas nas condições pedidas.

b) Conforme o item anterior, há 4! anagramas que apresentam o bloco de letras TAR . Para cada um deles, se permutarmos as letras T, A e R entre si, teremos 3! anagramas em que as letras T, A e R permanecem juntas.
Logo, pelo princípio multiplicativo, o número de anagramas nas condições solicitadas é dado por:
$4! \cdot 3! = 144$

27. De quantas maneiras diferentes um casal e seus 3 filhos podem ocupar um sofá com 5 lugares de modo que o casal sempre fique junto?

28. Oito clientes de um banco, dos quais 3 são mulheres, estão na fila única dos caixas. De quantas maneiras as pessoas dessa fila podem se posicionar de modo que as mulheres fiquem juntas?

29. (FGV) Um processo industrial deve passar pelas etapas A, B, C, D e E.

a) Quantas sequências de etapas podem ser delineadas se A e B devem ficar juntas no início do processo e A deve preceder B?

b) Quantas sequências de etapas podem ser delineadas se A e B devem ficar juntas, em qualquer ordem, e não necessariamente no início do processo?

30. Deseja-se arrumar em uma estante 4 livros de Matemática, 3 de Química e 5 de Português. Quantas são as possibilidades de arrumação se:

a) não houver restrições?

b) os livros de uma mesma matéria permanecerem juntos?

31. Victor pretende colocar seus DVDs em uma prateleira: 4 romances, 3 policiais e 2 de ficção científica. De quantas maneiras diferentes Victor pode arrumar seus DVDs na prateleira, mantendo juntos os de mesmo gênero?

R11. Determinar quantos anagramas da palavra ELEGER começam por:

a) consoante.

b) vogal.

▶ **Resolução**

a) Existem 3 possibilidades de escolher uma consoante. Tendo escolhido a primeira consoante, sobram 5 letras com 3 letras E repetidas.
Então, o número de anagramas é: $3 \cdot P_5^3 = 3 \cdot \dfrac{5!}{3!} = 60$

b) Existe 1 possibilidade de escolher uma vogal. Tendo fixado essa vogal (E), sobram 5 letras, com 2 letras E repetidas.
Então, o número de anagramas é: $1 \cdot P_5^2 = 1 \cdot \dfrac{5!}{2!} = 60$

32. Quantos são os anagramas da palavra CARREIRA?

33. Com os algarismos 1, 1, 2, 2, 2, 3, 3, 3 e 3, quantos números distintos de 9 algarismos podemos escrever no sistema decimal de numeração?

34. Uma prova consta de 12 questões do tipo verdadeiro (V) ou falso (F). De quantas maneiras é possível preencher o gabarito marcando 6 respostas V e 6 respostas F?

35. Uma moeda é lançada 6 vezes sucessivamente. Nos resultados possíveis desses lançamentos, em quantas sequências a face coroa pode ocorrer exatamente 2 vezes?

R12. Na figura abaixo, que representa parte do mapa de uma cidade, as ruas são indicadas com a cor cinza.

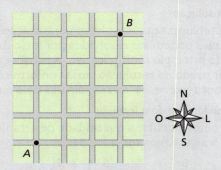

Pedro sai de carro do ponto A e vai até o ponto B, dirigindo-se sempre para o norte (N) ou para o leste (L), realizando, desse modo, trajetórias de comprimento mínimo. Quantas são as possíveis trajetórias que Pedro pode fazer?

▶ **Resolução**

Observe algumas das trajetórias possíveis:

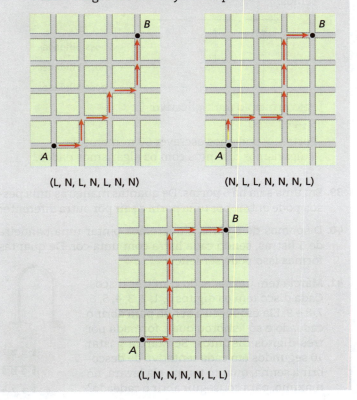

Note que, qualquer que seja o caminho, Pedro fará sempre 4 movimentos para o norte e 3 para o leste, só alterando a ordem em que realiza esses movimentos. Assim, cada trajetória pode ser representada por uma sequência de 7 termos, sendo 4 iguais a N e 3 iguais a L.

Para determinar o número de trajetórias, basta calcular o número de permutações de 7 elementos com repetição de 4 e de 3.

$$P_7^{4,3} = \frac{7!}{4! \cdot 3!} = \frac{7 \cdot 6 \cdot 5 \cdot 4!}{4! \cdot 6} = 7 \cdot 5 = 35$$

Logo, há 35 trajetórias possíveis.

36. A figura a seguir representa parte do mapa de uma cidade no qual as ruas são indicadas com a cor cinza.

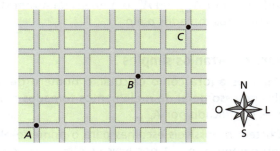

Utilizando os caminhos mais curtos possíveis, de quantas maneiras diferentes uma pessoa pode ir:

a) de A até C?

b) de A até C, passando por B?

4. Arranjo simples

Vimos que a quantidade de permutações simples das letras da palavra AMOR é dada por: 4! = 24. Ou seja, existem 24 anagramas dessa palavra. Mas se quisermos formar sequências de 2 letras distintas (com as 4 letras dessa palavra), de quantas maneiras poderemos fazê-lo?

Aplicando o princípio multiplicativo, para a 1ª etapa, temos a escolha da primeira letra entre 4 possíveis, e, para a 2ª etapa, a escolha da segunda letra entre as 3 restantes, o que totaliza: 4 · 3 = 12

Desse total de 12 possibilidades, começam por:

- A → AM, AO e AR
- M → MA, MO e MR
- O → OA, OM e OR
- R → RA, RM e RO

Esses agrupamentos ordenados são os arranjos simples dos 4 elementos distintos dados, tomados 2 a 2. Para indicar a quantidade de agrupamentos, escrevemos: $A_{4,2} = 4 \cdot 3 = 12$

Se desejarmos escolher 3 letras entre as 4 possíveis, as duas primeiras etapas se repetem, e, para a 3ª etapa, podemos escolher a terceira letra entre as 2 restantes, o que totaliza: 4 · 3 · 2 = 24

Capítulo 21 • Análise combinatória **431**

Desse total de 24 possibilidades, começam por:
- A → AMO, AMR, AOM, AOR, ARO e ARM
- M → MAO, MAR, MOA, MOR, MRA e MRO
- O → OAM, OAR, OMA, OMR, ORA e ORM
- R → RAM, RAO, RMA, RMO, ROA e ROM

Esses agrupamentos ordenados são os arranjos simples dos 4 elementos dados, tomados 3 a 3. Para indicar a quantidade de agrupamentos, escrevemos: $A_{4,3} = 4 \cdot 3 \cdot 2 = 24$

> Dado um conjunto com n elementos, chama-se **arranjo simples** dos n elementos, tomados p a p, qualquer agrupamento ordenado (sequência) de p elementos distintos, escolhidos entre os n possíveis.

Indica-se por $A_{n,p}$, ou A_n^p, o número de arranjos simples de n elementos tomados p a p.

Número de arranjos simples

Vejamos agora como calcular o número de arranjos simples no caso geral de n elementos tomados p a p, com $0 < p \leq n$, indicado por $A_{n,p}$.

Existem n possíveis escolhas para o primeiro elemento do agrupamento, $n - 1$ possíveis escolhas para o segundo elemento, $n - 2$ para o terceiro elemento, ..., $n - (p - 1)$ possíveis escolhas para o p-ésimo elemento do agrupamento.

Então, aplicando o princípio multiplicativo, o número de arranjos simples de n elementos p a p é:

$$A_{n,p} = \underbrace{n \cdot (n-1) \cdot (n-2) \cdot \ldots \cdot [n-(p-1)]}_{p \text{ fatores}}, \quad 0 < p \leq n$$

Desenvolvendo a expressão do 2º membro e multiplicando-o por $\dfrac{(n-p)!}{(n-p)!}$, temos:

$$A_{n,p} = \dfrac{n \cdot (n-1) \cdot (n-2) \cdot \ldots \cdot (n-p+1) \cdot (n-p)!}{(n-p)!} =$$

$$= \dfrac{n!}{(n-p)!}$$

Então:

$$A_{n,p} = \dfrac{n!}{(n-p)!}$$

Observações

- Note que a permutação é um caso particular de arranjo, que ocorre quando $p = n$. Nesse caso, temos:

$$A_{n,n} = \dfrac{n!}{(n-n)!} = \dfrac{n!}{0!} = \dfrac{n!}{1} = n! = P_n$$

- Qualquer problema que envolva permutações ou arranjos simples pode ser resolvido diretamente pelo princípio multiplicativo.

EXERCÍCIOS

37. Calcule:
a) $A_{10,5}$
b) $A_{10,5} - A_{5,2}$
c) $A_{10,5} \cdot A_{5,4}$
d) $\dfrac{A_{15,12}}{A_{15,3} \cdot A_{12,3} \cdot A_{9,3} \cdot A_{6,3}}$

38. Determine o número x natural, com $x \geq 2$, para que $A_{x,2} = 156$.

R13. Quantos números de 3 algarismos diferentes é possível escrever com os algarismos 1, 2, 3, 6 e 7?

▶ **Resolução**

Os problemas que envolvem permutações ou arranjos simples podem ser resolvidos por meio da fórmula, ou do princípio multiplicativo. A escolha do recurso a ser usado na resolução varia conforme o problema. Vamos resolver esse exercício dos dois modos.

1º modo: usando a fórmula

Devemos calcular a quantidade de arranjos simples dos 5 algarismos tomados 3 a 3:

$$A_{5,3} = \dfrac{5!}{(5-3)!} = \dfrac{5!}{2!} = \dfrac{5 \cdot 4 \cdot 3 \cdot 2!}{2!} = 60$$

Logo, podemos escrever 60 números de 3 algarismos distintos com os algarismos dados.

2º modo: usando o princípio multiplicativo

Fazendo um esquema para representar o número de 3 algarismos diferentes, escolhidos entre 1, 2, 3, 6 e 7, temos:

___ ___ ___
— 3 possibilidades
— 4 possibilidades
— 5 possibilidades

Pelo princípio multiplicativo:
$5 \cdot 4 \cdot 3 = 60$

Portanto, podemos escrever 60 números de 3 algarismos distintos com os algarismos dados.

39. Em uma sala há 6 portas. De quantas maneiras uma pessoa pode entrar por uma porta e sair por outra diferente?

40. Dispomos de 8 cores e queremos pintar uma bandeira de 5 listras, sendo cada listra com uma cor. De quantas formas isso pode ser feito?

41. Márcia tem um cadeado com três discos. Cada disco tem os dígitos 0, 1, 2, 3, 4, 5, 6, 7, 8 e 9. Ela esqueceu a senha para abrir o cadeado e só lembrou que é formada por três dígitos distintos. Se Márcia gastar 10 segundos em cada tentativa de descobrir a senha, quanto tempo ela levará, no máximo, para conseguir abrir o cadeado?

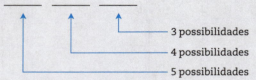

42. Numa empresa, 10 diretores são candidatos aos cargos de presidente e vice-presidente. Quantos são os possíveis resultados dessa seleção?

43. Cinco cavalos disputam uma corrida. Qual é o número de possíveis resultados para as 3 primeiras colocações?

44. Um campeonato de futebol vai ser disputado por 20 equipes. Quantas são as possibilidades de classificação para os dois primeiros lugares (campeão e vice-campeão)?

45. Para a seleção brasileira de futebol, foram convocados 5 laterais. De quantas maneiras o técnico pode escalar esses jogadores para atuar na esquerda ou na direita?

R14. Em uma sala existem 10 cadeiras numeradas de 1 a 10. De quantas formas 2 pessoas podem se sentar nessas cadeiras, deixando ao menos uma cadeira entre elas?

▸ **Resolução**

Vamos considerar que os números das cadeiras escolhidas pelas pessoas A e B formam um par ordenado. Assim, o par ordenado (2, 5) significa que a pessoa A ocupa a cadeira número 2, enquanto a pessoa B ocupa a cadeira número 5. Já o par ordenado (5, 2) significa que a pessoa A ocupa a cadeira número 5, enquanto a pessoa B ocupa a cadeira número 2.

O total de maneiras diferentes para as cadeiras serem ocupadas pelas 2 pessoas será dado pelo número de pares ordenados formados com os números das cadeiras, que pode ser calculado da seguinte maneira:

$$A_{10,2} = \frac{10!}{(10-2)!} = \frac{10!}{8!} = \frac{10 \cdot 9 \cdot 8!}{8!} = 90$$

Logo, podem ser formados 90 pares ordenados.
Mas existe uma restrição: as pessoas A e B não podem se sentar juntas.
Isso significa que A e B não devem ocupar cadeiras cujos números são consecutivos. Assim, devemos descobrir quantos são os pares ordenados cujos elementos são consecutivos para subtraí-los dos 90 pares ordenados possíveis.
Os pares ordenados formados por números consecutivos são:
(1, 2), (2, 3), (3, 4), (4, 5), (5, 6), (6, 7), (7, 8), (8, 9), (9, 10), (2, 1), (3, 2), (4, 3), (5, 4), (6, 5), (7, 6), (8, 7), (9, 8) e (10, 9), totalizando 18 pares
Fazendo 90 − 18, concluímos que existem 72 maneiras para as 2 pessoas se sentarem com pelo menos uma cadeira entre elas.

46. De quantas maneiras 3 pessoas podem se sentar num sofá de 5 lugares?

47. Em uma reunião de um condomínio residencial para eleger os membros de sua administração, 10 pessoas se habilitam para ocupar um dos 3 cargos: síndico, tesoureiro e secretário.
   a) De quantas maneiras essa escolha pode ser feita?
   b) Se uma dessas 10 pessoas solicita que não seja escolhida para síndico, a escolha pode ser feita de quantas maneiras?

48. Quantos números escritos com algarismos distintos existem entre 100 e 1.000?

49. Uma urna I contém 5 bolas numeradas de 1 a 5. Outra urna II contém 3 bolas numeradas de 1 a 3. Qual é o número de sequências numéricas que podemos obter se extrairmos, sem reposição, 3 bolas da urna I e, em seguida, 2 bolas da urna II?

5. Combinação simples

Considere a situação a seguir.

De quantas maneiras podemos escolher 2 frutas entre nectarina (N), maçã (M), laranja (L) e uva (U) para fazer um suco?

Se a ordem em que as frutas fossem escolhidas importasse, a quantidade de agrupamentos ordenados, ou sequências de frutas, seria dada por: $A_{4,2} = \frac{4!}{(4-2)!} = 12$

Para visualizar essas sequências, podemos fazer uma árvore de possibilidades:

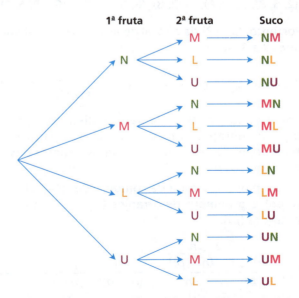

Mas como queremos fazer um suco, a ordem em que as frutas são escolhidas não importa; assim, os agrupamentos NM e MN, por exemplo, são iguais, pois escolhendo primeiro nectarina e depois maçã, ou escolhendo maçã e depois nectarina, temos o mesmo suco.

Na escolha das frutas, os agrupamentos diferem entre si pelos elementos, não importando a ordem em que esses elementos aparecem; portanto, os agrupamentos são conjuntos, não sequências. Dessa forma, o total de 12 sequências deve ser dividido por $P_2 = 2! = 2$, pois cada agrupamento se repete P_2 vezes.

Logo, podemos dizer que a quantidade de subconjuntos de 2 frutas escolhidas entre as 4 do conjunto das frutas disponíveis é: $\dfrac{A_{4,2}}{P_2} = \dfrac{12}{2} = 6$

São eles:

{N, M}, {N, L}, {N, U}, {M, L}, {M, U}, {L, U}

Chamamos esses agrupamentos de combinações simples dos 4 elementos tomados 2 a 2.

> Dado um conjunto de n elementos, chama-se **combinação simples** dos n elementos, tomados p a p, qualquer agrupamento não ordenado (subconjunto) de p elementos escolhidos entre os n possíveis.

Indica-se por $C_{n,p}$ ou C_n^p o número de combinações simples de n elementos tomados p a p, com $p \leq n$.

Número de combinações simples

Vamos determinar o número de subconjuntos do conjunto $A = \{0, 2, 4, 6, 8\}$ que tenham 3 elementos, isto é, o número de combinações dos 5 elementos tomados 3 a 3.

Cada combinação de 3 elementos, por exemplo {2, 6, 8}, origina $3! = 6$, ou seja, 6 agrupamentos (permutações desses elementos):

(2, 6, 8), (2, 8, 6), (6, 2, 8), (6, 8, 2), (8, 2, 6), (8, 6, 2)

Portanto, $C_{5,3} \cdot 3!$ dá o total de arranjos dos 5 elementos tomados 3 a 3 ($A_{5,3}$):

$C_{5,3} \cdot 3! = A_{5,3} \Rightarrow C_{5,3} = \dfrac{A_{5,3}}{3!} \Rightarrow C_{5,3} = \dfrac{5 \cdot 4 \cdot 3}{3 \cdot 2 \cdot 1} \Rightarrow C_{5,3} = 10$

Como vimos, com p elementos distintos, podemos obter $p!$ permutações. Isso significa que, a partir de uma combinação, podemos obter $p!$ arranjos distintos dos n elementos tomados p a p.

Então, o número total de combinações é igual ao quociente entre o número de arranjos ($A_{n,p}$) e o número de permutações ($p!$):

$C_{n,p} = \dfrac{A_{n,p}}{p!} = \dfrac{\frac{n!}{(n-p)!}}{p!} = \dfrac{n!}{(n-p)!} \cdot \dfrac{1}{p!} = \dfrac{n!}{p! \cdot (n-p)!}$

Portanto:

$$C_{n,p} = \dfrac{n!}{p! \cdot (n-p)!}$$

EXERCÍCIOS

50. Determine o valor de x em cada item.
a) $C_{40,36} = x$
b) $C_{x,2} = x$
c) $C_{x,5} = A_{x,4}$
d) $C_{x,3} = 56$

R15. Dentre 10 alunos de uma turma de 3º ano, 3 serão escolhidos para formar a comissão de formatura. De quantos modos distintos é possível formar essa comissão?

> **Resolução**
> Nesse caso, a ordem de escolha dos alunos não altera a comissão. Assim, o número de comissões possíveis é dado por:
>
> $C_{10,3} = \dfrac{10!}{3! \cdot (10-3)!} = \dfrac{10!}{3! \cdot 7!}$
>
> $C_{10,3} = \dfrac{10 \cdot 9 \cdot 8 \cdot 7!}{3 \cdot 2 \cdot 1 \cdot 7!} = 120$
>
> Portanto, há 120 possibilidades de formar a comissão de formatura.

R16. Para fazer uma aposta simples da Lotofácil, devem-se marcar 15 números entre os 25 que constam no volante. De quantas maneiras é possível preencher uma aposta simples em um cartão da Lotofácil?

> **Resolução**
> Nessa loteria, a ordem de escolha dos números não muda a aposta. Podemos, então, calcular o número de combinações de 25 elementos, tomados 15 a 15:
>
> $C_{25,15} = \dfrac{25!}{15! \cdot (25-15)!}$
>
> $C_{25,15} = 3.268.760$
>
> Logo, há 3.268.760 possibilidades de preencher uma aposta simples em um cartão da Lotofácil.

51. Uma prova consta de 15 questões, das quais o aluno deve resolver 10. De quantas formas ele poderá escolher as 10 questões?

52. Quantas comissões de 3 pessoas podem ser formadas com um grupo de 7 pessoas?

53. Numa experiência na aula de Química, o professor coloca à disposição dos alunos 5 substâncias: sal de cozinha (NaCl), ácido sulfúrico (H_2SO_4), sulfato de cobre ($CuSO_4$), carbonato de cálcio ($CaCO_3$) e água (H_2O). Ele pede, então, aos alunos que selecionem 3 dessas substâncias para compor uma nova solução. Quantas escolhas possíveis os alunos podem fazer?

54. Ao sair de uma festa, 10 amigos se despediram com um aperto de mão. Quantos apertos de mão foram trocados?

55. Um fabricante de doces utiliza embalagens com capacidade para 6 doces cada uma. Sabendo que ele fabrica 15 tipos diferentes de doce, quantos tipos de embalagem, com 6 doces diferentes, ele poderá organizar?

56. Um florista faz arranjos decorativos e, para isso, dispõe de 7 espécies de flores. Quantos tipos de arranjo floral ele poderá fazer utilizando apenas 4 ou 5 tipos de flor?

57. Diagonal de um polígono convexo é todo segmento de reta que une dois de seus vértices não consecutivos.

a) Quantas são as diagonais de um polígono convexo de 7 lados?

b) Quantas são as diagonais de um polígono convexo de n lados?

R17. Considerando 6 pontos, pertencentes a um mesmo plano e distribuídos de tal forma que quaisquer 3 pontos não sejam colineares, determinar quantos triângulos podem ser formados com 3 desses pontos como vértices.

➤ **Resolução**

A ordem em que tomamos os vértices de um triângulo não altera o triângulo. Logo, temos um problema envolvendo combinação.

$$C_{6,3} = \frac{6!}{3! \cdot (6-3)!}$$

$$C_{6,3} = \frac{6!}{3! \cdot 3!} = \frac{6 \cdot 5 \cdot 4 \cdot 3!}{3! \cdot 3 \cdot 2 \cdot 1} = 20$$

Portanto, podem ser formados 20 triângulos distintos.

58. Quantos triângulos podem ser determinados por 8 pontos num plano, não havendo 3 pontos colineares?

59. Sobre uma circunferência são marcados 9 pontos distintos. Quantos triângulos podem ser construídos com vértices nos 9 pontos marcados?

R18. Dos 30 alunos de uma classe, 4 serão escolhidos como representantes da turma. Há 20 garotas e 10 garotos. Quantas equipes diferentes podem ser formadas:

a) se não houver restrições quanto ao sexo?

b) com 2 garotas e 2 garotos?

➤ **Resolução**

a) Nesse caso, as 4 pessoas devem ser escolhidas entre o total de 30 alunos.

$$C_{30,4} = \frac{30!}{4! \cdot (30-4)!}$$

$$C_{30,4} = \frac{30 \cdot 29 \cdot 28 \cdot 27 \cdot 26!}{4 \cdot 3 \cdot 2 \cdot 1 \cdot 26!} = 27.405$$

O número de equipes possíveis de 4 pessoas, escolhidas entre 30, é 27.405.

b) Nesse caso, a escolha deverá ocorrer em duas etapas:

• E_1: escolher 2 das 20 garotas;

• E_2: escolher 2 dos 10 garotos.

Pelo princípio multiplicativo, temos:

$$C_{20,2} \cdot C_{10,2} = \frac{20!}{2! \cdot (20-2)!} \cdot \frac{10!}{2! \cdot (10-2)!}$$

$$C_{20,2} \cdot C_{10,2} = 190 \cdot 45 = 8.550$$

O número de equipes possíveis com 2 garotas e 2 garotos é 8.550.

60. Usando as 5 vogais e os algarismos de 0 a 9, podemos obter quantos conjuntos de 5 elementos formados por 2 letras diferentes e 3 algarismos distintos?

61. Considere 7 pontos distintos sobre uma reta e 4 pontos, também distintos, sobre outra reta, paralela à primeira. Quantos triângulos podemos obter ligando 3 pontos quaisquer entre os 11?

62. Em um congresso de Educação, há 6 professores de Física e 6 de Matemática. Quantas comissões de 5 professores podem ser formadas havendo em cada uma:

a) 2 professores de Matemática e 3 de Física?

b) pelo menos 3 professores de Matemática?

63. Numa Câmara Municipal há 9 vereadores. Sabendo que 2 desses vereadores têm desavenças pessoais que os impedem de participar de uma mesma comissão, calcule de quantas maneiras pode ser constituída uma comissão de 5 vereadores.

64. Uma urna contém 3 bolas vermelhas e 5 bolas azuis. De quantas maneiras diferentes podemos retirar 3 bolas para que não saiam somente bolas vermelhas?

Capítulo 21 • Análise combinatória **435**

6. Coeficiente binomial

6.1 Potência de um binômio com expoente natural

Você já estudou o desenvolvimento de $(x + y)^n$ para alguns valores de n:

$(x + y)^0 = 1$

$(x + y)^1 = (x + y)$

$(x + y)^2 = (x + y) \cdot (x + y) = x^2 + 2xy + y^2$

$(x + y)^3 = (x + y) \cdot (x + y)^2 = (x + y) \cdot (x^2 + 2xy + y^2) = x^3 + 3x^2y + 3xy^2 + y^3$

Aplicando o raciocínio recursivo, qualquer outra potência do binômio $(x + y)$ com expoente natural poderá ser obtida das anteriores.

Por exemplo, para desenvolver a potência $(x + y)^5$, podemos fazer:

$(x + y)^5 = (x + y)^2 \cdot (x + y)^3 =$

$= (x^2 + 2xy + y^2) \cdot (x^3 + 3x^2y + 3xy^2 + y^3) =$

$= x^5 + 3x^4y + 3x^3y^2 + x^2y^3 + 2x^4y + 6x^3y^2 + 6x^2y^3 + 2xy^4 + x^3y^2 + 3x^2y^3 + 3xy^4 + y^5 =$

$= x^5 + 5x^4y + 10x^3y^2 + 10x^2y^3 + 5xy^4 + y^5$

Note que o cálculo de $(x + y)^n$, para valores grandes de n, pode ser excessivamente trabalhoso.

Os objetos de estudo a partir de agora serão alguns conceitos e ferramentas que permitem o desenvolvimento de $(x + y)^n$ de forma menos trabalhosa.

Exemplo

Vamos considerar o desenvolvimento da potência $(x + y)^4$ e determinar:

a) a quantidade de termos obtidos, sem nenhuma redução de termos semelhantes.

Sabemos que: $(x + y)^4 = (x + y) \cdot (x + y) \cdot (x + y) \cdot (x + y)$

Todas as vezes que aplicamos a propriedade distributiva, escolhemos x ou y em cada um dos fatores $(x + y)$. Assim, cada termo do desenvolvimento será um produto de 4 letras.

Por exemplo, obtemos $xxxy$ ao escolher x, x, x e y no 1º, 2º, 3º e 4º fatores, respectivamente:

$(x + y) \cdot (x + y) \cdot (x + y) \cdot (x + y) \rightarrow xxxy$

Observe que temos 2 possibilidades para a escolha de cada uma das 4 letras que compõem cada termo. Logo, pelo princípio multiplicativo, há 16 termos ($2 \cdot 2 \cdot 2 \cdot 2$ termos) no desenvolvimento de $(x + y)^4$, sem redução de termos semelhantes.

b) o número de vezes em que aparece o termo x^3y.

Percebemos que x^3y aparece todas as vezes que escolhemos a letra x em exatamente três dos fatores $(x + y)$ e y em um fator $(x + y)$.

Notamos ainda que a ordem dessas escolhas não importa. Por exemplo, escolher x no 1º, no 2º e no 3º fatores é o mesmo que escolher x no 2º, no 3º e no 4º fatores. Então, a resposta pode ser dada por uma combinação de 4 elementos, tomados 3 a 3:

$C_{4,3} = \dfrac{4!}{(4-3)! \cdot 3!} = \dfrac{4 \cdot 3!}{1 \cdot 3!} = 4$

Isso significa que 4 escolhas diferentes geram termos iguais a x^3y. Portanto, ao simplificar o desenvolvimento de $(x + y)^4$, um dos termos obtidos será $4x^3y$.

O número 4, que é o **coeficiente** do termo $4x^3y$, foi obtido com o cálculo de $C_{4,3}$.

6.2 Definição de coeficiente binomial

Vimos que o coeficiente do termo x^3y no desenvolvimento de $(x + y)^4$ é dado por $C_{4,3}$, que é o número de combinações de 4 elementos, tomados 3 a 3. Da mesma maneira, podemos calcular o coeficiente dos demais termos:

Coeficiente de x^4	Coeficiente de x^2y^2
$C_{4,4} = \dfrac{4!}{(4-4)! \cdot 4!} = 1$	$C_{4,2} = \dfrac{4!}{(4-2)! \cdot 2!} = 6$
Coeficiente de xy^3	**Coeficiente de y^4**
$C_{4,1} = \dfrac{4!}{(4-1)! \cdot 1!} = 4$	$C_{4,0} = \dfrac{4!}{(4-0)! \cdot 0!} = 1$

Desse modo, no desenvolvimento de $(x + y)^4$, temos:

$(x + y)^4 = 1 \cdot x^4 + 4 \cdot x^3 \cdot y + 6 \cdot x^2 \cdot y^2 + 4 \cdot x \cdot y^3 + 1 \cdot y^4$

O coeficiente do termo em $x^k y^{n-k}$, no desenvolvimento de $(x + y)^n$, é dado pelo número de combinações de n elementos, tomados k a k.

Dados n e k naturais, com $n \geq k$, chamamos de **coeficiente binomial n sobre k** ou **número binomial n sobre k**, e indicamos por $\binom{n}{k}$, o número:

$$\binom{n}{k} = C_{n,k} = \frac{n!}{(n-k)! \cdot k!}$$

Dizemos que n é o **numerador** e k é o **denominador** do coeficiente binomial.

Exemplos

a) Vamos calcular o coeficiente binomial 7 sobre 4.

$$\binom{7}{4} = C_{7,4} = \frac{7!}{(7-4)! \cdot 4!} = \frac{7!}{3! \cdot 4!} = \frac{7 \cdot 6 \cdot 5 \cdot 4!}{6 \cdot 4!} = 35$$

b) Vamos calcular o coeficiente binominal 11 sobre 2.

$$\binom{11}{2} = C_{11,2} = \frac{11!}{(11-2)! \cdot 2!} = \frac{11!}{9! \cdot 2!} = \frac{11 \cdot 10 \cdot 9!}{9! \cdot 2!} = 55$$

Observe o cálculo do coeficiente binomial n sobre k para alguns valores de k:

- Para $k = 0$: $\binom{n}{0} = \frac{n!}{(n-0)! \cdot 0!} = \frac{n!}{n!} = 1$

- Para $k = n$: $\binom{n}{n} = \frac{n!}{(n-n)! \cdot n!} = \frac{n!}{n!} = 1$

- Para $k = 1$: $\binom{n}{1} = \frac{n!}{(n-1)! \cdot 1!} = \frac{n \cdot (n-1)!}{(n-1)!} = n$

Coeficientes binomiais complementares

Dois coeficientes binomiais são complementares se apresentam o mesmo numerador e se a soma de seus denominadores é igual a esse numerador, isto é:

$\binom{n}{p}$ e $\binom{n}{q}$ são complementares se $p + q = n$

Considerando dois coeficientes binomiais complementares $\binom{n}{p}$ e $\binom{n}{q}$, temos:

$$\binom{n}{p} = \binom{n}{n-q} = \frac{n!}{(n-q)! \cdot [n-(n-q)]!} = \frac{n!}{q! \cdot (n-q)!} = \binom{n}{q}$$

Assim:

> Dois coeficientes binomiais são iguais se têm o mesmo numerador e o mesmo denominador, ou se eles são complementares.

Exemplos

a) $\binom{5}{2} = \binom{5}{3}$

b) $\binom{10}{0} = \binom{10}{10}$

c) $\binom{100}{10} = \binom{100}{90}$

d) $\binom{42}{5} = \binom{42}{37}$

EXERCÍCIOS

65. Desenvolva a potência $(2a + b)^5$ e determine:

a) quantos termos serão obtidos, sem redução de termos semelhantes.

b) quantas vezes aparece o termo a^3b^2.

66. Determine os seguintes coeficientes binomiais:

a) $\binom{10}{6}$

b) $\binom{8}{3}$

67. Determine o valor de x.

a) $\binom{13}{x} = \binom{13}{5}$

b) $\binom{18}{x+1} = \binom{18}{3x-11}$

68. Calcule:

a) $\binom{n}{2} + \binom{n}{3}$

b) $\binom{10}{2} + \binom{10}{3}$

69. Qual é o menor coeficiente obtido no desenvolvimento de $(3x + 2y)^3$?

7. Binômio de Newton

Antes de trabalharmos o conceito de binômio de Newton, vamos abordar o **triângulo de Pascal**. Chamamos de triângulo de Pascal a disposição dos coeficientes binomiais em linhas e colunas de forma que os coeficientes binomiais de mesmo numerador fiquem dispostos numa mesma linha, enquanto os de mesmo denominador são colocados numa mesma coluna.

O frontispício da aritmética de Petrus Apianus, datado de 1527, apresenta a primeira impressão de um triângulo semelhante ao de Pascal, mais de um século antes de Pascal investigar as propriedades desse triângulo.

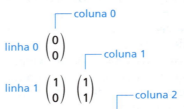

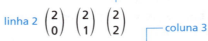

Calculando os valores dos coeficientes binomiais, encontramos outra representação para o triângulo de Pascal.

Observe que os números que formam as linhas desse triângulo são os coeficientes do desenvolvimento binomial $(x + y)^n$:

linha 0: 1 — $(x + y)^0 = 1$

linha 1: 1 1 — $(x + y)^1 = 1x + 1y$

linha 2: 1 2 1 — $(x + y)^2 = 1x^2 + 2xy + 1y^2$

linha 3: 1 3 3 1 — $(x + y)^3 = 1x^3 + 3x^2y + 3xy^2 + 1y^3$

linha 4: 1 4 6 4 1 — $(x + y)^4 = 1x^4 + 4x^3y + 6x^2y^2 + 4xy^3 + 1y^4$

linha 5: 1 5 10 10 5 1 — $(x + y)^5 = 1x^5 + 5x^4y + 10x^3y^2 + 10x^2y^3 + 5xy^4 + 1y^5$

linha 6: 1 6 15 20 15 6 1 — $(x + y)^6 = 1x^6 + 6x^5y + 15x^4y^2 + 20x^3y^3 + 15x^2y^4 + 6xy^5 + 1y^6$

7.1 Fórmula do binômio de Newton

Como vimos anteriormente, os elementos que formam a enésima linha do triângulo de Pascal são os coeficientes do desenvolvimento do binômio $(x + y)^n$:

$(x + y)^0 = \binom{0}{0} \cdot x^0 \cdot y^0$

$(x + y)^1 = \binom{1}{0} \cdot x^1 \cdot y^0 + \binom{1}{1} \cdot x^0 \cdot y^1$

$(x + y)^2 = \binom{2}{0} \cdot x^2 \cdot y^0 + \binom{2}{1} \cdot x^1 \cdot y^1 + \binom{2}{2} \cdot x^0 \cdot y^2$

$(x + y)^3 = \binom{3}{0} \cdot x^3 \cdot y^0 + \binom{3}{1} \cdot x^2 \cdot y^1 + \binom{3}{2} \cdot x^1 \cdot y^2 + \binom{3}{3} \cdot x^0 \cdot y^3$

$(x + y)^4 = \binom{4}{0} \cdot x^4 \cdot y^0 + \binom{4}{1} \cdot x^3 \cdot y^1 + \binom{4}{2} \cdot x^2 \cdot y^2 + \binom{4}{3} \cdot x^1 \cdot y^3 + \binom{4}{4} \cdot x^0 \cdot y^4$

...

Dessa maneira, sendo n um número natural, temos:

$$(x + y)^n = \binom{n}{0} \cdot x^n \cdot y^0 + \binom{n}{1} \cdot x^{n-1} \cdot y^1 + ... + \binom{n}{n-1} \cdot x^1 \cdot y^{n-1} + \binom{n}{n} \cdot x^0 \cdot y^n = \sum_{k=0}^{n} \binom{n}{k} \cdot x^{n-k} \cdot y^k$$

Observe que, em cada termo, a soma dos expoentes das variáveis é n. Além disso, pode-se perceber que os expoentes de uma variável decrescem de n até 0, enquanto os expoentes da outra crescem de 0 até n.

Veja também que o expoente de uma variável sempre será igual à diferença entre o numerador e o denominador do coeficiente binomial, e que o expoente da outra variável é igual ao denominador do mesmo coeficiente.

A igualdade que acabamos de ver é conhecida como **fórmula do binômio de Newton**.

Observações

- A letra grega $\sum$ (sigma) é usada para indicar uma soma.

  A indicação $\sum_{i=m}^{n} x_i$ significa o **somatório** dos valores de x_i, para i variando de m até n. Veja outros exemplos:

  a) $\sum_{k=2}^{100} k = 2 + 3 + ... + 100$

  b) $\sum_{i=m}^{n} f_i = f_m + f_{m+1} + f_{m+2} + ... + f_n$, para $m < n$

- Para desenvolver a potência $(x - y)^n$, com n natural, fazemos $(x - y)^n = [x + (-y)]^n$.

7.2 Termo geral do binômio de Newton

Vamos escrever alguns termos do desenvolvimento de $(x + y)^n$ e determinar o termo geral do binômio de Newton:

- O primeiro termo ocupa a posição $0 + 1$, então:

  $T_1 = T_{0+1} = \binom{n}{0} \cdot x^n \cdot y^0$

- O segundo termo ocupa a posição $1 + 1$, então:

  $T_2 = T_{1+1} = \binom{n}{1} \cdot x^{n-1} \cdot y^1$

- O terceiro termo ocupa a posição $2 + 1$, então:

  $T_3 = T_{2+1} = \binom{n}{2} \cdot x^{n-2} \cdot y^2$

- O quarto termo ocupa a posição $3 + 1$, então:

  $T_4 = T_{3+1} = \binom{n}{3} \cdot x^{n-3} \cdot y^3$

Logo, concluímos que um **termo geral**, que ocupa a posição $k + 1$ do desenvolvimento de $(x + y)^n$, é dado por:

$$T_{k+1} = \binom{n}{k} \cdot x^{n-k} \cdot y^k, \text{ com } 0 \leq k \leq n$$

EXERCÍCIOS

70. Calcule o 11º termo do desenvolvimento dos binômios a seguir (segundo expoentes decrescentes de x).
a) $(x + 5y)^n$
b) $(2x - y)^{14}$
c) $(x + y - 1)^n$

R19. Calcular o valor de m sabendo que:

$$\binom{m}{0} + \binom{m}{1} \cdot 2 + \binom{m}{2} \cdot 4 + ... + \binom{m}{m-1} \cdot 2^{m-1} + \binom{m}{m} \cdot 2^m = 243$$

▶ **Resolução**

De acordo com a fórmula do binômio de Newton, temos:

$$\binom{m}{0} + \binom{m}{1} \cdot 2 + \binom{m}{2} \cdot 4 + ... + \binom{m}{m-1} \cdot 2^{m-1} + \binom{m}{m} \cdot 2^m = (1+2)^m = 3^m$$

Resolvendo a equação exponencial $3^m = 243$, obtemos $m = 5$.

R20. Desenvolver a potência $(x - 3)^5$ usando a fórmula do binômio de Newton.

▶ **Resolução**

Utilizando a fórmula do binômio de Newton, temos:
$(x - 3)^5 = [x + (-3)]^5 =$
$= \binom{5}{0}x^5(-3)^0 + \binom{5}{1}x^{5-1}(-3)^1 + \binom{5}{2}x^{5-2}(-3)^2 +$
$+ \binom{5}{3}x^{5-3}(-3)^3 + \binom{5}{4}x^{5-4}(-3)^4 + \binom{5}{5}x^{5-5}(-3)^5 =$
$= x^5 + 5x^4 \cdot (-3) + 10x^3 \cdot 9 + 10x^2 \cdot (-27) +$
$+ 5x^1 \cdot 81 + x^0 \cdot (-343)$

Portanto:
$(x - 3)^5 = x^5 - 15x^4 + 90x^3 - 270x^2 + 405x - 243$

71. Faça a expansão dos binômios abaixo:
a) $(x^2 - y^2)^3$
b) $\left(1 + \dfrac{x}{2}\right)^4$
c) $\left(x + \dfrac{1}{x}\right)^6$
d) $\left(2x - \dfrac{1}{x}\right)^8$

R21. Verificar se há termo independente de x no desenvolvimento de $\left(\dfrac{1}{x^2} - x^6\right)^8$.

▶ **Resolução**

$\left(\dfrac{1}{x^2} - x^6\right)^8 = \left[(x^{-2}) + (-x^6)\right]^8$

Assim, sendo $k \in \mathbb{N}$ e $0 \leq k \leq 8$, o termo geral é:

$T_{k+1} = \binom{8}{k} \cdot (x^{-2})^{8-k} \cdot (-x^6)^k$

$T_{k+1} = \binom{8}{k} \cdot x^{8k-16} \cdot (-1)^k$

Se há termo independente de x, ele tem x com expoente zero: $8k - 16 = 0 \Rightarrow k = 2$

Portanto, o termo independente de x é:

$T_{2+1} = \binom{8}{2} \cdot x^{8 \cdot 2 - 16} \cdot (-1)^2$ ou $T_3 = 28$

72. No desenvolvimento de $\left(x^2 + \dfrac{2}{x}\right)^{12}$, encontre e simplifique o termo independente de x.

73. No desenvolvimento de $(a^3 - 2)^{10}$, encontre o termo que contém a^{18}.

74. Classifique em verdadeiro (V) ou falso (F) e justifique sua resposta. No desenvolvimento do binômio $(x + 3y)^9$:
a) existem 9 termos.
b) o coeficiente de x^5 é ímpar.
c) o coeficiente de y^7 é par.
d) a soma dos coeficientes é menor que 1.000.

75. No desenvolvimento de $\left(\dfrac{1}{x^2} + sx\right)^6$, qual é o valor de s para que o coeficiente de x^3 seja 18?

Exercícios complementares

1. Simplifique:
a) $\dfrac{(n-5)!}{(n-3)!}$
b) $\dfrac{(2n+3)!}{(2n+1)!}$

2. Um restaurante oferece 3 tipos de entrada, 2 pratos principais e 4 sobremesas. Quantas opções de escolha uma pessoa terá para comer uma entrada, um prato principal e uma sobremesa?

3. Em uma corrida de Fórmula 1, 10 pilotos chegaram ao final. De quantas maneiras diferentes o pódio pode ser formado com 3 desses pilotos?

EXERCÍCIOS COMPLEMENTARES

4. Resolva as equações.
   a) $A_{m,3} = 30m$
   b) $A_{n,4} = 12 \cdot A_{n,2}$

5. Com os algarismos 1, 2, 3, 4 e 5, sem repetição, quantos números de 3 dígitos podem ser pares?

6. Duas retas r e s são paralelas. Se temos 5 pontos distintos em r e 7 pontos distintos em s, quantos triângulos distintos podemos formar com esses pontos?

7. De uma urna que contém 5 bolas pretas e 3 bolas azuis, devem-se sortear todas as bolas. Quantos serão os resultados possíveis se as bolas sorteadas forem colocadas em fila?

8. No final de uma festa, alguns amigos se despediram trocando, ao todo, 28 apertos de mão. Se cada um deles cumprimentou todos os outros, quantos amigos estavam na festa?

9. No sistema de leitura e escrita braille, criado para pessoas com deficiência visual, cada caractere (algarismos, letras, símbolos etc.) é representado por um conjunto de 1 a 6 pontos em alto-relevo, dispostos em três linhas e duas colunas. Observe alguns exemplos:

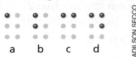

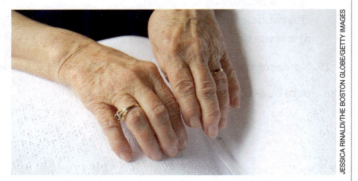

- Calcule o número total de caracteres que podem ser representados no sistema braille.

10. Para um torneio, um clube de tênis deve selecionar 2 duplas mistas de um grupo de 5 homens e 4 mulheres. De quantas maneiras isso pode ser feito?

11. Resolva as equações.
   a) $(n-2)! = 4 \cdot (n-3)!$
   b) $20 \cdot (n-2)! = n!$
   c) $\dfrac{n!}{(n+2)!} = \dfrac{1}{30}$

12. Calcule o valor de x.
   a) $\dfrac{x!}{3! \cdot (x-3)!} = \dfrac{55x}{3}$
   b) $\dfrac{(x+2)!}{4! \cdot (x-2)!} = 11 \cdot \dfrac{x!}{2! \cdot (x-2)!}$

13. Desenvolva os binômios.
   a) $(2x + 3)^5$
   b) $(x^2 - 3x)^3$

14. Calcule o oitavo termo do desenvolvimento do binômio $(\sqrt{x} - x)^{13}$.

15. Determine o coeficiente de x^{12} do desenvolvimento de $(x^2 + 2x)^{10}$.

16. Uma linha férrea com 11 estações deve imprimir bilhetes com o valor equivalente à extensão da viagem. Se cada bilhete deve conter o nome da estação de partida e o nome da estação de chegada, quantos tipos de bilhete são necessários?

17. Uma sala deve ser iluminada com 5 lâmpadas e interruptores independentes para acendê-las. De quantos modos pode-se iluminar essa sala?

18. A diretoria de uma empresa é composta de 12 diretores. Quantas são as maneiras de escolher 5 deles para formar uma comissão com presidente, vice-presidente e três supervisores?

19. Com os algarismos 1, 2, 5 e 6, sem restrições, quantos números formados com 3 dígitos ou menos são divisíveis por 5?

20. Uma confecção pretende produzir 120 bandeiras listradas diferentes entre si, cada bandeira com 3 listras de cores diferentes. Qual é o menor número de cores de tecido para a confecção produzir essas bandeiras?

QUESTÕES DE VESTIBULAR

21. (Ufop-MG)
   a) No desenvolvimento do binômio de Newton, $(a + b)^n$, segundo as potências decrescentes de a, a fórmula do termo geral é $T_{p+1} = \binom{n}{p} a^{n-p} b^p$, onde $\binom{n}{p}$ é o número de combinações de n elementos escolhidos p a p.
   Considere o binômio de Newton:
   $$\left(x^2 \sqrt{y} + \dfrac{\sqrt{x}}{y^2} \right)^8$$
   Calcule p de tal forma que o expoente de x no termo geral seja igual a 10. Em seguida, determine o termo T_{p+1}.
   b) Resolva a equação $\dfrac{n!}{(n-2)!} + \dfrac{(n+1)!}{(n-1)!} = 6n - 4$.

22. (Mackenzie-SP) Um professor deve ministrar 20 aulas em 3 dias consecutivos, tendo, para cada um dos dias, as opções de ministrar 4, 6 ou 8 aulas. O número de diferentes distribuições possíveis dessas 20 aulas, nos 3 dias, é:
   a) 7   b) 6   c) 4   d) 10   e) 8

23. (UFMG) Um aposentado realiza diariamente, de segunda a sexta-feira, estas cinco atividades:
   - leva seu neto para a escola, às 13 horas;
   - pedala 20 minutos na bicicleta ergométrica;
   - passeia com o cachorro da família;
   - pega seu neto na escola, às 17 horas;
   - rega as plantas do jardim de sua casa.

Cansado, porém, de fazer essas atividades na mesma ordem, ele resolveu realizá-las em uma ordem diferente. Nesse caso, o número de maneiras possíveis de ele realizar essas cinco atividades, em ordem diferente, é:

a) 24   b) 60   c) 72   d) 120

24. (IME-RJ) O sistema de segurança de uma casa utiliza um teclado numérico, conforme ilustrado na figura.

Teclado numérico

Um ladrão observa de longe e percebe que:
- a senha utilizada possui 4 dígitos;
- o primeiro e o último dígitos encontram-se numa mesma linha;
- o segundo e o terceiro dígitos encontram-se na linha imediatamente superior.

Calcule o número de senhas que deverão ser experimentadas pelo ladrão para que com certeza ele consiga entrar na casa.

25. (UEL-PR) Numa competição internacional, um país obteve, no total, 10 medalhas dentre as de ouro, prata e bronze. Sabendo-se que esse país recebeu pelo menos uma medalha de ouro, uma de prata e uma de bronze, quantas são as possibilidades de composição do quadro de medalhas desse país?

a) 10   b) 30   c) 36   d) 120   e) 132

26. (ESPM-SP) A quantidade de números naturais de 3 algarismos distintos cuja soma dos algarismos é 20 é:

a) 30   b) 26   c) 24   d) 20   e) 18

27. (Mackenzie-SP) Num avião, uma fila tem 7 poltronas dispostas, como na figura abaixo.

Os modos de João e Maria ocuparem duas poltronas dessa fila, de modo que não haja um corredor entre eles, são em número de:

a) 6   b) 7   c) 8   d) 10   e) 12

28. (Vunesp) Considere todos os números formados por 6 algarismos distintos obtidos permutando-se, de todas as formas possíveis, os algarismos 1, 2, 3, 4, 5 e 6.

a) Determine quantos números é possível formar (no total) e quantos números se iniciam com o algarismo 1.
b) Escrevendo-se esses números em ordem crescente, determine qual posição ocupa o número 512.346 e que número ocupa a 242ª posição.

29. (Fuvest-SP) Participam de um torneio de voleibol 20 times distribuídos em 4 chaves de 5 times cada uma.
Na 1ª fase do torneio, os times jogam entre si uma única vez (um único turno), todos contra todos em cada chave, sendo que os 2 melhores de cada chave passam para a 2ª fase.
Na 2ª fase, os jogos são eliminatórios; depois de cada partida, apenas o vencedor permanece no torneio.
Logo, o número de jogos necessários até que se apure o campeão do torneio é:

a) 39   b) 41   c) 43   d) 45   e) 47

30. (Femm-MG) Uma fábrica de sucos de frutas utiliza laranjas, uvas, maçãs, abacaxis e kiwis para produzir seus produtos, que são sucos com um único tipo de fruta ou sucos com mistura de dois tipos de frutas.
Aos sucos produzidos pode ser adicionado açúcar ou adoçante. A quantidade de sucos diferentes que essa fábrica produz é:

a) 30   b) 25   c) 20   d) 10

31. (Mackenzie-SP) Uma padaria faz sanduíches, segundo a escolha do cliente, oferecendo 3 tipos diferentes de pães e 10 tipos diferentes de recheios. Se o cliente pode escolher o tipo de pão e 1, 2 ou 3 recheios diferentes, o número de possibilidades de compor o sanduíche é:

a) 525   b) 630   c) 735   d) 375   e) 450

32. (Fuvest-SP) Uma ONG decidiu preparar sacolas, contendo 4 itens distintos cada uma, para distribuir entre a população carente. Esses 4 itens devem ser escolhidos entre 8 tipos de produtos de limpeza e 5 tipos de alimentos não perecíveis. Em cada sacola, deve haver pelo menos um item que seja alimento não perecível e pelo menos um item que seja produto de limpeza. Quantos tipos de sacolas distintas podem ser feitos?

a) 360   b) 420   c) 540   d) 600   e) 640

33. (Vunesp) Uma grande firma oferecerá aos seus funcionários 10 minicursos diferentes, dos quais só 4 serão de informática. Para obter um certificado de participação, o funcionário deverá cursar 4 minicursos diferentes, sendo que exatamente 2 deles deverão ser de informática. Determine de quantas maneiras distintas um funcionário terá a liberdade de escolher:

a) os minicursos que **não** são de informática.
b) os 4 minicursos, de modo a obter um certificado.

34. (Fuvest-SP) Três empresas devem ser contratadas para realizar quatro trabalhos distintos em um condomínio. Cada trabalho será atribuído a uma única empresa, e todas elas devem ser contratadas. De quantas maneiras distintas podem ser distribuídos os trabalhos?

a) 12   b) 18   c) 36   d) 72   e) 108

35. (Unifesp) As permutações das letras da palavra PROVA foram listadas em ordem alfabética, como se fossem palavras de cinco letras em um dicionário. A 73ª palavra nessa lista é:

a) PROVA   c) RAPOV   e) RAOPV
b) VAPOR   d) ROVAP

36. (UFRJ) Ana dispunha de papéis com cores diferentes. Para enfeitar sua loja, cortou fitas desses papéis e embalou 30 caixinhas, de modo que não ficasse a mesma cor no papel e na fita em nenhuma das embalagens. A menor quantidade de cores diferentes que ela necessitou usar para a confecção de todas as embalagens foi igual a:

a) 30   b) 18   c) 6   d) 3

Mais questões: no livro digital, em **Vereda Digital Aprova Enem** e **Vereda Digital Suplemento de revisão e vestibulares**; no *site*, em **AprovaMax**.

CAPÍTULO 22

PROBABILIDADE

Nos jogos de futebol vale a regra 8:

"Uma moeda será lançada ao ar e a equipe que ganhar o sorteio decidirá a direção para a qual atacará no primeiro tempo da partida.

A outra equipe efetuará o tiro de saída para iniciar a partida.

A equipe que ganhar o sorteio executará o tiro de saída para iniciar o segundo tempo da partida.

No segundo tempo da partida, as equipes trocarão de lado de campo e atacarão na direção oposta."

Disponível em: <www.cbf.com.br>.
Acesso em: 9 set. 2016.

Sissi, jogadora da seleção brasileira feminina de futebol, atua em partida pelo Campeonato Sul-Americano de 1995, no Brasil.

Delma Gonçalves, mais conhecida como Pretinha, atua em partida contra o México pela Copa do Mundo de futebol feminino de 1999, nos Estados Unidos.

Fabiana da Silva Simões, jogadora da seleção brasileira feminina de futebol, atua em partida contra o Canadá pelas Olimpíadas do Rio em 2016.

1. Introdução ao estudo da Probabilidade

Você já deve ter percebido que, nos jogos de futebol, antes do início da partida, o juiz pede ao capitão de cada equipe que escolha um lado da moeda (cara ou coroa). Em seguida, ele lança a moeda para o alto, e o vencedor desse cara ou coroa pode escolher o lado do campo para iniciar a partida.

Esse método é usado para garantir que as duas equipes tenham a mesma chance de escolha, já que só é possível obter um de dois valores: cara ou coroa.

A área da Matemática que investiga a chance de ocorrência de um evento é denominada **teoria das probabilidades** e teve sua origem no século XVII, com a tentativa de responder a questões ligadas aos jogos de azar.

Atualmente, a teoria das probabilidades é aplicada em múltiplos aspectos da vida social e da pesquisa científica, como na previsão meteorológica, na análise especulativa da economia mundial e do mercado financeiro ou no estabelecimento dos possíveis efeitos colaterais dos medicamentos.

1.1 Experimento aleatório, espaço amostral e evento

Analisando a situação em que o árbitro de uma partida de futebol lança uma moeda para o alto, percebemos que, antes do lançamento, não é possível saber com exatidão qual será o resultado. Por isso, esse tipo de situação é chamado de **experimento aleatório**.

Também são classificados como experimentos aleatórios: o lançamento de um dado, a retirada de uma bola numerada em um bingo, o sorteio de números em uma loteria, entre outros.

No caso do lançamento da moeda, os possíveis resultados são: cara ou coroa. O conjunto de todos os resultados possíveis {cara, coroa} forma o **espaço amostral** desse experimento.

Podemos apostar que, em um lançamento, sai cara ou sai coroa; esses acontecimentos são denominados **eventos**.

Podemos resumir esses conceitos assim:

- **Experimento aleatório** é todo experimento que, ao ser repetido várias vezes e sob as mesmas condições, apresenta, entre as possibilidades, resultados imprevisíveis.
- **Espaço amostral** (S) de um experimento aleatório é o conjunto de todos os resultados possíveis desse experimento.
- **Evento** (E) é todo subconjunto do espaço amostral.

Observação

Neste capítulo, salvo observação em contrário, consideraremos todos os dados, moedas, cartas de baralho e bolas numeradas como perfeitos ou honestos.

Exemplos

a) Quando se retira uma bola de uma urna que contém 50 bolas numeradas de 1 a 50, um evento possível é: "a bola retirada conter um número primo menor que 20". O espaço amostral desse experimento é $S = \{1, 2, ..., 50\}$, e o evento é $E = \{2, 3, 5, 7, 11, 13, 17, 19\}$. O número de elementos do conjunto S é $n(S) = 50$ e o do conjunto E é $n(E) = 8$.

b) No sorteio de uma carta de um baralho honesto de 52 cartas, um possível evento é: "a carta sorteada ser de copas e com figura". O espaço amostral desse experimento é o conjunto S = {ás de copas, 2 de copas, ..., rei de copas, ás de ouros, 2 de ouros, ..., rei de ouros, ás de espadas, ..., rei de espadas, ás de paus, ..., rei de paus}. O evento é o conjunto E = {valete de copas, dama de copas, rei de copas}. Nesse experimento, $n(S) = 52$ e $n(E) = 3$.

Eventos

Vamos considerar o experimento aleatório "lançar um dado cúbico e registrar o número representado na face voltada para cima".

O espaço amostral desse experimento é $S = \{1, 2, 3, 4, 5, 6\}$, e o número de elementos desse espaço amostral é dado por $n(S) = 6$.

Observe alguns exemplos de eventos para esse experimento:

- E_1: o número é 5 $\rightarrow E_1 = \{5\}$ e $n(E_1) = 1$

Quando o evento é um subconjunto unitário do espaço amostral, é denominado **evento simples** ou **evento elementar**.

- E_2: o número é menor ou igual a 6 $\rightarrow E_2 = \{1, 2, 3, 4, 5, 6\}$ e $n(E_2) = 6$

Se o evento coincidir com o espaço amostral, ele é chamado de **evento certo**.

- E_3: o número é maior que 6 → $E_3 = \emptyset$ e $n(E_3) = 0$

Se for o conjunto vazio, como nesse caso, o evento será chamado de **evento impossível**.

- E_4: o número é par → $E_4 = \{2, 4, 6\}$ e $n(E_4) = 3$
- E_5: o número é ímpar → $E_5 = \{1, 3, 5\}$ e $n(E_5) = 3$

Note que $E_4 \cap E_5 = \emptyset$. Quando dois eventos não têm elementos comuns, ou seja, quando a intersecção desses eventos é o conjunto vazio, eles são denominados **eventos mutuamente exclusivos**.

No caso desses eventos, temos ainda: $E_4 \cup E_5 = \{1, 2, 3, 4, 5, 6\} = S$. Dois eventos que não têm elementos comuns e cuja união é igual ao espaço amostral são denominados **eventos complementares**. Indicamos o complementar de um evento E por $\overline{E}$.

EXERCÍCIOS

R1. Lançando dois dados, um vermelho e um azul, e considerando as faces voltadas para cima:

a) quantos elementos há no espaço amostral?

b) em quantos casos a soma dos números das faces superiores é maior que 8?

c) em quantos casos o produto dos números das faces superiores é igual a 28?

➤ **Resolução**

a) A tabela a seguir mostra todos os possíveis resultados desse experimento.

		Dado azul					
		1	2	3	4	5	6
Dado vermelho	1	(1, 1)	(1, 2)	(1, 3)	(1, 4)	(1, 5)	(1, 6)
	2	(2, 1)	(2, 2)	(2, 3)	(2, 4)	(2, 5)	(2, 6)
	3	(3, 1)	(3, 2)	(3, 3)	(3, 4)	(3, 5)	(3, 6)
	4	(4, 1)	(4, 2)	(4, 3)	(4, 4)	(4, 5)	(4, 6)
	5	(5, 1)	(5, 2)	(5, 3)	(5, 4)	(5, 5)	(5, 6)
	6	(6, 1)	(6, 2)	(6, 3)	(6, 4)	(6, 5)	(6, 6)

Portanto, há 36 elementos no espaço amostral desse experimento.

b) Observando a tabela, temos soma maior que 8 em 10 casos:

$E = \{(3, 6), (4, 5), (4, 6), (5, 4), (5, 5), (5, 6), (6, 3), (6, 4), (6, 5), (6, 6)\}$

Logo, o número de elementos que correspondem ao evento "soma maior que 8" é $n(E) = 10$.

c) Os únicos pares de números naturais cujo produto é igual a 28 são: (28, 1), (14, 2), (7, 4), (1, 28), (2, 14) e (4, 7). Uma vez que nenhum desses pares ordenados pertence ao espaço amostral, o evento "produto igual a 28" não tem elementos, ou seja, trata-se de um evento impossível.

1. A família Silva gosta de jogar bingo em sua casa, sorteando ao acaso números de 1 a 90. Considerando que o número sorteado na 1ª rodada seja um múltiplo de 5, determine o espaço amostral e o evento representativo da situação.

2. Se, no início de uma rodada de bingo da família Silva, alguém diz "vai sair um número maior que 3", a chance de acerto é maior que a de erro: sair um número maior que 3 é, nesse caso, um acontecimento (evento) **muito provável** (não ocorre sempre, mas ocorre com frequência). Determine quantos elementos têm esse evento e o espaço amostral.

3. Ainda considerando a situação da família Silva, se alguém diz "vai sair um número maior que 90", não existe chance de acerto, pois o acontecimento (evento) é impossível. Elabore enunciados para: um evento impossível, um evento certo e um evento simples.

4. Em um jogo de baralho comum, com 52 cartas, temos: 13 cartas de ouros, 13 cartas de copas, 13 cartas de paus e 13 cartas de espadas. Se alguém disser "vai sair um rei de ouros", estará apostando em um acontecimento (evento) **pouco provável**. Nesse caso, o número de elementos do evento é muito menor que o número de elementos do espaço amostral? Justifique sua resposta com uma contagem.

5. Considere o experimento de lançamento de três moedas diferentes. Representando por c a ocorrência de cara e por k a ocorrência de coroa, determine o espaço amostral do experimento e os eventos correspondentes a cada uma das seguintes condições:

a) ocorrer apenas uma coroa.

b) ocorrer apenas duas caras.

c) ocorrer pelo menos duas coroas.

d) ocorrer uma coroa e duas caras.

6. Para o lançamento simultâneo de dois dados, um azul e um vermelho, considerados ambos perfeitos, determine o espaço amostral e os eventos correspondentes a cada uma das seguintes situações:

a) sair o mesmo número em ambos os dados.

b) sair soma 9.

c) sair soma menor que 2.

d) sair produto maior que 30.

e) sair produto menor que 10.

f) sair soma maior que 1 e menor que 15.

g) sair número par em ambos os dados.

h) sair, em um dos dados, o número 6 e, no outro dado, um número múltiplo de 3.

7. Três pessoas, A, B e C, são colocadas em fila. Tomando como critério a disposição na fila, determine:

a) o espaço amostral.

b) o evento em que A fica antes de B na fila.

R2. Cada um dos números 1, 2, 3 e 4 é escrito em um pequeno cartão, que é depositado em uma caixa.

Sabendo que dois cartões são sorteados aleatoriamente, um após o outro, determinar o espaço amostral quando esse experimento é realizado:

a) com reposição dos cartões.

b) sem reposição.

▶ **Resolução**

a) Se o experimento é realizado com reposição, os números 1, 2, 3 e 4 "participam" de ambos os sorteios, e o espaço amostral é, então, dado por:

S = {(1, 1), (1, 2), (1, 3), (1, 4), (2, 1), (2, 2), (2, 3), (2, 4), (3, 1), (3, 2), (3, 3), (3, 4), (4, 1), (4, 2), (4, 3), (4, 4)}

b) Se o experimento é realizado sem reposição, o número sorteado em primeiro lugar não "participa" do segundo sorteio. Nesse caso, o espaço amostral é diferente daquele do experimento com reposição, sendo dado por:

S = {(1, 2), (1, 3), (1, 4), (2, 1), (2, 3), (2, 4), (3, 1), (3, 2), (3, 4), (4, 1), (4, 2), (4, 3)}

8. Em uma urna há 4 bolas, uma de cor azul, uma amarela, uma verde e uma vermelha. Duas bolas são retiradas ao acaso. Determine o espaço amostral se esse experimento é realizado:

a) sem reposição.

b) com reposição.

9. Em uma sala de cinema, as poltronas são distribuídas em 10 fileiras marcadas de A a J, havendo em cada fileira 20 poltronas, numeradas de 1 a 20. Considere o experimento em que uma pessoa entra nessa sala, ainda vazia, e escolhe aleatoriamente um lugar para se sentar.

a) Qual é o número de elementos do espaço amostral desse experimento?

b) Sabendo que a pessoa escolheu uma poltrona representada por uma vogal e um número par, determine o número de elementos desse evento.

R3. Uma caixa contém 2.000 lâmpadas. Um experimento consiste em escolher, aleatoriamente, 5 lâmpadas dessa caixa e verificar se estão queimadas ou não. Determinar o número de elementos do espaço amostral desse experimento.

▶ **Resolução**

Listar, caso a caso, todos os elementos do espaço amostral desse experimento é impraticável, em razão do elevado número de possibilidades. Porém, podemos utilizar a Análise combinatória para determinar o número de elementos desse espaço amostral.

Como se trata de um caso de combinação (pois a ordem em que as lâmpadas são sorteadas não é importante), vamos determinar de quantas maneiras 5 lâmpadas podem ser selecionadas de um total de 2.000 lâmpadas disponíveis. Assim:

$$C_{2.000, 5} = \frac{2.000!}{5! \cdot (2.000 - 5)!}$$

$$C_{2.000, 5} = \frac{2.000!}{5! \cdot 1.995!} \approx 2{,}65 \cdot 10^{14}$$

Logo, o total de elementos desse espaço amostral é, aproximadamente, $2{,}65 \cdot 10^{14}$.

10. Em uma embalagem, há 500 parafusos. Um experimento consiste em escolher, aleatoriamente, 3 parafusos dessa embalagem e verificar se eles estão de acordo com as normas de qualidade. Calcule o número de elementos do espaço amostral desse experimento.

2. Probabilidade

2.1 Definição de probabilidade

Acompanhe a situação a seguir.

Suponha que um casal queira ter dois filhos. Cada um dos filhos poderá ser do sexo masculino (M) ou do sexo feminino (F). Sabendo que a chance de nascer um filho do sexo masculino é igual à de nascer um filho do sexo feminino, independentemente do sexo dos filhos anteriores, qual é a chance de esse casal gerar dois filhos do sexo masculino (M, M)?

Para responder a essa questão, determinamos o espaço amostral S e o evento E (dois filhos do sexo masculino):

• S = {(M, M), (M, F), (F, M), (F, F)}

• E = {(M, M)}

Observe que: n(E) = 1 e n(S) = 4

Assim, a chance de o casal gerar dois filhos do sexo masculino é de 1 em 4, ou $\frac{1}{4}$.

Nessa situação, consideramos que, para cada evento simples, existe a mesma chance de ocorrência. Quando adotamos esse critério em um espaço amostral finito, esse espaço é denominado **espaço amostral equiprovável**.

> Em um espaço amostral equiprovável S, finito e não vazio, a **probabilidade** de ocorrência de um evento E, indicada por P(E), é a razão entre o número de elementos do evento, n(E), e o número de elementos do espaço amostral, n(S):
>
> $$P(E) = \frac{n(E)}{n(S)}$$

Podemos representar a probabilidade de um evento nas formas fracionária, decimal ou percentual. Nesse exemplo, a probabilidade de o casal ter dois filhos do sexo masculino é:

$$P(E) = \frac{n(E)}{n(S)} = \frac{1}{4} = 0{,}25 \text{ ou } P(E) = 25\%$$

Observação

Em geral, a probabilidade é uma medida de tendência, não de certeza.

Consequências da definição

Considerando E um evento e S o espaço amostral finito, não vazio, de um experimento aleatório, temos:

$$0 \leq n(E) \leq n(S) \Rightarrow \frac{0}{n(S)} \leq \frac{n(E)}{n(S)} \leq \frac{n(S)}{n(S)} \Rightarrow 0 \leq P(E) \leq 1$$

- Se E é um evento impossível, então: P(E) = 0
- Se E é um evento certo, então: P(E) = 1

EXERCÍCIOS

R4. No lançamento de um dado, qual é a probabilidade de a face superior apresentar:

a) o número 3 (evento E_1)?

b) um número menor que 7 (evento E_2)?

c) um número menor que 1 (evento E_3)?

d) um divisor da soma dos pontos de todas as faces do dado (evento E_4)?

▶ Resolução

O espaço amostral S = {1, 2, 3, 4, 5, 6} é equiprovável e n(S) = 6.

a) $E_1 = \{3\}$ é um evento simples e $n(E_1) = 1$; então:

$$P(E_1) = \frac{1}{6}$$

b) $E_2 = \{1, 2, 3, 4, 5, 6\} = S$ é um evento certo e $n(E_2) = 6$; então: $P(E_2) = \frac{6}{6} = 1$

c) $E_3 = \varnothing$ é um evento impossível e $n(E_3) = 0$; então:

$$P(E_3) = \frac{0}{6} = 0$$

d) A soma dos pontos de todas as faces do dado é: 1 + 2 + 3 + 4 + 5 + 6 = 21

$E_4 = \{1, 3\}$ e $n(E_4) = 2$; então: $P(E_4) = \frac{2}{6} = \frac{1}{3}$

R5. No lançamento simultâneo de uma moeda e de um dado, determinar:

a) o espaço amostral.

b) o número de elementos do evento E_1: coroa na moeda e face par no dado; e a probabilidade de ocorrência de E_1.

c) a probabilidade de ocorrência do evento E_2: face 3 no dado.

d) a probabilidade de ocorrência do evento E_3: coroa na moeda.

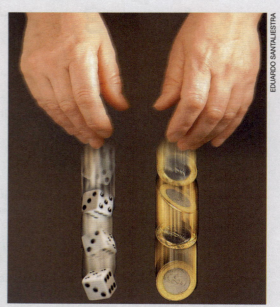

▶ Resolução

a) A moeda tem duas faces, coroa (k) e cara (c), e o dado tem as faces numeradas de 1 a 6. Portanto, o espaço amostral é:
S = {(k, 1), (k, 2), (k, 3), (k, 4), (k, 5), (k, 6), (c, 1), (c, 2), (c, 3), (c, 4), (c, 5), (c, 6)} e n(S) = 12

b) O evento "coroa na moeda e face par no dado" é o conjunto: $E_1 = \{(k, 2), (k, 4), (k, 6)\}$ e $n(E_1) = 3$. Então:

$$P(E_1) = \frac{n(E_1)}{n(S)} = \frac{3}{12} = \frac{1}{4} = 0{,}25 \text{ ou } P(E_1) = 25\%$$

c) O evento "face 3 no dado" é o conjunto:

$E_2 = \{(k, 3), (c, 3)\}$ e $n(E_2) = 2$. Então:

$P(E_2) = \dfrac{n(E_2)}{n(S)} = \dfrac{2}{12} = \dfrac{1}{6} = 0{,}1666\ldots$ ou $P(E_2) \simeq 16{,}7\%$

d) O evento "coroa na moeda" é o conjunto:

$E_3 = \{(k, 1), (k, 2), (k, 3), (k, 4), (k, 5), (k, 6)\}$ e $n(E_3) = 6$
Então:

$P(E_3) = \dfrac{n(E_3)}{n(S)} = \dfrac{6}{12} = \dfrac{1}{2} = 0{,}5$ ou $P(E_3) = 50\%$

11. Considerando a face superior resultante do lançamento de um dado, calcule a probabilidade de obter:

a) um número par.

b) um número menor que 5.

c) o número 6.

d) o número 0.

12. Em uma urna há 5 bolas brancas, 3 bolas pretas e 7 bolas vermelhas. Retirando uma bola ao acaso, qual é a probabilidade de ela ser:

a) branca?

b) preta?

c) branca **ou** preta?

d) vermelha **e** branca?

13. Retirando ao acaso uma carta de um baralho comum, qual é a probabilidade de sair um rei?

14. Observe o quadro de funcionários da empresa XYZ.

Empresa XYZ	
Setor	**Número de funcionários**
Administração	32
Limpeza	48
Cozinha	20
Produção	400
Controle de qualidade	20
Vendas	280

Sorteando aleatoriamente um funcionário da empresa XYZ, qual é a probabilidade de ele ser do setor:

a) de produção?

b) da cozinha?

15. No lançamento de um dado com a forma de um dodecaedro regular (poliedro de 12 faces pentagonais congruentes), cujas faces estão numeradas de 1 a 12, considera-se que "saiu o número 2" se, após o lançamento, a face com o número 2 estiver voltada para cima. Calcule a probabilidade de, em um lançamento:

a) E_1: sair um número par.

b) E_2: sair um número maior que 4.

c) E_3: sair um número divisível por 3.

d) E_4: sair um número múltiplo de 5.

e) E_5: sair um número menor que 1.

16. Testada em 1.000 crianças, uma vacina imunizou 800 delas. Considerando ao acaso uma das crianças que receberam a vacina, qual é a probabilidade de ela estar imunizada? Qual é o índice de eficácia da vacina?

17. Um casal planeja ter 3 filhos. Preencha o diagrama de árvore abaixo com todos os possíveis arranjos entre meninos (M) e meninas (F) e calcule a probabilidade de nascimento de:

a) duas meninas e um menino (E_1).

b) três meninos (E_2).

c) pelo menos um menino (E_3).

d) todas as crianças do mesmo sexo (E_4).

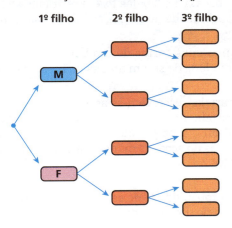

R6. Uma equipe de 12 pessoas é formada por 9 homens e 3 mulheres. Dessas pessoas, 2 serão sorteadas para compor uma comissão. Qual é a probabilidade de a comissão ser formada por:

a) duas mulheres?

b) dois homens?

c) um homem e uma mulher?

➤ **Resolução**

Para calcular o número de elementos do espaço amostral, devemos considerar um grupo de 12 pessoas, do qual serão sorteados 2 elementos, não importando a ordem, o que corresponde ao número de combinações de 12, tomadas 2 a 2:

$$n(S) = C_{12,2} = \frac{12!}{(12-2)! \cdot 2!} = 66$$

a) Seja E_1: comissão formada por 2 mulheres, de um total de 3. Então:

$$n(E_1) = C_{3,2} = \frac{3!}{(3-2)! \cdot 2!} = 3$$

$$P(E_1) = \frac{n(E_1)}{n(S)} = \frac{3}{66} = \frac{1}{22}$$

b) Seja E_2: comissão formada por 2 homens, de um total de 9. Então:

$$n(E_2) = C_{9,2} = \frac{9!}{(9-2)! \cdot 2!} = 36$$

$$P(E_2) = \frac{n(E_2)}{n(S)} = \frac{36}{66} = \frac{6}{11}$$

c) Seja E_3: comissão formada por 1 homem (de um total de 9) e 1 mulher (de um total de 3). Então:

$$n(E_3) = C_{9,1} \cdot C_{3,1} = 9 \cdot 3 = 27$$

$$P(E_3) = \frac{n(E_3)}{n(S)} = \frac{27}{66} = \frac{9}{22}$$

18. Uma urna contém bolas numeradas de 1 a 50. Serão sorteadas, simultaneamente, duas delas. Qual é a probabilidade de saírem as bolas 13 e 23?

19. Em um pacote de balas há 5 de sabor morango e 10 de sabor abacaxi. Se 3 balas forem retiradas ao acaso, qual é a probabilidade de serem, todas, de sabor morango?

20. Retirando duas cartas de um baralho comum, qual é a probabilidade de serem ambas da mesma cor?

21. Em 4 cartelas, escrevem-se as letras R, O, M e A, uma em cada cartela. As cartelas são, então, depositadas em um saco. Qual é a probabilidade de, retirando uma a uma as cartelas do saco, formar-se, na ordem de saída, a palavra AMOR?

22. Qual a probabilidade de sair coroa em três lançamentos seguidos de uma moeda?

23. Permutando os algarismos 3, 5 e 7, forme todos os números inteiros possíveis de 3 algarismos distintos. Escolhido um desses números ao acaso, determine a probabilidade de ele ser:

a) ímpar (E_1).

b) par (E_2).

c) múltiplo de 7 (E_3).

d) divisível por 5 (E_4).

e) maior que 375 (E_5).

24. De uma urna com 5 bolas amarelas, 7 vermelhas e 3 azuis são retiradas, simultaneamente e ao acaso, 3 bolas. Qual é a probabilidade de as 3 bolas serem:

a) amarelas?

b) azuis?

c) vermelhas?

d) da mesma cor?

25. Em um dos departamentos de um banco há 6 funcionários: Alberto, Bento, Carlos, Dulce, Eduardo e Elaine. Dois funcionários são sorteados simultaneamente para formar uma comissão. Determine a probabilidade de que Dulce seja sorteada e Elaine não seja.

2.2 Intersecção de dois eventos

Para uma pesquisa sobre a preferência por esportes individuais ou coletivos, foram entrevistados 330 adolescentes. O resultado foi o seguinte:

- 150 gostam de esportes individuais;
- 200 gostam de esportes coletivos;
- 50 gostam igualmente dos dois tipos;
- 30 não gostam de esportes.

É possível representar o resultado dessa pesquisa de forma gráfica em um diagrama de Venn. Observe:

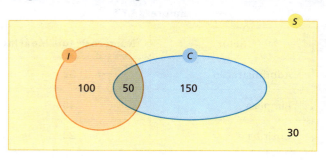

Com os dados coletados na pesquisa, podemos fazer cálculos de probabilidade. Por exemplo, é possível determinar a probabilidade do evento E: escolher um adolescente que goste igualmente dos dois tipos de esporte.

O espaço amostral desse experimento é dado pelo conjunto S, para o qual $n(S) = 330$. A probabilidade de E é a probabilidade da intersecção dos eventos C (escolher um adolescente que goste de esportes coletivos) e I (escolher um adolescente que goste de esportes individuais) e $n(E) = 50$.

Assim:

$$P(E) = \frac{n(E)}{n(S)} = \frac{50}{330} = \frac{5}{33} \approx 15{,}15\%$$

Em geral, se A e B são eventos quaisquer de um espaço amostral S, a **probabilidade da intersecção** de A e B, representada por $P(A \cap B)$, é dada por:

$$P(A \cap B) = \frac{n(A \cap B)}{n(S)}$$

2.3 União de dois eventos

Marcos está jogando com os amigos. A brincadeira consiste em somar pontos com o lançamento simultâneo de dois dados, um verde e um azul. Qual é a probabilidade de Marcos obter na soma um número par **ou** um número múltiplo de 3?

Da situação, conhecemos:

- o espaço amostral S, em que $n(S) = 36$

$S = \{(1, 1), (1, 2), (1, 3), (1, 4), (1, 5), (1, 6), (2, 1),$
$(2, 2), (2, 3), (2, 4), (2, 5), (2, 6), (3, 1), (3, 2),$
$(3, 3), (3, 4), (3, 5), (3, 6), (4, 1), (4, 2), (4, 3),$
$(4, 4), (4, 5), (4, 6), (5, 1), (5, 2), (5, 3), (5, 4),$
$(5, 5), (5, 6), (6, 1), (6, 2), (6, 3), (6, 4), (6, 5), (6, 6)\}$

- o evento "obter na soma um número par" (E_1), em que $n(E_1) = 18$ e $(E_1) = \frac{1}{2}$

$E_1 = \{(1, 1), (1, 3), (1, 5), (2, 2), (2, 4), (2, 6), (3, 1),$
$(3, 3), (3, 5), (4, 2), (4, 4), (4, 6), (5, 1), (5, 3),$
$(5, 5), (6, 2), (6, 4), (6, 6)\}$

- o evento "obter na soma um número múltiplo de 3" (E_2), em que $n(E_2) = 12$ e $P(E_2) = \frac{1}{3}$

$E_2 = \{(1, 2), (1, 5), (2, 1), (2, 4), (3, 3), (3, 6), (4, 2), (4, 5),$
$(5, 1), (5, 4), (6, 3), (6, 6)\}$

Queremos calcular a probabilidade de ocorrer o evento E_1 **ou** de ocorrer o evento E_2, ou seja, a **probabilidade da união** de E_1 e E_2, dada por $P(E_1 \cup E_2)$.

Então, para a situação analisada, determinamos:

$E_1 \cup E_2 = \{(1, 1), (1, 2), (1, 3), (1, 5), (2, 1), (2, 2), (2, 4),$
$(2, 6), (3, 1), (3, 3), (3, 5), (3, 6), (4, 2), (4, 4),$
$(4, 5), (4, 6), (5, 1), (5, 3), (5, 4), (5, 5), (6, 2),$
$(6, 3), (6, 4), (6, 6)\}$

Usando a definição de probabilidade, calculamos:

$$P(E_1 \cup E_2) = \frac{n(E_1 \cup E_2)}{n(S)} = \frac{24}{36} = \frac{2}{3}$$

Logo, a probabilidade de Marcos obter na soma um número par **ou** um número múltiplo de 3 é $\frac{2}{3}$.

Vamos supor agora que queremos calcular a probabilidade de obter na soma um número par **e** um número múltiplo de 3.

Nesse caso, basta determinar $E_1 \cap E_2$ e aplicar a definição de probabilidade:

$E_1 \cap E_2 = \{(1, 5), (2, 4), (3, 3), (4, 2), (5, 1), (6, 6)\}$

$$P(E_1 \cap E_2) = \frac{n(E_1 \cap E_2)}{n(S)} = \frac{6}{36} = \frac{1}{6}$$

Então, a probabilidade de obter na soma um número par **e** um número múltiplo de 3 é $\frac{1}{6}$.

Agora, considerando os resultados de $P(E_1)$, $P(E_2)$, $P(E_1 \cup E_2)$ e $P(E_1 \cap E_2)$, verificamos a igualdade: $\frac{2}{3} = \frac{1}{2} + \frac{1}{3} - \frac{1}{6}$

Ou seja: $P(E_1 \cup E_2) = P(E_1) + P(E_2) - P(E_1 \cap E_2)$

Para generalizar essa relação, vamos tomar dois eventos E_1 e E_2 de um espaço amostral S, finito e não vazio, para os quais temos:

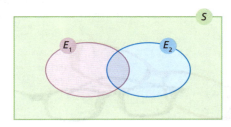

$$n(E_1 \cup E_2) = n(E_1) + n(E_2) - n(E_1 \cap E_2)$$

Dividindo os membros da igualdade por $n(S)$:

$$\frac{n(E_1 \cup E_2)}{n(S)} = \frac{n(E_1)}{n(S)} + \frac{n(E_2)}{n(S)} - \frac{n(E_1 \cap E_2)}{n(S)}$$

Portanto, a probabilidade de ocorrência do evento **união** de E_1 e E_2 é dada por:

$$P(E_1 \cup E_2) = P(E_1) + P(E_2) - P(E_1 \cap E_2)$$

Eventos mutuamente exclusivos

Quando dois eventos, E_1 e E_2, são mutuamente exclusivos, eles não têm elementos comuns, ou seja, $E_1 \cap E_2 = \varnothing$, e $n(E_1 \cap E_2) = 0$; então:

$$P(E_1 \cap E_2) = \frac{n(E_1 \cap E_2)}{n(S)} = \frac{0}{n(S)} = 0$$

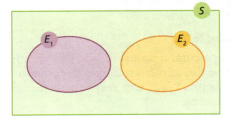

Logo, a probabilidade da união de eventos mutuamente exclusivos é:

$$P(E_1 \cup E_2) = P(E_1) + P(E_2)$$

Eventos complementares

Se dois eventos, E_1 e E_2, de um espaço amostral S, são complementares, ou seja, se $E_1 \cap E_2 = \emptyset$ e $E_1 \cup E_2 = S$, então:

$$P(E_1) + P(E_2) = P(E_1 \cup E_2) = P(S) = 1$$

Portanto, se E_1 e E_2 são eventos complementares:

$$P(E_1) + P(E_2) = 1$$

EXERCÍCIOS

R7. Em uma reunião, há 16 homens e 20 mulheres. Metade dos homens e metade das mulheres usam óculos. Ao escolher uma dessas pessoas ao acaso, qual é a probabilidade de ela ser homem **ou** usar óculos?

➤ **Resolução**

Vamos considerar:
- E_1: ser homem → $n(E_1) = 16$
- E_2: usar óculos → $n(E_2) = 18$
- $E_1 \cap E_2$: ser homem **e** usar óculos → $n(E_1 \cap E_2) = 8$

Então: $P(E_1 \cup E_2) = P(E_1) + P(E_2) - P(E_1 \cap E_2)$

$P(E_1 \cup E_2) = \dfrac{16}{36} + \dfrac{18}{36} - \dfrac{8}{36} = \dfrac{26}{36} = \dfrac{13}{18}$

Logo, a probabilidade de ser um homem **ou** uma pessoa que usa óculos é de $\dfrac{13}{18}$.

R8. Uma urna contém bolas numeradas de 1 a 50. Calcular:

a) a probabilidade de ser sorteada uma bola cujo número seja par **ou** múltiplo de 5.

b) a probabilidade de ser sorteada uma bola cujo número seja par e maior que 10 **ou** o menor número primo.

➤ **Resolução**

a) Para calcular a probabilidade de sair um número par **ou** um número múltiplo de 5, vamos considerar os eventos E_1 e E_2 e os respectivos números de elementos:

- E_1: número par → $n(E_1) = 25$
- E_2: número múltiplo de 5 → $n(E_2) = 10$
- $E_1 \cap E_2$: par **e** múltiplo de 5 → $n(E_1 \cap E_2) = 5$

Assim: $P(E_1 \cup E_2) = P(E_1) + P(E_2) - P(E_1 \cap E_2)$

$P(E_1 \cup E_2) = \dfrac{25}{50} + \dfrac{10}{50} - \dfrac{5}{50} = \dfrac{30}{50}$

$P(E_1 \cup E_2) = 0,6 = 60\%$

Logo, a probabilidade de ocorrer um número par **ou** múltiplo de 5 é de 60%.

b) Para calcular a probabilidade de sair um número par maior que 10 **ou** o menor número primo, vamos considerar os eventos E_3 e E_4 e os respectivos números de elementos:

- E_3: número par maior que 10 → $n(E_3) = 20$
- E_4: menor número primo

  De 1 a 50, há 15 números primos, e o menor deles é 2. Portanto: $E_4 = \{2\}$ e $n(E_4) = 1$

- $E_3 \cap E_4$: não há número par maior que 10 e igual a 2. Logo: $n(E_3 \cap E_4) = 0$

Os conjuntos E_3 e E_4 são eventos mutuamente exclusivos: $P(E_3 \cup E_4) = P(E_3) + P(E_4) - 0$

$P(E_3 \cup E_4) = \dfrac{20}{50} + \dfrac{1}{50} = \dfrac{21}{50} = 42\%$

Logo, a probabilidade de ser sorteado um número par maior que 10 **ou** o menor número primo é de 42%.

R9. Em uma pesquisa realizada com 50 pessoas, os resultados indicaram que 25 pessoas ouvem FM, 20 pessoas ouvem AM e 20 pessoas não costumam ouvir rádio. Calcular a probabilidade de, ao selecionar uma dessas pessoas, ela ouvir ambas as frequências.

➤ **Resolução**

Observe que a pessoa que ouve FM pode também ouvir AM, e a pessoa que ouve AM pode também ouvir FM.

Sendo x o número de pessoas que ouvem ambas as frequências, vamos representar os dados da pesquisa por um diagrama.

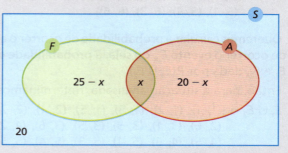

O evento E ("selecionar uma pessoa que ouve ambas as frequências, FM e AM") é a intersecção dos eventos F ("selecionar uma pessoa que ouve FM") e A ("selecionar uma pessoa que ouve AM").

Como n(E) = n(F ∩ A) = x, temos:

(25 − x) + x + (20 − x) + 20 = 50

65 − x = 50

x = 15

Portanto, 15 pessoas ouvem ambas as frequências.

Logo, a probabilidade de E é:

$P(E) = \dfrac{n(E)}{n(S)} = \dfrac{15}{50} = \dfrac{3}{10} = 0,3 = 30\%$

26. Uma urna contém 4 bolas vermelhas, 2 bolas azuis e 3 bolas brancas. Retirando uma das bolas ao acaso, qual a probabilidade de ela ter cor primária (amarela, vermelha ou azul)?

27. Um baralho comum tem 52 cartas, distribuídas em 4 grupos idênticos, exceto pelo naipe de cada grupo: paus, ouros, copas e espadas. Se tirarmos uma carta ao acaso, qual é a probabilidade de ser uma carta de paus ou uma dama?

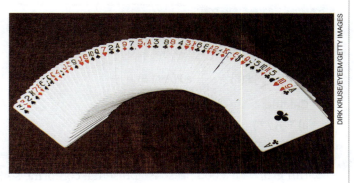

28. Retirando ao acaso uma carta de um baralho comum, qual a probabilidade de ela ser vermelha ou um rei?

29. Se lançarmos um dado vermelho e um dado preto, qual a probabilidade de sair 3 no vermelho ou 2 no preto?

30. Em uma cidade de 1.000 habitantes, 400 são sócios de um clube A, 300 de um clube B e 200 de ambos os clubes. Calcule a probabilidade de uma pessoa, escolhida ao acaso, ser sócia do clube A ou do B.

31. De 140 alunos de uma escola de Comunicações, 80 cursam Música, 40 cursam Artes cênicas e 20 cursam Música e Artes cênicas. Escolhido um estudante ao acaso, determine a probabilidade de ele cursar:

a) Música.

b) Artes cênicas.

c) Música ou Artes cênicas.

d) Música e Artes cênicas.

32. Em certa cidade, de cada 10 rapazes, 4, em média, têm olhos verdes. Sorteando ao acaso um rapaz dessa cidade, qual é a probabilidade de ele não ter olhos verdes?

33. Uma caixa contém 30 cartões, numerados de 1 a 30. Se retirarmos ao acaso um desses cartões, qual é a probabilidade de ser um múltiplo de 2 ou de 3?

34. Se lançarmos simultaneamente 2 dados considerados perfeitos, qual é a probabilidade de sair, em um deles, o número 4 ou um número par?

35. As peças de um dominó estão posicionadas com as pintas para baixo. Retirando-se uma peça ao acaso, é mais provável que o total de pintas seja maior ou menor que 6?

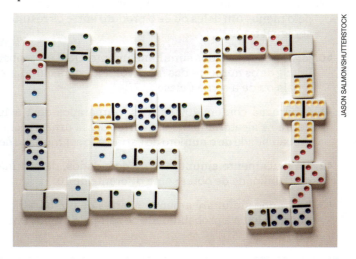

36. Em um auditório, estão 35 pessoas loiras ou morenas. Vinte delas são homens, dos quais 4 são loiros. Entre as mulheres, há 8 loiras.

Sorteando ao acaso uma pessoa desse auditório, qual a probabilidade de ela ser:

a) uma mulher ou uma pessoa loira?

b) um homem moreno?

c) uma mulher morena ou um homem?

37. Na festa junina de uma escola, uma das brincadeiras consiste em girar um disco dividido em ângulos centrais de mesmo tamanho, numerados de 1 a 30. Os prêmios são distribuídos conforme a pontuação alcançada. Para sortear um desses números, gira-se o disco e, quando ele para, considera-se válido o número indicado pela seta, que fica na parte superior do disco.

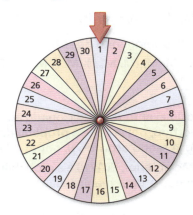

Determine a probabilidade de:

a) sair um número par.

b) sair um múltiplo de 3.

c) sair um número par e múltiplo de 3.

d) sair um número par ou múltiplo de 3.

e) não sair um número par nem um múltiplo de 3.

f) não sair um número par ou não sair um múltiplo de 3.

38. Uma moeda e um dado são lançados simultaneamente. Qual a probabilidade de se obter cara na moeda ou o número 6 no dado?

39. Jogando dois dados, qual é a probabilidade de sair 5 em pelo menos um deles ou de o produto entre os resultados ser igual a 12?

40. Jogam-se dois dados simultaneamente. Qual é a probabilidade de os números das faces voltadas para cima serem iguais ou de a soma deles ser 7?

41. Uma urna contém 100 cartões, numerados de 1 a 100. Retira-se aleatoriamente um cartão dessa urna. Calcule a probabilidade de o número do cartão não ser múltiplo de 5.

42. No lançamento simultâneo de dois dados, determine a probabilidade de obter soma diferente de 10.

43. Retirando simultaneamente 3 cartas de um baralho comum, calcule a probabilidade de sair pelo menos um rei.

3. Probabilidade condicional

3.1 Definição de probabilidade condicional

Acompanhe a situação a seguir.

Um casal deseja ter mais dois filhos além do primogênito. Qual é a probabilidade de o casal formar uma família com dois meninos e uma menina considerando que o primeiro filho é do sexo masculino?

Vamos representar o espaço amostral S adotando M para masculino e F para feminino:

$S = \{(M, M, M), (M, M, F), (M, F, M), (M, F, F), (F, M, M),$ $(F, M, F), (F, F, M), (F, F, F)\}$

Então: $n(S) = 8$

• Evento A: nascimento de dois meninos e uma menina

$A = \{(M,M,F), (M,F,M), (F,M,M)\}; n(A) = 3$ e $P(A) = \dfrac{3}{8}$

• Evento B: primogênito do sexo masculino

$B = \{(M, M, M),(M, M, F),(M, F, M),(M, F, F)\}; n(B) = 4$ e $P(B) = \dfrac{4}{8} = \dfrac{1}{2}$

Indicamos o evento A, condicionado ao fato de o evento B já ter ocorrido, por A / B, e a **probabilidade condicional** de ocorrer A, já tendo ocorrido B, por $P(A / B)$.

Na situação anterior, $P(A/B)$ é a probabilidade de o casal ter dois meninos e uma menina dado que o primogênito é menino.

Note que o evento B modifica a condição e a probabilidade do evento A, pois, a partir da ocorrência de B, o espaço amostral passa a ser o conjunto B, não mais o conjunto S. Portanto:

$$P(A/B) = \dfrac{n(A \cap B)}{n(B)} = \dfrac{\dfrac{n(A \cap B)}{n(S)}}{\dfrac{n(B)}{n(S)}} = \dfrac{P(A \cap B)}{P(B)}$$

Como $A \cap B = \{(M,M,F),(M,F,M)\}$, $n(A \cap B) = 2$ e $P(A \cap B) = \dfrac{2}{8} = \dfrac{1}{4}$, temos:

$$P(A/B) = \dfrac{P(A \cap B)}{P(B)} = \dfrac{\dfrac{1}{4}}{\dfrac{1}{2}} = \dfrac{1}{2} = 50\%$$

Assim, a probabilidade de o casal ter dois meninos e uma menina, considerando que o primeiro filho é menino, é de 50%.

Definimos, então:

$$P(A/B) = \dfrac{P(A \cap B)}{P(B)}, \text{ com } P(B) > 0, \text{ ou}$$

$$P(A \cap B) = P(B) \cdot P(A/B)$$

EXERCÍCIOS

44. Considere dois eventos A e B, com:

$P(A) = \dfrac{3}{5}, P(B) = \dfrac{3}{10}$ e $P(A \cap B) = \dfrac{1}{5}$

Calcule:

a) $P(A/B)$

b) $P(B/A)$

45. Um grupo de 1.000 pessoas apresenta, conforme sexo e qualificação profissional, os dados da tabela abaixo.

	Especializados	Não especializados	Total
Homens	210	390	600
Mulheres	140	260	400
Total	350	650	1.000

Escolhendo uma pessoa ao acaso:

a) qual a probabilidade de ser um homem?

b) qual a chance de ser mulher não especializada?

c) qual a porcentagem de ser não especializada?

d) qual a porcentagem de ser homem especializado?

e) se for especializada, qual a chance de ser mulher?

46. A comissão de formatura da escola de Marcos promoveu uma rifa com 100 bilhetes numerados de 1 a 100. Sabendo que o bilhete sorteado é múltiplo de 4 e que Marcos tem o bilhete de número 44, qual a probabilidade de ele ser o premiado?

47. Um dado é lançado duas vezes, uma após a outra. Sabendo que a soma dos números obtidos nos dois lançamentos é 6, calcule a probabilidade de ter saído 2 em um dos lançamentos.

R10. De um baralho comum, são retiradas 2 cartas, uma a uma e sem reposição. Qual é a probabilidade de que as duas cartas sejam de copas?

➤ **Resolução**

• Evento B: a primeira carta é de copas.

Então: $P(B) = \dfrac{13}{52} = \dfrac{1}{4}$

• Evento A: a segunda carta é de copas.

Assim: $P(A/B) = \dfrac{12}{51}$

Queremos obter a probabilidade de ambas as cartas serem de copas, ou seja, devemos calcular a probabilidade de $A \cap B$:

$P(A \cap B) = P(B) \cdot P(A/B) = \dfrac{1}{4} \cdot \dfrac{12}{51}$

$P(A \cap B) = \dfrac{3}{51} \approx 5{,}88\%$

48. De uma urna com 3 bolas pretas e 2 bolas vermelhas, serão retiradas, sucessiva e casualmente, 2 bolas.

Calcule a probabilidade de serem:

a) a primeira preta e a segunda vermelha.

b) a primeira vermelha e a segunda preta.

49. Em um saco, há 10 cartões vermelhos e 20 amarelos. Se forem sorteados 2 cartões, sem reposição, qual a probabilidade de o primeiro ser vermelho e o segundo ser amarelo?

3.2 Eventos independentes

Considere o lançamento simultâneo de um dado e de uma moeda. Adotando C para cara e K para coroa, o espaço amostral desse experimento é:
$S = \{(C, 1), (C, 2), (C, 3), (C, 4), (C, 5), (C, 6), (K, 1), (K, 2), (K, 3), (K, 4), (K, 5), (K, 6)\}$ e $n(S) = 12$

Vamos considerar:

• Evento A: sair coroa na moeda

$A = \{(K,1),(K,2),(K,3),(K,4),(K,5),(K,6)\}$ e

$P(A) = \dfrac{6}{12} = \dfrac{1}{2}$

• Evento B: sair um número múltiplo de 3 no dado

$B = \{(C, 3), (C, 6), (K, 3), (K, 6)\}$ e $P(B) = \dfrac{4}{12} = \dfrac{1}{3}$

Então:

$A \cap B = \{(K, 3), (K, 6)\}$ e $P(A \cap B) = \dfrac{2}{12} = \dfrac{1}{6}$

Pela definição de probabilidade condicional, temos:

$P(A/B) = \dfrac{P(A \cap B)}{P(B)} = \dfrac{\frac{1}{6}}{\frac{1}{3}} = \dfrac{1}{2}$

Note que $P(A/B) = P(A)$, ou seja, a probabilidade de sair coroa na moeda não é alterada pela ocorrência de número múltiplo de 3 no dado.

Temos ainda:

$P(B/A) = \dfrac{P(A \cap B)}{P(A)} = \dfrac{\frac{1}{6}}{\frac{1}{2}} = \dfrac{1}{3} = P(B)$

Como $P(B/A) = P(B)$, a probabilidade de ocorrer o evento B também não é alterada pela ocorrência do evento A.

Portanto, a ocorrência de um evento não interferiu na ocorrência do outro. Dizemos, então, que os eventos "sair coroa na moeda" e "sair um número múltiplo de 3 no dado" são eventos independentes.

> Dois eventos, A e B, são **eventos independentes** se a ocorrência de um deles não afeta a ocorrência do outro, isto é, se $P(A/B) = P(A)$ e $P(B/A) = P(B)$.

Para a ocorrência simultânea dos dois eventos independentes, substituímos $P(A/B)$ por $P(A)$ em $P(A \cap B) = P(B) \cdot P(A/B)$ e temos:

$$P(A \cap B) = P(A) \cdot P(B)$$

Assim, dois eventos são **eventos dependentes** quando a probabilidade de ocorrência de um deles é afetada pela ocorrência do outro. Nesse caso: $P(A \cap B) \neq P(A) \cdot P(B)$

Observação

A probabilidade de ocorrência de mais de dois eventos independentes é igual ao produto das probabilidades de cada um dos eventos.

EXERCÍCIOS

R11. Em uma turma de 30 alunos, cada aluno estuda uma língua estrangeira e cursa outra disciplina opcional, de acordo com a tabela:

	Xadrez (X)	Dança (D)	Natação (N)	Total
Francês (F)	10	3	5	18
Espanhol (E)	5	6	1	12
Total	15	9	6	30

a) Calcular a probabilidade de um aluno, selecionado ao acaso, cursar Xadrez, sabendo que ele estuda Francês.

b) Verificar se os eventos "aluno cursa Xadrez" e "aluno estuda Francês" são independentes.

▶ **Resolução**

a) Dos 18 alunos que estudam Francês, 10 cursam Xadrez. Então:

$$P(X/F) = \frac{P(X \cap F)}{P(F)} = \frac{\frac{10}{30}}{\frac{18}{30}} = \frac{10}{18} = \frac{5}{9}$$

b) A probabilidade de um aluno cursar Xadrez é:

$$P(X) = \frac{15}{30} = \frac{1}{2}$$

Logo, os eventos **não** são independentes, pois: $P(X/F) \neq P(X)$

50. Seis cartas (2, 3 e 4 de copas, 2 e 4 de paus e 4 de espadas) são embaralhadas e colocadas com a face voltada para baixo sobre uma mesa. Sabendo que uma dessas cartas é escolhida, responda às questões.

a) Os eventos "escolher um 4" e "escolher uma carta de copas" são independentes?

b) E os eventos "escolher um 4" e "escolher uma carta de paus"?

Justifique suas respostas.

51. Uma moeda é lançada três vezes. Qual a probabilidade de, nas três vezes, sair coroa na face voltada para cima?

52. Uma urna contém 5 bolas verdes e 7 bolas brancas. Retiramos 2 bolas, uma após a outra, com reposição.

a) Qual é a probabilidade de a primeira bola ser branca e a segunda verde?

b) Qual é a probabilidade de as duas bolas serem brancas?

53. Se retirarmos 2 cartas de um baralho de 52 cartas, com reposição, qual é a probabilidade de a primeira ser uma dama e a segunda ser um 10?

54. Uma urna A contém 6 bolas vermelhas e 4 amarelas, e uma urna B contém 3 bolas vermelhas e 5 amarelas. Retirando uma bola de cada urna, calcule a probabilidade de sair uma bola vermelha e uma amarela.

55. Uma caixa contém 6 canetas boas e 4 defeituosas. Quatro canetas são retiradas ao acaso, sem reposição. Calcule a probabilidade de:

a) todas serem boas.

b) todas serem defeituosas.

c) 2 serem boas e 2 serem defeituosas.

56. Bruna vai a uma sorveteria que oferece 3 opções de picolé à base de fruta e 5 que não contêm fruta. Ela quer comprar 2 picolés, mas fica muito indecisa quanto aos sabores. Como gosta de todos igualmente, resolve pegar 2 sabores diferentes ao acaso, sem escolher. Qual a probabilidade:

a) de que os 2 sorvetes sejam à base de fruta?

b) de que nenhum dos sorvetes seja à base de fruta?

c) de que somente 1 dos sorvetes seja à base de fruta?

57. Uma urna contém 3 bolas: uma verde, uma azul e uma branca. Retira-se uma bola ao acaso, registra-se sua cor e coloca-se a bola de volta na urna. Repete-se a experiência mais duas vezes. Qual a probabilidade de serem registradas 3 cores distintas?

4. Método binomial

4.1 Análise por árvore de possibilidades

Acompanhe a situação a seguir.

Jaime vai participar de um torneio de tênis de mesa composto de três jogos. Em cada jogo, Jaime só pode ganhar ou não ganhar.

Vamos representar por p a probabilidade de Jaime ganhar um jogo e por q a de não ganhar. Vamos ainda supor que p seja constante para os três jogos. Como não há empate, ganhar e não ganhar são eventos complementares; logo: $p + q = 1$

Podemos representar todas as possibilidades desse torneio em uma árvore de possibilidades. Veja:

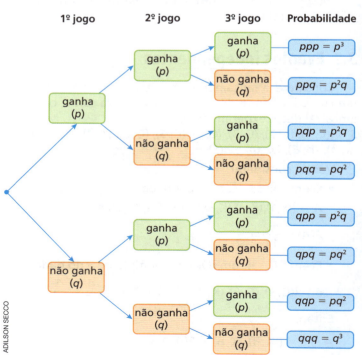

Na representação por árvore de possibilidades, temos, considerando os três jogos, a probabilidade de Jaime:

- ganhar 3 jogos, representada por p^3;
- ganhar 2 jogos, representada por $3p^2q$;
- ganhar 1 jogo, representada por $3pq^2$;
- não ganhar jogo algum, representada por q^3.

Esses resultados são os termos do desenvolvimento do binômio $(p + q)^3$. Observe:

$(p + q)^3 = p^3 + 3p^2q + 3pq^2 + q^3$

4.2 Formalização da ideia

Retomando a situação anterior, vamos calcular a probabilidade de Jaime vencer 3 de 5 partidas disputadas.

Antes de calcular a probabilidade de ocorrer o evento E ("Jaime vencer 3 partidas em 5 disputadas"), vamos calcular a probabilidade de ocorrer o evento A ("Jaime vencer as 3 primeiras partidas e perder as 2 seguintes").

Para cada jogo, suponha que a probabilidade de Jaime vencer é $p = \dfrac{1}{2}$, e a probabilidade de Jaime não vencer é $q = \dfrac{1}{2}$. Assim:

$$P(A) = \underbrace{\dfrac{1}{2} \cdot \dfrac{1}{2} \cdot \dfrac{1}{2}}_{\text{Vencer as 3 primeiras partidas.}} \cdot \underbrace{\dfrac{1}{2} \cdot \dfrac{1}{2}}_{\text{Perder as 2 últimas partidas.}} = \left(\dfrac{1}{2}\right)^3 \cdot \left(\dfrac{1}{2}\right)^2$$

Como Jaime pode vencer quaisquer 3 das 5 partidas disputadas, devemos contar o total de permutações das 5 partidas, sendo 3 com vitória e 2 com derrota. Recorrendo a uma ferramenta da Análise combinatória (permutação com repetição), determinamos de quantas maneiras podem ocorrer 3 vitórias e 2 derrotas em 5 partidas disputadas:

$$P_5^{3,2} = \dfrac{5!}{3! \cdot 2!} = C_{5,3} = \binom{5}{3}$$

Portanto, a probabilidade de Jaime vencer 3 das 5 partidas disputadas é:

$$P(E) = \binom{5}{3} \cdot \left(\dfrac{1}{2}\right)^3 \cdot \left(\dfrac{1}{2}\right)^2 = 10 \cdot \dfrac{1}{8} \cdot \dfrac{1}{4} = \dfrac{10}{32} = \dfrac{5}{16} = 31,25\%$$

Essa situação é um exemplo de aplicação do **método binomial** para o cálculo de probabilidades. Nela, há somente duas possibilidades com suas respectivas probabilidades: vencer (p) ou não vencer (q). Existem outras situações que também podem ser resolvidas por esse método, como: o lançamento de uma moeda (cara ou coroa), o sexo de um futuro filho (masculino ou feminino), um teste com questões do tipo verdadeiro ou falso etc.

Se, para determinado evento E, há somente duas possibilidades, sucesso ou insucesso, cujas probabilidades são, respectivamente, p e q, temos, para a probabilidade de ocorrer m vezes o resultado procurado, em um total de n repetições do experimento, a expressão:

$$P(E) = \binom{n}{m} \cdot p^m \cdot q^{n-m}$$

Observação

O evento "ocorrer m sucessos em n experimentos" é formado por todas as ênuplas ordenadas em que existem m sucessos e $(n - m)$ insucessos. O número de ênuplas é:

$$P_n^{m, n-m} = \dfrac{n!}{m!(n-m)!} = C_{n,m} = \binom{n}{m}$$

Exemplo

Jogando um dado 5 vezes, qual é a probabilidade de sair a face de número 3 em 2 dos 5 lançamentos?

Vamos considerar o evento E: "sair a face de número 3 em 2 dos 5 lançamentos".

A probabilidade de sair a face de número 3 em um lançamento é de $\dfrac{1}{6}$, e a probabilidade de não sair a face de número 3 é de $\dfrac{5}{6}$.

Assim, para sair face 3 em 2 dos 5 lançamentos, temos:

$$P(E) = \binom{5}{2} \cdot \left(\dfrac{1}{6}\right)^2 \cdot \left(\dfrac{5}{6}\right)^3 = \dfrac{625}{3.888} \approx 16,08\%$$

Portanto, a probabilidade é, aproximadamente, 16,08%.

EXERCÍCIOS

R12. Em uma escola, 46% dos alunos são do sexo feminino. Em um sorteio de 4 alunos, qual é a probabilidade de saírem:

a) duas pessoas do sexo feminino?

b) quatro pessoas do sexo feminino?

▶ **Resolução**

Para cada aluno sorteado, temos:
P(feminino) = 46% = 0,46
P(masculino) = 54% = 0,54

a) A: Para 4 alunos sorteados, 2 são do sexo feminino

$$P(A) = \binom{4}{2} \cdot (0,46)^2 \cdot (0,54)^2 \approx 37\%$$

b) B: Para 4 alunos sorteados, todos são do sexo feminino

$$P(B) = \binom{4}{4} \cdot (0,46)^4 \cdot (0,54)^0 \approx 4,5\%$$

58. Qual é a probabilidade de sair coroa 3 vezes em 7 lançamentos de uma moeda não viciada?

59. Em um teste com 10 questões de 5 alternativas cada uma e apenas uma certa, qual é a probabilidade aproximada de um candidato, "chutando" todas as respostas, errar somente metade?

60. Atualmente, a probabilidade de uma pessoa viver mais de 70 anos é de 30% ou 0,3. De um grupo de 5 amigos, todos com 60 anos, qual é a chance de 4 deles ultrapassarem os 70 anos?

61. Uma empresa que empacota farinha deixa passar 0,1% do produto embalado com massa abaixo do limite legal. Qual a probabilidade aproximada de um consumidor comprar 3 pacotes e nenhum ter massa abaixo do limite?

62. Ana tem um molho com 8 chaves diferentes, com as quais deve abrir 4 portas de fechaduras distintas. As chaves que abrem as portas estão no molho. Ela deve experimentar, uma única vez, uma única chave em cada fechadura. No entanto, a cada tentativa, não consegue mais saber a chave que acabou de experimentar. Qual é a probabilidade de Ana abrir 2 das 4 portas?

63. Um casal planeja ter quatro filhos. Calcule a probabilidade de terem:

a) quatro meninos.

b) duas meninas e dois meninos.

c) um menino e três meninas.

64. Dois prêmios serão sorteados entre 8 pessoas, sendo 5 mulheres e 3 homens. E uma pessoa pode ganhar os 2 prêmios. Determine a probabilidade de serem contemplados:

a) dois homens.

b) duas mulheres.

c) um homem e uma mulher.

65. Em cobaias de um experimento, o pelo preto é dominante sobre o branco. Os pais de uma ninhada de 5 filhotes são heterozigotos pretos, de modo que, para cada filhote, a probabilidade de ser preto é de $\frac{3}{4}$ e de ser branco é de $\frac{1}{4}$.

Determine a probabilidade de os filhotes serem:

a) 3 brancos e 2 pretos.

b) 2 brancos e 3 pretos.

c) 1 branco e 4 pretos.

d) todos pretos.

R13. Um bom jogador de basquete consegue uma média de 90% de acertos em lances livres. Sofrendo uma falta, esse jogador tem direito a três lances livres. Qual é a probabilidade de ele acertar pelo menos um lance livre?

▶ **Resolução**

P(acerto) = 90%

P(erro) = 10%

- E: acertar pelo menos um lance livre
- E_n: acertar n lances livres

Como $P(E) = P(E_1) + P(E_2) + P(E_3)$ ou $P(E) = 1 - P(E_0)$, temos:

$$P(E) = 1 - \binom{3}{0} \cdot \left(\frac{90}{100}\right)^0 \cdot \left(\frac{10}{100}\right)^3$$

$$P(E) = 1 - 1 \cdot 1 \cdot \frac{1}{1.000} = 99,9\%$$

Logo, a probabilidade de ele acertar pelo menos um lance em três é de 99,9%.

66. Um banco atribui, por um processo randômico (aleatório), a senha das contas de seus clientes. A senha é formada por 6 caracteres alfanuméricos, isto é, os caracteres podem ser escolhidos entre 26 letras e 10 algarismos. Calcule a probabilidade aproximada de uma senha ter:

a) apenas letras.

b) apenas números.

c) 4 letras e 2 números.

d) 2 letras e 4 números.

e) pelo menos uma letra.

f) pelo menos um número.

67. A probabilidade de um jogador de basquete fazer, com sucesso, uma jogada de 3 pontos é 0,3. Qual é a probabilidade aproximada de, em 5 jogadas como essa, o atleta conseguir encestar 2 vezes?

Exercícios complementares

1. Uma moeda e um dado são lançados simultaneamente. Adotando c para cara e k para coroa, escreva o espaço amostral e o evento "cara na moeda e número primo no dado".

2. Uma prova é composta de 10 questões de múltipla escolha, com 5 alternativas cada uma, sendo apenas uma correta. Qual é a probabilidade de um aluno, "chutando" as respostas, acertar todas as questões?

3. Jogando três dados, qual é a probabilidade de, somando os números das faces voltadas para cima, obter soma menor que 4 ou igual a 4?

4. Retira-se uma carta de um baralho de 52 cartas e observa-se que o número dessa carta está entre 2 e 8 (2 e 8 inclusive). Qual é a probabilidade de esse número ser 7?

5. Uma moeda é lançada seis vezes. Qual a probabilidade de não sair cara em nenhuma das vezes?

6. (Enem) O diretor de um colégio leu numa revista que os pés das mulheres estavam aumentando. Há alguns anos, a média do tamanho dos calçados das mulheres era de 35,5 e, hoje, é de 37,0. Embora não fosse uma informação científica, ele ficou curioso e fez uma pesquisa com as funcionárias do seu colégio, obtendo o quadro a seguir:

Tamanho dos calçados	Número de funcionárias
39,0	1
38,0	10
37,0	3
36,0	5
35,0	6

Escolhendo uma funcionária ao acaso e sabendo que ela tem calçado maior que 36,0, a probabilidade de ela calçar 38,0 é:

a) $\frac{1}{3}$ b) $\frac{1}{5}$ c) $\frac{2}{5}$ d) $\frac{5}{7}$ e) $\frac{5}{14}$

7. Um dado é lançado cinco vezes. Qual a probabilidade de a face com o número 2 aparecer pelo menos uma vez?

8. Uma urna contém 4 bolas vermelhas e 6 bolas brancas. Retira-se uma bola ao acaso e registra-se sua cor. Depois, a bola é reposta na urna. O experimento é repetido 5 vezes. Qual a probabilidade de tirar bola vermelha exatamente 3 vezes?

9. Em certa cidade, 20% dos habitantes têm carro da marca A. Se 8 habitantes forem selecionados ao acaso, qual é a probabilidade aproximada de 3 deles terem carro da marca A?

10. Em uma fábrica, a máquina X produz 35% do total da produção, a máquina Y, 40%, e a máquina Z, o restante. As produções de X, Y e Z apresentam, respectivamente, 2%, 1,5% e 0,8% de defeito. Em um dia em que a produção total das três máquinas foi de 20.000 peças, verificou-se que uma peça, separada ao acaso, era defeituosa. Qual a probabilidade de essa peça ter sido produzida pela máquina X?

11. Em uma pesquisa sobre grupos sanguíneos, foram testadas 10.000 pessoas, das quais 4.212 têm o antígeno A, 3.723 o antígeno B e 3.077 não têm antígeno algum. Qual é a probabilidade de uma pessoa, escolhida ao acaso, ter os dois antígenos?

12. Seis times de futebol com o mesmo nível técnico, entre os quais estão A e B, vão disputar um campeonato cuja classificação final não admite empates. Uma pessoa fez duas apostas: na primeira, apostou que A não seria campeão; na segunda, apostou que B não seria o último colocado. Qual a probabilidade de essa pessoa ganhar as duas apostas?

13. Em um lote de 20 peças, temos 2 peças defeituosas. Se escolhermos ao acaso 3 dessas peças, qual a probabilidade de nenhuma ser defeituosa?

14. A senha de um cartão de crédito é formada por 6 dígitos. Cada dígito é um número natural de 0 a 9. Um cliente que teve o cartão extraviado receia que alguém descubra a senha. Calcule a probabilidade de alguém acertar a senha do cartão em um total de 1.000 tentativas, aleatórias e distintas.

15. A figura abaixo representa ruas de mão única. Nas esquinas em que há duas opções de direção, o tráfego se divide igualmente entre elas. Se 512 carros entram nessa área por P, determine a probabilidade de um deles sair por Y.

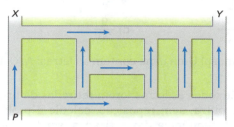

16. Escolhem-se, aleatoriamente, 3 dos 6 vértices do hexágono regular apresentado a seguir. Calcule a probabilidade de os vértices escolhidos formarem um triângulo equilátero.

17. Sorteando ao acaso 2 vértices quaisquer de um cubo, determine a probabilidade de esses vértices não estarem na mesma face.

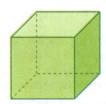

18. Numa urna, há 5 bolas brancas, 3 bolas pretas e 2 bolas vermelhas. Retirando-se sucessivamente 3 bolas, sem reposição, qual a probabilidade de obter uma bola branca, depois uma preta e, por fim, uma vermelha?

19. Oito pessoas, entre elas Paulo e Pedro, serão dispostas ao acaso em fila. Qual a probabilidade de Paulo e Pedro ficarem separados?

20. Duas pessoas são sorteadas ao acaso em uma sala na qual estão seis casais. Qual a probabilidade de serem dois homens?

21. Com os algarismos 1, 2, 3, 4 e 5 são formados números de quatro algarismos distintos. Um desses números é escolhido ao acaso. Qual a probabilidade de ele ser par?

22. Uma moeda é lançada 10 vezes. Qual é a probabilidade de obter 5 caras e 5 coroas?

EXERCÍCIOS COMPLEMENTARES

23. Qual probabilidade é maior: a de obter 50% de caras no lançamento de 4 moedas ou a de obter 50% de caras no lançamento de 10 moedas?

QUESTÕES DE VESTIBULAR

24. (Mackenzie-SP) Numa urna, há bolas brancas numeradas de 1 a 10, bolas pretas numeradas de 11 a 20 e bolas vermelhas numeradas de 21 a 30. Uma pessoa aposta que, se escolher uma bola ao acaso, essa bola será branca ou terá um número primo. A probabilidade de essa pessoa ganhar a aposta é:

a) $\dfrac{2}{5}$ c) $\dfrac{8}{15}$ e) $\dfrac{11}{30}$

b) $\dfrac{7}{15}$ d) $\dfrac{9}{20}$

25. (Vunesp) Uma urna contém as letras: A, C, D, D, E, E, F, I, I e L.

a) Se todas as letras forem retiradas da urna, uma após a outra, sem reposição, calcule a probabilidade de, na sequência das retiradas, ser formada a palavra FELICIDADE.

b) Se somente duas letras forem retiradas da urna, uma após outra, sem reposição, calcule a probabilidade de serem retiradas duas letras iguais.

26. (FGV) Uma pesquisa com três marcas concorrentes de refrigerantes, A, B e C, mostrou que 60% das pessoas entrevistadas gostam de A, 50% gostam de B, 57% gostam de C, 35% gostam de A e C, 18% gostam de A e B, 24% gostam de B e C, 2% gostam das três marcas e o restante das pessoas não gosta de nenhuma das três. Sorteando-se aleatoriamente uma dessas pessoas entrevistadas, a probabilidade de que ela goste de uma única marca de refrigerante ou não goste de marca alguma é de:

a) 16% b) 17% c) 20% d) 25% e) 27%

27. (UFC-CE) Num certo país, 8% das declarações de imposto de renda são suspeitas e submetidas à análise detalhada. Entre estas, verificou-se que 15% são fraudulentas; e, entre as não suspeitas, 5% são fraudulentas.

a) Se uma declaração é separada ao acaso, qual a probabilidade de ser suspeita e fraudulenta?

b) Se uma declaração é fraudulenta, qual a probabilidade de ter sido suspeita?

28. (FGV) Um recipiente contém 4 balas de hortelã, 5 de morango e 3 de anis. Se duas balas forem sorteadas sucessivamente e sem reposição, a probabilidade de que sejam de mesmo sabor é:

a) $\dfrac{18}{65}$ c) $\dfrac{20}{67}$ e) $\dfrac{22}{69}$

b) $\dfrac{19}{66}$ d) $\dfrac{21}{68}$

29. (PUC) Em uma amostra de 20 peças, existem exatamente quatro defeituosas. Retirando-se ao acaso, sem reposição, 3 peças, qual a probabilidade de todas as três serem perfeitas?

30. (UEL-PR) Numa loteria, são sorteados 5 números de 1 a 20, e é possível ganhar com 3, 4 ou 5 acertos. Cada apostador só pode escolher 5 números. Qual a probabilidade de um apostador acertar 4 dos 5 números sorteados?

a) $\dfrac{1}{50^4}$ d) $\dfrac{15}{15.504}$

b) $\dfrac{4}{50^4}$ e) $\dfrac{5}{15.504}$

c) $\dfrac{75}{15.504}$

31. (Fuvest-SP) Em uma equipe de basquete, a distribuição de idades dos seus jogadores é a seguinte:

Idade	Nº de jogadores
22	1
25	3
26	4
29	1
31	2
32	1

Será sorteada, aleatoriamente, uma comissão de dois jogadores que representará a equipe junto aos dirigentes.

a) Quantas possibilidades distintas existem para formar essa comissão?

b) Qual a probabilidade de a média de idade dos dois jogadores da comissão sorteada ser estritamente menor que a média de idade de todos os jogadores?

32. (Vunesp) Um jogo consiste num dispositivo eletrônico na forma de um círculo dividido em 10 setores iguais numerados, como mostra a figura. Em cada jogada, um único setor do círculo se ilumina. Todos os setores com números pares têm a mesma probabilidade de ocorrer, o mesmo acontecendo com os setores com números ímpares. Além disso, a probabilidade de ocorrer 3 é o dobro da probabilidade de ocorrer o número 4.

Denotando por $p(i)$ a probabilidade de, numa jogada, ocorrer o número i, determine:

a) $p(3)$ e $p(4)$.

b) a probabilidade de, numa jogada, ocorrer um número primo maior ou igual a 2.

33. (Vunesp) Numa festa de aniversário infantil, 5 crianças comeram um alimento contaminado com uma bactéria. Sabe-se que, uma vez em contato com essa bactéria, a probabilidade de que a criança manifeste problemas intestinais é de $\frac{2}{3}$.

Sabendo que $\binom{n}{k} = \frac{n!}{k! \cdot (n-k)!}$, determine:

a) $\binom{5}{2}$ e a probabilidade de manifestação de problemas intestinais em exatamente duas crianças.

b) $\binom{5}{0}, \binom{5}{1}$ e a probabilidade de manifestação de problemas intestinais no máximo em uma criança.

34. (Fuvest-SP) Uma pessoa dispõe de um dado honesto, que é lançado sucessivamente quatro vezes. Determine a probabilidade de que nenhum dos números sorteados nos dois primeiros lançamentos coincida com algum dos números sorteados nos dois últimos lançamentos.

35. (Mackenzie-SP) Em um determinado jogo, são sorteados 3 números entre os 30 que estão no volante de apostas. O apostador, que assinala 6 números no volante, ganha se todos os 3 números sorteados estiverem entre os 6 assinalados. A probabilidade de o apostador ganhar é:

a) $\frac{1}{203}$ c) $\frac{1}{456}$ e) $\frac{1}{98}$

b) $\frac{1}{507}$ d) $\frac{1}{280}$

36. (UFSCar-SP) Entre 9 h e 17 h, Rita faz uma consulta pela internet das mensagens de seu correio eletrônico. Se todos os instantes desse intervalo são igualmente prováveis para a consulta, a probabilidade de ela ter iniciado o acesso ao seu correio eletrônico em algum instante entre 14 h 35 min e 15 h 29 min é igual a:

a) 10,42%   c) 13,35%   e) 23,75%

b) 11,25%   d) 19,58%

37. (Unesp) Joga-se um dado honesto. O número que ocorreu (isto é, o da face voltada para cima) é o coeficiente b da equação $x^2 + bx + 1 = 0$. Determine:

a) a probabilidade de essa equação ter raízes reais.

b) a probabilidade de essa equação ter raízes reais, sabendo que ocorreu um número ímpar.

38. (UFSCar-SP) Juntam-se 27 cubos brancos, cada um com 1 cm³ de volume, formando um cubo de 27 cm³. Em seguida, pinta-se de azul cada uma das seis faces do cubo de 27 cm³, como indica a figura 1.

Figura 1

Separam-se novamente os 27 cubos. Aleatoriamente e de uma única vez, 2 desses cubos são sorteados. Com os cubos sorteados, deseja-se formar um paralelepípedo de 2 cm³ com cinco faces brancas e apenas uma azul, da forma indicada na figura 2.

Figura 2

A probabilidade de que esse paralelepípedo possa ser formado com os cubos sorteados é igual a:

a) $\frac{2}{3}$ b) $\frac{17}{39}$ c) $\frac{29}{117}$ d) $\frac{2}{9}$ e) $\frac{5}{117}$

39. (PUC) Aser, Bia, Cacá e Dedé fazem parte de um grupo de 8 pessoas que serão colocadas lado a lado para tirar uma única fotografia. Se os lugares em que eles ficarão posicionados forem aleatoriamente escolhidos, a probabilidade de que, nessa foto, Aser e Bia apareçam um ao lado do outro e Cacá e Dedé não apareçam um ao lado do outro será:

a) $\frac{5}{28}$ b) $\frac{3}{14}$ c) $\frac{7}{28}$ d) $\frac{2}{7}$ e) $\frac{9}{28}$

40. (Unicamp-SP) Considere o conjunto dos dígitos {1, 2, 3, ..., 9} e forme com eles números de nove algarismos distintos.

a) Quantos desses números são pares?

b) Escolhendo-se ao acaso um dos números do item (a), qual a probabilidade de que esse número tenha exatamente dois dígitos ímpares juntos?

41. (Unifesp) Um engradado, como o da figura, tem capacidade para 25 garrafas.

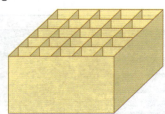

Se, de forma aleatória, forem colocadas 5 garrafas no engradado, a probabilidade de que quaisquer duas delas não recaiam numa mesma fila horizontal, nem numa mesma fila vertical, é:

a) $\frac{5!}{25!}$ c) $\frac{5! \cdot 20!}{25!}$ e) $\frac{5! \cdot 5! \cdot 25!}{20!}$

b) $\frac{5! \cdot 5!}{25!}$ d) $\frac{5! \cdot 5! \cdot 20!}{25!}$

42. (Vunesp) Um colégio possui duas salas, A e B, de determinada série. Na sala A estudam 20 alunos e na B, 30 alunos. Dois amigos, Pedro e João, estudam na sala A. Um aluno é sorteado da sala A e transferido para a B. Posteriormente, um aluno é sorteado e transferido da sala B para a sala A.

a) No primeiro sorteio, qual a probabilidade de qualquer um dos dois amigos ser transferido da sala A para a B?

b) Qual a probabilidade, no final das transferências, de os amigos ficarem na mesma sala?

Mais questões: no livro digital, em **Vereda Digital Aprova Enem** e **Vereda Digital Suplemento de revisão e vestibulares**; no site, em **AprovaMax**.

Compreensão de texto

Combinação vital

Depois de séculos de tentativas e erros fatais e da contribuição de várias áreas, entre elas a Matemática, a transfusão de sangue tornou-se um dos mais importantes recursos terapêuticos da medicina. Por meio das transfusões de sangue, milhares de vidas são salvas anualmente no Brasil.

Diversas experiências com transfusão de sangue foram registradas na Europa a partir do Renascimento, muitas delas desastrosas, como a que resultou na morte de um homem que havia recebido sangue de carneiro em 1667 na França.

Apesar de fatalidades como essa, algumas tentativas aleatórias demonstraram que o sangue de uma pessoa podia salvar outra, embora não se soubesse por que isso às vezes funcionava, outras vezes não.

A razão só foi descoberta em 1900 pelo médico austríaco Karl Landsteiner (1868-1943). Combinando diversas amostras, ele e seus auxiliares perceberam que existem quatro tipos principais de sangue humano, sendo que a mistura de alguns resulta em coagulação. Foi, então, proposto o sistema de classificação ABO.

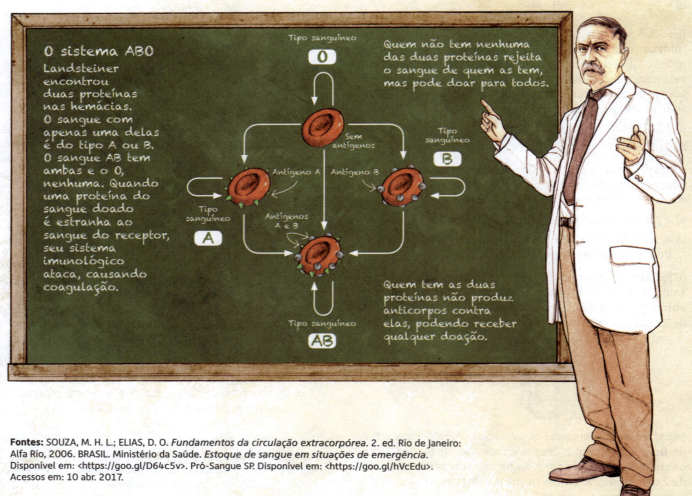

Fontes: SOUZA, M. H. L.; ELIAS, D. O. *Fundamentos da circulação extracorpórea*. 2. ed. Rio de Janeiro: Alfa Rio, 2006. BRASIL. Ministério da Saúde. *Estoque de sangue em situações de emergência*. Disponível em: <https://goo.gl/D64c5v>. Pró-Sangue SP. Disponível em: <https://goo.gl/hVcEdu>. Acessos em: 10 abr. 2017.

Trocando ideias

Em grupos, pesquisem sobre doação de sangue em sua cidade determinando: os pontos de coleta, o tipo de sangue mais procurado, as restrições para doar sangue, a importância de cada um conhecer seu tipo sanguíneo etc. Discutam o tema com os colegas.

ATIVIDADES

1. Karl Landsteiner e seus colaboradores propuseram o sistema de classificação ABO do sangue humano. Explique esse sistema.

2. Monte uma tabela como a do exemplo a seguir e relacione doadores e receptores, considerando a compatibilidade entre os tipos sanguíneos.

Doação de sangue								
Doadores / Receptores	AB+	AB–	A+	A–	B+	B–	O+	O–
AB+	X	X	X	X	X	X	X	X
AB–		X						

3. Faça uma pesquisa sobre a aplicação da probabilidade à Genética (no sistema ABO), monte uma apresentação e resolva o problema a seguir. Apresente a solução para os colegas.

- O esquema a seguir mostra os tipos sanguíneos das pessoas de uma família. Com base nessas informações, calcule a probabilidade de o descendente X ter sangue tipo O.

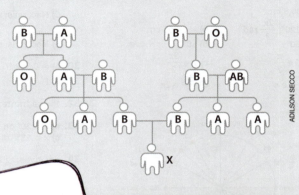

RESPOSTAS DA PARTE II

Capítulo 12 Ciclo trigonométrico – 1ª volta

1. $\dfrac{\pi}{2}$ rad
2. 120°
3. a) $\dfrac{\pi}{6}$ rad   d) $\dfrac{5\pi}{6}$ rad   g) $\dfrac{5\pi}{3}$ rad
   b) $\dfrac{\pi}{3}$ rad   e) $\dfrac{7\pi}{6}$ rad   h) $\dfrac{11\pi}{6}$ rad
   c) $\dfrac{2\pi}{3}$ rad   f) $\dfrac{4\pi}{3}$ rad
4. a) 225°   b) 210°   c) 330°
5. 172°
6. a) 144°, $\dfrac{4\pi}{5}$ rad   b) 252°, $\dfrac{7\pi}{5}$ rad
7. ≃ 52,3 cm
8. ≃ 30,5 cm
9. a) 120°; $\dfrac{2\pi}{3}$ rad   b) ≃ 14,65 cm
10. a) 60°   b) 50°
11. a) 0 e $\dfrac{\pi}{2}$ c) π e $\dfrac{3\pi}{2}$
    b) $\dfrac{\pi}{2}$ e π   d) $\dfrac{3\pi}{2}$ e 2π

12 e 13.

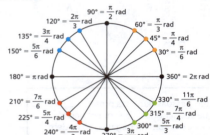

14. a) $\dfrac{3\pi}{4}$ rad, $\dfrac{7\pi}{4}$ rad, $\dfrac{\pi}{4}$ rad
    b) 30°, 210°, 150°
    c) $\dfrac{4\pi}{3}$ rad, $\dfrac{\pi}{3}$ rad, $\dfrac{5\pi}{3}$ rad
    d) 45°, 225°, 135°
15. a) A = 160°; B = 200°; C = 340°
    b) A = $\dfrac{8\pi}{9}$; B = $\dfrac{10\pi}{9}$; C = $\dfrac{17\pi}{9}$
    c) A = 310°; B = 50°; C = 130°
    d) A = $\dfrac{\pi}{5}$; B = $\dfrac{4\pi}{5}$; C = $\dfrac{6\pi}{5}$
16. a) 70°   b) $\dfrac{\pi}{6}$ rad
17. positivo: $\dfrac{2\pi}{3}$ e $\dfrac{\pi}{4}$; negativo: $\dfrac{7\pi}{6}$; nem positivo nem negativo: π
18. positivo: $\cos\dfrac{\pi}{4}$; negativo: $\cos\dfrac{7\pi}{6}$, $\cos\dfrac{2\pi}{3}$ e $\cos\pi$; nem positivo, nem negativo: $\cos\dfrac{3\pi}{2}$
19. a) >; >   c) <; <
    b) >; <   d) <; >
20. a) positivo   d) negativo
    b) negativo   e) negativo
    c) negativo
21. $\cos\pi < \cos\dfrac{6\pi}{2} < \cos\dfrac{4\pi}{7} < \cos\dfrac{8\pi}{5} < \cos 0$
22. a) QI ou QII   c) QI ou QIV
    b) QIII ou QIV   d) QII ou QIII
23. a) ≃ 0,8   b) ≃ −0,8   c) ≃ −0,8
24. a) ≃ −0,9   b) ≃ −0,9   c) ≃ 0,9
25. sen α = −0,45
    sen β = −0,77
    sen θ = 0,98
26. cos α = −0,67
    cos β = 0,34
    cos θ = 0,17
27. $\operatorname{sen}\dfrac{\pi}{6} = \operatorname{sen}\dfrac{5\pi}{6} = \dfrac{1}{2}$; $\operatorname{sen}\dfrac{7\pi}{6} = \operatorname{sen}\dfrac{11\pi}{6} = -\dfrac{1}{2}$
28. a) 0   c) 0   e) $-\dfrac{3\sqrt{2}}{2}$
    b) 2   d) $\dfrac{1}{2}$
29. a) Não, pois: cos 90° = 0 e 3 · cos 30° = $\dfrac{3\sqrt{3}}{2}$
    b) Não, pois: cos 90° = 0 e $\dfrac{\cos 180°}{2} = -\dfrac{1}{2}$
    c) Não, pois: cos 90° = 0 e 2 · cos 45° = $\sqrt{2}$
    d) Não, pois: sen 120° = $\dfrac{\sqrt{3}}{2}$ e 2 · sen 60° = $\sqrt{3}$
    e) Não, pois: sen 120° = $\dfrac{\sqrt{3}}{2}$ e $\dfrac{\operatorname{sen} 240°}{2} = \dfrac{\sqrt{3}}{4}$
30. a) ≃ 0,342   b) ≃ 0,643   c) ≃ 0,866
31. a) F   b) F
32. 1º quadrante: α = $\dfrac{\pi}{4}$; 3º quadrante: α = $\dfrac{5\pi}{4}$
33. a) x = 30° ou x = 150°
    b) x = 135° ou x = 225°
34. positivos: tg 210°; $\operatorname{tg}\dfrac{\pi}{5}$; $\operatorname{tg}\dfrac{4\pi}{3}$
    negativos: tg 130°; tg 320°; $\operatorname{tg}\dfrac{5\pi}{6}$; $\operatorname{tg}\dfrac{11\pi}{6}$
35. a) 1º e 3º quadrantes   b) 2º e 4º quadrantes
36. a) 1º ou 3º quadrantes   b) 2º ou 4º quadrantes
37. a) negativo   b) positivo
38. tg α ≃ 0,90; tg β ≃ −0,36; tg θ ≃ 5,67
39. a) ≃ −0,7   b) ≃ 0,7   c) ≃ −0,7
40. a) $-\sqrt{3}$ b) $\dfrac{\sqrt{3}}{3}$ c) −1
41. tg 2α ≠ 2 · tg α

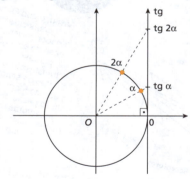

42. a) $\dfrac{\pi}{3}, \dfrac{4\pi}{3}$ b) $\dfrac{2\pi}{3}, \dfrac{5\pi}{3}$ c) $\dfrac{\pi}{4}, \dfrac{5\pi}{4}$ d) $\dfrac{3\pi}{4}, \dfrac{7\pi}{4}$
43. $\dfrac{12}{13}$
44. a) −0,6   b) −0,75
45. −0,8; −0,6; 0,8
46. a) sen x = $\dfrac{1}{2}$ e tg x = $\dfrac{\sqrt{3}}{3}$ b) $\dfrac{\pi}{6}$
47. a) −0,8   b) −0,6
48. a) $\dfrac{\sqrt{3}}{2}$ b) $-\dfrac{1}{2}$
49. não

Exercícios complementares

1. 225°   2. ≃ 38,22 m
3. $\dfrac{7\pi}{9}$ rad
4. 1,4 rad   5. 37°30'
6. P = 36° ou $\dfrac{\pi}{5}$ rad, R = 216° ou $\dfrac{6\pi}{5}$ rad, S = 324° ou $\dfrac{9\pi}{5}$ rad, Q = $\dfrac{4\pi}{5}$ rad
7. a) ≃ −0,85   b) ≃ −0,85   c) ≃ 0,85
8. a) 0,8   b) −0,8   c) −0,8
9. a) $\dfrac{-\sqrt{3} + \sqrt{2}}{2}$ b) 0
10. $\operatorname{tg}\dfrac{7\pi}{6} > \operatorname{tg}\dfrac{\pi}{12} > \operatorname{tg}\dfrac{23\pi}{12} > \operatorname{tg}\dfrac{7\pi}{12}$
11. $\dfrac{\sqrt{5}}{5}$ 12. $\dfrac{2\pi}{2}$ e $\dfrac{4\pi}{3}$
13. a) $\dfrac{2\pi}{3}$ ou $\dfrac{4\pi}{3}$ b) $\dfrac{2\pi}{3} \leq x \leq \dfrac{4\pi}{3}$
14. a) −1; 1   b) −2; 2   c) −1; 3
15. 1   16. $3 \leq m \leq -2$

Questões de vestibular

17. alternativa c
18. alternativa d
19. alternativa b
20. alternativa c
21. alternativa e

Capítulo 13 Funções trigonométricas

1. 12; significa que a altura da maré "repete" a cada 12 horas.
2. a) p = 4   b) p = 2   c) p = 3
3. a) mínimo: 0; máximo: 2
   b) mínimo: −1; não tem máximo
   c) mínimo: 8; máximo: 12

4.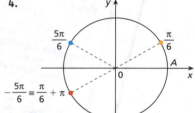

5.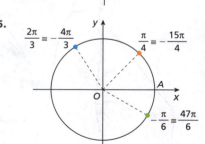

6. a) 60° + k · 360°, k ∈ ℤ
   b) $\dfrac{\pi}{6} + k \cdot 2\pi, k \in \mathbb{Z}$
   c) 25° + k · 360°, k ∈ ℤ
   d) $\dfrac{11\pi}{7} + k \cdot 2\pi, k \in \mathbb{Z}$
   e) 120° + k · 360°, k ∈ ℤ
   f) $\dfrac{7\pi}{6} + k \cdot 2\pi, k \in \mathbb{Z}$

7.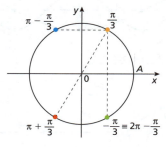

8.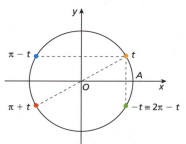

9. a) $-\dfrac{\sqrt{2}}{2}$ c) -1 e) $\dfrac{\sqrt{2}}{2}$ g) 1

b) $-\dfrac{\sqrt{2}}{2}$ d) $\dfrac{\sqrt{3}}{2}$ f) $\dfrac{\sqrt{2}}{2}$ h) $-\dfrac{\sqrt{3}}{2}$

10. sen $(-\alpha) = -$sen α ou sen $\alpha = -$sen $(-\alpha)$

11. a) $1 \leq k \leq 2$ b) $-\dfrac{7}{2} \leq k \leq -\dfrac{1}{2}$

12.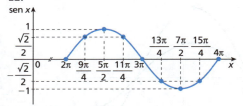

13. a) Porque no gráfico feito no computador o *software* aproximou os números irracionais para números racionais com duas casas decimais. Assim, 2π foi representado por 6,28 ($2\pi \simeq 6{,}28$).
b) 1
c) $D(f) = \mathbb{R}$; Im$(f) = [0, 2]$
d) Conclui-se que o gráfico de f é o gráfico de g deslocado 1 unidade para cima. Assim, o conjunto imagem das duas funções não é o mesmo. No entanto, o período, a amplitude e o domínio são iguais.

14. 3.715 pessoas

15. a) 5 m; 1 m
b)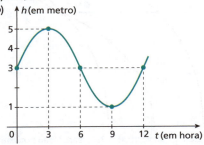
c) maré alta: às 3 h e às 15 h; maré baixa: às 21 h e às 9 h
d) de 12 em 12 horas

16. a)

x	sen x	$2 \cdot$ sen x
0	0	0
$\dfrac{\pi}{4}$	$\dfrac{\sqrt{2}}{2}$	$\sqrt{2}$
$\dfrac{\pi}{2}$	1	2
$\dfrac{3\pi}{4}$	$\dfrac{\sqrt{2}}{2}$	$\sqrt{2}$
π	0	0
$\dfrac{5\pi}{4}$	$-\dfrac{\sqrt{2}}{2}$	$-\sqrt{2}$
$\dfrac{3\pi}{2}$	-1	-2
$\dfrac{7\pi}{4}$	$-\dfrac{\sqrt{2}}{2}$	$-\sqrt{2}$
2π	0	0

b) e c)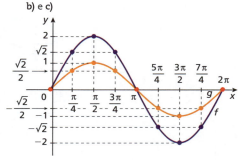

d) A amplitude da função g mede 1 e a amplitude da função f mede 2, ou seja, a amplitude da função f é o dobro da amplitude da função g.

e)

x	sen x	$3 \cdot$ sen x
0	0	0
$\dfrac{\pi}{4}$	$\dfrac{\sqrt{2}}{2}$	$\dfrac{3\sqrt{2}}{2}$
$\dfrac{\pi}{2}$	1	3
$\dfrac{3\pi}{4}$	$\dfrac{\sqrt{2}}{2}$	$\dfrac{3\sqrt{2}}{2}$
π	0	0
$\dfrac{5\pi}{4}$	$-\dfrac{\sqrt{2}}{2}$	$-\dfrac{3\sqrt{2}}{2}$
$\dfrac{3\pi}{2}$	-1	-3
$\dfrac{7\pi}{4}$	$-\dfrac{\sqrt{2}}{2}$	$-\dfrac{3\sqrt{2}}{2}$
2π	0	0

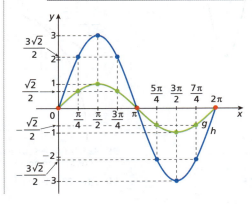

A amplitude da função h mede 3 e a amplitude da função g mede 1, ou seja, a amplitude da função h é o triplo da amplitude da função g. Para funções do tipo $i(x) = k \cdot$ sen x, em que k é um número real positivo, a amplitude do gráfico de i será igual a k vezes o valor da medida da amplitude do gráfico da função $g(x) =$ sen x.

17. a) $-\dfrac{\sqrt{2}}{2}$ e) $-\dfrac{\sqrt{2}}{2}$

b) $-\dfrac{\sqrt{2}}{2}$ f) $-\dfrac{\sqrt{2}}{2}$

c) 0 g) 0

d) $-\dfrac{1}{2}$ h) $-\dfrac{1}{2}$

18. cos $\alpha =$ cos $(-\alpha)$

19. a) $-\dfrac{8}{3} \leq k \leq -2$

b) $0 \leq k \leq \dfrac{4}{5}$

20. 0

21.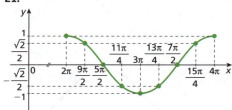

22. a) 2π
b) 1
c) $D(g) = \mathbb{R}$; Im$(g) = [0, 2]$
d) Conclui-se que o gráfico de g é o gráfico de f deslocado 1 unidade para cima. Assim, o conjunto imagem das duas funções não é o mesmo. No entanto, o período, a amplitude e o domínio são iguais.

23.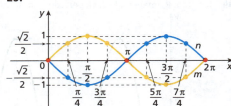

24. 12.280 casos; janeiro

25. a) -1 c) não está definida
b) $\sqrt{3}$ d) 0

26. a) $\dfrac{\sqrt{3}}{3}$ b) $\dfrac{\sqrt{3}}{3}$ c) $-\sqrt{3}$ d) $-\sqrt{3}$

27. a) π

b) $\dfrac{\pi}{2} + k\pi, k \in \mathbb{Z}$

c) $D(h) = \mathbb{R} - \left\{\dfrac{\pi}{2} + k\pi, k \in \mathbb{Z}\right\}$, Im$(h) = \;]-\infty, +\infty[$

28. a) $D = \left\{x \in \mathbb{R} \,|\, x \neq \dfrac{\pi}{8} + k \cdot \dfrac{\pi}{4}, k \in \mathbb{Z}\right\}$

b) $D = \left\{x \in \mathbb{R} \,|\, x \neq \dfrac{\pi}{12} + k \cdot \dfrac{\pi}{2}, k \in \mathbb{Z}\right\}$

29. Os gráficos são simétricos em relação ao eixo x.

30. vermelho; azul

31. domínio: $\mathbb{R}$; imagem: $[0, 2]$; período: 2π; amplitude: 1

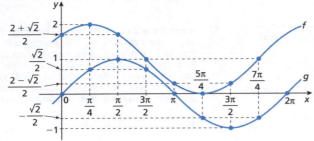

32. $a = 2$; $b = 2$

33. a)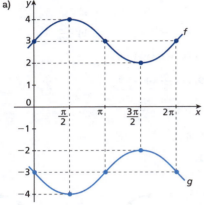

b)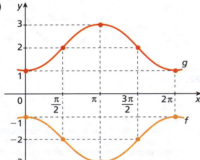

34. domínio: $\mathbb{R}$; imagem: $[-2, 4]$; período: π; amplitude: 3

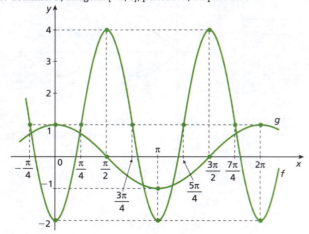

35. $a = 6$ ou $a = -6$; $b = \dfrac{1}{2}$ ou $b = -\dfrac{1}{2}$

36. a) $D(f) = \mathbb{R}$; $\text{Im} = [-3, 3]$; período: π; amplitude: 3

b) $D(f) = \mathbb{R}$; $\text{Im} = [3, 7]$; período: $\dfrac{2\pi}{3}$; amplitude: 2

c) $D(f) = \left\{ x \in \mathbb{R} \mid x \neq \dfrac{\pi}{8} + k \cdot \dfrac{\pi}{4}, k \in \mathbb{Z} \right\}$; $\text{Im} = \mathbb{R}$; período: $\dfrac{\pi}{4}$

d) $D(f) = \mathbb{R}$; $\text{Im} = [-6, 2]$; período: $\dfrac{2\pi}{3}$; amplitude: 4

37. a)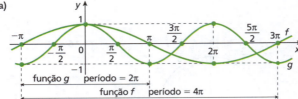

b)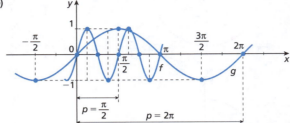

c)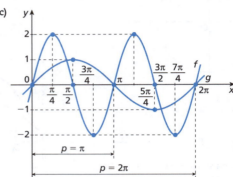

d)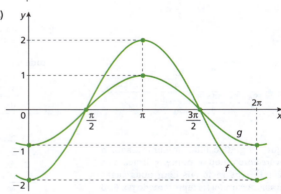

38. domínio: $x \in \mathbb{R} \mid x \neq \pi + k \cdot 2\pi, k \in \mathbb{Z}$; imagem: $\mathbb{R}$; período: 2π

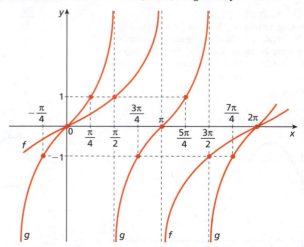

39. Amplitude: 5.900 casos; translação vertical: 6.380; translação horizontal: 0; período: ≈ meio ano

40. $f(t) = 20 + 18 \cdot \cos\left(\dfrac{\pi}{7} \cdot t\right)$

Exercícios complementares

1. a)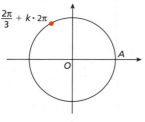

b)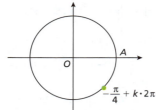

c)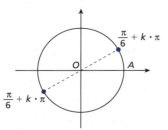

2. a) $135° + k \cdot 360°, k \in \mathbb{Z}$
b) $\frac{\pi}{3} + k \cdot 2\pi, k \in \mathbb{Z}$

3. a) $-\frac{\sqrt{3}}{2}$ b) $\frac{\sqrt{3}}{2}$

4. $-\frac{\sqrt{2}}{2} - \sqrt{3}$ **5.** alternativa d

6. 3; 5   **7.** 1.050 toneladas

8. às 3 h

10. a) $\frac{2\pi}{3}$ b) 2   c) $\frac{2\pi}{5}$

11. $a = -1; b = \frac{1}{2}$

12. $D(f) = \mathbb{R}$; $Im(f) = [3, 7]$; $p = \frac{2\pi}{5}$; $A = 2$

13. $D(f) = \left\{ x \in \mathbb{R} \mid x \neq \frac{5\pi}{12} + k \cdot \frac{\pi}{2}, k \in \mathbb{Z} \right\}$

14. 4   **15.** $\frac{5\pi}{3}$

16. PG; -1 **17.** 8

18. $-\frac{\sqrt{3}}{2}$

19. $\operatorname{sen} \alpha < \operatorname{sen} \frac{2\pi}{3} < \operatorname{sen} 2\alpha$

20.

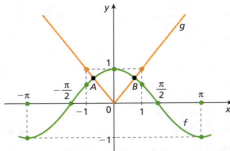

A equação $\cos x = |x|$ tem duas soluções reais, que são as abscissas dos pontos A e B no gráfico.

21. 3.715 pessoas
22. a) sim
b) não
c) não
d) $(\pi, 0)$
e) maior
23. alternativa d

Questões de vestibular
24. alternativa b   **25.** $\cos 190°$
26. alternativa e   **27.** alternativa b
28. a) 12
b) máxima: $t = 12$ ou $t = 24$;
mínima: $t = 6$ ou $t = 18$
29. alternativa a   **30.** alternativa c
31. alternativa c   **32.** alternativa e
33. alternativa b   **34.** alternativa e

Compreensão de texto
1. a) Som é uma variação de pressão muito rápida que se propaga na forma de ondas em um meio elástico.
b) O som é causado por vibração de um corpo elástico, o qual gera uma variação de pressão de acordo com o meio à sua volta.
c) Entre 20 e 20.000 vezes por segundo periodicamente ou ouvir música em volume mais baixo.
2. alternativa c
3. 1,48 pascal
4. a) Respostas possíveis: construção civil; banda de *rock*; decolagem de avião a jato a 50 metros; decolagem de foguete a 50 metros.
b) No caso de secadores de cabelos, a média do nível de ruído é cerca de 80 decibéis; nos liquidificadores e nos aspiradores de pó, geralmente a média do nível de ruído está entre 80 e 90 decibéis.
c) resposta pessoal
d) resposta pessoal

Capítulo 14 — Complementos de Trigonometria

1. Como nesse intervalo $\operatorname{sen} x > 0$, todas as razões seriam positivas.

2. a) 2   c) 2   e) $-\frac{2\sqrt{3}}{3}$
b) $-\sqrt{2}$ d) 1   f) $-\sqrt{3}$

3. a) $-\frac{3}{4}$ c) $-\frac{4}{3}$ e) $-\frac{3\sqrt{7}}{7}$
b) $-\frac{\sqrt{7}}{3}$ d) $\frac{4\sqrt{7}}{7}$

4. a) $-\frac{2\sqrt{3}}{3}$ d) 0
b) Não está definida.   e) Não está definida.
c) $-\frac{2\sqrt{3}}{3}$ f) 1

5. a) $-\frac{5}{13}$ c) $-\frac{5}{12}$ e) $\frac{13}{12}$
b) $\frac{12}{13}$ d) $-\frac{12}{5}$

6. $-\frac{4}{3}$ **7.** $\frac{3\sqrt{2}}{4}$

8. a) iguais   c) iguais   e) iguais
b) iguais   d) iguais   f) iguais

9. a) iguais   c) iguais   e) iguais
b) iguais   d) iguais   f) iguais

10. $\frac{39}{8}$ **11.** A igualdade é verdadeira.

12. $\sqrt{10}; -\frac{3\sqrt{10}}{2}$ **13.** $\frac{-22\sqrt{21} + 525}{210}$

14. a) $S = \left\{ \frac{2\pi}{3}, \frac{5\pi}{3}, \frac{5\pi}{6}, \frac{11\pi}{6} \right\}$
b) $S = \left\{ \frac{\pi}{3}, \frac{2\pi}{3} \right\}$

15. a) demonstração   c) demonstração
b) demonstração   d) demonstração

16. a) $S = \left\{ x \in \mathbb{R} \mid x = \frac{\pi}{4} + 2k\pi \text{ ou } x = \frac{3\pi}{4} + 2k\pi, k \in \mathbb{Z} \right\}$
b) $S = \left\{ x \in \mathbb{R} \mid x = \frac{\pi}{3} + 2k\pi \text{ ou } x = \frac{2\pi}{3} + 2k\pi, k \in \mathbb{Z} \right\}$
c) $S = \left\{ x \in \mathbb{R} \mid x = \frac{2\pi}{3} + 2k\pi \text{ ou } x = \frac{4\pi}{3} + 2k\pi, k \in \mathbb{Z} \right\}$
d) $S = \{ x \in \mathbb{R} \mid x = 150° + k \cdot 360° \text{ ou } x = -150° + k \cdot 360°, k \in \mathbb{Z} \}$
e) $S = \left\{ x \in \mathbb{R} \mid x = \frac{2\pi}{3} + k\pi, k \in \mathbb{Z} \right\}$
f) $S = \left\{ x \in \mathbb{R} \mid x = \frac{\pi}{4} + k\pi, k \in \mathbb{Z} \right\}$

17. a) $S = \left\{ x \in \mathbb{R} \mid x = \frac{23\pi}{12} + 2k\pi \text{ ou } x = \frac{19\pi}{12} + 2k\pi, k \in \mathbb{Z} \right\}$
b) $S = \left\{ x \in \mathbb{R} \mid x = \frac{\pi}{6} + 2k\pi \text{ ou } x = \frac{11\pi}{6} + 2k\pi, k \in \mathbb{Z} \right\}$

18. $S = \left\{ x \in \mathbb{R} \mid x = \frac{k\pi}{2}, k \in \mathbb{Z} \right\}$

19. a) $S = \left\{ x \in \mathbb{R} \mid x = \frac{\pi}{2} + k\pi \text{ ou } x = \frac{3\pi}{4} + k\pi, k \in \mathbb{Z} \right\}$
b) $S = \left\{ x \in \mathbb{R} \mid x = \frac{\pi}{2} + k\pi \text{ ou } x = \frac{\pi}{4} + k \cdot \frac{\pi}{2}, k \in \mathbb{Z} \right\}$

20. a) $S = \left\{ x \in \mathbb{R} \mid x = \frac{\pi}{2} + 2k\pi \text{ ou } x = \frac{7\pi}{6} + 2k\pi \text{ ou } x = \frac{11\pi}{6} + 2k\pi, k \in \mathbb{Z} \right\}$
b) $S = \left\{ x \in \mathbb{R} \mid x = \frac{\pi}{2} + 2k\pi \text{ ou } x = \frac{\pi}{6} + 2k\pi \text{ ou } x = \frac{5\pi}{6} + 2k\pi, k \in \mathbb{Z} \right\}$

21. a) $S = \left\{ x \in \mathbb{R} \mid x = \pi + 2k\pi \text{ ou } x = \frac{\pi}{3} + 2k\pi \text{ ou } x = \frac{5\pi}{3} + 2k\pi, k \in \mathbb{Z} \right\}$
b) $S = \left\{ x \in \mathbb{R} \mid x = \frac{\pi}{4} + k \cdot \frac{\pi}{2}, k \in \mathbb{Z} \right\}$
c) $S = \left\{ x \in \mathbb{R} \mid x = \frac{\pi}{2} + 2k\pi \text{ ou } x = \frac{\pi}{6} + 2k\pi \text{ ou } x = \frac{5\pi}{6} + 2k\pi, k \in \mathbb{Z} \right\}$
d) $S = \left\{ x \in \mathbb{R} \mid x = k\pi \text{ ou } x = \frac{\pi}{3} + k\pi, k \in \mathbb{Z} \right\}$

22. a) $S = \left\{ x \in \mathbb{R} \mid x = \frac{k\pi}{3}, k \in \mathbb{Z} \right\}$
b) $S = \left\{ x \in \mathbb{R} \mid x = \frac{\pi}{6} + k\pi, k \in \mathbb{Z} \right\}$

23. a) $S = \left\{ x \in \mathbb{R} \mid x = \frac{\pi}{2} + k\pi, k \in \mathbb{Z} \right\}$
b) $S = \left\{ x \in \mathbb{R} \mid x = \frac{3\pi}{4} + k\pi, k \in \mathbb{Z} \right\}$

24. a) $S = \left\{ x \in \mathbb{R} \mid x = \frac{\pi}{10} + \frac{2k\pi}{5}, k \in \mathbb{Z} \right\}$
b) $S = \left\{ x \in \mathbb{R} \mid x = \frac{\pi}{8} + \frac{k\pi}{2} \text{ ou } x = \frac{3\pi}{4} + k\pi, k \in \mathbb{Z} \right\}$

25. $S = \left\{x \in \mathbb{R} \mid x = k\pi \text{ ou } x = \dfrac{\pi}{4} + \dfrac{k\pi}{2}, k \in \mathbb{Z}\right\}$

26. $S = \left\{x \in \mathbb{R} \mid x = \dfrac{\pi}{2} + k\pi, k \in \mathbb{Z}\right\}$

27. resposta possível: $\cos x = -\dfrac{\sqrt{2}}{2}$

28. a) $S = \left\{x \in \mathbb{R} \mid \dfrac{4\pi}{3} + 2k\pi < x < \dfrac{5\pi}{3} + 2k\pi, k \in \mathbb{Z}\right\}$

b) $S = \left\{x \in \mathbb{R} \mid 0 + 2k\pi \le x \le \dfrac{\pi}{3} + 2k\pi \text{ ou}\right.$
$\left.\dfrac{5\pi}{3} + 2k\pi \le x < 2\pi + 2k\pi, k \in \mathbb{Z}\right\}$

c) $S = \left\{x \in \mathbb{R} \mid 0 + 2k\pi \le x \le \dfrac{\pi}{3} + 2k\pi \text{ ou}\right.$
$\left.\dfrac{\pi}{2} + 2k\pi < x < \dfrac{4\pi}{3} + 2k\pi \text{ ou}\right.$
$\left.\dfrac{3\pi}{2} + 2k\pi < x < 2\pi + 2k\pi, k \in \mathbb{Z}\right\}$

d) $S = \{x \in \mathbb{R} \mid 0 + 2k\pi \le x \le \pi + 2k\pi, k \in \mathbb{Z}\}$

e) $S = \left\{x \in \mathbb{R} \mid \dfrac{3\pi}{4} + 2k\pi < x < \dfrac{5\pi}{4} + 2k\pi, k \in \mathbb{Z}\right\}$

f) $S = \left\{x \in \mathbb{R} \mid 0 + 2k\pi \le x < \dfrac{\pi}{2} + 2k\pi \text{ ou}\right.$
$\left.\dfrac{3\pi}{4} + 2k\pi \le x < \dfrac{3\pi}{2} + 2k\pi \text{ ou}\right.$
$\left.\dfrac{7\pi}{4} + 2k\pi \le x < 2\pi + 2k\pi, k \in \mathbb{Z}\right\}$

29. a) $S = \left\{x \in \mathbb{R} \mid 0 + 2k\pi \le x \le \dfrac{\pi}{4} + 2k\pi \text{ ou}\right.$
$\left.\dfrac{7\pi}{4} + 2k\pi \le x < 2\pi + 2k\pi, k \in \mathbb{Z}\right\}$

b) $S = \left\{x \in \mathbb{R} \mid \dfrac{4\pi}{3} + 2k\pi < x < \dfrac{5\pi}{3} + 2k\pi, k \in \mathbb{Z}\right\}$

c) $S = \left\{x \in \mathbb{R} \mid \dfrac{\pi}{4} + 2k\pi \le x \le \dfrac{\pi}{2} + 2k\pi \text{ ou}\right.$
$\left.\dfrac{5\pi}{4} + 2k\pi \le x < \dfrac{3\pi}{2} + 2k\pi, k \in \mathbb{Z}\right\}$

d) $S = \left\{x \in \mathbb{R} \mid 0 + 2k\pi \le x < \dfrac{\pi}{6} + 2k\pi \text{ ou}\right.$
$\left.\dfrac{5\pi}{6} + 2k\pi < x < 2\pi + 2k\pi, k \in \mathbb{Z}\right\}$

e) $S = \left\{x \in \mathbb{R} \mid \dfrac{\pi}{6} + 2k\pi < x < \dfrac{11\pi}{6} + 2k\pi, k \in \mathbb{Z}\right\}$

30. $D(f) = \{x \in \mathbb{R} \mid 0 + 2k\pi < x < \pi + 2k\pi, k \in \mathbb{Z}\}$

31. a) $S = \{x \in \mathbb{R} \mid \pi + 2k\pi < x < 2\pi + 2k\pi, k \in \mathbb{Z}\}$

b) $S = \left\{x \in \mathbb{R} \mid \dfrac{5\pi}{8} + k\pi \le x \le \dfrac{7\pi}{8} + k\pi, k \in \mathbb{Z}\right\}$

32. a) $S = \left\{x \in \mathbb{R} \mid \dfrac{\pi}{4} + k\pi < x < \dfrac{3\pi}{4} + k\pi, k \in \mathbb{Z}\right\}$

b) $S = \left\{x \in \mathbb{R} \mid \dfrac{\pi}{12} + k\pi < x < \dfrac{5\pi}{12} + k\pi, k \in \mathbb{Z}\right\}$

33. $S = \left\{x \in \mathbb{R} \mid 0 + 2k\pi \le x \le \dfrac{\pi}{6} + 2k\pi \text{ ou}\right.$
$\left.\dfrac{5\pi}{6} + 2k\pi < x < \dfrac{3\pi}{2} + 2k\pi \text{ ou}\right.$
$\left.\dfrac{3\pi}{2} + 2k\pi < x < 2\pi + 2k\pi, k \in \mathbb{Z}\right\}$

34. $S = \left\{x \in \mathbb{R} \mid \dfrac{\pi}{2} + 2k\pi < x < \dfrac{3\pi}{2} + 2k\pi, k \in \mathbb{Z}\right\}$

35. a) $S = \left\{x \in \mathbb{R} \mid 0 + 2k\pi < x < \dfrac{\pi}{3} + 2k\pi, k \in \mathbb{Z}\right\}$

b) $S = \left\{x \in \mathbb{R} \mid 0 + 2k\pi \le x \le \dfrac{\pi}{4} + 2k\pi \text{ ou}\right.$
$\left.\dfrac{3\pi}{2} + 2k\pi < x < 2\pi + 2k\pi, k \in \mathbb{Z}\right\}$

36. a) $S = \left\{x \in \mathbb{R} \mid \dfrac{\pi}{4} + 2k\pi \le x \le \dfrac{\pi}{3} + 2k\pi \text{ ou}\right.$
$\left.\dfrac{2\pi}{3} + 2k\pi < x \le \dfrac{3\pi}{4} + 2k\pi, k \in \mathbb{Z}\right\}$

b) $S = \left\{x \in \mathbb{R} \mid 0 + 2k\pi < x < \dfrac{\pi}{4} + 2k\pi \text{ ou}\right.$
$\left.\pi + 2k\pi < x < \dfrac{5\pi}{4} + 2k\pi, k \in \mathbb{Z}\right\}$

c) $S = \left\{x \in \mathbb{R} \mid \dfrac{\pi}{3} + 2k\pi \le x \le \dfrac{5\pi}{3} + 2k\pi, k \in \mathbb{Z}\right\}$

d) $S = \left\{x \in \mathbb{R} \mid \dfrac{\pi}{4} + 2k\pi \le x \le \dfrac{\pi}{3} + 2k\pi \text{ ou}\right.$
$\left.\dfrac{5\pi}{4} + 2k\pi \le x \le \dfrac{4\pi}{3} + 2k\pi, k \in \mathbb{Z}\right\}$

37. $S = \{x \in \mathbb{R} \mid 0 + 2k\pi < x < \pi + 2k\pi, k \in \mathbb{Z}\}$

38. resposta possível: $\text{sen } x < -\dfrac{\sqrt{2}}{2}$

39. $\text{sen}(45° + 45°) = \text{sen } 90° = 1$
$\text{sen } 45° + \text{sen } 45° = \sqrt{2}$

40. a) $\dfrac{\sqrt{6} + \sqrt{2}}{4}$ b), c), d) $\dfrac{\sqrt{6} - \sqrt{2}}{4}$

41. a) $-\dfrac{16}{65}$ b) $-\dfrac{56}{65}$ c) $\dfrac{63}{65}$ d) $-\dfrac{33}{65}$

42. a) $\dfrac{1}{2}$ b) $\dfrac{\sqrt{2}}{2}$ c) $\dfrac{1}{2}$ d) $\dfrac{\sqrt{3}}{2}$

43. a) demonstração c) demonstração
b) demonstração d) demonstração

44. a) $-\sqrt{3} - 2$ b) $2 + \sqrt{3}$

45. a) $\dfrac{\sqrt{2} - \sqrt{6}}{4}$ c) $2 - \sqrt{3}$
b) $\sqrt{6} + \sqrt{2}$ d) $-\sqrt{2} - \sqrt{6}$

46. a) demonstração b) demonstração

47. a) $\text{sen } a \cdot \cos b \cdot \cos c + \cos a \cdot \text{sen } b \cdot \cos c +$
$+ \cos a \cdot \cos b \cdot \text{sen } c - \text{sen } a \cdot \text{sen } b \cdot \text{sen } c$
b) $\cos a \cdot \cos b \cdot \cos c - \text{sen } a \cdot \text{sen } b \cdot \cos c -$
$- \text{sen } a \cdot \cos b \cdot \text{sen } c - \cos a \cdot \text{sen } b \cdot \text{sen } c$

48. -1 49. $90°$ 50. $\dfrac{3}{11}$

51. $-\dfrac{24}{25}; \dfrac{7}{25}; -\dfrac{24}{7}$ 52. $\dfrac{\sqrt{3}}{2}; -\dfrac{1}{2}; -\sqrt{3}$

53. $\dfrac{24}{25}$ 54. $\dfrac{15}{8}$ 55. $\dfrac{1}{2}$

56. a) $-\sqrt{0,1}; -\sqrt{0,9}$ c) $-3; -\dfrac{1}{3}$
b) $\sqrt{0,9}; \sqrt{0,1}$

57. $\dfrac{\sqrt{2 - \sqrt{2}}}{2}; \dfrac{\sqrt{2 - \sqrt{2}}}{2}; \sqrt{3 - 2\sqrt{2}}$

58. a) demonstração c) demonstração
b) demonstração

Exercícios complementares

1. a) $\dfrac{2\sqrt{2}}{3}$ b) $2\sqrt{2}$ c) 3 d) $\dfrac{3\sqrt{2}}{4}$

2. $\dfrac{2}{9}$ 3. -1 4. 2

5. $\dfrac{\sqrt{30}}{6}$ 6. $\dfrac{11}{12}$

7. a) $S = \left\{x \in \mathbb{R} \mid x = \dfrac{\pi}{5} + 2k\pi \text{ ou}\right.$
$\left.x = \dfrac{4\pi}{5} + 2k\pi, k \in \mathbb{Z}\right\}$

b) $S = \left\{x \in \mathbb{R} \mid x = \dfrac{5\pi}{12} + 2k\pi \text{ ou}\right.$
$\left.x = \dfrac{11\pi}{12} + 2k\pi, k \in \mathbb{Z}\right\}$

c) $S = \left\{x \in \mathbb{R} \mid x = \dfrac{7\pi}{12} + k\pi, k \in \mathbb{Z}\right\}$

8. a) $S = \left\{x \in \mathbb{R} \mid x = k\pi \text{ ou } x = \dfrac{\pi}{6} + 2k\pi \text{ ou}\right.$
$\left.x = \dfrac{5\pi}{6} + 2k\pi, k \in \mathbb{Z}\right\}$

b) $S = \left\{x \in \mathbb{R} \mid x = 2k\pi \text{ ou } x = \dfrac{2\pi}{3} + 2k\pi \text{ ou}\right.$
$\left.x = \dfrac{4\pi}{3} + 2k\pi, k \in \mathbb{Z}\right\}$

c) $S = \left\{x \in \mathbb{R} \mid x = \dfrac{\pi}{6} + 2k\pi \text{ ou}\right.$
$\left.x = \dfrac{5\pi}{3} + 2k\pi, k \in \mathbb{Z}\right\}$

9. $S = \left\{x \in \mathbb{R} \mid x = \dfrac{3\pi}{4} + k\pi, k \in \mathbb{Z}\right\}$

10. a) $S = \left\{x \in \mathbb{R} \mid \dfrac{7\pi}{6} + 2k\pi \le x \le \dfrac{11\pi}{6} + 2k\pi, k \in \mathbb{Z}\right\}$

b) $S = \left\{x \in \mathbb{R} \mid \dfrac{\pi}{6} + 2k\pi \le x \le \dfrac{5\pi}{6} + 2k\pi, k \in \mathbb{Z}\right\}$

c) $S = \left\{x \in \mathbb{R} \mid \dfrac{\pi}{4} + 2k\pi < x < \dfrac{7\pi}{4} + 2k\pi, k \in \mathbb{Z}\right\}$

d) $S = \left\{x \in \mathbb{R} \mid \dfrac{\pi}{3} + 2k\pi \le x \le \dfrac{\pi}{2} + 2k\pi \text{ ou}\right.$
$\left.\dfrac{4\pi}{3} + 2k\pi \le x \le \dfrac{3\pi}{2} + 2k\pi, k \in \mathbb{Z}\right\}$

11. R$ 80,00

12. a) 38 °C; 14 °C b) 24 °C

13. a) $\dfrac{\sqrt{6} - \sqrt{2}}{4}$ b) $\dfrac{-\sqrt{2} - \sqrt{6}}{4}$ c) $2 + \sqrt{3}$

14. $-\dfrac{\sqrt{2}}{2}$

15. a) $-\dfrac{7}{9}$ b) $\dfrac{4\sqrt{2}}{9}$

16. $-\dfrac{6}{17}$ 17. $-\dfrac{16}{65}$

18. $S = \{x \in \mathbb{R} \mid x > 0 \text{ e } x \ne 1\}$

19. $D(f) = \left\{x \in \mathbb{R} \mid \dfrac{\pi}{6} \le x \le \dfrac{5\pi}{6}\right\}$

20. $S = \left\{x \in \mathbb{R} \mid \dfrac{\pi}{6} < x < \dfrac{5\pi}{6} \text{ ou } \dfrac{7\pi}{6} < x < \dfrac{11\pi}{6}\right\}$

21. $S = \{x \in \mathbb{R} \mid x \ne k\pi, k \in \mathbb{Z}\}$

22. a) $S = \{0\}$
b) $S = \left\{x \in \mathbb{R} \mid x = \dfrac{\pi}{2} + 2k\pi, k \in \mathbb{Z}\right\}$

23. PG, $a_1 = \cos x$, $q = -1$

24. Secante.
Ao fazer x variar de:
0 a $\dfrac{\pi}{2}$, a secante cresce de 1 a $+\infty$;
$\dfrac{\pi}{2}$ a π, a secante cresce de $-\infty$ a -1;
π a $\dfrac{3\pi}{2}$, a secante decresce de -1 a $-\infty$;
$\dfrac{3\pi}{2}$ a 2π, a secante decresce de $+\infty$ a 1.
Cossecante.
Ao fazer x variar de:
0 a $\dfrac{\pi}{2}$, a cossecante decresce de $+\infty$ a 1;
$\dfrac{\pi}{2}$ a π, a cossecante cresce de 1 a $+\infty$;
π a $\dfrac{3\pi}{2}$, a cossecante cresce de $-\infty$ a -1;
$\dfrac{3\pi}{2}$ a 2π, a cossecante decresce de -1 a $-\infty$.

Questões de vestibular

25. a) $\dfrac{10 \cdot (3 + 2\sqrt{3})}{3}$ cm b) $\dfrac{3k - k^3}{2}$

26. a) $\dfrac{\sqrt{3}}{2}$
b) $S = \left\{x \in \mathbb{R} \mid x = \dfrac{\pi}{2} + k\pi \text{ ou}\right.$
$\left.x = \dfrac{\pi}{4} + \dfrac{k\pi}{2}, k \in \mathbb{Z}\right\}$

27. alternativa d

28. a) 0,35 °C; −0,7 °C b) 8 h; 16 h; 24 h = 0 h

29. a) $S = \left\{t \in \mathbb{R} \mid t = -\dfrac{15}{2} + 12k, k \in \mathbb{Z}_+^*\right\}$
b) após 4,5 horas

30. alternativa b

Capítulo 15 — Matrizes e determinantes

1. a) 1×3 b) 3×1 c) 3×4 d) 2×1 e) 2×2 f) 4×4 g) 4×2

2. alternativa e

3. $\begin{pmatrix} 1 & 5 \\ 0 & 1 \\ 7 & 0 \end{pmatrix}$

4. $A = \begin{pmatrix} 5 & 7 & 9 & 11 \\ 8 & 10 & 12 & 14 \\ 11 & 13 & 15 & 17 \end{pmatrix}$

5. $C = \begin{pmatrix} 0 & -3 & -8 & -15 \\ 7 & 4 & -1 & -8 \end{pmatrix}$

6. $B = \begin{pmatrix} 0 & 6 \\ 3 & 3 \\ 3 & 6 \end{pmatrix}$

7. 2

8. $a_{11} = |-6| = 6$, $a_{22} = 7$, $a_{33} = 9$, $a_{13} = 3$, $a_{31} = -7$

9. resposta possível: $A = (a_{ij})_{3 \times 4}$, em que $a_{ij} = i^j$

10. não, pois elas não são do mesmo tipo. A 1ª matriz é do tipo 5×1 e a 2ª é do tipo 1×5.

11. $x = 3$, $y = 2$, $z = 5$ **12.** $x = 3$; $y = -1$

13. $a = 1$, $b = 3$, $c = -1$, $d = -3$

14. d.p.: 3, 8 e 15; d.s.: 11, 8 e 7

15. 375   **16.** 1   **17.** $\begin{pmatrix} 2 & 0 & 0 \\ 0 & 4 & 0 \\ 0 & 0 & 6 \end{pmatrix}$

18. $\begin{pmatrix} -1 & 2 & 7 \\ -7 & -4 & 1 \end{pmatrix}$ **19.** $\begin{pmatrix} 1 & \frac{1}{2} \\ 2 & 1 \end{pmatrix}$

20. 1, 0 e -7 **21.** $\begin{pmatrix} 2 & 0 & 0 \\ 0 & 4 & 0 \\ 0 & 0 & 6 \end{pmatrix}$

22. a) V   b) F   c) V

23. a) $\begin{pmatrix} 5 & 2 \\ 1 & 3 \\ 5 & 2 \end{pmatrix}$ b) $\begin{pmatrix} 5 & 2 \\ 1 & 3 \\ 5 & 2 \end{pmatrix}$ c) $\begin{pmatrix} 6 & 2 \\ 0 & 6 \\ 7 & 7 \end{pmatrix}$ d) Não é possível.

24. a) $\begin{pmatrix} -2 & 1 \\ 1 & -1 \end{pmatrix}$ b) $\begin{pmatrix} 1 & -1 \\ -1 & 0 \end{pmatrix}$ c) $\begin{pmatrix} -2 & 1 \\ 1 & -1 \end{pmatrix}$

25. a) $\begin{pmatrix} 8 & -7 \\ 10 & -4 \end{pmatrix}$ b) $\begin{pmatrix} 9 & -9 \\ 10 & -7 \end{pmatrix}$ c) $\begin{pmatrix} 7 & -9 \\ 9 & -2 \end{pmatrix}$ d) $\begin{pmatrix} -1 & 5 \\ -7 & -14 \end{pmatrix}$ e) $\begin{pmatrix} 4 & 1 \\ 1 & -10 \end{pmatrix}$ f) $\begin{pmatrix} 0 & -1 \\ 1 & 0 \end{pmatrix}$

26. $\begin{pmatrix} 3 & -4 \\ -1 & 5 \end{pmatrix}$

27. a) $\begin{pmatrix} -1 & 2 \\ 3 & 5 \end{pmatrix}$ b) $\begin{pmatrix} 7 \\ -8 \end{pmatrix}$

28. $\begin{pmatrix} -3 & 6 \\ 6 & 6 \end{pmatrix}$

29. a) 14   b) Não existe.

30. a) $\begin{pmatrix} -7 & 15 \\ 5 & 3 \\ 8 & -14 \end{pmatrix}$ b) $\begin{pmatrix} -3 & 10 \\ 0 & 7 \\ 7 & -1 \end{pmatrix}$

31. a) $\begin{pmatrix} 3 & 9 \\ 6 & 12 \end{pmatrix}$ b) $\begin{pmatrix} 1 & \frac{2}{3} \\ 2 & \frac{4}{3} \end{pmatrix}$ c) $\begin{pmatrix} \frac{4}{3} & \frac{19}{3} \\ \frac{8}{3} & 8 \end{pmatrix}$ d) $\begin{pmatrix} 0 & 13 \\ -4 & 6 \end{pmatrix}$ e) $\begin{pmatrix} 5 & 6 \\ 2 & -8 \end{pmatrix}$ f) $\begin{pmatrix} 0 & -7 \\ 8 & 0 \end{pmatrix}$

32. $k = 4$; $x = -\frac{1}{4}$; $y = 0$; $z = 0$; $w = -\frac{1}{2}$ ou $w = \frac{1}{2}$

33. $\begin{pmatrix} -2 & -2 \\ -7 & -3 \end{pmatrix}$ **34.** $\begin{pmatrix} -1 \\ 3 \\ -7 \end{pmatrix}$

35. a) $\begin{pmatrix} 4 & 15 & 0 \\ -3 & -5 & 9 \\ -21 & 0 & 7 \end{pmatrix}$ b) $\begin{pmatrix} -2 & -15 & 0 \\ 3 & 7 & -9 \\ -21 & 0 & -5 \end{pmatrix}$

36. $(8 \quad -10 \quad 43)$

37. $\begin{pmatrix} \frac{1}{2} & -\frac{1}{2} & -1 \\ \frac{1}{2} & \frac{1}{2} & -\frac{1}{2} \\ 1 & \frac{1}{2} & \frac{1}{2} \end{pmatrix}$

38. $X = \begin{pmatrix} 2 & -6 \\ 1 & -7 \end{pmatrix}$; $Y = \begin{pmatrix} 0 & 3 \\ -1 & 12 \end{pmatrix}$

39. a) $\begin{pmatrix} 9 & 5 \\ 11 & 8 \end{pmatrix}$ b) $\begin{pmatrix} 7 \\ 6 \end{pmatrix}$ c) $(18 \quad 17)$ d) $\begin{pmatrix} 1 & 0 \\ 0 & 1 \end{pmatrix}$ e) $\begin{pmatrix} 0 & 0 \\ 0 & 0 \end{pmatrix}$ f) $\begin{pmatrix} 0 & 0 \\ 0 & 0 \end{pmatrix}$

40. a) $\begin{pmatrix} -10 & 4 \\ -5 & 2 \\ 3 & -1 \end{pmatrix}$ b) Não é possível.   c) $\begin{pmatrix} 0 \\ 0 \\ 1 \end{pmatrix}$ d) $\begin{pmatrix} 5 \\ -1 \end{pmatrix}$ e) $\begin{pmatrix} -10 & -5 & 3 \\ 4 & 2 & -1 \end{pmatrix}$ f) $\begin{pmatrix} -10 & -5 & 3 \\ 4 & 2 & -1 \end{pmatrix}$

41. $x = \frac{1}{2}$, $y = -\frac{7}{3}$ **42.** $\begin{pmatrix} -1 & 1 \\ \frac{9}{2} & -2 \end{pmatrix}$

43. $\begin{pmatrix} 1 \\ 2 \end{pmatrix}$ **44.** $\begin{pmatrix} -3 \\ 8 \end{pmatrix}$

45. a) $\begin{pmatrix} -3 & 7 & 1 \\ \frac{7}{2} & -\frac{9}{2} & -\frac{1}{2} \end{pmatrix}$ b) $\begin{pmatrix} -3 & 7 & 1 \\ \frac{7}{2} & -\frac{9}{2} & -\frac{1}{2} \end{pmatrix}$

46. a) $\begin{pmatrix} -2 & 2 \\ 2 & 6 \end{pmatrix}$ b) $\begin{pmatrix} -5 & 1 \\ 0 & 5 \end{pmatrix}$ c) $\begin{pmatrix} 1 \\ 3 \end{pmatrix}$

47. $x = -1$, $y = 5$, $z = 0$ **48.** $X = \begin{pmatrix} 1 & 0 \\ 0 & 1 \end{pmatrix} = I_2$

49. $x = 5$, $y = -1$ **50.** $x = 4$, $y = -3$

51. a) A   b) Não existe.   c) Não existe.   d) A

52. a) I_2 b) A   c) I_2 d) A

53. a) $\begin{pmatrix} 4 & 20 \\ 0 & 9 \end{pmatrix}$ b) $\begin{pmatrix} 8 & 21 \\ 1 & 5 \end{pmatrix}$ • não

54. a) $\begin{pmatrix} -2 & -4 \\ -20 & -2 \end{pmatrix}$ b) $\begin{pmatrix} 0 & -6 \\ -14 & -4 \end{pmatrix}$ • não

55. sim

56. a) $\begin{pmatrix} \frac{3}{5} & -\frac{2}{5} \\ \frac{1}{5} & \frac{1}{5} \end{pmatrix}$ b) $\begin{pmatrix} \frac{1}{5} & \frac{1}{5} \\ \frac{2}{5} & -\frac{3}{5} \end{pmatrix}$ c) Não existe C^{-1}.

57. a) $\begin{pmatrix} 1 & -1 & 0 \\ 0 & 1 & -1 \\ 0 & 0 & 1 \end{pmatrix}$ b) Não existe E^{-1}.

58. $\begin{pmatrix} -5 & 10 \\ 6 & 5 \end{pmatrix}$ **59.** $x = 4$, $y = 1$

60. $\begin{pmatrix} \frac{1}{12} & -\frac{1}{4} & \frac{1}{12} \\ -\frac{25}{12} & \frac{5}{4} & -\frac{1}{12} \\ \frac{83}{12} & -\frac{11}{4} & -\frac{1}{12} \end{pmatrix}$

61. a) 7   b) $-\frac{2}{5}$ c) 1   d) -10 e) 0   f) -9

62. -8

63. a) 0   b) -16 c) 44   d) 0

64. a) $S = \left\{-\frac{8}{5}\right\}$ b) $S = \left\{\frac{4}{3}, -1\right\}$

65. a) $\frac{2+\sqrt{6}}{2}$ ou $\frac{2-\sqrt{6}}{2}$ b) 2   c) $-\frac{2}{9}$

66. $S = \left\{x \in \mathbb{R} \mid x < \frac{13}{3}\right\}$

67. a) -24 b) -17 c) 4   d) 6   e) 9

68. $\cos^2 x$ **69.** 0

70. a) 20   b) 20   c) 20

71. a) 2   b) 5   c) -1 d) 2   e) 5   f) -1

72. a) -12 b) -22 c) -225 d) -22 e) -12 f) -25

73. 4   **74.** 0 ou -2

75. $S = \{x \in \mathbb{R} \mid 1 < x < 14\}$

76. $x = -1$, $y = 7$ **77.** $\frac{1}{6}$

78. 1, 1, 1, 1   **79.** $x = -1$ ou $x = \frac{1}{2}$

80. a) 6 unidades de área   b) 6 unidades de área

81. -8

82. a) -5 b) 38

83. a) -8 b) 66

84. $S = \{-2, 2\}$

85. a) 0   b) 0   c) 0   d) 0

86. 10   **87.** 15

88. a) 12   b) 12

89. a) Não existe.   b) Não existe.   c) 0   d) -22

90. 12 ou -12 **91.** 0   **92.** -40

93. 24   **94.** 250   **95.** 36

96. 75   **97.** $\frac{1}{30}$

98. $m \neq -4$ e $m \neq 4$ **99.** $x \neq 0$ e $x \neq \pm 2$

100. $\frac{1}{2}$ ou $-\frac{1}{2}$ **101.** -15 **102.** 61

Exercícios complementares

1. a) $A = \begin{pmatrix} 2 & 3 & 4 & 5 \\ 3 & 4 & 5 & 6 \\ 4 & 5 & 6 & 7 \end{pmatrix}$ b) $B = \begin{pmatrix} 1 \\ 4 \\ 9 \end{pmatrix}$ c) $C = \begin{pmatrix} -1 & 1 \\ 5 & 1 \end{pmatrix}$

2. $a = 1$, $b = 8$, $c = 3$, $d = 5$, $e = -2$, $f = 3$, $g = -\frac{1}{2}$

3. a) identidade   b) diagonal   c) linha   d) coluna

4. $x = \pm 2$, $y = 5$ **5.** $A = B = \begin{pmatrix} 0 & -1 \\ 1 & 0 \end{pmatrix}$

6. $a = 1$, $b = 0$, $c = 3$, $d = -3$

7. a) $\begin{pmatrix} -2 & 3 & -1 \\ 3 & -4 & 9 \\ -1 & 9 & 2 \end{pmatrix}$ b) $\begin{pmatrix} 0 & 3 & 5 \\ -3 & 0 & 1 \\ -5 & -1 & 0 \end{pmatrix}$

8. a) V   b) V

9. a) $\begin{pmatrix} -\frac{7}{2} \\ -\frac{21}{2} \end{pmatrix}$ b) $\begin{pmatrix} \frac{7}{2} \\ -\frac{5}{2} \end{pmatrix}$

10. $X = \begin{pmatrix} 0 & 7 & 14 \\ -6 & 1 & 8 \\ -12 & -5 & 2 \end{pmatrix}$ **11.** $x = -\frac{4}{3}$, $y = 4$

12. $\begin{pmatrix} 3 \\ 7 \end{pmatrix}$ **13.** $B = \begin{pmatrix} -\frac{1}{3} & -\frac{5}{3} \\ 1 & 5 \end{pmatrix}$

14. a) V   b) F

15. $X = \begin{pmatrix} -2 & 1 \\ -5 & -2 \end{pmatrix}$

16. a) $\frac{1}{2}$ b) 2

17. a) $S = \{x \in \mathbb{R} \mid 0 < x < 1\}$ b) $S = \{x \in \mathbb{R} \mid x > -3\}$

18. a) -90 b) -9

19. 3   **20.** 3

21. $x \neq 2$ e $x \neq -2$ **22.** 1

RESPOSTAS DA PARTE II

Questões de vestibular

23. alternativa c
24. alternativa e
25. alternativa c
26. alternativa e
27. alternativa a
28. alternativa a
29. a) $A \cdot B = \begin{pmatrix} \log_2(x^8) \\ 6y \end{pmatrix}$ b) $x = 8, y = \dfrac{5}{3}$
30. alternativa e
31. alternativa c
32. alternativa d
33. alternativa b
34. alternativa b
35. alternativa d
36. alternativa c
37. alternativa b
38. alternativa e
39. a) 18 kg b) 11 anos
40. alternativa e

Capítulo 16 — Sistemas lineares

1. a) sim b) sim c) não
2. 2
3. respostas possíveis: $(0,0,0)$, $(1,-1,-1)$, $(1,1,5)$, $(-2,2,2)$
4. sim
5. 2
6. -1
7. $m = 4, n = -2$
8. a) $S = \left\{\left(\dfrac{27}{5}, \dfrac{9}{5}\right)\right\}$ b) $S = \left\{\left(\dfrac{9}{5}, \dfrac{27}{5}\right)\right\}$
9. $a = -\dfrac{3}{2}, b = \dfrac{7}{2}$
10. a) respostas possíveis:
    para $x - y = 0$: $(0,0), (1,1), (-2,-2)$
    para $x + y = 2$: $(1,1), (2,0), (0,2)$
    b)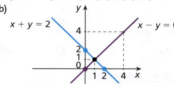
    c) $S = \{(1,1)\}$
11. $m = 1, n = 6, P = \left(3, \dfrac{1}{2}\right)$
12. 26 alunos
13. 60 L e 20 L
14. a) $5x + 2y = 7$
    b) $S = \{(1,1)\}$. Indica o ponto de intersecção das retas representadas pelas equações.
15. a) SPD b) SPI c) SI d) SPI
16. a) $k = 0$ b) $k \neq 0$
17. a) $S = \emptyset$ b) $S = \{(2k+1, k) \mid k \in \mathbb{R}\}$
18. 2
19. $a = 2, b = -3, c = -4$
20. $\begin{cases} -3x + 2y = 4 \\ 7x - 9y = 0 \end{cases}$
21. sim
22. sim
23. alternativas b, c, d
24. a) $N = \begin{pmatrix} 3 & -1 & 1 \\ 1 & 0 & 2 \\ 1 & 1 & 1 \end{pmatrix}$ e $M = \begin{pmatrix} 3 & -1 & 1 & 7 \\ 1 & 0 & 2 & 10 \\ 1 & 1 & 1 & 3 \end{pmatrix}$
    b) $N = \begin{pmatrix} 3 & 4 & -1 \\ -1 & -1 & -1 \end{pmatrix}$ e $M = \begin{pmatrix} 3 & 4 & -1 & 2 \\ -1 & -1 & -1 & 7 \end{pmatrix}$
    c) $N = \begin{pmatrix} -2 & 3 & 0 \\ 1 & 1 & -2 \end{pmatrix}$ e $M = \begin{pmatrix} -2 & 3 & 0 & 5 \\ 1 & 1 & -2 & 2 \end{pmatrix}$
    d) $N = \begin{pmatrix} 1 & 1 & -2 \\ 1 & 1 & 0 \\ 0 & 1 & -5 \end{pmatrix}$ e $M = \begin{pmatrix} 1 & 1 & -2 & 7 \\ 1 & 1 & 0 & 6 \\ 0 & 1 & -5 & -4 \end{pmatrix}$
25. a) $\begin{cases} 3x + 2y - z = 2 \\ 5x + 4y - 3z = 5 \end{cases}$
    b) $\begin{cases} 2x + 3y = -2 \\ x - 4y + 7z = 0 \\ 5x - 6z = 3 \end{cases}$
26. a) $\begin{cases} x + 2y + 5z = -1 \\ 3x - 2y + 2z = 4 \end{cases}$
    b) $\begin{cases} 2x - y - 3z = 4 \\ x + 4y + 3z = -2 \\ 3x + 2y - z = 5 \end{cases}$
    c) $\begin{cases} 3x - 2y = 2 \\ -x + 3y = 5 \end{cases}$
    d) $\begin{cases} 2x + 7y = -1 \\ 2y - 3y = 2 \\ x + y = 5 \end{cases}$
27. $m = 5$ e $n = 2$

28. a) $\begin{cases} x + y = 10 \\ y = 8 \end{cases} \Rightarrow S = \{(2,8)\}$
    b) $\begin{cases} x + y + z = 6 \\ y + z = 5 \\ z = 3 \end{cases} \Rightarrow S = \{(1,2,3)\}$
29. $k = 0$
30. a) $S = \{(2,6)\}$ b) $S = \{(-2,-1,3)\}$
31. a) $S = \{(2,4)\}$ c) $S = \{(3,1)\}$
    b) $S = \{(3,7)\}$ d) $S = \left\{\left(\dfrac{393}{16}, \dfrac{383}{16}\right)\right\}$
32. a) $S = \{(3,1,2)\}$ b) $S = \{(3,1,5)\}$
33. a) $a \neq 2$ b) $a \neq -\dfrac{2}{5}$
34. a) $\begin{cases} 5x + 20y + 16z = 5{,}75 \\ 2x + 2y + 2z = 1 \\ x - 3y + z = 0 \end{cases}$
    b) amendoim: 250 g; castanha-do-pará: 125 g; castanha-de-caju: 125 g
35. 13
36. 1º: R$ 1.500,00; 2º: R$ 2.500,00; 3º: R$ 500,00
37. R$ 5,20
38. $a = 4; b = \dfrac{1}{5}$
39. 3
40. $a = 2; b = 1$
41. $S = \{(2, -2, 1)\}$; sim
42. alternativas a, c, e, f
43. a) $S = \{(2, -1)\}$; SPD
    b) $S = \{(1, k, k) \mid k \in \mathbb{R}\}$; SPI
    c) $S = \{(3, -2, -1)\}$; SPD
44. a) $S = \{(2,3)\}$ b) $S = \{(3,-1)\}$
45. $S = \left\{\left(1, \dfrac{2}{3}, \dfrac{5}{3}, \dfrac{4}{3}\right)\right\}$
46. a) $S = \{(1,2,3)\}$ b) $S = \{(-2,1,3)\}$
47. a) $S = \{(1,3)\}$; SPD
    b) $S = \emptyset$; SI
    c) $S = \emptyset$; SI
    d) $S = \{(1,2,-2)\}$; SPD
    e) $S = \left\{\left(\dfrac{-3k+28}{5}, \dfrac{k+9}{5}, k\right) \mid k \in \mathbb{R}\right\}$; SPI
    f) $S = \left\{\left(\dfrac{-5+k}{3}, \dfrac{17-4k}{3}, k\right) \mid k \in \mathbb{R}\right\}$; SPI
48. a) $\begin{cases} k \neq 1 \Rightarrow SPD \\ k = 1 \Rightarrow SI \end{cases}$
    b) $\begin{cases} k \neq -1 \Rightarrow SPD \\ k = -1 \Rightarrow SI \end{cases}$
    c) $\begin{cases} k \neq 1 \text{ e } k \neq -1 \Rightarrow SPD \\ k = 1 \text{ ou } k = -1 \Rightarrow SI \end{cases}$
    d) $\begin{cases} k \neq 1 \text{ e } k \neq -1 \Rightarrow SPD \\ k = 1 \text{ ou } k = -1 \Rightarrow SPI \end{cases}$
    e) $\begin{cases} k \neq -\dfrac{1}{2} \Rightarrow SPD \\ k = -\dfrac{1}{2} \Rightarrow SI \end{cases}$
    f) $\begin{cases} k \neq 0 \Rightarrow SPD \\ k = 0 \Rightarrow SI \end{cases}$
49. a) $\begin{cases} m \neq 2 \Rightarrow SPD \\ m = 2 \Rightarrow SI \end{cases}$
    b) $\begin{cases} m \neq 0 \Rightarrow SPD \\ m = 0 \Rightarrow SI \end{cases}$
    c) $\begin{cases} m \neq -1 \Rightarrow SPD \\ m = -1 \Rightarrow SPI \end{cases}$
50. $\begin{cases} a \neq \dfrac{3}{13} \Rightarrow SPD \\ a = \dfrac{3}{13} \Rightarrow SPI \end{cases}$
51. $m \neq 1$ e $m \neq 2 \Rightarrow$ SPD; $m = 1$ ou $m = 2 \Rightarrow$ SI

Exercícios complementares

1. 10 ou -4
2. -1
3. R$ 11.850,00
4. $f(x) = \dfrac{4}{5}x + \dfrac{17}{5}$
5. -1

6. $r_A = 11$ km; $r_B = 7$ km; $r_C = 5$ km
7. 9
8. a)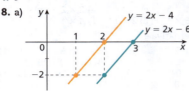
   b) $S = \emptyset$
9. a) SPD; $S = \left\{\left(\dfrac{34}{13}, \dfrac{1}{13}\right)\right\}$
   b) SPI; $S = \{(\alpha, 4 - 2\alpha) \mid \alpha \in \mathbb{R}\}$
10. $-\dfrac{11}{2}$
11. $S = \{(2\alpha, 3\alpha, \alpha) \mid \alpha \in \mathbb{R}\}$
12. a) $S = \left\{\left(5, -2, \dfrac{5}{3}\right)\right\}$ b) $S = \{(0, 1, 2, 3)\}$
13. $\lambda = \pm\sqrt{11}$
14. 12 ou -2
15. $\lambda \in \mathbb{R}, \lambda \neq 0, \lambda = \sqrt{2}$ e $\lambda \neq -\sqrt{2}$
16. $S = \{(-2, 3, 0)\}$
17. $a \neq \dfrac{3}{13} \Rightarrow$ SPD; $a = \dfrac{3}{13} \Rightarrow$ SPI
18. $S = \{(21, 6)\}$
19. $m = \pm 3 \Rightarrow$ SPI; $m \neq \pm 3 \Rightarrow$ SPD
20. $\dfrac{1}{2}$
21. $a \neq \pm 1 \Rightarrow$ SPD; $a = b = 1$ ou $a = b = -1 \Rightarrow$ SPI; $a = 1$ e $b \neq 1$ ou $a = -1$ e $b \neq -1 \Rightarrow$ SI

Questões de vestibular

22. 3.060 residências
23. alternativa a
24. alternativa b
25. alternativa d
26. alternativa a
27. alternativa c
28. alternativa d
29. alternativa d
30. a) 2, 3 ou 9 b) $S = \{(0,0,0)\}$
31. a) $k \neq -3$ e $k \neq 2$ c) $k = -3$
    b) $k = 2$
32. a) $m \neq \pm 1 \Rightarrow$ SPD; $m = \pm 1 \Rightarrow$ SI
    b) $k = \dfrac{1}{2}$ e $m = -\dfrac{1}{6}$
33. alternativa b
34. alternativa b
35. alternativa b
36. 2.000 maçãs, 3.000 peras e 5.000 laranjas
37. a) SPD, solução única b) $-\dfrac{1}{2}$
38. a)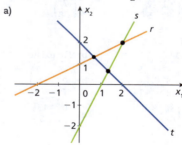
    b) $S = \left\{\dfrac{4}{3}, \dfrac{4}{3}\right\}$

Compreensão de texto

1. Energia, carboidratos, proteínas e gorduras totais.
2. a) 4 equações; 6 incógnitas
   b) No sistema, cada equação corresponde a um nutriente, e cada incógnita a um alimento.
3. alternativa b
4. $\begin{cases} x_1 = 0{,}19 + 0{,}33x_5 - 0{,}17x_6 \\ x_2 = -8{,}05 - 0{,}07x_5 + 1{,}68x_6 \\ x_3 = 9{,}16 - 0{,}25x_5 - 0{,}83x_6 \\ x_4 = 11{,}60 - 1{,}24x_5 - 0{,}45x_6 \end{cases}$

5. $x_6 \leq 1{,}94x_5 + 1{,}12$
$x_6 \geq 0{,}04x_5 + 4{,}79$
$x_6 \leq -0{,}30x_5 + 11{,}04$
$x_6 \leq -2{,}76x_5 + 25{,}78$

6. alternativa d

7. $x_1 = 0{,}82$ (41 g de arroz)
$x_2 = 1{,}68$ (50,4 g de feijão)
$x_3 = 2{,}93$ (234,4 g de frango)
$x_4 = 2{,}7$ (540 mL de suco)

Capítulo 17 — Superfícies poligonais, círculos e áreas

1. Todas, menos a figura IV.
2. resposta possível:

3. impossível
4. resposta possível:

5.

Polígono	Número de vértices	Número de diagonais em um vértice	Número de diagonais do polígono
Pentágono	5	2	5
Hexágono	6	3	9
Heptágono	7	4	14
Eneágono	9	6	27
Polígono de 12 lados ou dodecágono	12	9	54
Icoságono	20	17	170

6. a) 72° b) 75°
7. 152 diagonais
8. $x = 98°$; $y = 82°$; $z = 57°$
9. a) A soma é 360°.
b) $i_1 + e_1 = 180°$
$i_2 + e_2 = 180°$
$i_3 + e_3 = 180°$
$i_4 + e_4 = 180°$
$\vdots + \vdots =$
$i_n + e_n = 180°$
$\overline{S_i + S_e = n \cdot 180°}$
• $(n-2) \cdot 180° + S_e = n \cdot 180° \Rightarrow S_e = 360°$

10. a) V b) F c) F
11. quadrilátero
12. $x = 70°$; $y = 40°$
13. $x = 40°$; $y = 110°$
14. $x = 35°$; $y = 125°$
15. 150°   **16.** 30°   **17.** 30 cm
18. a) 8 cm c) 3 cm e) 2 cm
b) $4\sqrt{6}$ cm d) 2 cm f) 6 cm
19. a) 60 cm² b) $9\sqrt{3}$ cm²
20. 75 m² e 50 m²   **21.** 15 cm²
22. a) $x = 9$ cm; $A = 30$ cm²
b) $x = 17$ cm; $A = 196$ cm²
23. $\simeq 160$ cm²
24. 28 cm e 2 cm   **25.** 8.798 cm²
26. 4 cm   **27.** $12\sqrt{2}$ m   **28.** 240 cm²
29. $12\sqrt{3}$ cm²   **30.** 50 m²   **31.** 3 cm²
32. 1.362,5 cm²
33. polígono regular de nove lados
34. polígono regular de doze lados
35. a) 22,5° b) 60°
36. $x = 12°$; $y = 72°$ **37.** 1 cm e $2\sqrt{3}$ cm

38. a) $\ell_6 = \dfrac{2\sqrt{3}}{3}R$ c) $P = 4\sqrt{3}R$
b) $D = \dfrac{4\sqrt{3}}{3}R$

39. a) sim
b) sim
• Não; os perímetros são maiores do que L. Sim.
40. R$ 120,00
41. a) 24   b) $3\sqrt{7}$
42. 8   **43.** 8 cm   **44.** 40 cm   **45.** 7 cm
46. a) 115° b) 62° c) 25° d) 44°
47. 21°
48. a) $\dfrac{143°}{8}$ b) 9°
49. 70°
50. a) 66° b) 58°
51. a) 20,25π cm² c) 30,25π cm²
b) 34π cm²
52. 16π cm²
53. a) $(4 - π)$ cm² c) $(4 - π)$ cm²
b) 52π cm² d) 12π cm²
54. 4π cm²   **55.** $16(π - 2)$ cm²
56. a) 36π cm² b) 45π cm²
57. $(4 - π)$ cm²
58. a) 2π cm² b) $36(π - 2)$ cm²

Exercícios complementares

1. quadrilátero   **2.** $x = 40°$
3. 5 m   **4.** decágono
5. $x = 35°$ e $y = 65°$ **6.** 25π cm²

Questões de vestibular

7. alternativa d
8. alternativa e   **9.** alternativa b
10. alternativa e   **11.** alternativa d
12. alternativa c   **13.** alternativa b
14. alternativa b   **15.** alternativa b
16. alternativa d   **17.** alternativa c
18. alternativa d   **19.** alternativa b
20. alternativa a   **21.** alternativa c
22. alternativa b   **23.** alternativa d
24. alternativa c   **25.** alternativa c
26. alternativa d   **27.** alternativa c
28. alternativa d   **29.** alternativa a
30. alternativa c   **31.** alternativa d
32. alternativa c   **33.** alternativa c
34. alternativa d   **35.** alternativa e
36. alternativa a   **37.** alternativa b
38. alternativa b

Compreensão de texto

1. resposta pessoal
2. O triângulo não pode alterar sua forma sem alterar o comprimento de seus lados; assim, um sistema de triângulos apresenta muita estabilidade, pois não sofre deslocamento pela ação da força aplicada. A força exercida sobre um dos vértices do triângulo se distribui até atingir o equilíbrio, tornando o sistema mais resistente e estável. Isso não ocorre com módulos quadriláteros, já que são sensíveis ao movimento dos seus vértices e à distribuição desigual das forças, tornando-se menos resistentes e instáveis.
3. Não. A resistência de uma estrutura depende da força aplicada sobre ela, do material utilizado e de como ela foi construída.
4. resposta pessoal

Capítulo 18 — Introdução à Geometria espacial

1. Todas as afirmações são verdadeiras.
2. infinitos; um único; infinitos
3. a) V b) F c) F d) F e) V
4. infinitos planos, um só plano ou nenhum plano
5. 6 retas
6. Verdadeira; basta fixar três pontos da figura por onde passa um único plano e variar o outro ponto, que é coplanar.
7. Três pontos (3 pés da mesa) determinam um único plano (do chão); quatro pontos podem determinar mais de um plano.
8. a) V b) F c) F d) V
9. a) F b) V c) F
10. a) $\overleftrightarrow{AE}$, $\overleftrightarrow{DH}$ e $\overleftrightarrow{BF}$
b) $\overleftrightarrow{CG}$, $\overleftrightarrow{BF}$, $\overleftrightarrow{AB}$ e $\overleftrightarrow{CD}$
c) plano (ADH)
d) $\overleftrightarrow{CG}$, $\overleftrightarrow{DH}$, $\overleftrightarrow{CD}$ e $\overleftrightarrow{HG}$
e) A reta $\overleftrightarrow{FG}$ está contida no plano (FEH).
f) A reta $\overleftrightarrow{AD}$ é paralela ao plano (FEH).
11. a) F b) F c) V d) F
12. a) V b) V c) V d) F
13. verdadeira   **14.** paralelas ou reversas
15. a) $\overleftrightarrow{EF}$, $\overleftrightarrow{HG}$, $\overleftrightarrow{EA}$ e $\overleftrightarrow{HD}$
b) $\overleftrightarrow{EH}$, $\overleftrightarrow{AD}$, $\overleftrightarrow{EF}$ e $\overleftrightarrow{AB}$
c) $\overleftrightarrow{FG}$, $\overleftrightarrow{BC}$, $\overleftrightarrow{HG}$ e $\overleftrightarrow{DC}$
d) $\overleftrightarrow{EF}$, $\overleftrightarrow{HG}$, $\overleftrightarrow{AB}$ e $\overleftrightarrow{DC}$
e) planos perpendiculares ao plano (ABF): plano (ABC), plano (EFG), plano (BCG), plano (ADH)
16. alternativas a, b, c
17. respostas possíveis:
a)

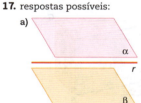

b)

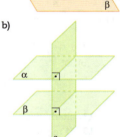

c)

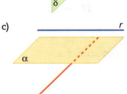

18. a) V b) V c) F d) V e) V
19. a) V b) F c) V d) F
20. a) V b) V c) V d) F e) V
21. a) V b) V c) F
22. demonstração
24. demonstração
23. demonstração
25. demonstração
26. a) F b) F c) V
27. a) B d) triângulo EDH
b) $\overline{HC}$ e) $\overline{HG}$
c) $\overline{AB}$ f) triângulo ABD

RESPOSTAS DA PARTE II

28. a) 2 cm
b) 2 cm
c) $\sqrt{29}$ cm
d) zero
e) 5 cm
f) 3 cm
g) 5 cm

29. $E_1 \cup E_2$; $E_2 \cup E_3$; $E_3 \cup E_4$; $E_1 \cup E_3$; $E_2 \cup E_4$

30. 60°

31. a) sim b) não

Exercícios complementares

1. uma

2. a) reversas
b) paralelas
c) perpendiculares
d) paralelos
e) perpendiculares
f) perpendiculares

3. a) concorrentes
b) paralelas
c) reversas
d) contida
e) secantes
f) paralelos
g) paralelos
h) concorrentes

4. uma reta ou um ponto

5. a)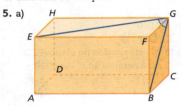
b)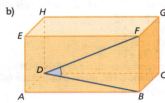
c)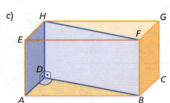

6. a) F b) V c) V

7. $2\sqrt{2}$ cm

8. 60°

9. $2\sqrt{r^2 - h^2 - d^2}$

10. a) demonstração b) 30°

11. 10 cm

Questões de vestibular

12. alternativa d
13. alternativa e
14. alternativa d
15. 11 regiões
16. alternativa c
17. alternativa b
18. 08
19. alternativa c
20. 14 unidades de comprimento
21. alternativa b

Capítulo 19 Poliedros

1. pentaedro **2.** heptaedro
3. $F = 14$, $A = 36$ e $V = 24$
4. a) $V = 16$, $F = 10$ e $A = 24$; não convexo
b) $V = 9$, $F = 9$ e $A = 16$; convexo

5.

Poliedro	V	F	A	V + F − A
I	12	8	18	2
II	6	8	12	2

6. 20 faces **7.** 8 faces **8.** 12 arestas
9. 24 vértices

10. 10 vértices **11.** 11 faces
12. 8 faces triangulares e 4 quadrangulares
13. $V = 29$, $A = 68$ e $F = 41$
14. resposta possível:

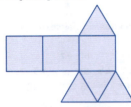

15. resposta possível:

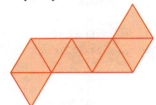

16.

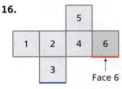 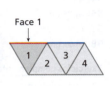

17. $A = 27$, $F = 9$ e $V = 19$
18. $A = 18$; $V = 12$
19. 30
20. a) 15 cm b) $\dfrac{\sqrt{61}}{2}$ cm
21. a) $x\sqrt{3}$ b) $t\sqrt{14}$
22. 5 **23.** $4\sqrt{3}$ cm
24. 1 cm, 2 cm e 3 cm
25. 30 cm, 40 cm e 120 cm
26. $8\sqrt{2}$ cm²
27. demonstração

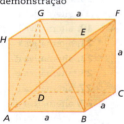

28. alternativa d **29.** alternativa b
30. a) $21\sqrt{3}$ cm² b) 80 cm²
31. o cubo B **32.** $50(6 + \sqrt{3})$ cm²
33. a) 6; 24; 54; 96 (unidades de área)
b) Quando a aresta dobra, a área total quadruplica e, quando a aresta triplica, a área total fica multiplicada por 9.

34. 96 cm² **35.** 216 m³
36. $7\sqrt{3}$ m **37.** $54\sqrt{2}$ m³ **38.** $5\sqrt{3}$ m
39. 80 baldes **40.** $7b^3$
41. a) 8 cm³
b) 24 cm²
c) Fica multiplicado por 8; fica multiplicada por 4.
42. $x = a\sqrt[3]{2}$ **43.** 140 cm³
44. $\sqrt{71}$ unidades de comprimento
45. 236 cm² **46.** 105 cm³
47. 832 cm² e 1.536 cm³
48. a) 4 cm, 4 cm e 4 cm b) 1 cm, 1 cm e 64 cm
49. $\dfrac{\sqrt{3}x^3}{4}$
50. $18(\sqrt{3} + 10)$ m² **51.** 14.700 g

52. $18\sqrt{3}$ dm³ **53.** $4.096\sqrt{3}$ cm³
54. 4 cm **55.** (I) e (IV)
56. $g = 5$ cm, $h = 3$ cm e $r = 4\sqrt{2}$ cm
57. 9 faces **58.** $V = F = n + 1$; $A = 2n$
59. Não vale a relação de Euler: $30 + 30 - 60 \neq 2$
60. a) $6\sqrt{2}$ cm b) $3\sqrt{3}$ cm c) $3\sqrt{5}$ cm
61. ≈ 18.900 euros
62. $108(40 + 3\sqrt{3})$ mm² **63.** 4 cm
64. 64 cm², 80 cm² e 144 cm²
65. $5(36 + 5\sqrt{3})$ cm² **66.** 384 cm²
67. $4\sqrt{3}$ cm² **68.** 48 cm³
69. $\dfrac{2\sqrt{2}}{3}$ cm³ **70.** $\dfrac{16\sqrt{2}}{3}$ cm³
71. $18\sqrt{3}$ cm² e $9\sqrt{2}$ cm³
72. $24\sqrt{3}$ cm³
73. a) 16 cm²
b) 72 cm²
c) 88 cm²
d) $\sqrt{77}$ cm
e) $\dfrac{16\sqrt{77}}{3}$ cm³
74. 1 para 12
75. A altura do prisma é o dobro da altura da pirâmide.
76. 3 cm³ **77.** $\dfrac{10\sqrt{3}}{3}$ cm
78. 10 cm²
79. 12 cm, 572 cm² e 1.552 cm³
80. 9 m **81.** 155.400 cm³
82. $\dfrac{256\sqrt{3}}{109}$ cm **83.** $78\sqrt{3}$ m³

Exercícios complementares

1. a) não convexo c) convexo
b) convexo

2. possível planificação:

3. não **4.** $n\sqrt{62}$ **5.** 5 cm
6. 10 cm, 15 cm e 30 cm
7. 40 cm³
8. $24(7 + \sqrt{85})$ cm²
9. $a = 12$ cm; $d = 12\sqrt{3}$ cm
10. 36 cm³
11. a) $4\sqrt{2}$ cm d) $2\sqrt{11}$ cm g) $\dfrac{64\sqrt{7}}{3}$ cm³
b) $2\sqrt{2}$ cm e) $48\sqrt{2}$ cm²
c) $2\sqrt{7}$ cm f) $16(3\sqrt{2} + 2)$ cm²
12. 3.150 m³ **13.** $\dfrac{200}{3}$ cm³ **14.** $\dfrac{20\sqrt{5}}{3}$ cm³
15. 1.664 cm³ **16.** $\dfrac{4}{3}$ cm³ **17.** $192\sqrt{3}$ cm²
18. 36.000 cm³
19. $200\sqrt{3}$ cm²; $\dfrac{1.000\sqrt{2}}{3}$ cm³
20. 27 cm³

Questões de vestibular

21. alternativa b **22.** alternativa e
23. alternativa c
24. a) $375\sqrt{3}$ cm³ b) $50\sqrt{3}$ cm²
25. alternativa c **26.** alternativa b
27. alternativa a **28.** 175 minutos
29. alternativa b

30. $V = \dfrac{\ell^3}{6}$ **31.** alternativa a
32. alternativa d
33. a) 384 cm²   b) 384 cm³
34. 81 cm³
35. alternativa b   **36.** alternativa c
37. $16 + 3\sqrt{2} + \sqrt{34}$ **38.** alternativa e

Compreensão de texto

1. Caixa antiga: 1.198,08 cm²; 1.935,36 cm³, respectivamente; caixa nova: 1.020 cm²; 1.928,5 cm³, respectivamente. A caixa nova realmente utiliza menos papel-cartão e, apesar de a capacidade ser menor, ela comporta 1 kg de detergente em pó.
2. a) 13,89 milhões de metros quadrados
   b) aproximadamente 136 milhões de caixas
3. Algumas medidas são: embalagens menores com produtos concentrados, venda de produtos em refil, uso de materiais reciclados.
4. a) Podem ser reciclados papéis, plásticos, vidros e metais.
   b) Cooperativas de catadores; indústrias relacionadas ao material que vai ser reciclado; setores da tecnologia.
   c) Geração de emprego e de renda por meio da criação de cooperativas de catadores; redução dos gastos das indústrias com a aquisição de matérias-primas; preservação ambiental por meio da redução da exploração de recursos naturais e da diminuição das áreas destinadas a aterros sanitários.
5. resposta pessoal

Capítulo 20 Corpos redondos

1. $A_{base} = \pi$ cm², $A_{lateral} = 6\pi$ cm², $A_{total} = 8\pi$ cm²
2. 196π cm²   **3.** π **4.** 1.050π cm²
5. $(100\pi^2 + 50\pi)$ cm²
6. 28π cm²   **7.** 9 cm e 6 cm
8. 2.704π cm² e 4.056π cm²
9. 1,5 L   **10.** 72π cm³
11. 648π m³   **12.** $(2 + 2\sqrt{3})$ cm
13. 16π dm³   **14.** 0,314 mL
15. O volume dobrará.
16. $\approx 135,2$ m²   **17.** 500π cm³
18. 24 dias   **19.** 40 cm
20. 25 cm   **21.** $4\sqrt{6}$ cm
22. $20\sqrt{2}$ cm   **23.** 60°   **24.** $\dfrac{\pi}{3}$
25. a) 135π cm²; 216π cm²
    b) 260π cm²; 360π cm²
26. $1.088\pi\sqrt{3}$ cm²   **27.** $20\pi(20 + 5\sqrt{17})$ cm²
28. 32π dm²   **29.** 75π cm²
30. $\dfrac{200\sqrt{3}}{3}\pi$ cm²   **31.** $0,96\pi$ m²
32. $\left(\dfrac{84}{5}\right)\pi$ dm²
33. a) 180π cm³   b) 600π cm³
34. 48π cm³   **35.** $\dfrac{8.000}{9}\pi$ cm³
36. 36π cm²   **37.** 750π cm³
38. 96π cm³   **39.** $\dfrac{23}{6}\pi$ cm³
40. a) 240%   b) $\dfrac{V_1}{V_2} = \dfrac{y}{x}$
41. $\dfrac{729}{16}\pi$ cm²   **42.** 15 cm
43. 420π m³   **44.** alternativa b
45. 80π cm²; 138π cm²   **46.** 330π cm²
47. 7 cm   **48.** 98π cm³
49. $\dfrac{196\pi}{3}$ cm³   **50.** $\dfrac{304\pi}{3}$ cm³
51. $\dfrac{63}{13}$ cm   **52.** $\dfrac{7}{8}$
53. $\dfrac{64}{3}$ cm³   **54.** 520π cm³
55. a) circunferência
    b) superfície lateral de um cone
    c) superfície esférica
56. r
57. $r_1 + r_2$ ou $r_1 - r_2$ ou $r_2 - r_1$
58. $2\sqrt{2}$ **59.** $16\sqrt{2}$ cm
60. a) 36π cm² e 36π cm³
    b) 324π cm² e 972π cm³
61. 150 brigadeiros   **62.** $A_{esfera} = 144$ dm²
63. $3\sqrt[3]{9}$ cm   **64.** alternativa e
65. 32 cm³   **66.** 18π cm²; 36π cm³
67. $\dfrac{3}{2}$ rad

Exercícios complementares

1. a) $100\pi^2$ cm²
   b) $(100\pi^2 + 200\pi)$ cm²
   c) $500\pi^2$ cm³
2. 12π cm²
3. $\dfrac{625\pi^2}{8}$ cm³   **4.** 3π cm²
5. a primeira embalagem
6. 54,6 mL   **7.** $\dfrac{1.000\pi\sqrt{55}}{9}$ cm³
8. 5 cm e $5\sqrt{3}$ cm   **9.** $3\sqrt{6}$ cm
10. 36π cm²; $18\pi\sqrt{2}$ cm³
11. $\dfrac{60}{19}$ m   **12.** 20 cm
13. 160π cm²; 306π cm²
14. $h = 7\sqrt[3]{4}$ cm   **15.** $3\sqrt[3]{9}$ cm
16. 3 cm; 36π cm³   **17.** 81π cm³
18. 225π cm²   **19.** 161π cm²
20. $(486 + 18\pi)$ cm²   **21.** (3, 4, 5)
22. 14 m   **23.** $32\pi\sqrt{3}$ m³
24. 4.275π cm³   **25.** $\dfrac{32\pi}{3}$ cm³

Questões de vestibular

26. alternativa e   **27.** 16 m
28. alternativa d   **29.** alternativa b
30. alternativa a   **31.** alternativa a
32. $\sqrt{14}$ **33.** alternativa c
34. a) 5 cm e 125π cm³   b) $\approx 13,5$ cm
35. alternativa c   **36.** alternativa d
37. a) $108r^2$ cm³ e $27r^2$ cm³
    b) 20% e 20 cm
38. alternativa a   **39.** alternativa a
40. alternativa a   **41.** alternativa e
42. $V = \dfrac{4\pi}{3}$ cm³

Capítulo 21 Análise combinatória

1. 6 opções   **2.** 12 modos
3. 132 maneiras   **4.** 9.000 números
5. 120 maneiras   **6.** 223.560.000 senhas
7. a) 180 números   b) 100 números
8. 96 números   **9.** 729 maneiras
10. 720 maneiras   **11.** 325 mensagens
12. 30 letras   **13.** 542 números
14. a) 800 códigos   d) 6.399.360 números
    b) 640 prefixos   e) 5.119.488.000 números
    c) 9.999 números
15. a) 210   b) $\dfrac{7}{4}$
16. a) 4!   b) $\dfrac{5}{2} \cdot 4!$ c) $\dfrac{205}{4} \cdot 4!$
17. a) 6   b) 8
18. 720 maneiras   **19.** 120 maneiras
20. 42 números   **21.** 120 anagramas
22. 120 números   **23.** 720 anagramas
24. 40.320 modos   **25.** 48 modos
26. 48 anagramas; 36 anagramas
27. 48 maneiras   **28.** 4.320 maneiras
29. a) 6 sequências   b) 48 sequências
30. a) 479.001.600 possibilidades
    b) 103.680 possibilidades
31. 1.728 maneiras   **32.** 3.360 anagramas
33. 1.260 números   **34.** 924 maneiras
35. 15 sequências
36. a) 210 maneiras   b) 90 maneiras
37. a) 30.240   c) 3.628.800
    b) 30.220   d) 1
38. 13   **39.** 30 maneiras
40. 6.720 formas   **41.** 2 horas
42. 90 resultados   **43.** 60 resultados
44. 380 possibilidades
45. 20 maneiras   **46.** 60 maneiras
47. a) 720 maneiras   b) 648 maneiras
48. 648 números   **49.** 360 sequências
50. a) 91.390   b) 3   c) 124   d) 8
51. 3.003 formas   **52.** 35 comissões
53. 10 escolhas   **54.** 45 apertos de mão
55. 5.005 tipos   **56.** 56 tipos
57. a) 14 diagonais   b) $\dfrac{n(n-3)}{2}$ diagonais
58. 56 triângulos
59. 84 triângulos   **60.** 1.200 conjuntos
61. 126 triângulos
62. a) 300 comissões   b) 396 comissões
63. 91 maneiras   **64.** 55 maneiras
65. a) 32   b) 10
66. a) 210   b) 56
67. a) 5 ou 8   b) 6 ou 7
68. a) $\dfrac{n^3 - n}{6}$ b) 165
69. 8
70. a) $\binom{n}{10} \cdot x^{n-10} \cdot (5y)^{10}$
    b) $16.016 x^4 y^{10}$ c) $\binom{n}{10} \cdot x^{n-10} \cdot y^{-10}$
72. 126.720
73. $3.360\, a^{18}$
74. a) F   b) F   c) V   d) F
75. $\sqrt[5]{3}$

Exercícios complementares

1. a) $\dfrac{1}{n^2 - 7n + 12}$ b) $4n^2 + 10n + 6$
2. 24 opções   **3.** 720 maneiras
4. a) $S = \{7\}$ b) $S = \{6\}$
5. 24 números   **6.** 175 triângulos
7. 56 resultados   **8.** 8 amigos
9. 63 caracteres   **10.** 120 maneiras
11. a) $S = \{6\}$ c) $S = \{4\}$
    b) $S = \{5\}$
12. a) 12   b) 10
13. a) $32x^5 + 240x^4 + 720x^3 + 1.080x^2 + 810x + 243$
    b) $x^6 - 9x^5 + 27x^4 - 27x^3$
14. $-1.716 x^{10}$ **15.** 11.520

RESPOSTAS DA PARTE II

16. 110 tipos
17. 31 modos
18. 15.840 maneiras
19. 21 números
20. 6 cores

Questões de vestibular

21. a) 4 e $70\dfrac{x^{10}}{y^6}$ b) S = {2}
22. alternativa b
23. alternativa b
24. 171 senhas
25. alternativa c
26. alternativa c
27. alternativa d
28. a) 720; 120 b) 481ª; 312.465
29. alternativa e
30. alternativa a
31. alternativa a
32. alternativa e
33. a) 15 maneiras b) 90 maneiras
34. alternativa c
35. alternativa e
36. alternativa c

Capítulo 22 Probabilidade

1. S = {1, 2, 3, …, 90}; E = {5, 10, 15, …, 90}
2. 87; 90
3. Respostas possíveis:
- evento impossível: "Sair um número menor que 1"; "Sair um número negativo".
- evento certo: "Sair um número menor ou igual a 90"; "Sair um número maior ou igual a 1".
- evento simples: "Sair o número 52"; "Sair um número primo e par".

4. sim, pois $n(E) = 1$ e $n(S) = 52$
5. S = {(c, c, c), (c, c, k), (c, k, c), (k, c, c), (c, k, k), (k, c, k), (k, k, c), (k, k, k)}
a) {(k, c, c), (c, k, c), (c, c, k)}
b) {(k, c, c), (c, k, c), (c, c, k)}
c) {(k, k, c), (k, c, k), (c, k, k), (k, k, k)}
d) {(k, c, c), (c, k, c), (c, c, k)}

6. S = {(1, 1), (1, 2), (1, 3), … (1, 6), (2, 1), (2, 2), (2, 3), …, (2, 6), (3, 1), …, (6, 6)}
a) {(1, 1), (2, 2), (3, 3), (4, 4), (5, 5), (6, 6)}
b) {(3, 6), (4, 5), (5, 4), (6, 3)}
c) ∅
d) {(6, 6)}
e) {(1, 1), (1, 2), (1, 3), (1, 4), (1, 5), (1, 6), (2, 1), (2, 2), (2, 3), (2, 4), (3, 1), (3, 2), (3, 3), (4, 1), (4, 2), (5, 1), (6, 1)}
f) S
g) {(2, 2), (2, 4), (2, 6), (4, 2), (4, 4), (4, 6), (6, 2), (6, 4), (6, 6)}
h) {(6, 3), (6, 6), (3, 6)}

7. a) S = {(A, B, C), (A, C, B), (B, A, C), (B, C, A), (C, A, B), (C, B, A)}
b) E = {(A, B, C), (A, C, B), (C, A, B)}

8. Sejam as bolas: azul = 1, amarela = 2, verde = 3 e vermelha = 4.
a) sem reposição:
S = {(1, 2), (1, 3), (1, 4), (2, 1), (2, 3), (2, 4), (3, 1), (3, 2), (3, 4), (4, 1), (4, 2), (4, 3)}
b) com reposição:
S = {(1, 1), (1, 2), (1, 3), (1, 4), (2, 1), (2, 2), (2, 3), (2, 4), (3, 1), (3, 2), (3, 3), (3, 4), (4, 1), (4, 2), (4, 3), (4, 4)}

9. a) $n(S) = 200$ b) $n(E) = 30$
10. $n(S) = 20.708.500$
11. a) $\dfrac{1}{2}$ b) $\dfrac{2}{3}$ c) $\dfrac{1}{6}$ d) 0
12. a) $\dfrac{1}{3}$ b) $\dfrac{1}{5}$ c) $\dfrac{8}{15}$ d) 0
13. $\dfrac{1}{13}$
14. a) $\dfrac{1}{2}$ b) $\dfrac{1}{40}$
15. a) $\dfrac{1}{2}$ b) $\dfrac{2}{3}$ c) $\dfrac{1}{3}$ d) $\dfrac{1}{6}$ e) 0

16. 80%; 80%
17. a) $\dfrac{3}{8}$ b) $\dfrac{1}{8}$ c) $\dfrac{7}{8}$ d) $\dfrac{1}{4}$
18. $\dfrac{1}{1.225}$
19. $\dfrac{2}{91}$
20. $\dfrac{25}{51}$
21. $\dfrac{1}{24}$
22. 12,5%
23. a) 1 b) 0 c) $\dfrac{1}{3}$ d) $\dfrac{1}{3}$ e) $\dfrac{2}{3}$
24. a) $\dfrac{2}{91}$ b) $\dfrac{1}{455}$ c) $\dfrac{1}{13}$ d) $\dfrac{46}{455}$
25. $\dfrac{4}{15}$
26. $\dfrac{2}{3}$
27. $\dfrac{4}{13}$
28. $\dfrac{7}{13}$
29. $\dfrac{11}{36}$
30. $\dfrac{1}{2}$
31. a) $\dfrac{4}{7}$ b) $\dfrac{2}{7}$ c) $\dfrac{5}{7}$ d) $\dfrac{1}{7}$
32. 0,6
33. $\dfrac{2}{3}$
34. $\dfrac{3}{4}$
35. $\dfrac{3}{7}$ para ambos os casos
36. a) $\dfrac{19}{35}$ b) $\dfrac{16}{35}$ c) $\dfrac{27}{35}$
37. a) $\dfrac{1}{2}$ b) $\dfrac{1}{3}$ c) $\dfrac{1}{6}$ d) $\dfrac{2}{3}$ e) $\dfrac{1}{3}$ f) $\dfrac{5}{6}$
38. $\dfrac{7}{12}$
39. $\dfrac{5}{12}$
40. $\dfrac{1}{3}$
41. $\dfrac{4}{5}$
42. $\dfrac{11}{12}$
43. ≈ 21,74%
44. a) $\dfrac{2}{3}$ b) $\dfrac{1}{3}$
45. a) 60% b) 26% c) 65% d) 21% e) 40%
46. 4%
47. 40%
48. a) 30% b) 30%
49. $\dfrac{20}{87}$
50. a) não b) sim
51. $\dfrac{1}{8}$
52. a) $\dfrac{35}{144}$ b) $\dfrac{49}{144}$
53. $\dfrac{1}{169}$
54. $\dfrac{21}{40}$
55. a) $\dfrac{1}{14}$ b) $\dfrac{1}{210}$ c) $\dfrac{3}{7}$
56. a) $\dfrac{3}{28}$ b) $\dfrac{5}{14}$ c) $\dfrac{15}{28}$
57. $\dfrac{2}{9}$
58. $\dfrac{35}{128}$
59. ≈ 2,6%
60. ≈ 2,8%
61. 99,7%
62. ≈ 7,2%
63. a) $\dfrac{1}{16}$ b) $\dfrac{3}{8}$ c) $\dfrac{1}{4}$
64. a) $\dfrac{9}{64}$ b) $\dfrac{25}{64}$ c) $\dfrac{15}{32}$
65. a) $\dfrac{45}{512}$ b) $\dfrac{135}{512}$ c) $\dfrac{405}{1.024}$ d) $\dfrac{243}{1.024}$
66. a) 14,2% b) 0,05% c) 31,5% d) 4,7% e) 99,9% f) 85,8%
67. 0,31

Exercícios complementares

1. S = {(c, 1), (c, 2), (c, 3), (c, 4), (c, 5), (c, 6), (k, 1), (k, 2), (k, 3), (k, 4), (k, 5), (k, 6)}; E = {(c, 2), (c, 3), (c, 5)}
2. $\dfrac{1}{5^{10}}$
3. $\dfrac{1}{54}$
4. $\dfrac{1}{7}$
5. $\dfrac{1}{64}$
6. alternativa d
7. ≈ 60%
8. 23,04%

9. 14,68%
10. $\dfrac{7}{15}$
11. ≈ 10%
12. $\dfrac{7}{10}$
13. $\dfrac{68}{95}$
14. 0,1%
15. $\dfrac{3}{4}$
16. $\dfrac{1}{10}$
17. $\dfrac{1}{7}$
18. $\dfrac{1}{24}$
19. $\dfrac{3}{4}$
20. $\dfrac{5}{22}$
21. $\dfrac{2}{5}$
22. ≈ 24,6%
23. no lançamento de 4 moedas

Questões de vestibular

24. alternativa c
25. a) $\dfrac{1}{453.600}$ b) $\dfrac{1}{15}$
26. alternativa e
27. a) 1,2% b) ≈ 20,7%
28. alternativa b
29. $\dfrac{28}{57}$
30. alternativa c
31. a) 66 b) $\dfrac{31}{66}$
32. a) $\dfrac{2}{15}$ e $\dfrac{1}{15}$ b) $\dfrac{7}{15}$
33. a) 10 e $\dfrac{40}{243}$ b) 1; 5 e $\dfrac{11}{243}$
34. $\dfrac{35}{72}$
35. alternativa a
36. alternativa b
37. a) $\dfrac{5}{6}$ b) $\dfrac{2}{3}$
38. alternativa b
39. alternativa a
40. a) 161.280 b) $\dfrac{1}{14}$
41. alternativa d
42. a) $\dfrac{1}{10}$ b) $\dfrac{28}{31}$

Compreensão de texto

1. Landsteiner encontrou, em suas pesquisas, duas proteínas nas hemácias. O sangue com apenas uma dessas proteínas é do tipo A ou B. O sangue com as duas proteínas é do tipo AB. O sangue do tipo O não apresenta nenhuma das proteínas. Quando o sistema imunológico receptor não reconhece uma proteína do sangue doado, ocorre a coagulação. Assim, quem não tem nenhuma das proteínas rejeita o sangue de quem as tem. Quem tem os dois tipos de proteína não produz anticorpos, podendo receber qualquer tipo de doação de sangue.

2.

Doação de sangue							
Doadores Receptores	AB+	AB−	A+	A−	B+	B−	O+	O−
AB+	X	X	X	X	X	X	X	X
AB−		X		X		X		X
A+			X	X			X	X
A−				X				X
B+					X	X	X	X
B−						X		X
O+							X	X
O−								X

3. $\dfrac{1}{8}$

PARTE III

Capítulo 23
Matemática financeira, 474

Capítulo 24
Estatística: análise de dados, 488

Capítulo 25
Medidas estatísticas, 508

Capítulo 26
Geometria analítica: conceitos básicos e a reta, 526

Capítulo 27
Circunferência, 552

Capítulo 28
Cônicas, 566

Capítulo 29
Números complexos, 582

Capítulo 30
Polinômios e equações polinomiais, 600

Respostas da parte III, 619

Referências bibliográficas, 632

CAPÍTULO 23
MATEMÁTICA FINANCEIRA

ENEM
C1: H3, H4, H5
C4: H17, H18
C6: H24, H25

Como são cobrados os impostos no Brasil

Há mais de 90 tributos em vigor no Brasil, entre impostos, taxas e contribuições. Em 2015, o país ultrapassou pela primeira vez os R$ 2 trilhões em arrecadação tributária. Segundo um levantamento anual do Instituto Brasileiro de Planejamento e Tributação (IBPT), 41,37% de toda a renda da população economicamente ativa foi usada para pagar tributos naquele ano. O país aplica regras específicas para o pagamento de imposto de renda e imposto sobre o patrimônio (como o IPTU e o IPVA). Já o imposto sobre consumo é o que mais pesa no bolso. Uma das razões é que nem todos os consumidores sabem que parte do valor pago na compra de um produto é tributo.

PARA QUE SERVEM OS TRIBUTOS

No Brasil, existem três tipos de tributo:
- **impostos**, cuja arrecadação serve para financiar serviços públicos, embora não exista uma destinação específica;
- **taxas**, que são cobradas para custear serviços específicos, como coleta de lixo;
- **contribuições**, que também têm destinação específica, como o PIS – um fundo para trabalhadores de baixa renda.

IMPOSTO SOBRE CONSUMO

A taxa de tributos embutidos no valor de cada produto varia. Os itens considerados supérfluos, como perfumes importados, ou prejudiciais à saúde, como bebidas alcoólicas e cigarros, são mais caros, pois, no preço, estão incluídos impostos e contribuições. Todos os produtos devem trazer na nota fiscal a porcentagem de impostos embutidos no preço ou o valor aproximado dos tributos.

Produto	%
LIVRO	15,52%
COMPUTADOR	24,30%
MEDICAMENTOS	33,87%
CARRO 1.0	35,27%
TELEVISOR	44,94%
BICICLETA	45,93%
BOLA DE FUTEBOL	46,49%
TÊNIS IMPORTADO	58,59%
VIDEOGAME	72,18%
PERFUME IMPORTADO	78,99%

EVOLUÇÃO DOS TRIBUTOS

Observe no gráfico abaixo a evolução dos tributos de 2005 a 2015 comparada à evolução do PIB, da população e do salário mínimo.

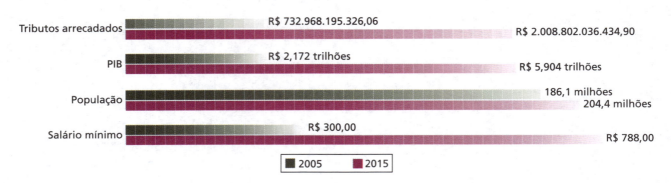

	2005	2015
Tributos arrecadados	R$ 732.968.195.326,06	R$ 2.008.802.036.434,90
PIB	R$ 2,172 trilhões	R$ 5,904 trilhões
População	186,1 milhões	204,4 milhões
Salário mínimo	R$ 300,00	R$ 788,00

O QUE PAGAMOS

Em 2015, a cada R$ 100,00 que o brasileiro recebeu trabalhando, mais de R$ 41,00 foram gastos com impostos. Mais da metade dessa parcela (ou 23,28% do total de rendimentos) foi destinada a impostos sobre o consumo.

DE ONDE VEM O DINHEIRO ARRECADADO*

Entre os tributos em vigor no país, alguns são cobrados pelo governo federal, outros, pelos estados, e uma parte é arrecadada pelos municípios.

- Tributos do governo federal: 68,47%
- Tributos dos governos estaduais: 25,35%
- Tributos dos governos municipais: 6,19%

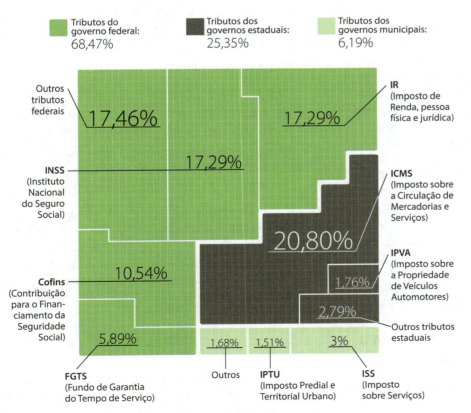

* Dados relativos a 2014.

Fontes: Ministério da Fazenda. *Carga tributária no Brasil – 2014 – Análise por Tributos e Bases de Incidência.* Disponível em: <http://idg.receita.fazenda.gov.br/dados/receitadata/estudos-e-tributarios-e-aduaneiros/estudos-e-estatisticas/carga-tributaria-no-brasil/29-10-2015-carga-tributaria-2014>; Instituto Brasileiro de Planejamento e Tributação. *Estudo sobre os dias trabalhados para pagar tributos* – maio 2015. Disponível em: <www.ibpt.com.br/img/uploads/novelty/estudo/2140/ESTUDODIASTRABALHADOSEDICAO2015.pdf>; Instituto Brasileiro de Planejamento e Tributação. *Impostômetro.* Disponível em: <www.impostometro.com.br>. Acessos em: 18 abr. 2016.

Orçamento familiar

1. Introdução

Tomar consciência dos tributos que compõem os preços das mercadorias, dos serviços públicos ou privados e das contribuições financeiras que cabem a cada cidadão é um direito de todos. Isso só é possível em um governo que tenha como princípio de sua gestão a transparência administrativa.

O conhecimento de operações financeiras simples, como cálculo de empréstimos, financiamentos, descontos, taxas de juro e rendimento de investimentos, é de grande importância para o exercício pleno da cidadania.

Acompanhe o seguinte problema, que envolve cálculo de juro.

Hoje, as dívidas de Marcelo somam R$ 5.226,00. Daqui a 3 meses, ele receberá uma indenização cujo valor permitirá quitar essa dívida acrescida dos juros. Segundo seus cálculos, quando receber a indenização, seu déficit, em decorrência dos juros, passará a R$ 5.670,21. O que Marcelo deve fazer: pedir um empréstimo (a ser pago após 3 meses, com juro simples de 2,6% ao mês) para quitar as dívidas hoje, ou esperar os 3 meses e quitá-las com o dinheiro da indenização?

Esse problema apresenta uma situação do cotidiano em que o conhecimento de operações financeiras auxilia na tomada da melhor decisão. Neste capítulo, vamos estudar recursos matemáticos que podem ser empregados para resolver problemas desse tipo, como os mecanismos que determinam as taxas de juro simples e de juro composto.

Trocando ideias

Pesquise em um supermercado alguns produtos que estejam com preços promocionais, como descrito na situação abaixo, em que você paga um valor fixo para levar uma quantidade maior de produtos, se o preço cobrado não fosse promocional. Registre o valor total dos produtos na promoção e seu valor unitário, fora da promoção, em seguida, calcule o percentual do desconto oferecido em cada caso. Depois, em grupo, discutam a seguinte questão: Sempre vale a pena comprar produtos nesse tipo de promoção?

2. Taxa percentual

É comum encontrarmos no comércio promoções como "Leve 5 e pague 3". Esse tipo de promoção equivale a um desconto para o consumidor, que pode ser determinado da seguinte forma: nessa promoção, não se paga por 2 das 5 unidades compradas, isto é, há um desconto de $\frac{2}{5}$. Essa fração é equivalente a $\frac{40}{100}$; por isso, dizemos que o desconto nessa promoção é de $\frac{40}{100}$ ou de 40%.

Observe que o desconto foi representado de duas formas distintas: na forma fracionária e na forma percentual. No exemplo dado, 40% corresponde à representação na forma de taxa percentual.

Taxa percentual, ou **porcentagem**, é uma forma usada para expressar a razão entre um número real p e o número 100, que indicamos por: **p%**

Observações

- A expressão "por cento" vem do latim *per centum*, que significa "divisão por 100".
- A porcentagem é um conceito relativo, ou seja, só podemos falar em "porcentagem de alguma coisa".

Exemplos

a) 25% de $200 = \frac{25}{100} \cdot 200 = 0,25 \cdot 200 = 50$

b) 120% de $60 = \frac{120}{100} \cdot 60 = 1,2 \cdot 60 = 72$

c) 30% de 40% de $25 = \frac{30}{100} \cdot \frac{40}{100} \cdot 25 = 0,3 \cdot 0,4 \cdot 25 = 3$

2.1 Aplicações de taxa percentual

Algumas das aplicações mais importantes da ideia de taxa percentual são as que envolvem transações mercantis (compra e venda), as quais, basicamente, podem gerar acréscimo, desconto, lucro ou prejuízo.

Acompanhe a resolução de um problema.

O preço de uma mercadoria era R$ 100,00 e sofreu acréscimo de 20%. Vamos determinar o novo valor da mercadoria.

Primeiro, calculamos:

20% de $100 = \frac{20}{100} \cdot 100 = 0,2 \cdot 100 = 20$ (acréscimo)

Depois, somamos o valor inicial ao acréscimo:

R$ 100,00 + R$ 20,00 = R$ 120,00 (novo valor)

Outro modo de determinar o valor da mercadoria, após o acréscimo de 20%, é efetuar o cálculo:

$V = 100 + 0,2 \cdot 100 = 100 \cdot (1 + 0,2) = 100 \cdot (1,2) = 120$

Portanto, o novo valor é R$ 120,00.

Observe que o segundo modo apresenta o cálculo com apenas uma etapa.

De maneira geral, sendo V_f o valor final da mercadoria, que é obtido pelo acréscimo ou pelo desconto de uma taxa percentual (representada por i) aplicada sobre o valor inicial (representado por V_0), temos:

$$V_f = V_0 \cdot (1 \pm i)$$

Nessa expressão, o sinal é positivo se há acréscimo e negativo se há desconto. Nesse caso, i representa o valor da taxa percentual e deve ser utilizado na forma de número decimal. Por exemplo, 25% corresponde a 0,25.

Aumentos e descontos sucessivos

São comuns situações em que o valor de uma mercadoria se altera mediante aumentos ou descontos sucessivos. Vamos acompanhar a situação a seguir para entender como isso funciona.

Uma mercadoria cujo valor inicial V_0 é R$ 100,00 passa por dois aumentos sucessivos, um de 5% e outro de 12%. Depois, passa a ter um desconto de 10%. Vamos determinar o novo valor V_f da mercadoria.

Inicialmente, calculamos o valor após o primeiro aumento:

$V_1 = 100 \cdot (1 + 0{,}05) = 100 \cdot 1{,}05 = 105{,}00$

O segundo aumento incide sobre R$ 105,00, e não mais sobre R$ 100,00:

$V_2 = 105 \cdot (1 + 0{,}12)$

$V_2 = 105 \cdot 1{,}12 = 117{,}60$ (valor após o segundo acréscimo)

Finalmente, o desconto é calculado sobre R$ 117,60. Então:

$V_f = 117{,}60 \cdot (1 - 0{,}10)$

$V_f = 117{,}60 \cdot 0{,}90 = 105{,}84$ (valor após todas as variações)

Portanto, o novo valor V_f é R$ 105,84.

Podemos calcular V_f de outro modo. Veja:

$V_f = 100 \cdot (1 + 0{,}05) \cdot (1 + 0{,}12) \cdot (1 - 0{,}10)$

$V_f = 100 \cdot 1{,}05 \cdot 1{,}12 \cdot 0{,}90 = 105{,}84$

Aqui, novamente, o segundo modo apresenta o cálculo em apenas uma etapa.

Logo, podemos dizer que, quando o valor inicial passa por variações sucessivas de taxas $i_1, i_2, i_3, ..., i_n$, o valor final é assim determinado:

$$V_f = V_0 \cdot (1 \pm i_1) \cdot (1 \pm i_2) \cdot (1 \pm i_3) \cdot ... \cdot (1 \pm i_n)$$

Nessa expressão, o sinal é positivo se a taxa indica acréscimo e negativo se indica desconto.

Note, na situação anterior, que os dois aumentos e o desconto elevam o preço da mercadoria para R$ 105,84, o que equivale a um aumento de 5,84% sobre o valor inicial. A taxa de 5,84% é o que denominamos **taxa acumulada**.

De modo geral, a taxa acumulada é dada por:

$i_{acumulada} = (1 \pm i_1) \cdot (1 \pm i_2) \cdot (1 \pm i_3) \cdot ... \cdot (1 \pm i_n) - 1$

Assim:

$1 + i_{acumulada} = (1 \pm i_1) \cdot (1 \pm i_2) \cdot (1 \pm i_3) \cdot ... \cdot (1 \pm i_n)$

EXERCÍCIOS

1. Depois de um aumento de 6%, o salário de Paula passou a ser R$ 2.650,00. Qual era seu salário antes do aumento?

2. Depois de um desconto, um relógio que custava R$ 175,00 passou a custar R$ 161,00. Qual foi a taxa percentual de desconto?

R1. Entre os especialistas do mercado automobilístico, é consenso que um automóvel zero-quilômetro sofre uma depreciação de 15% ao ano nos 3 primeiros anos, estabilizando-se em um patamar inferior a esse nos anos seguintes. Se hoje um veículo zero-quilômetro custa R$ 34.000,00, qual será seu valor daqui a 3 anos, segundo a opinião desses especialistas?

▶ **Resolução**

Como a taxa de depreciação é constante nos 3 anos, temos:

$V_f = 34.000 \cdot (1 - 0{,}15) \cdot (1 - 0{,}15) \cdot (1 - 0{,}15)$

$V_f = 34.000 \cdot (1 - 0{,}15)^3 = 34.000 \cdot (0{,}85)^3$

$V_f = 20.880{,}25$

Portanto, o valor do veículo será R$ 20.880,25 daqui a 3 anos.

3. Uma dívida aumenta 9% ao mês. Se hoje a dívida é de R$ 13.000,00, de quanto será daqui a 3 meses?

R2. O preço de um produto teve aumento total de 61% por causa de dois aumentos sucessivos. Se o primeiro aumento foi de 15%, qual foi a taxa percentual do segundo aumento?

▶ **Resolução**

61% é a taxa acumulada que corrigiu o preço do produto. Então:

$(1 + i_{acumulada}) = (1 + i_1) \cdot (1 + i_2)$

$(1 + 0{,}61) = (1 + 0{,}15) \cdot (1 + i_2) \Rightarrow i_2 = 0{,}4$

Portanto, a taxa percentual do segundo aumento foi 40%.

4. Uma mercadoria que tem um aumento e um desconto à mesma taxa percentual apresenta, em relação ao valor inicial, um valor final maior, menor ou igual? Explique sua resposta.

5. Antes de colocar um produto à venda, um comerciante aumentou seu preço em 20%. Se o desconto no ato da venda também foi de 20%, que porcentagem do preço inicial o comprador vai pagar pelo produto?

6. Dois descontos sucessivos, um de 10% e outro de 20%, correspondem a um único desconto de quantos por cento?

7. Três aumentos sucessivos, de 5%, 4% e 10%, correspondem a um único aumento de quantos por cento?

8. Um objeto que custava R$ 260,00 recebeu dois aumentos sucessivos, um de 20% e outro de 30%. O novo valor do objeto é 50% maior que o original? Qual é o novo valor e a taxa acumulada pelos dois aumentos?

9. Em países de economia instável, ocorre o fenômeno da inflação, que basicamente é a perda do valor de compra de uma moeda.

   a) Se em um país a inflação mensal é de 5%, qual é a taxa de inflação trimestral?

   b) Uma inflação de 44%, acumulada em dois anos, corresponde a que inflação média ao ano?

10. Um município registrou as seguintes informações sobre o número de casos de dengue:

    - em fevereiro, relativamente a janeiro, houve um aumento de 10%;
    - em março, relativamente a fevereiro, houve uma redução de 10%.

    Os dados mostram que nesse município houve aumento ou diminuição nos casos da doença no período considerado? Justifique.

11. A valorização de uma ação foi de 38% em dois meses. Qual foi sua valorização no 2º mês, se no 1º mês a valorização foi de 15%?

12. Durante o ano de 1923, no auge da hiperinflação na Alemanha, a taxa de inflação foi de 85.544.000.000%. Se em cada um dos 12 meses a taxa de inflação tivesse sido constante, qual teria sido seu valor?

Crianças empilhando dinheiro na Alemanha, década de 1920.

2.2 Lucro e prejuízo

De maneira geral, podemos entender **lucro** como o ganho obtido em uma operação comercial. O lucro é gerado pela diferença entre o preço de venda de uma mercadoria e o preço de custo (fabricação ou compra).

Considerando P_v o preço de venda, P_c o preço de custo e L o lucro, podemos escrever:

$$L = P_v - P_c$$

Quando o lucro é negativo, ou seja, quando o preço de custo é maior que o preço de venda, dizemos que houve **prejuízo**.

O lucro pode ser calculado como uma porcentagem do preço de custo ou do preço de venda. No enunciado de um problema, quando não é mencionado se o lucro se refere a P_v ou a P_c, admitimos que ele deve ser calculado sobre P_c.

Exemplo

O preço de custo de um produto é R$ 160,00 e ele é vendido por R$ 200,00.

Vamos calcular a porcentagem do lucro sobre o preço de custo e sobre o preço de venda.

Como $L = P_v - P_c$, temos: $L = 200 - 160 \Rightarrow L = 40$

Portanto, o lucro é R$ 40,00.

A porcentagem do lucro sobre o preço de custo é:

$$\frac{L}{P_c} = \frac{40}{160} = 0{,}25 = 25\%$$

A porcentagem do lucro sobre o preço de venda é:

$$\frac{L}{P_v} = \frac{40}{200} = 0{,}20 = 20\%$$

EXERCÍCIOS

R3. Um objeto, ao ser renegociado, foi vendido por R$ 10.000,00, com prejuízo de 20% sobre o preço de compra original. Por quanto o objeto havia sido comprado?

▶ **Resolução**

Do enunciado, temos:
$P_v = P_c - P_c \cdot 0{,}2 = (1 - 0{,}2) \cdot P_c \Rightarrow P_v = 0{,}8 \cdot P_c$
Como $P_v = 10.000$, então:
$10.000 = 0{,}8 \cdot P_c \Rightarrow P_c = 12.500$
Portanto, o objeto havia sido comprado por R$ 12.500,00.

13. Um automóvel custou R$ 20.000,00. Por quanto deve ser vendido para que haja um lucro de 6% sobre o preço de custo?

14. Comprei um terreno por R$ 34.500,00 e o vendi por R$ 38.640,00. Qual foi a taxa de lucro que obtive em relação ao valor de compra do terreno?

15. Arrependida da compra de uma esteira ergométrica, Débora vendeu-a para Ana Paula com prejuízo de 15% em relação ao preço pago na loja. Em seguida, Ana Paula vendeu-a para Fernando por R$ 1.955,00, obtendo lucro de 15% sobre o preço que pagou. Quantos reais Fernando pagaria a mais se tivesse comprado na mesma loja em que Débora comprou?

R4. Ao vender uma mercadoria, um indivíduo teve lucro de 40% em relação ao preço de venda. Qual foi a porcentagem do lucro em relação ao preço de custo?

▶ **Resolução**

Do enunciado, temos:
$\dfrac{L}{P_v} = 0{,}4 \Rightarrow L = 0{,}4 \cdot P_v$

Sabendo que $L = P_v - P_c$, vamos escrever P_c em função de P_v:
$0{,}4 \cdot P_v = P_v - P_c \Rightarrow P_c = 0{,}6 \cdot P_v$

Como queremos saber $\dfrac{L}{P_c}$, calculamos:

$\dfrac{L}{P_c} = \dfrac{0{,}4 \cdot P_v}{0{,}6 \cdot P_v} = \dfrac{4}{6} \approx 0{,}67 = 67\%$

Logo, em relação ao preço de custo, a porcentagem do lucro é próxima de 67%.

16. Um comerciante compra um produto por R$ 28,00 a unidade e o revende com lucro igual a 20% do preço de venda. Qual é o preço de venda do produto? E se o lucro fosse de 20% do preço de custo?

17. Um vendedor repassa seus produtos ao consumidor com lucro de 60% em relação ao preço de venda. Qual é a taxa de lucro do comerciante em relação ao preço de custo?

18. O preço de custo de um produto é R$ 9,00 a unidade. Um comerciante pôs esse produto à venda por x reais, com o objetivo de obter um lucro de 40% sobre o preço de custo, mesmo dando um desconto de 10% sobre o preço estabelecido para o consumidor. Qual é o preço de venda do produto?

19. Uma loja compra um *tablet* por R$ 500,00 e o revende por R$ 700,00.

a) Determine o lucro da loja sobre o preço de custo.

b) Com a crise econômica, o fornecedor passou a cobrar R$ 400,00 por *tablet* e a loja passou a vender cada aparelho por R$ 600,00, para repassar o desconto. Calcule o lucro da loja sobre o custo.

c) Se a loja repassasse o desconto ao consumidor de modo a manter o lucro em relação ao preço de custo, por quanto deveria vender os *tablets*?

20. Ao fazer uma poltrona, um tapeceiro gasta R$ 97,00 com material e 12 horas de trabalho. Para calcular o preço de venda, ele acrescenta, ao valor gasto com material, R$ 15,00 por hora de trabalho. Um comerciante compra as poltronas desse tapeceiro e as revende com acréscimo de 75% para pagamento a prazo.

a) Qual é o valor cobrado pelo comerciante para a venda a prazo de uma dessas poltronas?

b) Para o pagamento à vista, o comerciante dá um desconto de 10% do valor da poltrona a prazo. Qual é a porcentagem de lucro do comerciante para pagamento à vista?

3. Juro simples

Quando se aplica ou se pede emprestado um valor em dinheiro (**capital**), geralmente se recorre a uma instituição financeira. **Juro** é a remuneração recebida da instituição no caso de uma aplicação ou a quantia que deve ser paga a ela no caso de um empréstimo.

Ao se aplicar um capital por determinado tempo, a certa taxa de juro constante, o **montante** (soma do capital investido mais o juro relativo ao período de investimento) pode aumentar ou diminuir segundo dois regimes: o de juro simples ou o de juro composto.

No regime de **juro simples**, o juro incide apenas sobre o capital investido, e o montante resgatado depende do capital, do tempo de aplicação e da taxa de juro. Para compreender esse regime, acompanhe a resolução do problema de Marcelo, apresentado na introdução deste capítulo.

De acordo com a situação, Marcelo deve optar entre pedir um empréstimo de R$ 5.226,00 (a ser pago após 3 meses, com juro simples de 2,6% ao mês) para quitar as dívidas hoje, ou esperar para pagar a dívida no valor de R$ 5.670,21 após os 3 meses, com o dinheiro que vai receber da indenização.

No empréstimo, o juro cobrado após 1 mês é dado por:
$$J = 5.226 \cdot 0{,}026 \simeq 135{,}88$$

No sistema de juro simples, para calcular o juro cobrado após 3 meses, basta multiplicar por 3 o juro cobrado após 1 mês: $J = 5.226 \cdot 0{,}026 \cdot 3 \simeq 407{,}63$

O montante que deverá ser pago, 3 meses após o empréstimo, será:

$M \simeq$ R$ 5.226,00 + R$ 407,63 = R$ 5.633,63

Logo, a melhor opção é pedir o empréstimo e pagá-lo com o valor da indenização (R$ 5.670,21), economizando aproximadamente R$ 36,58.

De modo geral, sendo C o capital, i a taxa percentual de juro, t o tempo de investimento, J o juro após t períodos e M o montante, temos:

- juro obtido ao fim de um período: $C \cdot i$
- juro obtido ao fim de t períodos: $C \cdot i \cdot t$

Assim, podemos escrever:

$$J = C \cdot i \cdot t \qquad M = C + J$$

Dessas igualdades, concluímos que:

$$M = C + C \cdot i \cdot t \Rightarrow M = C(1 + i \cdot t)$$

Para o cálculo do juro, o tempo e a taxa devem sempre estar na mesma unidade. Por exemplo, se a taxa é mensal, o tempo deve ser contado em mês. Em cálculos contábeis, aplica-se o **ano comercial** com 360 dias, sendo 12 meses de 30 dias cada um.

Observação

Considerando o ano comercial, temos:

$$i_{anual} = 12 \cdot i_{mensal} = 360 \cdot i_{diária}$$

EXERCÍCIOS

R5. Um investidor aplica R$ 1.000,00 a juro simples de 2% ao mês. Determinar a taxa equivalente ao ano, o juro recebido após 1 mês e após 2 anos e o montante recebido após 8 meses.

▶ **Resolução**

- A taxa equivalente ao ano, no regime de juro simples, é:

$i_{anual} = 12 \cdot i_{mensal} \Rightarrow i_{anual} = 12 \cdot 2\% = 24\%$

- O juro recebido após 1 mês pode ser calculado por meio da taxa equivalente ao mês:

$J = C \cdot i \cdot t$

$J =$ R$ 1.000 $\cdot$ 0,02 $\cdot$ 1 $\Rightarrow J =$ R$ 20,00

- O juro recebido após 2 anos da aplicação pode ser calculado por meio da taxa equivalente ao ano:

$J = C \cdot i \cdot t$

$J =$ R$ 1.000 $\cdot$ 0,24 $\cdot$ 2 $\Rightarrow J =$ R$ 480,00

- Para obter o montante após 8 meses de aplicação, podemos calcular primeiro o juro no período:

$J =$ R$ 1.000 $\cdot$ 0,02 $\cdot$ 8 $\Rightarrow J =$ R$ 160,00

E, depois, somá-lo ao capital:

$M = C + J \Rightarrow M =$ R$ 1.000 + R$ 160 $\Rightarrow$

$\Rightarrow M =$ R$ 1.160,00

21. Antônio aplicou determinada quantia por 4 meses à taxa de juro simples de 5% ao mês. Após esse período, recebeu juro de R$ 360,00. Qual foi o capital investido?

22. Após quanto tempo um capital de R$ 10.000,00, aplicado à taxa de juro simples de 8% ao ano, com rendimento ao fim de cada mês, renderá um juro de R$ 2.000,00?

23. Uma aplicação de R$ 15.000,00 será feita a juro simples de 3% ao mês. Qual será o juro recebido mensalmente? Determine também o montante da aplicação após:

a) 1 mês
b) 2 meses
c) 3 meses
d) t meses

24. Uma aplicação de R$ 2.000,00 é feita a juro simples de 24% ao ano.

a) Qual será o montante 3 anos após a aplicação?
b) Escreva uma expressão que forneça o montante da aplicação em função do número n de anos decorridos após a aplicação.
c) Faça o gráfico do montante em função do prazo n da aplicação, expresso em ano.

25. Em 3 anos de rendimento à taxa de juro simples, um capital de R$ 2.000,00 rendeu R$ 2.160,00. Qual foi a taxa anual de juro da aplicação? E a taxa mensal?

26. Durante quanto tempo um capital aplicado a juro simples de 15% ao ano, com rendimento ao fim de cada mês, deve permanecer investido para que renda juro igual a 50% do seu valor?

27. Para equilibrar as despesas iniciais do ano, João conseguiu um empréstimo de R$ 800,00, pelo qual pagará uma única parcela de R$ 1.056,00 daqui a 120 dias. Qual é a taxa anual de juro simples desse empréstimo?

28. Um investidor aplicou na mesma data, por 3 meses e a juro simples, os capitais de R$ 110.000,00 e de R$ 80.000,00 em instituições financeiras diferentes. O maior capital foi aplicado à taxa de 6% ao mês e rendeu, de juro, R$ 10.200,00 a mais que o menor. Qual foi a taxa de juro da aplicação do menor capital?

29. No início do ano, Carina aplicou 25% de suas economias em um fundo de investimentos (FI) e o restante em um fundo de ações. Após um ano, a rentabilidade do fundo de investimentos foi de 16%, e a do fundo de ações, de 26%.

a) Se o saldo do FI, um ano após a data de aplicação, era R$ 29.000,00, qual foi o valor aplicado no FI?
b) Qual foi a rentabilidade global dessas aplicações?

30. Mário aplicou R$ 25.000,00 à taxa de 1,2% ao mês de juro simples. Ao final de 10 meses, reaplicou por mais 120 dias o montante assim obtido, resgatando R$ 29.512,00 no final do segundo período de investimento. Qual foi a taxa mensal de juro simples da segunda aplicação?

31. Para valores de t naturais, a aplicação em regime de juro simples cresce, em cada período, a uma razão aditiva constante. O capital aplicado e os montantes nos períodos seguintes ao da aplicação formam uma **progressão aritmética**, mostrada no gráfico abaixo.

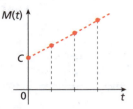

Qual é a razão dessa progressão?

32. Carlos adquiriu uma moto nas seguintes condições: uma entrada de R$ 2.000,00 mais uma única parcela de R$ 4.500,00, a ser paga 2 meses após a compra. Sabendo que o preço à vista da moto é R$ 6.000,00, responda às questões.

a) Qual é a taxa mensal de juro simples do parcelamento?
b) Após quantos meses da compra deveria vencer a parcela de R$ 4.500,00 para que a taxa de juro simples do parcelamento fosse de 2,5% ao mês?

4. Juro composto

No regime de **juro composto**, o rendimento obtido ao final de cada período de aplicação é incorporado ao capital inicial, dando origem ao montante. Dessa forma, calcula-se o juro sempre sobre o resultado da aplicação anterior, o que chamamos de "juro sobre juro". Essa é a modalidade de remuneração mais empregada pelas instituições financeiras.

Acompanhe, na tabela abaixo, a evolução do montante gerado pelo investimento de R$ 1.000,00 à taxa de 2% ao mês sob os regimes de juro simples e de juro composto.

Período	Juro simples	Juro composto
início	$M_0 = 1.000$	$M_0 = 1.000$
após 1 mês	$M_1 = 1.000 + 1.000 \cdot 0,02 \cdot 1 \Rightarrow$ $\Rightarrow M_1 = 1.020$	$M_1 = 1.000 + 1.000 \cdot 0,02 \Rightarrow$ $\Rightarrow M_1 = 1.020$
após 2 meses	$M_2 = 1.000 + 1.000 \cdot 0,02 \cdot 2 \Rightarrow$ $\Rightarrow M_2 = 1.040$	$M_2 = 1.020 + 1.020 \cdot 0,02 \Rightarrow$ $\Rightarrow M_2 = 1.040,40$
após 3 meses	$M_3 = 1.000 + 1.000 \cdot 0,02 \cdot 3 \Rightarrow$ $\Rightarrow M_3 = 1.060$	$M_3 = 1.040,40 + 1.040,40 \cdot 0,02 \Rightarrow$ $\Rightarrow M_3 \simeq 1.061,21$
após 4 meses	$M_4 = 1.000 + 1.000 \cdot 0,02 \cdot 4 \Rightarrow$ $\Rightarrow M_4 = 1.080$	$M_4 \simeq 1.061,21 + 1.061,21 \cdot 0,02 \Rightarrow$ $\Rightarrow M_4 \simeq 1.082,43$
após 5 meses	$M_5 = 1.000 + 1.000 \cdot 0,02 \cdot 5 \Rightarrow$ $\Rightarrow M_5 = 1.100$	$M_5 \simeq 1.082,43 + 1.082,43 \cdot 0,02 \Rightarrow$ $\Rightarrow M_5 \simeq 1.104,08$
após t meses	$M_t = 1.000 \cdot (1 + 0,02t)$	$M_t = 1.000 \cdot (1 + 0,02)^t$

Vamos detalhar os cálculos feitos na coluna do juro composto ao final de cada mês. Para isso, considere o capital investido C, a taxa de juro composto i e o período de aplicação t.

- Após 1 mês: $M_1 = C + C \cdot i \Rightarrow M_1 = C(1 + i)$
- Após 2 meses: $M_2 = M_1 + M_1 \cdot i = M_1(1 + i) \Rightarrow$
  $\Rightarrow M_2 = C(1 + i) \cdot (1 + i) = C(1 + i)^2$
- Após 3 meses: $M_3 = M_2 + M_2 \cdot i = M_2(1 + i) \Rightarrow$
  $\Rightarrow M_3 = C(1 + i)^2 \cdot (1 + i) = C(1 + i)^3$
  $\vdots$
- Após t meses: $M_t = M_{t-1} + M_{t-1} \cdot i = M_{t-1}(1 + i) \Rightarrow$
  $\Rightarrow M_t = C(1 + i)^{t-1} \cdot (1 + i) = C(1 + i)^t$

Então, podemos calcular o montante que resulta dessa aplicação da seguinte forma:

$$M = C(1 + i)^t$$

Exemplo

Com um capital de R$ 1.500,00 foi feita uma aplicação que rende juro composto de 1,2% ao mês. Vamos calcular o saldo (montante) dessa aplicação após 6 meses considerando que, durante esse período, não houve nenhuma outra movimentação na conta.
Aplicando a fórmula do juro composto, temos:
$M = 1.500 \cdot (1 + 0,012)^6 \Rightarrow M = 1.500 \cdot (1,012)^6$
Utilizando uma calculadora, obtemos $M \simeq$ R$ 1.611,29.

EXERCÍCIOS

33. Quanto Mariana deveria aplicar hoje em um investimento que rende juro composto à taxa de 10% ao ano para obter um montante de R$ 13.310,00 daqui a 3 anos?

34. O valor de um boleto bancário que vence no dia 2 de abril é R$ 73,00. Sabendo que é cobrado juro de 0,06% por dia de atraso no pagamento, determine o valor a ser pago por esse boleto no dia 7 de abril.

35. Um capital foi aplicado a juro composto com taxa de 20% ao mês, durante 3 meses. Se no fim desse período o montante atingido foi de R$ 864,00, qual foi o capital aplicado?

36. Maria Lúcia é cliente de um banco. Para ampliar seu comércio, pediu R$ 15.000,00 emprestado ao banco. O gerente concedeu-lhe o empréstimo com a condição de que fosse pago em 90 dias, com uma taxa de 8% ao mês. Qual será o valor pago por Maria Lúcia ao final do prazo combinado?

37. Um capital de R$ 1.500,00 foi aplicado a juro composto à taxa de 2% ao mês. Ao completar 2 meses de aplicação, o montante foi retirado e aplicado a juro simples à taxa de 5% ao mês. Se, após certo prazo, o montante final era R$ 1.950,75, qual foi o prazo da segunda aplicação?

38. Camila quer aplicar R$ 5.000,00 com o objetivo de, após 3 anos, resgatar R$ 8.000,00. A que taxa anual de juro Camila deve investir esse capital?

R6. Uma dívida contraída a juro composto aumenta 69% em 2 meses. Qual é a taxa mensal de juro?

▶ **Resolução**
É importante perceber que 69% é a taxa acumulada em 2 meses para essa dívida.
$(1 + 0,69) = (1 + i_{mensal})^2 \Rightarrow 1 + i_{mensal} = \sqrt{1,69} \Rightarrow$
$\Rightarrow i_{mensal} = 30\%$

39. Certo capital duplica em 2 meses de aplicação no regime de juro composto. Qual é, aproximadamente, a taxa mensal de juro desse investimento?

40. Em determinado país, a inflação é medida semestralmente. Se no ano passado os índices de inflação dos dois semestres foram iguais a 100%, qual foi a inflação acumulada nesse ano?

41. Em 3 anos, o crescimento do setor agroindustrial de certa região foi 700%. Qual foi a taxa de crescimento média por ano? Se a taxa de crescimento no primeiro ano foi 25% e a do segundo foi 100%, qual foi a taxa de crescimento no terceiro ano?

R7. O valor de uma máquina sofre depreciação anual de 25%. Se ela custa hoje R$ 2.000,00, daqui a quantos anos valerá metade do que vale hoje?
(*Adotar*: log 2 = 0,30 e log 3 = 0,48)

▶ **Resolução**
Aplicando a fórmula do juro composto, a definição e as propriedades operatórias dos logaritmos, temos:
$1.000 = 2.000 \cdot (1 - 0,25)^t \Rightarrow$

$\Rightarrow (0,75)^t = \dfrac{1}{2} \Rightarrow t = \log_{0,75}\left(\dfrac{1}{2}\right) \Rightarrow$

$\Rightarrow t = \dfrac{\log\left(\dfrac{1}{2}\right)}{\log(0,75)} = \dfrac{\log\left(\dfrac{1}{2}\right)}{\log\left(\dfrac{3}{4}\right)} = \dfrac{\log 1 - \log 2}{\log 3 - \log 4} \Rightarrow$

$\Rightarrow t = \dfrac{\log 1 - \log 2}{\log 3 - \log 2^2} = \dfrac{\log 1 - \log 2}{\log 3 - 2 \cdot \log 2}$

Adotando log 2 = 0,30 e log 3 = 0,48, temos:
$t = \dfrac{0 - 0,30}{0,48 - 2 \cdot 0,30} = \dfrac{-0,30}{-0,12} = 2,5$

Logo, a máquina terá seu valor reduzido à metade em 2 anos e meio, contados a partir de hoje.

Observação

Lembre-se de que, satisfeitas as condições de existência dos logaritmos, são válidas as seguintes propriedades:

- $\log_a (b \cdot c) = \log_a b + \log_a c$
- $\log_a b^\alpha = \alpha \cdot \log_a b$
- $\log_a \left(\dfrac{b}{c}\right) = \log_a b - \log_a c$
- $\log_a b = \dfrac{\log_c b}{\log_c a}$

Capítulo 23 • Matemática financeira **481**

42. Um capital de R$ 1.000,00 será remunerado a uma taxa de 10% trimestralmente. Quantos trimestres deverá durar essa aplicação para que renda juro de R$ 210,00?

43. A população de um país aumenta 2% ao ano. Supondo que esse crescimento seja constante, aproximadamente quantos anos serão necessários para que essa população dobre?
(Utilize: log 2 = 0,30103 e log 1,02 = 0,0086)

44. Aplicando R$ 8.000,00 a juro composto com rendimento anual de 44%, após quanto tempo obteremos montante total de juro no valor de R$ 7.000,00?
(Adote: log 2 = 0,30 e log 3 = 0,48)

45. Uma aplicação de R$ 20.000,00 rendeu R$ 10.000,00 de juro à taxa de 5% ao mês. Calcule o tempo da aplicação supondo:

a) juro simples. b) juro composto.

(Adote: log 2 = 0,30, log 3 = 0,48 e log 7 = 0,84)

R8. Uma loja oferece as seguintes alternativas para o pagamento de uma mercadoria:
- à vista, com 3% de desconto sobre o preço de tabela;
- com cheque pré-datado para 30 dias, no valor de tabela da mercadoria.

Considerando que um consumidor tenha dinheiro para comprar a mercadoria à vista e que esse dinheiro possa ser aplicado em uma instituição financeira à taxa de 0,8% ao mês, qual é a opção mais vantajosa para comprar nessa loja? Explique.

▶ **Resolução**

Sendo P_t o preço de tabela da mercadoria e P_v seu preço à vista, temos: $P_v = 0{,}97 \cdot P_t$ (desconto de 3% sobre o preço de tabela).

O valor à vista da mercadoria pode ser aplicado e gerar um montante, após 1 mês, de:
$M = 0{,}97 \cdot P_t \cdot (1 + 0{,}008)^1 \Rightarrow M = 0{,}97776 \cdot P_t$

Logo, o valor do resgate seria insuficiente para saldar o cheque pré-datado, pois: $0{,}97776 \cdot P_t < P_t$

Portanto, é mais vantajoso para o consumidor pagar a mercadoria à vista.

---

46. Um investidor aplicou R$ 4.000,00 em um fundo de ações que lhe deu prejuízo, no primeiro mês, de 40% sobre o total investido. Na tentativa de recuperar o dinheiro perdido, aplicou o montante da primeira aplicação por um prazo de 60 dias a uma taxa de 20% ao mês. Esse investidor conseguiu recuperar o dinheiro investido? Após a segunda aplicação, qual foi a taxa percentual do montante em relação aos R$ 4.000,00 aplicados?

47. Para valores de t naturais, a aplicação em regime de juro composto cresce, em cada período, a uma razão multiplicativa constante. O capital aplicado e os montantes nos períodos seguintes ao da aplicação formam uma progressão geométrica, mostrada no gráfico ao lado.
Qual é a razão dessa progressão?

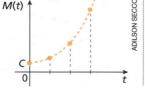

4.1 Atualização financeira

Já vimos que certo capital, aplicado por um período t, a juro composto, tem seu valor calculado pela fórmula $M = C \cdot (1 + i)^t$. Agora, acompanhe a situação.

Um capital de R$ 500,00, aplicado, rende juro composto de 2% ao mês e gera os montantes a seguir.

- Após 1 mês: $M_1 = 500 \cdot (1 + 0{,}02) \Rightarrow M_1 = 510{,}00$
- Após 2 meses: $M_2 = 500 \cdot (1 + 0{,}02)^2 \Rightarrow M_2 = 520{,}20$
- Após 3 meses: $M_3 = 500 \cdot (1 + 0{,}02)^3 \Rightarrow M_3 \simeq 530{,}60$

  ⋮

- Após t meses: $M_t = 500 \cdot (1 + i)^t$

Observe que, ao projetarmos o valor de uma aplicação ou de uma dívida, devemos multiplicar o valor presente pelo fator $(1 + i)^t$.

Vamos analisar agora o que ocorre na situação inversa, ou seja, a de uma dívida cujo valor já está calculado com juro composto embutido, que vence daqui a um tempo, mas tem seu pagamento antecipado. Observe.

Uma loja vende um aparelho de som por R$ 505,62 para pagamento com cheque pré-datado para 60 dias. Se a loja está cobrando juro de 6% ao mês no crediário, qual é o preço à vista do aparelho?

Para saber o preço à vista, devemos atualizar seu preço monetariamente, ou seja, calcular o valor presente do aparelho. Para isso, devemos "tirar" o juro embutido no preço final da mercadoria.

Utilizando $M = C \cdot (1 + i)^t$, temos:

$505{,}62 = C \cdot (1 + 0{,}06)^2 \Rightarrow C = \dfrac{505{,}62}{(1{,}06)^2} \Rightarrow C = 450$

Portanto, o preço à vista do aparelho é R$ 450,00.

Observe que agora, para trazer o valor da mercadoria para o presente (preço à vista), dividimos o valor no futuro pelo fator $(1 + i)^t$.

Resumindo:

> Seja i a taxa de juro composto e t o tempo:
> - para obter o valor futuro, multiplica-se o valor presente por $(1 + i)^t$;
> - para obter o valor presente, divide-se o valor futuro por $(1 + i)^t$.

EXERCÍCIOS

R9. Uma compra de R$ 600,00 vai ser paga em 3 parcelas mensais e iguais, sendo a primeira à vista. Determinar o valor de cada parcela sabendo que a loja cobra juro de 6,5% ao mês.

▶ **Resolução**

Observe o esquema, em que trazemos o valor de todas as parcelas para o presente:

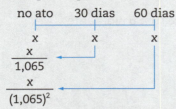

A soma da entrada com as demais parcelas atualizadas monetariamente (descontado o juro) fornece o valor da compra à vista:

$x + \dfrac{x}{1,065} + \dfrac{x}{(1,065)^2} = 600$

$(1,065)^2 x + 1,065x + x = (1,065)^2 \cdot 600$

$3,199225x = 680,535$

$x \approx 212,72$

Logo, cada parcela do financiamento é de, aproximadamente, R$ 212,72.

R10. Uma loja vende uma bicicleta por R$ 300,00 à vista, ou por R$ 50,00 de entrada e mais 2 pagamentos mensais de R$ 135,00. Qual é a taxa mensal de juro no plano a prazo? (Usar: $\sqrt{6.129} = 78$)

▶ **Resolução**

No esquema da situação, trazemos o valor de todas as parcelas para o presente:

```
      no ato   30 dias   60 dias
        50      135       135
               135
              (1 + i)
                        135
                      (1 + i)²
```

Nesse caso, temos:

$50 + \dfrac{135}{(1+i)} + \dfrac{135}{(1+i)^2} = 300$

Fazendo $(1 + i) = k$, temos:

$50 + \dfrac{135}{k} + \dfrac{135}{k^2} = 300$

$50k^2 - 27k - 27 = 0$

$k = \dfrac{-(-27) \pm \sqrt{6.129}}{2 \cdot 50}$

Logo, $k = 1,05$ ou $k = -0,51$ (não serve).

Então, $1 + i = 1,05$, ou seja, $i = 0,05$.

Portanto, a taxa de juro no plano a prazo é de 5% ao mês.

48. Um imóvel, no valor total de R$ 364.000,00, vai ser pago em 3 parcelas anuais iguais, sendo a primeira à vista. Qual é o valor de cada parcela, se está sendo cobrado juro de 20% ao ano na segunda e na terceira parcelas?

49. Um ventilador que custa R$ 100,00 à vista é vendido por determinada loja em 2 parcelas iguais de R$ 60,00, sendo a primeira no ato da compra e a segunda a vencer em 30 dias. Qual é a taxa mensal de juro cobrada pela loja?

50. Um aparelho de TV custa R$ 800,00 à vista, ou zero de entrada e mais 2 parcelas iguais de R$ 430,00, com vencimentos em 30 e 60 dias após a compra.

Qual é a taxa mensal de juro cobrada pela loja nesse plano de pagamento? (Use: $\sqrt{15.609} = 125$)

51. No dia 15/7/2017, João contraiu uma dívida com a promessa de quitá-la em 15/7/2018, mediante um único pagamento de R$ 208.080,00. Nessa quantia, já está incluso o juro composto correspondente aos 12 meses, à taxa mensal de 2%. Hoje, ele entrou em contato com o credor, mostrando interesse em liquidar sua dívida no dia 15/5/2018, desde que seja recalculada com a retirada do juro correspondente aos 2 meses de antecipação. Supondo que o credor concorde com João, quanto ele terá de pagar?

52. Em um comercial de televisão, o garoto-propaganda anuncia:

Um consumidor, ouvindo o anúncio, foi até a loja e propôs pagar R$ 400,00 de entrada e mais 2 prestações mensais e iguais. Sabendo que a loja opera com taxa de juro composto de 5% ao mês, qual deve ser o valor de cada prestação para que os dois planos sejam equivalentes?

5. O uso de planilhas eletrônicas nos cálculos financeiros

Além da calculadora, as planilhas eletrônicas são muito usadas para auxiliar nos cálculos relacionados a operações financeiras. Vamos acompanhar a resolução de dois problemas empregando planilhas.

a) Lorena tem R$ 50.000,00 e duas opções para investir esse dinheiro:

- Aplicação A: rendimento à taxa de 1% ao mês em regime de juro simples.
- Aplicação B: rendimento à taxa de 0,9% ao mês em regime de juro composto.

Qual das aplicações é mais vantajosa para Lorena?

Vamos analisar, com o auxílio de uma planilha eletrônica, o que acontece com o montante no decorrer do tempo em cada uma das aplicações.

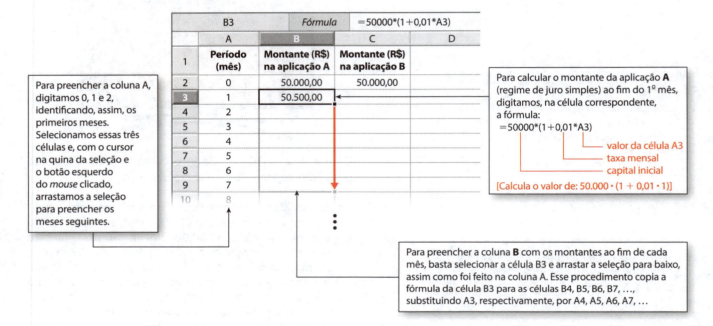

Para preencher a coluna A, digitamos 0, 1 e 2, identificando, assim, os primeiros meses. Selecionamos essas três células e, com o cursor na quina da seleção e o botão esquerdo do *mouse* clicado, arrastamos a seleção para preencher os meses seguintes.

Para calcular o montante da aplicação **A** (regime de juro simples) ao fim do 1º mês, digitamos, na célula correspondente, a fórmula:
=50000*(1+0,01*A3)
— valor da célula A3
— taxa mensal
— capital inicial
[Calcula o valor de: $50.000 \cdot (1 + 0{,}01 \cdot 1)$]

Para preencher a coluna **B** com os montantes ao fim de cada mês, basta selecionar a célula B3 e arrastar a seleção para baixo, assim como foi feito na coluna A. Esse procedimento copia a fórmula da célula B3 para as células B4, B5, B6, B7, ..., substituindo A3, respectivamente, por A4, A5, A6, A7, ...

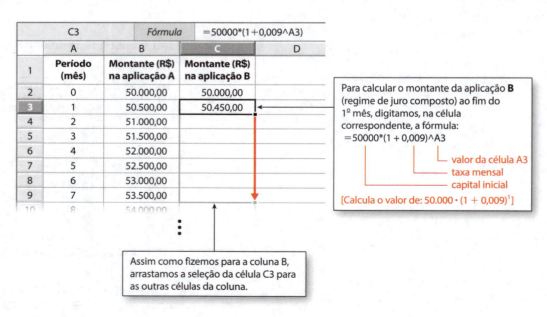

Para calcular o montante da aplicação **B** (regime de juro composto) ao fim do 1º mês, digitamos, na célula correspondente, a fórmula:
=50000*(1 + 0,009)^A3
— valor da célula A3
— taxa mensal
— capital inicial
[Calcula o valor de: $50.000 \cdot (1 + 0{,}009)^1$]

Assim como fizemos para a coluna B, arrastamos a seleção da célula C3 para as outras células da coluna.

Com os dados da planilha preenchidos, é possível comparar os montantes no decorrer do tempo para as duas aplicações. Preenchendo apenas o começo da planilha, acharemos, erroneamente, que a aplicação A é sempre mais vantajosa.

	A	B	C	D
		Fórmula		
1	Período (mês)	Montante (R$) na aplicação A	Montante (R$) na aplicação B	
2	0	50.000,00	50.000,00	
3	1	50.500,00	50.450,00	
4	2	51.000,00	50.904,05	
5	3	51.500,00	51.362,19	
⋮	⋮	⋮	⋮	
25	23	61.500,00	61.442,21	
26	24	62.000,00	61.995,19	
27	25	62.500,00	62.553,15	
28	26	63.000,00	63.116,12	

Mas, arrastando a seleção das fórmulas para um número maior de meses, veremos que a partir do 25º mês a aplicação B passa a ser mais vantajosa que a aplicação A.

Portanto, deve-se considerar o tempo em que Lorena deixará esse capital aplicado. Caso esse tempo seja inferior a 25 meses, a aplicação A será mais vantajosa; caso seja superior ou igual a 25 meses, a aplicação B será mais vantajosa.

b) Para comprar uma casa, Juliana deu uma entrada correspondente a 10% do valor do imóvel e fez um financiamento para o restante da dívida, a uma taxa fixa de 0,97% ao mês, a ser pago em 10 anos, com prestações mensais fixas de R$ 2.700,00. Qual é o valor do imóvel à vista?

Vamos usar uma planilha eletrônica para calcular o valor presente de cada uma das 120 parcelas mensais (equivalentes a 10 anos de pagamento). Em seguida, basta adicionar esses valores para calcular o valor presente da dívida e, então, calcular o valor do imóvel considerando que a dívida equivale a 90% de seu valor.

Para calcular o valor presente das parcelas ao fim de cada período, digitamos, em B2, a fórmula: =2700/(1+0,0097)^A2

Calcula o valor de: $\dfrac{2.700}{(1 + 0,0097)^1}$

Em seguida, selecionamos essa célula e arrastamos a seleção até B121.

B2	**Fórmula**	=2700/(1+0,0097)^A2
	A	B
1	Período (mês)	Valor presente da parcela (R$)
2	1	2.674,06
3	2	
4	3	
5	4	
⋮	⋮	⋮
118	117	
119	118	
120	119	
121	120	
122		

Inicialmente, preenchemos a coluna com os períodos até o 120º mês.

Assim, calculados os valores presentes de todas as parcelas, digitamos em uma célula da planilha, na célula C2, por exemplo, a fórmula:
=SOMA(B2:B121)
(Adiciona os valores das células B2 a B121)
Essa soma representa o valor total da dívida no presente.

C2	**Fórmula**	=SOMA(B2:B121)	
	A	B	C	D
1	Período (mês)	Valor presente da parcela (R$)	Valor presente total da dívida (R$)	Valor total do imóvel (R$)
2	1	2.674,06	190.950,95	212.167,72
3	2	2.648,37		
4	3	2.622,93		
5	4	2.597,73		
⋮	⋮	⋮		
118	117	872,69		
119	118	864,30		
120	119	856,00		
121	120	847,78		
122				

Para calcular o valor total do imóvel à vista, digitamos, em outra célula, a fórmula:
= C2/0,90
(Calcula a razão entre o valor da célula C2 e 0,90)
Essa razão fornece o valor à vista do imóvel.

Portanto, o valor do imóvel de Juliana à vista é R$ 212.167,72.

EXERCÍCIOS

53. Luana está juntando dinheiro para fazer uma viagem, que custará R$ 4.200,00. Ela vai aplicar seu dinheiro em uma poupança, com rendimento de 0,6% ao mês. Sabendo que hoje aplicou R$ 1.000,00 e que ao fim de cada mês ela depositará na poupança R$ 200,00, após quanto tempo, no mínimo, Luana conseguirá juntar a quantia necessária para fazer a viagem? (Resolva o problema usando uma planilha eletrônica.)

54. Everton fez um empréstimo de R$ 50.000,00 em uma instituição financeira, a juro de 8% ao mês sobre o saldo devedor. Ao fim de cada mês após o empréstimo, ele pagou R$ 3.000,00 à instituição, a fim de diminuir a dívida. Porém, devido ao crescimento acelerado da dívida, contatou a instituição, após 38 meses, para renegociar a dívida. Calcule, usando uma planilha eletrônica, quanto era a dívida de Everton nessa data.

Exercícios complementares

1. Um capital de R$ 2.400,00 foi aplicado durante 5 meses a juro simples, gerando um montante de R$ 2.760,00. Qual foi a taxa mensal de juro?

2. Em uma loja virtual, um *notebook* é vendido à vista por R$ 1.500,00 ou a prazo com R$ 600,00 de entrada mais uma parcela de R$ 1.089,00 dois meses após a compra. Calcule a taxa mensal de juro composto do financiamento.

3. Em 1º de abril de determinado ano, um produto que custava R$ 250,00 teve seu preço diminuído em $p\%$ de seu valor. Em 1º de maio do mesmo ano, o novo preço foi diminuído em $p\%$ do seu valor, passando a custar R$ 211,60. Determine o valor de p.

4. Quanto uma pessoa deve aplicar hoje, a juro composto com taxa de 1,4% ao mês, para conseguir pagar uma dívida de R$ 3.600,00 daqui a 3 meses?

5. Uma mercadoria é vendida em três parcelas mensais iguais de R$ 320,00, sem entrada. A taxa de juro do financiamento é de 5% ao mês. Calcule o valor dessa mercadoria se for paga à vista.

6. Observe os gráficos abaixo. Um deles representa a aplicação de R$ 300,00 a juro composto, e o outro, a aplicação desse mesmo valor a juro simples.

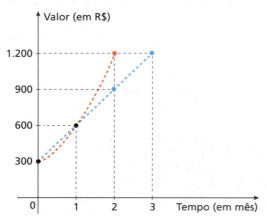

a) No regime de juro composto, qual será o montante após 3 meses?

b) Após que mês é menos vantajoso o regime de juro simples?

7. Um supermercado negociou com seus fornecedores 150.000 unidades de determinado produto. Na primeira semana de vendas, o lucro por unidade era de 30% sobre o custo, e o público consumiu $\frac{2}{3}$ das unidades; na semana seguinte, o lucro por unidade foi reduzido para 15% sobre o custo, e o público consumiu o restante das unidades. Qual a taxa percentual média do lucro do supermercado nessas vendas?

QUESTÕES DE VESTIBULAR

8. (FGV) O país A possui renda *per capita* anual de R dólares e população de P habitantes. Sabendo-se que o país B possui renda *per capita* anual igual a 60% da do país A e o dobro da sua população, é correto dizer que a renda total anual do país B é:

   a) 20% inferior à de A.
   b) 30% inferior à de A.
   c) igual à de A.
   d) 30% superior à de A.
   e) 20% superior à de A.

9. (ESPM-SP) Toda a produção de uma pequena indústria é feita por duas máquinas, sendo que uma delas é responsável por 70% dessa produção. Em geral, a taxa de produtos defeituosos dessa máquina é de 4%, enquanto a da outra é de 2%. Podemos concluir que a taxa de produtos defeituosos dessa indústria é da ordem de:

   a) 3,0%
   b) 3,2%
   c) 3,4%
   d) 3,6%
   e) 3,8%

10. (Ibmec) Se x reais forem investidos numa determinada aplicação, então o rendimento gerado por essa aplicação e o imposto que irá incidir sobre esse rendimento serão ambos iguais a $x\%$. O maior valor de x para o qual essa aplicação não gera prejuízo é:

    a) R$ 50,00
    b) R$ 83,33
    c) R$ 100,00
    d) R$ 125,80
    e) R$ 161,80

11. (Fuvest-SP) Um lojista sabe que, para não ter prejuízo, o preço de venda de seus produtos deve ser no mínimo 44% superior ao preço de custo. Mas prepara a tabela de preços de venda acrescentando 80% ao preço de custo, porque sabe que o cliente gosta de obter algum desconto no momento da compra. Qual é o maior desconto que pode conceder ao cliente, sobre o preço da tabela, de modo que não tenha prejuízo?

    a) 10%
    b) 15%
    c) 20%
    d) 25%
    e) 36%

12. (FGV)
    a) O faturamento de uma empresa neste ano foi 120% superior ao do ano anterior; obtenha o faturamento do ano anterior, sabendo que o deste ano foi de R$ 1.430.000,00.

b) Um comerciante compra calças a um custo de R$ 26,00 a unidade. Pretende vender cada unidade com um ganho líquido (ganho menos os impostos) igual a 30% do preço de venda. Sabendo que, por ocasião da venda, ele tem que pagar um imposto igual a 18% do preço de venda, qual deve ser esse preço?

13. (Unifor-CE) Uma pessoa aplicou um capital de R$ 2.400,00 por 2 meses, à taxa mensal de 3%. Se $\frac{2}{3}$ do total foi aplicado a juros compostos e o restante a juro simples, o juro total arrecadado ao fim do prazo foi:

a) R$ 144,72 c) R$ 145,20 e) R$ 145,44
b) R$ 144,98 d) R$ 145,33

14. (Faap-SP) Um investimento de R$ 24.000,00 foi aplicado parte a juro simples de 1,8% ao mês e parte a 3% ao mês. Se o juro mensal é igual a R$ 480,00, quais são as partes correspondentes do investimento?

15. (Unioeste-PR) Um investidor aplicou um capital C em ações de uma empresa durante três períodos. Por causa de uma crise na economia, ao final do primeiro período, verificou-se uma perda de 20% sobre C (taxa de -20%), gerando um montante C_1. Este montante continuou aplicado e, ao final do segundo período, observou-se um ganho de 10% sobre C_1, produzindo outro montante, C_2. De modo similar, a aplicação de C_2 obteve um rendimento de 10% ao final do terceiro período.
Com base nestas afirmações, pode-se afirmar que:

a) Ao final do segundo período, ainda havia um prejuízo de 10% sobre o capital C.
b) Ao final do segundo período, o investidor verificou ganho de 0,5% sobre C.
c) Ao final do terceiro período, o investidor recuperou exatamente seu capital original C.
d) Ao final do terceiro período, o investidor ainda verificava um prejuízo superior a 1%.
e) Ao final do terceiro período, o capital inicial foi recuperado e com ganho de 1%.

16. (FGV) Uma aplicação financeira rende juro de 10% ao ano, compostos anualmente. Utilizando para os cálculos as aproximações fornecidas na tabela, pode-se afirmar que uma aplicação de R$ 1.000,00 seria resgatada no montante de R$ 1.000.000,00 após:

x	log x
2	0,30
5	0,70
11	1,04

a) mais de 1 século
b) 1 século
c) $\frac{4}{5}$ de século
d) $\frac{2}{3}$ de século
e) $\frac{3}{4}$ de século

17. (FGV)
a) Um capital C foi aplicado a juros simples durante 10 meses, gerando um montante de R$ 10.000,00; esse montante, por sua vez, foi também aplicado a juros simples, durante 15 meses, à mesma taxa da aplicação anterior, gerando um montante de R$ 13.750,00. Qual é o valor de C?

b) Um capital C foi aplicado a juros compostos à taxa de 2% ao mês. Três meses depois, um outro capital igual a C é aplicado também a juros compostos, porém à taxa de 3% ao mês. Durante quanto tempo o 1º capital deve ficar aplicado para dar um montante igual ao do 2º capital?

18. (Vunesp) Uma loja vende um produto no valor de R$ 200,00 e oferece duas opções de pagamento aos clientes: à vista, com 10% de desconto, ou em duas prestações mensais de mesmo valor, sem desconto, a primeira sendo paga no momento da compra. A taxa mensal de juros embutida na venda a prazo é de:

a) 5% b) 10% c) 20% d) 25% e) 90%

19. (UEL-PR) Um empresário comprou um apartamento com intenção de investir seu dinheiro. Sabendo-se que esse imóvel valorizou 12% ao ano, é correto afirmar que seu valor duplicou em, aproximadamente:
(Dados: $\log_{10} 2 \simeq 0,30$ e $\log_{10} 7 \simeq 0,84$)

a) 3 anos
b) 4 anos e 3 meses
c) 5 anos
d) 6 anos e 7 meses
e) 7 anos e 6 meses

20. (Unicamp-SP) Um capital de R$ 12.000,00 é aplicado a uma taxa anual de 8%, com juros capitalizados anualmente. Considerando que não foram feitas novas aplicações ou retiradas, encontre:

a) o capital acumulado após 2 anos;
b) o número inteiro mínimo de anos necessários para que o capital acumulado seja maior que o dobro do capital inicial.
(Se necessário, use $\log_{10} 2 = 0,301$ e $\log_{10} 3 = 0,477$.)

21. (FGV)
a) Uma empresa tomou um empréstimo bancário de R$ 500.000,00 para pagamento em 3 parcelas anuais, sendo a 1ª daqui a 1 ano. O banco combinou cobrar juros compostos a uma taxa de 20% ao ano. Sabendo-se que a 1ª parcela foi de R$ 180.000,00 e a 2ª foi de R$ 200.000,00, qual é o valor da 3ª?

b) Durante quantos meses um capital deve ser aplicado a juros compostos e à taxa de 8% ao ano para que o montante seja o triplo do capital aplicado?

22. (Insper-SP) A taxa anual, em porcentagem, de um investimento que rendeu 60% em cinco anos é dada pela expressão $(\sqrt[5]{1,6} - 1) \cdot 100$. Considerando log 2 = 0,30 e utilizando os dados da tabela, pode-se concluir que essa taxa anual vale, aproximadamente:

a) 10%
b) 11%
c) 12%
d) 14%
e) 15%

Dados:
$10^{0,040} \simeq 1,10$
$10^{0,045} \simeq 1,11$
$10^{0,050} \simeq 1,12$
$10^{0,055} \simeq 1,13$
$10^{0,060} \simeq 1,15$

Mais questões: no livro digital, em **Vereda Digital Aprova Enem** e **Vereda Digital Suplemento de revisão e vestibulares**; no site, em **AprovaMax**.

CAPÍTULO 24
ESTATÍSTICA: ANÁLISE DE DADOS

ENEM
C6: H24, H25, H26
C7: H28, H29, H30

Uso da internet no Brasil

A pesquisa TIC Domicílios é realizada anualmente com o objetivo de mapear o acesso à infraestrutura de Tecnologias de Informação e Comunicação (TIC) nos domicílios urbanos e rurais do país, bem como as formas de uso dessas tecnologias. Segundo resultados da pesquisa TIC Domicílios 2014, o número de usuários de internet cresceu constantemente ao longo dos últimos dez anos. Acompanhe alguns resultados dessa pesquisa.

Em 2014, metade dos domicílios brasileiros tinha acesso à internet (incluindo acesso apenas pelo telefone celular). Entre os domicílios que não tinham acesso, o custo elevado era o principal motivo (49%), seguido da falta de computador (47%).

Entre os dispositivos mais usados para acessar a internet estavam o celular (76%), o computador de mesa (54%), o *notebook* (46%), o *tablet* (22%), a televisão (7%) e o *video game* (5%).

Entre indivíduos residentes em áreas urbanas, 59% eram usuários de internet. Já na área rural, esse percentual era de apenas 29%.

Em 2014, 47% da população brasileira com 10 anos ou mais acessava a internet por meio de um telefone celular. A proporção de usuários de internet pelo telefone celular apresentou um expressivo crescimento nos últimos anos, tendência que vem sendo verificada desde 2011, quando a proporção de usuários de internet pelo celular era de 15%.

Apesar do crescente número de acessos, muitos brasileiros nunca usaram a internet.

Indivíduos que nunca usaram a internet (2014)
Estimativas em milhões de pessoas

ÁREA		REGIÃO					FAIXA ETÁRIA						CLASSE SOCIAL			
TOTAL	Urbana	Rural	Sudeste	Nordeste	Sul	Norte	Centro-Oeste	De 10 a 15 anos	De 16 a 24 anos	De 25 a 34 anos	De 35 a 44 anos	De 45 a 59 anos	60 anos ou mais	DE	C	B	A
67,4	51,0	16,4	22,4	24,3	9,3	6,4	5,0	3,6	3,2	7,0	10,8	21,3	21,5	27,5	33,3	6,5	0,2

ILUSTRAÇÕES: MÁRIO KANNO

Fonte: *Pesquisa sobre o uso das tecnologias da informação e comunicação nos domicílios brasileiros: TIC Domicílios 2014.* São Paulo: Comitê Gestor da Internet no Brasil, 2015.

1. Noções de Estatística

Neste capítulo, vamos rever conceitos vistos no Capítulo 1 deste livro e aprofundar alguns deles.

1.1 População, amostra e variável

Na pesquisa TIC Domicílios 2014, todos os domicílios brasileiros (65.129.753, na ocasião da pesquisa) formam a população, e os domicílios entrevistados formam uma amostra dessa população.

> **População** é o conjunto de todos os elementos ou resultados sob investigação em uma pesquisa.
>
> Uma **amostra** é um subconjunto finito formado por elementos extraídos da população.

Para comprar um aparelho de TV, por exemplo, normalmente consideramos vários fatores: marca, dimensões da tela, recursos disponíveis e preço. Nesse exemplo, cada um desses fatores é chamado de variável.

> **Variável** é uma característica ou um atributo estudado nos elementos da população ou da amostra.

As variáveis podem ser classificadas em qualitativas ou em quantitativas.

- **Variável qualitativa:** seus valores são expressos por atributos (qualidade do elemento pesquisado). Por exemplo, no caso de indivíduos: cor dos olhos, grau de escolaridade, time preferido, classe social.

  Uma variável qualitativa pode ser **ordinal** ou **nominal**.

  Variável qualitativa ordinal: quando seus valores podem ser ordenados. Por exemplo: grau de escolaridade, classe social, classificação do grau de dificuldade das questões de uma prova em fácil, médio ou difícil.

  Variável qualitativa nominal: quando seus valores não podem ser ordenados. Por exemplo: cor dos olhos, sexo, time preferido.

- **Variável quantitativa:** seus valores são expressos por números. Por exemplo: altura, massa, idade, número de irmãos.

  Uma variável quantitativa pode ser **discreta** ou **contínua**.

  Variável quantitativa discreta: quando é proveniente de contagem, ou seja, é expressa por número inteiro. Por exemplo: número de irmãos, quantidade de computadores, número de animais.

  Variável quantitativa contínua: quando é proveniente de medida, ou seja, é expressa por número real (inteiro ou não). Por exemplo: massa, idade, altura, temperatura, volume.

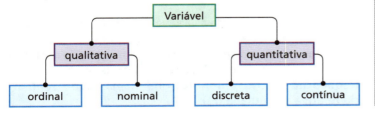

EXERCÍCIOS

R1. Em um *pet shop*, há 300 animais cadastrados. Para melhor atendê-los, foi feita uma pesquisa sobre o porte, a raça e a idade dos animais. Também foram verificados o número de banhos e de tosas durante o semestre e o tempo que esses animais ficam hospedados em hotéis. Para isso, foram selecionados de modo aleatório (ao acaso) 160 animais.

a) Determinar a população e a amostra dessa pesquisa.
b) Identificar as variáveis qualitativas estudadas na pesquisa.
c) Identificar e classificar as variáveis quantitativas estudadas na pesquisa.

▶ **Resolução**

a) Como no cadastro do *pet shop* há 300 animais, a população é formada por esses 300 animais.
   Note que foram selecionados 160 animais; logo, a amostra pesquisada é formada por 160 animais.

b) Variáveis qualitativas não são expressas por números. Portanto, o porte e a raça dos animais são as variáveis qualitativas.

c) Variáveis quantitativas discretas são provenientes de contagem e expressas por números inteiros. Portanto, o número de banhos e o número de tosas durante o semestre são as variáveis quantitativas discretas.

   Variáveis quantitativas contínuas são provenientes de medidas e expressas por números reais (inteiros ou não). Portanto, a idade e o tempo que os animais ficam hospedados em hotéis são as variáveis quantitativas contínuas.

1. Identifique as variáveis em cada item e classifique-as em qualitativa ordinal, qualitativa nominal, quantitativa discreta ou quantitativa contínua.

   a) Classificação das reportagens publicadas em um jornal em excelentes, boas ou ruins.
   b) Números de telefone de um guia de assinantes.
   c) Grau de escolaridade dos governantes dos estados brasileiros.
   d) Vendas anuais de uma empresa do setor de telefonia celular.
   e) Marcas de desodorante.
   f) Tamanhos de roupa expressos em P, M e G.
   g) Lojas da cidade de Ilhéus, na Bahia.
   h) Número de livros da biblioteca de uma escola.
   i) Preços de motos.

Capítulo 24 • Estatística: análise de dados **489**

2. Uma academia de ginástica tem 5.000 alunos. Seus proprietários resolveram realizar uma pesquisa com 500 de seus alunos para identificar a(s) modalidade(s) esportiva(s) preferida(s), o(s) período(s) (manhã, tarde e noite) mais frequentados pelos alunos, a massa muscular (em quilograma) adquirida pelos alunos após um ano de atividade física e o número de dias que eles frequentaram a academia no último mês. Nesse caso, quais são as variáveis observadas? Entre as variáveis estudadas, quais são qualitativas, quantitativas contínuas e quantitativas discretas?

3. Para saber o grau de satisfação dos habitantes de Porto Alegre em relação ao governo, foram entrevistadas 8.500 pessoas. Sabendo que, na época da pesquisa, a cidade tinha cerca de 1,47 milhão de habitantes, identifique a população e a amostra estudadas.

4. Em uma pesquisa sobre os 50 sabores de sorvete produzidos por uma sorveteria, para verificar a qualidade dos sorvetes vendidos, foram testados 10 sabores. Nessa pesquisa, que porcentagem da população representa a amostra pesquisada?

5. Observe a tabela com dados de alguns funcionários de uma empresa.

Nome	Sexo	Salário (R$)	Grau de escolaridade	Tempo de serviço
Keila	F	2.500	Ensino Fundamental II	2 anos
Carla	F	1.700	Ensino Médio	3,5 anos
Marco	M	3.000	Ensino Médio	2 anos
Alex	M	4.000	Ensino Superior	5 anos
Bia	F	3.750	Ensino Superior	8 anos

- Identifique as variáveis qualitativas (ordinal ou nominal) e as variáveis quantitativas (discreta ou contínua).

2. Distribuição de frequências

2.1 Frequência absoluta, frequência relativa e frequências acumuladas

Em uma pesquisa sobre preços de um modelo de *tablet*, realizada em 20 lojas, foram coletados os seguintes valores, em real:

1.000 1.500 1.000 1.600 1.000 1.600 1.600 1.500 1.500 1.000
1.000 1.000 1.500 1.600 1.600 1.600 1.600 1.600 1.600 1.600

Para analisar a variável preço, vamos agrupar seus valores em uma tabela.

Preço (R$)	Quantidade de lojas
1.000	//////
1.500	////
1.600	//////////
Total	////////////////////

ou

Preço (R$)	Quantidade de lojas
1.000	6
1.500	4
1.600	10
Total	20

Na tabela da direita, os números que aparecem na coluna "quantidade de lojas" indicam as frequências dos valores observados da variável estudada (preço).

> A quantidade de vezes que cada valor é observado chama-se **frequência absoluta** ou, simplesmente, **frequência (f_i)**.

A tabela que mostra a relação entre a variável e a quantidade de vezes que cada valor se repete (frequência) é chamada de **tabela de frequências** ou **distribuição de frequências**.

Agora, vamos acrescentar à tabela de frequências uma coluna com valores que indiquem a razão entre cada frequência absoluta e o total pesquisado. Esses valores recebem o nome de **frequência relativa (f_r)** e geralmente são expressos em porcentagem para facilitar a interpretação dos dados.

Preço (R$)	Frequência absoluta (f_i)	Frequência relativa (f_r)
1.000	6	$\frac{6}{20} = 0{,}30$ ou 30%
1.500	4	$\frac{4}{20} = 0{,}20$ ou 20%
1.600	10	$\frac{10}{20} = 0{,}50$ ou 50%
Total	20	100%

Para saber mais sobre a variável estudada, podemos calcular a soma de cada frequência absoluta com as frequências absolutas anteriores, que chamamos de **frequência absoluta acumulada (F_i)**, e a soma de cada frequência relativa com as frequências relativas anteriores, que chamamos de **frequência relativa acumulada (F_r)**.

Preço (R$)	Frequência absoluta (f_i)	Frequência relativa (f_r)	Frequência absoluta acumulada (F_i)	Frequência relativa acumulada (F_r)
1.000	6	30%	6	30%
1.500	4	20%	10 = 6 + 4	50% = 30% + 20%
1.600	10	50%	20 = 6 + 4 + 10	100% = 30% + 20% + 50%
Total	20	100%	—	—

As frequências acumuladas são úteis quando o objetivo é saber a quantidade ou a porcentagem até determinada característica.

Nessa situação, por exemplo, se quisermos saber a porcentagem de *tablets* que custam até R$ 1.500,00, basta encontrar, na coluna "frequência relativa acumulada", a porcentagem relativa ao valor R$ 1.500,00 (no caso, 50%).

2.2 Distribuição de frequências para dados agrupados em intervalos

Diariamente, estamos expostos a ruídos de diversas intensidades. Segundo a Organização Mundial da Saúde (OMS), a poluição sonora é um dos tipos de poluição mais graves, perdendo apenas para a da água e a do ar. Seus efeitos sobre os seres humanos vão desde uma simples perturbação até alterações da saúde, como a perda parcial ou total da audição, estresse, distúrbios do sono e problemas cardíacos.

Grande parte do ruído na cidade de São Paulo provém de seu trânsito intenso. O limite de ruído diurno aconselhado pela Associação Brasileira de Normas Técnicas (ABNT) em áreas residenciais e comerciais é de 65 dB. O nível de ruído de um tráfego intenso está acima de 70 dB.

A seguir, apresentam-se os níveis de ruído, em decibel (dB), de algumas áreas residenciais de uma cidade.

73,94	71,52	66,84	64,17	66,16	65,70	64,78	65,81
63,14	62,57	61,89	60,96	60,32	60,14	56,67	55,89
71,46	70,08	64,43	63,29	66,01	65,08	64,71	64,15
62,69	61,92	61,49	60,74	60,22	59,36	56,03	55,77

Como há muitos dados distintos, uma distribuição de frequências como as anteriores pouco facilitaria a organização desses dados. Nesse caso, podemos agrupar os valores em **intervalos** (ou **classes**).

Uma vez que o maior valor coletado é 73,94 e o menor é 55,77, calculando a diferença entre eles, obtemos a **amplitude total** de 18,17 decibéis.

Para construir a tabela, podemos dividir a amplitude total por 4, por exemplo. Se o quociente for um número inteiro, a **amplitude do intervalo** será o quociente obtido; se o quociente não for um número inteiro, podemos arredondá-lo para o menor inteiro maior que o quociente.

A escolha do número de classes e de sua amplitude dependerá da natureza dos dados.

Na situação descrita, a distribuição dos valores em quatro classes possibilitará uma análise adequada. Veja:

$$18,17 : 4 = 4,5425$$

Arredondando 4,5425 para 5, podemos agrupar os valores em classes de amplitude de 5 decibéis. Assim, o primeiro intervalo começaria em 55 decibéis, indo até 60 decibéis (55 + 5).

Para representar esse intervalo, podemos usar duas notações: 55 ⊢ 60 ou [55, 60[. Ambas indicam intervalos fechados à esquerda e abertos à direita. Assim, 55 ⊢ 60 significa que são medidas entre 55 e 60 decibéis, com o extremo inferior 55 pertencendo ao intervalo, e o extremo superior 60 não pertencendo a ele.

Ruído (decibel)	f_i	F_i	f_r	F_r
55 ⊢ 60	5	5	15,625%	15,625%
60 ⊢ 65	17	22	53,125%	68,750%
65 ⊢ 70	6	28	18,750%	87,500%
70 ⊢ 75	4	32	12,500%	100%
Total	32	—	100%	—

Com base nos dados da tabela, podemos concluir, por exemplo, que:

- 4 áreas residenciais da cidade apresentam nível de ruído maior ou igual a 70 e menor que 75 decibéis;
- 18,75% das áreas estudadas apresentam ruído maior ou igual a 65 e menor que 70 decibéis;
- 68,75% das áreas estudadas apresentam ruído menor que 65 decibéis.

EXERCÍCIOS

R2. Estas são as notas de Matemática de 20 alunos da classe de Ana:

7,0 5,0 9,0   5,0 8,0 6,0 6,0 7,0 7,0 7,0
5,0 8,0 9,0 10,0 8,0 5,0 5,0 5,0 6,0 6,0

Usando uma planilha eletrônica, construir uma tabela de distribuição de frequências com frequência absoluta, frequência relativa e frequências acumuladas. Em seguida, com base na tabela, responder às questões.

a) Quantos alunos obtiveram nota 6,0, que é a nota mínima de aprovação?

b) Quantos alunos obtiveram nota menor ou igual a 7,0?

c) Que porcentagem de alunos obtiveram nota menor que 8,0?

d) Qual foi a porcentagem de alunos reprovados em Matemática?

➤ **Resolução**

Para construir a tabela pedida em uma planilha eletrônica, inicialmente preenchemos uma coluna com as notas e uma com as respectivas frequências absolutas, de acordo com os dados apresentados.

	A	B	C	D	E
1	Nota	Frequência absoluta (f_i)	Frequência relativa (f_r)	Frequência absoluta acumulada (F_i)	Frequência relativa acumulada (F_r)
2	5,0	6	30%		
3	6,0	4	20%		
4	7,0	4	20%		
5	8,0	3	15%		
6	9,0	2	10%		
7	10,0	1	5%		
8	Total	20	100%		

Célula C2, Fórmula =B2/$B$8

Digitamos na célula C2 a fórmula: =B2/$B$8
(Calcula a razão entre os valores das células B2 e B8.)
O $ é empregado na fórmula para fixar a coluna B e a linha 8. Assim, quando a fórmula da célula C2 for copiada para outras células, a célula B8 ficará fixa na fórmula.
Em seguida, formatamos a célula para mostrar o valor em porcentagem.
Para preencher os outros valores da coluna de frequências relativas, selecionamos a célula C2 e arrastamos a seleção até a célula C7. Copiamos, assim, a fórmula para as células C3 a C7, substituindo B2 por B3, B4, B5, B6 e B7, respectivamente.

Na célula C8, digitamos a fórmula: =SOMA(C2:C7)
(Calcula a soma dos valores das células C2 a C7.)

Preenchemos, agora, as colunas das frequências acumuladas.

	A	B	C	D	E
1	Nota	Frequência absoluta (f_i)	Frequência relativa (f_r)	Frequência absoluta acumulada (F_i)	Frequência relativa acumulada (F_r)
2	5,0	6	30%	6	30%
3	6,0	4	20%	10	50%
4	7,0	4	20%	14	70%
5	8,0	3	15%	17	85%
6	9,0	2	10%	19	95%
7	10,0	1	5%	20	100%
8	Total	20	100%		

Célula E3, Fórmula =C3+E2

Digitamos na célula E2 a fórmula: =C2
(Copia o valor da célula C2.)
Na célula E3, digitamos: =C3+E2
(Adiciona o valor da célula C3 com o valor de E2.)
Selecionamos a célula E3 e arrastamos a seleção até a célula E7. Dessa forma, cada célula terá o valor da célula anterior adicionado ao valor correspondente na coluna C. Preenchemos, assim, a coluna das frequências relativas acumuladas.

Digitamos na célula D2 a fórmula: =B2
(Copia o valor da célula B2.)
Na célula D3, digitamos: =B3+D2
(Adiciona o valor da célula B3 com o valor de D2.)
Selecionamos a célula D3 e arrastamos a seleção até a célula D7. Dessa forma, cada célula terá o valor da célula anterior adicionado ao valor correspondente na coluna B. Preenchemos, assim, a coluna das frequências absolutas acumuladas.

Agora, analisando a tabela, vamos responder às questões.

a) 4 alunos (frequência absoluta da nota 6,0).

b) 14 alunos (frequência absoluta acumulada até a nota 7,0).

c) 70% dos alunos (frequência relativa acumulada até a nota 7,0).

d) 30% dos alunos (frequência relativa acumulada até a nota 5,0).

---

6. Os conceitos dos alunos de uma turma de curso de pós-graduação em Administração de empresas foram os seguintes:

```
C  A  B  C  A  B  C  A
A  E  D  C  A  C  E  B
B  B  D  E  C  D  B  A
C  E  C  B  D  B  C  C
```

a) Construa uma tabela com todas as frequências.

b) Quantos alunos obtiveram conceito A?

c) Sabendo que os conceitos de aprovação são A, B ou C, quantos alunos estão reprovados?

d) Qual é a porcentagem de alunos que obtiveram conceito C?

e) Qual é a porcentagem de alunos que obtiveram conceitos D ou E?

f) Qual é a porcentagem de alunos que obtiveram conceitos A ou B?

7. Observe as distâncias diárias percorridas, em quilômetro, pelos taxistas de uma empresa:

90	87	356	70	49	320
320	250	200	236	274	305
360	480	400	150	426	460
278	260	320	346	358	332
357	410	298	314	440	110

Os dados podem ser agrupados por meio de intervalos. Complete a tabela com as frequências correspondentes.

Distância (km)	Frequência absoluta (f_i)
[0, 100[	
[100, 200[	
[200, 300[	
[300, 400[	
[400, 500[	

- Como esse procedimento facilita o estudo da variável?

R3. Os tempos, em minuto, que 30 pessoas gastam no banho são:

5 15 14 5 10 12 10 6 3 2 8 8 8 5 10
12 13 15 12 5 7 14 5 6 4 3 5 9 12 14

Construir uma tabela de distribuição de frequências com cinco intervalos e determinar a porcentagem de pessoas que gastam menos de 7 minutos no banho.

Segundo a Organização das Nações Unidas (ONU), cada pessoa necessita de 110 litros de água por dia. Se uma pessoa tomar banho de ducha por 15 minutos, gastará por volta de 135 litros de água. Um banho de 5 minutos é o suficiente para higienizar.

▶ **Resolução**

Vamos usar amplitude de classe igual a 3 minutos [(15 − 2) : 5 = 2,6].

Tempo (minuto)	f_i	F_i	f_r	F_r
1 ⊢ 4	3	3	≃ 13,3%	10%
4 ⊢ 7	9	12	30,0%	40%
7 ⊢ 10	5	17	≃ 16,7%	≃ 56,7%
10 ⊢ 13	7	24	≃ 23,3%	80%
13 ⊢ 16	6	30	20%	100%

A porcentagem de pessoas que gastam menos de 7 minutos no banho é de 40%.

8. Observe o valor das diárias dos quartos do Hotel Luxo.

Diária (real)	Número de quartos
[100, 130[	73
[130, 160[	48
[160, 190[	40
[190, 220[	24
[220, 250[	15
Total	200

Copie a tabela completando-a com as frequências: absoluta, absoluta acumulada, relativa e relativa acumulada. Em seguida, responda às questões.

a) Qual é o extremo inferior da 1ª classe?
b) Que intervalo apresenta os valores de diárias mais comuns?
c) Qual é a porcentagem de quartos cujas diárias são inferiores a R$ 160,00?
d) Quantos quartos correspondem a diárias inferiores a R$ 190,00?
e) Quantos quartos correspondem a diárias a partir de R$ 190,00?

9. Um grupo de 50 analistas financeiros efetuou uma previsão, por ganho de ações, em real, de uma empresa no próximo ano. Os resultados obtidos estão apresentados na tabela de distribuição de frequências a seguir.

Ganho por ação (real)	Número de analistas (f_i)	F_i	f_r	F_r
		4		8%
		8		
[8, 10[			22%	
[10, 12[	8	27		
		37		74%
			16%	
	5			100%

- Complete a tabela de frequências.

10. Veja as contribuições fiscais, em real, de 40 pessoas sorteadas ao acaso durante um ano.

200	150	780	2.132	1.976
208	624	2.236	4.404	5.132
832	676	3.172	3.208	2.132
988	3.926	1.196	2.132	3.728
728	2.948	1.248	2.704	5.928
988	1.710	1.716	1.404	4.108
468	2.392	2.028	4.472	3.174
624	3.959	4.040	1.092	1.040

a) Organize os dados em ordem crescente.
b) Agrupe os dados em uma tabela de distribuição de frequências com intervalos. Use uma amplitude conveniente.
c) Qual é o intervalo de contribuições fiscais mais comum?

3. Representações gráficas

Com frequência, os resultados numéricos referentes a uma reportagem ou a uma pesquisa são apresentados em jornais, revistas, na internet ou em outros meios de comunicação por meio de gráficos, como os dados apresentados a seguir.

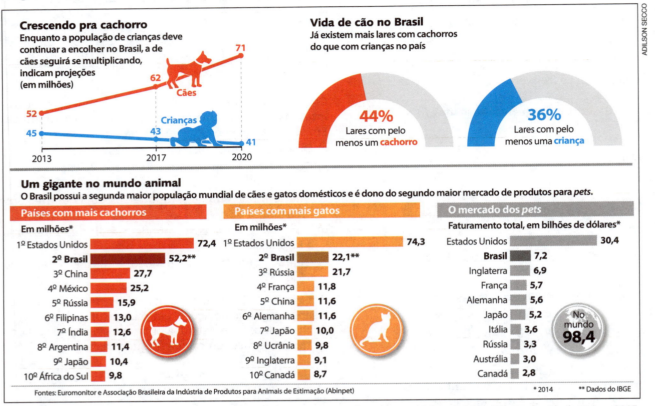

Fonte: A casa agora é dos cães – e não das crianças. *Veja*, ed. 2429. São Paulo: Abril, 10 jun. 2015.

Quando empregados corretamente, os gráficos podem evidenciar, em uma forma visual eficiente e atraente, os dados e as informações que precisam transmitir.

Para tornar possível essa representação, devemos obedecer a três requisitos fundamentais: simplicidade, clareza e veracidade.

A escolha do tipo de gráfico mais adequado para representar um conjunto de dados depende de vários fatores, como a natureza e o comportamento da variável, ou os objetivos de quem o apresenta.

A seguir, veremos alguns tipos de representações gráficas.

3.1 Gráfico de barras (verticais ou horizontais)

Os **gráficos de barras** são representações muito usuais e aplicam-se tanto para as variáveis qualitativas quanto para as quantitativas.

Os **gráficos de barras verticais** (ou **gráficos de colunas**) apresentam os dados por meio de colunas (retângulos) dispostas em posição vertical. As colunas têm larguras iguais, e a altura de cada uma corresponde à frequência (absoluta ou relativa) dos valores observados.

Exemplo

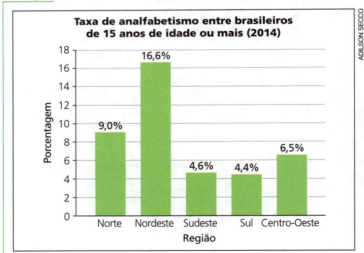

Dados obtidos em: *Pesquisa Nacional por Amostra de Domicílios 2014*. Disponível em: <www.ibge.gov.br>. Acesso em: 7 jul. 2016.

Outra forma de apresentar as informações coletadas é por meio de um **gráfico de barras horizontais**. Esse tipo de gráfico utiliza as barras (retângulos) dispostas em posição horizontal. As barras têm larguras iguais, e seus comprimentos correspondem à frequência (absoluta ou relativa) dos valores observados.

Exemplo

O gráfico de barras horizontais abaixo mostra as respostas dos entrevistados a uma das perguntas da pesquisa *Ideias e Aspirações do Jovem Brasileiro sobre Conceitos de Família*, realizada em 2015 pelo Núcleo de Tendências e Pesquisa do Espaço Experiência Famecos-PUCRS.

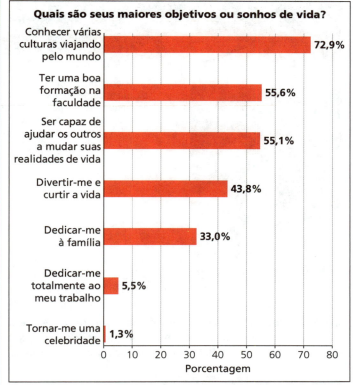

Disponível em: <http://eusoufamecos.pucrs.br/>.
Acesso em: 7 jul. 2016.

3.2 Gráfico de segmentos

Os **gráficos de segmentos** (ou **gráficos de linha**) são muito empregados para representar o comportamento de um conjunto de dados no decorrer de um período. Para construir um gráfico de segmentos, adotamos um referencial parecido com o plano cartesiano, no qual os pontos correspondentes aos dados são marcados e, em seguida, unidos em sequência por meio de segmentos de reta.

Exemplo

Dados obtidos em: <www.turismo.gov.br>. Acesso em: 7 jul. 2016.

3.3 Gráfico de setores

Os **gráficos de setores** apresentam os dados em um círculo, no qual cada setor indica a frequência (absoluta ou relativa) de um valor observado.

Nesse tipo de representação, a área e o ângulo de cada setor são diretamente proporcionais à porcentagem que representam em relação ao todo (100%).

Exemplo

Veja como os dados da tabela a seguir podem ser representados em um gráfico de setores.

Distribuição dos jovens de 15 a 17 anos (2014)	
Atividade	**Porcentagem**
Só estuda	67,0%
Só trabalha	5,8%
Estuda e trabalha	17,3%
Não estuda nem trabalha	9,9%

Dados obtidos em: IBGE. *Síntese de indicadores sociais 2015*. Disponível em: <www.ibge.gov.br>. Acesso em: 7 jul. 2016.

Como há proporcionalidade direta entre a medida do ângulo que define cada setor e a porcentagem correspondente, podemos calcular a medida do ângulo central de cada setor com uma regra de três simples.

$$\begin{array}{l} 100\% \longrightarrow 360° \\ 67,0\% \longrightarrow x \end{array} \Rightarrow x = \frac{67,0 \cdot 360°}{100} \simeq 241°$$

medida do ângulo central do setor correspondente à atividade "só estuda"

Analogamente, os setores correspondentes às atividades "só trabalha", "estuda e trabalha" e "não estuda nem trabalha" terão ângulos centrais cujas medidas aproximadas serão, respectivamente, 21°, 62° e 36°.

Observação

O gráfico de setores é recomendado quando se deseja comparar o valor de cada categoria com o total. Porém, seu uso não é adequado quando uma dessas categorias apresenta frequência igual a zero (já que, nesse caso, essa "fatia" não aparece) ou quando a soma das frequências percentuais é maior que 100%.

3.4 Gráfico múltiplo

Em algumas situações, é necessário representar simultaneamente duas ou mais características da amostra. Para facilitar a comparação entre características distintas, podemos construir um **gráfico múltiplo**.

Exemplos

a) Considere o gráfico abaixo.

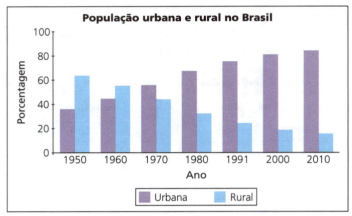

Dados obtidos em: IBGE. *Censo demográfico 2010*. Disponível em: <www.ibge.gov.br>. Acesso em: 7 jul. 2016.

Esse gráfico de colunas múltiplas (população urbana e rural) indica mudanças em alguns aspectos da população brasileira no período de 1950 a 2010. Cruzando as informações, podemos observar que a população rural predominou até 1960 e, a partir da década de 1970, houve maior concentração da população nas áreas urbanas.

b) Os Jogos Parapan-americanos são um evento multidesportivo para atletas com necessidades especiais. Observe o gráfico de linhas múltiplas a seguir, que compara o desempenho, em número total de medalhas, dos quatro países que conquistaram mais medalhas em todos os Jogos Parapan-americanos até 2015.

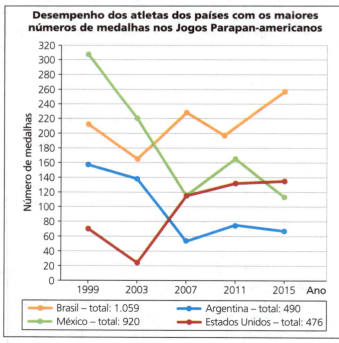

Dados obtidos em: <www.ahebrasil.com.br>. Acesso em: 7 jul. 2016.

Seleção brasileira feminina de basquete comemora a conquista da medalha de bronze nos Jogos Parapan-americanos de Toronto, Canadá, 2015.

Alice de Oliveira Correa, com seu guia, nos Jogos Parapan-americanos de Toronto, Canadá, 2015.

Com base nas informações apresentadas, concluímos, por exemplo, que o México obteve o maior número de medalhas nas duas primeiras edições dos Jogos, mas que, a partir da edição de 2007, o Brasil conquistou mais medalhas.

Trocando ideias

Em jornais, revistas ou na internet, pesquise gráficos estatísticos variados e traga-os para a sala de aula. Reúna-se com um colega e selecionem pelo menos três gráficos que acharem mais interessantes entre os escolhidos por vocês. Analisem e discutam esses gráficos e escrevam algumas conclusões sobre cada um deles.

EXERCÍCIOS

11. O gráfico abaixo apresenta o resultado de uma pesquisa realizada pelo Clube Azul. Os sócios foram entrevistados e indicaram a atividade preferida entre três opções oferecidas pelo clube.

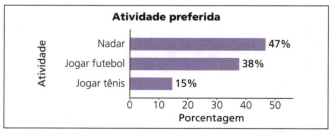

• Sabendo que foram entrevistados 400 sócios, quantos preferem natação?

R4. A tabela abaixo apresenta o número de casos de dengue registrados no Brasil de 2002 a 2015.

Casos de dengue no Brasil	
Ano	Número de casos
2002	696.472
2003	274.975
2004	70.174
2005	147.039
2006	258.680
2007	496.923
2008	632.680
2009	406.269
2010	1.011.548
2011	764.032
2012	589.591
2013	1.452.489
2014	589.107
2015	1.649.008

Agente da Prefeitura faz aplicação de veneno contra o mosquito *Aedes aegypti*, transmissor de dengue, zika e chikungunya.

Dados obtidos em: <http://portalsaude.saude.gov.br/>. Acesso em: 7 jul. 2016.

Construir, usando uma planilha eletrônica, um gráfico de segmentos e um gráfico de barras verticais para representar esses dados.

➤ **Resolução**

Para construir o gráfico usando uma planilha eletrônica, inicialmente é necessário copiar a tabela na planilha.

Para construir o gráfico de segmentos, selecionamos os dados da tabela e escolhemos a opção para inserir gráfico de linha. Há várias opções de estilo para esse tipo de gráfico (com linhas horizontais auxiliares, sem um dos eixos, em duas dimensões, em três dimensões etc.).

Depois que o gráfico estiver construído, é possível inserir nomes nos eixos, título, alterar cores, escalas, linhas auxiliares, inserir valores em cada ponto etc.

Para construir um gráfico de barras, o procedimento é semelhante: basta selecionar os dados da tabela e escolher a opção para inserir gráfico de barras. Para esse tipo de gráfico, também há várias opções de estilo (barras verticais, horizontais, com linhas auxiliares, em duas dimensões, em três dimensões, usando outras figuras geométricas no lugar dos retângulos etc.).

Quando o gráfico estiver construído, também é possível inserir nomes nos eixos, título, alterar cores, escalas, linhas auxiliares, inserir os valores em cada ponto etc.

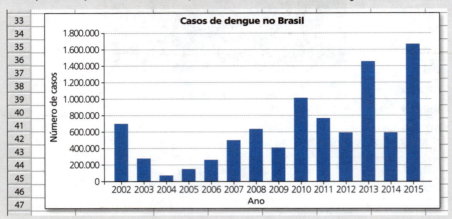

12. Em uma reunião para escolher o melhor trabalho realizado em um curso de graduação, estavam presentes 80 pessoas, das quais 32 eram sociólogos, 20 eram publicitários, 12 eram economistas e 16 eram psicólogos. Elabore uma tabela de distribuição de frequências absolutas e, com base nela, construa um gráfico de barras verticais.

R5. O gráfico abaixo apresenta o faturamento da empresa A nos três primeiros meses de 2017. Representar esses valores em um gráfico de setores considerando a participação, em porcentagem, de cada mês no faturamento trimestral.

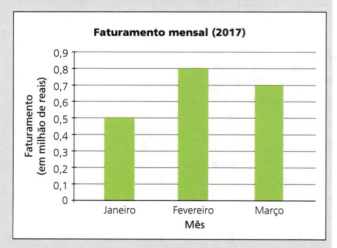

▶ **Resolução**

Vamos construir uma tabela com os valores do gráfico e calcular a porcentagem que cada mês representa em relação ao faturamento total. Em seguida, determinaremos a medida do ângulo central de cada setor para construir o gráfico de setores.

Mês	Faturamento (milhão de reais)	Porcentagem	Ângulo central de cada setor
Jan.	0,5	$(0,5 : 2) = 0,25 = 25\%$	$0,25 \cdot 360° = 90°$
Fev.	0,8	$(0,8 : 2) = 0,40 = 40\%$	$0,40 \cdot 360° = 144°$
Mar.	0,7	$(0,7 : 2) = 0,35 = 35\%$	$0,35 \cdot 360° = 126°$
Total	2,0	100%	360°

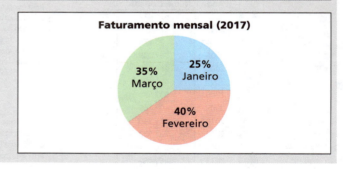

13. (Enem) Em uma pesquisa sobre prática de atividade física, foi perguntado aos entrevistados sobre o hábito de andar de bicicleta ao longo da semana e com que frequência o faziam. Entre eles, 75% afirmaram ter esse hábito, e a frequência semanal com que o faziam é a apresentada no gráfico.

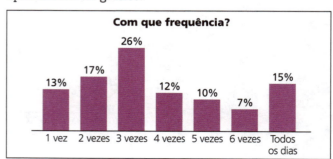

Que porcentagem do total de entrevistados representa aqueles que afirmaram andar de bicicleta pelo menos três vezes por semana?

a) 70,0%   b) 52,5%   c) 22,5%   d) 19,5%   e) 5,0%

14. Observe o gráfico a seguir, que apresenta os meios de transporte mais usados pelos brasileiros em 2015 para viajar.

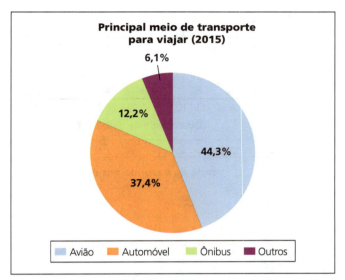

Dados obtidos em: <www.turismo.gov.br>. Acesso em: 7 jul. 2016.

a) De que tipo é esse gráfico?
b) A que assunto se refere?
c) Segundo os dados apresentados, qual é o meio de transporte mais utilizado para viajar?
d) Determine as medidas aproximadas dos ângulos centrais dos setores correspondentes às porcentagens.

15. O gráfico a seguir apresenta dados sobre a exportação e a importação de petróleo no período de 2005 a 2015, em número de barris, no Brasil.

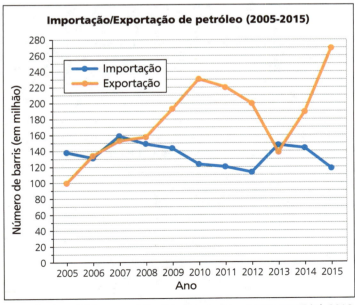

Dados obtidos em: <http://dados.gov.br>. Acesso em: 7 jul. 2016.

Com base no gráfico, responda às questões.

a) Quais são os períodos (anual) de maior crescimento e decrescimento nas exportações? Indique o número aproximado de barris.
b) Em que ano a diferença entre as exportações e importações foi maior? De quanto, aproximadamente, foi essa diferença?
c) A que conclusão você pode chegar ao analisar as duas variáveis nos anos 2005, 2007 e 2013 em relação aos outros períodos?

16. Observe o gráfico e a tabela a seguir.

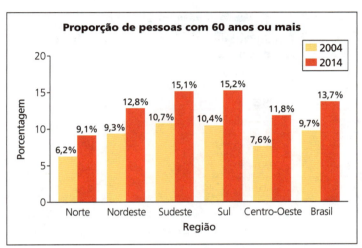

Dados obtidos em: IBGE. *Síntese de indicadores sociais 2015*. Disponível em: <www.ibge.gov.br>. Acesso em: 7 jul. 2016.

População das regiões do Brasil em 2014 (em 1.000 pessoas)	
Norte	17.285
Nordeste	56.270
Sudeste	85.291
Sul	29.077
Centro-Oeste	15.268
Brasil	203.191

Dados obtidos em: IBGE. *Pesquisa Nacional por Amostra de Domicílios 2014*. Disponível em: <www.ibge.gov.br>. Acesso em: 7 jul. 2016.

Somente com base nas informações apresentadas, classifique cada alternativa em verdadeira (V) ou falsa (F).

a) A porcentagem de idosos na região Sul foi a que mais cresceu de 2004 para 2014.
b) O Brasil tinha 19.709.527 idosos em 2004.
c) A região Norte é a que tinha menor número de idosos em 2014.
d) A região Sul é a que tinha maior número de idosos em 2014.
e) Em todas as regiões do Brasil, a porcentagem de idosos aumentou de 2004 para 2014.

Capítulo 24 • Estatística: análise de dados **499**

3.5 Histograma

Quando temos de representar uma distribuição de frequências cuja variável tem seus valores agrupados em intervalos, costumamos utilizar um **histograma**: gráfico formado por retângulos justapostos cujas bases são construídas sobre o eixo das abscissas.

Exemplo

A distribuição de frequências da quantidade de gasolina, em litro, vendida por carro em um posto de abastecimento pode ser representada em um histograma.

Venda de gasolina por carro	
Quantidade de gasolina (litro)	Frequência (f_i)
5 ⊢ 10	23
10 ⊢ 15	78
15 ⊢ 20	9
20 ⊢ 25	60
25 ⊢ 30	40
Total	210

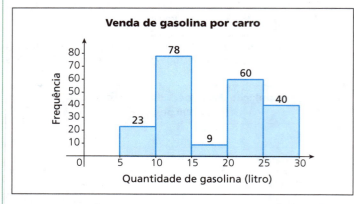

Analisando o histograma, percebemos que a maior altura é 78, ou seja, o intervalo que apresenta a maior frequência (78) está entre 10 (inclusive) e 15 litros de gasolina vendidos por carro.

3.6 Polígono de frequências

Partindo do histograma, é possível construir um gráfico de segmentos chamado de **gráfico de curva poligonal** ou, mais comumente, **polígono de frequências**. Acompanhe os exemplos.

Exemplos

a) Vamos construir um polígono de frequências com base no histograma do exemplo anterior. Inicialmente, marcamos os pontos cuja abscissa seja o valor médio dos intervalos e cuja ordenada seja a frequência da respectiva classe. Depois, unimos, em sequência, esses pontos por segmentos de reta. Finalmente, completamos a curva poligonal acrescentando dois pontos de ordenada zero, cujas abscissas sejam o valor médio de um intervalo imediatamente inferior e o valor médio de um intervalo imediatamente superior.

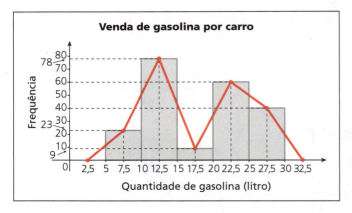

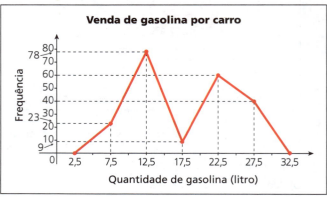

Observando o polígono de frequências, percebemos que o ponto mais alto ocorre para 12,5 litros de gasolina e 78 carros, o que indica que o abastecimento mais frequente no posto é de 12,5 litros.

b) Vamos representar, por meio de um histograma e de um polígono de frequências, a distribuição de frequências que apresentam os preços, em real, de 53 produtos diversificados em um hipermercado.

Preço dos produtos no hipermercado					
Preço (R$)	12 ⊢ 14	14 ⊢ 16	16 ⊢ 18	18 ⊢ 20	20 ⊢ 22
Frequência (f_i)	8	28	11	4	2

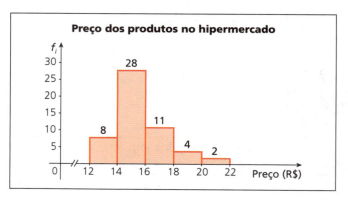

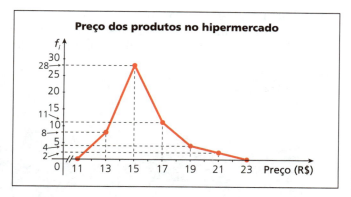

Observação

No histograma e no polígono de frequências, usamos o símbolo ⟋⟋ para indicar que os intervalos de 0 a 12 e de 0 a 11, respectivamente, não são proporcionais aos demais intervalos marcados no eixo horizontal.

EXERCÍCIOS

17. Na fábrica de lâmpadas Ilumine foi feito um teste com 150 lâmpadas. Veja os resultados na tabela abaixo.

Duração das lâmpadas	
Duração (hora)	Número de lâmpadas (f_i)
0 ⊢ 1.000	5
1.000 ⊢ 2.000	10
2.000 ⊢ 3.000	42
3.000 ⊢ 4.000	75
4.000 ⊢ 5.000	18

Fonte: Fábrica de lâmpadas Ilumine.

Com as informações da tabela, construa um histograma e um polígono de frequências.

18. A empresa MBA, visando saber o número de ramais telefônicos que precisava disponibilizar, registrou em um dia o número de ligações feitas em cada setor. Os dados geraram o histograma a seguir.

Fonte: Empresa MBA.

Com base no histograma, construa uma tabela com as frequências: absoluta, relativa, absoluta acumulada e relativa acumulada.

19. Os dados a seguir referem-se aos gastos, em real, com energia elétrica de 50 apartamentos de um condomínio em determinado mês.

149	163	151	135	137	167
95	119	147	153	127	149
90	202	172	148	154	158
82	206	123	144	109	167
157	150	130	187	139	149
141	183	114	191	129	158
108	178	102	197	165	168
171	116	111	213	128	166
185	175				

Faça uma tabela com os dados das frequências absoluta, absoluta acumulada, relativa e relativa acumulada, distribuídos em 7 intervalos, com amplitude 20 (inicie com 80). Depois, faça o histograma, o polígono de frequências e responda à questão: na maioria dos apartamentos, quanto foi pago de energia elétrica nesse mês?

Exercícios complementares

1. Em uma pesquisa realizada em uma escola com 550 alunos foram coletados os seguintes dados:
(A) Idade
(B) Grau de escolaridade
(C) Sexo
(D) Número de disciplinas cursadas no ano
(E) Tempo gasto diário de estudo
Sabendo que foram selecionados 200 alunos aleatoriamente para participar da pesquisa, responda:
a) Qual é a população e a amostra da pesquisa?
b) Quais foram as variáveis pesquisadas? Identifique-as e classifique-as.

2. Observe as medidas de comprimento, em metro, obtidas em uma pesquisa sobre a altura dos postes de iluminação da cidade Flora.

3,20	3,45	3,53	3,22	3,87
3,75	3,43	3,73	3,12	3,41
3,27	3,56	3,98	3,28	3,02
3,24	3,92	3,48	3,32	3,05

Agrupe-as em 5 intervalos e construa uma tabela com as distribuições das frequências absoluta, absoluta acumulada, relativa e relativa acumulada.

Capítulo 24 • Estatística: análise de dados **501**

EXERCÍCIOS COMPLEMENTARES

3. Os gráficos abaixo referem-se a duas pesquisas diferentes envolvendo a mesma variável quantitativa discreta.

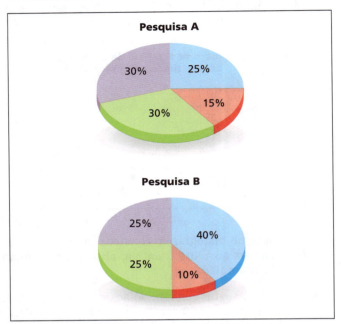

Sabendo que na pesquisa A foi considerada uma amostra de 800 objetos, quantos objetos foram pesquisados em B, se os 25% dos objetos pesquisados em A equivalem aos 40% dos objetos pesquisados em B?

4. (Enem) Doenças relacionadas ao saneamento ambiental inadequado (DRSAI) podem estar associadas ao abastecimento deficiente de água, tratamento inadequado de esgoto sanitário, contaminação por resíduos sólidos ou condições precárias de moradia. O gráfico apresenta o número de casos de duas DRSAI de uma cidade:

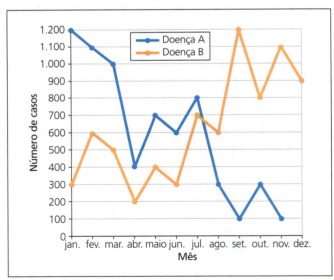

Disponível em: <http://dados.gov.br>.
Acesso em: 7 dez. 2012 (adaptado).

O mês em que se tem a maior diferença entre o número de casos das doenças de tipo A e B é:

a) janeiro.
b) abril.
c) julho.
d) setembro.
e) novembro.

5. Os chamados resíduos sólidos urbanos, mais conhecidos como lixo urbano, são todos os resíduos resultantes da atividade doméstica e comercial dos centros urbanos.

Observe, nos gráficos a seguir, alguns dados sobre esses resíduos.

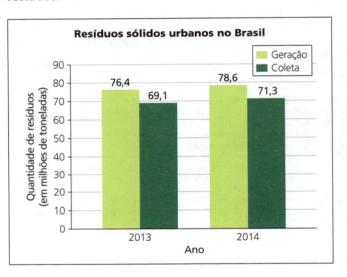

Dados obtidos em: Abrelpe. *Panorama dos resíduos sólidos no Brasil 2014.*
Disponível em: <www.abrelpe.org.br>.
Acesso em: 8 jul. 2016.

a) Considerando o ano com 365 dias, em 2014 quantos quilogramas de resíduo sólido urbano, em média, cada habitante produziu por dia?

b) Em relação a 2013, qual foi a porcentagem de aumento na geração de lixo urbano em 2014?

c) Que porcentagem do lixo urbano gerado era coletado em 2014?

d) Segundo dados da mesma pesquisa, em ambos os anos, cerca de 41,6% dos resíduos foram destinados para locais inadequados. Pesquise alguns impactos que o aumento na produção de lixo e o destino inadequado geram para o meio ambiente e para a vida da população. Que atitudes você pode tomar para reduzir esses impactos?

6. Analisando a idade de seus alunos, a Faculdade Planeta construiu o histograma e o polígono de frequências representados a seguir.

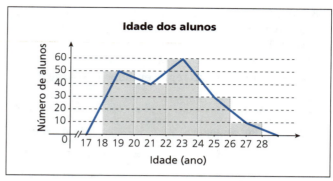

Fonte: Faculdade Planeta.

a) Quantas pessoas estudam nessa faculdade?

b) Que faixa etária representa a maior concentração de estudantes? Que porcentagem ela representa em relação à quantidade de alunos da faculdade?

7. Os gráficos a seguir apresentam dados sobre os inscritos no Exame Nacional do Ensino Médio (Enem) desde sua criação, em 1998, até 2014.

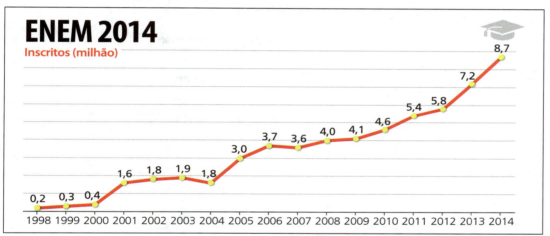

Disponível em: <http://blog.planalto.gov.br/>. Acesso em: 8 jul. 2016.

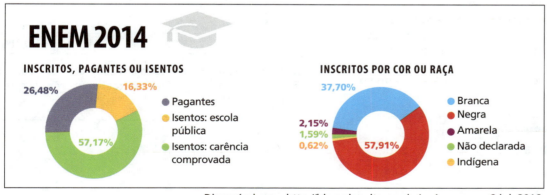

Disponível em: <http://blog.planalto.gov.br/>. Acesso em: 8 jul. 2016.

Com base nas informações desses gráficos, é correto afirmar que:

a) o número de inscritos no Enem em 2014 aumentou 425% em relação ao número de inscritos em 1998.

b) menos de $\frac{1}{4}$ dos inscritos em 2014 eram pagantes.

c) em 2014, havia aproximadamente 54 mil indígenas inscritos no Enem.

d) mais de 1,5 milhão de inscritos eram isentos de escola pública em 2014.

e) desde sua criação, o número de inscritos no Enem vem crescendo todos os anos.

Capítulo 24 • Estatística: análise de dados 503

EXERCÍCIOS COMPLEMENTARES

8. Um *site*, voltado para internautas entre 13 e 18 anos, perguntou a seus visitantes na primeira quinzena de janeiro de 2017:

"De que forma os colegas influenciam sua vida?"

Os resultados estão representados nesta tabela:

De que forma os colegas influenciam sua vida?	
Porcentagem	Resposta
50%	"de forma positiva"
20%	"não influenciam"
5%	"de forma negativa"
25%	não responderam

a) Faça um gráfico de setores com essas informações.

b) Sabendo que, nessa quinzena, 2.000 internautas foram pesquisados, faça um gráfico de barras, horizontais ou verticais, mostrando o número de internautas que participaram da pesquisa.

9. Na cidade A foi feita uma pesquisa com 4.000 eleitores sobre os candidatos ao cargo de prefeito. Veja a opinião dos eleitores sobre os candidatos.

Opinião dos eleitores sobre os candidatos a prefeito	
Opinião	Porcentagem de eleitores
São desonestos	80%
São competentes	51%
Não se importam com a opinião pública	66%
São honestos	20%

a) Os dados da tabela podem ser apresentados em um gráfico de setores? Justifique e, se sua resposta for afirmativa, construa um gráfico desse tipo.

b) É possível representar esses dados em um gráfico de barras verticais ou horizontais? Caso sua resposta seja afirmativa, construa um gráfico de cada tipo.

10. Observe na tabela os dados sobre a taxa de desemprego em algumas regiões metropolitanas brasileiras.

Taxa de desemprego			
Região	2013	2014	2015
Fortaleza	8,0%	7,6%	8,6%
Porto Alegre	6,4%	5,9%	8,7%
Salvador	18,3%	17,4%	18,7%
São Paulo	10,4%	10,8%	13,2%

Dados obtidos em: <www.dieese.org.br>. Acesso em: 8 jul. 2016.

a) Em 2014, alguma das regiões teve aumento na taxa de desemprego em relação a 2013? Em caso afirmativo, qual região?

b) Das regiões apresentadas, qual teve maior aumento na taxa de desemprego em 2015 com relação a 2014?

c) Faça, se possível usando uma planilha eletrônica, um gráfico de colunas lado a lado comparando os resultados de 2013, 2014 e 2015.

QUESTÕES DE VESTIBULAR

11. (UFPA) "Dipodg kzinvm iznnvn xjdnvn, kjmzh zgvn nz kzinvh kjm nd, iv xvwzxv dhkjozioz. I dnoj nz vwmz, kjm hdgvbmz, ph znkvxj npadxdzioz kvmv hvijwmv, hvn zh nziodyj diqzmnj vj yj Bvgzvj. J mvkvu, hzijn kjm didxdvo-dqv kmjkmdv yj Ipz kjm dhkjndxvj yjn hjojmdnovn Ipz qdicvh vomvn, vxdjiv j hjojm, Ipz kzbv ovhwzh kjm hdgvbmz. V ypmvn kzivn, nzh nvwzm xjhj, qjgov kvmv xvnv."

O texto acima representa um trecho de "Procura-se um pai", de Carlos Drummond de Andrade, e foi codificado por meio de uma permutação das letras do alfabeto (incluindo as letras K, W e Y), desconsiderando-se cedilhas e acentos. Sabe-se que, em textos longos escritos em português, as frequências aproximadas de utilização das letras do alfabeto são dadas por esta tabela:

Letra	Frequência	Letra	Frequência
A	14,64%	P	2,58%
E	12,70%	V	1,68%
O	10,78%	H	1,42%
S	7,97%	G	1,29%
R	6,88%	B	1,16%
I	5,90%	Q	1,09%
D	4,97%	F	0,99%
N	4,85%	Z	0,42%
M	4,71%	J	0,32%
U	4,42%	X	0,23%
T	4,26%	K	0,01%
C	3,76%	Y	0,01%
L	2,95%	W	0,01%

No texto inicial apresentado em código, os símbolos gráficos (excluindo vírgulas e pontos) aparecem segundo o histograma abaixo:

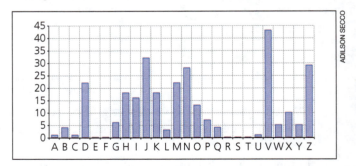

Sabe-se também que as quatro letras mais frequentes no texto original são, de fato, as quatro letras mais utilizadas na língua portuguesa, **não necessariamente na mesma ordem**, e que a palavra "SABER" está presente no texto.

Com base nessas informações, é **correto** afirmar que as letras A, E, O e S do texto original estão representadas no texto codificado, **respectivamente**, pelos símbolos gráficos:

a) J, Z, N e V
b) V, N, J e Z
c) V, Z, J e N
d) Z, V, J e N
e) Z, J, V e N

12. (Vunesp) O gráfico indica o resultado de uma pesquisa sobre o número de acidentes ocorridos com 42 motoristas de táxi em uma determinada cidade, no período de um ano.

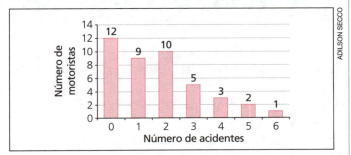

Com base nos dados apresentados no gráfico, e considerando que quaisquer dois motoristas não estão envolvidos num mesmo acidente, pode-se afirmar que:

a) cinco motoristas sofreram pelo menos quatro acidentes.
b) 30% dos motoristas sofreram exatamente dois acidentes.
c) a média de acidentes por motorista foi igual a três.
d) o número total de acidentes ocorridos foi igual a 72.
e) trinta motoristas sofreram no máximo dois acidentes.

13. (FGV) Em uma pesquisa de opinião sobre um projeto de lei, uma amostra de adultos de uma cidade revelou que:
    - 360 eram a favor da lei;
    - 480 eram contra a lei;
    - 44% dos entrevistados não tinham opinião formada.

A porcentagem de adultos favoráveis à lei, em relação ao total de entrevistados, foi:

a) 21%
b) 22%
c) 24%
d) 23%
e) 25%

14. A cada quatro anos, atletas de centenas de países e de diversas modalidades disputam as Olimpíadas. O gráfico a seguir mostra o quadro de medalhas das Olimpíadas de 2016, considerando apenas os seis primeiros colocados.

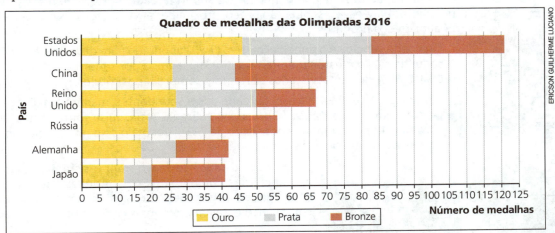

Dados obtidos em: <http://olimpiadas.uol.com.br/>. Acesso em: 2 abr. 2017.

A classificação de cada país é determinada pela quantidade de medalhas de ouro: quanto mais medalhas de ouro, mais bem classificado é o país. Havendo empate no número de medalhas de ouro, a classificação é determinada pelo maior número de medalhas de prata e, persistindo o empate, pelo maior número de medalhas de bronze.

Em relação às Olimpíadas de 2016, NÃO é correto afirmar que:

a) apesar de ter menos medalhas, o Reino Unido ficou mais bem classificado que a China.
b) os Estados Unidos foram o 1º colocado nessas Olimpíadas.
c) a China tem mais medalhas de ouro que de prata.
d) a Rússia tem mais medalhas de bronze que o Reino Unido.
e) a classificação dos países, do 1º para o 6º colocado, foi: Estados Unidos, China, Reino Unido, Rússia, Alemanha e Japão.

Medalhas dos Jogos Olímpicos do Brasil, 2016.

Mais questões: no livro digital, em **Vereda Digital Aprova Enem** e **Vereda Digital Suplemento de revisão e vestibulares**; no *site*, em **AprovaMax**.

Compreensão de texto

Pesquisa revela hábitos alimentares dos brasileiros

Pesquisa realizada pela Proteste Associação de Consumidores para avaliar se os hábitos alimentares e de compra de comida sofreram alterações nos últimos anos constatou o consumo de mais legumes e menos carne. E apontou que as pessoas estão dispostas a pagar mais por alimentos orgânicos e socialmente sustentáveis.

Entre os 760 participantes da pesquisa, 48% afirmaram que comeram menos proteína animal durante o último ano. Desse grupo, 89% a substituíram por proteína vegetal, como a soja. Além disso, 24% dos participantes afirmaram que pelo menos uma vez por semana não comem carne.

Os resultados revelam um novo olhar sobre a alimentação. Questionados sobre as suas preocupações quanto à segurança dos alimentos, os entrevistados destacaram entre os aspectos que mais os preocupam: o excesso de agrotóxicos na agricultura e de hormônios nas carnes.

O estudo mostra que as pessoas estão levando a sério o ditado "você é o que come". E estão conseguindo ver que existem inúmeras outras possibilidades de comer de forma prazerosa e saudável.

Por exemplo, 94% dos entrevistados estariam dispostos a consumir mais produtos orgânicos se a oferta fosse maior. Além disso, 40% disseram que pagariam até 5% a mais por alimentos orgânicos e que garantissem o bem-estar animal.

Segundo o estudo, as mulheres são mais flexíveis para adotar alimentos saudáveis. E, como são elas as responsáveis por abastecer a despensa da casa de 62% dos entrevistados, aos poucos vão conduzindo a família na mesma direção, ao colocarem alimentos mais saudáveis no carrinho.

Mais da metade dos entrevistados (51%) afirmou que reduziu a compra de doces e sobremesas. Já 37% compraram menos carne vermelha e 32% menos bebidas adoçadas, como refrigerantes. Por outro lado, colocaram no carrinho mais frutas (38%), mais legumes e verduras (32%) e mais peixes (33%).

O principal local de compra ainda é o supermercado e os quatro motivos mais relevantes para essa escolha são preço, proximidade, variedade das ofertas e alta qualidade dos produtos.

Validade vencida é o principal motivo (74%) apontado para descartar alimentos. A segunda razão é estocagem errada (44%), seguida por sabor que não agradou (40%). E 65% dos entrevistados afirmaram sempre ler os rótulos.

Quanto mais alta a escolaridade dos respondentes, maior é sua disposição para uma alimentação [...] mais equilibrada. A pesquisa foi realizada entre os meses de setembro e dezembro de 2014, por meio de questionários *on-line* enviados para pessoas com idades entre 25 e 74 anos.

Os entrevistados se mostraram resistentes quanto à aparência dos alimentos frescos. Apenas 8% compram com frequência legumes, verduras e frutas, cujas formas e cores não estejam em ótimas condições.

ATIVIDADES

1. Sobre a pesquisa cujos dados são apresentados no texto, responda:
   a) Quem realizou a pesquisa?
   b) Qual foi o objetivo?
   c) Quando a pesquisa foi realizada e qual foi a sua metodologia?
   d) Qual foi a amostra?

2. Considerando as características da amostra e a metodologia apresentadas, você acha que os resultados dessa pesquisa podem ser generalizados para toda a população brasileira?

3. O que mais preocupa os entrevistados em relação à segurança dos alimentos? Você também tem essa preocupação?

4. Na hora de escolher que alimentos comprar, quais são os três principais aspectos considerados pelos entrevistados?

5. De acordo com as informações do texto, aproximadamente quantos entrevistados compraram mais frutas, quantos compraram mais legumes e verduras e quantos compraram mais peixes?

6. Construa um gráfico de barras mostrando os três principais motivos apontados para descartar alimentos e a porcentagem de entrevistados que escolheu cada um dos motivos.

   Em seguida, responda:
   a) Poderíamos construir um gráfico de setores nesse caso? Justifique.
   b) Observando o gráfico construído, que sugestões você daria aos entrevistados para evitar o desperdício de alimentos?
   c) Liste os principais motivos de descarte de alimentos em sua casa.

7. Você considera sua alimentação saudável? Explique aos colegas por quê.

De forma geral, na hora de escolher o que vai para casa, os três principais aspectos considerados pelos entrevistados são: se o alimento é saudável, se é gostoso e o seu preço. E o que menos impacta é a origem do alimento – informação que nem sempre está em destaque nos rótulos.

Só 38% dos respondentes afirmaram que a oferta de alimentos frescos deveria estar associada à estação do ano. Quando optamos por legumes, verduras e frutas da estação, levamos para casa alimentos com menos agrotóxicos e mais baratos, porque sua produção é menos onerosa.

Disponível em: <http://www4.planalto.gov.br/>.
Acesso em: 18 jul. 2016.

CAPÍTULO 25

MEDIDAS ESTATÍSTICAS

Para realizar uma pesquisa estatística, é preciso recolher e organizar dados de uma amostra significativa. Como, em geral, reúne-se uma grande quantidade de dados, a apresentação do resultado da pesquisa exige a escolha de medidas que resumam os valores levantados, como é o caso da média. Observe dados da 4ª edição da **Pesquisa Retratos da Leitura no Brasil**, realizada pelo Instituto Pró-livro, com dados coletados entre 23 de novembro e 14 de dezembro de 2015.

ENEM
C7: H27, H28, H29, H30

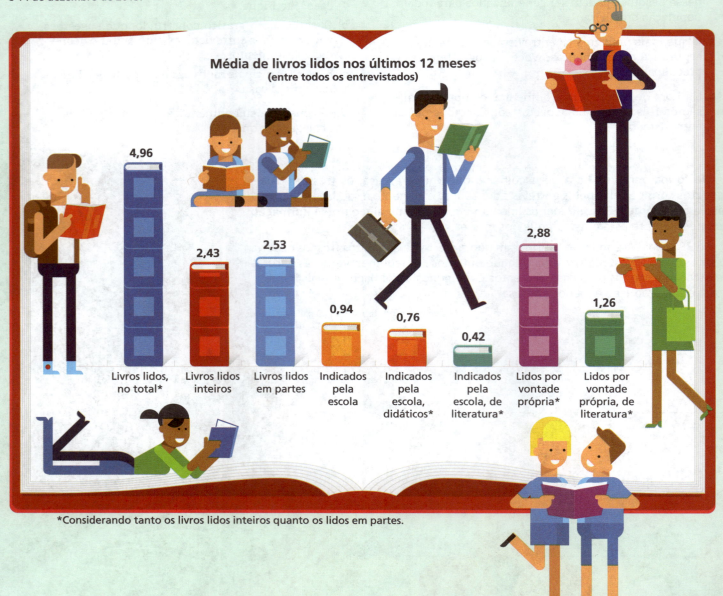

Média de livros lidos nos últimos 12 meses
(entre todos os entrevistados)

- 4,96 — Livros lidos, no total*
- 2,43 — Livros lidos inteiros
- 2,53 — Livros lidos em partes
- 0,94 — Indicados pela escola
- 0,76 — Indicados pela escola, didáticos*
- 0,42 — Indicados pela escola, de literatura*
- 2,88 — Lidos por vontade própria*
- 1,26 — Lidos por vontade própria, de literatura*

*Considerando tanto os livros lidos inteiros quanto os lidos em partes.

1. Medidas de tendência central

Pessoas que dependem de transporte coletivo para se deslocar nas grandes cidades geralmente se preocupam com o tempo aproximado do percurso. Com o objetivo de possibilitar o acesso a esse tipo de informação, uma empresa de ônibus informa em seu *site* o tempo médio de viagem de suas linhas. Para que isso fosse possível, a empresa coletou dados sobre o tempo que os veículos levavam para percorrer cada trajeto e, por meio de medidas estatísticas, chegou a uma estimativa de tempo.

Em Estatística, para resumir a quantidade de informação contida em um conjunto de dados, utilizamos medidas que descrevem, por meio de um só número, características desses dados.

> As medidas estatísticas que descrevem a tendência de agrupamento dos dados em torno de certos valores recebem o nome de **medidas de tendência central**.

Neste capítulo, vamos destacar três dessas medidas: a média aritmética, a moda e a mediana.

1.1 Média aritmética

Das três medidas de tendência central que serão estudadas, a média aritmética, chamada simplesmente de média, é a mais conhecida e utilizada.

> **Média aritmética** é o quociente entre a soma dos valores observados e o número de observações. Indicamos a média por: $\bar{x}$

Assim:

$$\bar{x} = \frac{x_1 + x_2 + \ldots + x_n}{n} = \frac{\sum_{i=1}^{n} x_i}{n}$$

sendo $x_1, x_2, \ldots, x_n$ os valores que a variável pode assumir e n a quantidade de valores no conjunto de dados.

A letra grega maiúscula Σ (sigma) é usada para indicar uma soma.

O símbolo $\sum_{i=1}^{n} x_i$ significa o **somatório** dos valores x_i para i variando de 1 até n.

Exemplo

Na 12ª rodada do Campeonato Brasileiro de Futebol de 2016, foram realizados 10 jogos, e a quantidade de gols em cada partida está apresentada na tabela a seguir.

Partida	Número de gols
1ª	1
2ª	5
3ª	5
4ª	5
5ª	1
6ª	2
7ª	3
8ª	3
9ª	4
10ª	8

Dados obtidos em: <www.cbf.com.br>. Acesso em: 11 jul. 2016.

Para calcular a média de gols dessa rodada, somamos o número de gols de cada partida e dividimos o resultado obtido pelo número de partidas:

$$\bar{x} = \frac{1+5+5+5+1+2+3+3+4+8}{10} = \frac{37}{10} = 3{,}7$$

Logo, a média de gols por partida nessa rodada foi 3,7.

A média de gols serve de parâmetro para, por exemplo, avaliar o desempenho dos times em diferentes campeonatos. Observe que o valor obtido para a média não coincidiu com nenhum dos números de gols por partida, pois a média não é necessariamente igual a um dos valores da variável.

Média aritmética ponderada

Como vimos, para o cálculo da média aritmética, todos os valores foram somados um a um e, na sequência, divididos por determinado valor. Agora, acompanhe o exemplo na página seguinte.

Para executar o balanceamento dos pneus de certo veículo, fez-se o levantamento de preços em oito oficinas, obtendo-se os seguintes valores em reais:

40,00 50,00 40,00 45,00
45,00 50,00 60,00 45,00

Já vimos que, para calcular o preço médio, podemos proceder do seguinte modo:

$$\overline{x} = \frac{40 + 50 + 40 + 45 + 45 + 50 + 60 + 45}{8} =$$
$$= \frac{375}{8} = 46,875$$

Como alguns valores se repetem, é possível calcular a média assim:

$$\overline{x} = \frac{2 \cdot 40 + 2 \cdot 50 + 3 \cdot 45 + 1 \cdot 60}{2 + 2 + 3 + 1} = \frac{375}{8} = 46,875$$

> O número de vezes que um valor se repete recebe o nome de **peso**, e a média aritmética calculada com o uso de pesos é chamada de **média aritmética ponderada**.

Assim:
$$\overline{x} = \frac{p_1 \cdot x_1 + p_2 \cdot x_2 + \ldots + p_n \cdot x_n}{p_1 + p_2 + \ldots + p_n}$$

sendo x_i os valores da variável e p_i os respectivos pesos.

Observe que os pesos correspondem às frequências absolutas (f_i) de cada valor.

1.2 Moda

A moda é uma medida de tendência central usada em situações em que se deseja, por exemplo, identificar uma preferência, definir a faixa etária mais frequente de pessoas em um local ou saber a numeração de roupas mais vendidas de uma marca.

> **Moda** é (são) o(s) elemento(s) que aparece(m) com maior frequência no conjunto de elementos observados. Indicamos a moda por: **Mo**

Exemplos

a) O conjunto de valores 0, 0, 1, 1, 1, 2, 2, 3 e 4 tem moda **1**.

b) Em uma pesquisa sobre o tipo sanguíneo das pessoas presentes em um evento, os resultados foram os apresentados na tabela e no gráfico a seguir.

Tipo sanguíneo	Número de indivíduos (f_i)
O	717
A	414
B	165
AB	53

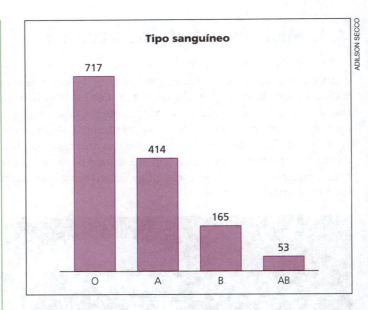

Observando a tabela e o gráfico, percebemos que a maior frequência é 717, número que representa as pessoas com tipo sanguíneo O. Logo, a moda dessa amostra é o sangue tipo O.

Quando todos os valores apresentam a mesma frequência, **não há moda** na distribuição considerada. Existem também conjuntos de dados com duas modas (**bimodais**) ou mais (**multimodais**).

1.3 Mediana

> **Mediana** de um grupo de valores previamente ordenados, de modo crescente ou decrescente, é o valor que divide esse grupo em duas partes com o mesmo número de termos. Indicamos a mediana por: **Me**

A mediana é uma medida usada quando os valores da amostra são discrepantes. No estudo da mediana, devemos considerar que:

- quando temos um grupo de valores em número ímpar de dados, a mediana é o termo central da distribuição (nesse caso, ela pertence ao grupo observado);

- quando temos um grupo de valores em número par de dados, a mediana é a média aritmética dos termos centrais (nesse caso, a mediana pode não pertencer ao grupo de valores observado).

É importante observar que, sendo n o número de termos da distribuição, temos:

- se n é ímpar, a posição do termo central é dada por: $\left(\dfrac{n+1}{2}\right)$

- se n é par, as posições dos dois termos centrais são dadas por: $\dfrac{n}{2}$ e $\left(\dfrac{n}{2} + 1\right)$

Exemplos

a) Para conhecer um pouco sobre a construção das pirâmides do Egito, um arqueólogo precisou coletar alguns dados, como a medida da altura (h) de algumas pirâmides.

Quéfren
$h = 143,5$ m

Quéops
$h = 146,59$ m

Seneferu
$h = 104$ m

Miquerinos
$h = 66$ m

Djoser
$h = 62,5$ m

Vamos determinar a mediana das alturas ordenando os valores de modo crescente.

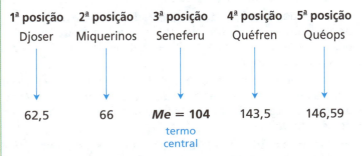

1ª posição	2ª posição	3ª posição	4ª posição	5ª posição
Djoser	Miquerinos	Seneferu	Quéfren	Quéops
62,5	66	Me = 104	143,5	146,59

termo central

Como temos um número ímpar de medidas (5), a mediana é a medida da altura que ocupa a posição central, ou seja, a 3ª posição $\left(\dfrac{5+1}{2} = 3\right)$. Assim, a mediana das alturas dessas pirâmides é 104 m, referente à pirâmide de Seneferu.

b) Considere os preços do litro de gasolina coletados em seis postos de uma cidade:

R$ 3,49   R$ 3,48   R$ 3,78   R$ 3,59   R$ 3,80   R$ 3,49

Para determinar o preço mediano Me, vamos primeiro colocar os dados em ordem crescente.

1ª posição	2ª posição	3ª posição	4ª posição	5ª posição	6ª posição
R$ 3,48	R$ 3,49	**R$ 3,49**	**R$ 3,59**	R$ 3,78	R$ 3,80

termos centrais

Como temos um número par de valores (6), a mediana é a média aritmética entre os dois termos centrais, ou seja, os termos que ocupam a 3ª e a 4ª posições $\left(\dfrac{6}{2} = 3 \text{ e } \dfrac{6}{2} + 1 = 4\right)$.

Assim, temos: $Me = \dfrac{3,49 + 3,59}{2} = 3,54$

EXERCÍCIOS

R1. Durante determinado dia, Amanda fez 5 ligações de seu celular. O tempo, em minuto, gasto em cada ligação está relacionado abaixo:

2   5   14   10   5

a) Qual é o tempo médio de duração das ligações feitas por Amanda nesse dia?

b) Qual é o tempo mediano de duração das ligações feitas por Amanda?

c) Qual é o tempo modal de duração das ligações feitas por Amanda?

d) Considerando que o valor da tarifa por minuto de ligação na operadora de Amanda é R$ 1,05 e que o valor da ligação é proporcional ao tempo, qual foi o gasto médio por ligação?

➤ **Resolução**

a) Calculando o tempo médio de duração, temos:

$\bar{x} = \dfrac{2 + 5 + 14 + 10 + 5}{5} = \dfrac{36}{5} = 7,2$

Logo, o tempo médio de cada ligação é 7,2 minutos.

b) Para calcular o tempo mediano, devemos primeiro ordenar os valores referentes à duração das ligações:

Capítulo 25 • Medidas estatísticas **511**

1ª posição → 2
2ª posição → 5
3ª posição → Me = 5
4ª posição → 10
5ª posição → 14

Como temos um número ímpar de valores, basta verificar qual é o termo central, ou seja, o tempo que ocupa a 3ª posição.

Portanto, o tempo mediano é 5 minutos.

c) O tempo modal é 5 minutos (Mo = 5), já que esse valor é o que aparece mais vezes (tem maior frequência).

d) Cada ligação de Amanda durou, em média, 7,2 min, como vimos no item a. Para calcular o gasto médio por ligação, multiplicamos o tempo médio de cada uma pelo valor do minuto, que é R$ 1,05.

Assim:

7,2 · 1,05 = 7,56

Logo, o gasto médio por ligação foi R$ 7,56.

R2. Para quais valores reais de m as médias aritméticas dos grupos de valores $-3, m, 10, 9$ e $-2, 3, m^2, -5$ coincidem?

➤ **Resolução**

Para que as médias coincidam, as médias aritméticas dos dois grupos devem ter o mesmo valor. Assim:

$$\frac{-3 + m + 10 + 9}{4} = \frac{-2 + 3 + m^2 - 5}{4} \Rightarrow$$

$\Rightarrow m + 16 = m^2 - 4 \Rightarrow m^2 - m - 20 = 0 \Rightarrow$
$\Rightarrow (m - 5) \cdot (m + 4) = 0 \Rightarrow m = 5$ ou $m = -4$

Logo, para $m = 5$ ou $m = -4$, as médias aritméticas dos dois grupos coincidem.

1. Determine a média, a mediana e a moda para cada um dos conjuntos de dados abaixo.
   a) 3, 5, 2, 3, 6, 7, 4, 8, 2, 3, 4, 5
   b) 12, 13, 14, 1, 2, 3, 12, 11, 11, 11
   c) 51, 4, 34, 78, 65, 90, 106
   d) 11; 8; 4; 3; 2; 25; 25,2; 45,7; 68,9
   e) 1, 1, 1, 1, 2, 2, 3, 4, 4, 4, 4, 5, 5, 5, 5
   f) 7, 7, 7, 7, 7, 7, 7

2. Abaixo, estão os valores mensais referentes ao consumo de energia elétrica de uma família, medido em quilowatt-hora (kWh), durante 10 meses.

   267   297
   294   226
   279   257
   272   298
   262   244

   a) Qual foi o consumo médio do período?
   b) E o consumo modal?
   c) E o consumo mediano?

3. A seguir, estão relacionados os lucros, em real, que uma empresa obteve durante 6 meses do primeiro semestre de certo ano.

   3.270   3.541
   3.649   3.258
   3.381   3.533

   a) Calcule o lucro médio desse período.
   b) Qual foi o lucro mediano nesses 6 meses?
   c) Observando apenas os resultados obtidos nos itens a e b, você pode determinar a moda? Justifique.

4. Os números relacionados abaixo referem-se aos acidentes de trabalho registrados em uma metalúrgica nos 12 meses de certo ano.

   2 0 1 0 0 1
   1 3 1 0 1 1

   a) Qual foi a média mensal de acidentes nessa metalúrgica nesse ano?
   b) Qual foi o número mensal de acidentes mais frequente nesse ano?
   c) Qual foi o número mediano de acidentes?

5. Considere os grupos de valores observados abaixo.
   Grupo A: x, 6, 3, 4, 5
   Grupo B: 9, 1, 4, 8, x, 6, 11, 3
   Determine os possíveis valores inteiros de x de modo que a média no grupo A não ultrapasse 4 e a média no grupo B seja, no mínimo, igual a 5.

6. A média aritmética dos números $a_1, a_2, a_3, ..., a_{14}, a_{15}$ é 24. Determine a média aritmética dos números:
   $a_1 + 1, a_2 + 2, a_3 + 3, ..., a_{14} + 14$ e $a_{15} + 15$

7. Calcule a média aritmética dos números reais log 2, log 3, log 4 e log 5, dado que log 1,2 = 0,08.

1.4 Medidas de tendência central para dados agrupados

Quando trabalhamos com amostras muito grandes, é conveniente calcular as medidas de tendência central a partir das distribuições de frequência dos dados analisados.

Média para dados agrupados

Quando os dados estão organizados em uma distribuição de frequência sem intervalos (ou classes), a frequência é o peso; portanto, a média pode ser calculada como a média aritmética ponderada.

Mas, quando os dados estão distribuídos em intervalos (ou classes), para calcular a média, consideramos que a frequência de cada classe está concentrada no ponto médio desse intervalo.

O **ponto médio** (PM_i) de uma classe é a média aritmética entre os valores extremos da classe.

Por exemplo, o ponto médio da classe [2, 6[é:

$$PM_i = \frac{2 + 6}{2} = \frac{8}{2} = 4$$

Para o cálculo de PM_i, admitimos que os extremos do intervalo real [2, 6[sejam 2 e 6, apesar de esse intervalo ser aberto em 6.

Para calcular a média, somamos os produtos de cada frequência (f_i) pelo ponto médio (PM_i) correspondente e dividimos esse total pela soma das frequências:

$$\overline{x} = \frac{f_1 \cdot PM_1 + f_2 \cdot PM_2 + \ldots + f_n \cdot PM_n}{f_1 + f_2 + \ldots + f_n}$$

Exemplos

a) Durante um mês, foi computado o número de refeições servidas por dia em um restaurante.

Número de refeições servidas por dia	Quantidade de dias (f_i)
154	12
157	8
160	10
	$\sum f_i = 30$

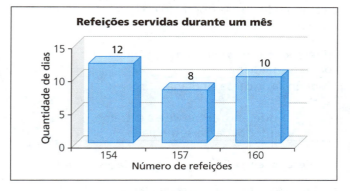

Observando a distribuição de frequência e o gráfico acima, podemos calcular a média aritmética da seguinte maneira:

$$\overline{x} = \frac{12 \cdot 154 + 8 \cdot 157 + 10 \cdot 160}{30} = \frac{4.704}{30} = 156,8$$

Portanto, a média de refeições servidas por dia naquele mês foi 156,8.

Agora, vamos pensar no significado do valor obtido para a média na situação apresentada. Não faz sentido falar em 156,8 refeições (não existe 0,8 refeição). Por isso, podemos interpretar que, em média, foram servidas aproximadamente 157 refeições por dia.

b) Vamos considerar os gastos mensais, em real, com alimentação e vestuário extraídos de uma pesquisa feita com 100 pessoas sobre seus orçamentos familiares.

Gasto mensal	f_i	PM_i	$f_i \cdot PM_i$
420 ⊢ 440	25	430	10.750
440 ⊢ 460	26	450	11.700
460 ⊢ 480	24	470	11.280
480 ⊢ 500	15	490	7.350
500 ⊢ 520	10	510	5.100
	$\sum f_i = 100$		$\sum (f_i \cdot PM_i) = 46.180$

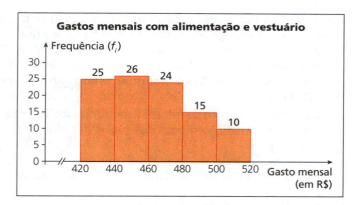

Observando a distribuição de frequência e o histograma acima, podemos obter a média calculando o quociente entre a soma dos produtos de cada frequência com o ponto médio correspondente e a soma das frequências:

$$\overline{x} = \frac{46.180}{100} = 461,80$$

Portanto, a média mensal de gastos com alimentação e vestuário das pessoas pesquisadas é R$ 461,80.

Moda para dados agrupados

Para calcular a moda quando trabalhamos com dados agrupados sem intervalos, basta identificar o valor que aparece com maior frequência.

Mas quando temos dados agrupados em intervalos, devemos primeiro identificar o intervalo que apresenta a maior frequência, denominado **classe modal**. Depois, calculamos o ponto médio da classe modal, que é a moda da distribuição.

Exemplos

a) Vamos considerar o número de telefonemas que uma central de atendimento ao cliente recebe nos dias de certo mês.

Número de telefonemas	Quantidade de dias (f_i)
160	10
230	14
260	6

Observando a distribuição de frequência e o gráfico de colunas acima, podemos determinar o número modal de telefonemas.

Como a maior frequência é 14, temos: $Mo = 230$

Logo, 230 é o número modal de telefonemas.

b) Empresas incubadoras são aquelas que mantêm empreendimentos em empresas ditas incubadas até que elas atinjam condições de sobreviver e crescer sozinhas. De uma população de 2.114 empresas incubadas, foi analisada uma amostra de 1.000 empresas, sendo entrevistados 2.193 sócios.

Com base no gráfico de setores a seguir, vamos identificar o grau de instrução modal dos sócios das empresas da amostra.

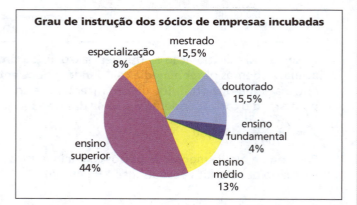

Grau de instrução dos sócios de empresas incubadas
- mestrado 15,5%
- especialização 8%
- doutorado 15,5%
- ensino fundamental 4%
- ensino superior 44%
- ensino médio 13%

Para identificar o grau de instrução modal, basta verificar o grau de instrução que corresponde ao setor de maior área, que é aquele representado pela maior porcentagem (44%).

Logo, o grau de instrução modal é o ensino superior.

c) Vamos considerar os dados a seguir sobre o consumo de combustível, medido em quilômetro por litro, de 20 automóveis de uma mesma marca e modelo, em certo período.

Consumo de combustível (em km/L)	Número de automóveis (f_i)
[6, 8[	3
[8, 10[	8
[10, 12[	5
[12, 14[	2
[14, 16[	2

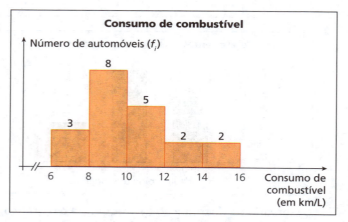

Observando a distribuição de frequência e o histograma acima, vamos calcular o consumo modal.

Note que o intervalo de maior frequência (a classe modal) é [8, 10[.

Com essa informação, podemos calcular o ponto médio dessa classe:

$PM_2 = \dfrac{8 + 10}{2} = \dfrac{18}{2} = 9 \Rightarrow Mo = 9$

Portanto, o consumo modal é igual a 9 km/L.

Mediana para dados agrupados

Para determinar a mediana quando temos valores agrupados sem intervalos, procedemos de modo semelhante ao do cálculo da mediana para dados não agrupados.

No entanto, quando os valores estão agrupados em intervalos, devemos primeiro encontrar a classe a que pertence a mediana, chamada de **classe mediana**.

A classe mediana é aquela que apresenta a frequência acumulada imediatamente maior que o quociente $\dfrac{\sum f_i}{2}$.

Assim, uma vez localizada a classe mediana, encontramos o valor mediano Me por meio da igualdade dos quocientes a seguir.

$\dfrac{\text{diferença entre os extremos da classe mediana}}{\text{frequência da classe mediana}} =$

$= \dfrac{\text{diferença entre } Me \text{ e o extremo inferior da classe mediana}}{\text{diferença entre } \dfrac{\sum f_i}{2} \text{ e a frequência acumulada da classe anterior à classe mediana}}$

Exemplos

a) Observe a seguir a distribuição de frequência referente à numeração de sapatos usados por 25 pessoas.

Numeração de sapatos	f_i	F_i
36	5	5
37	9	14 = 5 + 9
38	4	18 = 5 + 9 + 4
39	4	22 = 5 + 9 + 4 + 4
40	3	25 = 5 + 9 + 4 + 4 + 3

Note que, na tabela, os dados já estão ordenados e que o número total de dados é 25 (número ímpar). Assim, para determinar a numeração mediana de sapatos dessas pessoas, basta encontrar o termo central, que, nesse caso, é o valor que ocupa a 13ª posição $\left(\dfrac{25+1}{2}\right)$.

Como 13 (13ª posição) está entre 5 e 14 (5ª posição e 14ª posição), verificamos que o valor que ocupa a 13ª posição é **37**.

Portanto, a numeração mediana de sapatos é 37.

b) Considere a distribuição de frequência a seguir.

Notas de Matemática	f_i	F_i
[0, 2[	2	2
[2, 4[	7	9
[4, 6[	8	17
[6, 8[	6	23
[8, 10[	7	30
$\sum f_i = 30$		

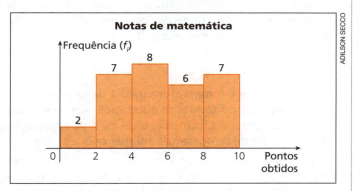

Vamos encontrar a nota mediana dessa turma. Para isso, fazemos:

$$\frac{\sum f_i}{2} = \frac{30}{2} = 15$$

A frequência acumulada imediatamente maior que 15 é 17 e corresponde à classe mediana: [4, 6[

Agora, podemos obter o valor da mediana resolvendo a equação:

$$\frac{6-4}{8} = \frac{Me - 4}{15 - 9} \Rightarrow Me = 5,5$$

Portanto, a nota mediana dessa turma é 5,5.

EXERCÍCIOS

R3. As mensalidades, em real, do curso de Pedagogia, cobradas por 20 universidades estão relacionadas a seguir.

480 495 495 498 525 630 550 550 500 890
970 700 520 520 475 400 400 625 525 414

a) Elaborar uma tabela de distribuição de frequência utilizando intervalos de amplitude 100. Incluir nessa tabela os pontos médios de cada classe.

b) Qual é o custo médio da mensalidade para o curso indicado?

c) Qual é o valor modal das mensalidades nesse curso?

▶ **Resolução**

a) Vamos organizar os valores para construir uma distribuição de frequência.

Em seguida, vamos determinar os pontos médios, calculando a média aritmética entre os valores extremos de cada classe.

Mensalidade (R$)	Número de universidades (f_i)	PM_i
[400, 500[	8	450
[500, 600[	7	550
[600, 700[	2	650
[700, 800[	1	750
[800, 900[	1	850
[900, 1.000[	1	950

b) O custo médio é calculado assim:

$$\bar{x} = \frac{8 \cdot 450 + 7 \cdot 550 + 2 \cdot 650 + 1 \cdot 750 + 1 \cdot 850 + 1 \cdot 950}{8 + 7 + 2 + 1 + 1 + 1} =$$
$$= \frac{11.300}{20} = 565$$

Logo, o custo médio da mensalidade do curso de Pedagogia é R$ 565,00.

c) Note que os valores estão agrupados em intervalos. Por isso, devemos encontrar primeiro a classe modal, ou seja, a classe com maior frequência.

Observando a tabela, verificamos que a maior frequência é 8 e corresponde à classe [400, 500[, que é a classe modal.

O ponto médio dessa classe é 450.

Portanto, o custo modal das mensalidades desse curso é R$ 450,00.

8. Uma consultoria pesquisou o número de horas que 100 presidentes de empresas escolhidas ao acaso trabalham semanalmente.

Horas trabalhadas	Número de presidentes
60	18
61	32
62	28
63	22

a) Calcule as frequências acumuladas.

b) Identifique os elementos que ocupam as posições centrais da distribuição, quando ordenada.

c) Calcule a média dos valores obtidos no item **b**. Qual medida de tendência central foi encontrada?

R4. No último vestibular de uma universidade para o curso de Jornalismo, a prova constava de 98 questões objetivas. Compareceram 1.200 candidatos ao exame, e os resultados estão indicados na distribuição de frequência a seguir.

Quantidade de pontos	Número de alunos (f_i)
[0, 20[	320
[20, 40[	250
[40, 60[	412
[60, 80[	126
[80, 100[	92
Total	1.200

- Calcular a média e a mediana dessa distribuição.

➤ Resolução

Para facilitar os cálculos, vamos construir mais colunas nessa tabela.

Quantidade de pontos	Número de alunos (f_i)	F_i	PM_i	$f_i \cdot PM_i$
[0, 20[	320	320	10	3.200
[20, 40[	250	570	30	7.500
[40, 60[	412	982	50	20.600
[60, 80[	126	1.108	70	8.820
[80, 100[	92	1.200	90	8.280
$\sum f_i = 1.200$				$\sum (f_i \cdot PM_i) = 48.400$

Observando a tabela, podemos calcular a média:

$$\bar{x} = \frac{48.400}{1.200} \simeq 40,33$$

Como os valores estão agrupados por intervalos, vamos primeiro encontrar a classe mediana.

Note que: $\dfrac{\sum f_i}{2} = \dfrac{1.200}{2} = 600$ (600ª posição)

A frequência acumulada imediatamente superior a 600 é 982 e corresponde à classe [40, 60[, que é a classe mediana. Então:

$$\frac{60 - 40}{412} = \frac{Me - 40}{600 - 570} \Rightarrow Me \simeq 41,46$$

Portanto, a média e a mediana dos resultados desses candidatos são, respectiva e aproximadamente, 40,33 e 41,46, o que indica que os valores observados tendem a se agrupar em torno dos 40 pontos.

9. Em uma corrida de Fórmula 1, foram computados os tempos (em segundo) que os pilotos gastaram na realização de um *pit stop*.

Tempo (em s)	Número de pilotos (f_i)
[0, 4[	2
[4, 8[	5
[8, 12[	9
[12, 16[	3
[16, 20[	1

a) Calcule o tempo médio que os pilotos gastaram nesse *pit stop*.

b) Determine o tempo mediano desse *pit stop*.

10. Para promover uma campanha de economia de água, um condomínio fez um levantamento do tempo que 10 moradores levam para tomar banho diariamente. Os resultados (em minuto) foram 30, 35, 10, 5, 35, 5, 10, 15, 30 e 35.

a) Calcule o tempo médio gasto por pessoa no banho.

b) Calcule as diferenças entre cada tempo e a média. Some os módulos de todas essas diferenças e divida pelo total de observações.

c) O que você pode dizer sobre o valor encontrado no item **b** em relação ao tempo médio (média)?

2. Medidas de dispersão

Suponha que tenham sido feitas medições em vários momentos de dois dias seguidos para coletar a temperatura (em grau Celsius) da cidade de Gramado (RS). Os resultados obtidos estão registrados a seguir.

1º dia: 7, 8, 9, 9, 10 e 11

2º dia: 6, 7, 8, 10, 11 e 12

Observe que a **temperatura média** de cada um dos dias foi **9 °C**. Mas como fazemos se quisermos saber em qual desses dias a temperatura foi mais estável, ou seja, em qual desses dias a variação de temperatura foi menor?

A média não responde a essa questão, já que, nos dois dias, a temperatura média foi a mesma. Para obter esse resultado, precisamos de outras medidas que permitam descrever o comportamento do grupo de valores em torno da média.

> As medidas estatísticas que descrevem o comportamento de um grupo de valores em torno das medidas de tendência central recebem o nome de **medidas de dispersão** ou **de variabilidade**.

Para responder àquela questão, vamos estudar as seguintes medidas de dispersão: desvio médio, variância e desvio padrão.

2.1 Desvio médio

Para analisar o grau de dispersão, ou de variabilidade, de um grupo de dados, podemos utilizar o desvio médio.

Para isso, primeiro calculamos os **desvios em relação à média**, chamados simplesmente de **desvios**, obtidos pela diferença entre cada valor observado e a média desses valores. Em seguida, obtemos o quociente entre a soma dos valores absolutos dessas diferenças (desvios) e o total dos valores observados.

> **Desvio médio** é a média aritmética dos valores absolutos dos desvios. Indicamos o desvio médio por: **Dm**

Assim:

$$Dm = \frac{|x_1 - \bar{x}| + \ldots + |x_n - \bar{x}|}{n} = \frac{\sum_{i=1}^{n} |x_i - \bar{x}|}{n}$$

Agora, retomando as temperaturas registradas em Gramado, vamos construir as tabelas a seguir.

1º dia ($\bar{x} = 9$)		
x_i	$x_i - \bar{x}$	$|x_i - \bar{x}|$
7	7 − 9 = −2	2
8	8 − 9 = −1	1
9	9 − 9 = 0	0
9	9 − 9 = 0	0
10	10 − 9 = 1	1
11	11 − 9 = 2	2
		$\sum |x_i - \bar{x}| = 6$

2º dia ($\bar{y} = 9$)		
y_i	$y_i - \bar{y}$	$|y_i - \bar{y}|$
6	6 − 9 = −3	3
7	7 − 9 = −2	2
8	8 − 9 = −1	1
10	10 − 9 = 1	1
11	11 − 9 = 2	2
12	12 − 9 = 3	3
		$\sum |y_i - \bar{y}| = 12$

Calculando os desvios médios para as temperaturas de cada dia, temos:

- 1º dia: $Dm_1 = \dfrac{\sum_{i=1}^{n} |x_i - \bar{x}|}{n} = \dfrac{6}{6} = 1$

- 2º dia: $Dm_2 = \dfrac{\sum_{i=1}^{n} |y_i - \bar{y}|}{n} = \dfrac{12}{6} = 2$

Portanto, houve maior dispersão (ou variabilidade) de temperatura no 2º dia (2 °C); isso permite concluir que a temperatura foi mais estável (houve menor variação) no 1º dia.

2.2 Variância e desvio padrão

Há outras medidas de dispersão que podem ser utilizadas para identificar o grau de dispersão, ou de variabilidade, de um conjunto de dados: a variância e o desvio padrão.

Variância é a média aritmética dos quadrados dos desvios. Indicamos a variância por: **Var**

Assim:

$$Var = \frac{(x_1 - \bar{x})^2 + ... + (x_n - \bar{x})^2}{n} = \frac{\sum_{i=1}^{n}(x_i - \bar{x})^2}{n}$$

Observe que, ao calcular a variância, trabalhamos com os quadrados dos desvios, o que pode gerar uma incompatibilidade em relação às unidades dos valores da variável considerada.

Para contornar esse problema, devemos obter uma medida compatível com os valores da variável, ou seja, uma medida que tenha a mesma natureza dos valores observados. Essa medida é o desvio padrão.

Desvio padrão é a raiz quadrada da variância. Indicamos o desvio padrão por: **Dp**

Assim:

$$Dp = \sqrt{\frac{(x_1 - \bar{x})^2 + ... + (x_n - \bar{x})^2}{n}} = \sqrt{\frac{\sum_{i=1}^{n}(x_i - \bar{x})^2}{n}}$$

Também podemos indicá-lo assim: $Dp = \sqrt{Var}$

Agora, com base na situação relativa às temperaturas em Gramado, vamos calcular a variância e o desvio padrão para cada dia.

1º dia		
x_i	$x_i - \bar{x}$	$(x_i - \bar{x})^2$
7	7 − 9 = −2	4
8	8 − 9 = −1	1
9	9 − 9 = 0	0
9	9 − 9 = 0	0
10	10 − 9 = 1	1
11	11 − 9 = 2	4
		$\sum (x_i - \bar{x})^2 = 10$

- Para o 1º dia:

$$Var_1 = \frac{\sum_{i=1}^{n}(x_i - \bar{x})^2}{n} = \frac{10}{6} \approx 1{,}67$$

$Dp_1 = \sqrt{Var_1} \approx \sqrt{1{,}67} \approx 1{,}29$ ou $Dp_1 \approx 1{,}29$ °C

2º dia		
y_i	$y_i - \bar{y}$	$(y_i - \bar{y})^2$
6	6 − 9 = −3	9
7	7 − 9 = −2	4
8	8 − 9 = −1	1
10	10 − 9 = 1	1
11	11 − 9 = 2	4
12	12 − 9 = 3	9
		$\sum (y_i - \bar{y})^2 = 28$

- Para o 2º dia:

$$Var_2 = \frac{\sum_{i=1}^{n}(y_i - \bar{y})^2}{n} = \frac{28}{6} \approx 4{,}67$$

$Dp_2 = \sqrt{Var_2} \approx \sqrt{4{,}67} \approx 2{,}16$ ou $Dp_2 \approx 2{,}16$ °C

Com isso, podemos concluir que a maior dispersão (ou variabilidade) ocorreu no 2º dia, ou seja, o 2º dia foi o que apresentou as temperaturas menos homogêneas. Portanto, caracteriza um grupo menos regular.

Observação

Para comparar a dispersão de dois grupos de dados, podemos utilizar qualquer uma das medidas: desvio médio, variância ou desvio padrão. Note que as três medidas de dispersão conduziram à mesma conclusão.

Variância e desvio padrão para dados agrupados

Quando estamos tratando de amostras muito grandes, é conveniente calcular as medidas de dispersão a partir das distribuições de frequência.

Para obter a variância e o desvio padrão com os valores agrupados sem intervalos, procedemos de modo semelhante ao cálculo da variância e do desvio padrão, utilizando para a variância a média aritmética ponderada dos quadrados dos desvios.

$$Var = \frac{f_1 \cdot (x_1 - \overline{x})^2 + \ldots + f_n \cdot (x_n - \overline{x})^2}{f_1 + \ldots + f_n} = \frac{\sum_{i=1}^{n}\left[f_i \cdot (x_i - \overline{x})^2\right]}{\sum_{i=1}^{n} f_i} \text{ e } Dp = \sqrt{Var}$$

Agora, se os valores estão agrupados em intervalos, para obter a variância e o desvio padrão, primeiro calculamos os pontos médios de cada intervalo e, em seguida, fazemos:

$$Var = \frac{f_1 \cdot (PM_1 - \overline{x})^2 + \ldots + f_n \cdot (PM_n - \overline{x})^2}{f_1 + \ldots + f_n} = \frac{\sum_{i=1}^{n}\left[f_i \cdot (PM_i - \overline{x})^2\right]}{\sum_{i=1}^{n} f_i} \text{ e } Dp = \sqrt{Var}$$

Exemplo

Uma indústria produz 5.000 parafusos por dia. Foram coletadas para análise 100 medidas de diâmetros de parafusos, em milímetro. Vamos determinar a média e o desvio padrão da distribuição dos dados coletados.

Medida do diâmetro x_i (em milímetro)	Quantidade de parafusos (f_i)
1,1	12
1,2	27
1,3	35
1,4	20
1,5	6
Total	100

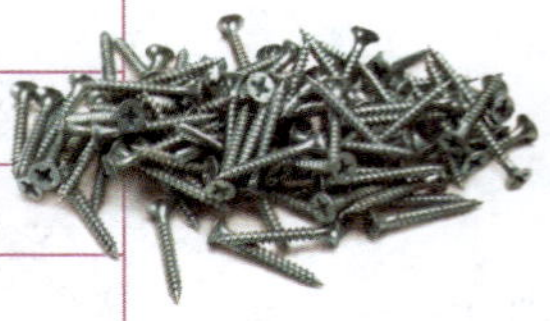

JIANG HONGYAN/ SHUTTERSTOCK

Para obter a média, calculamos a média aritmética ponderada da distribuição:

$$\overline{x} = \frac{12 \cdot 1{,}1 + 27 \cdot 1{,}2 + 35 \cdot 1{,}3 + 20 \cdot 1{,}4 + 6 \cdot 1{,}5}{100} \Rightarrow \overline{x} = \frac{128{,}10}{100} \Rightarrow \overline{x} = 1{,}281$$

Para determinar o desvio padrão, vamos construir uma tabela:

Medida do diâmetro x_i (em milímetro)	Quantidade de parafusos (f_i)	$(x_i - \overline{x})$	$(x_i - \overline{x})^2$	$f_i \cdot (x_i - \overline{x})^2$
1,1	12	−0,181	0,032761	0,393132
1,2	27	−0,081	0,006561	0,177147
1,3	35	0,019	0,000361	0,012635
1,4	20	0,119	0,014161	0,283220
1,5	6	0,219	0,047961	0,287766
	$\sum f_i = 100$			$\sum\left[f_i \cdot (x_i - \overline{x})^2\right] = 1{,}1539$

Primeiro, calculamos a variância:

$$Var = \frac{\sum_{i=1}^{n}[f_i \cdot (x_i - \overline{x})^2]}{\sum_{i=1}^{n} f_i} = \frac{1,1539}{100} = 0,011539$$

Em seguida, obtemos o desvio padrão:

$Dp = \sqrt{Var} = \sqrt{0,011539} \simeq 0,10742$

Logo, a média das medidas dos diâmetros dos parafusos da amostra é 1,281 mm, e o desvio padrão é aproximadamente 0,107 mm.

EXERCÍCIOS

R5. O número de acidentes em um trecho de uma rodovia federal brasileira foi computado mês a mês durante o 1º semestre de 2017.
Veja os dados obtidos:

20 14 15 20 27 30

Calcular o desvio médio e o desvio padrão desse grupo de dados.

▶ **Resolução**

Primeiro, calculamos a média desses valores:

$$\overline{x} = \frac{20 + 14 + 15 + 20 + 27 + 30}{6} = \frac{126}{6} = 21$$

Depois, encontramos o desvio médio:

$$Dm = \frac{|20 - 21| + |14 - 21| + |15 - 21| + |20 - 21| + |27 - 21| + |30 - 21|}{6} = \frac{30}{6} = 5$$

Para obter o desvio padrão, calculamos primeiro a variância. Para isso, fazemos a média aritmética dos quadrados dos desvios em relação à média dos valores observados:

$$Var = \frac{(20 - 21)^2 + (14 - 21)^2 + (15 - 21)^2 + (20 - 21)^2 + (27 - 21)^2 + (30 - 21)^2}{6}$$

$$Var = \frac{204}{6} = 34$$

Agora, para obter o desvio padrão, basta calcular a raiz quadrada da variância:

$Dp = \sqrt{34} \simeq 5,83$

Portanto, o desvio médio é 5 acidentes, e o desvio padrão é aproximadamente 5,83 acidentes.

11. Considere as seguintes amostras (grupo de dados) e calcule a média, o desvio médio, a variância e o desvio padrão de cada uma delas.

a) 7, 5, 6, 6, 6, 4, 8, 6, 9 e 3
b) 7, 5, 11, 8, 3, 6, 2, 1, 9 e 8
c) 64, 49, 54, 64, 97, 66, 76, 44, 71 e 89
d) 70, 72, 71, 55, 60, 62, 46, 77, 86 e 71

• Comparando as amostras dos itens **a** e **b**, qual apresenta maior estabilidade? E comparando as dos itens **c** e **d**?

12. Uma locadora de carros fez uma pesquisa para avaliar o grau de satisfação de seus clientes com duas promoções (A e B) realizadas em fins de semana alternados. Para isso, 20 clientes escolhidos ao acaso deram notas de 1 a 5 conforme o índice de satisfação. As notas obtidas foram:

Promoção A					Promoção B				
5	5	4	4	4	3	3	2	3	3
5	3	4	4	5	2	2	2	2	2
5	1	4	4	5	1	3	1	1	2
5	4	4	5	5	2	2	4	4	2

Para cada promoção, calcule:
a) a média.
b) o desvio padrão.
• Comente os resultados.

13. A seguir, temos dois grupos de dados.

Grupo A: 10   2   3   2   4   2   5

Grupo B: 20   12   13   12   14   12   15

Para cada grupo de valores observados, calcule:

a) a média, a moda e a mediana.

b) o desvio médio, a variância e o desvio padrão.

• Comente a variabilidade desses grupos de valores.

14. Uma empresa de turismo registrou o número de viagens mensais realizadas por clientes de um programa de fidelidade. Os dados estão na tabela abaixo.

Número de viagens mensais	Número de clientes
10	120
15	400
20	150

Considerando a tabela:

a) calcule a variância e o desvio padrão.

b) caracterize a dispersão desse conjunto.

R6. Na auditoria anual de uma empresa, foi anotado o tempo necessário (em minuto) para realizar a auditoria de 50 balanços.

• Caracterizar a dispersão da distribuição por meio do desvio padrão.

Tempo de auditoria (em minuto)	Número de balanços (f_i)
[10, 20[	3
[20, 30[	5
[30, 40[	10
[40, 50[	12
[50, 60[	20

➤ **Resolução**

Primeiro, determinamos o ponto médio de cada intervalo e, em seguida, calculamos a média.

$$\overline{x} = \frac{3 \cdot 15 + 5 \cdot 25 + 10 \cdot 35 + 12 \cdot 45 + 20 \cdot 55}{50} = \frac{2.160}{50} = 43,2$$

Agora, vamos construir a tabela para facilitar os cálculos.

Tempo de auditoria	Número de balanços (f_i)	PM_i	$(PM_i - \overline{x})$	$(PM_i - \overline{x})^2$	$f_i \cdot (PM_i - \overline{x})^2$
[10, 20[	3	15	−28,2	795,24	2.385,72
[20, 30[	5	25	−18,2	331,24	1.656,2
[30, 40[	10	35	−8,2	67,24	672,4
[40, 50[	12	45	1,8	3,24	38,88
[50, 60[	20	55	11,8	139,24	2.784,8
$\sum f_i = 50$					$\sum [f_i \cdot (PM_i - \overline{x})^2] = 7.538$

Com base na tabela, podemos encontrar a variância e, assim, obter o desvio padrão.

$$Var = \frac{\sum_{i=1}^{n}[f_i \cdot (PM_i - \overline{x})^2]}{\sum_{i=1}^{n} f_i} = \frac{7.538}{50} = 150,76 \rightarrow Dp = \sqrt{Var} = \sqrt{150,76} \approx 12,3$$

Logo, podemos dizer que os valores observados se distanciam aproximadamente 12,3 min da média.

15. Abaixo, temos a distribuição dos valores dos aluguéis residenciais (em real) pagos por 200 pessoas que vivem na zona urbana de uma cidade de médio porte. Caracterize a variabilidade desses dados.

Aluguel (R$)	Número de pessoas (f_i)
[200, 300[	10
[300, 400[	40
[400, 500[	80
[500, 600[	50
[600, 700[	20
Total	200

Exercícios complementares

1. O gráfico abaixo está com uma falha de impressão e não mostra a frequência entre 3 e 5 nem a frequência entre 5 e 7. Sabendo que a média é 2,8, determine os percentuais relativos a essas frequências.

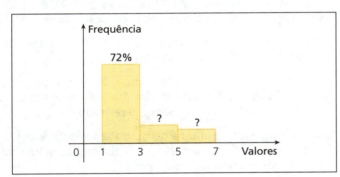

2. Dado o conjunto de valores 2, 3, 5, 4 e 6, obtenha o desvio médio correspondente.

3. Considere a distribuição de frequência abaixo.

Dados observados	Frequência
50	30
100	60
150	10

- Calcule a média e o desvio padrão dessa distribuição.

4. A média das massas de 25 clientes de um *spa* é 84 kg. Juntaram-se a esse grupo n pessoas que, curiosamente, pesavam 90 kg cada uma. Determine o número n de pessoas, sabendo que a média das massas do novo grupo formado passou para 85 kg.

5. (Enem) As notas de um professor que participou de um processo seletivo, em que a banca avaliadora era composta por cinco membros, são apresentadas no gráfico. Sabe-se que cada membro da banca atribuiu duas notas ao professor, uma relativa aos conhecimentos específicos da área de atuação e outra aos conhecimentos pedagógicos, e que a média final do professor foi dada pela média aritmética de todas as notas atribuídas pela banca avaliadora.

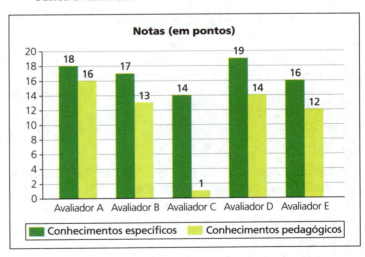

Utilizando um novo critério, essa banca avaliadora resolveu descartar a maior e a menor notas atribuídas ao professor.
A nova média, em relação à média anterior, é:

a) 0,25 ponto maior.
b) 1,00 ponto maior.
c) 1,00 ponto menor.
d) 1,25 ponto maior.
e) 2,00 pontos menor.

EXERCÍCIOS COMPLEMENTARES

6. O índice de mortalidade é um dado socioeconômico que permite analisar as condições de vida da população de um país. O gráfico abaixo mostra a frequência relativa de mortes, em certo ano, distribuída por faixa etária, em um país cuja qualidade de vida é baixa. Qual é a moda dessa distribuição?

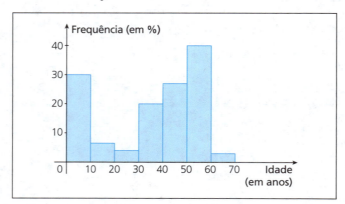

7. (Enem) Foi realizado um levantamento nos 200 hotéis de uma cidade, no qual foram anotados os valores, em reais, das diárias para um quarto padrão de casal e a quantidade de hotéis para cada valor da diária. Os valores da diárias foram: A = R$ 200,00; B = R$ 300,00; C = R$ 400,00 e D = R$ 600,00. No gráfico, as áreas representam as quantidades de hotéis pesquisados, em porcentagem, para cada valor da diária.

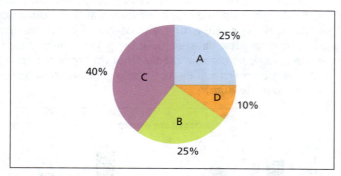

O valor mediano da diária, em reais, para o quarto padrão de casal nessa cidade é:

a) 300,00 c) 350,00 e) 400,00
b) 345,00 d) 375,00

8. Em uma pesquisa realizada com 100 famílias foram levantadas as seguintes informações:

Número de filhos	0	1	2	3	4	5
Quantidade de famílias	17	25	28	19	7	4

a) Qual é a mediana e a moda do número de filhos?
b) Qual é o número médio de filhos por casal?

9. As taxas de juro recebidas por 10 ações durante certo período de tempo foram (em porcentagem): 2,48; 2,60; 2,53; 2,72; 2,64; 2,63; 2,67; 2,51; 2,61 e 2,51.

a) Qual foi a média das taxas de juro recebidas?
b) Determine a mediana e o desvio médio desses valores.

10. A tabela mostra a distribuição de cartões recebidos pelos jogadores de um time de futebol durante 45 partidas de um torneio.

Número de cartões	0	1	2	3	4
Número de partidas	5	19	10	7	4

- Calcule o desvio padrão do número de cartões recebidos.

11. Um Departamento de Aviação Civil registrou durante cinco dias o percentual diário de voos que decolaram sem atraso de duas companhias aéreas, A e B.

A	B
90%	97%
92%	88%
95%	98%
88%	86%
91%	90%

a) Que companhia teve o percentual médio mais alto?
b) Que companhia teve desempenho mais regular?

12. A média aritmética de sete números inteiros é 4. Determine-os, sabendo que eles formam uma PA de razão 6. A seguir, determine a mediana desses valores.

13. Determine n de modo que a média aritmética dos números 2^n, 2^{n+1}, 2^{n+2} e 2^{n+3} seja igual a 60.

14. Suprimindo um dos elementos do conjunto {1, 2, 3, 4, ..., 201}, a média aritmética dos elementos restantes é 101,45. Determine o elemento retirado.

15. Cada um dos 60 alunos de uma turma obteve em uma prova nota 5 ou nota 10. A média dessas notas foi 6. Quantos alunos obtiveram nota 5?

16. Considere o grupo de valores 8, 10 e x. Determine os possíveis valores de x para os quais a variância desse grupo é igual a $\dfrac{26}{3}$.

17. O gráfico a seguir mostra a quantidade de estrangeiros que visitaram certa cidade. Determine o desvio padrão dos dados apresentados.

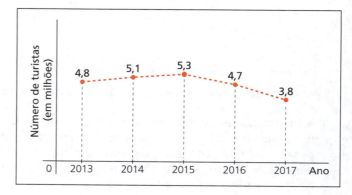

QUESTÕES DE VESTIBULAR

18. (Ibmec) Chama-se mediana de um conjunto de 50 dados, ordenados em ordem crescente, o número x dado pela média aritmética entre o 25º e o 26º dado. Observe, no gráfico a seguir, uma representação para as notas de 50 alunos do primeiro semestre de Ciências Econômicas em determinada prova.

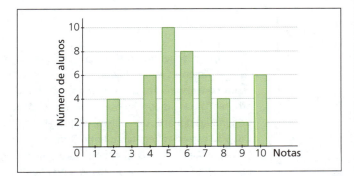

A mediana das notas dos 50 alunos de Ciências Econômicas nessa prova foi igual a:

a) 3   b) 4   c) 5   d) 6   e) 7

19. (Vunesp) Sejam dois bairros, A e B, de certa cidade. O bairro A possui 1.000 residências, sendo o consumo médio mensal de energia elétrica por residência 250 kWh. Já o bairro B possui 1.500 residências, sendo o consumo médio mensal por residência igual a 300 kWh. O consumo médio mensal de energia elétrica por residência, considerando os dois bairros, A e B, é:

a) 275 kWh   c) 287,5 kWh   e) 550 kWh
b) 280 kWh   d) 292,5 kWh

20. (Mackenzie-SP) O valor de um lote de ações de uma empresa variou, no período de 10 h às 18 h, segundo o gráfico a seguir:

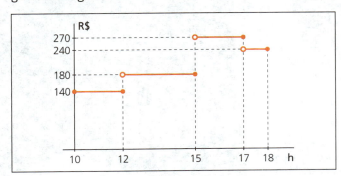

O valor médio desse lote de ações, no período considerado, foi, em reais, igual a:

a) 190   c) 240   e) 210
b) 200   d) 220

21. (Fuvest-SP) O número de gols marcados nos 6 jogos da primeira rodada de um campeonato de futebol foi 5, 3, 1, 4, 0 e 2.
Na segunda rodada, serão realizados mais 5 jogos. Qual deve ser o número total de gols marcados nessa rodada para que a média de gols, nas duas rodadas, seja 20% superior à média obtida na primeira rodada?

22. (FGV) Um conjunto de 10 valores numéricos $x_1, x_2, x_3, \ldots x_{10}$ tem média aritmética igual a 100 e variância igual a 20. Se adicionarmos 5 a cada valor, isto é, se obtivermos o conjunto $(x_1 + 5), (x_2 + 5), (x_3 + 5), \ldots (x_{10} + 5)$:

a) qual a média do novo conjunto de valores? Justifique.
b) qual a variância do novo conjunto de valores? Justifique.

23. (Femm-MG) Dentre as amostras:

Amostra 1:	0	1	2
Amostra 2:	26	27	28
Amostra 3:	1.002	1.005	1.003
Amostra 4:	−5	10	25

qual é a amostra que possui maior desvio padrão?

a) 1   b) 2   c) 3   d) 4

24. (Fuvest-SP) Para que fosse feito um levantamento sobre o número de infrações de trânsito, foram escolhidos 50 motoristas. O número de infrações cometidas por esses motoristas, nos últimos cinco anos, produziu a seguinte tabela:

Nº de infrações	Nº de motoristas
de 1 a 3	7
de 4 a 6	10
de 7 a 9	15
de 10 a 12	13
de 13 a 15	5
maior ou igual a 16	0

Pode-se então afirmar que a média do número de infrações, por motorista, nos últimos cinco anos, para este grupo, está entre:

a) 6,9 e 9,0   d) 7,8 e 9,9
b) 7,2 e 9,3   e) 8,1 e 10,2
c) 7,5 e 9,6

25. (FGV) Seja f uma função de $\mathbb{N}$ em $\mathbb{Q}$, dada por:

$$f(x) = \begin{cases} 2x - 1, 1 \leq x < 5 \\ -x + 12, 5 \leq x \leq 12 \end{cases}$$

Sabendo-se que a função f determina o número de vezes que um equipamento foi utilizado em cada um dos 12 meses de um ano, é correto afirmar que a mediana (estatística) dos 12 registros é igual a:

a) 3   c) $\dfrac{11}{3}$ e) 5,5
b) 3,5   d) 4

Mais questões: no livro digital, em **Vereda Digital Aprova Enem** e **Vereda Digital Suplemento de revisão e vestibulares**; no site, em **AprovaMax**.

Compreensão de texto

Os ciclos da Caatinga

Entender a Caatinga e a vida que evoluiu nesse bioma sob intensa insolação, temperatura elevada, ciclos irregulares de chuvas e longas estiagens é fundamental para preservar suas riquezas e melhorar a vida de seus habitantes.

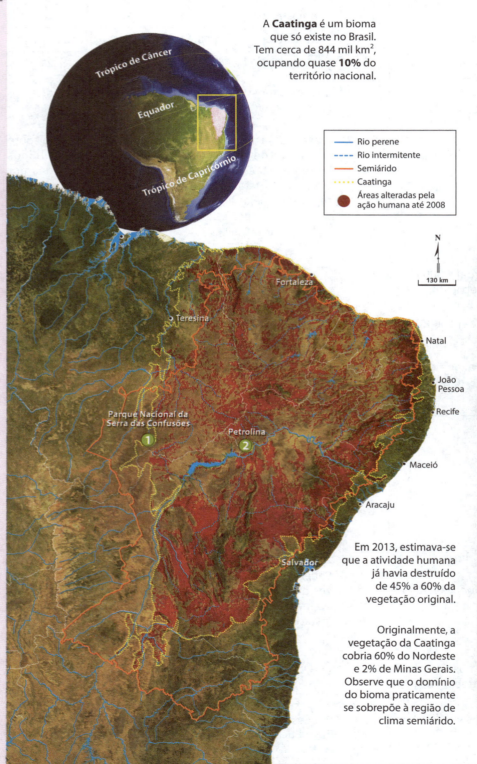

A **Caatinga** é um bioma que só existe no Brasil. Tem cerca de 844 mil km², ocupando quase **10%** do território nacional.

— Rio perene
-- Rio intermitente
— Semiárido
⋯ Caatinga
● Áreas alteradas pela ação humana até 2008

Em 2013, estimava-se que a atividade humana já havia destruído de 45% a 60% da vegetação original.

Originalmente, a vegetação da Caatinga cobria 60% do Nordeste e 2% de Minas Gerais. Observe que o domínio do bioma praticamente se sobrepõe à região de clima semiárido.

Longe de ser homogênea, a Caatinga abriga ambientes muito diferentes, desde florestas com árvores de até 20 metros (a caatinga arbórea) até áreas com solos muito rasos e rochosos, dominadas por arbustos baixos, cactos e bromélias. Das **932 espécies** vegetais identificadas na Caatinga até 2008, 318 eram endêmicas, muitas não existem em nenhum outro lugar do planeta. São muitas as riquezas da região, as quais, por serem tão pouco estudadas e protegidas, correm sério risco de desaparecer.

População da Caatinga

A Caatinga tem cerca de 20 milhões de habitantes, mais de um terço deles no campo, com centenas de comunidades tradicionais, como indígenas, quilombolas, vaqueiros e camponeses. Essas populações procuram se adaptar e conviver com o semiárido, valorizando os saberes tradicionais e empregando novas tecnologias locais.

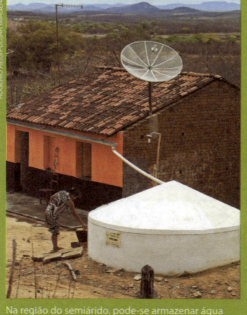

Na região do semiárido, pode-se armazenar água por meio de captação das chuvas e de cisternas. Sertão do Pajeú, PE, 2013.

ATIVIDADES

1. O infográfico traz informações sobre um dos biomas brasileiros. Qual é esse bioma? Quais características desse bioma foram apresentadas?

2. A vegetação da Caatinga corre sério risco de desaparecer. Por quê?

3. Uma das estratégias de convivência com o semiárido é o uso de cisternas para captar a água da chuva, garantindo o abastecimento durante a seca. Pesquise outras estratégias usadas pelos habitantes da Caatinga para driblar o problema da seca.

4. Os gráficos abaixo apresentados referem-se a duas regiões: Serra das Confusões (PI) e Petrolina (PE). Com relação aos valores da precipitação contidos nos dois gráficos, identifique qual das regiões apresenta maior grau de dispersão (ou variabilidade).

Trocando ideias

Reúna-se com com alguns colegas e pesquisem as características de outro bioma brasileiro e discutam as diferenças e semelhanças desse bioma com a Caatinga.

Período de seca

Adaptada para conter a perda de água, a vegetação perde suas folhas quando a seca se aproxima, e uma cor cinza tinge a paisagem seca.

Precipitação e temperatura mensais
(médias 2003-2012)

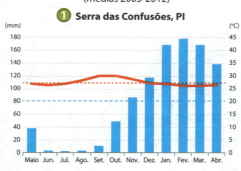

Período de chuva

Os habitantes da Caatinga chamam essa época de inverno, período em que as chuvas amenizam o calor, e a vegetação se torna exuberantemente verde.

O Parque Nacional da Serra das Confusões (PI), com 823,4 mil hectares, é a maior unidade de conservação do Nordeste. (Foto de 2012.)

Esse é o bioma brasileiro menos protegido. Nem 1,5% da Caatinga está em áreas de proteção integral como a da Serra das Confusões. (Foto de 2013.)

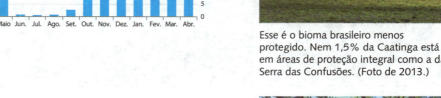

Cerca de 178 espécies de mamíferos, de preás a onças, vivem no bioma, como esse cachorro-do-mato (*Cerdocyon thous*).

O período de chuva sertanejo é marcado pelo retorno do corrupião (*Icterus jamacaii*) e de outras aves que migram na seca.

Fontes: INSTITUTO NACIONAL DE METEOROLOGIA. Banco de dados meteorológicos para ensino e pesquisa. Disponível em: <www.inmet.gov.br/projetos/rede/pesquisa/>.
INSTITUTO SOCIOAMBIENTAL. *Almanaque Brasil Socioambiental 2008*. São Paulo, 2007. MINISTÉRIO DO MEIO AMBIENTE (MMA).
Monitoramento do bioma caatinga 2002 a 2008. Brasília, 2010. MMA. *Caatinga*. Disponível em: <www.mma.gov.br/biomas/caatinga>. Acessos em: 18 jul. 2016.

CAPÍTULO 26

GEOMETRIA ANALÍTICA: CONCEITOS BÁSICOS E A RETA

ENEM
C2: H6, H7, H8, H9

1. Ponto

Acompanhe a situação a seguir.

O corpo de bombeiros de certa cidade litorânea recebeu o chamado de um grupo de pessoas em uma embarcação avariada. Para o resgate, há um helicóptero, que está posicionado a 8 km ao norte do posto de bombeiros local, conforme indica o esquema da página ao lado. Qual é a menor distância que o helicóptero deve percorrer até encontrar a embarcação?

Essa medida é dada pela distância entre o ponto A (localização do helicóptero) e o ponto B (localização da embarcação), indicados no esquema. Sabemos que a menor distância entre esses pontos é a medida do segmento de extremidades A e B.

Neste capítulo, veremos como calcular essa distância e resolveremos esse e outros problemas relacionados à Geometria analítica.

A Geometria analítica fundamenta-se no estudo de pontos, retas e curvas, por meio do qual é possível transpor inúmeros problemas geométricos para a linguagem algébrica.

1.1 Plano cartesiano

A Geometria analítica estuda curvas e figuras por meio de equações, bem como analisa essas equações por meio de gráficos, estabelecendo relações com a Álgebra e a Geometria, plana e espacial. Assim, uma figura geométrica pode ter suas propriedades analisadas e estudadas por processos algébricos, o que facilita a resolução de vários problemas.

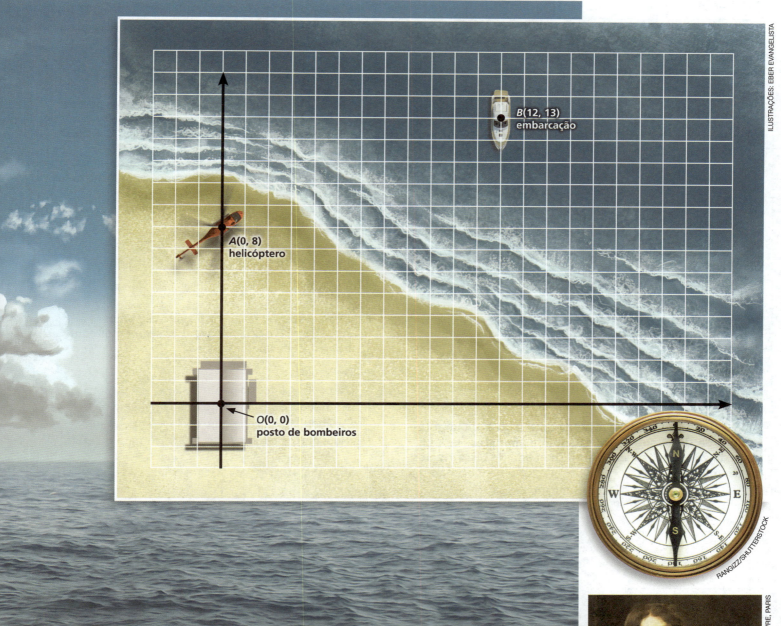

A palavra *cartesiano* tem origem no nome do criador desse sistema de localização de pontos no plano, René Descartes (1596-1650).

A seguir, faremos um estudo do **ponto** sob o enfoque da Geometria analítica.

Como já estudamos, o **plano cartesiano**, ou **sistema cartesiano ortogonal**, é formado por dois eixos perpendiculares entre si. O eixo x (horizontal) é o eixo das **abscissas**, e o eixo y (vertical) é o eixo das **ordenadas**. Os eixos se cruzam no ponto $O(0, 0)$, denominado **origem** das coordenadas do plano cartesiano.

Podemos associar qualquer ponto P do plano cartesiano a um único par ordenado (x_P, y_P) de números reais e, reciprocamente, dado um par ordenado (x_P, y_P) de números reais, a ele fica associado um único ponto P pertencente ao plano. Dizemos que x_P e y_P são as **coordenadas** de P.

Considerando o problema da abertura do capítulo, podemos associar na figura:

- o ponto O (localização do posto de bombeiros) à origem das coordenadas do plano cartesiano $(0, 0)$;
- o ponto A (localização do helicóptero) ao par ordenado $(0, 8)$;
- o ponto B (localização da embarcação) ao par ordenado $(12, 13)$.

Capítulo 26 • Geometria analítica: conceitos básicos e a reta 527

Quadrantes

Os eixos do plano cartesiano dividem esse plano em quatro quadrantes, numerados no sentido anti-horário conforme representado abaixo. Observe as condições para que um ponto $P(x_P, y_P)$ pertença a cada quadrante.

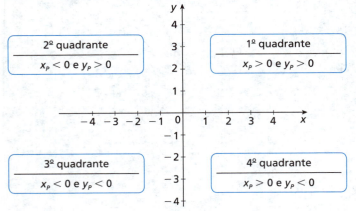

Observações

- Os pontos dos eixos coordenados não pertencem a nenhum quadrante.
- Se um ponto P pertence ao eixo das abscissas, suas coordenadas são $(x_P, 0)$.
- Se um ponto P pertence ao eixo das ordenadas, suas coordenadas são $(0, y_P)$.

No plano cartesiano, a bissetriz do 1º e do 3º quadrantes é chamada de **bissetriz dos quadrantes ímpares**. Já a bissetriz do 2º e do 4º quadrantes é chamada de **bissetriz dos quadrantes pares**.

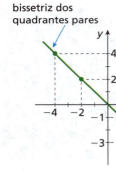

EXERCÍCIOS

R1. Determinar as coordenadas dos pontos indicados no plano cartesiano.

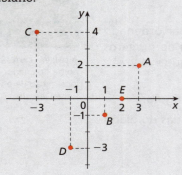

▶ **Resolução**

Observando o plano cartesiano, percebemos que o ponto A está associado ao par ordenado (3, 2); o ponto B, ao par (1, −1); o ponto C, ao par (−3, 4); o ponto D, ao par (−1, −3); e o ponto E, ao par (2, 0).

1. Construa um plano cartesiano e localize os pontos
$A(-1, -4)$, $B(7, 1)$, $C(2, -2)$, $D(-6, 0)$, $E\left(-\dfrac{5}{2}, 2\right)$ e $F(4, 6)$.

2. Observe as coordenadas dos pontos e descubra a que quadrante cada um deles pertence sem localizá-los no plano cartesiano.

a) $(3, -\sqrt{2})$

b) $(-\pi, -4)$

c) $\left(\dfrac{\sqrt{7}}{2}, \pi\right)$

d) $(-1, 1)$

R2. Representar no plano cartesiano os pontos $A(1, 5)$, $B(4, 1)$ e $C(1, 1)$ e traçar os segmentos com extremidades nesses pontos.

▶ **Resolução**

As coordenadas do ponto A são $x_A = 1$ e $y_A = 5$.
As coordenadas do ponto B são $x_B = 4$ e $y_B = 1$.
As coordenadas do ponto C são $x_C = 1$ e $y_C = 1$.
Note que os pontos A, B e C determinam o $\triangle ABC$.

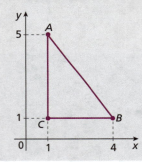

3. Represente no plano cartesiano os pontos $D(0, 0)$, $E(-3, -6)$ e $F(2, 4)$. Depois responda: eles são vértices de um triângulo? Por quê?

4. Considere o polígono representado no plano cartesiano a seguir.

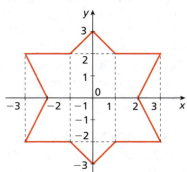

a) Quantos são os vértices desse polígono?

b) Determine as coordenadas desses vértices.

R3. Obter os valores de a e de b para que os pontos $A(a^2 - 8, 1)$ e $B(4, b - 4)$ pertençam, respectivamente, ao eixo das ordenadas e ao eixo das abscissas.

▶ **Resolução**

Se o ponto A pertence ao eixo das ordenadas, então $x_A = 0$.

Assim: $a^2 - 8 = 0 \Rightarrow a = 2\sqrt{2}$ ou $a = -2\sqrt{2}$

Se o ponto B pertence ao eixo das abscissas, então $y_B = 0$.

Assim: $b - 4 = 0 \Rightarrow b = 4$

5. Para que valores de m e n o ponto $A(m - 8, n - 5)$ pertence ao 2º quadrante? Explique como você obteve esses valores.

6. Qual é a relação entre a abscissa x_P e a ordenada y_P de qualquer ponto P:

a) da bissetriz dos quadrantes ímpares?

b) da bissetriz dos quadrantes pares?

7. Resolva os itens a seguir.

a) Construa um plano cartesiano e represente nele os pontos $P(8, 0)$ e $Q(0, 6)$.

b) Calcule a distância entre o ponto P e a origem do plano cartesiano.

c) Calcule a distância entre o ponto Q e a origem do plano cartesiano.

d) Elabore uma estratégia para determinar a medida do segmento determinado pelos pontos P e Q representados no plano cartesiano.

e) Calcule a distância entre os pontos P e Q usando a estratégia elaborada no item anterior.

f) Escreva, em função de a e b, a medida de um segmento que tem como extremidades os pontos $A(a, 0)$ e $B(0, b)$.

8. O ponto P representado na figura pertence à bissetriz dos quadrantes ímpares.

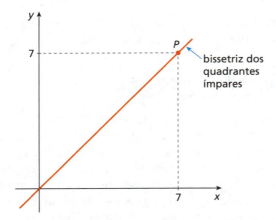

- Calcule a distância do ponto P à origem do sistema de eixos coordenados. Você pode usar a estratégia elaborada no exercício anterior.

1.2 Distância entre dois pontos

Em muitas situações cotidianas, precisamos conhecer a distância entre dois pontos. Um exemplo é o problema apresentado no início deste capítulo, no qual foram fornecidas as localizações de um grupo de pessoas em uma embarcação no mar (ponto B) e de um helicóptero que fará o resgate (ponto A). Uma pergunta relevante é: a que distância o helicóptero está da embarcação?

Inicialmente, transportamos os dados para o plano cartesiano.

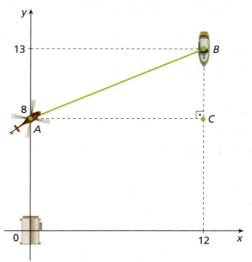

Agora, para responder à questão, vamos considerar no plano cartesiano o ponto auxiliar $C(12, 8)$. Assim:

- a distância do ponto A ao ponto C ($d_{A,C}$) é 12 km;
- a distância do ponto B ao ponto C ($d_{B,C}$) é 5 km;
- a distância do ponto A ao ponto B ($d_{A,B}$) é d km.

Os pontos A, B e C são os vértices de um triângulo retângulo. Então, pelo teorema de Pitágoras, obtemos:

$(d_{A,B})^2 = (d_{A,C})^2 + (d_{B,C})^2 \Rightarrow d^2 = 12^2 + 5^2 \Rightarrow$

$\Rightarrow d^2 = 169 \Rightarrow d = 13$ ou $d = -13$

Como a distância entre dois pontos é, por definição, um número não negativo, temos $d = 13$.

Logo, o helicóptero está a 13 km de distância da embarcação.

Agora, vamos determinar a distância $d_{A,B}$ entre os pontos $A(x_A, y_A)$ e $B(x_B, y_B)$. Para isso, vamos representá-los no plano cartesiano.

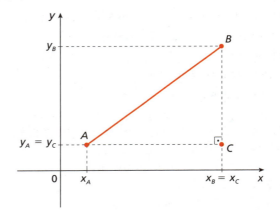

Capítulo 26 • Geometria analítica: conceitos básicos e a reta **529**

Repare que temos um triângulo ABC, retângulo em C.
Pelo teorema de Pitágoras: $(d_{A,B})^2 = (AC)^2 + (BC)^2$
Sabemos que $AC = |x_B - x_A|$ e que $BC = |y_B - y_A|$.
Como $|x_B - x_A|^2 = (x_B - x_A)^2$ e $|y_B - y_A|^2 = (y_B - y_A)^2$, temos:

$(d_{A,B})^2 = (x_B - x_A)^2 + (y_B - y_A)^2$

Portanto, a distância entre os pontos $A(x_A, y_A)$ e $B(x_B, y_B)$ do plano cartesiano é dada por:

$$d_{A,B} = \sqrt{(x_B - x_A)^2 + (y_B - y_A)^2}$$

Observação

Essa fórmula também é válida quando A e B estão alinhados horizontal ou verticalmente.

Exemplo

Vamos determinar o perímetro do triângulo cujos vértices são os pontos A(1, 1), B(2, 3) e C(5, −1).

Observe a localização desses pontos no plano cartesiano.

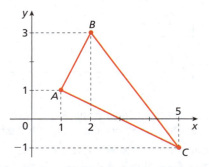

Vamos calcular as medidas dos lados do triângulo ABC:

$d_{A,B} = \sqrt{(2-1)^2 + (3-1)^2} = \sqrt{1+4} = \sqrt{5}$

$d_{B,C} = \sqrt{(5-2)^2 + (-1-3)^2} = \sqrt{9+16} = \sqrt{25} = 5$

$d_{A,C} = \sqrt{(5-1)^2 + (-1-1)^2} = \sqrt{16+4} = \sqrt{20} = 2\sqrt{5}$

Portanto, o perímetro do triângulo ABC é $(3\sqrt{5} + 5)$ unidades de comprimento.

EXERCÍCIOS

9. Calcule a distância entre os pontos de cada item.

a) A(2, 1) e B(5, 5)
b) C(0, 0) e D(−1, 3)
c) E(−4, −2) e F(0, 7)
d) $G(4\sqrt{3}, 5)$ e $H(6\sqrt{3}, 3)$

10. Determine a distância do ponto C(2, 3):

a) à origem.
b) ao eixo das ordenadas.
c) ao eixo das abscissas.

11. Localize no plano cartesiano os vértices A(3, 3), B(9, 3), C(9, −3) e D(3, −3) do quadrilátero ABCD. Em seguida, responda às perguntas.

a) Qual é a área desse quadrilátero?
b) Qual é seu perímetro?
c) Qual é a medida de sua diagonal?

12. Obtenha o ponto do eixo das ordenadas equidistante de A(6, 8) e de B(2, 5).

R4. Determinar o ponto C(m, 2m) equidistante dos pontos A(−7, 0) e B(3, 0).

➤ **Resolução**

Como o ponto C é equidistante dos pontos A e B, a distância entre C e A é a mesma que entre C e B. Assim:

$d_{C,A} = d_{C,B}$

$\sqrt{(m+7)^2 + (2m-0)^2} = \sqrt{(m-3)^2 + (2m-0)^2}$

$(m+7)^2 + 4m^2 = (m-3)^2 + 4m^2$

$m^2 + 14m + 49 = m^2 - 6m + 9$

$20m = -40$

$m = -2$

Substituindo m por −2, obtemos C(−2, −4).

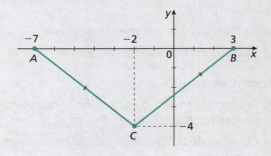

13. Considere A(−2, −5), B(−4, −1) e C(4, 3) vértices do triângulo ABC. Explique como você faria para provar que esse triângulo é retângulo.

14. Em cada caso, registre se o triângulo de vértices A, B e C é equilátero, escaleno ou isósceles.

a) A(1, 6), B(2, 3) e C(4, 5)
b) A(7, 1), B(10, 4) e C(3, 5)
c) A(0, 0), $B(2, 2\sqrt{3})$ e C(4, 0)

15. Dois dos vértices de um triângulo equilátero ABC são A(2, −5) e B(3, −4). Determine as coordenadas do vértice C.

16 Dados os pontos A(−2, m) e B(1, 3), determine m para que a distância entre A e B seja 5 unidades.

Trocando ideias

Neste capítulo, descrevemos a localização de um ponto no plano por meio do sistema de coordenadas cartesianas. Para isso, o plano é dotado de um par de eixos perpendiculares com origem comum em um ponto O, chamado de origem do plano. Assim, identificamos um ponto P com um par ordenado de números reais (a, b), em que a é dado pela projeção ortogonal de P sobre o eixo x, das abscissas, e b é dado pela projeção ortogonal de P sobre o eixo y, das ordenadas. Escrevemos P = (a, b).

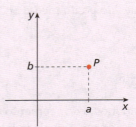

No entanto, um ponto do plano também pode ser localizado pelo **sistema de coordenadas polares**. Nesse sistema, usamos somente um ponto O, fixo, e uma semirreta com origem em O. O ponto fixo O é chamado de **polo**, e a semirreta, de **eixo polar**. Assim, identificamos um ponto P com o par ordenado (r, θ), em que r é a distância de O a P e que θ é a medida do ângulo que se deve girar o eixo polar, no sentido anti-horário, até ele coincidir com a semirreta $\overrightarrow{OP}$. Escrevemos $P = (r, \theta)$.

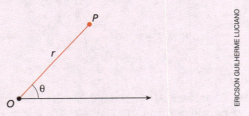

O uso do sistema de coordenadas polares pode ser observado, por exemplo, nas telas de radares meteorológicos e nas telas de radares empregados pela Aeronáutica ou Marinha.

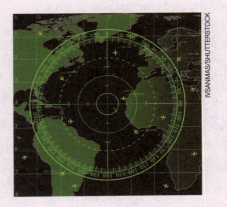

- Com um colega, pesquisem e troquem ideias sobre a aplicação do sistema de coordenadas polares nos dias de hoje.

1.3 Coordenadas do ponto médio de um segmento de reta

Para resolver alguns tipos de problema, precisamos dividir um segmento em outros dois de mesma medida. Vamos, então, aprender como determinar as coordenadas do ponto médio de um segmento de reta no plano cartesiano.

Considere um segmento de extremos $A(x_A, y_A)$ e $B(x_B, y_B)$ cujo ponto médio é $M(x_M, y_M)$.

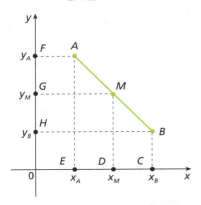

Pelo teorema de Tales, encontramos a seguinte relação entre as abscissas desses pontos:

$AM = MB \Rightarrow ED = DC \Rightarrow x_M - x_A = x_B - x_M \Rightarrow 2x_M = x_B + x_A$

Portanto:

$$x_M = \frac{x_A + x_B}{2}$$

Também pelo teorema de Tales, encontramos a seguinte relação entre as ordenadas desses pontos:

$BM = MA \Rightarrow HG = GF \Rightarrow y_M - y_B = y_A - y_M \Rightarrow 2y_M = y_A + y_B$

Portanto:

$$y_M = \frac{y_A + y_B}{2}$$

Podemos concluir que, se tivermos um segmento de extremos A e B, a abscissa do ponto médio será a média aritmética das abscissas dos extremos, e a ordenada do ponto médio será a média aritmética das ordenadas dos extremos.

Portanto, o **ponto médio** do segmento $\overline{AB}$ é dado por:

$$M\left(\frac{x_A + x_B}{2}, \frac{y_A + y_B}{2}\right)$$

Observações

- Se $y_A = y_B = y$, isto é, se $\overline{AB}$ é paralelo ao eixo x, temos:

$$M\left(\frac{x_B + x_A}{2}, y\right)$$

- Se $x_A = x_B = x$, isto é, se $\overline{AB}$ é paralelo ao eixo y, temos:

$$M\left(x, \frac{y_B + y_A}{2}\right)$$

Capítulo 26 • Geometria analítica: conceitos básicos e a reta

Exemplo

O ponto médio M do segmento $\overline{AB}$, sendo $A(10, -4)$ e $B(4, -6)$, tem as coordenadas dadas por:

$x_M = \dfrac{x_A + x_B}{2} = \dfrac{10 + 4}{2} = 7$

$y_M = \dfrac{y_A + y_B}{2} = \dfrac{-4 + (-6)}{2} = -5$

Logo, o ponto médio do segmento $\overline{AB}$ é $M(7, -5)$.

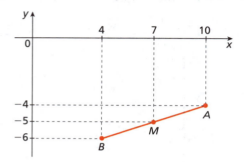

EXERCÍCIOS

17. Obtenha as coordenadas do ponto médio do segmento $\overline{AB}$ nos seguintes casos:

a) $A(3, 2)$ e $B(5, 4)$

b) $A(-3, -4)$ e $B(-7, 0)$

R5. Determinar as coordenadas do ponto B sabendo que $M(-1, -1)$ é o ponto médio de $\overline{AB}$ com $A(-1, 1)$.

▶ **Resolução**

Como $M(-1, -1)$ é o ponto médio de $\overline{AB}$, então:

$x_M = \dfrac{x_A + x_B}{2} \Rightarrow -1 = \dfrac{-1 + x_B}{2} \Rightarrow$

$\Rightarrow -1 + x_B = -2 \Rightarrow x_B = -1$

$y_M = \dfrac{y_A + y_B}{2} \Rightarrow -1 = \dfrac{1 + y_B}{2} \Rightarrow$

$\Rightarrow 1 + y_B = -2 \Rightarrow y_B = -3$

Logo, $B(-1, -3)$.

18. Seja $M(3, 3)$ o ponto médio do segmento $\overline{AB}$. Calcule as coordenadas do ponto A sabendo que $B(4, 0)$.

19. Sendo $A(4, 1)$, $B(2, 3)$, $C(-8, 7)$ e $D(-6, 5)$ vértices de um paralelogramo, determine o ponto de intersecção de suas diagonais. (Lembre que as diagonais de um paralelogramo se cruzam no ponto médio.)

R6. Determinar o comprimento da mediana $\overline{AM}$ relativa ao lado $\overline{BC}$ do triângulo cujos vértices são $A(2, 3)$, $B(4, -2)$ e $C(0, -6)$.

▶ **Resolução**

A mediana $\overline{AM}$ de um triângulo ABC é o segmento de extremidades no ponto A, vértice do triângulo, e no ponto M, ponto médio do lado $\overline{BC}$.

As coordenadas do ponto médio M do segmento $\overline{BC}$ são:

$x_M = \dfrac{4 + 0}{2} = 2$

$y_M = \dfrac{(-2) + (-6)}{2} = -4$

Assim, o ponto médio do segmento $\overline{BC}$ é $M(2, -4)$.

O comprimento da mediana é dado por:

$d_{A,M} = \sqrt{(2-2)^2 + (-4-3)^2} = \sqrt{49} = 7$

Portanto, o comprimento da mediana $\overline{AM}$ é 7.

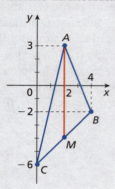

20. Considere $A(-1, 3)$ e $B(0, 1)$ vértices consecutivos de um paralelogramo $ABCD$ e $M(1, 4)$ o ponto de intersecção de suas diagonais. Calcule:

a) as coordenadas dos vértices C e D e represente o paralelogramo no plano cartesiano.

b) o perímetro desse paralelogramo.

R7. Considere um triângulo de vértices $A(x_A, y_A)$, $B(x_B, y_B)$ e $C(x_C, y_C)$. Sabe-se que o baricentro G de um triângulo é o ponto de intersecção de suas três medianas. Determinar as coordenadas do baricentro $G(x_G, y_G)$.

▶ **Resolução**

Considere o triângulo ABC representado abaixo.

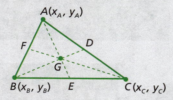

Se $E(x_E, y_E)$ é o ponto médio do segmento $\overline{BC}$, temos:

$y_E = \dfrac{y_B + y_C}{2}$ e $x_E = \dfrac{x_B + x_C}{2}$ (I)

O baricentro G divide cada mediana em dois segmentos cujas medidas estão na razão de 2 para 1:

$\dfrac{AG}{GE} = \dfrac{2}{1}$

Considerando as abscissas dos pontos A, G e E, temos:

$\dfrac{x_G - x_A}{x_E - x_G} = \dfrac{2}{1} \Rightarrow x_G - x_A = 2 \cdot (x_E - x_G) \Rightarrow$

$\Rightarrow 3x_G = x_A + 2x_E$ (II)

Substituindo (I) em (II), temos:

$3x_G = x_A + 2\left(\dfrac{x_B + x_C}{2}\right) \Rightarrow x_G = \dfrac{x_A + x_B + x_C}{3}$

De maneira análoga: $y_G = \dfrac{y_A + y_B + y_C}{3}$

Logo, o baricentro do triângulo ABC é o ponto:

$G\left(\dfrac{x_A + x_B + x_C}{3}, \dfrac{y_A + y_B + y_C}{3}\right)$

21. Dado o triângulo ABC representado abaixo, determine a medida da mediana $\overline{AM}$ relativa ao lado $\overline{BC}$.

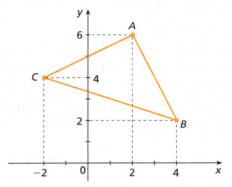

22. Determine as coordenadas dos vértices do triângulo ABC cujos pontos médios dos lados são $P(-1, 4)$, $Q(2, -1)$ e $R(-2, 2)$.

23. Determine as coordenadas do baricentro G do triângulo PQR do exercício anterior e também as coordenadas do baricentro G' do triângulo ABC, obtido também naquele exercício.

1.4 Condição de alinhamento de três pontos

Dois pontos distintos estão sempre alinhados, e por eles passa uma única reta.

Três pontos distintos podem:
- estar alinhados (nesse caso, dizemos que os pontos são **colineares**);

- determinar um triângulo.

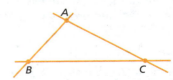

Neste tópico, veremos qual é a condição para que três pontos distintos, $A(x_A, y_A)$, $B(x_B, y_B)$ e $C(x_C, y_C)$, pertençam a uma reta, isto é, estejam alinhados.

Vamos considerar o caso em que os pontos pertencem a uma reta não paralela a um dos eixos.

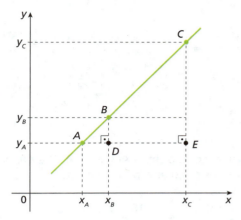

Os triângulos ACE e ABD são semelhantes. Assim:

$\dfrac{AE}{AD} = \dfrac{EC}{DB} \Rightarrow \dfrac{x_C - x_A}{x_B - x_A} = \dfrac{y_C - y_A}{y_B - y_A}$, com $x_B - x_A \neq 0$ e $y_B - y_A \neq 0$

Dessa maneira:

$(x_C - x_A)(y_B - y_A) - (x_B - x_A)(y_C - y_A) = 0$

$x_C y_B - x_C y_A - x_A y_B + x_A y_A - x_B y_C + x_B y_A + x_A y_C - x_A y_A = 0$

$x_C y_B - x_C y_A - x_A y_B - x_B y_C + x_B y_A + x_A y_C = 0$

Multiplicando ambos os membros da igualdade por -1 e reordenando os termos, obtemos:

$x_A y_B + x_C y_A + x_B y_C - x_C y_B - x_A y_C - x_B y_A = 0$ (I)

Vamos recordar o desenvolvimento, pela regra de Sarrus, do determinante abaixo. Em seguida, vamos compará-lo com o primeiro membro da igualdade (I).

$D = \begin{vmatrix} x_A & y_A & 1 \\ x_B & y_B & 1 \\ x_C & y_C & 1 \end{vmatrix} = x_A y_B + x_C y_A + x_B y_C - x_C y_B - x_A y_C - x_B y_A$

— coluna das ordenadas dos pontos
— coluna das abscissas dos pontos

Portanto, o primeiro termo da igualdade (I) é o determinante D.

Logo, se três pontos, $A(x_A, y_A)$, $B(x_B, y_B)$ e $C(x_C, y_C)$, estão alinhados, temos:

$\begin{vmatrix} x_A & y_A & 1 \\ x_B & y_B & 1 \\ x_C & y_C & 1 \end{vmatrix} = 0$

Nesse caso, a recíproca também é verdadeira:

Se $\begin{vmatrix} x_A & y_A & 1 \\ x_B & y_B & 1 \\ x_C & y_C & 1 \end{vmatrix} = 0$, então os pontos $A(x_A, y_A)$, $B(x_B, y_B)$ e $C(x_C, y_C)$ estão alinhados.

Essas condições também são válidas quando dois dos pontos coincidem ou quando os pontos pertencem a uma reta paralela a algum dos eixos. Então:

Três pontos, $A(x_A, y_A)$, $B(x_B, y_B)$ e $C(x_C, y_C)$, são colineares se, e somente se:
$$\begin{vmatrix} x_A & y_A & 1 \\ x_B & y_B & 1 \\ x_C & y_C & 1 \end{vmatrix} = 0$$

Exemplo

Para verificar se os pontos $A(3, 2)$, $B(4, 1)$ e $C(1, 4)$ são colineares, vamos calcular o determinante.

$$D = \begin{vmatrix} 3 & 2 & 1 \\ 4 & 1 & 1 \\ 1 & 4 & 1 \end{vmatrix} = 3 + 2 + 16 - 1 - 12 - 8 = 0$$

Como $D = 0$, os pontos são colineares.

EXERCÍCIOS

24. Verifique, em cada caso, se os pontos A, B e C estão alinhados.
a) $A(2, 3)$, $B(-2, -5)$ e $C(-1, -3)$
b) $A(1, 2)$, $B(3, 4)$ e $C(3, -1)$

R7. Determinar o valor de k para que os pontos $A(k, 7)$, $B(2, -3)$ e $C(k, 1)$ sejam os vértices de um triângulo.

▶ **Resolução**
Para que A, B e C sejam os vértices de um triângulo, eles não podem estar alinhados. Assim:
$$\begin{vmatrix} k & 7 & 1 \\ 2 & -3 & 1 \\ k & 1 & 1 \end{vmatrix} \neq 0$$
$-3k + 7k + 2 + 3k - k - 14 \neq 0 \Rightarrow 6k - 12 \neq 0 \Rightarrow k \neq 2$
Logo, para que os pontos $A(k, 7)$, $B(2, -3)$ e $C(k, 1)$ sejam vértices de um triângulo, devemos ter $k \neq 2$.

25. Verifique para quais valores de x existe o triângulo ABC, sendo $A(x, 1)$, $B(x + 1, 2)$ e $C(0, 3)$.

26. Determine m para que os pontos $A(-1, m)$, $B(2, -3)$ e $C(-4, 5)$:
a) estejam alinhados.
b) sejam vértices de um triângulo.

27. Determine dois pontos que estejam alinhados com os pontos $A(1, 4)$ e $B(0, 3)$.

28. Determine uma relação entre as coordenadas de um ponto $P(x, y)$ para que ele esteja alinhado com $A(2, 3)$ e $B(5, 4)$.

29. A reta que contém os pontos $C(1, 3)$ e $D(2, 5)$ intersecta o eixo das abscissas e o eixo das ordenadas, respectivamente, nos pontos A e B. Determine as coordenadas dos pontos A e B.

30. Uma reta s passa pelos pontos $A(1, 1)$ e $B(-2, 4)$. Outra reta r passa pelos pontos $C(1, 3)$ e $D(-2, -6)$. Considerando essa informação, resolva os itens a seguir.
a) Determine o ponto $P(x, y)$ pertencente à intersecção das duas retas.
b) Explique como você encontrou esse ponto.
c) Represente os pontos e as retas no plano cartesiano, mostrando o ponto de intersecção.

31. O ponto $P(x_P, y_P)$ está alinhado com os pontos $A(5, 3)$ e $B(-2, 1)$. Verifique e registre que condições são necessárias para que:
a) P pertença ao eixo x.
b) P pertença ao eixo y.
c) P pertença à bissetriz dos quadrantes ímpares.
d) P pertença à bissetriz dos quadrantes pares.
e) $y_P = 2x_P$
• Determine as coordenadas de P de acordo com as condições apresentadas em cada item.

2. Reta

2.1 Equação geral da reta

Dados dois pontos distintos, $A(x_A, y_A)$ e $B(x_B, y_B)$, pertencentes à reta r, vamos determinar uma relação entre as coordenadas de um ponto genérico, $P(x, y)$, também pertencente à reta r.

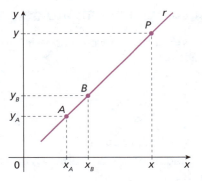

Pela condição de alinhamento para os pontos A, B e P, podemos escrever:
$$\begin{vmatrix} x & y & 1 \\ x_A & y_A & 1 \\ x_B & y_B & 1 \end{vmatrix} = 0 \Rightarrow (y_A - y_B)x + (x_B - x_A)y + x_A y_B - x_B y_A = 0$$

Como, nesse determinante, as únicas variáveis são x e y, os outros elementos são números reais conhecidos. Assim, podemos fazer:

• $(y_A - y_B) = a$ • $(x_B - x_A) = b$ • $x_A y_B - x_B y_A = c$

Como os pontos A e B são distintos, a e b não são ambos nulos; assim, obtemos a **equação geral da reta**:

$$ax + by + c = 0$$

Exemplo

Vamos obter a equação geral da reta *r* que passa pelos pontos A(−1, 3) e B(3, 2).

Vamos considerar um ponto P(x, y) pertencente à reta *r*. Ele está alinhado com os pontos A e B.

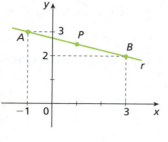

Pela condição de alinhamento de três pontos, temos:

$$\begin{vmatrix} x & y & 1 \\ -1 & 3 & 1 \\ 3 & 2 & 1 \end{vmatrix} = 0$$

Desenvolvendo o determinante, temos:
$3x + 3y - 2 - 9 - 2x + y = 0 \Rightarrow x + 4y - 11 = 0$

Portanto, a equação geral da reta que passa pelos pontos A e B é $x + 4y - 11 = 0$.

Portanto, a equação geral da reta *r* é $-3x - y + 10 = 0$.

Vamos determinar agora os pontos de intersecção da reta *r* com os eixos *x* e *y*.

A reta *r* intersecta o eixo *x* no ponto C(c, 0). Substituindo as coordenadas do ponto C na equação geral de *r*, temos:

$-3c - 0 + 10 = 0 \Rightarrow c = \dfrac{10}{3}$

Analogamente, a reta *r* intersecta o eixo *y* no ponto D(0, d). Substituindo as coordenadas do ponto D em *r*, temos:

$-3 \cdot 0 - d + 10 = 0 \Rightarrow d = 10$

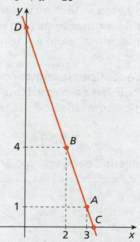

Logo, a reta *r* intersecta o eixo *x* no ponto $C\left(\dfrac{10}{3}, 0\right)$ e o eixo *y* no ponto D(0, 10).

EXERCÍCIOS

R8. Verificar se o ponto P(3, 2) pertence à reta *s*, cuja equação é $x - 3y + 3 = 0$.

➤ **Resolução**

Para que o ponto P(3, 2) pertença à reta *s*, suas coordenadas devem satisfazer a equação dessa reta. Substituindo *x* por 3 e *y* por 2 na equação $x - 3y + 3 = 0$, obtemos:
$3 - 3 \cdot 2 + 3 = 0 \Rightarrow 3 - 6 + 3 = 0 \Rightarrow 0 = 0$
(sentença verdadeira)

Portanto, o ponto P(3, 2) pertence à reta *s* de equação $x - 3y + 3 = 0$.

32. Verifique se cada ponto pertence à reta *s*, cuja equação é $x - y + 2 = 0$.

a) A(2, 3) b) B(1, 3)

33. Em cada caso, verifique se os pontos são colineares. Se forem, determine a equação geral da reta que passa por eles.

a) A(−2, −5), B(−4, −1) e C(4, 3)

b) A(3, 5), B(1, 0) e $C\left(2, \dfrac{5}{2}\right)$

34. Os pontos A(−1, 2) e B(3, 4) determinam uma reta. Calcule o valor de *m* para que o ponto C(1, *m*) pertença a essa reta.

R9. Obter a equação geral da reta *r*, que passa pelos pontos A(3, 1) e B(2, 4), e determinar seus pontos de intersecção com os eixos *x* e *y*.

➤ **Resolução**

Seja P(x, y) um ponto pertencente à reta *r* de tal maneira que os pontos A, B e P estejam alinhados. Então:

$$\begin{vmatrix} x & y & 1 \\ 3 & 1 & 1 \\ 2 & 4 & 1 \end{vmatrix} = 0$$

$x + 2y + 12 - 2 - 4x - 3y = 0 \Rightarrow -3x - y + 10 = 0$

35. Quais são os pontos de intersecção da reta de equação $x + 3y + 1 = 0$ com os eixos *x* e *y*?

36. Quais são as equações das retas dos eixos *x* e *y*?

37. Considere os pontos A(2, 3), B(5, −1), C(−1, 4) e D(2, 3). Determine:

a) a equação geral da reta suporte do segmento $\overline{AB}$.

b) a equação geral da reta suporte do segmento $\overline{CD}$.

c) o ponto de intersecção entre as retas obtidas nos itens anteriores.

38. Considere o triângulo ABC representado abaixo.

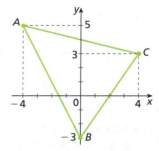

Identifique as coordenadas dos vértices do triângulo ABC e determine as equações das retas suportes:

a) dos lados desse triângulo.

b) das medianas desse triângulo.

c) dos três segmentos determinados pelos pontos médios dos lados desse triângulo.

2.2 Inclinação e coeficiente angular de uma reta

Observe a figura abaixo.

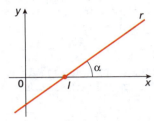

A medida α ($0° \leq \alpha < 180°$ ou $0 \leq \alpha < \pi$) do ângulo indicado é chamada de **inclinação da reta** e é obtida girando-se o eixo x no sentido anti-horário em torno do ponto I até ele coincidir com a reta r.

Chamamos de **coeficiente angular** ou **declividade** de uma reta, não perpendicular ao eixo x, o número real m expresso pela tangente trigonométrica de sua inclinação, ou seja:

$$m = \operatorname{tg} \alpha$$

Observe as possibilidades para o ângulo de medida α:

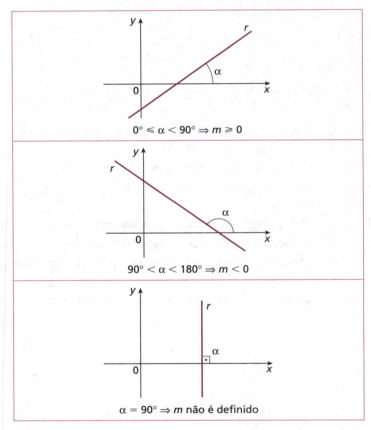

$0° \leq \alpha < 90° \Rightarrow m \geq 0$

$90° < \alpha < 180° \Rightarrow m < 0$

$\alpha = 90° \Rightarrow m$ não é definido

Quando a reta é paralela ao eixo x, admitimos que sua inclinação é 0°. Logo, seu coeficiente angular é $m = 0$.

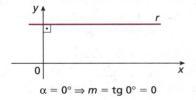

$\alpha = 0° \Rightarrow m = \operatorname{tg} 0° = 0$

Observação

Se o coeficiente angular de uma reta r:
- é zero, dizemos que r é uma **reta horizontal**;
- não está definido, dizemos que r é uma **reta vertical**.

Exemplos

a) A reta r abaixo possui 60° de inclinação.

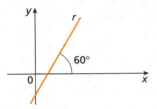

Logo, o coeficiente angular da reta r é dado por:
$m = \operatorname{tg} 60° \Rightarrow m = \sqrt{3}$

b) A reta s abaixo possui 135° de inclinação.

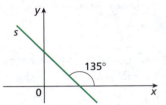

Logo, o coeficiente angular da reta s é dado por:
$m = \operatorname{tg} 135° \Rightarrow m = -1$

Quando não conhecemos o ângulo de inclinação, mas conhecemos dois pontos distintos pertencentes à reta, podemos encontrar o coeficiente angular calculando a $\operatorname{tg} \alpha$ por meio das coordenadas dos pontos.

Considere dois pontos distintos, $A(x_A, y_A)$ e $B(x_B, y_B)$, pertencentes a uma reta r não paralela ao eixo y e formando com o eixo x um ângulo de medida α.

O coeficiente angular da reta r é dado por:

$$m = \frac{y_B - y_A}{x_B - x_A}$$

Demonstração

- **1º caso:** $0° < \alpha < 90°$

Considere o triângulo ABC representado abaixo.

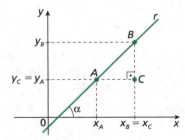

O triângulo ABC é retângulo em C; logo:

$$m = \operatorname{tg} \alpha = \frac{d_{C,B}}{d_{A,C}} = \frac{y_B - y_A}{x_B - x_A}$$

Portanto, o coeficiente angular m é dado por: $m = \dfrac{y_B - y_A}{x_B - x_A}$

- **2º caso: 90° < α < 180°**

Considere o triângulo ABC representado abaixo.

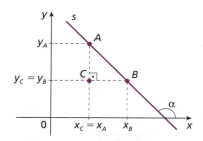

O triângulo ABC é retângulo em C; logo:

$$m = \text{tg } \alpha = -\text{tg}(180° - \alpha) = -\frac{d_{C,A}}{d_{C,B}} = -\frac{(y_A - y_B)}{(x_B - x_A)} = \frac{y_B - y_A}{x_B - x_A}$$

Portanto, o coeficiente angular m é dado por: $m = \dfrac{y_B - y_A}{x_B - x_A}$

Podemos verificar que $m = \dfrac{y_B - y_A}{x_B - x_A}$ vale também quando $\alpha = 0°$, pois $y_B = y_A$ e $x_B \neq x_A$; logo, $m = 0$.

Portanto, para qualquer α, com $\alpha \neq 90°$ e $0° \leq \alpha < 180°$, temos: $m = \dfrac{y_B - y_A}{x_B - x_A}$

Exemplo

Vamos determinar o coeficiente angular da reta r que passa pelos pontos $A(2, 3)$ e $B(4, 9)$.

O coeficiente angular é dado por:

$$m_r = \frac{y_B - y_A}{x_B - x_A} = \frac{9 - 3}{4 - 2} = \frac{6}{2} = 3$$

Logo, o coeficiente angular da reta r é 3.

EXERCÍCIOS

R10. Calcular o valor de $m_r \cdot m_s$ sabendo que m_r e m_s correspondem, respectivamente, ao coeficiente angular das retas r e s apresentadas na figura abaixo.

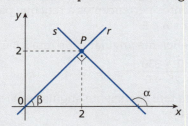

➤ **Resolução**

Coeficiente angular da reta r: $m_r = \dfrac{y_P - y_0}{x_P - x_0} = \dfrac{2 - 0}{2 - 0} = 1$

Note que: $m_r = \text{tg } \beta = 1 \Rightarrow \beta = 45°$

Como, em um triângulo, a medida de cada ângulo externo é igual à soma das medidas dos dois ângulos internos não adjacentes a ele, temos:

$\alpha = \beta + 90° \Rightarrow \alpha = 45° + 90° \Rightarrow \alpha = 135°$

Então: $m_s = \text{tg } 135° = -1$

Portanto: $m_r \cdot m_s = 1 \cdot (-1) = -1$

39. Determine, se existir, o coeficiente angular da reta que passa pelos pontos:

a) $A(-1, 2)$ e $B(-1, 5)$

b) $A(3, 0)$ e $B(4, 0)$

c) $A(1, 2)$ e $B(-2, -1)$

d) $A\left(\sqrt{2}, -\dfrac{1}{7}\right)$ e $B(0, 0)$

40. Dados os pontos A e B de uma reta e seu coeficiente angular, determine o valor de k em cada caso.

a) $A(2, 2)$, $B(k, 3)$ e $m = \dfrac{1}{2}$

b) $A\left(-\dfrac{1}{2}, 3\right)$, $B(2, k)$ e $m = \dfrac{6}{5}$

2.3 Equação da reta de coeficiente angular m e que passa por um ponto $A(x_A, y_A)$

Já vimos como determinar a equação de uma reta conhecendo dois de seus pontos. Agora, vamos determinar a equação de uma reta r conhecendo um de seus pontos, $A(x_A, y_A)$, e seu coeficiente angular m.

Considere o ponto $P(x, y)$ na reta r, sendo $x \neq x_A$ e $m = \text{tg } \alpha$.

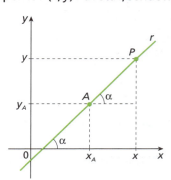

Como $m = \text{tg } \alpha$, então: $m = \dfrac{y - y_A}{x - x_A}$

Portanto, a equação de uma reta que passa por $A(x_A, y_A)$ e tem coeficiente angular m é:

$$y - y_A = m(x - x_A)$$

Observação

Se $x = x_A$, então a reta r é paralela ao eixo y. Nesse caso, $x = x_A$ é a equação de r.

Exemplo

Vamos determinar a equação geral da reta r que intersecta o eixo y no ponto $P(0, 1)$ e intersecta o eixo x segundo uma inclinação de 150°.

Como $m = \text{tg } 150° = -\text{tg } 30° = -\dfrac{\sqrt{3}}{3}$ e $P(0, 1)$ pertence à reta r, temos:

$y - 1 = -\dfrac{\sqrt{3}}{3} \cdot (x - 0) \Rightarrow \sqrt{3}x + 3y - 3 = 0$

Portanto, a equação geral da reta r é $\sqrt{3}x + 3y - 3 = 0$.

EXERCÍCIOS

41. Escreva a equação da reta r que passa pelo ponto $A(1, -6)$ e forma com o eixo das abscissas um ângulo de $60°$.

R11. Determinar a equação da reta r representada a seguir.

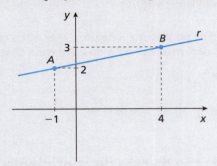

▶ **Resolução**

Além do método da condição de alinhamento usando determinante, esse problema pode ser resolvido com o estudo do coeficiente angular da reta.

Considerando que as coordenadas dos pontos A e B são, respectivamente, $(-1, 2)$ e $(4, 3)$, vamos calcular o coeficiente angular da reta determinada por A e B:

$$m = \frac{y_B - y_A}{x_B - x_A} = \frac{3 - 2}{4 - (-1)} = \frac{1}{5}$$

A reta procurada tem coeficiente angular $m = \frac{1}{5}$ e passa pelo ponto $B(4, 3)$.

Assim:

$$y - 3 = \frac{1}{5}(x - 4) \Rightarrow 5y - 15 = x - 4 \Rightarrow x - 5y + 11 = 0$$

Portanto, $x - 5y + 11 = 0$ é a equação geral da reta r.

42. No exercício **R11**, poderíamos determinar a equação da reta r usando $m = \frac{1}{5}$ e $A(-1, 2)$?

43. Em cada caso, determine a equação da reta representada pelo gráfico.

a)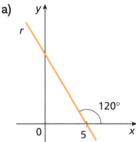

b)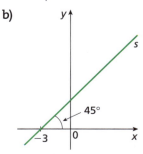

R12. Um laboratório estudou uma colônia de bactérias composta inicialmente por 350 indivíduos vivos.

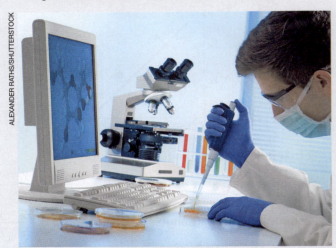

Verificou-se que, após a aplicação de certa droga, o número de indivíduos vivos na colônia diminuiu com o tempo, sendo que, após 25 horas, não havia mais nenhum indivíduo vivo na colônia. Supondo que o número y de indivíduos vivos variou linearmente com o tempo x, contado a partir da administração da droga, determinar:

a) a expressão que relaciona y a x.

b) o número de indivíduos que permaneciam vivos após 10 horas do início do experimento.

▶ **Resolução**

a) Vamos considerar o par ordenado (x, y) para identificar que, após x horas, havia y indivíduos vivos na colônia. Assim, temos pontos com os seguintes significados:

- $A(0, 350)$ – estado inicial da colônia (no tempo 0 h, havia 350 indivíduos);
- $B(25, 0)$ – estado final da colônia (no tempo 25 h, havia 0 indivíduo).

Como a relação é linear, seu gráfico é um conjunto de pontos pertencentes à reta que passa pelos pontos A e B.

O coeficiente angular m da reta $\overrightarrow{AB}$ é:

$$m = \frac{0 - 350}{25 - 0} = -14$$

A reta tem coeficiente angular $m = -14$ e passa por $B(25, 0)$.

Assim: $y - 0 = -14(x - 25) \Rightarrow y = -14x + 350$

Portanto, a expressão que relaciona y a x é $y = -14x + 350$, tal que $0 \leq x \leq 25$.

b) Para obter o número de indivíduos vivos após 10 horas do início do experimento, basta substituir x por 10 na igualdade $y = -14x + 350$.

Assim: $y = -14 \cdot 10 + 350 = 210$

Portanto, após 10 horas, havia 210 indivíduos vivos na colônia de bactérias.

44. Um cientista inventou uma escala para termômetro e a chamou de escala H (°H). Relacionando-a com a escala Celsius (°C), obteve o gráfico representado abaixo.

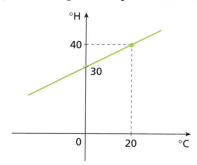

Considerando as informações do gráfico, resolva os itens a seguir.

a) Quando a temperatura de um corpo for 70 °C, qual será a temperatura indicada pelo termômetro com escala °H?

b) Calcule a única temperatura em que há coincidência de valores em ambas as escalas.

2.4 Equação reduzida da reta

Sabemos que a equação da reta r que passa por um ponto $A(x_A, y_A)$ e tem coeficiente angular m é dada por $y - y_A = m(x - x_A)$.

Agora, observe o gráfico abaixo.

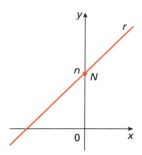

Como a intersecção da reta r com o eixo y é o ponto $N(0, n)$, temos:

$$y - n = m(x - 0) \Rightarrow y - n = mx \Rightarrow \boxed{y = mx + n}$$

A forma $y = mx + n$ é denominada **equação reduzida da reta**, em que m é o coeficiente angular da reta e n é a ordenada do ponto no qual a reta cruza o eixo y.

Podemos fazer uma analogia entre a equação reduzida da reta e a lei de uma função afim:

equação reduzida da reta   lei da função afim
$$y = mx + n \qquad\qquad f(x) = ax + b$$

Observe que $m = \text{tg } \alpha = a$, então:

- se $m > 0$ ($0° < \alpha < 90°$), a função afim é **crescente**;
- se $m < 0$ ($90° < \alpha < 180°$), a função afim é **decrescente**;
- se $m = 0$ ($\alpha = 0°$), a função afim é **constante**.

Observe também que $n = b$ é a ordenada do ponto de intersecção da reta com o eixo y, também chamado de **coeficiente linear** da reta.

EXERCÍCIOS

R13. Escrever na forma reduzida a equação da reta que passa pelo ponto A(2, 5) e tem coeficiente angular $m = -1$.

➤ **Resolução**

Como $m = -1$ e A(2, 5), temos:
$y - y_A = m(x - x_A)$
$y - 5 = -1(x - 2)$
$y = -x + 7$

Portanto, a equação reduzida da reta que passa pelo ponto A(2, 5) e tem coeficiente angular $m = -1$ é $y = -x + 7$.

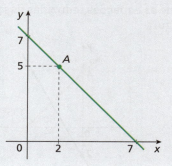

45. Determine a equação reduzida da reta que tem coeficiente angular m e que passa pelo ponto A em cada caso.

a) $m = \dfrac{1}{2}$ e $A\left(\dfrac{2}{3}, 1\right)$ b) $m = -\dfrac{1}{2}$ e $A\left(1, \dfrac{2}{3}\right)$

R14. Determinar os coeficientes linear e angular da reta de equação $6x - 5y - 30 = 0$.

➤ **Resolução**

Para determinar os coeficientes linear e angular da reta, basta isolar y em $6x - 5y - 30 = 0$.

Assim: $6x - 5y - 30 = 0 \Rightarrow 5y = 6x - 30 \Rightarrow y = \dfrac{6}{5}x - 6$

Comparando a equação anterior com a equação reduzida da reta, temos o coeficiente linear -6 e o coeficiente angular $\dfrac{6}{5}$.

Observação

Na prática, para obter o coeficiente linear, basta fazer $x = 0$ na equação da reta. O valor obtido para a ordenada y é o coeficiente linear.

46. Obtenha os coeficientes linear e angular de cada reta cuja equação é dada a seguir.

a) $\sqrt{3}x - 5y + 2 = 0$ b) $-\dfrac{1}{2}x + \sqrt{2}y - \dfrac{1}{8} = 0$

47. Escreva a equação da reta que passa pelos pontos A(−1, 2) e B(1, 3) na forma reduzida.

48. O valor de um número real x vai aumentar 30%, dando um resultado y. Expresse y em função de x e represente graficamente essa função. Qual é a inclinação da reta que representa essa função?

R15. Dada a representação gráfica da reta r, determinar sua equação reduzida.

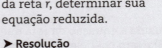

▶ **Resolução**

Observando a figura, temos n = 7 (ordenada do ponto de intersecção de r com o eixo y).

Como α = 60°, temos:
$m = \text{tg } 60° = \sqrt{3}$

Substituindo $m = \sqrt{3}$ e $n = 7$ na equação $y = mx + n$, temos $y = \sqrt{3}x + 7$.

Portanto, a equação reduzida de r é $y = \sqrt{3}x + 7$.

49. Determine as equações reduzidas das retas r e s mostradas na figura.

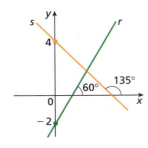

2.5 Equação segmentária da reta

A reta r não paralela aos eixos intersecta o eixo x em A(a, 0) e o eixo y em B(0, b), com a ≠ 0 e b ≠ 0.

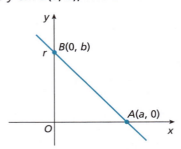

A equação geral da reta r é dada por:

$\begin{vmatrix} x & y & 1 \\ a & 0 & 1 \\ 0 & b & 1 \end{vmatrix} = 0 \Rightarrow bx + ay = ab$

Dividindo os dois membros da equação por ab, obtemos:

$\dfrac{bx}{ab} + \dfrac{ay}{ab} = \dfrac{ab}{ab} \Rightarrow \boxed{\dfrac{x}{a} + \dfrac{y}{b} = 1}$

A equação $\dfrac{x}{a} + \dfrac{y}{b} = 1$ é denominada **equação segmentária da reta**.

Observe que a abscissa de A (ponto onde a reta intersecta o eixo x) e a ordenada de B (ponto onde a reta intersecta o eixo y) devem aparecer na equação segmentária da reta.

Observe também que a e b são respectivamente medidas algébricas dos segmentos $\overline{AO}$ e $\overline{BO}$, daí o nome equação segmentária.

Vale lembrar que, se a reta cruzar os eixos na origem (0, 0), não podemos escrever sua equação na forma segmentária.

Exemplos

a) Vamos determinar a equação segmentária da reta r representada abaixo.

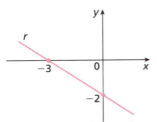

Como a reta r intersecta o eixo x em (−3, 0) e o y em (0, −2), temos:

$\dfrac{x}{a} + \dfrac{y}{b} = 1 \Rightarrow \dfrac{x}{-3} + \dfrac{y}{-2} = 1$

Portanto, $\dfrac{x}{-3} + \dfrac{y}{-2} = 1$ é a equação segmentária da reta r.

b) Vamos determinar a equação segmentária da reta s cuja equação geral é $2x - 3y + 4 = 0$.

$2x - 3y + 4 = 0 \Rightarrow 2x - 3y = -4 \Rightarrow$

$\Rightarrow \dfrac{2x}{-4} - \dfrac{3y}{-4} = \dfrac{-4}{-4} \Rightarrow \dfrac{x}{-2} + \dfrac{y}{\frac{4}{3}} = 1$

Portanto, $\dfrac{x}{-2} + \dfrac{y}{\frac{4}{3}} = 1$ é a equação segmentária da reta s.

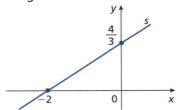

EXERCÍCIOS

50. Determine a equação segmentária da reta r em cada um dos gráficos abaixo.

a)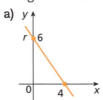
b)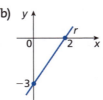

51. Escreva na forma segmentária a equação da reta que passa pelos pontos A(4, 0) e B(0, 7).

52. Determine a equação segmentária da reta cuja equação geral é $4x + 3y - 2 = 0$.

53. Dada a equação geral $3x + 2y - 18 = 0$ de uma reta, obtenha os pontos de intersecção dessa reta com os eixos x e y e sua equação segmentária.

3. Posição relativa entre duas retas no plano

Duas retas coplanares podem ser classificadas em **coincidentes**, **paralelas distintas** ou **concorrentes**, sendo as retas perpendiculares um caso particular de retas concorrentes. Observe nos quadros abaixo, por exemplo, as retas r e s e suas respectivas equações.

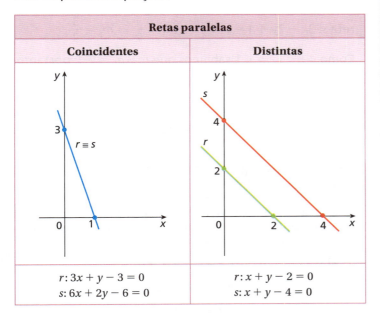

A seguir, veremos quais condições permitem determinar a posição relativa entre duas retas no plano cartesiano conhecendo apenas suas equações ou seus coeficientes angulares e/ou lineares.

3.1 Condição de paralelismo de duas retas

Vamos verificar as condições para que as retas r e s, de coeficientes angulares m_r e m_s e coeficientes lineares n_r e n_s, sejam paralelas.

Lembrando que retas paralelas podem ser distintas ou coincidentes.

- Para que as retas r e s sejam **paralelas distintas**, devem satisfazer a seguinte condição:

$$m_r = m_s \text{ e } n_r \neq n_s$$

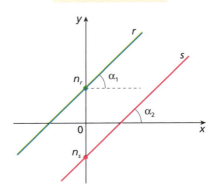

- Para que as retas r e s sejam **paralelas coincidentes**, devem satisfazer a seguinte condição:

$$m_r = m_s \text{ e } n_r = n_s$$

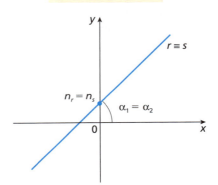

Observação

Se m_r e m_s não estão definidos, então r e s são retas verticais, isto é, paralelas ao eixo y; portanto, são paralelas entre si.

Exemplo

Vamos determinar a posição da reta r, de equação $x + 2y - 6 = 0$, em relação à reta s, de equação $3x + 6y - 5 = 0$.

Primeiro, vamos determinar os coeficientes angular e linear de r e s usando as equações na forma reduzida.

Para a reta r, temos:
$x + 2y - 6 = 0 \Rightarrow y = -\dfrac{1}{2}x + 3$

Portanto, $m_r = -\dfrac{1}{2}$ e $n_r = 3$.

Para a reta s, temos:
$3x + 6y - 5 = 0 \Rightarrow y = -\dfrac{1}{2}x + \dfrac{5}{6}$

Portanto, $m_s = -\dfrac{1}{2}$ e $n_s = \dfrac{5}{6}$.

Como $m_r = m_s = -\dfrac{1}{2}$ e $n_r \neq n_s$, então as retas r e s são paralelas distintas.

3.2 Condição de perpendicularismo de duas retas

Inicialmente, vamos verificar quais condições devem ocorrer para que as retas r e s, não verticais, de inclinações α_r e α_s e de coeficientes angulares $m_r = \text{tg } \alpha_r$ e $m_s = \text{tg } \alpha_s$, sejam concorrentes.

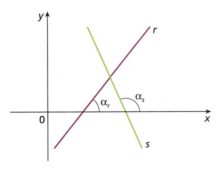

Para que as retas r e s sejam concorrentes, isto é, não paralelas, devemos ter: $\alpha_r \neq \alpha_s \Rightarrow \text{tg } \alpha_r \neq \text{tg } \alpha_s \Rightarrow m_r \neq m_s$

Portanto, para que duas retas não verticais sejam **concorrentes**, elas devem ter coeficientes angulares diferentes.

Agora, vamos considerar as retas r e s, não verticais, concorrentes perpendiculares, conforme a figura abaixo.

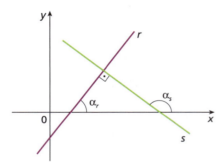

Nesse caso, temos:
$\alpha_s = \alpha_r + 90° \Rightarrow \text{tg } \alpha_s = \text{tg }(\alpha_r + 90°)$ (I)

Lembrando que sen $(a + b) = $ sen $a \cdot$ cos $b + $ sen $b \cdot$ cos a e que cos $(a + b) = $ cos $a \cdot$ cos $b - $ sen $a \cdot$ sen b, temos:

$$\text{tg }(\alpha_r + 90°) = \frac{\text{sen }(\alpha_r + 90°)}{\cos(\alpha_r + 90°)} =$$

$$= \frac{\text{sen } \alpha_r \cdot \cos 90° + \text{sen } 90° \cdot \cos \alpha_r}{\cos \alpha_r \cdot \cos 90° - \text{sen } \alpha_r \cdot \text{sen } 90°}$$

Como cos $90° = 0$ e sen $90° = 1$, temos:

$$\text{tg }(\alpha_r + 90°) = \frac{\text{sen } \alpha_r \cdot 0 + 1 \cdot \cos \alpha_r}{\cos \alpha_r \cdot 0 - \text{sen } \alpha_r \cdot 1} = \frac{\cos \alpha_r}{-\text{sen } \alpha_r} =$$

$$= -\frac{1}{\frac{\text{sen } \alpha_r}{\cos \alpha_r}} = -\frac{1}{\text{tg } \alpha_r}$$

$\text{tg }(\alpha_r + 90°) = -\dfrac{1}{\text{tg } \alpha_r}$ (II)

Substituindo (II) em (I), obtemos:

$$\text{tg } \alpha_s = -\frac{1}{\text{tg } \alpha_r} \Rightarrow m_s = -\frac{1}{m_r} \Rightarrow m_r \cdot m_s = -1$$

Portanto, as retas r e s, não verticais, são **perpendiculares** quando:

$$m_r \cdot m_s = -1$$

Exemplo

Vamos verificar se as retas r e s, de equações $2x + 3y - 6 = 0$ e $3x - 2y + 1 = 0$, são perpendiculares.

reta r: $2x + 3y - 6 = 0 \Rightarrow y = -\dfrac{2}{3}x + 2 \Rightarrow m_r = -\dfrac{2}{3}$

reta s: $3x - 2y + 1 = 0 \Rightarrow y = \dfrac{3}{2}x + \dfrac{1}{2} \Rightarrow m_s = \dfrac{3}{2}$

Como $-\dfrac{2}{3} \cdot \dfrac{3}{2} = -1$, sabemos que $m_r \cdot m_s = -1$; portanto, $r \perp s$.

Observação

A notação $r \perp s$ indica que as retas r e s são perpendiculares.

EXERCÍCIOS

54. Em cada item, verifique se as retas r e s são paralelas coincidentes, paralelas distintas, concorrentes ou concorrentes perpendiculares.

a) r: $x + y - 3 = 0$ e s: $x - y + 1 = 0$

b) r: $3x - 2y + 1 = 0$ e s: $y = -\dfrac{x}{2} - \dfrac{3}{2}$

c) r: $y = 2 + x$ e s: $-x + y - 3 = 0$

d) r: $2x - y + 2 = 0$ e s: $x - \dfrac{1}{2}y + 1 = 0$

55. Dadas as retas r, de equação $2x - 4y - 2 = 0$, e s, de equação $y = \dfrac{x}{2} + 3$, faça o que se pede.

a) Represente essas retas no plano cartesiano.

b) Observe a representação do item **a** e escreva a posição relativa de r e s.

c) Verifique algebricamente a resposta dada no item **b**.

R16. Escrever a equação reduzida da reta r que passa pelo ponto $P(-2, 1)$ e é perpendicular à reta s de equação $2x + y - 2 = 0$.

▶ **Resolução**

A equação reduzida da reta s é:
$2x + y - 2 = 0 \Rightarrow y = -2x + 2$
Portanto, $m_s = -2$.
Para que as retas r e s sejam perpendiculares, é necessário que o produto de seus coeficientes angulares seja igual a -1.
Assim:
$m_s \cdot m_r = -1 \Rightarrow (-2) \cdot m_r = -1 \Rightarrow m_r = \dfrac{1}{2}$
O ponto P pertence à reta r; então:
$y_P = m_r \cdot x_P + n_r \Rightarrow 1 = \dfrac{1}{2} \cdot (-2) + n_r \Rightarrow n_r = 2$

Logo, a equação reduzida da reta r, que passa por P e é perpendicular à reta s, é $y = \dfrac{1}{2}x + 2$.

56. Determine a equação geral da reta r que passa pela origem do sistema cartesiano e é paralela à reta de equação $5x - y + 2 = 0$.

57. Dada a reta r, de equação $y = 3x - 1$, e o ponto $P(-3, 1)$, determine a equação geral da reta s que passa pelo ponto P e é perpendicular à reta r.

58. Determine a equação geral da reta r que passa pela origem do sistema cartesiano e é perpendicular à reta de equação $5x - y + 2 = 0$.

R17. Calcular o valor de k para que as retas r e s, não verticais, respectivamente de equações $(k + 1)x + y + 1 = 0$ e $-(k^2 - 2)x + 2y - 3 = 0$, sejam paralelas.

➤ **Resolução**

Inicialmente, vamos obter a equação reduzida das retas r e s e seus respectivos coeficientes angulares.
reta r: $(k + 1)x + y + 1 = 0 \Rightarrow y = -(k + 1)x - 1$
Portanto, $m_r = -(k + 1)$.
reta s: $-(k^2 - 2)x + 2y - 3 = 0 \Rightarrow y = \dfrac{(k^2 - 2)x}{2} + \dfrac{3}{2}$
Portanto, $m_s = \dfrac{k^2 - 2}{2}$.

Para que as retas r e s sejam paralelas, é necessário que os coeficientes angulares de ambas sejam iguais. Assim:
$m_r = m_s \Rightarrow -(k + 1) = \dfrac{k^2 - 2}{2} \Rightarrow k^2 + 2k = 0 \Rightarrow$
$\Rightarrow k \cdot (k + 2) = 0$
Resolvendo a última igualdade, temos: $k = 0$ ou $k = -2$
Portanto, as retas r e s são paralelas quando $k = 0$ ou $k = -2$.

59. Para que valores de k as retas r e s, de equações $kx - 2y + 7 = 0$ e $8x + 12y - 15 = 0$, são perpendiculares?

60. Obtenha a equação reduzida da reta paralela à reta $4x - 2y + 1 = 0$ e que passa pelo ponto de intersecção da reta $2x - y + 3 = 0$ com o eixo das ordenadas.

R18. Determinar a equação reduzida da mediatriz r do segmento $\overline{AB}$, de extremidades $A(1, 3)$ e $B(-5, -1)$.

➤ **Resolução**

A mediatriz de um segmento é a reta perpendicular a esse segmento e que passa por seu ponto médio.

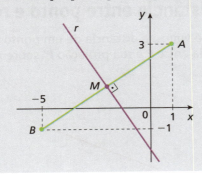

Vamos determinar as coordenadas do ponto médio M do segmento $\overline{AB}$:

- $x_M = \dfrac{x_A + x_B}{2} = \dfrac{1 + (-5)}{2} = -2$
- $y_M = \dfrac{y_A + y_B}{2} = \dfrac{3 + (-1)}{2} = 1$

Assim, o ponto médio é $M(-2, 1)$.
O coeficiente angular da reta suporte do segmento $\overline{AB}$ é tal que:
$m_{\overline{AB}} = \dfrac{y_B - y_A}{x_B - x_A} = \dfrac{-1 - 3}{-5 - 1} = \dfrac{2}{3}$
O coeficiente angular da reta mediatriz r é tal que:
$m_{\overline{AB}} \cdot m_r = -1 \Rightarrow \dfrac{2}{3} \cdot m_r = -1 \Rightarrow m_r = -\dfrac{3}{2}$
Como o ponto médio M de $\overline{AB}$ pertence à mediatriz r, temos:
$y_M = m_r \cdot x_M + n_r \Rightarrow 1 = -\dfrac{3}{2} \cdot (-2) + n_r \Rightarrow n_r = -2$
Portanto, a equação reduzida da reta r, mediatriz de $\overline{AB}$, é $y = -\dfrac{3}{2}x - 2$.

61. Considere o triângulo representado abaixo e resolva os itens a seguir.

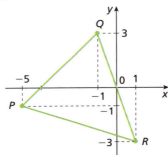

a) Obtenha a equação da mediatriz de cada um dos lados do triângulo.
b) O circuncentro C de um triângulo PQR é o ponto de intersecção das mediatrizes dos lados desse triângulo. Determine as coordenadas do ponto C.

62. Analise o retângulo abaixo.

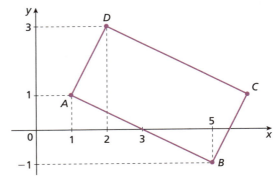

Agora, determine:
a) as coordenadas dos vértices do retângulo.
b) as equações gerais das retas suportes das diagonais.
c) a área do retângulo.
d) o perímetro do retângulo.

3.3 Retas concorrentes e o ângulo formado entre elas

Seja θ a medida do ângulo **agudo** formado entre duas retas concorrentes, *r* e *s*, de coeficientes angulares m_r e m_s, respectivamente. Admitindo que nenhuma das retas seja perpendicular ao eixo *x*, temos:

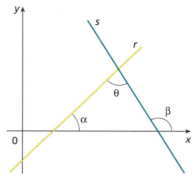

Observe que, nesse caso, $\beta > \alpha$ e $\beta = \alpha + \theta$.

Lembrando que $\operatorname{tg}(a - b) = \dfrac{\operatorname{tg} a - \operatorname{tg} b}{1 + \operatorname{tg} a \cdot \operatorname{tg} b}$, temos:

$\theta = \beta - \alpha \Rightarrow \operatorname{tg} \theta = \operatorname{tg}(\beta - \alpha) \Rightarrow \operatorname{tg} \theta = \dfrac{\operatorname{tg} \beta - \operatorname{tg} \alpha}{1 + \operatorname{tg} \beta \cdot \operatorname{tg} \alpha} \Rightarrow$

$\Rightarrow \operatorname{tg} \theta = \dfrac{m_s - m_r}{1 + m_s \cdot m_r}$ (θ é a medida do agudo e $\operatorname{tg} \theta > 0$)

Por raciocínio análogo, se $\beta < \alpha$, isto é, se *r* e *s* trocassem de lugar na figura acima, encontraríamos $\operatorname{tg} \theta = -\dfrac{m_s - m_r}{1 + m_s \cdot m_r}$, pois θ é a medida do agudo e $\operatorname{tg} \theta > 0$.

Portanto, em qualquer situação:

$$\operatorname{tg} \theta = \left| \dfrac{m_s - m_r}{1 + m_s \cdot m_r} \right|$$

Observações

- Se $r // s$, então $m_r = m_s$ e $\theta = 0°$.
- Se $r \perp s$, então $m_r \cdot m_s = -1$ e $\theta = 90°$.

A seguir, veremos um caso em que uma das retas é vertical e a outra é não horizontal.

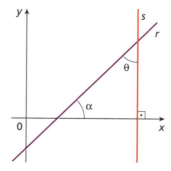

Nesse caso, temos:

$\theta + \alpha = 90° \Rightarrow \theta = 90° - \alpha \Rightarrow \operatorname{tg} \theta = \operatorname{tg}(90° - \alpha)$

$\operatorname{tg}(90° - \alpha) = \dfrac{\operatorname{sen}(90° - \alpha)}{\cos(90° - \alpha)} = \dfrac{\cos \alpha}{\operatorname{sen} \alpha} = \dfrac{1}{\operatorname{tg} \alpha}$

Então: $\operatorname{tg} \theta = \dfrac{1}{\operatorname{tg} \alpha} \Rightarrow \operatorname{tg} \theta = \dfrac{1}{m_r}$

Caso *r* tivesse declividade negativa (90° < α < 180°), analogamente encontraríamos $\operatorname{tg} \theta = -\dfrac{1}{m_r}$.

Portanto, em qualquer situação:

$$\operatorname{tg} \theta = \left| \dfrac{1}{m_r} \right|$$

Exemplo

O ângulo agudo formado entre as retas *r* e *s* mede 45°. Se o coeficiente angular de *r* é $m_r = 3$, vamos determinar o coeficiente angular m_s da reta *s*.

$\operatorname{tg} \theta = \left| \dfrac{m_s - m_r}{1 + m_s \cdot m_r} \right| \Rightarrow \operatorname{tg} 45° = \left| \dfrac{m_s - 3}{1 + m_s \cdot 3} \right| \Rightarrow 1 = \left| \dfrac{m_s - 3}{1 + 3m_s} \right|$

Lembrando que, se $x \in \mathbb{R}$ e $k \in \mathbb{R}_+$, temos:

$|x| = k \Rightarrow x = k$ ou $x = -k$

Para $\dfrac{m_s - 3}{1 + 3m_s} = 1$, obtemos $m_s = -2$.

Para $\dfrac{m_s - 3}{1 + 3m_s} = -1$, obtemos $m_s = \dfrac{1}{2}$.

Portanto, $m_s = -2$ ou $m_s = \dfrac{1}{2}$.

EXERCÍCIOS

63. Determine a medida do ângulo agudo formado pelas retas *r*, de equação $x - 3 = 0$, e *s*, de equação $x - \sqrt{3}y + 2 = 0$.

64. Escreva a equação da reta que passa pelo ponto (1, 2) e forma um ângulo de 45° com a reta $3x - y + 2 = 0$.

65. Calcule o valor de *k* para que as retas dadas por $x + 3y - 13 = 0$ e $kx + y = 0$ formem um ângulo de 45°.

66. Observe o gráfico e, com o auxílio de uma calculadora científica, calcule o valor de θ.

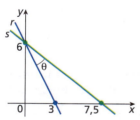

4. Distância entre ponto e reta

Como já vimos, a distância de um ponto *P* a uma reta *r* é a distância entre *P* e sua projeção *P'* sobre *r*.

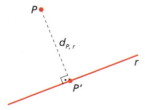

Exemplo

Para calcular a distância entre o ponto $P(2, 7)$ e a reta r, de equação $2x + y + 1 = 0$, precisamos inicialmente encontrar a equação da reta s que passa por P e é perpendicular a r.

As retas r e s se intersectam no ponto $P'(x, y)$, que é a projeção ortogonal do ponto P sobre a reta r. Então, para resolver esse problema, basta calcular a distância entre P e P'.

reta r: $2x + y + 1 = 0 \Rightarrow y = -2x - 1 \Rightarrow m_r = -2$

Para $r \perp s$, temos: $m_r \cdot m_s = -1 \Rightarrow (-2) \cdot m_s = -1 \Rightarrow m_s = \dfrac{1}{2}$

Portanto, a equação da reta s é:

$y - y_P = m_s(x - x_P) \Rightarrow y - 7 = \dfrac{1}{2}(x - 2) \Rightarrow x - 2y + 12 = 0$

Como $\{P'\} = r \cap s$, devemos resolver o sistema formado pelas equações das retas r e s e obter as coordenadas de P'.

$\begin{cases} 2x + y + 1 = 0 \quad \text{(I)} \\ x - 2y + 12 = 0 \quad \text{(II)} \end{cases}$

De (I), obtemos: $y = -2x - 1$ (III)

Substituindo (III) em (II), obtemos:

$x - 2(-2x - 1) + 12 = 0 \Rightarrow x = -\dfrac{14}{5}$

Substituindo $x = -\dfrac{14}{5}$ em (I), obtemos:

$2\left(-\dfrac{14}{5}\right) + y + 1 = 0 \Rightarrow y = \dfrac{23}{5}$

Portanto, $P'\left(-\dfrac{14}{5}, \dfrac{23}{5}\right)$.

Como $d_{P, r} = d_{P, P'}$, temos:

$d_{P, r} = \sqrt{\left(-\dfrac{14}{5} - 2\right)^2 + \left(\dfrac{23}{5} - 7\right)^2} = \sqrt{\dfrac{576}{25} + \dfrac{144}{25}} = \sqrt{\dfrac{720}{25}} = \dfrac{12\sqrt{5}}{5}$

Logo, a distância entre o ponto P e a reta r é $\dfrac{12\sqrt{5}}{5}$.

Fórmula da distância entre um ponto e uma reta

Ao aplicar o processo usado no exemplo anterior para um ponto $P(x_P, y_P)$ e uma reta r de equação geral $ax + by + c = 0$, obtemos a fórmula empregada para calcular a distância $d_{P, r}$ entre o ponto P e a reta r:

$$d_{P, r} = \dfrac{|ax_P + by_P + c|}{\sqrt{a^2 + b^2}}$$

Exemplo

Aplicando a fórmula ao exemplo anterior, tendo o ponto $P(2, 7)$ e a reta r de equação $2x + y + 1 = 0$, obtemos:

$d_{P, r} = \dfrac{|2 \cdot 2 + 1 \cdot 7 + 1|}{\sqrt{2^2 + 1^2}} = \dfrac{12}{\sqrt{5}} = \dfrac{12\sqrt{5}}{5}$

EXERCÍCIOS

67. Calcule a distância entre o ponto $A(1, 2)$ e a reta r, de equação $2x + y + 3 = 0$.

68. Obtenha a distância da origem do plano cartesiano à reta de equação $3x + 4y - 4 = 0$.

R19. Dado o triângulo de vértices $A(2, 4)$, $B(-2, 2)$ e $C(3, 0)$, calcular a medida de sua altura relativa ao lado $\overline{BC}$.

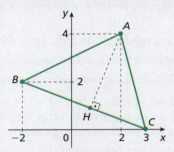

▶ **Resolução**

Vamos determinar a equação da reta suporte do lado $\overline{BC}$:

$\overleftrightarrow{BC}: \begin{vmatrix} x & y & 1 \\ -2 & 2 & 1 \\ 3 & 0 & 1 \end{vmatrix} = 0 \Rightarrow 2x + 5y - 6 = 0$

A medida procurada é a distância entre o ponto $A(2, 4)$ e a reta $\overleftrightarrow{BC}$:

$d_{A, \overleftrightarrow{BC}} = \dfrac{|2 \cdot 2 + 5 \cdot 4 + (-6)|}{\sqrt{2^2 + 5^2}} = \dfrac{18}{\sqrt{29}} = \dfrac{18\sqrt{29}}{29}$

Logo, a medida da altura relativa ao lado $\overline{BC}$ é $\dfrac{18\sqrt{29}}{29}$ unidades de comprimento.

69. Um triângulo tem vértices $A(2, 0)$, $B(3, 1)$ e $C(0, 2)$. Calcule a medida da altura do triângulo relativa ao lado $\overline{BC}$.

R20. Calcular a distância entre as retas paralelas r e s, de equações $2x - y + 4 = 0$ e $2x - y - 7 = 0$, respectivamente.

▶ **Resolução**

Sabemos que a distância entre duas retas paralelas é igual à distância de um ponto P qualquer de uma delas à outra reta.

Então, vamos calcular as coordenadas de um ponto P qualquer da reta r.

Para $x = 0$, por exemplo, temos: $2 \cdot 0 - y + 4 = 0 \Rightarrow y = 4$

Portanto, $P(0, 4)$ é um ponto de r.

Agora, basta calcular a distância entre P e a reta s.

$d_{P, s} = \dfrac{|2 \cdot 0 + (-1) \cdot 4 + (-7)|}{\sqrt{2^2 + (-1)^2}} = \dfrac{11}{\sqrt{5}} = \dfrac{11\sqrt{5}}{5}$

Logo, a distância entre as duas retas é $\dfrac{11\sqrt{5}}{5}$.

70. Obtenha a distância entre as retas paralelas $2x - 3y + 5 = 0$ e $4x - 6y - 1 = 0$.

71. Um quadrado tem um vértice em A e um lado na reta r.

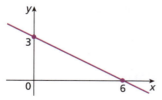

a) Identifique o ponto A e determine a equação geral da reta r.
b) Calcule a medida ℓ do lado do quadrado.
c) Determine a medida da diagonal do quadrado.
d) Calcule a área e o perímetro do quadrado.

72. Dadas as retas $r: 2x + 5y - 4 = 0$ e $s: 5x - 2y + 8 = 0$, encontre as equações das retas cujos pontos são equidistantes de r e s. Siga estes passos:

- Considere um ponto genérico $P(x, y)$.
- Use a definição $d_{P,r} = d_{P,s}$.
- Organize a equação eliminando os módulos.
- Verifique se as equações que você encontrou representam retas bissetrizes dos ângulos formados pelas retas r e s.

5. Inequações do 1º grau com duas incógnitas

Já vimos como resolver inequações com uma incógnita. Agora, vamos estudar inequações do 1º grau com duas incógnitas.

Exemplos

- $2x - 7y < 0$
- $8y - \dfrac{1}{3}x > 0$
- $\sqrt{5}x + y \geq 0$
- $x + y \leq 0$

Uma inequação do 1º grau com duas incógnitas admite infinitas soluções, que podem ser representadas graficamente, conforme veremos nos exemplos a seguir.

Exemplos

a) Vamos representar graficamente a inequação $x + 2y - 6 \leq 0$.

A reta de equação $x + 2y - 6 = 0$ divide o plano cartesiano em dois semiplanos. Somente um desses semiplanos tem pontos cujas coordenadas satisfazem a inequação.

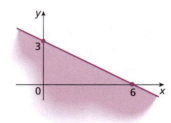

Para verificar qual dos semiplanos representa os pontos tais que $x + 2y - 6 \leq 0$, vamos testar um ponto auxiliar qualquer, por exemplo, $P(0, 0)$, substituindo suas coordenadas na desigualdade. Se o ponto pertencer a esse semiplano, então todos os pontos do mesmo lado da reta em que está o ponto testado também pertencerão a esse semiplano.

Assim:

$x + 2y - 6 \leq 0 \Rightarrow 0 + 2 \cdot 0 - 6 \leq 0 \Rightarrow -6 \leq 0$ (verdadeira)

Como a sentença é verdadeira, P está no semiplano procurado; logo, podemos desenhar o semiplano que representa $x + 2y - 6 \leq 0$.

Observe:

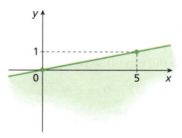

b) Vamos determinar a inequação cuja representação gráfica é:

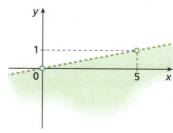

Inicialmente, vamos escrever a equação da reta r que delimita o semiplano. Ela passa pelos pontos $(0, 0)$ e $(5, 1)$; logo, $m_r = \dfrac{1 - 0}{5 - 0} = \dfrac{1}{5}$. Sua equação geral é dada por $y - 0 = \dfrac{1}{5} \cdot (x - 0)$, ou seja, é $x - 5y = 0$.

Agora, vamos calcular o valor numérico V do primeiro membro da equação geral de r para as coordenadas de um ponto da região representada que não pertença a r. Substituindo na expressão $x - 5y$ as coordenadas do ponto $P(1, 0)$, por exemplo, temos: $V = 1 - 5 \cdot 0 = 1$

Como $V > 0$ e r faz parte da região representada, os pontos descritos na representação gráfica são tais que $x - 5y \geq 0$.

Observação

Se o gráfico fosse o representado abaixo, a resposta seria $x - 5y > 0$.

546 Conexões com a Matemática

c) Vamos representar graficamente o sistema de inequações: $\begin{cases} x - y + 2 > 0 \\ x + y - 4 \leq 0 \end{cases}$

Inicialmente, representamos cada inequação:

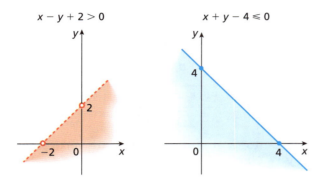

A região procurada é a intersecção dos dois semiplanos formados pelas soluções das inequações $x - y + 2 > 0$ e $x + y - 4 \leq 0$. Logo:

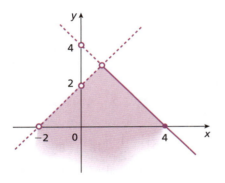

EXERCÍCIOS

73. Resolva graficamente as inequações a seguir.
 a) $x - y + 1 \geq 0$
 b) $2x - y + 2 < 0$

74. Determine a inequação cuja representação gráfica é:

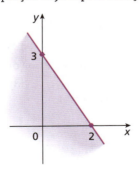

75. Represente graficamente o sistema de inequações:
$\begin{cases} 2x - y - 10 \leq 0 \\ x + y - 2 > 0 \end{cases}$

76. São dados a reta r, de equação $2x - 5y - 10 = 0$, e o ponto $P(1, k)$. Descubra o valor de k para que o ponto P pertença ao semiplano que representa a inequação $2x - 5y - 10 < 0$.

77. Uma fábrica produz dois tipos de calça, A e B, sendo x a quantidade diária produzida da calça A e y, a da calça B. Cada unidade produzida de A custa R$ 30,00 e cada unidade produzida de B custa R$ 70,00, sendo, portanto, o custo total diário da produção conjunta de A e B igual a $p = 30x + 70y$.

 a) Qual é o significado dos coeficientes de x e y na expressão do custo $p = 30x + 70y$?

 b) Sendo o custo total diário igual a R$ 4.200,00, determine dois pares de valores possíveis para x e y.

 c) Sendo o custo total diário igual a R$ 4.200,00, para a produção de igual quantidade das calças A e B, quantas calças são confeccionadas por dia?

 d) Um valor para x ou y que não seja um número natural tem significado nesse problema? Justifique.

 e) Sendo o valor máximo para p igual a R$ 6.300,00, quais são os valores máximos para x e y, sabendo que $x \geq 0$ e $y \geq 0$?

 f) Expresse por meio de uma inequação o custo total diário de produção ser no máximo R$ 6.300,00. A representação gráfica dessa inequação, considerando as condições do problema, é um semiplano? Justifique sua resposta.

6. Área de uma superfície triangular: uma aplicação na Geometria analítica

Considere o triângulo representado abaixo.

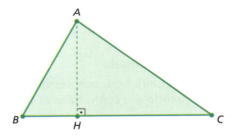

Sabemos, pela Geometria plana, que a área desse triângulo é dada por:

$$A_{\text{triângulo}} = \frac{1}{2} \cdot BC \cdot AH$$

Considerando a distância entre dois pontos e entre um ponto e uma reta, escreveríamos essa fórmula da seguinte maneira:

$$A_{\text{triângulo}} = \frac{1}{2} \cdot d_{B,C} \cdot d_{A,r}$$

em que r é a reta suporte do lado $\overline{BC}$ do triângulo.

Observação

Conforme vimos, em alguns contextos que envolvem áreas, chamaremos a **superfície poligonal** pelo nome do **polígono** que a determina. Por exemplo, em vez de dizer "a área de uma superfície triangular", diremos "a área do triângulo".

Exemplo

Os pontos $A(5, 2)$, $B(3, 5)$ e $C(1, 0)$ são vértices do triângulo ABC.

Vamos calcular a área desse triângulo.

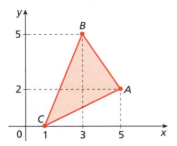

Para calcular a área do triângulo, podemos escolher $\overline{BC}$ como base e determinar sua medida:

$d_{B,C} = \sqrt{(1-3)^2 + (0-5)^2} = \sqrt{4+25} = \sqrt{29}$

Agora, vamos determinar a equação da reta r, suporte do lado $\overline{BC}$:

$\begin{vmatrix} x & y & 1 \\ 3 & 5 & 1 \\ 1 & 0 & 1 \end{vmatrix} = 0 \Rightarrow 5x + y - 5 - 3y = 0 \Rightarrow 5x - 2y - 5 = 0$

A distância do vértice A à reta r, suporte do lado $\overline{BC}$, é dada por:

$d_{A,r} = \dfrac{|5 \cdot 5 + (-2) \cdot 2 + (-5)|}{\sqrt{5^2 + (-2)^2}} = \dfrac{|16|}{\sqrt{29}} = \dfrac{16}{\sqrt{29}}$

Considerando os dados obtidos, vamos calcular a área do triângulo.

$A_{\text{triângulo}} = \dfrac{1}{2} \cdot d_{B,C} \cdot d_{A,r} = \dfrac{1}{2} \cdot \sqrt{29} \cdot \dfrac{16}{\sqrt{29}} = \dfrac{16}{2} = 8$

Portanto, a área do triângulo ABC é 8 unidades de área.

Fórmula da área do triângulo

Vejamos uma maneira bem simples de calcular a área de um triângulo quando são conhecidas as coordenadas de seus vértices.

Considere o triângulo de vértices $A(x_A, y_A)$, $B(x_B, y_B)$ e $C(x_C, y_C)$.

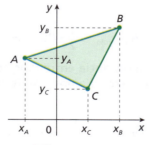

A medida do lado $\overline{BC}$ é:

$d_{B,C} = \sqrt{(x_C - x_B)^2 + (y_C - y_B)^2}$

A equação da reta r, suporte do lado $\overline{BC}$, é dada por:

$D' = \begin{vmatrix} x & y & 1 \\ x_B & y_B & 1 \\ x_C & y_C & 1 \end{vmatrix} = \underbrace{(y_B - y_C)}_{a}x + \underbrace{(x_C - x_B)}_{b}y + \underbrace{(x_B y_C - x_C y_B)}_{c} =$

$= ax + by + c = 0$

A distância do vértice A à reta suporte do lado $\overline{BC}$ é:

$d_{A,r} = \dfrac{|(y_B - y_C)x_A + (x_C - x_B)y_A + (x_B y_C - x_C y_B)|}{\sqrt{(y_B - y_C)^2 + (x_C - x_B)^2}} =$

$= \dfrac{|D|}{\sqrt{(y_B - y_C)^2 + (x_C - x_B)^2}}$

A área do triângulo é dada por:

$A_{\text{triângulo}} = \dfrac{1}{2} \cdot d_{B,C} \cdot d_{A,r}$

$A_{\text{triângulo}} = \dfrac{1}{2} \cdot \dfrac{\left(\sqrt{(x_C - x_B)^2 + (y_C - y_B)^2}\right) \cdot |D|}{\sqrt{(y_B - y_C)^2 + (x_C - x_B)^2}}$

Portanto, a área do triângulo de vértices $A(x_A, y_A)$, $B(x_B, y_B)$ e $C(x_C, y_C)$ é dada por:

$$A_{\text{triângulo}} = \dfrac{1}{2} \cdot |D|, \text{ com } D = \begin{vmatrix} x_A & y_A & 1 \\ x_B & y_B & 1 \\ x_C & y_C & 1 \end{vmatrix}$$

Exemplos

a) Para calcular a área do triângulo de vértices $A(5, 2)$, $B(3, 5)$ e $C(1, 0)$ do exemplo anterior, podemos fazer:

$D = \begin{vmatrix} 5 & 2 & 1 \\ 3 & 5 & 1 \\ 1 & 0 & 1 \end{vmatrix} = 25 + 2 - 5 - 6 = 16$

$A_{\text{triângulo}} = \dfrac{1}{2} \cdot |D| = \dfrac{1}{2} \cdot |16| = 8$

Logo, a área do triângulo é 8 unidades de área.

b) Para obter o valor de y, sabendo que os pontos $A(0, 1)$, $B(3, 3)$ e $C(6, y)$ são os vértices de um triângulo cuja área é igual a 6 unidades de área, devemos ter:

$A_{\text{triângulo}} = \dfrac{1}{2} \cdot |D| \Rightarrow 6 = \dfrac{1}{2}|D| \Rightarrow |D| = 12$

$D = \begin{vmatrix} 0 & 1 & 1 \\ 3 & 3 & 1 \\ 6 & y & 1 \end{vmatrix} = 0 + 6 + 3y - 18 - 0 - 3 = 3y - 15$

Resolvendo a equação modular, obtemos:

$|D| = 12 \Rightarrow |3y - 15| = 12 \Rightarrow \begin{cases} 3y - 15 = 12 \\ \text{ou} \\ 3y - 15 = -12 \end{cases} \Rightarrow \begin{cases} y = 9 \\ \text{ou} \\ y = 1 \end{cases}$

Portanto, $y = 9$ ou $y = 1$.

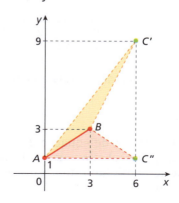

EXERCÍCIOS

78. Obtenha a área do quadrilátero ABCD sabendo que seus vértices são os pontos A(4, 0), B(7, 2), C(0, 5) e D(1, 1).

79. Lembrando que todo polígono convexo de n lados pode ser decomposto em (n − 3) triângulos por meio das diagonais que partem de um único vértice, calcule a área do polígono representado ao lado.

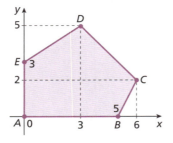

80. Considere as retas r e s, de equações $y = -3x + 6$ e $y = -\dfrac{x}{2} + 2$, respectivamente.

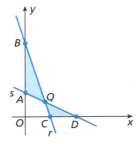

Determine:

a) as coordenadas dos pontos A, B, C e D.

b) as coordenadas do ponto Q, intersecção de retas r e s.

c) a área da figura azul.

d) a área do quadrilátero OAQC.

e) a área do polígono OBQD. (Explique como você obteve esse resultado.)

81. Considere as hipóteses:

(I) Os pontos $A(x_A, y_A)$, $B(x_B, y_B)$ e $C(x_C, y_C)$ são vértices de um triângulo.

(II) $D = \begin{vmatrix} x_A & y_A & 1 \\ x_B & y_B & 1 \\ x_C & y_C & 1 \end{vmatrix} = 0$

a) Calcule a área do "triângulo ABC".

b) As hipóteses (I) e (II) são conflitantes?

82. Dados os vértices A(−2, 2), B(3, −3) e C(x_C, 7) de um triângulo, determine a abcissa x_C sabendo que a área desse triângulo é igual a 25 unidades de área.

83. Dois dos vértices de um triângulo ABC são A(2, −2) e B(3, −3). Sabe-se que a área do triângulo é igual a 6 unidades de área e que o vértice C pertence à reta $2x + y - 1 = 0$. Encontre as coordenadas do vértice C.

Exercícios complementares

1. Determine o valor de $m \in \mathbb{R}$ de modo que o ponto $P(2m^2 - 5m, -m^2 - m + 9)$ esteja na bissetriz dos quadrantes pares.

2. O baricentro de um triângulo é dado pelo ponto G(1, 5), e dois de seus vértices são A(−3, 9) e B(2, 1). Determine o terceiro vértice C desse triângulo.

R21. Determinar o valor de x de modo que os pontos A(2, −1), B(3, x) e C(−2, 5) sejam os vértices de um triângulo retângulo em A.

➤ **Resolução**
Para que o triângulo de vértices em A, B e C seja retângulo em A, devemos ter:
$(d_{A,C})^2 + (d_{A,B})^2 = (d_{B,C})^2$
$\left(\sqrt{(-2-2)^2 + (5+1)^2}\right)^2 + \left(\sqrt{(2-3)^2 + (-1-x)^2}\right)^2 =$
$= \left(\sqrt{(-2-3)^2 + (5-x)^2}\right)^2$
$16 + 36 + 1 + (-1-x)^2 = 25 + (5-x)^2$
$53 + 1 + 2x + x^2 = 25 + 25 - 10x + x^2$
$12x = -4$
$x = -\dfrac{1}{3}$

3. Calcule o valor de x sabendo que o triângulo ABC é retângulo em C e que A(2, 2), B(4, −12) e C(−4, x).

4. Escreva a equação da reta r representada a seguir.

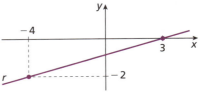

5. Um mapa rodoviário foi desenhado sobre um sistema de coordenadas cartesianas, e a rodovia principal obedece à equação $6x + 2y - 3 = 0$. Determine a lei a que devem obedecer duas rodovias distintas que se cruzam na origem desse sistema e formam um ângulo de 45° com a rodovia principal.

EXERCÍCIOS COMPLEMENTARES

6. A reta que passa pelos pontos distintos $A(m, 2)$ e $B(5, -m)$ tem coeficiente angular igual a $-\dfrac{2}{3}$. Qual é o valor de m?

7. Determine $p \in \mathbb{R}$ de modo que as retas r e s, de equações $-2x + (p - 7)y + 3 = 0$ e $px + y - 13 = 0$, respectivamente, sejam perpendiculares.

8. Calcule a tangente do ângulo agudo formado pelas retas $3x + 2y + 2 = 0$ e $-x + 2y + 5 = 0$.

9. Determine $m \in \mathbb{R}$ de modo que as retas $-3x + 2y - 5 = 0$ e $mx + y - 6 = 0$ formem um ângulo de 45° entre si.

10. Determine a projeção ortogonal do ponto $A(2, 3)$ sobre a reta r, de equação $x + 2y - 3 = 0$.

11. A pressão atmosférica diminui conforme subimos em relação ao nível do mar, onde a pressão é de 1 atm. A 100 metros de altura, a pressão é de 0,95 atm. Se a variação de pressão é linear, represente em um plano cartesiano o gráfico dessa função, destacando os pontos $(0, 1)$ e $(100; 0,95)$. Determine a lei que define essa variação.

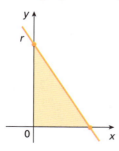

12. Durante 5 minutos, uma placa de metal sofre um resfriamento linear de 30 °C de temperatura inicial para −10 °C. Iniciado o resfriamento, após quanto tempo essa placa deve atingir 0 °C?

13. Calcule a distância entre o ponto A e a reta r da figura.

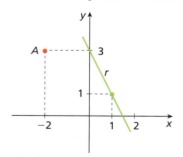

14. Represente graficamente o sistema de inequações:
$$\begin{cases} 2x - 3y \geq 0 \\ x - y + 1 \leq 0 \end{cases}$$

15. (Enem) Um bairro de uma cidade foi planejado em uma região plana, com ruas paralelas e perpendiculares, delimitando quadras de mesmo tamanho. No plano de coordenadas cartesianas seguinte, esse bairro localiza-se no segundo quadrante, e as distâncias nos eixos são dadas em quilômetro.

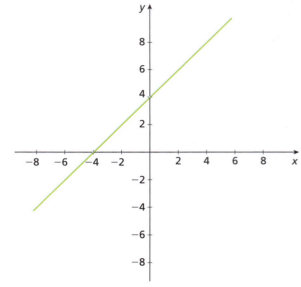

A reta de equação $y = x + 4$ representa o planejamento do percurso da linha do metrô subterrâneo que atravessará o bairro e outras regiões da cidade. No ponto $P = (-5, 5)$, localiza-se um hospital público. A comunidade solicitou ao comitê de planejamento que fosse prevista uma estação do metrô de modo que sua distância ao hospital, medida em linha reta, não fosse maior que 5 km.

Atendendo ao pedido da comunidade, o comitê argumentou corretamente que isso seria automaticamente satisfeito, pois já estava prevista a construção de uma estação no ponto:

a) $(-5, 0)$ d) $(0, 4)$
b) $(-3, 1)$ e) $(2, 6)$
c) $(-2, 1)$

16. Qual é a medida do maior ângulo formado pela reta que passa pelos pontos $P(2a + 3, 5a - 2)$ e $Q(2a - 6, 7 + 5a)$ e o eixo x?

17. Encontre as coordenadas do ponto B, simétrico de $A(-3, 2)$ com relação à reta de equação $x + y - 1 = 0$.

18. Qual é a equação da reta que passa pelo ponto $P(3, 1)$, intersecta a reta $r: y = 3x$ em A e a reta $s: y = -\dfrac{x}{5}$ em B, em que P é ponto médio de $\overline{AB}$?

19. Na figura, a reta r tem equação $3x + 2y - 6 = 0$.

- Determine a área da região colorida.

QUESTÕES DE VESTIBULAR

20. (UFMG) Os pontos (a, b) e (c, d) estão representados na figura.

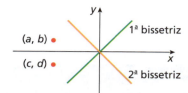

O ponto $(a - b, c - d)$ está situado no:
a) 1º quadrante.
b) 2º quadrante.
c) 3º quadrante.
d) 4º quadrante.
e) eixo Ox.

21. (UEM-PR) Em um sistema de coordenadas cartesianas ortogonais no plano, considere duas retas r e s. A reta r passa pelos pontos $A(1, 0)$ e $B(-1, 2)$, e a reta s passa pelo ponto $C(2, -1)$ e tem coeficiente angular $\left(-\dfrac{1}{2}\right)$.

a) Encontre o coeficiente angular da reta r.
b) Encontre a intersecção P das retas r e s.
c) Encontre a equação da reta t que passa por A e é paralela à reta s.

22. (UEMS) A equação da reta r que passa pelo ponto $(0, 3)$ e contém o segmento $\overline{BC}$ do triângulo ABC é:

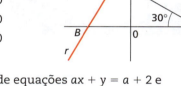

a) $\sqrt{3}x + y - 3 = 0$
b) $\sqrt{3}x + y + 3 = 0$
c) $\sqrt{3}x - y + 3 = 0$
d) $\sqrt{3}x - y - 3 = 0$
e) $x + \sqrt{3}y = 0$

23. (FCC-SP) As retas de equações $ax + y = a + 2$ e $4x + ay = 4 - a^2$ são:

a) concorrentes, qualquer que seja o valor de $a \neq 0$.
b) paralelas, qualquer que seja o valor de a.
c) paralelas, se $a = 2$ ou $a = -2$.
d) concorrentes para todo $a \neq 2$.
e) concorrentes para todo $a \neq 4$.

24. (FGV) No plano cartesiano, seja P o ponto situado no 1º quadrante e pertencente à reta de equação $y = 3x$. Sabendo que a distância de P à reta de equação $3x + 4y = 0$ é igual a 3, podemos afirmar que a soma das coordenadas de P vale:

a) 5,6   b) 5,2   c) 4,8   d) 4,0   e) 4,4

25. (Mackenzie-SP) As retas $x + y = 0$, $x - y = 0$ e $2x + y - 3 = 0$ definem um triângulo de área:

a) $\sqrt{2}$ b) 4   c) $2\sqrt{3}$ d) 3   e) 2

26. (Fuvest-SP) Um pirata enterrou um tesouro numa ilha e deixou um mapa com as seguintes indicações: o tesouro está enterrado num ponto da linha reta entre os dois rochedos; está a mais de 50 m do poço e a menos de 20 m do rio (cujo leito é reto).

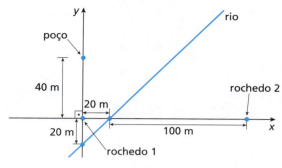

a) Descreva, usando equações e inequações, as indicações deixadas pelo pirata, utilizando para isso o sistema de coordenadas mostrado na figura.
b) Determine o menor intervalo ao qual pertence a coordenada x do ponto $(x, 0)$ onde o tesouro está enterrado.

27. (UFBA) Considere os pontos $A(-1, 2)$, $B(1, 4)$ e $C(-2, 5)$ do plano cartesiano.
Sendo D o ponto simétrico de C em relação à reta que passa por A e é perpendicular ao segmento $\overline{AB}$, determine a área do quadrilátero ABCD.

28. (Unicamp-SP) Os pontos A, B, C e D pertencem ao gráfico da função $y = \dfrac{1}{x}$, $x > 0$. As abscissas de A, B e C são iguais a 2, 3 e 4, respectivamente, e o segmento $\overline{AB}$ é paralelo ao segmento $\overline{CD}$.

a) Encontre as coordenadas do ponto D.
b) Mostre que a reta que passa pelos pontos médios dos segmentos $\overline{AB}$ e $\overline{CD}$ passa também pela origem.

29. (Fuvest-SP) Considere os pontos $A(-2, 0)$, $B(2, 0)$, $C(0, 3)$ e $P(0, \alpha)$, com $0 < \alpha < 3$. Pelo ponto P, traçamos as três retas paralelas aos lados do triângulo ABC.

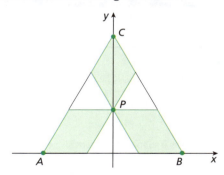

a) Determine, em função de α, a área da região sombreada da figura.
b) Para que valor de α essa área é máxima?

30. (Mackenzie-SP) A equação de uma reta, paralela à reta $x + y - 4 = 0$ e distante $3\sqrt{2}$ do ponto $P = (2, 1)$, é:

a) $x + y + 3 = 0$
b) $x + y + 9 = 0$
c) $x + y - 3 = 0$
d) $x - y - 6 = 0$
e) $x + y - 12 = 0$

Mais questões: no livro digital, em **Vereda Digital Aprova Enem** e **Vereda Digital Suplemento de revisão e vestibulares**; no *site*, em **AprovaMax**.

CAPÍTULO 27

CIRCUNFERÊNCIA

Vista aérea do local onde está instalado o LHC do CERN, Genebra, Suíça.

Localização
O Grande Colisor de Hádrons (LHC) é um acelerador de partículas em forma de anel subterrâneo com 26.659 metros de circunferência. Ele está localizado na região noroeste de Genebra, na fronteira franco-suíça, e faz parte da Organização Europeia para Pesquisa Nuclear (CERN). Demorou 20 anos para ser construído e custou mais de 10 bilhões de dólares.

Objetivos
- Investigar partículas e subpartículas geradas pela colisão de prótons.
- Tentar recriar em laboratório as condições do Universo logo após o *Big Bang*.
- Tentar provar a existência da matéria escura.
- Investigar outras dimensões espaciais além das três conhecidas.

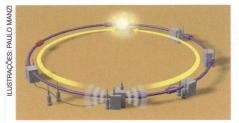

A ilustração não preserva as reais dimensões dos elementos nem a proporção entre suas distâncias.

Funcionamento
Por meio de ímãs, os prótons, que podem ser acelerados em até 99,99% da velocidade da luz, percorrem o anel e colidem, produzindo partículas elementares.

Detectores
No LHC, há seis detectores para medir os resultados das colisões de prótons.

552 Conexões com a Matemática

1. Equações da circunferência

Desde a Antiguidade, alguns povos se preocupam em estudar a circunferência. Por exemplo, no papiro de *Rhind* (texto matemático escrito pelo egípcio Ahmes aproximadamente em 1650 a.C.) existem problemas envolvendo o cálculo da área de um círculo e a relação entre o comprimento de uma circunferência e a medida de seu diâmetro.

Por volta de 300 a.C., o matemático grego Euclides (c. 325-265) escreveu a obra *Elementos*, em que descreve construções com régua e compasso, ou seja, nas quais são traçadas retas e circunferências.

Mais tarde, René Descartes (1596-1650) contribuiu para o desenvolvimento da Geometria analítica, em que há outro enfoque para o estudo da circunferência.

Hoje em dia, o estudo da circunferência pode ser notado em experimentos científicos, como na construção do maior acelerador de partículas do mundo.

A circunferência como lugar geométrico

Quando analisamos figuras geométricas com base em certa propriedade, estamos estudando um lugar geométrico.

> **Lugar geométrico plano** é um conjunto de pontos do plano que partilham uma propriedade, de modo que:
> - todos esses pontos atendam a essa propriedade; e
> - somente esses pontos tenham essa propriedade.

Na Geometria analítica, estudamos a circunferência como um lugar geométrico, pois ela é um conjunto de pontos que obedecem à seguinte propriedade: todos estão à mesma distância do centro. Além disso, *todos* os pontos da circunferência, e *somente* eles, atendem a essa propriedade.

> Dados um ponto fixo C do plano e uma distância r, a **circunferência** λ é o lugar geométrico dos pontos P do plano que estão à mesma distância r de C.

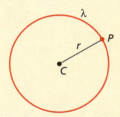

A distância r é a medida do **raio**, e o ponto C é o **centro** da circunferência.

Todo segmento cujas extremidades são o centro e um ponto qualquer da circunferência é um raio dessa circunferência.

Observação

Não distinguiremos o raio de sua medida quando essa opção não causar dificuldade ao entendimento do texto. Assim, empregaremos com o mesmo significado: circunferência com raio de medida r e circunferência de raio r.

1.1 Equação reduzida da circunferência

Assim como no capítulo anterior obtivemos a equação da reta, podemos determinar a equação da circunferência.

A partir de sua definição como lugar geométrico, vamos estabelecer uma relação para um ponto qualquer $P(x, y)$ que pertença à circunferência de centro $C(a, b)$ e raio de medida r.

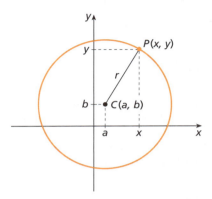

O ponto $P(x, y)$ pertence à circunferência se, e somente se, $d_{C, P} = r$.

Logo: $\sqrt{(x - a)^2 + (y - b)^2} = r$

Elevando os dois membros da equação ao quadrado, obtemos:

$$(x - a)^2 + (y - b)^2 = r^2$$

Essa equação é a **equação reduzida da circunferência** de centro $C(a, b)$ e raio de medida r.

Exemplos

a) Vamos determinar a equação reduzida da circunferência de raio de medida $r = 3$ e centro $C(-2, 1)$.

Tomando um ponto $P(x, y)$ qualquer da circunferência, temos:

$(x - a)^2 + (y - b)^2 = r^2$

$[x - (-2)]^2 + (y - 1)^2 = 3^2$

$(x + 2)^2 + (y - 1)^2 = 9$

Logo, $(x + 2)^2 + (y - 1)^2 = 9$ é a equação reduzida dessa circunferência.

b) Vamos determinar as coordenadas do centro C e a medida r do raio de uma circunferência a partir de sua equação $(x + 1)^2 + y^2 = 16$.

Podemos encontrar o centro e a medida do raio da circunferência comparando a equação dada com a equação na forma reduzida. Assim:

$(x - a)^2 + (y - b)^2 = r^2$

$(x + 1)^2 + y^2 = 16 \Rightarrow [x - (-1)]^2 + (y - 0)^2 = 16$

Logo, $a = -1$ e $b = 0$; então, $C(-1, 0)$.

Como $r^2 = 16$ e $r > 0$, então $r = 4$.

Portanto, o centro é $C(-1, 0)$, e o raio mede 4.

Observação

Dada a equação $(x - a)^2 + (y - b)^2 = c$, em que a, b e $c \in \mathbb{R}$, temos:

- se $c > 0$, o gráfico da equação no plano cartesiano é uma circunferência;
- se $c = 0$, o gráfico da equação é constituído de apenas um ponto, que é o ponto (a, b);
- se $c < 0$, não há gráfico, pois o conjunto solução da equação é vazio.

EXERCÍCIOS

1. Quando a equação reduzida da circunferência é $x^2 + y^2 = r^2$, qual é o centro C da circunferência?

2. Determine, em cada caso, a equação reduzida da circunferência que tem raio de medida r e centro C.

   a) $r = 2$ e $C(1, 3)$
   b) $r = 4$ e $C(0, 0)$
   c) $r = \sqrt{5}$ e $C(3; 0,5)$
   d) $r = \sqrt{13}$ e $C(0, -4)$

R1. Verificar se os pontos $A(6, -3)$ e $B(4, 0)$ pertencem à circunferência de centro $(2, -3)$ e raio de medida 4.

▶ **Resolução**

Primeiro, vamos encontrar a equação reduzida dessa circunferência:
$(x - a)^2 + (y - b)^2 = r^2$
$(x - 2)^2 + [y - (-3)]^2 = 4^2$
$(x - 2)^2 + (y + 3)^2 = 16$

Para saber se os pontos A e B pertencem à circunferência, vamos substituir suas coordenadas na equação obtida.

- Substituindo as coordenadas de $A(6, -3)$ na equação $(x - 2)^2 + (y + 3)^2 = 16$, temos:
  $(6 - 2)^2 + (-3 + 3)^2 = 16$
  $4^2 + 0^2 = 16 \Rightarrow 16 = 16$

  Como obtemos uma sentença verdadeira, o ponto $A(6, -3)$ pertence à circunferência.

- Substituindo as coordenadas de $B(4, 0)$ na equação $(x - 2)^2 + (y + 3)^2 = 16$, temos:
  $(4 - 2)^2 + (0 + 3)^2 = 16 \Rightarrow$
  $\Rightarrow 2^2 + 3^2 = 16 \Rightarrow 4 + 9 = 16 \Rightarrow 13 = 16$

  Como obtemos uma sentença falsa, o ponto $B(4, 0)$ não pertence à circunferência.

3. Indique quais dos pontos $P(-2, 1)$, $Q(-1, 3)$, $R(-2, 3)$, $S(0, 1)$ e $T(-1, 0)$ pertencem à circunferência $(x + 3)^2 + (y - 1)^2 = 5$.

4. Escreva a equação do lugar geométrico dos pontos do plano cartesiano que distam 3 unidades do ponto $C(2, -1)$.

5. Determine os valores de m, n e p para que a circunferência tenha centro na origem e raio de medida $r = 2$.

   a) $(x - 2m)^2 + [y - (1 - n)]^2 = p + 3$
   b) $\left[x - (|m| - 1)\right]^2 + (y - |n| - 1)^2 = |p|$
   c) $(x + 2m - 8)^2 + \left(y - 3n + \dfrac{1}{3}\right)^2 = p^2 + p + 2$

6. Obtenha o centro e a medida do raio das circunferências de equações:

   a) $(x - 1)^2 + (y - 2)^2 = 100$
   b) $x^2 + (y - 3)^2 = 5$
   c) $(x + 3)^2 + (y + 2)^2 = 25$
   d) $(x - 5)^2 + y^2 = \dfrac{1}{2}$

7. Verifique quais das circunferências abaixo se intersectam no ponto $(3, 4)$.
   $\mu: (x - 8)^2 + (y - 4)^2 = 25$
   $\lambda: (x - 2)^2 + y^2 = 16$
   $\gamma: x^2 + (y - 4)^2 = 9$
   $\beta: x^2 + y^2 = 25$

R2. Determinar a equação reduzida da circunferência que tem centro $C(-1, -3)$ e passa pelo ponto $P(3, -6)$.

▶ **Resolução**

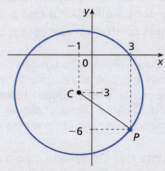

A medida do raio dessa circunferência é igual à distância $d_{C, P}$. Assim:
$r = d_{C, P}$
$r = \sqrt{(3 + 1)^2 + (-6 + 3)^2}$
$r = \sqrt{16 + 9}$
$r = \sqrt{25}$
$r = 5$

Substituindo as coordenadas do centro da circunferência e o valor de r na equação da circunferência, obtemos:
$(x - a)^2 + (y - b)^2 = r^2$
$[x - (-1)]^2 + [y - (-3)]^2 = 5^2$
$(x + 1)^2 + (y + 3)^2 = 25$

Logo, a equação reduzida dessa circunferência é:
$(x + 1)^2 + (y + 3)^2 = 25$

8. Determine a equação da circunferência que tem por diâmetro o segmento de reta $\overline{RS}$ cujas extremidades são $R(3, 0)$ e $S(-3, 3)$.

R3. Observar a figura e determinar o centro, a medida do raio e a equação reduzida de cada circunferência, sabendo que a reta $y = 1$ é tangente às duas circunferências.

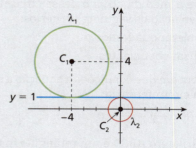

▶ **Resolução**

A circunferência λ_1 tem centro $C_1(-4, 4)$ e raio de medida $r = 3$.

Logo, a equação reduzida de λ_1 é:
$(x + 4)^2 + (y - 4)^2 = 9$

A circunferência λ_2 tem centro $C_2(0, 0)$ e raio de medida $r = 1$.

Logo, a equação reduzida de λ_2 é:
$x^2 + y^2 = 1$

9. Em cada caso, obtenha a equação reduzida da circunferência.

a)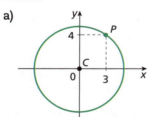

b)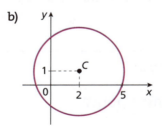

10. Os pontos $A(3, 4)$, $B(3, -1)$, $C(-2, -1)$ e $D(x, y)$ são os vértices de um quadrado cuja diagonal é o raio da circunferência λ, de centro D. Determine a equação reduzida de λ.

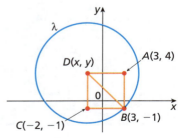

11. Uma circunferência desenhada no plano cartesiano representa o gráfico de uma função? Justifique.

1.2 Equação geral da circunferência

A **equação geral** da circunferência de centro $C(a, b)$ e raio de medida r é obtida desenvolvendo-se os quadrados da equação reduzida.

Lembre-se de que o quadrado da diferença de dois termos é igual ao quadrado do primeiro termo menos o duplo produto deles mais o quadrado do segundo.

Assim:

$(x - a)^2 + (y - b)^2 = r^2$

$x^2 - 2ax + a^2 + y^2 - 2by + b^2 - r^2 = 0$

Portanto, a equação geral da circunferência é:

$$x^2 + y^2 - 2ax - 2by + a^2 + b^2 - r^2 = 0$$

Essa equação também é chamada de **equação normal** da circunferência.

Observe que ela pode ser escrita como $x^2 + y^2 - 2ax - 2by + c = 0$, em que c é o termo independente e $c = a^2 + b^2 - r^2$. Dessa forma, verificamos que ela é uma equação incompleta do 2º grau com duas variáveis, já que a completa é do tipo $Ax^2 + By^2 + Cxy + Dx + Ey + F = 0$.

Exemplos

a) Vamos obter a equação geral da circunferência de centro $C(-3, 1)$ e raio de medida $r = 2$.

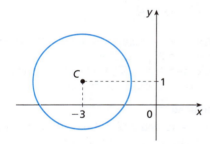

Para isso, podemos escrever a equação reduzida da circunferência e, em seguida, desenvolver os quadrados.

$(x + 3)^2 + (y - 1)^2 = 4 \Rightarrow x^2 + 6x + 9 + y^2 - 2y + 1 = 4 \Rightarrow$
$\Rightarrow x^2 + y^2 + 6x - 2y + 9 + 1 - 4 = 0$

Portanto, a equação geral da circunferência é $x^2 + y^2 + 6x - 2y + 6 = 0$.

b) Dada a equação geral da circunferência $x^2 + y^2 - 6x + 8y - 24 = 0$, vamos determinar o centro C e o raio de medida r.

Para obter o centro e a medida do raio da circunferência, podemos formar o trinômio quadrado perfeito.

$x^2 + y^2 - 6x + 8y - 24 = 0$

$\underbrace{x^2 - 6x + \square}_{(I)} + \underbrace{y^2 + 8y + \triangle}_{(II)} = 24 + \square + \triangle$

Para que (I) e (II) sejam trinômios quadrados perfeitos, precisamos completá-los, respectivamente, com os números 9 e 16.

Capítulo 27 • Circunferência **555**

Ao adicionarmos 9 e 16 ao primeiro membro, para que a igualdade se mantenha é preciso adicionar 9 e 16 também ao segundo membro. Assim:

$x^2 - 6x + 9 + y^2 + 8y + 16 = 24 + 9 + 16$
$\underbrace{(x-3)^2} + \underbrace{(y+4)^2} = 49$

Portanto, o centro da circunferência é $C(3, -4)$ e o raio mede 7.

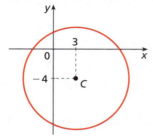

EXERCÍCIOS

12. Em cada caso, determine a equação geral da circunferência, dados o centro C e o raio de medida r.

a) $C(-3, 2)$ e $r = 3$
b) $C(0, -5)$ e $r = \sqrt{5}$

13. Determine, se existirem, o centro e a medida do raio da circunferência em cada caso.

a) $x^2 + y^2 - 2x + 2y = 0$
b) $(x + 1)^2 - (y - 2)^2 = 9$

R4. Seja $Ax^2 + By^2 + Cxy + Dx + Ey + F = 0$ uma equação completa do 2º grau. Determinar as condições que os coeficientes A, B, C, D, E e F devem cumprir para que a equação dada seja uma circunferência.

▶ **Resolução**

Vamos transformar em 1 o coeficiente de x^2. Para isso, dividiremos a equação por A:

$x^2 + \dfrac{B}{A}y^2 + \dfrac{C}{A}xy + \dfrac{D}{A}x + \dfrac{E}{A}y + \dfrac{F}{A} = 0 \ (A \neq 0)$

Agora, compararemos essa equação com a equação geral da circunferência:

$\textcircled{1}x^2 + \textcircled{\dfrac{B}{A}}y^2 + \textcircled{\dfrac{C}{A}}^0 xy + \textcircled{\dfrac{D}{A}}x + \textcircled{\dfrac{E}{A}}y + \textcircled{\dfrac{F}{A}} = 0$

$\textcircled{1}x^2 + \textcircled{1}y^2 \ \textcircled{-2a}x \ \textcircled{-2b}y + \textcircled{a^2 + b^2 - r^2} = 0$

Observe que:

$\dfrac{B}{A} = 1 \Rightarrow A = B \neq 0$	$\dfrac{E}{A} = -2b \Rightarrow b = -\dfrac{E}{2A}$
$\dfrac{C}{A} = 0 \Rightarrow C = 0$	$\dfrac{F}{A} = a^2 + b^2 - r^2$
$\dfrac{D}{A} = -2a \Rightarrow a = -\dfrac{D}{2A}$	$r = \sqrt{\dfrac{D^2 + E^2 - 4AF}{4A^2}}$, com $D^2 + E^2 - 4AF > 0$

Portanto, concluímos que as condições são:
$A = B \neq 0$, $C = 0$ e $D^2 + E^2 - 4AF > 0$

14. Analise se a equação $4x^2 + 4y^2 + 4x + 8y + 9 = 0$ representa uma circunferência.

15. Dada a equação da circunferência $x^2 + y^2 - 6x + 18y + 8 = 0$, calcule as coordenadas do centro e a medida do raio dessa circunferência usando para a solução os seguintes critérios:

a) completar quadrados.
b) analisar coeficientes.

16. Descubra em que condições a equação a seguir representa uma circunferência:
$x^2 + y^2 + x + y + \dfrac{p}{2} = 0$

17. O quadrilátero ABCD é um retângulo inscrito na circunferência de equação $x^2 + y^2 - 5 = 0$.

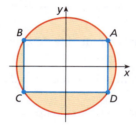

a) Se a abscissa de A é 2, o que você conclui sobre sua ordenada?

b) Determine as coordenadas dos outros três vértices do retângulo.

c) É possível calcular a área da região alaranjada? Em caso afirmativo, explique como você faria para determiná-la.

18. Dada a equação $(x - 4)^2 + (y + 1)^2 = 25$, calcule o valor de m para que o ponto $P(7, m)$ esteja na circunferência.

19. Determine a equação geral da circunferência que passa pelos pontos $A(0, 1)$ e $B(1, 4)$ e tem centro sobre a reta de equação $x = 2$.

2. Posições relativas

2.1 Posição relativa entre ponto e circunferência

Observe a ilustração a seguir.

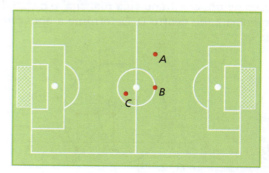

Nessa situação, os pontos A, B e C representam posições distintas de três jogadores em relação à circunferência do centro do campo de futebol.

As possíveis posições de um ponto P(x, y) do plano em relação a uma circunferência λ de centro C e raio de medida r são: exterior, interior ou pertencente à circunferência.

Para analisar a posição desse ponto em relação à circunferência, comparamos a distância d do ponto ao centro da circunferência com a medida r do raio da circunferência.

$d = r$	$d > r$	$d < r$
O ponto P pertence à circunferência.	O ponto P é exterior à circunferência.	O ponto P é interior à circunferência.

Exemplo

Vamos determinar a posição de cada um dos pontos abaixo em relação à circunferência de equação $x^2 + (y - 2)^2 = 9$.

a) $P(1, 5)$

b) $Q(0, 4)$

c) $R(3, 2)$

Para saber a posição que cada ponto ocupa em relação à circunferência dada, devemos calcular a distância entre cada ponto e o centro da circunferência.

Analisando a equação da circunferência $x^2 + (y - 2)^2 = 9$, obtemos $C(0, 2)$ e $r = 3$.

Calculando as respectivas distâncias, temos:

a) $d_{C, P} = \sqrt{(1 - 0)^2 + (5 - 2)^2}$
$d_{C, P} = \sqrt{10}$

Como $\sqrt{10} > 3$, então $d_{C, P} > r$; logo, o ponto P é exterior à circunferência.

b) $d_{C, Q} = \sqrt{(0 - 0)^2 + (4 - 2)^2}$
$d_{C, Q} = \sqrt{4}$
$d_{C, Q} = 2$

Como $2 < 3$, então $d_{C, Q} < r$; logo, o ponto Q é interior à circunferência.

c) $d_{C, R} = \sqrt{(3 - 0)^2 + (2 - 2)^2}$
$d_{C, R} = \sqrt{9}$
$d_{C, R} = 3$

Então, $d_{C, R} = r$; logo, o ponto R pertence à circunferência.

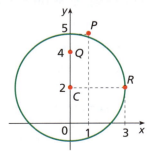

EXERCÍCIOS

20. Indique a posição do ponto P(−1, 2) em relação à circunferência de:

a) $C(2, 3)$ e $r = 3$
b) $C(-2, 2)$ e $r = 2$
c) $C(-3, 1)$ e $r = \sqrt{5}$

21. Identifique a posição do ponto P em relação à circunferência em cada um dos casos a seguir.

a) $P(2, -1)$ e $x^2 + (y - 3)^2 = 4$
b) $P(2, 2)$ e $(x - 2)^2 + y^2 = 4$
c) $P(-1, 0)$ e $x^2 + y^2 + 2x - 2y - 2 = 0$

R5. Observe a circunferência representada ao lado.

a) Determinar a equação dessa circunferência.

b) Indicar a posição dos pontos $A(\sqrt{2}, \sqrt{3})$ e $B(-2, -2)$ em relação à circunferência.

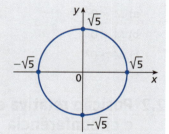

c) Indicar as coordenadas dos pontos pertencentes à circunferência e à bissetriz dos quadrantes ímpares.

▶ **Resolução**

a) A circunferência tem centro C(0, 0) e raio de medida $r = \sqrt{5}$.

Portanto, a equação da circunferência é $x^2 + y^2 = 5$.

b) Vamos determinar a distância entre cada ponto e o centro da circunferência:

$d_{C, A} = \sqrt{(\sqrt{2} - 0)^2 + (\sqrt{3} - 0)^2}$

$d_{C, A} = \sqrt{5}$

Então, $d_{C, A} = r$; logo, o ponto A pertence à circunferência.

$d_{C, B} = \sqrt{(-2 - 0)^2 + (-2 - 0)^2}$

$d_{C, B} = \sqrt{8}$

Como $\sqrt{8} > \sqrt{5}$, isto é, $d_{C, B} > r$, o ponto B é exterior à circunferência.

c) Precisamos determinar os pontos de intersecção entre a circunferência de equação $x^2 + y^2 = 5$ e a bissetriz dos quadrantes ímpares ($y = x$). Então:

$\begin{cases} y = x \\ x^2 + y^2 = 5 \end{cases} \Rightarrow x^2 + x^2 = 5 \Rightarrow 2x^2 = 5 \Rightarrow$

$\Rightarrow x^2 = \frac{5}{2} \Rightarrow x = \pm\sqrt{\frac{5}{2}} \Rightarrow x = \pm\frac{\sqrt{10}}{2}$

Para $x = \frac{\sqrt{10}}{2}$, temos $y = \frac{\sqrt{10}}{2}$.

Para $x = -\frac{\sqrt{10}}{2}$, temos $y = -\frac{\sqrt{10}}{2}$.

Portanto, os pontos procurados são $\left(\frac{\sqrt{10}}{2}, \frac{\sqrt{10}}{2}\right)$ e $\left(-\frac{\sqrt{10}}{2}, -\frac{\sqrt{10}}{2}\right)$.

22. Conhecendo a equação $x^2 + y^2 - 6x - 2y + 9 = 0$, calcule o valor de k para que o ponto $P(k, 1)$ esteja:

a) na circunferência.

b) no interior da circunferência.

23. Sabendo que um quadrado tem vértices consecutivos $A(3, 3)$, $B(4, 2)$, $C(3, 1)$ e $D(2, 2)$, determine:

a) a equação da circunferência inscrita nesse quadrado.

b) a equação da circunferência circunscrita ao quadrado.

c) a área da coroa circular formada pelas circunferências.

24. É dada uma circunferência de equação $(x - a)^2 + (y - b)^2 = r^2$. Para saber a posição de $P(x_0, y_0)$, podemos calcular M dado por $(x_0 - a)^2 + (y_0 - b)^2 - r^2$. O que se pode afirmar sobre P se:

a) $M = 0$?

b) $M < 0$?

c) $M > 0$?

2.2 Posição relativa entre reta e circunferência

Observe a ilustração.

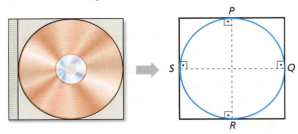

A parte da caixa onde está o DVD lembra um quadrado, e a borda do DVD lembra uma circunferência. Imaginando as retas que passam pelos lados do quadrado, podemos observar que cada uma delas é tangente à circunferência da borda do DVD.

Dadas uma reta s e uma circunferência λ de centro $C(x_0, y_0)$ e raio de medida r, ambas no mesmo plano, há três casos possíveis para a posição relativa entre s e λ, de acordo com a distância d entre a reta e o centro da circunferência.

$d = r$	$d > r$	$d < r$
A reta s é tangente à circunferência λ.	A reta s é exterior à circunferência λ.	A reta s é secante à circunferência λ.

Da observação dos três casos anteriores, concluímos que:
- se $d = r$, então $s \cap \lambda = \{A\}$ (s é tangente à circunferência λ);
- se $d > r$, então $s \cap \lambda = \varnothing$ (s é exterior à circunferência λ);
- se $d < r$, então $s \cap \lambda = \{A, B\}$ (s é secante à circunferência λ).

Observação

A distância de uma reta s, de equação $ax + by + c = 0$, a um ponto $C(x_0, y_0)$ é dada por:

$$d_{C,s} = \frac{|ax_0 + by_0 + c|}{\sqrt{a^2 + b^2}}$$

A posição relativa entre as cordas e a boca do violão lembra retas secantes a uma circunferência.

Exemplo

Vamos determinar a posição relativa entre a reta s de equação $x + y + 1 = 0$ e a circunferência de equação $x^2 + y^2 + 2x + 2y + 1 = 0$.

Primeiro, vamos obter o centro e a medida do raio da circunferência de equação $x^2 + y^2 + 2x + 2y + 1 = 0$, comparando-a com a equação geral:

$x^2 + y^2 - 2ax - 2by + a^2 + b^2 - r^2 = 0$

Como $-2a = 2$, então $a = -1$. Como $-2b = 2$, então $b = -1$. Portanto, o centro da circunferência é $C(-1, -1)$.

Substituindo $a = b = -1$ em $a^2 + b^2 - r^2 = 1$, obtemos $r = 1$. Agora, vamos calcular a distância do centro da circunferência à reta s:

$$d_{C,s} = \frac{|1 \cdot (-1) + 1 \cdot (-1) + 1|}{\sqrt{1^2 + 1^2}} = \frac{1}{\sqrt{2}} = \frac{\sqrt{2}}{2}$$

Como $d_{C,s} < r$, então a reta s é secante à circunferência.

EXERCÍCIOS

25. Determine, em cada caso, a posição relativa da reta s em relação à circunferência. Se houver pontos comuns (tangente ou secante), determine esses pontos.

a) $s: x + y = 6$ e $(x - 1)^2 + (y - 1)^2 = 8$

b) $s: x - y = 1$ e $x^2 + y^2 = 1$

c) $s: y = x + 3$ e $x^2 + y^2 - 2x = 0$

R6. Dada a equação da circunferência $\mu: x^2 + y^2 - 2x - 2y - 18 = 0$; determinar a equação geral da reta v tangente a μ no ponto $P(-3, -1)$.

▶ Resolução

Vamos determinar as coordenadas do centro C da circunferência:
$x^2 + y^2 - 2x - 2y - 18 = 0$
$x^2 - 2x + 1 + y^2 - 2y + 1 = 18 + 1 + 1$
$(x - 1)^2 + (y - 1)^2 = 20$
Logo, C(1, 1).

Lembremos que, se v é tangente a μ no ponto P, então v é perpendicular à reta que passa por C(1, 1) e P(−3, −1), que chamamos de w.

Vamos determinar o coeficiente angular m_w da reta w:
$m_w = \dfrac{y_P - y_C}{x_P - x_C} = \dfrac{-1 - 1}{-3 - 1} = \dfrac{-2}{-4} = \dfrac{1}{2}$

Com isso, podemos determinar o coeficiente angular m_v da reta v:
$m_v = \dfrac{-1}{m_w} = \dfrac{-1}{\frac{1}{2}} = -2$

Logo, a equação da reta v é:
$y + 1 = -2(x + 3) \Rightarrow 2x + y + 7 = 0$

26. A circunferência de equação $x^2 + y^2 - 8x - 8y + 16 = 0$ é tangente ao eixo x no ponto A e é tangente ao eixo y no ponto B.
Determine o comprimento do segmento $\overline{AB}$.

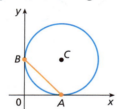

R7. Representar no plano cartesiano o sistema de inequações: $\begin{cases} x + y - 2 \geq 0 \\ (x - 4)^2 + (y - 1)^2 \leq 9 \end{cases}$

▶ Resolução

A inequação $x + y - 2 \geq 0$ representa um semiplano situado acima da reta $x + y = 2$, incluindo a própria reta. Portanto, temos o gráfico:

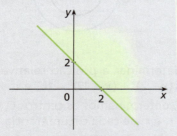

A inequação $(x - 4)^2 + (y - 1)^2 \leq 9$ representa a reunião de todos os pontos da circunferência $(x - 4)^2 + (y - 1)^2 = 9$ com todos os pontos interiores a ela. Como a circunferência tem centro C(4, 1) e raio de medida $r = 3$, temos o seguinte gráfico:

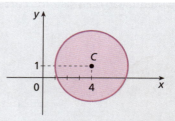

A solução do sistema é a representação gráfica da intersecção dos dois conjuntos obtidos anteriormente. Logo, temos:

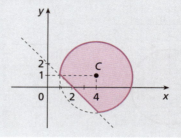

27. Represente graficamente no plano as seguintes inequações:

a) $(x + 3)^2 + (y - 3)^2 \geq 9$

b) $(x - 4)^2 + y^2 < 16$

R8. Obter os valores de k para que a reta de equação $y = x + k$ seja tangente à circunferência de equação $x^2 + y^2 - 9 = 0$.

▶ Resolução

Para encontrar o(s) ponto(s) de intersecção entre a reta e a circunferência, resolvemos o sistema:
$\begin{cases} y = x + k \\ x^2 + y^2 - 9 = 0 \end{cases}$

Substituindo $y = x + k$ na equação da circunferência, obtemos:
$x^2 + (x + k)^2 - 9 = 0$
$x^2 + x^2 + 2kx + k^2 - 9 = 0$
$2x^2 + 2kx + (k^2 - 9) = 0$ (equação do 2º grau)
$\Delta = (2k)^2 - 4 \cdot 2(k^2 - 9)$

Para haver a tangência, a equação do 2º grau em x deve admitir soluções iguais. Daí a condição $\Delta = 0$; então:
$-4k^2 + 72 = 0 \Rightarrow k^2 = 18 \Rightarrow k = 3\sqrt{2}$ ou $k = -3\sqrt{2}$

Portanto, para que se cumpra a condição do enunciado, k deve ser igual a $-3\sqrt{2}$ ou $3\sqrt{2}$.

28. Para quais valores de k a reta $y = x + k$ é tangente à circunferência $x^2 + y^2 = 4$?

29. Qual é a posição relativa entre as duas retas determinadas por $y = x + k$, quando $k = 3\sqrt{2}$ e $k = -3\sqrt{2}$?

30. Qual é a área do círculo representado pela inequação $x^2 + (y - 1)^2 - 1 \leq 0$?

31. Qual é o comprimento da circunferência representada pela equação $x^2 + y^2 = 25$?

Capítulo 27 • Circunferência **559**

32. Escreva a inequação ou o sistema correspondente a cada gráfico.

a)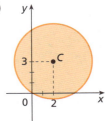

b)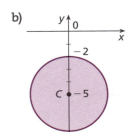

c)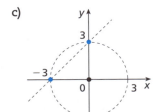

d)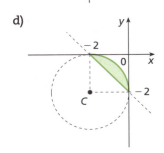

33. Para determinar a posição de uma reta relativa a uma circunferência, substituímos uma das variáveis, isolada na equação da reta, na equação da circunferência e obtemos, assim, uma equação do 2º grau.
Fazendo a análise do discriminante dessa equação do 2º grau, determine a posição da reta em relação à circunferência quando $\Delta > 0$, $\Delta = 0$ ou $\Delta < 0$.

2.3 Posição relativa entre duas circunferências

Observe, na engrenagem ilustrada abaixo, a ideia de duas circunferências: uma desenhada pelo topo dos dentes da engrenagem e outra pela base das cavas. Abstraindo as quatro circunferências da ilustração das duas engrenagens, podemos classificá-las, duas a duas, quanto a suas posições relativas. Vejamos como proceder.

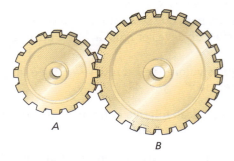

Considerando duas circunferências, λ_1 e λ_2, distintas em um mesmo plano, podemos analisar a posição relativa entre λ_1 e λ_2 comparando a distância d entre seus centros C_1 e C_2 com os raios das circunferências.

Circunferências tangentes

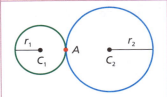	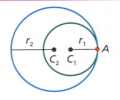
exteriores $d = r_1 + r_2$	interiores $d = |r_1 - r_2|$

um ponto em comum

Circunferências disjuntas

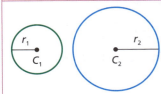	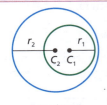
exteriores $d > r_1 + r_2$	interiores $0 \leq d < |r_1 - r_2|$

nenhum ponto em comum

Circunferências secantes

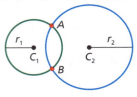

$|r_1 - r_2| < d < r_1 + r_2$

dois pontos em comum

Para saber quantos são os pontos comuns entre duas circunferências, basta conhecer seus raios e a distância entre seus centros. E, para saber quais são esses pontos, é preciso resolver o sistema formado pelas equações a elas associadas.

Observação

Quando $d = 0$, as circunferências λ_1 e λ_2 são **concêntricas**, ou seja, têm o mesmo centro.

Exemplos

a) Vamos determinar a posição relativa entre as circunferências $(x + 2)^2 + (y - 12)^2 = 169$ e $x^2 + y^2 - 6y + 9 = 25$.
Primeiro, determinamos os centros C_1 e C_2 e os raios de medidas r_1 e r_2 de cada circunferência.
Como $(x + 2)^2 + (y - 12)^2 = 169$, então $C_1(-2, 12)$ e $r = 13$.
Escrevendo a equação reduzida da outra circunferência, temos:
$x^2 + y^2 - 6y + 9 = 25 \Rightarrow x^2 + (y - 3)^2 = 25$
Então, $C_2(0, 3)$ e $r = 5$.

Agora, vamos determinar a distância d entre os centros C_1 e C_2:

$d = \sqrt{[0-(-2)]^2 + (3-12)^2} \Rightarrow d = \sqrt{85} \approx 9,2$

Observe que $|13-5| < \sqrt{85} < 13+5$, ou seja:

$|r_1 - r_2| < d < r_1 + r_2$

Portanto, as circunferências são secantes.

b) Vamos determinar a equação da circunferência de centro $C_1(-1, 0)$ que tangencia exteriormente a circunferência de equação $(x+3)^2 + y^2 = 1$.

Da equação $(x+3)^2 + y^2 = 1$, temos $C_2(-3, 0)$ e $r_2 = 1$.

As circunferências são tangentes exteriores; então: $d = r_1 + r_2$

Vamos calcular a distância d entre os centros das circunferências:

$d = \sqrt{[-3-(-1)]^2 + (0-0)^2} \Rightarrow d = \sqrt{4} \Rightarrow d = 2$

Como o raio da circunferência dada mede 1, temos:

$2 = r_1 + 1 \Rightarrow r_1 = 1$

Portanto, a equação da circunferência é $(x+1)^2 + y^2 = 1$.

EXERCÍCIOS

34. Se duas circunferências são tangentes, é possível traçar um triângulo cujos vértices sejam o ponto de tangência e os centros das circunferências?

35. Em cada caso, determine mentalmente a posição relativa de duas circunferências de raios de medidas r_1 e r_2, sabendo que d é a distância entre seus centros.

a) $r_1 = 4$ cm; $r_2 = 2$ cm; $d = 2$ cm
b) $r_1 = 4$ cm; $r_2 = 2$ cm; $d = 5$ cm
c) $r_1 = 6$ cm; $r_2 = 4$ cm; $d = 10$ cm
d) $r_1 = 6$ cm; $r_2 = 2$ cm; $d = 1$ cm
e) $r_1 = 5$ cm; $r_2 = 3$ cm; $d = 0$ cm
f) $r_1 = 6$ cm; $r_2 = 4$ cm; $d = 12$ cm

36. Observe o sistema de engrenagens.

- Em que sentido gira a engrenagem superior, de cor prata?

37. Em cada caso, determine a posição relativa das circunferências.

a) $(x+1)^2 + (y-1)^2 = 2$ e $(x-2)^2 + (y+1)^2 = 5$
b) $x^2 + y^2 = 25$ e $x^2 + y^2 = 16$

38. Desenhe duas circunferências que tenham apenas um ponto de intersecção e uma reta que seja tangente a uma e secante à outra.

39. Obtenha, se existirem, as coordenadas dos pontos comuns às circunferências de equações $x^2 + y^2 - 4x = 0$ e $x^2 + y^2 - 16x = 48$.

40. Escreva o sistema de inequações que descreve o gráfico abaixo.

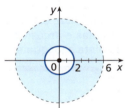

41. Resolva graficamente os sistemas.

a) $\begin{cases} x^2 + y^2 \leq 25 \\ x - y \geq 5 \end{cases}$
b) $\begin{cases} x^2 + y^2 - 6x > 0 \\ x^2 + y^2 - 10x < 0 \end{cases}$

42. Qual é a equação da circunferência cujo centro é a origem que é tangente à reta de equação $4x + 3y = 20$? Calcule a área delimitada por essa circunferência.

Exercícios complementares

1. Determine a equação da circunferência que tem diâmetro definido pelos pontos $A(-2, 1)$ e $B(0, -3)$.

2. O yin-yang representa, na cultura oriental, a unidade formada pelo equilíbrio de duas forças de igual intensidade, porém opostas.

Observe que a circunferência maior tem centro C e raio de medida r e que as duas circunferências menores se tangenciam em C.

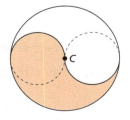

Agora, responda às perguntas a seguir.

a) A área do círculo maior é quantas vezes a área da parte colorida de laranja?

b) O comprimento da circunferência maior é igual ao perímetro da parte colorida de laranja? Como você explicaria isso?

c) Qual é a área do círculo maior se o raio da circunferência menor mede 3?

3. Dada a circunferência $\lambda: x^2 + y^2 + 4x + 10y + 28 = 0$, determine o ponto de λ de abscissa mínima.

EXERCÍCIOS COMPLEMENTARES

4. Qual é o ponto da circunferência $(x-4)^2 + (y+3)^2 = 1$ que tem ordenada máxima?

5. Imagine a construção do símbolo olímpico conforme a figura abaixo.

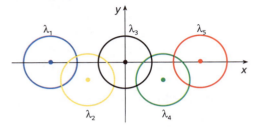

A circunferência λ_3 com centro na origem tem 5 cm de raio. As circunferências λ_1 e λ_5 têm seus centros a 14 cm do centro de λ_3. Os centros de λ_2 e λ_4 estão a $\sqrt{64}$ cm do centro de λ_3 e têm ordenada igual a -4.

Determine a equação das cinco circunferências que representam o símbolo olímpico.

6. Determine a, b e c de modo que a equação $36x^2 + ay^2 + bxy + 24x - 12y + c = 0$ represente uma circunferência.

7. (Enem) O atletismo é um dos esportes que mais se identificam com o espírito olímpico. A figura ilustra uma pista de atletismo. A pista é composta por oito raias e tem largura de 9,76 m. As raias são numeradas do centro da pista para a extremidade e são construídas de segmentos de retas paralelas e arcos de circunferência. Os dois semicírculos da pista são iguais.

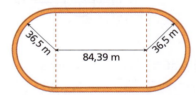

BIEMBENGUT, M. S. *Modelação matemática como método de ensino-aprendizagem de Matemática em cursos de 1º e 2º graus*, 1990. Dissertação de Mestrado. IGCE/Unesp, Rio Claro, 1990 (adaptado).

Se os atletas partissem do mesmo ponto, dando uma volta completa, em qual das raias o corredor estaria sendo beneficiado?

a) 1
b) 4
c) 5
d) 7
e) 8

8. Uma circunferência λ passa pelos pontos $(2, 0)$, $(2, 4)$ e $(0, 4)$. Qual é a distância do centro de λ à origem?

9. A reta s passa pelo ponto $(0, 3)$ e é perpendicular à reta $\overleftrightarrow{AB}$, em que $A(0, 0)$ e B é o centro da circunferência $x^2 + y^2 - 2x - 4y = 20$. Determine a equação de s.

10. Resolva graficamente o sistema: $\begin{cases} |x| > 1 \\ x^2 + y^2 \leq 9 \end{cases}$

11. Considere um quadrado de lados paralelos aos eixos coordenados e circunscrito na circunferência de equação $x^2 + y^2 - 6x - 8y + 12 = 0$. Determine a equação das retas que contêm as diagonais desse quadrado.

12. As vírgulas de um cartaz publicitário foram impressas de acordo com um desenho determinado pela união de três semicircunferências, de arcos $\widehat{AB}$, $\widehat{AC}$ e $\widehat{BC}$, conforme a figura ao lado. Sabendo que o arco $\widehat{BC}$ está contido na circunferência definida por $x^2 + y^2 + 2y = 0$, calcule a área de impressão ocupada por uma vírgula.

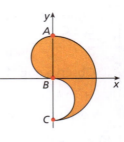

13. Um quadrado está inscrito em uma circunferência de centro $(1, 2)$. Um de seus vértices é o ponto $(-3, -1)$. Determine os outros três vértices do quadrado.

QUESTÕES DE VESTIBULAR

14. (Uece) Num sistema cartesiano utilizado no plano, o ponto P é a intersecção das retas $2x - y - 7 = 0$ e $x - 2y + 7 = 0$, o ponto Q é o centro da circunferência $x^2 + y^2 + 2x - 2y - 2 = 0$ e r é o raio dessa circunferência. A distância entre os pontos P e Q é igual a:

a) $2r$
b) $3r$
c) $4r$
d) $5r$

15. (UFPB) Considerando as seguintes proposições relativas à circunferência $x^2 + y^2 = 4$ no plano cartesiano, identifique a(s) verdadeira(s):

(01) O ponto $P(-1, 1)$ é interior à circunferência.
(02) O ponto $P(-2, 2)$ é exterior à circunferência.
(04) O ponto $P(-\sqrt{2}, \sqrt{2})$ está sobre a circunferência.
(08) A reta de equação $y = x$ intercepta a circunferência em dois pontos.
(16) A reta de equação $y = -x + 2$ intercepta a circunferência em um único ponto.

• Qual é a soma das alternativas corretas?

16. (Unifesp) Na figura A aparecem as circunferências α, de equação $x^2 + y^2 = 1$, e β, de equação $x^2 + y^2 = 9$. Sabendo-se que as circunferências tangentes simultaneamente a α e a β são como λ_1 (na figura B) ou λ_2 (na figura C):

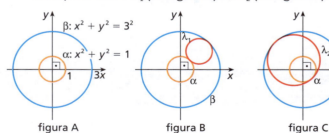

o lugar geométrico dos centros dessas circunferências é dado:

a) pelas circunferências de equações $(x - 1)^2 + y^2 = 4$ e $(x - 2)^2 + y^2 = 1$.
b) pela elipse de equação $\dfrac{x^2}{1} + \dfrac{x^2}{3^2} = 1$.
c) pelas circunferências de equações $x^2 + y^2 = 1$ e $x^2 + y^2 = 4$.
d) pela circunferência de equação $x^2 + y^2 = 4$.
e) pelas retas de equações $y = x$ e $y = -x$.

17. (Fuvest-SP) A figura representa duas circunferências de raio R e r com centros nos pontos A e B, respectivamente, tangenciando-se externamente no ponto D. Suponha que:

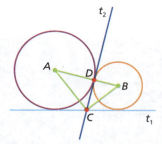

a) as retas t_1 e t_2 são tangentes a ambas as circunferências e interceptam-se no ponto C.

b) a reta t_2 é tangente às circunferências no ponto D.

Calcule a área do triângulo ABC em função dos raios R e r.

18. (UFRGS-RS) Um círculo tangencia dois eixos perpendiculares entre si, como indicado na figura ao lado.

Um ponto P do círculo dista 9 de um dos eixos e 2 do outro. Nessas condições, a soma dos possíveis valores para o raio do círculo é:

a) 19 b) 20 c) 21 d) 22 e) 23

19. (Uems) A circunferência de equação $\gamma: x^2 + y^2 - 6y + 5 = 0$ é tangente à reta de equação $r: -kx + y = 0$, $(k > 0)$. O valor de k é:

a) $\dfrac{\sqrt{2}}{2}$ b) $\dfrac{\sqrt{3}}{2}$ c) $\dfrac{\sqrt{5}}{2}$ d) $\dfrac{\sqrt{7}}{2}$ e) $\dfrac{\sqrt{11}}{2}$

20. (FGV) No plano cartesiano, a circunferência que passa pelo ponto P(1, 3) e é concêntrica com a circunferência $x^2 + y^2 - 6x - 8y - 1 = 0$ tem a seguinte equação:

a) $x^2 + y^2 + 6x + 8y - 40 = 0$
b) $x^2 + y^2 - 3x - 4y + 5 = 0$
c) $x^2 + y^2 - 6x - 8y + 20 = 0$
d) $x^2 + y^2 + 3x + 4y - 25 = 0$
e) $x^2 + y^2 - 3x + 4y - 19 = 0$

21. (UFG-GO) Na figura abaixo, as circunferências C_1 e C_2 são tangentes entre si e ambas tangentes às retas de equações $y = \dfrac{\sqrt{3}}{3}x$ e $y = -\dfrac{\sqrt{3}}{3}x$.

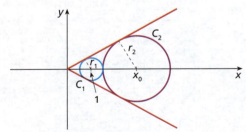

Calcule a equação da circunferência C_2, sabendo que o ponto (1, 0) é o centro da circunferência C_1.

22. (Unesp) Considere a circunferência $x^2 + (y - 2)^2 = 4$ e o ponto P(0, −3).

a) Encontre uma equação da reta que passe por P e tangencie a circunferência num ponto Q de abscissa positiva.

b) Determine as coordenadas do ponto Q.

23. (Ibmec) Suponha que r é um número real positivo e considere as circunferências do plano cartesiano dadas por:

$C_1: (x - 5)^2 + y^2 = r^2$
$C_2: (x + 5)^2 + y^2 = r^2$

O conjunto dos pontos do plano que representam as intersecções de C_1 e C_2 para $r \leq 13$ é mais bem descrito pela figura:

a) 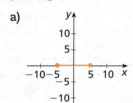 d)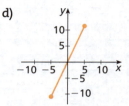

b) 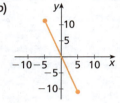 e)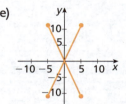

c)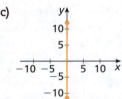

24. (Fuvest-SP) Para cada número real m seja $P_m = (x_m, y_m)$ o ponto de interseção das retas $mx + y = 1$ e $x - my = 1$. Sabendo-se que todos os pontos P_m pertencem a uma mesma circunferência, qual é o centro dessa circunferência?

a) $\left(\dfrac{1}{2}, \dfrac{1}{2}\right)$ c) $\left(-\dfrac{1}{2}, \dfrac{1}{2}\right)$ e) (1, 1)

b) (0, 0)   d) $\left(-\dfrac{1}{2}, -\dfrac{1}{2}\right)$

25. (FGV) A figura ao lado é a representação gráfica do sistema de inequações dado por:

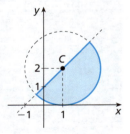

a) $\begin{cases} (x-1)^2 + (y-2)^2 \leq 4 \\ x - y + 1 \geq 0 \end{cases}$

b) $\begin{cases} (x-1)^2 + (y-2)^2 \leq 2 \\ x - y - 1 < 0 \end{cases}$

c) $\begin{cases} (x+2)^2 + (y+1)^2 \leq 16 \\ 2x - y + 1 > 1 \end{cases}$

d) $\begin{cases} (x-3)^2 + (y-1)^2 \leq 1 \\ x - y + 2 < 0 \end{cases}$

Mais questões: no livro digital, em **Vereda Digital Aprova Enem** e **Vereda Digital Suplemento de revisão e vestibulares**; no *site*, em **AprovaMax**.

Compreensão de texto

A Matemática do GPS
O que é e como funciona o GPS?

A sigla GPS nada mais é do que a abreviatura de *Global Positioning System* (sistema de posicionamento global). Trata-se de uma constelação de 24 satélites, orbitando em torno da Terra a uma altura aproximada de 20.200 km acima do nível do mar, permitindo a receptores conhecer sua posição em qualquer lugar sobre a Terra com uma notável precisão.

[...]

Os 24 satélites que formam o segmento espacial do GPS trafegam em torno da Terra em seis órbitas estáveis e predeterminadas com quatro satélites em cada órbita. Os satélites percorrem uma órbita completa a cada 12 horas e cada satélite tem 28° de visualização sobre a Terra. Isso assegura que todo ponto da superfície terrestre, em qualquer instante, seja visualizado por pelo menos quatro satélites. Várias áreas da Terra são, por alguns momentos, visualizadas por até dez satélites. [...]

Afinal, de que maneira o GPS determina a localização de um ponto sobre a superfície terrestre?

Cada um dos satélites do GPS transmite por rádio um padrão fixado, que é recebido por um receptor na Terra (segmento do usuário), funcionando como um cronômetro extremamente acurado. O receptor mede a diferença entre o momento em que o padrão é recebido e o momento em que foi emitido. Essa diferença, não mais do que um décimo de segundo, permite que o receptor calcule a distância do satélite emissor multiplicando a velocidade do sinal (aproximadamente $2,99792458 \times 10^8$ m/s — a velocidade da luz) pelo tempo que o sinal de rádio levou do satélite ao receptor.

Essa informação localiza uma pessoa sobre uma imaginária superfície esférica com centro no satélite e raio igual à distância acima calculada.

Cada satélite é programado para emitir o que se chama de **efeméride**, que informa a sua posição exata, naquele instante, em relação a um fixado sistema ortogonal de coordenadas. Tal posição é permanentemente rastreada e conferida pelas estações terrestres de gerenciamento. A unidade receptora processa esses sinais. Com a posição do satélite e a distância anteriormente calculada, obtém-se a chamada equação geral da imaginária superfície esférica.

Coletando sinais emitidos por quatro satélites, o receptor determina a posição do usuário, calculando-a como intersecção das quatro superfícies esféricas obtidas. A localização é dada não em coordenadas cartesianas, mas por meio das coordenadas geográficas (latitude, longitude e elevação).

[...]

Fonte: ALVES, Sérgio. A Matemática do GPS. *Revista do Professor de Matemática*, n. 59, p. 17-26, 2006.

Satélite do sistema NAVSTAR, EUA, 1986.

Representação artística feita em computador. A ilustração não preserva as reais dimensões dos objetos nem a proporção entre suas distâncias.

ATIVIDADES

1. De acordo com o texto, quantas órbitas sobre a Terra cada um desses satélites completa em um dia?

2. Considere a relação $\Delta s = v \cdot \Delta t$ e os dados do texto sobre a altitude e a velocidade do sinal emitido pelo satélite. Quanto tempo o sinal leva para chegar a um receptor que está na superfície da Terra, em uma reta que passa pelo satélite e pelo centro da Terra?

3. Considere o raio médio da Terra igual a 6.370 km. Aproximadamente, quantos quilômetros percorre um desses satélites em uma órbita circular em torno da Terra na altitude de 20,2 km?

4. Vimos que, dados um ponto fixo C e uma distância r, a circunferência λ é o lugar geométrico dos pontos P do plano que estão à mesma distância r de C.

   Desenhe no caderno e responda: quantos pontos comuns têm duas circunferências de raios 3 cm e 5 cm, respectivamente, cujos centros distam 9 cm? E se os centros forem distantes 8 cm? E se forem distantes 7 cm?

5. De modo análogo à circunferência, uma superfície esférica S de centro C e raio r é definida como o lugar geométrico dos pontos P do espaço que estão à mesma distância r de C.

   Imagine para responder: quantos pontos comuns têm duas superfícies esféricas de raios 3 cm e 5 cm cujos centros distam 9 cm? E se os centros forem distantes 8 cm? E se forem distantes 7 cm?

6. Que figura plana é formada pelos pontos comuns a duas superfícies esféricas de raios 4 cm e 2 cm, respectivamente, cujos centros distam 5 cm?

CAPÍTULO 28
CÔNICAS

Praça de São Pedro, no Vaticano.

1. Secções cônicas

As cônicas são curvas que incluem as circunferências, as parábolas, as elipses e as hipérboles. No capítulo anterior, estudamos as circunferências; neste, estudaremos as demais cônicas.

Por causa de algumas de suas propriedades, as cônicas têm várias aplicações na Astronomia, na Óptica, na Engenharia, na Arquitetura e nas novas tecnologias. Na Astronomia, por exemplo, elas estão presentes na trajetória elíptica que os planetas descrevem ao redor do Sol e na trajetória de cometas no sistema solar. Na foto acima, a Praça de São Pedro, no Vaticano, tem contorno com forma elíptica.

1.1 Ideia de secções de uma superfície cônica

Observe na página a seguir a bola que está sobre uma mesa em uma sala escura. Ao iluminar a bola com uma lanterna, é possível perceber que o formato da sombra se modifica de acordo com a posição da lanterna.

Os contornos de cada sombra da bola têm a forma de uma curva. Chamadas de **cônicas**, essas diferentes curvas podem representar elipses, trechos de parábolas e trechos de hipérboles.

elipse

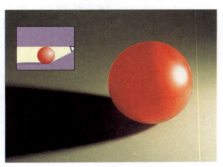
parábola

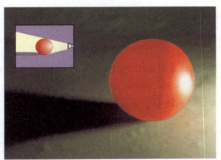
hipérbole

Observação

Embora as superfícies cônicas como as hipérboles e as parábolas sejam infinitas, para facilitar sua visualização, preferimos ilustrá-las como se fossem limitadas.

No século III a.C., o matemático grego Apolônio de Perga deu uma importante contribuição à Geometria com sua obra *As cônicas*, mostrando como obtê-las por meio da intersecção de um plano com uma superfície cônica circular dupla – daí a origem do nome **secções cônicas**.

Obtemos uma superfície cônica circular dupla, com vértice V, por meio da rotação de uma reta r em torno de um eixo, concorrente com a reta r no ponto V. A figura a seguir representa uma superfície cônica circular dupla intersectada por um plano α.

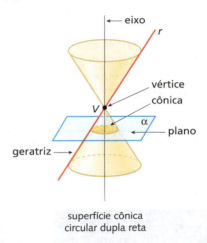

superfície cônica circular dupla reta

Nessa figura, como o plano α não passa pelo vértice V, intersecta todas as geratrizes da superfície cônica em pontos distintos e é perpendicular ao eixo, a cônica obtida é uma circunferência.

Variando a inclinação do plano α em relação ao eixo, pode-se demonstrar que obtemos as três cônicas que estudaremos neste capítulo: a elipse, a hipérbole e a parábola.

Se o plano α intersectar todas as geratrizes da superfície cônica obliquamente ao eixo, teremos:

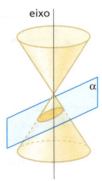

Essa cônica é chamada de **elipse**.

Se o plano α for paralelo a uma geratriz, teremos:

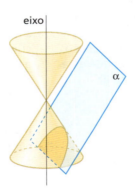

Essa cônica é chamada de **parábola**.

Se o plano α for paralelo ao eixo, teremos:

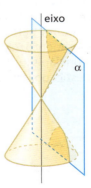

Essa cônica é chamada de **hipérbole**.

Capítulo 28 • Cônicas 567

EXERCÍCIOS

1. Observe a figura abaixo.

O contorno dessa sombra lembra qual cônica?

2. Considere a função quadrática f dada pela lei $f(x) = x^2 - 6x + 5$.

a) O ponto de coordenadas $(3, -4)$ pertence ao gráfico de f?
b) Construa o gráfico de f.
c) Qual é o nome da curva que representa o gráfico de f?
d) Que elemento do gráfico de f representa o ponto $(3, -4)$?
e) O gráfico de f apresenta simetria em relação à reta vertical que passa pelo vértice?

2. Elipse

A forma elíptica está presente em vários objetos do nosso cotidiano.

Representação artística sem escala e em cores-fantasia feita por computador mostrando as órbitas, em formato de elipse, dos planetas de nosso sistema solar.

Espelho com formato elíptico.

2.1 A geometria da elipse

Para traçar uma elipse, vamos marcar sobre o plano dois pontos, F_1 e F_2, distantes $2c$ um do outro. Em cada ponto fixamos, usando um percevejo, a extremidade de um barbante de comprimento $2a$, sendo $2a > 2c$ (figura I). Então, posicionando um lápis junto ao barbante, de modo que este se mantenha esticado, traçamos uma curva (figura II).

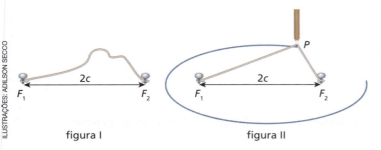

figura I   figura II

Note que, para qualquer ponto P pertencente à curva, a distância $PF_1 + PF_2$ é constante, pois corresponde ao comprimento do barbante.

A curva formada é chamada de **elipse** e pode ser assim definida:

> Dados dois pontos em um plano, F_1 e F_2, distantes $2c$ um do outro, elipse é o lugar geométrico dos pontos P do plano cuja soma de suas distâncias aos pontos F_1 e F_2 é constante e igual a $2a$, sendo $2a > 2c$.

Elementos da elipse

A figura abaixo representa uma elipse e alguns de seu elementos.

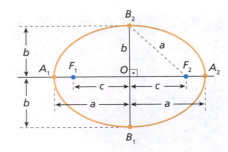

- **Focos:** são os pontos F_1 e F_2.
- **Distância focal:** é a distância entre os focos ($2c = F_1F_2$).
- **Eixo maior:** é o segmento $\overline{A_1A_2}$, que passa pelos focos ($A_1A_2 = 2a$).
- **Centro:** é o ponto O, ponto médio de $\overline{A_1A_2}$.
- **Eixo menor:** é o segmento $\overline{B_1B_2}$, perpendicular a $\overline{A_1A_2}$, que passa por O ($B_1B_2 = 2b$).
- **Excentricidade (e):** é a razão $e = \dfrac{c}{a}$, sendo $0 < e < 1$.

Relação entre a, b e c

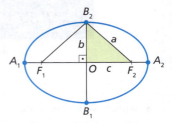

Observe a elipse ao lado.
Aplicando o teorema de Pitágoras no triângulo retângulo OB_2F_2, podemos escrever a relação $a^2 = b^2 + c^2$.

Excentricidade

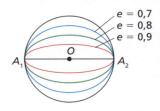

Ao observar várias elipses, você perceberá que algumas são bem próximas a uma circunferência e outras são mais achatadas. Essa característica é determinada por um número, a excentricidade e.

Quanto mais os focos se distanciam do centro da elipse, mais achatada ela é; quanto mais os focos se aproximam do centro da elipse, mais próxima a uma circunferência ela é.

Como $e = \dfrac{c}{a}$ e $c < a$, a excentricidade e está entre 0 e 1.

- Se e for próximo de 0, a elipse será mais próxima a uma circunferência.
- Se e for próximo de 1, a elipse será mais achatada.

2.2 Equação da elipse com centro na origem

Fixando um sistema de coordenadas cujos eixos contêm os eixos da elipse, vamos obter a equação da elipse. Há dois casos a serem considerados.

Caso 1: eixo maior da elipse sobre o eixo das abscissas

Considere uma elipse com centro O na origem do sistema cartesiano, eixo maior de extremidades $A_1(-a, 0)$ e $A_2(a, 0)$, com $a > 0$, eixo menor de extremidades $B_1(0, -b)$ e $B_2(0, b)$, com $b > 0$, e focos $F_1(-c, 0)$ e $F_2(c, 0)$, com $c > 0$. Escolhemos um ponto P qualquer sobre essa elipse, com coordenadas (x, y).

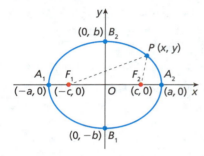

Vamos usar a fórmula da distância entre dois pontos para obter a equação da elipse.

Como $PF_1 + PF_2 = 2a$, temos:

$\sqrt{[x-(-c)]^2 + (y-0)^2} + \sqrt{(x-c)^2 + (y-0)^2} = 2a$

$\sqrt{(x+c)^2 + y^2} = 2a - \sqrt{(x-c)^2 + y^2}$

$\left[\sqrt{(x+c)^2 + y^2}\right]^2 = \left[2a - \sqrt{(x-c)^2 + y^2}\right]^2$

$(x+c)^2 + y^2 = 4a^2 - 4a\sqrt{(x-c)^2 + y^2} + (x-c)^2 + y^2$

$x^2 + 2cx + c^2 + y^2 = 4a^2 - 4a\sqrt{x^2 - 2cx + c^2 + y^2} + x^2 - 2cx + c^2 + y^2$

$4cx - 4a^2 = -4a\sqrt{x^2 - 2cx + c^2 + y^2}$

$(cx - a^2)^2 = \left(-a\sqrt{x^2 - 2cx + c^2 + y^2}\right)^2$

$c^2x^2 - 2cxa^2 + (a^2)^2 = a^2(x^2 - 2cx + c^2 + y^2)$

$c^2x^2 - 2cxa^2 + a^4 = a^2x^2 - 2cxa^2 + a^2c^2 + a^2y^2$

$c^2x^2 + a^4 = a^2x^2 + a^2c^2 + a^2y^2$

$a^4 - a^2c^2 = a^2x^2 + a^2y^2 - c^2x^2$

$a^2(a^2 - c^2) = x^2(a^2 - c^2) + a^2y^2$ (I)

Da relação $a^2 = b^2 + c^2$, temos $b^2 = a^2 - c^2$, que podemos substituir em (I):

$a^2b^2 = x^2b^2 + a^2y^2$ (dividindo os dois membros por a^2b^2)

$\dfrac{a^2b^2}{a^2b^2} = \dfrac{x^2b^2}{a^2b^2} + \dfrac{a^2y^2}{a^2b^2}$

Portanto: $\boxed{\dfrac{x^2}{a^2} + \dfrac{y^2}{b^2} = 1, \text{ com } a > b > 0}$

Essa é a equação reduzida da elipse de focos no eixo das abscissas e centro em $(0, 0)$.

Caso 2: eixo maior da elipse sobre o eixo das ordenadas

Nesse caso, $F_1(0, -c)$ e $F_2(0, c)$.

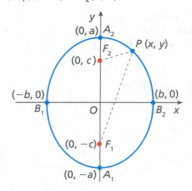

$P(x, y)$ estará na elipse se:

$\sqrt{(y+c)^2 + x^2} + \sqrt{(y-c)^2 + x^2} = 2a$

Analogamente ao que fizemos no caso 1, obtemos:

$\boxed{\dfrac{x^2}{b^2} + \dfrac{y^2}{a^2} = 1, \text{ com } a > b > 0}$

Essa é a equação reduzida da elipse de focos no eixo das ordenadas e centro em $(0, 0)$.

Exemplo

Vamos determinar a equação reduzida da elipse com centro na origem e focos sobre o eixo das abscissas, sendo $F_1(-3, 0)$ e $F_2(3, 0)$, com eixo maior medindo 8 unidades.

Como o eixo maior tem 8 unidades, então: $2a = 8 \Rightarrow a = 4$

A distância do centro a qualquer um dos focos é igual a 3. Logo, $c = 3$.

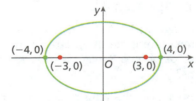

Pela relação $a^2 = b^2 + c^2$, temos: $4^2 = b^2 + 3^2 \Rightarrow b^2 = 7$

Substituindo em $\dfrac{x^2}{a^2} + \dfrac{y^2}{b^2} = 1$, obtemos a equação:

$\dfrac{x^2}{16} + \dfrac{y^2}{7} = 1$

Trocando ideias

No início deste capítulo, vimos que os planetas do sistema solar descrevem trajetórias elípticas em torno do Sol.

Com um colega, pesquisem esses planetas e suas trajetórias. Em seguida, elaborem uma tabela com parâmetros orbitais, tais como semieixo maior, distância média ao Sol e excentricidade.

Por último, considerando os dados sobre a excentricidade, ordenem os planetas de acordo com as órbitas da mais "achatada" para a mais próxima de uma circunferência.

EXERCÍCIOS

3. Uma elipse tem centro em $(0, 0)$, $B_1(0, -3)$ e $A_1(-5, 0)$ são pontos das extremidades de seus eixos, respectivamente, menor e maior. Determine sua equação reduzida.

4. Obtenha a equação reduzida de cada elipse representada no plano cartesiano.

a)
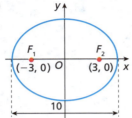

c)
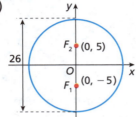

b)
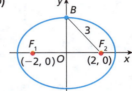

d)
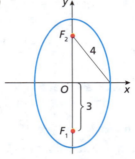

5. Determine a equação reduzida da elipse de cada item dados alguns de seus elementos.

a) $F_1(-1, 0)$ e $F_2(1, 0)$ e $a = 5$

b) $A_1(-5, 0)$ e $A_2(5, 0)$ e $e = 0{,}8$

c) $B_1(0, -4)$ e $B_2(0, 4)$ e $a = 12$

6. Observe as figuras I e II do início deste item **A Geometria da elipse**. Imagine que, antes de fazer o traçado, unificamos os pontos F_1 e F_2 fazendo $2c = 0$. Que curva obteríamos?

7. Observe os esboços das elipses. Mesmo sem as medidas, é possível associá-las a uma equação. Analise a forma e a posição de cada elipse e associe-a a uma equação. Registre e justifique sua resposta.

A
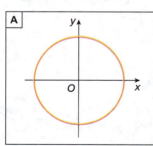

C
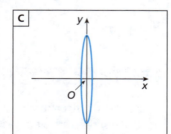

B
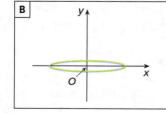

I $x^2 + 100y^2 = 1$

II $x^2 + \dfrac{10y^2}{9} = 1$

III $100x^2 + y^2 = 1$

R1. Seja $4x^2 + y^2 = 64$ a equação de uma elipse. Determinar as coordenadas de seus focos e as extremidades do eixo menor.

➤ **Resolução**

Vamos escrever a equação dada na forma reduzida:

$4x^2 + y^2 = 64 \Rightarrow \dfrac{4x^2}{64} + \dfrac{y^2}{64} = \dfrac{64}{64} \Rightarrow \dfrac{x^2}{16} + \dfrac{y^2}{64} = 1$

Para encontrar a e b, precisamos analisar se a elipse determinada por essa equação tem seu eixo maior sobre o eixo das abscissas ou das ordenadas.

Como, na equação reduzida de uma elipse, a é maior que b, podemos concluir que $a^2 = 64$ e $b^2 = 16$. Ou seja, o eixo maior dessa elipse está sobre o eixo das ordenadas.

Como $a^2 = 64$ e $b^2 = 16$, então $a = 8$ e $b = 4$.

Pela relação $a^2 = b^2 + c^2$, temos:

$64 = 16 + c^2 \Rightarrow c^2 = 48 \Rightarrow c = 4\sqrt{3}$

Assim, os focos são $F_1(0, -4\sqrt{3})$ e $F_2(0, 4\sqrt{3})$, e as extremidades do eixo menor são $B_1(-4, 0)$ e $B_2(4, 0)$.

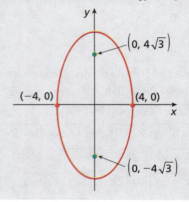

8. Em cada caso, determine as coordenadas dos focos e a excentricidade da elipse.

a) $\dfrac{x^2}{25} + \dfrac{y^2}{100} = 1$

b) $\dfrac{x^2}{49} + \dfrac{y^2}{9} = 1$

c) $16x^2 + 9y^2 = 576$

d) $x^2 + 2y^2 = 36$

9. Na elipse representada na figura, a circunferência inscrita tem raio 2, centro na origem e passa pelos focos F_1 e F_2 da elipse. Determine a equação reduzida da elipse.

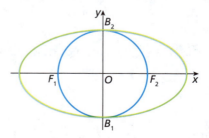

10. Esboce os gráficos das elipses de equação:

a) $\dfrac{x^2}{9} + \dfrac{y^2}{4} = 1$

b) $\dfrac{x^2}{4} + \dfrac{y^2}{16} = 1$

11. Sabendo que uma elipse está centrada na origem do sistema cartesiano e que seus focos estão sobre o eixo das ordenadas, determine sua equação reduzida, sendo a distância focal igual a $2\sqrt{3}$ e $B_2(1, 0)$.

12. Determine a equação do conjunto de todos os pontos do plano tais que a soma das distâncias desses pontos a $(-4, 0)$ e $(4, 0)$ seja sempre igual a 10.

13. Considere a elipse abaixo.

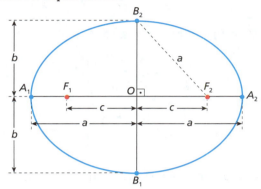

Demonstre as propriedades a seguir. (Você pode fazer esta atividade com um colega.)

a) $A_1F_1 = A_2F_2$

b) $A_1A_2 = 2a$

c) $B_1F_1 = B_1F_2 = a$ e $B_2F_1 = B_2F_2 = a$

3. Parábola

Podemos observar parábolas em várias situações, como na trajetória de um jato de água de um chafariz ou na trajetória do ponto luminoso em fogos de artifício. A parábola também é muito utilizada em projetos arquitetônicos.

Os 16 pilares que compõem a Catedral de Brasília têm a forma de parábolas.

Os jatos de água da fonte do Parque do Ibirapuera, em São Paulo, formam parábolas.

3.1 A geometria da parábola

Para construir uma parábola, traçamos uma reta r e marcamos um ponto F fora da reta. Em seguida, cortamos um barbante de comprimento $\overline{AB}$, igual à altura do esquadro (figura I). Com dois percevejos, fixamos uma das pontas do barbante no ponto F e a outra no ponto A do esquadro (figura I). Com um lápis apoiado no esquadro, esticamos o barbante e traçamos metade de uma curva, deslizando o esquadro para a direita (figura II). Para traçar a outra metade da curva, repetimos o processo com o esquadro invertido.

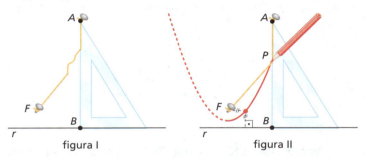

figura I   figura II

Note que qualquer ponto P pertencente à curva dista o mesmo de F e de r, ou seja, $PB = PF$. Veja:

$PB + PA = AB = PF + PA \Rightarrow PB + \cancel{PA} = PF + \cancel{PA} \Rightarrow PB = PF$

A curva formada é chamada de **parábola** e pode ser assim definida:

> Dados uma reta r e um ponto F não pertencente a essa reta, todos em um mesmo plano, parábola é o lugar geométrico dos pontos P do plano cuja distância à reta r é igual à distância ao ponto F.

Elementos da parábola

A figura abaixo representa uma parábola com alguns de seus elementos.

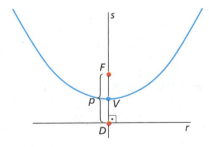

- **Foco:** é o ponto F.
- **Diretriz:** é a reta r.
- **Eixo de simetria:** é a reta s, perpendicular a r, que passa pelo foco.
- **Vértice:** é o ponto V, intersecção da parábola com o eixo de simetria.
- **Parâmetro da parábola:** é a distância p entre o foco e a diretriz, isto é, $p = FD$.

Observação

O vértice também pertence à parábola; portanto, deve ser equidistante de F e r, ou seja, V é o ponto médio de $\overline{FD}$.

3.2 Equação da parábola com vértice na origem

Vamos considerar uma parábola com vértice V na origem do sistema cartesiano e foco F. Escolhemos um ponto $P(x, y)$ qualquer sobre essa parábola. Sabemos que a distância entre F e P deve ser igual à distância entre P e r (diretriz da parábola), ou seja, $d_{P,F} = d_{P,r}$.

Há dois casos a serem considerados.

Caso 1: eixo de simetria sobre o eixo y

a) $F(0, c)$ e diretriz $y = -c$, com $c > 0$

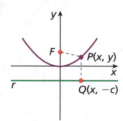

Vamos usar a fórmula da distância entre dois pontos para obter a equação da parábola.

$d_{P,F} = d_{P,r} \Rightarrow d_{P,F} = d_{P,Q}$

$\sqrt{(x-0)^2 + (y-c)^2} = \sqrt{(x-x)^2 + [y-(-c)]^2}$

$\left[\sqrt{x^2 + (y-c)^2}\right]^2 = \left[\sqrt{(y+c)^2}\right]^2$

$x^2 + (y-c)^2 = (y+c)^2$

$x^2 + y^2 - 2cy + c^2 = y^2 + 2cy + c^2$

$$x^2 = 4cy$$

b) $F(0, -c)$ e diretriz $y = c$, com $c > 0$

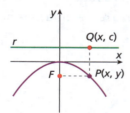

Analogamente ao visto acima, obtemos:

$$x^2 = -4cy$$

Caso 2: eixo de simetria sobre o eixo x

a) $F(c, 0)$ e diretriz $x = -c$, com $c > 0$

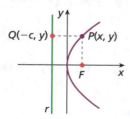

Vamos usar a fórmula da distância entre dois pontos para obter a equação da parábola.

$d_{P,F} = d_{P,r} \Rightarrow d_{P,F} = d_{P,Q}$

$\sqrt{(x-c)^2 + (y-0)^2} = \sqrt{[x-(-c)]^2 + (y-y)^2}$

$\left[\sqrt{(x-c)^2 + y^2}\right]^2 = \left[\sqrt{(x+c)^2}\right]^2$

$(x-c)^2 + y^2 = (x+c)^2$

$x^2 - 2cx + c^2 + y^2 = x^2 + 2cx + c^2$

$$y^2 = 4cx$$

b) $F(-c, 0)$ e diretriz $x = c$, com $c > 0$

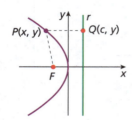

Analogamente ao visto acima, obtemos:

$$y^2 = -4cx$$

Observação

Uma parábola com eixo de simetria sobre o eixo y, que tem equação do tipo $x^2 = 4cy$ ou $x^2 = -4cy$, com $c > 0$, é também o gráfico da função quadrática $y = \frac{1}{4c}x^2$ ou $y = -\frac{1}{4c}x^2$ (ou ainda $y = ax^2$, com $a \neq 0$), conforme vimos no estudo de funções quadráticas.

Exemplos

a) Vamos determinar a equação da curva cujos pontos são equidistantes à reta $x = -2$ e ao ponto $F(2, 0)$.

O lugar geométrico dos pontos equidistantes de uma reta e de um ponto não pertencente a essa reta é uma parábola.

A equação dessa parábola pode ser determinada imaginando-se um ponto $P(x, y)$ pertencente a ela.

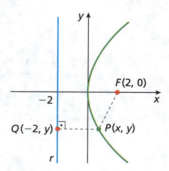

As distâncias desse ponto à reta e ao foco dados são iguais. Então, podemos escrever:

$d_{P,F} = d_{P,r} \Rightarrow d_{P,F} = d_{P,Q}$

$\sqrt{(x-2)^2 + (y-0)^2} = \sqrt{[x-(-2)]^2 + (y-y)^2} \Rightarrow$

$\Rightarrow \sqrt{(x-2)^2 + y^2} = \sqrt{(x+2)^2} \Rightarrow (x-2)^2 + y^2 = (x+2)^2 \Rightarrow$

$\Rightarrow x^2 - 4x + 4 + y^2 = x^2 + 4x + 4 \Rightarrow y^2 = 8x$

Portanto, a equação da parábola é $y^2 = 8x$.

b) Vamos determinar a equação da parábola de foco $(-3, 0)$ e diretriz $x = 3$.

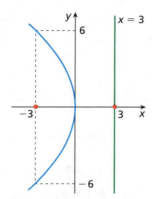

Como a parábola tem o eixo de simetria sobre o eixo x, vértice na origem, $F(-3, 0)$ e diretriz $x = 3$, a equação da parábola será do tipo $y^2 = -4cx$. Nesse caso, $c = 3$.

Então, a equação da parábola será:

$y^2 = -4 \cdot 3 \cdot x \Rightarrow y^2 = -12x$

EXERCÍCIOS

R2. Dada a parábola $y^2 = 16x$, determinar as coordenadas do foco e a equação da reta diretriz.

➤ **Resolução**

Comparando a equação da parábola com os casos apresentados, verificamos que essa parábola tem o eixo de simetria sobre o eixo x, vértice na origem, $F(c, 0)$ e diretriz $x = -c$. A equação desse tipo de parábola é $y^2 = 4cx$.
Comparando as equações $y^2 = 16x$ e $y^2 = 4cx$, temos $c = 4$.
Logo, as coordenadas do foco são $(4, 0)$, e a equação da reta diretriz é $x = -4$.

14. Determine o lugar geométrico dos pontos de um plano α equidistantes da reta $y = 6$ e do ponto $F(0, -6)$.

15. Em qualquer dos casos estudados no início deste item **Equação da parábola com vértice na origem**, pode-se escrever a equação em função do parâmetro p? Como?

16. No exemplo **b** desta página, da parábola de foco $(-3, 0)$ e diretriz $x = 3$, é possível determinar a equação da parábola sem conhecer a fórmula $y^2 = -4cx$? Como?

17. Determine a equação da parábola em cada caso.

a)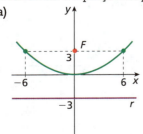

b)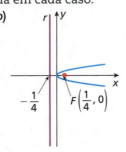

18. Esboce o gráfico e determine a equação da parábola correspondente a cada item.

a) Foco em $(4, 0)$ e reta diretriz $x = -4$.

b) Reta diretriz $y = 3$ e parâmetro $p = 6$.

19. Esboce o gráfico das parábolas representadas pelas seguintes equações:

a) $x^2 = -6y$

b) $y^2 = \dfrac{1}{2}x$

R3. Determinar as coordenadas do foco e a equação da reta diretriz da parábola que passa pelos pontos $(0, 0)$, $(2, -1)$ e $(4, -4)$ e tem o eixo de simetria sobre o eixo y e vértice na origem.

➤ **Resolução**

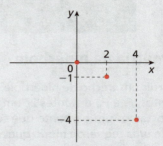

Analisando os pontos, percebemos que essa parábola tem concavidade voltada para baixo; portanto, a equação será do tipo $x^2 = -4cy$.
Escolhendo um ponto para substituir na equação, obtemos c:

$2^2 = -4 \cdot c \cdot (-1)$

$c = 1$

Portanto, $F(0, -1)$, e a reta diretriz é $y = 1$.

20. Determine a equação da parábola com eixo de simetria sobre o eixo x e vértice na origem que passa pelos pontos $A\left(-1, 2\sqrt{10}\right)$ e $B(-10, 20)$.

21. Considere as parábolas de equações do tipo $x^2 = 4cy$, com $c > 0$.

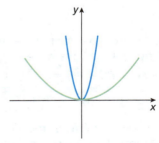

(Você pode fazer esta atividade com um colega.)

a) Como a constante c determina a abertura da parábola?
- Atribua valores grandes para c e descubra como será a abertura da parábola.
- Atribua valores próximos a zero para c e descubra como será a abertura da parábola.

b) Variando c, verifique o que acontece com o parâmetro p da parábola.

4. Hipérbole

Podemos observar a forma da hipérbole em situações do dia a dia, tais como a projeção da luz de um abajur de cúpula cilíndrica em uma parede próxima.

A borda da parte iluminada tem a forma de uma hipérbole.

4.1 A geometria da hipérbole

Para construir um trecho de hipérbole, marcamos sobre o plano dois pontos, F_1 e F_2, distantes $2c$ um do outro (figura I). Em seguida, cortamos um barbante que tenha comprimento menor que o de uma régua, de modo que a diferença $2a$ entre o comprimento da régua e o comprimento do barbante seja menor que a distância entre os pontos F_1 e F_2, ou seja, $2a < 2c$. Com um percevejo, prendemos uma das pontas do barbante no ponto F_2 e a outra em uma das extremidades da régua, no ponto que chamaremos de Q (figura II). Fixamos a outra extremidade da régua em F_1. Com um lápis apoiado contra a régua, traçamos uma curva, mantendo sempre o barbante esticado (figura II).

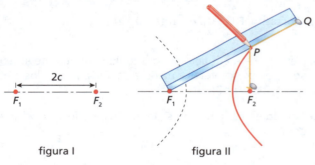

figura I   figura II

Para qualquer ponto P pertencente à curva, temos $PF_1 - PF_2 = 2a$, que é uma constante. Veja:

$PF_1 - PF_2 = PF_1 - PF_2 + PQ - PQ = \underbrace{(PF_1 + PQ)}_{\text{comprimento da régua}} - \underbrace{(PF_2 + PQ)}_{\text{comprimento do barbante}} = 2a$

Repetindo o procedimento, mas dessa vez prendendo o barbante no ponto F_1 e a extremidade da régua em F_2, obtemos outro ramo.

A curva obtida é chamada de **hipérbole** e pode ser assim definida:

> Dados dois pontos em um plano, F_1 e F_2, distantes $2c$ um do outro, hipérbole é o lugar geométrico dos pontos P do plano cuja diferença, em módulo, de suas distâncias aos pontos F_1 e F_2 é constante e igual a $2a$, sendo $2a < 2c$.

Elementos da hipérbole

A figura abaixo representa alguns elementos da hipérbole.

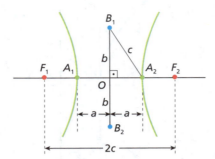

- **Focos:** são os pontos F_1 e F_2.
- **Distância focal:** é a distância entre os focos ($2c = F_1F_2$).
- **Vértices:** são os pontos A_1 e A_2, intersecções de $\overline{F_1F_2}$ com os dois ramos da hipérbole.
- **Centro:** é o ponto médio O de $\overline{A_1A_2}$.
- **Eixo real ou transverso:** é o segmento $\overline{A_1A_2}$ ($A_1A_2 = 2a$).
- **Eixo imaginário ou conjugado:** é o segmento $\overline{B_1B_2}$ ($B_1B_2 = 2b$).
- **Excentricidade (e):** é a razão $e = \dfrac{c}{a}$, sendo $e > 1$.

Relação entre a, b e c

Observe a hipérbole representada a seguir.

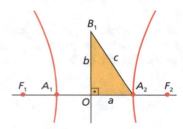

Aplicando o teorema de Pitágoras no triângulo retângulo OB_1A_2, podemos escrever a relação $c^2 = a^2 + b^2$.

Excentricidade

Algumas hipérboles têm ramos mais abertos ou mais fechados do que outras. Essa característica da hipérbole é determinada por um número, a excentricidade e.

Como $e = \dfrac{c}{a}$ e $c > a$, a excentricidade e é maior que 1.

- Se e for um número próximo de 1, os ramos da hipérbole serão mais fechados.
- Se e for um número tendendo ao infinito, os ramos da hipérbole serão mais abertos.

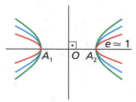

hipérboles com ramos mais fechados

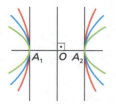

hipérboles com ramos mais abertos

4.2 Equação da hipérbole com centro na origem

Aqui também destacaremos dois casos para estudar.

Caso 1: os focos pertencem ao eixo das abscissas

Considere uma hipérbole com centro O na origem do sistema cartesiano, vértices $A_1(-a, 0)$ e $A_2(a, 0)$, com $a > 0$, e focos $F_1(-c, 0)$ e $F_2(c, 0)$, com $c > 0$. Escolhemos um ponto $P(x, y)$ qualquer sobre essa hipérbole.

Sabemos que:
$$|PF_1 - PF_2| = 2a$$

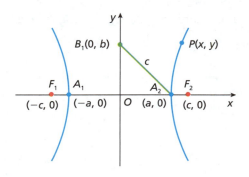

Assim:
$$\left|\sqrt{[x-(-c)]^2 + (y-0)^2} - \sqrt{(x-c)^2 + (y-0)^2}\right| = 2a$$
$$\sqrt{(x+c)^2 + y^2} - \sqrt{(x-c)^2 + y^2} = \pm 2a$$
$$\sqrt{(x+c)^2 + y^2} = \pm 2a + \sqrt{(x-c)^2 + y^2}$$
$$\left[\sqrt{(x+c)^2 + y^2}\right]^2 = \left[\pm 2a + \sqrt{(x-c)^2 + y^2}\right]^2$$
$$x^2 + 2cx + c^2 + y^2 =$$
$$= 4a^2 \pm 4a\sqrt{(x-c)^2 + y^2} + x^2 - 2cx + c^2 + y^2$$
$$4cx - 4a^2 = \pm 4a\sqrt{x^2 - 2cx + c^2 + y^2}$$
$$cx - a^2 = \pm a\sqrt{x^2 - 2cx + c^2 + y^2}$$
$$(cx - a^2)^2 = \left(\pm a\sqrt{x^2 - 2cx + c^2 + y^2}\right)^2$$
$$c^2x^2 - 2cxa^2 + a^4 = a^2x^2 - 2cxa^2 + a^2c^2 + a^2y^2$$
$$c^2x^2 + a^4 = a^2x^2 + a^2c^2 + a^2y^2$$
$$c^2x^2 - a^2x^2 - a^2y^2 = a^2c^2 - a^4$$
$$x^2(c^2 - a^2) - a^2y^2 = a^2(c^2 - a^2) \quad \text{(I)}$$

Da relação $c^2 = a^2 + b^2$, temos $c^2 - a^2 = b^2$, que podemos substituir em (I):
$$x^2b^2 - a^2y^2 = a^2b^2 \Rightarrow \frac{x^2b^2}{a^2b^2} - \frac{a^2y^2}{a^2b^2} = \frac{a^2b^2}{a^2b^2} \Rightarrow$$
$$\Rightarrow \frac{x^2}{a^2} - \frac{y^2}{b^2} = 1$$

A equação reduzida da hipérbole de focos no eixo das abscissas e centro em (0, 0) é:

$$\frac{x^2}{a^2} - \frac{y^2}{b^2} = 1$$

Caso 2: os focos pertencem ao eixo das ordenadas

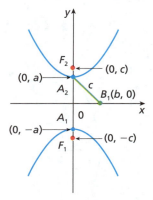

Nesse caso, os focos têm coordenadas $F_1(0, -c)$ e $F_2(0, c)$, com $c > 0$. Fazendo cálculos análogos aos do caso 1, obtemos:

$$\frac{y^2}{a^2} - \frac{x^2}{b^2} = 1$$

Esta é a equação reduzida da hipérbole de focos no eixo das ordenadas e centro em (0, 0).

Assíntotas da hipérbole

Observe o retângulo de lados $2a$ e $2b$ na hipérbole representada abaixo.

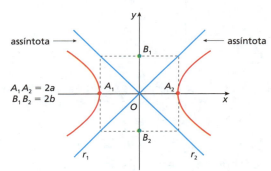

As retas r_1 e r_2 que contêm as diagonais desse retângulo são chamadas de **assíntotas** da hipérbole. A hipérbole se aproxima cada vez mais das assíntotas, sem tocá-las.

As equações das retas assíntotas são dadas por
$r_1: bx - ay = 0$ e $r_2: bx + ay = 0$.

Exemplo

Vamos determinar a equação reduzida da hipérbole com centro na origem, focos sobre o eixo das ordenadas $F_1(0, -7)$ e $F_2(0, 7)$ e eixo real medindo 10.

Sabendo que o eixo real mede 10, temos $a = 5$. A distância de um dos focos ao centro da hipérbole fornece o valor $c = 7$.

Assim, pela relação entre a, b e c, temos:
$c^2 = a^2 + b^2 \Rightarrow 7^2 = 5^2 + b^2 \Rightarrow 49 - 25 = b^2 \Rightarrow b^2 = 24$

Como os focos estão sobre o eixo das ordenadas, temos:
$$\frac{y^2}{25} - \frac{x^2}{24} = 1$$

EXERCÍCIOS

22. Obtenha a equação reduzida de cada hipérbole.

a)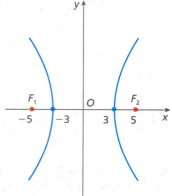

b)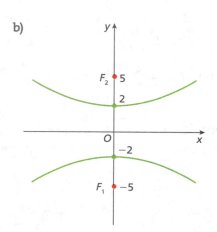

R4. Determinar a excentricidade de uma hipérbole centrada na origem, sabendo que seus focos são $(-4, 0)$ e $(4, 0)$ e que ela passa pelo ponto $(3, \sqrt{15})$.

▶ **Resolução**

Os focos dessa hipérbole estão sobre o eixo x; então:

$$\frac{x^2}{a^2} - \frac{y^2}{b^2} = 1$$

Como a hipérbole passa pelo ponto $(3, \sqrt{15})$, vamos substituí-lo na equação:

$$\frac{x^2}{a^2} - \frac{y^2}{b^2} = 1 \Rightarrow \frac{3^2}{a^2} - \frac{(\sqrt{15})^2}{b^2} = 1 \Rightarrow \frac{9}{a^2} - \frac{15}{b^2} = 1$$

- Pela relação $c^2 = a^2 + b^2$, temos $16 - b^2 = a^2$. Assim:

$$\frac{9}{16 - b^2} - \frac{15}{b^2} = 1 \Rightarrow 9b^2 - 15(16 - b^2) =$$
$$= b^2 \cdot (16 - b^2) \Rightarrow 9b^2 - 240 + 15b^2 = 16b^2 - b^4 \Rightarrow$$
$$\Rightarrow b^4 + 8b^2 - 240 = 0 \Rightarrow b^2 = 12$$

Determinando o valor de a:

$16 - b^2 = a^2 \Rightarrow 16 - 12 = a^2 \Rightarrow a = \pm 2$

Como $a > 0$, então $a = 2$.

Assim, a excentricidade dessa hipérbole vale:

$$e = \frac{c}{a} \Rightarrow e = \frac{4}{2} \Rightarrow e = 2$$

Observação

Para resolver $b^4 + 8b^2 - 240 = 0$, fazemos $b^2 = t$. Assim:
$t^2 + 8t - 240 = 0$

$$t = \frac{-8 \pm \sqrt{8^2 - 4 \cdot 1 \cdot (-240)}}{2}$$

$t = 12$ ou $t = -20$ (não convém, pois $t = b^2 \geq 0$)

Portanto, $b^2 = 12$.

23. Determine a equação de cada hipérbole, dados:

a) os focos $F_1(-2\sqrt{41}, 0)$ e $F_2(2\sqrt{41}, 0)$ e comprimento do eixo real igual a 20.

b) o comprimento do eixo imaginário igual a 12 e excentricidade igual a $\frac{\sqrt{85}}{7}$.

24. Determine os focos, os vértices e a excentricidade das hipérboles.

a) $\dfrac{x^2}{12} - \dfrac{y^2}{4} = 1$ c) $9x^2 - y^2 = 81$

b) $\dfrac{y^2}{25} - \dfrac{x^2}{11} = 1$ d) $9y^2 - 16x^2 = 144$

25. Esboce os gráficos das hipérboles de equação:

a) $16x^2 - 9y^2 = 144$ b) $\dfrac{x^2}{9} - \dfrac{y^2}{4} = -1$

R5. Esboçar os gráficos da elipse $\dfrac{x^2}{25} + \dfrac{y^2}{9} = 1$ e da hipérbole $\dfrac{x^2}{16} - \dfrac{y^2}{9} = 1$ em um mesmo plano, destacando os pontos notáveis coincidentes.

▶ **Resolução**

Da equação da elipse, temos:
$a = 5, b = 3$ e
$c^2 = 5^2 - 3^2$; logo, $c = 4$

$\begin{cases} A_1(-5, 0) \text{ e } A_2(5, 0) \\ F_1(-4, 0) \text{ e } F_2(4, 0) \end{cases}$ — As extremidades do eixo real da hipérbole coincidem com os focos da elipse.

Da equação da hipérbole, temos:
$a = 4, b = 3$ e
$c^2 = 4^2 + 3^2$; logo, $c = 5$

$\begin{cases} A_1(-4, 0) \text{ e } A_2(4, 0) \\ F_1(-5, 0) \text{ e } F_2(5, 0) \end{cases}$ — Os focos da hipérbole coincidem com as extremidades do eixo maior da elipse.

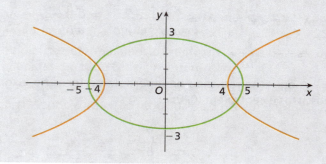

576 Conexões com a Matemática

26. A figura abaixo representa uma hipérbole e uma elipse com focos coincidentes. A elipse tem eixo maior de comprimento 5 e excentricidade $\frac{4}{5}$. A hipérbole é **equilátera**, isto é, os comprimentos dos eixos real e imaginário são iguais. Determine a equação de ambas.

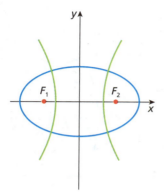

27. Determine as assíntotas das hipérboles abaixo.

    a) $\frac{x^2}{9} - \frac{y^2}{4} = 1$

    b) $5y^2 - 2x^2 = 1$

28. Dada a hipérbole da figura, demonstre a propriedade:
    - $A_1F_1 = A_2F_2$

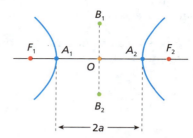

Trocando ideias

Reúna-se com dois colegas e pesquisem, em *sites*, jornais ou revistas, construções arquitetônicas e obras de arte em que aparecem elipses, parábolas e hipérboles.

Troquem ideias para elaborarem painéis com fotos com os respectivos dados — autor, local, data, curiosidades — e, se possível, organizem com o professor uma mostra dos painéis.

Exercícios complementares

1. Determine a equação da elipse em que os focos são $F_1(0, 3)$ e $F_2(0, -3)$ e a soma das distâncias PF_1 e PF_2 é igual a 10, sendo P um ponto da elipse.

2. Considere a elipse de equação $\frac{x^2}{4} + \frac{y^2}{9} = 1$.

    Calcule a área dos triângulos:

    a) $A_1B_1A_2$ b) A_1OB_2 c) $F_1F_2B_1$

3. Construa em uma folha de papel milimetrado uma elipse de centro (0, 0) em que um dos focos é o ponto (4, 0) e em que o ponto $\left(3, \frac{12}{5}\right)$ pertence à elipse. Escreva um texto explicando o procedimento.

4. Uma agência espacial avaliou o movimento de determinado planeta e observou que ele se movimenta a partir de dois focos diferentes e que a soma das distâncias entre o planeta e esses focos era sempre constante e maior que a distância entre eles. Que tipo de trajetória faz esse planeta? Esboce uma figura que ilustre esse movimento.

5. Analise as equações de cada cônica e classifique-as em circunferência, elipse, parábola ou hipérbole.

    a) $x^2 + y^2 = 1$
    b) $36x^2 - 49y^2 = 1$
    c) $y^2 = 6x$
    d) $9x^2 + 4y^2 = 36$

6. Determine as coordenadas do foco e a equação da diretriz da parábola $y^2 = -16x$.

7. Esboce o gráfico da parábola $y^2 = -8x$.

8. Determine a equação da parábola que tem foco $F(3, 0)$ e como diretriz a reta $x + 3 = 0$.

9. Determine a equação reduzida da hipérbole cujo gráfico está representado a seguir.

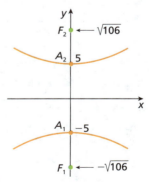

10. O mapa de uma cidade é localizado sobre um sistema cartesiano, em que o centro da cidade está na origem. Se um avião voa sobre essa cidade obedecendo à equação $\frac{x^2}{25} - \frac{y^2}{81} = 1$, qual é a distância mínima em relação ao centro da cidade a que esse avião chega? (As unidades adotadas têm medidas lineares em quilômetro.)

EXERCÍCIOS COMPLEMENTARES

11. Calcule a excentricidade da hipérbole: $49x^2 - 36y^2 = 7.056$

12. Construa os gráficos de $x^2 - y^2 = 1$ e $y^2 - x^2 = 1$ em um mesmo plano cartesiano.

13. Dada a hipérbole abaixo, determine a equação de suas assíntotas, r_1 e r_2.

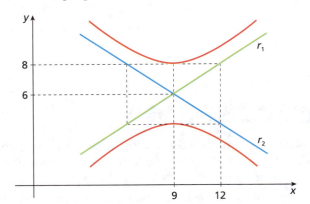

14. A cônica de equação $\dfrac{x^2}{9} + \dfrac{y^2}{4+m} = 1$ deve ser representada em um plano cartesiano. Se sua representação gráfica é a de uma hipérbole equilátera, qual é o valor de m?

15. Determine os pontos de intersecção entre a parábola $y^2 = 6x$ e a reta $y = 2x$.

R6. Obter a equação reduzida da elipse de centro O representada abaixo.

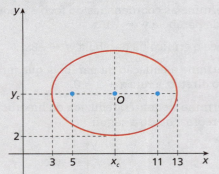

▶ **Resolução**

Da figura, temos: $2a = 13 - 3 \Rightarrow a = 5$

Além disso: $x_c = \dfrac{3 + 13}{2} = 8$

Logo, a distância c entre o centro e um dos focos é dada por: $c = 11 - 8 = 3$

Assim: $b^2 + c^2 = a^2 \Rightarrow b^2 + 9 = 25 \Rightarrow b = 4$

Portanto: $y_c = 2 + 4 = 6$

A equação da elipse de centro (x_c, y_c) e eixo maior paralelo ao eixo x é:

$\dfrac{(x - x_c)^2}{a^2} + \dfrac{(y - y_c)^2}{b^2} = 1$, com $a > b > 0$

$\dfrac{(x - 8)^2}{25} + \dfrac{(y - 6)^2}{16} = 1$

16. Sabendo que a equação da elipse de centro $O(x_c, y_c)$ e eixo maior paralelo ao eixo y é dada por
$\dfrac{(y - y_c)^2}{a^2} + \dfrac{(x - x_c)^2}{b^2} = 1$ (com $a > b > 0$), escreva a equação reduzida da elipse representada no plano cartesiano abaixo.

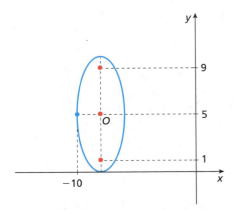

17. Os pontos $A(-6, -17)$, $F(-6, 7)$ e $C(-6, -2)$ são, respectivamente, uma das extremidades do eixo maior, um foco e o centro de uma elipse. Determine sua equação reduzida.

18. Determine o número de pares (x, y), com $x, y \in \mathbb{Z}$, que satisfazem o sistema: $\begin{cases} y < 0 \\ y \geq x^2 - 4 \end{cases}$

19. Indique a posição relativa entre a circunferência $(x + 1)^2 + (y + 1)^2 = 1$ e a elipse $\dfrac{(x - 2)^2}{4} + \dfrac{(y + 1)^2}{1} = 1$.

20. Determine b de modo que a parábola $y = x^2 + bx$ tenha um único ponto em comum com a reta $y = x - 1$.

21. Se $a > b > 0$, em quantos pontos as curvas $\dfrac{x^2}{a^2} + \dfrac{y^2}{b^2} = 1$ e $\dfrac{x^2}{b^2} + \dfrac{y^2}{a^2} = 1$ se cortam?

QUESTÕES DE VESTIBULAR

22. (ITA-SP) A distância focal e a excentricidade da elipse com centro na origem e que passa pelos pontos $(1, 0)$ e $(0, -2)$ são, respectivamente:

a) $\sqrt{3}$ e $\dfrac{1}{2}$

b) $\dfrac{1}{2}$ e $\sqrt{3}$

c) $\dfrac{\sqrt{3}}{2}$ e $\dfrac{1}{2}$

d) $\sqrt{3}$ e $\dfrac{\sqrt{3}}{2}$

e) $2\sqrt{3}$ e $\dfrac{\sqrt{3}}{2}$

23. (PUC) Um ponto P da elipse $\frac{x^2}{9} + \frac{y^2}{4} = 1$ dista 2 de um dos focos. Qual a distância de P ao outro foco da elipse?
a) 2
b) 3
c) 4
d) 5
e) 7

24. (UGF-RJ) A equação $\frac{x^2}{144} + \frac{y^2}{169} = 1$ representa uma:
a) elipse com centro em (12, 13).
b) circunferência de raio igual a 5.
c) hipérbole.
d) elipse de excentricidade $\frac{5}{12}$.
e) elipse com focos em (0, 5) e (0, −5).

25. (Fatec-SP) O segmento cujas extremidades são os pontos de intersecção da reta $y = x - 2$ e da parábola $y^2 = x$ tem comprimento igual a:
a) 6
b) $3\sqrt{2}$
c) 4
d) $2\sqrt{2}$
e) 2

26. (Vunesp) Considere a elipse de equação $\frac{x^2}{25} + \frac{y^2}{9} = 1$.
a) Mostre que o ponto $P\left(3, \frac{12}{5}\right)$ pertence à elipse e calcule a distância de P ao eixo das abscissas.
b) Determine os vértices Q e R da elipse que pertencem ao eixo das abscissas e calcule a área do triângulo PQR, onde $P\left(3, \frac{12}{5}\right)$.

27. (UFPB) Uma quadra de futsal está representada na figura a seguir pelo retângulo ABCD, onde A = (−20, −10) e C = (20, 10). Cada uma das áreas dos goleiros (regiões hachuradas) é delimitada por uma das linhas de fundo, $\overline{AD}$ ou $\overline{BC}$, e por um dos dois ramos de uma hipérbole de focos $F_1 = (6\sqrt{5}, 0)$ e $F_2 = (-6\sqrt{5}, 0)$. O círculo central e a hipérbole são concêntricos, o raio do círculo mede 3 m e uma das assíntotas da hipérbole passa pelos pontos A e C.

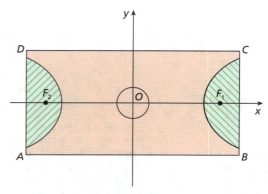

Nesse contexto, identifique as proposições verdadeiras:
(01) A distância entre o centro do círculo e um vértice da hipérbole é de 12 m.
(02) A quadra tem 800 m² de área.
(04) A equação da hipérbole é $\frac{x^2}{180} - \frac{y^2}{36} = 1$.
(08) A excentricidade da hipérbole é igual a $\frac{5}{3}$.
(16) O eixo imaginário da hipérbole tem comprimento igual a 4 vezes o raio do círculo.

- Qual é a soma das alternativas corretas?

28. (UFBA) Determine a área do triângulo ABC, sabendo que:
- o ponto A é o vértice da parábola P, de equação $y + x^2 - 4x + 3 = 0$;
- os pontos B e C são as intersecções da reta r de equação $y - 2x + 6 = 0$ com a parábola P.

29. (Enem) A figura representa a vista superior de uma bola de futebol americano, cuja forma é um elipsoide obtido pela rotação de uma elipse em torno do eixo das abscissas. Os valores a e b são, respectivamente, a metade do seu comprimento horizontal e a metade do seu comprimento vertical. Para essa bola, a diferença entre os comprimentos horizontal e vertical é igual à metade do comprimento vertical.

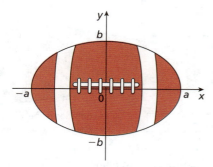

Considere que o volume aproximado dessa bola é dado por $V = 4ab^2$. O volume dessa bola, em função apenas de b, é dado por:
a) $8b^3$
b) $6b^3$
c) $5b^3$
d) $4b^3$
e) $2b^3$

30. (Uerj) O logotipo de uma empresa é formado por duas circunferências concêntricas tangentes a uma elipse, como mostra a figura abaixo. A elipse tem excentricidade 0,6 e seu eixo menor mede 8 unidades. A área da região por ela limitada é dada por $a \cdot b \cdot \pi$, em que a e b são medidas dos semieixos.

Calcule a área da região sombreada.

Mais questões: no livro digital, em **Vereda Digital Suplemento de revisão e vestibulares**; no *site*, em **AprovaMax**.

Compreensão de texto

O fogão solar

Apesar de descobertas pelos gregos no século IV a.C., as seções cônicas só tiveram aplicação dois mil anos depois nos estudos astronômicos de Galileu e Kepler. Hoje, uma das propriedades das cônicas pode ser empregada para cozinhar alimentos com o uso de energia solar.

Nada além de luz

Em um único dia, a luz solar que chega à superfície da Terra equivale a 21 vezes a energia que o mundo consome em um ano. Veja como é a estrutura de um fogão solar capaz de aproveitar essa fonte limpa e gratuita de energia.

1 Recorte dos painéis
A estrutura pode ser composta de 12 painéis de papelão com as medidas indicadas abaixo. Quatro desses painéis são perfurados, como mostra o modelo.

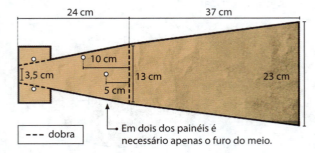

--- dobra

Em dois dos painéis é necessário apenas o furo do meio.

2 Montagem dos painéis
Veja na figura a seguir a ordem correta da montagem dos painéis. Todos são colados, com fita adesiva, pelo lado maior.

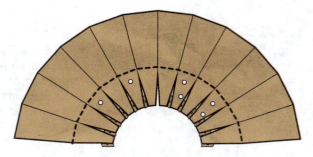

3 Revestimento metálico
Para refletir a luz do Sol, a superfície interna do fogão precisa ser revestida com papel-alumínio.

4 Estrutura e fundo do fogão
Para finalizar, usa-se um cordão para amarrar todos os painéis, passando-o pelos furos na parte inferior. Para tampar o fundo do fogão, usa-se cartolina revestida com papel-alumínio.

Por que esquenta?
O segredo desse fogão solar está na sua forma, que lembra a de uma antena parabólica. Parte da luz que incide em seu interior é refletida para a área que acomoda a panela, onde o calor é concentrado.

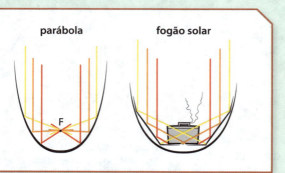

Na China, esse fogão solar esquentou uma panela a **140 ºC**, temperatura suficiente para cozinhar duas xícaras de arroz em 95 minutos ou 2 ovos em meia hora.

ATIVIDADES

1. Como esse fogão solar consegue aquecer uma panela?

2. A cada 45 minutos é preciso reposicionar o fogão solar. Por que isso é necessário? Explique sua resposta.

3. Pesquise outro tipo de fogão solar, colete informações sobre sua estrutura, forma, funcionamento, imagens etc. Em seguida, monte uma apresentação sobre esse fogão.

4. O infográfico cita uma fonte de energia limpa e gratuita. Que fonte é essa? Pesquise sobre essa e outras fontes de energia, suas vantagens e suas desvantagens. Monte uma cartilha comparando-as.

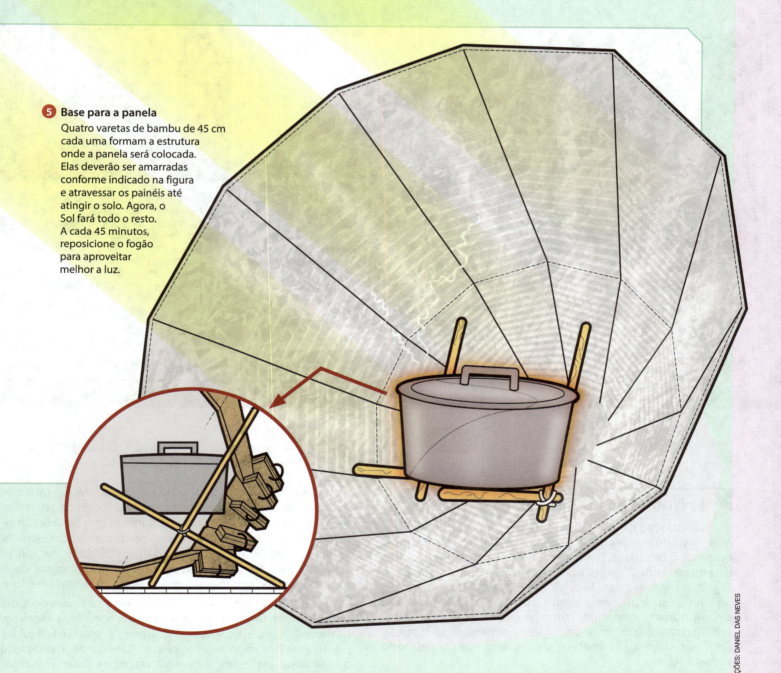

5 Base para a panela

Quatro varetas de bambu de 45 cm cada uma formam a estrutura onde a panela será colocada. Elas deverão ser amarradas conforme indicado na figura e atravessar os painéis até atingir o solo. Agora, o Sol fará todo o resto. A cada 45 minutos, reposicione o fogão para aproveitar melhor a luz.

Fontes: Solar Cooking International. Disponível em: <www.solarcooking.org/>; World Energy Council. Disponível em: <www.worldenergy.org>. Acessos em: 16 fev. 2017.

ILUSTRAÇÕES: DANIEL DAS NEVES

Capítulo 28 • Cônicas   **581**

CAPÍTULO 29

NÚMEROS COMPLEXOS

ENEM
C1: H3, H4, H5
C2: H8, H9
C3: H12, H14
C4: H15, H17, H18
C5: H19, H20, H21, H22, H23

Niccoló Tartaglia (cerca de 1500-1557)

Matemático italiano que descobriu uma fórmula geral para resolver equações do tipo $x^3 + px = q$, com $p, q \in \mathbb{R}$. Porém, não publicou sua obra.

Girolamo Cardano (1501-1576)

Contemporâneo de Tartaglia, convenceu-o a lhe revelar a fórmula geral prometendo não publicá-la, mas rompeu o trato e apresentou-a na obra *Ars Magna* (*Arte maior*). A primeira dificuldade de Cardano surgiu quando aplicou a fórmula de Tartaglia na resolução da equação $x^3 - 15x = 4$, chegando, em um dos passos da resolução, à raiz $\sqrt{-121}$.
Aparentemente, a equação não tinha solução, pois a raiz quadrada de um número negativo era desconhecida na época. Porém, Cardano já sabia que $x = 4$ era uma solução da equação $x^3 - 15x = 4$, pois: $4^3 - 15 \cdot 4 = 4 \Rightarrow 64 - 60 = 4$
Cardano não conseguiu compreender como aplicar a fórmula nesse caso.

1500 — 1550 — 1600 — 1650

1. Números complexos

A resolução de equações foi (e continua sendo) um dos principais interesses dos matemáticos. Babilônios, gregos, egípcios e hindus já conheciam alguns casos particulares de equações de 2º grau, mas, em vez de fórmulas, usavam régua e compasso para resolvê-las. Para esses matemáticos, não havia dificuldade quando aparecia a raiz quadrada de um número negativo: como as equações eram formuladas para solucionar um problema concreto, se surgisse uma raiz quadrada negativa, o problema era considerado sem solução.

Esse ponto de vista só começou a mudar a partir do século XVI, com os matemáticos italianos e seus estudos sobre a resolução de equações de 3º grau em que aparecem raízes de números negativos, conforme mostra o infográfico. No início, a existência de um "novo tipo de número" foi de difícil aceitação, mas a ampliação dos estudos por matemáticos alemães (Euler e Gauss) e a descoberta da possibilidade de aplicar esses números em outras áreas tornaram os números complexos uma das mais importantes descobertas matemáticas.

Hoje, aplicações desses novos números adquiriram uma enorme importância no campo da Engenharia (por exemplo, na modelagem de circuitos elétricos, no movimento de líquidos e gases), na Aerodinâmica (no cálculo da força de sustentação da asa de um avião), na Geometria fractal e em sistemas dinâmicos (por exemplo, no estudo da interferência em linhas de transmissão de energia e telefonia), entre outros.

Raphael Bombelli (cerca de 1526-1573)

Baseando-se nos estudos de Cardano, considerou $\sqrt{-1}$ um número "imaginário", desenvolvendo regras para trabalhar com esse tipo de número. A partir de então, outros matemáticos passaram a trabalhar com esses "números imaginários".

Leonard Euler (1707-1783)

Em 1777, usou pela primeira vez o símbolo i para representar a raiz quadrada de -1.

Carl Friedrich Gauss (1777-1855)

Em 1801, usou o símbolo i criado por Euler e, a partir daí, esse símbolo se tornou amplamente aceito.
Em 1831, Gauss fez um estudo sobre representação geométrica dos números imaginários.
Em 1832, introduziu a expressão *número complexo*.

1700 — 1750 — 1800 — 1850

1.1 Unidade imaginária

Você aprendeu que, no conjunto dos números reais, não existe raiz quadrada de números negativos. Com o surgimento da unidade imaginária, definida a seguir, criou-se um novo conjunto de números, em que esse tipo de raiz é possível.

> O número i, não real, tal que $i^2 = -1$, é chamado de **unidade imaginária**.

Com esse novo tipo de número, tornou-se possível resolver equações que em $\mathbb{R}$ não têm solução.

Exemplo

Vamos resolver a equação do 2º grau $x^2 + 9 = 0$.
Observe que:
$x^2 + 9 = 0 \Rightarrow x^2 = -9$
No universo real, essa equação não tem solução, pois não existe número real que elevado ao quadrado resulte em -9. Mas, se considerarmos que existe um número i, não real, tal que $i^2 = -1$, temos:
$x^2 = -9 \Rightarrow x^2 = (-1) \cdot 9 \Rightarrow x^2 = 9i^2 \Rightarrow x = \pm\sqrt{9i^2}$
Como $(\pm 3i)^2 = 9i^2 = 9 \cdot (-1) = -9$, temos:
$x = \pm 3i$
Logo, $x = 3i$ ou $x = -3i$.
Portanto, $S = \{3i, -3i\}$.

Capítulo 29 • Números complexos

Como já sabíamos, as soluções encontradas para a equação do exemplo (3i e −3i) não são números reais. Mas, então, que números são esses? Como chamá-los?

Nesse caso, foi muito útil a contribuição do matemático alemão Carl Friedrich Gauss, que, em seus trabalhos desenvolvidos no início do século XIX, chamou tais números de **números complexos**.

EXERCÍCIOS

R1. Resolver a equação $x^2 - 2x + 5 = 0$ utilizando a definição de unidade imaginária ($i^2 = -1$).

▶ **Resolução**
Resolvendo a equação $x^2 - 2x + 5 = 0$, temos:

$$x = \frac{-(-2) \pm \sqrt{(-2)^2 - 4 \cdot (1) \cdot (5)}}{2 \cdot (1)}$$

$$x = \frac{2 \pm \sqrt{-16}}{2} = \frac{2 \pm \sqrt{16 \cdot (-1)}}{2}$$

$$x = \frac{2 \pm \sqrt{16i^2}}{2}$$

Como $(\pm 4i)^2 = 16i^2 = 16 \cdot (-1) = -16$, temos:

$$x = \frac{2 \pm 4i}{2} = \frac{2 \cdot (1 \pm 2i)}{2}$$

$x = 1 + 2i$ ou $x = 1 - 2i$

Portanto, o conjunto solução é:
$S = \{1 + 2i, 1 - 2i\}$

1. Resolva as equações a seguir utilizando a definição de unidade imaginária.

a) $x^2 + 16 = 0$ b) $x^2 - 6x + 13 = 0$

R2. Resolver a equação $x^2 - 4x + 6 = 0$, no universo dos números complexos.

▶ **Resolução**
Resolvendo a equação $x^2 - 4x + 6 = 0$, temos:

$$x = \frac{-(-4) \pm \sqrt{(-4)^2 - 4 \cdot (1) \cdot (6)}}{2 \cdot (1)}$$

$$x = \frac{4 \pm \sqrt{-8}}{2} = \frac{4 \pm \sqrt{8 \cdot (-1)}}{2}$$

$$x = \frac{4 \pm \sqrt{8i^2}}{2}$$

Como $(\pm 2i \cdot \sqrt{2})^2 = 4i^2 \cdot 2 = (-1) \cdot 8 = -8$, temos:

$$x = \frac{4 \pm 2i \cdot \sqrt{2}}{2}$$

$x = 2 + i \cdot \sqrt{2}$ ou $x = 2 - i \cdot \sqrt{2}$
Portanto, o conjunto solução é:
$S = \{2 + i\sqrt{2}, 2 - i\sqrt{2}\}$

2. Resolva as equações a seguir, no universo dos números complexos.

a) $-x^2 - 3 = 0$ b) $4x^2 - 4x + 3 = 0$

1.2 Forma algébrica de um número complexo

Número complexo é todo número que pode ser escrito na forma $z = a + bi$, em que $a, b \in \mathbb{R}$, e i é a unidade imaginária.

Essa é a chamada **forma algébrica** do número complexo z.

O coeficiente **a** é a **parte real** de z, representada por Re(z), e o coeficiente **b** é a **parte imaginária** de z, representada por Im(z).

$$z = a + bi$$

parte real Re(z)   parte imaginária Im(z)

Exemplos

a) $z = 3 - 2i$ é um número complexo com Re(z) = 3 e Im(z) = −2.

b) $z = -7 + 5i$ é um número complexo com Re(z) = −7 e Im(z) = 5.

c) $z = 3 = 3 + 0i$ é um número complexo com Re(z) = 3 e Im(z) = 0.

Nesse caso, z é também um número real, pois a parte imaginária de z é nula.

d) $z = 4i = 0 + 4i$ é um número complexo com Re(z) = 0 e Im(z) = 4.

Nesse caso, z é chamado de **imaginário puro**, pois a parte real de z é nula e a parte imaginária é não nula.

Igualdade de números complexos

Dados dois números complexos $z = a + bi$ e $w = c + di$, com $a, b, c, d \in \mathbb{R}$, definimos a igualdade $z = w$ quando Re(z) = Re(w) e Im(z) = Im(w), ou seja:

Dois números complexos são iguais se, e somente se, suas partes reais são iguais e suas partes imaginárias são iguais.

Exemplo

Os números complexos $z = 8 + bi$ e $w = a - \sqrt{2}i$ são iguais se, e somente se:

- Re(z) = Re(w) ⟹ 8 = a
- Im(z) = Im(w) ⟹ $b = -\sqrt{2}$

1.3 O conjunto dos números complexos

O surgimento dos números complexos levou a uma ampliação dos conjuntos numéricos com a criação do **conjunto dos números complexos**. Esse conjunto é representado por $\mathbb{C}$ e pode ser definido por:

$$\mathbb{C} = \{z \mid z = a + bi, \text{ com } a, b \in \mathbb{R} \text{ e } i^2 = -1\}$$

Vamos analisar a relação que existe entre o conjunto dos números complexos e o conjunto dos reais.

Considere um número real qualquer x. Podemos escrever esse número real como $x = x + 0i$. Como $x \in \mathbb{R}$ e $0 \in \mathbb{R}$, concluímos que $(x + 0i) \in \mathbb{C}$. Ou seja, todo número real pertence ao conjunto dos números complexos.

Observe o diagrama:

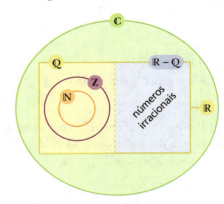

EXERCÍCIOS

3. Identifique a parte real e a parte imaginária de z em cada caso.

a) $z = \sqrt{3} - i\sqrt{5}$

b) $z = \dfrac{1 + 2i}{3}$

c) $z = 9i$

d) $z = 4$

e) $z = 2 - 3i$

f) $z = -i$

4. Considere o número complexo $z = (x^2 - 25) + (x^2 - 5x)i$, com x real. Determine z e classifique-o como real, imaginário ou imaginário puro se:

a) $x = 0$

b) $x = 2$

c) $x = 5$

d) $x = -5$

R3. Determinar os valores reais de x e y para que o número complexo $z = (2x + 8) + (y - 3)i$ seja um número:

a) real.

b) imaginário puro.

▶ **Resolução**

a) z é um número real se: $\mathrm{Im}(z) = 0$

Logo: $y - 3 = 0 \Rightarrow y = 3$

b) z é um número imaginário puro se:

$\mathrm{Re}(z) = 0$ e $\mathrm{Im}(z) \neq 0$

Logo: $2x + 8 = 0$ e $y - 3 \neq 0 \Rightarrow x = -4$ e $y \neq 3$

5. Determine os valores reais de x e y para que os números complexos sejam imaginários puros.

a) $z = 2x + 3yi$

b) $w = (1 - 2y) + 10i$

6. Para que o número complexo $z = 2 - (a^2 - 1)i$ seja um número real, quais devem ser os valores reais de a?

7. Determine os valores reais de x e y para que o número complexo $z = (x^2 - 4) + (2y - 6)i$ seja:

a) um número imaginário puro.

b) um número real não nulo.

c) o número zero.

R4. Calcular $x \in \mathbb{R}$ tal que $x^2 - 9 + (x + 3)i = 0$.

▶ **Resolução**

Vamos reescrever a igualdade da seguinte forma:

$(x^2 - 9) + (x + 3)i = 0 + 0i$

Então, pela definição de igualdade de números complexos, temos:

$\begin{cases} x^2 - 9 = 0 \text{ (I)} \\ x + 3 = 0 \text{ (II)} \end{cases}$

(I) $x^2 - 9 = 0 \Rightarrow x^2 = 9 \Rightarrow x = 3$ ou $x = -3$

(II) $x + 3 = 0 \Rightarrow x = -3$

Apenas -3 satisfaz as duas equações; portanto, $x = -3$.

8. Sendo $z = (3m + n + 1) + (2m - 3n - 2)i$, calcule m e n, reais, para que z seja zero.

R5. Determinar os valores reais de a e b para que os números complexos $z = -2 + 5i$ e $w = 2a + (b^2 + 1)i$ sejam iguais.

▶ **Resolução**

Para que os números complexos z e w sejam iguais, devemos ter:

- $\mathrm{Re}(z) = \mathrm{Re}(w)$

  $-2 = 2a$

  $a = -1$

- $\mathrm{Im}(z) = \mathrm{Im}(w)$

  $5 = b^2 + 1$

  $b^2 = 4$

  $b = 2$ ou $b = -2$

Portanto, $a = -1$ e $b = 2$ ou $a = -1$ e $b = -2$.

9. Resolva as equações para $x \in \mathbb{R}$.

a) $2x + (x - 3)i = 12 + 3i$

b) $(2x + 10) + (x^2 - 25)i = 0$

c) $(x^3 + 8) + (x + 2)i = 0$

10. Determine os números reais x e y de modo que $(2x + y) + (x - y)i = 2 + 4i$.

11. Resolva, em $\mathbb{C}$, as equações do 2º grau.

a) $x^2 + 4 = 0$

b) $x^2 - 5x + 6 = 0$

c) $x^2 + 4\sqrt{2}x + 6 = 0$

12. Classifique cada afirmação abaixo em verdadeira ou falsa. Justifique sua resposta.

a) O número real zero é um número complexo.

b) O número $-\sqrt{5}$ não é complexo, pois não pode ser escrito na forma algébrica $z = a + bi$.

c) Todo número complexo é real, mas nem todo número real é complexo.

d) Com o aparecimento dos números complexos, tornou-se possível resolver equações do 2º grau nas quais o discriminante (Δ) é negativo.

e) A parte imaginária de um número complexo não pode ser um número irracional.

f) A parte real de um número complexo não pode ser um número racional.

2. Operações com números complexos na forma algébrica

Antes de estudarmos as operações com números complexos, é importante observar que, para efetuar as operações de adição e multiplicação de números complexos, são válidas as propriedades associativa, comutativa e da existência do elemento neutro (no caso da adição, esse elemento é o número zero; no caso da multiplicação, é o número 1).

2.1 Adição e subtração de números complexos

Dados dois números complexos $z = a + bi$ e $w = c + di$, podemos definir as operações de adição e subtração entre z e w da seguinte forma:

- **Adição**: $z + w = (a + bi) + (c + di) =$
  $= a + bi + c + di = (a + c) + (b + d)i$
- **Subtração**: $z - w = (a + bi) - (c + di) =$
  $= a + bi - c - di = (a - c) + (b - d)i$

Observe que, para qualquer complexo $z = a + bi$, existe o oposto de z, dado por: $-z = -a - bi$

Exemplos

Vamos considerar os números complexos $z_1 = 1 + 3i$, $z_2 = i$ e $z_3 = -7$ para efetuar algumas operações.

a) $z_1 + z_2 + z_3$

Para efetuar a adição solicitada, somamos as partes reais de z_1, z_2 e z_3 e, separadamente, somamos as partes imaginárias desses números. Assim:

$z_1 + z_2 + z_3 = (1 + 3i) + (0 + i) + (-7 + 0i) =$
$= 1 + 3i + 0 + i - 7 + 0i$
$z_1 + z_2 + z_3 = (1 + 0 - 7) + (3 + 1 + 0)i = -6 + 4i$

b) $z_2 - (z_1 + z_3)$

Para efetuar a expressão indicada, devemos, inicialmente, calcular a adição $z_1 + z_3$.

Em seguida, subtraímos de z_2 o resultado obtido. Assim:

$z_1 + z_3 = 1 + 3i - 7 = -6 + 3i$
$z_2 - (z_1 + z_3) = i - (-6 + 3i) = i + 6 - 3i = 6 - 2i$

EXERCÍCIOS

13. Efetue as operações.

a) $(3 + 4i) + (5 + 7i)$ b) $(2 + 6i) + (4 - 9i)$

14. Sejam os números complexos $z_1 = 2 + 4i$, $z_2 = -4 + i$ e $z_3 = -5$, calcule:

a) $z_1 + z_2 + z_3$ b) $z_1 - (z_3 + z_2)$

15. Efetue:

a) $(3 + 7i) - (1 + 5i)$ b) $\left(21 + 4i\sqrt{3}\right) - \left(2 - i\sqrt{3}\right)$

16. Calcule:

a) $(4 + i) + (3 + 3i)$ b) $\left(11 - i\sqrt{2}\right) - \left(5 + 2i\sqrt{2}\right)$

2.2 Multiplicação de números complexos

Dados dois números complexos $z = a + bi$ e $w = c + di$, podemos efetuar a multiplicação entre z e w aplicando a propriedade distributiva:

$z \cdot w = (a + bi)(c + di) = ac + adi + bci + bdi^2$

Como $i^2 = -1$, temos:

$z \cdot w = ac + adi + bci - bd = (ac - bd) + (ad + bc)i$

Exemplos

Vamos considerar os números complexos $z_1 = 1 + i$, $z_2 = 4 - 2i$ e $z_3 = 5$ para efetuar algumas operações.

a) $z_1 \cdot z_2 = (1 + i)(4 - 2i) = 4 - 2i + 4i - 2i^2 =$
$= 4 + 2i - 2 \cdot (-1) = 6 + 2i$

b) $(z_2)^2 = z_2 \cdot z_2 = (4 - 2i)(4 - 2i) = 16 - 8i - 8i + 4i^2 =$
$= 16 - 16i + 4 \cdot (-1) = 12 - 16i$

c) $2 \cdot (z_1 \cdot z_2 \cdot z_3) = 2 \cdot (1 + i)(4 - 2i) \cdot 5 = 10 \cdot (6 + 2i) =$
$= 60 + 20i$

EXERCÍCIOS

17. Efetue as operações.

a) $(1 + 2i) \cdot (2 + 4i)$

b) $(2 - 3i) \cdot (5 + 6i)$

c) $\left(\frac{1}{2} - 2i\right) \cdot \left(\frac{3}{4} + 3i\right)$

18. Resolva:

a) $(5 + 2i)^2 \cdot (1 + i)$

b) $(2 + 3i) \cdot (5 - 6i)$

R6. Determinar os valores reais de x e y para que se tenha: $(x + 2yi) \cdot (1 - 3i) = -1$

▶ **Resolução**

Começamos efetuando a multiplicação indicada:
$(x + 2yi) \cdot (1 - 3i) = -1$
$x - 3xi + 2yi - 6yi^2 = -1$
$x - 3xi + 2yi - 6y \cdot (-1) = -1$
$(x + 6y) + (-3x + 2y)i = -1 + 0i$

Utilizando a igualdade de números complexos, temos:

$\begin{cases} x + 6y = -1 \\ -3x + 2y = 0 \end{cases}$

Resolvendo esse sistema, obtemos:

$x = -\frac{1}{10}$ e $y = -\frac{3}{20}$

19. Determine os valores reais de x e y para que se tenha:
$(x + 2yi) \cdot (1 - 3i) = 15 - 5i$

20. Determine x e y reais de modo que:
$(x + yi) \cdot (1 - 3i) = -13 - i$

21. Determine os números reais x e y de modo que:
$(1 - i) \cdot x + (2 + i) \cdot y = 5 + 4i$

22. Determine x e y reais de modo que:
$(x + yi) \cdot (3 - 2i) = 4 + 5i$

23. Calcule os valores reais de x e y para que a igualdade a seguir seja válida: $(3x^2 + 4xyi) - (x^2 + yi) = 8 + 3i$

24. Verifique se o número complexo $z = 1 - i$ é raiz da equação $z^2 - 2z + 2 = 0$.

25. Determine m real de modo que o número complexo $z = (4 + mi) \cdot (1 - 2i)$ seja um número:
a) real.
b) imaginário puro.

26. Qual deve ser a relação entre x e y, reais, para que o produto $(x + yi) \cdot (2 + 3i)$ seja um número real?

2.3 Conjugado de um número complexo

Dado um número complexo $z = a + bi$, chamamos de **conjugado de z**, cuja notação é $\bar{z}$, o número complexo $\bar{z} = a - bi$.

Observe que, para obter $\bar{z}$, basta trocar o sinal da parte imaginária de z.

Exemplos
Vamos encontrar os conjugados dos números complexos abaixo.
a) $z_1 = 1 + i \Rightarrow \bar{z}_1 = 1 - i$
b) $z_2 = -3 - 5i \Rightarrow \bar{z}_2 = -3 + 5i$
c) $z_3 = 3 \Rightarrow \bar{z}_3 = 3$
d) $z_4 = -i \Rightarrow \bar{z}_4 = i$

É importante não confundir conjugado de um número complexo com oposto de um número complexo.

Propriedades do conjugado
Dados os números complexos z, z_1 e z_2, são válidas as seguintes propriedades:

I) $\bar{\bar{z}} = z$
II) $z = \bar{z} \Leftrightarrow z \in \mathbb{R}$
III) $\overline{z_1 \pm z_2} = \bar{z}_1 \pm \bar{z}_2$
IV) $\overline{z_1 \cdot z_2} = \bar{z}_1 \cdot \bar{z}_2$

EXERCÍCIOS

27. Efetue:
a) $(2 + 3i) \cdot (3 - 2i) + (2 - 3i) \cdot (3 + 2i)$
b) $(4 + 2i) \cdot \overline{(5 - 3i)}$

28. Calcule $z \cdot \bar{z}$ em cada caso.
a) $z = -3 - 2i$
b) $z = 2i$
c) $z = -\sqrt{5}$
d) $z = a + bi$
• Que tipo de número é o produto $z \cdot \bar{z}$?

29. Calcule o produto de cada número complexo abaixo pelo respectivo conjugado.
a) $7 + 2i$
b) $1 - 4i$
c) $\sqrt{3} + i\sqrt{2}$
d) $x + 2yi$

R7. Sendo $z_1 = 2 + 3i$ e $z_2 = -1 - 5i$, calcular:
$\overline{\bar{z}_1} + 2 \cdot \overline{(z_1 + z_2)} - \text{Re}(\overline{z_1 z_1})$

▶ **Resolução**
Temos: $\bar{z}_1 = 2 - 3i$ e $\bar{z}_2 = -1 + 5i$
Assim, aplicando as propriedades, obtemos:
$\overline{\bar{\bar{z}_1}} + 2 \cdot \overline{(z_1 + z_2)} - \text{Re}(\overline{z_1 z_1}) = \bar{z}_1 + 2 \cdot (\bar{z}_1 + \bar{z}_2) - \text{Re}[(\bar{z}_1)^2] =$
$= (2 - 3i) + 2 \cdot (1 + 2i) - \text{Re}(4 - 12i - 9) =$
$= 2 - 3i + 2 + 4i - (4 - 9) = 4 + i + 5 = 9 + i$

30. Sendo $z = 3 - 2i$, calcule $z + \bar{z}$ e compare com $\text{Re}(z)$. O que você observou?

31. Mostre que: $z - \bar{z} = 2i \cdot \text{Im}(z)$

R8. Determinar o complexo z tal que: $z + 2i = 3\bar{z} + 5$

▶ **Resolução**
Fazendo $z = a + bi$, temos $\bar{z} = a - bi$.
Assim: $z + 2i = 3\bar{z} + 5$
$(a + bi) + 2i = 3(a - bi) + 5$
$a + (b + 2)i = (3a + 5) - 3bi$

$\begin{cases} a = 3a + 5 \Rightarrow 2a = -5 \Rightarrow a = -\dfrac{5}{2} \\ b + 2 = -3b \Rightarrow 4b = -2 \Rightarrow b = -\dfrac{1}{2} \end{cases}$

Logo, $z = -\dfrac{5}{2} - \dfrac{1}{2}i$.

32. Determine o número complexo z.
a) $2z + 4i = \bar{z} - 2i$
b) $3iz - \bar{z} = 2 + 4i$
c) $\dfrac{3 + 2i}{2} - z = \dfrac{\bar{z}}{3} - 3i$

2.4 Divisão de números complexos

Dados os números complexos z e w, com $w \neq 0$, temos:
$z : w = z \cdot \dfrac{1}{w} = \dfrac{z}{w}$

Para obter a forma algébrica desse quociente, utilizamos um processo semelhante à racionalização de denominadores, ou seja, multiplicamos o numerador e o denominador pelo conjugado do denominador ($\bar{w}$). Assim, para obter a forma algébrica, efetuamos:

$$\dfrac{z}{w} = \dfrac{z \cdot \bar{w}}{w \cdot \bar{w}}$$

É importante observar que, para qualquer complexo não nulo $z = a + bi$, existe o inverso de z, indicado por $z^{-1} = \dfrac{1}{z}$, dado por: $\dfrac{1}{z} = \dfrac{1 \cdot \bar{z}}{z \cdot \bar{z}} = \dfrac{a - bi}{a^2 + b^2}$

Note que, ao multiplicar um número complexo pelo seu conjugado, obtemos sempre um número real.

Capítulo 29 • Números complexos

Exemplos

a) Vamos calcular o quociente $\dfrac{1+2i}{3-2i}$.

$\dfrac{1+2i}{3-2i} = \dfrac{(1+2i)\cdot(3+2i)}{(3-2i)\cdot(3+2i)} = \dfrac{3+2i+6i+4i^2}{9+6i-6i-4i^2} =$

$= \dfrac{(3-4)+(2+6)i}{9-4(-1)} = -\dfrac{1}{13} + \dfrac{8}{13}i$

b) Vamos determinar o inverso do número complexo $z = 2$.

Para $z = 2$, temos: $z^{-1} = \dfrac{1}{z} = \dfrac{1}{2}$

c) Vamos determinar o inverso do número complexo $z = -5i$.

Para $z = -5i$, temos:

$z^{-1} = \dfrac{1}{z} = \dfrac{1}{-5i} = \dfrac{1\cdot(5i)}{-5i\cdot(5i)} = \dfrac{5i}{-25i^2} = \dfrac{i}{5}$

EXERCÍCIOS

33. Determine o inverso de cada número complexo abaixo.

a) $z = 1 + i$
b) $z = 2i$
c) $z = 3 - 4i$
d) $z = a - bi$
e) $z = -i$

34. Seja um número complexo z não nulo.

a) Multiplique z pelo seu inverso $\dfrac{1}{z}$. Que valor você obtém?

b) Se w é o inverso de z, o que podemos afirmar sobre o produto deles?

c) Verifique se os números complexos $5 - 4i$ e $\dfrac{5+4i}{41}$ são inversos.

d) Quando dois números complexos não nulos são inversos?

R9. Calcular o quociente $\dfrac{(3-2i)^2}{-2+i}$.

▶ **Resolução**

$\dfrac{(3-2i)^2}{-2+i} = \dfrac{9-12i+4i^2}{-2+i} = \dfrac{5-12i}{-2+i}$

$\dfrac{(3-2i)^2}{-2+i} = \dfrac{(5-12i)(-2-i)}{(-2+i)(-2-i)}$

$\dfrac{(3-2i)^2}{-2+i} = \dfrac{-10-5i+24i+12i^2}{4-i^2}$

$\dfrac{(3-2i)^2}{-2+i} = \dfrac{-22+19i}{4+1} = -\dfrac{22}{5} + \dfrac{19}{5}i$

---

35. Efetue as divisões.

a) $\dfrac{4-10i}{-2i}$
b) $\dfrac{5}{6+6i}$
c) $\dfrac{2+i\sqrt{7}}{1+i\sqrt{7}}$

36. Escreva o número complexo $z = \dfrac{1}{1+4i} + \dfrac{1}{1-4i}$ na forma algébrica.

37. Expresse o número complexo $z = \dfrac{1+i}{i} - \dfrac{i}{1-i}$ na forma algébrica.

38. Determine $k \in \mathbb{R}$ para que $\dfrac{-9+ki}{2+3i}$ seja um número imaginário.

39. Determine $m \in \mathbb{R}$ para que $z = \dfrac{m+6i}{2-i}$ seja um número real.

2.5 Potências de i

Observe o cálculo de algumas potências de i.

$i^0 = 1$ $i^6 = i^2 \cdot i^2 \cdot i^2 = -1$

$i^1 = i$ $i^7 = i^2 \cdot i^2 \cdot i^2 \cdot i = -i$

$i^2 = -1$ $i^8 = i^2 \cdot i^2 \cdot i^2 \cdot i^2 = 1$

$i^3 = i^2 \cdot i = -1 \cdot i = -i$ $i^9 = i^2 \cdot i^2 \cdot i^2 \cdot i^2 \cdot i = i$

$i^4 = i^2 \cdot i^2 = -1 \cdot (-1) = 1$ ... e assim por diante.

$i^5 = i^2 \cdot i^2 \cdot i = i$

Note ainda que as potências de i se repetem em grupos de quatro valores, seguindo o padrão das potências i^0, i^1, i^2 e i^3. Então, para calcular a potência i^n, com $n \in \mathbb{N}$, efetuamos a divisão de n por 4 e consideramos o resto dessa divisão como o novo expoente de i.

Para expoentes inteiros negativos, o cálculo da potência i^{-n}, com $n \in \mathbb{N}^*$, é feito utilizando-se o conceito de inverso, ou seja: $i^{-n} = \dfrac{1}{i^n}$

Exemplo

Vamos calcular o valor de i^{244}, i^{605} e i^{-33}.

244	4		605	4		33	4
0	61		1	151		1	8

↑ expoente   ↑ expoente   ↑ expoente

Assim:

• $i^{244} = i^0 = 1$

• $i^{605} = i^1 = i$

• Utilizando o conceito de inverso, temos:

$i^{-33} = \dfrac{1}{i^{33}} = \dfrac{1}{i^1} = \dfrac{1}{i} = \dfrac{1\cdot(-i)}{i\cdot(-i)} = \dfrac{-i}{-i^2} = -i$

EXERCÍCIOS

R10. Simplificar: $\dfrac{3i^{44} + 12i^{33}}{-3i^{50}}$

▶ **Resolução**

Vamos, inicialmente, determinar o valor de i^{44}, i^{33} e i^{50}. Para isso, efetuamos as divisões de 44, 33 e 50 por 4 e consideramos os restos obtidos.

44	4		33	4		50	4
0	11		1	8		2	12

Assim:
- $i^{44} = i^0 = 1$
- $i^{33} = i^1 = i$
- $i^{50} = i^2 = -1$

Substituindo esses valores na expressão dada, temos:
$$\frac{3i^{44} + 12i^{33}}{-3i^{50}} = \frac{3 \cdot (1) + 12 \cdot (i)}{-3 \cdot (-1)} = 1 + 4i$$

R11. Encontrar o valor da expressão $z^3 - \frac{1}{z} \cdot (z - \bar{z}) - \bar{\bar{z}}$, sendo $z = -2i$.

▶ **Resolução**

$z^3 - \frac{1}{z} \cdot (z - \bar{z}) - \bar{\bar{z}} =$

$= (-2i)^3 - \frac{1}{(-2i)} \cdot [-2i - (2i)] - (-2i) =$

$= -8i^3 - 2 + 2i = -2 + 10i$

40. Efetue:

a) $2i^8 + (1 + 4i)^2$

b) $\dfrac{(2i)^2 + 4(2i)^3}{(2i)^{20}}$

41. Calcule:

a) i^{90} b) i^{330} c) i^{-37} d) i^{4n}

42. Verifique se as igualdades são verdadeiras.

a) $i^{20} + i^{30} = i^{20+30}$
b) $i^{20} \cdot i^{30} = i^{20 \cdot 30}$
c) $(i^4)^6 = (i^6)^4$
d) $i^{4^4} = (i^4)^4$

43. Calcule as somas e observe o padrão.

a) $i^0 + i^1 + i^2 + i^3$
b) $i^4 + i^5 + i^6 + i^7$

- Utilizando o padrão observado, calcule:
$i^{10} + i^{11} + i^{12} + ... + i^{99}$

44. Calcule $\dfrac{i^{97}}{3 + 2i}$.

45. Dado o complexo $z = xi$, calcule x real para que se tenha z^{54} real positivo.

3. Representação geométrica de um número complexo

3.1 O plano de Argand-Gauss

No início do século XIX, Carl Friedrich Gauss e Jean-Robert Argand (1768-1822), trabalhando de maneira independente, criaram uma associação entre as partes real e imaginária de um número complexo e as coordenadas de um ponto no plano cartesiano, tornando mais fácil a visualização desses números.

Da mesma forma que a cada número real pode-se associar um único ponto da reta real, a cada elemento $a + bi$ do conjunto dos números complexos corresponde um único ponto $P(a, b)$ do plano cartesiano, e vice-versa. A parte real de z é representada no eixo das abscissas, que é chamado de **eixo real**, e a parte imaginária, no eixo das ordenadas, que é chamado de **eixo imaginário**.

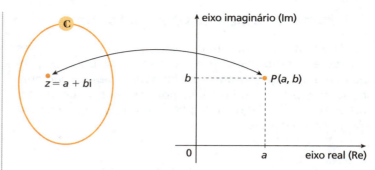

O plano cartesiano assim redefinido passou a ser chamado de **plano de Argand-Gauss** ou **plano complexo**. O ponto $P(a, b)$ é a **imagem de z** nesse plano ou o **afixo** do número complexo $z = a + bi$.

A correspondência entre os números complexos e suas imagens geométricas é biunívoca.

Observe que:

- o número real zero é representado pelo ponto $P(0, 0)$;
- todo número complexo real tem a parte imaginária igual a zero. Logo, sua imagem é um ponto pertencente ao eixo real (Re);
- todo número complexo imaginário puro tem a parte real igual a zero. Logo, sua imagem é um ponto pertencente ao eixo imaginário (Im).

Exemplos

a) Vamos representar no plano complexo as imagens dos números complexos $z_1 = 3 - i$, $z_2 = 4i$ e $z_3 = -1$.

Note que as imagens de z_1, z_2 e z_3 são, respectivamente, os pontos $P_1(3, -1)$, $P_2(0, 4)$ e $P_3(-1, 0)$. A representação geométrica desses números é:

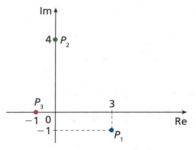

b) Vamos representar no plano complexo todos os números complexos cuja distância das imagens à origem $(0, 0)$ no plano de Argand-Gauss é igual a 3.

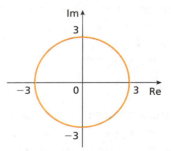

Note que todos os pontos do plano que distam 3 da origem $(0, 0)$ definem uma circunferência de centro na origem e raio 3.

3.2 Número complexo como um vetor

Já vimos que todo número complexo $z = a + bi$ pode ser representado geometricamente por um ponto $P(a, b)$ no plano de Argand-Gauss. Um número complexo não nulo pode ser representado também por um vetor $\overrightarrow{OP}$ de origem no ponto $O(0, 0)$, origem do plano complexo, e extremidade no ponto $P(a, b)$.

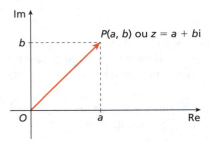

Observe que todo vetor é caracterizado por uma direção, um sentido e um módulo (comprimento do segmento) e é determinado por dois pontos do plano: uma origem e uma extremidade.

Módulo de um número complexo

O **módulo** do número complexo $z = a + bi$, indicado por $|z|$ ou ρ, é o comprimento do vetor $\overrightarrow{OP}$ que o representa, ou seja, é a distância da origem $O(0, 0)$ ao ponto $P(a, b)$.

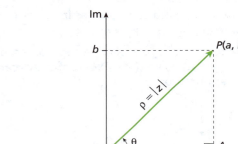

Assim, no triângulo OAP, temos:

$$|z| = d_{O,P} = \sqrt{(a-0)^2 + (b-0)^2} = \sqrt{a^2 + b^2}$$

$$\boxed{|z| = \rho = \sqrt{a^2 + b^2}}$$

Exemplo

Vamos determinar o módulo do número complexo $z = 1 + 5i$.

Nesse caso, $a = 1$ e $b = 5$.

Calculando o módulo, temos:

$|z| = \rho = \sqrt{a^2 + b^2} \Rightarrow \rho = \sqrt{1^2 + 5^2} \Rightarrow \rho = \sqrt{1 + 25} \Rightarrow \rho = \sqrt{26}$

Argumento de um número complexo

A direção do vetor $\overrightarrow{OP}$ é dada pelo ângulo θ (com $0 \leq \theta < 2\pi$), formado pelo vetor e pelo semieixo real positivo, considerado no sentido anti-horário. Para um número complexo não nulo z, o ângulo θ é chamado de **argumento de z**, indicado por $\arg(z)$.

O ângulo θ é tal que:

$$\boxed{\text{sen } \theta = \frac{b}{\rho} \text{ e cos } \theta = \frac{a}{\rho}, \text{com } \rho = |z| \text{ e } 0 \leq \theta < 2\pi}$$

Observe o exemplo a seguir.

Vamos determinar o argumento do número complexo $z = 1 + \sqrt{3}i$.

Nesse caso, $a = 1$ e $b = \sqrt{3}$. Calculando o módulo, temos:

$|z| = \rho = \sqrt{a^2 + b^2} \Rightarrow \rho = \sqrt{1^2 + (\sqrt{3})^2} \Rightarrow \rho = \sqrt{1 + 3} \Rightarrow$
$\Rightarrow \rho = \sqrt{4} \Rightarrow \rho = 2$

Calculando o argumento, temos:

- $\cos \theta = \dfrac{a}{\rho} \Rightarrow \cos \theta = \dfrac{1}{2}$

- $\text{sen } \theta = \dfrac{b}{\rho} \Rightarrow \text{sen } \theta = \dfrac{\sqrt{3}}{2}$

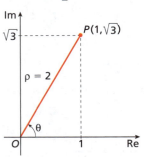

Portanto, como $0 \leq \theta < 2\pi$, temos $\theta = \dfrac{\pi}{3}$.

EXERCÍCIOS

R12. Representar geometricamente o número complexo $z = 2 - 2i$ e obter o módulo e o argumento de z.

▶ **Resolução**

No plano, $z = 2 - 2i$ é representado pelo vetor de extremidade no ponto $P(2, -2)$:

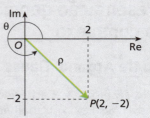

O módulo de z é dado por:
$\rho = d_{O,P} = \sqrt{2^2 + (-2)^2} = \sqrt{8} = 2\sqrt{2}$

Para obter o argumento de z, calculamos:

$\text{sen } \theta = \dfrac{b}{\rho} = \dfrac{\text{Im}(z)}{\rho} = \dfrac{-2}{2\sqrt{2}} = \dfrac{-1}{\sqrt{2}} \cdot \dfrac{\sqrt{2}}{\sqrt{2}} = -\dfrac{\sqrt{2}}{2}$

$\cos \theta = \dfrac{a}{\rho} = \dfrac{\text{Re}(z)}{\rho} = \dfrac{2}{2\sqrt{2}} = \dfrac{1}{\sqrt{2}} \cdot \dfrac{\sqrt{2}}{\sqrt{2}} = \dfrac{\sqrt{2}}{2}$

Como $0 \leq \theta < 2\pi$, concluímos que $\theta = \dfrac{7\pi}{4}$.

46. Represente os números complexos no plano e obtenha seus módulos e argumentos.

a) $z = 1 + i$ b) $z = -\sqrt{3} + i$ c) $z = 5i$

47. Calcule o argumento dos números complexos a seguir.

a) $z_1 = \sqrt{3} - i$ b) $z_2 = 0,5 - 0,5i$ c) $z_3 = \sqrt{2} - \sqrt{2}i$

48. Sendo $z = 3 - 2i$ e $w = -5 + i$, calcule:

a) $|z + w|$ b) $|z - w|$ c) $|z \cdot w|$

49. Sabendo que $(2, -3)$ e $(0, 2)$ são as imagens dos números complexos z e w, respectivamente, determine o módulo de $z + w$.

50. Considere o número complexo $z = 1 + i\sqrt{3}$ e faça o que se pede.

a) Determine o módulo e o argumento de z e $\bar{z}$. Que relação existe entre esses valores?

b) Represente em um mesmo plano z e $\bar{z}$. Qual é a relação entre as imagens de z e $\bar{z}$?

c) Os resultados observados nos itens a e b valem para qualquer número complexo não nulo e seu conjugado?

R13. Representar geometricamente no plano complexo as imagens dos números complexos z que satisfazem a condição $|z + 1 - i| = 1$.

▶ **Resolução**

Fazendo $z = x + yi$, com x e y reais, temos:

$|z + 1 - i| = 1 \Rightarrow |x + yi + 1 - i| = 1 \Rightarrow$

$\Rightarrow |(x + 1) + (y - 1)i| = 1 \Rightarrow \sqrt{(x+1)^2 + (y-1)^2} = 1 \Rightarrow$

$\Rightarrow (x + 1)^2 + (y - 1)^2 = 1^2$

Essa é a equação de uma circunferência de centro $(-1, 1)$ e raio 1. Logo, as imagens (x, y) de z que satisfazem a condição do enunciado são as indicadas no gráfico ao lado.

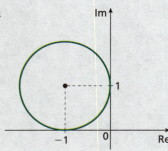

51. Represente no plano as imagens dos números complexos z tais que:

a) $|z - 2| = 1$ b) $|z + i| < 4$

52. Sendo $z_1 = -4 + 2i$ e $z_2 = 6 - 3i$, represente no mesmo plano complexo z_1, z_2, $z_1 + z_2$ e $z_1 - z_2$.

4. Forma trigonométrica de um número complexo

Como vimos, podemos representar um número complexo por um ponto do plano $P(a, b)$ ou por um vetor. Quando associamos z com um ponto do plano, estamos expressando z por coordenadas cartesianas (a e b). Quando a associação é feita com um vetor, dizemos que o argumento θ e o módulo ρ são as **coordenadas polares** de z.

Vamos ver agora como expressar o número complexo $z = a + bi$, não nulo, por meio de suas coordenadas polares. Já sabemos que:

• $\rho = \sqrt{a^2 + b^2}$

• $\text{sen } \theta = \dfrac{b}{\rho} \Rightarrow b = \rho \cdot \text{sen } \theta$

• $\cos \theta = \dfrac{a}{\rho} \Rightarrow a = \rho \cdot \cos \theta$

Substituindo esses valores na forma algébrica de z, temos:

$z = a + bi = \rho \cdot \cos \theta + (\rho \cdot \text{sen } \theta) \cdot i =$
$= \rho \cdot \cos \theta + \rho \cdot i \cdot \text{sen } \theta$

$$z = \rho(\cos \theta + i \cdot \text{sen } \theta)$$

Essa é a **forma trigonométrica** ou **forma polar** de z. Veremos que essa forma de representação facilita algumas operações, como a multiplicação, a potenciação, a divisão e a radiciação de números complexos.

Exemplo

Vamos escrever o número complexo $z = -1 + i$ na forma trigonométrica e representá-lo geometricamente.

Para obter um número complexo na forma trigonométrica, precisamos determinar o módulo ρ e o argumento θ (com $0 \leq \theta < 2\pi$) desse número.

Como $a = -1$ e $b = 1$, calculando o módulo, temos:

$|z| = \rho = \sqrt{a^2 + b^2} \Rightarrow \rho = \sqrt{(-1)^2 + (1)^2} \Rightarrow$

$\Rightarrow \rho = \sqrt{1 + 1} \Rightarrow \rho = \sqrt{2}$

E, agora, calculando o argumento:

$\cos \theta = \dfrac{a}{\rho} \Rightarrow \cos \theta = \dfrac{-1}{\sqrt{2}} = \dfrac{-1 \cdot \sqrt{2}}{\sqrt{2} \cdot \sqrt{2}} = \dfrac{-\sqrt{2}}{2}$

$\text{sen } \theta = \dfrac{b}{\rho} \Rightarrow \text{sen } \theta = \dfrac{1}{\sqrt{2}} = \dfrac{1 \cdot \sqrt{2}}{\sqrt{2} \cdot \sqrt{2}} = \dfrac{\sqrt{2}}{2}$

Como $0 \leq \theta < 2\pi$, temos $\theta = \dfrac{3\pi}{4}$.

Aplicando a fórmula da forma trigonométrica ou polar:

$z = \rho(\cos \theta + i \cdot \text{sen } \theta) \Rightarrow z = \sqrt{2}\left(\cos \dfrac{3\pi}{4} + i \cdot \text{sen } \dfrac{3\pi}{4}\right)$

Logo, o número complexo z pode ser representado por um vetor de módulo $\sqrt{2}$ e direção $\theta = \dfrac{3\pi}{4}$ (ou 135°).

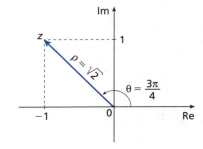

EXERCÍCIOS

R14. Escrever $z = 2i$ na forma trigonométrica e representá-lo geometricamente.

▶ **Resolução**

$\rho = \sqrt{0^2 + 2^2} = 2$

$\text{sen } \theta = \dfrac{b}{\rho} = \dfrac{2}{2} = 1$

$\cos \theta = \dfrac{a}{\rho} = \dfrac{0}{2} = 0$

Então: $\theta = \dfrac{\pi}{2}$

Logo, $z = 2\left(\cos \dfrac{\pi}{2} + i \cdot \text{sen } \dfrac{\pi}{2}\right)$.

O número complexo z pode ser representado por um vetor de módulo 2 e direção $\theta = \dfrac{\pi}{2}$ (ou 90°).

Note que, como z é imaginário puro, sua representação é um vetor sobre o eixo imaginário. Se z fosse um número real não nulo, seria representado por um vetor sobre o eixo real.

R15. Determinar o módulo, o argumento e a forma trigonométrica do conjugado de $z = 1 + i$. Representar em um mesmo plano complexo z e $\bar{z}$.

▶ **Resolução**

Dado $z = a + bi$, temos $\bar{z} = a - bi$.

Note que: $\rho = |z| = \sqrt{a^2 + b^2} = |\bar{z}|$

Assim:

$|\bar{z}| = \sqrt{(1)^2 + (-1)^2} = \sqrt{1^2 + 1^2} = \sqrt{2}$ (com $\bar{z} = 1 - i$)

Sendo $\theta_1 = \arg(z)$, temos:

$\left.\begin{array}{l} \text{sen } \theta_1 = \dfrac{1}{\sqrt{2}} = \dfrac{\sqrt{2}}{2} \\ \cos \theta_1 = \dfrac{1}{\sqrt{2}} = \dfrac{\sqrt{2}}{2} \end{array}\right\} \Rightarrow \arg(z) = \theta_1 = \dfrac{\pi}{4}$

Sendo $\theta_2 = \arg(\bar{z})$, temos:

$\left.\begin{array}{l} \text{sen } \theta_2 = \dfrac{(-1)}{\sqrt{2}} = -\dfrac{\sqrt{2}}{2} \\ \cos \theta_2 = \dfrac{1}{\sqrt{2}} = \dfrac{\sqrt{2}}{2} \end{array}\right\} \Rightarrow \arg(\bar{z}) = \theta_2 = \dfrac{7\pi}{4}$

Então:

$\bar{z} = \sqrt{2}\left(\cos \dfrac{7\pi}{4} + i \cdot \text{sen } \dfrac{7\pi}{4}\right)$

Note que:

$\arg(\bar{z}) = \dfrac{7\pi}{4} = 2\pi - \dfrac{\pi}{4} = 2\pi - \arg(z)$

Geometricamente, z e $\bar{z}$ são representados por vetores simétricos em relação ao eixo real.

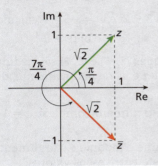

53. Expresse z e $\bar{z}$ na forma trigonométrica.
  a) $z = 1 - i$
  b) $z = -4 - 4i$
  c) $z = 8$

R16. Expressar o número complexo $z = 3\left(\cos \dfrac{\pi}{6} + i \cdot \text{sen } \dfrac{\pi}{6}\right)$ na forma algébrica.

▶ **Resolução**

Nesse caso, basta determinar o valor das razões trigonométricas $\cos \dfrac{\pi}{6}$ e $\text{sen } \dfrac{\pi}{6}$ e efetuar os cálculos indicados.

Assim:

$z = 3\left(\cos \dfrac{\pi}{6} + i \cdot \text{sen } \dfrac{\pi}{6}\right)$

$z = 3\left(\dfrac{\sqrt{3}}{2} + i \cdot \dfrac{1}{2}\right)$

$z = \dfrac{3\sqrt{3}}{2} + \dfrac{3}{2}i$

54. Escreva na forma algébrica:
  a) $z = \cos \pi + i \cdot \text{sen } \pi$
  b) $z = 6\left(\cos \dfrac{5\pi}{4} + i \cdot \text{sen } \dfrac{5\pi}{4}\right)$

55. Sendo $z = 3(\cos 0 + i \cdot \text{sen } 0)$, calcule z^{-1}. Represente geometricamente z e z^{-1}.

56. Considere o complexo $z = \dfrac{\sqrt{3}}{2} + \dfrac{1}{2}i$ e faça o que se pede.
  a) Calcule o produto iz.
  b) Represente os vetores correspondentes a z e iz num mesmo plano complexo.
  c) O que ocorreu com o vetor correspondente quando multiplicamos z pela unidade imaginária i?
  d) A resposta do item **c** pode ser generalizada para qualquer complexo z? Justifique.

5. Operações com números complexos na forma trigonométrica

5.1 Multiplicação e divisão

Considere os números complexos não nulos z_1 e z_2 de módulos ρ_1 e ρ_2 e argumentos θ_1 e θ_2, respectivamente, na forma trigonométrica:

$z_1 = \rho_1(\cos \theta_1 + i \cdot \text{sen}\, \theta_1)$ e $z_2 = \rho_2(\cos \theta_2 + i \cdot \text{sen}\, \theta_2)$

- Vamos obter o produto $z_1 z_2$:

$z_1 z_2 = [\rho_1(\cos \theta_1 + i \cdot \text{sen}\, \theta_1)] \cdot [\rho_2(\cos \theta_2 + i \cdot \text{sen}\, \theta_2)]$

$z_1 z_2 = \rho_1 \rho_2(\cos \theta_1 + i \cdot \text{sen}\, \theta_1)(\cos \theta_2 + i \cdot \text{sen}\, \theta_2)$

$z_1 z_2 = \rho_1 \rho_2(\cos \theta_1 \cdot \cos \theta_2 + i \cdot \cos \theta_1 \cdot \text{sen}\, \theta_2 + i \cdot \text{sen}\, \theta_1 \cdot \cos \theta_2 + i^2 \cdot \text{sen}\, \theta_1 \cdot \text{sen}\, \theta_2)$

$z_1 z_2 = \rho_1 \rho_2[(\cos \theta_1 \cdot \cos \theta_2 - \text{sen}\, \theta_1 \cdot \text{sen}\, \theta_2) + i \cdot (\cos \theta_1 \cdot \text{sen}\, \theta_2 + \text{sen}\, \theta_1 \cdot \cos \theta_2)]$

Assim:

$$z_1 z_2 = \rho_1 \rho_2 [\cos(\theta_1 + \theta_2) + i \cdot \text{sen}\,(\theta_1 + \theta_2)]$$

É importante observar que podemos generalizar o resultado para o caso da multiplicação de n fatores complexos:

$z = z_1 \cdot z_2 \cdot \ldots \cdot z_n$

Obtemos:

$\rho = \rho_1 \cdot \rho_2 \cdot \ldots \cdot \rho_n$

$\theta = \theta_1 + \theta_2 + \ldots + \theta_n$

- Vamos obter agora o quociente $\dfrac{z_1}{z_2}$ multiplicando-o por $\dfrac{\overline{z_2}}{\overline{z_2}}$:

$\dfrac{z_1}{z_2} = \dfrac{\rho_1(\cos \theta_1 + i \cdot \text{sen}\, \theta_1)}{\rho_2(\cos \theta_2 + i \cdot \text{sen}\, \theta_2)} = \dfrac{\rho_1(\cos \theta_1 + i \cdot \text{sen}\, \theta_1) \cdot \rho_2(\cos \theta_2 - i \cdot \text{sen}\, \theta_2)}{\rho_2(\cos \theta_2 + i \cdot \text{sen}\, \theta_2) \cdot \rho_2(\cos \theta_2 - i \cdot \text{sen}\, \theta_2)}$

$\dfrac{z_1}{z_2} = \dfrac{\rho_1 \rho_2}{(\rho_2)^2} \cdot \dfrac{\cos \theta_1 \cdot \cos \theta_2 - i \cdot \cos \theta_1 \cdot \text{sen}\, \theta_2 + i \cdot \text{sen}\, \theta_1 \cdot \cos \theta_2 - i^2 \cdot \text{sen}\, \theta_1 \cdot \text{sen}\, \theta_2}{\cos^2 \theta_2 + \text{sen}^2 \theta_2}$

$\dfrac{z_1}{z_2} = \dfrac{\rho_1}{\rho_2} \cdot \dfrac{(\cos \theta_1 \cdot \cos \theta_2 + \text{sen}\, \theta_1 \cdot \text{sen}\, \theta_2) + i \cdot (\text{sen}\, \theta_1 \cdot \cos \theta_2 - \text{sen}\, \theta_2 \cdot \cos \theta_1)}{1}$

Assim:

$$\dfrac{z_1}{z_2} = \dfrac{\rho_1}{\rho_2}[\cos(\theta_1 - \theta_2) + i \cdot \text{sen}\,(\theta_1 - \theta_2)]$$

Exemplos

Considerando os números complexos $z_1 = 3\left(\cos \dfrac{\pi}{2} + i \cdot \text{sen}\, \dfrac{\pi}{2}\right)$ e $z_2 = 4\left(\cos \dfrac{\pi}{4} + i \cdot \text{sen}\, \dfrac{\pi}{4}\right)$, vamos calcular:

a) $z_1 \cdot z_2 = \rho_1 \cdot \rho_2 \cdot [\cos(\theta_1 + \theta_2) + i \cdot \text{sen}\,(\theta_1 + \theta_2)]$

$z_1 \cdot z_2 = 3 \cdot 4 \cdot \left[\cos\left(\dfrac{\pi}{2} + \dfrac{\pi}{4}\right) + i \cdot \text{sen}\,\left(\dfrac{\pi}{2} + \dfrac{\pi}{4}\right)\right]$

$z_1 \cdot z_2 = 12\left[\cos \dfrac{3\pi}{4} + i \cdot \text{sen}\, \dfrac{3\pi}{4}\right]$

b) $\dfrac{z_1}{z_2} = \dfrac{\rho_1}{\rho_2}[\cos(\theta_1 - \theta_2) + i \cdot \text{sen}\,(\theta_1 - \theta_2)]$

$\dfrac{z_1}{z_2} = \dfrac{3}{4}\left[\cos\left(\dfrac{\pi}{2} - \dfrac{\pi}{4}\right) + i \cdot \text{sen}\,\left(\dfrac{\pi}{2} - \dfrac{\pi}{4}\right)\right]$

$\dfrac{z_1}{z_2} = \dfrac{3}{4}\left(\cos \dfrac{\pi}{4} + i \cdot \text{sen}\, \dfrac{\pi}{4}\right)$

EXERCÍCIOS

57. Considere os números complexos:

$$z_1 = 2\left(\cos\frac{\pi}{6} + i \cdot \operatorname{sen}\frac{\pi}{6}\right)$$

$$z_2 = 4\left(\cos\frac{3\pi}{4} + i \cdot \operatorname{sen}\frac{3\pi}{4}\right)$$

Calcule:

a) $z_1 z_2$

b) $z_1 z_1 z_1 z_1$

c) $\dfrac{z_1}{z_2}$

d) $\dfrac{z_2}{z_1}$

R17. Sejam os números complexos z e w, escritos na forma trigonométrica:

$$z = 2\left(\cos\frac{\pi}{6} + i \cdot \operatorname{sen}\frac{\pi}{6}\right) \quad w = 4\left(\cos\frac{2\pi}{3} + i \cdot \operatorname{sen}\frac{2\pi}{3}\right)$$

a) Obter o produto zw.

b) Representar no plano complexo os vetores associados a z, w e zw.

➤ **Resolução**

a) $zw = 2 \cdot 4 \cdot \left[\cos\left(\dfrac{\pi}{6} + \dfrac{2\pi}{3}\right) + i \cdot \operatorname{sen}\left(\dfrac{\pi}{6} + \dfrac{2\pi}{3}\right)\right]$

$zw = 8\left(\cos\dfrac{5\pi}{6} + i \cdot \operatorname{sen}\dfrac{5\pi}{6}\right)$

b) A representação dos vetores é indicada na figura a seguir.

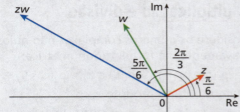

Observe que o produto zw representa uma rotação, no sentido anti-horário, de $\dfrac{2\pi}{3}\left(\dfrac{5\pi}{6} - \dfrac{\pi}{6}\right)$ em relação a z, ou seja, o número complexo z, que tem argumento $\dfrac{\pi}{6}$, ao ser multiplicado por w sofreu uma rotação equivalente a $\dfrac{2\pi}{3}$, que é o argumento de w. Assim, o produto zw tem argumento $\dfrac{5\pi}{6}\left(\dfrac{\pi}{6} + \dfrac{2\pi}{3}\right)$.

Além disso, o módulo de zw é igual ao produto dos módulos dos números complexos z e w, ou seja, $2 \cdot 4 = 8$.

58. Um número complexo z tem módulo 5 e argumento $\dfrac{2\pi}{3}$.

Determine o módulo e o argumento do complexo w tal que $zw = 1$.

59. Determine x real na igualdade:

$$x^3\left(\cos\frac{\pi}{6} + i \cdot \operatorname{sen}\frac{\pi}{6}\right) \cdot \left(\cos\frac{\pi}{3} + i \cdot \operatorname{sen}\frac{\pi}{3}\right) =$$

$$= 8\left(\cos\frac{\pi x}{4} + i \cdot \operatorname{sen}\frac{\pi x}{4}\right)$$

5.2 Potenciação (1ª fórmula de De Moivre)

Já que o conjunto dos números complexos é uma ampliação do conjunto dos números reais, as operações em $\mathbb{C}$ são definidas de modo a manter o que já é válido em $\mathbb{R}$. Isso também vale para a potenciação em $\mathbb{C}$.

Considere um número complexo z, não nulo, na forma trigonométrica. Vamos obter $z^n = [\rho(\cos\theta + i \cdot \operatorname{sen}\theta)]^n$, com $n \in \mathbb{N}$ e $n > 1$, recorrendo à multiplicação de complexos na forma trigonométrica vista anteriormente:

$$z^n = \underbrace{z \cdot z \cdot z \cdot \ldots \cdot z \cdot z}_{n \text{ fatores}} = \underbrace{\rho(\cos\theta + i \cdot \operatorname{sen}\theta) \cdot \rho(\cos\theta + i \cdot \operatorname{sen}\theta) \cdot \ldots \cdot \rho(\cos\theta + i \cdot \operatorname{sen}\theta)}_{n \text{ fatores}} =$$

$$= \underbrace{\rho \cdot \rho \cdot \rho \cdot \ldots \cdot \rho \cdot \rho}_{n \text{ fatores}} \cdot \left[\left(\cos\underbrace{(\theta + \theta + \theta + \ldots + \theta + \theta)}_{n \text{ parcelas}}\right) + i \cdot \operatorname{sen}\underbrace{(\theta + \theta + \theta + \ldots + \theta + \theta)}_{n \text{ parcelas}}\right]$$

Ou seja:

$$z^n = \rho^n \cdot (\cos n\theta + i \cdot \operatorname{sen} n\theta)$$

Essa fórmula é chamada de **1ª fórmula de De Moivre**, em homenagem ao matemático francês Abraham De Moivre (1667-1754), que a apresentou pela primeira vez em 1730.

Os casos particulares de expoentes 0 e 1 seguem a definição em $\mathbb{R}$:

$z^0 = (a + bi)^0 = 1$ e $z^1 = (a + bi)^1 = z$ (com $a, b \in \mathbb{R}$)

Pode-se demonstrar que a 1ª fórmula de De Moivre também é válida para $n \in \mathbb{Z}$.

Exemplo

Dado $z = 2\left(\cos\dfrac{\pi}{3} + i \cdot \operatorname{sen}\dfrac{\pi}{3}\right)$, vamos calcular z^7.

Nesse caso, temos $n = 7$, $\rho = 2$ e $\theta = \dfrac{\pi}{3}$. Assim:

$z^n = \rho^n \cdot (\cos n\theta + i \cdot \operatorname{sen} n\theta) \Rightarrow$

$\Rightarrow z^7 = 2^7\left[\cos\left(7 \cdot \dfrac{\pi}{3}\right) + i \cdot \operatorname{sen}\left(7 \cdot \dfrac{\pi}{3}\right)\right] =$

$= 128\left(\cos\dfrac{7\pi}{3} + i \cdot \operatorname{sen}\dfrac{7\pi}{3}\right)$

Como $0 \leq \theta < 2\pi$, temos: $\dfrac{7\pi}{3} = \dfrac{6\pi}{3} + \dfrac{\pi}{3} = 2\pi + \dfrac{\pi}{3} \equiv \dfrac{\pi}{3}$

Assim:

$z^7 = 128\left(\cos\dfrac{\pi}{3} + i \cdot \operatorname{sen}\dfrac{\pi}{3}\right)$

EXERCÍCIOS

R18. Dado o número complexo $z = -1 - i\sqrt{3}$, calcular z^{50}. Dar a resposta nas formas trigonométrica e algébrica.

▸ **Resolução**

Primeiro, vamos determinar o módulo e o argumento de z. Em seguida, aplicamos a 1ª fórmula de De Moivre.

$|z| = \rho = \sqrt{(-1)^2 + (-\sqrt{3})^2} = \sqrt{1 + 3} = \sqrt{4} = 2$

$\left.\begin{array}{l}\operatorname{sen}\theta = -\dfrac{\sqrt{3}}{2} \\ \cos\theta = -\dfrac{1}{2}\end{array}\right\} \Rightarrow \theta = \dfrac{4\pi}{3}$

$z^{50} = 2^{50}\left[\cos\left(50 \cdot \dfrac{4\pi}{3}\right) + i \cdot \operatorname{sen}\left(50 \cdot \dfrac{4\pi}{3}\right)\right]$

Como $0 \leq \theta < 2\pi$, fazemos:

$\dfrac{200\pi}{3} = \dfrac{198\pi}{3} + \dfrac{2\pi}{3} = 66\pi + \dfrac{2\pi}{3} \equiv \dfrac{2\pi}{3}$

Portanto:

$z^{50} = \underbrace{2^{50}\left(\cos\dfrac{2\pi}{3} + i \cdot \operatorname{sen}\dfrac{2\pi}{3}\right)}_{\text{forma trigonométrica}}$

Como $\cos\dfrac{2\pi}{3} = -\dfrac{1}{2}$ e $\operatorname{sen}\dfrac{2\pi}{3} = \dfrac{\sqrt{3}}{2}$, temos:

$z^{50} = 2^{50}\left(-\dfrac{1}{2} + i\dfrac{\sqrt{3}}{2}\right)$

$z^{50} = \underbrace{-2^{49} + i2^{49}\sqrt{3}}_{\text{forma algébrica}}$

60. Calcule:

a) $(1 - i)^5$ b) $(1 + i\sqrt{3})^8$ c) $\left(-\dfrac{\sqrt{2}}{2} + i\dfrac{\sqrt{2}}{2}\right)^{10}$

61. Sendo $z = 3\left(\cos\dfrac{2\pi}{3} + i \cdot \operatorname{sen}\dfrac{2\pi}{3}\right)$, calcule z^7.

62. Verifique se o complexo $(1 - i)^{10}$ é um número real, imaginário puro ou nenhum dos dois casos.

R19. Considerando o número complexo $w = (1 + i)^n$, obter os valores inteiros de n para que w seja um número real positivo.

▸ **Resolução**

Vamos expressar a base $1 + i$ na forma trigonométrica. Para isso, devemos achar o módulo ρ e o argumento θ de $1 + i$.

$\rho = \sqrt{1^2 + 1^2} = \sqrt{2}$

$\left.\begin{array}{l}\operatorname{sen}\theta = \dfrac{1}{\sqrt{2}} = \dfrac{\sqrt{2}}{2} \\ \cos\theta = \dfrac{1}{\sqrt{2}} = \dfrac{\sqrt{2}}{2}\end{array}\right\} \Rightarrow \theta = \dfrac{\pi}{4}$

Assim: $1 + i = \sqrt{2}\left(\cos\dfrac{\pi}{4} + i \cdot \operatorname{sen}\dfrac{\pi}{4}\right)$

Agora, vamos obter w elevando $1 + i$ à potência n:

$w = (1 + i)^n = (\sqrt{2})^n \cdot \left[\cos\left(n \cdot \dfrac{\pi}{4}\right) + i \cdot \operatorname{sen}\left(n \cdot \dfrac{\pi}{4}\right)\right]$

Para que w seja real positivo, devemos ter:

$\begin{cases}\operatorname{Im}(w) = \operatorname{sen}\left(n \cdot \dfrac{\pi}{4}\right) = 0 \\ \operatorname{Re}(w) = \cos\left(n \cdot \dfrac{\pi}{4}\right) > 0\end{cases}$

• (I) $\operatorname{sen} x = 0$

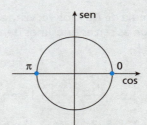

• (II) $\cos x > 0$

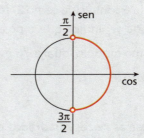

• (I) ∩ (II)

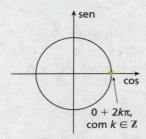

$0 + 2k\pi$, com $k \in \mathbb{Z}$

Assim: $n \cdot \dfrac{\pi}{4} = 0 + 2k\pi \Rightarrow \dfrac{n}{4} = 2k \Rightarrow n = 8k$, com $k \in \mathbb{Z}$

Logo, $n \in \{0, \pm 8, \pm 16, \pm 24, ...\}$.

63. Considere o número complexo $z = (1 - i\sqrt{3})^n$, com $n \in \mathbb{Z}$.

Calcule n para que z seja um número:

a) real.

b) imaginário puro.

64. Determine todos os números complexos w tais que $w^3 = \cos \pi + i \cdot \text{sen } \pi$.

65. Siga os comandos e verifique $(\overline{z})^n = (\overline{z^n})$.

Considere o número complexo $z = 2\left(\cos \dfrac{\pi}{6} + i \cdot \text{sen} \dfrac{\pi}{6}\right)$.

a) Obtenha a expressão de z^n, com $n \in \mathbb{Z}$.

b) Determine a expressão do conjugado de z^n.

c) Calcule $\overline{z}$ e obtenha a expressão de $(\overline{z})^n$.

d) Compare as expressões obtidas nos itens b e c.

Procure fazer uma demonstração para o caso geral.

5.3 Radiciação (2ª fórmula de De Moivre)

Considere um número complexo z, não nulo, e um número inteiro n, com $n > 1$.

> Todo número complexo w tal que $w^n = z$ é chamado de **raiz enésima** de z.

Pela 1ª fórmula de De Moivre, vista anteriormente, podemos deduzir que as raízes enésimas de $z = \rho(\cos \theta + i \cdot \text{sen } \theta)$ são dadas por:

$$w_k = \sqrt[n]{\rho} \cdot \left[\cos\left(\dfrac{\theta + 2k\pi}{n}\right) + i \cdot \text{sen}\left(\dfrac{\theta + 2k\pi}{n}\right)\right]$$

com $k = 0, 1, 2, 3, \ldots, (n-1)$ e n natural, $n > 1$

Essa fórmula é conhecida como **2ª fórmula de De Moivre**. O índice k de w_k indica que z possui n raízes distintas, todas com mesmo módulo igual a $\sqrt[n]{\rho}$ e argumentos $\dfrac{\theta + 2k\pi}{n}$ (distintos entre si).

Exemplo

Vamos calcular as raízes quadradas complexas de $z = 2i$, considerando $z = 0 + 2i$. Vamos expressá-las na forma trigonométrica:

$\rho = \sqrt{0^2 + 2^2} = 2$ e $\begin{cases} \text{sen } \theta = \dfrac{2}{2} = 1 \\ \cos \theta = \dfrac{0}{2} = 0 \end{cases} \Rightarrow \theta = \dfrac{\pi}{2}$

Então: $z = 2\left(\cos \dfrac{\pi}{2} + i \cdot \text{sen} \dfrac{\pi}{2}\right)$

Usando a 2ª fórmula de De Moivre, vamos encontrar os complexos w_k tais que $(w_k)^n = z$, sendo $n = 2$, $k = 0, 1$ (raízes quadradas), $\rho = 2$ e $\theta = \dfrac{\pi}{2}$.

As duas raízes têm módulo igual a $\sqrt[n]{\rho}$, ou seja:

$|w_0| = |w_1| = \sqrt{2}$

- Para $k = 0$, temos:

$\arg(w_0) = \dfrac{\dfrac{\pi}{2} + 2 \cdot 0 \cdot \pi}{2} = \dfrac{\dfrac{\pi}{2}}{2} = \dfrac{\pi}{4}$

- Para $k = 1$, temos:

$\arg(w_1) = \dfrac{\dfrac{\pi}{2} + 2 \cdot 1 \cdot \pi}{2} = \dfrac{\dfrac{\pi}{2} + 2\pi}{2} = \dfrac{\dfrac{5\pi}{2}}{2} = \dfrac{5\pi}{4}$

Logo, as duas raízes quadradas complexas de $z = 2i$ são:

$w_0 = \sqrt{2}\left(\cos \dfrac{\pi}{4} + i \cdot \text{sen} \dfrac{\pi}{4}\right) = \sqrt{2}\left(\dfrac{\sqrt{2}}{2} + i\dfrac{\sqrt{2}}{2}\right) = 1 + i$

$w_1 = \sqrt{2}\left(\cos \dfrac{5\pi}{4} + i \cdot \text{sen} \dfrac{5\pi}{4}\right) = \sqrt{2}\left(-\dfrac{\sqrt{2}}{2} - i\dfrac{\sqrt{2}}{2}\right) = -1 - i$

Podemos fazer a verificação elevando ao quadrado as raízes encontradas:

- $(1 + i)^2 = 1^2 + 2 \cdot 1 \cdot i + i^2 = 1 + 2i - 1 = 2i = z$
- $(-1 - i)^2 = (-1)^2 - 2 \cdot (-1) \cdot i + i^2 = 1 + 2i - 1 = 2i = z$

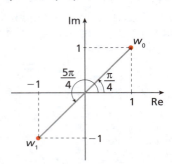

Interpretação geométrica das raízes enésimas de um número complexo

Vimos que as raízes quadradas de $z = 2i$ são $w_0 = 1 + i$ e $w_1 = -1 - i$. Nesse caso, as imagens dessas raízes são pontos simétricos em relação à origem (são números complexos opostos). Esses pontos são as extremidades de um diâmetro da circunferência de centro na origem e raio igual a $\sqrt{2}$ (módulo das raízes). Observe que esses pontos dividem a circunferência em dois arcos congruentes de π rad.

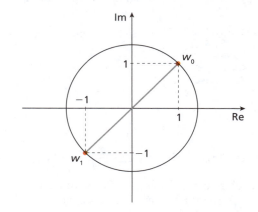

Podemos generalizar esse resultado para as n raízes de um número complexo $z = \rho(\cos\theta + i\cdot\operatorname{sen}\theta)$, pois, como todas as raízes têm mesmo módulo, suas imagens são pontos localizados no plano à mesma distância da origem, o que caracteriza os pontos de uma circunferência.

Além disso, os argumentos dessas raízes, que são da forma $\dfrac{\theta + 2k\pi}{n}$, constituem uma progressão aritmética de primeiro termo $\dfrac{\theta}{n}$ e razão $\dfrac{2\pi}{n}$.

Assim, as imagens das raízes enésimas de z são vértices de um polígono regular de n lados inscrito na circunferência de centro na origem e raio $\sqrt[n]{\rho}$ e dividem essa circunferência em n arcos congruentes de $\dfrac{2\pi}{n}$ rad.

EXERCÍCIOS

R20. Interpretar geometricamente as raízes cúbicas de $z = 8(\cos\pi + i\cdot\operatorname{sen}\pi)$.

▶ **Resolução**
Para obter as raízes cúbicas de z, devemos achar os complexos w_k tais que $(w_k)^3 = z$.

$$w_k = \sqrt[3]{8}\cdot\left[\cos\left(\dfrac{\pi + k\cdot 2\pi}{3}\right) + i\cdot\operatorname{sen}\left(\dfrac{\pi + k\cdot 2\pi}{3}\right)\right]$$

Assim, para $k = 0$, $k = 1$ e $k = 2$, temos:

$w_0 = 2\cdot\left(\cos\dfrac{\pi}{3} + i\cdot\operatorname{sen}\dfrac{\pi}{3}\right) = 1 + i\sqrt{3}$

$w_1 = 2\cdot(\cos\pi + i\cdot\operatorname{sen}\pi) = -2$

$w_2 = 2\cdot\left(\cos\dfrac{5\pi}{3} + i\cdot\operatorname{sen}\dfrac{5\pi}{3}\right) = 1 - i\sqrt{3}$

Representando as imagens das raízes w_0, w_1 e w_2 no plano complexo, temos:

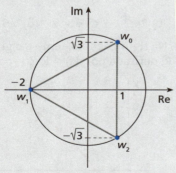

Observamos que as imagens das raízes cúbicas de z pertencem a uma circunferência de centro na origem e raio igual a 2. Além disso, dividem a circunferência em três arcos congruentes de $\dfrac{2\pi}{3}$ rad. Podemos dizer que essas imagens são os vértices de um triângulo equilátero inscrito nessa circunferência.

66. Calcule as raízes quartas de $z = 1 + i$.

67. Obtenha as raízes cúbicas de:
a) $z = -2i$
b) $z = 81$
c) $z = 3i$
d) $z = -27$

R21. Sabendo que $z_0 = 2\left(\cos\dfrac{\pi}{3} + i\cdot\operatorname{sen}\dfrac{\pi}{3}\right)$ é uma das raízes quadradas do número complexo w, determinar a outra raiz.

▶ **Resolução**
Observe que aqui não podemos utilizar a 2ª fórmula de De Moivre, pois não conhecemos o número complexo w cujas raízes quadradas devemos encontrar. Então, vamos usar o que sabemos geometricamente dessas raízes.
As imagens das raízes quadradas de w são extremidades de um diâmetro da circunferência de centro na origem e raio igual a 2 (módulo das raízes). Esses pontos dividem a circunferência em dois arcos congruentes de π rad $\left(\dfrac{2\pi}{2}\right)$.

Assim, o argumento da outra raiz é $\dfrac{\pi}{3} + \pi$, ou seja, $\dfrac{4\pi}{3}$.

Logo, a outra raiz quadrada de w é:
$$z_1 = 2\left(\cos\dfrac{4\pi}{3} + i\cdot\operatorname{sen}\dfrac{4\pi}{3}\right)$$

68. Sabendo que $z_0 = 3\left(\cos\dfrac{\pi}{4} + i\cdot\operatorname{sen}\dfrac{\pi}{4}\right)$ é uma das raízes quadradas do número complexo w, determine a outra raiz.

69. O número complexo $w_0 = \dfrac{1}{2} + i\dfrac{\sqrt{3}}{2}$ é uma das raízes cúbicas de um número complexo z. Obtenha as demais raízes de z.

70. Considere o número complexo $z = i\sqrt{3}$.
a) Determine as raízes sextas de z.
b) Represente no plano complexo as raízes encontradas.
c) As imagens dessas raízes são vértices de um polígono regular. Determine o centro e o raio da circunferência que circunscreve esse polígono regular.
d) As imagens dessas raízes dividem essa circunferência em arcos congruentes. Qual é a medida desses arcos?
e) Que figura geométrica obtemos ao unir ordenadamente esses pontos?
f) Determine a progressão aritmética formada pelos argumentos das raízes sextas de z.

71. Interprete geometricamente:
a) as raízes cúbicas da unidade (1).
b) as raízes quartas da unidade imaginária (i).
c) as raízes oitavas de -1.
d) as raízes quadradas de $\dfrac{1}{i}$.

72. Considere o número complexo $z = (1 + i)^{100}$.
  a) Calcule a potência na forma algébrica.
  b) O complexo z é um número real, imaginário puro ou nenhum dos dois casos?
  c) Calcule a potência usando a 1ª fórmula de De Moivre.
  d) Determine o módulo e o argumento de z.
  e) Expresse z na forma trigonométrica.
  f) Determine as raízes quadradas de z.

73. Para determinar as raízes quadradas de $z = 16i$, devemos encontrar w tal que $w^2 = 16i$.

Fazendo $w = a + bi$, obtemos a equação:
$(a + bi)^2 = 16i$
  a) Escreva e resolva o sistema de equações que obtemos ao aplicar a definição de igualdade de números complexos na equação obtida acima.
  b) Quantos pares ordenados são solução desse sistema? O que isso indica?
  c) Determine w na forma algébrica.
  d) Calcule as raízes quadradas de z utilizando a 2ª fórmula de De Moivre.
  e) Compare os resultados obtidos nos itens **c** e **d**. O que você observou?

Exercícios complementares

1. Determine x e y $\in \mathbb{R}$ tais que $(x + yi) \cdot (2 + 3i) = 1 + 8i$.

2. Determine o valor de $x \in \mathbb{R}$ para que o número complexo $z = (x^2 - 5x + 6) + (x^2 - x - 2)i$ seja imaginário puro.

3. Calcule os valores de x e y $\in \mathbb{R}$ tais que
$x + 1 + y(1 + 4x + 5i) + i(3x - 1) = 2i(1 + x) + 3y(i + x)$.

4. Sendo $z = 3 - 3i$, calcule o recíproco (ou inverso) do conjugado de z.

5. Calcule o valor de $(1 + i)^2$ e $(1 + i)^{30}$.

6. Calcule o valor de:
  a) $(1 - i) \cdot (1 + i)$
  b) $(1 - i)^{17} \cdot (1 + i)^{19}$

7. Se o vetor que representa $z = 2 + i$ sofrer uma rotação de 90° no sentido horário, vai se tornar a representação do número complexo w. Determine w.

8. Considere $z = 2\sqrt{2}(1 - i)$.
  a) Determine $|z|$ e $\arg(z)$.
  b) Localize z no plano complexo. Qual é a imagem de z?
  c) Expresse z e $\bar{z}$ na forma trigonométrica.
  d) Calcule $(z - \bar{z})^3$.

9. Ache $a - b$ sabendo que os complexos a e b são tais que $a^2 - b^2 = 6$ e $\bar{a} + \bar{b} = 1 - i$.

10. Expresse $z = \left(\dfrac{-\sqrt{3} - i}{2}\right)^9 - \left(\dfrac{\sqrt{3} - i}{2}\right)^{18}$ na forma algébrica.

11. Determine z e w $\in \mathbb{C}$ tal que:
$\begin{cases} iz - 2w = 2 + 3i \\ -2z + 3iw = 1 + 4i \end{cases}$

12. Sabendo que $z = (x - 2i)^2$, com $x \in \mathbb{R}$, é um número complexo tal que $\arg(z) = 90°$, determine o valor de $\dfrac{1}{z}$.

13. Resolva a equação $w^2 + |w| = 0$ no universo:
  a) real.
  b) complexo.

14. Determine $z \in \mathbb{C}$ tal que $i \cdot z^2 = -\bar{z}$.

15. Resolva geometricamente a inequação modular complexa $|z + 8| \leq 5$, com $z = x + yi$ e $x, y \in \mathbb{R}$.

16. Represente no plano complexo o conjunto $A \cap B$, sendo $A = \{z \in \mathbb{C} \mid |z - (2 + 3i)| \leq 1\}$ e $B = \{z \in \mathbb{C} \mid z = a + bi,$ com $a, b \in \mathbb{R}$ e $b \leq 3\}$.

QUESTÕES DE VESTIBULAR

17. (Makenzie-SP) As representações gráficas dos complexos $1 + i$, $(1 + i)^2$, -1 e $(1 - i)^2$, com $i^2 = -1$, são vértices de um polígono de área:
  a) 2   b) 1   c) $\dfrac{3}{2}$ d) 3   e) 4

18. (Mackenzie-SP) Dados os complexos z e w, tais que $2z + w = 2$ e $z + w = \dfrac{1 + 2i}{i}$, $i^2 = -1$, o módulo de w é igual a:
  a) 5   b) $2\sqrt{2}$ c) $\sqrt{3}$ d) $\sqrt{6}$ e) $3\sqrt{3}$

19. (Fatec-SP) Na figura abaixo, tem-se o gráfico da função f, de $\mathbb{R}_+^*$ em $\mathbb{R}$, definida por $f(x) = \log_b x$, com $b \in \mathbb{R}_+^*$ e $b \neq 1$.

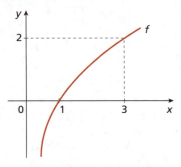

O módulo do número complexo $z = b^2 - bi$ é:
  a) $\sqrt{3}$
  b) $2\sqrt{3}$
  c) $2\sqrt{5}$
  d) $3\sqrt{10}$
  e) $\sqrt{2} \cdot \sqrt[6]{4}$

20. (Fatec-SP) Sabe-se que, para $n \in \mathbb{N}^*$,
$S_n = \dfrac{n^2 - 15n}{2} + \left(\dfrac{n^2 - 23n}{2}\right) \cdot i$ é a expressão da soma dos n primeiros termos de uma progressão aritmética. Considerando que i é a unidade imaginária, a forma trigonométrica do décimo termo dessa progressão é:

a) $\sqrt{2} \cdot \left(\cos\dfrac{3\pi}{4} + i \cdot \text{sen}\dfrac{3\pi}{4}\right)$

b) $\sqrt{2} \cdot \left(\cos\dfrac{7\pi}{4} + i \cdot \text{sen}\dfrac{7\pi}{4}\right)$

c) $2\sqrt{2} \cdot \left(\cos\dfrac{3\pi}{4} + i \cdot \text{sen}\dfrac{3\pi}{4}\right)$

d) $2\sqrt{2} \cdot \left(\cos\dfrac{5\pi}{4} + i \cdot \text{sen}\dfrac{5\pi}{4}\right)$

e) $2\sqrt{2} \cdot \left(\cos\dfrac{7\pi}{4} + i \cdot \text{sen}\dfrac{7\pi}{4}\right)$

21. (Fuvest-SP) Nos itens abaixo, z denota um número complexo e i a unidade imaginária ($i^2 = -1$). Suponha $z \neq i$.

a) Para quais valores de z tem-se $\dfrac{z + i}{1 + iz} = 2$?

b) Determine o conjunto de todos os valores de z para os quais $\dfrac{z + i}{1 + iz}$ é um número real.

22. (FGV) Admita que o centro do plano complexo Argand-Gauss coincida com o centro de um relógio de ponteiros, como indica a figura:

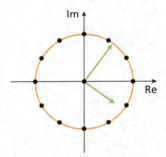

Se o ponteiro dos minutos tem 2 unidades de comprimento, às 11 h 55 sua ponta estará sobre o número complexo:

a) $-1 + \sqrt{3}\,i$
b) $1 + \sqrt{3}\,i$
c) $1 - \sqrt{3}\,i$
d) $\sqrt{3} - i$
e) $\sqrt{3} + i$

23. (Fuvest-SP) Considere a equação $z^2 = \alpha z + (\alpha - 1)\bar{z}$, onde α é um número real e $\bar{z}$ indica o conjugado de um número complexo z.

a) Determine os valores de α para os quais a equação tem quatro raízes distintas.

b) Represente, no plano complexo, as raízes dessa equação quando $\alpha = 0$.

24. (Vunesp) Considere os números complexos $w = 2i$ e $z = (1 + i)$. Determine:

a) z^2 e $(w^2 \cdot \bar{z} + w)$, onde $\bar{z}$ indica o conjugado de z.

b) $|z|$ e $|w|$. Mostre que a sequência $(1, |z|, |w|, |zw|, |w^2|)$ é uma progressão geométrica, determinando todos os seus termos e a sua razão.

25. (Unicamp-SP) Um número complexo $z = x + iy$, $z \neq 0$, pode ser escrito na forma trigonométrica:
$z = |z|(\cos\theta + i\,\text{sen}\,\theta)$, onde $|z| = \sqrt{x^2 + y^2}$, $\cos\theta = \dfrac{x}{|z|}$ e $\text{sen}\,\theta = \dfrac{y}{|z|}$. Essa forma de representar os números complexos não nulos é muito conveniente, especialmente para o cálculo de potências inteiras de números complexos, em virtude da fórmula de De Moivre:
$\left[|z|(\cos\theta + i\,\text{sen}\,\theta)\right]^k = |z|^k(\cos k\theta + i\,\text{sen}\,k\theta)$, que é válida para todo $k \in \mathbb{Z}$. Use essas informações para:

a) calcular $(\sqrt{3} + i)^{12}$.

b) sendo $z = \dfrac{\sqrt{2}}{2} + i\dfrac{\sqrt{2}}{2}$, calcular o valor de $1 + z + z^2 + z^3 + \ldots + z^{15}$.

26. (Vunesp) Considere os números complexos $z = 2 - i$ e $w = -3 - i$, sendo i a unidade imaginária.

a) Determine $z \cdot w$ e $|w - z|$.

b) Represente z e w no plano complexo (Argand-Gauss) e determine $b \in \mathbb{R}$, $b \geq 0$, de modo que os números complexos z, w e $t = bi$ sejam vértices de um triângulo, no plano complexo, cuja área é 20.

27. (Ibmec) Se A e B representam no plano Argand-Gauss as imagens das raízes complexas da equação $x^3 - 2x^2 + 5x = 0$ e C representa no mesmo plano a imagem da raiz real dessa equação, então o perímetro do triângulo ABC é igual a:

a) $2 + 4\sqrt{5}$
b) $4 + 2\sqrt{5}$
c) $4 + 5\sqrt{2}$
d) $5 + 2\sqrt{5}$
e) $5 + 4\sqrt{2}$

28. (UFSCar-SP) Sejam i a unidade imaginária e a_n o n-ésimo termo de uma progressão geométrica com $a_2 = 2a_1$. Se a_1 é um número ímpar, então $i^{a_1} + i^{a_2} + i^{a_3} + \ldots + i^{a_{10}}$ é igual a:

a) $9i$ ou $-9i$
b) $-9 + i$ ou $-9 - i$
c) $9 + i$ ou $9 - i$
d) $8 + i$ ou $8 - i$
e) $7 + i$ ou $7 - i$

29. (Ibmec) Considere a equação $x^2 - 2\cos(\theta)x + 1 = 0$, com $0 \leq \theta \leq \pi$.

a) Determine os valores de θ para os quais essa equação admite raízes reais.

b) Resolvendo em $\mathbb{C}$ a equação dada, determine, em função de θ, suas raízes e represente-as no plano Argand-Gauss ao lado.

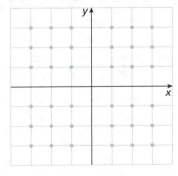

Mais questões: no livro digital, em **Vereda Digital Suplemento de revisão e vestibulares**; no site, em **AprovaMax**.

CAPÍTULO 30
POLINÔMIOS E EQUAÇÕES POLINOMIAIS

ENEM C5: H20, H21

Linha de montagem de bicicletas infantis, Kunshan, China.

1. Polinômios ou funções polinomiais

Na economia, há situações em que as empresas buscam expandir a capacidade de produção aumentando a quantidade de produtos e diminuindo o custo de cada um. Esse processo é chamado de economia de escala. Existem funções que são capazes de traduzir essa situação. Um exemplo é uma fábrica de bicicletas, que modelou o custo diário de certo modelo de bicicleta pela função $C(x) = 0{,}02x^3 + 50x + 4.000$ para $1 \leq x \leq 40$, em que $C(x)$ indica o custo total diário, em real, para a fabricação de x unidades de uma bicicleta. Essa função é um exemplo de função polinomial.

Já estudamos funções polinomiais de domínio real. Agora, essas funções serão estudadas para o domínio complexo.

Polinômio ou **função polinomial** na variável complexa x é toda função $P: \mathbb{C} \to \mathbb{C}$ definida por
$P(x) = a_n x^n + a_{n-1} x^{n-1} + a_{n-2} x^{n-2} + \ldots + a_2 x^2 + a_1 x + a_0$,
para todo $x \in \mathbb{C}$, sendo $n \in \mathbb{N}$ e $a_n, a_{n-1}, \ldots, a_2, a_1, a_0$ números complexos.

Os números complexos $a_n, a_{n-1}, a_{n-2}, \ldots, a_2, a_1$ e a_0 são os **coeficientes** do polinômio $P(x)$.

Os monômios $a_n x^n$, $a_{n-1} x^{n-1}$, ..., $a_1 x$ e a_0 são os **termos** do polinômio, em que a_0 é o **termo independente** de x.

Observe que as funções definidas por $P(x) = x^2 + \dfrac{1}{x^2}$ e $P(x) = 2x^3 + \sqrt{2x}$, por exemplo, não são polinômios, pois em cada uma há pelo menos um expoente da variável x que não é um número natural.

Muitas vezes, para simplificar a notação, chamaremos um polinômio $P(x)$ apenas de polinômio P.

Além disso:

- um polinômio é **constante** se os coeficientes a_n, a_{n-1}, a_{n-2}, ..., a_2, a_1 são iguais a zero;
- o polinômio **nulo**, ou **identicamente nulo**, é um caso particular de polinômio constante, no qual a_0 também é igual a zero.

Exemplos

a) Os coeficientes do polinômio
$P(x) = 5x^4 - 2x^3 + 2i \cdot x^2 + x + \sqrt{5}$ são 5, -2, $2i$, 1 e $\sqrt{5}$. Observe que $\sqrt{5}$ é o termo independente de x.

b) No polinômio $Q(x) = -x^5 + 2x^3 - \dfrac{2}{5}i$, os termos em x^4, x^2 e x não aparecem. Isso significa que os coeficientes desses termos são todos iguais a zero.
Assim, $Q(x) = -x^5 + 0x^4 + 2x^3 + 0x^2 + 0x - \dfrac{2}{5}i$, e seus coeficientes são -1, 0, 2, 0, 0 e $-\dfrac{2}{5}i$.

c) $Q(x) = -13$ e $R(x) = 5i$ são polinômios constantes.

d) $R(x) = 0$ é um polinômio nulo. Quando conveniente, pode ser expresso por:
$R(x) = 0x^n + 0x^{n-1} + ... + 0x^3 + 0x^2 + 0x + 0$

1.1 Grau de um polinômio

Vamos considerar $P(x) = a_n x^n + a_{n-1} x^{n-1} + ... + a_2 x^2 + a_1 x + a_0$ um polinômio não nulo. O **grau** de $P(x)$ é o maior expoente da variável x entre os termos com coeficiente diferente de zero.

- Se $a_n \neq 0$, o grau de $P(x)$ é n. Indicamos: $gr(P) = n$. Nesse caso, dizemos que o polinômio é do enésimo grau.
- Se $P(x)$ é um polinômio constante e não nulo, seu grau é zero.
- Não se define grau para polinômio nulo.

O coeficiente do termo que determina o grau de um polinômio é chamado de **coeficiente dominante**.

Exemplos

a) $P(x) = 5x^4 + 2i \cdot x^2$ tem grau 4.

b) $P(x) = -3i$ tem grau 0.

c) $P(x) = 0x^3 + 2x - 3$ tem grau 1.

d) $P(x) = 0$ **não** tem grau definido.

EXERCÍCIOS

R1. Calcular os valores dos números complexos a, b e c para que o polinômio
$P(x) = ax^5 - (b + 3)x^4 + (c + 5i)x^3 + [(b - 2) \cdot i - c]x^2 + ai$
seja nulo.

➤ **Resolução**

Para que o polinômio seja nulo, todos os seus coeficientes devem ser iguais a zero. Assim:

- $a = 0$
- $-(b + 3) = 0 \Rightarrow -b - 3 = 0 \Rightarrow b = -3$
- $c + 5i = 0 \Rightarrow c = -5i$
- $(b - 2) \cdot i - c = 0 \Rightarrow -5i - c = 0 \Rightarrow c = -5i$
- $ai = 0 \Rightarrow a = 0$

Portanto, $P(x)$ será nulo para $a = 0$, $b = -3$ e $c = -5i$.

1. Dado $P(x) = (m + 2 - n)x^2 + (m + n - 3)x - 5m + p$, encontre os números complexos m, n e p tais que $P(x) = 0$.

2. $P(x) = (a - 3)(x + 3)x + 2(b + i)(x - 1) - c(x^2 - 2) - 10$ é um polinômio nulo. Determine os valores de a, b e c.

3. Determine o valor de m para que o polinômio
$P(x) = (2m - 10)x^5 + (m^2 - 25)x^4 + mx^3 - 2$ seja do 4º grau.

4. Encontre o valor de a para que o grau de
$P(x) = (2a - 1)x^5 + ax^3 - (a + 3)x$ seja 5.

5. Para quais valores de p e q o polinômio
$F(x) = (p - 2q)x^3 + (2p + 3q - 1)x^2 - 2x + 1$ tem grau 1?

6. Determine, em função dos valores de k, o grau dos polinômios.

a) $G(x) = (k - 7)x^3 + (k^2 - 49)x^2 + 2x - 1$

b) $P(x) = (k + 3)x^4 + (k + 1)x^3 - (k - 1)x^2 - 5x + 4$

1.2 Valor numérico e raiz de um polinômio

Dado um polinômio $P(x)$, quando substituímos a variável x por um número complexo z qualquer e efetuamos os cálculos indicados, obtemos $P(z)$, que é o **valor numérico** de $P(x)$ para $x = z$.

Quando $P(z) = 0$, dizemos que o número complexo z é **raiz** do polinômio $P(x)$.

Exemplos

a) Dado o polinômio $P(x) = -3x^3 - 5x^2 + 4x - 2$, vamos calcular $P(1)$. Para isso, substituímos x por 1 na expressão que fornece $P(x)$:

$P(1) = -3 \cdot (1)^3 - 5 \cdot (1)^2 + 4 \cdot (1) - 2$

$P(1) = -3 - 5 + 4 - 2$

$P(1) = -6$

Observe que $P(1)$ equivale à soma algébrica dos coeficientes de $P(x)$.

b) Dado um polinômio $P(x) = 2x^4 + bx^3 - x^2 + 3$, vamos encontrar o valor de b para que $P(2) = 2i + 1$.

Primeiro, substituímos x por 2 na expressão do polinômio $P(x)$:

$P(2) = 2 \cdot (2)^4 + b \cdot (2)^3 - (2)^2 + 3 = 8b + 31$

Agora, igualamos o valor encontrado com $2i + 1$:

$8b + 31 = 2i + 1 \Rightarrow 8b = 2i - 30 \Rightarrow b = \dfrac{i - 15}{4}$

Portanto: $b = \dfrac{i - 15}{4}$

c) Vamos encontrar o valor de b em $P(x) = 2x^3 - bx^2 + x - 2$ para que $-2i$ seja raiz desse polinômio.

Para que $-2i$ seja raiz de $P(x)$, devemos ter $P(-2i) = 0$.

Assim, substituímos x por $-2i$ na expressão que fornece $P(x)$:

$P(-2i) = 2 \cdot (-2i)^3 - b(-2i)^2 + (-2i) - 2 = 0 \Rightarrow$

$\Rightarrow 14i - 2 + 4b = 0 \Rightarrow 4b = 2 - 14i \Rightarrow b = \dfrac{1}{2} - \dfrac{7}{2}i$

Portanto: $b = \dfrac{1}{2} - \dfrac{7}{2}i$

EXERCÍCIOS

R2. Determinar o polinômio $P(x)$ do 1º grau para que $P(8) = 13$ e $P(2) = 1$.

▶ **Resolução**

Se $P(x)$ é um polinômio do 1º grau, ele é do tipo $P(x) = ax + b$, com $a \neq 0$.

Assim:

- $P(8) = 13$
  $a \cdot (8) + b = 13$
  $8a + b = 13$

- $P(2) = 1$
  $a \cdot (2) + b = 1$
  $2a + b = 1$

Então, obtemos o sistema:
$\begin{cases} 8a + b = 13 \\ 2a + b = 1 \end{cases}$

Resolvendo o sistema, obtemos $a = 2$ e $b = -3$.

Logo, $P(x) = 2x - 3$.

R3. Sendo $P(x) = ax^2 + bx + c$, com $a \neq 0$, calcular a e b, sabendo que 2 e -1 são raízes de P e que $P(0) = -2$.

▶ **Resolução**

Como $P(0) = -2$, temos:

$a \cdot 0^2 + b \cdot 0 + c = -2$

$c = -2$

Sendo 2 e -1 raízes de P, temos: $P(2) = P(-1) = 0$

Assim:
- $a \cdot (2)^2 + b \cdot (2) + c = 0$
  $4a + 2b + c = 0$
- $a \cdot (-1)^2 + b \cdot (-1) + c = 0$
  $a - b + c = 0$

Substituindo c por -2 nas equações, obtemos o sistema: $\begin{cases} 4a + 2b = 2 \\ a - b = 2 \end{cases}$

Resolvendo esse sistema, obtemos $a = 1$ e $b = -1$.

7. Sendo $P(x)$ um polinômio do 2º grau tal que $P(-3) = 6$, $P(0) = 2$ e $P(2) = 1$, determine esse polinômio.

8. Sabendo que $P(x)$ é do 2º grau, $P(4) = 0$, $P(-1) = 15$ e $P(0) = 8$, determine $P(3)$.

9. Encontre c para que 3 seja raiz de $P(x) = -x^3 + 2x^2 - cx + 1$.

10. Sabendo que $P(2) = i$, $P(i) = 2$ e $Q(0) = 0$, obtenha $P(x) = ax^3 + bx - c$ e $Q(x) = ax^4 - bx^3 + 4c$.

11. Sendo $P(x) = x^4 - (2a - 1)x^3 + (b - 3)x^2 - 3x$ um polinômio de raízes 2 e -1, determine a e b.

12. Sabendo que $P(-2) = -10$ e que -1 é raiz de $P(x) = x^3 + 8x^2 - cx + d$, encontre c e d.

13. Se i é raiz de $P(x) = px^3 + (q - 3)x^2 - 2px - 1$, encontre p e q, sabendo que $P(1) = -i$.

1.3 Igualdade de polinômios

Dois polinômios, P e Q, na variável complexa x, são **iguais** (ou **idênticos**) quando assumem valores numéricos iguais para qualquer valor comum atribuído à variável. Assim:

$$P = Q \Leftrightarrow P(x) = Q(x), \text{ para } \forall\, x \in \mathbb{C}$$

Para que dois polinômios $P(x)$ e $Q(x)$ sejam iguais, é necessário, e suficiente, que os coeficientes correspondentes de $P(x)$ e $Q(x)$ sejam iguais.

Exemplo

Dados os polinômios $P(x) = ax^3 + bx^2 + cx + d$ e $Q(x) = 4x^3 + 3x^2 + 2x + 1$, vamos encontrar os valores das incógnitas a, b, c e d para que os polinômios $P(x)$ e $Q(x)$ sejam iguais.

$P(x) = Q(x) \Rightarrow ax^3 + bx^2 + cx + d = 4x^3 + 3x^2 + 2x + 1$

Portanto, $a = 4$, $b = 3$, $c = 2$, $d = 1$.

EXERCÍCIOS

R4. Determinar os valores de a, b, c, d, e e f de modo que os polinômios $P(x) = -x^5 + 2x^3 + (d + 2)x^2 - 1 \cdot x + 2$ e $Q(x) = ax^5 + bx^4 + cx^3 - x^2 + ex + f$ sejam iguais.

▶ **Resolução**

Para que os polinômios P e Q sejam iguais, os coeficientes dos termos de mesmo grau devem ser iguais. Assim:

- $a = -1$
- $b = 0$
- $c = 2$
- $-1 = d + 2 \Rightarrow d = -3$
- $e = -1$
- $f = 2$

Portanto, $a = -1$, $b = 0$, $c = 2$, $d = -3$, $e = -1$ e $f = 2$.

R5. Determinar p, q e r para que o polinômio
$F(x) = (p + q)x^2 + (p - q)x + p + q - 2r$ seja igual
a $H(x) = 5x - 6$.

➤ **Resolução**

Para que $F(x) = H(x)$, devemos ter $p + q = 0$, $p - q = 5$
e $p + q - 2r = -6$.

Resolvendo o sistema $\begin{cases} p + q = 0 \\ p - q = 5 \end{cases}$, obtemos:

$p = \dfrac{5}{2}$ e $q = -\dfrac{5}{2}$

Substituindo os valores de p e q em $p + q - 2r = -6$, temos:

$p + q - 2r = -6 \Rightarrow \dfrac{5}{2} - \dfrac{5}{2} - 2r = -6 \Rightarrow r = 3$

Portanto, $p = \dfrac{5}{2}$, $q = -\dfrac{5}{2}$ e $r = 3$.

14. Determine para que valores de a, b e c é válida a seguinte igualdade:
$(2a + b)x^3 + (a - b)x^2 + (b + c)x + \dfrac{c}{2} - 3 = 4x^3 - 10x^2 + 2x - 6$

15. Determine os valores de a, b, c e d para que os polinômios P e Q sejam iguais, sendo:
$P(x) = (a + 3)x^2 + cx + 3$ e
$Q(x) = (b - 6)x^3 + (4a - 4)x^2 + 3x + d + 2$

16. Para que valores de a, b e c o polinômio
$P(x) = (2a - b + 2)x^2 + (b - c)x + c - a + 1 = 0$ é idêntico ao polinômio nulo?

17. Determine os valores reais de a, b e c de modo que os polinômios $A(x)$ e $B(x)$ sejam iguais, considerando:
$A(x) = 4x^2 - 10$ e
$B(x) = a(x - 1)(x + 1) + b(x - 1)(x - 2) + c(x + 1)(x - 2)$

2. Operações entre polinômios

Vejamos agora como realizar operações entre polinômios.

2.1 Adição e subtração de polinômios

Dados dois polinômios, $P(x)$ e $Q(x)$:
- obtemos a **soma** dos polinômios $P(x)$ e $Q(x)$ adicionando os coeficientes dos termos correspondentes de $P(x)$ e $Q(x)$;
- obtemos a **diferença** entre os polinômios $P(x)$ e $Q(x)$ fazendo a adição do primeiro polinômio com o oposto do segundo, ou seja: $P(x) - Q(x) = P(x) + [-Q(x)]$

Observação

O oposto de um polinômio P é o polinômio que, somado com P, resulta no polinômio nulo.

Exemplos

a) Dados $P(x) = 7x^3 - 2x^2 - 8x + 3$ e $F(x) = 3x^3 + 12x + 6$, vamos obter o polinômio $A(x) = P(x) + F(x)$.

$A(x) = P(x) + F(x)$
$A(x) = (7x^3 - 2x^2 - 8x + 3) + (3x^3 + 12x + 6)$
$A(x) = 7x^3 - 2x^2 - 8x + 3 + 3x^3 + 12x + 6$
$A(x) = 10x^3 - 2x^2 + 4x + 9$

b) Dados $P(x) = 3x^4 + x^3 - ix^2 - \sqrt{2}x + 1$ e
$Q(x) = -x^4 + 2x^3 + x$, vamos obter o polinômio
$B(x) = P(x) - Q(x)$.

$B(x) = P(x) - Q(x)$
$B(x) = (3x^4 + x^3 - ix^2 - \sqrt{2}x + 1) + [-(-x^4 + 2x^3 + x)]$
$B(x) = 3x^4 + x^3 - ix^2 - \sqrt{2}x + 1 + x^4 - 2x^3 - x$
$B(x) = 4x^4 - x^3 - ix^2 + (-\sqrt{2} - 1)x + 1$

Sejam $P(x)$ e $Q(x)$ polinômios não nulos de grau m e n, respectivamente, com $m \geq n$:
- se $m \neq n$, temos $gr(P + Q) = gr(P - Q) = m$;
- se $m = n$, temos $gr(P + Q) \leq m$ e $gr(P - Q) \leq m$, ou o polinômio resultante é nulo.

2.2 Multiplicação de polinômios

Para obter o produto de dois polinômios, $P(x)$ e $Q(x)$, multiplicamos cada termo de $P(x)$ por todos os termos de $Q(x)$ e reduzimos os termos semelhantes.

Se dois polinômios $P(x)$ e $Q(x)$ não nulos têm grau m e n, respectivamente, então $gr(PQ) = m + n$.

Exemplo

Dados os polinômios $A(x) = x^2 + 2x$ e $B(x) = x + 4$, vamos obter os polinômios $C(x) = A(x) \cdot B(x)$ e $D(x) = [A(x)]^3$.

- $C(x) = A(x) \cdot B(x)$
  $C(x) = (x^2 + 2x) \cdot (x + 4)$
  $C(x) = x^3 + 4x^2 + 2x^2 + 8x$
  $C(x) = x^3 + 6x^2 + 8x$

- $D(x) = [A(x)]^3 = A(x) \cdot A(x) \cdot A(x)$
  $D(x) = (x^2 + 2x) \cdot (x^2 + 2x) \cdot (x^2 + 2x)$
  $D(x) = (x^4 + 4x^3 + 4x^2) \cdot (x^2 + 2x)$
  $D(x) = x^6 + 2x^5 + 4x^5 + 8x^4 + 4x^4 + 8x^3$
  $D(x) = x^6 + 6x^5 + 12x^4 + 8x^3$

EXERCÍCIOS

R6. Dados $F(x) = x^2 + 2x + i$; $G(x) = -x^2 - x + 3$
e $H(x) = ix^2 - 2$, obter o polinômio
$A(x) = F(x) \cdot G(x) + H(x)$.

Capítulo 30 • Polinômios e equações polinomiais

➤ **Resolução**
$F(x) \cdot G(x) = (x^2 + 2x + i) \cdot (-x^2 - x + 3)$
$F(x) \cdot G(x) = -x^4 - x^3 + 3x^2 - 2x^3 - 2x^2 +$
$+ 6x - ix^2 - ix + 3i$
$F(x) \cdot G(x) = -x^4 - 3x^3 + (1 - i)x^2 + (6 - i)x + 3i$
Assim:
$A(x) = -x^4 - 3x^3 + (1 - i)x^2 + (6 - i)x + 3i + (ix^2 - 2)$
$A(x) = -x^4 - 3x^3 + x^2 + (6 - i)x - 2 + 3i$

18. Dados os polinômios $F(x) = -3x^3 + 2x^2 + 2i$ e $G(x) = x^4 - x^3 + x^2 - x + 1$, determine:

a) $F(x) + G(x)$

b) $F(x) - G(x)$

c) $F(x) \cdot G(x)$

d) $F(x) \cdot F(x)$

19. Sendo $F(x) = x - i$ e $P(x) = x^5 + 2x^4 - x^2 + 2x$, calcule os valores de a, b, c e d para que:

$F(x) \cdot P(x) = ax^6 + (2 - i)x^5 + 2bx^4 - x^3 - cx^2 + \dfrac{d}{2}x$

20. Considerando os polinômios abaixo, calcule $[P(x)^2 - Q(x)]$.
$P(x) = x^3 - 2x$ e $Q(x) = 2x^4 + 5x^3 - x^2 + 3x - 2$

21. Calcule os valores de A, B e C na expressão abaixo.

$\dfrac{x + 4}{(x + 2)(x - 3)^2} = \dfrac{B}{x + 2} + \dfrac{C}{x - 3} + \dfrac{A}{(x - 3)^2}$

22. Sabendo que $F(x) = \begin{vmatrix} x & a & 1 \\ x & x & 2 \\ 5 & 1 & b \end{vmatrix}$ e $G(x) = x^2 - 6x$, calcule os valores de a e b para que $F(x) - G(x) = 0$.

2.3 Divisão de polinômios

Vamos considerar dois polinômios $P(x)$ e $D(x)$, com $D(x)$ não nulo. Dividir $P(x)$, que é o dividendo, por $D(x)$, que é o divisor, significa determinar os polinômios $Q(x)$ e $R(x)$, quociente e resto, respectivamente, que satisfazem estas duas condições:

- $P(x) = Q(x) \cdot D(x) + R(x)$
- $gr(R) < gr(D)$ ou $R(x) = 0$

Nesse caso, $gr(Q) = gr(P) - gr(D)$; e o maior grau possível para $R(x)$ é $gr(D) - 1$.

Quando $R(x) = 0$, dizemos que o polinômio $P(x)$ é **divisível** pelo polinômio $D(x)$ ou, ainda, que a divisão de $P(x)$ por $D(x)$ é **exata**. Nesse caso, temos $P(x) = Q(x) \cdot D(x)$.

Método da chave

Para efetuar a divisão de dois polinômios usando o **método da chave**, podemos aplicar a mesma ideia da divisão de dois números naturais.

A seguir, acompanhe passo a passo a divisão de $P(x) = 8x^3 + 4x^2 + 1$ por $D(x) = 4x^2 + 1$.

1º) Escrevemos dividendo e divisor seguindo a ordem decrescente das potências de x, completando-os, se necessário, com termos de coeficiente zero.

$$8x^3 + 4x^2 + 0x + 1 \;\big|\; 4x^2 + 0x + 1$$

2º) Dividimos o termo de maior grau de P pelo termo de maior grau de D ($8x^3 \div 4x^2$), obtendo o primeiro termo de Q, que é $2x$.

$$\begin{array}{c|c} 8x^3 + 4x^2 + 0x + 1 & 4x^2 + 0x + 1 \\ & 2x \end{array}$$

3º) Multiplicamos o termo encontrado ($2x$) pelo divisor e subtraímos do dividendo o resultado obtido ($8x^3 + 2x$), chegando ao resto parcial ($4x^2 - 2x + 1$).

$$\begin{array}{c|c} 8x^3 + 4x^2 + 0x + 1 & 4x^2 + 0x + 1 \\ -(8x^3 + 0x^2 + 2x) & 2x \\ \hline 4x^2 - 2x + 1 & \end{array}$$

4º) Dividimos o termo de maior grau do resto parcial pelo termo de maior grau do divisor ($4x^2 \div 4x^2$), obtendo o próximo termo do quociente (1). Repetimos o passo anterior para obter um novo resto parcial.

$$\begin{array}{c|c} 8x^3 + 4x^2 + 0x + 1 & 4x^2 + 0x + 1 \\ -(8x^3 + 0x^2 + 2x) & 2x + 1 \\ \hline 4x^2 - 2x + 1 & \\ -(4x^2 + 0x + 1) & \\ \hline -2x & \end{array}$$

5º) A divisão termina quando o grau do resto é menor que o grau do divisor (nesse caso, menor que 2) ou quando obtemos resto zero.

$8x^3 + 4x^2 + 1 = (2x + 1)(4x^2 + 1) - 2x$
$Q(x) = 2x + 1$ e $R(x) = -2x$

EXERCÍCIOS

R7. Determinar o quociente $Q(x)$ e o resto $R(x)$ da divisão de $P(x) = x^3 + 3x^2 + 5x + 6$ por $D(x) = x + 2$ pelo método da chave.

➤ **Resolução**
Aplicando o método da chave, temos:

$$\begin{array}{c|c} x^3 + 3x^2 + 5x + 6 & x + 2 \\ -(x^3 + 2x^2) & x^2 + x + 3 \\ \hline x^2 + 5x + 6 & \\ -(x^2 + 2x) & \\ \hline 3x + 6 & \\ -(3x + 6) & \\ \hline 0 & \end{array}$$

Portanto, $Q(x) = x^2 + x + 3$ e $R(x) = 0$.

23. Encontre o quociente e o resto da divisão de $F(x)$ por $H(x)$ nos casos a seguir.

a) $F(x) = 2x^3 - 5x^2 + \dfrac{1}{2}$ e $H(x) = 4x^2 + x - 1$

b) $F(x) = -2x^5 + 4x^4 - 6x - 1 + 4i$ e $H(x) = 2x^3 + ix - 4$

c) $F(x) = 2ix^4 + x^3 - 2x^2 + 4$ e $H(x) = 3x^5 - 2x - i$

24. Se $-\dfrac{23}{8}x^2 + \dfrac{1}{2}x + \dfrac{3}{4}$ é o resto da divisão de $2x^5 + \dfrac{1}{2}x^4 + ax^3 + 2x + b$ por $2x^3 - x^2 + 2$, determine $a + b$.

25. Determine a e b para que $-x^3 + 2x^2 - ax + 2b$ seja divisível por $x^2 - x + 1$.

26. Sejam $Q(x)$ e $R(x)$ o quociente e o resto da divisão de $2x^4 + x^3 - x^2 + 2x - 1$ por $x^3 - x^2 + 1$. Obtenha o resto da divisão de $R(x)$ por $Q(x)$.

27. Divida $P(x) = 2x^3 - 9x^2 + 3x - 6$ por $H(x) = x - 2$ pelo método da chave.

a) Qual é o resto dessa divisão?

b) Calcule $P(2)$.

• Compare o valor de $P(2)$ com o resto da divisão. O que você observou?

Método dos coeficientes a determinar

O **método dos coeficientes a determinar**, ou **método de Descartes**, consiste em obter os coeficientes dos polinômios quociente e resto por meio da relação:

$$P(x) = Q(x) \cdot D(x) + R(x)$$

Exemplo

Vamos obter o quociente e o resto da divisão de $P(x) = 6x^3 - 7x^2 + 2x + 5$ por $D(x) = 3x^2 - 5x + 3$ pelo método de Descartes.

Observe que: $gr(Q) = gr(P) - gr(D) = 1$

Assim, $Q(x)$ é um polinômio do 1º grau: $Q(x) = ax + b$, com $a \neq 0$.

Nesse caso, o resto é o polinômio nulo ou o polinômio é de grau 1, pois o grau do divisor é 2.

Logo: $R(x) = cx + d$

Como $P(x) = Q(x) \cdot D(x) + R(x)$, temos:

$6x^3 - 7x^2 + 2x + 5 =$
$= (ax + b) \cdot (3x^2 - 5x + 3) + (cx + d)$

$6x^3 - 7x^2 + 2x + 5 =$
$= 3ax^3 - 5ax^2 + 3ax + 3bx^2 - 5bx + 3b + cx + d$

$6x^3 - 7x^2 + 2x + 5 =$
$= 3ax^3 + (-5a + 3b)x^2 + (3a - 5b + c)x + 3b + d$

Fazendo a correspondência entre os coeficientes dos polinômios, obtemos:

- $6 = 3a \Rightarrow a = 2$
- $-7 = -5a + 3b \Rightarrow -7 = -5 \cdot 2 + 3b \Rightarrow b = 1$
- $2 = 3a - 5b + c \Rightarrow 2 = 3 \cdot 2 - 5 \cdot 1 + c \Rightarrow c = 1$
- $5 = 3b + d \Rightarrow d = 2$

Como $Q(x) = ax + b$ e $R(x) = cx + d$, temos $Q(x) = 2x + 1$ e $R(x) = x + 2$.

EXERCÍCIOS

R8. Encontrar m e n para que $5ix^3 - x^2 - mx + n$ seja divisível por $x^2 - x - i$.

▶ **Resolução**

• Como o dividendo é do 3º grau e o divisor é do 2º grau, o quociente é um polinômio do 1º grau, ou seja, $Q(x) = ax + b$, com $a \neq 0$.

• Para a divisão ser exata, o resto deve ser o polinômio nulo.

Então:
$5ix^3 - x^2 - mx + n = (ax + b)(x^2 - x - i)$
$5ix^3 - x^2 - mx + n = ax^3 + (-a + b)x^2 + (-ai - b)x - bi$

Assim:
- $5i = a$
- $-1 = -a + b \Rightarrow b = -1 + 5i$
- $-m = -ai - b \Rightarrow m = (5i) \cdot i + (-1 + 5i) \Rightarrow m = -6 + 5i$
- $n = -bi \Rightarrow n = -(-1 + 5i) \cdot i \Rightarrow n = 5 + i$

Portanto, $m = -6 + 5i$ e $n = 5 + i$.

28. Encontre o dividendo de uma divisão de polinômios em que o resto é $3x + 2$, o divisor é $3x^2 - x$ e o quociente é $2x - 1$.

29. Encontre p e q sabendo que o resto da divisão de $px^4 - qx^2 + 12$ por $x^3 - 3x^2 + 2x - 6$ é 30.

30. (Femm-MG) Seja $P(x)$ um polinômio de coeficientes reais. Na divisão de $P(x)$ por $(x - 3)$, obtêm-se quociente $Q(x)$ e resto igual a 5. Se $Q(1) = 3$ e $Q(2) = 2$, então $P(1) + P(2)$ é igual a:

a) -1 b) -3 c) 2 d) 3

2.4 Divisão por binômios do tipo $(x - a)$

Um caso que merece destaque por sua aplicação na resolução de equações algébricas é a divisão de um polinômio $P(x)$ por um binômio do 1º grau do tipo $B(x) = x - a$.

Observe que o número a é a raiz do binômio $B(x) = x - a$, pois $B(a) = a - a = 0$.

Como o binômio $(x - a)$ tem grau 1, o resto de qualquer divisão de um polinômio $P(x)$, com $gr(P) \geq 1$, por esse binômio é um polinômio constante (ou seja, de grau zero, ou polinômio nulo); por isso, vamos indicá-lo apenas por R.

Vamos fazer como exemplo a divisão do polinômio $P(x) = -3x^3 + 2x + 1$ por $x - 5$ e, em seguida, calcular o valor de $P(5)$.

Aplicando o método da chave, temos:

$$
\begin{array}{r|l}
-3x^3 + 0x^2 + 2x + 1 & x - 5 \\
\underline{-(-3x^3 + 15x^2)} & -3x^2 - 15x - 73 \\
-15x^2 + 2x + 1 & \\
\underline{-(-15x^2 + 75x)} & \\
-73x + 1 & \\
\underline{-(-73x + 365)} & \\
-364 &
\end{array}
$$

Capítulo 30 • Polinômios e equações polinomiais

Portanto, o polinômio obtido da divisão de $P(x)$ por $x - 5$ é $Q(x) = -3x^2 - 15x - 73$.

Agora, vamos calcular o valor de $P(5)$:

$P(5) = -3 \cdot (5)^3 + 2 \cdot (5) + 1 = -375 + 10 + 1 = -364$

Veja que o valor obtido para $P(5)$ é igual ao resto da divisão de $P(x)$ pelo binômio $(x - 5)$.

Será que isso sempre acontece?

Para responder a essa pergunta, vamos estudar o **teorema do resto**.

Teorema do resto

Na divisão de $P(x)$ por $(x - a)$, temos:

$P(x) = Q(x) \cdot (x - a) + R$, com $R \in \mathbb{C}$, $\forall x \in \mathbb{C}$

Substituindo x por a, obtemos:

$P(a) = Q(a) \cdot (a - a) + R = 0 + R = R$

Logo, $P(a) = R$.

> Dado um polinômio $P(x)$ com grau maior ou igual a 1, o resto da divisão de $P(x)$ por $x - a$ é igual a $P(a)$.

Exemplo

Vamos obter o resto da divisão de $P(x) = -4x^4 + x^2 - ix$ por $(x - i)$ sem efetuar a operação.

Pelo teorema do resto, sabemos que $P(i)$ é o resto R dessa divisão.

Temos: $P(i) = -4 \cdot i^4 + i^2 - i \cdot i$, ou seja, $P(i) = -4$

Logo, o resto da divisão é $R = -4$.

Teorema D'Alembert

> Um polinômio $P(x)$ é divisível por $(x - a)$ se, e somente se, a é raiz de $P(x)$, isto é, $P(a) = 0$.

Demonstração

$P(x)$ é divisível por $(x - a) \Leftrightarrow R = 0$

Pelo teorema do resto, temos que $P(a) = R$ é o resto da divisão de $P(x)$ por $(x - a)$.

Logo: $P(x)$ é divisível por $(x - a) \Leftrightarrow P(a) = 0$

Assim: $P(x)$ é divisível por $(x - a) \Leftrightarrow a$ é raiz de $P(x)$

Exemplos

Vamos determinar c para que $P(x) = x^3 + 2x^2 - c$ seja:

a) divisível por $x + \dfrac{1}{3}$.

Temos: $x + \dfrac{1}{3} = x - \left(-\dfrac{1}{3}\right)$

Se P é divisível por $x + \dfrac{1}{3}$, pelo teorema de D'Alembert, temos:

$P\left(-\dfrac{1}{3}\right) = 0 \Rightarrow -\dfrac{1}{27} + \dfrac{2}{9} - c = 0 \Rightarrow c = \dfrac{5}{27}$

Logo, se $P(x)$ é divisível por $x + \dfrac{1}{3}$, o valor de c é $\dfrac{5}{27}$.

b) divisível por x.

Temos: $x = x - 0$

Se P é divisível por x, pelo teorema de D'Alembert, temos:

$P(0) = 0 \Rightarrow 0 + 2 \cdot 0 - c = 0 \Rightarrow c = 0$

Portanto, se $P(x)$ é divisível por x, o valor de c é zero.

EXERCÍCIOS

R9. Encontrar o resto da divisão de $F(x) = x^3 + 5x^2 + 2x - 2$ por $x + 3$.

➤ **Resolução**

Vamos expressar o binômio $x + 3$ na forma $x - a$ e aplicar o teorema do resto.

Para obter o resto da divisão, devemos encontrar $F(-3)$, pois $a = -3$.

Assim: $F(-3) = (-3)^3 + 5 \cdot (-3)^2 + 2 \cdot (-3) - 2 = 10$

Portanto, o resto da divisão é 10.

R10. Obter o quociente e o resto da divisão de $P(x) = x^2 + 5x + 12$ por $D(x) = 3x - 12$.

➤ **Resolução**

Devemos procurar $Q(x)$ e $R(x)$ tais que $P(x) = Q(x) \cdot D(x) + R(x)$, ou seja:

$x^2 + 5x + 12 = Q(x) \cdot (3x - 12) + R(x)$

Observe que:

$3x - 12 = 3 \cdot (x - 4)$

Assim:

$x^2 + 5x + 12 = \underbrace{Q(x) \cdot 3}_{Q_1(x)} \cdot (x - 4) + R(x)$

$x^2 + 5x + 12 = Q_1(x) \cdot (x - 4) + R(x)$

Agora, basta dividir $P(x)$ por $(x - 4)$ e o quociente $Q_1(x)$ por 3 para obter o quociente $Q(x)$. Note que o resto permanece o mesmo.

$$\begin{array}{r|l} x^2 + 5x + 12 & \underline{x - 4} \\ \underline{-(x^2 - 4x)} & x + 9 \\ 9x + 12 & \\ \underline{-(9x - 36)} & \\ 48 & \end{array}$$

Obtemos, assim: $Q_1(x) = x + 9$ e $R(x) = 48$

Então, $Q(x) = \dfrac{1}{3}x + 3$ e $R(x) = 48$.

31. Encontre o resto da divisão do polinômio $x^5 - 2x^4 - x^3 + 3x^2 - 2x + 5$ por:

a) $x - 1$
b) $x + 1$
c) $2x + 2$
d) $x - i$

32. Determine m para que o resto da divisão de $x^3 + 2mx^2 - 5x$ por $x - 4$ seja 2.

33. Encontre k para que $-x^4 - x^3 + kx - 1$ seja divisível por $x + 2$.

34. Se o resto da divisão de $(m - 3)x^2 + 2mx + 5$ por $x - 2$ é 9, qual é o valor de m?

35. Sendo o resto da divisão de $2x^3 - px^2 + 6x - 3p$ por $x + 1$ igual a -20, qual é o valor de p?

36. Ao dividir o polinômio $ax^3 - 2x^3 - \frac{3}{2}x - b$ por $x - 2$, obtém-se resto 20. Ao dividi-lo por $x + 1$, o resto é $-\frac{21}{2}$.

Determine os valores de a e b.

37. Qual é o valor de k para que o resto da divisão de $2x^3 - 5x^2 + kx - 2$ por $x + 2i$ seja $18 + 14i$?

38. Determine a e b de modo que $F(x) = ax^3 + bx - 4$ e $H(x) = x^2 - bx + 2$ sejam divisíveis por $x - i$.

39. Calcule o resto da divisão de $P(x)$ por $x + 1$ para n natural.

a) $P(x) = x^{2n} + 3$ b) $P(x) = x^{2n+1} + 3$

Dispositivo de Briot-Ruffini

Já estudamos a divisão de um polinômio $P(x)$ por um binômio da forma $(x - a)$ aplicando o método da chave e o dos coeficientes a determinar. Agora, vamos estudar o **dispositivo de Briot-Ruffini**, que permite determinar o quociente e o resto desse tipo de divisão de maneira mais simples e rápida.

Esse método utiliza apenas os coeficientes do dividendo $P(x)$ e o valor de a, que é a raiz do divisor $(x - a)$.

Observe como os coeficientes devem ser arranjados nesse dispositivo:

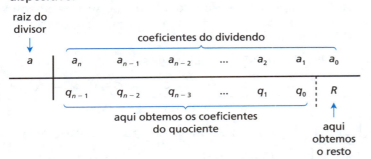

A seguir, vamos estudar, passo a passo, como aplicar o dispositivo de Briot-Ruffini para determinar o quociente e o resto da divisão de $P(x) = 2x^3 - 4x + 1$ por $x - 4$.

Para isso, escrevemos o polinômio dividendo da seguinte forma: $P(x) = 2x^3 + 0x^2 - 4x + 1$

1º) Para montar o dispositivo, dispomos os valores envolvidos no cálculo da maneira abaixo.

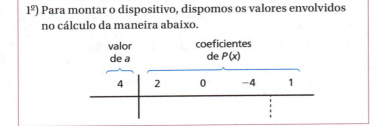

2º) Repetimos, na linha de baixo, o coeficiente dominante do dividendo $P(x)$.

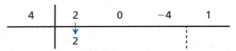

3º) Multiplicamos o valor de a por esse coeficiente e somamos o produto obtido com o próximo coeficiente de $P(x)$, colocando o resultado abaixo dele.

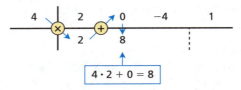

4º) Multiplicamos o valor de a pelo resultado que acabamos de obter, somamos o produto com o próximo coeficiente de $P(x)$ e colocamos esse novo resultado abaixo desse coeficiente.

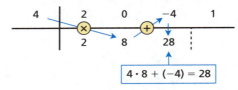

5º) Repetimos o processo até o último coeficiente de $P(x)$, que está separado, à direita.

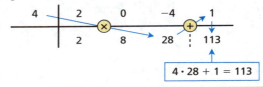

O último resultado é o resto da divisão, e os demais números obtidos são os coeficientes do quociente, dispostos ordenadamente, conforme as potências decrescentes de x.

Portanto, com esse procedimento, encontramos o quociente $Q(x) = 2x^2 + 8x + 28$ e o resto $R(x) = 113$.

Veja que, nesse caso, $gr(Q) = gr(P) - 1$, pois o grau do divisor $(x - a)$ é 1.

EXERCÍCIOS

R11. Obter o valor numérico de
$P(x) = -3x^5 + 2x^4 - x^3 + 2x^2 - 1$ para $x = 5$ utilizando o dispositivo de Briot-Ruffini.

▶ **Resolução**

Pelo teorema do resto, o resto da divisão de $P(x)$ por $x - 5$ é $P(5)$, que é o valor numérico de $P(x)$ para $x = 5$.
Vamos aplicar o dispositivo de Briot-Ruffini a $P(x) = -3x^5 + 2x^4 - 1x^3 + 2x^2 + 0x - 1$ (forma completa). Assim, temos:

5	-3	2	-1	2	0	-1
	-3	-13	-66	-328	-1.640	-8.201

Portanto, $P(5) = -8.201$.

Capítulo 30 • Polinômios e equações polinomiais

40. Aplicando o dispositivo de Briot-Ruffini, encontre o quociente e o resto da divisão de P(x) por D(x).

a) $P(x) = 3x^2 + 2x - 4$ e $D(x) = x + 3$

b) $P(x) = -x^3 + x - 3$ e $D(x) = x - \dfrac{1}{3}$

c) $P(x) = x^4 + x^3 - x^2 + x - 1$ e $D(x) = x + i$

d) $P(x) = x^5 + 2x^4 - ix^3 + x - 2i$ e $D(x) = x - \dfrac{i}{2}$

41. Utilizando o dispositivo de Briot-Ruffini, encontre o valor numérico de $P(x) = x^3 - x^2 + x - 2$ para $x = 8$.

R12. Determinar o resto da divisão de $-x^4 + mx^3 - 2x^2 - nx + 1$ por $x + 1$, sabendo que o quociente é $-x^3 - 4x^2 + 2x - 3$.

▶ **Resolução**

Observe que $x + 1 = x - (-1)$; então, $a = -1$.
Aplicando o dispositivo de Briot-Ruffini:

−1	−1	m	−2	−n	1
	−1	1 + m	−3 − m	3 + m − n	−2 − m + n

Então:
$Q(x) = -x^3 + (1 + m)x^2 + (-3 - m)x + 3 + m - n$
e $R(x) = -2 - m + n$

Vamos fazer a correspondência entre os coeficientes do quociente e calcular o valor de m e n:
$-x^3 + (1 + m)x^2 + (-3 - m)x + 3 + m - n =$
$= -x^3 - 4x^2 + 2x - 3$

- $1 + m = -4 \Rightarrow m = -5$
- $-3 - m = 2 \Rightarrow m = -5$
- $3 + m - n = -3 \Rightarrow 3 + (-5) - n = -3 \Rightarrow n = 1$

Como $R(x) = -2 - m + n$, temos:
$R(x) = -2 - (-5) + (1) = -2 + 5 + 1 = 4$
Logo, o resto dessa divisão é 4.

42. Ao dividir $x^3 - ax^2 + 2x - 2b$ por $x - 2$ e por $x + 1$, separadamente, obtemos os restos 5 e −2, respectivamente. Encontre os valores de a e b.

43. Sabendo que $x^2 + ix - 1$ é o quociente da divisão de $x^3 + ax^2 - 2bx + 1$ por $x - i$, determine o resto.

44. Encontre os valores de a, b, c e d no dispositivo de Briot-Ruffini abaixo.

2	2	a	5	b	1
	2	c	3	10	d

45. Considere o polinômio $P(x) = -x^4 + mx^3 - nx + 2$ e observe que:

- dividindo P(x) por x + 2, obtemos resto −28 e quociente Q(x);
- dividindo Q(x) por x − i, obtemos resto 10 − 9i e quociente $Q_1(x)$.

Agora, determine Q(x) e $Q_1(x)$.

2.5 Divisão de polinômios pelo produto (x − a)(x − b)

Um polinômio P(x) é divisível por (x − a) e também por (x − b), com $a \neq b$, se, e somente se, P(x) é divisível pelo produto (x − a)(x − b).

Exemplo

Vamos verificar se $P(x) = x^3 - 3x^2 - 6x + 8$ é divisível por $(x + 2)(x - 4)$ sem efetuar a divisão.
Temos:

- $P(-2) = (-2)^3 - 3 \cdot (-2)^2 - 6 \cdot (-2) + 8 =$
$= -8 - 12 + 12 + 8 = 0$
- $P(4) = (4)^3 - 3 \cdot (4)^2 - 6 \cdot (4) + 8 = 64 - 48 - 24 + 8 = 0$

Como $P(-2) = 0$, sabemos que P(x) é divisível por $(x - (-2)) = (x + 2)$.

O polinômio P(x) também é divisível por (x − 4), pois $P(4) = 0$.

Logo, o polinômio é divisível pelo produto $(x + 2)(x - 4)$.

Dizer que um polinômio P(x) é divisível pelo produto (x − a)(x − b) significa que, ao fazermos divisões sucessivas de P(x) por (x − a) e, em seguida, do quociente obtido por (x − b), obtemos resto zero.

Portanto, nessas condições, existem $Q_1(x)$ e $Q_2(x)$ tais que:

- $P(x) = Q_1(x) \cdot (x - a)$
- $Q_1(x) = Q_2(x) \cdot (x - b)$

Logo, $P(x) = Q_2(x) \cdot (x - a)(x - b)$.

Exemplo

Já vimos que $P(x) = x^3 - 3x^2 - 6x + 8$ é divisível por $(x + 2)(x - 4)$. Vamos obter agora o quociente da divisão de P(x) por esse produto, efetuando sucessivamente as divisões por (x + 2) e por (x − 4) pelo dispositivo de Briot-Ruffini.

Dividindo P(x) por (x + 2), obtemos:

−2	1	−3	−6	8
	1	−5	4	0

- $Q_1(x) = x^2 - 5x + 4$
- $R_1(x) = 0$

Dividindo o quociente obtido $Q_1(x)$ por (x − 4), obtemos:

4	1	−5	4
	1	−1	0

- $Q_2(x) = x - 1$
- $R_2(x) = 0$

Verificamos que:

$$x^3 - 3x^2 - 6x + 8 = \underbrace{(x - 1)}_{\text{quociente}} \cdot \underbrace{(x + 2)(x - 4)}_{\text{divisor}}$$

Logo, o quociente dessa divisão é $Q_2(x) = x - 1$.

Observação

Podemos juntar as duas etapas dessa divisão:

−2	1	−3	−6	8
4	1	−5	4	0
	1	−1	0	

EXERCÍCIOS

R13. Descobrir se $P(x) = x^3 + (1 - i)x^2 - ix$ é divisível por $x^2 + x$ e determinar o quociente dessa divisão.

▶ **Resolução**

Temos: $x^2 + x = x(x + 1) = (x - 0)(x + 1)$

Para saber se $P(x)$ é divisível por $(x - 0)(x + 1)$, vamos fazer divisões sucessivas com cada fator utilizando o dispositivo de Briot-Ruffini.

	1	1 − i	−i	0
0	1	1 − i	−i	0
−1	1	−i	0	

Portanto, $P(x)$ é divisível por $x^2 + x$, pois o resto da divisão é zero. O quociente procurado é $Q(x) = x - i$.

R14. Sabendo que $P(x) = x^3 - 5x^2 + 8x - 4$ é divisível por $D(x) = (3x - 3)(2x - 4)$, determinar o quociente dessa divisão.

▶ **Resolução**

Temos:
$(3x - 3)(2x - 4) = 3(x - 1) \cdot 2(x - 2) = 6(x - 1)(x - 2)$

Como $P(x)$ é divisível por $D(x)$:
$P(x) = Q(x) \cdot 6(x - 1)(x - 2)$
$P(x) = Q_1(x) \cdot (x - 1)(x - 2)$

Assim, para achar $Q(x)$, basta dividir $P(x)$ sucessivamente por $(x - 1)$ e $(x - 2)$, obtendo $Q_1(x)$; em seguida, dividimos $Q_1(x)$ por 6.

	1	−5	8	−4
1	1	−4	4	0
2	1	−2	0	

Assim: $Q_1(x) = x - 2$

Logo, o quociente é $Q(x) = \dfrac{1}{6}x - \dfrac{1}{3}$.

46. Verifique se $P(x)$ é divisível por $D(x)$ sem efetuar a divisão. Justifique o procedimento que você usou.

a) $P(x) = x^4 + x^3 - 10x^2 - 4x + 24$
   $D(x) = (x - 2)(x + 2)$

b) $P(x) = 2x^3 - 3x^2 - 2x + 2$
   $D(x) = x^2 - x$

c) $P(x) = x^5 - i$
   $D(x) = (x - i)(x + i)$

d) $P(x) = \dfrac{1}{2}x^3 - \dfrac{3}{2}x^2 - 3x + 4$
   $D(x) = x^2 + x - 2$

47. Encontre m e n para que $x^3 - 2x^2 + mx - 2n$ seja divisível por $x^2 - 1$. Em seguida, determine o quociente dessa divisão.

48. Sabendo que os restos das divisões de $P(x) = -4x^3 - 6x^2 - 2kx + 4$ por $x - 2$ e por $x + 2$ são iguais, encontre o resto da divisão de $P(x)$ por $(x - 2)(x + 2)$.

49. Mostre que $F(x) = x^4 + x^3 - 6x^2 - 4x + 8$ é divisível por $G(x) = x^2 + x - 2$, expressando $G(x)$ como produto de dois polinômios de grau 1.

50. Sendo $P(x) = x^2 + x - 2$ divisível por $x + 2$, é possível afirmar que $P(x)$ é divisível por $(x + 2)^2$? Por quê?

51. Mostre que $A(x) = x^3 + x^2 - 10x + 8$ não é divisível por $B(x) = (x - 1)^2$.

52. Encontre um polinômio $A(x)$, de grau maior que 2, que seja divisível por $(x - 1)^2$.

53. Quais são as condições para que um polinômio $A(x)$ seja divisível por $(x - 1)^2$?

54. Um polinômio $P(x)$, quando dividido por $x - 2$, dá resto 7; quando dividido por $x - 3$, dá resto 11.

a) Determine o valor de $P(2)$ e $P(3)$ justificando sua resposta.

b) Sejam $Q(x)$ e $R(x)$ o quociente e o resto da divisão de $P(x)$ por $(x - 2)(x - 3)$. Que tipo de polinômio é o resto $R(x)$?

c) Utilizando a relação $P(x) = Q(x) \cdot (x - 2)(x - 3) + R(x)$, monte um sistema e determine $R(x)$.

• Você pode generalizar esse procedimento?

55. Sabendo que o polinômio $P(x) = x^3 + ax + b$, com a e b reais, é divisível por $(x - 2)^2$, calcule os valores de a e b.

56. Um polinômio $P(x)$ é divisível por x e, quando dividido por $x + 1$ e $x - 2$, deixa restos 5 e 8, respectivamente. Se $R(x)$ é o resto da divisão de $P(x)$ por $x(x + 1)(x - 2)$, calcule $R(3)$.

57. Dado $P(x) = x^5 + kx^4 - kx^3 - 8x^2 - (2k + 3)x - 2$, determine o maior valor inteiro positivo n, tal que o polinômio seja divisível por $(x + 1)^n$.

3. Equações polinomiais ou algébricas

Já trabalhamos com equações do tipo $x - 1 = 0$ e $3x^2 - 2x - 1 = 0$, com coeficientes reais e no universo dos números reais. Esses são exemplos de equações algébricas. Agora, vamos estudar mais a fundo esse tipo de equação no universo dos números complexos, considerando seus coeficientes em $\mathbb{C}$.

> **Equação polinomial** ou **equação algébrica** é toda equação na forma
> $a_n x^n + a_{n-1} x^{n-1} + a_{n-2} x^{n-2} + \ldots + a_2 x^2 + a_1 x + a_0 = 0$,
> sendo $x \in \mathbb{C}$ a incógnita e $a_n, a_{n-1}, \ldots, a_2, a_1, a_0$ os coeficientes complexos (reais ou não), com $a_n \neq 0$ e $n \in \mathbb{N}^*$.

Observe que $a_n x^n + a_{n-1} x^{n-1} + a_{n-2} x^{n-2} + \ldots + a_2 x^2 + a_1 x + a_0$, com $a_n \neq 0$, é um polinômio $P(x)$ de grau n. A equação polinomial correspondente tem grau n.

Exemplos

a) $x^2 + 5x + 6 + i = 0$ é uma equação polinomial do 2º grau cujos coeficientes são 1, 5 e $(6 + i)$.

b) $2x^5 + 3x^4 - x^2 + x = 0$ é uma equação de grau 5.

c) $kx^3 + 6x - 8i = 0$ é uma equação de grau 3, se $k \neq 0$, e de grau 1, se $k = 0$.

3.1 Raiz de uma equação algébrica

Um número complexo α é **raiz** de uma equação algébrica $P(x) = 0$, de grau n, quando α é raiz de $P(x)$, ou seja, $a_n\alpha^n + a_{n-1}\alpha^{n-1} + ... + a_2\alpha^2 + a_1\alpha + a_0 = 0$.

Exemplos

a) Vamos verificar se 2 é raiz da equação
$6x^4 + 7x^3 - 36x^2 - 7x + 6 = 0$.
Substituindo x por 2 na equação, temos:
$6 \cdot 2^4 + 7 \cdot 2^3 - 36 \cdot 2^2 - 7 \cdot 2 + 6 = 0$
$96 + 56 - 144 - 14 + 6 = 0$
$158 - 158 = 0$ (verdadeira)
Logo, 2 é raiz da equação dada.

b) Vamos mostrar que i é raiz da equação
$x^3 - (-1 + i)x^2 - i \cdot x = 0$, mas não é raiz da equação $x^3 - (-1 - i)x^2 + i \cdot x = 0$.
Substituindo x por i na 1ª equação, temos:
$i^3 - (-1 + i) \cdot i^2 - i \cdot i = 0 \Rightarrow i^3 + i^2 - i^3 - i^2 = 0$ (verdadeira)
Substituindo x por i na 2ª equação, temos:
$i^3 - (-1 - i) \cdot i^2 + i \cdot i = 0 \Rightarrow$
$\Rightarrow i^3 + i^2 + i^3 + i^2 = 0 \Rightarrow -2i - 2 = 0$ (falsa)
Logo, i é raiz apenas da 1ª equação.

3.2 Conjunto solução

Vimos que resolver uma equação consiste em determinar os valores de x, em dado universo, que a torne verdadeira.

O **conjunto solução (S)** ou **conjunto verdade (V)** de uma equação algébrica é o conjunto de todas as raízes dessa equação que pertencem ao conjunto universo considerado.

Como exemplo, vamos determinar, em $\mathbb{C}$, o conjunto solução da equação $x^2 - ix + 2 = 0$.

Resolvendo essa equação pela fórmula de Bhaskara, encontramos as raízes $x = 2i$ ou $x = -i$.

Logo, $S = \{2i, -i\}$.

EXERCÍCIOS

58. Determine o conjunto solução da equação $x^3 + x = 0$, em $\mathbb{C}$.

59. Encontre o conjunto solução da equação $3x^3 + 27x = 0$, em $\mathbb{C}$.

60. Calcule k sabendo que 1 é uma das raízes da equação $x^4 - 8x^3 + kx^2 - 32x + 15 = 0$.

61. Dados os números 1, 0, -1 e 3, quais fazem parte do conjunto solução de $x^3 - 5x^2 + 7x - 3 = 0$?

3.3 Teorema fundamental da Álgebra

Toda equação algébrica $P(x) = 0$ de grau n, com $n \geq 1$, admite pelo menos uma raiz complexa (real ou não).

O teorema fundamental da Álgebra foi originalmente demonstrado pelo matemático Carl F. Gauss, em 1799, em sua tese de doutorado.

A demonstração desse teorema não será objeto de nosso estudo. Contudo, esse teorema é importante para entendermos as relações entre as raízes e a forma fatorada de um polinômio.

3.4 Teorema da decomposição

O teorema da decomposição é consequência do teorema fundamental da Álgebra.

Todo polinômio
$P(x) = a_nx^n + a_{n-1}x^{n-1} + ... + a_2x^2 + a_1x + a_0$ de grau n maior ou igual a 1, em $\mathbb{C}$, pode ser fatorado da seguinte forma:
$P(x) = a_n \cdot (x - \alpha_1) \cdot (x - \alpha_2) \cdot (x - \alpha_3) \cdot ... \cdot (x - \alpha_{n-1}) \cdot (x - \alpha_n)$,
em que a_n é o coeficiente dominante e $\alpha_1, \alpha_2, \alpha_3, ..., \alpha_{n-1}, \alpha_n$ são as raízes desse polinômio.

Demonstração

Pelo teorema fundamental da Álgebra, o polinômio $P(x)$ tem pelo menos uma raiz complexa α_1. Portanto, pelo teorema de D'Alembert, $P(x)$ é divisível por $(x - \alpha_1)$.

Disso decorre que existe $Q_1(x)$ de grau $(n - 1)$ tal que $P(x) = Q_1(x) \cdot (x - \alpha_1)$.

- Se $P(x)$ tem grau 1, $Q_1(x) = k$ tem grau zero. Assim, $P(x) = k \cdot (x - \alpha_1)$.

- Se $P(x)$ tem grau 2, $Q_1(x)$ tem grau 1. Então, aplicando o teorema fundamental da Álgebra e o teorema de D'Alembert a $Q_1(x)$, existem α_2, raiz complexa de $Q_1(x)$, e $Q_2(x)$, que tem grau zero, tais que $P(x) = Q_2(x) \cdot (x - \alpha_2) \cdot (x - \alpha_1)$.

- Se $P(x)$ tem grau maior que 2, usando esse raciocínio, aplicamos o teorema fundamental da Álgebra e o de D'Alembert até obter um polinômio constante $Q_n(x) = k$, de modo que $P(x) = k \cdot (x - \alpha_n) \cdot (x - \alpha_{n-1}) \cdot ... \cdot (x - \alpha_2) \cdot (x - \alpha_1)$.

Desenvolvendo esse produto, verificamos que k é o coeficiente dominante a_n de $P(x)$ e, portanto, obtemos $P(x)$ decomposto da seguinte forma:
$P(x) = a_n \cdot (x - \alpha_1) \cdot (x - \alpha_2) \cdot (x - \alpha_3) \cdot ... \cdot (x - \alpha_{n-1}) \cdot (x - \alpha_n)$
Essa decomposição é única, exceto pela ordem dos fatores.

Observações

- Expressar um polinômio $P(x)$ na forma fatorada é apresentá-lo como produto de polinômios do 1º grau e de uma constante (coeficiente dominante de $P(x)$).

- Se α é uma raiz de $P(x)$, então dizemos que $(x - \alpha)$ é um **fator** do polinômio $P(x)$.

Pelo teorema da decomposição, podemos concluir que:

> Toda equação algébrica de grau n, com $n \geq 1$, admite, em $\mathbb{C}$, exatamente n raízes complexas (reais ou não), não necessariamente distintas.

Exemplos

a) Vamos escrever $H(x) = -3x^2 + 6ix + 3$ na forma fatorada:
$H(x) = -3x^2 + 6ix + 3 = -3(x^2 - 2ix - 1) =$
$= -3(x^2 - 2ix + i^2) = -3(x - i)^2$

Portanto, $H(x) = -3 \cdot (x - i) \cdot (x - i)$.

Nesse caso, $H(x)$ tem duas raízes iguais a i.

b) Vamos verificar que -2, 1 e 4 são raízes do polinômio $P(x) = 2x^3 - 6x^2 - 12x + 16$ e escrevê-lo decomposto em fatores de 1º grau.

- $P(-2) = 2 \cdot (-2)^3 - 6 \cdot (-2)^2 - 12 \cdot (-2) + 16 = 0$
- $P(1) = 2 \cdot 1^3 - 6 \cdot 1^2 - 12 \cdot 1 + 16 = 0$
- $P(4) = 2 \cdot 4^3 - 6 \cdot 4^2 - 12 \cdot 4 + 16 = 0$

Pelo teorema da decomposição:

$P(x) = a_3 \cdot (x - \alpha_1) \cdot (x - \alpha_2) \cdot (x - \alpha_3)$, em que $a_3 = 2$ e $\alpha_1 = -2$, $\alpha_2 = 1$ e $\alpha_3 = 4$ são as raízes de $P(x)$.

Então, podemos expressar $P(x)$ assim:
$P(x) = 2 \cdot (x + 2) \cdot (x - 1) \cdot (x - 4)$

c) A curva apresentada abaixo corresponde ao gráfico do polinômio $P(x) = x^3 - 2x^2 - x + 2$.

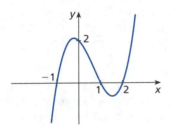

Note que -1, 1 e 2 são as três raízes de $P(x)$, pois, observando o gráfico, temos $P(-1) = P(1) = P(2) = 0$ (valores de x em que o gráfico cruza o eixo x).

Como $P(x) = a_3(x - \alpha_1)(x - \alpha_2)(x - \alpha_3)$ e sabendo que $a_3 = 1$, $\alpha_1 = -1$, $\alpha_2 = 1$ e $\alpha_3 = 2$, podemos decompor $P(x)$ da seguinte forma:

$P(x) = (x + 1)(x - 1)(x - 2)$

EXERCÍCIOS

R15. Sabendo que 3i e 5 são duas raízes da equação a seguir, encontrar seu conjunto solução, em $\mathbb{C}$:
$x^4 - (4 + 3i)x^3 + (-7 + 12i)x^2 + (10 + 21i)x - 30i = 0$

▶ **Resolução**

Sendo 3i e 5 raízes da equação $P(x) = 0$, sabemos que o polinômio $P(x)$ é divisível por $(x - 3i)$ e $(x - 5)$. Aplicando o dispositivo de Briot-Ruffini, temos:

3i	1	$-4 - 3i$	$-7 + 12i$	$10 + 21i$	$-30i$
5	1	-4	-7	10	0
	1	1	-2	0	

Logo: $P(x) = (x^2 + x - 2)(x - 3i)(x - 5)$

As raízes do quociente $Q(x) = x^2 + x - 2$ também são raízes de $P(x)$.

Determinando as raízes de $Q(x)$, encontramos -2 e 1, que são as outras duas raízes de $P(x)$.

Portanto, $S = \{3i, 5, -2, 1\}$.

62. Escreva o polinômio $P(x) = 2x^4 - 2$ na forma fatorada, sendo 1, -1, i e $-i$ as suas raízes.

63. Encontre uma equação de grau 3 que tenha como raízes os números -1, $\dfrac{1}{2}$ e 2.

64. Sabendo que α é uma das raízes de um polinômio de grau 3, explique como podem ser encontradas as demais raízes desse polinômio.

65. Uma das raízes da equação $x^3 - 2x^2 - x + 2 = 0$ é 2; determine as outras.

66. Encontre o conjunto solução da equação
$2x^3 - (5 - 4i)x^2 + (2 - 10i)x + 4i = 0$, sabendo que $\dfrac{1}{2}$ e 2 são raízes dessa equação.

67. Determine todas as raízes da equação $2x^3 - 4x^2 - 6x = 0$ e decomponha o polinômio $P(x) = 2x^3 - 4x^2 - 6x$ como produto de fatores de grau 1.

68. Resolva a equação $x^4 + x^3 - 10x^2 - 4x + 24 = 0$, sabendo que -3 e -2 pertencem ao conjunto solução.

3.5 Multiplicidade de uma raiz

Já vimos que toda equação polinomial $P(x) = 0$ de grau n tem exatamente n raízes complexas (não necessariamente distintas) e que elas são também as raízes do polinômio $P(x)$.

Veja o exemplo a seguir.

Fatorando o polinômio $P(x) = x^2 - 2ix - 1$, obtemos:
$P(x) = (x - i)(x - i) = (x - i)^2$

Então, a equação do 2º grau $x^2 - 2ix - 1 = 0$ tem **duas raízes iguais a i**:

$x^2 - 2ix - 1 = 0 \Rightarrow (x - i)(x - i) = 0 \Rightarrow (x - i)^2 = 0 \Rightarrow$
$\Rightarrow x - i = 0 \Rightarrow x = i$

O número de vezes que uma raiz aparece na decomposição de um polinômio em fatores do 1º grau é a **multiplicidade** dessa raiz. No exemplo, i é uma **raiz dupla** ou de **multiplicidade 2**.

As raízes que não se repetem são as **raízes simples** ou de **multiplicidade 1**, ou seja:

> Uma raiz α de uma equação polinomial $P(x) = 0$ é uma **raiz de multiplicidade m**, com m natural não nulo, quando $P(x) = (x - \alpha)^m \cdot Q(x)$ e $Q(\alpha) \neq 0$.

Note que o polinômio $P(x)$ é divisível por $(x - \alpha)^m$, mas $Q(x)$ não, já que $Q(\alpha) \neq 0$. Então, α não é raiz de $Q(x)$, o que garante que a multiplicidade da raiz α não seja maior que m e que a equação $P(x) = 0$ tenha exatamente m raízes iguais a α.

Se α é raiz de $P(x) = 0$, a divisão de $P(x)$ por $(x - \alpha)$ implica $P(x) = Q(x) \cdot (x - \alpha)$.

Assim:

$P(x) = 0 \Leftrightarrow Q(x) \cdot (x - \alpha) = 0 \Leftrightarrow Q(x) = 0$ ou $x - \alpha = 0$

Então, as demais raízes da equação $P(x) = 0$ são as raízes da equação $Q(x) = 0$.

Exemplos

a) Vamos resolver a equação
$x^5 + 10x^4 - 6x^3 - 176x^2 + 133x + 294 = 0$, em $\mathbb{C}$, sendo -7 raiz dupla e 2 raiz de multiplicidade 1 (ou raiz simples) dessa equação.

Como -7 é raiz dupla e 2 é raiz simples da equação $P(x) = 0$, o polinômio $P(x)$ é divisível por $(x + 7)^2 \cdot (x - 2)$. Então, aplicando o dispositivo de Briot-Ruffini, obtemos um quociente $Q(x)$ e uma equação de grau menor, de fácil resolução.

-7	1	10	-6	-176	133	294
-7	1	3	-27	13	42	0
2	1	-4	1	6	0	
	1	-2	-3	0		

Assim, temos $Q(x) = x^2 - 2x - 3$, cujas raízes -1 e 3 também são raízes da equação $P(x) = 0$; portanto, o conjunto solução procurado é $S = \{-7, 2, -1, 3\}$.

b) Dado que -1 é raiz tripla ou raiz de multiplicidade 3 de $x^4 + x^3 - Ax^2 - Bx - C = 0$, vamos calcular os valores de A, B e C.

Como -1 é raiz tripla da equação $P(x) = 0$, temos, pelo teorema de D'Alembert, que o polinômio $P(x)$ é divisível por $(x + 1)^3$. Então, aplicando o dispositivo de Briot-Ruffini:

-1	1	1	$-A$	$-B$	$-C$
-1	1	0	$-A$	$A - B$	$-A + B - C$
-1	1	-1	$1 - A$	$-1 + 2A - B$	
	1	-2	$3 - A$		

Igualando a zero os restos encontrados, temos:

$\begin{cases} -A + B - C = 0 \\ -1 + 2A - B = 0 \\ 3 - A = 0 \end{cases} \Rightarrow \begin{cases} C = B - A \\ B = 2A - 1 \\ A = 3 \end{cases} \Rightarrow \begin{cases} C = B - A \\ B = 5 \\ A = 3 \end{cases} \Rightarrow$

$\Rightarrow \begin{cases} C = 2 \\ B = 5 \\ A = 3 \end{cases}$

Portanto, $A = 3$, $B = 5$ e $C = 2$.

EXERCÍCIOS

69. Resolva a equação seguinte, em $\mathbb{C}$, e dê as multiplicidades das raízes: $(-5x^3 - 15x^2 + 50x) \cdot (x + 1)^4 = 0$

70. Encontre uma equação algébrica de menor grau que tenha 2 como uma raiz quádrupla e -3 como uma raiz simples.

71. Se i é raiz de multiplicidade 2 da equação $x^3 + (3 - 2i)x^2 - (1 + 6i)x - 3 = 0$, qual é a outra raiz?

72. Sabendo que 2 é raiz dupla da equação $x^3 - ax^2 + bx - 12 = 0$, calcule os valores de a e b.

73. Resolva, em $\mathbb{C}$, a equação $2x^3 + 6x^2 - 8 = 0$, sabendo que -2 é raiz dupla dessa equação.

74. Considere as equações a seguir, do tipo $P(x) = 0$, em $\mathbb{C}$, e faça o que se pede.
- $2x^3 - 6x + 4 = 0$
- $x^4 + (-3 - i)x^3 + (3 + 3i)x^2 + (-1 - 3i)x + i = 0$
- $x^4 - 4x^3 + 3x^2 + 4x - 4 = 0$

a) Cite semelhanças e diferenças entre elas.

b) Calcule $P(1)$ para cada equação.

c) Verifique se 1 é raiz de todas as equações.

d) Como saber se 1 é raiz de uma equação?

75. Determine o valor de a para que a equação $x^5 - ax^4 + (2a + 1)x^3 + (a^2 - 9)x^2 + (a^2 - 6a + 9)x + a - 3 = 0$ admita 0 (zero) como raiz tripla.

76. A equação
$x^5 - 3x^4 + cx^3 + (3a + 8b)x^2 + 3(ab + 6)x + a + 2b - 1 = 0$
admite $x = 1$ como raiz, zero como raiz dupla e duas outras raízes. Determine os valores de a, b e c.

3.6 Raízes complexas não reais

> Se um número complexo $z = a + bi$, com a e b reais e $b \neq 0$, é raiz de uma equação polinomial com **coeficientes reais**, então o conjugado $\bar{z} = a - bi$ também é raiz dessa equação.

Assim, se o número complexo z (**não real**) é raiz de multiplicidade m de uma equação de coeficientes reais, então o conjugado $\bar{z}$ também é raiz de multiplicidade m da mesma equação.

Exemplo

Sabendo que $5 + 2i$ é uma das raízes da equação $x^4 - 11x^3 + 37x^2 - 9x - 58 = 0$, vamos determinar as demais raízes dessa equação, em $\mathbb{C}$.

Como a equação tem coeficientes reais e $z = 5 + 2i$ é sua raiz, então $\bar{z} = 5 - 2i$ também é raiz da equação.

Com o dispositivo de Briot-Ruffini, obtemos uma equação de grau menor cujas raízes são as demais raízes da equação dada:

$5 + 2i$	1	-11	37	-9	-58
$5 - 2i$	1	$-6 + 2i$	$3 - 2i$	$10 - 4i$	0
	1	-1	-2	0	

Resolvendo a equação obtida, $x^2 - x - 2 = 0$, temos as outras raízes, -1 e 2. Assim, além de $5 + 2i$, as outras três raízes da equação são $5 - 2i$, -1 e 2.

É importante observar que as raízes complexas não reais de uma equação algébrica com coeficientes reais ocorrem sempre **aos pares**. Assim, toda equação algébrica de coeficientes reais e grau ímpar admite pelo menos uma raiz real.

EXERCÍCIOS

77. Qual é o grau mínimo da equação algébrica de coeficientes reais que admite as raízes -3, de multiplicidade 2; 5, de multiplicidade 1; e $-2 + i$, de multiplicidade 3?

78. Determine $a \in \mathbb{R}$ de modo que $-x^3 + 3x^2 - ax + 5 = 0$ admita $1 + 2i$ como raiz. Ache o conjunto solução da equação formada, em $\mathbb{C}$.

79. Escreva uma equação polinomial de menor grau possível, com coeficientes reais e coeficiente dominante igual a 2, que admita $1 + i$ como raiz quádrupla e -2 como raiz dupla.

80. Sabendo que $2 + 2i$ é uma raiz de $x^4 - 4x^3 + 17x^2 - 36x + 72 = 0$, encontre as demais raízes dessa equação, em $\mathbb{C}$.

81. Resolva, em $\mathbb{C}$, a equação $x^4 + 2x^3 + 2x^2 + 10x + 25 = 0$, sabendo que uma de suas raízes é $\alpha = i - 2$.

3.7 Pesquisa de raízes racionais

O teorema que estudaremos a seguir indica como encontrar a raiz racional de equações algébricas com **coeficientes inteiros**, se essa raiz existir.

> Se $\dfrac{p}{q}$, com p e q inteiros não nulos e primos entre si, é **raiz racional** da equação algébrica de grau n e **coeficientes inteiros** $a_n x^n + a_{n-1} x^{n-1} + \ldots + a_1 x + a_0 = 0$, então p é divisor de a_0 e q é divisor de a_n.

Se nenhum dos possíveis valores encontrados é raiz da equação, então ela não tem raízes racionais.

Veja no exemplo a seguir a aplicação do teorema.

Vamos encontrar as raízes racionais inteiras da equação:

$$x^4 - \frac{7}{6}x^3 - 2x^2 + \frac{1}{2}x + \frac{1}{3} = 0$$

Observe que, nesse caso, a equação não tem coeficientes inteiros; no entanto, multiplicando os dois membros por 6, obtemos a equação $6x^4 - 7x^3 - 12x^2 + 3x + 2 = 0$, de coeficientes inteiros e equivalente à equação dada e, portanto, com as mesmas raízes.

Assim, $a_0 = 2$ e $a_n = 6$.

Aplicando o teorema das raízes racionais, temos:
- possíveis valores de p: $D(2) = \{\pm 1, \pm 2\}$
- possíveis valores de q: $D(6) = \{\pm 1, \pm 2, \pm 3, \pm 6\}$

$\dfrac{p}{q}$, com p e q primos entre si:

$$\pm 1, \pm \frac{1}{2}, \pm \frac{1}{3}, \pm \frac{1}{6}, \pm 2, \pm \frac{2}{3}$$

Verificando os valores inteiros encontrados, temos -1 e 2 como raízes racionais inteiras da equação.

Para verificar se há outras raízes racionais, bastaria verificar os outros valores encontrados, ou usar o dispositivo de Briot-Ruffini com essas raízes para encontrar uma equação de grau menor.

Observação

Em equações com coeficientes inteiros e $a_n = 1$, se existirem raízes racionais, elas serão inteiras e dividirão a_0.

EXERCÍCIOS

R16. Encontrar as raízes inteiras da equação $x^3 - 4x^2 + 25x - 100 = 0$ e depois resolvê-la em $\mathbb{C}$.

▶ Resolução

Como a equação tem todos os coeficientes inteiros, aplicamos o teorema das raízes racionais.
$p \in \{\pm 1, \pm 2, \pm 4, \pm 5, \pm 10, \pm 20, \pm 25, \pm 50, \pm 100\}$ (divisores de a_0) e $q \in \{\pm 1\}$ (divisores de a_n)
Logo:

$\dfrac{p}{q} \in \{\pm 1, \pm 2, \pm 4, \pm 5, \pm 10, \pm 20, \pm 25, \pm 50, \pm 100\}$

Utilizando o polinômio $P(x) = x^3 - 4x^2 + 25x - 100$, verificamos se algum elemento desse conjunto é raiz da equação.
Obtemos: $P(1) \neq 0$, $P(-1) \neq 0$, $P(2) \neq 0$, $P(-2) \neq 0$ e $P(4) = 0$.
Como $P(4) = 0$, sabemos que 4 é raiz da equação.
Com essa raiz, podemos aplicar o dispositivo de Briot-Ruffini e encontrar uma equação de grau menor.

4	1	-4	25	-100
	1	0	25	0

Resolvendo a equação $x^2 + 25 = 0$, temos as outras raízes:
$x^2 + 25 = 0 \Rightarrow x^2 = -25 \Rightarrow x^2 = 25i^2 \Rightarrow x = \pm 5i$
Logo, o conjunto solução da equação é $S = \{4, -5i, 5i\}$.

82. Determine as raízes inteiras da equação: $2x^3 + x^2 - 13x + 6 = 0$

83. Encontre as raízes racionais da equação: $x^4 - \dfrac{5}{2}x^3 + 2x^2 - \dfrac{5}{2}x + 1 = 0$

Capítulo 30 • Polinômios e equações polinomiais

84. Resolva as equações, em $\mathbb{C}$.

a) $3x^3 - 14x^2 + 13x + 6 = 0$

b) $2x^4 + 6x^3 - 2x^2 - 26x - 20 = 0$

85. Determine o valor racional de x para que $P(x) = 16$, sendo $P(x) = 2x^3 - 28x^2 + 90x - 84$.

86. Considere a equação a seguir e responda às questões.
$4x^7 + 12x^6 + 7x^5 - 3x^4 - 2x^3 = 0$

a) É possível usar todos os divisores do termo independente de x? Por quê?

b) É impossível descrever todas as prováveis raízes racionais para equações dessa forma?

c) Que procedimento você pode utilizar para resolver equações desse tipo?

d) Resolva a equação, em $\mathbb{C}$, e indique a multiplicidade de cada raiz.

87. Considere a equação $x^2 - 2 = 0$ e faça o que se pede.

a) O teorema das raízes racionais pode ser aplicado a essa equação? Por quê? Em caso afirmativo, faça a pesquisa dessas raízes.

b) Verifique se $\sqrt{2}$ é raiz dessa equação.

c) O que você pode concluir a respeito do número $\sqrt{2}$?

3.8 Relações de Girard

As relações entre os coeficientes e as raízes de uma equação algébrica são mais uma ferramenta para auxiliar na resolução desse tipo de equação, quando é dada uma condição de existência para as raízes. Essas relações são denominadas **relações de Girard**, em homenagem ao matemático Albert Girard (1595-1632), que se dedicou ao estudo das equações algébricas.

As relações entre coeficientes e raízes também permitem formar uma equação algébrica a partir de suas raízes.

Relações entre coeficientes e raízes de uma equação do 2º grau

Consideremos a equação do 2º grau $ax^2 + bx + c = 0$, com $a \neq 0$, cujas raízes são α_1 e α_2. Assim, pelo teorema da decomposição, temos:

$ax^2 + bx + c = a(x - \alpha_1)(x - \alpha_2)$ (I)

Como $a \neq 0$, dividimos membro a membro a equação (I) por a e desenvolvemos o 2º membro, obtemos:

$x^2 + \dfrac{b}{a}x + \dfrac{c}{a} = x^2 - (\alpha_1 + \alpha_2)x + \alpha_1\alpha_2$ (II)

Pela identidade de polinômios em (II), concluímos:

$\alpha_1 + \alpha_2 = -\dfrac{b}{a}$ e $\alpha_1\alpha_2 = \dfrac{c}{a}$

Demonstramos, então, que:

> As raízes α_1 e α_2 da equação do 2º grau $ax^2 + bx + c = 0$, com $a \neq 0$, obedecem às seguintes condições:
>
> • $\alpha_1 + \alpha_2 = -\dfrac{b}{a}$ • $\alpha_1\alpha_2 = \dfrac{c}{a}$

Exemplo

Vamos calcular k, com $k \in \mathbb{R}$, sabendo que $2 + i$ é raiz da equação $x^2 - 4x + k = 0$.

Pelo teorema das raízes complexas não reais de equações com coeficientes reais, sabemos que $2 - i$ também é raiz. Então, aplicando as relações de Girard na equação, temos:

$\alpha_1\alpha_2 = \dfrac{c}{a} \Rightarrow (2 + i)(2 - i) = k \Rightarrow k = 4 - i^2 = 4 - (-1) = 5$

Portanto, $k = 5$.

Relações entre coeficientes e raízes de uma equação do 3º grau

Considere a equação do 3º grau $ax^3 + bx^2 + cx + d = 0$, com $a \neq 0$, cujas raízes são α_1, α_2 e α_3.

Procedendo de modo análogo ao da equação do 2º grau, obtemos:

> • $\alpha_1 + \alpha_2 + \alpha_3 = -\dfrac{b}{a}$ • $\alpha_1\alpha_2\alpha_3 = -\dfrac{d}{a}$
>
> • $\alpha_1\alpha_2 + \alpha_1\alpha_3 + \alpha_2\alpha_3 = \dfrac{c}{a}$

Exemplo

Vamos encontrar uma equação algébrica que tenha zero como raiz simples e i como raiz dupla.

A equação é do 3º grau, já que tem 3 raízes. Então, $ax^3 + bx^2 + cx + d = 0$ ($a \neq 0$).

Como zero é raiz, o termo independente de x é zero, isto é, $d = 0$. Assim:

• $0 + i + i = -\dfrac{b}{a} \Rightarrow -\dfrac{b}{a} = 2i \Rightarrow b = -2ia$

• $0 \cdot i + 0 \cdot i + i \cdot i = \dfrac{c}{a} \Rightarrow \dfrac{c}{a} = -1 \Rightarrow c = -a$

Logo, temos a equação $ax^3 - 2iax^2 - ax = 0$. Escolhendo um valor complexo para a, obtemos uma equação nas condições pedidas.

Portanto, fazendo $a = 1$, temos a equação $x^3 - 2ix^2 - x = 0$.

Relações entre coeficientes e raízes de uma equação de grau n

As relações de Girard podem ser generalizadas para equações de grau n, com $n > 3$.

Considere a equação
$a_n x^n + a_{n-1} x^{n-1} + \ldots + a_2 x^2 + a_1 x + a_0 = 0$, com $a_n \neq 0$, cujas n raízes são $\alpha_1, \alpha_2, \alpha_3, \ldots, \alpha_{n-1}$ e α_n. As relações de Girard para essa equação são:

> • $\alpha_1 + \alpha_2 + \ldots + \alpha_n = -\dfrac{a_{n-1}}{a_n}$
>
> • $\alpha_1\alpha_2 + \alpha_1\alpha_3 + \ldots + \alpha_{n-1}\alpha_n = \dfrac{a_{n-2}}{a_n}$
>
> • $\alpha_1\alpha_2\alpha_3 + \alpha_1\alpha_2\alpha_4 + \ldots + \alpha_{n-2}\alpha_{n-1}\alpha_n = -\dfrac{a_{n-3}}{a_n}$
>
> $\vdots$
>
> • $\alpha_1\alpha_2\alpha_3 \cdot \ldots \cdot \alpha_{n-1}\alpha_n = (-1)^n \cdot \dfrac{a_0}{a_n}$

Exemplo

Vamos encontrar as quatro raízes da equação
$x^4 - 5x^3 + 8x^2 - 4x = 0$.

O termo independente é nulo; então, zero é uma raiz.

Observe que a soma dos coeficientes $(1 - 5 + 8 - 4)$ é zero; assim, 1 também é raiz dessa equação.

Pelas relações de Girard:

- $-\dfrac{b}{a} = -\dfrac{(-5)}{1} = 5 = \alpha_1 + \alpha_2 + 1 + 0$

- $-\dfrac{d}{a} = -\dfrac{(-4)}{1} = 4 = 1\alpha_1\alpha_2$

Resolvendo o sistema $\begin{cases} \alpha_1 + \alpha_2 = 4 \\ \alpha_1\alpha_2 = 4 \end{cases}$, obtemos 2 como raiz dupla.

Portanto, as quatro raízes da equação são 0, 1, 2 e 2.

$\alpha \cdot \alpha \cdot \alpha = -\dfrac{100}{0{,}1}$

$\alpha^3 = -1.000 \Rightarrow \alpha^3 = (-10)^3 \Rightarrow \alpha = -10$

Usando o dispositivo de Briot-Ruffini:

−10	0,1	3,5	35	100
	0,1	2,5	10	0

Obtemos, assim, a equação:

$0{,}1x^2 + 2{,}5x + 10 = 0$

$x = \dfrac{-2{,}5 \pm 1{,}5}{0{,}2}$

$x = -5$ ou $x = -20$

Note que $-20, -10$ e -5 estão em PG $\left(q = \dfrac{1}{2}\right)$ e que -5, -10 e -20 também estão em PG $(q = 2)$.

Logo, a equação tem solução $S = \{-5, -10, -20\}$.

EXERCÍCIOS

R17. Dada a equação $4x^3 - 10x^2 + 2x - 40 = 0$, de raízes α_1, α_2 e α_3, calcular:

$$\dfrac{\alpha_1}{\alpha_2\alpha_3} + \dfrac{\alpha_2}{\alpha_1\alpha_3} + \dfrac{\alpha_3}{\alpha_1\alpha_2}$$

▶ **Resolução**

As relações de Girard para a equação dada são:

- $\alpha_1 + \alpha_2 + \alpha_3 = -\dfrac{b}{a} = -\dfrac{(-10)}{4} = \dfrac{5}{2}$

- $\alpha_1\alpha_2 + \alpha_1\alpha_3 + \alpha_2\alpha_3 = \dfrac{c}{a} = \dfrac{2}{4} = \dfrac{1}{2}$

- $\alpha_1\alpha_2\alpha_3 = -\dfrac{d}{a} = -\dfrac{(-40)}{4} = 10$

Observe que, na expressão, essas relações não aparecem. Então, vamos efetuar operações modificando-a até que possamos usar as relações acima.

$\dfrac{\alpha_1}{\alpha_2\alpha_3} + \dfrac{\alpha_2}{\alpha_1\alpha_3} + \dfrac{\alpha_3}{\alpha_1\alpha_2} = \dfrac{\alpha_1^2 + \alpha_2^2 + \alpha_3^2}{\alpha_1\alpha_2\alpha_3} =$

$= \dfrac{(\alpha_1 + \alpha_2 + \alpha_3)^2 - 2(\alpha_1\alpha_2 + \alpha_1\alpha_3 + \alpha_2\alpha_3)}{\alpha_1\alpha_2\alpha_3} =$

$= \dfrac{\left(\dfrac{5}{2}\right)^2 - 2 \cdot \dfrac{1}{2}}{10} = \dfrac{\dfrac{25}{4} - 1}{10} = \dfrac{21}{40}$

R18. Sabendo que as raízes da equação $0{,}1x^3 + 3{,}5x^2 + 35x + 100 = 0$ são reais distintas entre si e estão em PG, resolver essa equação em $\mathbb{C}$.

▶ **Resolução**

Seja $q \neq 0$ a razão da PG formada pelas raízes.

Então, podemos indicá-las por $\dfrac{\alpha}{q}$, α e αq.

Das relações de Girard, temos:

$\dfrac{\alpha}{q} \cdot \alpha \cdot \alpha q = -\dfrac{d}{a}$

---

88. Escreva as relações de Girard para as equações a seguir.
   a) $2x^3 + 5x^2 - 12x + 1 = 0$
   b) $\sqrt{2}x^4 - 2\sqrt{2}x^3 + x^2 - 4x = 0$

89. Obtenha a soma e o produto das raízes das equações.
   a) $5x^3 + 10x^2 + 20x - 15 = 0$
   b) $-3x^4 - x^3 - \dfrac{1}{3}x^2 - 6x - 9 = 0$

90. Encontre as raízes de $x^3 - 4x^2 - 19x - 14 = 0$, sabendo que a soma de duas delas é 5.

91. Resolva, em $\mathbb{C}$, a equação $x^3 + 4x^2 - 4x - 16 = 0$, sabendo que o produto de duas de suas raízes é 8.

92. A equação $3x^3 - 4x^2 - 17x + 6 = 0$ tem duas raízes inversas. Ache o conjunto solução.

93. Escreva uma equação polinomial de grau 3 cuja soma das raízes seja 3 e o produto -24. A soma dos produtos das raízes, tomadas duas a duas, deve ser -10. Existe uma única equação que satisfaz essas condições?

94. As raízes da equação $x^3 + 3x^2 - 22x - 24 = 0$ formam uma progressão aritmética. Determine as raízes.

95. Determine k real tal que as raízes da equação $x^3 - 12x^2 + (k + 1)x - 60 = 0$ sejam números inteiros consecutivos.

96. Dada a equação $-8x^3 - 2x^2 + 4x + 6 = 0$, cujas raízes são p, q e r, encontre o valor das expressões:
   a) $p^2 + q^2 + r^2$
   b) $\dfrac{1}{p} + \dfrac{1}{q} + \dfrac{1}{r}$

97. A equação $x^4 - 6x^3 + x^2 + 24x + 16 = 0$ tem, em $\mathbb{C}$, duas raízes reais de multiplicidade 2. Encontre-as.

98. Determine p real tal que $x^3 - 2x^2 - 5px + 50 = 0$ tenha duas raízes opostas.

99. Para que valor de m as raízes da equação $4x^3 - 12x^2 + 11x - m = 0$ formam uma PA?

100. As raízes de $x^3 - 70x^2 + 1.400x = 8.000$ formam uma PG. Encontre-as.

Exercícios complementares

Calculadora de polinômios

1. Determine o polinômio $P(x)$ do 1º grau tal que:
   $P(1 - i) = 1$ e $P(-i) = -1 + 2i$

2. O lucro de uma empresa, em milhões de reais, varia com a quantidade de recursos que ela investe em propaganda de acordo com a lei $L(x) = x^4 - 5x^2$, em que x é o investimento anual em propaganda, em milhões de reais. Que diferença de lucro ela terá se mudar seu investimento de 3 para 4 milhões de reais por ano?

3. Calcule o valor de a tal que seja nulo o polinômio
   $P(x) = (a^2 - 1)x^2 + (a^2 + 2a - 3)x + (a^2 - 3a + 2)$.

4. A medida da aresta de um cubo é $(x + p)$ cm. Quando calculamos o volume desse cubo, encontramos a expressão $V(x) = x^3 + 9x^2 + 27x + 27$. Calcule o valor de p.

5. Determine o polinômio $P(x)$ do 3º grau cujas raízes são 0, 1 e 2, sabendo que $P\left(\dfrac{1}{2}\right) = -\dfrac{3}{2}$.

6. Calcule a soma dos coeficientes do polinômio
   $P(x) = (3x^2 - 2x + 1)^5 + x^2 - x - 1$.

7. Determine os valores de a e b de modo que
   $P(x) = x^3 - 7x^2 + ax + b$ seja divisível por $D(x) = x^2 - 3x + 2$.

8. Determine m complexo tal que $D(x) = 2x - 1$ seja divisor de $P(x) = 2x^5 - x^4 + mx^3 - x^2 - 3mx + 3$.

9. Um polinômio $P(x)$, quando dividido por $x - 2$, dá resto 5; quando dividido por $x + 3$, dá resto 11. Determine o resto da divisão de $P(x)$ por $(x - 2)(x + 3)$.

10. Resolva, em $\mathbb{C}$, a equação $x^4 - x^3 + x^2 + 9x - 10 = 0$, sabendo que -2 e 1 são duas de suas raízes.

11. Determine a soma dos inversos dos quadrados das raízes da equação $x^3 - 2x^2 + x - 4 = 0$.

12. As dimensões de uma caixa em formato de paralelepípedo reto-retângulo são dadas pelas raízes da equação $x^3 - 7x^2 + 14x - 6 = 0$. Determine o volume dessa caixa.

13. Determine m de modo que a equação
    $x^3 - (4 + m)x^2 + (4 + 4m)x - 4m = 0$ admita $\alpha = 2$ como raiz dupla.

14. Para quais valores de $m \in \mathbb{R}$ o resto da divisão de
    $P(x) = 4x^3 - 3x^2 + mx + 1$ por $D(x) = 2x^2 - x + 1$ é um polinômio constante?

15. Determine os valores de h de modo que a equação
    $x^3 + hx^2 + (2h + 1)x + 1 = 0$ admita duas raízes reais opostas.

16. Sabendo que a equação $\begin{vmatrix} 3 - x & 1 & -1 \\ 1 & 3 - x & -1 \\ 3 & 3 & -1 - x \end{vmatrix} = 0$ tem uma raiz dupla, resolva-a em $\mathbb{C}$.

QUESTÕES DE VESTIBULAR

17. (UFRN) Se A, B e C são números reais e
    $P(x) = x^5 - 7x^2 + 2x + 4$ dividido por $Q(x) = x^3 - 8$ deixa o resto $R(x) = Ax^2 + Bx + C$, pode-se afirmar que $4A + 2B + C$ é igual a:
    a) 8   b) 16   c) 12   d) 20

18. (UEMS) Seja a equação
    $\dfrac{4x^2 + 13x - 9}{x^3 + 2x^2 - 3x} = \dfrac{A}{x} + \dfrac{B}{(x - 1)} + \dfrac{C}{(x + 3)}$, em que A, B e C são números reais, pode-se afirmar que:
    a) $A = 2$, $B = 3$ e $C = 1$
    b) $A = 1$, $B = 4$ e $C = 2$
    c) $A = 3$, $B = 2$ e $C = -1$
    d) $A = 5$, $B = 3$ e $C = 0$
    e) $A = B = C$

19. (UEPB) O polinômio $P(x) = x^4 - 3x^3 - 2x^2 + 12x + m$ tem uma raiz dupla $x = 2$; as outras raízes estão no conjunto:
    a) $\{-2, 2, 3\}$
    b) $\{1, 0, 3\}$
    c) $\{1, 2, 1\}$
    d) $\{-1, 3, 2\}$
    e) $\{1, 3, -2\}$

20. (UFC-CE) Os números complexos z_1, z_2, z_3, z_4 e z_5 são as raízes quínticas de 5 e $z_5 = \sqrt[5]{5}$ é a raiz quíntica real de 5. A soma $z_1 + z_2 + z_3 + z_4$ é igual a:
    a) $-2\sqrt[5]{5}\, i$
    b) $-\sqrt[5]{5}$
    c) 0
    d) i
    e) $\dfrac{1}{\sqrt[5]{5}}$

21. (Mackenzie-SP) Se na figura temos o esboço do gráfico da função $y = p(x) = x^3 + ax^2 + bx + c$, a soma das raízes de $p(x)$ é:

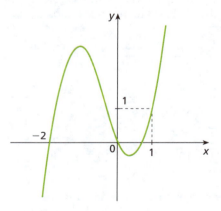

   a) 2
   b) -3
   c) $-\dfrac{4}{3}$
   d) $\dfrac{8}{5}$
   e) $\dfrac{5}{2}$

22. (Unifesp) Dividindo-se os polinômios $p_1(x)$ e $p_2(x)$ por $x - 2$, obtêm-se, respectivamente, r_1 e r_2 como restos. Sabendo-se que r_1 e r_2 são os zeros da função quadrática $y = ax^2 + bx + c$, conforme gráfico,

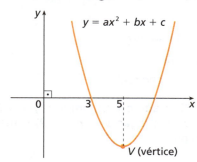

o resto da divisão do polinômio produto $p_1(x) \cdot p_2(x)$ por $x - 2$ é:

a) 3
b) 5
c) 8
d) 15
e) 21

23. (UFF-RJ) Determine todos os valores possíveis de $m \in \mathbb{R}$, de modo que o polinômio
$p(x) = x^3 + (m - 1)x^2 + (4 - m)x - 4$ tenha três raízes distintas, sendo $x = 1$ a única raiz real.

24. (Fuvest-SP) O produto de duas das raízes do polinômio $P(x) = 2x^3 - mx^2 + 4x + 3$ é igual a -1.
Determine:
a) o valor de m.
b) as raízes de $P(x)$.

25. (UEL-PR) A equação $x^3 - 10x^2 + ax + b = 0$ tem uma raiz igual a $3 + 2i$. Nela, a e b são números reais. Sobre essa equação, é correto afirmar:
a) $-3 + 2i$ também é raiz da equação.
b) a equação não possui raízes reais.
c) a equação possui uma raiz irracional.
d) o valor de a é -37.
e) o valor de b é -52.

26. (Unicamp-SP) Dada a equação polinomial com coeficientes reais $x^3 - 5x^2 + 9x - a = 0$:
a) Encontre o valor numérico de a de modo que o número complexo $2 + i$ seja uma das raízes da equação.
b) Para o valor de a encontrado no item anterior, determine as outras raízes da mesma equação.

27. (ESPM-SP) O polinômio $P(x) = kx^5 + (k + 1)x^4 - kx^3 + 2kx$ é divisível por $x + 1$. O valor de $P(2)$ é:
a) 60
b) 52
c) 24
d) -4
e) -28

28. (UFRR) Um polinômio $P(x)$ dividido por $(x - 2)$ dá resto 4 e dividido por $(x - 4)$ dá resto 12. Então o resto da divisão de $P(x)$ por $(x - 2)(x - 4)$ é:
a) $4x - 4$
b) $3x - 2$
c) $2x - 1$
d) $4x$
e) 0

29. (Ufal) A figura a seguir ilustra parte do gráfico de um polinômio $p(x)$, com coeficientes reais, de grau quatro e com coeficiente dominante igual a 1.
O gráfico passa pelos pontos $(-2, 0)$, $(2, 0)$, $(0, -4)$ e $(1, -6)$. Admitindo essas informações, assinale a alternativa incorreta.

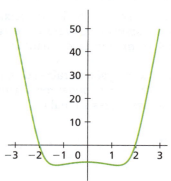

a) $p(x)$ é divisível por $x^2 - 4$.
b) O coeficiente constante de $p(x)$ é igual a -4.
c) $p(x)$ admite três raízes reais.
d) $p(x) = x^4 - 3x^2 - 4$
e) $p(-x) = p(x)$, para todo x real

30. (IME-RJ) Determine o valor das raízes comuns das equações $x^4 - 2x^3 - 11x^2 + 18x + 18 = 0$ e $x^4 - 12x^3 - 44x^2 - 32x - 52 = 0$.

31. (FGV) Dado o polinômio $P(x) = x^4 + x^3 - 6x^2 - 4x + k$:
a) resolva a equação $P(x) = 0$, para $k = 8$.
b) determine o valor de k de modo que as raízes estejam em progressão aritmética de razão igual a 3.

32. (Mackenzie-SP) Dadas as matrizes $A = \begin{pmatrix} 1 & 2 \\ x & 3 \end{pmatrix}$ e $B = \begin{pmatrix} 1 & -1 \\ 0 & x \end{pmatrix}$, a soma das raízes do polinômio $p(x) = \det(A \cdot B)$ é:
a) -1
b) 1
c) 2,5
d) -2
e) 1,5

33. (UFRN) O volume do cubo de aresta 6 é igual à soma dos volumes dos cubos de arestas 5, 4 e 3, conforme ilustração abaixo.

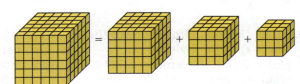

a) Comprove a afirmação acima, explicitando os cálculos.
b) Determine as raízes inteiras e positivas da equação polinominal $n^3 = (n - 1)^3 + (n - 2)^3 + (n - 3)^3$, para justificar que o único cubo de aresta inteira n que tem volume igual à soma dos volumes de arestas $n - 1$, $n - 2$ e $n - 3$ é o cubo de aresta 6.

EXERCÍCIOS COMPLEMENTARES

34. (Unesp) A expressão $V(x) = x(16 - 2x)(24 - 2x)$ representa o volume, em cm³, de uma caixa na forma de um paralelepípedo retângulo-reto, em que x é a altura e os lados da base são $16 - 2x$ e $24 - 2x$.

a) Se nenhuma das arestas da caixa pode ser menor que 1 cm, determine os valores possíveis da variável x.

b) Quando $x = 5$ cm, o volume da caixa é 420 cm³. Investigue se existem outros valores de x para os quais o volume é 420 cm³. Em caso afirmativo, dê esses valores.

35. (Ufam) Se x_1, x_2 e x_3 são as raízes da equação $3x^3 + 2x^2 - 7x + 2 = 0$, podemos afirmar que a soma dos inversos dessas raízes é igual a:

a) 4,5
b) 5,5
c) 1,5
d) 2,5
e) 3,5

36. (Uece) O polinômio $P(x) = x^3 + ax^2 + bx + c$ é tal que o polinômio $Q(x) = P(x) + P(-x)$ se anula em $x = 2$ e $Q(1) = 2$. Podemos afirmar corretamente que o produto das raízes de $P(x)$ é:

a) $\dfrac{4}{3}$

b) $\dfrac{3}{4}$

c) $-\dfrac{4}{3}$

d) $-\dfrac{3}{4}$

37. (UFRGS) Sabendo-se que i e $-i$ são raízes da equação $x^4 - x^3 - x - 1 = 0$, as outras raízes são:

a) $\dfrac{1 + \sqrt{2}}{2}$ e $\dfrac{1 - \sqrt{2}}{2}$

b) $\dfrac{1 + \sqrt{3}}{2}$ e $\dfrac{1 - \sqrt{3}}{2}$

c) $\dfrac{1 + \sqrt{5}}{2}$ e $\dfrac{1 - \sqrt{5}}{2}$

d) $\dfrac{1 + \sqrt{6}}{2}$ e $\dfrac{1 - \sqrt{6}}{2}$

e) $\dfrac{1 + \sqrt{7}}{2}$ e $\dfrac{1 - \sqrt{7}}{2}$

38. (Ufac) Um polinômio com coeficientes reais (na variável x) $p(x)$ é divisível por $(x - \alpha)$ se, e somente se, $p(\alpha) = 0$ [J. R. d'Alembert (1717-1783)]. Admitindo este resultado, se temos $x^4 - 2x^3 + mx^2 - 64x + n$ divisível por $x^2 - 6x + 5$, vale que:

a) $m = n = 5$
b) $m + n = 68$
c) $m = 70$ e $n = 10$
d) $m = -5$ e $n = 70$
e) $m = 60$ e $n = 5$

39. (UFSCar-SP) Sendo z_1 e z_2 as raízes não reais da equação algébrica $x^3 + 5x^2 + 2x + 10 = 0$, o produto $z_1 z_2$ resulta em um número:

a) natural.
b) inteiro negativo.
c) racional não inteiro.
d) irracional.
e) complexo não real.

40. (Fuvest-SP) Dado o polinômio $p(x) = x^2(x - 1)(x^2 - 4)$, o gráfico da função $y = p(x - 2)$ é mais bem representado por:

a)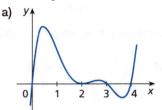

b)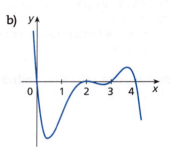

c)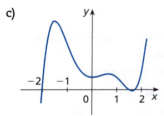

d)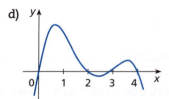

e)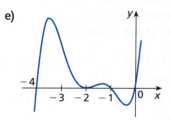

Mais questões: no livro digital, em **Vereda Digital Suplemento de revisão e vestibulares**; no *site*, em **AprovaMax**.

RESPOSTAS DA PARTE III

Capítulo 23 — Matemática financeira

1. R$ 2.500,00
2. 8%
3. ≃ R$ 16.835,38
4. menor
5. 96%
6. 28%
7. 20,12%
8. não; R$ 405,60; 56%
9. a) ≃ 15,8%
   b) 20%
10. diminuição de 1%
11. valorização de 20%
12. ≃ 455,07% ao mês
13. R$ 21.200,00
14. 12%
15. R$ 45,00
16. R$ 35,00; R$ 33,60
17. 150%
18. R$ 14,00
19. a) 40%
    b) 50%
    c) R$ 560,00
20. a) R$ 484,75
    b) 57,5%
21. R$ 1.800,00
22. 2 anos e 6 meses
23. R$ 450,00
    a) R$ 15.450,00
    b) R$ 15.900,00
    c) R$ 16.350,00
    d) R$ 15.000 + 450t
24. a) R$ 3.440,00
    b) $M = 2.000 + 480n$
    c)

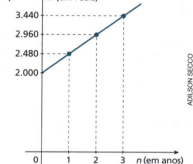

25. 36%; 3%
26. 3 anos e 4 meses
27. 96%
28. 4% ao mês
29. a) R$ 25.000,00
    b) 23,5%
30. 1,35%
31. o valor do juro ao fim de um período
32. a) 6,25%
    b) 5 meses
33. R$ 10.000,00
34. ≃ R$ 73,22
35. R$ 500,00
36. R$ 18.895,68
37. 5 meses
38. ≃ 17% ao ano
39. 41%
40. 300%
41. 100%; 220%
42. 2 trimestres
43. 35 anos
44. 1 ano e 9 meses
45. a) 10 meses
    b) 9 meses
46. não; 86,4%
47. $1 + i$
48. R$ 144.000,00
49. 50%
50. 5%
51. R$ 200.000,00
52. ≃ R$ 292,68
53. 15 meses
54. R$ 270.315,95

Exercícios complementares

1. 3%
2. 10%
3. 8
4. R$ 3.452,94
5. ≃ R$ 871,44
6. a) R$ 2.400,00
   b) após o 1º mês
7. 25%

Questões de vestibular

8. alternativa e
9. alternativa c
10. alternativa c
11. alternativa c
12. a) R$ 650.000,00
    b) R$ 50,00
13. alternativa e
14. R$ 20.000,00; R$ 4.000,00
15. alternativa d
16. alternativa e
17. a) R$ 8.000,00
    b) $\dfrac{3\log 1{,}03}{\log 1{,}03 - \log 1{,}02}$ meses
18. alternativa d
19. alternativa e
    b) 10 anos
20. a) R$ 13.996,80
21. a) R$ 364.800,00
    b) $\dfrac{12}{\log_3 1{,}08}$ meses
22. alternativa a

Capítulo 24 — Estatística: análise de dados

1. a) qualitativa ordinal
   b) quantitativa discreta
   c) qualitativa ordinal
   d) quantitativa contínua
   e) qualitativa nominal
   f) qualitativa ordinal
   g) qualitativa nominal
   h) quantitativa discreta
   i) quantitativa contínua

2. variáveis qualitativas observadas: modalidades esportivas e período mais utilizado pelos alunos; variável quantitativa contínua observada: massa muscular (expressa por um número real); variável quantitativa discreta: número de dias que frequentou a academia no último mês

3. população: 1,4 milhão de habitantes de Porto Alegre; amostra: 8.500 pessoas entrevistadas

4. 20%

5. variáveis qualitativas: nome, sexo, grau de escolaridade; variáveis quantitativas contínuas: salário e tempo de serviço

6. a)

Conceito	f_i	f_r	F_i	F_r
A	6	18,75%	6	18,75%
B	8	25,00%	14	43,75%
C	10	31,25%	24	75,00%
D	4	12,50%	28	87,50%
E	4	12,50%	32	100,0%
Total	32	100%	—	—

   b) 6 alunos
   c) 8 alunos
   d) 31,25%
   e) 25%
   f) 43,75%

7. Quando temos de analisar uma quantidade muito grande de dados, agrupá-los em intervalos convenientes permite uma análise mais imediata da distribuição de frequência da variável.

8.

Diária (R$)	f_i	F_i	f_r	F_r
[100, 130[	73	73	36,5%	36,5%
[130, 160[	48	121	24,0%	60,5%
[160, 190[	40	161	20,0%	80,5%
[190, 220[	24	185	12,0%	92,5%
[220, 250[	15	200	7,5%	100%
Total	200	—	100%	—

   a) R$ 100,00
   b) de R$ 100,00 a R$ 130,00
   c) 60,5%
   d) 161 quartos
   e) 39 quartos

9.

Ganho por ação (R$)	f_i	F_i	f_r	F_r
[4, 6[	4	4	8%	8%
[6, 8[	4	8	8%	16%
[8, 10[	11	19	22%	38%
[10, 12[	8	27	16%	54%
[12, 14[	10	37	20%	74%
[14, 16[	8	45	16%	90%
[16, 18[	5	50	10%	100%

10. a)

150	780	1.404	2.236	3.926
200	832	1.710	2.392	3.959
208	988	1.716	2.704	4.040
468	988	1.976	2.948	4.108
624	1.040	2.028	3.172	4.404
624	1.092	2.132	3.174	4.472
676	1.196	2.132	3.208	5.132
728	1.248	2.132	3.728	5.928

b) Resposta possível: escolhendo a amplitude de 900 reais para cada intervalo, temos a seguinte distribuição:

Contribuição fiscal (R$)	f_i	F_i	f_r (%)	F_r (%)
[150, 1.050[	13	13	32,5	32,5
[1.050, 1.950[	6	19	15,0	47,5
[1.950, 2.850[	8	27	20,0	67,5
[2.850, 3.750[	5	32	12,5	80,0
[3.750, 4.650[	6	38	15,0	95,0
[4.650, 5.550[	1	39	2,5	97,5
[5.550, 6.450[	1	40	2,5	100,0
Total	40	—	100,0	—

c) de 150 a 1.050 reais

11. 188 sócios

12.

Profissionais	Frequência
Sociólogos	32
Publicitários	20
Economistas	12
Psicólogos	16
Total	80

Dados fictícios.

Dados fictícios.

13. alternativa b

14. a) de setores
b) meio de transporte usado pelos brasileiros em 2015 para viajar
c) avião
d) avião: 159°; ônibus: 44°; automóvel: 135°; outros: 22°

15. a) maior decrescimento: de 2012 para 2013, ≃ 60 milhões; maior crescimento: de 2014 para 2015, ≃ 80 milhões
b) 2015: ≃150 milhões
c) Nos anos de 2005, 2007 e 2013, o número de barris importados superou o número de exportados; em todos os outros períodos, as exportações foram maiores que as importações.

16. a) V **b)** F **c)** V **d)** F **e)** V

17. • Histograma:

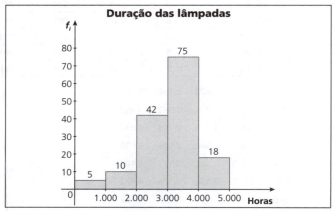

Fonte: Fábrica de lâmpadas Ilumine.

• Polígono de frequências:

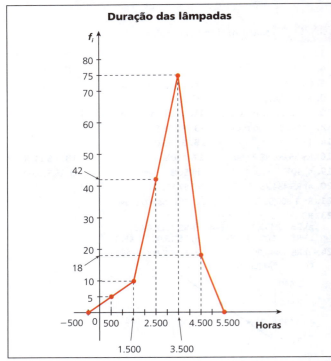

Fonte: Fábrica de lâmpadas Ilumine.

18.

Número de ligações	Número de setores (f_i)	F_i	f_r	F_r
0 ⊢ 10	15	15	15%	15%
10 ⊢ 20	35	50	35%	50%
20 ⊢ 30	15	65	15%	65%
30 ⊢ 40	15	80	15%	80%
40 ⊢ 50	5	85	5%	85%
50 ⊢ 60	5	90	5%	90%
60 ⊢ 70	5	95	5%	95%
70 ⊢ 80	5	100	5%	100%
Total	100	—	100%	—

19.

Gastos (em real)	Número de apartamentos (f_i)	F_i	f_r	F_r
80 ⊢ 100	3	3	6%	6%
100 ⊢ 120	7	10	14%	20%
120 ⊢ 140	8	18	16%	36%
140 ⊢ 160	14	32	28%	64%
160 ⊢ 180	10	42	20%	84%
180 ⊢ 200	5	47	10%	94%
200 ⊢ 220	3	50	6%	100%
Total	50	—	100%	—

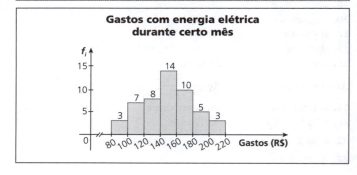

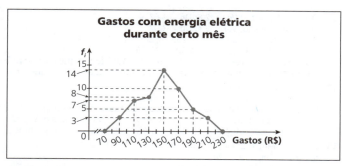

A maioria dos apartamentos gastou de 140 a 160 reais.

Exercícios complementares

1. a) população: 550 alunos matriculados na escola; amostra: 200 alunos selecionados
   b) variável qualitativa nominal: C; variável qualitativa ordinal: B; variáveis quantitativas contínuas: A e E; variável quantitativa discreta: D

2.

Comprimento (em metro)	f_i	F_i	f_r	F_r
3,00 ⊢— 3,20	3	3	15%	15%
3,20 ⊢— 3,40	6	9	30%	45%
3,40 ⊢— 3,60	6	15	30%	75%
3,60 ⊢— 3,80	2	17	10%	85%
3,80 ⊢— 4,00	3	20	15%	100%
Total	20	—	100%	—

3. 500 objetos

4. alternativa d

5. a) 1,062 kg
   b) ≃ 2,9%
   c) ≃ 90,7%
   d) resposta pessoal

6. a) 190 pessoas
   b) entre 22 e 24 anos; aproximadamente 32%

7. alternativa c

8. a)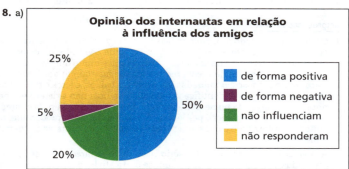

   b)

9. a) Não, pois a soma de todas as porcentagens ultrapassa 100%, provavelmente porque os entrevistados puderam escolher mais de uma característica dos candidatos.
   b) sim
   • Gráfico de barras verticais:

   • Gráfico de barras horizontais:

   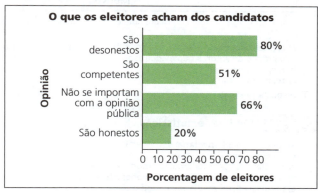

10. a) sim; São Paulo
    b) Porto Alegre
    c)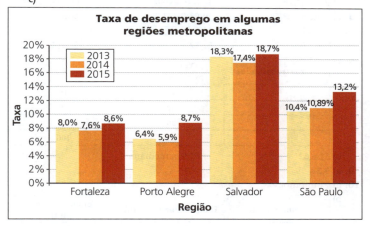

Questões de vestibular

11. alternativa c
12. alternativa d
13. alternativa c
14. alternativa e

Compreensão de texto

1. a) a Proteste Associação de Consumidores
   b) Avaliar se os hábitos alimentares e de compra de comida sofreram alterações nos últimos anos.
   c) A pesquisa foi realizada entre os meses de setembro e dezembro de 2014 por meio de questionários *on-line* enviados aos participantes.
   d) 760 pessoas com idades entre 25 e 74 anos

2. resposta pessoal
   Avaliar os argumentos apresentados pelos alunos. Espera-se que eles percebam que, como a pesquisa foi realizada *on-line* e não se sabe o critério de escolha dos participantes, é muito provável que a amostra não tenha englobado pessoas que não têm acesso à internet, pessoas de todas as classes sociais, regiões do país ou níveis de escolaridade, por exemplo. Retomar com os alunos a abertura desse capítulo, em que é possível verificar as desigualdades no acesso à internet. Essa questão é interessante para que se discuta com eles a importância de uma amostra representativa da população.

RESPOSTAS DA PARTE III

3. o excesso de agrotóxicos na agricultura e de hormônios nas carnes; resposta pessoal
4. Se o alimento é saudável, se é gostoso e seu preço.
5. mais frutas: 289; mais legumes e verduras: 243; mais peixes: 251
6.

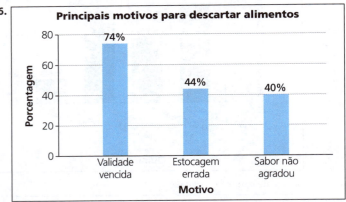

Dados obtidos em: <http://www4.planalto.gov.br/>. Acesso em: 18 jul. 2016.

   a) Nesse caso, como a soma das frequências relativas é maior que 100%, o gráfico de setores não é adequado.
   b) resposta pessoal
   c) resposta pessoal
7. resposta pessoal

Capítulo 25 Medidas estatísticas

1. a) média: $\simeq 4{,}33$; mediana: 4; moda: 3
   b) média: 9; mediana: 11; moda: 11
   c) média: $\simeq 61{,}14$; mediana: 65; moda: não existe
   d) média: $\simeq 21{,}42$; mediana: 11; moda: não existe
   e) média: $\simeq 3{,}13$; mediana: 4; moda: 1, 4 e 5
   f) média: 7; mediana: 7; moda: 7
2. a) 269,6 kWh b) Não existe. c) 269,5 kWh
3. a) $\simeq$ R$ 3.438,67 b) R$ 3.457,00 c) não
4. a) $\simeq 0{,}917$ b) 1 c) 1
5. $-2, -1, 0, 1$ e 2 6. 32 7. 0,52
8. a)

Horas trabalhadas	Número de presidentes (f_i)	F_i
60	18	18
61	32	50
62	28	78
63	22	100

   b) 61 e 62 c) 61,5; a mediana
9. a) 9,2 s b) $\simeq 9{,}3$ s
10. a) 21 minutos
    b)

Tempo (min)	Tempo − média (min)	|Tempo − média| (min)
30	30 − 21 = 9	9
35	35 − 21 = 14	14
10	10 − 21 = −11	11
5	5 − 21 = −16	16
35	35 − 21 = 14	14
5	5 − 21 = −16	16
10	10 − 21 = −11	11
15	15 − 21 = −6	6
30	30 − 21 = 9	9
35	35 − 21 = 14	14
		$\sum |\text{tempo} - \text{média}| = 120$

O total de observações é 10. Então: $\frac{120}{10} = 12$

   c) Como dividimos a soma de todas as distâncias entre cada valor observado e a média (tempo - média) pelo total de observações, podemos dizer que encontramos a distância média entre cada valor observado e a média. Tal distância pode ser chamada de desvio médio.

11. a) $\bar{x} = 6$; $D_m = 1{,}2$; $Var = 2{,}8$; $Dp \simeq 1{,}67$
    b) $\bar{x} = 6$; $D_m = 2{,}6$; $Var = 9{,}4$; $Dp \simeq 3{,}07$
    c) $\bar{x} = 67{,}4$; $D_m = 12{,}68$; $Var = 252{,}04$; $Dp \simeq 15{,}88$
    d) $\bar{x} = 67$; $D_m = 9$; $Var = 118{,}6$; $Dp \simeq 10{,}89$
    • A amostra do item **a** apresenta maior estabilidade que a do item **b**, e a amostra do item **d** apresenta maior estabilidade que a do item **c**.
12. a) $\bar{x}_A = 4{,}25$; $\bar{x}_B = 2{,}3$
    b) $Dp_A \simeq 0{,}94$; $Dp_B \simeq 0{,}84$
    • Como o valor do desvio padrão dos resultados da promoção B é menor que o valor do desvio padrão dos resultados da promoção A, podemos dizer que a promoção B apresenta maior estabilidade que a promoção A.
13. a) $\bar{x}_A = 4$; $Mo_A = 2$; $Me_A = 3$; $\bar{x}_B = 14$; $Mo_B = 12$; $Me_B = 13$
    b) $Dm_A = Dm_B = 0{,}7$; $Var_A = Var_B = 2{,}5$; $Dp_A = Dp_B \simeq 1{,}58$
14. a) $Var \simeq 10{,}07$; $Dp \simeq 3{,}17$
    b) Os valores do grupo se distanciam aproximadamente 3,17 viagens do valor médio ($\simeq 15$ viagens).
15. Os valores do grupo se distanciam cerca de R$ 101,37 do valor médio (R$ 465,00).

Exercícios complementares

1. A frequência entre 3 e 5 é 16% e entre 5 e 7 é 12%.
2. 1,2
3. $\bar{x} = 90$ e $Dp = 30$
4. 5 pessoas
5. alternativa b
6. 55
7. alternativa c
8. a) 2 e 2 b) 1,86
9. a) 2,59% b) $Me = 2{,}605\%$ e $Dm = 0{,}066\%$
10. $\simeq 1{,}13$
11. a) B b) A
12. $-14, -8, -2, 4, 10, 16, 22$; $Me = 4$
13. 4   14. 11   15. 48 alunos
16. 3 ou 15   17. $\simeq 0{,}516$

Questões de vestibular

18. alternativa d   19. alternativa b   20. alternativa b
21. 18 gols   22. alternativa b
23. a) 105   b) 20
24. alternativa d   25. alternativa a   26. alternativa b

Compreensão de texto

1. O bioma apresentado nesse infográfico é a Caatinga. Algumas características apresentadas: só existe no Brasil e tem cerca de 844 mil km², ocupando quase 10% do território nacional; abriga ambientes muito diferentes, desde florestas com árvores de até 20 metros (caatinga arbórea) até áreas com solos muito rochosos, dominadas por arbustos baixos, cactos e bromélias; 932 espécies vegetais identificadas até 2008, muitas não existem em nenhum outro lugar do planeta; no período da seca, adaptada para conter a perda de água, a vegetação perde suas folhas e a cor cinza predomina; no período das chuvas, o calor é amenizado e a vegetação torna-se exuberantemente verde.
2. A vegetação da Caatinga sofre sério risco de desaparecer por ser pouco estudada e protegida. Em 2013, estima-se que a atividade humana já havia destruído de 45% a 60% da vegetação original.
3. A principal estratégia de convivência com o semiárido é a educação ambiental, reduzindo a degradação do solo e melhorando a área de vegetação e, assim, a qualidade do solo.
4. resposta pessoal

Capítulo 26 Geometria analítica: conceitos básicos e a reta

1.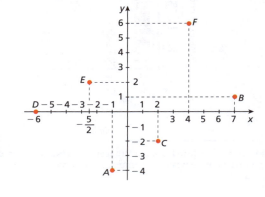

2. a) 4º quadrante c) 1º quadrante
b) 3º quadrante d) 2º quadrante

3.
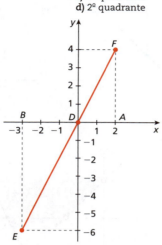
Não, porque os pontos D, E e F estão alinhados.

4. a) 12 vértices
b) (0, 3), (1, 2), (3, 2), (2, 0), (3, −2), (1, −2), (0, −3), (−1, −2), (−3, −2), (−2, 0), (−3, 2) e (−1, 2)

5. Impondo as condições $x_A < 0$ e $y_A > 0$, temos $m, n \in \mathbb{N} \in \mathbb{R}$ tais que $m < 8$ e $n > 5$.

6. a) Para todo ponto P da bissetriz dos quadrantes ímpares, e só para eles, a abscissa é igual à ordenada, ou seja, $x_P = y_P$.
b) Para todo ponto P da bissetriz dos quadrantes pares, e só para eles, a abscissa é igual ao oposto da ordenada, ou seja, $x_P = -y_P$.

7. a)
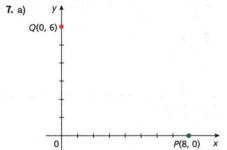
b) 8
c) 6
d) A distância é a medida da hipotenusa do triângulo; assim, aplica-se o teorema de Pitágoras.
e) 10
f) $\sqrt{a^2 + b^2}$

8. $7\sqrt{2}$

9. a) 5
b) $\sqrt{10}$
c) $\sqrt{97}$
d) 4

10. a) $\sqrt{13}$ b) 2 c) 3

11. a) 36 unidades de área
b) 24 unidades de comprimento
c) $6\sqrt{2}$ unidades de comprimento

12. $P\left(0, \dfrac{71}{6}\right)$

13. calculando os lados do triângulo – $\sqrt{20}$; $\sqrt{80}$; $\sqrt{100}$ – e aplicando o teorema de Pitágoras

14. a) isósceles
b) escaleno
c) equilátero

15. $C = \left(\dfrac{5 + \sqrt{3}}{2}, \dfrac{-9 - \sqrt{3}}{2}\right)$ ou $C = \left(\dfrac{5 - \sqrt{3}}{2}, \dfrac{-9 + \sqrt{3}}{2}\right)$

16. $m = 7$ ou $m = -1$

17. a) M(4, 3)
b) M(−5, −2)

18. A(2, 6)

19. M(−2, 4)

20. a) C(3, 5) e D(2, 7)
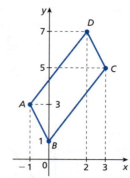
b) $(10 + 2\sqrt{5})$ unidades de comprimento

21. $\sqrt{10}$

22. (3, 1), (−5, 7) e (1, −3)

23. $\left(-\dfrac{1}{3}, \dfrac{5}{3}\right); \left(-\dfrac{1}{3}, \dfrac{5}{3}\right)$

24. a) sim b) não

25. $x \neq -2$

26. a) $m = 1$ b) $m \neq 1$

27. Há infinitas possibilidades; por exemplo: P(−1, 2) e Q(2, 5).

28. $x - 3y + 7 = 0$

29. $A\left(-\dfrac{1}{2}, 0\right)$; B(0, 1)

30. a) $P\left(\dfrac{1}{2}, \dfrac{3}{2}\right)$
b) Impondo a condição de alinhamento de três pontos para P, A e B e para P, C e D.
c)
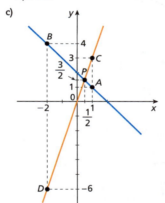

31. a) $y_P = 0$; $P\left(-\dfrac{11}{2}, 0\right)$ d) $x_P = -y_P$; $P\left(-\dfrac{11}{9}, \dfrac{11}{9}\right)$
b) $x_P = 0$; $P\left(0, \dfrac{11}{7}\right)$ e) $2x_P - 7 \cdot 2x_P + 11 = 0$; $P\left(\dfrac{11}{12}, \dfrac{11}{6}\right)$
c) $x_P = y_P$; $P\left(\dfrac{11}{5}, \dfrac{11}{5}\right)$

32. a) não b) sim

33. a) não b) sim; $5x - 2y - 5 = 0$

34. 3

35. $\left(0, -\dfrac{1}{3}\right)$ e (−1, 0)

36. eixo x: $y = 0$; eixo y: $x = 0$

37. a) $4x + 3y - 17 = 0$ b) $x + 3y - 11 = 0$ c) (2, 3)

38. A(−4, 5), B(0, −3) e C(4, 3)
a) $2x + y + 3 = 0$; $3x - 2y - 6 = 0$; $x + 4y - 16 = 0$
b) $5x + 6y - 10 = 0$; $x = 0$; $x - 3y + 5 = 0$
c) $x + 4y - 2 = 0$; $2x + y - 4 = 0$; $3x - 2y + 8 = 0$

39. a) Não existe. c) 1
b) 0 d) $\dfrac{-(\sqrt{2})}{14}$

40. a) 4 b) 6

41. $\sqrt{3}x - y - \sqrt{3} - 6 = 0$

Respostas da parte III

42. sim

43. a) $\sqrt{3}x + y - 5\sqrt{3} = 0$ **b)** $x - y + 3 = 0$

44. a) 65 °H   **b)** 60 °C; 60 °H

45. a) $y = \frac{1}{2}x + \frac{2}{3}$ **b)** $y = -\frac{1}{2}x + \frac{7}{6}$

46. a) $m = \frac{\sqrt{3}}{5}$; $n = \frac{2}{5}$ **b)** $m = \frac{\sqrt{2}}{4}$; $n = \frac{\sqrt{2}}{16}$

47. $y = \frac{1}{2}x + \frac{5}{2}$

48. $y = 1,3x$
 $\alpha \simeq 53°$

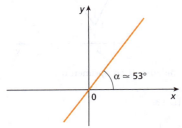

49. $r: y = \sqrt{3}x - 2$; $s: y = -x + 4$

50. a) $\frac{x}{4} + \frac{y}{6} = 1$ **b)** $\frac{x}{2} + \frac{y}{-3} = 1$

51. $\frac{x}{4} + \frac{y}{7} = 1$ **52.** $\frac{x}{\frac{1}{2}} + \frac{y}{\frac{2}{3}} = 1$

53. $(6, 0)$; $(0, 9)$; $\frac{x}{6} + \frac{y}{9} = 1$

54. a) concorrentes perpendiculares   **c)** paralelas distintas
 b) concorrentes   **d)** paralelas coincidentes

55. a)

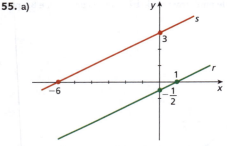

 b) r e s são retas paralelas distintas.
 c) $m_r = \frac{1}{2}$ e $n_r = -\frac{1}{2}$
  $m_s = \frac{1}{2}$ e $n_s = 3$ $\Rightarrow m_r = m_s$ e $n_r \neq n_s$
  Portanto, r e s são paralelas distintas.

56. $5x - y = 0$ **57.** $x + 3y = 0$ **58.** $x + 5y = 0$

59. 3   **60.** $y = 2x + 3$

61. a) $y = -x - 2$;   **b)** $\left(-\frac{3}{2}, -\frac{1}{2}\right)$
 $y = \frac{1}{3}x$;
 $y = 3x + 4$

62. a) $A(1, 1)$, $B(5, -1)$, $C(6, 1)$ e $D(2, 3)$ **c)** 10 unidades de área
 b) $y - 1 = 0$ e $4x + 3y - 17 = 0$ **d)** $6\sqrt{5}$ unidades de comprimento

63. 60°   **64.** $y = \frac{1}{2}x + \frac{3}{2}$ ou $y = -2x + 4$

65. 2 ou $-\frac{1}{2}$ **66.** $\simeq 25°$ **67.** $\frac{7\sqrt{5}}{5}$

68. $\frac{4}{5}$ **69.** $\frac{2\sqrt{10}}{5}$ unidades de comprimento

70. $\frac{11\sqrt{13}}{26}$

71. a) $A(-1, 2)$; $x - y - 2 = 0$
 b) $\frac{5\sqrt{2}}{2}$ unidades de comprimento
 c) 5 unidades de comprimento
 d) área: $\frac{25}{2}$ unidades de área; perímetro: $10\sqrt{2}$ unidades de comprimento

72. $3x - 7y + 12 = 0$ e $7x + 3y + 4 = 0$

73. a) 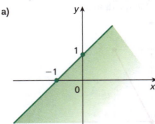   **b)**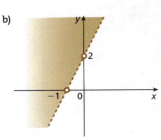

74. $3x + 2y - 6 \leq 0$

75.

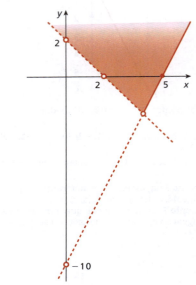

76. $k > -\frac{8}{5}$

77. a) Os coeficientes de x e y na equação do custo representam, respectivamente, o custo unitário das calças A e B.
 b) resposta possível: $(0, 60)$ e $(140, 0)$
 c) 84 calças
 d) Não, pois, como x e y representam o número de calças de cada tipo, devem ser números naturais.
 e) $x = 210$ (ocorre quando $y = 0$)
  $y = 90$ (ocorre quando $x = 0$)
 f) $30x + 70y - 6.300 \leq 0$, com $x \in \mathbb{N}$ e $y \in \mathbb{N}$
  Não, pois, como o problema só faz sentido para $x \in \mathbb{N}$ e $y \in \mathbb{N}$, a representação gráfica da inequação é um conjunto finito de pontos do semiplano $30x + 70y - 6.300 \leq 0$.

78. 17 unidades de área

79. $\frac{43}{2}$ unidades de área

80. a) $A(0, 2)$, $B(0, 6)$, $C(2, 0)$ e $D(4, 0)$
 b) $Q\left(\frac{8}{5}, \frac{6}{5}\right)$
 c) $\frac{22}{5}$ unidades de área
 d) $\frac{14}{5}$ unidades de área
 e) $\frac{36}{5}$ unidades de área. A área do polígono $OBQD$ pode ser obtida somando-se as áreas dos itens c e d.

81. a) 0 unidade de área   **b)** Sim, pois os pontos são colineares.

82. 3 ou -17 **83.** $(-11, 23)$ ou $(13, -25)$

Exercícios complementares

1. $m = 3$ **2.** $C(4, 5)$
3. -6 ou -4 **4.** $2x - 7y - 6 = 0$
5. $y = -\frac{x}{2}$ e $y = 2x$ **6.** $\frac{4}{5}$
7. -7 **8.** 8
9. $-\frac{1}{5}$ ou 5   **10.** $(1, 1)$

11.

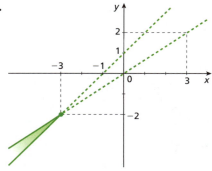

$5x + 10.000y = 10.000$

12. 3 minutos e 45 segundos

13. $\dfrac{4\sqrt{5}}{5}$ unidades de comprimento

14.

15. alternativa b
16. 135°
17. $B(-1, 4)$
18. $x + y - 4 = 0$
19. 3 unidades de área

Questões de vestibular

20. alternativa c
21. a) -1 **b)** $P(2, 1)$ **c)** $x + 2y - 1 = 0$
22. alternativa c
23. alternativa c
24. alternativa d
25. alternativa d
26. a) $y = x - 20$; $y = 0$; $0 < x < 120$;
$x^2 - (y - 40)^2 > 50^2$; $\dfrac{|x - y - 20|}{\sqrt{2}} < 20$
b) $30 < x < 20(1 + \sqrt{2})$
27. 8 unidades de área
28. a) $\left(\dfrac{3}{2}, \dfrac{2}{3}\right)$ **b)** demonstração
29. a) $A = -\alpha^2 + 2\alpha + 3$ **b)** 1
30. alternativa a

Capítulo 27 Circunferência

1. $C(0, 0)$
2. a) $(x - 1)^2 + (y - 3)^2 = 4$ **c)** $(x - 3)^2 + (y - 0,5)^2 = 5$
b) $x^2 + y^2 = 16$ **d)** $x^2 + (y + 4)^2 = 13$
3. R e T
4. $(x - 2)^2 + (y + 1)^2 = 9$
5. a) $m = 0$; $n = 1$; $p = 1$
b) $m = \pm 1$; $n = 1$ e $p = \pm 4$
c) $m = 4$; $n = \dfrac{1}{9}$ e $p = -2$ ou $p = 1$
6. a) $C(1, 2)$ e $r = 10$ **c)** $C(-3, -2)$ e $r = 5$
b) $C(0, 3)$ e $r = \sqrt{5}$ **d)** $C(5, 0)$ e $r = \dfrac{\sqrt{2}}{2}$
7. μ, γ, β
8. $x^2 + \left(y - \dfrac{3}{2}\right)^2 = \dfrac{45}{4}$
9. a) $x^2 + y^2 = 25$ **b)** $(x - 2)^2 + (y - 1)^2 = 10$
10. $(x + 2)^2 + (y - 4)^2 = 50$
11. Não, pois para um mesmo valor de x pode haver dois valores de y correspondentes.
12. a) $x^2 + y^2 + 6x - 4y + 4 = 0$ **b)** $x^2 + y^2 + 10y + 20 = 0$

13. a) $C(1, -1)$ e $r = \sqrt{2}$ **b)** Não existem.
14. Não representa.
15. $C(3, -9)$ e $r = \sqrt{82}$
16. $p < 1$
17. a) $y = 1$
b) $B(-2, 1)$, $C(-2, -1)$ e $D(2, -1)$
c) Sim; a área da região alaranjada pode ser calculada pela diferença entre a área do círculo e a área do retângulo.
18. 4 ou -3
19. $x^2 + y^2 - 4x - 4y + 3 = 0$
20. a) exterior **b)** interior **c)** pertence
21. a) exterior **b)** pertence **c)** interior
22. a) 4 ou 2 **b)** $2 < k < 4$
23. a) $(x - 3)^2 + (y - 2)^2 = \dfrac{1}{2}$ **c)** $\dfrac{\pi}{2}$ unidades de área
b) $(x - 3)^2 + (y - 2)^2 = 1$
24. a) Pertence à circunferência. **c)** É exterior à circunferência.
b) É interior à circunferência.
25. a) tangente, $P(3, 3)$ **c)** exterior
b) secante, $A(1, 0)$ e $B(0, -1)$
26. $4\sqrt{2}$ unidades de comprimento
27. a) 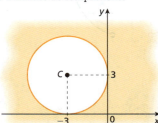 **b)**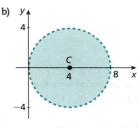

28. $-2\sqrt{2}$ ou $2\sqrt{2}$
29. As retas r e s são retas paralelas distintas, pois possuem mesmo coeficiente angular (igual a 1) e diferem no coeficiente linear.
30. π unidades de área
31. 10π unidades de comprimento
32. a) $(x - 2)^2 + (y - 3)^2 \leq 13$
b) $x^2 + (y + 5)^2 \leq 9$
c) $\begin{cases} y = x + 3 \\ x^2 + y^2 = 9 \end{cases}$
d) $\begin{cases} y \geq -x - 2 \\ (x + 2)^2 + (y + 2)^2 \leq 4 \end{cases}$
33. $\Delta > 0$, a reta é secante; $\Delta = 0$, a reta é tangente; $\Delta < 0$, a reta é exterior.
34. Não é possível, pois os pontos são colineares.
35. a) tangentes interiores **d)** disjuntas interiores
b) secantes **e)** disjuntas interiores e concêntricas
c) tangentes exteriores **f)** disjuntas exteriores
36. anti-horário
37. a) secantes
b) disjuntas interiores e concêntricas
38. resposta possível:

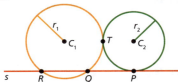

39. Não há pontos comuns.
40. $x^2 + y^2 < 36$; $x^2 + y^2 \geq 4$
41. a) 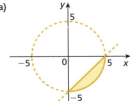 **b)**

42. $x^2 + y^2 = 16$ e $A = 16\pi$ unidades de área

Exercícios complementares

1. $(x + 1)^2 + (y + 1)^2 = 5$
2. a) 2 vezes
   b) sim
   c) 36π unidades de área
3. $(-3, -5)$
4. $(4, -2)$
5. $\lambda_1: (x + 14)^2 + y^2 = 25$; $\lambda_2: (x + 4\sqrt{3})^2 + (y + 4)^2 = 25$; $\lambda_3: x^2 + y^2 = 25$; $\lambda_4: (x - 4\sqrt{3})^2 + (y + 4)^2 = 25$; $\lambda_5: (x - 14)^2 + y^2 = 25$
6. $a = 36$, $b = 0$ e $c < 5$
7. alternativa a
8. $\sqrt{5}$ unidades de comprimento
9. $x + 2y = 6$
10.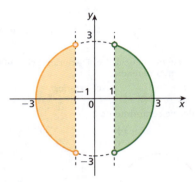
11. $x + y = 7$ e $x - y = -1$
12. 2π unidades de área
13. $(-3, 5)$, $(5, -1)$ e $(5, 5)$

Questões de vestibular

14. alternativa d
15. $01 + 02 + 04 + 08 = 15$
16. alternativa c
17. $A = \dfrac{(R + r) \cdot \sqrt{R \cdot r}}{2}$
18. alternativa d
19. alternativa c
20. alternativa b
21. $(x - 3)^2 + y^2 = \dfrac{9}{4}$
22. a) $y = \dfrac{\sqrt{21}}{2}x - 3$
    b) $\left(\dfrac{2\sqrt{21}}{5}, \dfrac{6}{5}\right)$
23. alternativa c
24. alternativa a
25. alternativa a

Compreensão de texto

1. 2 órbitas
2. $\approx 0{,}067$ s
3. 166.860 km
4. nenhum ponto; um único ponto; dois pontos
5. nenhum ponto; um único ponto; infinitos pontos
6. uma circunferência

Capítulo 28 Cônicas

1. circunferência
2. a) sim
   b)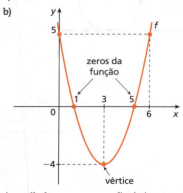
   c) parábola
   d) vértice
   e) sim

3. $\dfrac{x^2}{25} + \dfrac{y^2}{9} = 1$
4. a) $\dfrac{x^2}{25} + \dfrac{y^2}{16} = 1$
   b) $\dfrac{x^2}{9} + \dfrac{y^2}{5} = 1$
   c) $\dfrac{x^2}{144} + \dfrac{y^2}{169} = 1$
   d) $\dfrac{x^2}{7} + \dfrac{y^2}{16} = 1$
5. a) $\dfrac{x^2}{25} + \dfrac{y^2}{24} = 1$
   b) $\dfrac{x^2}{25} + \dfrac{y^2}{9} = 1$
   c) $\dfrac{x^2}{144} + \dfrac{y^2}{16} = 1$
6. Obteríamos uma circunferência.
7. A-II; B-I; C-III
8. a) $F_1(0, 5\sqrt{3})$, $F_2(0, -5\sqrt{3})$ e $e = \dfrac{\sqrt{3}}{2}$
   b) $F_1(2\sqrt{10}, 0)$, $F_2(-2\sqrt{10}, 0)$ e $e = \dfrac{2\sqrt{10}}{7}$
   c) $F_1(0, 2\sqrt{7})$, $F_2(0, -2\sqrt{7})$ e $e = \dfrac{\sqrt{7}}{4}$
   d) $F_1(3\sqrt{2}, 0)$, $F_2(-3\sqrt{2}, 0)$ e $e = \dfrac{\sqrt{2}}{2}$
9. $\dfrac{x^2}{8} + \dfrac{y^2}{4} = 1$
10. a) 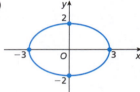 b)
11. $x^2 + \dfrac{y^2}{4} = 1$
12. $\dfrac{x^2}{25} + \dfrac{y^2}{9} = 1$
13. a) demonstração
    b) demonstração
    c) demonstração
14. $x^2 = -24y$
15. Sim. $c = \dfrac{p}{2}$
    - $F(0, c)$ e diretriz $y = -c$, $x^2 = 2py$
    - $F(0, -c)$ e diretriz $y = c$, $x^2 = -2py$
    - $F(c, 0)$ e diretriz $x = -c$, $y^2 = 2px$
    - $F(-c, 0)$ e diretriz $x = c$, $y^2 = -2px$
16. Sim; considere $P(x, y)$ pertencente à parábola e equidistante de $F(-3, 0)$ e de $Q(3, y)$, pertencente à diretriz da parábola.
    $d_{P, F} = d_{P, Q}$
    $\sqrt{(x - (-3))^2 + (y - 0)^2} = \sqrt{(x - 3)^2 + (y - y)^2}$
    $x^2 + 6x + 9 + y^2 = x^2 - 6x + 9 \Rightarrow y^2 = -12x$
17. a) $x^2 = 12y$
    b) $y^2 = x$
18. a)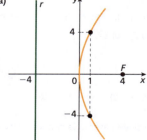
    $y^2 = 16x$
    b)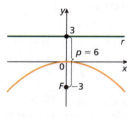
    $x^2 = -12y$

626 Conexões com a Matemática

19. a) 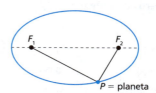 b)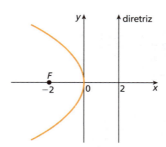

20. $y^2 = -40x$

21. a) Quanto maior é o valor de c, mais "aberta" é a parábola e, quanto mais próximo de zero é o valor de c, mais "fechada" é a parábola.
b) $p = 2c$; então, quando aumentamos o valor de c, aumentamos o valor de p e, quando diminuímos c, p fica menor.

22. a) $\dfrac{x^2}{9} - \dfrac{y^2}{16} = 1$ b) $\dfrac{y^2}{4} - \dfrac{x^2}{21} = 1$

23. a) $\dfrac{x^2}{100} - \dfrac{y^2}{64} = 1$ b) $\dfrac{x^2}{49} - \dfrac{y^2}{36} = 1$ ou $\dfrac{y^2}{49} - \dfrac{x^2}{36} = 1$

24. a) $F_1(4, 0)$; $F_2(-4, 0)$; $A_1(2\sqrt{3}, 0)$; $A_2(-2\sqrt{3}, 0)$; $e = \dfrac{2\sqrt{3}}{3}$
b) $F_1(0, 6)$; $F_2(0, -6)$; $A_1(0, 5)$; $A_2(0, -5)$; $e = \dfrac{6}{5}$
c) $F_1(3\sqrt{10}, 0)$; $F_2(-3\sqrt{10}, 0)$; $A_1(3, 0)$; $A_2(-3, 0)$; $e = \sqrt{10}$
d) $F_1(0, 5)$; $F_2(0, -5)$; $A_1(0, 4)$; $A_2(0, -4)$; $e = \dfrac{5}{4}$

25. a)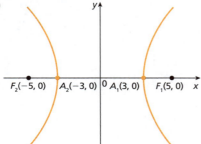

b)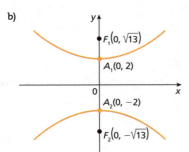

26. elipse: $\dfrac{4x^2}{25} + \dfrac{4y^2}{9} = 1$; hipérbole: $\dfrac{x^2}{2} - \dfrac{y^2}{2} = 1$

27. a) $2x - 3y = 0$; $2x + 3y = 0$
b) $\dfrac{\sqrt{2}}{5}x - \dfrac{\sqrt{5}}{2}y = 0$; $\dfrac{\sqrt{2}}{2}x + \dfrac{\sqrt{5}}{5}y = 0$

28. demonstração

Exercícios complementares

1. $\dfrac{x^2}{16} + \dfrac{y^2}{25} = 1$

2. a) 6 unidades de área b) 3 unidades de área c) $2\sqrt{5}$ unidades de área

3.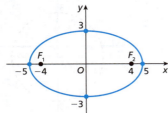

4. elíptica

5. a) circunferência
b) hipérbole
c) parábola
d) elipse

6. $F(-4, 0)$ e $x = 4$

7.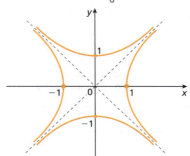

8. $y^2 = 12x$

9. $\dfrac{y^2}{25} - \dfrac{x^2}{81} = 1$

10. 5 km

11. $\dfrac{\sqrt{85}}{6}$

12.

13. $r_1: 2x - 3y = 0$
$r_2: 2x + 3y - 36 = 0$

14. -13

15. $(0, 0)$ e $\left(\dfrac{3}{2}, 3\right)$

16. $\dfrac{(x + 7)^2}{9} + \dfrac{(y - 5)^2}{25} = 1$

17. $\dfrac{(x + 6)^2}{144} + \dfrac{(y + 2)^2}{225} = 1$

18. 10 pares

19. tangentes exteriores

20. 3 ou -1

21. 4

Questões de vestibular

22. alternativa e
23. alternativa c
24. alternativa e
25. alternativa b
26. a) $\dfrac{12}{5}$ unidades de comprimento
b) $Q(-5, 0)$, $R(5, 0)$; 12 unidades de área
27. $1 + 2 + 16 = 19$
28. 6 unidades de área
29. alternativa b
30. 21π

Compreensão de texto

1. O segredo do fogão solar está na sua forma, que lembra uma antena parabólica, e o fato de sua superfície interna ser revestida com papel-alumínio também contribui para sua eficiência. Parte da luz solar que incide no interior do fogão é refletida para a área que acomoda a panela, onde o calor é concentrado.

2. A cada 45 minutos é preciso reposicionar o fogão solar, por causa do movimento de rotação da Terra, que causa alternância na incidência de luz solar.

3. resposta pessoal

4. A fonte de energia limpa que o infográfico cita é a energia solar.

Capítulo 29 Números complexos

1. a) $S = \{4i, -4i\}$ b) $S = \{3 - 2i, 3 + 2i\}$
2. a) $S = \{\sqrt{3i}, -\sqrt{3i}\}$ b) $S = \left\{\dfrac{1}{2} - \dfrac{\sqrt{2}}{2}i, \dfrac{1}{2} + \dfrac{\sqrt{2}}{2}i\right\}$
3. a) $\text{Re}(z) = \sqrt{3}$; $\text{Im}(z) = -\sqrt{5}$ d) $\text{Re}(z) = 4$; $\text{Im}(z) = 0$
   b) $\text{Re}(z) = \dfrac{1}{3}$; $\text{Im}(z) = \dfrac{2}{3}$ e) $\text{Re}(z) = 2$; $\text{Im}(z) = -3$
   c) $\text{Re}(z) = 0$; $\text{Im}(z) = 9$ f) $\text{Re}(z) = 0$; $\text{Im}(z) = -1$
4. a) real c) real
   b) imaginário d) imaginário puro
5. a) $x = 0$ e $y \neq 0$ b) $y = \dfrac{1}{2}$
6. 1 ou -1
7. a) $x = 2$ e $y \neq 3$ ou $x = -2$ e $y \neq 3$
   b) $x \neq 2$ e $y = 3$ ou $x \neq -2$ e $y = 3$
   c) $x = 2$ e $y = 3$ ou $x = -2$ e $y = 3$
8. $m = -\dfrac{1}{11}$ e $n = -\dfrac{8}{11}$
9. a) $S = \{6\}$ b) $S = \{-5\}$ c) $S = \{-2\}$
10. $x = 2$ e $y = -2$
11. a) $S = \{-2i, 2i\}$ b) $S = \{2, 3\}$ c) $S = \{-\sqrt{2}, -3\sqrt{2}\}$
12. a) V c) F e) F
    b) F d) V f) F
13. a) $8 + 11i$ b) $6 - 3i$
14. a) $-7 + 5i$ b) $11 + 3i$
15. a) $2 + 2i$ b) $19 + 5i\sqrt{3}$
16. a) $7 + 4i$ b) $6 - 3i\sqrt{2}$
17. a) $-6 + 8i$
    b) $28 - 3i$
    c) $\dfrac{51}{8}$
18. a) $1 + 41i$ b) $28 + 3i$
19. $x = 3$; $y = 2$ 20. $x = -1$ e $y = -4$
21. $x = -1$ e $y = 3$ 22. $x = \dfrac{2}{13}$ e $y = \dfrac{23}{13}$
23. $x = 2$ e $y = \dfrac{3}{7}$ ou $x = -2$ e $y = -\dfrac{1}{3}$
24. É raiz.
25. a) $m = 8$ b) $m = -2$
26. $y = -\dfrac{3}{2}x$
27. a) 24 b) $14 + 22i$
28. a) 13 b) 4 c) 5 d) $a^2 + b^2$
    • É um número real não negativo.
29. a) 53 b) 17 c) 5 d) $x^2 + 4y^2$
30. 6. O valor de $z + \bar{z}$ é o dobro da parte real de z.
31. demonstração
32. a) $-2i$ b) $\dfrac{7}{4} - \dfrac{5}{4}i$ c) $\dfrac{9}{8} + 6i$
33. a) $\dfrac{1}{2} - \dfrac{1}{2}i$ c) $\dfrac{3}{25} + \dfrac{4}{25}i$ e) i
    b) $-\dfrac{1}{2}i$ d) $\dfrac{a}{a^2 + b^2} + \dfrac{b}{a^2 + b^2}i$
34. a) 1
    b) $w \cdot z = 1$
    c) Sim, eles são.
    d) Quando o produto entre eles é 1.
35. a) $5 + 2i$ b) $\dfrac{5}{12} - \dfrac{5}{12}i$ c) $\dfrac{9}{8} - \dfrac{\sqrt{7}}{8}i$
36. $\dfrac{2}{17}$
37. $z = \dfrac{3}{2} - \dfrac{3}{2}i$
38. $k = 6$
39. $m = -12$
40. a) $-13 + 8i$ b) $-\dfrac{4}{2^{20}} - \dfrac{32}{2^{20}}i$
41. a) -1 b) -1 c) $-i$ d) 1
42. a) F b) F c) V d) V
43. a) zero b) zero • $-1 - i$

44. $\dfrac{2}{13} + \dfrac{3}{13}i$
45. Não existe x real.
46. a)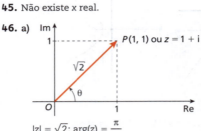
    $|z| = \sqrt{2}$; $\arg(z) = \dfrac{\pi}{4}$

    b)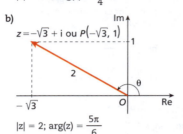
    $|z| = 2$; $\arg(z) = \dfrac{5\pi}{6}$

    c)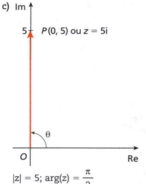
    $|z| = 5$; $\arg(z) = \dfrac{\pi}{2}$

47. a) $\arg(z_1) = \dfrac{11\pi}{6}$ b) $\arg(z_2) = \dfrac{7\pi}{4}$ c) $\arg(z_3) = \dfrac{7\pi}{4}$
48. a) $\sqrt{5}$ b) $\sqrt{73}$ c) $13\sqrt{2}$
49. $\sqrt{5}$
50. a) $|z| = 2$; $\arg(z) = \dfrac{\pi}{3}$; $|\bar{z}| = 2$; $\arg(\bar{z}) = \dfrac{5\pi}{3}$
    Observando os valores encontrados, temos: $|z| = |\bar{z}|$ e $\arg(\bar{z}) = 2\pi - \arg(z)$
    b)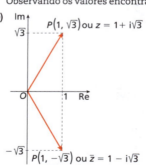
    Geometricamente z e $\bar{z}$ são representados por pontos simétricos em relação ao eixo real.
    c) sim

51. a) 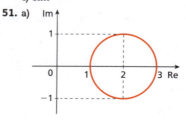 b)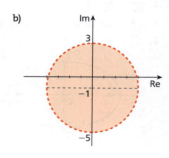

52.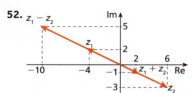

53. a) $z = \sqrt{2} \cdot \left(\cos \frac{7\pi}{4} + i \cdot \text{sen } \frac{7\pi}{4}\right); \overline{z} = \sqrt{2} \cdot \left(\cos \frac{\pi}{4} + i \cdot \text{sen } \frac{\pi}{4}\right)$

b) $z = 4\sqrt{2} \cdot \left(\cos \frac{5\pi}{4} + i \cdot \text{sen } \frac{5\pi}{4}\right); \overline{z} = 4\sqrt{2} \cdot \left(\cos \frac{3\pi}{4} + i \cdot \text{sen } \frac{3\pi}{4}\right)$

c) $z = 8 \cdot (\cos 0 + i \cdot \text{sen } 0); \overline{z} = 8 \cdot (\cos 0 + i \cdot \text{sen } 0)$

54. a) -1 b) $-3\sqrt{2} - 3i\sqrt{2}$

55. $z^{-1} = \frac{1}{3}$

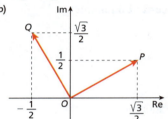

56. a) $-\frac{1}{2} + i\frac{\sqrt{3}}{2}$

b) [gráfico]

c) Manteve-se inalterado.
d) sim

57. a) $8 \cdot \left(\cos \frac{11\pi}{12} + i \cdot \text{sen } \frac{11\pi}{12}\right)$ c) $\frac{1}{2} \cdot \left(\cos \frac{17\pi}{12} + i \cdot \text{sen } \frac{17\pi}{12}\right)$

b) $16 \cdot \left(\cos \frac{2\pi}{3} + i \cdot \text{sen } \frac{2\pi}{3}\right)$ d) $2 \cdot \left(\cos \frac{7\pi}{12} + i \cdot \text{sen } \frac{7\pi}{12}\right)$

58. $\rho_w = \frac{1}{5}$ e $\theta_w = \frac{4\pi}{3}$ **59.** $x = 2$

60. a) $-4 + 4i$ b) $-128 + 128\sqrt{3}i$ c) $-i$

61. $2.187 \cdot \left(\cos \frac{2\pi}{3} + i \cdot \text{sen } \frac{2\pi}{3}\right)$

62. É imaginário puro, pois $(1-i)^{10} = -32i$

63. a) $n \in \{0, \pm 3, \pm 6, \pm 9, ...\}$ b) $\not\exists\, n \in \mathbb{Z}$

64. $\frac{1}{2} + \frac{\sqrt{3}}{2}i; -1; \frac{1}{2} - \frac{\sqrt{3}}{2}i$

65. a) $z^n = 2^n \cdot \left[\cos\left(n \cdot \frac{\pi}{6}\right) + i \cdot \text{sen}\left(n \cdot \frac{\pi}{6}\right)\right]$

b) $2^n \cdot \left[\cos\left(n \cdot \frac{\pi}{6}\right) - i \cdot \text{sen}\left(n \cdot \frac{\pi}{6}\right)\right]$

c) $\overline{z} = 2 \cdot \left(\cos \frac{\pi}{6} - i \cdot \text{sen } \frac{\pi}{6}\right); (\overline{z})^n = 2^n \cdot \left[\cos\left(n \cdot \frac{\pi}{6}\right) - i \cdot \text{sen}\left(n \cdot \frac{\pi}{6}\right)\right]$

d) $(\overline{z})^n = \overline{(z^n)}$; demonstração

66. $w_0 = \sqrt[8]{2} \cdot \left(\cos \frac{\pi}{16} + i \cdot \text{sen } \frac{\pi}{16}\right); w_1 = \sqrt[8]{2} \cdot \left(\cos \frac{9\pi}{16} + i \cdot \text{sen } \frac{9\pi}{16}\right);$

$w_2 = \sqrt[8]{2} \cdot \left(\cos \frac{17\pi}{16} + i \cdot \text{sen } \frac{17\pi}{16}\right); w_3 = \sqrt[8]{2} \cdot \left(\cos \frac{25\pi}{16} + i \cdot \text{sen } \frac{25\pi}{16}\right)$

67. a) $w_0 = \sqrt[3]{2i}; w_1 = -\frac{\sqrt[6]{108}}{2} - \frac{\sqrt[3]{2}}{2}i; w_2 = \frac{\sqrt[6]{108}}{2} - \frac{\sqrt[3]{2}}{2}i$

b) $w_0 = 3\sqrt[3]{3}; w_1 = -\frac{3\sqrt[3]{3}}{2} + \frac{3\sqrt[6]{243}}{2}i; w_2 = -\frac{3\sqrt[3]{3}}{2} - \frac{3\sqrt[6]{243}}{2}i$

c) $w_0 = \frac{\sqrt[6]{243}}{2} + \frac{\sqrt[3]{3}}{2}i; w_1 = -\frac{\sqrt[6]{243}}{2} + \frac{\sqrt[3]{3}}{2}i; w_2 = -i\sqrt[3]{3}$

d) $w_0 = \frac{3\sqrt{3}}{2} + \frac{3\sqrt{3}}{2}i; w_1 = -3; w_2 = \frac{3}{2} - \frac{\sqrt{3}}{2}i$

68. $z_1 = 3 \cdot \left(\cos \frac{5\pi}{4} + i \cdot \text{sen } \frac{5\pi}{4}\right)$

69. $w_1 = -1$

$w_2 = \frac{1}{2} - \frac{\sqrt{3}}{2}i$

70. a) $w_0 = \sqrt[12]{3} \cdot \left(\cos \frac{\pi}{12} + i \cdot \text{sen } \frac{\pi}{12}\right); w_1 = \sqrt[12]{3} \cdot \left(\cos \frac{5\pi}{12} + i \cdot \text{sen } \frac{5\pi}{12}\right);$

$w_2 = \sqrt[12]{3} \cdot \left(\cos \frac{9\pi}{12} + i \cdot \text{sen } \frac{9\pi}{12}\right); w_3 = \sqrt[12]{3} \cdot \left(\cos \frac{13\pi}{12} + i \cdot \text{sen } \frac{13\pi}{12}\right);$

$w_4 = \sqrt[12]{3} \cdot \left(\cos \frac{17\pi}{12} + i \cdot \text{sen } \frac{17\pi}{12}\right); w_5 = \sqrt[12]{3} \cdot \left(\cos \frac{21\pi}{12} + i \cdot \text{sen } \frac{21\pi}{12}\right)$

b)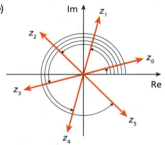

c) centro $(0, 0)$; medida do raio $\sqrt[12]{3}$

d) $\frac{\pi}{3}$

e) hexágono regular

f) PA de 6 termos, com $a_1 = \frac{\pi}{12}$ e $r = \frac{\pi}{3}$

71. a)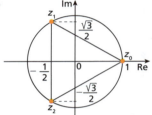

b)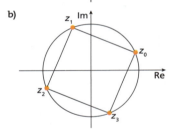

c)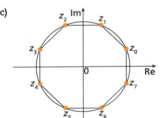

d)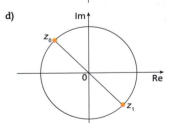

72. a) -2^{50} c) -2^{50} e) $2^{50} \cdot (\cos \pi + i \cdot \text{sen } \pi)$

b) real   d) $\rho = 2^{50}$ e $\theta = \pi$ f) $\pm i2^{25}$

73. a) $\begin{cases} a^2 - b^2 = 0 \\ 2ab = 16 \end{cases}; a = 2\sqrt{2}$ e $b = 2\sqrt{2}$ ou $a = -2\sqrt{2}$ e $b = -2\sqrt{2}$

b) 2

c) $w = (2\sqrt{2} + 2\sqrt{2}i)$ ou $w = -2\sqrt{2} - 2\sqrt{2}i$

d) demonstração

e) Que os valores encontrados são iguais.

Exercícios complementares

1. $x = 2$ e $y = 1$
2. 3
3. $x = 5$ e $y = -1$ ou $x = -1$ e $y = 2$
4. $\dfrac{1}{6} - \dfrac{1}{6}i$
5. $2i$; $-2^{15} \cdot i$
6. a) 2   b) $i2^{18}$
7. $w = 1 - 2i$
8. a) 4 e $\dfrac{7\pi}{4}$

b)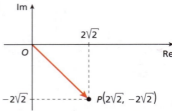

A imagem de z é $P(2\sqrt{2}, -2\sqrt{2})$.

c) $z = 4 \cdot \left(\cos \dfrac{7\pi}{4} + i \cdot \text{sen} \dfrac{7\pi}{4}\right)$; $\overline{z} = 4 \cdot \left(\cos \dfrac{\pi}{4} + i \cdot \text{sen} \dfrac{\pi}{4}\right)$

d) $128\sqrt{2}\,i$

9. $3 - 3i$
10. $z = 1 + i$
11. $z = 1 - 2i$ e $w = -i$
12. $-\dfrac{1}{8}i$
13. a) $S = \{0\}$ b) $S = \{0, i, -i\}$
14. $z = \pm \dfrac{\sqrt{3}}{2} + \dfrac{1}{2}i$ ou $z = 0$ ou $z = -i$

15.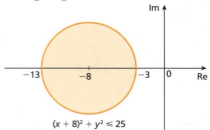

$(x + 8)^2 + y^2 \leq 25$

16.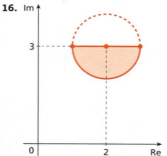

Questões de vestibular

17. alternativa e
18. alternativa b
19. alternativa b
20. alternativa e
21. a) $z = \dfrac{4}{5} + \dfrac{3}{5}i$ b) $|z| = 1$ e $z \neq i$
22. alternativa a
23. a) $\alpha \leq \dfrac{3}{4}$ e $\alpha \neq \dfrac{1}{2}$

b)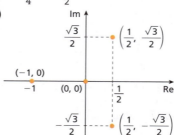

24. a) $2i$; $-4 + 6i$
b) $\sqrt{2}$; 2; $(1, \sqrt{2}, 2, 2\sqrt{2}, 4)$; $\sqrt{2}$
25. a) 4.096   b) 0
26. a) $-7 + i$; 5

b)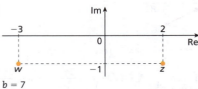

$b = 7$

27. alternativa b
28. alternativa e
29. a) 0 ou π
b) $x = \cos\theta \pm i\,\text{sen}\,\theta$

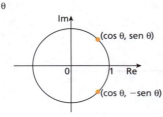

Capítulo 30 — Polinômios e equações polinomiais

1. $m = \dfrac{1}{2}, n = p = \dfrac{5}{2}$
2. $a = 5, b = -3 - i, c = 2$
3. $\nexists\, m \in \mathbb{C}$
4. $a \in \mathbb{C}\,|\,a \neq \dfrac{1}{2}$
5. $p = \dfrac{2}{7}, q = \dfrac{1}{7}$
6. a) $k = 7 \Rightarrow \text{gr}(G) = 1$; $k \neq 7 \Rightarrow \text{gr}(G) = 3$
b) $k = -3 \Rightarrow \text{gr}(G) = 3$; $k \neq -3 \Rightarrow \text{gr}(G) = 4$
7. $P(x) = \dfrac{x^2}{6} - \dfrac{5x}{6} + 2$
8. -1
9. $c = -\dfrac{8}{3}$
10. $P(x) = \dfrac{1}{2}ix^3 - \dfrac{3}{2}ix$ e $Q(x) = \dfrac{1}{2}ix^4 + \dfrac{3}{2}ix^3$
11. $a = \dfrac{1}{4}, b = -\dfrac{1}{2}$
12. $c = -27, d = 20$
13. $p = \dfrac{1}{10} + \dfrac{7}{10}i, q = \dfrac{41}{10} - \dfrac{3}{10}i$
14. $a = -2, b = 8, c = -6$
15. $a = \dfrac{7}{3}, b = 6, c = 3, d = 1$
16. $a = -3, b = c = -4$
17. $a = 2, b = -1, c = 3$
18. a) $x^4 - 4x^3 + 3x^2 - x + 1 + 2i$
b) $-x^4 - 2x^3 + x^2 + x - 1 + 2i$
c) $-3x^7 + 5x^6 - 5x^5 + (5 + 2i)x^4 - (5 + 2i)x^3 + (2 + 2i)x^2 - 2ix + 2i$
d) $9x^6 - 12x^5 + 4x^4 - 12ix^3 + 8ix^2 - 4$
19. $a = 1, b = -i, c = -2 - i, d = -4i$
20. $x^6 - 6x^4 - 5x^3 + 5x^2 - 3x + 2$
21. $A = \dfrac{7}{5}, B = \dfrac{2}{25}, C = -\dfrac{2}{25}$
22. $a = 0, b = 1$
23. a) $Q(x) = -\dfrac{1}{2}x + \dfrac{9}{8}, R(x) = -\dfrac{13}{8}x + \dfrac{13}{8}$
b) $Q(x) = -x^2 + 2x + \dfrac{1}{2}i, R(x) = -(4 + 2i)x^2 + \dfrac{5}{2}x - 1 + 6i$
c) $Q(x) = 0, R(x) = F(x)$
24. $-\dfrac{7}{2}$ **25.** $a = 2, b = \dfrac{1}{2}$ **26.** $\dfrac{1}{2}$
27. a) -20 b) -20
28. $6x^3 - 5x^2 + 4x + 2$
29. $p = 1, q = 7$
30. alternativa c
31. a) 4   b) 8   c) 8   d) 0

32. $-\dfrac{21}{16}$

33. $-\dfrac{9}{2}$

34. 2

35. 3

36. $a = \dfrac{41}{9}, b = \dfrac{49}{9}$

37. 1

38. $a = 3i, b = -i$

39. a) 4
b) 2

40. a) $Q(x) = 3x - 7; R(x) = 17$
b) $Q(x) = -x^2 - \dfrac{1}{3}x + \dfrac{8}{9}; R(x) = -\dfrac{73}{27}$
c) $Q(x) = x^3 + (1 - i)x^2 - (i + 2)x + 2i; R(x) = 1$
d) $Q(x) = x^4 + \left(\dfrac{i}{2} - 2\right)x^3 - \left(\dfrac{1}{4} + 2i\right)x^2 + \left(1 - \dfrac{i}{8}\right)x + \dfrac{17}{16} + \dfrac{i}{2}; R(x) = -\dfrac{1}{4} - \dfrac{47}{32}i$

41. 454

42. $a = \dfrac{8}{3}, b = -\dfrac{11}{6}$

43. $1 - i$

44. $a = -5, b = 4, c = -1, d = 21$

45. $Q(x) = -x^3 + 5x^2 - 10x + 15, Q_1(x) = -x^2 + (5 - i)x - 9 + 5i$

46. a) sim   b) não   c) não   d) sim

47. $m = n = -1; Q(x) = x - 2$

48. -20

49. demonstração

50. não

51. demonstração

52. resposta possível: $A(x) = x(x - 1)^2 = x^3 - 2x^2 + x$

53. $gr(A) = 0$ ou $gr(A) \geq 2$ e $A(x)$ resultado da multiplicação de $(x - 1)^2$ por um polinômio de grau maior ou igual a 1.

54. a) $P(2) = 7, P(3) = 11$
b) É um polinômio não nulo, no máximo do 1º grau.
c) $R(x) = 4x - 1$
• sim

55. $a = -12, b = 16$

56. 21

57. 4

58. $S = \{0, i, -i\}$

59. $S = \{0, 3i, -3i\}$

60. 24

61. 1 e 3

62. $P(x) = 2(x - 1)(x + 1)(x - i)(x + i)$

63. resposta possível: $P(x) = x^3 - \dfrac{3}{2}x^2 - \dfrac{3}{2}x + 1$

64. Podemos dividir o polinômio por $(x - \alpha)$, obtendo $P(x) = Q(x) \cdot (x - \alpha)$. Então, basta calcular as raízes do polinômio Q.

65. $-1, 1$

66. $S = \left\{\dfrac{1}{2}, 2, -2i\right\}$

67. $-1, 0$ e $3; P(x) = 2x(x + 1)(x - 3)$

68. $S = \{-3, -2, 2\}$

69. $S = \{0, -5, 2 \text{ e } -1\}$
• 0 tem multiplicidade 1
• -5 tem multiplicidade 1
• 2 tem multiplicidade 1
• -1 tem multiplicidade 4

70. resposta possível: $(x - 2)^4(x + 3) = 0$

71. -3

72. $a = 7, b = 16$

73. $S = \{-2, 1\}$

74. a) Resposta possível:
• A primeira equação é de grau 3 e as demais são de grau 4.
• Todas elas admitem raízes complexas.
• A primeira equação admite 3 raízes complexas, enquanto as demais admitem 4 raízes complexas cada uma.
b) 0; 0; 0
c) Sim, é raiz de todas elas.
d) Uma equação algébrica admite 1 como raiz quando a soma de todos os coeficientes é zero.

75. 3

76. $a = -3, b = 2, c = -5$

77. 9

78. $a = 7; S = \{1 + 2i, 1 - 2i, 1\}$

79. $2(x - 1 - i)^4(x - 1 + i)^4(x + 2)^2 = 0$

80. $2 - 2i, 3i, -3i$

81. $S = \{i - 2, -i - 2, 1 + 2i, 1 - 2i\}$

82. $-3, 2$

83. $\dfrac{1}{2}, 2$

84. a) $S = \left\{-\dfrac{1}{3}, 2, 3\right\}$
b) $S = \{-2 - i, -2 + i, -1, 2\}$

85. 10

86. a) Não, pois $D(0) = \mathbb{Z}^*$
b) sim
c) resposta possível: Fatorar o polinômio; nesse caso, colocando x^3 em evidência.
d) $S = \left\{0, -1, -2, \dfrac{1}{2}, -\dfrac{1}{2}\right\}$; 0 tem multiplicidade 3 e as demais têm multiplicidade 1.

87. a) sim   b) sim

88. a) Considerando α_1, α_2 e α_3 raízes da equação dada, temos:
$\alpha_1 + \alpha_2 + \alpha_3 = -\dfrac{5}{2}$
$\alpha_1\alpha_2 + \alpha_1\alpha_3 + \alpha_2\alpha_3 = \dfrac{-12}{2} = -6$
$\alpha_1\alpha_2\alpha_3 = -\dfrac{1}{2}$
b) Considerando $\alpha_1, \alpha_2, \alpha_3$ e α_4 raízes da equação dada, temos:
$\alpha_1 + \alpha_2 + \alpha_3 + \alpha_4 = -\dfrac{(-2\sqrt{2})}{\sqrt{2}} = 2$
$\alpha_1\alpha_2 + \alpha_1\alpha_3 + \alpha_1\alpha_4 + \alpha_2\alpha_3 + \alpha_2\alpha_4 + \alpha_3\alpha_4 = \dfrac{1}{\sqrt{2}} = \dfrac{\sqrt{2}}{2}$
$\alpha_1\alpha_2\alpha_3 + \alpha_1\alpha_2\alpha_4 + \alpha_1\alpha_3\alpha_4 + \alpha_2\alpha_3\alpha_4 = -\dfrac{(-4)}{\sqrt{2}} = 2\sqrt{2}$
$\alpha_1\alpha_2\alpha_3\alpha_4 = \dfrac{0}{\sqrt{2}} = 0$

89. a) soma -2 e produto 3
b) soma $-\dfrac{1}{3}$ e produto 3

90. $-2, -1, 7$

91. $S = \{-4, -2, 2\}$

92. $S = \left\{-2, \dfrac{1}{3}, 3\right\}$

93. Não, pois qualquer equação do tipo $a(x + 3)(x - 2)(x - 4) = 0$, com $a \in \mathbb{R}^*$, satisfaz.

94. $-6, -1, 4$

95. 46

96. a) $\dfrac{17}{16}$
b) $-\dfrac{2}{3}$

97. $S = \{-1, 4\}$

98. 5

99. 3

100. 10, 20 e 40

Exercícios complementares

1. $P(x) = (1 - i)x + 3i$

2. 140 milhões

3. 1

4. 3

5. $P(x) = -4x(x - 1)(x - 2) = -4x^3 + 12x^2 - 8x$

6. 31

7. $a = 14, b = -8$

8. 2

9. $R(x) = -\dfrac{6}{5}x + \dfrac{37}{5}$

10. $S = \{-2, 1, 1 + 2i, 1 - 2i\}$

11. $-\dfrac{15}{16}$

12. 6 unidades de volume

13. $m \neq 2$

14. $\dfrac{5}{2}$

15. -1

16. $S = \{1, 2\}$, sendo 2 a raiz dupla

Questões de vestibular

17. alternativa c

18. alternativa c

19. alternativa e

20. alternativa b

21. alternativa c

22. alternativa e

23. $-4 < m < 4$

24. a) 7
b) $1 + \sqrt{2}, 1 - \sqrt{2}, \dfrac{3}{2}$

25. alternativa e

26. a) 5
b) $2 - i, 1$

27. alternativa a

28. alternativa a

29. alternativa c

30. As equações não têm raízes comuns.

31. a) $S = \{-2, 1, 2\}$
b) Não existe k tal que as raízes estejam em PA de razão 3.

32. alternativa e

33. a) $V_{cubo} = a^3$
$V_6 = 6^3 = 216$
$V_5 = 5^3 = 125$
$V_4 = 4^3 = 64$
$V_3 = 3^3 = 27$
$V_5 + V_4 + V_3 = 125 + 64 + 27 = 216 = V_6$
b) $n = 6$ ou $n = \dfrac{3 \pm \sqrt{-3}}{2}$ (não convém)

34. a) $1 \leq x \leq \dfrac{15}{2}$
b) $x = \dfrac{15 - \sqrt{141}}{2}$

35. alternativa e

36. alternativa c

37. alternativa c

38. alternativa d

39. alternativa a

40. alternativa a

REFERÊNCIAS BIBLIOGRÁFICAS

ABRIL. *Como funciona*: enciclopédia de ciência e técnica. 2. ed. São Paulo: Abril, 1979.

ANGEL, Allen R. *Intermediate algebra for college students*. New Jersey: Pearson Education, 2004.

ÁVILA, Geraldo. *Introdução às funções e à derivada*. São Paulo: Atual, 1997.

BARBOSA, João Lucas Marques. *Geometria euclidiana plana*. Rio de Janeiro: Sociedade Brasileira de Matemática, 1995.

BOYER, Carl B. *História da Matemática*. 2. ed. São Paulo: Edgard Blücher, 1991.

BUSSAB, Wilton O.; MORETTIN, Pedro A. *Estatística básica*. São Paulo: Atual, 1997.

CARMO, Manfredo Perdigão do; MORGADO, Augusto César; WAGNER, Eduardo. *Trigonometria, números complexos*. Rio de Janeiro: Instituto de Matemática Pura e Aplicada, 1992.

CARVALHO, Paulo Cezar Pinto. *Introdução à geometria espacial*. Rio de Janeiro: Sociedade Brasileira de Matemática, 1993.

CRESPO, A. A. *Estatística fácil*. São Paulo: Saraiva, 1994.

DEVANEY, Robert L. *Chaos, fractals, and dynamics*: computer experiments in Mathematics. Menlo Park: Addison-Wesley, 1990.

EVES, Howard. *Introdução à História da Matemática*. Trad. Hygino H. Domingues. Campinas: Editora da Unicamp, 1995. (Coleção Repertórios).

LIMA, Elon Lages et al. *A Matemática do ensino médio*. 2. ed. Rio de Janeiro: Sociedade Brasileira de Matemática, 1997. v. 1.

_____. *A Matemática do ensino médio*. Rio de Janeiro: Sociedade Brasileira de Matemática, 1998. v. 2. (Coleção do Professor de Matemática).

_____. *A Matemática do ensino médio*. 2. ed. Rio de Janeiro: Sociedade Brasileira de Matemática, 1999. v. 3. (Coleção do Professor de Matemática).

_____. *Temas e problemas*. Rio de Janeiro: Sociedade Brasileira de Matemática, 2001. (Coleção do Professor de Matemática).

MACEDO, Horácio. *Dicionário de Física*. Rio de Janeiro: Nova Fronteira, 1976.

MOISE, Edwin E.; DOWNS JR., Floyd L. *Geometria moderna*. São Paulo: Edgard Blücher, 1971. Partes I e II.

MONTEIRO, L. H. Jacy. *Elementos de álgebra*. Rio de Janeiro: Ao Livro Técnico, 1971.

ROSA NETO, Ernesto. *Números complexos*. 2. ed. São Paulo: Paed, 1981.

SMITH, David Eugene. *History of Mathematics*. Nova York: Dover, 1958. 2 v.

SPIEGEL, Murray R. *Estatística*. 2. ed. São Paulo: McGraw-Hill, 1984.

TINOCO, Lucia A. A. *Geometria euclidiana por meio da resolução de problemas*. Rio de Janeiro: Instituto de Matemática/UFRJ, 1999. (Projeto Fundão).